Rouven Trapp

Konvergenz des Rechnungswesens

GABLER RESEARCH

Rouven Trapp

Konvergenz des Rechnungswesens

Eine Inhaltsanalyse der Diskussion um eine Annäherung des internen und externen Rechnungswesens in deutschsprachigen Fachzeitschriften

Mit einem Geleitwort von Prof. Dr. Andreas Hoffjan

GABLER

RESEARCH

Bibliografische Information der Deutschen Nationalbibliothek
Die Deutsche Nationalbibliothek verzeichnet diese Publikation in der Deutschen Nationalbibliografie; detaillierte bibliografische Daten sind im Internet über <http://dnb.d-nb.de> abrufbar.

Dissertation Technische Universität Dortmund, 2011

1. Auflage 2012

Lektorat: Marta Grabowski | Stefanie Loyal

Gabler Verlag ist eine Marke von Springer Fachmedien.
Springer Fachmedien ist Teil der Fachverlagsgruppe Springer Science+Business Media.
www.gabler.de

Umschlaggestaltung: KünkelLopka Medienentwicklung, Heidelberg
Gedruckt auf säurefreiem und chlorfrei gebleichtem Papier

ISBN 978-3-8349-3409-3

Geleitwort

Die Ausgestaltung des Rechnungswesens unter der Maßgabe der Rechnungszwecke blickt in der deutschsprachigen Rechnungswesenforschung auf eine lange Historie zurück und gilt als zentrales Paradigma des Rechnungswesens. Seitdem deutsche Großunternehmen ihr Bestreben, das interne und externe Rechnungswesen zu vereinheitlichen, zum Ausdruck gebracht haben, beschäftigt sich die Wissenschaft seit nunmehr fast zwei Jahrzehnten mit den Möglichkeiten und Grenzen einer Konvergenz des internen und externen Rechnungswesens. Während empirische Studien eine Verstetigung des Trends zu einem konvergenten Rechnungswesen in deutschen Großunternehmen anzeigen, wird der wissenschaftlichen Diskussion nachgesagt, dass ihr eine übereinstimmende Richtung fehle. Die häufig zitierten kritischen Äußerungen zu den Konvergenzüberlegungen, die im Rahmen der einschlägigen Diskussion getätigt worden sind, lassen vermuten, dass die Vorstellungen von einer effektiven Ausgestaltung des Rechnungswesens zwischen Wissenschaftlern und Praxisvertretern deutlich divergieren. Unter Zugrundelegung eines praxeologischen Wissenschaftsverständnisses erscheint eine solche Konstellation problematisch.

Herr Trapp nimmt sich im Rahmen seiner Arbeit der vor diesem Hintergrund längst überfällig erscheinenden Aufarbeitung der Konvergenzdiskussion an. Basierend auf einer systematischen Erschließung und Auswertung der einschlägigen Literatur zeichnet er mit einer beeindruckenden Akribie die wesentlichen Entwicklungslinien nach und zeigt mögliche Perspektiven auf. Er fokussiert dabei Publikationen in führenden wissenschaftlichen und praxisnahen Zeitschriften des deutschsprachigen Raums sowie Dissertations- und Habilitationsschriften. Die hierfür eingesetzte qualitative Inhaltsanalyse ermöglicht dabei das Aufzeigen von Tendenzen im Diskussionsverlauf und verspricht spannende Ergebnisse. Die Schwerpunkte der Untersuchung bilden die Begründung einer Konvergenz des Rechnungswesens, die konzeptionell-inhaltliche Ausgestaltung sowie die Erfolgswirkungen eines konvergenten Rechnungswesens.

Die detailreiche Analyse von Herrn Trapp legt offen, dass die Konvergenzdiskussion insgesamt weit weniger kontrovers geführt wird als vielfach wahrgenommen. Vielmehr hat sie inzwischen eine übereinstimmende Richtung gefunden: Im Sinne einer partiellen Konvergenz ist die periodische Erfolgsrechnung zur Steuerung autonomer Geschäftsbereiche auf das Wertegerüst der externen Erfolgsrechnung zu stellen und mit ihr weitgehend zu vereinheitlichen. Trotz dieses weitreichenden Konsenses im Hinblick auf das Grundmuster eines konvergenten Rechnungswesens soll nicht unerwähnt bleiben, dass zu einzelnen Aspekten durchaus unterschiedliche Sichtweisen vorliegen, beispielsweise zu der Frage, ob die internationalen Rechnungslegungsstandards dem Kriterium der Anreizverträglichkeit gerecht werden können und dementsprechend eine angemessene Grundlage für ein konvergentes Rechnungswesen bilden.

Bedingt durch eine hohe methodische Kompetenz, einen stringenten Aufbau und eine klare sprachliche Gestaltung liefert die Arbeit eine hervorragende Synthese der seit fast zwei Jahrzehnten geführten Konvergenzdiskussion, welche ein besseres Verständnis für die bisherige Debatte vermittelt und den Blick für bestehende Forschungsdefizite schärft. Die von Herrn Trapp thematisierten offenen Fragestellungen lassen darauf schließen, dass – trotz des weitgehenden Konsenses im Hinblick auf die partielle Vereinheitlichung – die Konvergenz des Rechnungswesens auch künftig ein ergiebiges und spannendes Forschungsfeld bleibt. Nicht zuletzt aufgrund ihrer eindrucksvollen literarischen Fundierung wird diese in jeder Hinsicht überzeugende Arbeit insbesondere Lesern aus der Wissenschaft mit einem Forschungsinteresse an der Konvergenz des Rechnungswesens eine wichtige Orientierungshilfe sein und Impulse für weitere Forschungsarbeiten setzen. Ich bin daher davon überzeugt, dass die Arbeit die interessierte Leserschaft findet, die ihr zusteht.

Prof. Dr. Andreas Hoffjan

Vorwort

Die vorliegende Arbeit entstand während meiner Tätigkeit als wissenschaftlicher Mitarbeiter am Lehrstuhl Unternehmensrechnung und Controlling an der Technischen Universität Dortmund und wurde von der dortigen Wirtschafts- und Sozialwissenschaftlichen Fakultät im August 2011 als Dissertationsschrift angenommen. Die Promotionszeit wurde durch eine Reihe von Wegbegleitern maßgeblich geprägt, denen ich an dieser Stelle danken möchte.

Mein größter Dank gilt Herrn Prof. Dr. *Andreas Hoffjan*, der mir die Erstellung der Dissertation ermöglicht und ihren Entstehungsprozess stets eng begleitet hat. Seine jederzeitige Gesprächsbereitschaft sowie seine vielfachen konstruktiven Anmerkungen haben ebenso wesentlich zu der Fertigstellung der Arbeit beigetragen wie die großzügigen Freiräume, die er mir während meiner Tätigkeit an seinem Lehrstuhl gewährt hat. Über das Dissertationsprojekt hinausgehend hat er zahlreiche Impulse für meine fachliche und persönliche Entwicklung gesetzt, für die ich zutiefst dankbar bin.

Mein aufrichtiger Dank gebührt Herrn Prof. Dr. *Matthias Wolz* für das entgegengebrachte Vertrauen und die freundliche Unterstützung meiner akademischen Ausbildung. Für seine sofortige Bereitschaft, die Zweitbegutachtung der Arbeit zu übernehmen, und den – trotz seines Wechsels an die Universität Trier – zeitnahen Abschluss der selbigen bin ich ihm sehr dankbar.

Danken möchte ich zudem den Kolleginnen und Kollegen am Lehrstuhl für eine angenehme Arbeitsatmosphäre und den vielfachen Zuspruch in Momenten des Zweifelns. Mein besonderer Dank richtet sich an Frau Dipl.-Kffr. *Anja Kolburg*, Herrn Dipl.-Kfm. *Marcus Appel*, Herrn Dr. *Michael Brandau*, Herrn Dipl.-Kfm. *Christoph Endenich* und Herrn Dr. *Sven Gerdes* für ihre Unterstützung bei der Anfertigung der Arbeit und für die freundschaftliche Art, in der sie ihr Entstehen begleitet haben. Frau *Helen Brandau*, BA, und Frau *Christin Schumacher* danke ich herzlich für ihre wertvolle und zuverlässige Hilfe bei der Finalisierung der Arbeit.

Ganz besonders danke ich meinen Eltern für ihre Unterstützung meiner akademischen Ausbildung und die Geduld, die sie insbesondere in den vergangenen drei Jahren aufbringen mussten.

Rouven Trapp

Inhaltsübersicht

Inhaltsverzeichnis

Abbildungsverzeichnis

Tabellenverzeichnis

Abkürzungsverzeichnis

a.F. .... alte Fassung
ABWL .... Allgemeine Betriebswirtschaftslehre
AfA .... Absetzung für Abnutzung
AG .... Aktiengesellschaft
AK .... Arbeitskreis
BB .... Betriebs-Berater (Fachzeitschrift)
BFuP .... Betriebswirtschaftliche Forschung und Praxis (Fachzeitschrift)
BilMoG .... Bilanzrechtsmodernisierungsgesetz
BilReG .... Bilanzrechtsreformgesetz
CFROI .... Cash Flow Return on Investment
CVA .... Cash Value Added
DAX .... Deutscher Aktienindex
DB .... Der Betrieb (Fachzeitschrift)
DBR .... Deckungsbeitragsrechnung
DBW .... Die Betriebswirtschaft (Fachzeitschrift)
DCF .... Discounted Cash Flow
DU .... Die Unternehmung (Fachzeitschrift)
ED .... Exposure Draft
EDV .... Elektronische Datenverarbeitung
ERP .... Enterprise Resource Planning
EStG .... Einkommensteuergesetz
et al. .... et alii
EVA .... Economic Value Added
FASB .... Financial Accounting Standards Board
Fifo .... First in, first out
GAAP .... Generally Accepted Accounting Principles
GoB .... Grundsätze ordnungsmäßiger Buchführung
GuV .... Gewinn- und Verlustrechnung
HB II .... Handelsbilanz II
HGB .... Handelsgesetzbuch
IAS .... International Accounting Standards
IASB .... International Accounting Standards Board
IASC .... International Accounting Standards Committee
IFRS .... International Financial Reporting Standards

IGC .... International Group of Controlling
IT .... Informationstechnologie
JfB .... Journal für Betriebswirtschaft (Fachzeitschrift)
k.A. .... keine Angabe
KapAEG .... Kapitalaufnahmeerleichterungsgesetz
KMU .... Kleine und mittlere Unternehmen
KonTraG .... Gesetz zur Kontrolle und Transparenz im Unternehmensbereich
KoR .... Zeitschrift für internationale und kapitalmarktorientierte Rechnungslegung (Fachzeitschrift)
Krp .... Kostenrechnungspraxis (Fachzeitschrift)
Lofo .... Lowest in, first out
MA .... Management Accounting
MDAX .... Mid-Cap-DAX
MVA .... Market Value Added
NPV .... Net Present Value
NYSE .... New York Stock Exchange
OB .... Objectives
OCI .... Other Comprehensive Income
POC .... Percentage-of-Completion-Methode
RK .... IFRS-Rahmenkonzept
ROCE .... Return on Capital Employed
ROI .... Return on Investment
SBR .... Schmalenbach Business Review (Fachzeitschrift)
SFAS .... Statement of Financial Accounting Standards
SME .... Small and Medium-Sized Entities
UKV .... Umsatzkostenverfahren
US-GAAP .... United States-Generally Accepted Accounting Principles
VHB .... Verband der Hochschullehrer für Betriebswirtschaft
WPg .... Die Wirtschaftsprüfung (Fachzeitschrift)
ZfB .... Zeitschrift für Betriebswirtschaft (Fachzeitschrift)
ZfbF .... Schmalenbachs Zeitschrift für betriebswirtschaftliche Forschung (Fachzeitschrift)
ZfCM .... Zeitschrift für Controlling und Management (Fachzeitschrift)
ZGE .... Zahlungsmittelgenerierende Einheit
ZP .... Zeitschrift für Planung und Unternehmenssteuerung (Fachzeitschrift)

1. Einleitung

1.1 Der „Paradigmenwechsel" in der Rechnungswesenpraxis

Das betriebliche Rechnungswesen blickt im deutschsprachigen Raum auf eine lange Historie als eines der zentralen Forschungs- und Lehrobjekte der Betriebswirtschaftslehre zurück.[1] Als bedeutsames Instrument der Informationsversorgung obliegt dem Rechnungswesen die Bereitstellung der auf die Wissensbedarfe seiner Adressaten gerichteten Informationen.[2] Die angebotenen Informationen sollen diese bei der Selektion und Umsetzung von Handlungsalternativen unterstützen.[3]

Eine besondere Herausforderung besteht darin, dass sich das Rechnungswesen an eine Vielzahl von Adressaten richtet und den jeweiligen individuellen Informationsbedarfen gerecht werden muss.[4] Ausgehend von der Überlegung, dass die optimale Erfüllung spezifischer Wissenswünsche entsprechend ausgestaltete Rechnungen voraussetzt,[5] wurde seitens der Wissenschaft eine Ausdifferenzierung des Rechnungswesens proklamiert und in der Unternehmenspraxis umgesetzt.[6] Diese Auffassung findet ihre Entsprechung im Gestaltungsgrundsatz „Der Rechnungszweck bestimmt über das Rechnungsziel den Rechnungsinhalt"[7], wobei sich der Begriff Rechnungszweck auf die Wissenswünsche der Informationsempfänger bezieht.[8] Die unterschiedlichen Informationsbedarfe bedingen somit verschiedene Teilsysteme des Rechnungswesens, da davon ausgegangen wird, dass mit der simultanen Erfüllung mehrerer Zwecke die Erreichbarkeit der jeweiligen einzelnen Zwecke beeinträchtigt wird.[9]

Die Systematisierung dieser Teilsysteme wird von der Untergliederung des Rechnungswesens in einen internen und externen Teilbereich dominiert.[10] Diese Separation lässt sich bis in die zweite Hälfte des 19. Jahrhunderts zurückverfolgen.[11] Das primäre Kriterium für die Unterscheidung bilden die jeweiligen Adressatenkreise:[12] Das interne Rechnungswesen umfasst

---

1 Vgl. Küpper (1999), S. 5; ähnlich auch Witte (1998), S. 736; Laßmann (1995), S. 1044; Küpper (2007), S. 511; Busse von Colbe (1996), S. 413; Fülbier/Weller (2011), S. 2. *Albach* betrachtet das Rechnungswesen sogar als „Ausgangspunkt der Betriebswirtschaftslehre" (Albach (1991), S. XI; ähnlich auch Weißenberger (2003), S. 89).

2 Vgl. Küpper (2002), Sp. 2031 f.

3 Vgl. Küpper (2002), Sp. 2033.

4 Vgl. Schweitzer (2002), Sp. 2019.

5 Vgl. Schweitzer/Küpper (2011), S. 7; Küpper (2002), Sp. 2031.

6 Vgl. Küpper (2008), S. 155; Küpper (1998a), S. 144; Schneider (2002), Sp. 375.

7 Schneider (1997), S. 45; Schneider (1995), S. 205; ähnlich auch Schneider (2002), Sp. 375.

8 Vgl. Küpper (2008), S. 155.

9 Vgl. Küpper (1997), S. 21.

10 Vgl. hierzu die Lehrbuchanalyse von *Schaier*, der zu dem Ergebnis kommt, dass in acht der zehn untersuchten Standardwerke eine Differenzierung von internem und externem Rechnungswesen erfolgt (vgl. Schaier (2007), S. 89).

11 Vgl. Schneider (2002), Sp. 379.

12 Wie im Folgenden noch zu zeigen ist, sind die jeweiligen Teilbereiche nicht stringent auf unternehmensinterne bzw. -externe Adressatengruppen ausgerichtet, vielmehr geben die Adjektive „intern" und „extern" nur

sämtliche Rechnungen, die zur Erfüllung der Informationsbedarfe vorrangig unternehmensinterner Adressaten aufgestellt werden. Dazu gehören die Kosten- und Leistungsrechnung sowie Investitions- und Finanzierungsrechnungen.[13] Unter das externe Rechnungswesen werden die Finanzbuchhaltung und die sich aus ihr ergebenden Rechenwerke des Einzel- und Konzernabschlusses subsumiert.[14] Dem externen Rechnungswesen obliegt über diese Rechenwerke die Informationsversorgung von Akteuren, die außerhalb des Unternehmens stehen und Informationen über dessen Entwicklung nachfragen.[15] Die handelsrechtlichen Rechnungslegungsnormen bezwecken neben der Darstellung der Unternehmenssituation die Bemessung eines ausschüttungsfähigen Gewinns.[16]

Aufgrund der divergierenden Informationsbedarfe ihrer jeweiligen Adressaten unterscheiden sich die internen und externen Teilbereiche des Rechnungswesens in mehrfacher Hinsicht, etwa in Bezug auf ihren Abbildungsgegenstand.[17] Darüber hinaus differieren selbst die erfolgszielbezogenen Rechnungen des internen und externen Rechnungswesens[18] bezüglich ihrer Rechengrößen.[19] Während in das externe Rechnungswesen pagatorische Größen eingehen, rekurriert die Kosten- und Leistungsrechnung als wesentlicher Bestandteil des internen Rechnungswesens auf den kalkulatorischen Kostenbegriff.[20] Die Verwendung unterschiedlicher Rechengrößen im internen und externen Rechnungswesen galt „lange als gesicherter Tatbestand der deutschen Betriebswirtschaftslehre“[21] und bildet zugleich einen wesentlichen Unterschied zur Ausgestaltung des Rechnungswesens in den angelsächsischen Ländern.[22]

---

die Hauptrichtungen der Informationsbereitstellungen an (vgl. Weber/Schäffer (2011), S. 133; ähnlich auch Schaier (2008), S. 123, sowie ausführlich Hebeler (2003), S. 52 ff.).

13 Vgl. Günther/Zurwehme (2008), S. 102; Kirsch/Steinhauer (2003), S. 417; Coenenberg/Haller/Mattner/Schultze (2009), S. 9; Seelinger/Kaatz (1998), S. 126.

14 Vgl. Kirsch/Steinhauer (2003), S. 417; Coenenberg/Haller/Mattner/Schultze (2009), S. 8; Günther/Zurwehme (2008), S. 102 f.; Dirrigl (1998), S. 540.

15 Vgl. Ewert/Wagenhofer (2008), S. 3; Hennrichs (2008), S. 417; Müller (2006), S. 14; Hebeler (2003), S. 52.

16 Vgl. Fülbier/Gassen/Sellhorn (2008), S. 1318; Hennrichs (2008), S. 417 ff.; Kronner/Herold (2007), S. 148; Rammert (2004), S. 578; Heyd (2001b), S. 372.

17 Während das externe Rechnungswesen die Geschäftsvorfälle zwischen dem Unternehmen und seiner Umwelt monetär abbildet, zeichnet das interne Rechnungswesen für die wert- und mengenmäßige Erfassung unternehmensinterner Vorgänge, insbesondere zur betrieblichen Leistungserstellung und -verwertung, verantwortlich (vgl. Coenenberg (1993), Sp. 3678; Schaier (2007), S. 90). Vgl. zu weiteren Unterschieden zwischen internem und externem Rechnungswesen auch Schaier (2007), S. 88 f.; Hebeler (2003), S. 52 ff.

18 Hierzu gehören als Rechenwerke des externen Rechnungswesens die Gewinn- und Verlustrechnung sowie die Bilanz und als Teilsysteme des internen Rechnungswesens die Kosten- und Leistungsrechnung sowie die kalkulatorische Vermögensrechnung (vgl. Coenenberg/Haller/Mattner/Schultze (2009), S. 12).

19 Vgl. Coenenberg/Fischer/Günther (2009), S. 24; Günther/Zurwehme (2008), S. 104 f.; Ewert/Wagenhofer (2007), S. 1038; Trapp (2010a), S. 303.

20 Vgl. Hax (2002), Sp. 760; Schildbach (1997), S. 263; Schaier (2008), S. 123; Burger/Buchhart (2001b), S. 806. Kosten können nach *Weber* als „betragsgleiche und wegen Umbewertung oder anderer Periodisierung betragsverschiedene betriebsbezogene Aufwendungen sowie fiktive Aufwendungen für Dienste der Eigentümer“ (Weber (2002), Sp. 123) definiert werden.

21 Schweitzer/Ziolkowski (1999), S. 2; ähnlich Becker/Messner (2005), S. 418; Henselmann (2001), S. 159; Ewert/Wagenhofer (2007), S. 1036.

22 Vgl. Hoffjan (2008), S. 652.

Mitte der 1990er Jahre zeichnet sich im deutschsprachigen Raum jedoch ein Wendepunkt in der Ausgestaltung des betrieblichen Rechnungswesens ab: 1994 erscheint ein Beitrag in *Schmalenbachs Zeitschrift für betriebswirtschaftliche Forschung* über die Neuorientierung des internen Rechnungswesens bei der Siemens AG. In diesem wird dargelegt, dass mit Beginn des Geschäftsjahres 1992/93 das interne Rechnungswesen einer Reorganisation unterlief, im Zuge derer die kalkulatorische Periodenerfolgsrechnung durch die nach dem Umsatzkostenverfahren aufgestellte Gewinn- und Verlustrechnung (GuV) substituiert wurde.[23] Dieses Vorgehen bildet eine Gegenposition zur bislang vorherrschenden Auffassung, dass gerade in der mangelnden Eignung der Daten des externen Rechnungswesens für interne Steuerungszwecke ein Grund für die Entwicklung einer separaten Kosten- und Leistungsrechnung zu sehen ist.[24]

In Anbetracht der tradierten Vorstellungen zur Ausgestaltung des Rechnungswesens verwundert es kaum, dass der „provokante"[25] Beitrag von *Ziegler* über die Veränderungen im internen Rechnungswesen bei der Siemens AG in der wissenschaftlichen Diskussion auf eine erhebliche Resonanz stößt. *Küpper* sieht in diesem Schritt etwa einen zur wissenschaftlichen Auseinandersetzung herausfordernden „Paradigmenwechsel".[26] Diesem Aufruf wird Folge geleistet, indem im deutschsprachigen Schrifttum eine intensive Auseinandersetzung mit einer Annäherung des internen und externen Rechnungswesens beginnt.[27] Eine solche Annäherung, die mit den Begriffen „Harmonisierung", „Integration" oder „Konvergenz des Rechnungswesens" bezeichnet wird,[28] resultiert gemeinhin aus der Vereinfachung des internen Rechnungswesens. Damit ist eine stärkere Nutzung der Datenbasis des externen Rechnungswesens auch für Zwecke der Unternehmenssteuerung verbunden.[29] Es gilt somit, die Separation von internem und externem Rechnungswesen zu überdenken.[30] In diesem Zusammenhang stellt sich also insbesondere die Frage, inwiefern die Notwendigkeit für eine separate Kostenrechnung fortbesteht, die nicht auf pagatorischen, sondern auf kalkulatorischen Größen basiert.[31]

Im Zuge der Debatte werden unterschiedliche Positionen zum Abrücken von der konventionellen Strukturierung des Rechnungswesens eingenommen. Während *Küpper* die Überlegungen zur Vereinfachung des Rechnungswesens mit Blick auf die erschwerte Praktikabilität und das begriffliche „Chaos" als Folgen der hohen Ausdifferenzierung des Rechnungswesens be-

23 Vgl. Ziegler (1994), S. 177.

24 Vgl. Wagenhofer (2006a), S. 19; Schweitzer/Ziolkowski (1999), S. 48; Kahle (2003), S. 781; Christensen/Wagenhofer (1997), S. 258; Ewert (2006), S. 44.

25 Haring/Prantner (2005), S. 147.

26 Vgl. Küpper (1995), S. 20; Küpper (1997), S. 20.

27 Vgl. Hebeler (2006), S. 4; Mattessich/Küpper (2003), S. 119.

28 Vgl. Küting/Lorson (1999a), S. 47; Simons/Weißenberger (2008), S. 137 f.; Weißenberger (2003), S. 176.

29 Vgl. Schaier (2008), S. 122; Männel (1997a), S. 11; Ruhwedel/Schultze (2004), S. 489.

30 Vgl. Küting/Lorson (1999b), S. 218; Trapp (2010b), S. 268.

31 Vgl. Pfaff/Bärtl (1998), S. 757; Pfaff (1994a), S. 1067. *Kloock* spricht daher von einer „Krise der Kostenrechnung" (Kloock (1995), S. 52).

grüßt[32] und *Männel* Wissenschaft und Praxis aufruft, „sich intensiv um eine Konvergenz von internem und externem Rechnungswesen [zu] bemühen“[33], konstatiert *Horváth*, dass „ein tiefer Graben in die Controlling-Landschaft gezogen“[34] worden ist. *Schildbach* sieht durch die Entscheidung der Siemens AG gar „die Fundamente der Kostenrechnung in Deutschland als solche [..] in Frage gestellt“[35], während *Schneider* in diesem Zusammenhang zu bedenken gibt, dass „[d]as Verwenden ganzheitlicher Begriffe, wie ‚integriert‘, [..] bei betriebswirtschaftlichen Problemen meistens nur einen Mangel an Nachdenken [offenbart]“.[36] Dementsprechend resümieren *Küting/Lorson* bereits 1998, also wenige Jahre nach Beginn der Diskussion, dass die „rege Debatte“[37] keine übereinstimmende Richtung aufweist.[38] Auch in jüngerer Vergangenheit bestehen kritische Haltungen gegenüber einer Annäherung von internem und externem Rechnungswesen fort.[39]

Studie	Horváth/ Arnaout (1997)	Pellens et al. (2000)	Hoke (2001)	Haring/ Prantner (2005)
Konvergenz geplant	48%	34%	7%	11%
Konvergenz in Umsetzung	30%	k.A.	20%	23%
Konvergenz abgeschlossen	22%	39%	36%	40%

Tabelle 1: Planungs- und Implementierungsstand eines konvergenten Rechnungswesens in der Unternehmenspraxis

Im Vergleich zur wissenschaftlichen Kontroverse deuten empirische Untersuchungen eine deutlich homogenere Perzeption der Idee einer Konvergenz des internen und externen Rechnungswesens in der Unternehmenspraxis an. Bereits im Rahmen einer Ende 1996 bis Anfang 1997 durchgeführten Erhebung hält die Mehrheit der Befragten eine vollständige Verschmelzung der beiden Teilbereiche des Rechnungswesens für möglich.[40] Zudem geben sämtliche Unternehmen an, dass sich die Vereinheitlichung des Rechnungswesens in der Planungs- bzw. Umsetzungsphase befindet.[41] Dementsprechend kommen *Horváth/Arnaout* schon wenige Jahre nach dem Beginn der Konvergenzdiskussion zu der Schlussfolgerung, dass „[d]ie klassische Trennung von internem und externem Rechnungswesen [..] in der deutschen Un-

32 Vgl. Küpper (1999), S. 5.
33 Männel (1997b), S. 10.
34 Horváth (1995), S. 327.
35 Schildbach (1995), S. 10.
36 Schneider (1997), S. 33.
37 Schaier (2007), S. 2.
38 Vgl. Küting/Lorson (1998a), S. 483; so auch eine Dekade später Simons/Weißenberger (2008), S. 138 f.
39 Vgl. Binder (2006), S. 115 f.
40 Vgl. Horváth/Arnaout (1997), S. 261.
41 Vgl. Horváth/Arnaout (1997), S. 265.

ternehmenspraxis zunehmend überwunden [wird]"[42]. Später durchgeführte Studien weisen ebenfalls einen durchweg hohen Planungs- oder Implementierungsstand aus (vgl. Tabelle 1).[43] Infolgedessen gilt ein konvergentes Rechnungswesen in der Unternehmenspraxis inzwischen als „State of the Art".[44]

Die „äußerst kontrovers[e]"[45], „teilweise sogar emotional[e]"[46] und mitunter „euphorisch geführte"[47] Debatte in der Wissenschaft auf der einen Seite sowie die rasche und breite Etablierung des Konvergenzgedankens in der Unternehmenspraxis auf der anderen Seite, führen zu der Frage, ob die Konvergenz des internen und externen Rechnungswesens ein „Theorie-Praxis-Paradoxon" repräsentiert. Darunter ist der „Widerspruch von theoretischem Postulat und praktischer Umsetzung"[48] zu verstehen. Eine solche Entwicklung deuten etwa *Christensen/Wagenhofer* an, indem sie darauf hinweisen, dass – ungeachtet von den Vereinheitlichungstendenzen in der Unternehmenspraxis – seitens der Vertreter der Wissenschaft die Separation von pagatorischen und kalkulatorischen Größen in Anbetracht der unterschiedlichen Rechnungszwecke proklamiert wird.[49]

1.2 Die Theorie-Praxis-Lücke in der betriebswirtschaftlichen Forschung

In Anbetracht des Selbstverständnisses der Betriebswirtschaftslehre als anwendungsorientierte Wissenschaft, die durch Entwicklungen in der Unternehmenspraxis geprägt wird, erscheint ein Theorie-Praxis-Paradoxon generell problematisch.[50] So fordert *Mitchell*, den Fokus der

---

[42] Horváth/Arnaout (1997), S. 268.

[43] Vgl. Horváth/Arnaout (1997), S. 262; Pellens/Tomaszewski/Weber (2000), S. 1830; Hoke (2001), S. 161; Haring/Prantner (2005), S. 151.

[44] Vgl. Scheffner/Hofmann (2007), S. 29; ähnlich auch Weber/Schäffer (2011), S. 161, sowie *Esch et al.*: „Untersuchungen der Finanzbereiche deutscher Unternehmen haben gezeigt, dass der generelle Integrationsgedanke in der unternehmerischen Realität längst Einhalt gefunden hat." (Esch/Ganczarski/Gohr/Padberg (2008), S. 93).

[45] Simons/Weißenberger (2008), S. 137.

[46] Weide (2009a), S. 5; ähnlich auch Ruhwedel/Schultze (2004), S. 489; Angelkort/Weißenberger (2009), S. 3.

[47] Hebeler (2003), S. 208.

[48] Weißenberger (2004), S. 72. Ein solches Spannungsverhältnis zwischen Wissenschaft und Praxis wird etwa innerhalb des Gebiets der Kostenrechnung gesehen. Während von den Vertretern der Wissenschaft Teilkostenrechnungen bevorzugt werden, findet in der Praxis vielfach die Vollkostenrechnung Anwendung (vgl. Schildbach (1995), S. 9; Küpper (2009), S. 250; Wagenhofer (1993), S. 161; Obermaier (2006), S. 177 f.; Wiese (1994), S. 525).

Die Notwendigkeit, sich mit einem solchen Widerspruch auseinanderzusetzen, geht etwa aus der folgenden Aufforderung *Schildbachs* hervor: „Es darf nicht länger der Frage ausgewichen werden, warum die Praxis so hartnäckig an der Vollkostenrechnung festhält. Nachdem deren Schwächen in Forschung und Lehre lange genug beschrieben worden sind und viele in diesem Sinne ausgebildete Hochschulabsolventen in den Unternehmen Verantwortung übernommen haben, kann dieses überraschende Verhalten nicht mehr mit dem bloßen Verweis auf Unwissen oder Irrationalität abgetan werden." (Schildbach (1993), S. 345 f.).

[49] Vgl. Christensen/Wagenhofer (1997), S. 258. Ähnlich auch *Hirsch/Schneider*, die bemerken, dass „was die Anforderungen und Implementierungsprobleme einer integrierten Rechnungslegung betrifft, unterschiedliche Vorstellungen von Wissenschaftlern auf der einen und Praktikern auf der anderen Seite [existieren]" (Hirsch/Schneider (2010), S. 8).

[50] Vgl. Meffert (1998), S. 709 f; vgl. zu einer allgemeinen Einschätzung der Praxisrelevanz der betriebswirtschaftlichen Forschung im deutschsprachigen Raum Oesterle (2006), S. 307 f.

Forschung auf die Unternehmenspraxis und die dort existenten Probleme zu richten, um eine Abkopplung der Forschung von der Realität zu verhindern.[51] Eine ähnliche Sichtweise proklamiert etwa *Dyckman* im Hinblick auf den Zweck der Rechnungswesenforschung: "The practical nature of accounting suggests that research efforts should be grounded in practice and judged by their relevance to solving practical problems."[52] Dem pflichten *Inanga/Schneider* bei, indem sie fordern: "Research in accounting should aim at improving accounting practice in the same way as the goal of medical research is to improve medical practice."[53]

Diesen Selbstanspruch scheint zumindest die internationale Management Accounting-Forschung zu verfehlen. So wird im englischsprachigen Schrifttum vielfach eine erhebliche Lücke zwischen den Forschungsaktivitäten und der Unternehmenspraxis konstatiert, so dass Forschung zunehmend einen Selbstzweck darstellt.[54] Dies trifft insbesondere auf den US-amerikanischen Raum zu, auf den sich beispielsweise *Birnberg* bezieht: "[T]he norms of North American management accounting researchers changed and the relative emphasis on research-for-research-sake increased, while the undertaking of research-for-practice-sake experienced a significant decline."[55] Ähnliche Bedenken werden z.B. auch von *Hopwood* oder *Kasanen et al.* geäußert.[56]

Als ein wesentlicher Grund für diese Entwicklung wird die Incentivierung von Forschern gesehen, die sich primär an Publikationen in renommierten Fachzeitschriften orientiert.[57] Auf diese Weise erhöht sich die Selbstreferenzialität des Wissenschaftsbetriebs, indem sich Wissenschaftler auf die Veröffentlichung von Forschungsergebnissen in Zeitschriften konzentrieren, die sich vorrangig an ein wissenschaftliches Publikum wenden.[58] Praktiker, welche an

---

51 Vgl. Mitchell (2002), S. 277; ähnlich auch Malmi/Granlund (2009), S. 598, sowie mit Bezug zur Forschung im deutschsprachigen Raum Schreyögg (2007), S. 148 f.; Kleppel (2003), S. 584.

52 Dyckman (1989), S. 111; ähnlich auch Parker/Guthrie/Linacre (2011), S. 6.

53 Inanga/Schneider (2005), S. 239; ähnlich auch Choudhury (1986), S. 21, sowie *Chua*: "Research should also make strong and deep connections with practice. A social science must of necessity engage with and make a positive contribution to the communities and societies that sustain it." (Chua (2011), S. 28).

54 Vgl. in diesem Zusammenhang auch die ernüchternde Einschätzung *Lukkas* der gegenwärtigen Rechnungswesenforschung: "The bulk of accounting research of today pursues only marginal contributions within one, largely programmed, theoretical and methodological framework and applies taken-for-granted research methods." (Lukka (2010), S. 110).

55 Birnberg (2009), S. 6. Ferner konstatiert *Birnberg*: "Research-for-research-sake is the dominant orientation in our journals." (Birnberg (2009), S. 7).

56 Vgl. Hopwood (2008a), S. 88; Hopwood (2008b), S. 8; Kasanen/Lukka/Siitonen (1993), S. 261 f., sowie *Inanga/Schneider*, welche feststellen: "In the past, the result had been research of limited usefulness, except for the academic objective of establishing a publications record." (Inanga/Schneider (2005), S. 242).

57 Vgl. Inanga/Schneider (2005), S. 242; Baldvinsdottir/Mitchell/Nørreklit (2010), S. 81; Van Helden/Aardema/ter Bogt/Groot (2010), S. 84.

58 *Kieser/Leiner* stellen hierzu fest: „Wissenschaftler schreiben, wie sie schreiben, weil sie ihre wissenschaftlichen Veröffentlichungen in erster Linie für andere Wissenschaftler schreiben und nicht für Praktiker. [...] Würden sich Wissenschaftler in ihrer Forschung und bei der Veröffentlichung ihrer Ergebnisse nicht den Regeln der Scientific Community unterwerfen, würde diese Community ihre Publikationen nicht zur Kenntnis nehmen." (Kieser/Leiner (2010), S. 92 f.).

einer Unterstützung bei der Lösung der sich ihnen stellenden Probleme interessiert sind, werden hingegen als potenzielle Zielgruppe der Forschungsbemühungen zunehmend vernachlässigt.[59] Im Ergebnis besteht eine Koexistenz der Rechnungswesenforschung und -praxis mit einem geringen Interaktionsgrad zwischen den beiden Gemeinschaften: Die Implikationen der Forschung für die Praxis sind gering, während in den Unternehmen etablierte Praktiken selten den Gegenstand einer wissenschaftlichen Auseinandersetzung bilden.[60]

In Anbetracht dieser Situation stellt sich die Frage, ob das oben angesprochene, potenzielle Theorie-Praxis-Paradoxon mit Bezug zur Konvergenz des Rechnungswesens zu einer vergleichbaren „Entfremdung“ zwischen der deutschsprachigen Rechnungswesenforschung und -praxis beiträgt.[61] Denkbar wäre etwa, dass von Wissenschaftlern weiterhin eine Ausdifferenzierung des Rechnungswesens favorisiert wird und die Entwicklungen in der Unternehmenspraxis, die in einem deutlichen Kontrast zur etablierten Strukturierung des Rechnungswesens stehen, als zweckwidrig abgelehnt werden.

Eine solche Entwicklung würde eine Wende des bestehenden Verhältnisses zwischen Wissenschaft und Praxis zum Rechnungswesen und Controlling im deutschsprachigen Raum bedeuten. Schließlich gilt die deutschsprachige Forschung in dieser Disziplin bislang – zumindest in der Selbsteinschätzung deutscher Wissenschaftler – als weitgehend praxisorientiert.[62] Gleichwohl existieren Indikatoren für eine zunehmende Entfremdung.[63] Als wesentlicher Treiber dieser Entwicklung wird die sich auch im deutschsprachigen Raum verbreitende Bewertung von Forschungsleistungen und Personalentscheidungen im universitären Kontext anhand von Zeitschriftenpublikationen genannt. In dieser Hinsicht erweisen sich vor allem internationale Journals als bedeutsam, weshalb eine zunehmende Hinwendung deutscher Wissenschaftler zu internationalen Forschungskonventionen erwartet wird – mit einer sich ver-

---

59 Vgl. Lee (1989), S. 240; Czarniawska (2011), S. 54; Kieser/Leiner (2009), S. 521; Kelemen/Bansal (2002), S. 97. Dieses Problem wird auch von *Baldvinsdottir et al.* adressiert: "Most accounting research does not have practical accounting development as an aim." (Baldvinsdottir/Mitchell/Nørreklit (2010), S. 80).

60 Vgl. Seal (2010), S. 96. Zu dieser Konstellation trägt – wie eine jüngst in der Zeitschrift *European Accounting Review* geführte Debatte zeigt – die unter Forschern existierende Sichtweise bei, dass der „Erfolg“ eines Forschungsbeitrags primär daran gemessen wird, inwiefern dieser andere Arbeiten beeinflusst, was beispielsweise an seiner häufigen Zitation erkennbar ist (vgl. Ohlsen (2011), S. 8 f.; Chua (2011), S. 28; Christensen (2011), S. 49).

61 Eine ähnliche Tendenz machen *Hemmer/Labro* im internationalen Kontext aus, indem sie bemerken, dass in der Unternehmenspraxis eine enge Verknüpfung zwischen dem Management Accounting und Financial Accounting besteht. In der Forschung werden diese beiden Felder jedoch zunehmend separiert, was auch dadurch offensichtlich wird, dass die führenden internationalen Fachzeitschriften entweder primär Beiträge aus dem Gebiet des Management Accounting oder des Financial Accounting veröffentlichen (vgl. Hemmer/Labro (2008), S. 1210, mit Verweis auf Ergebnisse der Publikationsanalyse von Bonner/Hesford/Van der Stede/Young (2006), S. 664).

62 Vgl. z.B. Küpper/Mattessich (2005), S. 380; Messner/Becker/Schäffer/Binder (2008), S. 150; Schildbach (1997), S. 261.

63 So z.B. *Weber*, der eine nennenswerte Kluft zwischen der Controllingforschung und -praxis im deutschsprachigen Raum konstatiert (vgl. Weber (2007), S. 338). Insbesondere wird den Controllingforschern bisweilen vorgeworfen, sich mehr auf die Selbstfindung und Etablierung des Controllings als Subdisziplin der Betriebswirtschaftslehre zu beziehen als auf die Erschließung der Controllingpraxis (vgl. Becker/Messner (2005), S. 420; Homburg (2001), S. 430).

größernden Distanz zwischen Forschung und Praxis als mögliche Konsequenz.[64] Im Einklang zu dieser Erwartung stehen erste Beobachtungen, welche auf eine länderübergreifende Standardisierung der angewandten Forschungsmethoden hindeuten.[65]

1.3 Ziel der Untersuchung

Die vorliegende Arbeit befasst sich mit der in Abschnitt 1.1 formulierten Frage, ob die Konvergenz des internen und externen Rechnungswesens ein Theorie-Praxis-Paradoxon darstellt. Bei der Beantwortung dieser Frage sind zugleich Hinweise auf das Verhältnis zwischen der deutschsprachigen Rechnungswesenforschung und -praxis im Allgemeinen zu erwarten, welches im vorangegangen Abschnitt adressiert worden ist.

Im Rahmen der Arbeit wird die in praxisnahen und wissenschaftlichen Fachzeitschriften geführte Diskussion um eine Konvergenz des internen und externen Rechnungswesens systematisch erschlossen und analysiert. Im Fokus der Analyse stehen dabei zwei Aspekte. Zum einen ist zu prüfen, ob sich spezifische Muster in den Sichtweisen von Autoren aus der Wissenschaft und der Unternehmenspraxis zeigen. In Anbetracht der in Abschnitt 1.1 dargelegten Verbreitung eines konvergenten Rechnungswesens in der Unternehmenspraxis würde eine mehrheitliche Befürwortung des Konvergenzgedankens durch die Wissenschaftler implizieren, dass die auf der Basis von theoretisch-konzeptionellen Überlegungen entwickelten Handlungsempfehlungen und die in der Unternehmenspraxis initiierten Maßnahmen auf ein gemeinsames Ziel, nämlich ein konvergentes Rechnungswesen, ausgerichtet sind. Andernfalls wäre eine Diskrepanz zwischen der Rechnungswesenforschung und -praxis zu konstatieren.

Zum anderen beruht ein besonderes Augenmerk auf der Frage, ob im Diskussionsverlauf Veränderungstendenzen bei den von den Autoren vertretenen Vorstellungen zu den Möglichkeiten und Grenzen einer Konvergenz des Rechnungswesens festzustellen sind. Die Annahme einer solchen Tendenz wird durch den vielfach referenzierten kontroversen Charakter der Diskussion auf der einen Seite und der weiterhin hohen Relevanz der Thematik in der Forschung auf der anderen Seite, welche durch entsprechende Veröffentlichungen in der jüngeren Vergangenheit dokumentiert wird, gerechtfertigt.[66] So finden sich in den neueren Auflagen von Standardwerken zur Kostenrechnung bzw. zum Controlling regelmäßig Ausführungen zur Konvergenz des Rechnungswesens,[67] was auf eine grundsätzliche Etablierung des Kon-

---

[64] Vgl. Wagenhofer (2006b), S. 16; Schäffer/Binder/Gmür (2006), S. 396; Schäffer/Binder (2008), S. 65; Meyer/Schäffer/Gmür (2008), S. 155; Fülbier/Weller (2008), S. 358.

[65] Vgl. z.B. Hopwood (2008a), S. 87; Wagenhofer (2006b), S. 11.

[66] Vgl. Wagenhofer (2008a), S. 161; Angelkort (2010), S. 2.

[67] Vgl. Coenenberg/Fischer/Günther (2009), S. 27 ff.; Horváth (2009), S. 408 ff.; Küpper (2008), S. 158 ff.; Schweitzer/Küpper (2011), S. 750 ff.; Weber/Schäffer (2011), S. 123 ff.; Reichmann (2006), S. 816 ff.; Ewert/Wagenhofer (2008), S. 1040 ff.

vergenzgedankens schließen lässt.[68] Zudem zeichnet sich ein Perspektivenwechsel in der Konvergenzdiskussion ab: In den letzten Jahren stieg die Zahl der Beiträge, die nicht der Frage nachgehen, inwiefern ein konvergentes Rechnungswesen einen erstrebenswerten Zustand darstellt und wie dieser erreicht werden kann, vielmehr wird das konvergente Rechnungswesen aus einer ex post-Perspektive als Faktum betrachtet.[69] Beiträge, in denen diese Perspektive eingenommen wird, erörtern Fragestellungen, die sich aus der als existent betrachteten Konvergenz ergeben,[70] oder diskutieren, inwieweit das Konvergenzphänomen aus einer theoretischen Perspektive erklärt werden kann.[71]

Indem die Konvergenz des internen und externen Rechnungswesens in diesen Veröffentlichungen nicht weiter in Frage gestellt wird, ist davon auszugehen, dass der Konvergenzgedanke inzwischen über Legitimität verfügt. Gleichwohl stellt sich die Frage, ob diese Sichtweise für den aktuellen Diskussionsstand repräsentativ ist. Die Bestätigung dieser Frage würde implizieren, dass trotz der anfänglichen Kontroverse im weiteren Verlauf der Diskussion ein Konsens erzielt wurde, wonach eine Annäherung von internem und externem Rechnungswesen – gegebenenfalls innerhalb bestimmter Grenzen – einer erstrebenswerten Weiterentwicklung des Rechnungswesens gleichkommt. Eine Negierung würde hingegen bedeuten, dass lediglich ein Teil der Autoren den Konvergenzgedanken akzeptiert, die Diskussion also nach wie vor von entgegengesetzten Meinungen geprägt ist und einen fragmentarischen Charakter aufweist.

Zur Beantwortung dieser Fragen werden die in wissenschaftlichen und praxisnahen Zeitschriften publizierten Beiträge, die sich schwerpunktmäßig mit der Konvergenz des internen und externen Rechnungswesens befassen, im Rahmen einer Inhaltsanalyse systematisch ausgewertet.[72] Die Arbeit entspricht somit einer Literaturanalyse („Literature Review"),[73] die

[68] So merken z.B. *Hoffjan/Wömpener* an: "[T]extbooks represent prevailing academic opinion as to what should be essential knowledge, which is subsequently transported into practice." (Hoffjan/Wömpener (2006), S. 238 f.).

[69] Vgl. Weide (2009a), S. 66.

[70] Vgl. z.B. Schaier (2007); Hirsch/Hammer/Mäder/Kauerhoff (2009); Weide (2009a); Angelkort/Weißenberger (2009); Kunz (2010); Weide/Hoffjan/Nevries/Trapp (2011).

[71] Vgl. z.B. Simons/Weißenberger (2008); Schaier (2008); Hirsch/Schneider (2010); Ikäheimo/Taipaleenmäki (2010).

[72] Unter der Inhaltsanalyse ist eine in den Sozialwissenschaften weithin akzeptierte, empirische Methode zur Analyse von Kommunikationsmaterial zu verstehen (vgl. Früh (2007), S. 27; Mayring (2010), S. 13; Smith (2003), S. 147).

[73] Ähnliche Ansätze werden von *Schaier* und *Simons/Weißenberger* gewählt. In beiden Fällen wird eine systematische Literaturrecherche zur Erschließung der im Schrifttum geführten Diskussion um eine Konvergenz des Rechnungswesens durchgeführt. In keiner der beiden Arbeiten erfolgt jedoch eine detaillierte Auswertung unter Rekurs auf inhaltsanalytische Verfahren. Die Literaturauswertung von *Schaier* beschränkt sich auf die Analyse der verwendeten Konvergenzbegriffe (vgl. Schaier (2007), S. 108 ff.). Die Literatursynopse von *Simons/Weißenberger* dient hingegen der Beleuchtung ausgewählter Diskussionsschwerpunkte und der Motivation eines Themenhefts der wissenschaftlichen Fachzeitschrift *Die Betriebswirtschaft* (vgl. Simons/Weißenberger (2010), S. 273 ff.). Die vorliegende Arbeit stellt daher sowohl in inhaltlicher als auch in methodischer Hinsicht eine Weiterentwicklung dieser Ansätze dar.

eine strukturierte Aufarbeitung des bestehenden Schrifttums zum Gegenstand hat.[74] Derartigen Arbeiten wird nach mehreren Jahren aktiver Forschung ein erheblicher Nutzen sowie mitunter das Potenzial zugesprochen, die Distanz zwischen Wissenschaft und Praxis zu verringern, indem sie Praktikern einen Überblick über die bereits bestehenden Erkenntnisse geben und ihnen auf diese Weise helfen, die relevante Literatur zu erschließen.[75]

1.4 Gang der Untersuchung

Um der zuvor genannten Zielsetzung entsprechen zu können, gliedert sich die vorliegende Arbeit im Anschluss an das einführende Kapitel in zwei Teile: Im ersten werden die inhaltlichen und methodischen Grundlagen dargestellt, während der zweite Teil die Beschreibung und Diskussion der Ergebnisse aus der systematischen Literaturanalyse umfasst (vgl. Abbildung 1).

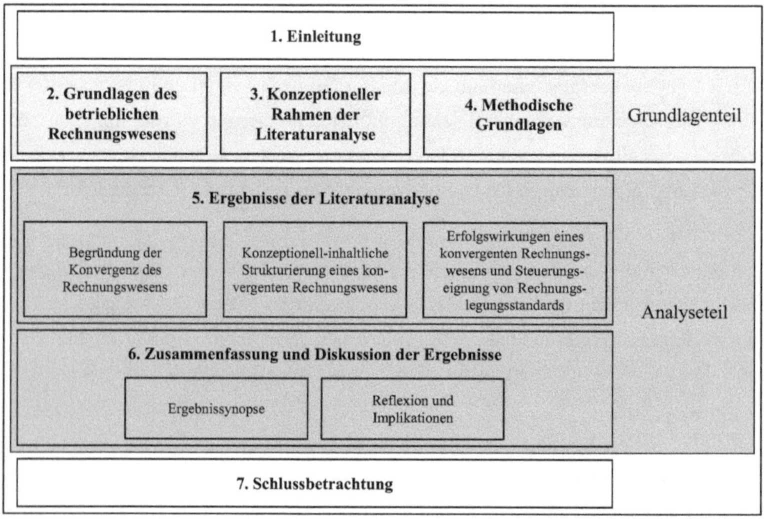

Abbildung 1: Gang der Untersuchung

In Kapitel 2 wird zunächst die dichotome Strukturierung des Rechnungswesens dargelegt, da diese den Ausgangspunkt für sämtliche Konvergenzüberlegungen bildet. Dabei werden mit der Kostenrechnung und der kalkulatorischen Steuerungsrechnung die zentralen Rechenwerke des tradierten internen Rechnungswesens sowie mit dem handelsrechtlichen Einzelabschluss und dem Konzernabschluss nach den International Financial Reporting Standards (IFRS) die wesentlichen Rechnungen des externen Teilbereichs beschrieben.

74 Vgl. Cooper (1982), S. 291; Cooper (1998), S. 3; Zühlke (2007), S. 130.

75 Vgl. Ittner/Larcker (2002), S. 787; Singleton-Green (2010), S. 137 f.

Das dritte Kapitel umfasst die Formulierung der Fragestellungen, welche der Literaturanalyse zugrundeliegen. Die Untersuchungsaspekte werden mithilfe des Kontingenzansatzes hergeleitet, der sich insbesondere in der internationalen Forschung für die Analyse von unterschiedlichen Rechnungswesenstrukturen etabliert hat.[76] Autorengruppen- bzw. phasenbezogene Entwicklungen innerhalb der Konvergenzdiskussion sollen im Hinblick auf die Begründung sowie die inhaltlich-konzeptionelle Strukturierung eines konvergenten Rechnungswesens erfasst werden.

Kapitel vier widmet sich den methodischen Grundlagen. Der Abgrenzung von quantitativen und qualitativen Literaturanalysen schließt sich eine Einordnung des für die vorliegende Untersuchung gewählten Ansatzes an. Die weiteren Ausführungen beinhalten eine detaillierte Erläuterung des Vorgehens zur Identifikation und Auswertung der relevanten Zeitschriftenbeiträge.

Im fünften Kapitel werden die Ergebnisse der Literaturanalyse dargelegt. Es erfolgt zunächst eine überblicksartige Systematisierung der analysierten Beiträge, indem die wesentlichen Diskussionsstränge voneinander abgegrenzt und die sich im Diskussionsverlauf abzeichnenden thematischen Schwerpunkte zusammengefasst werden. Im weiteren Verlauf des Kapitels werden die in der analysierten Literatur identifizierten Aussagen zur Begründung einer Konvergenz des Rechnungswesens, die unterbreiteten Vorschläge zur inhaltlich-konzeptionellen Strukturierung eines konvergenten Rechnungswesens, die Erfolgswirkungen einer Konvergenz sowie Einschätzungen zur Steuerungseignung von Rechnungslegungsstandards aufgearbeitet und dynamischen sowie autorengruppenbezogenen Analysen unterzogen.

Im sechsten Kapitel werden die Ergebnisse der Literaturanalyse den im Rahmen verschiedener empirischer Studien gewonnenen Erkenntnissen gegenübergestellt, um so die Frage nach einem Theorie-Praxis-Paradoxon über die analysierte Literatur hinausgehend zu beantworten. Dieser Synopse schließen sich eine Diskussion der generierten Ergebnisse und die Ableitung weiterer Forschungsbedarfe an, welche schließlich im siebten Kapitel um ein Schlusswort ergänzt werden.

[76] Vgl. Luther/Longden (2001), S. 300; Brandau/Hoffjan (2010), S. 101.

2. Grundlagen des betrieblichen Rechnungswesens

Den Ausgangspunkt der Überlegungen zu einer Konvergenz des internen und externen Rechnungswesens bildet die divergente Ausgestaltung des Rechnungswesens.[77] Die Beschreibung der tradierten Strukturierung ist Gegenstand dieses Kapitels. Dabei wird der Schwerpunkt auf die operativen erfolgszielbezogenen Rechenwerke gelegt, weil sich die Konvergenzdiskussion im Wesentlichen auf diese bezieht.[78] Im Weiteren werden zunächst der Begriff des Rechnungswesens definiert und die wesentlichen Teilsysteme skizziert (Abschnitt 2.1). Darauffolgend werden in Abschnitt 2.2 der zentrale Grundsatz für die Ausgestaltung des Rechnungswesens aufgegriffen und die Rechnungszwecke des internen und externen Rechnungswesens dargelegt, während sich Abschnitt 2.3 auf die wesentlichen Merkmale der erfolgszielorientierten Rechenwerke des internen und externen Rechnungswesens bezieht. Das Kapitel schließt mit einem Zwischenfazit und einer ersten Abgrenzung des Konvergenzbegriffs in Abschnitt 2.4.

2.1 Der Begriff des Rechnungswesens

Das (betriebliche) Rechnungswesen[79] nimmt innerhalb des Informationssystems eines Unternehmens eine zentrale Position ein.[80] Ihm obliegt die mengen- und wertmäßige Abbildung sowohl der realisierten und geplanten wirtschaftlichen Vorgänge im Unternehmen als auch der wirtschaftlichen Beziehungen eines Unternehmens zu seiner Umwelt.[81] Zur Abbildung dieser Vorgänge werden die relevanten Daten erfasst, rechnungszweckabhängig aufbereitet und an die jeweiligen Informationsempfänger übermittelt.[82] Das Rechnungswesen fungiert

---

[77] Vgl. Schaier (2007), S. 111.

[78] Vgl. hierzu beispielsweise Günther/Zurwehme (2008), S. 104 („Die Frage der Harmonisierung des internen und externen Rechnungswesens betrifft im Kern die Angleichung der Kosten- und Leistungsrechnung an die Bilanz und die Gewinn- und Verlustrechnung.") oder Kunz/Pfeiffer (2001), S. 503 („Interdependenzen zwischen in- und externem Rechnungswesen wurden bisher hauptsächlich im Rahmen von Wertansatzfragen respektive unter dem Gesichtspunkt von Einheitlichkeit versus Differenzierung von kalkulatorischem und bilanziellem Gewinn thematisiert.") sowie ferner Trapp (2010a), S. 305; Schaier (2007), S. 126.

[79] Dieses lässt sich als „Rechnungswesen der Unternehmungen oder Betriebe" (Hummel/Männel (1986), S. 3) gegenüber dem volkswirtschaftlichen Rechnungswesen abgrenzen, welches sich auf das wirtschaftliche Geschehen innerhalb einer Volkswirtschaft bezieht (vgl. Coenenberg/Fischer/Günther (2009), S. 4). Es ist jedoch anzumerken, dass sich das Rechnungswesen nicht auf die Abbildung von Vorgängen in der Organisationsform des Betriebs beschränkt, weswegen als Alternative in der Literatur der Begriff „betriebswirtschaftliches Rechnungswesen" vorgeschlagen wird (vgl. Hebeler (2003), S. 11). Der Begriff des Rechnungswesens kann sowohl funktional als auch institutionell ausgelegt werden (vgl. Weißenberger (1997), S. 26). Das Begriffsverständnis, das der weiteren Arbeit zugrundeliegt, bezieht sich auf das betriebswirtschaftliche Rechnungswesen in funktionaler Hinsicht.

[80] Vgl. Horváth (2009), S. 364; Küpper (2002), Sp. 2030; Eisele (2002a), S. 3.

[81] Vgl. Coenenberg/Fischer/Günther (2009), S. 7; Horváth (2009), S. 365; ähnlich auch Schneider (1997), S. 3 f.; Baetge/Kirsch/Thiele (2011a), S. 1; Hummel/Männel (1986), S. 4.

[82] Vgl. Coenenberg/Fischer/Günther (2009), S. 7; Günther/Zurwehme (2008), S. 102. Dieses Verständnis korrespondiert mit der Auffassung des Accounting in US-amerikanischen Lehrbüchern, etwa wenn Accounting als „process of identifying, recording, and summarizing economic information and reporting it to decision makers" (Horngren/Sundem/Elliott/Philbrick (2011), S. 4; ähnlich auch Short/Libby/Libby (2007), S. 4; Kieso/Weygandt/Warfield (2010), S. 4) definiert wird.

somit als Instrument, das seine Adressaten bei der Realisierung ihrer Ziele unterstützt.[83] Hierzu hat es den Informationsstand der Entscheidungsträger zu erhöhen, um das Treffen von Entscheidungen und deren anschließende Durchsetzung zu optimieren.[84]

Der Zielbezug des Rechnungswesens bedingt, dass sich seine Ausgestaltung an den vom Unternehmen verfolgten Zielsetzungen orientiert. Demnach lassen sich die Teilsysteme des Rechnungswesens anhand der betriebswirtschaftlichen Oberziele, auf die sie ausgerichtet sind, systematisieren:[85]

- Liquiditätszielorientierte Rechenwerke: Eine notwendige Voraussetzung für den Fortbestand eines Unternehmens bildet seine Liquidität.[86] Diese ist dann gesichert, wenn das Unternehmen jederzeit seine fälligen Verbindlichkeiten begleichen kann.[87] Zur Planung, Steuerung und Kontrolle der Liquidität werden **Finanzrechnungen** eingesetzt.[88] In einer Finanzrechnung werden zur Ermittlung des Liquiditätssaldos die Ein- und Auszahlungen aus der operativen Tätigkeit des Unternehmens sowie aus Investitionen und bereitgestelltem Kapital innerhalb einer Periode gegenübergestellt.[89]
- Erfolgszielorientierte Rechenwerke: Diese Rechnungen beziehen sich auf den innerhalb einer Periode realisierten wirtschaftlichen Erfolg, der sich aus dem Saldo der bewerteten Güterentstehung und des -verzehrs ergibt.[90] Hierzu werden die entsprechenden Zahlungsgrößen periodisiert.[91] Zu diesem Typus von Rechenwerken gehören sowohl die **Finanzbuchhaltung** mit der auf ihr basierenden GuV und der Bilanzrechnung als auch die **Kosten- und Leistungsrechnung**.[92] Die mit diesen Rechenwerken ermittelten Periodenerfolge beziehen sich regelmäßig auf einen Zeitraum von maximal einem Jahr.[93] Über diese kurzfristigen Rechnungen hinaus gehören **Investitionsrechnungen** zu den erfolgszielbezogenen Teilsystemen des Rechnungswesens. Diese kasuistisch durchgeführten Rechnungen dienen der Beurteilung von Investitionsprojekten vor einem in der Regel mehrperiodigen Zeithorizont.[94]

---

83 Vgl. Küpper (2002), Sp. 2033; Coenenberg/Fischer/Günther (2009), S. 7; Schweitzer/Küpper (2011), S. 8; Baetge/Kirsch/Thiele (2011a), S. 1. Für eine ausführliche Analyse der Definition des Rechnungswesens in einschlägigen Lehrbüchern vgl. Schaier (2007), S. 80 ff.

84 Vgl. Küpper (2002), Sp. 2033; ähnlich auch Schweitzer (2002), Sp. 2019; Eisele (2002a), S. 3.

85 Vgl. Coenenberg/Fischer/Günther (2009), S. 8; Coenenberg/Alvarez (2002), Sp. 432.

86 Eine hinreichende Liquidität bildet zugleich die Voraussetzung, um das Erfolgsziel realisieren zu können (vgl. Horváth (2009), S. 382).

87 Vgl. Perridon/Steiner/Rathgeber (2009), S. 8; Coenenberg/Fischer/Günther (2009), S. 11.

88 Vgl. Schweitzer/Küpper (2011), S. 8; Ewert/Wagenhofer (2008), S. 5.

89 Vgl. Horváth (2009), S. 383; Schweitzer/Küpper (2011), S. 43.

90 Vgl. Coenenberg/Alvarez (2002), Sp. 433; Horváth (2009), S. 403.

91 Vgl. Coenenberg/Fischer/Günther (2009), S. 8; Coenenberg/Alvarez (2002), Sp. 432.

92 Vgl. Coenenberg/Alvarez (2002), Sp. 433; Horváth (2009), S. 378.

93 Während sich die GuV in der Regel auf ein Jahr bezieht, gelten für die Kosten- und Leistungsrechnung kürzere Auswertungszyklen, beispielsweise auf monatlicher Basis (vgl. Schweitzer/Küpper (2011), S. 9).

94 Vgl. Schweitzer/Küpper (2011), S. 44 f.; Ewert/Wagenhofer (2008), S. 5.

- Erfolgspotenzialorientierte Rechenwerke: Aus der zunehmenden Umweltunsicherheit, mit der Unternehmen konfrontiert werden, folgt die steigende Bedeutung von Erfolgspotenzialen, unter denen „ein Bündel nachhaltig wirksamer Wettbewerbsvorteile [zu verstehen ist], die im Kontext wesentlicher Chancen und Risiken sowie unternehmerischer Stärken und Schwächen rechtzeitig aufgebaut und verteidigt werden müssen, um in nachfolgenden Perioden überhaupt Erfolge erzielen zu können“[95]. Zur Planung und Kontrolle von Erfolgspotenzialen ist der Aufbau eines strategieorientierten Rechnungswesens erforderlich, welches **strategieorientierte Finanzierungs- und Erfolgsrechnungen** beinhaltet.[96]

Insgesamt bleibt festzuhalten, dass das Rechnungswesen ein Instrument zur Unterstützung der Unternehmensführung bildet, indem es entscheidungsrelevante Informationen bereitstellt.[97] Dementsprechend hat es sich an den betriebswirtschaftlichen Zielgrößen eines Unternehmens zu orientieren, an denen sich letztlich die Entscheidungen der Unternehmensführung ausrichten müssen. Das Rechnungswesen umfasst Teilsysteme, die jeweils eine Zieldimension fokussieren, doch auch innerhalb der einzelnen Zieldimensionen koexistieren verschiedene Rechnungssysteme.[98] Dieser Pluralismus lässt sich mit der rechnungszweckabhängigen Ausgestaltung des Rechnungswesens erklären, die im folgenden Abschnitt erläutert wird.

2.2 Rechnungszweckabhängige Ausgestaltung des Rechnungswesens

Das betriebliche Rechnungswesen zeichnet sich durch einen hohen Differenzierungsgrad aus.[99] Diese Feststellung kann auf den bereits in Abschnitt 1.1 angesprochenen Gestaltungsgrundsatz „Der Rechnungszweck bestimmt über das Rechnungsziel den Rechnungsinhalt“[100] zurückgeführt werden. Hinter diesem Grundsatz steht die Überlegung, dass jede Rechnung Informationen generiert, die auf den spezifischen Wissensbedarf der Informationsempfänger auszurichten sind.[101]

---

95 Coenenberg/Alvarez (2002), Sp. 433 f.

96 Vgl. Coenenberg/Fischer/Günther (2009), S. 29 ff.; Klein (1999a), S. 36; vgl. zur sog. Erfolgspotenzialrechnung ausführlich Dirrigl (2002), Sp. 419 ff.; Küpper (1998b), S. 524 ff.

97 Mitunter findet der Begriff „Unternehmensrechnung“ in der einschlägigen Literatur Verwendung (vgl. hierzu beispielsweise die Abgrenzung der unterschiedlichen Definitionen im Rahmen der Lehrbuchanalyse von Schaier (2007), S. 80 ff.). Der Begriff wird dabei teilweise synonym mit „Rechnungswesen“ verwendet (vgl. z.B. Ewert/Wagenhofer (2008), S. 3 ff.; Lorson/Schedler (2002), S. 255), mit dem internen Rechnungswesen gleichgesetzt (vgl. z.B. Schneider (2002), Sp. 375; Stute (2007), S. 15) oder weiter gefasst. So subsumiert etwa *Küpper* neben dem Rechnungswesen auch Humanvermögensrechnungen und Sozialbilanzen unter die Unternehmensrechnung. Der Begriff des Rechnungswesens bezieht sich innerhalb dieser Strukturierung auf die Finanzbuchhaltung und die Kostenrechnung (vgl. Küpper (2008), S. 153). In Anbetracht des hier gewählten Fokus auf erfolgszielbezogene Rechenwerke scheint daher die nachfolgende Verwendung des Begriffs Rechnungswesen angemessen.

98 Hier sind insbesondere die Kosten- und Leistungsrechnung sowie die Bilanz und GuV zu nennen, welche den Kern der Auseinandersetzung um ein konvergentes Rechnungswesen bilden (vgl. Fn. 78).

99 Vgl. Horváth (2009), S. 364.

100 Schneider (1995), S. 205; Schneider (1997), S. 45; ähnlich auch Schneider (2002), Sp. 375.

101 Vgl. Küpper (2008), S. 155.

Der **Rechnungszweck** ergibt sich aus den Wissenswünschen der Informationsadressaten.[102] Der Identifikation eines Rechnungszwecks schließt sich die Frage an, mit welcher Größe diesem entsprochen werden kann.[103] Diese Größe, die das Ergebnis einer Rechnung bildet, wird **Rechnungsziel** genannt.[104] Beispiele für unterschiedliche Rechnungsziele sind etwa im Jahresüberschuss bzw. -fehlbetrag einer Periode oder dem Deckungsbeitrag eines Produkts zu sehen.[105] Für die jeweiligen Rechnungsziele sind Regeln zu ihrer Ermittlung zu formulieren, die sog. **Rechnungsinhalte**.[106]

Es besteht somit eine enge kausale Verknüpfung zwischen Rechnungszweck, -ziel und -inhalt,[107] die schließlich in der Folgerung resultiert, dass unterschiedliche Rechnungszwecke jeweils korrespondierende und somit unterschiedliche Rechnungssysteme erfordern.[108] Die Teilsysteme des Rechnungswesens weisen dementsprechend in Abhängigkeit von den Funktionen, zu deren Erfüllung sie eingesetzt werden, eine hohe Relativität auf.[109]

Im Schrifttum existieren verschiedene Vorschläge zur Systematisierung des Rechnungswesens.[110] Gleichwohl dominiert im deutschsprachigen Raum sowohl in der Wissenschaft als auch in der Unternehmenspraxis eine Gliederung des Rechnungswesens anhand der Differenzierung von internem und externem Rechnungswesen unter der Maßgabe der jeweiligen Informationsempfänger.[111] Das **interne Rechnungswesen** umfasst sämtliche Teilsysteme, mit denen die Informationsversorgung von Entscheidungsträgern innerhalb des Unternehmens forciert wird.[112] Als Teilsysteme des internen Rechnungswesens lassen sich insbesondere die Kosten- und Leistungsrechnung sowie Investitions- und Finanzrechnungen identifizieren.[113]

---

102 Vgl. Wielenberg (2002), Sp. 1670; Küpper (2008), S. 155; Küpper (1999), S. 7; Brühl (1996), S. 4.

103 Vgl. Wielenberg (2002), Sp. 1670; Hebeler (2003), S. 45.

104 Vgl. Küpper (2008), S. 155; Küpper (2002), Sp. 2032; Wielenberg (2002), Sp. 1670; Schneider (1997), S. 109; Schneider (1995), S. 205. *Gödde* versteht ein Rechnungsziel als Übersetzung der mit einem Rechnungszweck verbundenen Informationswünsche in beobachtbare Größen (vgl. Gödde (2010), S. 11).

105 Vgl. Küpper (2002), Sp. 2032; Schweitzer/Ziolkowski (1999), S. 49.

106 Vgl. Wielenberg (2002), Sp. 1670.

107 Dieser Zusammenhang wird insbesondere in bilanztheoretischen Arbeiten deutlich, in denen „auf Basis der Jahresabschlusszwecke [versucht wird], die Notwendigkeit von Bilanzierungsvorschriften zu begründen und deren Norminhalte zu konkretisieren." (Böcking/Dutzi (2006), S. 4; ähnlich auch Moxter (1984), S. 2).

108 Vgl. Schaier (2007), S. 7; *Schneider* legt im Zuge einer historischen Betrachtung dar, dass die einzelnen Rechnungszwecke sukzessive entstanden sind (vgl. Schneider (2002), Sp. 376 ff.).

109 Vgl. Ewert/Wagenhofer (2008), S. 12.

110 Vgl. z.B. Horváth (2009), S. 364; Schweitzer/Küpper (2011), S. 7; Küpper (2002), Sp. 2036; Reichmann (2011), S. 11; Weber/Schäffer (2011), S. 133.

111 Vgl. Schaier (2008), S. 122; Bärtl (2001), S. 79; vgl. hierzu auch nochmals die Ergebnisse der Lehrbuchanalyse von *Schaier*. Demnach wird in acht der zehn betrachteten Lehrbücher eine Unterscheidung von internem und externem Rechnungswesen vorgenommen (vgl. Schaier (2007), S. 88; vgl. auch Fn. 10).

112 Vgl. Ewert/Wagenhofer (2008), S. 3; Günther/Zurwehme (2008), S. 102; Weber/Schäffer (2011), S. 133; Schneider (1997), S. 30.

113 Vgl. Coenenberg/Haller/Mattner/Schultze (2009), S. 9; Ewert/Wagenhofer (2008), S. 4; Götze (2010), S. 3.

Diesen obliegt die Informationsbereitstellung für Planungs-, Steuerungs- und Kontrollzwecke, die im Folgenden noch differenzierter betrachtet wird.[114]

Die Adressaten des **externen Rechnungswesens** sind die Partner des Unternehmens auf den Kapital-, Absatz-, Beschaffungs- und Arbeitsmärkten.[115] Ihnen werden über das Medium des Jahresabschlusses Informationen über die Vermögens-, Finanz- und Ertragslage des Unternehmens zur Verfügung gestellt.[116] Der im Rahmen dieser Berichterstattung ausgewiesene Periodenerfolg bildet zugleich den Ausgangspunkt für die Bemessungsgrundlage für bestimmte erfolgsabhängige Zahlungen.[117]

Die Separation des Rechnungswesens in einen internen und einen externen Teilbereich lässt sich auf die unterschiedlichen Wissenswünsche der jeweiligen Informationsempfänger zurückführen.[118] Einen Erklärungsbeitrag hierzu leistet die **entscheidungsorientierte Betriebswirtschaftslehre**, aus deren Perspektive dem Rechnungswesen die in Abschnitt 2.1 angesprochene Aufgabe zukommt, Daten für zielgerechte Entscheidungsfindungen bereitzustellen. Unter dieser Prämisse kann die dichotome Gliederung des Rechnungswesens dahingehend begründet werden, dass zwischen den unternehmensexternen und -internen Adressatengruppen unterschiedliche, innerhalb der jeweiligen Gruppen jedoch (zumindest tendenziell) ähnliche Entscheidungsprobleme bestehen.[119] Aus den zu lösenden Entscheidungsproblemen der Adressaten des Rechnungswesens ergeben sich schließlich die jeweiligen Rechnungszwecke, aus denen sich die Rechnungsziele und -inhalte ableiten lassen. Dementsprechend ist *Klein* zuzustimmen, dass bei genauerer Betrachtung nicht die Adressaten das Differenzierungskriterium zwischen internem und externem Rechnungswesen bilden, sondern ihre Wissenswünsche.[120]

In Anbetracht der zentralen Bedeutung der Rechnungszwecke für die Ausgestaltung der Bestandteile des Rechnungswesens werden zunächst die Rechnungszwecke des externen (Abschnitt 2.2.1) und des internen Rechnungswesens dargelegt (Abschnitt 2.2.2). Im Anschluss erfolgt eine differenzierte Betrachtung der erfolgszielbezogenen Rechenwerke, mit denen diesen Funktionen entsprochen werden kann.

---

114 Vgl. Küpper (1998a), S. 151; Coenenberg/Haller/Mattner/Schultze (2009), S. 7.

115 Vgl. Ewert/Wagenhofer (2008), S. 3; Weber/Schäffer (2011), S. 107; Küpper (1998a), S. 151; Weide (2009a), S. 35; Müller (2006), S. 14.

116 Vgl. Coenenberg/Fischer/Günther (2009), S. 18; Coenenberg/Haller/Schultze (2009), S. 16.

117 Hierunter fallen die Bemessung der Ertragsteuern sowie der Ausschüttungen an die Eigentümer des Unternehmens und vielfach die Festlegung der erfolgsabhängigen Vergütungen für Führungskräfte (vgl. Günther/Zurwehme (2008), S. 103; Schildbach (1997), S. 263).

118 Vgl. Küpper (2002), Sp. 2040; Weide (2009a), S. 34; Klein (1999a), S. 11; Schaier (2008), S. 124.

119 Vgl. Schaier (2008), S. 125.

120 Vgl. Klein (1999a), S. 11; ähnlich auch Schaier (2008), S. 124; Coenenberg/Alvarez (2002), Sp. 433.

2.2.1 Rechnungszwecke des externen Rechnungswesens

Das externe Rechnungswesen entspricht der Gesamtheit der Teilsysteme, die Informationen generieren, um die Wissensbedarfe Unternehmensexterner zu erfüllen.[121] Der Abbildungsgegenstand des externen Rechnungswesens konkretisiert sich in den Transaktionen mit Marktpartnern.[122] Die Grundlage bildet die Finanzbuchhaltung, welche sämtliche relevanten Geschäftsvorfälle dokumentiert.[123] Aus diesen Daten setzen sich die periodisch zu erstellenden Einzel- bzw. Konzernabschlüsse zusammen.[124]

Zu den Adressaten, die außerhalb des Unternehmens stehen und denen Informationen in Form des Jahresabschlusses zugehen, gehören Eigen- und Fremdkapitalgeber ebenso wie Kunden und Lieferanten, Konkurrenten oder der Fiskus.[125] Die genannten Adressaten stellen die *primären* Informationsempfänger dar, darüber hinaus richten sich die Daten des externen Rechnungswesens auch an unternehmensinterne Empfänger, etwa an Führungskräfte auf unterschiedlichen Ebenen, Mitarbeiter ohne Führungsfunktion oder den Aufsichtsrat.[126] Das externe Rechnungswesen gilt mit seinen Rechenwerken demnach als „ein zentrales Instrument, das sämtlichen ‚stakeholders' die für ihre Entscheidungen (Eintritt, Verbleib oder Austritt aus der wie auch immer gestalteten Beziehung mit dem Unternehmen) relevanten Informationen liefern sollte."[127]

Infolge der Heterogenität des externen Adressatenkreises werden die Abschlussinformationen für diverse Entscheidungssituationen benötigt: Während beispielsweise die gegenwärtigen und potenziellen Eigentümer auf der Basis der Daten des Jahresabschlusses ihre (Des-)Investitionsentscheidungen treffen, schätzen Gläubiger anhand des Datenmaterials ab, inwiefern das Unternehmen in der Lage ist, seinen auferlegten Zins- und Tilgungsverpflichtungen nachzukommen.[128] Für Kunden und Lieferanten sind Informationen über die Situation des Unternehmens und dessen Zukunftsfähigkeit ebenso relevant, insbesondere, wenn eine Entscheidung über das Eingehen bzw. Fortführen langfristiger vertraglicher Bindungen ansteht.[129]

---

121 Vgl. Weber/Schäffer (2011), S. 105; Himmel (2004), S. 16; Pellens/Fülbier/Gassen/Sellhorn (2011), S. 2.

122 Vgl. Küpper (1998a), S. 150; Hoke (2001), S. 11; Melcher (2002), S. 19.

123 Vgl. Wöhe/Kußmaul (2002), S. 3; Coenenberg/Haller/Mattner/Schultze (2009), S. 4 f.; Melcher (2002), S. 20; Hoke (2001), S. 41.

124 Vgl. Horváth (2009), S. 378; Coenenberg/Haller/Mattner/Schultze (2009), S. 8.

125 Vgl. Ewert/Wagenhofer (2008), S. 3; Weide (2009a), S. 35; Melcher (2002), S. 28. Ausführliche Zusammenstellungen der Informationsempfänger des externen Rechnungswesens finden sich bei Himmel (2004), S. 12, und Hebeler (2003), S. 53.

126 Vgl. Weide (2009a), S. 35; Müller (2006), S. 14; Coenenberg/Haller/Mattner/Schultze (2009), S. 6; Hebeler (2003), S. 53; AK Externes Rechnungswesen (1995), S. 94.

127 Haller/Park (1994), S. 501.

128 Vgl. Kümpel (2002b), S. 1009 f.

129 Vgl. Wagenhofer/Ewert (2007), S. 5; Hoke (2001), S. 15; Melcher (2002), S. 28. Vgl. ausführlich zu den Adressaten des externen Rechnungswesens und ihren Informationsbedürfnissen Pellens/Fülbier/Gassen/Sellhorn (2011), S. 4 f.

Als Besonderheit des externen Rechnungswesens ist zu beachten, dass dieses nicht frei von der Unternehmensleitung gestaltet werden kann, sondern seine Ausgestaltung durch Rechnungslegungsnormen gesetzlich geregelt wird.[130] Über die Beachtung dieser Vorschriften soll eine hinreichende Qualität und Objektivität der Jahresabschlussinformationen sichergestellt werden, die insbesondere mit der erheblichen Informationsasymmetrie und den Interessendivergenzen zwischen Abschlusserstellern und -empfängern sowie unter den Empfängern begründet wird.[131]

Über die Rechnungslegungsvorschriften wird der Rechnungsinhalt weitgehend von unternehmensexternen Institutionen (d.h. vom Gesetzgeber oder Standardsetter) bestimmt.[132] Bei der Gestaltung des externen Rechnungswesens sind daher die Bilanzierungsvorschriften, die es seitens des Unternehmens einzuhalten gilt, die maßgeblichen Einflussfaktoren. Die Informationswünsche der externen Adressaten sind in diesem Zusammenhang nur von sekundärer Bedeutung. Denn implizit hat der Regulierer bei der Formulierung der Rechnungslegungsvorschriften bereits eine Priorisierung der Rechnungszwecke vorgenommen und aus seiner Perspektive adäquate Rechnungsziele ausgewählt.[133] Die Wissensbedarfe der Adressaten sind im Zusammenhang mit dem externen Rechnungswesen bzw. der externen Finanzberichterstattung somit unmittelbar erst bei der Gestaltung von Berichtselementen heranzuziehen, die über die obligatorische Berichterstattung hinausgehen, beispielsweise bei der Konzeption eines „Value Reporting".[134]

Der Metazweck des externen Rechnungswesens besteht nach *Pellens et al.* in der Reduktion der Informationsasymmetrie, die zwischen dem rechnungslegenden Unternehmen und den unternehmensexternen Adressaten des Rechnungswesens besteht.[135] Hierzu sind den Abschlussadressaten Informationen bereitzustellen, die sie in die Lage versetzen, die gegenwärtige Unternehmenssituation zu beurteilen und die künftige Entwicklung des Unternehmens

---

130 Vgl. Horváth (2009), S. 366; Ewert/Wagenhofer (2008), S. 4; Coenenberg/Haller/Mattner/Schultze (2009), S. 8; Hummel/Männel (1986), S. 5; Schweitzer/Küpper (2011), S. 42.

131 Vgl. Ewert/Wagenhofer (2008), S. 4; Coenenberg/Haller/Schultze (2009), S. 18. Dadurch sollen die Möglichkeiten des „Window Dressing" eingeschränkt werden (vgl. Schildbach (1997), S. 263). Dennoch bleiben gewisse Freiheitsgrade bei der Erstellung des Jahresabschlusses bestehen, beispielsweise aufgrund von Wahlrechten, Ermessensspielräumen oder Regelungslücken (vgl. Schneider (1997), S. 30; Coenenberg/Haller/Mattner/Schultze (2009), S. 8 f.).

132 Vgl. Kirsch (2002), S. 208; Bruns (2002), S. 173 f.

133 Vgl. Fülbier/Hitz/Sellhorn (2009), S. 460.

134 Vgl. z.B. Schultze/Steeger/Schabert (2009), S. 13; Ruhwedel/Schultze (2002), S. 605.

135 Vgl. Pellens/Fülbier/Gassen/Sellhorn (2011), S. 4; ähnlich auch Beaver/Demski (1974), S. 170. Damit sollen zugleich „Kooperationskonflikte zwischen den Marktteilnehmern" als Folge der Informationsasymmetrien abgebaut werden (vgl. Eierle (2005b), S. 649).

abzuschätzen.[136] Die **Informationsfunktion** des externen Rechnungswesens kann drei unterschiedliche Ausprägungen annehmen:[137]

- **Selbstinformation:** Die Rechnungswesendaten richten sich demnach an die Entscheidungsträger im Unternehmen bzw. an das Management und informieren über die wirtschaftliche Situation des Unternehmens.
- **Rechenschaftslegung:** Die Unternehmensführung verwendet die Informationen des externen Rechnungswesens, um Rechenschaft gegenüber Dritten über die Verwendung des ihr anvertrauten Vermögens zu legen.
- **Entscheidungsunterstützung:** Die Daten des externen Rechnungswesens werden von externen Adressaten zur Fundierung ihrer Entscheidung eingesetzt, inwiefern mit dem Unternehmen eine Kooperation eingegangen bzw. fortgesetzt werden sollte.

Der wesentliche Unterschied zwischen der Selbstinformation und den beiden übrigen Ausprägungen der Informationsfunktion besteht in den jeweiligen Adressaten.[138] Die Ausprägungen Rechenschaftslegung und Entscheidungsunterstützung unterscheiden sich ferner in der Bedeutung prospektiver Informationen. Für die Rechenschaftslegung fungieren die Rechnungswesendaten als Nachweis der Unternehmensleitung über den Einsatz des ihr überlassenen Kapitals und den wirtschaftlichen Konsequenzen in der Vergangenheit. Das externe Rechnungswesen hat somit nur vergangenheitsorientierte Informationen zu generieren. Für die Entscheidungsunterstützung externer Adressaten ist die retrospektive Beurteilung des Managements zwar ebenfalls von Bedeutung, vordergründig müssen die bereitgestellten Informationen jedoch die Beurteilung der künftigen Unternehmensentwicklung zulassen.[139] Es werden somit sowohl vergangenheits- als auch zukunftsorientierte Informationen nachgefragt.[140]

Trotz des gemeinsamen Kerns, der in der Verringerung der Informationsasymmetrie zwischen unternehmensinternen und -externen Akteuren besteht, ist die Abgrenzung der Ausprägungen Entscheidungsunterstützung und Rechenschaftslegung insofern relevant, als sich daraus un-

[136] Vgl. Weide (2009a), S. 39; Mölls/Strauß (2007), S. 956.

[137] Vgl. hierzu im Folgenden Naumann (2006), S. 45; vgl. zur Differenzierung der Entscheidungsunterstützung und Rechenschaftslegung auch Gjesdal (1981), S. 208; Bushman/Engel/Smith (2006), S. 54; O'Connell (2007), S. 215.

[138] Der Zweck der Selbstinformation bildete im 16. Jahrhundert den originären Rechnungszweck, der jedoch durch verschiedene Bilanzrechtsreformen zunehmend an Bedeutung verlor (vgl. zu einem Abriss der geschichtlichen Entwicklung der Rechnungszwecke Klein (1999a), S. 30 ff.). Dagegen kommt *Eierle* im Rahmen einer ausführlichen historischen Betrachtung der Entwicklung der Rechnungslegungsvorschriften in Deutschland ab dem 19. Jahrhundert zu der Schlussfolgerung, dass die Informationsfunktion der handelsrechtlichen Rechnungslegung zunehmend an Bedeutung gewonnen hat (vgl. Eierle (2005a), S. 297 f.).

[139] Vgl. Coenenberg/Straub (2008), S. 20; Vollmer (2008), S. 35. Als weiterer Unterschied lässt sich anführen, dass die Verpflichtung zur Rechenschaftslegung nur gegenüber bereits existenten Vertragspartnern besteht, während sich der Zweck der Entscheidungsunterstützung auch auf potenzielle Vertragspartner bezieht (vgl. Hettich (2006), S. 11).

[140] Vgl. Naumann (2006), S. 45.

terschiedliche Anforderungen an die Rechnungslegungsgrundsätze ergeben, insbesondere im Hinblick auf die Gewichtung der Kriterien Relevanz und Verlässlichkeit.[141]

2.2.2 Rechnungszwecke des internen Rechnungswesens

Als Pendant zum externen Rechnungswesen richtet sich das interne Rechnungswesen vorrangig an Informationsempfänger innerhalb des Unternehmens.[142] Hierzu gehören insbesondere Akteure in Führungspositionen auf unterschiedlichen Unternehmensebenen.[143] Diese benötigen die Daten des internen Rechnungswesens, um ihren Planungs-, Steuerungs- und Kontrollaufgaben gerecht werden zu können.[144] Auch hier gilt, dass die unternehmensinternen Empfänger lediglich die *primären* Adressaten darstellen und Konstellationen denkbar sind, in denen Unternehmensexterne einen Einblick in die Rechenwerke des internen Rechnungswesens erhalten.[145] Das interne Rechnungswesen erfasst primär betriebszweckbezogene Vorgänge.[146]

Im Gegensatz zum externen Rechnungswesen unterliegen die Teilsysteme des internen Bereichs keinen gesetzlichen Vorschriften und sind folglich seitens des Unternehmens frei gestaltbar.[147] Somit bilden die Rechnungszwecke – unter Beachtung des Wirtschaftlichkeitspostulats – das wesentliche Kriterium, an dem sich die Ausgestaltung des internen Rechnungswesens ausrichtet.[148] Zur Strukturierung der Rechnungszwecke des internen Rechnungswesens liegen verschiedene Vorschläge vor. Ihr gemeinsamer Nenner besteht darin, dass das interne Rechnungswesen als ein Instrument betrachtet wird, das den unternehmensinternen Informationsadressaten in Entscheidungssituationen relevante Informationen zur Verfügung stellt.[149]

Während der Periodenerfolg das zentrale Rechnungsziel innerhalb des externen Rechnungswesens darstellt, weist das interne Rechnungswesen eine ganze Reihe von Rechnungszielen auf, darunter Kosten-, Erlös- und Erfolgsgrößen, die sich auf einzelne Perioden oder Produkteinheiten beziehen, Rentabilitätskennzahlen und mehrperiodige Kapitalwerte zur Beurteilung von Investitionsprojekten.[150] Von zentraler Bedeutung ist dabei das Betriebsergebnis, welches die „aktuelle Situation der Unternehmung im Beziehungsgeflecht zwischen Absatz- und Be-

141 Vgl. Naumann (2006), S. 45; Coenenberg/Straub (2008), S. 25; Demski/Fellingham/Ijiri/Sunder (2002), S. 159.

142 Vgl. Weide (2009a), S. 36; Ewert/Wagenhofer (2008), S. 3; Stute (2007), S. 23; Himmel (2004), S. 13.

143 Vgl. Weber/Schäffer (2011), S. 133.

144 Vgl. Horváth (2009), S. 365; Pfaff (2003), S. 29; Stute (2007), S. 23.

145 Zu den unternehmensexternen Adressaten des internen Rechnungswesens gehören etwa Kaufinteressenten im Rahmen einer Due Diligence oder im gewöhnlichen Geschäftsverlauf einflussreiche Marktpartner wie z.B. Großgläubiger oder -investoren, welche sich mitunter Rechte einräumen, die Dokumente des internen Rechnungswesens zu sichten (vgl. Stute (2007), S. 23).

146 Vgl. Melcher (2002), S. 20.

147 Vgl. Himmel (2004), S. 13; Währisch (2000), S. 678; Eisele (2002a), S. 10.

148 Vgl. Haaker (2009a), S. 438. Nach *Wurl et al.* beruht beispielsweise die kurzfristige Erfolgsrechnung auf „allgemein akzeptierten Konventionen" (Wurl/Kuhnert/Hebeler (2001), S. 1368).

149 Vgl. Schweitzer (2002), Sp. 2019.

150 Vgl. Bruns (1999), S. 593; Küpper (2008), S. 155.

schaffungsmärkten"[151] abbildet und das bei Bedarf auf differenzierte Beurteilungsobjekte aufgespalten werden kann.[152]

Auf der einen Seite werden die Rechnungszwecke des internen Rechnungswesens unter Bezugnahme auf den Führungsprozess abgegrenzt. Dieser Prozess der Willensbildung und -durchsetzung besteht aus den Phasen der Identifikation eines Entscheidungsproblems (Problemstellungsphase), der Eruierung (Suchphase), der Bewertung (Beurteilungsphase) und der Auswahl zur Verfügung stehender Handlungsalternativen (Entscheidungsphase) sowie der anschließenden Durchsetzung der selektierten Handlungsalternative (Realisationsphase) und der finalen Überprüfung, inwiefern die antizipierten Handlungsergebnisse realisiert werden konnten (Kontrollphase).[153] Sofern die Phasen des Führungsprozesses die Grundlage für die Abgrenzung der Rechnungszwecke des internen Rechnungswesens bilden, können **Planungs- und Kontrollfunktionen** differenziert werden.[154]

Auf der anderen Seite wird vom Prozesscharakter der Führung abstrahiert und auf die Konstellation der Handlungsträger abgestellt. Entscheidungen können als Selektion der Handlungsalternative aus einer Menge von Alternativen aufgefasst werden, welche unter der Maßgabe zuvor festgelegter Ziele den erwartungsgemäß größten Beitrag zur Zielerreichung leistet.[155] Wenn die Zielformulierung und Entscheidungsfindung in den Verantwortungsbereich einer Person fallen, ist zu erwarten, dass ein rational handelnder Akteur die (wahrscheinlich) zieloptimale Handlungsalternative wählt.[156] Werden hingegen die Zielformulierung und Entscheidungsfindung personell separiert, besteht die Gefahr, dass sich die Entscheidungsträger nicht an den übergeordneten Zielen ausrichten, sondern an ihren eigenen, die möglicherweise in einem konfliktären Verhältnis zu den vorgegebenen Globalzielen stehen.[157] In Abhängigkeit davon, ob ein Ein- oder Mehrpersonenkontext besteht, werden **Entscheidungs- und Verhaltenssteuerungsfunktionen** des internen Rechnungswesens unterschieden.[158] Im Weiteren werden die einzelnen Rechnungszwecke des internen Rechnungswesens – sowohl unter

---

151 Schweitzer/Ziolkowski (1999), S. 48 f.

152 Vgl. Schweitzer/Küpper (2011), S. 556; Coenenberg/Fischer/Günther (2009), S. 195.

153 Vgl. Hahn/Hungenberg (2001), S. 34.

154 Vgl. Weide (2009a), S. 40 f.; Hebeler (2003), S. 46 ff.; Himmel (2004), S. 14; Horváth (2009), S. 366; Melcher (2002), S. 33 ff.; Coenenberg/Haller/Mattner/Schultze (2009), S. 5.

155 Vgl. Bea (2009), S. 333.

156 Vgl. Schweitzer/Küpper (2011), S. 32.

157 Derartige Probleme werden in Prinzipal-Agenten-Kontexten mit den unterschiedlichen Präferenzsystemen des delegierenden Prinzipals und des delegierten Agenten sowie der Informationsasymmetrie zugunsten des Agenten begründet (vgl. Hofmann/Homburg (2004), S. 564).

158 Vgl. Ewert/Wagenhofer (2008), S. 6 ff.; Coenenberg/Schultze (2002), S. 612; Gödde (2010), S. 11. Die Unterscheidung zwischen Entscheidungs- und Verhaltenssteuerungsfunktionen wird auch in der englischsprachigen Literatur vorgenommen (vgl. z.B. Horngren (1995), S. 281). In diesem Zusammenhang haben sich die Begriffe „decision facilitating" (Entscheidungsunterstützung) und „decision influencing" (Verhaltenssteuerung) durchgesetzt (vgl. z.B. Demski/Feltham (1976), S. 8 f.; Baiman/Demski (1980), S. 184; Grafton/Lillis/Widener (2010), S. 690).

der Maßgabe der prozessualen Differenzierung als auch unter jener der unterschiedlichen Personenkontexte – erläutert.

2.2.2.1 Rechnungszwecke unter der Maßgabe des Führungsprozesses

Bereits in Abschnitt 2.1 ist das Rechnungswesen als ein Instrument charakterisiert worden, welches seinen Adressaten relevante Informationen zur Verfügung stellt, damit diese zieladäquate Entscheidungen treffen können.[159] Dieses Verständnis findet sich in der Planungsfunktion des internen Rechnungswesens wieder. Demnach haben die Teilsysteme des internen Rechnungswesens in Entscheidungssituationen, in denen verschiedene Handlungsalternativen zur Auswahl stehen, Informationen bereitzustellen, um die Wirkungen der einzelnen Optionen auf die relevanten Zielgrößen zu prognostizieren und eine zieloptimale Entscheidung herbeizuführen.[160] Über die Entscheidungsfindung hinausgehend können Planungsrechnungen auch einen Beitrag zur Entscheidungsdurchsetzung im Mehrpersonenkontext leisten, indem aus ihnen Zielvorgaben abgeleitet werden, die den Handlungsraum für die unternehmensinternen Entscheidungsträger abgrenzen.[161] Unter der Planungsfunktion werden somit die Aufgaben des internen Rechnungswesens innerhalb der Beurteilungs-, Entscheidungs- und Realisationsphase des Führungsprozesses zusammengefasst.

Die Kontrollfunktion bezieht sich auf die Überprüfung der Zielerreichung durch eine Gegenüberstellung einer realisierten Größe und dem entsprechenden Vorgabewert.[162] Das interne Rechnungswesen hat die Informationen für derartige Kontrollen zu liefern.[163] Sofern der Soll-Ist-Vergleich unerwünschte Abweichungen aufdeckt, tragen Kontrollrechnungen zur Initiierung von Anpassungsmaßnahmen bei.[164] Insofern kommt den Kontrollrechnungen die Aufgabe der „Überwachung und Lenkung der tatsächlichen Zielerreichung“[165] zu. Die aus Kontrollen gewonnenen Erkenntnisse können ferner Einfluss auf künftige Entscheidungen nehmen.[166] Zu kontrollieren sind nicht nur eigene Entscheidungen, sondern auch jene, die von subordinierten Instanzen getroffen worden sind.[167] Demzufolge entfalten Kontrollrechnungen im Mehrpersonenkontext eine verhaltenssteuernde Wirkung: Wenn die Entscheidungsfindung und -realisierung personell auseinanderfallen, kann bereits das Wissen, dass die Erreichung

---

159 Vgl. Abschnitt 2.1, S. 12 f.

160 Vgl. Küpper (2008), S. 156; Weide (2009a), S. 40; Coenenberg/Fischer/Günther (2009), S. 6; Himmel (2004), S. 14.

161 Vgl. Coenenberg/Fischer/Günther (2009), S. 6; Hebeler (2003), S. 46.

162 Vgl. Küpper (2008), S. 156; Melcher (2002), S. 34. Zu unterscheiden sind Zeit-, Betriebs-, Plan-Ist- und Plan-Soll-Vergleiche (vgl. Schweitzer/Ziolkowski (1999), S. 65).

163 Vgl. Himmel (2004), S. 14; Küpper (2008), S. 156; Hebeler (2003), S. 47.

164 Vgl. Küpper (2008), S. 156; Hebeler (2003), S. 47.

165 Coenenberg/Fischer/Günther (2009), S. 22.

166 Vgl. Ewert/Wagenhofer (2008), S. 312; Hoke (2001), S. 17.

167 Vgl. Hoke (2001) S. 16; Müller (2006), S. 36.

der Vorgabewerte kontrolliert wird, die Handlungsträger zu einem zielkonformen Verhalten motivieren.[168]

2.2.2.2 Rechnungszwecke unter der Maßgabe der Personenkontexte

Die Erläuterung der Entscheidungsfunktion des internen Rechnungswesens in der Literatur entspricht weitgehend der obigen Beschreibung der Planungsfunktion: Das interne Rechnungswesen hat die Entscheidungsfindung innerhalb des Unternehmens informatorisch zu fundieren, indem es prognostiziert, wie sich die Realisation einzelner Handlungsmöglichkeiten auf die Unternehmensziele auswirkt.[169] Der wesentliche Unterschied zur Planungsfunktion besteht in der expliziten Ausblendung von Zielkonflikten zwischen verschiedenen Akteuren – entweder weil die Zielformulierung und Entscheidungsfindung in Personalunion erfolgen oder Informationen des Rechnungswesens nicht zur Beseitigung von Zielkonflikten benötigt werden, da diese durch andere Maßnahmen verhindert bzw. beseitigt werden können.[170]

Das interne Rechnungswesen entspricht der Verhaltenssteuerungsfunktion, wenn es die Entscheidungen untergeordneter Handlungsträger im Unternehmen beeinflusst.[171] Hierbei wird der Tatsache Rechnung getragen, dass Entscheidungen mit einem Einfluss auf die Erreichung der Unternehmensziele infolge einer Entscheidungsdelegation von mehreren Handlungsträgern im Unternehmen getroffen werden.[172] Dementsprechend muss die Prämisse nicht existenter Zielkonflikte aufgegeben werden. So kann nicht ausgeschlossen werden, dass Entscheidungsträger ihre Handlungen an ihren eigenen Zielen ausrichten, was ihnen durch einen Informationsvorsprung gegenüber ihren Vorgesetzten erleichtert wird.[173] Bei der „Koordination und Steuerung von Entscheidungen dezentraler Entscheidungsträger“[174] ergibt sich dementsprechend die Notwendigkeit, Zielkonflikte und Informationsasymmetrien zwischen den zentralen und dezentralen Entscheidungsträgern im Unternehmen zu berücksichtigen.[175] Mit der Erfüllung der Verhaltenssteuerungsfunktion hat das interne Rechnungswesen bei „asymmetrischer Informationsverteilung und partiellen Interessenkonflikten [..], einen Beitrag zu leisten, daß die von übergeordneten Hierarchieebenen gewünschten Alternativen durch nachgeordnete Ebenen auch tatsächlich realisiert werden“[176].

---

168 Vgl. Ewert/Wagenhofer (2008), S. 313; Weide (2009a), S. 41; Stute (2007), S. 88.

169 Vgl. Hoke (2001), S. 15; Müller (2006), S. 34 f; Pfaff/Bärtl (1998), S. 764.

170 Vgl. Ewert/Wagenhofer (2008), S. 7. Als Beispiel für Maßnahmen zur Reduktion von Zielkonflikten ist der „Aufbau einer Unternehmenskultur, die die Interessenkonflikte durch das Schaffen gemeinsamer Werte zu verringern versucht“ (Wagenhofer (1995), S. 83) zu nennen.

171 Vgl. Ewert/Wagenhofer (2008), S. 8; Hoke (2001), S. 16; Hebeler (2003), S. 47.

172 Vgl. Jahnke/Chwolka (1998), S. 656 f.; Wiederhold (2008), S. 24. Dies begründet sich mit den Informationsvorteilen, über die die Delegierten auf den unteren Führungsebenen verfügen (vgl. Fisher (1998), S. 48).

173 Vgl. Ewert/Wagenhofer (2008), S. 8; Bramsemann/Heineke/Kunz (2004), S. 553.

174 Wagenhofer (1999), S. 133.

175 Vgl. Ewert/Wagenhofer (2008), S. 8; Hoke (2001), S. 16; Stute (2007), S. 84.

176 Pfaff/Bärtl (1998), S. 764.

Zur Beeinflussung des Verhaltens dezentraler Entscheidungsträger stehen grundsätzlich zwei Möglichkeiten zur Verfügung: Zum einen die bereits angesprochene Ergebniskontrolle, zum anderen können fremde Entscheidungen durch die Bereitstellung bewusst verzerrter Informationen in die Richtung der Realisierung der Unternehmensziele gelenkt werden.[177] So kann es beispielsweise im Hinblick auf die Erreichung des Erfolgsziels sinnvoll sein, Vertriebsmitarbeitern eine auf Vollkosten basierende Preisuntergrenze vorzugeben, um somit zu weit gehenden Preiszugeständnissen entgegenzuwirken.[178] Als besondere Anforderungen an Rechenwerke mit einer Verhaltenssteuerungsfunktion nennt *Weber* die Nachprüfbarkeit und die Plausibilität der Regeln, anhand derer die steuerungsrelevanten Daten ermittelt werden.[179]

2.2.2.3 Synopse

Mitunter entsteht in der Literatur der Eindruck, dass die Planungs- und Entscheidungsfunktion sowie die Kontroll- und Verhaltenssteuerungsfunktion synonym aufgefasst werden.[180] Eine solche „Gleichsetzung" erscheint jedoch insofern fragwürdig, als auch von Planungsrechnungen eine verhaltenssteuernde Wirkung ausgehen kann, indem sie Daten zur Abgrenzung des Rahmens liefern, der den Handlungsspielraum untergeordneter Entscheidungsträger definiert.[181] Zudem werden zur Erfüllung der Entscheidungsfunktion nicht ausschließlich Planungs-, sondern auch Kontrollrechnungen eingesetzt.[182] Schließlich entfalten Planungen erst durch sich anschließende Kontrollen ihre Wirkung.[183] So werden Planungsrechnungen im Einpersonenkontext kaum einen Beitrag zur Zielerreichung leisten, wenn nicht über die Erstellung adäquater Kontrollrechnungen geprüft wird, inwiefern die prognostizierten Wirkungen einer Handlungsalternative auch tatsächlich eingetroffen sind. Eine solche Prüfung zeigt den etwaigen Bedarf für korrigierende Maßnahmen erst auf. Ebenso würde der Lerneffekt unterbleiben, um künftige Entscheidungen und Handlungen zu verbessern.[184]

Planungs- und Kontrollrechnungen bilden somit wesentliche Voraussetzungen, um sowohl die Entscheidungs- als auch die Verhaltenssteuerungsfunktion des internen Rechnungswesens umsetzen zu können. Die Überlegung, dass Planungsrechnungen ausschließlich im Kontext der Entscheidungsfindung und Kontrollrechnungen einzig im Zusammenhang mit der Verhal-

---

177 Vgl. Ewert/Wagenhofer (2008), S. 10 f.; Hofmann (2002), S. 1180. Nach *Schildbach* besteht die Lösung des Prinzipal-Agenten-Problems darin, dass der Prinzipal „die finanziellen Anreize für den Agenten so setzt, daß dieser auf der Grundlage seiner persönlichen Ziele ‚nebenbei' auch die Ziele des Prinzipals möglichst weitgehend erfüllt" (Schildbach (1995), S. 8).

178 Vgl. Ewert/Wagenhofer (2008), S. 11; Hoke (2001), S. 16.

179 Vgl. Weber (1993), S. 62.

180 Vgl. z.B. Melcher (2002), S. 33.

181 Vgl. Abschnitt 2.2.2.1, S. 22.

182 Vgl. Schweitzer/Küpper (2011), S. 34.

183 Vgl. Hebeler (2003), S. 47; Coenenberg/Haller/Mattner/Schultze (2009), S. 5.

184 Vgl. Coenenberg/Fischer/Günther (2009), S. 6.

tenssteuerung zum Einsatz kommen, erscheint daher irreführend.[185] Aufgrund des engen sachlichen Zusammenhangs zwischen Planung und Kontrolle kann daher die Entscheidungsfunktion als Oberbegriff für die Planungs- und Kontrollfunktion im Einpersonenkontext verstanden werden (vgl. Abbildung 2). Analog können unter die Verhaltenssteuerungsfunktion sowohl die Planungs- als auch die Kontrollfunktion im Mehrpersonenkontext subsumiert werden.

<table>
<tr><th></th><th>Einpersonen-kontext</th><th>Mehrpersonen-kontext</th></tr>
<tr><td>Planungs-funktion</td><td rowspan="2">Entscheidungs-funktion</td><td rowspan="2">Verhaltens-steuerungs-funktion</td></tr>
<tr><td>Kontroll-funktion</td></tr>
</table>

Abbildung 2: Zusammenführung der Planungs- und Kontroll- sowie der Entscheidungs- und Verhaltenssteuerungsfunktionen

2.3 Rechenwerke des Rechnungswesens

Die bisherigen Ausführungen haben die Heterogenität in Bezug auf die Rechnungszwecke dargelegt, denen das Rechnungswesen entsprechen muss. Im Folgenden werden die wesentlichen erfolgszielbezogenen Rechenwerke, die zur Erfüllung dieser Funktionen eingesetzt werden, besprochen. Dabei wird zunächst zwischen dem Rechnungswesen auf der Einzelgesellschafts- (Abschnitt 2.3.1) und der Konzernebene (Abschnitt 2.3.2) unterschieden.[186] Auf diesen beiden Ebenen erfolgt jeweils die Dichotomisierung des internen und externen Rechnungswesens. Der Unterscheidung von Rechenwerken auf der Einzelgesellschafts- und Konzernebene kommt im Rahmen der Konvergenzdiskussion insofern eine erhebliche Bedeutung zu, als sich, der Meinung der überwiegenden Diskussionsteilnehmer folgend, eine Vereinheitlichung des internen und externen Rechnungswesens nicht auf alle Hierarchieebenen des Unternehmens erstreckt.[187]

2.3.1 Rechenwerke des Rechnungswesens auf der Einzelgesellschaftsebene

In diesem Abschnitt werden die wesentlichen Rechenwerke, die auf der Ebene eines einzelnen Unternehmens als eigenständige rechtliche Einheit aufgestellt werden, dargelegt. Bezogen auf

[185] So betont auch *Küpper*, dass Kontrollen sowohl für die Überprüfung von Plänen als auch zur Verhaltenssteuerung eingesetzt werden (vgl. Küpper (1998b), S. 520).

[186] Unter einem Konzern wird der Zusammenschluss rechtlich selbständiger Unternehmen zu einer wirtschaftlichen Einheit unter einheitlicher Leitung verstanden (vgl. Baetge/Kirsch/Thiele (2011b), S. 1; Küting/Lorson (1997), S. 2). Die Ausführungen beziehen sich somit auf die beiden obersten Ebenen eines Konzerns, wobei davon ausgegangen wird, dass der Konzernmuttergesellschaft mehrere Tochterunternehmen unterstellt sind. Grundsätzlich können zwischen diesen Ebenen allerdings „Zwischeneinheiten", beispielsweise in der Form von Teilkonzernen, bestehen (vgl. Kammer (2005), S. 26).

[187] Vgl. hierzu ausführlich Abschnitt 5.3.1.1.1.5, S. 235 ff.; vgl. ferner Schaier (2007), S. 112.

das Erfolgsziel des Unternehmens lassen sich im Allgemeinen zwei zentrale Rechenwerke unterscheiden. Das externe Rechnungswesen auf der Einzelgesellschaftsebene setzt sich aus dem **handelsrechtlichen Einzelabschluss** (Abschnitt 2.3.1.1) und der daraus abgeleiteten **Steuerbilanz** (Abschnitt 2.3.1.1.2.4) zusammen. Mit der Ausnahme von Kleinunternehmen, die im Folgenden nicht weiter betrachtet werden, verfügen Unternehmen – zumindest im Falle der tradierten Ausgestaltung des Rechnungswesens – in der Regel über eine separate **Kosten- und Leistungsrechnung** als zentralen Bestandteil des internen Rechnungswesens.[188] Ihre Grundzüge werden in Abschnitt 2.3.1.2 behandelt.

2.3.1.1 Handelsrechtlicher Einzelabschluss

Das Handelsrecht verpflichtet Kaufleute, die mit ihrem Handelsgewerbe die in § 241a HGB genannten Schwellenwerte überschreiten, zur Buchführung (§ 238 Abs. 1 HGB) und zur Aufstellung eines Jahresabschlusses (§ 242 Abs. 1 und 2 HGB), der sich nach § 242 Abs. 3 HGB aus der Bilanz und der GuV zusammensetzt. Kapitalgesellschaften und bestimmte Personenhandelsgesellschaften haben gemäß §§ 264 Abs. 1 Satz 1, 264a Abs. 1 HGB den Jahresabschluss um einen Anhang zu ergänzen und einen Lagebericht aufzustellen, der jedoch nicht Bestandteil des Jahresabschlusses ist.[189]

Die **Bilanz** weist das Vermögen und Kapital eines Unternehmens zum Bilanzstichtag aus und stellt somit eine Zeitpunktrechnung dar,[190] während die **Gewinn- und Verlustrechnung** den innerhalb eines Geschäftsjahres erwirtschafteten Erfolg ermittelt.[191] Als Rechengrößen gehen in die GuV **Aufwendungen und Erträge** ein.[192] Erträge (Aufwendungen) sind Erhöhungen (Verminderungen) des Reinvermögens und stellen somit Wertzuwächse (Wertverzehr) dar.[193] Das Reinvermögen entspricht als Differenz von Vermögen und Schulden dem Eigenkapital eines Unternehmens.[194] Der GuV wird daher die Funktion zugewiesen, die „auf unternehmerischen Aktivitäten beruhenden Eigenkapitalveränderungen transparent zu machen.“[195] In der handelsrechtlichen GuV werden grundsätzlich alle nicht eigentümerbezogenen Eigenkapital-

---

188 In kleineren Unternehmen wird oft auf eine divergente Ausgestaltung des Rechnungswesens verzichtet. Die Produktkalkulation basiert in diesem Fall ausschließlich auf den im externen Rechnungswesen erfassten Aufwandsarten (vgl. Männel (1999a), S. 14).

189 Vgl. Coenenberg/Haller/Mattner/Schultze (2009), S. 50. Von der Aufstellung des Lageberichts sind nach § 264 Abs. 1 Satz 4 HGB „kleine“ Kapitalgesellschaften i.S.d. § 267 Abs. 1 HGB befreit. Der Umfang der Pflichtbestandteile des Jahresabschlusses erweitert sich für kapitalmarktorientierte Kapitalgesellschaften, die nicht zur Aufstellung eines Konzernabschlusses verpflichtet sind, um eine Kapitalflussrechnung und einen Eigenkapitalspiegel; zudem besteht die Option, eine Segmentberichterstattung zu ergänzen (§ 264 Abs. 1 Satz 2 HGB; vgl. auch Melcher/Schaier (2009), S. 5).

190 Vgl. Coenenberg/Haller/Schultze (2009), S. 3; Lorson/Schedler (2002), S. 256.

191 Vgl. Baetge/Kirsch/Thiele (2011a), S. 3; Volkart (1997), S. 444.

192 Vgl. Ewert/Wagenhofer (2008), S. 5; Weißenberger (2003), S. 91.

193 Vgl. Götze (2010), S. 6; Ewert/Wagenhofer (2008), S. 5.

194 Vgl. Götze (2010), S. 5; Baetge/Kirsch/Thiele (2011a), S. 3.

195 Coenenberg/Haller/Schultze (2009), S. 497.

veränderungen einer Periode ausgewiesen.[196] Die Erfassung der Aufwendungen und Erträge richtet sich dabei nach der Periode, in der sich die zugrundeliegenden Geschäftsvorfälle ereignen.[197] Sie fallen damit nicht zwingend in dieselbe Periode, in der sich der Zahlungsmittelbestand verändert (§ 252 Abs. 1 Nr. 5 HGB), vielmehr sind Aufwendungen und Erträge das Ergebnis einer regelbasierten Periodisierung von Aus- und Einzahlungen.[198]

Der **Anhang** enthält als ergänzendes Berichtsinstrument sowohl quantitative als auch qualitative Informationen, welche die Bilanz- und GuV-Daten erläutern.[199] Dem **Lagebericht** obliegt die realitätskonforme Darstellung des Geschäftsverlaufs und der Unternehmenslage. Hierin können – im Gegensatz zur vergangenheitsorientierten Bilanz und GuV – auch prospektive Informationen enthalten sein.[200] Beide Instrumente werden *Küting/Weber* folgend eingesetzt, um „[d]ie Lücke zwischen den mathematisch abstrakten Angaben in der Bilanz und der Erfolgsrechnung einerseits und der Forderung nach einem möglichst sicheren Einblick in die Vermögens-, Finanz- und Ertragslage andererseits zu schließen“[201].

2.3.1.1.1 Rechnungszwecke des handelsrechtlichen Einzelabschlusses

Die Funktionen des handelsrechtlichen Einzelabschlusses sind im Handelsgesetzbuch (HGB) nicht explizit kodifiziert.[202] Die Generalnorm des § 264 Abs. 2 HGB, nach welcher „[d]er Jahresabschluss der Kapitalgesellschaft [..] unter Beachtung der Grundsätze ordnungsmäßiger Buchführung ein den tatsächlichen Verhältnissen entsprechendes Bild der Vermögens-, Finanz- und Ertragslage der Kapitalgesellschaft zu vermitteln [hat]“, erweist sich nach *Coenenberg et al.* als Zirkeldefinition. Denn die Grundsätze ordnungsmäßiger Buchführung (GoB), welche der Generalnorm folgend bei der Darlegung der Unternehmenssituation als flankierende Prinzipien zu beachten sind, werden nach herrschender Meinung aus den Jahresabschlusszwecken deduziert.[203]

Im Schrifttum finden sich verschiedene Ansätze zur Systematisierung der Funktionen des handelsrechtlichen Einzelabschlusses, deren Unterschiede vorrangig in den verwendeten Begrifflichkeiten bestehen. Ihr gemeinsamer Kern ist in dem Zweckdualismus zu sehen, wonach dem handelsrechtlichen Jahresabschluss neben der aus Abschnitt 2.2.1 bekannten **Informati-**

---

196 Vgl. Coenenberg/Haller/Schultze (2009), S. 498 f.

197 Vgl. Küting/Weber (2009), S. 19; Coenenberg/Haller/Schultze (2009), S. 64.

198 Vgl. Ewert/Wagenhofer (2008), S. 5; Schweitzer/Küpper (2011), S. 18; Wagenhofer/Ewert (2007), S. 11.

199 Vgl. Baetge/Kirsch/Thiele (2011a), S. 691; Coenenberg/Haller/Schultze (2009), S. 855.

200 Vgl. Coenenberg/Haller/Schultze (2009), S. 929; Grüning (2010), S. 527.

201 Küting/Weber (2009), S. 418; vgl. zu den Einzelfunktionen des Anhangs ausführlich Küting/Weber (2009), S. 418 f., sowie Coenenberg/Haller/Schultze (2009), S. 857 ff.

202 Vgl. Coenenberg/Haller/Schultze (2009), S. 16; Baetge/Kirsch/Thiele (2011a), S. 100; Ballwieser (1996), S. 504.

203 Vgl. Coenenberg/Haller/Schultze (2009), S. 17; vgl. zur Herleitung der GoB auch Abschnitt 2.3.1.1.2, S. 32.

onsfunktion auch eine **Zahlungsbemessungsfunktion** zukommt.[204] Diese Differenzierung wird von *Siegel* als „unstrittig" tituliert.[205]

Mit Blick auf die kursorische Abgrenzung der unterschiedlichen Ausprägungen der Informationsfunktion in Abschnitt 2.2.1 erscheint eine Konkretisierung dieses Rechnungszwecks erforderlich.[206] *Moxter* zufolge fungiert der handelsrechtliche Jahresabschluss sowohl zur Selbstinformation des Kaufmanns bzw. des Managements als auch zur Information „schutzbedürftiger Dritter".[207] Eine Rangordnung im Hinblick auf die unternehmensexternen Abschlussadressaten ist dabei nicht ersichtlich, weshalb davon ausgegangen wird, dass der Jahresabschluss im Sinne einer Kompromisslösung versucht, den unterschiedlichen Informationsbedarfen sämtlicher Abschlussadressaten gerecht zu werden.[208]

Die Identifikation der Abschlussadressaten erlaubt noch keine Aussage darüber, ob der Jahresabschluss als Instrument zur Rechenschaftslegung gegenüber den unternehmensexternen Adressaten oder zur Fundierung ihrer Entscheidungen eingesetzt wird. In der relevanten Literatur wird die Beantwortung dieser Frage häufig umgangen, indem dem Jahresabschluss eine Rechenschafts- *und* Informationsfunktion zugeordnet wird[209] oder die Informationsfunktion unter Verzicht auf eine weitergehende Differenzierung als Rechnungszweck angegeben wird.[210]

Eine nähere Betrachtung der Informationsfunktion scheint aber insofern geboten, als das Spannungsverhältnis, welches zwischen den Kriterien Relevanz und Verlässlichkeit der Abschlussinformationen besteht,[211] in Abhängigkeit von der Gewichtung der Subfunktionen un-

---

204 Vgl. Ballwieser (2001a), S. 642; Fey/Mujkanovic (1999), S. 261; Coenenberg/Haller/Schultze (2009), S. 22; Pellens/Fülbier/Gassen/Sellhorn (2011), S. 13; Moxter (2003), S. 7; Haller/Eierle (2004), S. 35; Hennrichs (2008), S. 417 ff.

Mitunter wird als dritte Funktion die Dokumentationsfunktion genannt, welche die Aufzeichnung der Geschäftsvorfälle innerhalb eines bestimmten Zeitraums umfasst (vgl. Baetge/Kirsch/Thiele (2011a), S. 93). Indem sie dolose Handlungen, etwa in der Form von Unterschlagungen, erschwert, dient sie letztlich dem Schutz von Gläubigern und Eigentümern und erfüllt zugleich eine präventive Funktion (vgl. Baetge/Kirsch/Thiele (2011a), S. 93; Eisele (2002b), Sp. 220 f.). Die Dokumentationsfunktion wird dabei bisweilen in ein hierarchisches Verhältnis zu den beiden übrigen Aufgaben gesetzt: Sie wird demnach als Basisaufgabe der Informations- und Zahlungsbemessungsfunktion untergeordnet (vgl. Coenenberg/Haller/Schultze (2009), S. 18). Diese Unterordnung resultiert daraus, dass die objektiv nachvollziehbare Aufzeichnung sämtlicher Geschäftsvorfälle eine notwendige Voraussetzung zur Erfüllung der beiden übrigen Funktionen bildet (vgl. Baetge/Kirsch/Thiele (2011a), S. 93).

205 Vgl. Siegel (2008), S. 340.

206 Vgl. hierzu bereits Abschnitt 2.2.1, S. 19.

207 Moxter (2003), S. 5. Gleichwohl dürfte unbestritten sein, dass die Selbstinformation des Managements primär über die Rechenwerke des internen Rechnungswesens erfolgt (vgl. Himmel (2004), S. 18), was u.a. auf die bereits in Abschnitt 1.1 angesprochene mangelnde Steuerungseignung der handelsrechtlichen Rechnungslegung zurückzuführen ist (vgl. Fn. 24).

208 Vgl. Baetge/Kirsch/Thiele (2011a), S. 101 f.; Naumann (2006), S. 45; Auer (1999), S. 989.

209 Vgl. z.B. Hoke (2001), S. 14 ff.; Busse von Colbe (2000), S. 489 ff. oder *Hebeler*, der die Informationsfunktion als Subfunktion der Rechenschaftslegung betrachtet (vgl. Hebeler (2003), S. 57).

210 Vgl. Coenenberg/Haller/Schultze (2009), S. 18; Weide (2009a), S. 39; Melcher (2002), S. 29.

211 Vgl. Naumann (2006), S. 44; Pellens/Crasselt/Sellhorn (2009), S. 107.

terschiedlich gelöst wird.[212] Während zur Umsetzung der Entscheidungsunterstützung die Relevanz der Informationen gegenüber ihrer Verlässlichkeit zu akzentuieren ist, setzt die Rechenschaftsfunktion verlässlich ermittelte Informationen voraus, auch wenn die erforderliche Verlässlichkeit zulasten der Relevanz geht.[213] Nach *Baetge et al.* findet sich der Rechenschaftszweck zwar nicht im Wortlaut des Gesetzes, kann aber dem Bedeutungszusammenhang der handelsrechtlichen Bilanzierungsvorschriften entnommen werden.[214] Aus der Dominanz der Verlässlichkeit, welche die handelsrechtlichen Rechnungslegungsnormen implizieren, kann gefolgert werden, dass der Jahresabschluss nach HGB primär ein Instrument ist, mit dem das Management Rechenschaft gegenüber Unternehmensexternen ablegt.[215]

Ergänzend zur Informationsfunktion in der Ausprägung der Rechenschaftslegung obliegt dem handelsrechtlichen Jahresabschluss eine Zahlungsbemessungsfunktion, indem ein Gewinn ermittelt wird, an den erfolgsabhängige Zahlungsansprüche gekoppelt werden.[216] Empfänger dieser Zahlungen sind primär Anteilseigner.[217] Über den Maßgeblichkeitsgrundsatz bildet der im handelsrechtlichen Jahresabschluss ausgewiesene Gewinn ferner die Grundlage für die Bemessung der Ertragsteuern.[218] Dabei ist zu bedenken, dass der Periodenerfolg ein Rechnungsziel ist, das mit einem spezifischen Rechnungszweck korrespondiert. Dementsprechend weist der Erfolgsbegriff eine hohe Relativität auf, da er inhaltlich durch die Grundsätze bestimmt wird, die bei seiner Ermittlung zu beachten und aus einem spezifischen Rechnungszweck abgeleitet worden sind.[219]

Die Bemessung eines ausschüttungsfähigen Gewinns wird von Interessendivergenzen unter den Abschlussadressaten flankiert, die insbesondere zwischen Gläubigern und Anteilseignern bestehen.[220] Die divergierenden Vorstellungen über eine adäquate Gewinnbemessung sind auf die negative Korrelation zurückzuführen, die zwischen einer Gewinnausschüttung und dem verbleibenden Haftungspotenzial existiert. Die Ansprüche der Gläubiger setzen sich aus Verzinsungs- und Rückzahlungsansprüchen zusammen, die in aller Regel erfolgsunabhängig sind.[221] Die Gläubiger sind folglich zwar grundsätzlich an der Erzielung eines Gewinnstroms interessiert, weil dieser die Voraussetzung für die Bedienung ihrer Ansprüche bildet. Gleich-

[212] Vgl. Coenenberg/Straub (2008), S. 25.

[213] Vgl. Coenenberg/Straub (2008), S. 22.

[214] Vgl. Baetge/Kirsch/Thiele (2011a), S. 93.

[215] *Busse von Colbe* gibt jedoch zu bedenken, dass die dem Handelsrecht inhärenten Ermessensspielräume mit dem Rechenschaftszweck inkompatibel sind (vgl. Busse von Colbe (2000), S. 490).

[216] Vgl. Baetge/Kirsch/Thiele (2011a), S. 99; Hoke (2001), S. 14.

[217] Vgl. Hettich (2006), S. 12.

[218] Vgl. Naumann (2006), S. 47; Baetge/Kirsch/Thiele (2011a), S. 99 f.

[219] Vgl. Schneider (1997), S. 58 f.; Hebeler (2003), S. 50; Küting (2006), S. 1442; vgl. hierzu auch die Zusammenstellung unterschiedlicher Gewinnkonzepte bei Scherrer (1993), Sp. 738 ff., sowie die Anmerkung von *Wagenhofer/Ewert*, dass Gewinne theoretische Konzepte sind, die sich einer direkten Beobachtung und Beurteilung im Sinne eines „richtigen" oder „falschen" Gewinns entziehen (vgl. Wagenhofer/Ewert (2007), S. 11).

[220] Vgl. Coenenberg/Haller/Schultze (2009), S. 18; Gros (2010), S. 13.

[221] Vgl. Kahle (2002a), S. 122; Hettich (2006), S. 13.

wohl besteht bei ihnen „kein positives Zahlungsbemessungsinteresse“[222], da sie aufgrund ihrer fixierten Ansprüche von einer Gewinnausschüttung nicht profitieren, stattdessen jedoch im Vergleich zur Thesaurierung als alternative Gewinnverwendungsmöglichkeit die Haftungssubstanz des Unternehmens für seine Verbindlichkeiten verringert wird. Demgegenüber besteht bei den Anteilseignern ein Interesse an einer Gewinnausschüttung.[223]

Soll im Rahmen der Zahlungsbemessungsfunktion dieser Interessenkonflikt Berücksichtigung finden, besteht einerseits die Aufgabe, die Abschlussadressaten, welche ein gewinnabhängiges Einkommen beziehen, vor Gewinnverkürzungen zu schützen.[224] Andererseits umfasst die Zahlungsbemessungsfunktion demnach die Bestimmung eines Gewinns in der Form jenes Betrags, der ausgeschüttet werden kann, ohne den Fortbestand des Unternehmens zu gefährden.[225] Seitens der handelsrechtlichen Rechnungslegungsvorschriften werden die Zahlungsbemessungsinteressen der Gläubiger gegenüber jenen der Anteilseigner priorisiert.[226] Der handelsrechtliche Einzelabschluss wird vom **Gläubigerschutzprinzip** geprägt,[227] so dass der „Zweck der Gewinnermittlung [..] in erster Linie in der Ermittlung einer vorsichtig bemessenen, umsatzabhängigen und verlustantizipierenden Ausschüttungsbemessungsrichtgröße“[228] gesehen wird. Indem der Periodenerfolg ermittelt wird, der selbst bei vollständiger Entnahme keine Reduktion des nominellen Eigenkapitals implizieren würde, soll die Haftungsmasse für die Gläubigeransprüche gesichert werden.[229] Ohne eine Ausschüttungsbegrenzung könnten Gläubiger seitens der Anteilseigner durch Entnahmen in beliebiger Höhe geschädigt werden.[230] Der bilanzielle Gläubigerschutz wird „von vielen Fachvertretern [..] als Grundpfeiler der deutschen Rechnungslegung angesehen“[231]. Ihren Ursprung findet die Priorisierung der Gläubigerinteressen in der hohen Bedeutung der Bankenfinanzierung in Deutschland.[232]

In der Literatur finden sich unterschiedliche Ansichten in Bezug auf die Rangordnung der beiden zuvor abgegrenzten Funktionen des Jahresabschlusses. Nach *Coenenberg et al.* stellt die Informationsfunktion die Hauptaufgabe des handelsrechtlichen Jahresabschlusses dar.[233] *Moxter* zufolge besteht die primäre Funktion des Jahresabschlusses hingegen in der Bemessung eines verteilbaren Gewinns, der sich die Informationsfunktion unterzuordnen hat.[234]

---

222 Bieg/Kußmaul (2009), S. 21.

223 Vgl. Bieg/Kußmaul (2009), S. 22.

224 Vgl. Moxter (2003), S. 3; Bieg/Kußmaul (2009), S. 23.

225 Vgl. Moxter (2003), S. 4.

226 Vgl. Böcking/Dutzi (2006), S. 4; Bieg/Kußmaul (2009), S. 24.

227 Vgl. Hoke (2001), S. 14; Müller (2006), S. 29.

228 Kahle (2002b), S. 696.

229 Vgl. Baetge/Kirsch/Solmecke (2009), S. 1213; Grottke (2009), S. 262.

230 Vgl. Wielenberg (2009), S. 3; Jones/Luther (2005), S. 170; Schildbach (2002), S. 272.

231 Böcking/Dutzi (2006), S. 4.

232 Vgl. Pellens/Fülbier/Gassen (1998), S. 56; Jones/Luther (2005), S. 170.

233 Vgl. Coenenberg/Haller/Schultze (2009), S. 18.

234 Vgl. Moxter (1986), S. 18; so auch Küpper (1998a), S. 152.

Auch andere Autoren vertreten die Auffassung, dass die Zahlungsbemessungsfunktion gegenüber der Informationsfunktion priorisiert wird.[235] *Wüstemann/Wüstemann* konstatieren etwa, „dass der Zweck der handelsrechtlichen Ansatz- und Bewertungsnormen in der Ausschüttungsbemessungsfunktion besteht“[236]. Ebenso mehren sich im englischsprachigen Schrifttum Meinungen, denen zufolge ein handelsrechtlicher Abschluss die Informationsfunktion nur unzureichend erfüllt.[237]

Baetge et al. entnehmen den handelsrechtlichen Vorschriften hingegen keine generelle Dominanz einer der beiden Jahresabschlusszwecke.[238] Vielmehr gewährleistet der handelsrechtliche Einzelabschluss einen Ausgleich der divergierenden Interessen der Abschlussadressaten und soll „durch die ausgewogene Gewichtung der Zwecke einem relativierten Schutz aller Adressaten dienen“[239]. Gleichwohl wird von einzelnen handelsrechtlichen Vorschriften mitunter ein Zweck priorisiert, beispielsweise trägt das im Weiteren noch erörterte Imparitätsprinzip zur Sicherstellung der Zahlungsbemessungsfunktion des handelsrechtlichen Einzelabschlusses bei.[240] Eine ähnliche Position vertritt *Naumann*, indem er eine Gleichrangigkeit zwischen der Informations- und der Zahlungsbemessungsfunktion für den gesamten Abschluss sieht, während die Rechenwerke Bilanz und GuV von der Zahlungsbemessungsfunktion geprägt werden. Diese Dominanz der Zahlungsbemessungsfunktion wird demnach durch den Anhang kompensiert, welcher vorrangig der Informationsfunktion nachkommt.[241]

Ein Indiz für eine faktische Dominanz der Zahlungsbemessungsfunktion kann auch darin gesehen werden, dass mit dem Bilanzrechtsmodernisierungsgesetz (BilMoG) eine Stärkung der Informationsfunktion (bei gleichzeitiger Berücksichtigung der Zahlungsbemessungsfunktion) intendiert worden ist.[242] *Baetge et al.* kommen im Zuge einer Analyse der Gesetzesmaterialien sowie der -vorschriften des BilMoG zu dem Ergebnis, dass im Zuge dieser Novellierung die Informationsfunktion des handelsrechtlichen Jahresabschlusses im Sinne der Rechenschaftslegung gestärkt wurde. Eine Rangordnung zwischen den Rechnungszwecken lässt sich ihres Erachtens jedoch nach wie vor nicht erkennen, vielmehr werden die beiden Zwecke weiterhin von einzelnen Regelungen in unterschiedlichem Maße forciert.[243]

---

235 Vgl. Hayn/Waldersee (2008), S. 36; Bieg/Kußmaul (2009), S. 63; Born (2007), S. 547; Schneider (1997), S. 110.

236 Wüstemann/Wüstemann (2009), S. 39.

237 Vgl. z.B. Harris/Lang/Möller (1994), S. 188; vgl. hierzu auch *Daske*, der ebenfalls zu bedenken gibt, dass das HGB „international als wenig transparent gilt“ (Daske (2005), S. 457) sowie *Wiedmann et al.*, welche vor dem Hintergrund der durch das Steuerrecht beeinflussten handelsrechtlichen Rechnungslegung von einer „zweckwidrige[n] Bilanzierung“ (Wiedmann/Beiersdorf/Schmidt (2007), S. 326) sprechen.

238 Vgl. Baetge/Kirsch/Thiele (2011a), S. 101; Naumann (2006), S. 46; Baetge/Kirsch/Solmecke (2009), S. 1213.

239 Baetge/Kirsch/Thiele (2011a), S. 101 f.

240 Vgl. Baetge/Kirsch/Thiele (2011a), S. 101.

241 Vgl. Naumann (2006), S. 46.

242 Vgl. Velte (2008a), S. 73; Stibi/Fuchs (2009), S. 10; Hennrichs (2008), S. 419.

243 Vgl. Baetge/Kirsch/Solmecke (2009), S. 1221.

2.3.1.1.2 Wesentliche Grundsätze der handelsrechtlichen Rechnungslegung

Dem Grundsatz der rechnungszweckabhängigen Ausgestaltung des Rechnungswesens folgend werden die Ausführungen zu den Rechnungszwecken des handelsrechtlichen Einzelabschlusses im Weiteren um die wesentlichen Rechnungslegungsgrundsätze ergänzt. Diese als **Grundsätze ordnungsmäßiger Buchführung** bezeichneten Prinzipien werden als Mittel betrachtet, mit denen die handelsrechtlichen Jahresabschlusszwecke erfüllt werden können.[244] Die angesprochenen Rechnungszwecke des handelsrechtlichen Einzelabschlusses bilden dementsprechend die Deduktionsgrundlage für die Formulierung der GoB.[245] Letztere konstituieren wiederum die Basis für die Formulierung konkreter Regeln zur Abbildung bestimmter Sachverhalte im handelsrechtlichen Einzelabschluss.[246]

In Korrespondenz mit der vielfach perzipierten Dominanz der Zahlungsbemessungsfunktion des handelsrechtlichen Einzelabschlusses,[247] sind die GoB nach herrschender Meinung auf die Bemessung eines maximal entziehbaren Gewinns ausgerichtet.[248] Unter den GoB nimmt daher das **Vorsichtsprinzip**, welches die Ermittlung eines ausschüttungsfähigen Gewinns bei gleichzeitiger Erhaltung des nominellen Kapitals intendiert, eine zentrale Stellung ein.[249] Es gilt auch nach der Reform des HGB durch das BilMoG als „Eckpfeiler des deutschen Handelsrechts"[250]. Aufgrund der exponierten Stellung des Vorsichtsprinzips innerhalb der GoB,[251] beschränken sich die folgenden Ausführungen auf dieses (Abschnitt 2.3.1.1.2.1) und jene Grundsätze, die sich unter das Vorsichtsprinzip subsumieren lassen. Sie konkretisieren sich im Realisations- sowie im Imparitätsprinzip (Abschnitte 2.3.1.1.2.2 und 2.3.1.1.2.3).[252] Damit werden im Folgenden die drei GoB erörtert, welche die Definition des Periodenerfolgs maßgeblich beeinflussen und zu einer Relativierung der von der Generalnorm des § 264 Abs.

---

244 Vgl. Baetge/Kirsch/Thiele (2011a), S. 102. Die GoB umfassen „allgemein anerkannte Regeln über die Führung der Handelsbücher (Dokumentation) sowie die Erstellung des Jahresabschlusses (Rechenschaftslegung) von Unternehmen" (Coenenberg/Haller/Schultze (2009), S. 36). Wenngleich diese Regeln nur partiell kodifiziert sind (vgl. Pellens/Fülbier/Sellhorn/Gassen (2011), S. 139), sind sie infolge der Verweise der §§ 238 Abs. 1 Satz 1, 243 Abs. 1, 264 Abs. 2 Satz 1 HGB bei der Organisation der Buchführung und der Aufstellung des Jahresabschlusses zwingend zu befolgen. Die GoB bilden einen Orientierungspunkt sowohl für das Ausfüllen von Gesetzeslücken als auch für die Auslegung der gesetzlichen Vorschriften (vgl. Coenenberg/Haller/Schultze (2009), S. 36; Baetge/Kirsch/Thiele (2011a), S. 102 f.).

245 Vgl. Wüstemann/Kierzek (2007), S. 888; Baetge (1976), S. 13; Gros (2010), S. 10. Neben dieser deduktiven Methode lassen sich die GoB auf induktivem Wege ermitteln, indem Handlungsweisen aus der Bilanzierungspraxis als GoB deklariert werden (vgl. Coenenberg/Haller/Schultze (2009), S. 37). Darüber hinaus können GoB dem hermeneutischen Ansatz folgend aus der Auslegung des Wortlauts einer Vorschrift und der Berücksichtigung u.a. ihres Bedeutungszusammenhangs, ihrer Entstehungsgeschichte und der vom Gesetzgeber intendierten Jahresabschlusszwecke entstehen (vgl. Baetge/Kirsch/Thiele (2011a), S. 108).

246 Vgl. Wüstemann/Wüstemann (2010), S. 7.

247 Vgl. Abschnitt 2.3.1.1.1, S. 30.

248 Vgl. Schreiber (2000), S. 91; Fülbier/Gassen/Sellhorn (2008), S. 1318.

249 Vgl. Fülbier/Gassen/Sellhorn (2008), S. 1318; Gassen/Sellhorn (2006), S. 370; Kupsch (2000), S. 117; Rückle (1993), Sp. 196.

250 Keller (2009), S. 229; ähnlich auch Stibi/Fuchs (2009), S. 15.

251 *Weber/Weißenberger* charakterisieren das Vorsichtsprinzip als „eine Art ‚Über-GoB', der alle anderen [...] Grundsätze dominiert" (Weber/Weißenberger (2010), S. 236).

252 Vgl. Wagenhofer (1996), S. 1051; Wüstemann/Kierzek (2007), S. 888; Wehrheim/Fross (2010), S. 82.

2 Satz 1 HGB geforderten, realitätskonformen Abbildung der wirtschaftlichen Lage des Unternehmens führen.[253]

Die nachfolgenden Ausführungen können folglich nicht den Anspruch erheben, einen vollständigen Überblick über die handelsrechtlichen GoB zu bieten.[254] Sie beschränken sich auf die zentralen Grundsätze, die – wie im Weiteren noch zu zeigen ist – auch für die Konvergenzdiskussion von erheblicher Relevanz sind. Darüber hinausgehend wird mit dem Maßgeblichkeitsprinzip ein Grundsatz aufgegriffen, aus dem sich die enge Verknüpfung der handels- und steuerrechtlichen Gewinnermittlung ergibt.[255] Diese Verbindung stellt ein weiteres Charakteristikum der handelsrechtlichen Rechnungslegung dar,[256] das in der Konvergenzdiskussion vielfach im Zusammenhang mit der Begründung des divergenten Rechnungswesens Erwähnung findet und auch in der weiteren Arbeit mehrfach aufgegriffen wird.[257] Die Schnittstelle zwischen Handels- und Steuerbilanz wird daher in Abschnitt 2.3.1.1.2.4 beschrieben.

2.3.1.1.2.1 Vorsichtsprinzip

Schneider zufolge finden sich in der einschlägigen Literatur eine „phrasenhaft" weite wie auch eine enge Auslegung des Vorsichtsprinzips: Im weiten Sinne besteht die Aussage des Vorsichtsprinzips darin, dass sich „ein Kaufmann [..] lieber ärmer rechnen [solle], als er ist."[258] Demnach soll die wirtschaftliche Situation des Unternehmens im Jahresabschluss nicht zu optimistisch dargestellt werden,[259] da eine zu positive Abbildung des Unternehmensgeschehens Fehlentscheidungen sowohl seitens der Unternehmensführung als auch der Jahresabschlussadressaten provozieren könnte.[260] Diesem breiten Verständnis folgend fungiert das Vorsichtsprinzip – wie bereits oben angedeutet – als Deduktionsbasis für das Realisations- sowie das Imparitätsprinzip.[261] Weiterhin können die restriktiven Kriterien, welche die Aktivierung eines Vermögensgegenstands voraussetzt, mit dem Vorsichtsprinzip begründet werden.[262]

Die enge Auslegung des Vorsichtsprinzips bezieht sich demgegenüber auf Ermessensentscheidungen, die im Rahmen von Prognosen zu treffen sind.[263] Zukunftserwartungen gehen etwa in den Ansatz bzw. die Bewertung von Rückstellungen sowie in die Bewertung des ab-

---

253 Vgl. Leffson (1987), S. 92; Wolz (2005), S. 12.

254 Vgl. für eine ausführliche Darstellung der handelsrechtlichen GoB Baetge/Kirsch/Thiele (2011a), S. 112 ff.

255 Vgl. Wehrheim/Fross (2010), S. 88.

256 Vgl. Glaum/Mandler (1996), S. 218; Weißenberger/Stahl/Vorstius (2004b), S. 172.

257 Vgl. z.B. Melcher (2002), S. 33; Müller (2006), S. 74; Weide (2009a), S. 98.

258 Schneider (1997), S. 105.

259 Vgl. Coenenberg/Haller/Schultze (2009), S. 40; Baetge/Kirsch/Thiele (2011a), S. 137.

260 Vgl. Bieg/Kußmaul (2009), S. 37.

261 Vgl. Coenenberg/Haller/Schultze (2009), S. 40; Bieg/Kußmaul (2009), S. 38.

262 Vgl. Schildbach (2004), S. 150.

263 Vgl. Schneider (1997), S. 106.

nutzbaren Anlagevermögens ein.[264] Sofern der Wertansatz auf den subjektiven Erwartungen des Bilanzierenden beruht, beispielsweise im Falle einer Rückstellung, ist dem Vorsichtsprinzip folgend der pessimistischste Wert anzusetzen, der für realistisch gehalten wird.[265] Dies gilt auch dann, wenn dieser Wert nicht über die höchste Eintrittswahrscheinlichkeit verfügt.[266] Das Vorsichtsprinzip folgt damit der Intention, mithilfe einer vorsichtigen Gewinnermittlung und der damit verbundenen Ausschüttungsbegrenzung das Kapital eines Unternehmens zu erhalten und seine Haftungssubstanz zu schützen.[267]

Mit dem Vorsichtsprinzip lassen sich somit Unterbewertungen von Aktiva und Überbewertungen von Passiva rechtfertigen, wenngleich diese im Konflikt zu den Grundsätzen der Richtigkeit und Klarheit stehen, die ebenfalls zu den GoB gehören.[268] Es besteht folglich „das Problem einer eindeutigen Grenze zwischen berechtigter Vorsicht und unberechtigter Willkür."[269] Als problematisch erweist sich hierbei nicht nur der Ausweis eines faktisch zu niedrigen Reinvermögens während des Zeitraums, in dem ein unterbewerteter Vermögensgegenstand bzw. eine überbewertete Schuld in der Bilanz angesetzt wird. Besonders kritisch ist vielmehr die erfolgswirksame Auflösung der auf diese Weise gebildeten stillen Reserven in der Periode zu sehen, in der ein unterbewerteter Vermögensgegenstand aus dem Vermögen des Unternehmens abgeht oder eine überbewertete Rückstellung aufgelöst wird. Die aufgelösten stillen Reserven gehen schließlich in die GuV als sonstiger betrieblicher Ertrag ein und erhöhen den Periodenerfolg, wobei ein korrespondierender Zahlungseingang nicht existiert.[270] Damit kann unter Umständen die schlechte Ertragslage eines Unternehmens kaschiert werden, indem die mit der Auflösung stiller Reserven verbundenen Erträge die Verluste aus der gewöhnlichen Geschäftstätigkeit kompensieren.[271] Hierin sieht *Born* eine Umkehr des Vorsichtsprinzips, weil in ertragsstarken Jahren eine vorsichtige Bilanzierung gewählt wird, welche es ermöglicht, in ergebnisschwachen Jahren die Ertragslage weniger vorsichtig abzubilden.[272]

264 Vgl. Baetge/Kirsch/Thiele (2011a), S. 138.

265 Vgl. Coenenberg/Haller/Schultze (2009), S. 41; Schildbach (2004), S. 151.

266 Vgl. Schildbach (2004), S. 151.

267 Vgl. Moxter (2003), S. 33; Coenenberg/Haller/Schultze (2009), S. 41. Mithilfe des Vorsichtsprinzips werden Ausschüttungen jedoch nicht vollständig unterbunden, sondern auf Zeitpunkte verschoben, in denen die Erträge hinreichend sicher sind und sämtliche Aufwendungen berücksichtigt worden sind (vgl. Wielenberg (2009), S. 3).

268 Vgl. Wolz (2005), S. 15.

269 Bieg/Kußmaul (2009), S. 38.

270 Vgl. Baetge/Kirsch/Thiele (2011a), S. 137.

271 Vgl. Baetge/Kirsch/Thiele (2011a), S. 137; Schildbach (2004), S. 150. *Küting/Reuter* kritisieren, dass infolge der Bildung und Auflösung stiller Reserven „der betriebswirtschaftliche vom bilanziell ausgewiesenen Unternehmenserfolg abweicht und damit die Vermögens-, Finanz- und Ertragslage ökonomisch unzutreffend dargestellt wird." (Küting/Reuter (2005), S. 706).

272 Vgl. Born (2007), S. 10. So auch *Schneider*: „[D]ie Janusköpfigkeit der doppelten Buchhaltung bewirkt, daß Vorsicht in ertragsstarken Jahren zur Beschönigung in ertragsschwachen Jahren benutzt werden kann" (Schneider (1997), S. 492).

2.3.1.1.2.2 Realisationsprinzip

Das in § 252 Abs. 1 Nr. 4 HGB kodifizierte Realisationsprinzip gilt als zentraler Abgrenzungsgrundsatz, der die Zuordnung von Reinvermögensänderungen auf einzelne Perioden regelt.[273] Es bestimmt zum einen den Zeitpunkt, zu dem der mit einer Leistungsverwertung verbundene Ertrag als realisiert gilt und zum anderen den Wertansatz, mit dem die Leistung vor dem Realisationszeitpunkt in der Bilanz anzusetzen ist.[274]

Dem Realisationsprinzip zufolge dürfen die mit einer Leistung verbundenen Erlöse erst bei ihrer Realisation erfasst werden. Diese korrespondiert im Falle von Sachgütern mit dem Zeitpunkt der Lieferung, bei Dienstleistungen mit ihrer Beendigung.[275] Bis zu diesem Zeitpunkt sind die selbst hergestellten Erzeugnisse oder fremdbezogenen Güter als Vermögensgegenstände mit ihren Anschaffungs- bzw. Herstellungskosten als Wertobergrenze in der Bilanz anzusetzen (Anschaffungswertprinzip).[276] Über diese Obergrenze hinausgehende Wertsteigerungen werden demzufolge vor der Veräußerung des Vermögenswerts noch nicht bilanziell abgebildet.[277]

Das gilt nicht nur für die zum Umlaufvermögen gehörenden Bestände an Erzeugnissen und Handelswaren, sondern bezieht sich auch auf die Vermögensgegenstände des Anlagevermögens: Wertzuwächse im Finanzanlagevermögen oder bei Grundstücken gelten erst bei der Veräußerung der entsprechenden Vermögensgegenstände als realisiert und dürfen demzufolge erst zu diesem Zeitpunkt den Periodenerfolg erhöhen.[278] Solche Wertsteigerungen sind insofern unsicher, als sie bei einem Verbleib des betroffenen Vermögensgegenstands im Unternehmen in folgenden Perioden durch eine Wertumkehr wieder vernichtet werden können.[279] Indem mit dem Realisationsprinzip vermieden wird, wahrscheinliche, aber noch nicht sichere Gewinne auszuweisen, trägt es unmittelbar zur Nominalkapitalerhaltung des Unternehmens bei.[280] Ein Ausweis noch nicht sicherer Gewinne würde eine Besteuerung und ggf. eine Aus-

[273] Vgl. Coenenberg/Haller/Schultze (2009), S. 41; Spengel/Ernst/Finke (2010), S. 285.

[274] Vgl. Coenenberg/Haller/Schultze (2009), S. 41; Baetge/Kirsch/Thiele (2011a), S. 129.

[275] Vgl. Coenenberg/Haller/Schultze (2009), S. 42; Lück (2005), S. 24. Es wird somit dem Transaktionsansatz gefolgt, nach dem Änderungen von Bilanzposten erst in die Erfolgsrechnung eingehen, wenn diese aus einer Transaktion entstanden sind, welche die Form einer Geschäftstätigkeit mit Dritten (externe Transaktion) oder einer unternehmensinternen Nutzung (interne Transaktion) annehmen kann (vgl. Küting (2006), S. 1446).

[276] Vgl. Baetge/Kirsch/Thiele (2011a), S. 129; Coenenberg/Haller/Schultze (2009), S. 42.

[277] Vgl. Bieg/Kußmaul (2009), S. 39; Scherrer (2011), S. 18.

[278] Vgl. Schneider (1997), S. 137; Siegel (2008), S. 344. Ausnahmen von diesem Grundsatz gelten nach dem Inkrafttreten des BilMoG für das Planvermögen, welches zur Erfüllung von Pensionsverpflichtungen vorgehalten wird (§§ 246 Abs. 2, 253 Abs. 1 Satz 4 HGB) und für Finanzinstrumente des Handelsbestands von Kreditinstituten (§ 340e Abs. 3 HGB), die zum beizulegenden Zeitwert zu bewerten sind – auch wenn dieser über den Anschaffungskosten liegt (vgl. Baetge/Kirsch/Thiele (2011a), S. 131 f.; Baetge/Kirsch/Solmecke (2009), S. 1217; Coenenberg/Haller/Schultze (2009), S. 247).

[279] Vgl. Moxter (2003), S. 41.

[280] *Siegel* gibt zu bedenken, dass der Gläubigerschutz „die Realisation des Gewinnes und nicht nur seine Realisierbarkeit voraus[setzt]" (Siegel (2008), S. 343).

schüttung an die Anteilseigner nach sich ziehen, womit das Unternehmen an Substanz verlieren würde.[281]

Das Realisationsprinzip gilt auch für die bilanzielle Abbildung langfristiger Fertigungsaufträge.[282] Sie zeichnen sich dadurch aus, dass der Erstellungszeitraum mehrere Geschäftsjahre umfasst, woraus sich die Frage ergibt, welchen der betroffenen Rechnungslegungsperioden die mit dem Fertigungsauftrag verbundenen Aufwendungen und Erträge zuzuordnen sind.[283] Da das Handelsrecht hierzu – auch nach dem BilMoG – keine explizite Regelung enthält, erfolgt der Ausweis der Erlöse erst mit der Leistungsübergabe zum Ende des Fertigstellungszeitraums. In den Perioden der Leistungserstellung sind zwar Bestandserhöhungen in der Höhe der aktivierungsfähigen Herstellungskosten zu verzeichnen, so dass die in der GuV erfassten Aufwendungen in diesem Umfang kompensiert werden. Die Periodenerfolge werden jedoch durch darüber hinausgehende, nicht aktivierungsfähige Aufwendungen gemindert (sog. Auftragszwischenverluste).[284] Innerhalb des Erstellungszeitraums werden somit selbst dann die jeweiligen Periodenergebnisse belastet, wenn zu erwarten ist, dass mit dem Gesamtauftrag ein Gewinn erwirtschaftet werden kann.[285]

In der Periode der Fertigstellung des Auftrags werden dem gesamten Erlös nur die bis dahin aktivierten Aufwendungen gegenübergestellt.[286] Im Extremfall kann mit der Erfassung der Auftragserlöse und nur einem Teil der korrespondierenden Aufwendungen sogar ein Gewinn ausgewiesen werden, obwohl die entstandenen Aufwendungen über den kompletten Bearbeitungszeitraum nicht mithilfe der Auftragserlöse gedeckt werden konnten.[287] Infolge der fehlenden, periodenbezogenen Kongruenz im Ausweis von Aufwendungen und Erträgen entsteht ein unstetiger Ergebnisausweis, so dass die wirtschaftliche Lage des Unternehmens verzerrt dargelegt wird.[288]

2.3.1.1.2.3 Imparitätsprinzip

Das Imparitätsprinzip ergänzt das zuvor erläuterte Realisationsprinzip, indem es unterbindet, dass noch nicht realisierte Verluste – nicht wie im Falle unrealisierter Gewinne – erst mit der Lieferung eines Gutes bzw. der Beendigung einer Dienstleistung erfasst werden, sondern bereits in der Periode, in der sie sich abzeichnen, antizipiert werden.[289] Zusätzlich zu den zu

281 Vgl. Lück (2005), S. 24; Bieg/Kußmaul (2009), S. 41; Leffson (1987), S. 251.

282 Vgl. Richter (2000), S. 147; Baetge/Kirsch/Thiele (2011a), S. 362.

283 Vgl. Arnegger/Hofmann (2007), S. 116; Mansch (2006), S. 106.

284 Vgl. Mansch (2006), S. 107; Richter (2000), S. 147.

285 Vgl. Coenenberg/Haller/Schultze (2009), S. 224; Baetge/Kirsch/Thiele (2011a), S. 363.

286 Vgl. Mansch (2006), S. 107; Richter (2000), S. 147; Kümpel (2002b), S. 1008.

287 Vgl. Mansch (2006), S. 107.

288 Vgl. Richter (2000), S. 148; Wolz (2005), S. 158; Kümpel (2002b), S. 1008. Eine auf diese Weise verzerrte Darstellung der Unternehmenslage kann allerdings unter bestimmten Voraussetzungen verhindert werden, indem ein Fertigungsauftrag in mehrere Teilleistungen zerlegt wird, die jeweils nach ihrer Fertigstellung abgerechnet werden (vgl. Lück (2005), S. 25).

289 Vgl. Coenenberg/Haller/Schultze (2009), S. 43; Leffson (1987), S. 340.

erwartenden Verlusten aus bereits abgeschlossenen Geschäften sind auch Wertminderungen von Vermögensgegenständen bei ihrer Identifikation unmittelbar erfolgswirksam zu erfassen.[290] Dementsprechend folgt aus dem Imparitätsprinzip eine Ungleichbehandlung noch nicht realisierter Gewinne und Verluste.[291] Es trägt unmittelbar zum Gläubigerschutz bei, indem es sicherstellt, dass der Teil des Periodenerfolgs, der möglicherweise in Folgeperioden zur Kompensation von Verlusten benötigt wird, dem Unternehmen nicht entzogen wird.[292]

Das Imparitätsprinzip besagt, dass mit hinreichender Wahrscheinlichkeit zu erwartende Verluste bereits vor ihrer Realisierung in der Gestalt außerplanmäßiger Abschreibungen und Rückstellungen bilanziell zu antizipieren sind.[293] Dementsprechend lässt sich aus dem Imparitätsprinzip zum einen das Niederstwertprinzip im Hinblick auf die Bewertung von Vermögensgegenständen ableiten, zum anderen ergibt sich aus ihm die Passivierungspflicht für Rückstellungen für drohende Verluste aus schwebenden Geschäften.[294] Das Niederstwertprinzip verpflichtet, den Buchwert eines Vermögensgegenstands im Rahmen einer außerplanmäßigen Abschreibung erfolgswirksam herabzusetzen, wenn der beizulegende Zeitwert des Vermögensgegenstands am Bilanzstichtag seinen Buchwert unterschreitet.[295] Dieser Grundsatz impliziert die Antizipation von negativen Erfolgskomponenten und verhindert somit einen Kapitalentzug in der Form einer Ausschüttung in der Höhe des Abschreibungsbetrags.[296]

Zudem ist die Ansatzpflicht von Rückstellungen für drohende Verluste aus schwebenden Geschäften auf das Imparitätsprinzip zurückführbar.[297] Derartige Rückstellungen entsprechen

290 Vgl. Schildbach (2004), S. 146.

291 Vgl. Schneider (1997), S. 137; Schildbach (2004), S. 146.

292 Vgl. Lück (2005), S. 27; Baetge/Kirsch/Thiele (2011a), S. 135.

293 Vgl. Wolz (2005), S. 14.

294 Vgl. Coenenberg/Haller/Schultze (2009), S. 43; Baetge/Kirsch/Thiele (2011a), S. 136; Lück (2005), S. 27.

295 Vgl. Coenenberg/Haller/Schultze (2009), S. 43. Der beizulegende Zeitwert entspricht nach § 255 Abs. 4 Satz 1 HGB grundsätzlich dem Marktpreis. Sofern dieser nicht ermittelbar ist, konkretisiert sich der beizulegende Wert in den Wiederbeschaffungs- oder Reproduktionskosten, dem Nettoveräußerungswert oder dem Ertragswert eines Vermögensgegenstands, welcher dem Barwert der Nettozahlungsströme entspricht, die sich bei der Verwendung des Gegenstands im Unternehmen ergeben (vgl. Scherrer (2011), S. 40; Coenenberg/Haller/Schultze (2009), S. 105 f.; Baetge/Kirsch/Thiele (2011a), S. 206 ff.).

In Analogie zu der Folgebewertung auf der Aktivseite sind Erhöhungen des Erfüllungsbetrags von Schulden erfolgswirksam zu erfassen (sog. Höchstwertprinzip). Falls der am Bilanzstichtag zu erwartende Erfüllungsbetrag – beispielsweise im Falle einer Verbindlichkeit in Fremdwährung – über dem Buchwert liegt, ist der höhere Wert anzusetzen (vgl. Scherrer (2011), S. 288; Coenenberg/Haller/Schultze (2009), S. 120). Die Differenz ist erfolgswirksam als Aufwand zu erfassen (vgl. Bieg/Kußmaul (2009), S. 45; Baetge/Kirsch/Thiele (2011a), S. 136). Damit soll sichergestellt werden, dass das Unternehmen bei Fälligkeit der höheren Verpflichtung dieser auch nachkommen kann (vgl. Coenenberg/Haller/Schultze (2009), S. 120).

296 Vgl. Moxter (2003), S. 210. Im Zuge des BilMoG ist das Niederstwertprinzip jedoch in mehrfacher Hinsicht eingeschränkt worden. Änderungen ergeben sich aus der Abschaffung des Wahlrechts für die Vornahme von Abschreibungen im Rahmen vernünftiger kaufmännischer Beurteilung sowie des Wahlrechts, Abschreibungen zur Antizipation künftiger Wertschwankungen von Vermögensgegenständen des Umlaufvermögens vorzunehmen. Ferner besteht nun ein rechtsformunabhängiges Abschreibungsverbot bei voraussichtlich vorübergehenden Wertminderungen des Anlagevermögens, von dem gemäß § 253 Abs. 3 Satz 3 HGB nur Finanzanlagen ausgenommen sind (vgl. Melcher/Schaier (2009), S. 6; Baetge/Kirsch/Solmecke (2009), S. 1217 f.).

297 Vgl. Baetge/Kirsch/Thiele (2011a), S. 437.

„angesammelte[n] Gewinnminderungen aus vorweggenommenen Verlusten, die in künftigen Jahren vermutlich verwirklicht werden“[298]. Begründet werden die antizipierten Verluste durch noch nicht erfüllte Liefer- bzw. Beschaffungsverträge.[299] Grundsätzlich finden die aus einem schwebenden Geschäft entstehenden Ansprüche und Verpflichtungen keinen Eingang in den handelsrechtlichen Jahresabschluss, es sei denn, es ist anzunehmen, dass die mit dem schwebenden Geschäft verbundenen Erträge nicht zur Deckung der damit korrespondierenden Aufwendungen ausreichen und somit aus den bereits eingegangenen vertraglichen Verpflichtungen ein Verlust zu erwarten ist.[300]

2.3.1.1.2.4 Maßgeblichkeitsprinzip

Traditionell besteht in Deutschland eine enge Verknüpfung zwischen der steuerlichen Gewinnermittlung und der handelsrechtlichen Rechnungslegung,[301] die jedoch im Zuge des BilMoG partiell gelöst worden ist. Die Steuerbilanz dient der Ermittlung des Periodenerfolgs, welcher die Bemessungsgrundlage für die Ertragsbesteuerung darstellt.[302] Sie ist gemäß § 5 Abs. 1 EStG in Übereinstimmung mit den handelsrechtlichen GoB aufzustellen, sofern das Steuerrecht keine anderslautenden Regelungen enthält.[303] Dieser materiellen Maßgeblichkeit stellen *Herzig/Lochmann* die sog. formelle Maßgeblichkeit gegenüber, welche die grundsätzliche Übernahme von Ansatz- und Bewertungsentscheidungen aus der Handels- in die Steuerbilanz vorsieht.[304] Ein Beispiel für eine der explizit kodifizierten Ausnahmen von diesem Grundsatz bildet die Aktivierung selbsterstellter immaterieller Vermögenswerte, die im handelsrechtlichen Abschluss gemäß § 248 Abs. 2 HGB aktiviert werden können, bei der steuerlichen Gewinnermittlung jedoch als Periodenaufwand zu erfassen sind, weil im Einkommensteuergesetz ein Aktivierungsverbot für entsprechende Posten enthalten ist (§ 5 Abs. 2 EStG).[305]

Die grundsätzliche Verknüpfung der Handels- und Steuerbilanz über das Maßgeblichkeitsprinzip kann einerseits mit dem Grundsatz der rechnungszweckabhängigen Ausgestaltung des Rechnungswesens begründet werden. Denn *Wehrheim/Fross* zufolge ist „[d]er Primärzweck der Handelsbilanz, die Ermittlung des gläubigerschützenden, maximal ausschüttbaren Betrags, [..] interdependent mit der Aufgabe der Einkommensteuerbilanz, die Bestimmung des zur Besteuerung entziehbaren Gewinns.“[306] Vor diesem Hintergrund wirken die bestehenden Interdependenzen zwischen beiden Rechenwerken plausibel. Andererseits fungiert die Teilha-

---

298 Schneider (1997), S. 71 f.

299 Vgl. Coenenberg/Haller/Schultze (2009), S. 43 f.

300 Vgl. Baetge/Kirsch/Thiele (2011a), S. 438.

301 Vgl. Herzig/Gellrich/Jensen-Nissen (2004), S. 552; Wagenhofer/Ewert (2007), S. 289.

302 Vgl. Coenenberg/Haller/Mattner/Schultze (2009), S. 22.

303 Vgl. Baetge/Kirsch/Thiele (2011a), S. 178; Coenenberg/Haller/Schultze (2009), S. 21.

304 Vgl. Herzig/Lochmann (2006), S. 143.

305 Vgl. Spengel/Ernst/Finke (2010), S. 285; Baetge/Kirsch/Thiele (2011a), S. 179.

306 Wehrheim/Fross (2010), S. 89.

ber- bzw. Gleichstellungsthese als Ansatz zur Rechtfertigung des Maßgeblichkeitsprinzips. Demnach wird der Fiskus als stiller Gesellschafter gesehen, der genauso am Erfolg des Unternehmens zu beteiligen ist wie die Gesellschafter, deren Einkommen sich nach der handelsrechtlichen Gewinnermittlung bemisst.[307]

Bis zum Inkrafttreten des BilMoG wurden die Handels- und Steuerbilanz ferner durch die umgekehrte Maßgeblichkeit miteinander verknüpft.[308] So durften gemäß § 5 Abs. 1 Satz 2 EStG a.F. steuerrechtliche Wahlrechte nur dann ausgeübt werden, wenn entsprechende bilanzielle Abbildungen auch in der Handelsbilanz gewählt wurden.[309] Im Zuge des BilMoG ist die umgekehrte Maßgeblichkeit aufgegeben worden. Diese Aufgabe gilt als „eine unverzichtbare Voraussetzung für die Modernisierung des HGB-Bilanzrechts"[310]. Dies erklärt sich damit, dass die angesprochenen steuerlichen Wahlrechte in der Regel eine Verlagerung zu versteuernder Gewinne in nachfolgende Perioden zur Folge hatten.[311] So erlaubte beispielsweise § 254 HGB a.F., steuerliche Sonderabschreibungen auch im Kontext der handelsrechtlichen Rechnungslegung vorzunehmen.[312] Vermögensgegenstände des Anlage- und Umlaufvermögens durften dabei auf einen steuerlich zulässigen Wert abgeschrieben werden, der unter dem handelsrechtlich relevanten Bewertungsmaßstab lag.[313]

Infolge der umgekehrten Maßgeblichkeit wurden somit steuertaktisch motivierte Gewinnverkürzungen in die Handelsbilanz importiert,[314] so dass die ohnehin aufgrund des Gläubigerschutzprinzips vorsichtige Darstellung der Unternehmenssituation im Jahresabschluss intensiviert wurde.[315] Dementsprechend verbinden *Baetge et al.* die Aufhebung der umgekehrten Maßgeblichkeit mit einer Verbesserung der Rechenschaftsfunktion des handelsrechtlichen Jahresabschlusses, „da die bisherigen Sonderabschreibungen [...] allein steuerlich motiviert waren und die wirtschaftliche Lage des Unternehmens bisher verzerrt haben."[316] Die Ausübung entsprechender Wahlrechte in der Steuerbilanz kann nun unabhängig vom Vorgehen in der Handelsbilanz erfolgen.[317] Die mit diesem Schritt verbundene Intention wird darin gesehen, „die Rückwirkung des oft fiskalisch oder wirtschaftspolitisch bestimmten Steuerrechts,

---

307 Vgl. Herzig/Lochmann (2006), S. 143.

308 Vgl. Weber-Grellet (2010), S. 2301; Hayn/Waldersee (2008), S. 36.

309 Vgl. Coenenberg/Haller/Schultze (2009), S. 21; Bitz/Schneeloch/Wittstock (2003), S. 192.

310 Schultze-Osterloh (2008), S. 63; ähnlich auch Dörfler/Adrian (2009), S. 58.

311 Vgl. Coenenberg/Schultze/Haller (2009), S. 21; Günther/Zurwehme (2008), S. 111.

312 Für Kapitalgesellschaften galt die Einschränkung des § 279 Abs. 2 HGB a.F. (vgl. Wehrheim/Renz (2011), S. 129).

313 Vgl. Coenenberg/Schultze/Haller (2009), S. 119; Wehrheim/Renz (2011), S. 129.

314 Vgl. Günther/Zurwehme (2008), S. 112.

315 So erläutern beispielsweise *Bitz et al.*, dass der Grundsatz der umgekehrten Maßgeblichkeit „deshalb heftig kritisiert [wurde], weil durch ihn die Übernahme rein steuerlicher Mehrabschreibungen und steuerlicher Sonderposten in die Handelsbilanz erfolgte und er damit für eine verzerrte Darstellung des handelsrechtlichen Jahresabschlusses verantwortlich gemacht wurde." (Bitz/Schneeloch/Wittstock (2011), S. 107).

316 Baetge/Kirsch/Solmecke (2009), S. 1215.

317 Vgl. Buchholz (2010), S. 34.

welches anderen als den handelsrechtlichen Zwecken dient, in den handelsrechtlichen Jahresabschlusss zu vermeiden und damit einhergehend das Informationsniveau, d.h. die Aussagekraft des handelsrechtlichen Jahresabschlusses zu verbessern.“[318] Diese im Lichte der Informationsfunktion vorteilhafte Abkopplung der Handels- und Steuerbilanz schmälert aber zugleich die Chancen, eine für die handels- wie steuerrechtliche Gewinnermittlung (weitgehend) identische Einheitsbilanz aufzustellen.[319]

2.3.1.1.3 Schlussfolgerung zum Verhältnis von Relevanz und Verlässlichkeit in der handelsrechtlichen Rechnungslegung

Bereits in Abschnitt 2.3.1.1.1 wurde angesprochen, dass zwischen den Kriterien der Relevanz und Verlässlichkeit, mit denen Abschlussinformationen im Allgemeinen konfrontiert werden, ein Spannungsverhältnis besteht, das in Abhängigkcit von der Priorisierung der Rechnungszwecke unterschiedlich gelöst wird.[320] Im Kontext der internationalen Rechnungslegung gelten Informationen als relevant, wenn sie in der Vergangenheit getroffene Einschätzungen bestätigen bzw. revidieren oder zur prospektiven Erwartungsbildung beitragen.[321] Verlässlich sind Informationen, wenn sie nicht fehlerbehaftet sind und keine subjektiv verzerrende Wirkung im Hinblick auf die abgebildete Unternehmenssituation entfalten. Insbesondere sollten sich die Informationen der Beeinflussbarkeit durch den Rechnungslegenden entziehen.[322]

Handelsrechtliche Prinzipien wie das Niederstwertprinzip oder die enge Auslegung des Realisationsprinzips, die insbesondere im Zusammenhang mit der Bilanzierung langfristiger Fertigungsaufträge evident wird, deuten daraufhin, dass der Objektivierbarkeit und damit der Verlässlichkeit der Wertansätze Priorität eingeräumt wird. Dabei wird offenbar in Kauf genommen, dass im Unternehmen existente Wertpotenziale im handelsrechtlichen Abschluss unvollständig abgebildet werden. Zu einer ähnlichen Einschätzung kommt beispielsweise auch *Naumann*, der in ausgewählten handelsrechtlichen Abbildungsvorschriften eine Dominanz der Verlässlichkeit gegenüber der Relevanz der Abschlussinformationen feststellt.[323]

2.3.1.2 Kosten- und Leistungsrechnung

Die Kosten-, Leistungs- und Erfolgsrechnung – im Folgenden mit der Kurzform „Kostenrechnung“ bezeichnet – ist innerhalb des internen Rechnungswesens von zentraler Bedeutung.[324] Sie gehört – zusammen mit der Finanzbuchhaltung – zu den am intensivsten genutzten Rech-

---

318 Solmecke (2009), S. 50.

319 Vgl. Buchholz (2010), S. 33 f.; Wehrheim/Renz (2011), S. 125.

320 Vgl. Abschnitt 2.3.1.1.1, S. 28, sowie ferner Abschnitt 2.2.1, S. 20.

321 Vgl. Coenenberg/Straub (2008), S. 20; Naumann (2006), S. 47; Wagenhofer/Ewert (2007), S. 105.

322 Vgl. Naumann (2006), S. 48; Coenenberg/Straub (2008), S. 18; Wagenhofer/Ewert (2007), S. 105.

323 Vgl. Naumann (2006), S. 58.

324 Vgl. Coenenberg/Fischer/Günther (2009), S. 3; Weber/Weißenberger (2010), S. 283. Bisweilen erfolgt sogar eine synonyme Verwendung der Begriffe „Kostenrechnung“ und „internes Rechnungswesen“ (vgl. Huch (2002), Sp. 1127 f.).

nungssystemen in der Unternehmenspraxis.[325] Die Kostenrechnung bildet das Teilsystem des internen Rechnungswesens, welches wert- und mengenmäßige Informationen über die im Rahmen der betrieblichen Aktivitäten verzehrten bzw. in Anspruch genommenen Produktionsfaktoren und die damit korrespondierenden produzierten und verwerteten Leistungen bereitstellt, d.h. ihr obliegt die Erfassung des Werteverzehrs und der Werteentstehung.[326] Die Kostenrechnung generiert Informationen über den Erfolg ihrer jeweiligen Bezugsobjekte, zu denen in sachlicher Hinsicht etwa einzelne Produkte, Produkt- oder Kundengruppen, aber auch Unternehmensbereiche, und in zeitlicher Hinsicht einzelne Perioden gehören.[327] Es handelt sich bei der Kostenrechnung um eine laufende Rechnung, die durch kasuistische Sonderrechnungen zur Lösung spezifischer Entscheidungsprobleme ergänzt wird.[328]

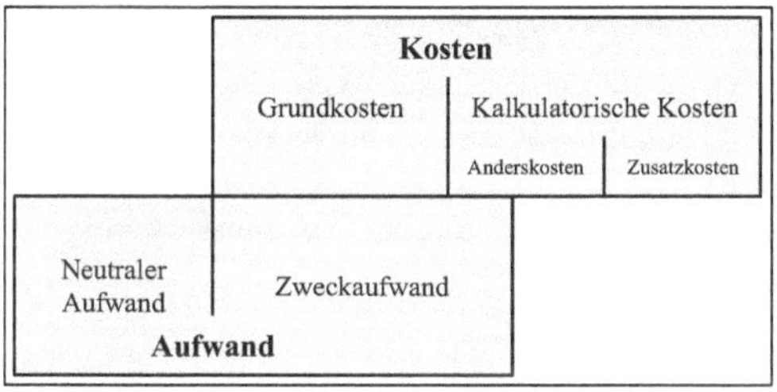

Abbildung 3: Abgrenzung von Kosten und Aufwand[329]

Die Basisgrößen der Kostenrechnung bilden Kosten als „bewerteter, durch den betrieblichen Leistungserstellungs- und -verwertungsprozeß bedingter Güterverzehr“[330] und Leistungen als „bewertete sachzielbezogene Gütererstellung“[331]. Ausgangspunkt der Kostenermittlung bilden die Aufwendungen der Finanzbuchhaltung.[332] Da die betriebliche Leistungserstellung und -verwertung den Abbildungsgegenstand der Kostenrechnung bildet, werden die Aufwendungen um betriebsfremde, periodenfremde und außerordentliche Komponenten bereinigt (sog. neutraler Aufwand; vgl. Abbildung 3).[333]

Kosten und die korrespondierenden Leistungen bilden somit „nur solche Vorgänge [ab], die bezogen auf die Unternehmenszielsetzung wiederkehrenden oder regelmäßigen Charakter besitzen.“[334] Die Differenz von Leistungen und Kosten entspricht dem Erfolg.[335] Wie bereits

325 Vgl. Schweitzer/Küpper (2011), S. 47.

326 Vgl. Hummel/Männel (1986), S. 7 f.; Homburg/Weber/Karlshaus/Aust (2000), S. 242; Pfaff/Weber (1998), S. 159; Kilger (1987), S. 13 f.; Weber (1995), S. 567; Huch (2002), Sp. 1128.

327 Vgl. Schweitzer/Küpper (2011), S. 47; Götze (2010), S. 10.

328 Vgl. Weber (1993), S. 12.

329 In Anlehnung an Coenenberg/Fischer/Günther (2009), S. 24.

330 Götze (2010), S. 7; ähnlich auch Weißenberger (2003), S. 113.

331 Coenenberg/Fischer/Günther (2009), S. 24.

332 Vgl. Weber (2002) Sp. 122; Weißenberger (2003), S. 114.

333 Vgl. Coenenberg/Fischer/Günther (2009), S. 25; Schweitzer/Küpper (2011), S. 18 f.

334 Weißenberger (2003), S. 94; vgl. auch Günther/Zurwehme (2008), S. 105.

in Abschnitt 1.1 ausgeführt, basiert die Kostenrechnung auf wertmäßigen Kosten und Leistungen, welche eine Abkehr vom pagatorischen, auf Zahlungen basierenden Kostenbegriff impliziert.[336] Als Gründe für das Rechnen mit kalkulatorischen Elementen führt *Männel* insbesondere den Einfluss des öffentlichen Preisrechts, die Berücksichtigung von Opportunitätskosten und eine vollumfänglichere Berücksichtigung zu deckender Kostenbestandteile bei der Preiskalkulation an.[337]

Aufgrund der Loslösung von der Zahlungsebene können in der Kostenrechnung kalkulatorische Größen angesetzt werden, denen in der Finanzbuchhaltung kein Aufwand (Zusatzkosten) oder ein Aufwand in anderer Höhe (Anderskosten) gegenübersteht (vgl. nochmals Abbildung 3). Beispiele für Zusatzkosten bilden kalkulatorische Eigenkapitalkosten oder kalkulatorische Mieten.[338] Anderskosten können etwa dann angesetzt werden, wenn die Abschreibungen auf einen Vermögensgegenstand auf der Basis von Wiederbeschaffungs- anstatt der (fortgeführten) Anschaffungskosten bemessen werden, um die Substanzerhaltung forcieren zu können.[339]

2.3.1.2.1 Rechnungszwecke der Kosten- und Leistungsrechnung

Da die Kostenrechnung einen wesentlichen Bestandteil des internen Rechnungswesens darstellt,[340] verwundert es kaum, dass für die Kostenrechnung in der Literatur häufig Zweckkataloge zusammengestellt werden, die eine nennenswerte Ähnlichkeit mit den in Abschnitt 2.2.2 genannten Rechnungszwecken aufweisen, die das interne Rechnungswesen zu erfüllen hat. Unter Rekurs auf die Phasen des Führungsprozesses werden dementsprechend wiederum Planungs- und Kontrollzwecke unterschieden,[341] wobei mitunter auch in Bezug auf die Kostenrechnung Planungs- und Kontrollrechnungen im Einpersonen- (Entscheidungsfunktion) von solchen im Mehrpersonenkontext (Verhaltenssteuerungsfunktion) abgegrenzt werden.[342] Während im Rahmen der Entscheidungsfunktion die Erfassung von Kosten und deren Zurechnung auf bestimmte Bezugsobjekte im Vordergrund steht, geht es im Zuge der Verhaltenssteuerungsfunktion um die Optimierung von Kosten hinsichtlich ihrer Höhe und Struktur

335 Vgl. Ewert/Wagenhofer (2008), S. 30; Koch (1999), S. 196.

336 Vgl. Männel (1997b), S. 5; Laux (2006), S. 167.

337 Vgl. Männel (1997b), S. 6 f.

338 Vgl. Coenenberg/Fischer/Günther (2009), S. 26; Schweitzer/Küpper (2011), S. 19; Männel (1997b), S. 5.

339 Vgl. Götze (2010), S. 7 f.; Coenenberg/Fischer/Günther (2009), S. 25 f.; Pfaff (1994a), S. 1072 f.

340 Vgl. Reichmann (2011), S. 152; ähnlich auch Weber (1994), S. 103.

341 Vgl. Weber/Schäffer (2011), S. 134 f.; Schildbach/Homburg (2009), S. 13 ff.; Coenenberg/Fischer/Günther (2009), S. 22 f.; Weber (2005), S. 42.

342 Vgl. Weber/Schäffer (2011), S. 135 f.; Schweitzer/Küpper (2011), S. 30 ff.; Wielenberg (2002), Sp. 1671 ff.; Kloock/Schiller (1997), S. 299; Wagenhofer (1995), S. 83; Coenenberg/Alvarez (2002), Sp. 434. *Reichmann* nimmt eine weitergehende Differenzierung der Entscheidungsfunktion der Kostenrechnung unter Orientierung an den Phasen des Entscheidungsprozesses vor und ordnet der Kostenrechnung eine Darstellungs-, Prognose-, Vorgabe- und Kontrollfunktion zu (vgl. Reichmann (2011), S. 130).

auch gegen Wiederstände in der Organisation.[343] Die Funktionen eint „die Informationsbeschaffung zur Unterstützung von Entscheidungen"[344].

Die genannten Rechnungszwecke der Kostenrechnung lassen sich zu Aufgaben konkretisieren.[345] Kostenrechnungsinformationen werden zur Planung der Betriebsprozesse eingesetzt, indem die Kostenrechnung insbesondere die Kosten und Erlöse der betrieblichen Leistungen prognostiziert.[346] Die im Zuge dieser Planung zu bewältigenden Aufgaben können unter der Maßgabe der Funktionsbereiche, in denen Entscheidungen informatorisch zu fundieren sind, gegliedert werden:[347] Im Beschaffungsbereich hat die Kostenrechnung beispielsweise Informationen bereitzustellen, anhand derer die optimale Beschaffungsmenge oder Preisobergrenzen für bestimmte Produktionsfaktoren bestimmt werden können. Planungsfragen im Produktionsbereich betreffen z.B. die Entscheidung über ein Produktionsverfahren oder über die günstigste Verwendung knapper Ressourcen. Im Hinblick auf den Absatzbereich fällt etwa die Berechnung von Preisuntergrenzen für die Produkte des Unternehmens oder die Bewertung von Absatzwegen oder Kundengruppen in den Aufgabenbereich der Kostenrechnung.[348]

Die zur Kontrollfunktion der Kostenrechnung aggregierten Aufgaben bestehen im Vergleich von einer Ist- und einer Normgröße.[349] Zu kontrollieren sind vor allem die betrieblichen Leistungsprozesse auf der Ebene von Kostenstellen. Hier wird geprüft, inwiefern Produktionsanweisungen tatsächlich umgesetzt wurden. Im Rahmen dieses Soll-Ist-Vergleichs identifizierte Abweichungen bilden den Ausgangspunkt für Abweichungsanalysen, die zur Identifikation geeigneter Gegensteuerungsmaßnahmen beitragen.[350] Die Kostenrechnung fungiert somit als Instrument, das eine wirtschaftliche Leistungserstellung ermöglichen soll.[351] Kontrollen können auch die Form eines Zeitvergleichs annehmen, indem die Ist-Größen unterschiedlicher Zeitpunkte bzw. Perioden zueinander in Beziehung gesetzt werden. Unwirtschaftlichkeiten können durch einen solchen Vergleich allerdings nicht aufgedeckt werden, da in beiden Vergleichsperioden bzw. -zeitpunkten dieselben Unwirtschaftlichkeiten bestehen können.

[343] Vgl. Schildbach (1995), S. 8; Coenenberg/Alvarez (2002), Sp. 436 ff.; vgl. zur Verhaltenssteuerungsfunktion der Kostenrechnung ausführlich Götze (2010), S. 243 ff.

[344] Dellmann (1999), S. 1020.

[345] Vgl. Währisch (1998), S. 15.

[346] Vgl. Götze (2010), S. 10; Schweitzer/Küpper (2011), S. 28 ff.

[347] Vgl. Coenenberg/Fischer/Günther (2009), S. 22; Schildbach/Homburg (2009), S. 17. *Weber* weist daraufhin, dass die Kostenrechnung in Abhängigkeit von der Umweltsituation der Planungsfunktion in sehr unterschiedlicher Weise nachkommen kann. In einer konstanten Umwelt reicht die Aufzeichnung und Aufbereitung der vergangenheitsbezogenen Daten, während in einer dynamischen Umwelt die Generierung von Plandaten zu erfolgen hat (vgl. Weber (2005), S. 41 f.).

[348] Vgl. hierzu ausführlich Schildbach/Homburg (2009), S. 17; Schweitzer/Küpper (2011), S. 30 f.; Coenenberg/Fischer/Günther (2009), S. 22; Götze (2010), S. 11. In den frühen Jahren ihrer Anwendung galt die Preiskalkulation als dominanter Zweck der Kostenrechnung (vgl. Pfaff/Weber (1998), S. 153).

[349] Vgl. Schweitzer/Küpper (2011), S. 34; Weber/Schäffer (2011), S. 135; Weber (2005), S. 42.

[350] Vgl. Schildbach/Homburg (2009), S. 14 f.; Götze (2010), S. 11.

[351] Vgl. Pfaff/Weber (1998), S. 154.

Gleichwohl können sich Hinweise für Steigerungen der Wirtschaftlichkeit im Zeitablauf abzeichnen.[352]

Soll-Ist-Vergleiche beziehen sich ferner auf die Erfolgsbeiträge unterschiedlicher Bezugsobjekte, darunter einzelne Produkte oder Absatzgebiete bis hin zu Unternehmensbereichen.[353] Die hierzu konzipierten Erfolgsrechnungen können in unterschiedlichen Abrechnungszyklen durchgeführt werden, etwa wöchentlich, monatlich oder vierteljährlich.[354] Derartige Kontrollen können im Rahmen des internen Berichtswesens institutionalisiert werden.[355]

Die dargelegte Differenzierung von Planungs- und Kontrollaufgaben basiert auf der Auffassung der Kostenrechnung als „objektives Messinstrument", welches von den einzelnen Entscheidungsträgern abstrahiert.[356] Der Kostenrechnung wird darüber hinaus jedoch auch eine Verhaltenssteuerungsfunktion zugesprochen, indem sie durch die Vorgabe von Kosten- und Erlöszielen Einfluss auf die Handlungen von Entscheidungsträgern im Unternehmen nimmt.[357] Die Berücksichtigung von möglichen Interessenkonflikten zwischen den Bereitstellern und den Verwendern der Kostenrechnungsinformationen ist insofern relevant, als sich daraus Auswirkungen auf die Ausgestaltung der Kostenrechnung ergeben.[358] *Weber* zufolge muss diese „grundlegend neu überdacht werden, wenn eine weitere Zielgröße, die Steuerung des Verhaltens, in den Kanon der Kostenrechnungszwecke aufgenommen wird"[359]. Bisweilen wird die Verhaltenssteuerung als primäre Aufgabe der Kostenrechnung gesehen.[360]

Nach *Wagenhofer* kann die Kostenrechnung in zweifacher Weise ihrer Verhaltenssteuerungsfunktion gerecht werden:[361] Einerseits durch die Bereitstellung von detaillierten Informationen, anhand derer eine Instanz das Verhalten der ihr unterstellten Entscheidungsträger kontrollieren kann. Andererseits kann sie dem untergeordneten Entscheidungsträger „Informationen liefern, so daß er sich aus Eigeninteresse eher im Sinne der Instanz verhält"[362]. Im Zuge der Verhaltenssteuerung kann somit die Vorgabe von unrealistischen Plankosten ebenso vorteilhaft sein wie der bereits erwähnte Verzicht auf die Weitergabe von Grenzkosten an Ver-

352 Vgl. Schweitzer/Küpper (2011), S. 35.

353 Vgl. Coenenberg/Fischer/Günther (2009), S. 22; Schildbach/Homburg (2009), S. 14 f. So auch *Schweitzer/Ziolkowski*, welche „in der periodenbezogenen Erfolgsermittlung für die ganze Unternehmung, einzelne Organisationseinheiten (Werke, Profit-Center) und in der stückbezogenen Erfolgsermittlung für Kalkulationsobjekte, wie Produkte bzw. Produktgruppen, Aufträge, Projekte und Kundengruppen" eine „Hauptaufgabe der Kosten- und Erlösrechnung" sehen (Schweitzer/Ziolkowski (1999), S. 48).

354 Vgl. Schildbach/Homburg (2009), S. 15.

355 Vgl. Coenenberg/Fischer/Günther (2009), S. 22.

356 Vgl. Weber/Schäffer (2011), S. 135.

357 Vgl. Götze (2010), S. 11. *Koch* definiert die „Managementsteuerung" als „Beeinflussung der Manager verschiedener Instanzen dahingehend, dass diese ihre Detailentscheidungen konsequent auf den Unternehmenszweck und die jeweils vorliegenden Bedingungen ausrichten" (Koch (2002), S. 514).

358 Vgl. Wagenhofer (1995), S. 84.

359 Weber (1994), S. 102.

360 Vgl. Pfaff/Weber (1998), S. 161 f.; anders demgegenüber z.B. Wagenhofer (1999), S. 133 ff.

361 Vgl. mit Bezug zum internen Rechnungswesen auch bereits Abschnitt 2.2.2.2, S. 24.

362 Wagenhofer (1995), S. 84.

triebsmitarbeiter, um die Gefahr einer zu großen Bereitschaft zu Preisnachlässen zu verringern.[363] Neben dieser expliziten Verhaltenssteuerung kann die Kostenrechnung auch als Verhandlungshilfe fungieren, beispielsweise zur Rechtfertigung von Kostenüberschreitungen gegenüber übergeordneten Instanzen oder zur Regelung von bereichsübergreifenden Interessenkonflikten, welche durch die Ermittlung der kostenoptimalen Lösung überwunden werden können.[364]

Aus einer Befragung *Webers* von fast 400 Unternehmen ging die Wirtschaftlichkeitskontrolle als am häufigsten genannter Rechnungszweck der Kostenrechnung hervor. Von Bedeutung ist die Kostenrechnung zudem in vielen Unternehmen für die operative Planung sowie für die Preiskalkulation. Die Verhaltenssteuerungsfunktion wird häufiger als primärer Rechnungszweck der Kostenrechnung genannt als die Entscheidungsfundierung.[365] Demgegenüber wird aus der empirischen Erhebung von *Friedl et al.* ersichtlich, dass die Kostenrechnung für die Verhaltenssteuerung von geringer Bedeutung ist. Dem Einsatz von Kostenrechnungsdaten für die kurzfristige Entscheidungsunterstützung und für Kontrollzwecke wird eine deutlich höhere Bedeutung beigemessen als der Motivationswirkung von Kostenrechnungsinformationen auf die Mitarbeiter. Insgesamt erweist sich auch hier die Kontrolle als dominierender Rechnungszweck der Kostenrechnung.[366]

2.3.1.2.2 Charakteristika der Kosten- und Leistungsrechnung

Da die Ausgestaltung der Kostenrechnung keinen externen Regularien unterliegt, haben sich verschiedene Kostenrechnungssysteme entwickelt. Weite Verbreitung in der Unternehmenspraxis haben insbesondere Deckungsbeitrags-, Vollkosten- und Plankostenrechnungen gefunden.[367] Die weiteren Ausführungen beschränken sich auf die Beschreibung der drei Teilsysteme, die jedem Kostenrechnungssystem zugrundeliegen, bestehend aus der Kostenarten-, Kostenstellen- und Kostenträgerrechnung (vgl. Abbildung 4).

Die **Kostenartenrechnung** erfasst die angefallenen Kosten und liefert die für die Kostenstellen- und Kostenträgerrechnung benötigten Daten.[368] Aufbauend auf den Daten der Finanzbuchhaltung und ergänzt um etwaige Zusatzkosten bzw. modifiziert durch abweichende Wertansätze in der Form von Anderskosten, werden die entstandenen Kosten nach Kostenarten gegliedert.[369] Zudem erfolgt eine Differenzierung von Einzel- und Gemeinkosten: Einzel-

---

363 Vgl. Wagenhofer (1995), S. 84; Merchant/Shields (1993), S. 77; vgl. zu den beabsichtigten Verzerrungen im Rahmen der Verhaltenssteuerung auch Pfaff/Weber (1998), S. 160 f.

364 Vgl. Weber (2005), S. 44.

365 Vgl. Weber (2008b), S. 60 f.; diese Reihenfolge wird im Rahmen der im Folgejahr durchgeführten Erhebung bestätigt (vgl. Weber/Zubler/Krügerke (2009), S. 54).

366 Vgl. Friedl/Frömberg/Hammer/Küpper/Pedell (2009), S. 111 f.

367 Vgl. Homburg/Weber/Karlshaus/Aust (2000), S. 249; Schäffer/Steiners (2005a), S. 322; Weber (2008b), S. 63.

368 Vgl. Götze (2010), S. 27.

369 Vgl. Coenenberg/Fischer/Günther (2009), S. 57; Weber/Schäffer (2011), S. 140.

kosten sind direkt einem Kostenträger zuordenbar (z.B. einem Produkt) und gehen daher unmittelbar in die Kostenträgerrechnung ein, wohingegen Gemeinkosten, die nicht direkt einem Produkt zugerechnet werden können, zunächst der Kostenstelle zugeordnet werden, durch die sie verursacht worden sind.[370]

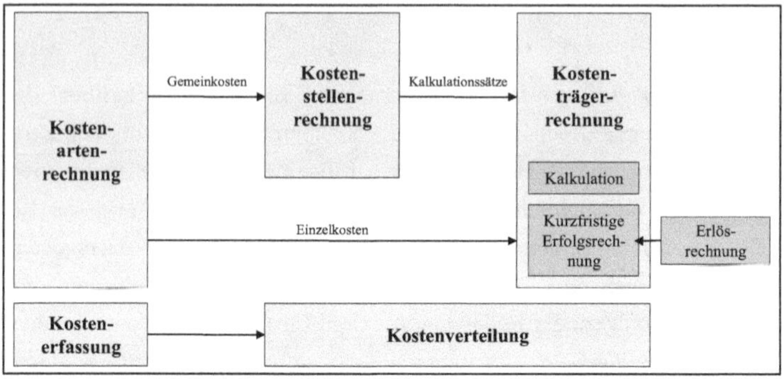

Abbildung 4: Grundstruktur der Kosten- und Leistungsrechnung[371]

Die im Zuge der Kostenartenrechnung erfassten Gemeinkosten gehen somit zunächst in die **Kostenstellenrechnung** ein. Ihr obliegt die Zuordnung der Gemeinkosten zum Ort ihrer Entstehung. Hierzu erfolgt die innerbetriebliche Leistungsverrechnung, in deren Rahmen die Gemeinkosten der Kostenstellen ohne direkte Beteiligung an der Leistungserstellung auf die wertschöpfenden Kostenstellen weiterverrechnet werden. Ferner erfolgt eine Wirtschaftlichkeitskontrolle einzelner Kostenstellen bzw. Verantwortungsbereiche.[372] Schließlich werden in der Kostenstellenrechnung Kalkulationssätze gebildet, mit denen die auf die Kostenstellen verteilten Gemeinkosten im Rahmen der Kostenträgerrechnung auf die einzelnen Kostenträger verrechnet werden können.[373]

Die **Kostenträgerrechnung** baut auf den beiden zuvor skizzierten Teilsystemen auf und gibt Auskunft darüber, wofür die erfassten und verrechneten Kosten entstanden sind.[374] Zu differenzieren sind an dieser Stelle die Kostenträgerstück- sowie die Kostenträgerzeitrechnung.[375] Im Rahmen der **Kostenträgerstückrechnung** werden die Herstell- bzw. Selbstkosten pro Leistungseinheit bestimmt, welche sich aus der Addition der in der Kostenartenrechnung erfassten Einzelkosten und der kostenträgerbezogenen Gemeinkosten aus der Kostenstellenrechnung anhand der ermittelten Kalkulationssätze ergeben.[376] Die Kostenträgerstückrech-

370 Vgl. Weber/Schäffer (2011), S. 140; Coenenberg/Fischer/Günther (2009), S. 58.

371 Entnommen aus Hebeler (2003), S. 90.

372 Vgl. Coenenberg/Fischer/Günther (2009), S. 103 f.; Götze (2010), S. 78 ff.

373 Vgl. Götze (2010), S. 80.

374 Vgl. Horváth (2009), S. 420.

375 Vgl. Schweitzer/Küpper (2011), S. 50.

376 Vgl. Götze (2010), S. 99; Coenenberg/Fischer/Günther (2009), S. 59.

nung generiert Informationen, mit denen insbesondere Entscheidungen über das Produktions- und Absatzprogramm, aber auch Entscheidungen über die Eigenfertigung oder den Fremdbezug bestimmter Güter fundiert werden können.[377]

In der **Kostenträgerzeitrechnung**, die auch als kurzfristige Erfolgsrechnung oder Betriebsergebnisrechnung bezeichnet wird, erfolgt die Ermittlung des innerhalb einer Periode erwirtschafteten Betriebsergebnisses durch Gegenüberstellung der in diesem Abrechnungszeitraum erwirtschafteten Erlöse und der angefallenen Kosten.[378] Den Kostenträgern entsprechen in diesem Zusammenhang folglich Perioden, beispielsweise ein Monat, Quartal oder Jahr, wobei vielfach ein monatlicher Erfassungszyklus gewählt wird.[379] Als wesentliche Aufgaben der Kostenträgerzeitrechnung bzw. der **kurzfristigen Erfolgsrechnung** nennen *Coenenberg et al.* die Ermittlung des Periodenerfolgs, der eine Aussage über die Wirtschaftlichkeit des Unternehmens und die Analyse der Kostenstrukturen und Erfolgsquellen ermöglicht.[380] Die Unterschiede der kurzfristigen Erfolgsrechnung gegenüber der handelsrechtlichen GuV bestehen neben den variierenden zeitlichen Bezügen insbesondere in den unterschiedlichen Basisgrößen (wertmäßiger vs. pagatorischer Kostenbegriff), der Vornahme von Normalisierungen, z.B. zur Glättung saisonaler Schwankungen, und dem partiellen Ansatz standardisierter Werte anstelle der Ist-Werte in der internen Rechnung.[381]

2.3.1.3 Zwischenfazit

Mit dem handelsrechtlichen Einzelabschluss und der Kostenrechnung sind in den vorangegangenen Abschnitten die in der Unternehmenspraxis wichtigsten erfolgszielbezogenen Rechenwerke beschrieben worden.[382] Wenngleich sich beide Teilbereiche des Rechnungswesens mit der Ermittlung des Periodenerfolgs befassen,[383] bestehen erhebliche Unterschiede zwischen den in den jeweiligen Rechenwerken gewählten Abbildungen des wirtschaftlichen Geschehens. Die Kostenrechnung ist bestrebt, die Erfolgswirkungen des betrieblichen Leistungserstellungs- und -verwertungsprozesses möglichst detailliert abzubilden, während der handelsrechtliche Einzelabschluss eine vorsichtige Darstellung der Unternehmenssituation intendiert. Die bisherigen Ausführungen werden nachfolgend durch die Beschreibung der wichtigsten erfolgszielbezogenen Rechenwerke auf der Konzernebene vervollständigt.

---

377 Vgl. Schweitzer/Küpper (2011), S. 158.

378 Vgl. Götze (2010), S. 99.

379 Vgl. Coenenberg/Fischer/Günther (2009), S. 59; Schweitzer/Küpper (2011), S. 192.

380 Vgl. Coenenberg/Fischer/Günther (2009), S. 170.

381 Vgl. Coenenberg/Fischer/Günther (2009), S. 170 f.

382 Vgl. Schweitzer/Küpper (2011), S. 43.

383 Vgl. Weber/Weißenberger (2010), S. 269.

2.3.2 Rechenwerke des Rechnungswesens auf der Konzernebene

In den bisherigen Ausführungen wurden die primären Rechenwerke des Rechnungswesens eines einzelnen Unternehmens als rechtlich selbständige Einheit betrachtet. Die Notwendigkeit, diese Rechenwerke zu erstellen, wird dem Unternehmen, wie im Falle des handelsrechtlichen Einzelabschlusses und der Steuerbilanz, rechtlich auferlegt oder ergibt sich, wie bei der Kostenrechnung, um zieladäquate Entscheidungen treffen zu können oder infolge der Arbeitsteilung die Handlungen verschiedener Akteure auf ein einheitliches Ziel auszurichten. Sofern ein Unternehmen in einen wirtschaftlichen Verbund integriert ist, besteht auf der übergelagerten Konzernebene ebenso ein Bedarf an Informationssystemen, die jedoch in der Regel andere Aufgaben zu erfüllen haben, als die Rechenwerke auf der einzelgesellschaftlichen Ebene.

Ein börsennotierter Konzern mit Sitz in Deutschland hat einen Konzernabschluss nach IFRS zu veröffentlichen, dessen Grundzüge in Abschnitt 2.3.2.1 vorgestellt werden. Darüber hinaus besteht ein Bedarf für Rechenwerke, die Entscheidungsfindungen bzw. die Verhaltenssteuerung auf der Konzernebene unterstützen. In Anbetracht der Entscheidungsspielräume, die den Tochterunternehmen vielfach eingeräumt werden,[384] ist sicherzustellen, dass diese im Sinne der Führungsgesellschaft und ihres Zielsystems ausgenutzt werden. Das typischerweise hierfür eingesetzte Instrumentarium wird in Abschnitt 2.3.2.2 behandelt.

2.3.2.1 Konzernabschluss nach IFRS

Die internationalen Rechnungslegungsvorschriften haben zu Beginn der 1990er Jahre Einzug in die deutsche Bilanzierungspraxis gehalten und wurden zunächst von einigen Großunternehmen ohne gesetzlichen Zwang angewendet. Hintergrund dieses Schritts war häufig die Notierung an einer US-amerikanischen Börse bzw. die angestrebte Internationalisierung des Anlegerkreises.[385] Zum Ende der Dekade wurden in einzelnen Börsensegmenten notierte Unternehmen zur Internationalisierung ihrer Rechnungslegung verpflichtet,[386] während den übrigen kapitalmarktorientierten Unternehmen infolge des Kapitalaufnahmeerleichterungsgesetzes (KapAEG) die Möglichkeit eingeräumt wurde, einen Konzernabschluss nach internationalen Rechnungslegungsstandards aufzustellen, der eine befreiende Wirkung im Hinblick auf die handelsrechtliche Konzernrechnungslegung entfaltete.[387]

Seit 2005 sind die IFRS innerhalb der Europäischen Union (EU) von kapitalmarktorientierten Unternehmen verpflichtend im Rahmen der Konzernrechnungslegung anzuwenden.[388] Hie-

384 Vgl. Littkemann (2001), S. 1284; Küting/Lorson (1997), S. 2 f.; Sieber/Hirsch/Weber (2009), S. 352 f.

385 Vgl. Auer (1999), S. 980. Ein viel zitiertes Beispiel ist die Notierung der Daimler Benz AG an der New York Stock Exchange und die erhebliche Disparität zwischen dem Ergebnisausweis nach den United States-Generally Accepted Accounting Principles (US-GAAP) und HGB (vgl. z.B. Carmona/Trombetta (2008), S. 455 f.).

386 Vgl. Ballwieser (2001b), S. 840 f.; Busse von Colbe (2002), S. 159.

387 Vgl. Wolz (2000), S. 1372; Busse von Colbe (2002), S. 159 ff.

388 Vgl. Dobler/Günther (2008), S. 810. Der Konzernabschluss basiert auf den Handelsbilanzen II, die von den einzubeziehenden Unternehmen in Übereinstimmung mit den für den Konzernabschluss geltenden Rech-

runter sind solche Unternehmen zu verstehen, deren Wertpapiere zum Handel in einem geregelten Markt zugelassen worden sind.[389] Diesen ist von der EU-Verordnung Nr. 1606/2002 in Verbindung mit dem Bilanzrechtsreformgesetz (BilReG) auferlegt worden, ihren Konzernabschluss beginnend mit der Berichtsperiode 2005 nach den Vorschriften der IFRS aufzustellen.[390] Unternehmen, welche nicht das genannte Kriterium erfüllen, legen grundsätzlich nach den HGB-Vorschriften Rechnung, wobei sie fakultativ sowohl für ihre Einzel- als auch Konzernabschlüsse die internationalen Vorschriften anwenden können. Die Aufstellung eines IFRS-Einzelabschlusses entfaltet allerdings nur im Hinblick auf Offenlegungszwecke eine befreiende Wirkung.[391] Ein HGB-Einzelabschluss ist als Grundlage für die Ausschüttungsbemessung und steuerliche Gewinnermittlung somit weiterhin zu erstellen.[392] Der für deutsche Unternehmen geltende Anwendungsbereich der IFRS wird in Tabelle 2 zusammengefasst.

	Kapitalmarktorientierte Unternehmen	**Nicht kapitalmarktorientierte Unternehmen**
Konzernabschluss	IFRS (Pflicht) seit 01.01.2005*	IFRS (Wahlrecht) seit 01.01.2005
Einzelabschluss	▪ IFRS (Wahlrecht) nur für Offenlegungszwecke seit 01.01.2005 ▪ HGB weiterhin Pflicht für Zwecke der Ausschüttungsbemessung und steuerlichen Gewinnermittlung	
*) Erst seit 01.01.2007 für Unternehmen, ▪ die einen geregelten Markt nur durch Schuldtitel in Anspruch genommen hatten, ▪ die die Zulassung als Wertpapieremittent nur beantragt hatten oder ▪ die aufgrund einer Börsennotierung in den USA nach US-GAAP Rechnung legten.		

Tabelle 2: Anwendungsbereich der IFRS in Deutschland[393]

Die seitens des Gesetzgebers forcierte Verpflichtung kapitalmarktorientierter Unternehmen zur Anwendung der internationalen Standards kann als Ausdruck des Bestrebens aufgefasst werden, infolge der Globalisierung der Finanzmärkte, Kapitalmarktteilnehmern eine länder-

nungslegungsnormen aufzustellen sind (vgl. Küting/Weber (2010), S. 223; Baetge/Kirsch/Thiele (2011b), S. 67 f.).

389 Vgl. Pellens/Fülbier/Gassen/Sellhorn (2011), S. 51.

390 Die sog. „IAS-Verordnung" hatte zur Folge, dass rund 8.000 Unternehmen in der EU ihre Rechnungslegung auf IFRS umstellten (vgl. Zeff (2007), S. 290).

391 Von der EU-Kommission wurde die Aufstellung der Einzelabschlüsse in (ausschließlicher) Übereinstimmung mit den IFRS angestrebt (vgl. Kahle (2002b), S. 696). Wie *Haller/Eierle* berichten, hat sich der deutsche Gesetzgeber jedoch dieser Intention aus verschiedenen Gründen widersetzt (vgl. Haller/Eierle (2004), S. 45) und sich stattdessen für eine Weiterentwicklung des Handelsrechts entschieden. So ist das BilMoG aus der Absicht entstanden, „[d]en Unternehmen [...] eine vollwertige, zugleich aber einfachere und kostengünstigere Rechnungslegung als attraktive Alternative zu den IFRS an die Hand [zu geben]" (Melcher/Schaier (2009), S. 4). Dementsprechend hat das BilMoG keinen Einfluss auf den lediglich optionalen Charakter eines IFRS-Einzelabschlusses (vgl. Spengel/Ernst/Finke (2010), S. 284).

392 Vgl. Küting/Weber (2010), S. 3; Pellens/Fülbier/Gassen/Sellhorn (2011), S. 53; Günther/Zurwehme (2008), S. 110; Coenenberg/Haller/Schultze (2009), S. 54. Weil die fakultative Aufstellung eines IFRS-Einzelabschlusses die Rechnungslegung der Unternehmen lediglich verkompliziert, liegt es auf der Hand, dass diese Option in der Unternehmenspraxis nur geringe Resonanz gefunden hat (vgl. Wiedmann/Beiersdorf/Schmidt (2007), S. 327).

393 Entnommen aus Coenenberg/Haller/Schultze (2009), S. 14.

übergreifende Beurteilung der Leistungsfähigkeit von Unternehmen zu ermöglichen.[394] Mit der Sicherstellung einer internationalen Vereinheitlichung von Rechnungswesendaten wird eine präzisere Einschätzung der Rendite-Risiko-Profile intendiert und eine höhere Effizienz der Kapitalmärkte erwartet, die mit einer Senkung der Kapitalkosten für IFRS-Bilanzierer verbunden wird.[395]

Der Begriff der IFRS bezieht sich auf die vom International Accounting Standards Board (IASB), einer privatrechtlichen Vereinigung, herausgegebenen Rechnungslegungsstandards und -interpretationen.[396] Die Standards, die unter Einbindung verschiedener Berufs- und Interessengruppen entwickelt werden, sind nach Abschluss eines Übernahmeverfahrens der EU verbindlich von börsennotierten Unternehmen anzuwenden.[397]

Dem Common Law-Rechtssystem entsprechend zeichnen sich die Standards durch einen kasuistischen Charakter mit einem geringen Abstraktionsgrad aus und beziehen sich jeweils auf abgegrenzte Bereiche der Rechnungslegung, beispielsweise auf ausgewählte Bilanzposten oder die Abbildung spezifischer Geschäftsvorfälle.[398] Als Grundlage für die Entwicklung neuer Standards fungiert das Rahmenkonzept, welches die Zielsetzung von IFRS-Abschlüssen, die qualitativen Anforderungen an einen Abschluss und Definitionen der Abschlussposten enthält.[399] Die Pflichtbestandteile eines IFRS-Abschlusses gehen über den Mindestumfang des handelsrechtlichen Einzelabschlusses hinaus. Neben der Bilanz, Gesamtergebnisrechnung und dem Anhang umfasst ein IFRS-Abschluss gemäß IAS 1.10 eine Kapitalflussrechnung, eine Eigenkapitalveränderungsrechnung sowie weitere Elemente, die von einzelnen Standards vorgeschrieben werden.[400] Zu Letztgenannten zählen insbesondere die für börsennotierte Un-

---

394 Vgl. Chua/Taylor (2008), S. 464; Ball (2006), S. 11; Holthausen (2009), S. 447; vgl. zur länderübergreifenden Vereinheitlichung von Jahresabschlussinformationen infolge der Anwendung der IFRS auch Jones/Finley (2011), S. 28 ff.

395 Vgl. Daske (2005), S. 455; Hayn (2005), S. 424; Jeanjean/Stolowy (2008), S. 481. Vgl. hierzu auch *Ali*, der erklärt: "[N]ational accounting differences may cause great problems for those companies that prepare financial statements domestically and seek capital from different countries. In the absence of universally acceptable set of accounting standards, these companies are required to undertake complicated and costly exercises in recasting or restating the financial statements in accordance with their domestic generally accepted accounting principles (GAAP) to comply with the listing requirements in other jurisdictions." (Ali (2005), S. 1).

396 Zu den IFRS zählen nicht nur jene Standards, die seit 2001 vom IASB erlassen worden sind, sondern auch die International Accounting Standards (IAS), die aus der Arbeit der Vorgängerorganisation des IASB, dem International Accounting Standards Comittee (IASC) hervorgegangen sind (vgl. Küting/Weber (2010), S. 10; Busse von Colbe/Ordelheide/Gebhardt/Pellens (2010), S. 13). Ferner kann das Rahmenkonzept unter den Begriff der IFRS subsumiert werden (vgl. Wolz (2005), S. 10). Vgl. ausführlich zu den Aufgaben und der Organisation des IASB Bruns (2002), S. 173 ff.

397 Vgl. Königsgruber (2009), S. 1310; vgl. ausführlich zu dem Übernahmeverfahren Coenenberg/Haller/Schultze (2009), S. 54 ff.; Pellens/Fülbier/Gassen/Sellhorn (2011), S. 104 ff.

398 Vgl. Baetge/Kirsch/Thiele (2011a), S. 56; Pellens/Fülbier/Gassen/Sellhorn (2011), S. 38.

399 Vgl. Coenenberg/Haller/Schultze (2009), S. 59 ff.; Baetge/Kirsch/Thiele (2011a), S. 55, sowie ausführlich zu den Inhalten des Rahmenkonzepts Pellens/Fülbier/Gassen/Sellhorn (2011), S. 116 ff.

400 Vgl. hierzu auch Pellens/Fülbier/Gassen/Sellhorn (2011), S. 118 f.; Coenenberg/Haller/Schultze (2009), S. 68; Wolz (2005), S. 73 ff.

ternehmen obligatorische Segmentberichterstattung nach IFRS 8.2 und der ebenfalls verpflichtende Ausweis der Kennzahl Ergebnis je Aktie gemäß IAS 33.2.[401]

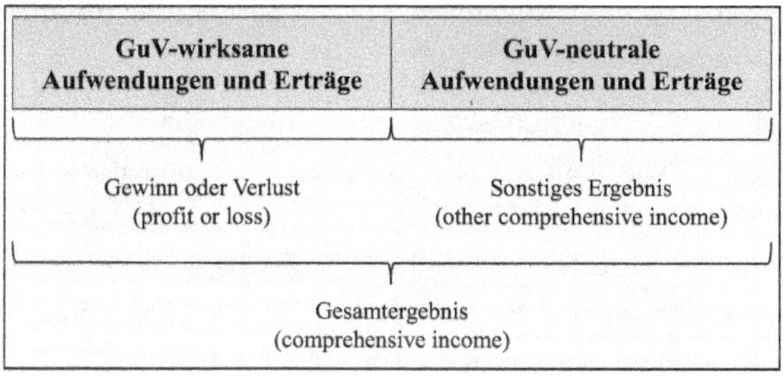

Abbildung 5: Abgrenzung von Gewinn oder Verlust und sonstigem Ergebnis nach IFRS[402]

Im Hinblick auf die Erfolgsrechnung besteht insofern eine Besonderheit, als die Erfolgskonzeption der IFRS von der handelsrechtlichen abweicht, da nicht sämtliche Eigenkapitalveränderungen in der Gestalt von Aufwendungen und Erträgen GuV-wirksam erfasst werden.[403] Der Saldo der GuV entspricht somit nur einem Zwischensaldo, der lediglich einen Teil der Aufwendungen und Erträge umfasst. Komplettiert wird diese Zwischensumme durch die direkt im Eigenkapital erfassten Reinvermögensänderungen, deren Saldo als „Sonstiges Ergebnis" bzw. „Other Comprehensive Income (OCI)" bezeichnet wird.[404] Wie Abbildung 5 zu entnehmen ist, ergibt sich das Gesamtergebnis einer Periode aus der Addition des in der GuV ausgewiesenen Gewinns oder Verlusts und des sonstigen Ergebnisses (IAS 1.7).[405] Gemäß IAS 1.88 sind die Eigenkapitalveränderungen einer Periode grundsätzlich GuV-wirksam zu erfassen, während sich Ausnahmen aus einzelnen Standards ergeben.[406] Bestandteile des sonstigen Ergebnisses sind insbesondere die im Weiteren noch thematisierten Ergebniseffekte aus der Bewertung von Bilanzposten zum Fair Value.[407]

2.3.2.1.1 Rechnungszweck des IFRS-Konzernabschlusses

Im Gegensatz zur handelsrechtlichen Rechnungslegung kann der Rechnungszweck eines IFRS-Abschlusses dem Rahmenkonzept unmittelbar entnommen werden. Gegenwärtig bildet dieses den Gegenstand einer Überarbeitung im Rahmen eines gemeinsamen Projekts („Conceptual Framework for Financial Reporting") des IASB und des US-amerikanischen Financial Accounting Standards Board (FASB), mit dem eine Annäherung der IFRS und US-

---

401 Vgl. Kirsch/Steinhauer (2003), S. 420; Coenenberg/Haller/Schultze (2009), S. 68.

402 Entnommen aus Pellens/Fülbier/Gassen/Sellhorn (2011), S. 176.

403 Vgl. Coenenberg/Haller/Schultze (2009), S. 500.

404 Vgl. Pellens/Fülbier/Gassen/Sellhorn (2011), S. 174 f.; Baetge/Kirsch/Thiele (2011a), S. 622.

405 Handelsrechtlich entspricht hingegen grundsätzlich der in der GuV ausgewiesene Erfolg dem Gesamtergebnis (vgl. Coenenberg/Haller/Schultze (2009), S. 499; Baetge/Kirsch/Thiele (2011a), S. 622 f.).

406 Vgl. Pellens/Fülbier/Gassen/Sellhorn (2011), S. 176 f.

407 Vgl. Coenenberg/Haller/Schultze (2009), S. 504; Pellens/Fülbier/Gassen/Sellhorn (2011), S. 177, sowie ausführlich zur Fair Value-Bewertung Abschnitt 5.3.1.3.1.1.2, S. 277 ff.

GAAP forciert werden soll.[408] Das langfristig angelegte Projekt setzt sich aus acht Phasen zusammen, von denen die Phase A im September 2010 abgeschlossen worden ist.[409] Im Zuge derer sind die Zielsetzung von Abschlüssen und die qualitativen Anforderungen an einen IFRS-Abschluss überarbeitet worden.[410]

RK.OB2 erklärt die Bereitstellung entscheidungsrelevanter Informationen für aktuelle wie potenzielle Eigen- und Fremdkapitalgeber, mit denen diese ihre Ressourcenallokationsentscheidungen fundieren können, zur Zielsetzung von IFRS-Abschlüssen.[411] Hierfür sind die Kapitalgeber mithilfe der Abschlussinformationen in die Lage zu versetzen, künftige Nettozahlungsströme abschätzen zu können (RK.OB3).[412] Eine Konkretisierung der notwendigen Informationen ist RK.OB4 zu entnehmen, in dem ausgeführt wird, dass die Kapitalgeber zur adäquaten Abschätzung künftiger Zahlungsströme Informationen über die dem Unternehmen zur Verfügung stehenden Ressourcen, seine Verbindlichkeiten und der Managementleistung im Hinblick auf den adäquaten Einsatz der Unternehmensressourcen benötigen.

Pellens et al. interpretieren die Ausführungen des überarbeiteten Rahmenkonzepts dahingehend, dass dem IFRS-Abschluss die Bereitstellung eines tatsächlichen Bilds der Vermögens-, Finanz- und Ertragslage sowie der Cash Flows eines Unternehmens obliegt und zeigen die Kohärenz zwischen dieser Zielsetzung sowie den Rechenwerken des IFRS-Abschlusses auf: Demnach informiert die Bilanz über die Vermögens- und Finanzsituation eines Unternehmens, die Gesamtergebnisrechnung gibt Auskunft über dessen Ertragskraft, während aus der Kapitalflussrechnung Anhaltspunkte für die Entwicklung der Cash Flows hervorgehen.[413]

Der Wortlaut des Rahmenkonzepts lässt deutlich darauf schließen, dass – in der Diktion der in Abschnitt 2.2.1 vorgenommenen Konkretisierung der Informationsfunktion – den IFRS eine Informationsfunktion in der Ausprägung der Entscheidungsunterstützung zukommt.[414] Die Intention, eine Beurteilung der Managementleistung im Hinblick auf den Einsatz der Unternehmensressourcen zu ermöglichen, deutet ferner auf die Informationsfunktion mit der Ausprägung der Rechenschaftslegung hin. In der alten Fassung des Rahmenkonzepts wurde diese explizit als zweiter Rechnungszweck genannt. RK.14 erklärte, dass IFRS-Abschlüsse „auch

---

408 Vgl. Pelger (2009), S. 156 f.; Dobler/Hettich (2007), S. 29. Wenngleich in der Konvergenzdiskussion mitunter auf die US-GAAP Bezug genommen wird (vgl. z.B. Hahn/Nicklas (1999); Kahle (2003); Arnsfeld/Schremper (2005)), verzichtet die vorliegende Arbeit auf eine Aufarbeitung der US-amerikanischen Rechnungslegungsvorschriften. Dies begründet sich zum einen in der konzeptionellen Nähe der US-GAAP und IFRS (vgl. Haller (1997), S. 271) und zum anderen in der zu erwartenden weiteren Annäherung der Rechnungslegungswerke infolge der Vereinheitlichungsbemühungen des FASB und IASB (vgl. Dobler/Günther (2008), S. 810), zu denen auch das angesprochene gemeinsame Projekt zur Überarbeitung der Rahmenkonzepte gehört.

409 Vgl. Pellens/Fülbier/Gassen/Sellhorn (2011), S. 137; Wagenhofer (2009), S. 139.

410 Vgl. Pellens/Fülbier/Gassen/Sellhorn (2011), S. 116; Baetge/Kirsch/Thiele (2011a), S. 144 f.

411 Vgl. Pellens/Crasselt/Sellhorn (2009), S. 102; Naumann (2006), S. 46; Baetge/Kirsch/Thiele (2011a), S. 142.

412 Vgl. hierzu auch Pellens/Fülbier/Gassen/Sellhorn (2011), S. 121; Dobler/Hettich (2007), S. 31.

413 Vgl. Pellens/Fülbier/Gassen/Sellhorn (2011), S. 120 f.

414 Vgl. Naumann (2006), S. 46.

die Ergebnisse des Handelns des Managements und dessen Verantwortlichkeit für das ihm anvertraute Vermögen" zeigen. Dieser Rechnungszweckdualismus ist insofern beachtlich, als in Abschnitt 2.2.1 angedeutet wurde, dass sich aus den beiden genannten Ausprägungen der Informationsfunktion unterschiedliche Anforderungen an die Rechnungslegungsgrundsätze ergeben. Daher stellt sich die Frage, inwiefern ein Rechnungslegungssystem in der Lage ist, beiden Ausprägungen der Informationsfunktion gerecht zu werden.

Die zitierte Formulierung des RK.14 ist in dem überarbeiteten Rahmenkonzept nicht mehr enthalten, vielmehr machen *Pellens et al.* nur noch die oben erwähnte Umschreibung des Rechenschaftszwecks (RK.OB4) aus, so dass die Entscheidungsunterstützung im Vergleich zur Rechenschaftslegung deutlich stärker gewichtet zu sein scheint.[415] Darauf deutet auch das ursprüngliche Vorhaben des IASB und FASB hin, die Rechenschaftslegung komplett unter die Entscheidungsfunktion zu subsumieren.[416] Von diesem im Diskussionspapier zur Phase A des Conceptual Framework-Projekts unterbreiteten Vorschlag wurde infolge umfangreicher Kritik seitens der Fachöffentlichkeit jedoch wieder Abstand genommen.[417] Gleichwohl zeigt sich auch in der finalen Fassung des überarbeiteten Rahmenkonzepts eine deutliche Rechnungszweckhierarchie, so dass beispielsweise die von *Naumann* unter Rekurs auf die frühere Fassung getroffene Schlussfolgerung Gültigkeit behält: „[D]ie Rechenschaft [wird] weniger als eigenständiger Rechnungslegungszweck verstanden, sondern steht im Dienste des vorrangigen Ziels der Vermittlung entscheidungsrelevanter Informationen."[418] Vor diesem Hintergrund verwundert es somit auch nicht, wenn teilweise die IFRS-Rechnungslegung mit einem Rechnungszweckmonismus in der Gestalt der Entscheidungsfunktion verbunden wird.[419]

Wie bereits oben dargelegt worden ist, verfügen Abschlussdaten über Entscheidungsnützlichkeit, wenn sie verlässliche Schätzungen künftiger Cash Flows ermöglichen. *Haller/Park* begründen diese Anforderung damit, dass die Möglichkeit, anhand der veröffentlichten Informationen Prognosen über die künftige Unternehmensentwicklung zu bilden, eine Voraussetzung darstellt, damit die Abschlussadressaten Entscheidungen über den Eintritt, Verbleib oder Austritt aus der Beziehung mit dem rechnungslegenden Unternehmen treffen können.[420] Insbesondere in Anbetracht der Vorrangigkeit der Informationsfunktion gegenüber den Investoren als eine Gruppe der Kapitalgeber mag vermutet werden, dass dieser am besten entsprochen werden kann, wenn die Investoren anhand des Jahresabschlusses auf den Unternehmenswert und dessen Veränderungen schließen können. Von dieser Absicht distanziert sich das IFRS-Rahmenkonzept jedoch ausdrücklich. So wird klargestellt, dass der Jahresabschluss nicht die

---

415 Vgl. Pellens/Fülbier/Gassen/Sellhorn (2011), S. 121.

416 Vgl. Fülbier/Hitz/Sellhorn (2009), S. 462; Lennard (2007), S. 52 ff.

417 Vgl. Pelger (2009), S. 158.

418 Naumann (2006), S. 46; ähnlich auch Pelger (2008a), S. 567; Pellens/Fülbier/Gassen/Sellhorn (2011), S. 121.

419 Vgl. z.B. Baetge/Kirsch/Thiele (2011a), S. 150; Eierle/Schultze/Bischof/Thiericke (2008), S. 289; Kirsch/Steinhauer (2003), S. 418; Ernst (2002), S. 182.

420 Vgl. Haller/Park (1994), S. 501.

Ermittlung des Unternehmenswerts intendiert, sondern lediglich die Bereitstellung von Informationen, anhand derer dieser von den Kapitalgebern approximiert werden kann (RK.OB7).

Als mögliche Gründe für die nicht bestehende Absicht, den Unternehmenswert abzubilden, führt *Siegel* die Schwierigkeiten an, künftige Zahlungsströme zu prognostizieren, und die Gefahr, wettbewerbssensible Daten herauszugeben.[421] Wenngleich *Küting* bei der internationalen Rechnungslegung eine zunehmende Zahlungsstromorientierung erkennt,[422] basiert die Erfolgsmessung nach IFRS – wie bei der handelsrechtlichen Rechnungslegung – auf Aufwendungen und Erträgen als periodisierte Aus- und Einzahlungen.[423] Eine weitere Gemeinsamkeit mit dem HGB besteht nach *Coenenberg* darin, dass die IFRS auf Ansatz- und Bewertungsregeln (Bilanzierung dem Grunde und der Höhe nach) und auf Berichterstattungsregeln basieren.[424]

Im Gegensatz zum Handelsrecht wird die Informationsfunktion des IFRS-Abschlusses nicht durch einen zusätzlichen Rechnungszweck relativiert bzw. dominiert. Denn die für das HGB zentrale Zahlungsbemessungsfunktion der Rechnungslegung gehört weder im Hinblick auf Ausschüttungen an die Anteilseigner noch mit Bezug zur Steuerbemessung zu den Rechnungszwecken der IFRS.[425] Mit Blick auf die Subsumption der Fremdkapitalgeber unter die primären Rechnungslegungsadressaten gemäß RK.OB2 wird ersichtlich, dass den IFRS ein Gläubigerschutzdenken allerdings nicht völlig fremd ist. Nur ergeben sich daraus andere Konsequenzen: So intendieren die IFRS den Schutz der Kapitalgeber durch die Bereitstellung von Informationen, welche Aussagen über die Sicherheit der vertragsgemäßen Entlohnung der Stakeholder zulassen. Eine Begrenzung der Ausschüttungen wird demgegenüber im Rahmen bilateraler Verträge vorgenommen.[426]

In Anbetracht der rechnungszweckabhängigen Ausgestaltung steht zu erwarten, dass infolge der unterschiedlichen Rechnungszwecke der HGB- und IFRS-Bilanzierung, die Rechnungslegungsgrundsätze der IFRS deutlich von den handelsrechtlichen abweichen.[427] Um diese Er-

---

421 Vgl. Siegel (2008), S. 341.

422 Vgl. Küting (2006), S. 1442.

423 Vgl. Weißenberger (2003), S. 219. Unterschiede zwischen HGB und IFRS bestehen demgegenüber bei der Abgrenzung von Vermögenswerten. Bei deren Definition stellen die IFRS auf ihr Nutzenpotenzial ab, während die vom HGB geforderte Einzelverwertbarkeit kein Definitionskriterium nach IFRS darstellt (vgl. Baetge/Kirsch/Thiele (2011a), S. 182; Wolz (2005), S. 40; Müller (2010), S. 7).

424 Vgl. Coenenberg (2005), S. 112.

425 Vgl. Hayn (2005), S. 427; Ernst (2002), S. 182; Küting (2006), S. 1448. Im Hinblick auf die Steuerbemessung bestehen jedoch Überlegungen, den IFRS-Einzelabschluss als Ausgangspunkt für eine EU-weite Bemessungsgrundlage für die Körperschaftsteuer zu definieren (vgl. Spengel/Ernst/Finke (2010), S. 285 ff.; Herzig/Lochmann (2006), S. 157 f.). Vorerst bildet allerdings in Deutschland auch nach dem BilMoG eine auf der Handelsbilanz basierende Steuerbilanz die Steuerbemessungsgrundlage (vgl. Baetge/Kirsch/Thiele (2011a), S. 153), wobei von der Reform auch steuerrechtliche Regelungen tangiert werden und sich, wie bereits in Abschnitt 2.3.1.1.2.4, S. 38 f., angesprochen, insgesamt eine „Entfremdung" von Handels- und Steuerbilanz abzeichnet (vgl. Dörfler/Adrian (2009), S. 58 ff.; Troßmann (2010), S. 93).

426 Vgl. Heyd (2001b), S. 375; Streim (2000), S. 113.

427 Für diese Erwartung spricht u.a., dass auch die Umstellung der Rechnungslegung von HGB auf IFRS als „Paradigmenwechsel" erachtet wird (vgl. Busse von Colbe (2002), S. 161). Anders demgegenüber *Schild-*

wartung zu verifizieren, wird nachfolgend geprüft, inwiefern die in Abschnitt 2.3.1.1.2 erläuterten GoB auch zu den Rechnungslegungsgrundsätzen der IFRS gehören.[428] Analog zur obigen kursorischen Diskussion der handelsrechtlichen GoB schließt sich im Folgenden dementsprechend keine Aufarbeitung des kompletten IFRS-Rahmenkonzepts an.[429] Dies erscheint insbesondere deshalb gerechtfertigt, da dieses weniger materielle Rechnungslegungsgrundsätze als vielmehr qualitative Anforderungen an den Abschluss enthält, die sich überwiegend auch unter den handelsrechtlichen Rahmengrundsätzen wiederfinden.[430] Es ist daher davon auszugehen, dass sich die Unterschiede zwischen der HGB- und der IFRS-Rechnungslegung weniger auf der Ebene der abstrakten Rechnungslegungsgrundsätze ergeben, sondern primär die materiellen Grundsätze betreffen, welche nachfolgend aufgegriffen werden.

2.3.2.1.2 Relevanz der handelsrechtlichen GoB für die IFRS-Rechnungslegung

Aus Abschnitt 2.3.1.1.2 sind das Vorsichts-, das Realisations- sowie das Imparitätsprinzip als bedeutsame GoB innerhalb der handelsrechtlichen Rechnungslegung hervorgegangen. Im Rahmen der IFRS-Rechnungslegung kommt dem im HGB sehr präsenten **Vorsichtsprinzip** eine untergeordnete Bedeutung zu.[431] Die bisherige Fassung des Rahmenkonzepts der IFRS ermahnte zwar zu einer vorsichtigen Bilanzierung, diese drückte sich jedoch dadurch aus, „dass ein gewisses Maß an Sorgfalt bei der Ermessensausübung, die für die erforderlichen Schätzungen unter ungewissen Umständen erforderlich ist, einbezogen wird" (RK.37). Im Ergebnis sollte vermieden werden, dass Vermögenswerte oder Erträge zu hoch und Schulden oder Aufwendungen zu niedrig angesetzt werden. RK.37 untersagte jedoch explizit die Bildung stiller Reserven, die Überbewertung von Rückstellungen und die bewusste Unterbewertung von Aktiva bzw. Überbewertung von Passiva.[432] Das Vorsichtsprinzip fungierte im Rahmen der IFRS-Rechnungslegung somit primär als Orientierungspunkt für Ermessensspielräume.[433] Die geringe Bedeutung des Vorsichtsprinzips für die IFRS-Rechnungslegung wird

---

bach, dem zufolge Rechnungslegungsregeln nur „[i]m Idealfall […] rein sachbezogen allein im Blick auf bestmögliche Aufgabenerfüllung geschaffen" werden und „[a]bseits des Ideals [..] Regulierung der Rechnungslegung ein politisches Machtspiel um die Durchsetzung von Partikularinteressen [ist]" (Schildbach (2005), S. 60).

428 Nicht in die Betrachtung einbezogen wird das in Abschnitt 2.3.1.1.2.4 behandelte Maßgeblichkeitsprinzip, weil die IFRS-Rechnungslegung bislang keinen Anknüpfungspunkt für die steuerliche Gewinnermittlung darstellt (vgl. Herzig/Gellrich/Jensen-Nissen (2004), S. 555, sowie ferner Fn. 425).

429 Vgl. für eine ausführliche Darstellung des IFRS-Rahmenkonzepts mitsamt der qualitativen Anforderungen an einen IFRS-Abschluss Pellens/Fülbier/Gassen/Sellhorn (2011), S. 122 ff.

430 Zu nennen sind in diesem Zusammenhang beispielsweise Anforderungen wie Vergleichbarkeit, Nachprüfbarkeit oder Wirtschaftlichkeit, die sowohl zu den handelsrechtlichen Rahmengrundsätzen (vgl. Baetge/Kirsch/Thiele (2011a), S. 114 ff.) als auch zu den allgemeinen Rechnungslegungsgrundsätzen, die im IFRS-Rahmenkonzept genannt werden (vgl. Pellens/Fülbier/Gassen/Sellhorn (2011), S. 122 ff.), gehören.

431 Vgl. Wagenhofer (2009), S. 131.

432 Vgl. Hayn/Waldersee (2008), S. 75; Wagenhofer (2009), S. 130; Born (2007), S. 508.

433 Vgl. Wollmert/Achleitner (1997), S. 248.

ferner dadurch dokumentiert, dass dieses nach der Überarbeitung des Rahmenkonzepts nicht mehr zu den qualitativen Anforderungen an den Jahresabschluss gehört.[434]

Das im HGB kodifizierte **Realisationsprinzip** findet hingegen nach herrschender Meinung eine Entsprechung in den IFRS-Rechnungslegungsgrundsätzen. Wie bereits im Zusammenhang mit dem HGB in Abschnitt 2.3.1.1.2.2 erläutert, regelt das Realisationsprinzip, zu welchem Zeitpunkt Erträge bilanziell erfasst werden dürfen.[435] Im handelsrechtlichen Kontext leitet sich das Realisationsprinzip aus dem Vorsichtsprinzp ab und wird dementsprechend eng ausgelegt.[436] Als Deduktionsbasis für das Realisationsprinzip fungiert im Rahmen der IFRS-Rechnungslegung hingegen der Grundsatz der Periodenabgrenzung.[437] Dieses in RK.OB17 sowie in IAS 1.27 enthaltene Prinzip besagt, dass sich die Erfassung der Geschäftsvorfälle nach ihrem wirtschaftlichen Eintreten richtet und nicht nach den damit verbundenen Zahlungswirkungen.[438] Dies begründet sich darin, dass in periodisierten Zahlungen ein höheres Potenzial zur Beurteilung der vergangenen und zur Prognose der künftigen Unternehmensleistung gesehen wird (RK.OB17).[439]

Das Realisationsprinzip ist nicht im IFRS-Rahmenkonzept enthalten, vielmehr wird aus mehreren Einzelstandards ersichtlich, dass dieser Grundsatz nach IFRS im Vergleich zum HGB weiter gefasst wird, indem die Voraussetzung für den Ertragsausweis nicht in der bereits erfolgten Realisierung der Erträge besteht. Vielmehr dürfen Erträge bereits erfasst werden, wenn sie mit hinreichender Wahrscheinlichkeit **realisierbar** sind.[440] Diese Auslegung zeigt sich insbesondere in der Bilanzierung langfristiger Fertigungsaufträge nach IAS 11 sowie der Bewertung von Vermögenswerten zum Fair Value.[441]

Bereits in Abschnitt 2.3.1.1.2.2 ist ausgeführt worden, dass sich bei der Bilanzierung langfristiger Fertigungsaufträge, also Projekten, deren Umsetzung mehr als eine Rechnungslegungsperiode in Anspruch nimmt, die Frage ergibt, wie die entsprechenden Auftragskosten und -erlöse auf die betroffenen Perioden aufzuteilen sind.[442] Sofern die Auftragserlöse verlässlich geschätzt werden können und der Zufluss eines wirtschaftlichen Nutzens aus dem Auftrag

---

434 Vgl. Pellens/Fülbier/Gassen/Sellhorn (2011), S. 141.

435 Vgl. Abschnitt 2.3.1.1.2.2, S. 35 f.

436 Vgl. Coenenberg/Haller/Schultze (2009), S. 41; Baetge/Kirsch/Thiele (2011a), S. 129.

437 Vgl. Wolz (2005), S. 16; Coenenberg/Haller/Schultze (2009), S. 64 f.

438 Vgl. Pellens/Fülbier/Gassen/Sellhorn (2011), S. 123; Wagenhofer/Ewert (2007), S. 10.

439 Die Bedeutung des Grundsatzes der Periodenabgrenzung wird auch von *Coenenberg et al.* mit dem Hinweis unterstrichen, dass „Jahresabschlüsse, die unter Beachtung der periodengerechten Erfolgsermittlung aufgestellt werden, [..] nach Ansicht des IASB dem Bilanzleser die nützlichsten Informationen für seine wirtschaftliche Entscheidungsfindung zur Verfügung stellen, da sie Geschäftsvorfälle und andere Ereignisse unabhängig von ihrer Zahlungswirksamkeit zum Zeitpunkt ihres wirtschaftlichen Eintretens abbilden." (Coenenberg/Haller/Schultze (2009), S. 64).

440 Vgl. Coenenberg/Haller/Schultze (2009), S. 65; Wolz (2005), S. 16; Küting (2006), S. 1446.

441 Vgl. Pellens/Fülbier/Gassen/Sellhorn (2011), S. 175; Weißenberger (2007), S. 59; vgl. zur Fair Value-Bewertung ausführlich Abschnitt 5.3.1.3.1.1.2, S. 277 ff.

442 Vgl. Pellens/Fülbier/Gassen/Sellhorn (2011), S. 263; Arnegger/Hofmann (2007), S. 116.

wahrscheinlich ist, sind die entsprechenden Erfolgskomponenten gemäß IAS 11.22-24 in Korrespondenz mit dem Leistungsfortschritt am Bilanzstichtag zu erfassen und Forderungen gegen den Auftraggeber zu bilden, wenngleich die Fertigstellung und Abnahme des Auftrags noch aussteht.[443] *Kümpel* sieht in der Anwendung der sog. Percentage-of-Completion-Methode eine „Abkehr von der formal-juristischen Betrachtungsweise hin zu einer mehr an wirtschaftlichen Aspekten orientierten Denkweise im Sinne der Vermittlung eines den tatsächlichen Verhältnissen entsprechenden Bildes der Vermögens- und Ertragslage."[444] Die von IAS 11 vorgeschriebene Bilanzierungsweise weicht insgesamt deutlich von den handelsrechtlichen Vorschriften ab, welche langfristige Fertigungsaufträge nach der Completed-Contract-Methode bilanzieren.[445]

Ein weiteres Beispiel für die IFRS-spezifische Auslegung des Realisationsprinzips stellt die Fair Value-Bewertung dar.[446] Der Fair Value entspricht dem hypothetischen Marktpreis eines Bewertungsobjekts, der unter idealisierten Bedingungen zustandekommt und im Rahmen der IFRS-Rechnungslegung sowohl für die Erst- als auch Folgebewertung eingesetzt wird.[447] Anwendungsbereiche des Fair Value bilden insbesondere die bilanzielle Abbildung von Unternehmenszusammenschlüssen in Übereinstimmung mit IFRS 3, die Bewertung von langfristigen Vermögenswerten, die zur Veräußerung gehalten werden, nach IFRS 5, Finanzinstrumenten gemäß IAS 39 bzw. IFRS 9, Immobilien, welche als Finanzinvestitionen gehalten werden, nach IAS 40, landwirtschaftlichen Vermögenswerten gemäß IAS 41 und Vermögenswerten des Anlagevermögens nach IAS 16 und IAS 38.[448]

Während die Wertobergrenze der Vermögenswerte im handelsrechtlichen Jahresabschluss grundsätzlich durch das Anschaffungswertprinzip determiniert und ein Zeitwert lediglich zur Verlustantizipation herangezogen wird,[449] gehen in den IFRS-Abschluss auch Fair Values ein, die über den historischen Kosten liegen.[450] Entsprechende Wertzuwächse erhöhen das Eigenkapital, wobei mehrere Formen der Erfassung zu unterscheiden sind. So wird etwa im Falle von Finanzinstrumenten, die ergebniswirksam zum beizulegenden Zeitwert zu bewerten sind, direkt ein Ertrag in der GuV ausgewiesen (IAS 39.55(a)).[451] In anderen Fällen werden über die historischen Kosten hinausgehende Wertsteigerungen grundsätzlich GuV-neutral in die Neubewertungsrücklage eingestellt. Im Falle von neubewerteten Sachanlagen gehen entspre-

443 Vgl. Arnegger/Hofmann (2007), S. 116; Bischof (1998), S. 8.

444 Kümpel (2002a), S. 906.

445 Vgl. Bischof (1998), S. 9; Coenenberg/Haller/Schultze (2009), S. 224, sowie Abschnitt 2.3.1.1.2.2, S. 36.

446 Vgl. Hayn/Waldersee (2008), S. 73.

447 Vgl. Hitz (2006), S. 110; Pfaff/Kukele (2006), S. 543; Coenenberg/Haller/Schultze (2009), S. 113.

448 Vgl. Wagenhofer (2009), S. 170.

449 Vgl. hierzu bereits Abschnitt 2.3.1.1.2.2, S. 35.

450 Vgl. Ballwieser/Küting/Schildbach (2004), S. 546.

451 Vgl. Pellens/Fülbier/Gassen/Sellhorn (2011), S. 569; Coenenberg/Haller/Schultze (2009), S. 265. Auch der für Geschäftsjahre ab dem 01.01.2013 verbindlich anzuwendende IFRS 9 sieht für Finanzinstrumente, die zum beizulegenden Zeitwert folgebewertet werden, eine grundsätzlich GuV-wirksame Erfassung der Wertänderungen vor (vgl. Pellens/Fülbier/Gassen/Sellhorn (2011), S. 578 f.).

chende Bewertungsgewinne auch bei einer Veräußerung des betroffenen Vermögenswerts nicht in die GuV ein, sondern werden GuV-neutral in die Gewinnrücklagen übertragen (IAS 16.41).[452] Bei finanziellen Vermögenswerten, die zur Veräußerung verfügbar sind, werden Wertschwankungen ebenfalls grundsätzlich GuV-neutral erfasst, solange der Vermögenswert vom Unternehmen gehalten wird. Im Falle der Veräußerung ist der kumulierte Bewertungsgewinn oder -verlust jedoch GuV-wirksam zu verbuchen (IAS 39.55(b)).[453] Indem ein Vermögenswert mit einem über den Anschaffungs- resp. Herstellungskosten liegenden Wert angesetzt wird, geht in die Rechenwerke des IFRS-Abschlusses somit ein Veräußerungsgewinn ein, der lediglich hypothetischen Charakters ist, solange der Vermögenswert im Unternehmen verbleibt. Hierin ist ein Beispiel für die weite Auslegung des Realisationsprinzips in der IFRS-Rechnungslegung zu sehen.

Als weitere Komponente des Vorsichtsprinzips und zentraler GoB des Handelsrechts wurde in Abschnitt 2.3.1.1.2.3 das **Imparitätsprinzip** erläutert. Es gilt nach *Pellens et al.* auch in der Rechnungslegung nach IFRS.[454] Dieser Grundsatz ist zwar ebenfalls kein Bestandteil des IFRS-Rahmenkonzepts, allerdings findet er sich implizit in verschiedenen Standards. *Wagenhofer* nennt in diesem Zusammenhang IAS 16, der die Bilanzierung von Sachanlagen reglementiert, und die bilanzielle Abbildung von immateriellen Vermögenswerten gemäß IAS 38.[455] In beiden Standards lässt sich bei Anwendung der Fair Value-Option insofern eine asymmetrische Erfassung von Aufwendungen und Erträgen erkennen, als Wertminderungen dieser Vermögenswerte sofort GuV-wirksam zu erfassen sind, während – wie oben angesprochen – Wertsteigerungen, welche die historischen Kosten übersteigen, grundsätzlich GuV-neutral erfasst werden.[456]

Insgesamt bleibt somit festzuhalten, dass mit dem handelsrechtlichen Realisations- und Imparitätsprinzip vergleichbare Regelungen zwar in den IFRS bestehen. Die Auslegung der einzelnen Grundsätze differiert jedoch mitunter – den unterschiedlichen Rechnungszwecken folgend – zwischen beiden Rechnungslegungssystemen.[457] Die periodengerechte Erfolgsermittlung, die durch das Vorsichtsprinzip im Rahmen der handelsrechtlichen Rechnungslegung eingeschränkt wird, wird von den IFRS priorisiert und von *Wolz* als „das dominierende Prinzip der Rechnungslegung nach IFRS“[458] bezeichnet. Dies zeigt sich auch in der strengeren Auslegung des **Matching Principle**. Es besagt, dass eine synchrone Erfassung der aus demselben Sachverhalt resultierenden Aufwendungen und Erträge vorzunehmen ist (RK.95).[459]

---

452 Vgl. Wagenhofer (2009), S. 369; Born (2007), S. 131; Wolz (2005), S. 115 f.

453 Vgl. Pellens/Fülbier/Gassen/Sellhorn (2011), S. 570; Coenenberg/Haller/Schultze (2009), S. 267.

454 Vgl. Pellens/Fülbier/Gassen/Sellhorn (2011), S. 286.

455 Vgl. Wagenhofer (2009), S. 133.

456 Vgl. Wagenhofer (2009), S. 133; Pellens/Fülbier/Gassen/Sellhorn (2011), S. 324 und 352.

457 Vgl. Wagenhofer (2009), S. 133 f.

458 Wolz (2005), S. 16; ähnlich auch Küting/Lorson (1998d), S. 2305; Männel (1999b), S. 15.

459 Vgl. Pellens/Fülbier/Gassen/Sellhorn (2011), S. 175.

Die im Vergleich zur handelsrechtlichen Rechnungslegung stärkere Gewichtung des Grundsatzes der Periodenabgrenzung und damit einhergehend des Matching Principle zeigt sich – neben der bereits thematisierten Bilanzierung langfristiger Fertigungsaufträge anhand der Percentage-of-Completion-Methode – insbesondere in der Aktivierung selbst erstellter immaterieller Vermögenswerte.[460] Entsprechende Vermögenswerte, die vor der Novellierung des Handelsrechts durch das BilMoG Periodenaufwand darstellten,[461] sind gemäß IAS 38.57 unter den dort genannten Voraussetzungen zu aktivieren und im Falle einer bestimmbaren Nutzungsdauer grundsätzlich planmäßig über diese abzuschreiben (IAS 38.74).[462] Da davon auszugehen ist, dass derartige Ressourcen aufgebaut werden, um in künftigen Perioden höhere Erträge zu generieren, kann die Aktivierung und anschließende Abschreibung dieser Potenziale dazu beitragen, den Ressourcenverbrauch und die damit initiierte Wertschöpfung synchron zu erfassen. Diese Überlegung findet sich beispielsweise bei *Weinand/Wolz*, die folgern, dass „eine Aktivierung dem Grundgedanken [entspricht], miteinander in Beziehung stehende Aufwendungen und Erträge der Periode in der GuV periodengerecht gegenüberzustellen."[463]

2.3.2.1.3 Schlussfolgerung zum Verhältnis von Relevanz und Verlässlichkeit in der IFRS-Rechnungslegung

Bezogen auf das in Abschnitt 2.3.1.1.3 angesprochene Spannungsverhältnis zwischen Relevanz und Verlässlichkeit kann gefolgert werden, dass im Rahmen der IFRS-Rechnungslegung dem Relevanzkriterium eine höhere Bedeutung beigemessen wird als im Kontext der handelsrechtlichen Bilanzierung. Dies wird beispielsweise in der Fair Value-Bewertung deutlich. Wie sich im Weiteren noch zeigen wird, gehen in entsprechende Wertansätze in erheblichem Maße zukunftsbezogene und dementsprechend mit Unsicherheit behaftete Informationen ein.[464] Diese Einschränkung an Verlässlichkeit erscheint aus der Perspektive der Standardsetter aber offenbar durch eine höhere Relevanz gerechtfertigt.

Die Akzentuierung des Relevanzaspekts kann ferner anhand der oben angesprochenen Aktivierungspflicht für bestimmte selbst erstellte immaterielle Vermögenswerte exemplifiziert werden.[465] Wenngleich IAS 38.57(d) einen Beleg für den von einem selbst erstellten immateriellen Vermögenswert generierten Nutzen fordert, ist zu konstatieren, dass entsprechende Erwartungen lediglich plausibilisierbar, aber nicht objektivierbar sind.[466] Dementsprechend scheint auch in diesem Zusammenhang der Relevanz der Abschlussinformationen Vorrang

---

460 Vgl. Weißenberger (2007), S. 60; Weißenberger/IGC (2006c), S. 28.

461 Im Zuge des BilMoG wurde in § 248 Abs. 2 Satz 1 HGB ein Aktivierungswahlrecht für selbst erstellte immaterielle Vermögenswerte des Anlagevermögens kodifiziert und an bestimmte Voraussetzungen geknüpft (vgl. Baetge/Kirsch/Solmecke (2009), S. 1215 f.; Eitzen/Moog/Pyschny (2010), S. 357).

462 Vgl. Born (2007), S. 122 f.; Leibfried/Pfanzelt (2004), S. 492; Hayn/Waldersee (2008), S. 117 ff. Dies gilt, sofern sie nicht unter das in IAS 38.48 ff. enthaltene Aktivierungsverbot fallen.

463 Weinand/Wolz (2010), S.130; ähnlich auch Weißenberger/IGC (2006c), S. 28.

464 Vgl. ausführlich zu der Fair Value-Bewertung Abschnitt 5.3.1.3.1.1.2, S. 277 ff.

465 Vgl. hierzu ausführlich Abschnitt 5.4.2.2.3.1, S. 353.

466 Vgl. Lüdenbach/Freiberg (2009), S. 132; Kirsch/Steinhauer (2003), S. 422 f.

gegenüber dem Verlässlichkeitskriterium eingeräumt zu werden.[467] Diese Tendenz wird von *Naumann* basierend auf der Analyse verschiedener Regelungen bestätigt. Er kritisiert, dass „die IFRS-Regeln die Verlässlichkeit teilweise nur in einem geringen Maße [sichern], das zu einer kaum noch zu akzeptierenden Entobjektivierung der Abschlussinformationen führt."[468]

2.3.2.2 Konzernkostenrechnung und kalkulatorische Steuerungsrechnung

Als zentraler Bestandteil des internen Rechnungswesens auf der einzelgesellschaftlichen Ebene wurde in Abschnitt 2.3.1.2 die Kostenrechnung identifiziert. Über die Kostenrechnungssysteme auf der Ebene der Tochterunternehmen hinausgehend, wird auf der Ebene des Gesamtkonzerns der Bedarf für eine Konzernkostenrechnung gesehen.[469] Aufbauend auf der in Abschnitt 2.3.1.2.2 skizzierten Grundstruktur der Kostenrechnung sind bei der Ausgestaltung der Konzernkostenrechnung insbesondere im internationalen Kontext spezifische Aspekte zu berücksichtigen. Hierzu gehören vor allem die Notwendigkeit, Zwischenerfolge aus konzerninternen Transaktionen aufgrund der Fiktion der wirtschaftlichen Einheit zu eliminieren, Unterschiede bei der Strukturierung von Kosten oder die Berücksichtigung von länderspezifischen Unterschieden im Ansatz und der Verrechnung von Kosten.[470] Die Datengrundlage der Konzernkostenrechnung setzt sich in der Regel aus dem Zahlenmaterial zusammen, das in den Kostenrechnungssystemen der Tochterunternehmen vorgehalten wird.[471]

Im Zusammenhang mit der Steuerung untergeordneter Geschäftsbereiche wird im Schrifttum zudem vielfach die zentrale Bedeutung der periodischen Erfolgsrechnung akzentuiert.[472] Das Erfordernis einer solchen Rechnung ergibt sich aus dem Abtritt von Entscheidungskompetenzen an die Leiter selbständiger Verantwortungsbereiche, deren Handlungen mithilfe einer steuerungsorientierten Erfolgsrechnung auf die Unternehmensziele auszurichten sind.[473] *Schneider* führt aus, dass im Zuge der Dezentralisierung und der damit einhergehenden Entscheidungsdelegation den in den Geschäftsbereichen Handelnden Entscheidungsspielräume

---

467 Gleichwohl impliziert das mit dem BilMoG eingeführte Wahlrecht zur Aktivierung selbst erstellter immaterieller Vermögenswerte (§ 248 Abs. 1 Satz 1 HGB) eine Ausnahme von der vorsichtigen, um Objektivierung bemühten Bilanzierung. *Müller* führt dies auf die steigende Bedeutung von immateriellen Vermögenswerten im Wissens- und Technologiezeitalter zurück (vgl. Müller (2010), S. 7). Dem Gläubigerschutzgedanken wird jedoch insofern Rechnung getragen, als mit der Aktivierung entsprechender Vermögensgegenstände eine Ausschüttungssperre in Höhe der aktivierten Aufwendungen gemäß § 268 Abs. 8 HGB verhängt wird (vgl. Weinand/Wolz (2010), S. 132; Coenenberg/Haller/Schultze (2009), S. 178).

468 Naumann (2006), S. 58.

469 Vgl. Franz (2003), S. 8. Allerdings beobachtet *Weide* im Rahmen seiner Feldstudie, dass auf der Konzernebene häufig keine eigene Kostenrechnung geführt wird (vgl. Weide (2009a), S. 227 f.). Zudem konstatieren *Müller et al.*, dass im Hinblick auf die Konzeption einer Konzernkostenrechnung nur rudimentäre Ansätze bestehen (vgl. Müller/Ordemann/Pampel (2005), S. 2119 f.).

470 Vgl. Dusemond (1999), S. 2478 ff.; Troßmann (2003), S. 54 ff.; Währisch (2003), S. 72 ff.

471 Vgl. Franz (2003), S. 8.

472 Vgl. z.B. Küting/Lorson (1998c), S. 2251; Siefke (1999), S. 13; Hoke (2001), S. 94; Schweitzer (2006), S. 44, sowie ferner *Weißenberger*: „Gerade in dezentral organisierten Konzernen, in denen Führungshandlungen durch viele beteiligte Akteure, die in komplexen hierarchischen Beziehungen zueinander stehen, wahrgenommen werden, nimmt die Erfolgsrechnung eine zentrale Stellung ein." (Weißenberger (2003), S. 5).

473 Vgl. Hofmann (2002), S. 1178; Weißenberger (2003), S. 5.

eingeräumt werden, weil diese über Wissensvorsprünge gegenüber der Unternehmenszentrale verfügen und Ertragschancen oder Risiken in der Regel früher erkennen. Diese Informationsvorteile können aber auch ausgenutzt werden, um opportunistische Handlungen zu initiieren, mit denen die Ziele der delegierenden Unternehmenszentrale konterkariert werden.[474]

Aus der Perspektive der untergeordneten Entscheidungsträger bildet die Erfolgsrechnung daher ein Instrument, mit dem sie Rechenschaft über ihre Handlungen in einer abgelaufenen Periode legen. Aus der Sicht der Delegierenden ist mithilfe dieses Rechenwerks ein unternehmenszielkonformes Verhalten der untergeordneten Entscheidungsträger zu initiieren.[475] Anstelle detaillierter operativer Planvorgaben werden mithilfe der Steuerungsrechnung für die Geschäftsbereiche Vorgabegrößen bzw. Rahmenbedingungen in der Form „finanzieller Rahmenziele" (z.B. Soll-Bereichsgewinne) oder „strategischer Nebenbedingungen" (z.B. Marktanteil) gesetzt, die als Beurteilungsmaßstab für die dezentralen Akteure fungieren.[476] Die Entscheidung, wie diese Ziele erreicht werden, liegt dabei im Ermessen der Geschäftsbereiche.[477] Zusammenfassend folgern *Küting/Lorson*, dass ein Rechenwerk dann als Steuerungsinstrument fungiert, „wenn es dazu benutzt wird, Ziele zu definieren, an denen Entscheidungen und Handlungen auszurichten sind."[478]

Die Daten der steuerungsorientierten Erfolgsrechnung werden insbesondere für die Führung dezentraler Geschäftseinheiten vielfach zu **Kennzahlen** verdichtet.[479] Unter Kennzahlen sind solche Größen zu verstehen, „die quantitativ erfassbare Sachverhalte in konzentrierter Form erfassen."[480] Sie tragen nicht nur zu einer Operationalisierung von Zielen bei, ihnen kommt auch eine Steuerungs- und Kontrollfunktion zu.[481] Durch einen Kennzahlenvergleich wird zudem im Sinne eines „internen Benchmarkings" die vergleichende Beurteilung verschiedener Unternehmenseinheiten möglich.[482] Von besonderer Bedeutung sind in der Unternehmenspraxis erfolgszielbezogene Kennzahlen, welche häufig die Form einer relativen Kennzahl annehmen, indem verschiedene Größen zueinander in Beziehung gesetzt werden.[483] Als Beispiele für derartige Kennzahlen lassen sich Rentabilitätskennzahlen in der Form der Umsatzrentabilität, Eigen- oder Gesamtkapitalrentabilität sowie der Return on Capital Employed (ROCE) und der Return on Investment (ROI) nennen.[484]

---

474 Vgl. Schneider (1997), S. 456 f.
475 Vgl. Siefke (1999), S. 13; Himmel (2004), S. 57.
476 Vgl. Schneider (1997), S. 456; Küpper (1997), S. 23.
477 Vgl. Trapp (2010a), S. 306; Schaier (2007), S. 130.
478 Küting/Lorson (1998b), S. 469 f.
479 Vgl. Horváth (2009), S. 504; Hirsch/Schneider (2010), S. 13; Reichmann (2008), S. 692 ff.
480 Reichmann (2011), S. 24; vgl. auch Küting/Weber (2009), S. 53; Weber/Schäffer (2011), S. 171.
481 Vgl. Weber/Schäffer (2011), S. 173; Reichmann (2011), S. 25; Küting/Weber (2009), S. 53.
482 Vgl. Horváth (2009), S. 506; Fischer/Becker/Gerke (2003), S. 685.
483 Vgl. Weber/Schäffer (2011), S. 174; Reichmann (2011), S. 25; Weber/Sandt (2001), S. 10.
484 Vgl. Weber/Schäffer (2011), S. 174; Küting/Lorson (1999b), S. 219.

In der tradierten Ausgestaltung des Rechnungswesens beruht die Erfolgsrechnung – ebenso wie die auf ihr basierenden Kennzahlen – grundsätzlich auf den kalkulatorischen Daten der Kostenrechnung, weshalb dieses Rechenwerk im Folgenden als „kalkulatorische" Steuerungsrechnung bezeichnet wird.[485] Wird in diesem Zusammenhang beispielsweise eine Kapitalrentabilitätsgröße berechnet, so umfassen die Ergebnisgröße im Zähler sowie die im Nenner stehende Kapitalgröße vielfach kalkulatorische Elemente, beispielsweise in der Form von kalkulatorischen Zinsen oder aufgrund der Bewertung von Vermögenswerten zu Wiederbeschaffungskosten.[486] *Küting/Lorson* führen 1998 fünf Gründe dafür an, dass derartige Steuerungsrechnungen in deutschen Unternehmen traditionell über eine kalkulatorische Datenbasis verfügen.[487] Diese werden im Weiteren zusammengefasst:

1) **Fehlende Identität von Geschäftseinheiten und rechtlichen Einheiten:** Geschäftseinheiten als Bezugsobjekte der internen Steuerungsrechnung bilden nur in seltenen Fällen eine rechtlich selbständige Einheit, der eine Rechnungslegungspflicht obliegt. Dementsprechend liegen nicht für sämtliche Geschäftseinheiten mit den externen Rechnungslegungsvorschriften kompatible Daten vor.

2) **Enge Verzahnung der Handels- und der Steuerbilanz:** Aufgrund der (damals noch existenten) umgekehrten Maßgeblichkeit nimmt das Steuerrecht Einfluss auf die Darstellung der Unternehmenssituation im handelsrechtlichen Einzelabschluss. Somit besteht die Gefahr einer verzerrten Abbildung der Unternehmenslage in der Handelsbilanz, da diese von steuertaktischen Erwägungen im Hinblick auf eine Verringerung der steuerlichen Bemessungsgrundlage geprägt wird.[488]

3) **Bilanzpolitisch verzerrte Darstellung der Vermögens-, Finanz- und Ertragslage:** Das Handelsrecht wird für seine zahlreichen Gestaltungsmöglichkeiten kritisiert, durch deren Ausnutzung stille Reserven gebildet werden können. Derartige Rücklagen verfälschen die Abbildung der Unternehmenssituation in zwei Perioden, nämlich im Zeitraum ihrer Bildung sowie ihrer Auflösung.[489]

4) **Fehlende Vergleichbarkeit der Daten des externen Rechnungswesens:** Bei der Beurteilung der Geschäftseinheiten wird häufig auf die Gesamtkapitalrentabilität abgestellt, um dezentrale Bereiche mit unterschiedlichen Finanzierungsstrukturen miteinander vergleichen zu können. Des Weiteren soll anhand der Steuerungsrechnung die Leistung des dezentralen Managements beurteilt werden. Da Finanzierungsentscheidungen oft dezent-

---

485 Vgl. Weißenberger (2003), S. 94; Küting/Lorson (1998c), S. 2252; Klein (1999a), S. 3; Siefke (1999), S. 89. Hierin ist ein wesentlicher Unterschied zu der Ausgestaltung US-amerikanischer Accounting-Systeme zu sehen, in denen sich die Erfolgsrechnung aus Daten des externen Rechnungswesens zusammensetzt (vgl. Weißenberger (2003), S. 112; Hebeler (2003), S. 187).

486 Vgl. Küting/Lorson (1999b), S. 219; Küting (1998), S. 16; für weitere Unterschiede zwischen den internen und externen Teilbereichen in einem divergenten Rechnungswesen vgl. Hoke (2001), S. 154.

487 Vgl. hierzu im Folgenden Küting/Lorson (1998c), S. 2253 f.; Küting/Lorson (1999b), S. 219.

488 Vgl. hierzu Abschnitt 2.3.1.1.2.4, S. 38 f.

489 Vgl. hierzu bereits Abschnitt 2.3.1.1.2.1, S. 34.

ral getroffen werden, erscheint es sinnvoll, Korrekturen bei den einbezogenen Kapitalkosten vorzunehmen, um eine adäquate Erfolgsmessung zu gewährleisten.

5) **Degradation der handelsrechtlichen Rechnungslegung zur Pflichterfüllung:** In deutschen Unternehmen wird die Rechnungslegung tendenziell als bloße Pflichterfüllung und nicht als Kommunikationsinstrument gesehen, mit dem die Finanzierungsmöglichkeiten am Kapitalmarkt verbessert werden können. Als Grund führen *Küting/Lorson* die eingeschränkte Informationsqualität des handelsrechtlichen Abschlusses infolge der verzerrten Abbildung durch das Vorsichtsprinzip und die umfangreichen Gestaltungsmöglichkeiten an.

Mit Blick auf die bisherigen Ausführungen wird evident, dass infolge der IFRS-Rechnungslegung und der Novellierung des HGB einzelne Argumente obsolet werden. So wird das Problem der engen Verzahnung der Handels- und der Steuerbilanz durch die Aufgabe der umgekehrten Maßgeblichkeit verringert.[490] Zudem wird mit der Anwendung der internationalen Rechnungslegungsstandards eine Einschränkung der Möglichkeiten verbunden, stille Reserven zu bilden und auf diese Weise die Abbildung der Unternehmenslage zu verzerren.[491] Damit deutet sich bereits an, dass ausgewählte Entwicklungen im Bereich der externen Rechnungslegung bestehende Argumente für die tradierte Ausgestaltung des Rechnungswesens in Frage stellen. Dieser Einfluss wird nachfolgend dokumentiert, indem im Laufe der Arbeit gezeigt wird, dass die Anwendung internationaler Rechnungslegungsstandards einen wichtigen Kontextfaktor für die Konvergenz des Rechnungswesens darstellt.[492]

2.3.2.2.1 Rechnungszwecke der Konzernkostenrechnung und kalkulatorischen Steuerungsrechnung

Die Rechnungszwecke, denen die Konzernkostenrechnung gerecht werden muss, entsprechen grundsätzlich den in Abschnitt 2.3.1.2.1 erörterten Funktionen, also der Entscheidungs- und der Verhaltenssteuerungsfunktion.[493] Diese Funktionen lassen sich in Einzelzwecke differenzieren, die in Tabelle 3 dargestellt werden. Auch die kalkulatorische Steuerungsrechnung lässt sich in das bereits bestehende Systematisierungsraster der Rechnungszwecke einordnen. Die Steuerungsrechnung soll Entscheidungen der Konzernzentrale, aber auch der Geschäftseinheiten fundieren, zugleich die Kontrolle nachgeordneter Ebenen und die Ausrichtung der Handlungen der auf diesen Ebenen Agierenden auf die Unternehmensziele forcieren.[494] Demnach hat die steuerungsorientierte Erfolgsrechnung sowohl einer Entscheidungs- als auch einer Verhaltenssteuerungsfunktion nachzukommen. *Siefke* grenzt hingegen eine Kontroll- und eine Koordinationsaufgabe ab und umschreibt mit den entsprechenden Definitionen die beiden in

490 Vgl. Abschnitt 2.3.1.1.2.4, S. 39.
491 Vgl. Abschnitt 2.3.2.1.2, S. 55.
492 Vgl. insbesondere Abschnitt 5.2.1.1.2, S. 158, und Abschnitt 5.4, S. 319.
493 Vgl. Franz (2003), S. 9.
494 Vgl. Coenenberg/Fischer/Günther (2009), S. 756 ff.; Hoke (2001), S. 94.

Abschnitt 2.2.2.2 genannten Aspekte, die unter die Verhaltenssteuerungsfunktion subsumiert werden.[495]

Zwecke	Aufgaben
Entscheidungs-unterstützung	Optimierung des Sortiments- und Kundenportfolios
	Optimierung von Kosten durch die Nutzung geeigneter Standorte
	Entscheidungen über Eigenfertigung und Fremdbezug
	Entscheidungen über die Verwendung von gleichen Teilen oder Komponenten in möglichst vielen unterschiedlichen Produkten des Sortiments
	Verfahrensentscheidungen
	Entscheidungen über die Bemessung von Preisen bei Einzel-auftragsfertigung
	Beurteilung der Angemessenheit von Preisen bei Serien- und Massenfertigung
Wirtschaftlich-keitskontrollen	Kosten- und Renditeanalysen
	Benchmarkvergleiche von Kosten

Tabelle 3: Einzelzwecke der Konzernkostenrechnung[496]

Konsistent mit dieser Typisierung verhält sich die Einschätzung *Schaiers*, dass zumindest in der Organisationsform der Finanz- oder Management-Holding die dezentralen Geschäftseinheiten über ein so hohes Maß an Autonomie verfügen, dass auf dieser Ebene die Verhaltenssteuerung zu priorisieren ist.[497] Daraus kann gefolgert werden, dass auf den höheren Hierarchieebenen, auf denen primär Ziele für Entscheidungsträger auf untergeordneten Ebenen formuliert werden, die Verhaltenssteuerungsfunktion des internen Rechnungswesens ein höheres Gewicht erhält als die Entscheidungsfunktion.[498]

2.3.2.2.2 Charakteristika der Konzernkostenrechnung und kalkulatorischen Steuerungsrechnung

Im Hinblick auf die Konzernkostenrechnung ist bereits ausgeführt worden, dass diese grundsätzlich der Grundstruktur der Kostenrechnung, bestehend aus der Kostenarten-, Kostenstellen- und Kostenträgerrechnung, folgt. Auch spezifische Problemfelder der Konzernkostenrechnung, wie die Zwischenergebniseliminierung, sind bereits angesprochen worden. Im Hinblick auf die wesentlichen Merkmale kann daher auf Abschnitt 2.3.1.2.2 verwiesen werden.

Im vorangegangenen Abschnitt ist erläutert worden, dass der kalkulatorischen Steuerungsrechnung vorrangig der Rechnungszweck der Verhaltenssteuerung zukommt. Für ihre Ausge-

495 Vgl. Siefke (1999), S. 13.

496 Basierend auf den Ausführungen von Franz (2003), S. 10 f.

497 Vgl. Schaier (2007), S. 130; ähnlich auch Lohmann (2010), S. 1128; Baumann (1986), S. 430.

498 Vgl. Wagenhofer (2008a), S. 165; Trapp (2010a), S. 306; ähnlich auch Schweitzer/Küpper (2011), S. 667.

staltung wird daher das Kriterium der Anreizverträglichkeit als maßgebend erachtet.[499] Dies ist darauf zurückzuführen, dass die Beziehung zwischen der Unternehmensführung und den Handlungsträgern in den Geschäftsbereichen durch dieselben Merkmale gekennzeichnet wird wie jene zwischen den Erstellern und Adressaten des Jahresabschlusses:[500] In Abschnitt 2.2.1 wurde erläutert, dass von diesen Parteien in der Regel unterschiedliche Ziele verfolgt werden und zudem der Abschlussersteller über einen Informationsvorsprung verfügt.[501]

Bezogen auf das Verhältnis der Unternehmensführung und des Bereichsmanagements ist festzustellen, dass an Letzteres vielfach Entscheidungsrechte übertragen werden, weil dieses „vor Ort“ in der Regel über detailliertere Fach- und Situationskenntnisse verfügt.[502] Sofern zwischen dem Top- und Bereichsmanagement Zielkonflikte bestehen, können Bereichsmanager ihren Wissensvorsprung zur Priorisierung ihrer eigenen Ziele ausnutzen.[503] In dieser Konstellation besteht somit das Problem, dass das Bereichsmanagement für die Unternehmensführung nicht erkennbare Handlungen ergreifen kann, die ihm zwar das Erreichen seiner eigenen Ziele ermöglichen, nicht jedoch jene der Gesamtunternehmensführung.[504] Zudem ergibt sich das Problem, dass das Bereichsmanagement möglicherweise nicht wahrheitsgemäß Rechenschaft ablegt.[505]

Diese Probleme gilt es durch die Konzeption einer Steuerungsrechnung zu bewältigen, d.h. mithilfe einer anreizverträglichen Steuerungsrechnung sollen diese opportunistischen Handlungen antizipiert werden. *Schneider* folgend sind mit dieser zwei Ziele verbunden: „Zum einen sollen die dezentral Verantwortlichen ihren Handlungsspielraum so nutzen, daß [...] die finanziellen Ziele der Unternehmungsspitze erreicht werden. Zum anderen sollen diese Beauftragten, aber auch ihre Auftraggeber, zur Ehrlichkeit in der Wissensübertragung angehalten werden, also zum Bekanntgeben verborgener Informationen und zum Unterlassen verborgener Handlungen.“[506]

Um diesen Anforderungen entsprechen zu können, formuliert *Schneider* „betriebswirtschaftliche Grundsätze anreizverträglicher interner Erfolgsrechnung“ und spricht diesen eine mit den GoB im handelsrechtlichen Kontext vergleichbare Rolle zu.[507] Die wesentlichen Leitsätze dieses umfangreichen Konzepts für eine anreizverträgliche Steuerungsrechnung werden nachfolgend aufgegriffen. Interessant erscheint in diesem Zusammenhang, dass den Ausgangspunkt der Überlegungen das handelsrechtliche Betriebsergebnis bildet, das für interne Zwecke

---

499 Vgl. Schneider (1997), S. 490; vgl. zudem zur Anreizverträglichkeit als Beurteilungskriterium für ein konvergentes Rechnungswesen ausführlich Abschnitt 5.4.2.1.1, S. 339.

500 Vgl. Wagenhofer/Ewert (2007), S. 9; Weber (2005), S. 79.

501 Vgl. Abschnitt 2.2.1, S. 18.

502 Vgl. Ewert/Wagenhofer (2008), S. 367; Schneider (1997), S. 456.

503 Vgl. Lambert (2007), S. 274 ff.; Baiman (1990), S. 342.

504 Vgl. Weißenberger (1997), S. 142.

505 Vgl. Lambert (2001), S. 7.

506 Schneider (1997), S. 490.

507 Vgl. Schneider (1997), S. 493 ff.; Schweitzer/Küpper (2011), S. 667 ff.

zu modifizieren ist.[508] Dabei konkretisieren sich die Vorschläge *Schneiders* insbesondere darin, zusätzlich zum Wirtschaftsergebnis einen Sonderposten für zweckgebundenes Risikokapital sowie einen Sonderposten für Planabweichungen zu bilden.[509]

Das handelsrechtliche Betriebsergebnis ist demzufolge in einem ersten Schritt um vom Vorsichtsprinzip oktroyierte bzw. durch Bilanzpolitik motivierte Aufwandskomponenten zu bereinigen. Dadurch erhöht sich das Wirtschaftsergebnis, wobei parallel der **Sonderposten mit Risikokapitalcharakter** um den Differenzbetrag zu verringern ist. Sofern betriebswirtschaftlich begründete, aber handels- bzw. steuerrechtlich fakultativ zu erfassende Aufwendungen aus bilanzpolitischen Erwägungen unberücksichtigt bleiben, ist das Wirtschaftsergebnis in entsprechender Weise zu kürzen. Diese Gewinnänderung führt zugleich zu einer Einstellung des korrigierten Betrags in den Sonderposten mit Risikokapitalcharakter, der als Korrektiv für verzerrende Erfolgskomponenten fungiert.[510]

Die Bildung eines **Sonderpostens für Planabweichungen** ergibt sich aus dem Vorschlag, Ermessensentscheidungen imparitätisch zu behandeln. *Schneider* hält es für geboten, dass vorsichtige Wertansätze das Wirtschaftsergebnis mindern. Damit korrespondierende, ergebniserhöhende Neuschätzungen oder die Auflösung der auf diese Weise gebildeten stillen Reserven sollen hingegen nicht das Wirtschaftsergebnis in späteren Perioden erhöhen. Abweichungen zwischen den antizipierten und realisierten Verlusten sind daher in den genannten Sonderposten einzustellen. Damit soll das bereits angesprochene Problem einer übermäßigen Verlustantizipation in ertragstarken Perioden und der korrespondierenden Auflösung stiller Reserven in wirtschaftlich schwächeren Jahren vermieden werden.[511] Weitere Vorschläge *Schneiders* betreffen die Erfassung unrealisierter Erträge im Kontext langfristiger Fertigungsaufträge und die Aktivierung investitionsähnlicher Aufwendungen.[512]

2.3.2.3 Zwischenfazit

Inhalte der vorangegangenen Abschnitte waren mit dem IFRS-Konzernabschluss und der kalkulatorischen Steuerungsrechnung die zentralen erfolgszielorientierten Rechenwerke auf

---

508 Bemerkenswert erscheint dieser Vorschlag auch insofern, als *Schneider* die Überlegungen, „durch eine Zusammenfassung von internem und externem Rechnungswesen das Ausmaß des selbständigen internen Rechnungswesens abzubauen und dessen Inhalt stärker unter die Fuchtel des externen Rechnungswesens zu stellen" (Schneider (1997), S. 490) kritisch zu betrachten scheint und ferner sowohl dem handelsrechtlichen Jahresabschluss als auch der Steuerbilanz ein Versagen als betriebswirtschaftliche Steuerungsinstrumente vorwirft (vgl. Schneider (1997), S. 490). Entgegen dieses Eindrucks deuten die weiteren Ausführungen *Schneiders* jedoch darauf hin, dass keine generelle Inkommensurabilität der Ergebnisrechnungen gesehen wird, sondern das handelsrechtliche Ergebnis bei Vornahme umfangreicher Modifikationen als interne Steuerungsgröße Verwendung finden kann. Wie im Weiteren noch ausgeführt wird, besteht darin das Kernergebnis der Konvergenzdiskussion (vgl. Abschnitt 6.2.1.1, S. 407 ff.).

509 Vgl. Schneider (1997), S. 493; Schweitzer/Küpper (2011), S. 667.

510 Vgl. Schneider (1997), S. 494 f.

511 Vgl. Schneider (1997), S. 496, sowie ferner Fn. 272.

512 Vgl. Schneider (1997), S. 497 ff.

Konzernebene.[513] Während der IFRS-Abschluss die Bereitstellung entscheidungsrelevanter Informationen für unternehmensexterne Adressaten, insbesondere Kapitalgeber, beabsichtigt, soll mit einer kalkulatorischen Steuerungsrechnung sichergestellt werden, dass auf untergeordneten Hierarchieebenen agierende Handlungsträger ihre Entscheidungen an den Unternehmenszielen ausrichten. Dem IFRS-Abschluss kommt zwar ebenfalls eine Rechenschaftsfunktion zu, diese wird jedoch weniger als separater Rechnungszweck aufgefasst, sondern als Aspekt der Entscheidungsfunktion.

2.4 Zusammenfassung und erste Abgrenzung des Konvergenzbegriffs

Das zweite Kapitel dieser Arbeit hat sich zur Aufgabe gemacht, einen kursorischen Überblick über die tradierte Ausgestaltung des Rechnungswesens zu geben. Sie wird vom Gestaltungsgrundsatz „Der Rechnungszweck bestimmt über das Rechnungsziel den Rechnungsinhalt"[514] geprägt. Der Bedeutung dieser Heuristik entsprechend sind zunächst auf der Basis der einschlägigen Literatur die Rechnungszwecke des internen und externen Rechnungswesens abgegrenzt und anschließend die erfolgszielbezogenen Rechenwerke in diesen Rahmen eingeordnet worden. Zusammenfassend lassen sich folgende Schlussfolgerungen festhalten:

- Dem handelsrechtlichen Einzelabschluss obliegen eine Informationsfunktion in der Form der Rechenschaftslegung und eine Zahlungsbemessungsfunktion. Geprägt wird das Rechenwerk vom Gläubigerschutzprinzip, so dass ein infolge einer asymmetrischen Abbildung von Erfolgs- und Verlustpotenzialen vorsichtiges und tendenziell pessimistisches Bild der Unternehmenssituation gezeichnet wird.
- Die Rechnungszwecke der Kostenrechnung sind vielfältig und konkretisieren sich in Planungs- und Kontrollaufgaben im Ein- wie auch im Mehrpersonenkontext. Beziehen sich die Rechenwerke des externen Rechnungswesens auf juristische bzw. im Kontext der Konzernrechnungslegung auf wirtschaftliche Einheiten, so bilden u.a. Produkte, Produktgruppen und Unternehmensbereiche die Bezugsobjekte der Kostenrechnung. Die Verwendung kalkulatorischer Kosten wird insbesondere mit dem Bestreben begründet, Opportunitätskosten in die Entscheidungsfindung zu integrieren und die zu deckenden Kosten im Rahmen der Preiskalkulation möglichst umfangreich zu erfassen.
- Der Konzernabschluss nach internationalen Rechnungslegungsstandards intendiert die Bereitstellung entscheidungsnützlicher Informationen für die Kapitalgeber. Diese sollen insbesondere die Abschätzung des Zahlungsstrompotenzials des Unternehmens erleichtern. Die für das HGB typische, asymmetrisch-verzerrende Erfolgserfassung wird zugunsten einer stärkeren Gewichtung des Grundsatzes der Periodenabgrenzung überwunden.

---

[513] Ferner wurde die Konzernkostenrechnung adressiert, die jedoch in der Unternehmenspraxis wenig verbreitet ist und auch im konzeptionellen Schrifttum bislang nur ansatzweise behandelt worden ist (vgl. Fn. 469).

[514] Schneider (1995), S. 205; Schneider (1997), S. 45.

- Die kalkulatorische Steuerungsrechnung wird vor allem zur Verhaltenssteuerung der in hierarchisch untergeordneten Organisationseinheiten agierenden Handlungsträger implementiert. Wenngleich auch dieses Rechenwerk zur Rechenschaftslegung eingesetzt wird, stellt die handelsrechtliche Rechnungslegung in der Literaturmeinung keine geeignete konzeptionelle Grundlage dar, so dass auch diese Rechnung bei der tradierten Ausgestaltung des Rechnungswesens auf kalkulatorischen Kosten basiert.

Mit den genannten Rechnungen sind die wesentlichen Rechenwerke des internen und externen Rechnungswesens beschrieben und zugleich die Objekte abgegrenzt worden, auf die sich die Überlegungen zu einer Konvergenz des Rechnungswesens beziehen. *Küting/Lorson* umschreiben den Kern der Konvergenzüberlegungen wie folgt: „Es geht darum, eine (gewisse) Einheit der Unternehmensrechnung wieder herzustellen. Hierzu müssen die gemeinsamen Merkmale der (desintegrierten) Teilgebiete ausgenutzt und die gemeinsame(n) Zielsetzung(en) wieder in den Mittelpunkt der Betrachtungen gerückt werden."[515]

Eine weitere Definition findet sich bei *Schaier*, der sich mit den in der Konvergenzdiskussion verwendeten Definitionen auseinandersetzt. Wenngleich er in den Begrifflichkeiten ein erhebliches Maß an Heterogenität feststellt, kommt er zu dem Schluss, „dass das Phänomen der Konvergenz im Rechnungswesen in aller Regel als Konvergenz (im Sinne einer Annäherung) von internem und externem Rechnungswesen bezeichnet wird."[516] Eine ausführliche Auseinandersetzung mit diesem Vorgehen folgt in den Kapiteln 5 und 6 der vorliegenden Arbeit.

515 Küting/Lorson (1999a), S. 47.

516 Schaier (2007), S. 109.

3. Konzeptioneller Rahmen der Literaturanalyse

Die vorliegende Arbeit hat eine Analyse der in Fachzeitschriften geführten Konvergenzdiskussion zum Gegenstand, mit der die Intention verbunden ist, etwaige Entwicklungen im Diskussionsverlauf und Unterschiede zwischen den Auffassungen von Vertretern der Wissenschaft und der Praxis zu identifizieren. Im Folgenden wird die Frage beantwortet, welche Aspekte im Rahmen der Literaturanalyse untersucht werden. Hierzu wird auf den Kontingenzansatz rekurriert, der als konzeptioneller Bezugsrahmen der Untersuchung fungiert. Dieser kann als Erklärungsansatz für Veränderungen im Rechnungswesen herangezogen werden, da er sich mit dem Zusammenhang zwischen dem Kontext, in dem das Rechnungswesen operiert, und seiner Ausgestaltung befasst. In Abschnitt 3.1 werden zunächst die Grundzüge des Kontingenzansatzes skizziert, anschließend werden in Abschnitt 3.2 die Fragestellungen hergeleitet, unter denen die Literaturanalyse durchgeführt wird.

3.1 Grundzüge des Kontingenzansatzes

Der Kontingenzansatz hat seinen originären Anwendungsbereich in der Organisationstheorie gefunden. Demnach gibt es keine universellen Organisationsstrukturen, vielmehr sollten diese von einer Reihe von Kontextfaktoren abhängen, wie beispielsweise der Organisationsumwelt oder der in der Organisation zum Einsatz kommenden Technologien.[517] In der internationalen Controllingforschung gilt der Kontingenzansatz als etablierter Bezugsrahmen für die Analyse unterschiedlicher Controlling- bzw. Rechnungswesenstrukturen.[518] Dies kann darauf zurückgeführt werden, dass das Rechnungswesen als Teil der Organisationsstruktur betrachtet wird.[519]

Die vom Kontingenzansatz vorgeschlagene Kausalität besteht darin, dass ein auf sein Umfeld abgestimmtes Rechnungswesen zu einer höheren Effektivität führt als ein weniger passgenaues.[520] Dementsprechend bemühen sich Unternehmen, ihre Organisationsstrukturen im Allgemeinen sowie ihr Rechnungswesen im Speziellen bestmöglich auf die gegebenen Rahmenbedingungen abzustimmen.[521] Zu den zentralen Kontextfaktoren, die in zahlreiche Untersuchungen des Rechnungswesens eingegangen sind, gehören etwa die Unternehmensumwelt,[522] -strukturen[523] und -größe[524] oder Produktionstechnologien.[525]

---

517 Vgl. Waterhouse/Tiessen (1978), S. 66.

518 Vgl. Luther/Longden (2001), S. 300; Saudagaran/Diga (1999), S. 62 ff.; Chenhall (2003), S. 136 ff.

519 Vgl. Gong/Tse (2009), S. 55; Gerdin (2005), S. 99.

520 Vgl. Fisher (1998), S. 48; Agbejule (2005), S. 296; Covaleski/Dirsmith/Samuel (1996), S. 4.

521 Vgl. Waterhouse/Tiessen (1978), S. 66; Otley (1980), S. 413.

522 Vgl. z.B. Gul/Chia (1994); Agbejule (2005).

523 Vgl. z.B. Gerdin (2005); Abdel-Kader/Luther (2008).

524 Vgl. z.B. Merchant (1981); Baines/Langfield-Smith (2003).

525 Vgl. z.B. Ittner/Larcker (1995); Chenhall (1997).

Die durch eine adäquate Anpassung erreichte Effektivität kann sich sowohl auf die individuelle Leistung einzelner Organisationsmitglieder als auch auf die gesamte Organisation beziehen. *Chenhall* greift die Argumentation auf, nach der ein enger Zusammenhang zwischen diesen unterschiedlichen „Effektivitätsebenen" besteht. Demnach ist das Rechnungswesen effektiv, wenn es den Handlungsträgern im Unternehmen nützliche Informationen bereitstellt, die ihnen im Hinblick auf die Unternehmensziele das Treffen „besserer" Entscheidungen ermöglichen.[526] Folglich kann angenommen werden, dass ein auf den spezifischen Kontext abgestimmtes Rechnungswesen einen Beitrag zur Erreichung der Unternehmensziele leistet.[527]

Wird die Ausgestaltung des Rechnungswesens als eine Funktion unternehmensinterner und -externer Kontextfaktoren betrachtet, können Veränderungen dieser Faktoren Änderungsbedarfe hinsichtlich der Ausgestaltung des Rechnungswesens nach sich ziehen, um den „Fit" zwischen den Kontextfaktoren und dem Rechnungswesen wiederherzustellen.[528] Dementsprechend wird der Kontingenzansatz auch zur theoretischen Fundierung von dynamischen Analysen verwendet, die Veränderungsprozesse im Rechnungswesen anhand von Momentaufnahmen zu unterschiedlichen Zeitpunkten zu erfassen versuchen.[529]

3.2 Herleitung der Untersuchungsfragen

Die im Rahmen der Literaturanalyse untersuchten Aspekte leiten sich aus der Forderung *Otleys* ab, wonach gilt: „A contingency theory must identify *specific aspects* of an accounting system which are associated with certain *defined circumstances* and demonstrate an *appropriate matching*."[530] Bezogen auf die Konvergenz des Rechnungswesens sind somit zunächst die Entwicklungen innerhalb und außerhalb des Unternehmens zu erfassen, die eine Annäherung der internen und externen Teilbereiche des Rechnungswesens nahelegen („defined circumstances"). Folglich gilt es, die Kontextfaktoren zu identifizieren, welche eine Konvergenz des Rechnungswesens nahelegen, so dass zu fragen ist:

Untersuchungsfrage 1: Wie wird die Konvergenz des Rechnungswesens begründet?

Im Zuge der Beantwortung dieser Frage sind einerseits die theoretischen Ansätze aufzuarbeiten, die herangezogen werden, um die in der Unternehmenspraxis existenten Vereinheitlichungstendenzen zu erklären. Andererseits sollen die multikausalen Erklärungsansätze, mit

---

526 Einen solchen Zusammenhang hat *Sill* zwischen dem Controllerbereichserfolg und der Entscheidungsqualität im Unternehmen empirisch nachgewiesen (vgl. Sill (2008), S. 205).

527 Vgl. Chenhall (2003), S. 132. Ein empirischer Beleg für diesen Kausalzusammenhang steht bislang allerdings noch aus (vgl. z.B. Ittner/Larcker/Randall (2003), S. 736 ff.). Zudem ruft *Chenhall* zur Vorsicht bei der Verknüpfung von subjektiven und organisationalen Erfolgswirkungen auf. So könne sich ein spezifisches Controllinginstrument als wenig nützlich erweisen und dennoch eine hohe Unternehmensperformance beobachtbar sein, die auf die Nutzung anderer Instrumente zurückzuführen ist (vgl. Chenhall (2003), S. 135).

528 Vgl. Gong/Tse (2009), S. 55.

529 Vgl. Luther/Longden (2001); Tillema (2005).

530 Otley (1980), S. 413.

denen in der Literatur vielfach die Konvergenz des Rechnungswesens begründet wird,[531] aufgegriffen und systematisiert werden. Im Schrifttum werden bisweilen **Motive für eine Konvergenz des Rechnungswesens** und **Vorteile eines konvergenten Rechnungswesens** unterschieden. Unter Motiven sind dabei Beweggründe für eine Konvergenz des Rechnungswesens zu verstehen.[532] Sie bilden einen Auslöser für Veränderungen im Rechnungswesen, während Vorteile eines konvergenten Rechnungswesens positive Folgen der Konvergenz repräsentieren, deren Realisierung aber nicht den originären Impuls für eine Annäherung der Teilsysteme des Rechnungswesens bildet.[533]

Aufgrund des eingangs erwähnten kontroversen Charakters der Diskussion um eine Konvergenz des internen und externen Rechnungswesens ist zu erwarten, dass sich in diesem Zusammenhang unterschiedliche Standpunkte bzw. gegenteilige Meinungen identifizieren lassen. So ist davon auszugehen, dass in der analysierten Literatur auch die Nachteile einer Vereinheitlichung des Rechnungswesens thematisiert werden und gegebenenfalls mithilfe theoretischer Ansätze die tradierte Ausgestaltung des Rechnungswesens plausibilisiert wird. Entsprechende Ausführungen werden ebenfalls betrachtet, womit auch die **Nachteile eines konvergenten Rechnungswesens** erfasst werden.

Des Weiteren sind die Vorschläge, welche Form eine Konvergenz des Rechnungswesens annehmen bzw. welche Merkmale ein konvergentes Rechnungswesen aufweisen kann, aus der analysierten Literatur zu extrahieren und zu strukturieren. Im Sinne des oben stehenden Zitats *Otleys* handelt es sich dabei um „specific aspects of an accounting system". Dabei lassen sich grundsätzlich zwei Betrachtungsebenen unterscheiden – die **konzeptionell-inhaltliche Strukturierung** des Rechnungswesens sowie deren **(EDV-)technische Umsetzung.**[534] Im Rahmen der Literaturanalyse wird die konzeptionell-inhaltliche Strukturierung fokussiert, da davon auszugehen ist, dass der kontroverse Charakter der Konvergenzdiskussion primär auf die grundsätzliche Frage der inhaltlichen Strukturierung des Rechnungswesens und nicht ihrer technischen Umsetzung zurückgeht. Dementsprechend ist folgende Frage zu formulieren:

Untersuchungsfrage 2: Wie wirkt sich die Konvergenz des Rechnungswesens auf die konzeptionell-inhaltliche Strukturierung des Rechnungswesens aus?

In diesem Zusammenhang wird für die Systematisierung entsprechender Ansätze insbesondere auf die von *Küting/Lorson* abgegrenzten und in der Konvergenzdiskussion vielfach aufgegriffenen Gestaltungsparameter eines konvergenten Rechnungswesens rekurriert.[535] Mithilfe

[531] Vgl. Schaier (2007), S. 116 f.

[532] Vgl. Müller (2006), S. 39.

[533] Vgl. Müller (2006), S. 39.

[534] Vgl. Küpper (2002), Sp. 2041; Jonen/Lingnau (2006), S. 13; Müller/Ordemann/Pampel (2005), S. 2121.

[535] Vgl. Küting/Lorson (1998a), S. 487 ff.; vgl. hierzu auch Weide (2009a), S. 52 f.; Schaier (2007), S. 125 f.; Wussow (2004), S. 41 ff.; Klein (1999a), S. 18 ff.; Simons/Weißenberger (2008), S. 142; Pelger (2008a), S. 566.

dieser Parameter kann ein konvergentes Rechnungswesen anhand von drei Dimensionen beschrieben werden:[536]

- **Konvergenzbereich:** Auf welche Rechenwerke des internen und externen Rechnungswesens beziehen sich die Konvergenzbestrebungen?
- **Konvergenzrichtung:** Nähern sich die konvergenzrelevanten Rechenwerke des internen und externen Rechnungswesens gegenseitig an oder erfolgt eine einseitige Angleichung?
- **Konvergenzgrad:** Ist das Ziel der Konvergenz eine vollständige Identität der konvergenzrelevanten Rechenwerke des internen und externen Rechnungswesens oder können (überleitbare) Unterschiede fortbestehen?

Infolge der Kontroverse kann davon ausgegangen werden, dass sich im Schrifttum unterschiedliche Vorstellungen wiederfinden, welche zu verschiedenen Ausprägungen dieser Gestaltungsparameter führen. Im Zusammenhang mit der Systematisierung der diskutierten Ansätze anhand dieser Gestaltungsparameter werden auch die jeweiligen Argumente bzw. Gründe, mit denen die vorgeschlagenen Ausprägungen fundiert werden, berücksichtigt.

Implizit wird unterstellt, dass mittels einer Konvergenz des Rechnungswesens den veränderten Kontextfaktoren Rechnung getragen wird und eine Kompatibilität hergestellt werden kann, aus der eine höhere Effektivität des Rechnungswesens resultiert. Daher sollen die Erfolgswirkungen einer Konvergenz des Rechnungswesens, d.h. die Folgen eines „appropriate matching" im Sinne von *Otley* erfasst werden. Im Rahmen der Literaturanalyse wird schließlich folgende Frage Berücksichtigung finden:

Untersuchungsfrage 3: Welche Erfolgswirkungen einer Konvergenz des Rechnungswesens lassen sich feststellen?

Unter Rückgriff auf die bereits angesprochenen „Effektivitätsebenen" werden **subjektive** und **organisationale Erfolgswirkungen** in die Betrachtung einbezogen. Somit ist einerseits zu prüfen, welche Erkenntnisse zu den subjektiv empfundenen Nutzenveränderungen der Akteure, die mit dem Rechnungswesen arbeiten, sowie der Empfänger von Rechnungsweseninformationen bestehen. Des Weiteren ist zu prüfen, ob sich Erfolgswirkungen auf der Gesamtunternehmensebene erkennen lassen, beispielsweise dergestalt, dass Unternehmen mit einem konvergenten Rechnungswesen Kostenvorteile realisieren können oder Größen aus einem konvergenten Rechnungswesen über eine höhere Wertrelevanz verfügen.[537]

Zusammenfassend bleibt festzuhalten, dass die Grundannahme des Kontingenzansatzes darin besteht, dass die Ausgestaltung des Rechnungswesens von verschiedenen unternehmensinternen und -externen Einflussfaktoren abhängig ist, und mit einer weitgehenden Abstimmung des Rechnungswesens auf die bestehenden Rahmenbedingungen Effektivitätsvorteile reali-

---

[536] Vgl. hierzu Küting/Lorson (1998a), S. 487, sowie ausführlich Abschnitt 5.3.1, S. 216 ff.

[537] Vgl. Van Cauwenberge/de Beelde (2010), S. 84.

siert werden können. Bei Übertragung dieser Zusammenhänge auf die Konvergenz des Rechnungswesens ist daraus zu folgern, dass sich aus den Gegebenheiten innerhalb des Unternehmens sowie der Unternehmensumwelt Anforderungen an das Rechnungswesen ergeben, denen durch eine konvergente Ausgestaltung im Vergleich zur tradierten Form besser entsprochen werden kann. Sofern eine adäquate Abstimmung des Rechnungswesens auf die Anforderungen erreicht werden kann, sind Erfolgswirkungen auf individueller bzw. organisationaler Ebene zu erwarten. Abbildung 6 fasst die von den drei zentralen Untersuchungsfragen anvisierten Aspekte zusammen.

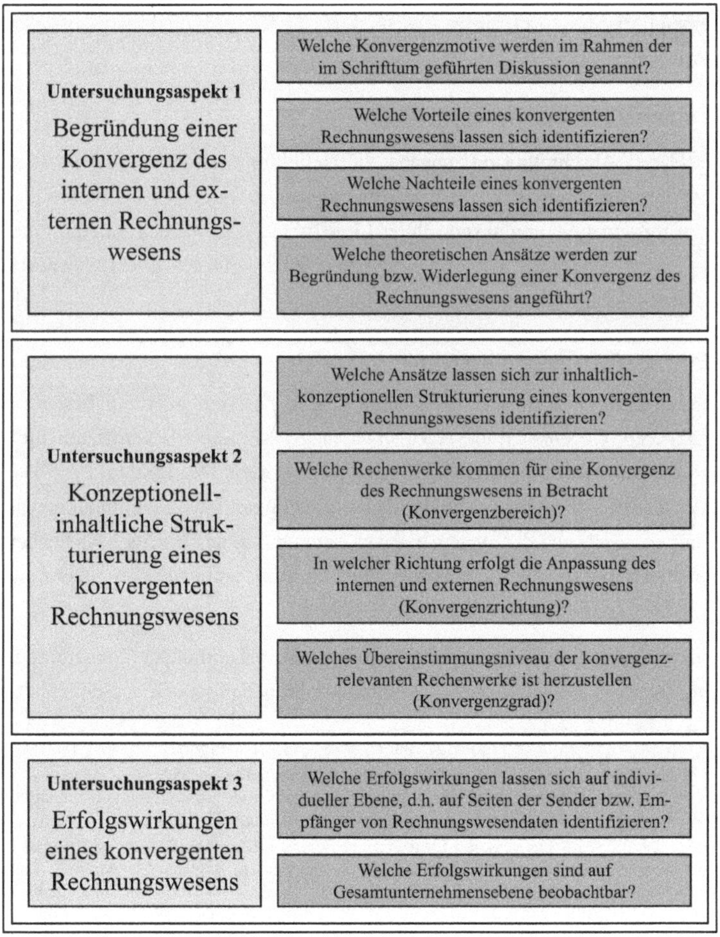

Abbildung 6: Zusammenfassung der Untersuchungsaspekte

4. Methodische Grundlagen

Mit der in Abschnitt 1.3 zum Ausdruck gebrachten Intention, die in Fachzeitschriften geführte Konvergenzdiskussion systematisch zu erschließen und zu analysieren, verfolgt die Arbeit einen Ansatz, der im internationalen Kontext als „Literature Review" und nachfolgend als **Literaturanalyse** bezeichnet wird. Während derartige Arbeiten regelmäßig in Accounting-Journals des angelsächsischen Raums veröffentlicht werden,[538] hat dieser Ansatz in der deutschsprachigen Forschung bislang nur eine geringere Verbreitung gefunden.[539] Aus diesem Grunde erscheint es geboten, nachfolgend zunächst die Literaturanalyse als Forschungsansatz zu beschreiben (Abschnitt 4.1), ehe in Abschnitt 4.2 die Konzeption der vorliegenden Analyse erläutert wird.

4.1 Literaturanalyse als Forschungsansatz

Gegenstand dieses Abschnitts sind zunächst die Definition und die möglichen Anwendungsbereiche des Forschungsansatzes der Literaturanalyse (Abschnitt 4.1.1). Basierend auf einer synoptischen Systematisierung ausgewählter Literaturanalysen werden im Anschluss die wesentlichen Merkmale der im Rahmen dieser Arbeit durchgeführten Literaturauswertung definiert (Abschnitt 4.1.2).

4.1.1 Grundlagen der Literaturanalyse

Literaturanalysen lassen sich als „Aufarbeitung oder Zusammenfassung bestehenden Wissens"[540] definieren. Gegenstand dieser Untersuchungen sind bereits veröffentlichte Beiträge, die im Lichte bestimmter Fragestellungen analysiert werden. Der Beitrag, den diese Studien in Form von neuen Erkenntnissen und Schlussfolgerungen zur Akkumulation von Wissen leisten, resultiert somit aus der systematischen Betrachtung des bereits bestehenden Schrifttums. In solchen Studien kommt demzufolge ein empirisch-archivalischer Ansatz zur Anwendung.[541]

Bezugsobjekte für Literaturanalysen können insbesondere Lehrbücher[542] sowie Zeitschriftenpublikationen sein.[543] In die meisten Literaturanalysen gehen jedoch ausschließlich Beiträge

---

[538] Vgl. z.B. Baiman (1990); Luft (1997); Gerdin/Greve (2004); Henri (2007). Mit dem US-amerikanischen *Journal of Accounting Literature* existiert zudem eine wissenschaftliche Zeitschrift, die ausschließlich Literaturanalysen publiziert. Zudem stellen *Berry et al.* eine zunehmende Verbreitung von Literaturanalysen im internationalen Schrifttum fest (vgl. Berry/Coad/Harris/Otley/Stringer (2009), S. 3).

[539] Vgl. Binder (2006), S. 29. Ein Indikator für die (zunehmende) Akzeptanz, die Literaturanalysen im deutschsprachigen Raum beigemessen wird, kann darin gesehen werden, dass das renommierte österreichische *Journal für Betriebswirtschaft* 2003 als Zeitschrift für die Veröffentlichung von ausschließlich „State-of-the-Art Reviews" positioniert worden ist (vgl. Franke/Speckbacher (2011), S. 1).

[540] Zühlke (2007), S. 130; ähnlich auch Hesford/Lee/Van der Stede/Young (2007), S. 7. Hiervon abzugrenzen sind Metaanalysen, in deren Rahmen statistische Verfahren eingesetzt werden, um die Ergebnisse bereits veröffentlichter empirischer Studien zu analysieren und in einen übergeordneten Kontext einzuordnen (vgl. Derfuß (2009), S. 204; Löhr (2010), S. 140; Heine/Meyer/Strangfeld (2007), S. 587).

[541] Vgl. Smith (2003), S. 142.

[542] Vgl. z.B. Hoffjan/Wömpener (2006); Wall (2008); Roso/Vormweg/Wall (2003).

aus Fachzeitschriften ein, was u.a. in der hohen Bedeutung von Zeitschriften zur Diffusion von Forschungsergebnissen und zur Evaluation von Forschungsleistungen begründet liegen dürfte.[544] Literaturanalysen können im englischsprachigen Raum auf eine lange Historie zurückblicken.[545] Sie gelten als akzeptierte Methode, um die Entwicklung einer Disziplin oder einzelner Teildisziplinen darzustellen.[546]

Systematisierende Literaturanalysen werden zur Beantwortung unterschiedlicher Fragestellungen durchgeführt. Häufig ist mit ihnen die Intention verbunden, die Entwicklung einer Diskussion bis hin zu einer Disziplin nachzuzeichnen bzw. eine Bestandsaufnahme zu spezifischen Fragestellungen vorzunehmen.[547] Die meisten Literaturanalysen beziehen sich auf inhaltliche Fragestellungen oder auf die Analyse der Wissensdiffusion.[548] Allerdings werden bisweilen auch Arbeiten veröffentlicht, deren Foki auf die Beantwortung wissenschaftssoziologischer bzw. -institutioneller Fragen gerichtet sind. So eruieren *Carmona et al.* beispielsweise auf der Grundlage einer Literaturanalyse die Beiträge der Forschungsinstitutionen einzelner Länder zur europäischen Accounting-Forschung und identifizieren in diesem Zusammenhang eine Dominanz britischer Forschungseinrichtungen.[549] Infolge einer Auswertung empirischer Untersuchungen kommen *Lukka/Kasanen* zu dem Schluss, dass Accounting eine eher lokale Disziplin ist und eine internationale Forschungsgemeinschaft nicht existiert. Angloamerikanische Forscher verfassen einen erheblichen Teil der in Journals aus dem englischsprachigen Raum veröffentlichten Beiträge.[550] Eine systematische Durchsicht des bestehenden Schrifttums wird mitunter auch mit der Intention verbunden, die Forschungsleistungen einzelner Individuen und Institutionen zu evaluieren. Hierzu werden Zitationsanalysen durchgeführt, die auf der Prämisse basieren, dass die Häufigkeit der Zitation eines Beitrags mit seiner Relevanz positiv korreliert.[551]

---

543 Vgl. z.B. Binder/Schäffer (2005); Wagenhofer (2006b); Hesford/Lee/Van der Stede/Young (2007).

544 Vgl. Bailey/Hermanson/Louwers (2008), S. 56; Moizer (2008), S. 286; Jones/Roberts (2005), S. 1107 f.; Macharzina/Wolf/Rohn (2004), S. 338; Brinn/Jones/Pendlebury (1996), S. 265. Wie bereits in Abschnitt 1.2 erwähnt, lässt sich auch für den deutschsprachigen Raum eine steigende Relevanz von Publikationen in renommierten Fachzeitschriften für die Bewertung von Forschungsleistungen und daran anknüpfenden Entwicklungsmöglichkeiten von Wissenschaftlern konstatieren (vgl. Fiedler/Welpe/Lindlbauer/Sattler (2008), S. 478; Henning-Thurau/Walsh/Schrader (2004), S. 520; Schlinghoff/Backes-Gellner (2002), S. 343).

545 Vgl. Binder (2006), S. 29 sowie als Beispiele Dyckman/Zeff (1984); Zeff (1996); Shields (1997); Meyer/Rigsby (2001); Lindquist/Smith (2009); Scapens/Bromwich (2010).

546 Vgl. Zühlke (2007), S. 63.

547 Vgl. Zühlke (2007), S. 63; Schäffer/Nevries/Fikus/Meyer (2011), S. 191.

548 Vgl. z.B. Bjørnenak/Mitchell (2002); Lukka/Granlund (2002); Küpper/Mattessich (2005). Mit dem Ziel, Erkenntnisse über Wissensdiffusion zu generieren, werden ferner Zitationsanalysen durchgeführt (vgl. hierfür exemplarisch Meyer/Schäffer/Gmür (2008); Schäffer/Binder/Gmür (2006); Albrecht (2002)).

549 Vgl. Carmona/Gutiérrez/Cámara (1999), S. 469 ff; zu ähnlichen Ergebnissen kommen auch Raffournier/Schatt (2010), S. 187, und Chan/Chen/Cheng (2006), S. 7.

550 Vgl. Lukka/Kasanen (1996), S. 762 ff.

551 Vgl. Henning-Thurau/Walsh/Schrader (2004), S. 522. Als Beispiele für derartige Zitationsanalysen lassen sich die Arbeiten von Brown (1996); Cottingham/Hussey (2000); Meyer/Rigsby (2001) oder die Untersu-

4.1.2 Klassifikation von Literaturanalysen

Je nach Erkenntnisinteresse kann eine Literaturanalyse unterschiedlich konzipiert werden. Nachfolgend wird eine Typisierung von Literaturanalysen vorgenommen, basierend auf der Durchsicht verschiedener Studien mit Controlling- bzw. Rechnungswesenbezug. Differenziert werden quantitativ-deskriptive sowie qualitativ-analytische Literaturanalysen. Die wesentlichen Unterscheidungsmerkmale werden in den folgenden Abschnitten dargestellt.

4.1.2.1 Quantitativ-deskriptive Literaturanalysen

Im Rahmen von quantitativ-deskriptiven Literaturanalysen werden die zu analysierenden Beiträge regelmäßig anhand eines regelgeleiteten und formalisierten **Rechercheverfahrens** erschlossen, das bei der Darlegung des Untersuchungsaufbaus umfassend dokumentiert wird. Idealtypisch werden in einem ersten Schritt die zu durchsuchenden Zeitschriften und der Betrachtungszeitraum ausgewählt. An diesen Schritt schließt sich die Selektion untersuchungsrelevanter Beiträge an, die innerhalb des Betrachtungszeitraums in den ausgewählten Zeitschriften veröffentlicht worden sind. Für die Auswahl sind häufig einzelne Schlagwörter oder Listen mit genau umschriebenen analyserelevanten Themen entscheidend.[552]

Die **Datenanalyse** zeichnet sich bei quantitativ-deskriptiven Literaturanalysen in der Regel durch multidimensionale Auswertungen aus, indem verschiedene Analysedimensionen gebildet werden, anhand derer die Beiträge kategorisiert werden. Beispiele für typische Analysedimensionen bilden die Themenschwerpunkte der untersuchten Beiträge,[553] die angewandten Forschungsmethoden,[554] die den Beiträgen zugrundegelegten Theorien[555] und die Herkunft der Verfasser.[556] Diesen Kategorien werden die Beiträge des Samples ihren jeweiligen Ausprägungen entsprechend zugeordnet, wobei in der Regel eine Quantifizierung der Zuordnungsvorgänge erfolgt. So werden regelmäßig die relativen und/oder absoluten Häufigkeiten angegeben, mit denen einzelne Beiträge den Kategorien zugeordnet werden. Dabei wird von der Häufigkeit eines Merkmals auf dessen Bedeutung geschlossen.[557]

Quantitativ-deskriptive Analysen weisen häufig eine geringe Analysetiefe auf, d.h. die inhaltliche Betrachtung eines Beitrags endet im Regelfall mit seiner Zuordnung zu einer themenbezogenen Kategorie. Eine differenziertere Betrachtung einzelner Beiträge unterbleibt demzufolge. Die Fragestellungen, die innerhalb einer Kategorie in dort zusammengefassten Studien

chung von Heck/Bremser (1986) nennen. Letztere ermitteln die einflussreichen Autoren und Institutionen aus sechs Dekaden des Journals *The Accounting Review*.

552 Vgl. z.B. Prather/Rueschhoff (1996), S. 3; Shields (1997), S. 4; Schäffer/Binder (2008), S. 40 ff.

553 Vgl. z.B. Wagenhofer (2006b), S. 5 ff.; Hesford/Lee/Van der Stede/Young (2007), S. 6 ff.; Lindquist/Smith (2009), S. 252 ff.

554 Vgl. z.B. Bhimani (2002), S. 106 f.; Lukka/Granlund (2002), S. 172; Schäffer/Binder (2008), S. 49 f.

555 Vgl. z.B. Shields (1997), S. 7 f.; Scapens/Bromwich (2001), S. 248 f.; Wagenhofer (2006b), S. 8 f.

556 Vgl. z.B. Scapens/Bromwich (2001), S. 246 f.; Bjørnenak/Mitchell (2002), S. 492 f.; Binder/Schäffer (2005), S. 617 f.

557 Vgl. Bjørnenak/Mitchell (2002), S. 483 f.

untersucht werden, gehen in quantitativ-deskriptive Analysen nicht ein. Eine Gegenüberstellung divergierender Einschätzungen und Argumentationen unterbleibt ebenso regelmäßig wie Zusammenfassungen der wesentlichen Ergebnisse der Beiträge oder eine Diskussion, inwiefern sich diese Ergebnisse als konsistent mit anderen Beiträgen des Samples erweisen.[558] So kategorisieren beispielsweise *Binder/Schäffer* die Beiträge ihres Samples anhand des in Tabelle 4 auszugsweise dargestellten Kategoriensystems. Welche Facetten der Investitionsrechnung in den in der vorletzten Spalte ausgewiesenen 98 Beiträgen untersucht werden, wird im Rahmen der Analyse z.B. nicht näher betrachtet. Dementsprechend steht bei Literaturanalysen in dieser Form die Deskription von Diffusionsmustern und weniger eine detaillierte Analyse von Diskussionsinhalten im Vordergrund.

Inhalte	**Wissen-schaftlich**		**Praxis**		**Gesamt**	
1. Kostenrechnung, davon	**244**	**34%**	**674**	**37%**	**918**	**36%**
Activity Based Costing/Prozesskostenrechnung	28	4%	109	6%	137	5%
Investitionskostenrechnung	54	8%	44	2%	98	4%
Target Costing	9	1%	50	3%	59	2%
...	...	...	...	...	...	...
2. Andere Controllinginstrumente	**161**	**22%**	**452**	**25%**	**613**	**24%**
...	...	...	...	...	...	...
3. Planungs- und Kontrollprozesse	**189**	**26%**	**182**	**10%**	**371**	**15%**
...	...	...	...	...	...	...
4. Strukturkomponenten wie Anreizsysteme, Organisation und Kultur	**23**	**3%**	**9**	**1%**	**32**	**1%**
5. Anwendung des Controllings	**58**	**8%**	**326**	**18%**	**384**	**15%**
6. Veränderung des Controllings	**17**	**2%**	**133**	**7%**	**150**	**6%**
7. Theorie des Controllings	**32**	**5%**	**29**	**2%**	**61**	**3%**
Gesamt	**724**	**100%**	**1805**	**100%**	**2529**	**100%**

Tabelle 4: Häufigkeitsverteilung der Themen in der Untersuchung von *Binder/Schäffer*[559]

Je nachdem, ob sämtliche Aufsätze mit einem Bezug zum Controlling der ausgewählten Zeitschriften in die Analyse einbezogen werden oder nur ein bestimmter Aspekt interessiert, so dass strengere Auswahlkriterien bei der Identifikation relevanter Artikel berücksichtigt werden, variiert der Fokus der Analyse. Die Studie von *Binder/Schäffer* konstituiert ein Beispiel für Untersuchungen mit einem weiten Fokus: Voraussetzung für die Berücksichtigung eines Beitrags in dieser Untersuchung ist die explizite Nennung des Begriffs „Controlling", „Controller" oder eines Controllinginstruments in Titel, Abstract oder Zusammenfassung, wobei Letzteres zudem im Volltext explizit auf das Controlling bezogen werden muss.[560] Beiträge,

---

558 Eine Ausnahme bildet die Studie von *Shields*, in der zunächst eine Zuordnung der Beiträge des Samples zu thematischen Kategorien erfolgt. Diese Zuordnung wird um eine differenziertere Betrachtung ergänzt, indem für einige Kategorien die wesentlichen Ergebnisse bzw. Betrachtungsobjekte der jeweiligen Beiträge erläutert werden (vgl. Shields (1997), S. 13 ff.).

559 In Anlehnung an Binder/Schäffer (2005), S. 609.

560 Vgl. Binder/Schäffer (2005), S. 605.

die ein „klassisches" Controllinginstrument, wie z.B. die Kostenrechnung, thematisieren,[561] gehen demnach in die Analyse ebenso ein, wie solche, die sich mit der Controllinginstitution oder der theoretischen Fundierung des Controllings befassen. Als Pendant zu einer solchen Studie kann etwa die Untersuchung von *Bjørnenak/Mitchell* aufgefasst werden. Ihre Analyse beschränkt sich auf die Diskussion des Activity-Based Costing, weshalb aus mehreren Journals nur jene Aufsätze für die Untersuchung selektiert werden, die sich mit diesem Instrument befassen.[562]

Literaturanalysen in der quantitativ-deskriptiven Form verfolgen häufig die Zielsetzung, die thematischen Schwerpunkte innerhalb einer Disziplin bzw. einer Subdiskussion aufzuzeigen oder Überblicke über die Form der Erkenntnisgewinnung (Forschungsmethoden) bzw. über die Gruppen der relevanten Autoren (Autorentypen) innerhalb eines Forschungsfelds zu geben.[563] Der Analysegegenstand konstituiert sich mitunter aus den Beiträgen, die innerhalb eines bestimmten Zeitraums in nur einem Journal veröffentlicht worden sind. Literaturanalysen, die sich nur auf ein einziges Journal beziehen, zielen typischerweise darauf ab, das Profil einer Zeitschrift und dessen Entwicklung im Zeitablauf darzulegen und werden meistens zu „besonderen Anlässen" einer Zeitschrift veröffentlicht.[564] Quantitativ-deskriptive Arbeiten sind somit vielfach in der Lage, innerhalb der Analysedimensionen bestehende Tendenzen aufzuzeigen, allerdings erfolgt dies aufgrund der geringen Analysetiefe auf einer relativ abstrakten Ebene.

Typische Ergebnisse, die mittels einer quantitativ-deskriptiven Literaturanalyse gewonnen werden können, lassen sich anhand der Untersuchung von *Wagenhofer* exemplifizieren. Er analysiert 240 Aufsätze mit Controllingbezug, die von Autoren aus Institutionen des deutschsprachigen Raums zwischen 1998 und 2004 in führenden deutschsprachigen wissenschaftlichen Zeitschriften und anerkannten internationalen Accounting-Journals veröffentlicht worden sind. Der Vergleich der angewandten Forschungsmethoden bringt hervor, dass in deutschsprachigen Zeitschriften Beiträge mit sachlich-analytischen und formal-analytischen Ansätzen nahezu mit identischen Anteilen vertreten sind, wohingegen in den internationalen Journals formal-analytische Beiträge überwiegen, gefolgt von empirischen Studien, während sachlich-analytische Arbeiten deutlich seltener veröffentlicht werden.[565]

---

[561] *Ewert/Wagenhofer* konstatieren, dass Controlling zunächst nur ein moderner Begriff für die Kostenrechnung war und seitens der Wissenschaft Vorbehalte gegenüber dieser Entwicklung bestanden, weil unklar war, worin der eigenständige Kern des Controllings bestand (vgl. Ewert/Wagenhofer (2007), S. 1036).

[562] Vgl. Bjørnenak/Mitchell (2002), S. 487 f.

[563] Vgl. z.B. Shields (1997); Prather-Kinsey/Rueschhoff (2004); Binder/Schäffer (2005); Fülbier/Weller (2011).

[564] Vgl. Zühlke (2007), S. 62. Dies trifft etwa auf die Analysen von *Scapens/Bromwich*, *Dyckman/Zeff*, *Anderson* und *Lindquist/Smith* zu, die zum Abschluss der ersten zehn bzw. zwanzig Jahrgänge des jeweiligen Journals vorgenommen wurden (vgl. Dyckman/Zeff (1984; *Journal of Accounting Research*); Scapens/ Bromwich (2001; *Management Accounting Research*); Anderson (2002; *Accounting, Business and Financial History*); Lindquist/Smith (2009; *Journal of Management Accounting Research*); Scapens/Bromwich (2010; *Management Accounting Research*)).

[565] Vgl. Wagenhofer (2006b), S. 9 f.

4.1.2.2 Qualitativ-analytische Literaturanalysen

Das Pendant zu den zuvor skizzierten Literaturanalysen bilden qualitativ-analytische Auswertungen, die sich sowohl im Hinblick auf die Datenerhebung als auch -auswertung von den bislang skizzierten Arbeiten unterscheiden. Im Gegensatz zu den quantitativ-deskriptiven Arbeiten wird das Vorgehen bei der **Literaturrecherche** häufig nicht offengelegt.[566] Daraus kann gefolgert werden, dass sich die Identifikation der für die Literaturanalyse relevanten Quellen vorrangig an der Kenntnis der einschlägigen Literatur seitens der Autoren ausrichtet. Wenngleich aus diesem weniger stringenten Vorgehen die Möglichkeit erwächst, die Einbeziehung anderer Publikationsarten (z.B. Monographien, Aufsätze in Herausgeberwerken) flexibler zu handhaben, wird die intersubjektive Nachvollziehbarkeit der Literaturrecherche und -auswertung beeinträchtigt, da sich die Abgrenzung des Betrachtungsgegenstands dem Leser nicht erschließt.[567]

In vielen Fällen wird die Datenauswertung von **inhaltlichen Betrachtungen** dominiert. Sie stellen häufig die einzige Analysedimension dar. Von Bedeutung ist somit lediglich, welche Erkenntnisse in Bezug auf eine bestimmte Fragestellung oder ein Forschungsfeld generiert worden sind. Die Form der Erkenntnisgewinnung (Forschungsmethode) und die Urheber (Autorenschaft) sind hingegen von untergeordneter Bedeutung.[568] Auch im Rahmen von qualitativ-analytischen Literaturanalysen werden häufig Kategorien gebildet, anhand derer die relevanten Beiträge strukturiert werden können. So legen beispielsweise *Ittner/Larcker* ihrer Aufarbeitung der internationalen empirischen Controllingforschung ein sechsstufiges Konzept zur wertorientierten Unternehmenssteuerung zugrunde. Jeder Stufe des Konzepts werden relevante Studien zugeordnet, ihre Ergebnisse erläutert und einander gegenübergestellt. Diesen deskriptiven Ausführungen schließen sich Bewertungen und Anregungen für weitere Studien an.[569]

Anhand dieses Vorgehens lassen sich zwei wesentliche Unterschiede zwischen den qualitativ-analytischen Auswertungen und den zuvor skizzierten Studien erkennen. Die im Rahmen dieser Untersuchungen gewählte **Analysetiefe** ist ungleich größer. Es wird somit eine detaillierte Bestandsaufnahme vorgenommen, indem nicht nur eine inhaltsbezogene Kategorisierung erfolgt, sondern die wesentlichen Ergebnisse der zusammengefassten Studien aufgearbeitet, mit den Resultaten anderer Untersuchungen in Beziehung gesetzt und kritisch diskutiert werden.[570] Die Kategorisierung unter der Maßgabe der Inhalte bildet somit die Grundlage, um die Beiträge mit einem ähnlichen Fokus zunächst zusammenzuführen und anschließend verglei-

---

566 Vgl. z.B. Ittner/Larcker (2001); Lukka/Granlund (2002); Ewert/Wagenhofer (2007).

567 Die sich daraus ergebende höhere Subjektivität wird von *Ewert/Wagenhofer* im Rahmen ihrer Literaturanalyse direkt angesprochen: "[W]e [..] acknowledge that this selection is to some extent subjective and may be a result of our own research preferences." (Ewert/Wagenhofer (2007), S. 1036).

568 Vgl. z.B. Ittner/Larcker (1998); Küpper/Mattessich (2005); Ewert/Wagenhofer (2007).

569 Vgl. Ittner/Larcker (2001), S. 358 ff.

570 Vgl. z.B. Chenhall (2003), S. 129 ff.; Küpper (1993a), S. 611 ff.; Luft (1997), S. 164 ff.

chend zu analysieren. Auf diese Weise werden die Erkenntnisbeiträge einzelner Studien zu einem umfangreichen Gesamtüberblick zusammengetragen.[571] Die Diskussion der Ergebnisse wird häufig um eine generelle Bewertung des erreichten Wissensstands ergänzt.[572]

Während regelmäßig eine differenziertere Auseinandersetzung mit den untersuchten Beiträgen im Rahmen qualitativ-analytischer Literaturanalysen zu beobachten ist, unterbleiben Quantifizierungen üblicherweise. *Küpper/Mattessich* arbeiten beispielsweise die Schwerpunkte der Rechnungswesenforschung des 20. Jahrhunderts im deutschsprachigen Raum auf. Die unterschiedlichen thematischen Schwerpunkte werden chronologisch geordnet. Dabei werden aber z.B. Angaben zur Anzahl der in den einzelnen Phasen identifizierten Beiträge nicht eingearbeitet, so dass etwa Tendenzen in Bezug auf die Veröffentlichungshäufigkeit nicht erkennbar werden. Stattdessen erfolgt ausschließlich eine Zusammenfassung der wesentlichen Forschungsergebnisse.[573] Einen ähnlichen Ansatz wählen *Berry et al.*, welche die in der jüngeren Vergangenheit veröffentlichten Arbeiten zu verschiedenen Kontrollaspekten des Controllings klassifizieren, zusammenfassen und diskutieren. Auch diese Literaturanalyse weist ausschließlich inhaltliche Züge auf.[574] Gegenstand qualitativ-analytischer Literaturarbeiten sind damit nur die Erkenntnisse, die in den zu einem bestimmten Thema publizierten Beiträgen erlangt worden sind, während die Anzahl der Artikel irrelevant ist.[575]

Es bleibt somit festzuhalten, dass qualitativ-analytische Literaturauswertungen häufig mit dem Ziel konzipiert werden, den Erkenntnisstand zu einer Fragestellung auf einer detaillierten Ebene zu erfassen. Sie verfügen dementsprechend über eine erhebliche Analysetiefe. Im Gegensatz zum quantitativ-deskriptiven Pendant verbleiben die Ausführungen aber nicht auf einer beschreibenden Ebene, vielmehr schließt sich der Deskription häufig eine Beurteilung des generierten Erkenntnisstands an. Dabei werden insbesondere Widersprüche und noch unbeantwortete Fragen aufgezeigt, die den Ausgangspunkt für künftige Forschungsmöglichkeiten bilden können. Es geht somit um eine Bestandsaufnahme der wesentlichen Inhalte eines Forschungsfelds, während quantitativ-deskriptive Analysen mehrere Facetten eines Forschungsfelds beleuchten und in diesem Zusammenhang inhaltliche Aspekte zurücktreten oder auf einem wesentlich aggregierteren Niveau beschrieben werden.

4.1.2.3 Implikationen für die vorliegende Analyse

Die vorliegende Arbeit hat sich zum Ziel gesetzt, auf der Basis einer systematischen Erschließung und Durchsicht der Zeitschriftenbeiträge zur Konvergenz des Rechnungswesens zu prüfen, ob sich im **Diskussionsverlauf** Veränderungstendenzen hinsichtlich der von den Autoren

---

571 Vgl. Küpper/Mattessich (2005), S. 348 ff.

572 Vgl. Ittner/Larcker (2001), S. 355 ff.; Lukka/Granlund (2002), S. 180 ff.

573 Vgl. Küpper/Mattessich (2005), S. 346 ff.

574 Vgl. Berry/Coad/Harris/Otley/Stringer (2009), S. 3 ff.

575 Bei quantitativ-deskriptiven Analysen verhält es sich genau umgekehrt: In der Regel interessiert nur die Anzahl der Publikationen zu einem Thema, nicht deren Inhalte.

geäußerten Überlegungen zu den Möglichkeiten und Grenzen einer Konvergenz des Rechnungswesens feststellen lassen. Darüber hinaus ist zu eruieren, ob in den Sichtweisen **autorengruppenspezifische Muster** erkennbar werden. Es gilt somit zu untersuchen, ob im Laufe der Konvergenzdiskussion ein Konsens über die Vorteilhaftigkeit einer Annäherung des internen und externen Rechnungswesens konstatiert werden kann und ob sich ein Theorie-Praxis-Paradoxon andeutet. Anhand des im letzten Abschnitt entwickelten Klassifikationsschemas für die Typisierung einschlägiger Literaturanalysen ist nun zu prüfen, wie die Recherche und Auswertung im Rahmen der vorliegenden Arbeit zu konzipieren sind, um den genannten Zielsetzungen gerecht werden zu können. Die Positionierung der eigenen Arbeit unter den skizzierten „Archetypen" von Literaturanalysen erfolgt unter Bezug auf Tabelle 5, in der die wesentlichen Merkmale der zuvor erläuterten Formen gegenüberstellt werden.

Merkmal	Quantitativ-deskriptive Literaturanalysen	Qualitativ-analytische Literaturanalysen
Datenerhebung		
Rechercheverfahren	Zeitschriften- und Artikelauswahl folgt festgelegten Regeln; häufig im Beitrag umfassend dokumentiert	Auswahlkriterien für Zeitschriften bzw. Artikel werden in der Regel nicht offengelegt
Umfang des Samples	Regelmäßig angegeben	Häufig nicht angegeben
Datenauswertung		
Analyseform	Klassifizierung der Beiträge anhand verschiedener Analysedimensionen; Quantifizierung der Zuordnungsvorgänge	Synopse und Diskussion der Ergebnisse der untersuchten Beiträge
Analysedimensionen	Insbesondere Themenschwerpunkte, Theorien, Forschungsmethoden, Autorenherkunft	Inhalte (Fokus und Ergebnisse der Beiträge)
Typische Ergebnisse	Identifikation von thematischen oder methodischen Schwerpunkten innerhalb eines Forschungsfelds oder einer Zeitschrift	Synthese und Bewertung des innerhalb eines Forschungsfelds gewonnenen Erkenntnisfortschritts; Ableitung von Forschungsdefiziten

Tabelle 5: Gegenüberstellung der wesentlichen Merkmale quantitativ-deskriptiver und qualitativ-analytischer Literaturanalysen

Um die intersubjektive Nachprüfbarkeit der Untersuchung sicherzustellen, werden für die im Rahmen dieser Arbeit durchzuführende Literaturanalyse Regeln für die Auswahl der durchzusehenden Zeitschriften sowie für die Selektion der relevanten Artikel aufgestellt. Ein **regelgeleitetes Vorgehen** ist ein typisches Merkmal quantitativ-deskriptiver Literaturanalysen, so dass im Hinblick auf die Datenerhebung diesem Ansatz gefolgt wird.

Die Datenauswertung orientiert sich hingegen primär an den Charakteristika der qualitativ-analytischen Ansätze. Um den kontroversen Charakter der Konvergenzdiskussion verifizieren und unterschiedliche Aussagen zu den Motiven für eine Konvergenz des Rechnungswesens sowie zur Ausgestaltung und den Erfolgswirkungen eines konvergenten Rechnungswesens identifizieren zu können, ist eine detaillierte Analyse durchzuführen. Der Anspruch, eine etwaige Konsensbildung festzustellen und Änderungen im Zeitablauf wahrzunehmen, bedingt aber, Beobachtungen in Zahlenwerte zu übertragen. So scheint die Identifikation von Entwicklungen anhand von zahlenmäßigen Veränderungen eine gangbare Möglichkeit zu sein. Denkbar wäre beispielsweise, dass sich eine zunehmende Befürwortung des Konvergenzgedankens durch Vertreter der Wissenschaft dadurch bemerkbar macht, dass sich die Anzahl der genannten Vorteile eines konvergenten Rechnungswesens im Laufe der Diskussion erhöht, wohingegen die Anzahl der vorgebrachten Einwände rückläufig ist.

Um derartige Entwicklungen zu erfassen, sind im Zuge der Literaturanalyse Kategorien zu bilden, denen sämtliche Aussagen, die innerhalb der zu untersuchenden Beiträge zu einem bestimmten Aspekt getroffen werden, zugeordnet werden können. Das in quantitativ-deskriptiven Literaturanalysen gewählte Vorgehen, Beiträge als eine Einheit verschiedenen Kategorien zuzuordnen, ist somit in der vorliegenden Untersuchung mit einem höheren Differenzierungsgrad umzusetzen, indem einzelne Textpassagen eines Aufsatzes kategorisiert werden.[576] Mit dem Kategorisieren und anschließenden Quantifizieren greift die durchzuführende Untersuchung ein für quantitativ-deskriptive Literaturanalysen typisches Merkmal auf.

Schließlich soll überprüft werden, ob sich Muster zwischen den von Vertretern der Wissenschaft und der Praxis vertretenen Standpunkten erkennen lassen. Dementsprechend ist die Herkunft der Autoren zu erfassen und in die Analyse mit einzubeziehen. Eine **autorengruppenspezifische Betrachtung** findet sich ebenfalls häufig in quantitativ-deskriptiven Arbeiten wieder, während diese Analysedimension in der Regel nicht in qualitativ-analytische Studien eingeht.

Zusammenfassend ist festzuhalten, dass die im Rahmen der vorliegenden Arbeit durchzuführende Literaturanalyse in wesentlichen Teilen den qualitativ-analytischen Auswertungen entspricht, allerdings auch für quantitativ-deskriptive Ansätze typische Charakteristika umfasst.[577] Die Datenerhebung lehnt sich weitgehend an das Vorgehen an, das regelmäßig für die Konzeption quantitativ-deskriptiver Analysen gewählt wird. Demgegenüber wird die Datenauswertung – analog zu den qualitativ-analytischen Ansätzen – von einer detaillierten inhaltlichen Betrachtung geprägt. Das Analyseziel bedingt darüber hinaus jedoch die Integration weiterer Analysedimensionen, wodurch sich wiederum Parallelen zu den quantitativ-deskriptiven Literaturarbeiten ergeben.

---

576 Vgl. Abschnitt 4.2.2.3.3.2.1, S. 109.

577 Einen solchen Ansatz wählen etwa auch *Baker/Barbu* für ihre Analyse der Literatur zur internationalen Harmonisierung der Rechnungslegung. Sie führen eine regelgeleitete Zeitschriften- und Artikelauswahl durch und grenzen unterschiedliche Forschungsschwerpunkte ab. Neben einigen themenbezogenen Quantifizierungen steht jedoch die chronologische Betrachtung und Diskussion der wesentlichen Forschungsergebnisse im Vordergrund (vgl. Baker/Barbu (2007), S. 275 ff.).

Die hier vorgenommene Literaturanalyse folgt also einem **hybriden Ansatz**, der hinsichtlich der Datenauswertung jedoch von den qualitativ-analytischen Arbeiten dominiert wird. Tabelle 6 ordnet den gewählten Ansatz zwischen den erläuterten Formen ein und fasst – unter Rückgriff auf die in Tabelle 5 enthaltene Differenzierung – seine wesentlichen Merkmale zusammen. Die vorliegende Literaturanalyse weist die in Tabelle 6 grau hinterlegten Merkmale auf.

Merkmal	Quantitativ-deskriptive Literaturanalysen	Vorliegende Untersuchung	Qualitativ-analytische Literaturanalysen
Datenerhebung			
Rechercheverfahren	Zeitschriften- und Artikelauswahl folgt festgelegten Regeln; häufig im Beitrag umfassend dokumentiert		Auswahlkriterien für Zeitschriften bzw. Artikel werden in der Regel nicht offengelegt
Umfang des Samples	Regelmäßig angegeben		Häufig nicht angegeben
Datenauswertung			
Analyseform	Klassifizierung der Beiträge anhand verschiedener Analysedimensionen; Quantifizierung der Zuordnungsvorgänge	Synopse und Diskussion der Ergebnisse der untersuchten Beiträge	
Analysedimensionen	Insbesondere Themenschwerpunkte, Theorien, Forschungsmethoden, Autorenherkunft	Inhalte (Fokus und Ergebnisse der Beiträge)	
Typische Ergebnisse	Identifikation von thematischen oder methodischen Schwerpunkten innerhalb eines Forschungsfelds oder einer Zeitschrift	Synthese und Bewertung des innerhalb eines Forschungsfelds gewonnenen Erkenntnisfortschritts; Ableitung von Forschungsdefiziten	

Tabelle 6: Einordnung der vorliegenden Untersuchung in die vorgenommene Klassifikation von Literaturanalysen

4.2 Konzeption der Analyse

Nachdem die generellen Merkmale der Literaturanalyse definiert worden sind, wird im Weiteren das im Rahmen der vorliegenden Untersuchung gewählte Vorgehen beschrieben. Hierzu wird zunächst das Prozedere zur Identifikation der relevanten Beiträge (Abschnitt 4.2.1) und anschließend die Analyse dieser Quellen (Abschnitt 4.2.2) dokumentiert.

4.2.1 Datenerhebung

Maßgebend für die Vorgehensweise zur Erschließung der Diskussion um eine Konvergenz des Rechnungswesens ist das Bestreben, diese mithilfe eines systematischen Vorgehens möglichst umfangreich zu erfassen.[578] Die Frage, welche Publikationen sich (im Kern) mit der Konvergenz befassen, ist stets mit einem gewissen Ermessensspielraum behaftet. Um diesen möglichst gering zu halten, ist ein mehrstufiges, regelgeleitetes Rechercheverfahren konzipiert worden, das im Folgenden erläutert wird.[579] Im Weiteren werden die drei für die Datenerhebung wesentlichen Fragen beantwortet: Im ersten Schritt wird erläutert, warum sich die vorliegende Analyse auf Beiträge beschränkt, die in Fachzeitschriften publiziert worden sind (Abschnitt 4.2.1.1). Der zweite Schritt bezieht sich auf das Vorgehen zur Selektion der für die Analyse relevanten Zeitschriften (Abschnitt 4.2.1.2). Schließlich wird im dritten Schritt ausgeführt, anhand welcher Kriterien die analyserelevanten Beiträge aus den zuvor identifizierten Zeitschriften ausgewählt worden sind (Abschnitt 4.2.1.3).

4.2.1.1 Begründung von Zeitschriftenpublikationen als Analyseobjekte

Bereits in Abschnitt 4.1.1 ist erwähnt worden, dass sich Literaturanalysen grundsätzlich auf Monographien bzw. Lehrbücher sowie Zeitschriftenpublikationen beziehen können. Ferner ist aus Abschnitt 1.3 bekannt, dass im Rahmen der vorliegenden Untersuchung die in Fachzeitschriften geführte Konvergenzdiskussion analysiert wird. Es gilt daher, nachfolgend zu erklären, warum dieser Fokus gesetzt wird.

Im Rahmen von Lehrbüchern werden in der Regel keine bislang unveröffentlichten Forschungsergebnisse publiziert, vielmehr obliegt ihnen die Vermittlung bereits bestehenden Wissens unter besonderer Berücksichtigung didaktischer Aspekte.[580] Sofern sich die Konvergenz des Rechnungswesens in der betriebswirtschaftlichen Forschung derart etabliert hat, dass sie als Bestandteil des „State of the Art-Wissens" in Lehrbücher eingeht,[581] kann in Standardwerken mit einer hohen Auflagenzahl geprüft werden, ob sich im Zeitablauf Änderungen in den jeweiligen Ausführungen erkennen lassen. In den meisten Lehrbüchern zum Rechnungswesen bzw. Controlling wird jedoch eine kompakte Darstellungsweise gewählt, in der nur die Grundzüge eines konvergenten Rechnungswesens nachgezeichnet werden.[582] Es erscheint daher unwahrscheinlich, dass anhand einer Lehrbuchanalyse die Entwicklung des Konvergenzgedankens in der betriebswirtschaftlichen Forschung nachvollzogen werden kann. Des Weiteren würde diese Betrachtung die Überlegung von Praxisvertretern vernachlässigen, so dass bei Umsetzung dieses Ansatzes die Frage nach dem Theorie-Praxis-Paradoxon unbeantwortet bleiben müsste.

---

[578] Vgl. Cooper (1982), S. 295.

[579] Die Bedeutung eines solchen Vorgehens wird u.a. von *Srnka/Koeszegi* hervorgehoben: "Data collection should be structured and carried out according to clearly defined stages and rules" (Srnka/Koeszegi (2007), S. 38).

[580] Vgl. Lukka/Granlund (2002), S. 166.

[581] Vgl. hierzu bereits Fn. 68.

[582] Vgl. z.B. Coenenberg/Fischer/Günther (2009), S. 27 ff.; Weber/Schäffer (2011), S. 123 ff.; Küpper (2008), S. 158 ff.; Horváth (2009), S. 403 ff.; Reichmann (2006), S. 817 ff.; Schweitzer/Küpper (2011), S. 750 ff.

Den Fokus der Analyse auf die relevanten **Beiträge in Fachzeitschriften** zu richten, impliziert hingegen vier wesentliche Vorteile:

- Zeitschriften bilden eine weithin akzeptierte Plattform für die Veröffentlichung von Forschungsergebnissen sowohl innerhalb der Wissenschaft als auch zwischen der Wissenschaft und Unternehmenspraxis.[583] Es kann daher davon ausgegangen werden, dass die Diskussion um eine Annäherung des internen und externen Rechnungswesens ebenso schwerpunktmäßig in Fachzeitschriften geführt wird.[584]
- Sowohl in den wissenschaftlichen als auch in den praxisnahen Zeitschriften des deutschsprachigen Raums publizieren Vertreter der Wissenschaft wie auch der Praxis.[585] Es kann folglich erwartet werden, dass aus der Analyse von Zeitschriftenbeiträgen die aus wissenschaftlichen Untersuchungen hervorgehenden Vorschläge ebenso wie die in der Praxis umgesetzten Lösungen extrahiert und gegenübergestellt werden können.
- Beiträge, die in Fachzeitschriften veröffentlicht werden, durchlaufen in der Regel ein Begutachtungsverfahren, das bei hochrangigen wissenschaftlichen Zeitschriften gewöhnlich ein bis zwei anonyme Gutachter involviert, und bei praxisnahen Zeitschriften meist redaktionell durchgeführt wird.[586] Somit kann davon ausgegangen werden, dass die zur Publikation angenommenen Beiträge über eine gewisse Mindestqualität verfügen, während der Veröffentlichung von Büchern in der Regel kein Begutachtungsprozess vorausgeht.[587]
- Aufgrund der Erscheinungshäufigkeit und der guten Datierung der Artikel können zeitbezogene Auswertungen mit einer hohen Genauigkeit durchgeführt werden. *Zühlke* folgert aus dieser Feststellung, dass die Zeitschriftenliteratur einer „‚Chronik' von über längere Zeit diskutierten Themen"[588] gleichkommt. Dementsprechend ist zu erwarten, dass mithilfe der dynamischen Analyse von Zeitschriftenaufsätzen dem Bestreben, einen etwaigen „Meinungswechsel" im Laufe der Konvergenzdiskussion festzustellen, entsprochen werden kann.

Es kann somit resümiert werden, dass mithilfe einer systematischen Erschließung von Zeitschriftenaufsätzen zur Konvergenz des Rechnungswesens und ihrer regelgeleiteten Analyse sowohl die unterschiedlichen Standpunkte von Wissenschaftlern und Praktikern als auch Entwicklungen im Zeitablauf erfasst werden können. Mit der ausschließlichen Selektion von

---

583 Vgl. Teichert/Talaulicar (2002), S. 410; Zühlke (2007), S. 87.

584 Diese Erwartung findet ihre Bestätigung durch die von *Schaier* vorgenommene erste Systematisierung der Konvergenzdiskussion (vgl. Schaier (2007), S. 106 f.).

585 Vgl. Binder/Schäffer (2005), S. 617; Wagenhofer (2006b), S. 3; Schäffer/Binder (2008), S. 52 ff.; Messner/Becker/Schäffer/Binder (2008), S. 143.

586 Vgl. Binder (2006), S. 57; Zühlke (2007), S. 52; Brinn/Jones/Pendlebury (1998), S. 314.

587 Vgl. Wagenhofer (2006b), S. 3.

588 Zühlke (2007), S. 87.

Zeitschriftenartikeln wird zudem einer internationalen Konvention entsprochen.[589] Allerdings besteht die Gefahr, dass ein Spezifikum der deutschsprachigen Forschung keine hinreichende Berücksichtigung findet: Entgegen den angelsächsischen Publikationsmustern werden nämlich Ergebnisse der deutschsprachigen Controlling- und Rechnungslegungsforschung außer in Zeitschriften vielfach auch in Monographien, Handwörterbüchern und Herausgeberbänden veröffentlicht.[590] Die relativ höhere Bedeutung von Monographien ist insbesondere darauf zurückzuführen, dass Dissertationen und Habilitationsschriften überwiegend in Buchform veröffentlicht werden und sich entsprechende kumulative Verfahren bislang noch nicht durchgesetzt haben.[591]

Die Integration derartiger Veröffentlichungen in das Sample der vorliegenden Untersuchung hätte das Problem zur Folge, dass aufgrund ihrer Publikationsart völlig unterschiedliche Quellen miteinander verglichen würden.[592] Insbesondere besteht das Problem der eingeschränkten Datierbarkeit von umfangreicheren Veröffentlichungen in Buchform, da diese regelmäßig das Ergebnis einer mehrjährigen Forschungsarbeit sind. Um einerseits die Ergebnisse der Literaturanalyse nicht zu verzerren, andererseits jedoch relevante Veröffentlichungen vor allem in der Form von Dissertationen nicht unberücksichtigt zu lassen, wurde folgendes Vorgehen gewählt: Die systematische Literaturerschließung und -analyse beschränkte sich nur auf Artikel, die anhand des nachfolgend beschriebenen Rechercheverfahrens erschlossen worden sind. Darüber hinaus wurden einschlägige Dissertationen und Habilitationsschriften mithilfe von Datenbankabfragen und anhand einer Durchsicht der Literaturverzeichnisse der als relevant befundenen Artikel aus den Fachzeitschriften identifiziert. Ihre Untersuchungsfoki sind im Anhang der vorliegenden Arbeit enthalten. Insbesondere die wesentlichen Ergebnisse der dort genannten empirischen Arbeiten ergänzen im Rahmen der Ergebnispräsentation und -diskussion die aus den Zeitschriftenpublikationen gewonnenen Erkenntnisse.[593]

4.2.1.2 Selektion der relevanten Zeitschriften

Der Entscheidung, Zeitschriftenartikel zu analysieren, schließen sich grundsätzlich zwei Fragen an: Zunächst sind die Zeitschriften festzulegen, welche in die Analyse einbezogen werden sollen. Daran anschließend ist das Vorgehen zur Auswahl relevanter Artikel aus dem zuvor definierten Zeitschriftensample zu bestimmen. Die zweite Frage wird in Abschnitt 4.2.1.3 erörtert, während sich dieser Abschnitt mit der erstgenannten Frage befasst.

---

589 Vgl. Binder/Schäffer (2005), S. 604; Perrey/Schäffer/Kramer (2010), S. 484.

590 Vgl. Fülbier/Weller (2008), S. 358; Schäffer/Binder (2008), S. 40; Fülbier/Weller (2011), S. 26.

591 Vgl. Wagenhofer (2006b), S. 3. Gleichwohl dürften die kumulativen Verfahren künftig an Bedeutung gewinnen. Eine 2005 durchgeführte Befragung des betriebswirtschaftlichen Hochschullehrernachwuchses im deutschsprachigen Raum ergab, dass immerhin 40 Prozent der Befragten eine kumulative Habilitation anstreben (vgl. Fiedler/Welpe/Picot (2006), S. 471).

592 Vgl. Fülbier/Weller (2011), S. 3.

593 Dabei ist zu konstatieren, dass im Hinblick auf die Berücksichtigung von Veröffentlichungen, die außerhalb der herangezogenen Fachzeitschriften erschienen sind, kein Anspruch auf Vollständigkeit erhoben werden kann.

Für die vorliegende Analyse folgte die Zeitschriftenauswahl einem **zweistufigen Procedere**. Wegen der hohen Relevanz des internen Rechnungswesens für das Controlling,[594] wurden die Zeitschriftensamples der Analysen der Controllingliteratur im deutschsprachigen Raum als Bezugspunkt verwendet.[595] In diesen Untersuchungen setzt sich das Sample der wissenschaftlichen Zeitschriften unter Rückgriff auf das *JOURQUAL*-Ranking betriebswirtschaftlicher Fachzeitschriften des *Verbands der Hochschullehrer für Betriebswirtschaft* (*VHB*) aus den Zeitschriften[596] *Betriebswirtschaftliche Forschung und Praxis* (*BFuP*), *Die Betriebswirtschaft* (*DBW*), *Schmalenbachs Zeitschrift für betriebswirtschaftliche Forschung* (*ZfbF*) inklusive des englischsprachigen *Schmalenbach Business Review* (*SBR*) und der *Zeitschrift für Betriebswirtschaft* (*ZfB*) zusammen.[597] *Wagenhofer* berücksichtigt darüber hinaus das *Journal für Betriebswirtschaft* (*JfB*) aus Österreich und die schweizerische Zeitschrift *Die Unternehmung* (*DU*).[598] *Binder/Schäffer* nehmen zudem die *Zeitschrift für Planung und Unternehmenssteuerung* (*ZP*) in ihr Sample auf.[599]

Als praxisnahe Zeitschriften gehen sowohl bei *Küpper* als auch bei *Binder/Schäffer* die Zeitschriften *Controlling*, *Der Betrieb* und *Kostenrechnungspraxis* (*Krp*), aus der 2003 die *Zeitschrift für Controlling und Management* (*ZfCM*) hervorgegangen ist, in die Analysen ein sowie bei *Binder/Schäffer* zusätzlich die Zeitschrift *Controller Magazin*.[600] Insbesondere vor dem Hintergrund, dass die Samples von *Wagenhofer* und *Binder/Schäffer* als Grundlage für eine umfangreiche Bestandsaufnahme[601] sowie für eine Beschreibung der Entwicklung der Controllingdisziplin[602] fungieren, kann davon ausgegangen werden, dass sämtliche führenden wissenschaftlichen wie auch praxisnahen Zeitschriften des deutschsprachigen Raums, die für

---

594 Vgl. Horváth (2009), S. 364; Küpper (2008), S. 152; Weber/Schäffer (2011), S. 169; Reichmann (2011), S. 11.

595 Vgl. Schäffer/Binder (2008); Wagenhofer (2006b); Binder/Schäffer (2005); Hess/Weber/Hirnle/Hirsch/Strangfeld (2005); Küpper (1993a).

596 Die Nennung erfolgt in alphabetischer Reihenfolge und spiegelt somit nicht die Rangfolge innerhalb des Rankings wider.

597 Vgl. Schäffer/Binder (2008), S. 41; Wagenhofer (2006b), S. 3; Binder/Schäffer (2005), S. 605; Küpper (1993a), S. 605. Eine Ausnahme bildet hingegen die Untersuchung von *Hess et al.*, die als wissenschaftliche Zeitschriften lediglich *Schmalenbachs Zeitschrift für betriebswirtschaftliche Forschung* und die *Zeitschrift für Betriebswirtschaft* in das Sample integrieren (vgl. Hess/Weber/Hirnle/Hirsch/Strangfeld (2005), S. 39).

Zu beachten ist zudem, dass keine der genannten Zeitschriften auf das Controlling spezialisiert ist. Es handelt sich bei allen vier – ebenso wie beim *Journal für Betriebswirtschaft* und *Die Unternehmung* – um Zeitschriften, welche die komplette Betriebswirtschaftslehre adressieren. Sie werden als Surrogat für wissenschaftliche Zeitschriften mit ausschließlicher Controllingfokussierung herangezogen, die im deutschsprachigen Raum nicht vorliegen (vgl. Schäffer/Binder (2008), S. 41; Binder/Schäffer (2005), S. 605; Wagenhofer (2006b), S. 2).

598 Vgl. Wagenhofer (2006b), S. 3.

599 Vgl. Binder/Schäffer (2005), S. 605; Schäffer/Binder (2008), S. 41.

600 Vgl. Küpper (1993a), S. 605; Binder/Schäffer (2005), S. 605; Schäffer/Binder (2008), S. 42.

601 Vgl. Wagenhofer (2006b), S. 1.

602 Vgl. Schäffer/Binder (2008), S. 33; Binder/Schäffer (2005), S. 604.

eine Veröffentlichung von Controllingbeiträgen in Frage kommen, erfasst worden sind.[603] Dementsprechend gingen die oben aufgeführten Zeitschriften auch in das Sample der vorliegenden Untersuchung ein.[604]

Da die Konvergenz des Rechnungswesens eine Schnittstelle zwischen Controlling, zu dessen wesentlichen Instrumenten das interne Rechnungswesen gehört,[605] und externem Rechnungswesen bildet, ist davon auszugehen, dass relevante Beiträge auch in Zeitschriften veröffentlicht worden sind, die sich primär mit der externen Rechnungslegung befassen. Zum Zeitpunkt der Konzeption der vorliegenden Untersuchung konnten mit den oben erwähnten Untersuchungen vergleichbare Analysen, die sich einer systematischen Auswertung der Literatur zur externen Rechnungslegung annehmen, im Rahmen einer umfangreichen Literaturrecherche nicht ausfindig gemacht werden.[606] Somit ergab sich das Erfordernis, weitere relevante Zeitschriften selbst zu ermitteln. Zur Identifikation dieser Zeitschriften wurden mehrere Datenbanken abgefragt.[607] Wie zuvor erwähnt, kann nicht davon ausgegangen werden, dass auf diese Weise die Gesamtheit der Zeitschriftenbeiträge zur Konvergenz des Rechnungswesens erschlossen wird. Die Datenbankabfragen erfolgten daher lediglich zur Ermittlung der Zeitschriften, in denen die meisten Artikel mit Bezug zur Konvergenzdiskussion veröffentlicht worden sind. Diese Zeitschriften wurden im Anschluss manuell durchgesehen.

Als Suchbegriffe wurden die Kombinationen „Konvergenz (des) Rechnungswesen(s)", „Integration (des) Rechnungswesen(s)", „Harmonisierung (des) Rechnungswesen(s)", „internes Rechnungswesen" und „externes Rechnungswesen" verwendet. Die Recherche bestätigte,

603 Internationale Journals wurden für die Analyse nicht berücksichtigt, da es sich bei der Dichotomie des Rechnungswesens und somit auch bei der Konvergenz um ein Phänomen des deutschsprachigen Raums handelt (vgl. Wagenhofer (2006b), S. 15; Ewert/Wagenhofer (2007), S. 1038 ff.). Dementsprechend wird in der englischsprachigen Literatur keine vergleichbare Debatte geführt (vgl. Günther/Zurwehme (2008), S. 104; Simons/Weißenberger (2010), S. 278).

604 Eine Ausnahme wurde lediglich im Hinblick auf das *Controller Magazin* vorgenommen. Es handelt sich dabei um ein Organ, welches den Mitgliedern des *Internationalen Controller Vereins* zur Verfügung steht (vgl. Schäffer/Binder (2008), S. 42). Aufgrund der Positionierung dieser Zeitschrift im *VHB*-Ranking, in dem es im Teilranking „Rechnungswesen und Controlling" mit Abstand den letzten Platz belegt, wurde von einer Berücksichtigung im Rahmen der vorliegenden Untersuchung Abstand genommen.

605 Vgl. Fn. 594.

606 Inzwischen sind jedoch die Publikationsanalysen zur deutschsprachigen Rechnungslegungsforschung von *Perrey et al.* und *Fülbier/Weller* erschienen. Die Untersuchungen beschränken sich allerdings auf renommierte wissenschaftliche Zeitschriften (vgl. Perrey/Schäffer/Kramer (2010), S. 484; Fülbier/Weller (2011), S. 9). So basiert etwa die Analyse von *Perrey et al.* auf den Fachzeitschriften *BFuP*, *DBW*, *ZfB* und *ZfbF/SBR* (vgl. Perrey/Schäffer/Kramer (2010), S. 484 f.). Sie unterstreicht damit die Relevanz der bereits unter Bezug auf controllingbezogene Publikationsanalysen ausgewählten wissenschaftlichen Zeitschriften, bietet aber keinen Ansatzpunkt für die Identifikation relevanter praxisnaher Zeitschriften, die in die vorliegende Analyse einbezogen werden könnten. Auch der Beitrag von *Küpper/Mattessich* offeriert in dieser Hinsicht keine Orientierungshilfe. Wie bereits in Abschnitt 4.1.2.2 erläutert, fokussiert ihre Untersuchung zwar die Entwicklung der Forschung mit Bezug zum externen Rechnungswesen. Es erfolgt jedoch keine explizite Fokussierung auf Zeitschriften, zudem wird die Vorgehensweise bei der Literaturrecherche nicht offengelegt, so dass sich hieraus keine Hinweise für relevante Zeitschriften ergeben (vgl. Küpper/Mattessich (2005)).

607 Abgefragt wurden die Datenbanken Online Contents, Econis und WISO-Net. Datenbanken, die nur internationale Journals führen, wurden aufgrund der erwarteten, geringen Relevanz der Konvergenz des Rechnungswesens für die internationale Diskussion (vgl. Fn. 603) nicht berücksichtigt.

dass relevante Veröffentlichungen insbesondere in den Zeitschriften *Betriebswirtschaftliche Forschung und Praxis*, *Controlling*, *Der Betrieb*, *Schmalenbachs Zeitschrift für betriebswirtschaftliche Forschung* und der *Zeitschrift für Controlling und Management/Kostenrechnungspraxis* enthalten sind. Darüber hinaus fand sich eine erhebliche Anzahl von Treffern in den Zeitschriften *Betriebs-Berater* (*BB*), *Die Wirtschaftsprüfung* (*WPg*) sowie *Zeitschrift für internationale und kapitalmarktorientierte Rechnungslegung* (*KoR*).[608] Dementsprechend wurden diese rechnungslegungsorientierten Organe bei der manuellen Durchsicht von Zeitschriften berücksichtigt.

Das Sample der systematisch durchgegangenen Zeitschriften setzt sich somit aus insgesamt 13 Zeitschriften zusammen. Zu ihnen gehören die wissenschaftlichen Zeitschriften *Betriebswirtschaftliche Forschung und Praxis*, *Die Betriebswirtschaft*, *Die Unternehmung*, *Journal für Betriebswirtschaft*, *Schmalenbachs Zeitschrift für betriebswirtschaftliche Forschung/ Schmalenbach Business Review*, *Zeitschrift für Betriebswirtschaft* sowie *Zeitschrift für Planung und Unternehmenssteuerung*.[609] Diese werden durch die praxisnahen Zeitschriften *Betriebs-Berater*, *Controlling*, *Der Betrieb*, *Die Wirtschaftsprüfung*, *Zeitschrift für Controlling und Management/Kostenrechnungspraxis* und *Zeitschrift für internationale und kapitalmarktorientierte Rechnungslegung* ergänzt.[610] Ein Vergleich mit der Untersuchung von *Schaier*, welche durch die vorliegende Analyse komplettiert wird, offenbarte, dass nicht nur sämtliche der dort analysierten Zeitschriften auch im Sample der vorliegenden Untersuchung enthalten sind, sondern Letzteres darüber hinaus umfangreicher ist.[611]

4.2.1.3 Selektion der relevanten Artikel

Für die Selektion der zu analysierenden Beiträge ist zum einen die Frage zu beantworten, ob die Identifikation relevanter Artikel auf der Grundlage einer **manuellen Durchsicht** von Zeitschriften oder einer **Recherche über Datenbanken** erfolgen soll. Zum anderen sind die Kriterien festzulegen, anhand derer die relevanten Beiträge auszuwählen sind. Vor dem Hintergrund, dass deutsche Zeitschriften noch nicht vollumfänglich in Literaturdatenbanken einge-

---

[608] Eine Entscheidung, inwiefern die gefundenen Beiträge der Konvergenzdiskussion zugerechnet werden können, erfolgte auf der Basis des Titels und des Abstracts.

[609] Diese Zeitschriftenauswahl entspricht weitgehend jener von *Weißenberger/Löhr*, welche empirische Studien, aus denen sich Hinweise zu dem Zusammenhang zwischen der Ausgestaltung der Planung und dem Unternehmenserfolg ergeben, analysieren (vgl. Weißenberger/Löhr (2007), S. 343).

[610] Sämtliche Zeitschriften verfügten in der ersten Auflage des *VHB-JOURQUAL*-Rankings über einen Indexwert von mindestens 5,0 und wurden somit mindestens der Rating-Kategorie „D" zugeordnet (vgl. Henning-Thurau/Walsh/Schrader (2004), S. 525; eine Übersicht über die Ergebnisse des ersten *VHB-JOURQUAL*-Rankings ist im Internet unter http://vhbonline.org/service/jourqual/jq1/alphabetische-uebersicht/ erhältlich). Es kann somit davon ausgegangen werden, dass Beiträge, die in den ausgewählten Zeitschriften veröffentlicht werden, über eine hinreichende wissenschaftliche Qualität verfügen.

[611] Die Recherche von *Schaier* setzt sich ebenfalls aus einer Datenbankabfrage und einer manuellen Durchsicht zusammen. Letztere umfasst die Zeitschriften *Betriebs-Berater*, *Controlling*, *Der Betrieb*, *Die Betriebswirtschaft*, *Die Wirtschaftsprüfung*, *Schmalenbachs Zeitschrift für betriebswirtschaftliche Forschung*, *Zeitschrift für Betriebswirtschaft* und *Zeitschrift für Controlling und Management/Kostenrechnungspraxis* (vgl. Schaier (2007), S. 104).

gangen sind[612] und in Anbetracht der Defizite, die eine datenbankgestützte Recherche impliziert sowie der von *Schaier* dargelegten Heterogenität hinsichtlich der Konvergenzbezeichnungen wurde für die vorliegende Analyse ein manuelles Vorgehen präferiert. *Zühlke* merkt an, dass insbesondere semantische Fehler eine wesentliche Schwäche der datenbankbasierten Literaturrecherche darstellen.[613] So besteht die Gefahr, dass relevante Artikel nicht ausfindig gemacht werden, weil es sich als schwierig erweist, sämtliche Begriffe, mit denen ein Sachverhalt bezeichnet wird, in die Datenbankabfragen zu integrieren.

Diese Gefahr ist im Rahmen der Konvergenzdiskussion insofern als besonders hoch einzuschätzen, als die Thematik unter verschiedenen Begriffen firmiert, darunter „Konvergenz", „Integration" und „Harmonisierung", aber auch „Angleichung", „Anpassung" oder „Konversion".[614] Zudem finden diese Begriffe in unterschiedlichen Zusammenhängen Verwendung. So subsumieren beispielsweise *Günther/Zurwehme* unter die Harmonisierung des Rechnungswesens nicht nur eine Annäherung der internen und externen Teilbereiche, sondern auch die Vereinheitlichung von IFRS und US-GAAP sowie der handels- und steuerrechtlichen Bilanzierung.[615] Auch der Begriff „Konvergenz" bezieht sich nicht nur auf eine Verringerung der Unterschiede zwischen internem und externem Rechnungswesen, sondern wird auch im Hinblick auf die Annäherung der IFRS und US-GAAP verwendet.[616] Darüber hinaus erschwert sich die Recherche dadurch, dass als Konvergenzobjekte nicht nur die Bezeichnung „internes und externes Rechnungswesen", sondern u.a. auch die Begriffe „Rechnungssysteme", „Rechnungslegung" oder „Unternehmensrechnung" Verwendung finden.[617]

Die manuelle Durchsicht der in Abschnitt 4.2.1.2 benannten Zeitschriften erstreckte sich auf die Jahrgänge 1994 bis 2010. Der Startpunkt wurde aufgrund des Konsenses gewählt, dass der Beitrag von *Ziegler* den Auslöser für die Konvergenzdiskussion darstellt.[618] Für die Selektion relevanter Artikel aus den genannten Zeitschriften wurde folgende Anforderung formuliert: Sie mussten in ihrem Titel oder Abstract bzw. der Einleitung einen Bezug zur Annäherung des internen und externen Rechnungswesens aufweisen. Ein solcher Bezug wurde insbesondere dann gesehen, wenn der Beitragstitel die von *Schaier* zusammengestellten Konvergenzbezeichnungen und -objekte umfasste.[619] Zudem fanden Beiträge Berücksichtigung, wenn aus dem Titel hervorging, dass die Verwendung von Rechenwerken bzw. Daten des externen

---

612 Vgl. Schäffer/Binder (2008), S. 42; Hess/Weber/Hirnle/Hirsch/Strangfeld (2005), S. 39.

613 Vgl. Zühlke (2007), S. 80.

614 Vgl. Schaier (2007), S. 108; Dirrigl (1998), S. 542; Küting/Lorson (1998a), S. 483.

615 Vgl. Günther/Zurwehme (2008), S. 101.

616 Vgl. z.B. Dobler/Günther (2008), S. 809; Hayn (2005), S. 425; Berndt/Hommel (2005), S. 407.

617 Vgl. Schaier (2007), S. 109.

618 Vgl. z.B. Schaier (2007), S. 106; Simons/Weißenberger (2008), S. 138; Wagenhofer (2008a), S. 161; Günther/Zurwehme (2008), S. 101; Weißenberger (2007), S. 191; Hebeler (2003), S. 1 f.

619 Hierzu gehörten insbesondere, aber nicht ausschließlich, die häufig verwendeten Konvergenzbezeichnungen „Konvergenz", „Integration" und „Harmonisierung" sowie die Konvergenzobjekte „Rechnungswesen", „Rechnungssysteme" und „Unternehmensrechnung" (vgl. Schaier (2007), S. 108 f.).

Rechnungswesens für Zwecke der Unternehmenssteuerung Gegenstand des Beitrags ist oder der Titel explizit die Begriffe „Controlling“ und „IFRS“ zueinander in Beziehung setzte.[620] Damit wurde weitgehend der Selektionsstrategie von *Binder/Schäffer* und *Perrey et al.* gefolgt, welche die Auswahl relevanter Artikel ebenso anhand dieser Beitragselemente vornehmen.[621] Zusätzlich wurden die Stichwortverzeichnisse der jeweiligen Jahrgänge der Zeitschriften durchgesehen.[622] Die manuelle Durchsicht der insgesamt 214 Zeitschriftenjahrgänge führte zur Identifikation von 155 Beiträgen.[623] In Tabelle 7 werden die Beiträge den ausgewählten Zeitschriften sowie den jeweiligen Jahrgängen zugeordnet.[624]

Da nicht ausgeschlossen werden kann, dass Beiträge zur Konvergenzdiskussion auch außerhalb der genannten Zeitschriften erschienen sind, ist nicht unmittelbar davon auszugehen, dass allein aufgrund dieser Recherche der Absicht entsprochen werden kann, die in Fachzeitschriften geführte Konvergenzdebatte möglichst vollständig zu erfassen. Zur Identifikation von Beiträgen, die außerhalb der im Sample enthaltenen Zeitschriften publiziert worden sind, wurden weitere Schritte unternommen. Zunächst wurden die Literaturverzeichnisse der zuvor identifizierten Beiträge hinsichtlich weiterer relevanter Quellen überprüft.[625]

Um die Frage zu beantworten, welche der Referenzen unter die Konvergenzdiskussion subsumiert werden können und somit aus der Menge der verwendeten Referenzen auszuwählen sind, wurde wiederum ein regelgeleitetes Verfahren initiiert. Als erster Indikator wurden die jeweiligen Publikationstitel herangezogen. Sofern ein Titel einen deutlichen Bezug zur Konvergenz des Rechnungswesens aufwies und nicht im Rahmen der Durchsicht der Zeitschriften bereits identifiziert worden war, wurde dieser erfasst. Die Annahme eines solchen Bezugs basierte wiederum auf der expliziten Nennung der Konvergenzbezeichnungen und -objekte[626] bzw. auf Titeln, die als Indikator dafür aufgefasst werden konnten, dass eine Annäherung der internen und externen Teilbereiche des Rechnungswesens thematisiert wird. Somit wurden in diesem Zusammenhang jene Selektionskriterien verwendet, die bereits bei der manuellen Zeitschriftendurchsicht herangezogen wurden.

---

620 Als Beispiele lassen sich die Titel „Unternehmenssteuerung auf Basis internationaler Rechnungslegungsstandards“ (Kahle (2003)) oder „Controller und IFRS“ (Weißenberger/IGC (2006a)) anführen.

621 Vgl. Binder/Schäffer (2005), S. 605; Schäffer/Binder (2008), S. 42; Perrey/Schäffer/Kramer (2010), S. 485; ähnlich auch Weber/Goretzki/Zubler (2010), S. 323; Gmür (2002), S. 535; Lueg/Schäffer (2010), S. 4.

622 Dabei wurden jene Begriffe berücksichtigt, die bereits in die Ermittlung der Zeitschriften, die systematisch durchgesehen werden sollten, eingingen.

623 Die Zeitschriften *Kostenrechnungspraxis* sowie deren Nachfolger, die *Zeitschrift für Controlling und Management* wurden als ein Medium betrachtet. Die *Zeitschrift für internationale und kapitalmarktorientierte Rechnungslegung* erschien erstmalig im Jahre 2001, so dass nur zehn Jahrgänge dieser Zeitschrift durchgesehen worden sind.

624 Die Durchsicht beschränkte sich auf originäre Beiträge und schloss Publikationen in der Form von Stichwörtern, Interviews, Buchrezensionen, Stellungnahmen oder Veranstaltungsnachlesen aus. Dieser Ausschluss verhält sich konform zu den Vorgehensweisen anderer Untersuchungen (vgl. z.B. Binder/Schäffer (2005), S. 621; Perrey/Schäffer/Kramer (2010), S. 484).

625 Dieses Vorgehen korrespondiert somit weitestgehend mit den Rechercheverfahren von Schaier (2007), S. 104; Duirau/Reger/Pfarrer (2007), S. 7 f.; Lueg/Schäffer (2010), S. 4.

626 Vgl. hierzu Fn. 619.

Zeitschriften	1994	1995	1996	1997	1998	1999	2000	2001	2002	2003	2004	2005	2006	2007	2008	2009	2010	Summe
Wissenschaftliche Zeitschriften	**2**	**2**	**1**	**1**	**2**	**1**	**1**	**3**	**1**	**4**	**0**	**3**	**1**	**2**	**4**	**0**	**4**	**32**
BFuP	0	0	0	0	1	0	0	1	0	0	0	1	1	0	4	0	0	**8**
DBW	0	0	0	0	0	0	0	0	0	0	0	0	0	0	0	0	2	**2**
DU	0	0	0	1	0	0	0	0	0	0	0	0	0	0	0	0	0	**1**
JfB	0	0	0	0	0	0	0	0	0	0	0	0	0	0	0	0	0	**0**
ZfB	0	0	0	0	0	0	0	0	0	1	0	0	0	1	0	0	0	**2**
ZfbF/sbr	2	2	1	0	1	1	1	1	1	1	0	2	0	0	0	0	0	**13**
ZP	0	0	0	0	0	0	0	1	0	2	0	0	0	1	0	0	2	**6**
Praxisnahe Zeitschriften	**0**	**1**	**1**	**7**	**8**	**10**	**1**	**7**	**6**	**3**	**10**	**7**	**26**	**7**	**6**	**9**	**14**	**123**
BB	0	0	0	0	3	0	1	0	1	1	0	2	2	0	0	0	0	**10**
Controlling	0	0	0	4	1	2	0	1	1	2	1	3	8	3	3	5	4	**38**
DB	0	1	1	0	0	0	0	2	1	0	0	0	2	0	0	0	0	**7**
KoR (ab 2001)	--	--	--	--	--	--	--	0	0	0	0	2	10	2	1	1	4	**20**
krp/ZfCM	0	0	0	3	3	8	0	2	3	0	9	0	4	2	2	2	6	**44**
WPg	0	0	0	0	1	0	0	2	0	0	0	0	0	0	0	1	0	**4**
Gesamt	**2**	**3**	**2**	**8**	**10**	**11**	**2**	**10**	**7**	**7**	**10**	**10**	**27**	**9**	**10**	**9**	**18**	**155**

Tabelle 7: Zuordnung der im Rahmen der manuellen Durchsicht identifizierten Beiträge auf die durchgesehenen Zeitschriften

Anhand der Abstracts bzw. einleitenden Abschnitte der entsprechenden Publikationen sowie der ggf. vorhandenen Stichwörter wurde überprüft, ob die vermutete Relevanz zutreffend war. Zitierte Quellen fanden keine weitere Berücksichtigung, wenn sie keinen expliziten Bezug zu einer Annäherung des internen und externen Rechnungswesens aufwiesen. Bei einer erheblichen Anzahl von Quellen konnte auf Basis des Titels der Schluss gezogen werden, dass sie im Rahmen des im ersten Schritt als relevant befundenen Beitrags zur Fundierung von Aspekten herangezogen wurden, die nicht im Zentrum der Konvergenzdiskussion stehen.[627] Ebenfalls unberücksichtigt blieben Artikel, die in einer Zeitschrift veröffentlicht worden sind, welche in der ersten Auflage des *VHB-JOURQUAL*-Rankings nicht über ein Rating von mindestens „D" verfügte.[628] Unter den gegebenen Restriktionen wurden mit diesem Schritt der Literaturrecherche insgesamt fünf Beiträge identifiziert, von denen zwei in der praxisorientierten Zeitschrift *Der Schweizer Treuhänder* sowie die drei verbliebenen in der ebenfalls praxisnahen Zeitschrift *Deutsches Steuerrecht* erschienen sind.[629]

Mit der Durchsicht der Literaturverzeichnisse wurde sichergestellt, dass Beiträge, die zumindest einmal zitiert worden sind und anhand der angesprochenen Auswahlkriterien als relevant klassifiziert werden konnten, in die Analyse integriert wurden. Abgeschlossen wurde die Literaturrecherche durch einen Abgleich der Liste mit den identifizierten 155 Veröffentlichungen, die aufgrund der beiden ausgeführten Schritte als themenbezogen erachtet wurden, mit der Zusammenstellung von Beiträgen zur Konvergenzdiskussion von *Schaier*.[630]

Die Grundlage für diese Gegenüberstellung bildete die von *Schaier* erstellte Liste mit 112 relevanten Veröffentlichungen. Da in seiner Analyse auch Monographien, Beiträge in Herausgeberbänden und Arbeitspapiere Berücksichtigung finden, wurden im ersten Schritt sämtliche Zeitschriftenbeiträge ausgewählt, die sich in seinem Sample befinden. Diesen verbleibenden 80 Quellen wurden die Beiträge gegenübergestellt,[631] die im Rahmen der beschriebenen Lite-

---

[627] So wird in dem Beitrag von *Simons/Weißenberger* etwa ein Aufsatz mit dem Titel „Besteht ein Bedarf nach Dritthaftung des gesetzlichen Abschlußprüfers?" von Simons/Biskup (2006) zitiert. Bereits aus dem Titel wird ersichtlich, dass sich dieser Beitrag offenbar nicht vorrangig mit der Konvergenz des internen und externen Rechnungswesens befasst, was dadurch belegt wird, dass diese Quelle lediglich im Zusammenhang mit einem Verweis auf die evolutorische Spieltheorie im Kontext von institutionellen Phänomenen genannt wird (vgl. Simons/Weißenberger (2008), S. 139).

[628] Hierzu gehören Beiträge aus den Zeitschriften (in alphabetischer Reihenfolge) *Accounting*, *Bilanz und Buchhaltung*, *Bilanzbuchhalter und Controller*, *Buchführung*, *Bilanzierung*, *Kostenrechnung*, *Controlling-Berater*, *Das Wirtschaftsstudium*, *Der Konzern*, *IO Management* und *Wirtschaftswissenschaftliches Studium*. Diese Zeitschriften finden sich entweder in der Kategorie „E" des ersten *VHB-JOURQUAL*-Rankings wieder oder sind im Rahmen der Bewertung nicht berücksichtigt worden (vgl. http://vhbonline.org/service/jourqual/jq1/alphabetische-uebersicht/).

[629] Die beiden Publikationen aus der erstgenannten Zeitschrift stammen von Pfaff (1994b) und Heyd (2001a). In der Fachzeitschrift *Deutsches Steuerrecht* ist ein Beitrag von Deleker (1997) erschienen sowie der in zwei Teilen veröffentlichte Aufsatz von Wala/Knoll/Messner (2007a; 2007b).

[630] Vgl. Schaier (2007), S. 209 ff.

[631] In der Liste von *Schaier* finden sich nur 79 Zeitschriftenpublikationen, da im Unterschied zu der vorliegenden Arbeit der zweiteilige Artikel von *Küting/Lorson* als eine Veröffentlichung betrachtet wird (vgl. Küting/Lorson (1998c; 1998d). Bei der Gegenüberstellung der von *Schaier* und der im Rahmen dieser Untersuchung identifizierten Artikel wurde jedoch an der separaten Erfassung festgehalten.

raturrecherche erschlossen worden sind. Da sich die Literaturrecherche *Schaiers* nur bis zur ersten Hälfte des Zeitschriftenjahrgangs 2006 erstreckt, wurden Beiträge, die im Rahmen der vorliegenden Erhebung identifiziert wurden und erst ab dem zweiten Halbjahr 2006 veröffentlicht worden sind, nicht berücksichtigt. Die Anzahl der verbleibenden, anhand des in Abschnitt 4.2.1.3 beschriebenen Vorgehens identifizierten Beiträge betrug daher 93. Unter diesen Veröffentlichungen befanden sich 66 Beiträge, die auch von *Schaier* als relevant identifiziert worden sind. Damit wurden mittels der vorstehenden Literaturrecherche 82,5 Prozent der von *Schaier* erschlossenen Beiträge als Bestandteile der im Schrifttum geführten Konvergenzdiskussion identifiziert.

Die Beiträge, die zwar Bestandteil des Samples der Referenzuntersuchung sind, sich aber nicht in der Datengrundlage der vorliegenden Studie wiederfanden, wurden im Anschluss einer genauen Durchsicht unterzogen. Auf diesem Wege fand lediglich die empirische Erhebung von *Pellens et al.* zur wertorientierten Unternehmensführung in DAX- und MDAX-Unternehmen Eingang in die Untersuchung. Die Integration der Studie in das vorliegende Sample begründete sich damit, dass neben der Erfassung des Status Quo der wertorientierten Unternehmenssteuerung auch eine Bestandsaufnahme zur Konvergenz des Rechnungswesens erfolgt.[632]

Bei den übrigen 13 Beiträgen, die zwar im Sample der Untersuchung von *Schaier*, aber nicht in jenem der vorliegenden Analyse enthalten sind, wurde von einer Einbeziehung abgesehen. Hierfür waren unterschiedliche Gründe ausschlaggebend: In einigen Fällen sprachen inhaltliche Argumente gegen eine Berücksichtigung. So werden in diesen Beiträgen mitunter Bilanzierungsvorschriften betrachtet, die zwar einen Import von Daten aus der Sphäre des internen Rechnungswesens bedingen, allerdings dominiert in diesen Beiträgen die Beschreibung und Würdigung der Regelungen aus externer Perspektive, inbesondere aus der Sicht der Abschlussadressaten, während die Frage, wie der Transfer von Daten des internen Rechnungswesens gestaltet werden kann, allenfalls peripher behandelt wird.[633]

Ferner berücksichtigt *Schaier* drei Unternehmensbeispiele zur wertorientierten Unternehmenssteuerung.[634] Aus diesen Analysen kann zwar geschlossen werden, dass ein konvergentes Rechnungswesen eine wichtige Voraussetzung für die Implementierung eines wertorientierten Steuerungskonzepts darstellen kann. Der Schwerpunkt der Abhandlungen ist jedoch auf die Beschreibung entsprechender Konzepte und ihrer Integration in die Führungsprozesse gerichtet. Die Ausgestaltung des konvergenten Rechnungswesens in diesen Unternehmen sowie die korrespondierenden Beweggründe dafür sind jedoch von untergeordneter Bedeu-

[632] Vgl. Pellens/Tomaszewski/Weber (2000), S. 1830.

[633] Vgl. Böcking/Benecke (1998); Budde (2005); Haller/Park (1999); Löw (2004); Weißenberger/Liekweg (1999).

[634] Vgl. Börsig (2000); Esser (2000); Neubürger (2000).

tung, weshalb im Rahmen der vorliegenden Untersuchung von einer Einbeziehung dieser Beiträge abgesehen wurde.

Der Fokus anderer Analysen wird auf die veränderten Zwecke der Kostenrechnung gerichtet, ohne jedoch einen expliziten Bezug zum externen Rechnungswesen herzustellen.[635] In einem weiteren Beitrag erfolgt eine Gegenüberstellung verschiedener Wertsteigerungskonzepte, aus der zwar hervorgeht, dass diese Konzepte vielfach auf Daten des externen Rechnungswesens beruhen. Über diese Feststellung hinausgehend erfolgt jedoch keine Erörterung spezifischer Probleme eines konvergenten Rechnungswesens, beispielsweise von Modifikationen, die aus der Perspektive der Verhaltenssteuerung sinnvoll erscheinen.[636] Schließlich fanden zwei Aufsätze keine Berücksichtigung, da sie in Zeitschriften veröffentlicht worden sind, welche die Mindestbewertung „D" in der ersten Auflage des *VHB-JOURQUAL*-Rankings verfehlt haben.[637]

Der Abgleich zwischen dem vorliegenden Sample und dem von *Schaier* ergab ferner, dass Ersteres 27 Beiträge umfasst, welche nicht Bestandteil der Referenzuntersuchung sind. Diese Artikel wurden daher erneut sorgfältig gelesen, um die Entscheidung, ob diese relevante Bestandteile der Konvergenzdiskussion darstellen, zu überprüfen. Diese Entscheidung wurde in keinem Fall revidiert, so dass die Beiträge weiterhin Elemente des zu analysierenden Materials bildeten.

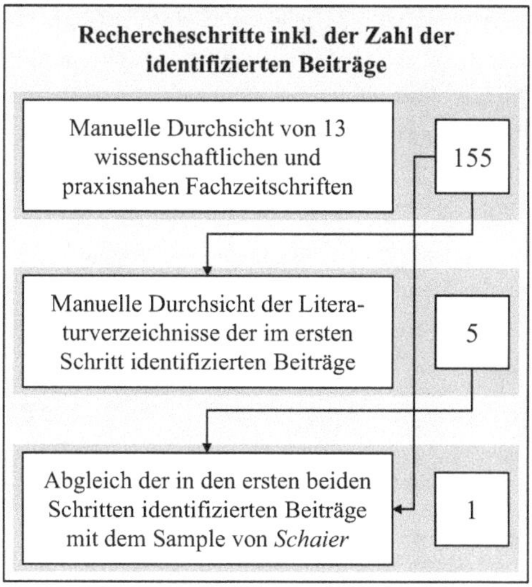

Abbildung 7: Zusammenfassung des Vorgehens zur Literaturrecherche

635 Vgl. Weber (1994); Pfaff/Weber (1998).

636 Vgl. Ballwieser (2000).

637 Vgl. Kümpel (2002c); Zirkler/Nohe (2003).

Nach Abschluss der drei in Abbildung 7 dargestellten Schritte zur Erschließung der relevanten Literatur umfasst das Sample insgesamt **161 Beiträge**, die in 14 Zeitschriften des deutschsprachigen Raums zwischen 1994 und 2010 veröffentlicht worden sind.[638] Darunter befinden sich 155 Beiträge, die im Rahmen einer manuellen Durchsicht von Zeitschriften als relevant identifiziert worden sind. Die geringe Anzahl an Beiträgen, die über die Durchsicht der Literaturverzeichnisse und den Vergleich mit dem Sample von *Schaier* ergänzt worden sind, lässt darauf schließen, dass die relevante Literatur bereits mit dem ersten Rechercheschritt weitestgehend erfasst worden ist. Unter Berücksichtigung des Beitrags, der infolge des Samplevergleichs ergänzt worden ist, befinden sich 83,8 Prozent der von *Schaier* als relevant befundenen Beiträge unter den Veröffentlichungen, die für diese Arbeit ausgewertet wurden, während die verbleibenden Aufsätze begründet aus der weiteren Analyse ausgeschlossen worden sind. Die hohe Übereinstimmungsquote sowie die Tatsache, dass die manuelle Zeitschriftendurchsicht 27 Beiträge hervorgebracht hat, die von *Schaier* unberücksichtigt geblieben sind, lassen auf eine nahezu vollständige Erfassung der relevanten, in den ausgewählten Zeitschriften publizierten Artikel schließen.

4.2.2 Datenanalyse

Um eine systematische Auswertung der Beiträge sicherzustellen, wird eine qualitative Inhaltsanalyse durchgeführt. Den Erläuterungen des konkreten Ablaufs im Rahmen der vorliegenden Untersuchung in Abschnitt 4.2.2.3 gehen zunächst einige grundlegende Ausführungen zu dieser Methode voraus. In Abschnitt 4.2.2.1 werden zunächst der Begriff der Inhaltsanalyse definiert und ihre gängigen Anwendungsbereiche aufgezeigt. Abschnitt 4.2.2.2 befasst sich mit der Beschreibung der qualitativen Inhaltsanalyse.

4.2.2.1 Definition und Anwendungsbereiche der Inhaltsanalyse

Der Begriff „Inhaltsanalyse" bezeichnet eine „empirische Methode zur systematischen, intersubjektiv nachvollziehbaren Beschreibung inhaltlicher und formaler Merkmale von Mitteilungen."[639] Neben der reinen Beschreibung von Kommunikationsmaterial kann mit ihr noch ein weiteres Ziel verbunden sein:[640] Aufbauend auf der systematischen Analyse des Materials

---

638 Relevante Beiträge sind in den wissenschaftlichen Zeitschriften *Betriebswirtschaftliche Forschung und Praxis*, *Die Betriebswirtschaft*, *Die Unternehmung*, *Schmalenbachs Zeitschrift für betriebswirtschaftliche Forschung/Schmalenbach Business Review*, *Zeitschrift für Betriebswirtschaft*, *Zeitschrift für Planung und Unternehmenssteuerung* sowie in den praxisnahen Zeitschriften *Betriebs-Berater*, *Controlling*, *Der Betrieb*, *Der Schweizer Treuhänder*, *Deutsches Steuerrecht*, *Die Wirtschaftsprüfung*, *Kostenrechnungspraxis/Zeitschrift für Controlling und Management* und *Zeitschrift für internationale und kapitalmarktorientierte Rechnungslegung* identifiziert worden. Das *Journal für Betriebswirtschaft* ist die einzige manuell durchgesehene Zeitschrift, in der keine relevanten Artikel identifiziert worden sind.

Die beiden zweiteiligen Veröffentlichungen von *Küting/Lorson* in der Zeitschrift *Betriebs-Berater* sowie von *Wala/Knoll/Messner* in der Zeitschrift *Deutsches Steuerrecht* werden jeweils als separate Veröffentlichungen betrachtet (vgl. Küting/Lorson (1998c; 1998d); Wala/Knoll/Messner (2007a; 2007b)).

639 Früh (2007), S. 27, ähnlich auch Mayring (2010), S. 13, und Smith (2003), S. 147.

640 Vgl. Rössler (2005), S. 24 ff.

soll sie Schlussfolgerungen auf bestimmte Aspekte der Kommunikation ermöglichen.[641] Die Rückschlüsse können sich dabei auf den Kommunikator der Mitteilung, ihren Empfänger oder auf den historischen, politischen oder sozialen Kontext des Kommunikationsvorgangs beziehen.[642] Dementsprechend kann die Inhaltsanalyse auch als „empirische Methode zur Erforschung von Kommunikations*prozessen*, die am Kommunikations*inhalt* ansetzt [Hervorhebungen nicht im Original]"[643] definiert werden.

Das zentrale Instrument einer Inhaltsanalyse bildet dabei ein **Kategoriensystem**,[644] das die untersuchungsrelevanten Aspekte aus dem zu analysierenden Material selektiert.[645] In Abhängigkeit von der relevanten Fragestellung werden Informationen bestimmten Kategorien zugeordnet.[646] Diese Zuordnungen erleichtern die Analyse des entsprechenden Materials.[647]

Die Realisierung des ersten Ziels von Inhaltsanalysen – die Deskription von Mitteilungen – kann auf verschiedenen Ebenen stattfinden.[648] Sie kann auf der syntaktischen Ebene verbleiben und sich beispielsweise auf das Auszählen häufig verwendeter Worte beziehen, ohne deren Inhalt zu hinterfragen.[649] Solche Analysen können durchgeführt werden, wenn zu prüfen ist, ob ein bestimmter Autor einen Text verfasst hat, dessen Urheber bislang unbekannt ist.[650] Auf der semantischen Ebene positionierte Analysen beziehen sich demgegenüber auf inhaltliche Aspekte. Unter diese Analyseformen kann die Themenanalyse subsumiert werden, die *Merten* zufolge das älteste und zugleich das am häufigsten angewandte inhaltsanalytische Verfahren darstellt.[651] Exemplarisch für dieses Verfahren sind die im Abschnitt 4.1.2.1 beschriebenen Literaturanalysen, bei denen inhaltsbezogene Kategorien die Grundlage für die Klassifizierung der analysierten Zeitschriftenaufsätze bilden.[652]

Als ein Beispiel für ein inhaltsanalytisches Verfahren, das nicht nur die Beschreibung eines Textes beabsichtigt, sondern auch einen Inferenzschluss auf den Kommunikator impliziert, sei die Einstellungsanalyse genannt. Sie ermittelt nicht nur die Häufigkeiten bestimmter Aspekte,

---

641 Vgl. Diekmann (2009), S. 580; Mayring (2010), S. 13; Früh (2007), S. 27; Krippendorff (2004), S. 18; Weber (1990), S. 9; vgl. auch *Duriau et al.*, die darauf hinweisen, dass – in Abhängigkeit von der Zielsetzung der Arbeit – das Ergebnis einer Inhaltsanalyse in der Messung, Beschreibung oder Inferenzschlüssen bestehen kann (vgl. Duriau/Reger/Pfarrer (2007), S. 21).

642 Vgl. Smith (2003), S. 147; Rössler (2005), S. 29; Lamnek (2005), S. 484 f.; vgl. für eine Übersicht von Definitionen der (quantitativen) Inhaltsanalyse Neuendorf (2002), S. 10.

643 Zühlke (2007), S. 96.

644 Vgl. Mayring (2010), S. 92; Bortz/Döring (2006), S. 151; Mayring (2002), S. 114.

645 Vgl. Mayring (2002), S. 114; Bortz/Döring (2006), S. 151; Brosius/Koschel/Haas (2009), S. 154.

646 Vgl. Guthrie/Petty/Yongvanich/Ricceri (2004), S. 287.

647 Vgl. Harwood/Garry (2003), S. 479.

648 Vgl. Diekmann (2009), S. 581 f.

649 Vgl. Merten (1995), S. 19.

650 Vgl. Neuendorf (2002), S. 197; Merten (1995), S. 123 ff.

651 Vgl. Merten (1995), S. 146 f.

652 Ähnliche Analysen, die sich jedoch auf Tageszeitungen bezogen, wurden bereits zum Ende des 19. und zum Beginn des 20. Jahrhunderts durchgeführt (vgl. hierzu Merten (1995), S. 146 f.; Krippendorff (2004), S. 49).

sondern nimmt auch ihre Bewertung anhand einer Ordinalskala vor.[653] Von diesen Bewertungen kann auf die Einstellung des Autors zu einer bestimmten Thematik geschlossen werden,[654] z.B. auf die politische Orientierung eines Journalisten bzw. einer Zeitung.[655]

Den originären Kontext, in dem die Inhaltsanalyse eingesetzt wurde, bilden die Kommunikationswissenschaften, innerhalb derer sie zur systematischen Auswertung von Massenmedien verwendet worden ist.[656] Beschränkte sich ihr Fokus zunächst noch auf Zeitungsartikel, kamen im Laufe des 20. Jahrhunderts Hörfunk- und Fernsehsendungen sowie Veröffentlichungen in elektronischen Medien hinzu.[657] Dementsprechend findet die Inhaltsanalyse in diesem Bereich weite Anwendung.[658] Darüber hinaus nimmt ihre Relevanz in den Sozialwissenschaften im Allgemeinen zu, so dass sie sich „neben Befragung und Beobachtung zu einem ebenbürtigen Instrument zur Erhebung sozialer Wirklichkeit etabliert“[659] hat. Die Subsumption von z.B. Rundfunksendungen unter die Analyseobjekte impliziert bereits, dass sich die Inhaltsanalyse nicht ausschließlich auf Texte beziehen muss. Ihr Gegenstand konkretisiert sich vielmehr in fixierter Kommunikation, zu der neben Texten beispielsweise auch Noten oder Bilder gehören.[660] Aufgrund der Tatsache, dass in Fachzeitschriften veröffentlichte Texte den Gegenstand der vorliegenden Analyse bilden, beschränken sich die weiteren Ausführungen jedoch auf die Auswertung von Textmaterial.[661]

In der **Rechnungswesenforschung** zeichnen sich verschiedene Anwendungsbereiche für Inhaltsanalysen ab. Als Analyseobjekte sind in diesem Zusammenhang beispielsweise die Stellungnahmen zu Standardentwürfen des FASB, die Erläuterungen in Geschäftsberichten und die dort abgedruckten Briefe an die Aktionäre sowie Gerichtsurteile zu nennen.[662] Im deutschsprachigen Schrifttum sind inhaltsanalytische Untersuchungen mit Bezug zum Rechnungswesen bzw. Controlling beispielweise von *Hoffjan*, *Hüttche*, *Jahnke et al.*, *Brühl/Orth* und *Kholmy* veröffentlicht worden. Gegenstand der Analyse von *Hoffjan* sind 73 Werbeanzeigen. Indem von den Darstellungen des Controllers in diesen Anzeigen auf die öffentliche

653 Vgl. Mayring (2010), S. 15; Merten (1995), S. 21 und S. 40; Lamnek (2005), S. 503.

654 Vgl. Merten (1995), S. 195; Brosius/Koschel/Haas (2009), S. 146.

655 Vgl. Rössler (2005), S. 145 f.

656 Vgl. Mayring (2002), S. 114; vgl. für einige Beispiele Diekmann (2009), S. 584 f.

657 Vgl. Bortz/Döring (2006), S. 150.

658 Vgl. Neuendorf (2002), S. 1.

659 Mayring (2005), S. 9; vgl. auch Merten (1995), S. 48; Lamnek (2005), S. 487. Demgegenüber opponiert *Früh* mit dem Verweis, dass die Inhaltsanalyse in den Sozialwissenschaften im Vergleich zu Befragungen und Experimenten wenig verbreitet ist (vgl. Früh (2007), S. 13).

660 Vgl. Mayring (2010), S. 12; Lamnek (2005), S. 483; Krippendorff (2004), S. 19.

661 Texte bilden überdies das am häufigsten inhaltsanalytisch ausgewertete Material (vgl. Lamnek (2005), S. 492).

662 Vgl. z.B. D'Aveni/MacMillan (1990); Clapham/Schwenk/Caldwell (2005); Guthrie/Petty/Yongvanich/Ricceri (2004); Beck/Campbell/Shrives (2010) sowie Jones/Shoemaker (1994), die einen Überblick über semantische und syntaktische Inhaltsanalysen in der Accounting-Forschung geben. Einen Überblick über Inhaltsanalysen in der Managementliteratur findet sich zudem bei Duriau/Reger/Pfarrer (2007).

Wahrnehmung geschlossen wird, wird das Fremdbild des Controllers bestimmt.[663] *Hüttche* untersucht basierend auf einem Sample aus 51 Geschäftsberichten, ob sich bei der Bilanzierung selbst erstellter immaterieller Vermögenswerte branchenspezifische Muster erkennen lassen.[664] *Jahnke et al.* beurteilen mithilfe einer inhaltsanalytischen Auswertung von Geschäftsberichten die Umweltberichterstattung von 80 im DAX und MDAX notierten Unternehmen.[665] *Brühl/Orth* werten im Rahmen einer Erschließung der Berichterstattungsprozesse über immaterielle Ressourcen Geschäftsberichte inhaltsanalytisch aus und integrieren die gewonnenen Erkenntnisse in Experteninterviews,[666] während sich *Kholmy* mit den Stellungnahmen zu einem Entwurf des IASB bezüglich der Reform zur Bilanzierung von Finanzinstrumenten befasst.[667]

4.2.2.2 Begriff der qualitativen Inhaltsanalyse

In den angesprochenen Beispielen nimmt die Inhaltsanalyse regelmäßig einen quantitativen Charakter an, indem die Häufigkeiten der untersuchten Merkmale erfasst werden.[668] Dieser Analyseform können qualitative Inhaltsanalysen gegenübergestellt werden, wobei eine solche Dichotomisierung mitunter als wenig nützlich betrachtet wird.[669] Sofern dennoch an dieser Unterscheidung festgehalten wird, zeichnet sich eine qualitative Inhaltsanalyse dadurch aus, dass die Zuordnungen von Textbestandteilen zu den zu Analysezwecken definierten Kategorien nicht unmittelbar ausgezählt werden, sondern die ***Interpretation* der zugeordneten Texteinheiten** im Vordergrund steht.[670] *Srnka* spezifiziert die Funktionen einer qualitativen Inhaltsanalyse als „Systematisieren, Strukturieren und Interpretieren des qualitativen Materials zur Identifikation problemrelevanter Merkmale und Kategorien"[671]. Qualitative Inhaltsanalysen beruhen somit auf einer „Methodik systematischer Interpretation"[672], in deren Fokus argumentative Inhalte stehen, die schrittweise aus dem Textmaterial herausgearbeitet wer-

663 Vgl. Hoffjan (2003), S. 1030 ff.

664 Vgl. Hüttche (2005), S. 321 ff.

665 Vgl. Jahnke/Knauer/Wömpener (2009), S. 67 ff.

666 Vgl. Brühl/Orth (2008), S. 31 ff.

667 Vgl. Kholmy (2011), S. 79 ff.

668 Vgl. Brosius/Koschel/Haas (2009), S. 143; vgl. z.B. auch Neuendorf, die das Ziel der Inhaltsanalyse als „a numerically based summary of a chosen message set" (Neuendorf (2002), S. 14) definiert; ähnlich auch Ahuvia (2001), S. 139.

669 Vgl. Früh (2007), S. 67; vgl. auch Holsti (1969), S. 11; Bronner/Mellewigt (2001), S. 739; Krippendorff (2004), S. 16; Srnka (2007), S. 256; Mayring (2010), S. 21 f. und Diekmann (2009), S. 607, die darauf hinweisen, dass eine Inhaltsanalyse stets sowohl quantitative als auch qualitative Analyseschritte umfasst.

670 Vgl. Bortz/Döring (2006), S. 149; Duriau/Reger/Pfarrer (2007), S. 6; Bronner/Mellewigt (2001), S. 739.

671 Srnka (2007), S. 256.

672 Mayring (2010), S. 48. *Bortz/Döring* definieren die qualitative Inhaltsanalyse nach *Mayring* als „eine Anleitung zum regelgeleiteten, intersubjektiv nachvollziehbaren Durcharbeiten umfangreichen Textmaterials (vgl. Bortz/Döring (2006), S. 331 f.).

den.[673] Eine qualitative Inhaltsanalyse nutzt dabei die Vorteile eines systematischen Vorgehens, „ohne in vorschnelle Quantifizierungen abzurutschen“.[674]

Als einen Anwendungsbereich einer qualitativen Inhaltsanalyse präzisiert *Mayring* Klassifizierungen, worunter „die Ordnung eines Datenmaterials nach bestimmten, empirisch und theoretisch sinnvoll erscheinenden Ordnungsgesichtspunkten [verstanden wird], um so eine strukturiertere Beschreibung des erhobenen Materials zu ermöglichen“[675]. Das Zitat umschreibt jene Intention, die mit der vorliegenden Arbeit verbunden ist. Die in dieser Arbeit durchgeführte Inhaltsanalyse weist insofern in weiten Teilen eine primär qualitative Orientierung auf, als ihr in Bezug auf die Konvergenzdiskussion eine strukturierende Funktion zukommt. Sie wird durchgeführt, um eine systematische Analyse der Beiträge der Konvergenzdiskussion sicherzustellen. Auf diese Weise soll der Diskussionsstand aufgearbeitet und ein differenzierter Überblick über die Gründe für oder gegen eine Annäherung des internen und externen Rechnungswesens, die Ansätze zur Ausgestaltung eines konvergenten Rechnungswesens sowie dessen Erfolgswirkungen generiert werden.[676] Zugleich sollen jedoch Tendenzen in der Debatte erfasst und quantifiziert werden. Somit ergeben sich in dieser Hinsicht Parallelen zu quantitativen Inhaltsanalysen.

4.2.2.3 Wesentliche Schritte einer qualitativen Inhaltsanalyse

Die vorliegende Untersuchung gehört zum großen Teil der ausschließlich strukturierend-beschreibenden Inhaltsanalysen, die ohne Inferenzabsicht durchgeführt werden.[677] Die regelgeleitete Erschließung der interessierenden Aspekte rekurriert auf dem Vorgehen nach *Mayring*, welches im Weiteren dargelegt wird.[678] Mithilfe einer ausführlichen Beschreibung dieser Systematik soll die intersubjektive Nachprüfbarkeit der Analyse gewährleistet werden.[679] *Mayring* konzipiert ein allgemeines inhaltsanalytisches Ablaufmodell, dessen wesentliche Analyseschritte in den folgenden Abschnitten zunächst allgemein beschrieben und nachfolgend für die vorliegende Untersuchung präzisiert werden.[680]

4.2.2.3.1 Bestimmung des Ausgangsmaterials

Im ersten Schritt ist das Material, welches analysiert wird, festzulegen und genau zu beschreiben. *Mayring* differenziert dabei drei Schritte, beginnend mit der **Festlegung des Materials**,

[673] Vgl. Bortz/Döring (2006), S. 51; Weide (2009a), S. 203; Beck/Campbell/Shrives (2010), S. 208.

[674] Mayring (2002), S. 114; vgl. hierzu auch *Mayring*: „Der grundlegende Ansatz der qualitativen Inhaltsanalyse ist [..], die Stärken der quantitativen Inhaltsanalyse beizubehalten und auf ihrem Hintergrund Verfahren systematischer qualitativ orientierter Textanalyse zu entwickeln“ (Mayring (2010), S. 48).

[675] Mayring (2010), S. 24.

[676] Vgl. Abschnitt 3.2, S. 70 ff.

[677] Vgl. Früh (2007), S. 49.

[678] Vgl. Mayring (2010), S. 48 ff.

[679] Vgl. Mayring (2010), S. 49; Diekmann (2009), S. 577.

[680] *Mayring* weist darauf hin, dass das Ablaufmodell untersuchungsspezifisch konzipiert werden sollte und das allgemeine Modell lediglich eine Orientierungshilfe darstellt (vgl. Mayring (2010), S. 59).

welche insbesondere die Abgrenzung der Grundgesamtheit voraussetzt, auf die sich die im Weiteren getroffenen Aussagen beziehen. Untersucht wurden im Rahmen der vorliegenden Arbeit jene Veröffentlichungen zur Konvergenz des internen und externen Rechnungswesens, die anhand des in Abschnitt 4.2.1 dargelegten Vorgehens identifiziert worden sind.

Die weiteren Schritte umfassen die Analyse der Entstehungssituation und die Beschreibung der formalen Charakteristika des Untersuchungsmaterials.[681] Die **Analyse der Entstehungssituation** bezieht sich auf die Erfassung der Urheber des untersuchten Materials und der Bedingungen, unter welchen dieses entstanden ist.[682] Sämtliche Beiträge wurden in wissenschaftlichen ABWL-Zeitschriften oder praxisnahen Zeitschriften zum Rechnungswesen und Controlling veröffentlicht. Wie bereits in Abschnitt 4.2.1.1 angesprochen, durchliefen diese Beiträge in der Regel ein Begutachtungsverfahren. Während praxisnahe Zeitschriften vielfach auch Wissenschaftler erreichen, ist die Diffusion der in wissenschaftlichen Zeitschriften publizierten Erkenntnisse in der Unternehmenspraxis tendenziell begrenzt.[683]

Unter den Autoren sind sowohl Angehörige der Wissenschaft als auch der Unternehmenspraxis sowie Berater und Wirtschaftsprüfer vertreten.[684] Dementsprechend ist davon auszugehen, dass die Konvergenz des Rechnungswesens aus unterschiedlichen Perspektiven betrachtet wird und neben theoretisch-konzeptionellen Überlegungen insbesondere die Darlegung von Praxiserfahrungen aus der Implementierung und Anwendung eines konvergenten Rechnungswesens zu den Inhalten des analysierten Materials gehören.[685]

Unter die Bestimmung des Ausgangsmaterials fällt schließlich die Erfassung der **formalen Charakteristika des Materials**. Sämtliche im Rahmen der Literaturrecherche identifizierten Artikel liegen in gedruckter Form vor. Dies wurde zunächst durch den Rückgriff auf Volltexte, die in Datenbanken vorgehalten werden, ermöglicht. Beiträge, die in diesem Format nicht verfügbar waren, wurden dagegen fotokopiert. Dies war insbesondere bei den älteren Jahrgängen der einbezogenen Zeitschriften erforderlich, die regelmäßig nicht in elektronischer Form abgerufen werden konnten.

4.2.2.3.2 Fragestellung der Analyse

Eine systematische Beschreibung und Interpretation von Texten anhand der qualitativen Inhaltsanalyse nach *Mayring* ergibt sich aus der Regelgeleitetheit der Auswertung, indem jeder Analyseschritt Regeln folgt, die bereits im Vorfeld der Analyse festgelegt worden sind.[686] Hierzu muss der intendierte Erkenntnisgewinn spezifiziert werden, was einerseits eine genaue

---

681 Vgl. Mayring (2010), S. 52 f.

682 Vgl. Mayring (2010), S. 53.

683 Vgl. Oesterle (2006), S. 314 ff., sowie im internationalen Kontext Kelemen/Bansal (2002), S. 97 ff.

684 Vgl. hierzu ausführlich Abschnitt 4.2.2.3.3.2.3, S. 112.

685 Vgl. zu den unterschiedlichen Motiven, die verschiedene Autorengruppen zur Publikation von Beiträgen in Fachzeitschriften bewegen können, Zühlke (2007), S. 53 ff.

686 Vgl. Mayring (2010), S. 48 f.

Definition der Fragestellung der Analyse bedingt, andererseits muss entschieden werden, auf welchen Kommunikationsaspekt Inferenzen geschlossen werden sollen.[687] Zur Strukturierung der unterschiedlichen Aspekte, die Gegenstand einer qualitativen Inhaltsanalyse sein können, stellt *Mayring* ein inhaltsanalytisches Kommunikationsmodell vor. Darauf aufbauend kann die **Richtung der Analyse** festgelegt werden.[688]

Im Rahmen der vorliegenden Arbeit wurde der Kommunikationsgegenstand fokussiert, d.h. die von den einzelnen Autoren vorgebrachten Aussagen im Hinblick auf die Begründung, Ausgestaltung und die Erfolgswirkungen eines konvergenten Rechnungswesens. Daneben wurden auch die Forschungsmethoden erfasst, die in den analysierten Beiträgen zur Anwendung kommen. Über die Beschreibung und Systematisierung der generierten Erkenntnisse hinausgehend sollte dadurch berücksichtigt werden, wie diese Erkenntnisse zustandegekommen sind. Im Hinblick auf die Kommunikatoren der entsprechenden Aussagen war lediglich ihre Herkunft von Interesse, d.h. die Frage, ob sie die betriebswirtschaftliche Forschungsgemeinschaft oder die Unternehmenspraxis vertreten.

Ergänzend zur Regelgeleitetheit des Vorgehens wird eine **theoriegeleitete Differenzierung der Fragestellung** im Rahmen der Inhaltsanalyse gefordert.[689] Der Begriff „Theorie" wird in diesem Zusammenhang weit ausgelegt. Er impliziert also nicht nur das Verständnis einer Theorie als ein Gefüge von explanativen Aussagen, die auf bestimmten Annahmen beruhen.[690] Theoriegeleitetheit meint im vorliegenden Kontext vielmehr die Einbindung der eigenen Untersuchung in das bestehende Schrifttum.[691] Dies wurde im vorliegenden Fall dadurch sichergestellt, dass für die Beantwortung aller drei Untersuchungsfragen Strukturierungsansätze aus dem bestehenden Schrifttum übernommen wurden.[692] Im Hinblick auf die erste Untersuchungsfrage wurde die von *Müller* in die Diskussion eingeführte Differenzierung von Konvergenzmotiven und Vorteilen eines konvergenten Rechnungswesens adaptiert.[693] Die von der zweiten Untersuchungsfrage adressierte konzeptionell-inhaltliche Strukturierung des Rechnungswesens wurde insbesondere mithilfe der Gestaltungsparameter eines konvergenten Rechnungswesens nach *Küting/Lorson* operationalisiert.[694] Die von der dritten Untersuchungsfrage intendierte Aufarbeitung der Erkenntnisse zu den Erfolgswirkungen eines konvergenten Rechnungswesens rekurrierte schließlich auf die in Abschnitt 3.1 unterschiedenen „Effektivitätsebenen".[695]

---

687 Vgl. Mayring (2010), S. 56 f.

688 Vgl. Mayring (2010), S. 56.

689 Vgl. Mayring (2010), S. 57 f.

690 Vgl. Ahrens/Chapman (2006), S. 823; DiMaggio (1995), S. 391; Malmi/Granlund (2009), S. 598.

691 Vgl. Brosius/Koschel/Haas (2009), S. 169.

692 Vgl. hierzu ausführlich Abschnitt 3.2, S. 70 ff.

693 Vgl. Müller (2006), S. 39.

694 Vgl. Küting/Lorson (1998a), S. 487 ff.

695 Vgl. Chenhall (2003), S. 132.

Wie bereits oben erwähnt, wurden im Zuge der Datenauswertung auch die angewandten Forschungsmethoden und die Herkunft der sich an der Konvergenzdiskussion beteiliegenden Autoren in die Analyse einbezogen. Auch in diesen Zusammenhängen wurde die Möglichkeit einer Rückkopplung mit dem existenten Schrifttum angestrebt, indem für die Klassifizierung der Beiträge anhand der beiden Analysedimensionen auf bestehende Kategorien zurückgegriffen wurde. So findet sich die hier vorgenommene Differenzierung unterschiedlicher Autorentypen bei *Bjørnenak/Mitchell* wieder, während die von *Binder/Schäffer* unterschiedenen Forschungsmethoden zur Beschreibung der Strukturen der Konvergenzdiskussion im Rahmen der vorliegenden Untersuchung verwendet wurden.[696]

4.2.2.3.3 Bestimmung der Analysetechnik(en) und Festlegung des konkreten Ablaufmodells

Nachdem das Ausgangsmaterial und die Fragestellung, unter welcher dieses zu analysieren ist, bestimmt worden sind, ist ein **konkretes Ablaufmodell** aufzustellen. Dabei bilden die bereits besprochenen Schritte der Inhaltsanalyse den Anfang des Ablaufmodells (vgl. Abbildung 8).[697] Hierauf folgt zunächst eine **Definition der Analyseeinheiten**. In diesem Zusammenhang werden Kodier-, Kontext- und Auswertungseinheiten differenziert. Die Kodiereinheit definiert das kleinste Textelement, das unter eine Kategorie subsumiert werden kann.[698] In formaler Hinsicht kann es sich dabei etwa um ein Wort oder einen Satz handeln, inhaltlich entspricht eine Sinneinheit, verstanden als eine Textpassage, die zu einem bestimmten Aspekt eine Aussage formuliert, einer Kodiereinheit.[699]

Da eine Kodierung im Hinblick auf die angewandte Forschungsmethode und die Herkunft der Autoren nur einmal pro Artikel vorgenommen werden konnte, bildete in diesem Zusammenhang ein Beitrag der Konvergenzdiskussion eine Kodiereinheit.[700] Für die inhaltliche Auswertung galt eine differenzierte Abgrenzung von Kodiereinheiten. Da diese Dimensionen semantische und nicht syntaktische Aspekte fokussiert, entsprach eine Sinneinheit einer Kodiereinheit.[701] Sie stellte eine zusammenhängende Textpassage dar, die sich auf einen bestimmten Aspekt der Konvergenz des Rechnungswesens bezieht, z.B. auf die Intention, die mit einer solchen Ausgestaltung des Rechnungswesens verknüpft sein kann.

696 Vgl. Bjørnenak/Mitchell (2002), S. 484; Binder/Schäffer (2005), S. 613; vgl. zu den entsprechenden Kategoriensystemen ausführlich die Abschnitte 4.2.2.3.3.2.2, S. 111, und 4.2.2.3.3.2.3, S. 112.

697 Vgl. Mayring (2010), S. 59.

698 Vgl. Mayring (2010), S. 59; Bortz/Döring (2006), S. 330; Holsti (1969), S. 116.

699 Vgl. Früh (2007), S. 92 ff.; Rössler (2005), S. 41.

700 Vgl. Früh (2007), S. 95.

701 Vgl. Srnka/Koeszgi (2007), S. 36.

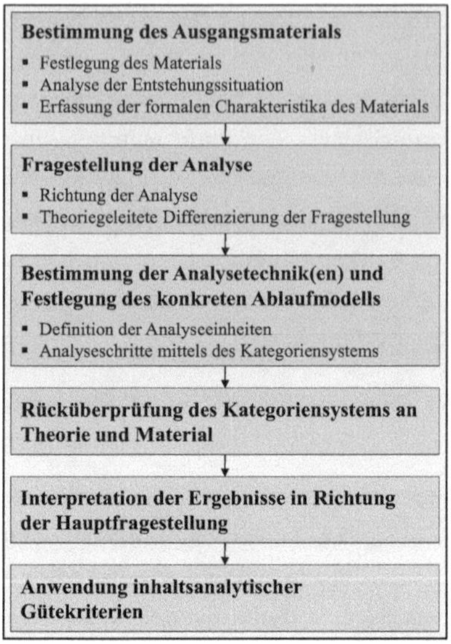

Abbildung 8: Inhaltsanalytisches Ablaufmodell[702]

Das Pendant zu einer Kodiereinheit konstituiert eine Kontexteinheit, welche sich auf das größte Textelement bezieht, das einer Kategorie zugeordnet werden kann.[703] Auf der semantischen Ebene repräsentiert sie wiederum eine Sinneinheit, in formaler Hinsicht kann sie beispielsweise einem Abschnitt entsprechen.[704] Für die vorliegende Analyse wurde ein Abschnitt als Kontexteinheit gewählt, um einerseits bestehende Argumentationen nicht zu separieren, andererseits eine zu wenig differenzierende Kodierung zu verhindern. Schließlich sind Auswertungseinheiten voneinander abzugrenzen, die jene Textbestandteile repräsentieren, die analysiert werden sollen.[705] Im Rahmen der vorliegenden Untersuchung wurden alle Textpassagen der zuvor ausgewählten Beiträge mit einem Bezug zur Konvergenz des Rechnungswesens kodiert.

4.2.2.3.3.1 Techniken der Inhaltsanalyse

Nachdem die Analyseeinheiten festgelegt worden sind, beginnt unter Rekurs auf spezielle Interpretationstechniken die eigentliche Auswertung. *Mayring* differenziert drei Formen des Interpretierens – Zusammenfassung, Explikation und Strukturierung, welche den einzelnen **Analyseschritten** einer systematischen qualitativen Inhaltsanalyse entsprechen.[706] Gegenstand der **Zusammenfassung** ist die Reduktion des Ausgangstexts auf eine Kurzversion, die

---

702 In Anlehnung an Mayring (2010), S. 60.

703 Vgl. Mayring (2010), S. 59.

704 Vgl. Früh (2007), S. 95.

705 Vgl. Mayring (2010), S. 59.

706 Vgl. Mayring (2010), S. 66.

nur die wesentlichen Inhalte umfasst.[707] Sie setzt sich aus drei Arbeitsschritten zusammen, beginnend mit der Paraphrasierung, mit der ausschmückende Textbestandteile gestrichen werden, so dass sich eine grammatikalische Kurzform ergibt. Die Paraphrasierung wird durch Generalisierungen, d.h. Verallgemeinerungen konkreter Beispiele, und Reduktionen ergänzt. Durch Reduktionen werden inhaltsgleiche bzw. sich aufeinander beziehende Paraphrasen zusammengeführt.[708]

Auf dem Wege der **Explikation** erfolgt eine Erklärung interpretationsbedürftiger Textpassagen durch Rekurs auf weiteres Material. Dafür kommen weitere Passagen desselben Textes in Frage (enge Kontextanalyse), darüber hinaus können aber auch zusätzliche Materialen herangezogen werden (weite Kontextanalyse).[709] Dabei wird ein iteratives Vorgehen vorgeschlagen: Nach Einfügen des explizierenden Materials an der fraglichen Stelle ist zu prüfen, ob diese aufgrund der Ergänzung um die zusätzlichen Informationen entschlüsselt werden kann oder weiteres Explikationsmaterial hinzugefügt werden muss.[710]

Im Rahmen der vorliegenden Analyse erfolgten die Schritte der Zusammenfassung und Explikation auf manuellem Wege, indem die paraphrasierten und teilweise explizierten Aussagen aus den in Papierform vorliegenden Beiträgen manuell in ein Tabellenkalkulationsprogramm übertragen wurden. Die Explikation beschränkte sich in der überwiegenden Zahl der vorliegenden Fälle auf die enge Kontextanalyse, indem zusätzliche Abschnitte bzw. Textpassagen desselben Beitrags zur Erklärung interpretationsbedürftiger Textpassagen herangezogen wurden. Darüber hinaus konnten jedoch in Einzelfällen die von den Autoren eines Beitrags verwendeten Literaturquellen Berücksichtigung finden, um Aussagen mit erklärungsbedürftigen Inhalten zu explizieren.[711]

Ergänzt werden diese beiden Schritte schließlich durch die **Strukturierung**, die den zentralsten Analyseschritt darstellt.[712] Sofern man die drei Auswertungsschritte als interdependent betrachtet,[713] setzt die Strukturierung an der zuvor zusammengefassten und explizierten Fassung des Ausgangsmaterials an. Dieses wird anhand von ex ante festgelegten Kategorien geordnet, um bestimmte Aspekte aus dem Material herauszufiltern.[714] In diesem Zusammenhang nimmt das Kategoriensystem eine zentrale Rolle ein,[715] dessen exponierte Stellung innerhalb inhaltsanalytischer Untersuchungen bereits in Abschnitt 4.2.2.2 angesprochen worden ist. Das Kategoriensystem bildet das Raster, das auf das zu analysierende Material gesetzt wird. Im

---

707 Vgl. Mayring (2010), S. 65; Lamnek (2005), S. 520; Diekmann (2009), S. 608.

708 Vgl. Mayring (2010), S. 69; Bortz/Döring (2006), S. 332.

709 Vgl. Mayring (2010), S. 88; Lamnek (2005), S. 523; Mayring (2002), S. 118.

710 Vgl. Mayring (2010), S. 88; Mayring (2002), S. 118.

711 Vgl. hierzu auch Westhaus (2007), S. 120.

712 Vgl. Mayring (2010), S. 92.

713 Vgl. Bortz/Döring (2006), S. 332.

714 Vgl. Mayring (2010), S. 65; Bortz/Döring (2006), S. 332.

715 Vgl. Diekmann (2009), S. 609 f.

Rahmen der sog. Kodierung werden sämtliche Textstellen, die wiedergeben, was eine Kategorie erfasst, dieser zugeordnet.[716] Mit der Definition der Kategorien wird folglich festgelegt, welche Aspekte aus den zu analysierenden Texten extrahiert werden sollen.[717]

4.2.2.3.3.2 Bildung des Kategoriensystems

Die Bildung der Kategorien kann auf deduktivem oder induktivem Wege erfolgen. Im Rahmen der **deduktiven Kategoriendefinition** wird diese unter Rückgriff auf bestehende Forschungserkenntnisse und Theorien vorgenommen. Entsprechende Kategorien werden somit schon im Vorfeld der Kodierung abgegrenzt. **Induktiv** werden Kategorien gebildet, wenn diese direkt aus dem zu kodierenden Material abgeleitet werden.[718]

4.2.2.3.3.2.1 Kategoriensystem zur Analyse der Diskussionsinhalte

Im Rahmen der vorliegenden Analyse kam das in Abbildung 9 auszugsweise dargestellte Kategoriensystem für die inhaltliche Auswertung der Zeitschriftenbeiträge zur Anwendung.[719] Der Abbildung können die beiden ersten Ebenen des Kategoriensystems sowie die Form der Kategorienbildung entnommen werden. Die ersten drei Hauptkategorien entstanden auf dem Wege der deduktiven Kategorienbildung, indem sie mit den unter Rekurs auf den Kontingenzansatz hergeleiteten Forschungsfragen korrespondieren. Dies gilt auch überwiegend für die Subkategorien auf der zweiten Gliederungsebene, die sich an Strukturierungsvorschläge aus dem Schrifttum anlehnten.[720] Die weitere Ausdifferenzierung dieser Kategorien erfolgte anhand des Materials und entspricht somit der induktiven Vorgehensweise (vgl. Abbildung 10). Auf diese Weise entstand ein **hierarchisches Kategoriensystem** aus Haupt- und Subkategorien, deren logischer Aufbau mehrfach überprüft wurde.[721] Damit folgte die Kategorienbildung einem im Schrifttum empfohlenen hybriden Ansatz, indem die Hauptkategorien theoriegeleitet gebildet und diese anhand des Materials weiter aufgegliedert und ergänzt wurden.[722]

---

[716] Vgl. Mayring (2010), S. 92; Gläser/Laudel (2010), S. 200. Die Kodierung bzw. Kategorisierung wird von *Srnka/Koeszgi* als "process of structuring and condensing data by grouping the qualitative material in theoretically insightful ways" definiert (Srnka/Koeszgi (2007), S. 36).

[717] Vgl. Mayring (2002), S. 114; Brosius/Koschel/Haas (2009), S. 154; Früh (2007), S. 138 f.

[718] Vgl. Mayring (2010), S. 83; Bortz/Döring (2006), S. 151.

[719] Vgl. Srnka/Koeszgi (2007), S. 37. Den Hauptkategorien auf der ersten Hierarchieebene wurden allerdings keine Kodiereinheiten zugeordnet. Sie verfügen dementsprechend nur über eine strukturierende Funktion.

[720] Vgl. Abschnitt 3.2, S. 71 f., sowie Abschnitt 4.2.2.3.2, S. 102.

[721] Vgl. Bähring/Hauff/Sossdorf/Thommes (2008), S. 105.

[722] Vgl. Srnka/Koeszgi (2007), S. 37; Früh (2007), S. 156; Bortz/Döring (2006), S. 151.

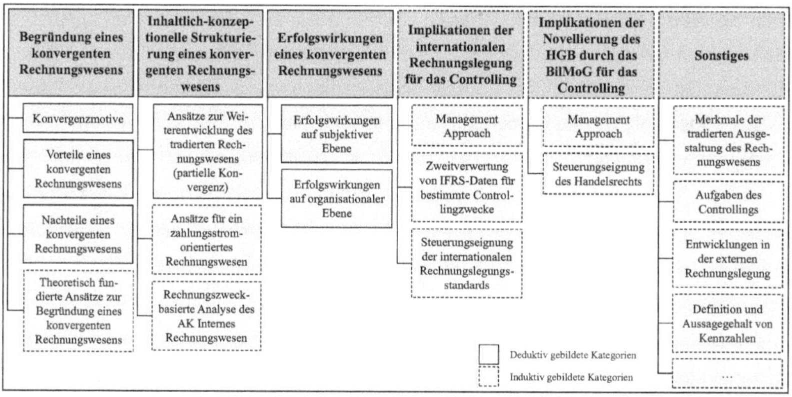

Abbildung 9: Ausschnitt aus dem angewandten Kategoriensystem für die Analyse der Diskussionsinhalte

Sämtliche Kategorien auf der zweiten Ebene setzen sich aus weiteren Subkategorien zusammen. Beispielsweise umfasst die Kategorie „Konvergenzmotive" die in den Abschnitten 5.2.1.1.1 und 5.2.1.1.2 dargestellten Beweggründe als separate Unterkategorien, die im Kontext der Analyse induktiv entstanden sind. Die Subkategorien der Rubrik „Ansätze zur Weiterentwicklung des tradierten Rechnungswesens (partielle Konvergenz)" reflektieren derweil die in Abschnitt 3.2 angesprochenen und in Abschnitt 5.3.1 ausführlich diskutierten Gestaltungsparameter eines konvergenten Rechnungswesens.

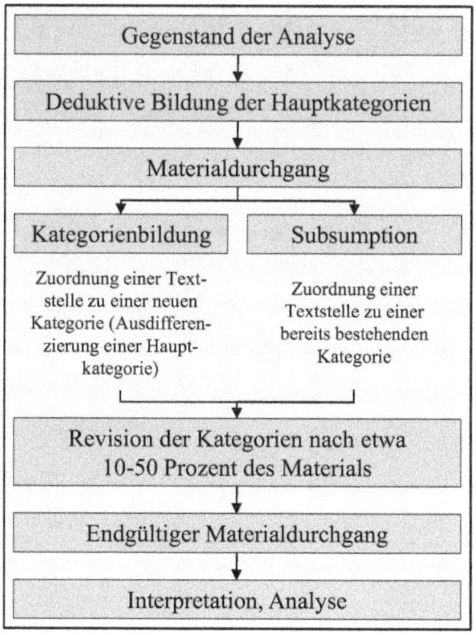

Abbildung 10: Prozess der induktiven Kategorienbildung[723]

[723] In Anlehnung an Mayring (2010), S. 84.

Im Hinblick auf die weiteren Subkategorien wurde im Rahmen der vorliegenden Analyse der Empfehlung gefolgt, diese anhand des Durcharbeitens eines Teilsamples zu bilden und das Kategoriensystem nach Abschluss dieser **Probekodierung** zu revidieren (vgl. Abbildung 10).[724] Das Teilsample für die Probekodierung setzte sich aus 26 Beiträgen zusammen, die auf dem Wege einer einfachen Zufallsauswahl aus der Gesamtheit der zu analysierenden, zwischen 1994 und 2009 veröffentlichten Zeitschriftenbeiträge selektiert wurden. Die Auswahl erfolgte in der Form eines iterativen Prozesses, der beendet wurde, nachdem kein Bedarf für eine weitere Ausdifferenzierung der Hauptkategorien oder die Ergänzung weiterer Kategorien bestand.

Im Rahmen der Probekodierung wurden drei Hauptkategorien und mehrere Subkategorien induktiv gebildet. Die Hauptkategorien vereinen Aussagen zu den Anforderungen der IFRS bzw. dem reformierten HGB an das Controlling als Daten- und Methodenlieferant sowie zur Steuerungseignung dieser Rechnungslegungswerke. Darüber hinaus wurde das Kategoriensystem um die Residualkategorie „Sonstiges" im Rahmen der Probekodierung komplettiert. Diese Kategorie wurde gebildet, um der Empfehlung von *Srnka/Koeszgi*, das komplette Analysematerial zu kodieren und nicht nur eine selektive Zuordnung der Textpassagen zu den zuvor gebildeten Kategorien vorzunehmen, entsprechen zu können.[725] Die diesen Kategorien zugeordneten Ausführungen gehen jedoch nicht unmittelbar in die in Kapitel 5 dargelegten Auswertungen ein, sondern unterstützen primär die Interpretation der in den ersten fünf Hauptkategorien und ihren Subkategorien enthaltenen Textpassagen.

Parallel zur Probekodierung wurde ein **Kodierleitfaden** entwickelt, der für jede Kategorie die ihr zuzuordnenden Inhalte festlegt und Ankerbeispiele enthält (vgl. Abbildung 11).[726] Bei nicht stringenten Abgrenzungen von Kategorien wurden zudem Zuordnungsregeln definiert, mit denen eine konsistente Eingliederung von Textpassagen in die jeweiligen Kategorien sichergestellt werden konnte.[727] Der Revision des Kategoriensystems schloss sich die Anwendungsphase an, in der das überarbeitete Kategoriensystem für die Kodierung des kompletten Analysematerials eingesetzt wurde. Dabei wurden keine weiteren Änderungen am Kategoriensystem vorgenommen.

---

[724] Vgl. Früh (2007), S. 163 f.

[725] Der Vorteil dieses Vorgehens wird darin gesehen, dass der Inhalt des zu untersuchenden Materials vollständig erfasst und ein Selektionsbias vermieden wird (vgl. Srnka/Koeszegi (2007), S. 37).

[726] Vgl. Mayring (2002), S. 118 f.; Mayring (2010), S. 92; Brosius/Koschel/Haas (2009), S. 158 f.; Rössler (2005), S. 87 ff.; vgl. für ein umfangreiches Beispiel Früh (2007), S. 175 ff.

[727] Vgl. Mayring (2010), S. 92; Mayring (2002), S. 117.

Kategorie:	**Konvergenzbereich [2110]**
Definition:	Diese Kategorie umfasst sämtliche Aussagen, in denen ▪ die (ggf. auf bestimmte Hierarchieebenen beschränkten) Rechenwerke des internen und externen Rechnungswesens benannt werden, die im Zuge einer Konvergenz des Rechnungswesens vereinheitlicht werden (Beispiel 1); ▪ die Rechenwerke des internen und externen Rechnungswesens benannt werden, die von den Konvergenzbemühungen auszunehmen sind (Beispiel 2); ▪ die Abgrenzung des Konvergenzbereichs argumentativ begründet wird (Beispiel 3).
Beispiele:	Folgende Textstellen sind als Ankerbeispiele für die Kategorie zu betrachten: 1) „Insofern bietet sich der Konzernabschluß bzw. die auf einer einheitlichen Grundlage erstellte HB II als Ausgangsbasis für die Konvergenz an, wobei insbesondere die Periodenergebnisrechnung und die Cash Flow-Rechnung als Harmonisierungsobjekte geeignet erscheinen.“ (Günther/Zurwehme (2008), S. 115) 2) „Auswirkungen auf die kurzfristigen, klassischen Entscheidungskalküle einer entscheidungsorientierten Kostenrechnung [...] dürfen sich hieraus allerdings nicht ergeben, da deren Richtigkeit nicht zur Diskussion steht.“ (Küting/Lorson (1999a), S. 54) 3) „Zwischen der Informationsaufgabe der HB II bzw. des Konzernabschlusses und der Kontrollaufgabe der betrieblichen Erfolgsrechnungen besteht hingegen prinzipiell eine Zweckidentität. Beide Funktionen suchen nach verläßlichen und aussagefähigen Beurteilungsmaßstäben für die wirtschaftliche Situation der betrachteten Einheit. Der aus theoretischer Sicht sinnvolle Konvergenzbereich beschränkt sich somit auf die Rechnungen mit Informationsfunktionen aus dem externen Rechnungswesen und Rechnungen mit Kontrollfunktionen aus dem internen Rechnungswesen.“ (Klein (1999b), S. 69)

Abbildung 11: Auszug aus dem Kodierleitfaden

Im Zuge der finalen Codierung wurde jeder Beitrag im ersten Schritt sorgfältig gelesen. Erst im zweiten Schritt kamen die vorgestellten Analysetechniken zum Einsatz, indem zunächst die paraphrasierten und teilweise explizierten Aussagen manuell in ein Tabellenkalkulationsprogramm eingepflegt wurden. Anschließend erfolgte eine Zuordnung der Paraphrase zu den festgelegten Kategorien unter Zuhilfenahme des Kodierleitfadens. Exemplarische Ergebnisse dieses Vorgehens finden sich in Tabelle 8, in welcher das aus dem Kodierleitfaden übernommene Beispiel fortgeführt wird.

Nach dem Abschluss der Kodierungen pro Beitrag wurde geprüft, welchen Kategorien keine relevante Aussage zugeordnet werden konnte. Für diese Kategorien wurde ein Vermerk ergänzt, wie dieser in Tabelle 8 für das Beispiel von *Arnsfeld/Schremper* gezeigt wird. Auf diese Weise sollte sichergestellt werden, dass bei der Gegenüberstellung und Auszählung relevanter Passagen im Kapitel 5 sämtliche Beiträge Berücksichtigung finden.

Beitrag	Codier-einheit	Haupt-kategorie	Subka-tegorie	Paraphrasierung
[...]	[...]	[...]	[...]	[...]
Arnsfeld/Schremper (2005)	X	2	2110	Keine relevante Aussage identifiziert.
[...]	[...]	[...]	[...]	[...]
Günther/Zurwehme (2008)	14	2	2110	Konzernabschluss/HB II und Periodenergebnisrechnung sowie Cash Flow-Rechnung als Konvergenzobjekte
[...]	[...]	[...]	[...]	[...]
Küting/Lorson (1999a)	18	2	2110	Entscheidungsorientierte Kostenrechnung kein Konvergenzobjekt
[...]	[...]	[...]	[...]	[...]
Klein (1999b)	13	2	2110	Konzernabschluss/HB II und betriebliche Erfolgsrechnungen als Konvergenzobjekte aufgrund einer Rechnungszweckidentität; beide Funktionen suchen nach verlässlichen und aussagefähigen Beurteilungsmaßstäben für die wirtschaftliche Situation der betrachteten Einheit; Konvergenzbereich umfasst Rechnungen mit Informationsfunktion aus dem externen Rechnungswesen und Rechnungen mit Kontrollfunktion aus dem internen Rechnungswesen
[...]	[...]	[...]	[...]	[...]

Tabelle 8: Kodierungsbeispiele

Aus der Tabelle wird ersichtlich, dass in einer Kategorie sämtliche aus dem Textmaterial extrahierten Aussagen zu einem bestimmten Aspekt eines konvergenten Rechnungswesens gesammelt werden. Dabei wurde darauf geachtet, dass die Paraphrasierung eine kompakte Zusammenfassung der Aussage darstellt, die Argumentation andererseits nicht in einem Umfang abgekürzt wird, der Fehlinterpretationen verursachen könnte. Mithilfe dieser regelgeleiteten Strukturierung wurde zum einen die Identifikation unterschiedlicher Standpunkte zu bestimmten Untersuchungsaspekten vereinfacht. Zum anderen ermöglichte die Paraphrasierung und Systematisierung des umfangreichen Untersuchungsmaterials die Quantifizierung der unterschiedlichen Argumente, so dass sich entwickelnde Tendenzen und dominierende Sichtweisen im Sinne einer „herrschenden Meinung" innerhalb der Konvergenzdiskussion erschlossen werden konnten.

4.2.2.3.3.2.2 Kategoriensystem zur Erfassung der Forschungsmethoden

Ergänzend zur inhaltlichen Auswertung der Beiträge der Konvergenzdiskussion sollen mithilfe der vorliegenden Untersuchung die angewandten Forschungsmethoden erfasst werden.[728] Somit kann eine Aussage über die Weise getroffen werden, in der die Erkenntnisse zustande gekommen sind. Die für die Erfassung der Forschungsmethoden erforderlichen Kategorien wurden im Rahmen der vorliegenden Analyse deduktiv ermittelt, indem die hierarchischen Kategorisierungsvorschläge von *Binder/Schäffer* und *Perrey et al.* übernommen wurden. Mit Bezug zur Systematik nach *Grochla* differenzieren sie zunächst analytische und empirische Arbeiten.[729] Die Ausdifferenzierung dieser Klassifizierung erfolgt unter Rückgriff auf die Kategorien von *Kaplan*, *Shields* und *Scapens/Bromwich*.[730]

Grochla unterscheidet drei grundlegende Forschungsstrategien: Im Rahmen einer **sachlich-analytischen Forschungsstrategie** werden komplexe Zusammenhänge betrachtet und Handlungsempfehlungen erarbeitet. Diese basieren auf Plausibilitätsüberlegungen und einem logisch-analytischem Vorgehen; eine empirische Überprüfung der getroffenen Aussagen wird dabei nicht angestrebt.[731] Die Zielsetzung **empirischer Forschungsstrategien** besteht in der Verifikation bzw. Falsifikation bestimmter Aussagen über die Realität, welche durch die Anwendung anerkannter Methoden möglich wird.[732] Innerhalb **formal-analytischer Forschungsstrategien** werden formale Modelle entwickelt, um Probleme auf einem abstrakten Niveau zu beschreiben und einer Lösung zuzuführen.[733]

Binder/Schäffer folgend umfasst die Kategorie „analytische Beiträge“ die Subkategorien „formal-analytische“ und „sachlich-analytische Beiträge“.[734] Auch für die Differenzierung der empirischen Beiträge wurden die Subkategorien von *Binder/Schäffer* übernommen: Demnach gehören zu den empirischen Arbeiten Fallstudien und Beiträge aus der Unternehmenspraxis, Forschungsfall- und -feldstudien, deskriptive sowie explanative Befragungen ebenso wie Dokumenten- und Archivanalysen sowie Laborexperimente und Aktionsforschung.[735] Die Zuordnung der Beiträge zu einer der genannten Kategorien erfolgte im Rahmen der vorliegenden Analyse nach der ersten Durchsicht eines jeden Beitrags.

---

[728] Diese Dimension geht in eine Vielzahl von Literaturanalysen ein, darunter Binder/Schäffer (2005); Schäffer/Binder (2008); Wagenhofer (2006b); Hess/Weber/Hirnle/Hirsch/Strangfeld (2005); Hesford/Lee/Van der Stede/Young (2007); Shields (1997); Bhimani (2002); Scapens/Bromwich (2001); Bjørnenak/Mitchell (2002); Lukka/Granlund (2002).

[729] Vgl. Binder/Schäffer (2005), S. 613; Schäffer/Binder (2008), S. 49; Perrey/Schäffer/Kramer (2010), S. 488, mit Verweis auf Grochla (1976), S. 634 f.

[730] Vgl. Binder/Schäffer (2005), S. 613; Schäffer/Binder (2008), S. 50; Perrey/Schäffer/Kramer (2010), S. 488, mit Verweis auf Kaplan (1986), S. 431 f.; Shields (1997), S. 8 ff.; Scapens/Bromwich (2001), S. 250 ff.

[731] Vgl. Grochla (1976), S. 634.

[732] Vgl. Grochla (1976), S. 634.

[733] Vgl. Grochla (1976), S. 634.

[734] Vgl. Binder/Schäffer (2005), S. 613; Schäffer/Binder (2008), S. 49 f.

[735] Vgl. Binder/Schäffer (2005), S. 613; Schäffer/Binder (2008), S. 50.

4.2.2.3.3.2.3 Kategoriensystem zur Erfassung der Autorenherkunft

Mithilfe der dritten Analysedimension werden die Beiträge der Konvergenzdiskussion anhand der Herkunft ihrer Verfasser kategorisiert.[736] Diese Erfassung ist erforderlich, um etwaige strukturelle Unterschiede in der Argumentation und den Standpunkten zwischen Vertretern der Wissenschaft und Unternehmenspraxis zu erkennen.[737] Die diese Dimension reflektierenden Kategorien wurden wiederum deduktiv gebildet, indem die Kategorien ähnlicher Untersuchungen übernommen wurden.[738] *Bjørnenak/Mitchell* grenzen **Praxisvertreter**, die in Unternehmen angestellt sind, von **Beratern**, die Erstgenannten ihre Dienstleistungen anbieten, und **Wissenschaftlern** ab, die in Forschung und Lehre an Hochschulen tätig sind.[739] Diese Klassifizierung kommt auch in der vorliegenden Arbeit zur Anwendung und wurde lediglich dahingehend ergänzt, dass die Kategorie der Berater um **Wirtschaftsprüfer** erweitert wurde.

Die Zuordnung der an der Konvergenzdiskussion partizipierenden Autoren erfolgte auf der Basis der Autorenvorstellung, die regelmäßig mit den Beiträgen veröffentlicht werden und über die Institutionen und Funktionen, in denen die Verfasser tätig sind, informieren. Sofern die Autorenvorstellung mehr als eine Funktionsbeschreibung beinhaltete (z.B. ein Wissenschaftler, der auch als Berater tätig ist), erfolgte die Zuordnung anhand der erstgenannten Funktion.

Co-Autorenschaften von Wissenschaftlern und Praktikern wurden grundsätzlich der Kategorie „Wissenschaftler" zugeordnet. Diese Zuordnung begründete sich auf der Erwartung, dass Beiträge aus entsprechenden Autorenkombinationen primär der Verwertung der Ergebnisse gemeinsamer Forschungsprojekte dienen.[740] Ausnahmen von diesem Grundsatz bildeten hingegen Praxisbeispiele, die gemeinsam von Wissenschaftlern in Kombination mit Praktikern vorgestellt wurden. Sie wurden als Praktikerbeiträge betrachtet. Diese Zuordnungsentscheidung beruhte auf der Annahme, dass in diesen Beiträgen weniger die konzeptionellen Grundlagen den Schwerpunkt bilden als vielmehr die Darlegung der konkreten Umsetzung einer Konvergenz des Rechnungswesens in einem Unternehmen.[741] Die Zuordnung hing somit letztlich davon ab, inwiefern innerhalb eines Beitrags ein direkter Bezug zu dem in einem Unternehmen gewählten Vorgehen besteht. Die Klassifizierung der Beiträge anhand der Autorenherkunft erfolgte nach der ersten Durchsicht der einzelnen Beiträge.

---

736 Damit wird eine Auswertungsdimension aufgegriffen, die bereits in den Arbeiten von Binder/Schäffer (2005), Schäffer/Binder (2008) und Bjørnenak/Mitchell (2002) enthalten sind.

737 Vgl. hierzu bereits Abschnitt 1.3, S. 8.

738 Vgl. Bjørnenak/Mitchell (2002), S. 484; Binder/Schäffer (2005), S. 617 f.; Schäffer/Binder (2008), S. 52 ff.

739 Vgl. Bjørnenak/Mitchell (2002), S. 484.

740 Vgl. Binder/Schäffer (2005), S. 618; als Beispiele für derartige Beiträge lassen sich die Veröffentlichungen von Weißenberger/IGC (2006a) oder Ruhwedel/Schultze (2004) nennen.

741 Diese Regelung betrifft etwa die Unternehmensbeispiele von Currle/Fauth/Wangenheim (1998), Nebel/Brandl/Arnaout (1998), Egert/Ossadnik/Wagner (2008), Esch/Ganczarski/Gohr/Padberg (2008) und Beißel/Szczesny (2009).

4.2.3 Beurteilung des methodischen Vorgehens

Die Beurteilung des im Rahmen der vorliegenden Arbeit gewählten methodischen Vorgehens erfolgt anhand der Kriterien der Reliabilität und Validität. Damit wird auf die Standardkriterien abgestellt, die sich zur Beurteilung empirischer Forschung in den Sozialwissenschaften im Allgemeinen[742] sowie zur Bewertung von Inhaltsanalysen im Speziellen etabliert haben.[743] Nachfolgend wird zunächst in Abschnitt 4.2.3.1 ausgeführt, anhand welcher Kriterien die Reliabilität der durchgeführten Untersuchung festgestellt wurde. In Abschnitt 4.2.3.2 wird das Vorgehen zur Beurteilung der Validität dargelegt.

4.2.3.1 Reliabilität

Das Kriterium der Reliabilität bezieht sich auf die **Zuverlässigkeit** einer Messung.[744] Zuverlässigkeit gilt als gegeben, wenn die mehrfache Durchführung einer Messung zu denselben bzw. nur geringfügig variierenden Ergebnissen führt.[745] Dieses insbesondere für Inhaltsanalysen relevante Beurteilungskriterium gilt nicht nur für die Datenauswertung, sondern auch für ihre Erhebung.[746]

Für die Beurteilung der im Rahmen der vorliegenden Untersuchung durchgeführten Datenerhebung und -auswertung wird auf die von *Krippendorff* unterschiedenen und vielfach aufgegriffenen Aspekte Bezug genommen.[747] Demnach muss Stabilität gegeben sein, was dann der Fall ist, wenn eine Person bei unterschiedlichen Durchläufen zu denselben Klassifikationen bzw. Kodierungen kommt (sog. Intracoder-Reliabilität). Die Reproduzierbarkeit oder Intercoder-Reliabilität bezieht sich dagegen auf die Übereinstimmungen von Kodierungen verschiedener Personen.[748] Darüber hinaus wird die Exaktheit der Klassifikationen als wichtig erachtet; sie setzt voraus, dass die Kodierungen bestimmten Standards folgen.[749] Da sich weder für die Auswahl der relevanten Artikel noch für ihre inhaltsanalytische Auswertung Standardcodes etabliert haben, wird der letztgenannte Aspekt im Weiteren nicht aufgegriffen.[750] Die nachfolgenden Ausführungen beziehen sich somit auf die Beurteilung der Stabilität und Reproduzierbarkeit der hier gewählten Datenerhebung und -auswertung.

Um eine hinreichende **Stabilität** zu gewährleisten, wurden in Anlehnung an *Zühlke* zehn zufällig ausgewählte Zeitschriftenjahrgänge mit einem Abstand von elf Monaten nach dem Ab-

742 Vgl. z.B. Silverman (2010), S. 268 ff.; Bortz/Döring (2006), S. 88; Srnka/Koeszgi (2007), S. 31.
743 Vgl. z.B. Mayring (2010), S. 116 f.; Krippendorf (2004), S. 318 ff.; Weber (1990), S. 17 ff.
744 Vgl. Bortz/Döring (2006), S. 196; Schnell/Hill/Esser (2008), S. 151.
745 Vgl. Mayring (2010), S. 116; Neuendorf (2002), S. 112.
746 Vgl. Srnka/Koeszgi (2007), S. 38.
747 Vgl. Krippendorff (2004), S. 214 ff.; Weber (1990), S. 17 f.
748 Vgl. Krippendorff (2004), S. 215; Früh (2007), S. 188.
749 Vgl. Krippendorff (2004), S. 215; Weber (1990), S. 17.
750 So auch Zühlke (2007), S. 153, im Hinblick auf seine Untersuchung.

schluss der Datenerhebung für die Jahrgänge 1994 bis 2009 erneut durchgesehen.[751] Dabei wurden keine Abweichungen zwischen dem ersten und zweiten Durchgang festgestellt, d.h. sämtliche im ersten Durchgang ausgewählten Zeitschriftenbeiträge wurden auch bei der erneuten Durchsicht als relevant befunden. Zudem wurde beim zweiten Durchgang keinen zusätzlichen Artikeln Relevanz für die vorliegende Untersuchung zugesprochen.

Hinweise auf die Reproduzierbarkeit der Datenerhebung ergeben sich aus dem bereits erwähnten Abgleich zwischen dem Sample der vorliegenden Untersuchung und dem von *Schaier*. Wie in Abschnitt 4.2.1.3 dargelegt worden ist, sind im Rahmen der vorliegenden Arbeit 93 Beiträge mit einem Bezug zur Konvergenz des Rechnungswesens identifiziert worden, die zwischen 1994 und der ersten Hälfte der Zeitschriftenjahrgänge 2006 erschienen sind. *Schaier* kommt demgegenüber auf 80 Beiträge, von denen 66 Aufsätze auch in das Sample der vorliegenden Untersuchung eingegangen sind.[752] Letztere umfasst dementsprechend 82,5 Prozent der nach *Schaier* relevanten Artikel,[753] woraus bereits gefolgert worden ist, dass die relevante Literatur im Rahmen des hier gewählten Vorgehens nahezu vollständig erschlossen worden ist.

Allerdings ist zu konstatieren, dass sich lediglich 71 Prozent der Beiträge aus dem vorliegenden Sample bei *Schaier* finden.[754] Dieses Übereinstimmungsniveau kann allenfalls als befriedigend bezeichnet werden. Aus diesem Grunde sind die 27 hier als zusätzlich identifizierten Beiträge nochmals einer genauen Analyse unterzogen worden, an deren Ende die Entscheidung stand, ob die Klassifikation der Artikel als Bestandteile der Konvergenzdiskussion zu revidieren ist. Diese Frage wurde in allen Fällen verneint. Die erneute, sorgfältige Auseinandersetzung mit dem Analysematerial hat nochmals die Adäquanz der im ersten Durchgang vorgenommenen Auswahl bestätigt, so dass insgesamt von einer hinreichenden Reliabilität der Datenerhebung ausgegangen werden kann.

Zur Prüfung der Stabilität der Datenauswertung wurde das in den Jahren 1994 bis 2009 veröffentlichte Analysematerial zweimal kodiert. Die erneute Kodierung erfolgte im Vorfeld der erstmaligen Analyse der Beiträge aus dem Jahr 2010. Diese sind erst sechs Monate nach dem Abschluss der ersten Auswertungsphase erhoben und analysiert worden. Bezogen auf die 143 Beiträge aus den ersten 16 Jahren des Untersuchungszeitraums zeigte sich ein hohes Übereinstimmungsniveau. Dieses wurde anhand eines an *Holsti* angelehnten Reliabilitätsmaßes gemessen, das für die Messung der Intracoder-Reliabilität wie folgt definiert wurde:[755]

---

751 Vgl. Zühlke (2007), S. 151.

752 Vgl. Schaier (2007), S. 209 ff.

753 Der Anteil der nach *Schaier* relevanten Artikel, die auch in die vorliegende Untersuchung eingegangen sind, erhöht sich unter Berücksichtigung des Beitrags von Pellens/Tomaszewski/Weber (2000) auf 83,8 Prozent (vgl. Abschnitt 4.2.1.3, S. 94).

754 Diese Angabe gilt ohne Berücksichtigung des Beitrags von Pellens/Tomaszewski/Weber (2000).

755 Vgl. Holsti (1969), S. 140; Mayring (2010), S. 120.

$$R_{Intra} = \frac{(Zahl\ der\ Kodierdurchgänge) \times (Zahl\ der\ übereinstimmenden\ Urteile)}{(Zahl\ aller\ Kodierurteile)}$$

Der über die beiden Kodierdurchläufe berechnete Koeffizient betrug 0,97, so dass eine hohe Intracoder-Reliabilität angenommen werden kann. Die identifizierten Abweichungen betrafen im Wesentlichen die Konvergenzmotive und Vorteile eines konvergenten Rechnungswesens. Sie führten dazu, dass die entsprechenden Textpassagen nochmals sorgfältig gelesen und vergleichend interpretiert wurden.

Für die Beurteilung der **Reproduzierbarkeit** der Datenauswertung wurde ein zweiter Forscher herangezogen, der aufgrund eigener Forschungsarbeiten über Expertise im Hinblick auf qualitative Inhaltsanalysen verfügt. Von diesem wurden 30 zufällig ausgewählte Artikel unabhängig von der Auswertung des Verfassers kodiert. Hierzu wurden ihm über die Bereitstellung des Kodierleitfadens hinausgehend keine weiteren Hilfestellungen gegeben. Zur Bestimmung der Intercoder-Reliabilität wurde folgendes Maß verwendet:

$$R_{Inter} = \frac{(Zahl\ der\ Kodierer) \times (Zahl\ der\ übereinstimmenden\ Urteile)}{(Zahl\ aller\ Kodierurteile)}$$

Der Vergleich der Kodierungen des Probanden und jenen des Verfassers zeigte ein hohes Übereinstimmungsniveau, wie anhand des Reliabilitätskoeffizienten in Höhe von 0,91 ersichtlicht wird. Die wenigen abweichenden Kodierungen wurden im Anschluss diskutiert, führten jedoch zu keinen Revisionen der vom Verfasser vorgenommenen Kodierungen. Die Werte für beide Reliabilitätsmaße bewegen sich auf dem Niveau ähnlicher Untersuchungen und übersteigen dieses teilweise.[756] Insgesamt kann somit gefolgert werden, dass auch die Datenauswertung dem Kriterium der Reliabilität gerecht werden kann.

4.2.3.2 Validität

Über Validität verfügt eine Messung, wenn sie das misst, was sie intendiert zu messen.[757] Auch zur Überprüfung der Validität wird auf die von *Krippendorff* entwickelten und speziell auf Inhaltsanalysen abgestimmten Kriterien zurückgegriffen.[758] Unter Rekurs auf die deutschen Übersetzungen der Kriterien von *Zühlke* sind dabei die semantische Gültigkeit, die Stichprobengültigkeit, die korrelative Gültigkeit, die Vorhersagegültigkeit und die Konstruktvalidität zu unterscheiden.[759]

---

[756] Vgl. z.B. Hoffjan (2003), S. 1032; Zühlke (2007), S. 152; Jahnke/Knauer/Wömpener (2009), S. 76.

[757] Vgl. Krippendorff (2004), S. 313; Silverman (2010), S. 275; Schnell/Hill/Esser (2008), S. 155.

[758] Vgl. Krippendorff (2004), S. 319 ff. Diese Kriterien finden ferner in der Untersuchung von *Zühlke* Berücksichtigung (vgl. Zühlke (2007), S. 154 ff.).

[759] Vgl. Krippendorff (2004), S. 319 ff.; Zühlke (2007), S. 154 ff. Die in der ersten Auflage des Werks von *Krippendorff* enthaltene und von *Zühlke* aufgegriffene „construct validity“ wird in der hier herangezogenen zweiten Auflage differenzierter betrachtet und setzt sich aus der „structural validity“ und der „functional validity“ zusammen (vgl. Krippendorff (2004), S. 320).

Die **semantische Gültigkeit** (semantical validity) bezieht sich auf die Angemessenheit der Kategoriendefinition.[760] Diese wird in der vorliegenden Arbeit dadurch gesichert, dass – wie in Abschnitt 4.2.2.3.3.2.1 erläutert – die wesentlichen Kategorien auf deduktivem Wege gebildet wurden und dabei auf Systematisierungsansätze zurückgegriffen worden ist, welche in der Konvergenzdiskussion weite Verbreitung gefunden haben. Insofern kann davon ausgegangen werden, dass die Kategorien über eine hinreichende Trennschärfe verfügen, die eine eindeutige Subsumption der relevanten Textpassagen ermöglicht.

Ferner ist die Anzahl der untergeordneten Kategorien in vielen Fällen gering. So setzt sich beispielsweise die bereits angesprochene Kategorie „Ansätze zur Weiterentwicklung des tradierten Rechnungswesens (partielle Konvergenz)“ aus den drei Subkategorien „Konvergenzbereich“, „Konvergenzrichtung“ und „Konvergenzgrad“ zusammen, wobei z.B. der Letztgenannten nur die Kategorien „Konvergenzgrad = 100 Prozent“ und „Konvergenzgrad < 100 Prozent“ untergeordnet wurden. Das insgesamt schlanke Kategoriensystem fördert somit eine konsistente Kodierung der Textpassagen. Zugleich konnte auf dem Wege der induktiven Kategorienbildung erreicht werden, dass das Kategoriensystem über einen hinreichenden Detaillierungsgrad verfügt, indem bei Bedarf Kategorien ergänzt bzw. verfeinert werden konnten, falls einzelne Aspekte bei der deduktiven Kategorienbildung nicht antizipiert worden sind. Zuordnungsprobleme konnten zudem im Rahmen der Probekodierung erkannt und mithilfe eindeutiger Kodierregeln gelöst werden.

Die **Stichprobengültigkeit** befasst sich mit der Frage, inwiefern das Analysesample die Grundgesamtheit, auf die Rückschlüsse gezogen werden sollen, adäquat repräsentiert.[761] Die Untersuchung intendiert, Aussagen über die in führenden wissenschaftlichen und praxisnahen Fachzeitschriften geführte Konvergenzdiskussion zu treffen. Da diese Zeitschriften vollständig durchgesehen worden sind, kommt die Untersuchung einer Vollerhebung gleich, welche dementsprechend über eine hohe Validität verfügt.[762]

Eine Aussage über die **korrelative Gültigkeit** kann getroffen werden, wenn Untersuchungen existieren, die (unter Einsatz anderer Forschungsmethoden) ähnliche Fragestellungen betrachten. In diesem Fall kann überprüft werden, inwiefern diese Ergebnisse mit den Resultaten der Inhaltsanalyse korrespondieren.[763] Im Vorfeld der Untersuchung durchgeführte umfangreiche Literaturrecherchen konnten keine Studie hervorbringen, die sich mit der Entwicklung der Konvergenz des Rechnungswesens in den letzten beiden Dekaden befasst bzw. die Identifikation unterschiedlicher Standpunkte von Vertretern der Wissenschaft und Unternehmenspraxis zum Gegenstand hat. Die Untersuchung von *Schaier* weist zwar Parallelen zum hier gewählten Vorgehen zur Identifikation relevanter Konvergenzbeiträge auf. Die Analyse bezieht sich

760 Vgl. Mayring (2010), S. 119; Krippendorff (2004), S. 323 ff.

761 Vgl. Krippendorff (2004), S. 319.

762 So auch Zühlke (2007), S. 155.

763 Vgl. Krippendorff (2004), S. 320; Mayring (2010), S. 119.

allerdings primär auf die in der Konvergenzdiskussion verwendeten Begrifflichkeiten und erlaubt daher keine Aussage zur korrelativen Gültigkeit der vorliegenden Untersuchung. Dementsprechend ist die Überprüfung der korrelativen Gültigkeit nicht möglich.[764]

Mit der **Prognosegültigkeit** wird das Ausmaß angesprochen, in dem die Ergebnisse der Inhaltsanalyse Prognosen über künftige Entwicklungen ermöglichen.[765] In der vorliegenden Arbeit wird die Inhaltsanalyse zur Untersuchung einer in der Vergangenheit geführten wissenschaftlichen Auseinandersetzung eingesetzt. Sie ist somit retrospektiv ausgerichtet und intendiert nicht, eine Aussage über eine in der Zukunft liegende Entwicklung zu treffen. Dieser Aspekt stellt daher kein für die vorliegende Arbeit relevantes Validitätskriterium dar.[766]

Die **Konstruktvalidität** adressiert die Frage, inwiefern mit der Messung das Konstrukt erfasst wird, auf das die Untersuchung abzielt.[767] Dieses Kriterium lässt sich nach *Mayring* anhand verschiedener bestehender Erkenntnisse überprüfen, z.B. unter Rückgriff auf etablierte Theorien bzw. bereits bestehende empirische Ergebnisse oder auf Erfahrungen mit den eingesetzten Konstrukten in anderen Kontexten.[768] Obwohl unmittelbar vergleichbare Analysen bislang nicht vorliegen, spricht für eine hinreichende Konstruktvalidität der vorliegenden Datenauswertung der mehrfache Rückgriff auf bestehende Strukturierungen zur Bildung des Kategoriensystems – sowohl zur Analyse der Diskussionsinhalte als auch zur Erfassung der Forschungsmethoden und der Autorenherkunft. Insgesamt deutet die Auseinandersetzung mit den Kriterien, welche für die vorliegende Untersuchung überprüft werden können, darauf hin, dass die Datenauswertung ein hinreichendes Maß an Validität aufweist.

---

764 Vgl. Mayring (2010), S. 119.

765 Vgl. Krippendorff (2004), S. 321.

766 Vgl. Mayring (2010), S. 120; Zühlke (2007), S. 155.

767 Vgl. Krippendorff (2004), S. 320.

768 Vgl. Mayring (2010), S. 120; Krippendorff (2004), S. 320.

5. Ergebnisse der Literaturanalyse

Nachfolgend werden die Ergebnisse der Literaturanalyse dargelegt. Die weitere Gliederung dieses Abschnitts orientiert sich dabei an den in Abschnitt 3.2 definierten Untersuchungsaspekten. Dementsprechend werden in Abschnitt 5.2 die aus der Konvergenzdiskussion extrahierten Aussagen zu den Gründen für eine Konvergenz des Rechnungswesens systematisiert und diskutiert. Abschnitt 5.3 hat die Gegenüberstellung unterschiedlicher Ausarbeitungen zur Ausgestaltung eines konvergenten Rechnungswesens zum Gegenstand. In Abschnitt 5.4 werden die Ergebnisse konzeptioneller Evaluationen zur Steuerungseignung der internationalen Rechnungslegungsstandards systematisiert. Anhand dieser kann mittelbar auf die Erfolgswirkungen einer Konvergenz des Rechnungswesens geschlossen werden. Aufgrund des engen inhaltlichen Zusammenhangs werden darüber hinaus die auf verschiedene Rechnungslegungsstandards bezogenen Vorteilhaftigkeitsüberlegungen an jener Stelle wiedergegeben. Zuvor wird jedoch im Abschnitt 5.1 eine erste Strukturierung der Konvergenzdiskussion vorgenommen.

5.1 Strukturierung der Konvergenzdiskussion

Dieser Abschnitt hat eine überblicksartige Systematisierung der anhand des in Abschnitt 4.2.1 beschriebenen Vorgehens identifizierten und mithilfe der in Abschnitt 4.2.2.3 erläuterten Inhaltsanalyse ausgewerteten Beiträge zum Gegenstand. Diese Strukturierung bezieht sich sowohl auf die Inhalte der Konvergenzdiskussion (Abschnitt 5.1.1) als auch auf die eingesetzten Forschungsmethoden (Abschnitt 5.1.2) und umfasst ferner eine Typisierung der an der Diskussion teilnehmenden Autoren (Abschnitt 5.1.3). Letztere bildet die Grundlage für die im weiteren Verlauf der Arbeit erläuterten autorengruppenspezifischen Auswertungen der Ergebnisse.

5.1.1 Strukturierung der Inhalte der Konvergenzdiskussion

Wie bereits in Abschnitt 4.2.1.3 ausgeführt, sind mithilfe der systematischen Literaturrecherche 161 Beiträge identifiziert worden, die sich mit der Annäherung des internen und externen Rechnungswesens beschäftigen. Abbildung 12 fasst die Entwicklung der Konvergenzdiskussion in den betrachteten Fachzeitschriften zusammen und verdeutlicht, dass während des gesamten Untersuchungszeitraums Beiträge veröffentlicht worden sind, die sich mit der Vereinheitlichung des internen und externen Rechnungswesens auseinandersetzen.

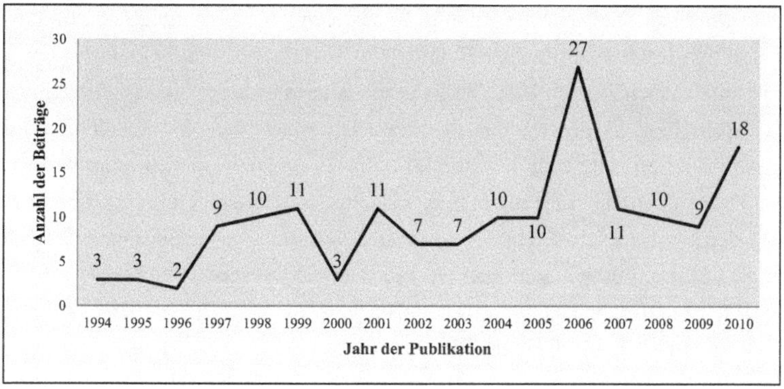

Abbildung 12: Entwicklung der in Fachzeitschriften geführten Konvergenzdiskussion

Der Abbildung kann entnommen werden, dass die Konvergenz des internen und externen Rechnungswesens innerhalb des Betrachtungszeitraums mit variierender Intensität geführt wird. Während in den ersten drei Jahren des Untersuchungszeitraums nur vereinzelt Beiträge zu dieser Thematik veröffentlicht werden, steigt die Anzahl der Publikationen zwischen 1997 und 1999 auf ca. 10 Beiträge pro Jahr. Auf diesem Niveau stagnieren die Veröffentlichungen mit der Ausnahme des Jahres 2000, in dem eine deutlich geringere Anzahl an Diskussionsbeiträgen zu verzeichnen ist. Ihren vorläufigen Höhepunkt erreicht die Diskussion 2006 mit 27 einschlägigen Aufsätzen. Nach einem zwischenzeitlichen Rückgang sind im letzten Jahr des hier gewählten Betrachtungszeitraums wieder deutlich mehr Beiträge zur Konvergenz des Rechnungswesens verfasst worden: 2010 werden in den untersuchten Zeitschriften 18 Beiträge zu dieser Thematik publiziert.

Der in Abbildung 12 dargestellte Diskussionsverlauf legt die Schlussfolgerung nahe, dass die Bedeutung der Konvergenzthematik – gemessen an der Anzahl der Beiträge, die sich mit dieser Fragestellung auseinandersetzen – im Zeitablauf gestiegen ist. Diese These bestätigt sich, wenn der Untersuchungszeitraum paritätisch in zwei Subperioden aufgeteilt wird. In der ersten Hälfte der Diskussion, beginnend mit dem Zeitschriftenjahrgang 1994 und endend mit dem ersten Halbjahr des Zeitschriftenjahrgangs 2002, erscheinen 56 Beiträge und damit 34,8 Prozent aller relevanten Veröffentlichungen. Die zweite Hälfte, die sich aus dem zweiten Halbjahr des Zeitschriftenjahrgangs 2002 und den Jahren 2003 bis 2010 zusammensetzt, umfasst demgegenüber die übrigen 105 Beiträge (65,2 Prozent der relevanten Publikationen).[769]

[769] Der ersten Diskussionshälfte wurden sämtliche Beiträge aus Heften zugeordnet, die zwischen Januar und Juni 2002 erschienen sind. Beiträge, die zwischen Juli und Dezember 2002 veröffentlicht worden sind, wurden dementsprechend als Elemente der zweiten Diskussionshälfte aufgefasst. Der Beitrag von Damberger/ Heyne/Renner (2002) ist in einem Sonderheft der Fachzeitschrift *Kostenrechnungspraxis* enthalten, dessen Erscheinungsdatum nicht genau bestimmt werden konnte. Der Aufsatz wurde daraufhin der zweiten Diskussionshälfte zugeordnet.

Im Rahmen einer nach Zeitschriftentypen differenzierenden Betrachtung fällt auf, dass insgesamt 32 Beiträge (19,9 Prozent aller Beiträge) in wissenschaftlichen Zeitschriften und 129 Beiträge in praxisnahen Zeitschriften (80,1 Prozent aller relevanten Aufsätze) erschienen sind. Bei der in Abbildung 13 dargestellten dynamischen Auswertung wird ersichtlich, dass die Konvergenzdiskussion zeitgleich in wissenschaftlichen und praxisnahen Zeitschriften beginnt und in den Folgejahren überwiegend in praxisnahen Zeitschriften geführt wird. Denn während die Anzahl der in wissenschaftlichen Zeitschriften veröffentlichten Beiträge mit ein bis zwei Aufsätzen pro Jahr auf einem niedrigen Niveau stagniert, werden 1997 bereits acht relevante Beiträge in den praxisnahen Publikationsmedien veröffentlicht. Im weiteren Verlauf zeigen sich sowohl im Hinblick auf die Veröffentlichungen in praxisnahen als auch in wissenschaftlichen Zeitschriften Wellenbewegungen mit deutlich volatileren Ausschlägen in der erstgenannten Kategorie.

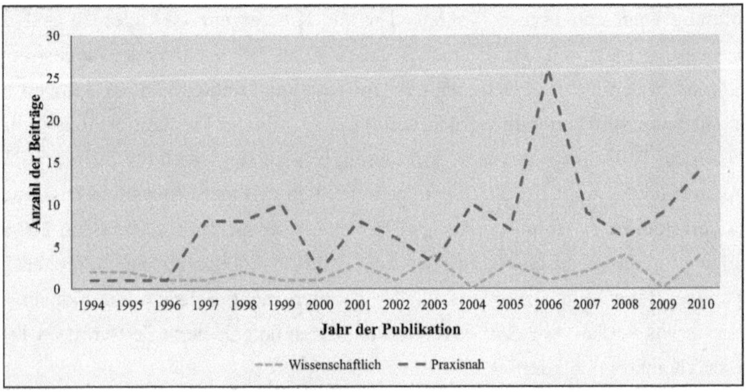

Abbildung 13: Nach Zeitschriftentypen differenzierte Entwicklung der Konvergenzdiskussion

Greift man die von *Binder/Schäffer* identifizierten Entwicklungsmuster der in Zeitschriften geführten Diskussionen spezifischer Controllinginstrumente auf, so zeigt die skizzierte Entwicklung der Konvergenzdiskussion Parallelen zum Muster des „Praxistrends“. Dieser zeichnet sich dadurch aus, dass der Diskussionsgegenstand in praxisnahen Zeitschriften auf zunehmendes Interesse stößt, während die Bedeutung, die diesem Thema in wissenschaftlichen Zeitschriften beigemessen wird, rückläufig ist.[770] Dieses Entwicklungsmuster tritt insbesondere in den Jahren 2004 bis 2010 deutlich hervor, in denen in praxisnahen Zeitschriften durchschnittlich 11,6 Beiträge pro Jahr erscheinen, während in wissenschaftlichen Zeitschriften im Durchschnitt zwei Beiträge pro Jahr veröffentlicht werden.

Die Auffassung der Entwicklung der Konvergenzdiskussion als Beispiel für das Diffusionsmuster „Praxistrend“ erscheint ferner in Anbetracht der in Tabelle 9 dargestellten Ergebnisse gerechtfertigt. Der Auswertung liegt die bereits bekannte Dichotomie des Untersuchungszeit-

[770] Vgl. Binder/Schäffer (2005), S. 610.

raums in zwei gleich lange Subperioden zugrunde. Der Tabelle kann entnommen werden, dass die Anzahl der Beiträge aus wissenschaftlichen Zeitschriften zwischen dem zweiten Halbjahr 2002 und 2010 gegenüber der ersten Hälfte von 14 auf 18 Beiträge geringfügig steigt. Gleichzeitig verdoppelt sich jedoch die Anzahl der in praxisnahen Zeitschriften erschienenen Beiträge. Dementsprechend ist der Anteil der Aufsätze aus wissenschaftlichen Zeitschriften an sämtlichen in der Subperiode veröffentlichten Beiträgen in der zweiten Diskussionshälfte noch niedriger als in der ersten (17,1 Prozent gegenüber 25 Prozent).

Periode	Anzahl der Veröffentlichungen pro Periode	davon Veröffentlichungen in			
		wissenschaftlichen Zeitschriften		praxisnahen Zeitschriften	
1994-2002/I	56	14	25,0%	42	75,0%
2002/II-2010	105	18	17,1%	87	82,9%
Gesamt	161	32	19,9%	129	80,1%

Tabelle 9: Dynamische Auswertung relevanter Veröffentlichungen nach Zeitschriftentypen differenziert

Wie bereits erwähnt, sind rund 80 Prozent der 161 analysierten Beiträge in praxisnahen Zeitschriften gefunden worden, was den hohen Praxisbezug der Konvergenzdiskussion verdeutlicht. Im Weiteren erfolgt eine erste Auseinandersetzung mit den Inhalten der Konvergenzdiskussion. Hierzu werden zunächst die drei wesentlichen Diskussionsstränge voneinander abgegrenzt, zudem werden ihnen die analysierten Beiträge zugeordnet (Abschnitt 5.1.1.1). Dieser Systematisierung schließt sich eine chronologische Aufarbeitung der unterschiedlichen Diskussionsschwerpunkte in Abschnitt 5.1.1.2 an.

5.1.1.1 Identifikation der primären Diskussionsstränge

Aus dem bestehenden Schrifttum gehen Anhaltspunkte hervor, die daraufhin deuten, dass sich die Diskussion um eine Annäherung des internen und externen Rechnungswesens aus zwei Diskussionssträngen mit unterschiedlicher Richtung zusammensetzt.[771] Einerseits stellt sich die Frage, inwiefern es möglich ist, dass Daten des externen Rechnungswesens in die erfolgszielbezogenen Rechenwerke des internen Rechnungswesens eingehen. Diese Überlegungen resultieren letztlich in der Frage, ob eine Existenzberechtigung für eine mit kalkulatorischen Größen arbeitende Kostenrechnung fortbesteht.[772] Von diesem Diskussionsstrang können andererseits jene Beiträge separiert werden, die sich mit dem Transfer von Controllingdaten in das externe Rechnungswesen, insbesondere vor dem Hintergrund der Rechnungslegung nach IFRS, befassen.[773] Neben den beiden bereits genannten Diskussionssträngen zeichnet sich noch ein dritter, in Literatursynopsen bislang vernachlässigter Aspekt ab (vgl. Abbildung 14).

771 Vgl. Wagenhofer (2006a), S. 3; Schaier (2007), S. 106 f.; Trapp (2010b), S. 267 ff.

772 Vgl. Pfaff (1995), S. 120; Kloock (1995), S. 51; Pfaff/Bärtl (1998), S. 757.

773 Vgl. Wagenhofer (2006a), S. 3; Schaier (2007), S. 107; Weide (2009a), S. 64.

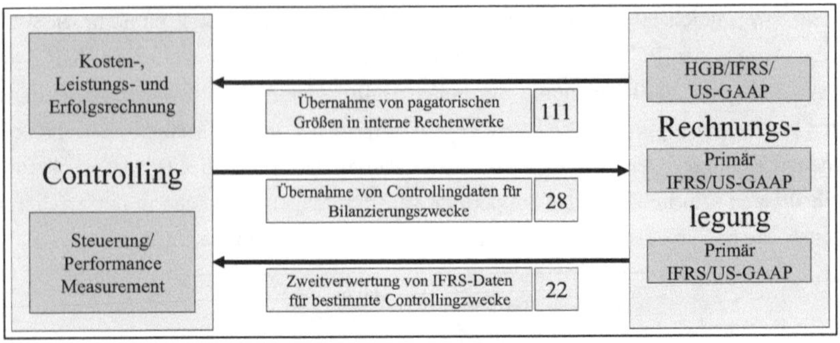

Abbildung 14: Abgrenzung der identifizierten Diskussionsstränge[774]

Von den 161 Aufsätzen aus wissenschaftlichen und praxisnahen Zeitschriften, welche im Rahmen der Literaturrecherche identifiziert worden sind, können 111 Beiträge dem erstgenannten Diskussionsschwerpunkt zugeordnet werden. Hierunter befinden sich Beiträge, in denen Überlegungen zu einer Konvergenz des internen und externen Rechnungswesens vor dem Hintergrund der handelsrechtlichen Rechnungslegung geäußert werden, ebenso wie jene, in denen internationale Rechnungslegungsstandards (IFRS oder US-GAAP) als Referenzpunkt betrachtet werden.

Die beiden übrigen Diskussionsstränge können grundsätzlich unter der Bezeichnung „Controlling und internationale Rechnungslegung" zusammengefasst werden.[775] Die erste Subdiskussion innerhalb dieses Schwerpunkts bezieht sich auf die Informationsnachfragen, welche seitens der internationalen Rechnungslegung an das Controlling gestellt werden.[776] Entsprechende Schwerpunkte wurden in 23 Beiträgen identifiziert. Darüber hinaus wurden diesem zweiten Diskussionsstrang fünf Beiträge zugeordnet, welche die Anforderungen der handelsrechtlichen Novellierung durch das BilMoG behandeln.[777] In diesen Beiträgen werden vielfach ähnliche Fragen aufgeworfen wie in den Aufsätzen mit Bezug zu den IFRS, so dass die Aufsätze zu den Auswirkungen der Handelsrechtsreform auf das Controlling unter diesen Diskussionsstrang subsumiert wurden. Insgesamt wurden somit 28 Aufsätze identifiziert, die sich mit der Frage beschäftigen, welchen sich aus der externen, insbesondere der internationalen Rechnungslegung ergebenden Informationsnachfragen das Controlling nachzukommen hat (Diskussionstrang 2).

Der dritte Diskussionsstrang befasst sich ebenfalls mit einem Datentransfer zwischen dem Controlling und der (internationalen) Rechnungslegung, allerdings in der umgekehrten Richtung. Es erfolgt eine Auseinandersetzung mit der Frage, ob Daten, die originär für die Finanz-

---

[774] In Anlehnung an Wagenhofer (2006a), S. 3.

[775] Dabei werden die IFRS im Vergleich zu den US-GAAP wesentlich häufiger betrachtet.

[776] Vgl. z.B. Bartelheimer/Kückelhaus/Wohlthat (2004); Kirsch/Steinhauer (2003); Weißenberger/Maier (2006).

[777] Vgl. z.B. Eitzen/Moog/Psychny (2010); Lorson/Melcher/Zündorf (2010); Zülch/Hoffmann (2010).

berichterstattung nach primär internationalen Standards ermittelt werden und denen seitens der Standardsetter somit Entscheidungsrelevanz für die Abschlussadressaten zugesprochen wird, im Rahmen des Controllings eine Zweitverwendung finden können. Mit diesen Überlegungen wird somit das Prinzip des Management Approach invertiert. Denn hinter diesem steht der Grundgedanke, dass Daten, die vom Controlling bereitgehalten und zum Zwecke der Unternehmenssteuerung verwendet werden, auch für die Adressaten der Finanzberichterstattung nützlich sind.[778]

Mit der skizzierten Frage beschäftigen sich 13 Beiträge, die unter den dritten Diskussionsstrang subsumiert worden sind. Entsprechende Überlegungen werden dabei von der im ersten Diskussionstrang präsenten Frage nach der Substitution kalkulatorischer Elemente durch die pagatorischen Daten des externen Rechnungswesens abgekoppelt. Behandelt wird also nicht die Umgestaltung kalkulatorischer Rechenwerke, sondern ihre Ergänzung durch Kalküle, die vorrangig für die externe Rechnungslegung zu bestimmen sind.[779] Darüber hinaus wird in sechs Veröffentlichungen, die ebenfalls dem dritten Diskussionsstrang zugeordnet worden sind, eine verwandte Fragestellung untersucht. In diesen Beiträgen werden die Auswirkungen ausgewählter IFRS-Regelungen bzw. anstehender Änderungen auf Kennzahlen analysiert, die zur Steuerung des Unternehmens berechnet werden.[780] Drei vergleichbare Arbeiten sind auch mit handelsrechtlichem Fokus verfasst worden.[781] In diesen werden die Auswirkungen des BilMoG auf die Berechnung von Kennzahlen aufgezeigt. Insgesamt setzt sich der dritte Diskussionsstrang folglich aus 22 Aufsätzen zusammen.

Ergänzt man die statische Bestandsaufnahme der wesentlichen Diskussionsstränge innerhalb der Konvergenzdiskussion um eine dynamische Betrachtung (vgl. Abbildung 15), so fällt die erhebliche Dominanz des ersten Diskussionsstrangs über den gesamten Untersuchungszeitraum auf. Zum anderen wird deutlich, dass die beiden übrigen Diskussionsstränge deutlich später einsetzen. Die zum zweiten Diskussionsstrang zusammengefasste Auseinandersetzung mit der Zweitverwendung von Controllingdaten für Bilanzierungszwecke beginnt im Jahr 2002 und verdoppelt sich bis 2004 – dem Jahr, auf das die verpflichtende Anwendung der IFRS für die Konzernrechnungslegung kapitalmarktorientierter Konzerne für Geschäftsjahre ab dem 01.01.2005 folgt.[782]

---

778 Vgl. Weißenberger/IGC (2006a), S. 347; Wagenhofer (2006a), S. 4; Velte (2008b), S. 133; Trapp (2010b), S. 267; vgl. zum Management Approach ausführlich Abschnitt 5.3.1.2.1, S. 259 ff.

779 So etwa Haaker (2005), S. 357.

780 Vgl. z.B. Arnsfeld/Schremper (2005); Erdmann/Wünsch/Meyer (2006b); Erdmann/Wünsch/Meyer (2006c); Franz/Winkler (2006); Erdmann/Zülch (2007).

781 Vgl. Paetzmann/Kaspereit (2010); Faupel/Gerenkamp/Schneider (2010); Wöhrmann (2010).

782 Vgl. Busse von Colbe/Ordelheide/Gebhardt/Pellens (2010), S. 2; Hayn (2005), S. 425.

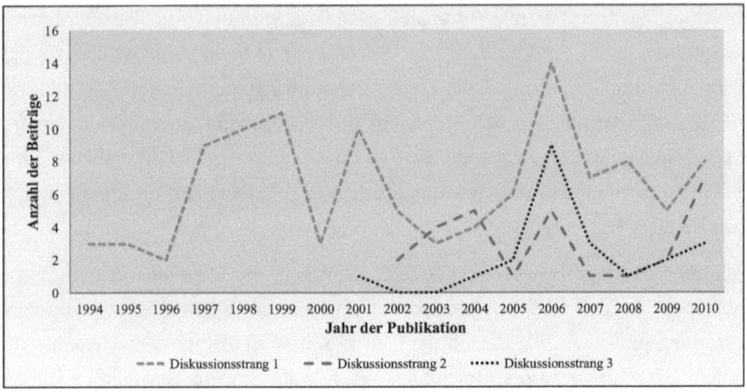

Abbildung 15: Entwicklung der Diskussionsstränge im Zeitablauf

In den Jahren 2003 und 2004 werden mehr Beiträge zum zweiten Diskussionsstrang veröffentlicht als zum ersten. Nach der verpflichtenden Einführung der IFRS sinkt die Anzahl der relevanten Veröffentlichungen jedoch auf ca. einen Beitrag pro Jahr ab. Allerdings sind in den Folgejahren nochmals zwei Anstiege an Artikeln, die dem zweiten Diskussionsstrang zugeordnet wurden, zu verzeichnen. Der erste bezieht sich auf das Jahr 2006 und ist maßgeblich auf ein Themenheft der Fachzeitschrift *Controlling* zurückzuführen.[783] Im Jahr 2010 nimmt die Anzahl der zu diesem Diskussionsstrang gehörenden Beiträge nochmals deutlich zu, was auf die Novellierung des Handelsrechts und zumindest partiell auf ein Sonderheft der *Zeitschrift für Controlling und Management* zurückzuführen ist.[784]

Beiträge, die dem dritten Diskussionsstrang zugerechnet worden sind, haben in den Jahren 2001 bis 2005 nur Einzelfallcharakter. Dies trifft auch auf die Jahre ab 2007 zu. Seinen Höhepunkt findet die Auseinandersetzung mit entsprechenden Fragen lediglich im Jahr 2006, als neun Beiträge zur Zweitverwertung von IFRS-Daten für bestimmte Controllingzwecke veröffentlicht werden.[785] Zum Ende des Untersuchungszeitraums steigt die Anzahl der zum dritten Diskussionsstrang zugehörigen Veröffentlichungen geringfügig – eine Entwicklung, die wiederum in der Reform des HGB-Bilanzrechts ihre Begründung findet.[786]

783 Vgl. Horváth (2006), S. 407.

784 Vgl. Hachmeister (2010), S. 1.

785 Hierzu gehört vorrangig die sich auf mehrere Beiträge erstreckende Diskussion über die Nutzung von Daten, die zum Zwecke des Goodwill Impairment Test ermittelt werden, als Grundlage einer wertorientierten Unternehmenssteuerung zwischen Haaker (2005); Olbrich (2006a); Haaker (2006a); Klingelhöfer (2006); Olbrich (2006b); Haaker (2006b).

786 In Anbetracht der Entwicklung der Konvergenzdiskussion kann die bereits 2004 getroffene Einschätzung von *Ruhwedel/Schultze*, es sei still um die Konvergenz des Rechnungswesens geworden (vgl. Ruhwedel/Schultze (2004), S. 493), somit deutlich widerlegt werden.

5.1.1.2 Chronologische Übersicht der Konvergenzdiskussion

Der im letzten Abschnitt vorgenommenen Abgrenzung der wesentlichen Diskussionsstränge schließt sich im Weiteren eine nähere Betrachtung ihrer Inhalte an. Hierzu wird eine chronologische Darstellungsweise gewählt. Ausgehend von den jeweils dominierenden Diskussionsinhalten lassen sich sechs Phasen der Konvergenzdiskussion, von einem bis fünf Jahren, differenzieren (vgl. Abbildung 16). In den folgenden Abschnitten werden die in den einzelnen Perioden exponierten Fragen beschrieben.

Abbildung 16: Chronologische Zusammenfassung der wesentlichen Themenschwerpunkte der Konvergenzdiskussion

5.1.1.2.1 Erste Phase: 1994 bis 1996

Die Beiträge der ersten Phase werden überwiegend vom theoretischen Wissenschaftsziel geprägt, was sich in der Erklärung empirisch beobachteter Entwicklungen konkretisiert.[787] Vorrangig befassen sich die acht in diesem Zeitraum veröffentlichten Beiträge mit den Argumenten, die sich für bzw. gegen eine Annäherung des internen und externen Rechnungswesens anführen lassen. Hierzu wird vielfach auf theoretische Ansätze Bezug genommen. So analysiert *Pfaff* ausgehend von den Rechnungszwecken der Kostenrechnung, ob weiterhin ein Bedarf für eine eigenständige, mit kalkulatorischen Größen arbeitende Kostenrechnung besteht.[788] *Küpper* formuliert theoriegeleitet Anforderungskriterien an Erfolgsrechnungen und spiegelt diese an dem von der Siemens AG gewählten Ansatz. Zudem bringt er mit dem Konzept einer investitionstheoretisch fundierten Kostenrechnung einen Ansatz für eine umfassen-

[787] Vgl. Chmielewicz (1994), S. 150; Grochla (1976), S. 632; Kajüter (2003), S. 13; Möller (2005), S. 165.

[788] Vgl. Pfaff (1994a), S. 1067 ff.; Pfaff (1995), S. 122 ff.; vgl. hierzu auch Abschnitt 5.2.4.1.1, S. 194 ff.

de Umgestaltung des Rechnungswesens in die Diskussion.[789] Demgegenüber würdigt *Lorson* zwei Praxisansätze insbesondere vor dem Hintergrund einer Shareholder Value-Bewertung.[790]

Während sich diese Beiträge somit primär mit der Frage befassen, ob eine Konvergenz des Rechnungswesens im Allgemeinen bzw. die Neuorganisation des Rechnungswesens bei Siemens im Speziellen unter Berücksichtigung der Rechnungszwecke der Kostenrechnung und vereinzelt unter Rekurs auf theoretische Ansätze als zielführend betrachtet werden kann, geht der Beitrag von *Coenenberg* über diese Überlegungen hinaus. Er beantwortet die Frage, welche Rechenwerke des internen und externen Rechnungswesens für eine Konvergenz des Rechnungswesens grundsätzlich in Frage kommen. Dabei basiert auch seine Argumentation auf den Rechnungszwecken der Kostenrechnung und den sich daraus ergebenden Anforderungen sowie auf ihrer Gegenüberstellung mit der Ausgestaltung des externen Rechnungswesens.[791] *Coenenberg* unterbreitet mit der Selektion der internen Steuerungsrechnung und der externen Erfolgsrechnung als Konvergenzobjekte einen Gestaltungsvorschlag, der im weiteren Diskussionsverlauf regelmäßig aufgegriffen wird.[792]

5.1.1.2.2 Zweite Phase: 1997 bis 2001

Werden in den ersten drei Jahren der Konvergenzdiskussion insgesamt lediglich acht Beiträge veröffentlicht, vervielfacht sich in den folgenden Jahren die Anzahl der relevanten Publikationen. In der zweiten Phase von 1997 bis 2001 erscheinen insgesamt 44 Beiträge in den durchgesehenen Zeitschriften, was einem Durchschnitt von ca. neun Beiträgen pro Jahr entspricht.

Im Vergleich zu den Beiträgen der ersten Phase sind drei wesentliche Entwicklungen erkennbar: Zum einen tritt die Erklärungsfunktion der Beiträge hinter ihre Gestaltungsfunktion zurück. Die Beiträge verfolgen weniger das Ziel einer (theoretisch fundierten) Begründung resp. Widerlegung einer Annäherung des internen und externen Rechnungswesens, sondern beinhalten zunehmend Gestaltungsempfehlungen zu ihrer Umsetzung. Zum anderen finden internationale Rechnungslegungsstandards (IFRS (bzw. zum damaligen Zeitpunkt noch IAS) und US-GAAP) einen zunehmenden Eingang in die Konvergenzdiskussion, wohingegen in der ersten Diskussionsphase die handelsrechtliche Rechnungslegung den Referenzpunkt der Überlegungen bildet oder von einem spezifischen Rechnungslegungssystem abstrahiert wird. Schließlich nimmt die zunehmende Orientierung der deutschen Konzerne am Shareholder

---

789 Vgl. Küpper (1995), S. 42 ff.; vgl. hierzu auch Abschnitt 5.3.2.1, S. 301 ff.

790 Vgl. Lorson (1996), S. 2506 ff.

791 Vgl. Coenenberg (1995), S. 2078 ff.; vgl. hierzu auch Abschnitt 5.3.1.1.1.1, S. 219 ff.

792 Vgl. z.B. Küting/Lorson (1998a), S. 493; Klein (1999b), S. 69; Kümpel (2002a), S. 905 f.; Weißenberger/IGC (2006a), S. 356; Kerkhoff/Thun (2007), S. 457; Günther/Zurwehme (2008), S. 115; Pelger (2008a), S. 566; Weide (2009b), S. 8; Kunz (2010), S. 306 f.

Value Einfluss auf die Debatte um ein konvergentes Rechnungswesen.[793] Die sich intensivierende Wertorientierung motiviert mitunter Vorschläge für ein zahlungsstromorientiertes Rechnungswesen. Damit werden Ansätze diskutiert, die deutlich weitreichendere Änderungen vorsehen als der Vorschlag *Coenenbergs*.[794]

Im Hinblick auf den stärkeren praxeologischen Charakter der Diskussion sind vor allem die Beiträge von *Männel* und *Küting/Lorson* hervorzuheben. *Männel* stellt die Konvergenz selbst nicht mehr in Frage, sondern erarbeitet konkrete Vorschläge zum Umgang mit den wesentlichen Unterschieden zwischen der internen und externen Erfolgsermittlung. Zu den thematisierten Differenzen gehören nicht nur kalkulatorische Rechengrößen, sondern auch die divergierende zeitliche Abgrenzung bestimmter Aufwandsarten.[795] *Küting/Lorson* greifen den Vorschlag von *Coenenberg* aus der ersten Phase der Konvergenzdiskussion auf und differenzieren drei Dimensionen einer Anpassungsstrategie.[796] Dabei nehmen sie sich der Bestimmung eines geeigneten Konvergenzbereichs an und beziehen die handelsrechtliche sowie die US-amerikanische Rechnungslegung in eine komparative Beurteilung ein.[797] Schließlich entwickeln sie Gestaltungsvorschläge in der Form von 35 Grundsätzen einer internen Steuerungsrechnung auf der Grundlage der pagatorischen Datenbasis des externen Rechnungswesens.[798] Das Ergebnis der Analysen von *Küting/Lorson* ist die Selektion jener Rechenwerke, die bei Anwendung internationaler Rechnungslegungsstandards über das Potenzial für eine Konvergenz des Rechnungswesens verfügen.[799]

Darüber hinaus wird ab 1997 eine Reihe von Beiträgen veröffentlicht, die sich weniger mit dem Konvergenzbereich befassen, als vielmehr mit der „Steuerungsqualität" der US-GAAP bzw. IAS/IFRS.[800] In diese Reihe sind beispielsweise die Arbeiten von *Haller* und *Klein* einzuordnen. Der Aufsatz von *Haller* kann in diesem Zusammenhang als Begründer derartiger Analysen betrachtet werden. Im Rahmen seines Beitrags erörtert *Haller* die Rechnungslegungsgrundsätze der US-GAAP sowie die Regelungen zur bilanziellen Abbildung ausgewählter Sachverhalte und beurteilt diese im Hinblick auf ihre Eignung für die Unternehmenssteuerung.[801] Einen ähnlichen Ansatz wählt auch *Klein*, dessen Analyseobjekt allerdings nicht die US-GAAP, sondern die IAS bilden. Er leitet Anforderungskriterien an eine Steuerungsrech-

---

793 Vgl. zur Ausgestaltung der wertorientierten Berichterstattung in deutschen Unternehmen zum Ende der 1990er Jahre bzw. zur Jahrtausendwende Ruhwedel/Schultze (2002), S. 615 ff.; Pellens/Tomaszewski/Weber (2000), S. 1825 ff.

794 Vgl. Dirrigl (1998); Burger/Buchhart (2001a); Burger/Buchhart (2001b) sowie ausführlich die Abschnitte 5.3.2.3, S. 307 ff., und 5.3.2.4, S. 309 ff.

795 Vgl. Männel (1997a), S. 12 ff.; Männel (1997b), S. 11 f.; Männel (1999a), S. 14 ff.; Männel (1999b), S. 17 ff.

796 Vgl. Küting/Lorson (1998a), S. 487.

797 Vgl. Küting/Lorson (1999a), S. 51 ff.; Küting/Lorson (1998d), S. 2303 f.

798 Vgl. Küting/Lorson (1998d), S. 2306 ff.

799 Vgl. ausführlich Abschnitt 5.3.1.1.1, S. 218 ff.

800 Vgl. hierzu ausführlich Abschnitt 5.4.1.1, S. 321 ff.

801 Vgl. Haller (1997), S. 272 ff.

nung ab und überprüft, inwiefern eine Identität zwischen diesen und den Rechnungslegungsgrundsätzen nach IAS besteht. Zudem wird für verschiedene IAS analysiert, zu welchem Grad sie dem Anforderungskatalog für Steuerungsrechnungen gerecht werden können.[802] Vergleichbare Arbeiten, in denen häufig einzelne Regelungen unter Rekurs auf ähnliche Anforderungskataloge einer Detailanalyse unterzogen werden, schließen sich sowohl innerhalb als auch außerhalb dieser zweiten Phase an.[803]

Ebenfalls der zweiten Phase der Konvergenzdiskussion hinzurechnen lassen sich die ersten Praxisbeispiele, die insbesondere in praxisnahen Controlling-Zeitschriften veröffentlicht werden.[804] In diesen Beiträgen wird im Sinne einer Fallstudie dargelegt, wie in dem Unternehmen, in dem die Autoren in der Regel tätig sind, die beiden Teilbereiche des Rechnungswesens einander angenähert worden sind. Häufig werden neben der Beschreibung des Ansatzes die Motive für das Vorgehen offengelegt. In aller Regel sind die Konvergenzprojekte, über die berichtet wird, zum Zeitpunkt der Abfassung des Aufsatzes bereits abgeschlossen. Als erster Praxisbeitrag (nach dem bereits zitierten von *Ziegler*) ist der Aufsatz von *Melching* aus dem Jahre 1997 identifiziert worden, welcher die im Volkswagen-Konzern verwendete integrierte Ergebnisrechnung vorstellt.[805] Dieser Aufsatz gehört zu den wenigen Praxisbeispielen für eine Konvergenz von internem und externem Rechnungswesen im Kontext einer Konzernrechnungslegung nach HGB. Der überwiegende Teil der in der zweiten wie auch in späteren Phasen veröffentlichten Praxisbeispiele bezieht sich demgegenüber auf ein konvergentes Rechnungswesen auf der Basis internationaler Rechnungslegungsvorschriften.[806]

Insgesamt ist zu konstatieren, dass in den Beiträgen, welche zur zweiten Phase der Konvergenzdiskussion gehören, nicht mehr die (theoriegeleitete) Plausibilisierung der Vereinheitlichung des internen und externen Rechnungswesens priorisiert wird, sondern dem pragmatischen Wissenschaftsziel folgend Maßnahmen zur Umsetzung eines konvergenten Rechnungswesens entwickelt werden.[807] In dieser Phase wird bereits deutlich, dass die internationalen Rechnungslegungsstandards aufgrund ihrer Orientierung am Grundsatz des „true and fair view“ als Treiber des Konvergenzphänomens betrachtet werden können.[808]

Während in der ersten Diskussionsphase noch weitgehend unklar ist, ob eine Konvergenz des Rechnungswesens einer weit verbreiteten Entwicklung entspricht oder lediglich von wenigen Unternehmen adaptiert wird, erscheinen im Zeitraum von 1997 bis 2001 schließlich erste em-

802 Vgl. Klein (1999b), S. 69 ff., sowie ausführlich Abschnitt 5.4.2.1, S. 339 ff.

803 Vgl. z.B. Bischof (1998); Hahn (1999); Kümpel (2002a); Ballwieser/Hettich (2004); Velthuis/Wesner/Schabel (2006a); Velthuis/Wesner/Schabel (2006b).

804 Die mit der Veröffentlichung eines solchen Praxisbeispiels verbundene Zielsetzung besteht in der Beschreibung der Rechnungswesenpraxis (vgl. Ryan/Scapens/Theobald (1992), S. 114).

805 Vgl. Melching (1997), S. 248.

806 Vgl. z.B. Currle/Fauth/Wangenheim (1998); Nebel/Brandl/Arnaout (1998) sowie in späteren Phasen beispielsweise Hebeler (2006); Beißel/Szczesny (2009).

807 Vgl. Grochla (1976), S. 632.

808 Vgl. z.B. Bischof (1998), S. 9; Seelinger/Kaatz (1998), S. 127; Männel (1999b), S. 15.

pirische Untersuchungen in der Form von großzahligen Befragungen bzw. Feldstudien. Die anhand dieser Erhebungen dokumentierten hohen Implementierungs- bzw. Planungsstände deuten darauf hin, dass die Konvergenzbemühungen nicht auf wenige Einzelfälle beschränkt bleiben, vielmehr zeichnet sich in den Untersuchungsergebnissen ein Praxistrend ab.[809]

5.1.1.2.3 Dritte Phase: 2002 bis 2005

Die dritte Phase der Konvergenzdiskussion erstreckt sich auf den Zeitraum von 2002 bis 2005, in dem 34 Beiträge publiziert werden. Die durchschnittliche Zahl der Veröffentlichungen pro Jahr geht somit im Vergleich zur zweiten Phase von 8,8 auf 8,5 Beiträge pro Jahr leicht zurück. In dieser Phase der Konvergenzdiskussion werden weitere Beiträge zu den im letzten Abschnitt dargelegten Themenschwerpunkten publiziert.[810] Ab 2002 nimmt die Präsenz der IFRS innerhalb der Konvergenzdiskussion insofern noch weiter zu, als nicht mehr ausschließlich ihr Potenzial als Grundlage eines konvergenten Rechnungswesens beurteilt wird. Darüber hinaus werden auch die Informationsbedarfe, welche im externen Rechnungswesen aufgrund der Anwendung der IFRS entstehen und gegenüber dem Controlling artikuliert werden, ausführlich betrachtet. Entsprechende Artikel sind in Abschnitt 5.1.1.1 dem zweiten Diskussionsstrang zugeordnet worden.

Während in den ersten beiden Phasen ausschließlich Beiträge veröffentlicht werden, die im Zuge der vorliegenden Analyse dem ersten Diskussionsschwerpunkt zugerechnet worden sind, setzt im Jahre 2002 also der zweite Diskussionsstrang ein. Zu unterscheiden sind in diesem Zusammenhang zunächst einerseits Beiträge, in denen ein strukturierter Überblick über aus mehreren Standards resultierenden Informationsnachfragen, welche das externe Rechnungswesen an das Controlling richtet, gegeben wird. Gegenstand dieser Ausführungen ist die Beschreibung der Regelungen verschiedener Standards (z.B. IAS 2, IAS 11 oder IAS 38), die insbesondere einen Rückgriff auf die Kostenrechnung sowie die Finanzplanung erfordern.[811] Andererseits umfasst dieser Diskussionsstrang Aufsätze, die sich mit den Implikationen einzelner Standards für das Controlling befassen. Hierzu gehören vor allem IAS 36, welcher die Regelungen für den Impairment Test für bestimmte Vermögenswerte des Anlagevermögens umfasst, sowie IAS 14, der bis Ende 2008 die Segmentberichterstattung reglementiert hat.[812] Außerdem liegen mit den Aufsätzen von *Kirsch*, *Alvarez/Biberacher* und *Schultze* Beiträge

[809] Vgl. Horváth/Arnaout (1997), S. 264 ff.; Pellens/Tomaszewski/Weber (2000), S. 1830 f.

[810] Als Beispiele für die Beurteilung der IFRS oder US-GAAP vor dem Hintergrund eines konvergenten Rechnungswesens lassen sich die Analysen von Kahle (2003) oder Weißenberger (2004) nennen. Praxisbeispiele zur Konvergenz des Rechnungswesens im Kontext der internationalen Rechnungslegung werden beispielsweise von Beißel/Steinke (2004) und Hasselmeyer/Reichertz/Dohrn (2005) veröffentlicht. Die Konnotation einer wertorientierten Steuerung bzw. Berichterstattung und der Konvergenz des Rechnungswesens wird etwa von Ruhwedel/Schultze (2004) weiterhin thematisiert. Schließlich erscheint mit der empirischen Erhebung von Haring/Prantner (2005) eine weitere Untersuchung, die den Stand der Konvergenz des Rechnungswesens in der Unternehmenspraxis erfasst.

[811] Vgl. z.B. Kirsch (2002); Kirsch/Steinhauer (2003); Kirsch (2003a); Kirsch (2005).

[812] Vgl. für IAS 36 Bartelheimer/Kückelhaus/Wohlthat (2004), für IAS 14 Auer (2004).

vor, die sich mit einer spezifischen US-GAAP-Regelung, der Folgebewertung des Goodwill gemäß SFAS 142 und dem Asset Impairment Test nach SFAS 144, auseinandersetzen.[813]

Hinzukommen erste Beiträge, welche die Auswirkungen bestimmter IFRS-Regelungen auf Kennzahlen, die zur Unternehmenssteuerung eingesetzt werden und auf Daten des externen Rechnungswesens beruhen, zum Gegenstand haben. Während sich *Arnsfeld/Schremper* ausschließlich auf die Konsequenzen der reformierten Folgebewertung des aus Unternehmenszusammenschlüssen entstandenen Goodwill für ausgewählte wertorientierte Kennzahlen konzentrieren,[814] wählen *Weißenberger/Haas* einen weiteren Fokus. Sie betrachten im ersten Schritt die Unterschiede im Vermögens- und Erfolgsausweis zwischen HGB- und IFRS-Abschlüssen und veranschaulichen die Auswirkungen auf häufig verwendete Steuerungskennzahlen anhand der Regelungen des IAS 38 zur Aktivierung selbst erstellter immaterieller Vermögenswerte.[815]

Die Bedeutung dieser Artikel ist im Lichte der Entwicklung der Konzernrechnungslegung zu betrachten. Infolge der von der bereits zitierten „IAS-Verordnung"[816] auferlegten Konzernrechnungslegung nach IFRS gewinnt der in den Beiträgen des zweiten Diskussionsstrangs behandelte Datentransfer zwischen dem externen Rechnungswesen und dem Controlling für einen breiten Kreis an Unternehmen unmittelbar an Relevanz.[817]

Ebenso wie in der zweiten Phase wird auch die dritte Phase der Konvergenzdiskussion von praxeologisch orientierten Beiträgen geprägt. Ihre Kerninhalte bestehen in der Konkretisierung der Datenexporte aus der Sicht des Controllings, die erforderlich sind, um den Anforderungen der IFRS entsprechen zu können, und Vorschlägen zur bestmöglichen Gestaltung dieser Exporte.[818] Die existenten Regelungen werden in den Beiträgen der dritten Phase der Konvergenzdiskussion als gegeben betrachtet, die Autoren befassen sich also nicht mit der Eruierung von Reformbedarfen, deren Umsetzung dazu beitragen könnte, die Steuerungseignung der internationalen Standards zu erhöhen. Dementsprechend unterbleiben in diesen Aufsätzen jene Zweckmäßigkeitsanalysen, die für die Rechnungslegungsforschung als charakteristisch gelten.[819]

5.1.1.2.4 Vierte Phase: 2006 bis 2007

Obwohl die vierte Phase der Konvergenzdiskussion lediglich aus zwei Jahrgängen besteht, sind insgesamt 38 Veröffentlichungen zu verzeichnen, so dass in 2006 und 2007 mehr Beiträge publiziert werden als in der gesamten dritten Phase, welche aus vier Jahren besteht. Inner-

---

813 Vgl. Alvarez/Biberacher (2002); Kirsch (2003b); Schultze (2005).

814 Vgl. Arnsfeld/Schremper (2005), S. 500 ff.

815 Vgl. Weißenberger/Haas (2004), S. 58 ff.

816 Vgl. Fn. 390.

817 Vgl. hierzu bereits Abschnitt 2.3.2.1, S. 48.

818 Vgl. z.B. Hachmeister (2003); Bartelheimer/Kückelhaus/Wohlthat (2004); Kirsch (2005).

819 Vgl. Zülch/Gebhardt/Hoffmann (2009), S. 2; Fülbier/Weller (2008), S. 355.

halb des zweijährigen Zeitraums zeigt sich jedoch ein deutliches Ungleichgewicht. 27 Publikationen in 2006 stehen lediglich elf Beiträge gegenüber, die in 2007 erschienen sind.

Unter den Beiträgen der vierten Phase finden sich jene Themenschwerpunkte wieder, die bereits in den früheren Phasen im Mittelpunkt der Diskussion stehen. Die Auseinandersetzung mit der Steuerungsqualität der IFRS wird beispielsweise von *Velthuis et al.* fortgeführt.[820] Unter der Federführung von *Weißenberger* systematisiert und beschreibt ein Arbeitskreis der *International Group of Controlling* (*IGC*), der sich aus Vertretern der Wissenschaft und der Praxis zusammensetzt, die Auswirkungen der IFRS auf das Controlling. Neben der Herausarbeitung der Informationsbedarfe der IFRS-Rechnungslegung gegenüber dem Controlling konzipiert der Arbeitskreis auch einen Vorschlag für eine partielle Konvergenz des Rechnungswesens.[821] Die Beiträge dieses Arbeitskreises beziehen sich somit auf Themenschwerpunkte des ersten wie auch des zweiten Diskussionsstrangs.[822] Zudem werden weitere Unternehmensbeispiele zur Umsetzung eines konvergenten Rechnungswesens unter Anwendung der IFRS veröffentlicht.[823]

Charakteristisch für diese Phase ist hingegen das vermehrte Erscheinen der Beiträge, die dem dritten Diskussionsstrang angehören. In ihm werden die Möglichkeiten betrachtet, eine Zweitverwertung bestimmter Daten aus dem externen Rechnungswesen, welches nach IFRS bilanziert, für Controllingzwecke zu forcieren. So befassen sich *Meyer et al.* mit den Möglichkeiten einer automatisierten Herleitung der Kapitalflussrechnung gemäß IAS 7.[824] *Brösel/Müller* untersuchen, ob die im Zuge des Goodwill Impairment Test nach IAS 36 generierten Daten auch im Rahmen des Beteiligungscontrollings eingesetzt werden können.[825] Der Goodwill Impairment Test bildet zudem den Ausgangspunkt für die Überlegungen von *Haaker*, ob sich die für den Wertminderungstest vorgenommene Bereichsabgrenzung sowie die ermittelten Cash Flows in der Form eines Nutzungswerts als Grundlage für eine wertorientierte Bereichssteuerung eignen. Seine Überlegungen werden von *Klingelhöfer* und *Olbrich* erwidert, auf die *Haaker* wiederum mit Repliken reagiert. Auf diese Weise entsteht eine Debatte um ein wertorientiertes Controlling auf der Basis des Impairment Test nach IAS 36, die sich auf insgesamt sechs Beiträge erstreckt.[826]

Im Hinblick auf die vierte Phase der Konvergenzdiskussion ist festzuhalten, dass weiterhin Beiträge zu den thematischen Schwerpunkten verfasst werden, die bereits aus den früheren Phasen der Konvergenzdiskussion, insbesondere aus der unmittelbar vorausgegangenen drit-

---

820 Vgl. Velthuis/Wesner/Schabel (2006a); Velthuis/Wesner/Schabel (2006b).

821 Vgl. Weißenberger/IGC (2006a); Weißenberger/IGC (2006b); Weißenberger (2006a).

822 Aufgrund des Vorschlags einer partiellen Konvergenz als zentrales Untersuchungsergebnis sind diese Beiträge dem ersten Diskussionsstrang zugeordnet worden.

823 Vgl. z.B. Hebeler (2006); Dais/Watterott (2006); Lochner/Ayasse/Hummel (2007).

824 Vgl. Meyer/Wünsch/Erdmann (2006).

825 Vgl. Brösel/Müller (2007).

826 Vgl. Haaker (2005); Olbrich (2006a); Haaker (2006a); Klingelhöfer (2006); Olbrich (2006b); Haaker (2006b).

ten Phase, bekannt sind. Somit wird auch diese Phase von konzeptionellen Arbeiten dominiert, die auf die unmittelbare Formulierung von Gestaltungsvorschlägen ausgerichtet sind. Zugleich entfaltet sich in der vierten Phase der dritte Diskussionsstrang, der Überlegungen zur Zweitverwertung von IFRS-Daten für Controllingzwecke beinhaltet. Entsprechende Konzeptionen beruhen insbesondere auf den Daten, die zur Durchführung des Goodwill Impairment Test nach IAS 36 ermittelt werden.[827]

5.1.1.2.5 Fünfte Phase: 2008 bis 2009

Nach dem publikationsintensivsten Jahr 2006 geht die Anzahl der Veröffentlichungen wieder zurück. In der fünften Phase werden durchschnittlich 9,5 Beiträge pro Jahr (19 in der vierten Phase) veröffentlicht. Dazu gehören weiterhin Beiträge, in denen die Adäquanz der Verwendung bestimmter IFRS-Regelungen im internen Rechnungswesen beurteilt wird.[828] Auch weitere Praxisbeispiele für ein konvergentes Rechnungswesen werden veröffentlicht.[829] Der erste Diskussionsstrang dehnt sich folglich auch auf die bislang vorletzte Phase der Konvergenzdiskussion aus. Beiträge, welche unter den zweiten oder dritten Diskussionsstrang zu subsumieren sind, erscheinen hingegen nur noch selten. Diese Beobachtung spricht dafür, dass die aus der IFRS-Anwendung resultierenden Schnittstellen zwischen Controlling und externem Rechnungswesen bereits in den vorausgegangenen Phasen erschöpfend diskutiert worden sind.

Mit den Aufsätzen von *Schaier* und *Simons/Weißenberger* existieren zwei Beiträge, welche beabsichtigen, die in der Praxis dominierende Form eines konvergenten Rechnungswesens theoretisch fundiert zu erklären.[830] *Simons/Weißenberger* leisten mithilfe eines evolutorisch-spieltheoretischen Modells einen Beitrag zur Beantwortung der Frage, ob ein konvergentes Rechnungswesen lediglich ein temporäres Phänomen ist oder über eine Beharrungstendenz verfügt.[831] *Schaier* zieht die zunehmende Interdependenz zwischen internem und externem Rechnungswesen, die unter anderem durch die Anwendung internationaler Rechnungslegungsstandards verursacht wird, als Grundlage für die Formulierung eines alternativen Erklärungsansatzes heran.[832] Zu den Beiträgen, die weiterhin deutlich auf eine zielführende Ausgestaltung des Rechnungswesens gerichtet sind, treten nun also wieder Aufsätze mit einer reinen Erklärungsfunktion hinzu. Hier zeigen sich somit Gemeinsamkeiten mit den in Abschnitt

[827] Vgl. hierzu ausführlich Abschnitt 5.4.2.2.3.2, S. 354 ff.

[828] Vgl. z.B. Pelger (2008a); Vanini/Beyer (2009).

[829] Vgl. z.B. Beißel/Szczesny (2009) sowie für die Implikationen für die Gestaltung der Informationstechnologie (IT) Esch/Ganczarski/Gohr/Padberg (2008).

[830] Vgl. hierzu ausführlich Abschnitt 5.2.4.1.1, S. 201 ff.

[831] Vgl. Simons/Weißenberger (2008), S. 143 ff.

[832] Vgl. Schaier (2008), S. 130 ff.

5.1.1.2.1 angesprochenen Beiträgen, die als charakteristisch für die erste Phase der Konvergenzdiskussion gelten können.[833]

5.1.1.2.6 Sechste Phase: ab 2010

Die sechste Phase der Konvergenzdiskussion umfasst infolge der Abgrenzung des Untersuchungszeitraums nur den Zeitschriftenjahrgang 2010, in dem 18 relevante Beiträge veröffentlicht worden sind. In diesen finden sich wiederum Auseinandersetzungen mit Fragestellungen, die jenen aus früheren Diskussionsphasen ähneln, z.B. im Zusammenhang mit dem Impairment Test nach IAS 36, für den das Controlling als Daten- und Methodenlieferant fungiert.[834] Ferner werden weitere empirische Studien veröffentlicht, die Rückschlüsse auf den Umsetzungsstand der Konvergenz in der Unternehmenspraxis zulassen.[835]

Der sich bereits in der fünften Phase wieder abzeichnende Literaturstrang, welcher sich zur Aufgabe gemacht hat, die Konvergenz des internen und externen Rechnungswesens aus einer theoretischen Perspektive zu erklären, findet mit den Arbeiten von *Hirsch/Schneider* und *Ikäheimo/Taipaleenmäki* in der sechsten Diskussionsphase seine Fortsetzung.[836] Das Spektrum der theoretischen Perspektiven, das zur Erklärung des Konvergenzphänomens herangezogen wird und sich bislang aus ökonomischen Theorien zusammensetzt, erweitert sich durch diese Beiträge um institutionelle und verhaltenswissenschaftliche Ansätze.[837]

Darüber hinaus werden mit der empirischen Studie von *Kunz* und der außerhalb des Analysezeitraums der vorliegenden Untersuchung veröffentlichten Erhebung von *Weide et al.* die Auswirkungen einer Konvergenz des Rechnungswesens auf die Aufbau- und Ablauforganisation der Unternehmen erfasst.[838] In diesen Arbeiten steht nicht länger die Ausgestaltung eines konvergenten Rechnungswesens zur Debatte, vielmehr werden die sich daraus ergebenden Konsequenzen diskutiert.[839]

Den Schwerpunkt dieser Diskussionsphase bilden jedoch Beiträge, die sich mit den Auswirkungen des BilMoG befassen. Hier zeigen sich deutliche Parallelen zu den Foki der Artikel des zweiten Diskussionsstrangs, welche die Implikationen der IFRS für das Controlling aufzeigen.[840] So systematisieren *Lorson et al.* im Rahmen eines Übersichtsartikels die Bilanzierungsvorschriften, zu deren Befolgung die Daten bzw. Methodenkompetenz des Controllings

833 Vgl. hierzu Abschnitt 5.1.1.2.1, S. 125.

834 Vgl. Kirsch/Koelen/Köhling (2010); Müller/Reinke (2010).

835 Vgl. Fischer/Ihme (2010); Matova/Pelger (2010).

836 Vgl. Hirsch/Schneider (2010); Ikäheimo/Taipaleenmäki (2010).

837 Vgl. hierzu Abschnitt 5.2.4.1.2, S. 203.

838 Vgl. Kunz (2010); Weide/Hoffjan/Nevries/Trapp (2011).

839 Als ähnlich selbstverständlich erachten *Lorson et al.* eine Konvergenz des Rechnungswesens, indem sie die Finanzberichterstattung als wesentliche Quelle für den Dateninput der internen Berichterstattung betrachten (vgl. Lorson/Melcher/Zündorf (2010), S. 247).

840 Vgl. Abschnitte 5.1.1.2.3, S. 129 f., und 5.1.1.2.4, S. 130 f.

erforderlich ist.[841] In anderen Beiträgen werden die Auswirkungen ausgewählter Bilanzierungsänderungen auf das Controlling betrachtet: Die Bilanzierung von Pensionsverpflichtungen und ihre Konsequenzen für das Controlling werden von *Mühlberger/Langecker* thematisiert, die Auswirkungen der Möglichkeit zur Aktivierung und Bewertung selbst geschaffener immaterieller Vermögensgegenstände bei *Müller* und die Anforderungen an das Controlling aufgrund der Finanzberichterstattung in Anhang und Lagebericht bei *Zülch/Hoffmann*.[842] Weitere Untersuchungsaspekte bilden die Eignung der handelsrechtlichen Rechnungslegung nach der Novellierung durch das BilMoG als Datengrundlage für ein konvergentes Rechnungswesen[843] und die Auswirkungen der reformbedingten Änderungen in den Bilanzierungsregeln auf Kennzahlen zur Unternehmenssteuerung.[844]

5.1.2 Strukturierung der Methoden der Erkenntnisgewinnung

Die bereits in Abschnitt 4.1.2.1 genannten Literaturanalysen haben ergeben, dass im deutschsprachigen Raum sowohl in der Controlling- als auch der Rechnungswesenforschung sachlich-analytische Forschungsstrategien dominieren.[845] Auch im Rahmen der Konvergenzdiskussion findet diese Forschungsstrategie weite Verbreitung: 112 der insgesamt 161 Beiträge sind als „sachlich-analytisch" klassifiziert worden, was 69,6 Prozent aller Veröffentlichungen entspricht. Formal-analytische Arbeiten spielen mit 5 Prozent der analysierten Beiträge eine untergeordnete Bedeutung. Mit 41 Beiträgen (25,5 Prozent aller Abhandlungen) finden sich demgegenüber empirische Arbeiten häufiger unter den analysierten Aufsätzen.

In Übereinstimmung mit *Binder/Schäffer* wurden auch Unternehmensbeispiele, die insbesondere in praxisnahen Zeitschriften veröffentlicht werden, als empirische Beiträge aufgefasst.[846] Dies erscheint insofern nicht unkritisch, als in diesen Aufsätzen die Präsentation in einem Unternehmen etablierter Praktiken im Vordergrund steht und nicht – wie in Abschnitt 4.2.2.3.3.2.2 ausgeführt – die Überprüfung bestimmter Aussagen über die Realität mithilfe anerkannter Methoden.[847] Unter den genannten empirischen Beiträgen befinden sich 25 Unternehmensbeispiele (61 Prozent aller empirischen Forschungsbeiträge und 15,5 Prozent aller relevanten Beiträge). Extrahiert man die Unternehmensbeispiele aus der Gruppe der empirischen Beiträge, beschränkt sich diese auf solche Veröffentlichungen, in denen mittels Befragungen, Feldstudien oder Dokumentenanalysen Aussagen über den Stand der Konvergenz des Rechnungswesens in der Unternehmenspraxis getroffen werden. Diese verbleibenden 16 Beiträge machen lediglich 9,9 Prozent der identifizierten Aufsätze aus.

---

841 Vgl. Lorson/Melcher/Zündorf (2010).

842 Vgl. Mühlberger/Langecker (2010); Müller (2010); Zülch/Hoffmann (2010).

843 Vgl. Troßmann (2010); Wollmert/Oser/Skirk (2010).

844 Vgl. Faupel/Gerenkamp/Schneider (2010); Paetzmann/Kaspereit (2010) sowie ferner Wöhrmann (2010), der die Problematik jedoch primär vor dem Hintergrund der Bilanzanalyse betrachtet.

845 Vgl. Perrey/Schäffer/Kramer (2010), S. 488; Binder/Schäffer (2005), S. 613.

846 Vgl. Binder/Schäffer (2005), S. 613.

847 Vgl. Abschnitt 4.2.2.3.3.2.2, S. 111.

Die Auswertung der Forschungsmethoden im Zeitablauf in Abbildung 17 legt offen, dass die sachlich-analytischen Beiträge über den gesamten Untersuchungszeitraum zahlenmäßig überwiegen. Mit Ausnahme der Jahre 1996, 2000, 2007 und 2009 bildet der sachlich-analytische Ansatz die am häufigsten eingesetzte Forschungsmethode. Ferner zeigt sich, dass die Zahl der empirischen Beiträge in der zweiten Diskussionshälfte zunimmt.

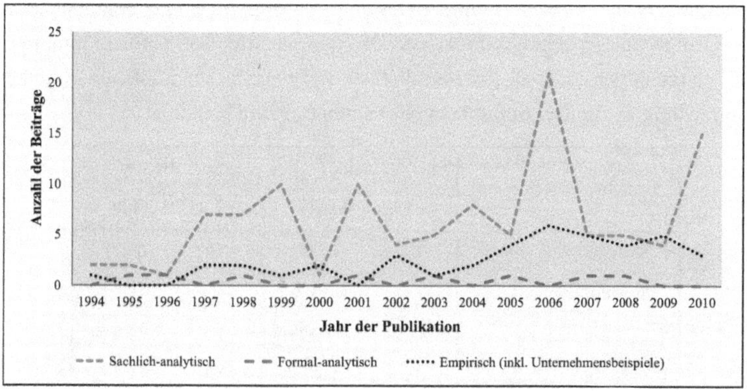

Abbildung 17: Entwicklung der Forschungsmethoden in der Konvergenzdiskussion

Bei einer differenzierten Betrachtung der empirischen Forschungsmethoden, in denen Unternehmensbeispiele von sonstigen empirischen Beiträgen separiert werden, wird offensichtlich, dass die Zunahme der empirischen Beiträge in der zweiten Diskussionshälfte maßgeblich auf die höhere Anzahl an Unternehmensbeispielen zurückzuführen ist, die insbesondere zwischen 2005 und 2008 erschienen sind. Die Zahl der empirischen Beiträge, die auf Befragungen, Feldstudien und Dokumentenanalysen aufbauen, erhöht sich erst ab dem Zeitschriftenjahrgang 2008 (vgl. Abbildung 18).

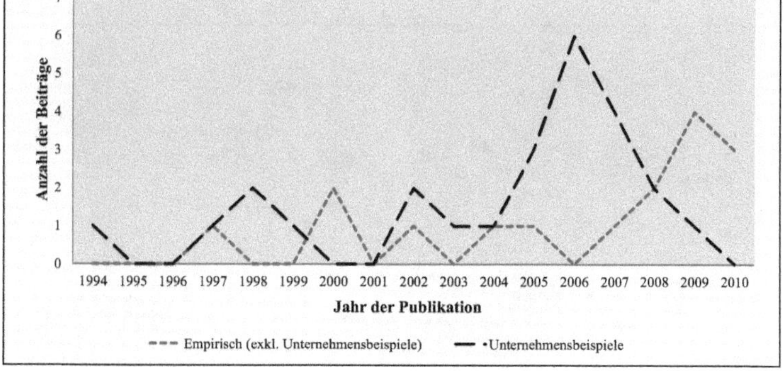

Abbildung 18: Entwicklung empirischer Forschungsmethoden in der Konvergenzdiskussion

Der sich andeutende Bedeutungszuwachs empirischer Beiträge dokumentiert sich auch in der Tabelle 10, welche die angewandten Forschungsmethoden nach den beiden aus Abschnitt 5.1.1 bekannten Subperioden differenziert darstellt. Sie ergänzt die bisherigen Erkenntnisse insofern, als sie verdeutlicht, dass die sachlich-analytische Forschungsstrategie die Veröffentlichungen in der zweiten Diskussionshälfte zwar weiterhin prägt, ihr Anteil – ebenso wie jener formal-analytischer Aufsätze – an der Gesamtzahl der publizierten Beiträge jedoch rückläufig ist. Demgegenüber umfasst die zweite Diskussionhälfte deutlich mehr empirische Beiträge und Unternehmensbeispiele, was schließlich mit entsprechend höheren Anteilen dieser Forschungsansätze an der Gesamtzahl der relevanten Beiträge einhergeht.

Forschungsmethoden	Veröffentlichungen im Zeitraum			
	1994-2002/I		2002/II-2010	
Sachlich-analytisch	42	75,0%	70	66,7%
Formal-analytisch	4	7,1%	4	3,8%
Empirisch	4	7,1%	12	11,4%
Unternehmensbeispiele	6	10,7%	19	18,1%
Gesamt	56	100%	105	100%

Tabelle 10: Dynamische Auswertung der Forschungsmethoden

5.1.3 Strukturierung der Diskussionsteilnehmer

Die überblicksartige Strukturierung wird mit einer Auswertung der Herkunft der an der Konvergenzdiskussion partizipierenden Autoren abgeschlossen. Bereits in Abschnitt 4.2.2.3.3.2.3 wurde erläutert, dass im Folgenden als Autorentypen Wissenschaftler, Vertreter der Unternehmenspraxis sowie Berater und Wirtschaftsprüfer unterschieden werden. Wie sich die Beteiligung der unterschiedlichen Autorentypen an der Konvergenzdiskussion entwickelt, wird in Abbildung 19 aufgezeigt.

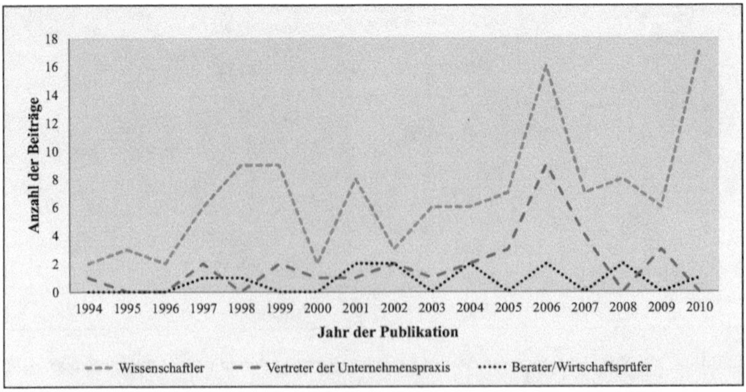

Abbildung 19: Dynamische Betrachtung der Beteiligung verschiedener Autorentypen

Die Abbildung legt offen, dass während des gesamten Diskussionszeitraums die meisten Artikel von Wissenschaftlern verfasst werden. Der Output dieser Autorengruppe ist jenem der beiden anderen zahlenmäßig deutlich überlegen. Während von Beratern und Wirtschaftsprüfern während des gesamten Analysezeitraums Fachbeiträge nur in niedrigerer Frequenz verfasst werden, steigt die Anzahl der von Unternehmensvertretern geschriebenen Beiträge in der zweiten Hälfte der Diskussion.

Autorentypen	Veröffentlichungen im Zeitraum			
	1994-2002/I		2002/II-2010	
Wissenschaftler	43	76,8%	74	70,5%
Unternehmensvertreter	8	14,3%	23	21,9%
Berater/Wirtschaftsprüfer	5	8,9%	8	7,6%
Gesamt	56	100%	105	100%

Tabelle 11: Dynamische Auswertung der Autorentypen

Diese Entwicklung wird auch von Tabelle 11 reflektiert, aus der ersichtlich wird, dass der Anteil der von Wissenschaftlern und Beratern bzw. Wirtschaftsprüfern verfassten Beiträge in der zweiten Diskussionshälfte sinkt, während sich jener von Unternehmensvertretern von 14,3 Prozent aus der ersten Subperiode auf 21,9 Prozent erhöht. Wenngleich die Diskussion zu jedem Zeitpunkt von Wissenschaftlern dominiert wird, nimmt das relative Gewicht der Unternehmensvertreter mit fortschreitender Diskussion folglich zu.

5.1.4 Weiteres Vorgehen

Im weiteren Verlauf dieses Kapitels werden die Ergebnisse der Literaturauswertung vorgestellt, mit denen die drei der Arbeit zugrundeliegenden Kernfragen beantwortet werden. Diese beziehen sich auf die Begründung eines konvergenten Rechnungswesens (Abschnitt 5.2), die konzeptionell-inhaltliche Strukturierung (Abschnitt 5.3) sowie auf die Erfolgswirkungen eines konvergenten Rechnungswesens und die Steuerungseignung von Rechnungslegungsstandards (Abschnitt 5.4).

Für alle drei Aspekte wird grundsätzlich ein einheitliches Vorgehen gewählt. Zunächst erfolgt eine Systematisierung der unterschiedlichen Aussagen, die in der Konvergenzdiskussion im Hinblick auf die verschiedenen Themenfelder getroffen worden sind. Diese grundlegenden Ausführungen werden – unter der Voraussetzung einer hinreichenden Zahl an Nennungen – anschließend jeweils um eine zeitraum- und eine autorengruppenbezogene Betrachtung ergänzt. Mit diesen Auswertungen soll der Zielsetzung der Arbeit entsprochen werden, sich im Zeitablauf ändernde Sichtweisen auf bestimmte Aspekte ebenso wie Unterschiede zwischen den Vorstellungen von Vertretern der Wissenschaft und der Unternehmenspraxis zu erschließen.

5.2 Begründung der Konvergenz des Rechnungswesens

Den Gegenstand des folgenden Abschnitts bildet die Systematisierung der Gründe für eine Konvergenz des Rechnungswesens und dementsprechend die Antwort auf die Frage, **warum** eine Annäherung stattfinden sollte. Der Beantwortung dieser Frage kommt insofern eine besondere Bedeutung zu, als die betriebswirtschaftliche Forschung in der Pflicht gesehen wird, Entwicklungen in der Unternehmenspraxis zu erklären und vorherzusagen.[848] Um diesem Anspruch gerecht werden zu können, muss ein fundiertes Wissen über die Rahmenbedingungen bestehen, welche eine Konvergenz des Rechnungswesens motivieren.

Theoretische Ansätze bilden zur Erklärung der Konvergenz des Rechnungswesens eine Ausnahme; sie finden sich nur in acht Beiträgen und werden in Abschnitt 5.2.4.1 aufgearbeitet. Häufiger werden sowohl von Vertretern der Wissenschaft als auch der Unternehmenspraxis Unzulänglichkeiten, welche die tradierte Divergenz des Rechnungswesens impliziert, sowie Entwicklungen in der Unternehmensumwelt herangezogen, um die Annäherung des internen und externen Rechnungswesens zu begründen und zu erklären. Entsprechende Ausführungen sind in 95 Beiträgen identifiziert worden.[849] Diese Argumente werden nachfolgend kategorisiert. Wie bereits in Abschnitt 3.2 erwähnt, werden hierzu in Anlehnung an *Müller* Motive für eine Konvergenz des Rechnungswesens und Vorteile eines konvergenten Rechnungswesens unterschieden. Motive bilden einen Auslöser für Veränderungen im Rechnungswesen, Vorteile sind hingegen positive Folgen einer Konvergenz, deren Realisierung aber nicht handlungsauslösend ist.[850]

Zwischen Motiven und Vorteilen besteht ein enger inhaltlicher Zusammenhang, da die Realisierung eines Vorteils ein Motiv für die Umsetzung des Konvergenzgedankens bilden kann. Ebenso ist denkbar, dass sich das Bestreben, eine Kombination von Vorteilen umzusetzen, zu einem handlungsauslösenden Motiv verdichtet. Dementsprechend ist eine solche Differenzierung nicht frei von individuellem Ermessen. Im Zuge der Literaturauswertung ist folgende Regelung getroffen worden: Aussagen werden als **Konvergenzmotiv** betrachtet, wenn ein Sachverhalt explizit als solches bzw. als Ursache, Auslöser, Impuls etc. bezeichnet wird. Zudem wird davon ausgegangen, dass ein Motiv vorliegt, wenn auf einen bestehenden, durch ein divergentes Rechnungswesen verursachten Missstand Bezug genommen wird. **Vorteile eines konvergenten Rechnungswesens** bestehen hingegen in den positiven Folgen einer Konvergenz, die zwar goutiert werden, aber nicht handlungsentscheidend sind. Sie stellen somit ei-

[848] Vgl. Searcy/Mentzer (2003), S. 130.

[849] Motive und Vorteile, die in Beiträgen genannt werden, welche auf empirischen Erhebungen basieren, finden nur insoweit Berücksichtigung, als die Auslöser für eine Annäherung von internem und externem Rechnungswesen bzw. die Folgen eines konvergenten Rechnungswesens im Rahmen des konzeptionellen Teils genannt werden und somit kein Ergebnis der Erhebung darstellen. Die Separation empirisch festgestellter Motive und Vorteile ist insofern erforderlich, als in Abschnitt 6.1 eine Gegenüberstellung der Ergebnisse empirischer Studien und der im Rahmen der vorliegenden Arbeit durchgeführten Literaturanalyse vorgenommen wird (vgl. hierzu ausführlich Abschnitt 6.1.1, S. 363 ff.).

[850] Vgl. Müller (2006), S. 39, sowie Abschnitt 3.2, S. 71.

nen „positiven Nebeneffekt" dar, dessen Realisierung allerdings noch aussteht. Dementsprechend werden im Rahmen der Inhaltsanalyse neben Aussagen, die explizit als Vorteile bezeichnet werden, auch jene, die lediglich Erwartungen wiedergeben, die mit einer Konvergenz des Rechnungswesens verbunden werden, als Vorteile erfasst.

Darüber hinaus besteht die Schwierigkeit, einzelne Vorteile trennscharf voneinander abzugrenzen. So spricht *Schaier* das Problem an, dass ähnliche Folgen häufig unterschiedlich bezeichnet und als eigenständige Vorteile betrachtet werden.[851] Aus diesem Grund werden die einzelnen Vorteile, aber auch Motive, tendenziell weit ausgelegt und die jeweiligen Facetten in den folgenden Ausführungen beschrieben.

Im weiteren Verlauf des Kapitels werden die Motive für eine Konvergenz des Rechnungswesens (Abschnitt 5.2.1) sowie die Vorteile eines konvergenten Rechnungswesens (Abschnitt 5.2.2) systematisiert. Dabei wird geprüft, inwiefern ein Bezug zwischen den Konvergenzmotiven und -vorteilen sowie der erwarteten **Effektivität** und **Effizienz des Rechnungswesens** hergestellt werden kann. Für die Konkretisierung des Effektivitätsbegriffs wird wiederum auf die aus Abschnitt 3.1 bekannten Erfolgswirkungen zurückgegriffen:[852] Unter Zugrundelegung dieser Überlegungen ist das betriebliche Rechnungswesen effektiv, wenn es den Handlungsträgern im Unternehmen nützliche Informationen bereitstellt, die ihnen das Treffen „besserer" Entscheidungen ermöglichen. Somit leisten die Rechnungsweseninformationen mittelbar einen Beitrag zur Erreichung der Unternehmensziele.[853] Demgegenüber bezieht sich der Effizienzbegriff auf die Wirtschaftlichkeit des Rechnungswesens.[854] Im Sinne einer Effizienzbeurteilung ist zu prüfen, „ob die Ziele der Informationsversorgung mit einem möglichst geringen Aufwand erreicht werden."[855] Dementsprechend sind zur Wirtschaftlichkeitsbeurteilung die Kosten und der Nutzen des Rechnungswesens gegenüberzustellen bzw. Aufwandsersparnisse zu evaluieren.[856]

5.2.1 Konvergenzmotive

5.2.1.1 Systematisierung der Konvergenzmotive

Aus der Inhaltsanalyse sind insgesamt neun Motive hervorgegangen, die zu zwei Motivgruppen zusammengefasst werden. Wie Abbildung 20 veranschaulicht, werden die im ersten Cluster enthaltenen Konvergenzmotive in 37 Beiträgen thematisiert. Das Cluster kommt dabei auf insgesamt 57 Einzelnennungen, da in einigen Beiträgen mehrere Gründe für eine Konvergenz des Rechnungswesens genannt werden, welche der ersten Motivgruppe zugeordnet werden.

---

[851] Vgl. Schaier (2007), S. 117.

[852] Vgl. Abschnitt 3.1, S. 70.

[853] Vgl. Chenhall (2003), S. 132; ähnlich auch Schweitzer (2002), Sp. 2019; Küpper (2002), Sp. 2033.

[854] Vgl. zu der Auslegung der Begriffe „Effizienz" und „Effektivität" ausführlich Sill (2008), S. 12 ff.

[855] Burger/Buchhart (2001a), S. 550.

[856] Vgl. Weide (2009a), S. 51; Burger/Buchhart (2001a), S. 550.

Demgegenüber gehen Motive des zweiten Clusters aus 79 Beiträgen hervor, in denen sich insgesamt 117 Nennungen finden, die dieser Gruppe angehören. Im folgenden Abschnitt werden zunächst die Motive des ersten Clusters dargelegt. Die Analyse der zweiten Motivgruppe erfolgt demgegenüber in Abschnitt 5.2.1.1.2.

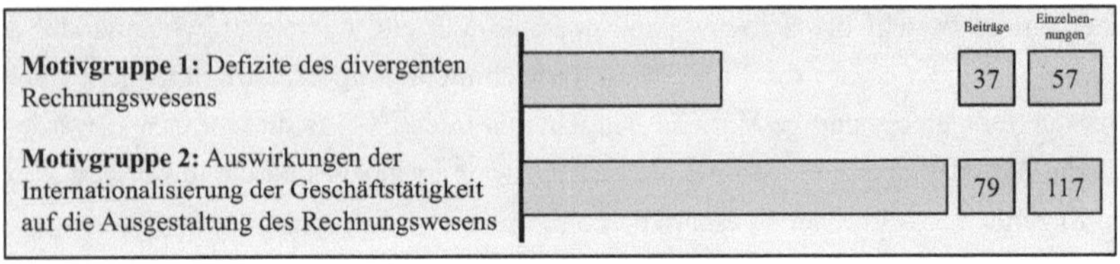

Abbildung 20: Motivgruppen

5.2.1.1.1 Motivgruppe 1: Defizite des divergenten Rechnungswesens

Die erste Motivgruppe umfasst **Defizite des divergenten Rechnungswesens**, die als Auslöser für eine Konvergenz des Rechnungswesens betrachtet werden. Die mit der Konvergenz verbundene Intention bezieht sich folglich auf die Überwindung spezifischer Schwächen des „traditionellen" Rechnungswesens. Abbildung 21 gibt einen Überblick über die Motive mitsamt der Anzahl ihrer Nennungen, die in dieser Gruppe zusammengefasst werden.

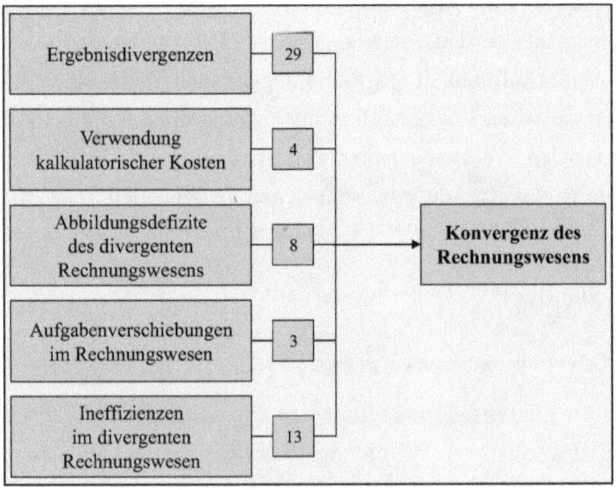

Abbildung 21: Inhalte der ersten Motivgruppe

Dem mit Abstand am häufigsten genannten Motiv innerhalb dieses Clusters entsprechen die **Ergebnisdivergenzen**, die zwischen dem im internen Rechnungswesen ausgewiesenen Periodenerfolg sowie jenem im externen Teilsystem bestehen (vgl. Abbildung 21). So koexistieren „ein ‚richtiges' internes kalkulatorisches Ergebnis sowie ein ‚weniger richtiges' jahresabschlußbezogenes Ergebnis"[857]. Abweichende Periodenergebnisse begründen sich zum einen

[857] Küting/Lorson (1998d), S. 2308.

mit den unterschiedlichen Foki der Kostenrechnung sowie der Rechenwerke des externen Rechnungswesens: Während Letztere sämtliche Geschäftsvorfälle des Unternehmens erfassen, beschränkt sich die Kostenrechnung auf die Abbildung der leistungsbezogenen Werteentstehung bzw. ihrer Verzehre.[858]

Doch selbst das im externen Rechnungswesen ermittelte, auf die betriebliche Tätigkeit bezogene (Teil-)Ergebnis weicht regelmäßig vom kostenrechnerischen Erfolg ab, was auf die Ansatz- und Bewertungsunterschiede, die zwischen internem und externem Rechnungswesen bestehen, zurückzuführen ist. Als Divergenztreiber sind in diesem Zusammenhang insbesondere der Ansatz kalkulatorischer Kosten, unterschiedliche Abschreibungsroutinen und abweichende Behandlungen von außergewöhnlichen Geschäftsvorfällen zu nennen.[859] Die hierdurch entstehenden Ergebnisdifferenzen können ein beträchtliches Ausmaß annehmen, wie die Ausführungen von *Beißel/Steinke* darlegen. Sie berichten im Kontext eines Unternehmensbeispiels, dass „[i]n der größten Unternehmenskrise der Lufthansa 1991/92 [..] ‚intern' bzw. kalkulatorisch noch ein Gewinn ausgewiesen [wurde], während sich ‚extern' ein Milliardenverlust und Illiquidität abzeichneten."[860]

Die Koexistenz von zwei unterschiedlichen Periodenergebnissen wird bereits von *Ziegler* als Auslöser für die Reorganisation des Rechnungswesens bei der Siemens AG genannt.[861] In 28 weiteren Beiträgen werden Ergebnisunterschiede ebenfalls als Motiv für die Konvergenz des Rechnungswesens betrachtet, so dass das Motiv insgesamt auf 29 Nennungen kommt. Welche Beiträge entsprechende Ausführungen beinhalten, ist der Spalte A der Tabelle 12 zu entnehmen. Aus den dortigen Argumentationen kann geschlossen werden, dass sich das Ziel der Konvergenz des Rechnungswesens in der Überwindung der Ergebnisdivergenzen und der Herstellung eines einheitlichen Ergebnisniveaus konkretisiert.

[858] Vgl. Coenenberg/Fischer/Günther (2009), S. 25; vgl. bereits Abschnitt 2.3.1.2, S. 41 f.

[859] Vgl. Wussow (2004), S. 35; Währisch (2000), S. 678.

[860] Beißel/Steinke (2004), S. 63.

[861] Vgl. Ziegler (1994), S. 177 f.

Motivgruppe 1: Defizite des divergenten Rechnungswesens											
Beitrag	Aspekt der Motivgruppe					Beitrag	Aspekt der Motivgruppe				
	A	B	C	D	E		A	B	C	D	E
Altenburger et al. (2001)	☑					Lorson (1996)	☑				
Beißel/Steinke (2004)	☑					Löw (1999)	☑				
Burger/Buchhart (2001a)	☑					Männel (1997a)	☑		☑		
Damberger et al. (2002)	☑				☑	Männel (1997b)	☑	☑			
Deleker (1997)	☑		☑			Männel (1999a)	☑				
Dressler/Müller (2001)	☑					Männel (1999b)	☑	☑	☑	☑	
Gleich et al. (2002)	☑					Matova/Pelger (2010)	☑				☑
Günther/Zurwehme (2008)	☑					Mühlberger/Langecker (2010)					☑
Hebeler (2006)	☑				☑	Müller et al. (2005)	☑		☑		
Jahnke et al. (2007)	☑				☑	Müller/Peskes (2006)	☑				
Kerkhoff/Thun (2007)	☑					Reiners (2001)	☑				
Kley (2006)	☑		☑	☑		Schweitzer/Ziolkowski (1999)				☑	
Küpper (1995)	☑				☑	Seelinger/Kaatz (1998)			☑		☑
Küpper (1997)		☑			☑	Simons/Weißenberger (2008)					☑
Küpper (1999)	☑		☑			Sylvester (2004)					☑
Küting (2000)	☑		☑			Wala et al. (2007b)	☑				
Küting/Lorson (1998b)	☑				☑	Wurl et al. (2001)					☑
Küting/Lorson (1999b)	☑	☑				Ziegler (1994)	☑				
Lochner et al. (2007)					☑	Zwischensumme pro Aspekt	29	4	8	3	13
						Nennungen insgesamt	57				

Mit A ≡ Ergebnisdivergenzen; B ≡ Verwendung kalkulatorischer Kosten; C ≡ Abbildungsdefizite des divergenten Rechnungswesens; D ≡ Aufgabenverschiebungen im Rechnungswesen; E ≡ Ineffizienzen im divergenten Rechnungswesen

Tabelle 12: Nennungen der ersten Motivgruppe

Mitunter werden in den genannten Beiträgen die (negativen) Konsequenzen von Ergebnisdivergenzen erörtert. Die im Rahmen der Literaturanalyse erschlossenen Folgen des Nebeneinanders unterschiedlicher Periodenergebnisse werden in Abbildung 22 zusammengefasst. Aus ihr wird ersichtlich, dass durch Ergebnisdivergenzen einerseits die Effizienz des Rechnungswesens im Sinne der Wirtschaftlichkeit (linke Hälfte der Abbildung 22) und andererseits die Effektivität bzw. Wirksamkeit des Rechnungswesens (rechte Hälfte) beeinträchtigt werden. Die Konsequenzen der Ergebnisdivergenzen für die Effektivität des Rechnungswesens werden dabei in einer deutlich höheren Frequenz angesprochen als die Folgen für die Effizienz des Rechnungswesens.[862] Die in den analysierten Beiträgen genannten Auswirkungen werden im Folgenden zueinander in Beziehung gesetzt.

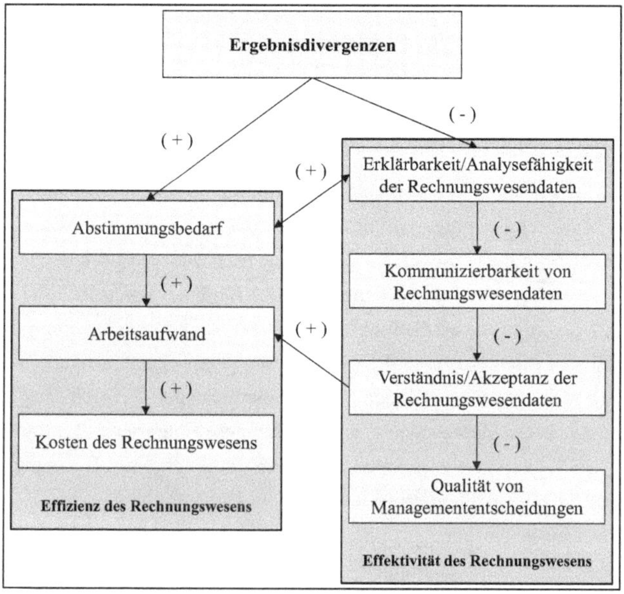

Abbildung 22: Folgen von Ergebnisdivergenzen

Die Effektivität des Rechnungswesens wird durch Ergebnisdivergenzen insofern eingeschränkt, als dadurch die Analyse der Erfolgssituation eines Unternehmens erschwert wird. So stellt *Männel* fest, dass vor diesem Hintergrund „ein durchgängiges, konzeptionell geschlossenes Ergebniscontrolling nicht möglich ist.“[863] Voraussetzung für eine verständliche Erfolgsmessung ist vielmehr die Konzeption einer Überleitungsrechnung anhand derer das Ergebnis aus der internen Erfolgsrechnung in jenes aus der auf dem externen Rechnungswesen aufsetzenden GuV überführt werden kann.[864] Ergebnisdivergenzen fallen demzufolge umso stärker ins Gewicht, wenn die unterschiedlichen Ergebnisse nicht ineinander übergeleitet werden können.[865]

Für die Adressaten des Rechnungswesens bleibt die Erfolgssituation des Unternehmens intransparent, da bei unterschiedlichen Ergebnissen kaum ersichtlich wird, welches die Unternehmenslage zutreffender bzw. weniger verzerrt wiedergibt. Diese Sichtweise kann exemplarisch anhand des folgenden Zitats von *Müller et al.* verdeutlicht werden: „Ohne Konvergenz steht die Unternehmensführung vor der Herausforderung, als Grundlage für ihre entschei-

---

862 Vgl. z.B. Gleich/Sasse/Gräf/Kogler (2002), S. 344; Wala/Knoll/Messner (2007b), S. 1882.

863 Männel (1997a), S. 11; ähnlich auch Gleich/Sasse/Gräf/Kogler (2002), S. 344; Männel (1999a), S. 14.

864 Vgl. Männel (1997b), S. 10; Dressler/Müller (2001), S. 507.

865 Vgl. Männel (1997a), S. 11; Hoke (2001), S. 156.

dungs- und verhaltensorientierte Steuerung zwischen dem pflichtmäßigen externen Datenmaterial und dem freiwillig erstellten internen Datenmaterial entscheiden zu müssen, wobei letztlich beide Abbildungskonzeptionen offensichtlich in vielen Fällen unzutreffende Ergebnisse liefern."[866] An anderer Stelle wird konstatiert, dass selbst die Konstruktion einer Überleitungsrechnung diese Problematik nicht abmildern kann, weil diese vielfach eine Komplexität aufweist, welche erhebliche Kommunikationsschwierigkeiten verursacht.[867] Dementsprechend werden Überleitungsrechnungen lediglich als „Hilfslösung" betrachtet.[868]

Der von unterschiedlichen Teilsystemen des Rechnungswesens induzierte „Erklärungsnotstand"[869] führt somit zu einer eingeschränkten und teilweise widerspruchsbehafteten Kommunizierbarkeit von Rechnungswesendaten. So behindert die Bereitstellung mehrerer Erfolgsgrößen folglich die Interpretierbarkeit von Daten des Rechnungswesens.[870] Die dadurch entstandenen Irritationen mindern schließlich die Verständlichkeit und Akzeptanz von Daten des Rechnungswesens bei ihren Nutzern.[871] Des Weiteren bilden Ergebnisdivergenzen die Grundlage für interessengeleitete Diskussionen.[872] In Anbetracht der Vernachlässigung „wesentliche[r] Anforderungen des Managements an ein effizientes, integriertes Führungs- und Steuerungssystem"[873] stellt sich daher die Frage, inwiefern ein divergentes Rechnungswesen seiner Funktion als Instrument zur Fundierung von Entscheidungsfindungen gerecht werden kann. *Müller/Peskes* weisen in diesem Zusammenhang auf etwaige negative Implikationen für die Qualität von Managemententscheidungen hin.[874] Ähnlich argumentiert auch *Küpper*, der die Problematik anspricht, ein Segment zu steuern, das gemäß des internen Rechnungswesens profitabel arbeitet, nach den Abbildungskonventionen des externen Rechnungswesens jedoch einen Fehlbetrag ausweist.[875]

Insgesamt bleibt festzuhalten, dass der parallele Ausweis von zwei unterschiedlichen Periodenergebnissen in der Literatur als Defizit eines divergenten Rechnungswesens betrachtet wird, welches die Nutzbarkeit von Informationen des Rechnungswesens beeinträchtigt. In letzter Konsequenz ist davon auszugehen, dass die Effektivität des Rechnungswesens eingeschränkt wird. Wenngleich die meisten Autoren, die Ergebnisdivergenzen als Motiv für eine Annäherung des internen und externen Rechnungswesens anführen, negative Folgen für die Wirksamkeit des Rechnungswesens antizipieren, werden vereinzelt abweichende Periodener-

866 Müller/Ordemann/Pampel (2005), S. 2120 f.

867 Vgl. Küting/Lorson (1999b), S. 220.

868 Vgl. Männel (1997b), S. 10; Reiners (2001), S. 23.

869 Damberger/Heyne/Renner (2002), S. 23.

870 Vgl. Wala/Knoll/Messner (2007b), S. 1882; Reiners (2001), S. 23.

871 Vgl. Hebeler (2006), S. 12; Jahnke/Wielenberg/Schumacher (2007), S. 365.

872 Vgl. Beißel/Steinke (2004), S. 68; Weide (2009a), S. 315.

873 Dressler/Müller (2001), S. 504.

874 Vgl. Müller/Peskes (2006), S. 823.

875 Vgl. Küpper (1999), S. 10.

gebnisse auch für Effizienzdefizite verantwortlich gemacht, die ein divergentes Rechnungswesen immaniert.

Die Effizienz des Rechnungswesens wird durch die erwähnte grundsätzlich anzustrebende Überleitung des internen Ergebnisses auf den extern ausgewiesenen Periodenerfolg beeinträchtigt. Wie aus Abbildung 22 deutlich wird, ergibt sich aus den Ergebnisdivergenzen ein erhöhter Abstimmungsbedarf, durch den die Erklärbarkeit der Ergebnisunterschiede verbessert werden kann.[876] Eine Abstimmung der internen und externen Erfolgsrechnung bedingt jedoch einen hohen Arbeitsaufwand und verursacht Kosten für die Bereitstellung der benötigten Ressourcen.[877] Die Kosten eines divergenten Rechnungswesens können sich prinzipiell erhöhen, wenn die Opportunitätskosten, die mit dem Treffen von suboptimalen Entscheidungen aufgrund der eingeschränkten Effektivität des Rechnungswesens entstehen, berücksichtigt werden.[878]

Insgesamt ist zu konstatieren, dass Ergebnisdivergenzen in der Konvergenzdiskussion einerseits als Treiber für eine eingeschränkte Effektivität des Rechnungswesens und andererseits als Ursache für Ineffizienzen im Rechnungswesen betrachtet werden. Die Implikationen für die Effektivität werden jedoch deutlich häufiger thematisiert. Im Umkehrschluss impliziert die Konvergenz des Rechnungswesens demnach primär ein Potenzial zur Erhöhung der Wirksamkeit der Rechnungssysteme.

Über dieses Motiv hinaus finden sich weitere Konvergenzgründe in der ersten Motivgruppe. Diese werden im Vergleich zu den Ergebnisdivergenzen jedoch deutlich seltener genannt. In vier Aufsätzen wird die **Verwendung kalkulatorischer Kosten** kritisiert (vgl. Spalte B der Tabelle 12).[879] Sie bilden einen bedeutsamen Treiber für die oben genannten Ergebnisdivergenzen. In den 29 Beiträgen, in denen die Ergebnisdivergenzen als Motiv für die Umsetzung eines konvergenten Rechnungswesens genannt werden, beziehen sich die Autoren auf die Wirkung (Ergebnisdivergenzen) des Ansatzes kalkulatorischer Kosten, wohingegen in den vier im Weiteren aufgegriffenen Aufsätzen an der Ursache selbst Kritik geübt wird.

Nach *Küpper* und *Küting/Lorson* steht die Verwendung kalkulatorischer Größen in der Kritik, weil ihre Ermittlung häufig wenig transparent und damit willkürbehaftet erscheint. Der Willkürcharakter zieht dementsprechend ein Misstrauen gegen diese Bestandteile nach sich, was sich insbesondere in Delegationsbeziehungen, die – wie in Abschnitt 2.3.2.2.2 beschrieben – von Informationsasymmetrien geprägt werden, als problematisch erweist.[880] *Küpper* zieht daraus die Konsequenz, „die Handlungsspielräume soweit als möglich einzuschränken und nur insoweit zu belassen, wie es im Hinblick auf unterschiedliche Rechnungszwecke unver-

876 Vgl. Damberger/Heyne/Renner (2002), S. 23.

877 Vgl. Seelinger/Kaatz (1998), S. 125; Küting/Lorson (1998b), S. 471.

878 Vgl. mit Bezug zum Value Reporting auch Henselmann (2005), S. 297.

879 Vgl. Küpper (1997), S. 21; Männel (1997b), S. 10; Küting/Lorson (1999b), S. 220; Männel (1999b), S. 17.

880 Vgl. Küting/Lorson (1999b), S. 220; Küpper (1997), S. 21.

meidlich ist."[881] Während sich *Küpper* und *Küting/Lorson* auf den Ansatz von kalkulatorischen Kosten im Allgemeinen beziehen, gibt *Männel* zu bedenken, dass die Mehrheit der Fachvertreter dem Einbezug von Opportunitätskosten kritisch gegenübersteht.[882] So kommt diese Konvention einem Umdefinieren von Gewinnelementen gleich, woraus Irritationen bei den Rechnungswesenadressaten entstehen können.[883]

Mit vier Nennungen werden die Vorbehalte gegen das Rechnen mit kalkulatorischen Kosten vergleichsweise selten artikuliert. Sofern im Zuge einer Konvergenz des Rechnungswesens eine Annäherung des internen Rechnungswesens im Allgemeinen und der Kostenrechnung im Besonderen an die pagatorischen Rechenwerke intendiert wird, wird der Ansatz kalkulatorischer Kosten obsolet. Wird die Kritik am kalkulatorischen Kostenbegriff als Motiv für die Konvergenz des Rechnungswesens betrachtet, so besteht das Ziel des Konvergenzstrebens in der Erhöhung der Akzeptanz und Objektivität des Rechnungswesens, indem vom Ansatz „intransparenter" Kostenbestandteile Abstand genommen wird. Der auf diesem Wege induzierte Abbau von Ergebnisdivergenzen dürfte somit ebenfalls zu einer Erhöhung der Effektivität des Rechnungswesens beitragen.

Die ersten beiden Gründe innerhalb der Motivgruppe, die sich auf die Defizite des divergenten Rechnungswesens beziehen, betreffen primär die Kostenrechnung. Als drittes Motiv für eine Annäherung der Teilsysteme des Rechnungswesens können **Abbildungsdefizite des divergenten Rechnungswesens** betrachtet werden. Sie umfassen auch, aber nicht ausschließlich Schwächen der Kostenrechnung. In acht Beiträgen werden diese Defizite als Auslöser für eine Konvergenz des Rechnungswesens dargestellt (vgl. Spalte C der Tabelle 12).[884] Dabei werden mitunter sehr grundlegende Probleme angesprochen: *Seelinger/Kaatz* differenzieren vier Bestandteile des betrieblichen Rechnungswesens. Demnach umfasst das Rechnungswesen die Bereiche Buchhaltung/Bilanz, Selbstkostenrechnung/Kalkulation, Planung und Statistik. Dieser Differenzierung fehlen den Autoren zufolge stringente Abgrenzungskriterien, so dass mit einer Konvergenz des Rechnungswesens die Möglichkeit verbunden wird, eine adäquate Neustrukturierung des Rechnungswesens zu etablieren.[885] Zudem werfen *Seelinger/Kaatz* den tradierten Kostenrechnungssystemen vor, die Änderungen in Struktur, Niveau und Verlauf der Kosten und Erlöse nicht adäquat abzubilden.[886]

Kley bemängelt hingegen, dass die Kostenrechnung mit der zunehmenden Komplexität der Unternehmensumwelt nicht Schritt halten und für die Unternehmensleitung relevante Infor-

881 Küpper (1997), S. 21.

882 Vgl. Männel (1997b), S. 10; Schaier (2007), S. 127.

883 Vgl. Männel (1999b), S. 28; Burger/Buchhart (2001b), S. 807.

884 Vgl. Seelinger/Kaatz (1998); Kley (2006); Müller/Ordemann/Pampel (2005).

885 Vgl. Seelinger/Kaatz (1998), S. 125; so auch *Küting*, der diese Strukturierung als „weltfremd" bezeichnet (vgl. Küting (2000), S. 455); vgl. für eine Auseinandersetzung mit einer Neustrukturierung des Rechnungswesens aufgrund der Konvergenzbemühungen ausführlich Schaier (2007), S. 185 ff., sowie Fn. 2253.

886 Vgl. Seelinger/Kaatz (1998), S. 125.

mationen aufgrund ihrer Ausrichtung nicht generieren kann. Als Beispiele für Entwicklungen, die in der Kostenrechnung nicht abgebildet werden, nennt er eine Illiquidität oder Überschuldung des Unternehmens.[887] Mittels einer Konvergenz des Rechnungswesens soll folglich eine Komplettierung der für das Management relevanten Informationen sichergestellt werden. Dieses Ziel verbinden weitere Autoren mit der Konvergenz, die ebenfalls ein Abbildungsdefizit der Kostenrechnung als Grund für eine Annäherung der beiden Teilbereiche des Rechnungswesens nennen. *Müller et al.* betrachten die Abbildungskonzeption als unzureichend, da insbesondere immaterielle Vermögensgegenstände vielfach keinen Eingang in die Kostenrechnung finden.[888] Demgegenüber machen *Deleker* und *Küpper* einen Bedeutungsgewinn langfristig orientierter Kalküle aus.[889] Auch in diesen Beiträgen werden somit Einschränkungen hinsichtlich der Effektivität des divergenten Rechnungswesens als Impulse für eine Konvergenz des Rechnungswesens genannt. Einer Vereinheitlichung der Teilsysteme des Rechnungswesens wird somit grundsätzlich die Möglichkeit zugesprochen, Potenziale für eine Effektivitätssteigerung freizusetzen.

Männel sieht als weiteren Grund für eine Annäherung des internen und externen Rechnungswesens Interpretationsprobleme, die daraus resultieren, dass die Kostenrechnung keine Auskunft über die bestehende Ertragsteuerbelastung gibt. In einem divergenten Rechnungswesen wird die Ertragsteuerlast insofern nicht unmittelbar ersichtlich, als in der kalkulatorischen Betriebsergebnisrechnung kalkulatorische Kosten angesetzt werden, die keine Entsprechung bzw. in anderer Höhe Berücksichtigung im externen Rechnungswesen finden.[890] Letzteres bildet die Grundlage für die Bemessung der Gewinnsteuern.[891] Demzufolge ergibt sich hier eine andere Steuerbelastung als jene, die bei einer Anknüpfung an die interne Betriebserfolgsrechnung zu tragen wäre. Eine solche mangelnde Berücksichtigung steuerlicher Konsequenzen betrachtet *Männel* als „ein Faktum, das eine Angleichung der beiden Rechenkreise geradezu erzwingt."[892]

Als viertes Konvergenzmotiv werden **Aufgabenverschiebungen im Rechnungswesen** und ein damit einhergehender Bedeutungsverlust der Kostenrechnung genannt. Dieses Motiv wird lediglich in drei Beiträgen aufgegriffen (vgl. Spalte D der Tabelle 12).[893] *Kley* konstatiert einen Bedeutungsverlust der Kostenrechnung infolge einer Wettbewerbsintensivierung. Diese führt dazu, dass Unternehmen, die ihre Angebotspreise auf Basis einer retrograden Kalkulation ermitteln, mitunter ihre Marktfähigkeit verlieren. Dementsprechend beruht die Preisfestlegung nicht mehr ausschließlich auf der Kostenrechnung, vielmehr werden Preise vom Markt

887 Vgl. Kley (2006), S. 151.
888 Vgl. Müller/Ordemann/Pampel (2005), S. 2119.
889 Vgl. Deleker (1997), S. 631; Küpper (1999), S. 6 f.
890 Vgl. Abschnitt 2.3.1.2, S. 41.
891 Vgl. Männel (1997a), S. 11, sowie Abschnitt 2.3.1.1.2.4, S. 38.
892 Männel (1999b), S. 28.
893 Vgl. Kley (2006); Männel (1999b).

vorgegeben.[894] Diese Entwicklung greift auch *Männel* auf, der eine Verschiebung der vorrangigen Aufgabe des innerbetrieblichen Rechnungswesens weg von der kostenbasierten Preiskalkulation hin zu einer erfolgsorientierten Steuerung des Produktportfolios beobachtet.[895]

Schließlich nehmen auch *Schweitzer/Ziolkowski* die Beobachtung, dass „[m]it der Betonung der Gewinn- und Verlustrechnung zu Lasten der Kostenrechnung [..] die Bedeutungslosigkeit der auf der Kostenrechnung basierenden Kalkulation als Mittel der Preisbildung demonstriert werden [soll], da letztere auf Märkten mit wettbewerblicher Preisbildung als irrelevant erachtet wird“[896], zum Anlass, um die Möglichkeiten einer Konvergenz des Rechnungswesens auszuloten. Besteht die Absicht, im Rahmen eines konvergenten Rechnungswesens die Kostenrechnung zu verschlanken, so kommt diesen Beobachtungen eine erhebliche Relevanz zu. Schließlich kann aus ihnen geschlossen werden, dass aufgrund dieses Bedeutungsverlusts die Möglichkeiten steigen, die Kostenrechnung zu vereinfachen, ohne die Effektivität des Rechnungswesens einzuschränken.

Der letzte Grund für eine Konvergenz des Rechnungswesens innerhalb dieser Motivgruppe weist einen wesentlichen Unterschied zu den bislang behandelten auf. Letztere bezogen sich stets auf Defizite eines tradierten Rechnungswesens, die im Zuge einer Konvergenz beseitigt werden können und eine Effektivitätssteigerung zur Folge haben. Es gilt folglich, Effektivitätspotenziale zu heben, womit die Funktion des Rechnungswesens, seine Adressaten durch die Bereitstellung relevanter Informationen bei der Realisierung ihrer Ziele zu unterstützen, besser erfüllt wird. Das letzte Motiv bezieht sich hingegen auf die Wirtschaftlichkeit des Rechnungswesens: Als Impuls für eine Annäherung von internem und externem Rechnungswesen fungieren in diesem Lichte **Ineffizienzen im divergenten Rechnungswesen**. Mit deren Beseitigung geht somit kein Effektivitätszuwachs einher, sondern die Realisierung von Einsparpotenzialen.

Die Kosten, die durch unterschiedliche Rechnungssysteme verursacht werden, stellen 13 Beiträgen zufolge einen Grund dar, um sich mit den Möglichkeiten einer Annäherung von internem und externem Rechnungswesen auseinanderzusetzen (vgl. Spalte E in Tabelle 12). Eine entsprechende Schlussfolgerung ergibt sich beispielsweise aus der Feststellung von *Küting/Lorson*, dass „[g]egen ein völliges ‚Auseinanderdriften‘ von internem und externem Rechnungswesen [...] Wirtschaftlichkeitsüberlegungen“[897] sprechen. Einen Kausalzusammenhang zwischen Ineffizienzen bei der tradierten Ausgestaltung und der Konvergenz des Rechnungswesens deutet sich auch in der Vorstellung eines Praxisbeispiels durch *Hebeler* an, dem zufolge die „Notwendigkeit, Effizienzvorteile aus der Standardisierung der Prozesse und der weitergehenden Automatisierung der Finanz- und Rechnungswesensysteme zu erzie-

894 Vgl. Kley (2006), S. 151; Klein (1999a), S. 36.

895 Vgl. Männel (1999b), S. 27.

896 Schweitzer/Ziolkowski (1999), S. 4.

897 Küting/Lorson (1998b), S. 475; ähnlich auch Damberger/Heyne/Renner (2002), S. 23; Jahnke/Wielenberg/Schumacher (2007), S. 365.

len“[898], zu den wesentlichen Motiven für eine Annäherung des internen und externen Rechnungswesens gehörte. Auf diesem Wege können die laufenden Betriebskosten und Einmalkosten für Entwicklungsleistungen gleichermaßen gesenkt werden.[899] Überdies moniert *Küpper* die hohen Lernkosten bei Verwendung eines divergenten Rechnungswesens, deren Ursache in unterschiedlichen Begrifflichkeiten und Rechnungsabgrenzungen zu sehen ist.[900]

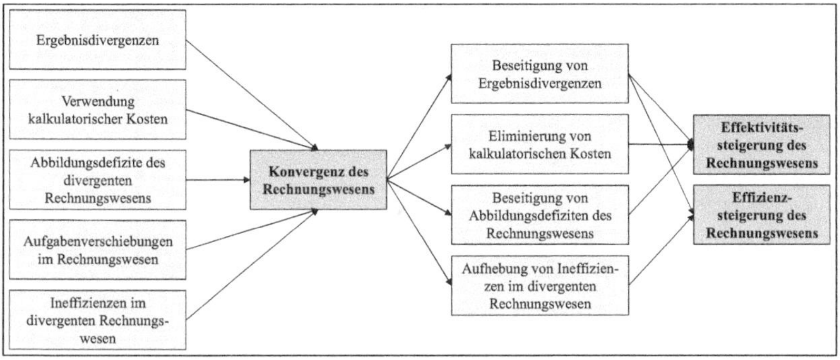

Abbildung 23: Stilisierte Darstellung der in der ersten Motivgruppe angenommenen Kausalitäten

Insgesamt zeigt sich somit, dass die erste Motivgruppe deutlich von Defiziten des divergenten Rechnungswesens dominiert wird, die sich auf die Effektivität des Rechnungswesens beziehen. Mit einem konvergenten Rechnungswesen wird überwiegend die Möglichkeit konnotiert, den Output, d.h. die vom Rechnungswesen bereitgestellten Informationen, zu optimieren, während eine Verbesserung der Input-Output-Relation deutlich seltener beabsichtigt wird. Abbildung 23 gibt vereinfachend die Ursache-Wirkungs-Zusammenhänge wieder, die den Argumentationen innerhalb der ersten Motivgruppe unterstellt werden.[901]

5.2.1.1.2 Motivgruppe 2: Auswirkungen der Internationalisierung der Geschäftstätigkeit auf die Ausgestaltung des Rechnungswesens

Die zweite Motivgruppe setzt sich aus vier Motiven zusammen, die insgesamt in 79 Beiträgen mit 117 Einzelnennungen, und damit noch deutlich häufiger als die erste Motivgruppe, thematisiert werden (vgl. Abbildung 24). Die Gemeinsamkeit sämtlicher Motive besteht darin, dass sie ihren Ursprung in der Globalisierung der Güter- und Kapitalmärkte finden. Die Motive, die in dieser Gruppe zusammengefasst werden, verdeutlichen, dass der soziale, wirtschaftliche und rechtliche Kontext, in dem ein Unternehmen agiert, eine wichtige Determinante – in der

[898] Vgl. Hebeler (2006), S. 11.

[899] Vgl. Hebeler (2006), S. 12.

[900] Vgl. Küpper (1997), S. 25; Müller (2006), S. 52.

[901] Grundsätzlich erscheint es plausibel, dass auch von der Eliminierung der kalkulatorischen Kosten sowie der Beseitigung von Abbildungsdefiziten des Rechnungswesens eine effizienzerhöhende Wirkung ausgeht. Abbildung 23 gibt allerdings nur die im Schrifttum angesprochenen Zusammenhänge wieder, weshalb die Auswirkungen der beiden angesprochenen Maßnahmen auf eine Effektivitätssteigerung im Rechnungswesen beschränkt bleiben.

Terminologie des Kontingenzansatzes einen zentralen Kontextfaktor – für die Ausgestaltung des Rechnungswesens darstellt.[902]

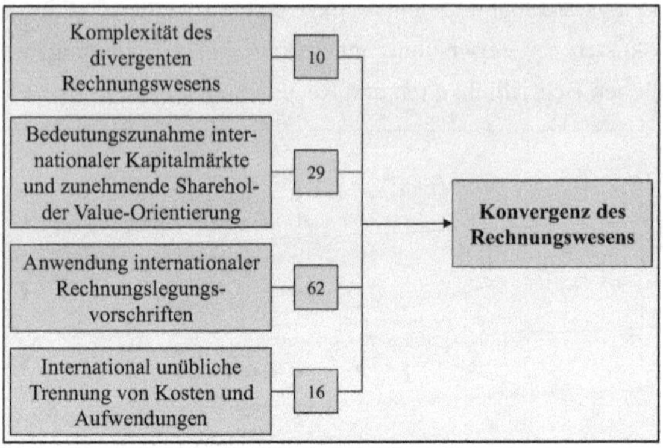

Abbildung 24: Inhalte der zweiten Motivgruppe

Eine Folge des progressiven länderübergreifenden Güter- und Kapitalverkehrs besteht in einer vermehrten Konzernbildung.[903] Derartige multinationale Konzerne zeichnen sich durch komplexe, heterogene Strukturen aus.[904] Damit verbunden ist häufig eine Dezentralisierung der Unternehmensstrukturen, welche zur Entstehung autonom agierender Unternehmenseinheiten führt.[905] Die sich aus diesen Strukturen ergebende **Komplexität des divergenten Rechnungswesens** und der damit einhergehende Bedarf für ein effektives, zugleich aber effizientes Steuerungssystem werden in zehn Beiträgen als Motiv für eine Konvergenz des Rechnungswesens genannt (vgl. Spalte A der Tabellen 13 und 14).[906] Dies lässt sich anhand des Beitrags von *Currle et al.* exemplifizieren, welche die „Diversifikation in verschiedene Geschäftsbereiche und vor allem das starke internationale Wachstum des Unternehmens durch Mergers & Acquisitions […] für die Steuerung der Gruppe als Herausforderung“[907] betrachten und dabei auch die Probleme verschiedener Unternehmenskulturen und landesspezifisch geprägter Rechnungswesen- und Controllingstrukturen ansprechen. Die Heterogenität der Rechnungs-

902 Vgl. Klein (1999a), S. 34.

903 So konstatieren *Berens et al.* etwa mit Blick auf deutsche Unternehmen, dass „[d]er zunehmenden Internationalisierung der Märkte […] eine Internationalisierung der Unternehmen [folgt]“ (Berens/Dörges/Hoffjan (2000), S. 15); vgl. hierzu auch Middelmann (2001), S. 495; Klein (1999a), S. 42.

904 Vgl. Haller (1997), S. 270; Hoffjan (2009), S. 3.

905 Vgl. Kahle (2003), S. 773; Klein (1999a), S. 36; Siefke (1999), S. 27. Die höhere Autonomie ergibt sich daraus, dass Manager in den dezentralen Unternehmenseinheiten die Nutzung der Unternehmensressourcen in einem abgegrenzten Geschäftsfeld weitgehend eigenständig bestimmen können (vgl. Weißenberger (2009), S. 4).

906 Vgl. z.B. Küpper (1999), S. 6; Gleich/Sasse/Gräf/Kogler (2002), S. 344; Kahle (2003), S. 784.

907 Currle/Fauth/Wangenheim (1998), S. 253.

wesen- und Steuerungssysteme findet sich in weiteren Beiträgen als Problem, dessen Lösung in der Konvergenz des Rechnungswesens gesehen wird.[908]

Der über die Konvergenz zu erreichende Zielzustand besteht vor diesem Hintergrund in der Konzeption eines „schlanken" konzernweiten Informationssystems, welches gleichartige und vergleichbare Informationen generiert und somit zur Etablierung einer konsistenten Finanzsprache beiträgt.[909] Letztlich wird somit wiederum im Zuge der Konvergenz ein Defizit des divergenten Rechnungswesens beseitigt, das allerdings erst infolge der Internationalisierung der Unternehmenstätigkeit zum Tragen kommt.

Motivgruppe 2: Auswirkungen der Internationalisierung der Geschäftstätigkeit auf die Ausgestaltung des Rechnungswesens									
Beitrag	Aspekt der Motivgruppe				Beitrag	Aspekt der Motivgruppe			
	A	B	C	D		A	B	C	D
Altenburger et al. (2001)		☑	☑	☑	Haaker (2009a)			☑	
Baltzer/Michel (2008)			☑		Hahn (1999)			☑	
Beißel/Steinke (2004)		☑			Hahn/Nicklas (1999)		☑	☑	
Bischof (1998)			☑		Haller (1997)	☑	☑	☑	
Blase/Müller (2009)			☑		Haring/Prantner (2005)			☑	
Burger/Buchhart (2001a)			☑		Hebeler (2006)	☑	☑		☑
Currle et al. (1998)	☑		☑		Heyd (2001a)			☑	
d'Arcy (2004)		☑	☑		Hirsch/Schneider (2010)			☑	☑
Damberger et al. (2002)			☑		Horváth/Arnaout (1997)			☑	
Deleker (1997)		☑	☑	☑	Ikäheimo/Taipaleenmäki (2010)		☑	☑	☑
Dressler/Müller (2001)	☑				Kahle (2003)	☑	☑	☑	☑
Egert et al. (2008)			☑		Kerkhoff/Thun (2007)		☑		
Eierle et al. (2008)			☑		Kirsch (2001)			☑	
Erdmann et al. (2005)		☑			Kirsch/Steinhauer (2003)			☑	
Esch et al. (2008)			☑		Klein (1999b)			☑	
Faupel et al. (2010)		☑			Kley (2002)		☑	☑	
Franz/Winkler (2006)			☑		Kley (2006)	☑	☑	☑	☑
Fülbier et al. (2006)			☑		Kümpel (2002a)			☑	
Glaum/Vogel (2004)			☑		Kunz (2010)		☑		
Gleich et al. (2002)	☑	☑			Küpper (1995)				☑
Grünert/Laws (2005)		☑			Küpper (1997)				☑
Grüning (2010)		☑			Küpper (1999)	☑	☑	☑	☑
Günther/Zurwehme (2008)	☑	☑	☑		Küting (2000)		☑	☑	☑

Tabelle 13: Nennungen der zweiten Motivgruppe

908 Vgl. z.B. Haller (1997), S. 270; Küpper (1999), S. 6; Dressler/Müller (2001), S. 503.

909 Vgl. Kahle (2003), S. 784; Wussow (2004), S. 32.

Motivgruppe 2: Auswirkungen der Internationalisierung der Geschäftstätigkeit auf die Ausgestaltung des Rechnungswesens									
Beitrag	Aspekt der Motivgruppe				Beitrag	Aspekt der Motivgruppe			
	A	B	C	D		A	B	C	D
Küting/Lorson (1998a)			☑		Ruhwedel/Schultze (2004)			☑	
Küting/Lorson (1998b)			☑		Schweitzer/Ziolkowski (1999)			☑	☑
Küting/Lorson (1999a)		☑			Seelinger/Kaatz (1998)			☑	☑
Küting/Lorson (1999b)			☑		Simons/Weißenberger (2008)		☑	☑	
Lochner et al. (2007)			☑		Sylvester (2004)			☑	
Löw (1999)		☑	☑		Vanini/Beyer (2009)			☑	
Männel (1997a)				☑	Velthuis et al. (2006b)		☑		
Männel (1999b)		☑	☑		Wagenhofer (2008a)			☑	☑
Matova/Pelger (2010)			☑		Wala et al. (2007a)			☑	
Michel (2006)			☑		Weide (2009b)			☑	
Mühlberger/Langecker (2010)		☑	☑		Weißenberger (2006a)			☑	
Müller et al. (2005)		☑	☑		Weißenberger/IGC (2006a)			☑	
Müller/Peskes (2006)			☑		Weißenberger/IGC (2006b)			☑	
Oehler/Simon (2003)	☑				Weißenberger/Maier (2006)			☑	
Paetzmann/Kaspereit (2010)			☑		Wurl et al. (2001)		☑	☑	
Pelger (2008a)			☑		Ziegler (1994)				☑
Reiners (2001)			☑		Zwischensumme pro Aspekt	10	29	62	16
					Nennungen insgesamt	117			
Mit A ≡ Komplexität des divergenten Rechnungswesens; B ≡ Bedeutungszunahme internationaler Kapitalmärkte und zunehmende Shareholder Value-Orientierung; C ≡ Anwendung internationaler Rechnungslegungsvorschriften; D ≡ International unübliche Trennung von Kosten und Aufwendungen									

Tabelle 14: Nennungen der zweiten Motivgruppe (Fortsetzung)

Welches Ausmaß die Vielschichtigkeit annehmen kann, die sich aus den oben angesprochenen, unterschiedlichen und häufig landesspezifischen Rechnungswesensystemen ergibt, wird von *Günther/Zurwehme* anhand des Beispiels eines multinationalen, kapitalmarktorientierten Konzerns mit Sitz in Deutschland veranschaulicht. In diesen Unternehmen können Verpflichtungen bestehen, bis zu sechs verschiedene Rechnungswesensysteme parallel zu betreiben:[910]

1. Infolge der angenommenen Kapitalmarktorientierung ist ein IFRS-Abschluss aufzustellen, für deren Erstellung die deutschen wie auch ausländischen Tochterunternehmen IFRS-kompatible Handelsbilanzen II anfertigen müssen.

[910] Vgl. hierzu Günther/Zurwehme (2008), S. 112. Über die dargelegte Komplexität auf der konzeptionellen Ebene entsteht weiterer Koordinationsaufwand durch die Abstimmung unterschiedlicher Informationssysteme und Softwarelösungen (vgl. Weide (2009a), S. 49).

2. Sofern eine Börsennotierung an der New York Stock Exchange (NYSE) besteht, waren bis zum Geschäftsjahr 2007 der Jahresüberschuss sowie das Eigenkapital gemäß IFRS auf entsprechende US-GAAP-Größen überzuleiten.[911]
3. Auf der Ebene der Einzelgesellschaften besteht für deutsche Unternehmen eine Verpflichtung zur Aufstellung eines handelsrechtlichen Einzelabschlusses.
4. Analog bilanzieren ausländische Tochterunternehmen weiterhin nach den jeweiligen nationalen Bilanzierungsvorschriften.
5. Weiterhin müssen deutsche Tochterunternehmen Steuerbilanzen aufstellen, die sich aufgrund des BilMoG zunehmend von der Handelsbilanz unterscheiden.[912]
6. Wird auf Konzernebene ein divergentes Rechnungswesen betrieben, ist zudem eine Kostenrechnung bzw. kalkulatorische Steuerungsrechnung zu implementieren, welche als Grundlage für die Unternehmenssteuerung fungiert.

Als Folge einer Konvergenz des Rechnungswesens wird zumindest das letztgenannte Rechnungssystem obsolet. Das Ziel einer Konvergenz des Rechnungswesens besteht demgemäß in einer Entkomplizierung des Rechnungswesens. Ebenso wie bei den Motiven des ersten Clusters soll anhand der Aussagen der Autoren, von denen eine Komplexität des Rechnungswesens in einem multinationalen Unternehmen als Konvergenzgrund angeführt wird, gefolgert werden, welche Effekte sich aus dieser Vereinfachung auf die Effektivität bzw. Effizienz des Rechnungswesens ergeben.

Die Komplexität des Rechnungswesens stellt den identifizierten Aussagen zufolge sowohl ein Problem der Wirksamkeit als auch der Wirtschaftlichkeit dar. Die eingeschränkte Effektivität eines divergenten Rechnungswesens wird etwa von *Küpper* wie auch von *Kahle* referenziert, welche das Rechnungswesen infolge einer Internationalisierung der Unternehmen als derart komplex erachten, „daß die Differenzen innerhalb sowie zwischen den externen und den internen Rechnungen kaum mehr zu handhaben sind.“[913]

Im Gegensatz dazu verbinden beispielsweise *Günther/Zurwehme* die Komplexität des Rechnungswesens mit einem Wirtschaftlichkeitsnachteil.[914] Besonders deutlich wird dies im Praxisbeispiel von *Oehler/Simon*, die als mögliche Konsequenzen einer fehlenden Integration „Berichtsredundanzen, parallele Berichtsstränge und damit kostenintensive, fehlerträchtige Doppelarbeiten sowie Überleitungsrechnungen“[915] aufzählen. Ähnlich wie bei den Motiven des ersten Clusters zeigt sich auch im Zusammenhang mit der Komplexität des Rechnungswesens, dass mit einer Konvergenz zwar auch die Wirtschaftlichkeit des Rechnungswesens

[911] Vgl. Pellens/Fülbier/Gassen/Sellhorn (2011), S. 53. Inzwischen akzeptiert die NYSE einen IFRS-Abschluss ohne US-GAAP-Überleitung (vgl. Carmona/Trombetta (2008), S. 456). Für eine empirische Analyse der Überleitungsrechnungen von IFRS- auf US-GAAP-Konzernabschlüsse vgl. Dobler/Günther (2008), S. 809 ff., sowie ferner Gray/Linthicum/Street (2009), S. 438 ff.

[912] Vgl. Spengel/Ernst/Finke (2010), S. 297, sowie bereits Abschnitt 2.3.1.1.2.4, S. 39.

[913] Küpper (1999), S. 6; ferner z.B. auch Kahle (2003), S. 784.

[914] Vgl. Günther/Zurwehme (2008), S. 112; ferner z.B. auch Haller (1997), S. 270.

[915] Oehler/Simon (2003), S. 251.

verbessert werden kann, vorrangig jedoch positive Effekte auf die Effektivität der Rechnungen erwartet werden.[916]

Das zweite Motiv, das als eine Auswirkung der Internationalisierung der Geschäftstätigkeit betrachtet werden kann, bildet die **Bedeutungszunahme internationaler Kapitalmärkte** sowie die damit verbundene **Verbreitung der Shareholder Value-Orientierung**. Aussagen aus 29 Beiträgen wurden zu diesem Motiv verdichtet (vgl. Spalte B der Tabellen 13 und 14). Die zunehmende Präsenz deutscher Unternehmen an internationalen Kapitalmärkten ist insofern eine Folge der Internationalisierung der Unternehmen, als der nationale Kapitalmarkt häufig nicht mehr zur Deckung des expansionsbedingten Kapitalbedarfs ausreicht.[917]

Ein erfolgreiches Durchsetzen eines deutschen Unternehmens im Wettbewerb um knappe Finanzressourcen an internationalen Märkten setzt voraus, dass sich dieses an die dortigen Konventionen anpasst.[918] Dies wird etwa von *Haller* deutlich zum Ausdruck gebracht: „[E]in weiterer Grund [für die Konvergenz des Rechnungswesens liegt] im deutlich gewachsenen Kapitalbedarf deutscher Unternehmen, der sich häufig national nicht mehr decken läßt und deshalb eine bis vor kurzem noch vernachlässigte Ausrichtung der Unternehmenspolitik und -steuerung an den Ansprüchen und Erwartungen der auf internationalen Kapitalmärkten auftretenden Kapitalanbieter notwendig macht.“[919] Das Interesse internationaler Kapitalmarktteilnehmer als aktuelle oder zumindest potenzielle Investoren besteht in der Maximierung des Unternehmenswerts.[920] Es wird erwartet, dass die Investoren von einer entsprechend ausgerichteten Unternehmenspolitik in Form von Dividenden und Kursgewinnen profitieren.[921]

Um den Erwartungen der Investoren entsprechen zu können, sind zwei Maßnahmen erfolgskritisch: Einerseits erfordert die erfolgreiche Akquisition von finanziellen Ressourcen auf internationalen Kapitalmärkten eine Orientierung der Unternehmensführung am Shareholder Value. Die Ziele der Kapitalmarktteilnehmer sind hierzu zu internalisieren und in die unternehmerische Entscheidungsfindung zu integrieren.[922] Andererseits setzt eine erfolgreiche

916 Die hohe Relevanz eines konvergenten Rechnungswesens für internationale Konzerne unterstreichen die empirischen Ergebnisse von *Müller*, denen zufolge die Beibehaltung der Unterscheidung von Kosten und Aufwand für kleine, nationale Unternehmen von höherer Bedeutung ist als für international tätige Großunternehmen (vgl. Müller (2006), S. 150).

917 Vgl. Haller (1997), S. 270; Pellens/Crasselt/Sellhorn (2009), S. 103; Heyd (2001b), S. 372. Für eine ausführliche Zusammenstellung der wesentlichen Motive für eine Zweitnotierung von Aktien an einer ausländischen Wertpapierbörse vgl. Roll/Kilka/Schiereck (1998), S. 771 ff., sowie für eine empirische Untersuchung der mit einer Notierung am Neuen Markt verbundenen Motive von ausländischen Gesellschaften Hartmann/Schiereck (2002), S. 431 ff.

918 Vgl. Küpper (1998b), S. 517; Klein (1999a), S. 39; Coenenberg/Schultze (2002), S. 598.

919 Haller (1997), S. 270 f.

920 Vgl. Ballwieser (2009), S. 94; Nicolai/Thomas (2004), S. 453. Dementsprechend fordern *Merchant/Van der Stede*: "[T]he primary goal of managers of for-profit organizations should be to maximize shareholder value." (Merchant/Van der Stede (2007), S. 484).

921 Vgl. Klein (1999a), S. 39; Dexheimer (2002), S. 452.

922 Vgl. z.B. Müller/Ordemann/Pampel (2005), S. 2122; Günther/Zurwehme (2008), S. 101; Küpper (1999), S. 7.

Kommunikation mit ihnen eine umfangreiche Kapitalmarktberichterstattung voraus,[923] deren Kern das externe Rechnungswesen als zentrales Informationsinstrument bildet.[924] Auf der Agenda der Unternehmen stehen somit die Ausrichtung der Unternehmenspolitik am Shareholder Value und eine entsprechende Berichterstattung, mit deren Hilfe diese Orientierung dokumentiert werden kann.

Eine Internalisierung der Eigenkapitalgeberinteressen bedingt, dass bei Entscheidungsproblemen die zur Auswahl stehenden Handlungsalternativen im Hinblick auf ihre Auswirkungen auf den Shareholder Value beurteilt werden. So wird beispielsweise von *Löw* gefordert, „unter dem Einfluß des Shareholder Value-Denkens [..] auch die Erwartungen der Shareholder explizit in die Unternehmensentscheidungen einzubeziehen."[925] Für die Anteilseigner wird Wert geschaffen, sofern das Unternehmen einen Erfolg erwirtschaftet, der seine Kapitalkosten übersteigt. Die Kosten für das eingesetzte Kapital werden dabei in der Regel durch die Rendite einer alternativen Anlagemöglichkeit am Kapitalmarkt determiniert.[926] Die Operationalisierung dieses Ziels setzt zum einen den Einsatz von Rechenverfahren zur Bestimmung der Wertbeiträge einzelner Investitionsprojekte voraus und bedingt zum anderen die Bereitstellung von Steuerungsgrößen, welche die periodische Wertschaffung abbilden.[927]

Die mit der Verbreitung der Shareholder Value-Orientierung zusammenhängende Implementierung wertorientierter Steuerungskonzepte bildet insofern einen Impuls für die Annäherung des internen und externen Rechnungswesens, als derartige Steuerungsgrößen regelmäßig auf den Daten des externen Rechnungswesens aufbauen.[928] Denn während die Bewertung einzelner Investitionen anhand des zahlungsstromorientierten Discounted Cash Flow-Ansatzes erfolgt, werden diese zukunftsorientierten Kalküle für die Messung der innerhalb einer vergangenen Periode geleisteten Wertschaffung nicht eingesetzt.[929] Vielmehr werden Konzepte zur periodischen Erfolgsmessung implementiert, die sich aus Daten des externen Rechnungswesens zusammensetzen und daher die wesentlichen Zielgrößen unternehmensinterner Planungs-

---

923 Vgl. Gleich/Sasse/Gräf/Kogler (2002), S. 344; Ernst (2002), S. 182. Die Bedeutung der Kapitalmarktberichterstattung akzentuieren *Ruhwedel/Schultze* mit der Referenz, dass eine „[w]ertorientierte Unternehmensführung [..] nur dann zu tatsächlichen Unternehmenswertsteigerungen [führt], wenn die durchgeführten Wertsteigerungsmaßnahmen auch an den Kapitalmarkt kommuniziert und glaubhaft vermittelt werden." (Ruhwedel/Schultze (2004), S. 489).

924 Vgl. Kley (2006), S. 151; Klein (1999a), S. 40; Weißenberger (2003), S. 184. Anhand der Abschlussdaten können Kapitalmarktteilnehmer einen Vergleich der erwarteten mit der eingetretenen Unternehmensentwicklung durchführen und auf der Basis der Analyseergebnisse Erwartungen über die weitere Entwicklung formulieren (vgl. Coenenberg/Deffner/Schultze (2005), S. 436).

925 Löw (1999), S. 91; ähnlich auch Hahn/Nicklas (1999), S. 67; Hebeler (2006), S. 12.

926 Vgl. Pfaff/Bärtl (1999), S. 87; AK Internes Rechnungswesen (2010), S. 798 f.

927 Vgl. Pfaff/Bärtl (1999), S. 88; Gebhardt/Mansch (2005), S. 82.

928 Vgl. Gebhardt/Mansch (2005), S. 83; Hachmeister (1997a), S. 556. Dabei ist jedoch zu bedenken, dass diese Daten keinen eindeutigen Bezug zu der in einer Periode realisierten Wertsteigerung aufweisen (vgl. Hachmeister (1997b), S. 830).

929 Vgl. Pfaff (2004), S. 2; vgl. ausführlich zu den Problemen von Discounted Cash Flows als Zielgröße in Mehrpersonenunternehmen Ballwieser (2000), S. 162 f.

und Steuerungsrechnungen bilden.[930] Im Zuge einer Konvergenz des Rechnungswesens werden diese Größen folgerichtig in die monatliche Berichterstattung integriert.[931] Konsequenterweise sollte in einem solchen Führungssystem auch die Steuerung der Unternehmenseinheiten wertorientiert und damit anhand von Daten des externen Rechnungswesens erfolgen.[932]

Doch selbst in dem Fall, dass von der Anwendung eines wertorientierten Steuerungskonzepts abgesehen wird, stellt die zunehmende Inanspruchnahme internationaler Kapitalmärkte weiterhin einen Impuls für die Konvergenz des Rechnungswesens dar. Dieser begründet sich in der bereits angesprochenen zentralen Bedeutung des externen Rechnungswesens als Kommunikationsinstrument für den Kapitalmarkt.[933] Sofern die Steuerung der Unternehmenseinheiten anhand von Daten des internen Rechnungswesens erfolgt und dementsprechend mithilfe von anderen als jenen, die dem Kapitalmarkt gegenüber kommuniziert werden, entstehen bei den Kapitalmarktteilnehmern Irritationen, die schließlich zu einem Verlust der Glaubwürdigkeit des Managements führen können. Dies verdeutlicht etwa *d'Arcy*, der zufolge „es aus Investorensicht fragwürdig erschien, die operativen Einheiten eines Unternehmens konzeptionell anhand anderer Ergebnisziele zu führen als das Gesamtunternehmen durch das Management. Insgesamt sollten daher externe Berichts- und interne Steuerungsgrößen auf Basis internationaler Rechnungslegungsstandards konvergieren."[934]

Es bleibt zu resümieren, dass vor dem Hintergrund der Präsenz deutscher Unternehmen an internationalen Kapitalmärkten und der dadurch induzierten Verbreitung des Shareholder Value-Gedankens den Daten des externen Rechnungswesens eine hohe Bedeutung für die Unternehmensführung zukommt (vgl. Abbildung 25). Ein konvergentes Rechnungswesen stellt ein Vehikel dar, mit dem diesem Bedeutungsgewinn Rechnung getragen und somit schließlich den Erwartungen der Kapitalmarktteilnehmer entsprochen werden kann. Letztere bestehen darin, dass die Ziele potenzieller und aktueller Investoren im Unternehmen etabliert und konsequent verfolgt werden. Das unmittelbare Ziel der Konvergenz des Rechnungswesens ist somit in der Verstetigung der Wertorientierung in der Unternehmensführung zu sehen. Dieses an die Kapitalmarktteilnehmer gerichtete Signal soll die Wettbewerbsfähigkeit des Unternehmens bei der Inanspruchnahme des angebotenen Kapitals sicherstellen.

---

930 Vgl. Hofmann (2004), S. 138; Küpper (1999), S. 10; Dirrigl (2004), S. 96; Günther/Landrock/Muche (2000a), S. 72. *Pfaff/Bärtl* weisen in diesem Zusammenhang auf einen Widerspruch zwischen der ex ante- und der ex post-Beurteilung von Investitionen hin, indem „Investitionsentscheidungen oft von den erwarteten zukünftigen Cash Flows abhängig gemacht, eine Kontrolle und Leistungsbeurteilung (für dieselbe Investition) dagegen häufig auf Basis der Daten des periodenbezogenen Rechnungswesens durchgeführt werden" (Pfaff/Bärtl (1999), S. 86).

931 Vgl. Hebeler (2006), S. 12.

932 Vgl. Küting/Lorson (1999a), S. 53; Kahle (2003) S. 773; Weißenberger (2003), S. 184.

933 Vgl. Mölls/Strauß (2007), S. 956; Pellens/Crasselt/Sellhorn (2009), S. 102.

934 d'Arcy (2004), S. 127; ähnlich auch Kahle (2003), S. 773; Kerkhoff/Thun (2007), S. 457.

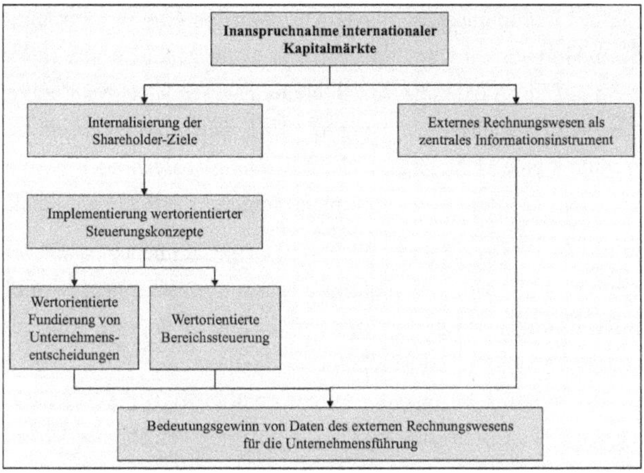

Abbildung 25: Bedeutungsgewinn des externen Rechnungswesens infolge der zunehmenden Kapitalmarktorientierung deutscher Unternehmen

Wenngleich in den Beiträgen, in denen die Inanspruchnahme internationaler Kapitalmärkte und die zunehmende Shareholder Value-Orientierung als Konvergenzmotive genannt werden, kein expliziter Bezug zur Effektivität des Rechnungswesens hergestellt wird, kann auch vor diesem Hintergrund die Konvergenz des Rechnungswesens als Mittel gesehen werden, welches die Effektivität des Rechnungswesens steigert. Wie bereits mehrfach erwähnt, gilt im Rahmen dieser Arbeit das Rechnungswesen als effektiv, wenn die bereitgestellten Informationen die Qualität der von den Informationsempfängern getroffenen Entscheidungen verbessern und damit die Erreichung der Unternehmensziele forcieren.[935] Besteht das Ziel in der Maximierung des Unternehmenswerts, wird offensichtlich, dass ein konvergentes Rechnungswesen mit der Etablierung der Shareholder Value-Orientierung im Unternehmen einen positiven Zielbeitrag leistet.[936]

Zudem wird deutlich, dass ein konvergentes Rechnungswesen die Akzeptanz von Rechnungsweseninformationen unter Investoren erhöhen kann.[937] Da Rechnungswesendaten die Grundlage für die Dispositionen der Kapitalmarktteilnehmer bilden,[938] sind positive Rückwirkungen auf den Erfolg eines Unternehmens am Kapitalmarkt zu erwarten, wenn diese auch zur internen Entscheidungsfindung und Ressourcenallokation Verwendung finden.[939] Die Wirkungen

---

935 Vgl. Abschnitt 3.1, S. 70.

936 Mit dieser Schlussfolgerung wird die Wertsteigerung als Zielgröße normativ vorgegeben, was gerechtfertigt erscheint, wenn davon ausgegangen wird, dass mit einer Kapitalmarktnotierung primär die Aufnahme von Kapital beabsichtigt wird (vgl. Hoffjan/Nevries (2006), S. 429) und die Investitionsbereitschaft der Kapitalgeber durch eine Hinwendung der potenziellen Kapitalnehmer zum Shareholder Value-Gedanken gesteigert wird.

937 Vgl. Müller (2006), S. 52; Himmel (2004), S. 27; Weide (2009a), S. 50.

938 Vgl. Melcher (2002), S. 10; Ballwieser (2009), S. 94; Coenenberg/Schultze (2002), S. 600.

939 Neben der gesteigerten Akzeptanz von Rechnungswesendaten durch Investoren verbindet *Wussow* die Verringerung der Informationsasymmetrien zwischen den Unternehmen und den Kapitalmarktakteuren infolge

einer Konvergenz des Rechnungswesens werden damit um eine weitere Dimension ergänzt. Aus den bisherigen Motiven wird zwar deutlich, dass einem konvergenten Rechnungswesen ein positiver Effekt auf die Akzeptanz von Rechnungswesendaten innerhalb eines Unternehmens zugesprochen wird. Im Zusammenhang mit der Kapitalmarktorientierung wird hingegen ersichtlich, dass mittels einer Konvergenz des Rechnungswesens auch bei unternehmensexternen Rechnungswesenadressaten eine Akzeptanzsteigerung erreicht werden kann.

Das dritte Motiv dieses Clusters steht in einem engen Zusammenhang mit der zunehmenden Kapitalmarktorientierung der Unternehmen. In insgesamt 62 Beiträgen wird die **Anwendung internationaler Rechnungslegungsvorschriften** als Impuls für eine Annäherung von internem und externem Rechnungswesen gesehen (vgl. Spalte C der Tabellen 13 und 14).[940] Die Ausführungen in Abschnitt 5.1.1.1 machten bereits deutlich, dass die Internationalisierung der Rechnungslegung auch das Controlling tangiert, weil eine Vielzahl von Vorschriften den Import von Controllingdaten in die Rechnungslegung voraussetzt.

Überdies ziehen die Entwicklungen im Bereich der externen Rechnungslegung Auswirkungen auf das interne Rechnungswesen bzw. auf das Verhältnis von internem und externem Rechnungswesen nach sich,[941] welche im Bestreben begründet liegen, die rechnungszweckabhängige Diversifikation des Rechnungswesens auf das notwendige Mindestmaß zu begrenzen. *Klein* zufolge sollte grundsätzlich die Unternehmenssteuerung auf den Daten des externen Rechnungswesens basieren, womit eine Differenzierung von internem und externem Rechnungswesen nur dann gerechtfertigt ist, wenn „der sich aus rechtlichen Zwängen heraus ergebende Rechnungszweck des externen Rechnungswesens aus Sicht der Unternehmensleitung keine befriedigende Erfüllung ihrer eigenen Informationsinteressen bieten kann.“[942] Dass ein auf handelsrechtlichen Regelungen basierendes externes Rechnungswesen die Informationsinteressen der Unternehmensführung nicht zufriedenstellend erfüllen kann, ist bereits zu Beginn der Arbeit hervorgehoben worden.[943] Dem pflichtet *Haller* bei, indem er die Ausrichtung der handelsrechtlichen Rechnungslegung als „eine[n] der zentralen Rechtfertigungsgründe für

einer nachvollziehbaren Unternehmenspublizität mit der Möglichkeit, die Kapitalkosten des Unternehmens zu reduzieren (vgl. Wussow (2004), S. 34).

940 Keine Berücksichtigung haben vier Beiträge gefunden, in denen die Möglichkeit, eine Konvergenz des Rechnungswesens zu vollziehen, als Motiv für eine (freiwillige) Anwendung internationaler Rechnungslegungsstandards dargestellt wird (vgl. Chrubasik/Janz (2007), S. 61; Dais/Watterott (2006), S. 465; Küting/Lorson (1998d), S. 2303; Nobach/Zirkler (2006), S. 738). Aus diesen Beiträgen kann zwar geschlussfolgert werden, dass ein Zusammenhang zwischen der Anwendung internationaler Rechnungslegungsvorschriften und der Annäherung des internen und externen Rechnungswesens besteht. Es wird jedoch nicht ersichtlich, welche Richtung die Kausalität zwischen den beiden Ereignissen aufweist. Da deren Bestimmung jedoch das Anliegen der hier vorgenommenen Systematisierung darstellt, wurde von einem Einbezug der genannten Beiträge in die Analyse an dieser Stelle abgesehen.

941 Vgl. hierzu bereits Abschnitt 2.3.2.2, S. 63.

942 Klein (1999b), S. 68. Historische Betrachtungen lassen darauf schließen, dass im 16. Jahrhundert die Rechenwerke des externen Rechnungswesens der Selbstinformation der Unternehmer dienten. Im weiteren Verlauf oblagen der externen Rechnungslegung jedoch weitere Rechnungszwecke, die zu einer Verwässerung des Selbstinformationszwecks führten (vgl. Klein (1999a), S. 30 ff.; Coenenberg (1995), S. 2077 f.).

943 Vgl. Abschnitt 1.1, S. 3, bzw. Fn. 24.

eine eigenständige interne ‚Betriebsergebnisrechnung', dem traditionellen Kernstück des internen Rechnungswesens in Deutschland"[944], bezeichnet.

Mit der Rechnungslegung nach internationalen Standards entfällt dieser zentrale Rechtfertigungsgrund für ein divergentes Rechnungswesen, was in insgesamt 62 Beiträgen betont wird. Die Anwendung internationaler Rechnungslegungsstandards stellt somit das am häufigsten genannte Motiv für eine Konvergenz des internen und externen Rechnungswesens dar und gilt „als treibende Kraft der Integration"[945]. Das Potenzial der internationalen Rechnungslegungsstandards für eine Annäherung des internen und externen Rechnungswesens beruht im Wesentlichen auf drei Merkmalen, die in Abschnitt 5.4.1.1.1 ausführlich erörtert werden. Genannt werden in diesem Zusammenhang die Zielsetzung der internationalen Standards,[946] ihre Irrelevanz für die Bemessung erfolgsabhängiger Zahlungen[947] sowie die geringere Anzahl expliziter Bilanzierungswahlrechte.[948]

Das Gros der Autoren, welche die Anwendung internationaler Rechnungslegungsstandards als Konvergenzmotiv nennen, führen dabei die Zielsetzung und die daraus abgeleiteten Grundsätze der internationalen Rechnungslegung an. Sie gilt als „betriebswirtschaftlich tragfähige Plattform für eine neue Steuerungsrechnung"[949]. Aufgrund der Zielsetzung der IFRS, die in der Vermittlung entscheidungsrelevanter Daten besteht,[950] wird „eine neutrale und eben nicht asymmetrisch verzerrte Abbildung der tatsächlichen wirtschaftlichen Lage angestrebt"[951]. Ebenso wird für die US-GAAP konstatiert, dass die inhaltlichen Vorgaben „wesentlich stärker als im HGB auf eine realistische Darstellung der Finanz- und Ertragslage ausgerichtet"[952] sind. Infolge der Stärkung der Informationsfunktion der Rechnungslegung nähern sich das interne sowie das externe Rechnungswesen folglich einander an.[953]

Die „ausgeprägte ökonomische Perspektive der IFRS"[954] wird in einigen Beiträgen anhand konkreter Bilanzierungs- und Bewertungsgrundsätze veranschaulicht. In diesem Zusammenhang führen *Weißenberger/IGC* eine Reihe von Merkmalen an, beispielsweise die Definition eines Vermögenswerts oder die bereits in Abschnitt 2.3.2.1.2 thematisierte weite Auslegung des Realisationsprinzips.[955] *Hahn* exemplifiziert ferner die betriebswirtschaftliche Ausrich-

---

944 Haller (1997), S. 271; ähnlich auch Weißenberger/IGC (2006a), S. 354; Kümpel (2002a), S. 905.

945 Esch/Ganczarski/Gohr/Padberg (2008), S. 92.

946 Vgl. z.B. Baltzer/Michel (2008), S. 301; Franz/Winkler (2006), S. 417.

947 Vgl. z.B. Wala/Knoll/Messner (2007a), S. 1835; Simons/Weißenberger (2008), S. 141.

948 Vgl. z.B. Haller (1997), S. 275; Heyd (2001a), S. 206.

949 Küting/Lorson (1999b), S. 220; ähnlich z.B. auch Hahn (1999), S. 82 f.

950 Vgl. Abschnitt 2.3.2.1.1, S. 51 ff.

951 Fülbier/Hirsch/Meyer (2006), S. 236; so auch z.B. Bischof (1998), S. 9; Wagenhofer (2008a), S. 161.

952 Currle/Fauth/Wangenheim (1998), S. 253; so auch Seelinger/Kaatz (1998), S. 130.

953 Vgl. Kirsch/Steinhauer (2003), S. 431; Weißenberger (2003), S. 184 f.

954 Weißenberger/IGC (2006a), S. 346.

955 Vgl. Weißenberger/IGC (2006a), S. 346.

tung der internationalen Rechnungslegungsstandards anhand der bilanziellen Abbildung von langfristigen Fertigungsaufträgen, Entwicklungskosten und Pensionsrückstellungen.[956]

Auch *Müller/Peskes* betrachten die generelle Ausrichtung der IFRS an den wirtschaftlichen Gegebenheiten als Impuls für ein kritisches Hinterfragen der Divergenz des Rechnungswesens. Nach ihrer Auffassung wird dieser Impuls durch den auf dem Management Approach basierenden Segmentbericht noch weiter verstärkt.[957] Dieses Motiv ergibt sich aus dem Bestreben, die Überleitungsrechnung von den Segmentdaten auf die aggregierten Bilanz- und GuV-Daten möglichst einfach und transparent zu halten, um einen Vertrauensverlust seitens der Abschlussadressaten zu antizipieren.

Die Autoren kommen insgesamt übereinstimmend zu dem Fazit, dass eine Anwendung internationaler Rechnungslegungsstandards zu einer inhaltlichen Annäherung der Informationen aus dem externen Rechnungswesen und jener, die für die Unternehmenssteuerung verwendet werden, führt.[958] Die weniger verzerrte Abbildung der wirtschaftlichen Gegebenheiten und die damit verbundene Annäherung an die „interne Sichtweise"[959] eröffnen die Möglichkeit, „sowohl externe Informationen, für bspw. Kapitalgeber, als auch interne Informationen für die Steuerung und Planung auf eine einheitliche Basis zu stellen."[960] Die mittels einer Konvergenz des Rechnungswesens zu erreichende Ausgestaltung ähnelt somit der Struktur von Accounting-Systemen, die als für US-amerikanische Unternehmen charakteristisch angesehen wird.[961]

Aus den bisherigen Ausführungen wird deutlich, dass ein konvergentes Rechnungswesen nicht als Selbstzweck gesehen wird, sondern als ein Mittel um die Nützlichkeit von Rechnungswesendaten zu erhöhen oder das Rechnungswesen wirtschaftlicher zu gestalten. Dementsprechend wird bei jedem der in der Konvergenzdiskussion genannten Motive geprüft, ob nach Auffassung der Autoren eine Konvergenz des Rechnungswesens die Effektivität oder Effizienz des Rechnungswesens erhöht. Entsprechende explizite Bezüge konnten in den Beiträgen, in denen internationale Rechnungslegungsstandards als Impuls für eine Konvergenz erachtet werden, nicht identifiziert werden. Es wird somit lediglich deutlich, *dass* die internationalen Rechnungslegungsvorschriften aufgrund ihrer betriebswirtschaftlichen Ausrichtung über das Potenzial für eine Annäherung von internem und externem Rechnungswesen verfügen. Nicht explizit begründet wird hingegen, *warum* dieses Potenzial gehoben werden soll. Dementsprechend ist *Jones/Luther* zuzustimmen, welche die Einführung der IFRS

956 Vgl. Hahn (1999), S. 82 f.

957 Vgl. Müller/Peskes (2006), S. 822; ähnlich auch Blase/Müller (2009), S. 538, sowie zum Management Approach ausführlich Abschnitt 5.3.1.2.1, S. 259 ff.

958 Vgl. z.B. Kirsch/Steinhauer (2003), S. 431; Sylvester (2004), S. 89; Trapp (2010b), S. 269.

959 Kley (2006), S. 151.

960 Kirsch/Steinhauer (2003), S. 431.

961 Vgl. Hebeler (2003), S. 123; Haller (1997), S. 273.

als Möglichkeit betrachten, verschiedene bislang bestehende und sich über einen längeren Zeitraum verfestigte Missstände zu beseitigen.[962]

Das vierte Motiv, das eine Folge der Internationalisierung der Unternehmenstätigkeit darstellt, betrifft die **international unübliche Trennung von Kosten und Aufwendungen**. Der geringe internationale Verbreitungsgrad dieser Begriffsdifferenzierung wird in 16 Beiträgen als Grund für eine Konvergenz des Rechnungswesens genannt (vgl. Spalte D der Tabellen 13 und 14). Dieses Problem geht darauf zurück, dass die Separation von kalkulatorischen und pagatorischen Größen ein Spezifikum des Rechnungswesens in deutschsprachigen Ländern ist.[963] Die länderspezifischen Konventionen in der Ausgestaltung des Rechnungswesens zählen zu den Treibern, welche die Siemens AG zu einer Vereinheitlichung des internen und externen Rechnungswesens veranlassten, wie von *Ziegler* verlautbart worden ist: „Die Entwicklung des dualen Systems mit der Trennung in eine Kosten[- und] Leistungs- und eine Abgrenzungsrechnung sowie die ihr zugrunde liegende Unterscheidung von Aufwendungen und Kosten ist international nicht mit- oder nachvollzogen worden. Aus diesem Grund tun sich nichtdeutsche Mitarbeiter schwer, unser ‚deutsches' Rechnungswesen zu verstehen und zu akzeptieren."[964]

Im angloamerikanischen Raum hat sich zwar auch die Separation des „Management Accounting" und des „Financial Accounting" etabliert, allerdings bezieht sich diese Differenzierung nur auf die Aufgaben und Adressaten. Beide Bereiche des Accounting greifen auf eine gemeinsame, pagatorische Datenbasis zurück.[965] Kalkulatorische Kosten finden nur in Sonderrechnungen, nicht aber in die periodischen Rechenwerke Eingang.[966]

Sofern ein deutscher kapitalmarktorientierter Konzern ein ausländisches Unternehmen akquiriert und für dieses eine Konsolidierungspflicht besteht, hat das Tochterunternehmen in der Regel einen Einzelabschluss nach lokalen Rechnungslegungsvorschriften aufzustellen und zudem eine Handelsbilanz II (HB II) zu erstellen, welche in den IFRS-Konzernabschluss des Mutterunternehmens eingeht.[967] Wird an einem divergenten Rechnungswesen festgehalten, in dem für Steuerungszwecke um kalkulatorische Elemente ergänzte Daten verwendet werden, muss die Tochtergesellschaft ein separates Rechnungswesen betreiben, um den Informationsnachfragen der Muttergesellschaft gerecht werden zu können. Auf diesem Wege kann das lokale Rechnungswesen die bereits angesprochene Komplexität annehmen, die es durch eine Konvergenz des Rechnungswesens zu vermeiden gilt.

---

962 Vgl. Jones/Luther (2005), S. 183.

963 Vgl. Angelkort/Weißenberger (2009), S. 2; Haller (1997), S. 273. Einen entsprechenden empirischen Beleg liefern *Jahnke et al.* Sie stellen fest, dass der Ansatz kalkulatorischer Kosten in den deutschen Tochterunternehmen ausländischer Konzerne deutlich weniger verbreitet ist als in konzernfreien Unternehmen bzw. den Gesellschaften deutscher Konzerne (vgl. Jahnke/Wielenberg/Schumacher (2007), S. 374).

964 Ziegler (1994), S. 177.

965 Vgl. Hoffjan (2009), S. 30 f.; Bruns (1999), S. 590 f.; Weißenberger (2006b), S. 67.

966 Vgl. Kahle (2003), S. 775; Hoffjan (2008), S. 653.

967 Vgl. Hoffjan/Weide (2006), S. 394.

Neben der Komplexität besteht die Gefahr, dass die parallele Erfassung von Aufwendungen und Kosten in der ausländischen Einheit Akzeptanz- und Verständnisprobleme hervorruft.[968] Dieses Problem wird von *Kley* adressiert, der konstatiert, dass „[d]ie feinsinnige Unterscheidung in internes und externes Ergebnis [..] im anglo-amerikanischen Raum nicht zu vermitteln“[969] ist. Die international nicht kommunizierbare Begriffsvielfalt wird auch von *Küpper* als „Chaos“ empfunden, das „[e]iner klaren Denkweise und zweckgerichteten Verwendung der Rechnungssysteme […] nicht förderlich“[970] ist. In einem anderen Beitrag identifiziert er die unterschiedlichen Begrifflichkeiten als „Ursache für viele Interpretationsprobleme und Verständnisschwierigkeiten“, die „Ansatzpunkte für Informationsverzerrungen“ liefern und „Denkfehler“ provozieren.[971]

Aus diesen Aussagen kann geschlossen werden, dass eine divergente Ausgestaltung und die damit verbundene Koexistenz von Aufwendungen und Kosten die Effektivität des Rechnungswesens beeinträchtigen. Darüber hinaus werden jedoch auch negative Auswirkungen auf die Effizienz des Rechnungswesens thematisiert, die sich insbesondere aus Schulungsmaßnahmen ergeben, welche erforderlich werden, um die unterschiedlichen Größen des Rechnungswesens ausländischen Mitarbeitern zugänglich zu machen.[972] Somit kann davon ausgegangen werden, dass jenen Autoren zufolge, welche die international unübliche Trennung von Kosten und Aufwendungen als ein Motiv für eine Annäherung des internen und externen Rechnungswesens betrachten, das Ziel der Konvergenz darin besteht, durch einen Verzicht auf den Ansatz kalkulatorischer Größen eine Identität von Kosten und Aufwendungen herzustellen.[973] Indem die Differenzierung von Aufwendungen und Kosten an Relevanz verliert, soll sowohl die Effektivität als auch die Wirtschaftlichkeit des Rechnungswesens erhöht werden.

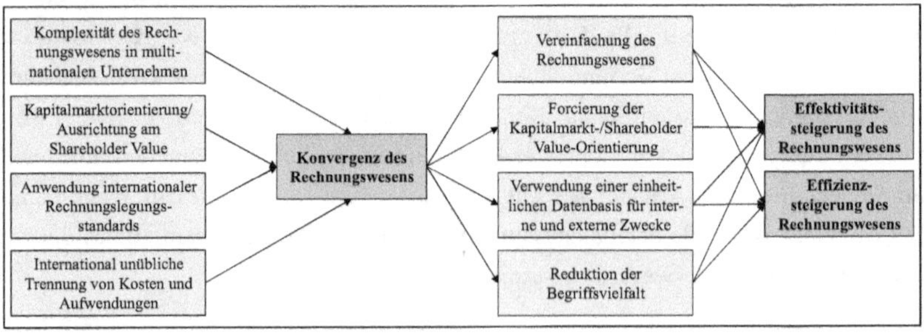

Abbildung 26: Stilisierte Darstellung der in der zweiten Motivgruppe angenommenen Kausalitäten

968 Vgl. Wussow (2004), S. 32; Hoke (2001), S. 156.

969 Kley (2006), S. 151.

970 Küpper (1999), S. 5.

971 Küpper (1997), S. 25; so auch Wussow (2004), S. 35; Müller (2006), S. 41.

972 Vgl. Kahle (2003), S. 784; Küpper (1997), S. 25.

973 Dieser Schritt wird mit einer erwarteten Erhöhung der Verständlichkeit und Akzeptanz von Rechnungsweseninformationen verbunden (vgl. Hebeler (2003), S. 174).

Analog zu den Gründen für eine Konvergenz des internen und externen Rechnungswesens, die in der ersten Motivgruppe zusammengefasst werden, beinhaltet auch das zweite Cluster primär Motive, die auf Effektivitätsdefizite des Rechnungswesens zurückzuführen sind und im Rahmen einer Annäherung der beiden Teilsysteme eliminiert werden sollen. Die Entkomplizierung des Rechnungswesens und die Vermeidung einer zu weitgehenden Differenzierung der Begrifflichkeiten werden jedoch nicht nur mit der Möglichkeit verbunden, den Output qualitativ zu erhöhen, sondern auch den Input, insbesondere in der Form von Schulungsmaßnahmen, zu verringern, woraus sich eine Effizienzsteigerung des Rechnungswesens ergibt. Abbildung 26 fasst die in dieser Motivgruppe implizit dargelegten Kausalitäten zusammen.

5.2.1.2 Zeitraumbezogene Auswertung

Wie bereits in Abschnitt 1.3 dargelegt, soll im Rahmen der vorliegenden Arbeit geprüft werden, ob sich im Verlauf der in Fachzeitschriften geführten Konvergenzdiskussion Veränderungstendenzen im Hinblick auf die Vorstellungen zu den Möglichkeiten und Grenzen eines konvergenten Rechnungswesens erkennen lassen, die von den Autoren vertreten werden. Um dieses Ziel zu erreichen, wird die statische Betrachtung, die in den vorangegangenen Abschnitten vorgenommen worden ist und sich auf den gesamten Untersuchungszeitraum bezog, nun um eine dynamische Komponente ergänzt. Mithilfe der zeitraumbezogenen Analyse soll festgestellt werden, ob mit fortschreitender Diskussion die abgegrenzten Motivgruppen an Bedeutung gewinnen oder verlieren.

Da für einzelne Konvergenzmotive nur eine geringe Anzahl an Einzelnennungen vorliegt, erfolgt die dynamische Analyse auf der Ebene der in den vorausgegangenen Abschnitten gebildeten Motivgruppen. Die Annäherung des internen und externen Rechnungswesens wird in 79 Beiträgen und in Form von 117 Einzelnennungen anhand der Auswirkungen der Internationalisierung der Geschäftstätigkeit auf die Ausgestaltung des Rechnungswesens begründet. Demgegenüber werden nur in 37 Beiträgen Defizite des divergenten Rechnungswesens als Motive für eine Annäherung der beiden Teilsysteme angeführt. Entsprechende Erklärungsansätze kommen insgesamt auf 57 Einzelnennungen.

Zum Zwecke der dynamischen Analyse wird der Untersuchungszeitraum von 17 Jahren – in Übereinstimmung mit dem Vorgehen in Abschnitt 5.1.1 – in zwei Perioden aufgeteilt. Auf diese Weise soll festgestellt werden, ob sich innerhalb der Konvergenzdiskussion ein „Meinungsumschwung" hinsichtlich der Konvergenztreiber abzeichnet. Die erste Subperiode umfasst mit den Jahren 1994 bis 2001 sowie dem ersten Halbjahr 2002 achteinhalb Jahrgänge, die zweite erstreckt sich ebenfalls auf achteinhalb Jahre (2002/II-2010). Von einer weiteren Differenzierung des Betrachtungszeitraums wurde aufgrund der teilweise geringen Anzahl an Einzelnennungen pro Jahr Abstand genommen.

Cluster	Anzahl der Nennungen pro Cluster	davon Nennungen 1994-2002/I		davon Nennungen 2002/II-2010	
Motivgruppe 1	57	35	61,4%	22	38,6%
Motivgruppe 2	117	50	42,7%	67	57,3%
Gesamt	174	85	48,9%	89	51,1%

Periode	Anzahl der Nennungen pro Periode	davon Nennungen Motivgruppe 1		davon Nennungen Motivgruppe 2	
1994-2002/I	85	35	41,2%	50	58,8%
2002/II-2010	89	22	24,7%	67	75,3%
Gesamt	174	57	32,8%	117	67,2%

Tabelle 15: Dynamische Auswertung der Konvergenzmotive

Tabelle 15 zeigt zum einen, wie sich die Anzahl der Einzelnennungen als Elemente der beiden Motivgruppen auf die beiden Subperioden der Konvergenzdiskussion verteilt (obere Hälfte). Zum anderen legt sie dar, welche Gewichte den beiden Clustern bei der Anzahl der Gesamtnennungen pro Periode zukommen (untere Hälfte). Die Gesamtanzahl an Nennungen setzt sich mit 85 Nennungen aus der ersten und 89 aus der zweiten Subperiode nahezu gleichmäßig zusammen.

Mit Blick auf den oberen Teil der Tabelle zeigt sich eine Tendenz, welche die Schlussfolgerung zulässt, dass die Gründe, die in der zweiten Motivgruppe zusammengefasst worden sind, in der zweiten Diskussionshälfte an Bedeutung gewinnen. 67 Nennungen zwischen dem zweiten Halbjahr 2002 und 2010 stehen lediglich 50 Aussagen in der ersten Subperiode gegenüber. Diese Steigerung zeigt sich auch in den relativen Zahlen: 57,3 Prozent aller Aussagen, die zur Motivgruppe 2 gehören, sind in der zweiten Diskussionshälfte getroffen worden. Mit Blick auf das erste Motivcluster zeigt sich eine gegenläufige Entwicklung: 61,4 Prozent aller Aussagen fallen in die erste Diskussionshälfte.

In der unteren Hälfte der Tabelle 15 werden ausgehend von der Anzahl der Nennungen pro Periode die relativen Gewichte der beiden Motivgruppen dargelegt. Gründe des zweiten Clusters werden in beiden Perioden häufiger angeführt als diejenigen der ersten Motivgruppe, allerdings zeigt sich in der zweiten Diskussionshälfte ein deutlicheres Ungleichgewicht. Indem Nennungen der zweiten Motivgruppe 75,3 Prozent aller Aussagen zu den Konvergenzmotiven vereinen, erscheint die bereits oben angesprochene Schlussfolgerung, dass die Auswirkungen der Internationalisierung der Geschäftstätigkeit als Motive für eine Konvergenz des Rechnungswesens im Zeitablauf wichtiger geworden sind, gerechtfertigt.

Es bleibt festzuhalten, dass die Internationalisierung der Geschäftstätigkeit über den gesamten Diskussionszeitraum als Begründung für ein konvergentes Rechnungswesen dominiert. D.h.

die Konvergenz des Rechnungswesens wird in beiden Teilperioden häufiger mit der Internationalisierung der Geschäftstätigkeit und ihren Folgen begründet als mit den Defiziten, welche die divergente Ausgestaltung des betrieblichen Rechnungswesens immaniert. Die dynamische Auswertung der als relevant identifizierten Aussagen legt dabei die Schlussfolgerung eines Bedeutungszuwachses der Internationalisierung der Geschäftstätigkeit und ihrer Konsequenzen als Kontextfaktoren für die Konvergenz des Rechnungswesens im Zeitablauf nahe.

5.2.1.3 Autorengruppenbezogene Auswertung

Im Zuge der Aufarbeitung der Konvergenzdiskussion soll ein besonderes Augenmerk auf die Frage gerichtet werden, ob ein Theorie-Praxis-Paradoxon besteht. Im vorliegenden Zusammenhang würde sich ein solches dann abzeichnen, wenn die in der Unternehmenspraxis gewählte Ausgestaltung des Rechnungswesens von den Vorschlägen abweicht, welche von Wissenschaftlern auf der Basis ihrer Überlegungen und Untersuchungen formuliert werden. In diesem Lichte ist die sich anschließende Zuordnung der genannten Konvergenzmotive auf einzelne Autorengruppen zu sehen. Zeichnen sich Unterschiede in der Bedeutung der Motivcluster ab, weichen unter Umständen auch die Vorstellungen über die Ausgestaltung eines konvergenten Rechnungswesens voneinander ab. Nachfolgend wird für die gebildeten Cluster geprüft, in welchem Umfang die entsprechenden Argumente in Beiträgen genannt werden, die von Wissenschaftlern auf der einen und Vertretern aus der Unternehmens- und Beratungspraxis auf der anderen Seite verfasst worden sind.

Cluster	Anzahl der Nennungen pro Cluster	Autorengruppenspezifische Nennungen			
		Wissenschaftler		Praktiker/Berater	
Motivgruppe 1	57	39	68,4%	18	31,6%
Motivgruppe 2	117	79	67,5%	38	32,5%
Gesamt	174	118	67,8%	56	32,2%

Autorengruppe	Anzahl der Nennungen pro Autorengruppe	davon Nennungen Motivgruppe 1		davon Nennungen Motivgruppe 2	
Wissenschaftler	118	39	33,1%	79	66,9%
Praktiker/Berater	56	18	32,1%	38	67,9%
Gesamt	174	57	32,8%	117	67,2%

Tabelle 16: Autorengruppenbezogene Auswertung der Konvergenzmotive

Tabelle 16 fasst die Ergebnisse der Zuordnung der genannten Motive auf die beiden Autorengruppen „Wissenschaftler“ und „Praktiker/Berater“ zusammen. Im oberen Teil der Tabelle werden die Nennungen, welche die beiden Motivgruppen umfassen, nach Autorengruppen differenziert. In der unteren Hälfte wird dargelegt, wie sich die Nennungen pro Autorengruppe auf die beiden Cluster verteilen.

Die absoluten Zahlen zeigen, dass sowohl von den Autoren aus der Wissenschaft als auch aus der Unternehmenspraxis die Auswirkungen der Internationalisierung der Geschäftstätigkeit mehr als doppelt so häufig als Konvergenzmotiv angeführt werden als die bestehenden Defizite des divergenten Rechnungswesens. Aus der Berechnung der relativen Angaben geht hervor, dass insgesamt 67,8 Prozent der Motive in Beiträgen enthalten sind, die von Wissenschaftlern verfasst worden sind, während lediglich die übrigen 32,2 Prozent aller Nennungen auf Praktikerbeiträge zurückgehen. Bezogen auf die clusterbezogenen relativen Häufigkeiten gilt dieses Verhältnis in nahezu unveränderter Form. Auch aus der unteren Hälfte der Tabelle 16 wird deutlich, dass die Relationen zwischen den Nennungen von Motiven des ersten und zweiten Clusters zwischen Wissenschaftlern und Praktikern nur in geringem Maße variieren.

Insgesamt zeigt die autorengruppenbezogene Auswertung somit ein hohes Maß an Übereinstimmung zwischen den Diskussionsteilnehmern aus der Wissenschaft und der Unternehmenspraxis im Hinblick auf die Frage, wodurch eine Konvergenz des Rechnungswesens motiviert wird. Für beide Autorengruppen scheinen die Auswirkungen aus der Internationalisierung der Geschäftstätigkeit auf die Ausgestaltung des Rechnungswesens von höherer Bedeutung zu sein, da entsprechende Motive deutlich häufiger genannt werden als die Defizite, die sich aus der tradierten Ausgestaltung des Rechnungswesens ergeben. Hinweise, dass bestimmte Konvergenzmotive von einer der beiden Autorengruppen besonders betont werden, ergeben sich folglich nicht.

5.2.2 Vorteile eines konvergenten Rechnungswesens

5.2.2.1 Systematisierung der Vorteile

In Abschnitt 3.2 sind Vorteile eines konvergenten Rechnungswesens als positive Folgen einer Konvergenz definiert worden, die als nicht handlungsauslösend dargestellt werden. Analog zum Vorgehen zur Strukturierung der Konvergenzmotive werden auch die Vorteile eines konvergenten Rechnungswesens im Folgenden zu Clustern verdichtet. In diesem Zusammenhang lassen sich die drei in Abbildung 27 dargestellten Vorteilsgruppen voneinander abgrenzen.

Die ersten beiden Gruppen befassen sich – ähnlich wie die erste Motivgruppe – mit den Defiziten des divergenten Rechnungswesens. Die positiven Folgen der Konvergenz des Rechnungswesens sind in der Eliminierung dieser Grenzen und der damit verbundenen Erhöhung der Effektivität (Vorteilsgruppe 1) bzw. Effizienz des Rechnungswesens (Vorteilsgruppe 2) zu sehen. Das dritte Cluster beinhaltet die Vorteile eines konvergenten Rechnungswesens bezüglich der Etablierung einer Shareholder Value-Ausrichtung in den Unternehmen.

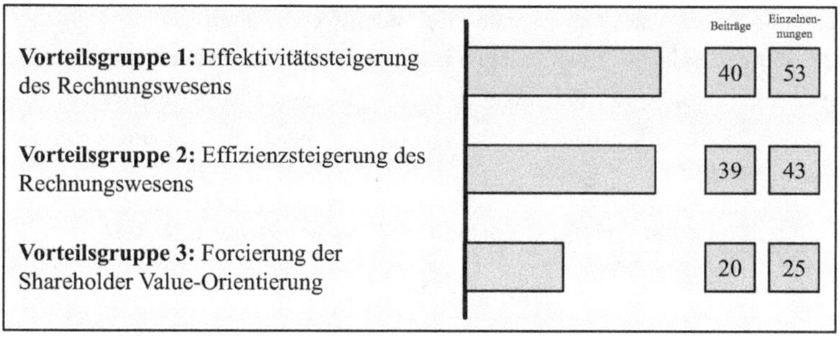

Abbildung 27: Vorteilsgruppen

5.2.2.1.1 Vorteilsgruppe 1: Effektivitätssteigerung des Rechnungswesens

Das erste Cluster umfasst Vorteile, die als Ausdruck einer infolge der Konvergenz gestiegenen Effektivität des Rechnungswesens aufgefasst werden können. In Abschnitt 5.2 wurde die Effektivität des Rechnungswesens auf dessen Potenzial bezogen, Entscheidungsträgern nützliche Informationen bereitzustellen, welche die Selektion unternehmenszielkonformer Handlungsalternativen forcieren.[974] Das Cluster setzt sich aus drei Vorteilen zusammen (vgl. Abbildung 28).

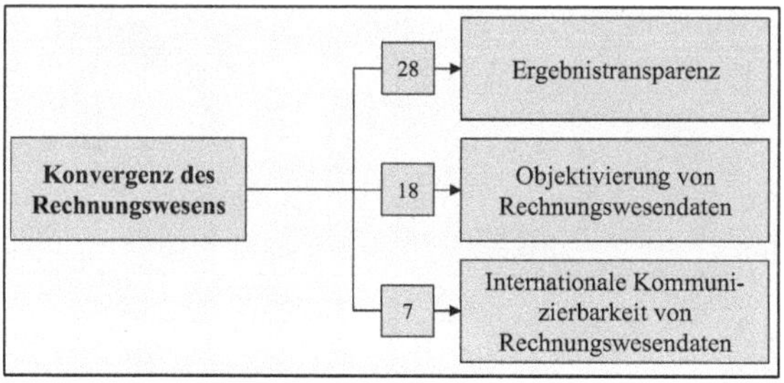

Abbildung 28: Inhalte der ersten Vorteilsgruppe

In 28 Beiträgen wird die (höhere) **Ergebnistransparenz** und die sich daraus ergebende vereinfachte Kommunizierbarkeit von Rechnungswesendaten als Vorteil eines konvergenten Rechnungswesens identifiziert (vgl. Spalte A der Tabelle 17). Diese Folge korrespondiert mit dem in Abschnitt 5.2.1.1.1 formulierten Ziel der Konvergenz, die Koexistenz unterschiedlicher Periodenergebnisse zu überwinden und ein einheitliches Ergebnisniveau herzustellen.[975] Dieses ergab sich aus der Feststellung, dass die Beseitigung von Ergebnisdivergenzen und den damit verbundenen Kommunikationsproblemen häufig ein Motiv für die Konvergenz des Rechnungswesens bildet. Während in jenen Beiträgen die in Abbildung 29 eingezeichnete Kausalität A angesprochen wird, beinhalten die 28 Beiträge, welche die gestiegene Ergebnis-

[974] Vgl. Abschnitt 5.2, S. 139.

[975] Vgl. Abschnitt 5.2.1.1.1, S. 140.

transparenz als Vorteil eines konvergenten Rechnungswesens umfassen, die Kausalität B. Es kann somit auf der Basis der Ausführungen in den entsprechenden Beiträgen keine eindeutige Aussage darüber getroffen werden, ob auch nach Auffassung dieser Autoren die Ergebnisdivergenzen den durch die Kausalität A repräsentierten Auslöser für die Konvergenz des Rechnungswesens bilden.[976]

Vorteilsgruppe 1: Effektivitätssteigerung des Rechnungswesens							
Beitrag	Aspekt der Vorteilsgruppe			Beitrag	Aspekt der Vorteilsgruppe		
	A	B	C		A	B	C
Bischof (1998)	☑			Küpper (1997)		☑	
Burger/Buchhart (2001a)		☑		Küpper (1999)		☑	
Chrubasik/Janz (2007)	☑		☑	Küting/Lorson (1998d)	☑	☑	
Currle et al. (1998)	☑			Küting/Lorson (1999b)		☑	☑
Dais/Watterott (2006)	☑	☑		Lochner et al. (2007)		☑	
Deleker (1997)		☑		Lorson (1996)		☑	
Dressler/Müller (2001)			☑	Michel (2006)	☑		
Esch et al. (2008)		☑		Mühlberger/Langecker (2010)		☑	
Faupel et al. (2010)	☑			Pelger (2008a)	☑		
Hahn/Nicklas (1999)	☑		☑	Reiners (2001)		☑	
Henselmann (2001)	☑	☑		Ruhwedel/Schultze (2004)	☑	☑	
Heyd (2001a)	☑	☑		Simons/Weißenberger (2008)	☑		
Hirsch/Schneider (2010)	☑			Stahl (1999)	☑		
Karl (2006)	☑			Troßmann (2010)	☑		
Kirsch et al. (2010)	☑			Vanini/Beyer (2009)	☑		☑
Kirsch/Steinhauer (2003)	☑		☑	Wala et al. (2007b)		☑	
Klein (1999b)	☑	☑	☑	Weide (2009b)	☑		
Kley (2002)	☑			Weißenberger (2006a)	☑		
Kümpel (2002a)	☑	☑		Weißenberger/IGC (2006a)	☑		
Kunz (2010)	☑			Weißenberger/IGC (2006b)	☑		
				Zwischensumme pro Aspekt	28	18	7
				Nennungen insgesamt	53		
Mit A ≡ Ergebnistransparenz; B ≡ Objektivierung von Rechnungswesendaten; C ≡ Internationale Kommunizierbarkeit von Rechnungswesendaten							

Tabelle 17: Nennungen der ersten Vorteilsgruppe

Der Begriff der (Ergebnis-)Transparenz wird in zahlreichen Aufsätzen verwendet, bleibt jedoch in der Regel weitgehend undefiniert.[977] *Weide* legt den Begriff im Hinblick auf das Ma-

[976] Allerdings ist davon auszugehen, dass die Autoren, welche Ergebnisdivergenzen als handlungsinitiierenden Missstand eines divergenten Rechnungswesens betrachten, die Kausalität B antizipieren. Denn nur mithilfe dieser Prämisse lässt sich erklären, dass eine Konvergenz des Rechnungswesens als probate Maßnahme erachtet wird, um Ergebnisdivergenzen zu beseitigen.

[977] Vgl. z.B. Bischof (1998), S. 9; Hahn/Nicklas (1999), S. 67; Heyd (2001a), S. 201 ff.

nagement Reporting als „Verständlichkeit und Klarheit des Reporting [...], ausgeprägt durch eine konzernweite und internationale Einheitlichkeit der verwendeten Begriffe und Strukturen sowie durch Vermeidung von Mehrdeutigkeiten und Widersprüchen“[978] aus.

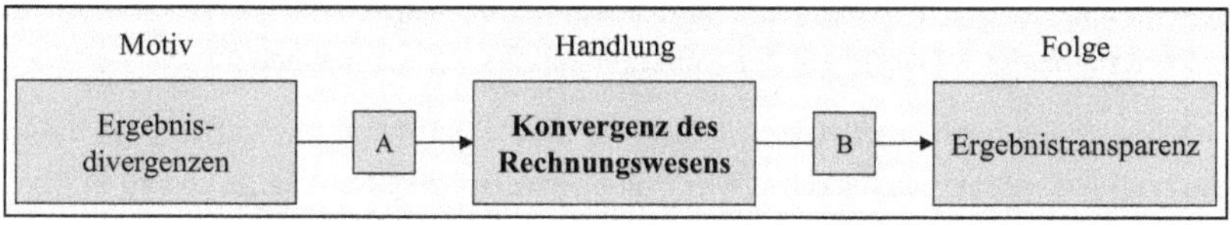

Abbildung 29: Kausalitäten zwischen Ergebnisdivergenzen und einer Konvergenz des Rechnungswesens

Elemente dieser weiten Auslegung finden sich in einer Vielzahl von Beiträgen: Dabei wird aus den Ausführungen der meisten Autoren deutlich, dass sich die Ergebnistransparenz insbesondere auf die Kommunizierbarkeit von Informationen des Rechnungswesens bezieht. Im Zuge der Konvergenz des Rechnungswesens wird ein einheitliches Ergebnisniveau angestrebt, so dass eine gemeinsame Basis für die unternehmensinterne und -externe Kommunikation von finanziellen Informationen geschaffen wird, wie beispielsweise von *Kirsch/Steinhauer* deutlich gemacht wird: „Es kann [durch die Konvergenz] [...] extern und intern mit einer einheitlichen „Sprache“ gesprochen werden. Das Problem des Abweichens von internen Steuerungszahlen und externen Rechnungslegungszahlen kann demzufolge vermieden werden.“[979] Die einheitliche Informationsbasis räumt nach Meinung der Fachvertreter folglich Kommunikationsschwierigkeiten aus und trägt auf diese Weise zu einer Verbesserung der Kommunikation innerhalb des Unternehmens bei.[980]

So erläutert *Henselmann*, dass ein konvergentes Rechnungswesen die Möglichkeit inhäriert, Irritationen bei den Adressaten des Rechnungswesens abzubauen, indem auf Parallelrechnungen, aus denen divergierende Ergebnisse hervorgehen, verzichtet wird.[981] Als weiterer Vorteil der gemeinsamen Kommunikationsbasis, welche ein konvergentes Rechnungswesen inhäriert, wird der Entfall von (interessengeleiteten) Diskussionen um das „richtige“ Ergebnis genannt, was u.a. von *Weide* angesprochen wird: „Durch diesen Verzicht [auf kalkulatorische Zusatzinformationen] entfallen wiederum umfangreiche Diskussionen um den vermeintlich richtigen Wert aus zwei verschiedenen Rechenkreisen.“[982] Eine Reihe von Autoren schlussfolgert schließlich, dass die Konvergenz des Rechnungswesens und die damit einhergehende einheitliche Basis für die unternehmensinterne und -externe Kommunikation ebenso wie die

[978] Weide (2009b), S. 8.

[979] Kirsch/Steinhauer (2003), S. 431; ähnlich auch Klein (1999b), S. 68; Chrubasik/Janz (2007), S. 61.

[980] Vgl. z.B. Vanini/Beyer (2009), S. 129; Küting/Lorson (1998d), S. 2306.

[981] Vgl. Henselmann (2001), S. 168; so z.B. auch Michel (2006), S. 441. Auch *Küting/Lorson* konstatieren, dass „das Nebeneinander von Ergebnisgrößen aus dem internen und externen Rechnungswesen erhebliche Kommunikationsprobleme aufgrund der Komplexität auf[wirft], die einer Überleitungsrechnung vom „ordentlichen Ergebnis“ des Jahresabschlusses zum kostenrechnerischen „Betriebsergebnis“ eigen sein kann (Küting/Lorson (1999b), S. 220).

[982] Weide (2009b), S. 8.

Obsoleszenz komplexer Überleitungsrechnungen eine höhere Akzeptanz von Daten des Rechnungswesens unter dessen Adressaten nach sich ziehen.[983] In den meisten Quellen werden somit positive Auswirkungen eines konvergenten Rechnungswesens auf die *Effektivität* der unternehmensinternen Kommunikation erwartet. *Weißenberger/IGC* sehen zudem den Vorteil einer *effizienten* Gestaltung der Kommunikation im Unternehmen.[984]

Wie im Folgenden noch erörtert wird, teilen die meisten Autoren die Auffassung, dass eine Annäherung des internen und externen Rechnungswesens umgesetzt wird, indem in Rechenwerke des internen Rechnungswesens Daten des externen Rechnungswesens eingehen.[985] In 18 Beiträgen wird die damit verbundene **Objektivierung** der zur Unternehmenssteuerung eingesetzten Datenbasis als Vorteil eines konvergenten Rechnungswesens hervorgehoben (vgl. Spalte B der Tabelle 17). Dieser Vorteil begründet sich zum einen darin, dass bei einer Beschränkung auf die Daten des externen Rechnungswesens die rechtlichen Rahmenbedingungen einzuhalten sind und dementsprechend der Ansatz kalkulatorischer Kosten entfällt. Da die Bestimmung kalkulatorischer Elemente Ermessensspielräume impliziert,[986] schließen sich aufgrund ihres Verzichts in einem konvergenten Rechnungswesen Möglichkeiten zur Manipulation des Datenmaterials.[987] *Lorson* spricht in diesem Zusammenhang beispielhaft von der Vermeidung von „Misserfolgsverschleierungspotentialen“, die sich aus einer willkürbehafteten, opportunitätskostenbasierten Bewertung ergibt.[988]

Zum anderen unterliegen die Daten des externen Rechnungswesens der Abschlussprüfung, weshalb diesen eine höhere Glaubwürdigkeit zugesprochen wird – ein Aspekt, der u.a. von *Reiners* adressiert wird: „Hinzuweisen ist [...] auf die Verringerung der Manipulierbarkeit von Kostenrechnungsinformationen, sofern sie auf geprüften Daten des externen Rechnungswesens beruhen.“[989] Auch der Einbezug der Datengrundlage für interne Steuerungszwecke in die Abschlussprüfung wird von einigen Autoren als Treiber für eine höhere Akzeptanz der Rechnungswesendaten gesehen.[990] Es kann somit davon ausgegangen werden, dass die im Zuge der Konvergenz erfolgende Objektivierung der Datenbasis und die daraus resultierende Akzeptanzsteigerung die Nützlichkeit der Rechnungswesendaten im Hinblick auf die im Unternehmen zu treffenden Entscheidungen erhöhen.

---

983 Vgl. z.B. Kirsch/Steinhauer (2003), S. 431 f.; Vanini/Beyer (2009), S. 129; Heyd (2001a), S. 206.

984 Vgl. Weißenberger/IGC (2006a), S. 354; Weißenberger/IGC (2006b), S. 618.

985 Vgl. hierzu ausführlich Abschnitt 5.3.1.2.1, S. 257.

986 Vgl. hierzu bereits Abschnitt 5.2.1.1.1, S. 145.

987 Vgl. z.B. Burger/Buchhart (2001a), S. 550; Küpper (1999), S. 10; Henselmann (2001), S. 168.

988 Lorson (1996), S. 2511.

989 Reiners (2001), S. 22, der in diesem Zusammenhang die internationalen Rechnungslegungsstandards aufgrund ihrer noch in Abschnitt 5.4.1.1.1.3 zu thematisierenden geringeren Anzahl an expliziten Ansatz- und Bewertungswahlrechten würdigt. Die höhere Objektivität von Rechnungswesendaten, die der Abschlussprüfung unterzogen werden, wird auch von anderen Autoren angesprochen (vgl. z.B. Küting/Lorson (1999b), S. 220; Heyd (2001a), S. 204; Wala/Knoll/Messner (2007b), S. 1882).

990 Vgl. z.B. Klein (1999b), S. 68; Küting/Lorson (1998d), S. 2306.

Diese Anforderung gewinnt insbesondere im Zuge der Dezentralisierung der Unternehmensstrukturen an Bedeutung. So hebt *Klein* die Bedeutung des Rechnungswesens als „manipulationsfreie Rechenschaftsgrundlage" des Managements auf der Ebene autonomer Geschäftseinheiten gegenüber der Konzernleitung hervor.[991] Insgesamt sind demzufolge von der Objektivierung der Rechnungswesendaten positive Auswirkungen auf die Effektivität des Rechnungswesens zu erwarten.

Der letzte Vorteil, der diesem Cluster zugeordnet worden ist, verfügt über eine besondere Relevanz für multinational aufgestellte Unternehmen. In Abschnitt 5.2.1.1.2 wurde bereits deutlich, dass das Unverständnis, das dem divergenten Rechnungswesen mit seiner ausdifferenzierten Terminologie außerhalb des deutschsprachigen Raums entgegengebracht wird, ein Konvergenzmotiv darstellt.[992] Als zu diesen Ausführungen konsistent erweist sich, dass in sieben Beiträgen die **vereinfachte internationale Kommunizierbarkeit** von Rechnungswesendaten als positive Folge einer Konvergenz des Rechnungswesens genannt wird. *Küting/ Lorson* zufolge ist ein konvergentes Rechnungswesen „leichter Arbeitnehmern im Ausland vermittelbar, denen die Unterscheidung der Wertgrößen im deutschen Rechnungswesen – insbesondere die Unterscheidung von Kosten und Aufwendungen – nicht vertraut ist."[993] Ferner wird die höhere **internationale Vergleichbarkeit** von einheitlichen Steuerungsgrößen als Vorteil eines konvergenten Rechnungswesens artikuliert (vgl. Spalte C der Tabelle 17).[994]

Insgesamt finden sich in 40 Beiträgen Aussagen, die als Vorteile interpretiert werden können, welche in einer erhöhten Effektivität des Rechnungswesens resultieren. Diese beruht zum einen auf einer Ergebnistransparenz und einer einheitlichen Kommunikationsbasis, welche Missverständnisse in der unternehmensinternen Kommunikation mindert und auf diese Weise zu einer höheren (internationalen) Akzeptanz von Rechnungswesendaten beitragen kann. Zum anderen werden durch die Beschränkung auf die durch Rechnungslegungsvorschriften normierten und durch den Abschlussprüfer kontrollierten Daten des externen Rechnungswesens Gestaltungsspielräume eliminiert, was wiederum zu einer höheren Akzeptanz der Daten eines konvergenten Rechnungswesens führt.

5.2.2.1.2 Vorteilsgruppe 2: Effizienzsteigerung des Rechnungswesens

Das gemeinsame Merkmal der positiven Folgen eines konvergenten Rechnungswesens im zweiten Vorteilscluster besteht darin, dass sie einer Effizienzsteigerung innerhalb des Rechnungswesens gleichkommen. In Abschnitt 5.2.1.1.1 wurde bereits dargelegt, dass teilweise Ineffizienzen in einem divergenten Rechnungswesen ein Motiv für die Annäherung des internen und externen Rechnungswesens bilden. Vor diesem Hintergrund wird also mit der Konvergenz des Rechnungswesens die Möglichkeit verbunden, Einsparpotenziale zu realisieren.

[991] Vgl. Klein (1999a), S. 37; ähnlich auch Wussow (2004), S. 36.
[992] Vgl. Abschnitt 5.2.1.1.2, S. 161 f.
[993] Küting/Lorson (1999b), S. 220; so auch Vanini/Beyer (2009), S. 129, sowie Hoke (2001), S. 155 f.
[994] Vgl. z.B. Dressler/Müller (2001), S. 507; Chrubasik/Janz (2007), S. 61.

Während die Überwindung von Ineffizienzen jedoch als Konvergenzmotiv eine vergleichsweise untergeordnete Bedeutung einnimmt,[995] werden Effizienzvorteile mit 43 Einzelnennungen in insgesamt 39 Beiträgen häufiger angeführt. Wie bereits im Zusammenhang mit der Effektivitätssteigerung des Rechnungswesens erläutert, geht aus den Beiträgen, in denen die Realisierung von Einsparungspotenzialen als Vorteil eines konvergenten Rechnungswesens angeführt werden, nur die in Abbildung 30 enthaltene Kausalität B hervor.[996]

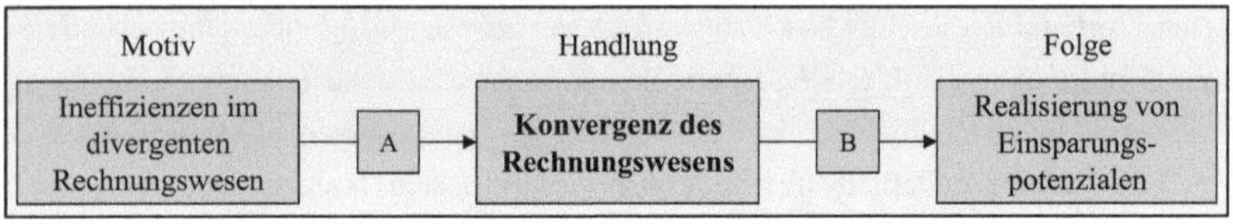

Abbildung 30: Kausalitäten zwischen Wirtschaftlichkeitserwägungen und einer Konvergenz des Rechnungswesens

Aus Abbildung 31 wird ersichtlich, dass die Mehrzahl der Autoren, welche eine Konvergenz mit einer Effizienzsteigerung des Rechnungswesens assoziieren, die Möglichkeit sieht, **Kostenvorteile** zu realisieren. Grundlage der Überlegungen ist die Relativierung des Gestaltungsgrundsatzes „Der Rechnungszweck bestimmt über das Rechnungsziel den Rechnungsinhalt" durch das Wirtschaftlichkeitsprinzip. Demnach erscheint die Separierung des Rechnungswesens nur dann vorteilhaft, wenn die Grenzkosten eines Rechenwerks auf der Basis eines zweiten Rechenkreises durch dessen Grenznutzen gerechtfertigt werden.[997]

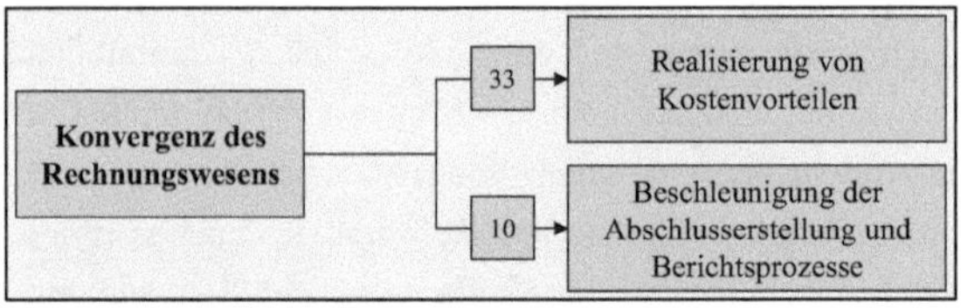

Abbildung 31: Inhalte der zweiten Vorteilsgruppe

Mit Blick auf die immanenten Schwächen eines divergenten Rechnungswesens sowie auf die Veränderungen in der Unternehmensumwelt stellt sich die Frage, inwiefern sich ein Missverhältnis zwischen dem Grenznutzen und der Grenzkosten eines separaten internen Rechnungswesens abzeichnet. Dementsprechend rufen *Hahn/Nicklas* zu einer kritischen Überprüfung auf, „inwiefern der Rechnungskreis der periodischen Kosten- und Erlösrechnung (Be-

995 Vgl. nochmals Abschnitt 5.2.1.1.1, S. 148, in dem deutlich wurde, dass in 13 Beiträgen Ineffizienzen im divergenten Rechnungswesen als Konvergenzmotiv genannt werden. Schließt man von der Anzahl der Nennungen auf die (relative) Bedeutung der einzelnen Motive, so liegt die Folgerung nahe, dass Wirtschaftlichkeitsüberlegungen nur von moderater Bedeutung für eine Annäherung des internen und externen Rechnungswesens sind.

996 Demgegenüber wird in den in Abschnitt 5.2.1.1.1 berücksichtigten Beiträgen nur die Kausalität A explizit adressiert (vgl. z.B. Jahnke/Wielenberg/Schumacher (2007), S. 365; Sylvester (2004), S. 89; Hebeler (2006), S. 11 f.).

997 Vgl. Schaier (2007), S. 119; Weber (2005), S. 84; Hahn/Nicklas (1999), S. 70.

triebsergebnisrechnung) einen die Informationskosten wenigstens kompensierenden zusätzlichen Informationsnutzen gegenüber der bilanziellen Abbildung des Unternehmungserfolges liefert“[998].

Eine derartige Gegenüberstellung dürfte in der Unternehmenspraxis zwar aufgrund der Schwierigkeiten bei der Bemessung des Informationsnutzens eine Ausnahme darstellen. Dennoch werden in insgesamt 33 Beiträgen die Kostenvorteile eines konvergenten Rechnungswesens erörtert (vgl. Spalte A der Tabelle 18).[999] Zahlreiche Autoren argumentieren, dass eine Konvergenz des Rechnungswesens eine Entkomplizierung des unternehmerischen Informationssystems impliziert und dementsprechend Einsparpotenziale freigesetzt werden.[1000] Als für diesen Vorteil repräsentativ erweist sich die Aussage von *Currle et al.*, dass „sich durch die Vermeidung eines ineffizienten doppelten Rechnungswesens erhebliche Potentiale der Kosteneinsparung [eröffnen]“[1001]. *Troßmann* führt Kostenvorteile auf rechentechnische Folgen zurück: „Es wird ein integrierter Kontenplan möglich, kalkulatorische (Zusatz- und Anders-) Kosten fallen weg, die Bewertung der betriebswirtschaftlichen Wirtschaftsgüter und der zu bilanzierenden Vermögensgegenstände stimmen überein und schließlich werden Überleitungsrechnungen zu aus anderen Gründen noch erforderlichen besonderen internen Rechnungen [...] deutlich einfacher.“[1002]

Ähnlich wird in anderen Beiträgen argumentiert, indem hervorgehoben wird, dass ein konvergentes Rechnungswesen insofern Kosteneinsparungspotenziale erschließt, als die Möglichkeit besteht, die für die Informationsversorgung vorzuhaltenden Systeme auf das gesetzlich vorgeschriebene externe Rechnungswesen zu beschränken und somit die Kosten für ein separates internes Rechenwerk einzusparen.[1003] Infolge dieses Schritts entfallen komplexe

[998] Hahn/Nicklas (1999), S. 70.

[999] Nicht in die Auswertung eingegangen ist der Beitrag von *Oehler/Simon*, die zwar die Möglichkeit sehen, dass infolge einer Konvergenz des Rechnungswesens „zeit- und personalintensive kalkulatorische Nebenrechnungen“ (Oehler/Simon (2003), S. 254) obsolet werden. Sie legen jedoch eine situationsspezifische Prüfung, „[i]nwieweit solche Einsparungspotenziale im Einzelfall tatsächlich gegeben sind“ (Oehler/Simon (2003), S. 254) nahe.

[1000] Vgl. z.B. Klein (1999b), S. 68; Lorson (1996), S. 2511; Kirsch/Steinhauer (2003), S. 433.

[1001] Currle/Fauth/Wangenheim (1998), S. 253.

[1002] Troßmann (2010), S. 92. Erfolgt eine Konvergenz des Rechnungswesens parallel zu einer Umstellung der Rechnungslegung auf internationale Standards, so entsteht dadurch jedoch parallel ein Zusatzaufwand, der aufgrund der höheren Komplexität der IFRS und dem Erfordernis, die Einzelabschlüsse weiterhin im Einklang mit den handelsrechtlichen Vorschriften aufzustellen, permanenten Charakter haben dürfte (vgl. Kirsch/Steinhauer (2003), S. 432).

Während *Müller et al.* davon ausgehen, dass die realisierbaren Kostenvorteile infolge einer Konvergenz des Rechnungswesens den Zusatzaufwand aufgrund der internationalen Rechnungslegung kompensieren (vgl. Müller/Ordemann/Pampel (2005), S. 2125), halten *Weißenberger/IGC* Kostenvorteile eines konvergenten Rechnungswesens erst vor einem mittelfristigen Zeithorizont für realisierbar. Kurzfristig sei hingegen mit einem Mehraufwand zu rechnen, der in einem höheren Kommentierungsbedarf der konvergenten Steuerungsrechnung seine Ursache findet (vgl. Weißenberger/IGC (2006a), S. 360 f.; Weißenberger/IGC (2006b), S. 621 f.).

[1003] Vgl. Pfaff (1995), S. 124 f.; Pfaff (1994a), S. 1077; Weide (2009a), S. 51.

Abstimmungsrechnungen zwischen internen und externen Ergebnisgrößen.[1004] Darüber hinaus besteht die Möglichkeit, Doppelarbeiten zu vermeiden. *Wala et al.* exemplifizieren dieses Potenzial anhand der Segmentberichterstattung, während *Pfaff* etwa die Währungsumrechnung bei ausländischen Tochterunternehmen oder die Vorratsbewertung als Bewertungsvorgänge angibt, die sowohl im internen und externen Rechnungswesen vorzunehmen sind und im Zuge einer Konvergenz vereinheitlicht werden können.[1005] Die Konvergenz des Rechnungswesens kann auch die technische Infrastruktur des Rechnungswesens betreffen, indem die eingesetzten Datenerfassungs- und -auswertungssysteme vereinheitlicht werden.[1006] Auch mithilfe dieser Maßnahmen können mittelfristig Kostenvorteile realisiert werden.[1007]

Vorteilsgruppe 2: Effizienzsteigerung des Rechnungswesens					
Beitrag	Aspekt der Vorteilsgruppe		Beitrag	Aspekt der Vorteilsgruppe	
	A	B		A	B
Bischof (1998)	☑		Klein (1999b)	☑	
Burger/Buchhart (2001a)	☑		Kunz (2010)	☑	
Chrubasik/Janz (2007)	☑	☑	Lochner et al. (2007)		☑
Currle et al. (1998)	☑		Lorson (1996)	☑	
d'Arcy (2004)	☑		Michel (2006)	☑	
Dais/Watterott (2006)		☑	Müller et al. (2005)	☑	
Delcker (1997)	☑		Pelger (2008a)	☑	
Dressler/Müller (2001)	☑		Pfaff (1994a)	☑	
Erdmann et al. (2005)		☑	Pfaff (1994b)	☑	
Esch et al. (2008)	☑		Pfaff (1995)	☑	
Hahn/Nicklas (1999)	☑		Ruhwedel/Schultze (2004)	☑	
Haller (1997)	☑		Stahl (1999)		☑
Henselmann (2001)	☑		Sylvester (2004)		☑
Heyd (2001a)	☑	☑	Troßmann (2010)	☑	
Hirsch/Schneider (2010)	☑		Vanini/Beyer (2009)	☑	
Horváth/Arnaout (1997)	☑		Wala et al. (2007b)	☑	
Ikäheimo/Taipaleenmäki (2010)	☑		Weide (2009b)		☑
Karl (2006)	☑	☑	Weißenberger/IGC (2006a)	☑	
Kirsch et al. (2010)	☑	☑	Weißenberger/IGC (2006b)	☑	
Kirsch/Steinhauer (2003)	☑		Zwischensumme pro Aspekt	33	10
			Nennungen insgesamt	43	
Mit A ≡ Realisierung von Kostenvorteilen; B ≡ Beschleunigung der Abschlusserstellung und Berichtsprozesse					

Tabelle 18: Nennungen der zweiten Vorteilsgruppe

[1004] Vgl. Vanini/Beyer (2009), S. 129; Michel (2006), S. 441; Pelger (2008a), S. 567.

[1005] Vgl. Pfaff (1994a), S. 1077; Wala/Knoll/Messner (2007b), S. 1882; vgl. hierzu auch Hoke (2001), S. 156.

[1006] Vgl. Jonen/Lingnau (2006), S. 13; Weide (2009a), S. 122 ff.

[1007] Vgl. Wala/Knoll/Messner (2007b), S. 1882.

Die überwiegende Zahl der Autoren, die sich mit dem verringerten Input infolge einer Konvergenz des Rechnungswesens befassen, unterstreicht die Möglichkeit, finanzielle Ressourcen einzusparen. Demgegenüber thematisieren zehn Verfasser die Option, mithilfe eines konvergenten Rechnungswesens die **Abschlusserstellung zu beschleunigen** (vgl. Spalte B der Tabelle 18).[1008] Es wird davon ausgegangen, dass infolge einer Komplexitätsreduktion Daten schneller bereitgestellt werden können.[1009] Dies begründet sich insbesondere darin, dass „[b]ei Vorliegen eines integrierten Rechnungswesens [..] die Überleitungen und Abstimmungen zwischen beiden Rechenkreisen [entfallen], so dass – von möglichen Ausnahmen im Detaillierungsgrad abgesehen – der interne und externe Report inhaltlich weitestgehend gleich sind."[1010]

Die durch die Verkürzung von Abstimmarbeiten frei gewordenen personellen Kapazitäten können infolgedessen beispielsweise stärker für Analyseaufgaben eingesetzt werden.[1011] Verkürzte Berichtsprozesse implizieren einerseits einen geringeren personellen Input, so dass eine Effizienzsteigerung verzeichnet werden kann. Zugleich dürfte sich eine Beschleunigung der Berichterstellung auch positiv auf die Effektivität des Rechnungswesens auswirken, da davon auszugehen ist, dass aufgrund einer früheren Bereitstellung der für Steuerungszwecke benötigten Daten, dem Rechnungswesen seitens seiner Adressaten eine höhere Nützlichkeit bescheinigt wird.[1012]

Während die im ersten Cluster enthaltenen Vorteile eines konvergenten Rechnungswesens darauf schließen lassen, dass eine Konvergenz des Rechnungswesens den Output im Sinne von (entscheidungs-)nützlichen Informationen verbessert, beziehen sich die Vorteile des zweiten Clusters auf eine Verringerung des erforderlichen Inputs. Letztere konnten zwar weniger Nennungen auf sich vereinen als die effektivitätsbezogenen Vorteile (43 gegenüber 53 Nennungen), wurden jedoch in 39 Beiträgen angesprochen und damit in ähnlicher Frequenz wie die Nennungen des ersten Clusters in 40 Beiträgen. In 29 Beiträgen sind sowohl effektivitäts- als auch effizienzbezogene Vorteile identifiziert worden.

5.2.2.1.3 Vorteilsgruppe 3: Forcierung der Shareholder Value-Orientierung

Im dritten Cluster werden die Vorteile zusammengefasst, über die ein konvergentes Rechnungswesen im Hinblick auf die zunehmende Kapitalmarktorientierung und die korrespondierende Diffusion des Shareholder Value-Gedankens verfügt. Bereits in Abschnitt 5.2.1.1.2 wurde herausgestellt, dass an internationalen Kapitalmärkten finanzielle Ressourcen nachfra-

[1008] Vgl. z.B. Sylvester (2004), S. 90; Kirsch/Koelen/Köhling (2010), S. 200; Heyd (2001a), S. 206.

[1009] Vgl. Müller (2006), S. 43; Weide (2009a), S. 137.

[1010] Weide (2009b), S. 10; ähnlich auch Müller (2006), S. 43; Weide (2009a), S. 137.

[1011] Vgl. Karl (2006), S. 455; Wussow (2004), S. 35; Seelinger/Kaatz (1998), S. 129. Eine derartige Verschiebung der Aufgabenschwerpunkte machen etwa *Granlund/Malmi* in finnischen Unternehmen nach der Einführung von Enterprise Resource Planning-(ERP-)Systemen aus (vgl. Granlund/Malmi (2002), S. 314).

[1012] Vgl. z.B. Schäffer/Steiners (2005b), S. 214; Schweitzer/Küpper (2011), S. 75; Weber/Sandt (2001), S. 16.

gende Unternehmen im Wesentlichen zwei Maßnahmen ergreifen müssen:[1013] Zum einen sollten im Rahmen von Entscheidungsfindungen die Auswirkungen der zur Auswahl stehenden Handlungsalternativen auf den Unternehmenswert antizipiert werden. Zum anderen sollte eine umfangreiche Berichterstattung an den Kapitalmarkt aufgesetzt werden, in deren Rahmen die zur Wertsteigerung ergriffenen Maßnahmen des Unternehmens dokumentiert werden.[1014] Den Kern dieses Reporting bildet das externe Rechnungswesen. Beide Aspekte motivieren, mehreren Autoren zufolge, eine Konvergenz des Rechnungswesens.[1015]

In 20 weiteren Beiträgen werden die Vorteile eines konvergenten Rechnungswesens im Hinblick auf die Shareholder Value-Orientierung erörtert. Aus Abbildung 32 geht hervor, dass innerhalb der Konvergenzdiskussion zwei Vorteile hinsichtlich einer Forcierung der Shareholder Value-Orientierung adressiert werden. Zum einen wird die Kommunikationsfähigkeit eines Unternehmens gegenüber dem Kapitalmarkt durch ein konvergentes Rechnungswesen verbessert. Zum anderen trägt ein konvergentes Rechnungswesen dazu bei, eine Kongruenz zwischen den Zielen der Shareholder, der Unternehmens- bzw. Konzernleitung sowie der Führungskräfte auf untergeordneten Führungsebenen herzustellen.

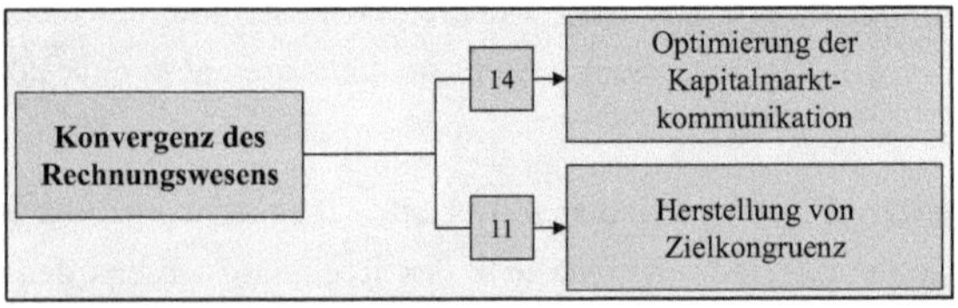

Abbildung 32: Vorteile eines konvergenten Rechnungswesens im Hinblick auf eine zunehmende Shareholder Value-Orientierung

Die **Optimierung der Kapitalmarktkommunikation** hat ihren Ursprung in einer einheitlichen Basis für die unternehmensinterne wie -externe Kommunikation und damit jener Eigenschaft eines konvergenten Rechnungswesens, die in Abschnitt 5.2.2.1.1 als Voraussetzung für eine Vereinfachung der unternehmensinternen Kommunikation identifiziert worden ist.[1016] Die Vorteile einer Konvergenz des Rechnungswesens im Hinblick auf die Kapitalmarktkommunikation werden in 14 Beiträgen erörtert (vgl. Spalte A der Tabelle 19).

[1013] Vgl. Abschnitt 5.2.1.1.2, S. 154 ff.

[1014] Vgl. hierzu auch Abschnitt 5.3.1.2.1, S. 263.

[1015] Vgl. z.B. Küting/Lorson (1999a), S. 53; Kahle (2003), S. 773; d'Arcy (2004), S. 127.

[1016] Vgl. Seelinger/Kaatz (1998), S. 130.

Vorteilsgruppe 3: Forcierung der Shareholder Value-Orientierung					
Beitrag	Aspekt der Vorteilsgruppe		Beitrag	Aspekt der Vorteilsgruppe	
	A	B		A	B
Burger/Buchhart (2001a)	☑		Lorson (1996)		☑
Dais/Watterott (2006)		☑	Müller/Peskes (2006)	☑	
Damberger et al. (2002)	☑		Pfaff (1994a)		☑
Hasselmeyer et al. (2005)	☑		Pfaff (1994b)		☑
Henselmann (2001)		☑	Pfaff (1995)		☑
Heyd (2001a)	☑	☑	Seelinger/Kaatz (1998)	☑	
Karl (2006)	☑		Sylvester (2004)	☑	
Kirsch/Steinhauer (2003)	☑		Weißenberger (2006a)	☑	☑
Klein (1999b)	☑	☑	Weißenberger/IGC (2006a)	☑	☑
Küting/Lorson (1998d)	☑		Weißenberger/IGC (2006b)	☑	☑
			Zwischensumme pro Aspekt	14	11
			Nennungen insgesamt	25	
Mit A ≡ Optimierung der Kapitalmarktkommunikation; B ≡ Herstellung von Zielkongruenz					

Tabelle 19: Nennungen der dritten Vorteilsgruppe

Mithilfe eines konvergenten Rechnungswesens kann verhindert werden, dass den Kapitalmarktteilnehmern Daten berichtet werden, welche für die Unternehmenssteuerung irrelevant sind. Eine Identität der extern berichteten Größen und der Steuerungskennzahlen impliziert einen geringeren Erklärungsbedarf gegenüber dem Kapitalmarkt.[1017] Durch eine Konvergenz des Rechnungswesens „können intern und extern einheitliche Zielgrößen bei der wertorientierten Steuerung des Konzerns vorgegeben und die Kommunikation deutlich verbessert werden."[1018] Auf diese Weise wird die Unternehmensleitung „gegenüber externen Investoren und Analysten sprachfähig gemacht, was die Begründung vergangener bzw. die Erläuterung prognostizierter Entwicklungen im Unternehmen betrifft."[1019] Zugleich werden die Möglichkeiten der Investoren erhöht, die Handlungen der Führungsverantwortlichen adäquat zu beurteilen.[1020] Als Konsequenz können die Adressaten der unternehmensexternen Berichterstattung dieselben Daten als Grundlage ihrer Entscheidungen verwenden wie das Management, wobei Unterschiede im Detaillierungsgrad der bereitgestellten Informationen fortbestehen.[1021]

Analog zur Argumentation im Zusammenhang mit der Ergebnistransparenz, die durch ein konvergentes Rechnungswesen hergestellt werden kann,[1022] wird auch eine konsistente unter-

[1017] Vgl. Kirsch/Steinhauer (2003), S. 431; Müller/Peskes (2006), S. 822.

[1018] Hasselmeyer/Reichertz/Dohrn (2005), S. 450; ähnlich auch Küting/Lorson (1998d), S. 2308; Weißenberger (2006a), S. 411.

[1019] Weißenberger/IGC (2006a), S. 354.

[1020] Vgl. Müller (2006), S. 51.

[1021] Vgl. Sylvester (2004), S. 90.

[1022] Vgl. Abschnitt 5.2.2.1.1, S. 167.

nehmensinterne und -externe Kommunikation von einigen Autoren mit einer höheren Akzeptanz von Rechnungswesendaten in Verbindung gebracht.[1023] Dies äußert beispielsweise *Heyd*: „Durch die erhöhte Transparenz nach innen und aussen erhöht sich auch die Akzeptanz des Rechnungswesens bei Kapitalgebern und dezentralen Einheiten gleichermassen."[1024]

Der zweite Vorteil eines konvergenten Rechnungswesens, der in der Literatur im Zusammenhang mit der Forcierung der Shareholder Value-Orientierung genannt wird, besteht in der Herstellung einer **Zielkongruenz** zwischen den Anteilseignern und dem Management (vgl. Spalte B der Tabelle 19).[1025] Dieser Aspekt ist in elf Beiträgen identifiziert worden. Nach *Weißenberger/IGC* leistet ein konvergentes Rechnungswesen einen Beitrag, „nicht nur auf Gesamtunternehmensebene, sondern auch auf nachgelagerten Steuerungsebenen Pläne zu entwickeln, die dazu geeignet sind, nach außen kommunizierte finanzielle Ziele umzusetzen und zu erreichen."[1026] Auf diese Weise wird sichergestellt, dass die Führungskräfte auf mittleren Hierarchieebenen an jenen Größen beurteilt werden, an denen auch die Konzernführung am Kapitalmarkt gemessen wird.[1027] Indem die Konzernleitung die ihr unterstellten Geschäftsbereiche anhand der Daten des externen Rechnungswesens beurteilt und steuert, übernehmen die Unternehmenseinheiten unmittelbar Verantwortung „für die extern kommunizierte Performance des Gesamtunternehmens"[1028]. Die Entscheidungen innerhalb der Geschäftsbereiche richten sich dementsprechend an den für die Anteilseigner relevanten Zielgrößen aus.[1029] Die Zielkongruenz kann darüber hinaus verstärkt werden, indem jene Daten die Bemessungsgrundlage für die Erfolgsvergütung des Managements bilden.[1030]

Pfaff geht zudem auf die Möglichkeit ein, bei einer Unternehmenssteuerung auf der Basis eines konvergenten Rechnungswesens das Residualgewinn-Konzept anwenden zu können. Der Residualgewinn entspricht der Differenz aus dem Periodenerfolg und den kalkulatorischen Zinsen auf das zum Periodenbeginn gebundene und zur Erwirtschaftung des Ergebnisses eingesetzte Vermögen.[1031] Eine Verknüpfung zwischen dem Residualgewinn und der

---

1023 Vgl. hierzu auch bereits Abschnitt 5.2.1.1.2, S. 157.

1024 Heyd (2001a), S. 206; ähnlich auch Kirsch/Steinhauer (2003), S. 431 f., sowie *Karl*, der die Möglichkeit einer „Wiederherstellung des Vertrauens in Unternehmen und Unternehmensleitungen durch ein aussagefähiges, transparentes und ordnungsmäßiges Rechnungswesen" (Karl (2006), S. 455) sieht.

1025 Vgl. hierzu auch ausführlich Gödde (2010), S. 21 ff.

1026 Weißenberger/IGC (2006a), S. 354.

1027 Vgl. Henselmann (2001), S. 168.

1028 Klein (1999b), S. 68; Heyd (2001a), S. 206.

1029 *Pfaff* nennt einen weiteren Aspekt als Vorteil eines konvergenten Rechnungswesens, der deutliche Parallelen zu den positiven Folgen einer Konvergenz des Rechnungswesens im Hinblick auf die Shareholder Value-Orientierung aufweist: Er unterstreicht, dass im Zuge der Konvergenz Daten als Steuerungsgrößen verwendet werden, die für Verträge mit Dritten von Bedeutung sind. Als Beispiele nennt er den handelsrechtlichen Gewinn oder die Eigenkapitalquote und damit Größen, die beispielsweise bei der Vereinbarung von Kreditverträgen von Relevanz sind (vgl. Pfaff (1995), S. 127; so auch Klein (1999a), S. 43). Eine Konvergenz des Rechnungswesens kann somit nicht nur zu einer Internalisierung der Shareholder-Ziele führen, sondern auch die Interessen von Stakeholdern berücksichtigen.

1030 Vgl. Heyd (2001a), S. 206; Dais/Watterott (2006), S. 466.

1031 Vgl. Ewert/Wagenhofer (2008), S. 67; Pfaff (1994a), S. 1077.

Zielsetzung, den Shareholder Value zu maximieren, ergibt sich aus dem *Lücke*-Theorem, nach dem unter bestimmten Voraussetzungen der Barwert der Residualgewinne dem Barwert der Zahlungsüberschüsse entspricht.[1032] Die Kapitalwertmaximierung ist dabei gleichbedeutend mit dem Bestreben, den Shareholder Value zu maximieren.[1033] Die Gültigkeit des Theorems setzt jedoch die Erfüllung des Kongruenzprinzips voraus, d.h. über die Totalperiode hinweg muss die Summe der Zahlungsüberschüsse der Summe der Periodengewinne entsprechen.[1034] Eine Voraussetzung dieser Identität bildet der Verzicht auf den Ansatz kalkulatorischer Kosten mit der Ausnahme kalkulatorischer Zinsen.[1035] Folglich muss etwa die Summe der Abschreibungen genau der Anschaffungsauszahlung entsprechen.[1036] Unterschiede zwischen Gewinnen und Zahlungsüberschüssen dürfen dementsprechend ausschließlich durch die Periodisierung der Zahlungen begründet werden.[1037]

Das *Lücke*-Theorem beinhaltet die „Möglichkeit einer zum Vermögensmaximierungsziel konformen Gestaltung von Kontroll- und Anreizsystemen auf der Basis ohnehin verfügbarer Erfolgsrechnungen“[1038]. Auf dem Datenmaterial des externen Rechnungswesens basierende Residualgewinne können folglich für eine am Unternehmenswert ausgerichtete Verhaltenssteuerung innerhalb des Unternehmens grundsätzlich eingesetzt werden.[1039] Diese Möglichkeit wird auch von *Pfaff* als Vorteil eines konvergenten Rechnungswesens gesehen. So kann eine Beurteilung von Unternehmenseinheiten anhand des erwirtschafteten Residualgewinns dazu führen, dass sich Bereichsmanager an dem mit der Shareholder Value-Orientierung korrespondierenden Ziel der Kapitalwertmaximierung orientieren.[1040]

In insgesamt 20 Beiträgen werden die Optimierung der Kapitalmarktkommunikation sowie die Herstellung einer Zielkongruenz zwischen den Anteilseignern und dem Management als Vorteile eines konvergenten Rechnungswesens herausgestellt. Bei beiden Folgewirkungen ist zu erwarten, dass sie das Vertrauen der Kapitalmarktteilnehmer in die Unternehmensleitung und deren Bereitschaft, sich der Investoreninteressen anzunehmen, stärken. Des Weiteren ist davon auszugehen, dass das Herunterbrechen am Kapitalmarkt kommunizierter Zielgrößen auf untergeordnete Hierarchieebenen zu einer zunehmenden Ausrichtung der unternehmerischen Entscheidungsfindungen am Shareholder Value beiträgt. Es kann also angenommen werden, dass im Hinblick auf das Wertsteigerungsziel „bessere“ Entscheidungen getroffen

[1032] Vgl. Laux (2006), S. 102; Ewert/Wagenhofer (2008), S. 67.

[1033] Vgl. Ruhwedel/Schultze (2002), S. 602.

[1034] Vgl. Schweitzer/Küpper (2011), S. 234; Coenenberg/Schultze (2002), S. 606.

[1035] Vgl. Weißenberger (2003), S. 113.

[1036] Vgl. Pfaff (1995), S. 125 f.; Strauch (2000), S. 197.

[1037] Vgl. Siefke (1999), S. 90.

[1038] Terstege (2005), S. 589.

[1039] Vgl. Gaber (2004), S. 340.

[1040] Zugleich gibt *Pfaff* zu bedenken, dass in Abhängigkeit vom Zeithorizont und den Ressourcenpräferenzen eines Managers suboptimale Entscheidungen initiiert werden können, wobei diese Mängel auch in einem divergenten Rechnungswesen fortbestehen (vgl. Pfaff (1995), S. 125 ff.).

werden, so dass einem konvergenten Rechnungswesen auch aus dieser Perspektive eine höhere Effektivität zuerkannt werden kann.

5.2.2.2 Zeitraumbezogene Auswertung

Analog zum Vorgehen bei der Analyse der Konvergenzmotive sind im Zuge der Systematisierung der Vorteile, die mit einem konvergenten Rechnungswesen assoziiert werden, in Abschnitt 5.2.2 drei Cluster gebildet worden. Im Weiteren wird geprüft, wie sich die zu den einzelnen Clustern gehörenden Nennungen auf die beiden Teilperioden verteilen (vgl. Tabelle 20).

Cluster	Anzahl der Nennungen pro Cluster	davon Nennungen 1994-2002/I		davon Nennungen 2002/II-2010	
Vorteilsgruppe 1	53	25	47,2%	28	52,8%
Vorteilsgruppe 2	43	17	39,5%	26	60,5%
Vorteilsgruppe 3	25	12	48,0%	13	52,0%
Gesamt	121	54	44,6%	67	55,4%

Periode	Anzahl der Nennungen pro Periode	davon Nennungen Vorteilsgruppe 1		davon Nennungen Vorteilsgruppe 2		davon Nennungen Vorteilsgruppe 3	
1994-2002/I	54	25	46,3%	17	31,5%	12	22,2%
2002/II-2010	67	28	41,8%	26	38,8%	13	19,4%
Gesamt	121	53	43,8%	43	35,5%	25	20,7%

Tabelle 20: Dynamische Auswertung der Vorteile eines konvergenten Rechnungswesens

Insgesamt sind im Rahmen der Literaturanalyse 121 Vorteilsnennungen festgestellt worden. Aus dem oberen Teil der Tabelle 20 geht hervor, dass 55,4 Prozent der insgesamt identifizierten Nennungen in die zweite Diskussionshälfte fallen. Offensichtlich hat sich der Konvergenzgedanke auch in der zweiten Subperiode noch nicht in einem Maße etabliert, dass eine Rechtfertigung der Annäherung des internen und externen Rechnungswesens durch die Erörterung der auf diesem Wege erschlossenen Potenziale verzichtbar erscheint.

Bezogen auf die einzelnen Vorteilsgruppen lassen sich nur ansatzweise individuelle Entwicklungen erkennen. Die zur ersten und dritten Vorteilsgruppe zugehörigen Nennungen verteilen sich nahezu gleichmäßig auf die beiden Zeiträume, was insbesondere bei der Betrachtung der absoluten Zahlen auffällt. Bei der zweiten Vorteilsgruppe, welche sich auf Effizienzsteigerungen infolge einer Konvergenz des Rechnungswesens bezieht, deutet sich hingegen eine Zunahme relevanter Nennungen in der zweiten Diskussionshälfte an, so dass insgesamt 60,5 Prozent aller Nennungen in Beiträgen identifiziert worden sind, die ab dem zweiten Halbjahr

2002 publiziert worden sind. In Anbetracht der geringen in absoluten Zahlen ausgedrückten Differenz sind diese Veränderungen jedoch lediglich als tendenzielle Entwicklungen zu interpretieren.

Aus der unteren Hälfte der Tabelle 20 wird ersichtlich, dass die relativen Gewichte des ersten und dritten Clusters in der zweiten Diskussionshälfte im Vergleich zur ersten geringfügig sinken. Demgegenüber erhöht sich der Anteil der zweiten Vorteilsgruppe an den periodenbezogenen Nennungen von 31,5 auf 38,8 Prozent. Mithilfe dieser Beobachtung kann die oben getroffene Schlussfolgerung, dass die Effizienzvorteile tendenziell im Zeitablauf an Bedeutung gewinnen, nochmals hervorgehoben werden.

5.2.2.3 Autorengruppenbezogene Auswertung

Gegenstand dieses Abschnitts ist eine autorengruppenbezogene Systematisierung der Vorteile eines konvergenten Rechnungswesens. Für die drei Vorteilsgruppen wird geprüft, ob sich Muster im Hinblick auf die Autorengruppen, von denen die positiven Folgen eines konvergenten Rechnungswesens angesprochen werden, ergeben. Aus Tabelle 21 wird zunächst ersichtlich, dass sich bei der Aggregation aller Vorteilsgruppen 66,9 Prozent der genannten Vorteile eines konvergenten Rechnungswesens in Veröffentlichungen von Wissenschaftlern wiederfinden. Das Verhältnis der Nennungen in Aufsätzen von Wissenschaftlern und Praktikern ist im Falle der Vorteile also ähnlich verteilt wie bei den Konvergenzmotiven, bei denen der Anteil der Nennungen in Artikeln von Wissenschaftlern an sämtlichen Nennungen 67,8 Prozent betrug.[1041]

Bereits aus Abschnitt 5.2.2.1 ist bekannt, dass mit insgesamt 53 Nennungen die Effektivitätssteigerung, die durch eine Konvergenz des Rechnungswesens induziert werden kann, am häufigsten genannt wird, gefolgt von der Effizienzsteigerung des Rechnungswesens mit 43 und der Forcierung der Shareholder Value-Orientierung mit 25 Nennungen. Hinsichtlich der Verteilung der Nennungen auf Vertreter der Wissenschaft und der Unternehmenspraxis zeigen sich – vergleichbar zur autorengruppenbezogenen Auswertung der Konvergenzmotive – allenfalls Tendenzen. So variiert der Anteil von Nennungen in Aufsätzen, die von Wissenschaftlern geschrieben wurden, zwischen 62,8 (Vorteilsgruppe 2) und 72 Prozent (Vorteilsgruppe 3).

[1041] Vgl. Abschnitt 5.2.1.3, S. 165.

Cluster	Anzahl der Nennungen pro Cluster	Autorengruppenspezifische Nennungen			
		Wissenschaftler		Praktiker/Berater	
Vorteilsgruppe 1	53	36	67,9%	17	32,1%
Vorteilsgruppe 2	43	27	62,8%	16	37,2%
Vorteilsgruppe 3	25	18	72,0%	7	28,0%
Gesamt	121	81	66,9%	40	33,1%

Autorengruppe	Anzahl der Nennungen pro Autorengruppe	davon Nennungen Vorteilsgruppe 1		davon Nennungen Vorteilsgruppe 2		davon Nennungen Vorteilsgruppe 3	
Wissenschaftler	81	36	44,4%	27	33,3%	18	22,2%
Praktiker/ Berater	40	17	42,5%	16	40,0%	7	17,5%
Gesamt	121	53	43,8%	43	35,5%	25	20,7%

Tabelle 21: Autorengruppenbezogene Auswertung der Vorteile eines konvergenten Rechnungswesens

Die Beobachtung, dass 72 Prozent der Nennungen, welche sich auf die Forcierung der Shareholder Value-Orientierung beziehen, ihren Urheber in Vertretern der Wissenschaft finden, legt die Schlussfolgerung nahe, dass die Vorteile eines konvergenten Rechnungswesens im Hinblick auf die Forcierung der Shareholder Value-Orientierung von Vertretern der Wissenschaft stärker gewichtet werden als von Praktikern. Eine ähnliche Tendenz deutet sich im Hinblick auf die Effektivitätssteigerung des Rechnungswesens an. Den höchsten Anteil an den Vorteilsnennungen verzeichnen Praktiker mit 37,2 Prozent im Hinblick auf die Vorteilsgruppe 2 und somit auf die Schaffung von Kosteneinsparpotenzialen mithilfe eines konvergenten Rechnungswesens. Insbesondere die untere Hälfte der Tabelle 21 stellt heraus, dass diese Unterschiede lediglich tendenziellen Charakters sind. Denn die auf Basis der relativen Gewichte gebildete Rangfolge der Vorteilsgruppen stimmt bei beiden Autorengruppen überein. Somit zeigen sich auch bei der Auswertung der Vorteile eines konvergenten Rechnungswesens unter der Maßgabe der Autorengruppen lediglich ansatzweise Unterschiede.

5.2.3 Nachteile eines konvergenten Rechnungswesens

Einen weiteren Bestandteil der Konvergenzdiskussion bilden die Grenzen eines konvergenten Rechnungswesens. Im Vergleich zu den Motiven für eine Konvergenz und den Vorteilen eines konvergenten Rechnungswesens werden dessen negative Folgen jedoch deutlich seltener thematisiert. Entsprechende Aussagen konnten im Zuge der Literaturanalyse nur 31 Beiträgen entnommen werden.

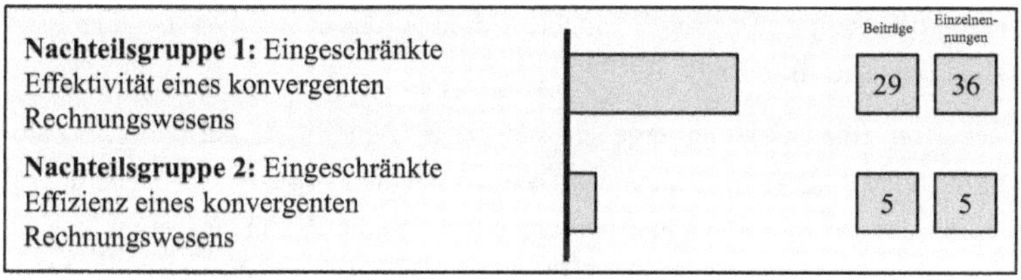

Abbildung 33: Nachteilsgruppen

Analog zur Systematisierung der Konvergenzmotive und den Vorteilen eines konvergenten Rechnungswesens werden im Folgenden auch die verschiedenen Nachteile, die in der Literatur genannt werden, Clustern zugeordnet (vgl. Abbildung 33). Dabei erfolgt zunächst eine Differenzierung von Nachteilen, welche die Effektivität eines konvergenten Rechnungswesens betreffen, und jenen, die sich auf die Effizienz des Rechnungswesens beziehen. Aufgrund der geringen Anzahl an Nennungen wird die statische Systematisierung der Nachteile nicht um dynamische und autorengruppenspezifische Auswertungen ergänzt.

5.2.3.1 Nachteilsgruppe 1: Eingeschränkte Effektivität eines konvergenten Rechnungswesens

Die vorangegangenen Abschnitte haben gezeigt, dass im Rahmen der Konvergenzdiskussion einige Vorteile angesprochen werden, die darauf schließen lassen, dass mit einem konvergenten Rechnungswesen die Effektivität des Rechnungswesens erhöht werden kann. Diese Vorteile werden jedoch durch Aussagen in 29 Beiträgen relativiert. Wie Abbildung 34 zu entnehmen ist, sind drei Nachteile identifiziert worden, die insgesamt 36 Nennungen umfassen.

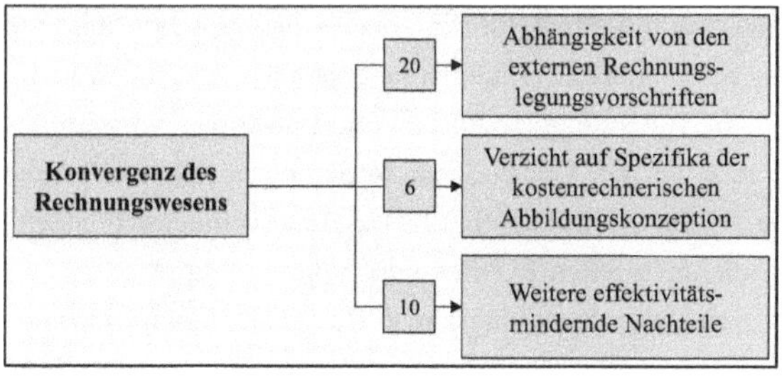

Abbildung 34: Inhalte der ersten Nachteilsgruppe

Der gemeinsame Kern der ersten beiden Nachteile, die in diesem Cluster zusammengefasst werden, besteht in den Restriktionen hinsichtlich der flexiblen Gestaltung eines konvergenten Rechnungswesens. Wie bereits erwähnt worden ist, im Folgenden aber noch erörtert wird, stimmen die meisten Teilnehmer der Konvergenzdiskussion dahingehend überein, dass kurzfristig eine Annäherung des internen und externen Rechnungswesens nur dadurch erreicht werden kann, dass sich das interne Rechnungswesen an das externe Pendant anpasst, dessen Ausgestaltung regulatorisch fixiert ist.[1042]

Aus dieser Konvergenzrichtung ergeben sich zwei zentrale Konsequenzen: Zum einen immaniert die Verwendung von Daten des externen Rechnungswesens für Steuerungszwecke, dass Spezifika des externen Rechnungswesens in das interne Rechnungswesen bzw. Controlling importiert werden, welche den Anforderungen an interne Teilsysteme zuwider laufen. Zum anderen erzwingt eine Konvergenz des Rechnungswesens den Verzicht auf Spezifika der Abbildungskonzeption des internen Rechnungswesens resp. der Kostenrechnung wie z.B. den Ansatz kalkulatorischer Kosten. *Wala et al.* sprechen in diesem Zusammenhang von einer „Regulierung von Controllinginstrumenten“, welcher die bislang bei der Ausgestaltung des internen Rechnungswesens vorherrschenden Kosten-Nutzen-Abwägungen weichen.[1043] Darüber hinaus werden zusätzliche Nachteile hervorgebracht, die infolge einer Konvergenz des Rechnungswesens entstehen und nachfolgend als „weitere effektivitätsmindernde Nachteile“ bezeichnet werden.

Die **Abhängigkeit von den externen Rechnungslegungsvorschriften** und die daraus entstehenden Probleme werden in 20 Beiträgen aufgegriffen (vgl. Spalte A der Tabelle 22). Hier lassen sich drei unterschiedliche Probleme identifizieren – die Inhalte einzelner Standards, die häufigen Änderungen der Rechnungslegungsstandards und der Import bilanzpolitischer Maßnahmen in das interne Rechnungswesen.

In 17 Beiträgen werden die Inhalte einzelner Standards bzw. die generelle Ausrichtung der IFRS kritisch betrachtet. So relativieren *Weißenberger/IGC* die in Abschnitt 5.2.1.1.2 wiedergegebene Eignung internationaler Rechnungslegungsstandards als Grundlage eines konvergenten Rechnungswesens mit Blick auf die konzeptionelle Ausrichtung der IFRS. Da diese darin besteht, die Entscheidungen aktueller und potenzieller Investoren informatorisch zu fundieren, umfassen die IFRS mitunter Ansatz- und Bewertungsvorschriften, welche in einem konfliktären Verhältnis zu den Controllinganforderungen stehen.[1044] Unterschiede ergeben sich beispielsweise in der Berücksichtigung von unternehmensexogenen Risiken, wie der durchschnittlichen konjunkturellen Entwicklung. Während diese in einem an unternehmensexterne Investoren gerichteten Performancemaß Berücksichtigung finden sollten, sind sie bei der Berechnung von Kennzahlen für die Unternehmenssteuerung nach Möglichkeit auszuschließen. Diesen Unterschied begründet *Weißenberger* damit, dass „[d]en Vorschriften zur Ergebnisermittlung nach IFRS [..] das Kriterium der Entscheidungsnützlichkeit (decision

[1042] Vgl. z.B. Melcher (2002), S. 66; Müller (2006), S. 45; Weide (2009a), S. 96 f. sowie ausführlich Abschnitt 5.3.1.2, S. 254 ff., der vorliegenden Arbeit.

[1043] Vgl. Wala/Knoll/Messner (2007b), S. 1882.

[1044] Vgl. Weißenberger/IGC (2006a), S. 354; Weißenberger/IGC (2006b), S. 619.

usefulness) externer Investoren, nicht aber das der Anreiznützlichkeit (incentive usefulness) zugrunde [liegt].“[1045]

Nachteilsgruppe 1: Eingeschränkte Effektivität eines konvergenten Rechnungswesens							
Beitrag	Aspekt der Nachteilsgruppe			Beitrag	Aspekt der Nachteilsgruppe		
	A	B	C		A	B	C
Beißel/Steinke (2004)	☑			Lorson (1996)	☑		
Burger/Buchhart (2001a)		☑	☑	Meyer et al. (2006)			☑
Currle et al. (1998)		☑		Michel (2006)	☑		
Dais/Watterott (2006)	☑			Nobach/Zirkler (2006)	☑		
Deleker (1997)			☑	Pelger (2008a)	☑		
Günther/Zurwehme (2008)	☑		☑	Pfaff (1994a)		☑	☑
Hasselmeyer et al. (2005)	☑			Pfaff (1994b)		☑	☑
Henselmann (2001)	☑		☑	Pfaff (1995)		☑	☑
Kerkhoff/Thun (2007)	☑			Vanini/Beyer (2009)	☑		
Kley (2002)	☑			Wala et al. (2007b)	☑		
Kley (2006)	☑			Weide (2009b)		☑	☑
Kunz (2010)	☑			Weißenberger (2006a)	☑		
Küpper (1995)			☑	Weißenberger/IGC (2006a)	☑		
Küting (2000)	☑			Weißenberger/IGC (2006b)	☑		
Küting/Lorson (1998b)	☑			Zwischensumme pro Aspekt	20	6	10
				Nennungen insgesamt	36		
Mit A ≡ Abhängigkeit von den externen Rechnungslegungsvorschriften; B ≡ Verzicht auf Spezifika der kostenrechnerischen Abbildungskonzeption; C ≡ Weitere effektivitätsmindernde Nachteile							

Tabelle 22: Nennungen der ersten Nachteilsgruppe

Auch *Wala et al.* erkennen das Problem, dass infolge einer Konvergenz des Rechnungswesens „die controllingrelevanten Steuerungsinstrumente [...] durch Festlegungen des IASB beeinflusst [werden], dessen Zielsetzungen sich primär an der Außensicht der Kapitalmärkte und nicht an den Steuerungserfordernissen von Unternehmen orientieren.“[1046] Dieser Datentransfer kann *Michel* zufolge in Fehlsteuerungen resultieren.[1047] Aus der Perspektive der Unternehmenssteuerung werden in einigen Beiträgen daher eine mögliche Abschaffung der Quotenkonsolidierung,[1048] das Projekt „Reporting Comprehensive Income“ des IASB,[1049] die eingeschränkten Möglichkeiten zur Abbildung immaterieller Ressourcen, welche die IFRS ein-

1045 Weißenberger (2006a), S. 412.

1046 Wala/Knoll/Messner (2007b), S. 1882.

1047 Vgl. Michel (2006), S. 441.

1048 Vgl. Hasselmeyer/Reichertz/Dohrn (2005), S. 452.

1049 Vgl. Kley (2006), S. 157.

räumen,[1050] sowie die Teilgewinnrealisierung bei langfristigen Fertigungsaufträgen[1051] kritisiert.

Mit 13 Nennungen am häufigsten thematisiert wird die zunehmende Hinwendung des IASB zur Fair Value-Bewertung.[1052] Besonders kritisch wird in diesem Zusammenhang eine mögliche GuV-wirksame Erfassung von Zeitwertänderungen gesehen. Neben der daraus folgenden Zunahme von Ergebnisvolatilitäten wird befürchtet, dass die Möglichkeit, die Leistung des Managements anhand der GuV abzulesen, durch die Ergebniseffekte von Marktwertschwankungen, die sich regelmäßig einer Beeinflussbarkeit durch das Management entziehen, eingeschränkt wird.[1053] Des Weiteren werden bei einer Zunahme des Ansatzes von Marktwerten komplexere Planungsprozesse und ein höherer Bedarf für die Kommentierung interner Berichte erwartet.[1054] Es können somit negative Effekte auf die Verhaltenssteuerungsfunktion des Rechnungswesens nicht ausgeschlossen werden.[1055] Eine zunehmende Fair Value-Bewertung wird von mehreren Autoren explizit als Grund für eine wieder einsetzende Divergenz des Rechnungswesens und damit als Gefahr für den Fortbestand eines konvergenten Rechnungswesens genannt,[1056] was sich anhand der folgenden Aussage von *Kley* exemplifizieren lässt: „Dieser Fair-Value-Ansatz droht die so mühsam erarbeitete Konvergenz von externem und internem Rechnungswesen wieder aufzuheben."[1057]

Während *Beißel/Steinke* und *Kerkhoff/Thun* insbesondere gegenüber einer zunehmenden GuV-wirksamen Erfassung von Marktwertänderungen Bedenken formulieren,[1058] bemängeln *Weißenberger/IGC* sowie *Nobach/Zirkler* gerade die GuV-neutrale Erfassung von Zeitwertänderungen. Diese führt nämlich dazu, dass bei einer Marktwertsteigerung das bilanzielle Vermögen und damit auch die Kapitalkosten steigen, während die Wertänderung von der Erfolgsgröße nicht reflektiert wird, da diese nicht zu den GuV-wirksam erfassten Erfolgskomponenten gehört. Das Ergebnis dieser asynchronen Berücksichtigung von Wertänderungen durch Erfolgs- und Bestandsgrößen sind verzerrte Kennzahlen, die sich nur eingeschränkt zur Bereichssteuerung eignen.[1059] Als potenzielle Konsequenz werden werterhöhende Investiti-

[1050] Vgl. Günther/Zurwehme (2008), S. 119.

[1051] Vgl. Kunz (2010), S. 307.

[1052] Vgl. z.B. Vanini/Beyer (2009), S. 129; Kerkhoff/Thun (2007), S. 459 f.; Günther/Zurwehme (2008), S. 118. Für eine kritische Auseinandersetzung mit der Fair Value-Bewertung aus der Perspektive der externen Rechnungslegung vgl. Wagenhofer (2008b), S. 187 ff.; Ballwieser/Küting/Schildbach (2004), S. 535 ff.

[1053] Vgl. Kerkhoff/Thun (2007), S. 460 f.; Michel (2006), S. 441. Eine diesem Standpunkt entgegengesetzte Auffassung vertritt *Haller*, dem zufolge die Differenzierung von Kosten und Leistungen sowie Aufwendungen und Erträgen an Bedeutung verliert, wenn eine GuV-wirksame Zeitwertbilanzierung verfolgt wird. Dementsprechend führe ein zunehmender Rückgriff auf Fair Value-Ansätze zu einer weitergehenden Konvergenz (vgl. Haller (1997), S. 274).

[1054] Vgl. Weißenberger/IGC (2006a), S. 355; Weißenberger/IGC (2006b), S. 619.

[1055] Vgl. Kley (2006), S. 156 f.

[1056] Vgl. z.B. Beißel/Steinke (2004), S. 69; Kley (2006), S. 157; Pelger (2008a), S. 574.

[1057] Kley (2002), S. 280.

[1058] Vgl. Kerkhoff/Thun (2007), S. 460; Beißel/Steinke (2004), S. 70.

[1059] Vgl. Weißenberger/IGC (2006a), S. 355; Nobach/Zirkler (2006), S. 742.

onsprojekte aufgrund der verzerrten Abbildung nicht durchgeführt.[1060] Daraus kann geschlossen werden, dass eine GuV-neutrale Erfassung von Marktwertschwankungen ebenso wie eine Aufnahme der Wertänderungen in die GuV Probleme für das Controllinginstrumentarium impliziert.

Infolge der im Lichte der Unternehmenssteuerung dysfunktionalen Regelungen wird eine Einschränkung der Effektivität des Rechnungswesens für möglich gehalten: „Geht man davon aus, dass das Controlling optimal ausgestaltet war, so muss eine Angleichung von Controllinginstrumenten an die internationale Rechnungslegung deren Nutzen vermindern oder bestenfalls gleich belassen."[1061] Neben der mitunter eingeschränkten Kompatibilität einzelner IFRS-Regelungen mit den Anforderungen aus der Sicht des Controllings werden in zehn Beiträgen die Auswirkungen von Änderungen innerhalb des Regelwerks internationaler Standardsetter problematisiert. Infolge einer Konvergenz des Rechnungswesens wirken sich Änderungen der IFRS nicht nur unmittelbar auf die externe Finanzberichterstattung aus, sondern haben auch Konsequenzen für das interne Rechnungswesen und Controlling.[1062] Sofern Änderungen nämlich nur einseitig im externen Rechnungswesen berücksichtigt werden, würde dies ein erneutes Auseinandergehen der internen und externen Teilsysteme bedeuten.[1063] Als nachteilig erweisen sich neben dem umstellungsbedingten Aufwand insbesondere die Auswirkungen auf Steuerungskennzahlen, die auf Daten des externen Rechnungswesens basieren. So können sich Kennzahlen allein aufgrund von Modifikationen der IFRS-Regelungen ändern, wodurch Zeitvergleiche erschwert werden.[1064] Problematisch erscheint die hohe Änderungsdynamik der IFRS insbesondere deshalb, weil dadurch die unternehmensinternen Planungsprozesse beeinträchtigt werden.[1065]

Schließlich greifen die Autoren von sechs Beiträgen das Problem der Übernahme bilanzpolitischer Maßnahmen in das interne Rechnungswesen und damit in das Steuerungsinstrumentarium der Unternehmensführung auf.[1066] Mittels der Bilanzpolitik wird die Abbildung der Unternehmenssituation im Jahresabschluss bewusst mit der Intention gestaltet, Einfluss auf Bilanzadressaten oder Rechtsfolgen zu nehmen.[1067] Zu nennen sind hier einerseits Wahlrechte, beispielsweise in der Form der Wahl der Abschreibungs- sowie der Vorratsbewertungsmetho-

---

[1060] Vgl. Weißenberger (2006a), S. 412.

[1061] Wala/Knoll/Messner (2007b), S. 1882.

[1062] Vgl. z.B. Nobach/Zirkler (2006), S. 748; Günther/Zurwehme (2008), S. 119; Vanini/Beyer (2009), S. 129.

[1063] Vgl. Wagenhofer (2006a), S. 18.

[1064] Vgl. Kerkhoff/Thun (2007), S. 459; vgl. hierzu auch die Beispiele bei Weißenberger/Haas (2004), S. 60 ff.; Erdmann/Wünsch/Meyer (2006b), S. 333 ff.; Erdmann/Wünsch/Meyer (2006c), S. 386 ff.

[1065] Vgl. Kley (2006), S. 156.

[1066] Vgl. z.B. Küting (2000), S. 455; Küting/Lorson (1998b), S. 471; Günther/Zurwehme (2008), S. 119.

[1067] Vgl. Szczesny (2007), S. 101.

den.[1068] Andererseits gehören hierzu Ermessensspielräume, die auch in internationalen Rechnungslegungsregelwerken enthalten sind.[1069]

Ermessensspielräume sind insofern problematisch, als sie die Kontrolle der für die Rechnungslegung Verantwortlichen durch externe Akteure erschweren, womit die Verlässlichkeit der Rechnungslegungsinformationen beeinträchtigt wird. Als Konsequenz verlangen Investoren als Adressaten der externen Rechnungslegung Risikozuschläge.[1070] Dieses originär auf die Delegationsbeziehung zwischen Investoren und der Unternehmensleitung beschränkte Problem weitet sich bei einer Konvergenz des Rechnungswesens auf das Verhältnis zwischen Führungskräften der Unternehmenszentrale und den dezentralen Einheiten aus.[1071] Somit schränkt das beschriebene Gestaltungspotenzial insbesondere die Erfüllung der Verhaltenssteuerungsfunktion durch ein konvergentes Rechnungswesen ein.[1072]

Die erläuterten Nachteile eint, dass es sich um Folgen handelt, welche die Effektivität eines konvergenten Rechnungswesens einschränken. Hierzu gehören Regelungen, die unter Steuerungsgesichtspunkten einen suboptimalen Charakter aufweisen und daher erwartungsgemäß die von den unternehmensinternen Adressaten wahrgenommene Nützlichkeit der Rechnungswesendaten verringern. Dies dürfte auch auf die Übertragung einer für Unternehmensexterne bewusst gewählten Abbildung der Unternehmenssituation (auf der Basis bilanzpolitischer Maßnahmen) zutreffen. Auch von häufigen IFRS-Änderungen, die sich im Zuge der Konvergenz auf das interne Rechnungswesen durchschlagen, ist ein negativer Impuls für die Effektivität des Rechnungswesens zu erwarten. Zugleich kann auf diese Weise aber auch die Wirtschaftlichkeit eines konvergenten Rechnungswesens eingeschränkt werden, da Lernkosten nicht nur bei den Mitarbeitern anfallen, die mit dem externen Rechnungswesen betraut sind, sondern auch bei jenen, denen die Informationsgenerierung gegenüber unternehmensinternen Adressaten obliegt.

Während sich die Mehrzahl der Kritikpunkte an die IFRS-Rechnungslegung richtet, nimmt *Lorson* auf das handelsrechtliche Ergebnis der gewöhnlichen Geschäftstätigkeit Bezug:[1073] Demzufolge kann „das handelsrechtliche Ergebnis der gewöhnlichen Geschäftstätigkeit nur dann für interne Zwecke übernommen werden, wenn es (relativ) zweckadäquat wäre. Eine solche betriebswirtschaftliche Aussagekraft ist dieser Größe wegen der Dominanz der bilanz-

[1068] Vgl. Henselmann (2001), S. 168.

[1069] Vgl. Wala/Knoll/Messner (2007b), S. 1882. Vgl. zudem für eine Kategorisierung der bilanzpolitischen Einflussmöglichkeiten Küting/Reuter (2005), S. 710 ff.

[1070] Vgl. Kirchner (2006), S. 61.

[1071] *Wagenhofer* verbindet mit einem konvergenten Rechnungswesen jedoch die Reduktion des bilanzpolitischen Potenzials. Diese begründet sich in den zusätzlichen Kosten für die Unternehmenssteuerung, womit sich die Anreize für eine bewusste Gestaltung der abgebildeten Unternehmenssituation verringern (vgl. Wagenhofer (2006a), S. 17 f.).

[1072] In diesem Zusammenhang ist jedoch zu bedenken, dass grundsätzlich auch bei der Anwendung einer kalkulatorischen Steuerungsrechnung für die dezentralen Handlungsträger Möglichkeiten zur Beeinflussung der Performancemaße bestehen (vgl. Hofmann/Arnegger/Kopitzke (2007), S. 129).

[1073] Vgl. zum Ergebnis der gewöhnlichen Geschäftstätigkeit ausführlich Abschnitt 5.3.1.3.1.1.4, S. 284.

statischen Normen allerdings abzusprechen. Aufgrund der impliziten Vorgabe, möglichst nahe an [das] Handelsbilanzergebnis heranzukommen, gilt es, Abstriche im Hinblick auf die betriebswirtschaftliche Aussagekraft und Angemessenheit der „neuen" Erfolgsgröße zu machen."[1074]

Eine Konvergenz des Rechnungswesens impliziert aber nicht nur die Übernahme von Ansatz- und Bewertungsvorschriften der externen Rechnungslegung für interne Steuerungszwecke, sondern zieht zugleich „eine Abkehr von typischen Prinzipien des traditionellen internen Rechnungswesens"[1075] nach sich. Dieser **Verzicht auf Spezifika der Abbildungskonzeption des internen Rechnungswesens** wird in sechs Beiträgen als Nachteil eines konvergenten Rechnungswesens genannt (vgl. Spalte B der Tabelle 22).[1076] Ein zentrales Problem stellt in diesem Zusammenhang die eingeschränkte Flexibilität hinsichtlich der Wertansätze dar, die sich aus den fehlenden Möglichkeiten zum Ansatz von kalkulatorischen Kosten ergibt. *Pfaff* erläutert, dass mithilfe von Wertansätzen, die von den pagatorischen Kosten abweichen, Koordinationsprobleme innerhalb eines Unternehmens gelöst werden können. Demnach bildet bei der Existenz von Verbundbeziehungen die „richtige" Zurechnung von Kosten auf verschiedene Bezugsobjekte ein wesentliches Problem der Kostenrechnung, das durch den Ansatz kalkulatorischer Kosten gelöst werden kann.[1077] So kann es mit Blick auf die Verhaltenssteuerung zielführend sein, einen Verantwortungsbereich mit höheren oder geringeren Gemeinkosten zu belasten als tatsächlich angefallen sind.[1078] Ebenso kann es bei der Bewertung zwischenbetrieblicher Leistungen sinnvoll sein, Verrechnungspreise anzusetzen, die nicht mit den zugrundeliegenden Zahlungen übereinstimmen.[1079] Ein konvergentes Rechnungswesen initiiert jedoch grundsätzlich ein Abrücken von den kostenrechnerischen Konventionen des internen Rechnungswesens.[1080]

Des Weiteren wird mit einem konvergenten Rechnungswesen die Gefahr einer mangelnden Substanzerhaltung konnotiert.[1081] Während die nominelle Kapitalerhaltung darauf abzielt, das ursprünglich in das Unternehmen investierte Kapital zu erhalten, soll mithilfe der Substanzerhaltung ein bestimmter Güterbestand aufrechterhalten werden.[1082] Um dem Ziel der Substanzerhaltung gerecht werden zu können, werden in der Kostenrechnung Materialverbräuche teil-

---

1074 Lorson (1996), S. 2507; ähnlich auch Küting (2000), S. 455.

1075 Weide (2009b), S. 8.

1076 Vgl. z.B. Pfaff (1994b); Currle/Fauth/Wangenheim (1998); Weide (2009b).

1077 Vgl. zu den Verbundbeziehungen ausführlich Ewert/Wagenhofer (2008), S. 396 ff.

1078 Vgl. Pfaff (1995), S. 127 f.; vgl. ferner bereits Abschnitt 2.3.1.2.1, S. 44.

1079 Vgl. Pfaff (1995), S. 128 f.; Pfaff (1994b), S. 667 f.

1080 Vgl. Currle/Fauth/Wangenheim (1998), S. 253. Der Verzicht auf kalkulatorische Kosten wird hingegen von *Beißel/Steinke* als unkritisch erachtet, was sich insbesondere darin begründet, dass die exakte Bestimmung von Opportunitätskosten erst nach Lösung des zugrundeliegenden Entscheidungsproblems möglich ist und ferner der Ansatz derartiger Kostenbestandteile zu Scheinerfolgen führen kann (vgl. Beißel/Steinke (2004), S. 69).

1081 Vgl. z.B. Weide (2009b), S. 8; Burger/Buchhart (2001a), S. 550.

1082 Vgl. Hoffjan (2009), S. 85 f.

weise mit Tagespreisen im Sinne von Wiederbeschaffungskosten angesetzt und Abschreibungen auf das Anlagevermögen nicht auf der Basis der historischen Anschaffungs- bzw. Herstellungskosten, sondern auf der Grundlage von Wiederbeschaffungskosten bemessen.[1083]

Der Ansatz derartiger Anderskosten verhält sich zum Konvergenzgedanken konfliktär, weshalb in einem konvergenten Rechnungswesen von der Berücksichtigung von Wiederbeschaffungskosten grundsätzlich abzusehen ist. Im Falle von Preisniveausteigerungen führt die fehlende Inflationsbereinigung zum Ausweis von Scheingewinnen, „welche zu einer schleichenden Aushöhlung der Substanz des Unternehmens führen können."[1084] Neben dem Ansatz von Wiederbeschaffungskosten sind in der Kostenrechnungsliteratur weitere Ansätze zur Inflationsbereinigung entwickelt worden, bei deren Anwendung sich die Bewertung jedoch von den pagatorischen Größen distanziert.[1085]

In einem konvergenten Rechnungswesen erscheinen diese Ansätze daher grundsätzlich nicht weiter gangbar.[1086] Stattdessen sind die Regelungen für die Folgebewertung der geltenden Rechnungslegungsvorschriften anzuwenden. Bei einer Bilanzierung nach IFRS konkretisieren sich diese in der Abschreibung auf der Basis historischer Kosten oder in Einzelfällen in einer Neubewertung zu Zeitwerten. Nach *Weide* bedeuten beide Vorgehensweisen ein Abrücken von den tradierten Prinzipien des internen Rechnungswesens.[1087] Alternativ zeigen *Burger/Buchhart* die Möglichkeit auf, diesem Informationsverlust durch Ergänzungs- bzw. Überleitungsrechnungen zu begegnen, wobei infolge dieses Vorgehens weder die Komplexität noch die Effektivität des Rechnungswesens verbessert werden kann.[1088]

Neben der Abhängigkeit von externen Rechnungslegungsvorschriften und dem Verzicht auf Spezifika der Abbildungskonzeption des internen Rechnungswesens, welchen ein konvergentes Rechnungswesen immaniert, werden in zehn Beiträgen **weitere effektivitätsmindernde Nachteile** genannt (vgl. Spalte C der Tabelle 22). Zu diesen gehört u.a. die fehlende Abschottbarkeit der zur Unternehmenssteuerung verwendeten Daten gegen Einblicke von Unternehmensexternen, insbesondere von Wettbewerbern.[1089] Damit kritisieren *Günther/Zurwehme* die Übereinstimmung der für die Unternehmenssteuerung eingesetzten Daten mit jenen, die den unternehmensexternen Adressaten des Rechnungswesens kommuniziert werden, und dementsprechend ein Merkmal eines konvergenten Rechnungswesens, das gerade im Hinblick auf die Kapitalmarktkommunikation vielfach positiv gewertet wird.[1090] Infolge der

[1083] Vgl. Coenenberg/Fischer/Günther (2009), S. 25 f.; Schweitzer/Küpper (2011), S. 109 f.
[1084] Hoffjan (2009), S. 82.
[1085] Vgl. für einen Überblick Hoffjan (2009), S. 88 ff.
[1086] Vgl. Currle/Fauth/Wangenheim (1998), S. 253.
[1087] Vgl. Weide (2009b), S. 8.
[1088] Vgl. Burger/Buchhart (2001a), S. 550; ähnlich auch Günther/Zurwehme (2008), S. 119.
[1089] Vgl. Günther/Zurwehme (2008), S. 117 f.
[1090] Vgl. Abschnitt 5.2.2.1.3, S. 175 ff.

Umstellung der Segmentberichterstattung nach IFRS 8 besteht dieses Problem inzwischen jedoch unabhängig von einer Konvergenz des Rechnungswesens.[1091]

Als weitere Nachteile, welche die Effektivität des Rechnungswesens beeinträchtigen, nennen *Meyer et al.* einerseits die Abweichung der legalen Struktur eines Konzerns von der internen Berichtsstruktur. Diese begründet sich darin, dass nicht jedes Berichtsobjekt des internen Reporting zwingend eine rechtlich selbständige Einheit bildet, welche einen Jahresabschluss aufzustellen hat. Andererseits wird der Zielkonflikt zwischen der Detaillierung des Reporting und der Verfügbarkeit der relevanten Daten angesprochen. Im Vergleich zum externen Rechnungswesen sollen die Daten des internen Rechnungswesens ihren Nutzern schneller zur Verfügung stehen, wobei ein niedrigerer Detaillierungsgrad ausreicht.[1092] Zudem bemängelt *Deleker* die fehlende Berücksichtigung von strategischen Aspekten in einem konvergenten Rechnungswesen.[1093]

Vereinzelt wird ferner am externen Rechnungswesen als Treiber der Shareholder Value-Orientierung Kritik geübt. Dabei wird nicht bestritten, dass mithilfe eines konvergenten Rechnungswesens die Sprachfähigkeit der Unternehmensführung gegenüber den Kapitalmarktteilnehmern erhöht werden kann.[1094] Vielmehr wird der generelle Zusammenhang zwischen Periodenerfolgen und der Entwicklung des Unternehmenswerts in Frage gestellt.[1095] Zudem konstatiert *Pfaff* eine begrenzte Anwendbarkeit des Residualgewinn-Konzepts beim Vorliegen von Interdependenz- und Verbundbeziehungen, die typischerweise zwischen den Verantwortungsbereichen innerhalb eines Konzerns existieren.[1096] An der fehlenden Verknüpfung von operativ und strategisch ausgerichteten Rechenwerken wird zudem von *Burger/Buchhart* und *Küpper* Kritik geübt.[1097]

Schließlich sprechen *Günther/Zurwehme* die unterschiedlichen Funktionen an, die das betriebliche Rechnungswesen erfüllen muss und äußern Zweifel, inwiefern ein „Einheitssystem" den einzelnen Anforderungen gleichzeitig gerecht werden kann.[1098] Implizit greift diese Überlegung auch *Weide* auf, indem er einen „Trade-off zwischen dem Wunsch nach einer konzernweit transparenten und weniger aufwendigen Informationsversorgung auf der einen und

---

1091 Vgl. im Hinblick auf den Management Approach der Segmentberichterstattung nach IFRS 8 auch Haller (2006), S. 164; Trapp/Wolz (2008), S. 87, sowie ausführlich Abschnitt 5.3.1.2.1, S. 259 ff.

1092 Vgl. Meyer/Wünsch/Erdmann (2006), S. 1965.

1093 Vgl. Deleker (1997), S. 636.

1094 Vgl. hierzu ausführlich die Abschnitte 5.2.1.1.2, S. 154 ff., und 5.2.2.1.3, S. 178 ff. Allerdings folgert *Hebeler*, „dass eine erfolgreiche Unternehmenssteuerung im Sinne des Shareholder Value-Ansatzes, die nur auf den Systemen des Financial Accounting (US-GAAP) basiert, in der Regel nicht gewährleistet werden kann" (Hebeler (2003), S. 206) und begründet dies u.a. mit der Vergangenheitsorientierung der Rechnungslegungsdaten und der fehlenden Möglichkeit zur Berücksichtigung von Kapitalkosten (vgl. Hebeler (2003), S. 206).

1095 Vgl. hierzu auch Schultze/Weiler (2007), S. 134; Hachmeister (1997b), S. 830.

1096 Vgl. Pfaff (1994a), S. 1079; Pfaff (1994b), S. 667; Pfaff (1995), S. 125; vgl. hierzu ausführlich Laux (2006), S. 76 f.

1097 Vgl. Burger/Buchhart (2001a), S. 549; Küpper (1995), S. 46.

1098 Vgl. Günther/Zurwehme (2008), S. 119.

dem Wunsch nach einer auf verschiedenen Rechnungszwecken ausgerichteten, differenzierten Unternehmensrechnung auf der anderen Seite"[1099] identifiziert.

5.2.3.2 Nachteilsgruppe 2: Eingeschränkte Effizienz eines konvergenten Rechnungswesens

Neben den effektivitätsbezogenen Nachteilen werden in fünf Aufsätzen auch Bedenken gegenüber der Effizienz eines konvergenten Rechnungswesens geäußert.[1100] In Abschnitt 5.2.2.1.2 wurde dargelegt, dass von einer Reihe von Autoren die Ansicht vertreten wird, nach der über eine Konvergenz des Rechnungswesens Einsparungspotenziale freigelegt werden können. Diese Potenziale ergeben sich vor allem aus den wegfallenden Kosten für die Pflege eines eigenständigen internen Rechnungswesens und aus der Obsoleszenz komplexer Abstimmungsrechnungen zwischen beiden Rechenkreisen.[1101]

Burger/Buchhart stehen diesem Argument jedoch kritisch gegenüber. Sie stimmen zwar zu, dass sich im Falle einer vollständigen Angleichung des internen an das externe Rechnungswesen die Möglichkeit ergibt, Aufwandsersparnisse zu realisieren. Infolge einer solchen Vereinheitlichung besteht allerdings eine Identität von Zweckaufwendungen und Grundkosten, ohne die Möglichkeit, diese um kalkulatorische Kosten, die als Kostendeckungsvorgaben zu verstehen sind, zu ergänzen.[1102] Der Argumentation von *Burger/Buchhart* zufolge würde der Verzicht auf den Ansatz kalkulatorischer Kosten eine komplexere Gewinnkalkulation nach sich ziehen, so dass eine Konvergenz des Rechnungswesens nicht in einem Abbau, sondern lediglich in einer Verlagerung der durch kalkulatorische Elemente verursachten Komplexität in die Gewinnsphäre resultiert.[1103] Im Falle einer nicht vollständigen Identität der internen und externen Ergebnisgrößen bleiben demgegenüber Überleitungsrechnungen bestehen.[1104]

Eine verhaltene Einschätzung im Hinblick auf die Kostenvorteile findet sich darüber hinaus in den Beiträgen von *Kirsch/Steinhauer* und *Wala et al.* Der Aufsatz von *Kirsch/Steinhauer* gehört zu den in Abschnitt 5.2.2.1.2 zitierten Quellen, in denen eine Konvergenz des Rechnungswesens mit Einsparungspotenzialen verbunden wird. Deutlich relativiert werden die Kostenvorteile jedoch, wenn der Konvergenz eine Umstellung der Rechnungslegung von den handelsrechtlichen Regelungen auf internationale Standards vorausgeht.[1105] Als Kostentreiber nennen *Kirsch/Steinhauer* die höhere Komplexität der Rechnungslegung nach IFRS und die

---

1099 Weide (2009b), S. 8.

1100 Vgl. Burger/Buchhart (2001a); Kirsch/Steinhauer (2003); Wala/Knoll/Messner (2007a); Wala/Knoll/Messner (2007b); Günther/Zurwehme (2008).

1101 Vgl. Abschnitt 5.2.2.1.2, S. 171 f.

1102 Vgl. Männel (1997b), S. 6.

1103 Auf eine komplexere Gewinnkalkulation deuten auch die Überlegungen von *Männel* und *Reiners* hin, die darauf abzielen, kalkulatorische Elemente wie kalkulatorische Eigenkapitalzinsen, Unternehmerlöhne oder Eigenmieten als Soll-Gewinnkomponenten zu handhaben (vgl. Männel (1997a), S. 12; Männel (1997b), S. 11 f.; Männel (1999b), S. 18; Reiners (2001), S. 24).

1104 Vgl. Burger/Buchhart (2001a), S. 550.

1105 Vgl. hierzu auch Kley (2006), S. 150; Baltzer/Michel (2008), S. 300; Chrubasik/Janz (2007), S. 59.

mit der Umstellung verbundene Umorientierung der Mitarbeiter.[1106] Gleichwohl wird betont, dass dieser Nachteil neben den Wirtschaftlichkeitsvorteilen infolge der konvergenten Ausgestaltung insbesondere durch effektivitätsbezogene Vorteile wie einer besseren Kapitalmarktkommunikation gerechtfertigt wird.[1107]

Ähnliche Zweifel, wenn auch mit einer anderen Schlussfolgerung, äußern *Wala et al.* Sie kritisieren die für kapitalmarktorientierte Konzerne in Deutschland und Österreich obligatorische Anwendung der nationalen und internationalen Rechnungslegungsvorschriften auf der Ebene von Einzel- und Konzernabschlüssen. Ihrer Argumentation nach erscheint es vor diesem Hintergrund „zweifelhaft, ob mit dieser Entwicklung tatsächlich die durch eine Harmonisierung des externen und internen Rechnungswesens angestrebte Verringerung von Doppelarbeiten und bürokratischem Aufwand einhergehen wird."[1108] Ferner wird die bis auf Weiteres fortbestehende Notwendigkeit einer separaten Erfolgsermittlung für steuerliche Zwecke als Faktor gesehen, der Wirtschaftlichkeitsvorteile aufgrund einer Konvergenz des Rechnungswesens konterkariert.[1109]

Den Umfang, in dem die Komplexität des Rechnungswesens abgebaut werden kann, schätzen *Günther/Zurwehme* im Gegensatz zu den eher verhaltenen Erwartungen von *Burger/Buchhart* und *Kirsch/Steinhauer* als deutlich höher ein. Ihnen zufolge wäre ein Abbau von Arbeitsplätzen als Konsequenz eines konvergenten Rechnungswesens denkbar.[1110] Zusätzlich zu den Zweifeln, ob die im Zuge einer Konvergenz des Rechnungswesens gehobenen Einsparpotenziale tatsächlich ein solches Maß annehmen können, stellt sich die Frage, ob die Freisetzung von Mitarbeitern nicht eher aus der gesellschaftlichen und weniger aus der unternehmerischen Sicht, die vom Streben nach einer Gewinnmaximierung geprägt ist, einen Nachteil darstellt. Insgesamt bleibt festzuhalten, dass im Vergleich zu den effektivitätsbezogenen negativen Folgen Effizienznachteile deutlich seltener thematisiert werden.

5.2.4 Theoretisch fundierte Ansätze zur Begründung bzw. Widerlegung einer Konvergenz des Rechnungswesens

5.2.4.1 Chronologische Darstellung der relevanten Ansätze

Gegenstand der bisherigen Ausführungen war eine Systematisierung der in der Konvergenzdiskussion genannten Konvergenzmotive und Vorteile eines konvergenten Rechnungswesens im Sinne „multikausale[r] Erklärungsansätze"[1111]. Die verschiedenen Auslöser und Folgen eines konvergenten Rechnungswesens wurden zu Clustern verdichtet und erläutert. Dieser

[1106] Vgl. zu der IFRS-bedingten, höheren Komplexität auch Michel (2006), S. 441 f.
[1107] Vgl. Kirsch/Steinhauer (2003), S. 432.
[1108] Wala/Knoll/Messner (2007a), S. 1835.
[1109] Vgl. Wala/Knoll/Messner (2007b), S. 1883.
[1110] Vgl. Günther/Zurwehme (2008), S. 118.
[1111] Schaier (2007), S. 116 f.

Gesamtbetrachtung schlossen sich dynamische und autorengruppenbezogene Analysen an. Die in diesem Zusammenhang aus der Konvergenzdiskussion extrahierten Aussagen stellen das Ergebnis von Plausibilitätsüberlegungen dar und können daher nicht den Anspruch einer theoretischen Fundierung eines konvergenten Rechnungswesens erheben. Dennoch bildet die Aufzählung der relevanten Kontextfaktoren die häufigste Form, die Konvergenz des Rechnungswesens zu motivieren.

Darüber hinaus sind einige Arbeiten veröffentlicht worden, in denen auf der Basis theoretischer Ansätze die Notwendigkeit einer Konvergenz des Rechnungswesens begründet bzw. widerlegt wird. Oft wird hierzu ein formal-analytischer Forschungsansatz gewählt.[1112] Nachfolgend werden die wesentlichen Argumentationslinien dieser Arbeiten skizziert und ihre wichtigsten Ergebnisse zusammengefasst. Dabei erfolgt die Darstellung in chronologischer Reihenfolge auf der Basis der Veröffentlichungszeitpunkte der Beiträge. Mit der Ausnahme von *Schaier* sind die Autoren der Beiträge ausschließlich als Wissenschaftler zu klassifizieren. Die entsprechenden Ansätze basieren überwiegend auf ökonomischen Theorien, insbesondere auf der Prinzipal-Agenten-Theorie. Die Erklärungsansätze ökonomischer Theorien werden in Abschnitt 5.2.4.1.1 vorgestellt. Darüber hinaus sind Arbeiten veröffentlicht worden, die mithilfe verhaltenswissenschaftlicher bzw. organisationssoziologischer Theorien die Konvergenz des Rechnungswesens zu erklären versuchen.[1113] Sie werden in Abschnitt 5.2.4.1.2 abgehandelt.

5.2.4.1.1 Erklärungsansätze ökonomischer Theorien

Die Replik von *Pfaff* aus dem Jahre 1994 auf den Beitrag von *Ziegler* und damit einer der ersten Aufsätze, die im Rahmen der Konvergenzdiskussion publiziert worden sind, befasst sich mit der Frage, ob die Kostenrechnung auch künftig eine Existenzberechtigung hat.[1114] *Pfaff* geht dieser Frage nach, indem er zunächst die Entscheidungs- und Verhaltenssteuerungsfunktionen als zentrale Rechnungszwecke der Kostenrechnung abgrenzt und im Anschluss untersucht, ob die Anforderungen, denen ein Rechnungssystem zur Erfüllung dieser Funktionen gerecht werden muss, den Fortbestand der Kostenrechnung und folglich eines divergenten Rechnungswesens rechtfertigen.

Im Rahmen der Analyse wird zunächst das Szenario der neoklassischen Theorie betrachtet, das vollkommene und vollständige Märkte umfasst, auf denen die Marktpreise die einzigen pareto-optimalen Allokationsmechanismen darstellen. In diesem Szenario entspreche die Summe der Produkte aus Faktorwerten und -quantitäten der Summe der Auszahlungen für die entsprechenden Faktoren. Um zieladäquate Entscheidungen treffen zu können, genüge daher

[1112] Vgl. z.B. Pfaff/Bärtl (1998); Kunz/Pfeiffer (2001); Simons/Weißenberger (2008).

[1113] Vgl. Hirsch/Schneider (2010); Ikäheimo/Taipaleenmäki (2010).

[1114] Vgl. Pfaff (1994a), S. 1067.

die Kenntnis der Marktpreise, so dass die Kostenrechnung ebenso wie das externe Rechnungswesen obsolet werde.[1115]

Hebe man hingegen die Prämissen der neoklassischen Theorie auf, so ergebe sich eine Reihe von Schwierigkeiten bei der Bestimmung der Faktorwerte und -quantitäten, beispielsweise aufgrund fehlender, mehrerer oder im Zeitablauf variierender Marktpreise und des unvollkommenen Informationsstands der Entscheidungsträger. Als Konsequenz bestehe die Identität zwischen der Summe der Produkte aus Faktorwerten und -quantitäten und der Summe der Auszahlungen für die Faktoren nicht weiter fort. Daraufhin hätten sich mit dem pagatorischen und dem wertmäßigen Kostenbegriff unterschiedliche Rechengrößen ergeben. Anhand verschiedener Beispiele erläutert *Pfaff*, dass die Lösung von Entscheidungsproblemen vielfach die Berücksichtigung von Opportunitätskosten erfordert, welche in der neoklassischen Welt bereits Bestandteile der Marktpreise sind.[1116] In der Berücksichtigung von Opportunitätskosten wird einer der zentralen Gründe für eine vom Wertniveau des externen Rechnungswesens abweichende Kostenrechnung gesehen.[1117]

Ausgehend von der Schlussfolgerung, dass zur Erfüllung der Entscheidungsfunktion eine separate Kostenrechnung fortzubestehen hat, untersucht *Pfaff*, ob zum Zwecke der Beeinflussung fremder Entscheidungen im Sinne der Verhaltenssteuerungsfunktion der Bedarf für eine eigenständige Kostenrechnung entfällt. Unter Fokussierung auf die Konzernebene, auf welcher die Koordination der untergeordneten Tochtergesellschaften angesiedelt ist, kommt er zu dem Ergebnis, dass ein Verzicht auf eine separate Kostenrechnung nur dann vertretbar erscheint, wenn zwischen den zu koordinierenden Tochtergesellschaften keine sachlichen Verbundbeziehungen bestehen. Bei Existenz von Interdependenzen könne hingegen der Ansatz von kalkulatorischen Elementen zielführend sein.[1118]

Wenngleich offensichtlich wird, dass „das externe Rechnungswesen die Kostenrechnung als wesentliches Instrument nicht ersetzen kann“[1119], erkennt *Pfaff* das Problem der hohen Kosten der Kostenrechnung sowie die aus dem Erfordernis, für einzelne Probleme jeweils unterschiedliche Kosten bestimmen zu müssen, resultierende Komplexität. Als Lösungsoption stellt er ein einfaches, anreizkompatibles Rechnungssystem zum Zwecke der Verhaltenssteuerung zur Diskussion, das für wichtige Entscheidungen um Sonderrechnungen ergänzt werden kann.[1120] Insgesamt bleibt daher festzuhalten, dass sich keine theoretisch fundierte Begrün-

[1115] Vgl. Pfaff (1994a), S. 1070 f.

[1116] Vgl. Pfaff (1995), S. 124.

[1117] Vgl. Pfaff (1994a), S. 1072. Dass die Festlegung der „richtigen“ Opportunitätskosten die optimale Lösung des Entscheidungsproblems voraussetzt, ist nach Auffassung von *Pfaff* kein Argument, das gegen den Ansatz dieser Kosten spricht. Vielmehr stehe die Approximation der Opportunitätskosten und nicht ihre exakte Bestimmung auf der Agenda der Kostenrechnungspraxis (vgl. Pfaff (1994a), S. 1073).

[1118] Vgl. Pfaff (1994a), S. 1081.

[1119] Pfaff (1994a), S. 1081.

[1120] Vgl. Pfaff (1994a), S. 1081; ähnlich auch Weber (2005), S. 44.

dung für den Verzicht auf eine eigenständige Kostenrechnung finden lässt und lediglich aus Gründen der Praktikabilität eine Konvergenz des Rechnungswesens gangbar erscheint.[1121]

In einem 1995 erschienenen Beitrag weist *Pfaff* mithilfe eines Agency-Modells den Bedarf nach Kosteninformationen nach.[1122] Die Arbeit widmet sich der Frage, welche Argumente für die Verhaltenssteuerung untergeordneter Entscheidungsträger anhand von Kosten anstelle von Aufwendungen gefunden werden können.[1123] Es wird somit ausschließlich auf die Verhaltenssteuerungsfunktion der Kostenrechnung abgestellt, indem eine Prinzipal-Agenten-Beziehung zwischen der Unternehmensleitung (Prinzipal) und einem Kostenstellenleiter (Agent) als untergeordneten Entscheidungsträger modelliert wird.[1124] Hierfür wird von einem Unternehmen ausgegangen, dessen sowohl vom Prinzipal als auch Agenten ex post beobachtbare Aufwendungen aus drei Komponenten bestehen:[1125]

$$A = c + w - e$$

mit
A = ex post beobachtbare Aufwendungen
c = intrinsische, zufallsunabhängige Kosten des Bereichs des Agenten
w = Zufallsparameter mit Mittelwert 0
e = Aufwandsreduktion aufgrund effizienzerhöhender Maßnahmen des Agenten

Für die Unternehmensleitung ergebe sich das Problem, dass ihr zwar am Ende der Periode die entstandenen Aufwendungen A bekannt seien, sie davon jedoch aufgrund des Zufallsparameters w nicht auf die für die Verhaltenssteuerung des Agenten relevante Differenz $c - e$ schließen könne.[1126] Ziehe man den Informationsvorsprung des Agenten hinsichtlich der intrinsischen Kosten seines Bereichs und das Problem, dass die vom Kostenstellenleiter initiierten Kostensenkungsmaßnahmen nicht beobachtbar sind, in die Betrachtung mit ein, reiche das alleinige Abstellen der Unternehmensleitung auf die beobachtbaren Aufwendungen für eine zielführende Steuerung des Verhaltens des Kostenstellenleiters nicht aus.[1127]

Die Kostenrechnung wird in diesem Zusammenhang als Informationssystem interpretiert, welchem die Bereinigung der beobachtbaren Aufwendungen um Zufallseinflüsse obliegt. Indem mit ihr außerordentliche, perioden- und betriebsfremde Komponenten aus den Aufwendungen eliminiert werden, ermögliche sie einen Rückschluss auf die zumindest approximierte Differenz $c - e$. Die Kenntnis der Unternehmensleitung über die Kostensituation eines Be-

---

1121 Ähnlich auch *Küpper*, der sich für eine kapitaltheoretische Fundierung des Rechnungswesens ausspricht und eine Konvergenz des Rechnungswesens auf der Basis der pagatorischen Daten des externen Rechnungswesens eher als einen aus verschiedenen Gründen gerechtfertigten Kompromiss zu betrachten scheint (vgl. Küpper (1999), S. 9 ff.; vgl. zu seiner Empfehlung einer investitionstheoretisch fundierten Kostenrechnung zudem ausführlich Abschnitt 5.3.2.1, S. 301 ff.).

1122 Vgl. hierzu auch die Synopse bei Schweitzer/Ziolkowski (1999), S. 10 ff.

1123 Vgl. Pfaff (1995), S. 120 ff.

1124 Vgl. Pfaff (1995), S. 121 und S. 130.

1125 Vgl. im Folgenden hierzu ausführlich Pfaff (1995), S. 130 ff.

1126 Vgl. Pfaff (1995), S. 150.

1127 Vgl. Pfaff (1995), S. 149, in Verbindung mit S. 121 f.

reichs erhöhe ihre Möglichkeiten zum Abschluss zielführender Anreizverträge und forciere auf diese Weise das Bestreben der Unternehmensleitung, die Aufwendungen sowie die erfolgsabhängige Vergütung des Agenten zu minimieren.[1128]

Die Erkenntnis, dass mithilfe einer differenzierten Betrachtung der Aufwendungen und der Separation von betriebs- und zufallsbedingten Einflüssen zur Erreichung der Unternehmensziele beigetragen werden kann, wird von *Pfaff* als Bedarf für Kosten im Sinne von über den Periodenaufwand hinausgehenden Größen und dementsprechend für die Kostenrechnung als eigenständigen Teilbereich des Rechnungswesens interpretiert. Somit kann mittels der skizzierten Modellanalyse die tradierte Ausgestaltung des Rechnungswesens begründet werden, nicht jedoch die in der Praxis zu beobachtenden Konvergenzbestrebungen.

Während die Rechnungszwecke der Kostenrechnung und die sich daraus ergebenden Anforderungen an ihre Ausgestaltung die Argumentationsgrundlage in den beiden Aufsätzen von *Pfaff* bilden, nehmen *Pfaff/Bärtl* einen breiteren Fokus ein, indem sie die Kapitalmarktorientierung der Unternehmen mit ihren Auswirkungen auf die Ausgestaltung des internen und externen Rechnungswesens in den Mittelpunkt ihrer Ausführungen stellen. Ausgehend von der Überlegung, dass Daten des externen Rechnungswesens für die Beurteilung des Top-Managements am Kapitalmarkt ebenso wie im Rahmen verschiedener Verträge wichtige Kenngrößen darstellen, vermuten sie, dass „diese ‚Anbindung' des Managements an den Jahresabschluß die Restriktionen, die Strategien oder die Zielsetzung des Managements und damit auch das interne Rechnungswesen beeinflussen könnte."[1129] Mithilfe eines Marktbewertungsmodells sollen unter der Prämisse, dass die vom Management verfolgte Zielsetzung in der Maximierung des Marktwerts des Unternehmens liegt, Bedingungen hergeleitet werden, unter denen Interdependenzen zwischen der Ausgestaltung des internen und externen Rechnungswesens bestehen können.[1130]

Den Ausgangspunkt der Untersuchung bildet die Überlegung, dass die Bewertung von Unternehmen am Kapitalmarkt auf den bereits durchgeführten bzw. geplanten Investitionsprojekten des Unternehmens basiert. Informationen über die aus den Investitionsprojekten erwarteten Zahlungsströme stellten die Grundlage für die Marktpreisbildung dar. Dabei seien Informationen des externen Rechnungswesens von sonstigen Informationen zu trennen, die Angaben zu den durch Investitionsprojekte generierten Zahlungscharakteristika enthielten. Im Gegensatz zu den öffentlich verfügbaren und objektivierten Daten des externen Rechnungswesens hätten die sonstigen Informationen mitunter einen privaten Charakter und könnten subjektiver Natur sein (z.B. Mitteilungen aus der Investor Relations-Abteilung).[1131]

[1128] Vgl. Pfaff (1995), S. 150 ff. und S. 133.
[1129] Pfaff/Bärtl (1998), S. 758.
[1130] Vgl. Pfaff/Bärtl (1998), S. 758.
[1131] Vgl. Pfaff/Bärtl (1998), S. 758 f. und S. 771

Innerhalb dieses Modellrahmens kommen *Pfaff/Bärtl* zu dem Ergebnis, dass Situationen bestehen können, in denen die Ausgestaltung des internen Rechnungswesens vom externen Rechnungswesen abhängig ist, da anhand seiner Daten die Bewertung des Unternehmens am Kapitalmarkt erfolgt. Die Unternehmensführung werde daher versuchen, „unternehmensintern solche Investitionsprojekte durchzusetzen, die sich günstig auf jene Größen auswirken, an denen sie selbst beurteilt wird."[1132] Wenn aufgrund von Informationssymmetrien Investitionsentscheidungen an Handlungsträger auf Bereichsebene delegiert werden, weil diese über einen besseren Informationsstand verfügen, biete es sich daher an, die Bereichsverantwortlichen an jenen Größen zu messen, an denen sich auch die Beurteilung der Unternehmensleitung ausrichtet.[1133]

Bedingung	Erläuterung
1. Der Kapitalmarkt darf nicht streng informationseffizient sein.	Der Kapitalmarktpreis weicht vom intrinsischen Wert des Unternehmens ab und wird davon beeinflusst, ob die relevanten Informationen über das externe Rechnungswesen oder als sonstige Informationen übermittelt werden.
2. Der Marktwert darf nicht allein von den sonstigen Informationen abhängen.	Würde die Preisbildung am Kapitalmarkt ausschließlich auf sonstigen Informationen beruhen, wäre das externe Rechnungswesen für die Kapitalmarktbewertung bedeutungslos.
3. Veränderungen in der Ausgestaltung externer Rechnungslegung müssen Einfluss auf den Grenzmarktwert haben.	Der Marktwert eines Investitionsprojekts hängt von der Art und Weise ab, in der dieses im externen Rechnungswesen abgebildet wird. Anforderungen des Rechnungslegungssystems führen dementsprechend zu Veränderungen des Marktwerts.
4. Die Investitionsausrichtung der Unternehmensleitung muss die Ausgestaltung des internen Rechnungswesens beeinflussen.	Dieser Einfluss kann beispielsweise die Form annehmen, dass die Beurteilung untergeordneter Führungsebenen stärker an Daten des externen Rechnungswesens gebunden wird.

Tabelle 23: Bedingungen für einen möglichen Zusammenhang zwischen externer und interner Rechnungslegung[1134]

Aus ihren Überlegungen leiten *Pfaff/Bärtl* vier Bedingungen ab, unter denen ein Zusammenhang zwischen dem Kapitalmarkt und der Ausgestaltung des internen sowie externen Rechnungswesens bestehen kann. Diese werden in Tabelle 23 mitsamt ihrer jeweiligen Erläuterung zusammengefasst.

Im Ergebnis könne sämtlichen dieser Bedingungen eine grundsätzliche praktische Relevanz zugesprochen werden, so dass das Modell letztlich einen alternativen Erklärungsansatz für die Konvergenz des internen und externen Rechnungswesens biete.[1135] Dieser bestehe darin, dass

[1132] Pfaff/Bärtl (1998), S. 771.

[1133] Vgl. Pfaff/Bärtl (1998), S. 769.

[1134] Basierend auf den Ausführungen von Pfaff/Bärtl (1998), S. 764 ff.

[1135] Interessanterweise nennen *Pfaff/Bärtl* als bis dato vorherrschende Begründung „Wirtschaftlichkeitsüberlegungen" (Pfaff/Bärtl (1998), S. 772). Diese Ansicht lässt sich jedoch nicht mit der im Abschnitt 5.2.1.1.1

der Kapitalmarktpreis vom intrinsischen Wert des Unternehmens abweichen könne, wobei der Erstgenannte den Orientierungspunkt für die Beurteilung der Unternehmensführung bilde. Das externe Rechnungswesen konstituiere eine wichtige Informationsbasis für Investoren und dementsprechend für die Preisbildung am Kapitalmarkt. Aus diesem Grunde gewännen Daten des externen Rechnungswesens für die Lösung interner Steuerungsprobleme an Bedeutung. Denn auf diese Weise könne erreicht werden, dass sich Entscheidungen auf nachgelagerten Führungsebenen an jenen Größen orientieren, welche die Grundlage für die Beurteilung der Unternehmensleitung am Kapitalmarkt bilden.[1136] Es kann sich für das Management somit ein Anreiz ergeben, nicht den intrinsischen Wert des Unternehmens zu erhöhen, sondern die von der externen Rechnungslegung abgebildete Wertentwicklung zu optimieren.[1137]

Aus der Modellanalyse ergeben sich somit Hinweise, dass im Zuge der fortschreitenden Kapitalmarktorientierung der Unternehmen der Rekurs auf Daten des externen Rechnungswesens für Zwecke der Unternehmenssteuerung auch aus einer theoretischen Perspektive nachvollzogen werden kann, wenngleich die isolierte Untersuchung der Anforderungen aus den Entscheidungs- und Verhaltenssteuerungsfunktionen der Kostenrechnung den Ansatz kalkulatorischer Größen nahelegt. Die Konvergenz des Rechnungswesens wird somit erst nach einer Ergänzung des Blickwinkels um die Kapitalmarktbewertung theoretisch erklärbar.

Kunz/Pfeiffer nehmen eine Analyse des Informationsverbunds zwischen dem internen und externen Rechnungswesen vor. Die grundlegende Prämisse ihrer Untersuchung besteht in der Existenz eines externen Rechnungswesens, welches Kapitalmarktteilnehmern für ihre (Des-) Investitionsentscheidungen relevante Informationen bereitstellt, und der Ergänzung eines internen Rechnungswesens, welches innerhalb des Unternehmens zur Verhaltenssteuerung verschiedener Akteure auf Bereichsebene eingesetzt wird.[1138] Im Rahmen ihrer Untersuchung widmen sich die Autoren der Frage, inwiefern Informationen, die an sich an unternehmensexterne Adressaten gerichtet sind, aber auch für unternehmensinterne Entscheidungsträger zugänglich sind, das Investitionsverhalten Letzterer beeinflussen können.[1139]

Gegenstand dieser Analyse ist auf der einen Seite ein externes Rechnungssystem, das je nach Ausgestaltung eine informative oder nichtinformative Form annehmen kann. Auf der anderen Seite existiere das interne Rechnungswesen, welches ein System von verhandlungsorientierten Verrechnungspreisen umfasse. Mit dessen Hilfe solle das Verhalten zweier Bereichsleiter gesteuert werden, denen von der Zentrale des betrachteten Unternehmens die Erstellung eines Produkts übertragen werde. Im Zuge des Produktionsprozesses erfolge ein unternehmensin-

---

festgestellten moderaten Bedeutung von Ineffizienzen des divergenten Rechnungswesens als Konvergenzmotiv bestätigen. Allerdings bilden Kosteneinsparungen den am häufigsten genannten Vorteil eines konvergenten Rechnungswesens (vgl. Abschnitt 5.2.2.1.2, S. 172).

[1136] Vgl. Pfaff/Bärtl (1998), S. 772.

[1137] Vgl. hierzu auch Kirsch/Koelen/Köhling (2010), S. 202; Weißenberger/Göbel/Kleine (2011), S. 9.

[1138] Vgl. Kunz/Pfeiffer (2001), S. 506.

[1139] Vgl. Kunz/Pfeiffer (2001), S. 506 f.

terner Transfer der Leistung, welcher mit einem ausgehandelten Verrechnungspreis bewertet werde.[1140]

In beiden Divisionen können annahmegemäß bereichsspezifische Investitionen durchgeführt werden. Dabei wird angenommen, dass diese von den seitens der Entscheidungsträger erwarteten Kosten und Erlösen und den vom externen Rechnungswesen generierten Informationen abhängen.[1141] Unter den gegebenen Rahmenbedingungen deutet sich *Kunz/Pfeiffer* zufolge ein Unterinvestitionsproblem an, das seinen Ursprung in einem Zielkonflikt zwischen der Zentrale des Unternehmens und seinen Bereichen findet. Das Ziel der Zentrale bestehe in der Maximierung des Unternehmensgewinns, während die Bereichsleiter bestrebt seien, den Gewinn ihres jeweiligen Bereichs zu maximieren. Da ein Bereich die mit einer Investition verbundene Auszahlung komplett tragen müsse, die daraus resultierenden Einzahlungen aber nur anteilig erhalte, werde auf der Bereichsebene tendenziell weniger investiert als aus der Perspektive der Zentrale optimal wäre.[1142]

Mithilfe ihrer Modellanalyse zeigen *Kunz/Pfeiffer*, dass eine informativere externe Rechnungslegung bestehende Unterinvestitionsprobleme verschärfen bzw. nicht existente Konflikte initiieren kann.[1143] Diese Kausalität sei auf den Informationsverbund zwischen dem internen und externen Rechnungswesen zurückzuführen. Dieser zeichne sich dadurch aus, dass die Entscheidungsträger auf Bereichsebene in ihr investitionsbezogenes Entscheidungskalkül die über das externe Rechnungswesen ermittelten Daten einbeziehen, d.h. „[d]ie durch die externe Rechnung transponierten Daten werden für die Divisionen […] handlungsrelevant."[1144]

Daraus wird gefolgert, dass entgegen der international vorherrschenden Vorstellung des Anlegerschutzes durch „zutreffende, objektive und entscheidungsrelevante Informationen über künftig zu erwartende Cash flows"[1145], mittels einer informativen Kapitalmarktberichterstattung faktisch Unternehmenswert vernichtet werden kann.[1146] Wenngleich die Auswirkungen einer solchen Finanzberichterstattung auf die Bewertung des Unternehmens am Kapitalmarkt kein Bestandteil der skizzierten Modellierung seien und daher eine abschließende Beurteilung der Auswirkungen einer solchen Publizität ausstehe, sensibilisiere die Analyse für mögliche dysfunktionale Effekte eines informativeren Rechnungslegungssystems auf die unternehmensinternen Wertschöpfungsprozesse.[1147]

Zusammenfassend ist festzuhalten, dass die Untersuchung von *Kunz/Pfeiffer* zwar keinen theoretisch fundierten Erklärungsbeitrag für eine Konvergenz des Rechnungswesens leistet. Sie

[1140] Vgl. Kunz/Pfeiffer (2001), S. 508 ff.
[1141] Vgl. Kunz/Pfeiffer (2001), S. 515.
[1142] Vgl. Kunz/Pfeiffer (2001), S. 518.
[1143] Vgl. Kunz/Pfeiffer (2001), S. 518 ff.
[1144] Kunz/Pfeiffer (2001), S. 524.
[1145] Heyd (2001b), S. 375; vgl. hierzu auch bereits Abschnitt 2.3.2.1.1, S. 52.
[1146] Vgl. Kunz/Pfeiffer (2001), S. 524.
[1147] Vgl. Kunz/Pfeiffer (2001), S. 525.

zeigt aber, dass selbst bei einer Ausblendung von Konvergenzbestrebungen das externe Rechnungswesen Einfluss auf die Entscheidungsfindung untergeordneter Handlungsträger nehmen kann. Obwohl eine Annäherung des internen und externen Rechnungswesens von der Unternehmensleitung nicht intendiert wird, wirken sich demnach die Daten des externen Rechnungswesens auf die unternehmensinterne Verhaltenssteuerung aus. Dieses Hineinwirken der externen Berichterstattung ergebe sich dadurch, dass die unternehmensinternen Bereichsverantwortlichen für ihre Entscheidungsfindung nicht nur die unmittelbar an sie gerichteten Daten des internen Rechnungswesens auswerten, sondern auch jene der externen Rechenwerke, auf die sie Zugriff haben. Die Modellierung dieses Zusammenhangs verdeutlicht, dass selbst in einem divergenten Rechnungswesen die möglichen Auswirkungen der externen Berichterstattung auf die Unternehmenssteuerung in Betracht zu ziehen sind.

Unter Rekurs auf die evolutorische Spieltheorie setzen sich *Simons/Weißenberger* mit den Bedingungen auseinander, unter denen sich eine auf die obersten Hierarchieebenen beschränkte Konvergenz des Rechnungswesens dauerhaft etablieren kann.[1148] Dazu werden zwei Modellszenarien betrachtet. Zunächst wird eine Entscheidungssituation zwischen kapitalsuchenden Konzernen und potenziellen Kapitalgebern modelliert. Dabei wird unterstellt, dass die Gruppe der kapitalsuchenden Unternehmen einerseits aus solchen besteht, die ihre Finanzberichterstattung in Übereinstimmung mit den IFRS vornehmen und dabei ein konvergentes Rechnungswesen einsetzen. Andererseits fragten auch Unternehmen, die nach HGB Rechnung legen und weiterhin an einem divergenten Rechnungswesen festhielten, am Kapitalmarkt finanzielle Ressourcen nach.[1149] Den kapitalsuchenden Unternehmen stünden zwei Gruppen von Kapitalgebern gegenüber. Die erste Gruppe präferiere eine konservative Rechnungslegung im Sinne des HGB, während die andere Gruppe eine zukunftsorientierte Berichterstattung bevorzuge, wie sie von den IFRS geprägt wird.[1150]

Im Rahmen ihrer Modellierung kommen *Simons/Weißenberger* zu dem Ergebnis, dass die Bilanzierung nach IFRS in Kombination mit einem konvergenten Rechnungswesen vor dem Hintergrund der skizzierten Angebots- und Nachfragesituation auf dem Kapitalmarkt ein Gleichgewicht im Sinne eines persistenten Zustands darstellt. Eine Aufhebung des Gleichgewichts sei nur bei Änderungen in den rechtlichen bzw. wirtschaftlichen Rahmenbedingungen zu erwarten. Innerhalb des Modellrahmens bilde neben der Realisierung von Kapitalkostenvorteilen insbesondere die Erschließung von Kostensenkungspotenzialen ein wesentliches Motiv für eine Konvergenz des Rechnungswesens.[1151]

1148 Vgl. Simons/Weißenberger (2008), S. 139; vgl. zu dem Begriff der partiellen Konvergenz bzw. Integration ausführlich Abschnitt 5.3.1.1.1.2, S. 225 ff., sowie zur hierarchischen Abgrenzung des Konvergenzbereichs Abschnitt 5.3.1.1.1.5, S. 235 ff.

1149 Vgl. Simons/Weißenberger (2008), S. 144.

1150 Vgl. Simons/Weißenberger (2008), S. 145.

1151 Vgl. Simons/Weißenberger (2008), S. 150 f.

Für die Beantwortung der Frage, warum sich die Konvergenz des Rechnungswesens häufig nur auf die obersten Hierarchiestufen beschränkt,[1152] d.h. insbesondere auf die Konzern- und Segmentebene, wird das Modell erweitert. Modelliert wird dabei die Entscheidung zweier Gesellschaften innerhalb eines Konzerns für oder gegen eine Konvergenz des Rechnungswesens im jeweiligen Bereich.[1153] Die Modellanalyse führt zu dem Ergebnis, dass das Beibehalten eines divergenten Rechnungswesens auf der zweiten bzw. dritten Hierarchieebene aus der Perspektive der einzelnen Bereiche rational sein kann, obwohl auf Konzernebene die Rechnungslegung internationalen Bilanzierungsstandards folgt und ein konvergentes Rechnungswesen institutionalisiert worden ist.[1154] Dies begründet sich darin, dass im Falle einer Koexistenz jeweils eines Bereichs mit einem konvergenten bzw. divergenten Rechnungswesen Kosten für die Abstimmung konzerninterner Transaktionen anfallen.[1155] Da Situationen denkbar seien, in denen der Bereich, in dem eine Konvergenz des Rechnungswesens durchgeführt wird, einen hohen Anteil an den Abstimmungskosten zu tragen hat, könne es aus der Sicht dieses Bereichs sinnvoll sein, auf eine Konvergenz des Rechnungswesens zu verzichten und auf diese Weise einer drohenden Ausnutzung zu entgehen.[1156]

Insgesamt kann aus dem Beitrag geschlossen werden, dass sich modelltheoretisch fundierte Argumente für die Etablierung eines konvergenten Rechnungswesens finden lassen. Es ergeben sich somit keine Hinweise, dass eine Konvergenz des Rechnungswesens lediglich ein „Modephänomen" ist, zumindest solange die wirtschaftlichen und rechtlichen Rahmenbedingungen weitgehend stabil bleiben. Ferner kann mithilfe der Modellierung der bereichsbezogenen Entscheidungen für oder gegen ein konvergentes Rechnungswesen ein Erklärungsansatz für die auf oberste Hierarchieebenen beschränkte Konvergenz des Rechnungswesens entwickelt werden. Wenngleich die Konvergenz des Rechnungswesens somit aus einem konsistenten Theoriegebäude heraus erklärt werden kann, fällt die hohe Bedeutung von Kosteneinsparungspotenzialen als Konvergenztreiber auf. Hier deutet sich ein Unterschied zu den in der Konvergenzdiskussion verbreiteten Plausibilitätsüberlegungen an, deren Ergebnisse in den vorangegangenen Abschnitten dargelegt wurden. Wie bereits erwähnt worden ist, bilden Einschränkungen in der Effektivität eines divergenten Rechnungswesens und die Auswirkungen der Internationalisierung der Geschäftstätigkeit und weniger Wirtschaftlichkeitserwägungen Treiber einer Konvergenz des Rechnungswesens.[1157]

[1152] Vgl. hierzu Abschnitt 5.3.1.1.5, S. 235 ff.

[1153] Vgl. Simons/Weißenberger (2008), S. 151.

[1154] Vgl. Simons/Weißenberger (2008), S. 156.

[1155] Vgl. Simons/Weißenberger (2008), S. 152.

[1156] Vgl. Simons/Weißenberger (2008), S. 155.

[1157] Vgl. Abschnitt 5.2.1.1.1, S. 140 ff., und Abschnitt 5.2.1.1.2, S. 149 ff.

5.2.4.1.2 Erklärungsansätze weiterer Theorien

Ähnlich wie die vorangegangenen Studien liefert auch *Schaier* einen Erklärungsansatz für die in der Unternehmenspraxis beobachtbaren Entwicklungen hin zu einem konvergenten Rechnungswesen. *Schaier* wählt dabei einen sachlich-analystischen Forschungsansatz und bezieht sich auf die historische Entwicklung des Rechnungswesens.[1158] Er befasst sich zunächst mit der entscheidungsorientierten Betriebswirtschaftslehre und der Prinzipal-Agenten-Theorie als theoretische Ansätze, vor deren Hintergrund die tradierte Ausgestaltung des Rechnungswesens erklärt werden kann.[1159] Im Rahmen der Überprüfung, ob anhand dieser Ansätze auch die Konvergenz des Rechnungswesens begründet werden kann, kommt er zu dem Ergebnis, dass die entscheidungsorientierte Betriebswirtschaftslehre nicht die „von Unternehmensseite empirisch am bedeutsamsten eingeschätzten eigenständigen Vorteile eines konvergenten Rechnungswesens in Form einer verbesserten Verständlichkeit, erhöhten Einfachheit, Einheitlichkeit und Transparenz“[1160] erklären kann. Auch der Erklärungsgehalt der Prinzipal-Agenten-Theorie wird als gering eingeschätzt, was insbesondere darauf zurückzuführen ist, dass sich ihre Aussagen als hochgradig von den getroffenen Annahmen abhängig erweisen.[1161]

Aus der Untersuchung der historischen Entwicklung der divergenten Ausgestaltung des Rechnungswesens ergibt sich die Hypothese, „daß die bestehende Strukturierung des Rechnungswesens eine umfassende Gestaltungsheuristik für das betriebliche Rechnungswesen darstellt, deren heuristischer Wert primär organisatorischer Natur ist.“[1162] Dieser Auffassung zufolge sind Aufgaben so zu gliedern, dass zwischen ihnen bestehende Interdependenzen nicht zerschnitten werden. Demnach bildeten das interne und externe Rechnungswesen zwei Teilbereiche des betriebswirtschaftlichen Rechnungswesens, deren Ausgestaltungen weitgehend voneinander unabhängig seien.[1163]

Sofern sich zwischen den Teilbereichen Interdependenzen entwickeln, führt dies *Schaier* zufolge „zu einer Abnahme des heuristischen Werts der bestehenden Zweiteilung des Rechnungswesens“[1164]. Diese Überlegung bildet den Ausgangspunkt für die Überprüfung, ob die unternehmensseitig wichtigsten Motive für eine Konvergenz des Rechnungswesens die Abhängigkeiten zwischen dem internen und externen Rechnungswesen erhöhen. Mit der Realisierung von Einsparungen, der Anwendung internationaler Rechnungslegungsstandards, der zunehmenden Shareholder Value-Orientierung und dem Bestreben um eine verbesserte Ver-

1158 Vgl. Schaier (2008), S. 122.
1159 Vgl. Schaier (2008), S. 129.
1160 Schaier (2008), S. 127.
1161 Vgl. Schaier (2008), S. 128.
1162 Schaier (2008), S. 130.
1163 Vgl. Schaier (2008), S. 130.
1164 Schaier (2008), S. 131.

ständlichkeit greift *Schaier* die empirischen Studien zufolge wichtigsten Konvergenzmotive auf.[1165] Tabelle 24 fasst seine Schlussfolgerungen zusammen.

Motiv	Einfluss auf Interdependenzen	
Einsparungen im Rechnungswesen	Kein unmittelbarer Einfluss auf die Interdependenz von internem und externem Rechnungswesen erkennbar.	☒
Anwendung internationaler Rechnungslegungsstandards	Der Rückgriff auf Ist- und Plan-Daten aus dem internen Rechnungswesen für Ansatz- und Bewertungsfragen des externen Rechnungswesens sowie der unmittelbare Ausweis von Daten des internen Rechnungswesens (Management Approach) führen zu einer Abhängigkeit in der Ausgestaltung und dem Betrieb der beiden Teilbereiche des Rechnungswesens.	☑
Zunehmende Shareholder Value-Orientierung	Aufgrund der zentralen Bedeutung des externen Rechnungswesens für die Kommunikation mit den Shareholdern müssen die dort enthaltenen Zielgrößen für die Unternehmenssteuerung operationalisiert, prognostiziert und kontrolliert werden. Es bietet sich daher an, interne Planungs- und Steuerungsrechnungen stärker an das externe Rechnungswesen anzuknüpfen.	☑
Verbesserte Verständlichkeit	Infolge des Bestrebens um ein verständlicheres Rechnungswesen ist bei einer Ausdifferenzierung eines Teilbereichs des Rechnungswesens zu beachten, inwiefern hierdurch die Komplexität des gesamten Rechnungswesens erhöht und die Verständlichkeit beeinträchtigt wird. Die Ausgestaltung der Teilbereiche des Rechnungswesens wird somit interdependent.	☑

Tabelle 24: Einflüsse der wesentlichen Konvergenzmotive auf die Interdependenz von internem und externem Rechnungswesen[1166]

Wie aus der letzten Spalte der Tabelle 24 ersichtlich wird, kommt *Schaier* zu dem Ergebnis, dass sich infolge von drei der vier aus Unternehmenssicht wesentlichen Motive für eine Konvergenz des Rechnungswesens die Interdependenzen zwischen der Ausgestaltung des internen und externen Rechnungswesens intensivieren. Dadurch vermengten sich Aufgabenbereiche, die bislang weitgehend voneinander separiert werden konnten. Daraus wird gefolgert, dass „[e]ine getrennte Gestaltung und Abwicklung von internem und externem Rechnungswesen [..] zum Teil nicht mehr möglich und zudem in vielerlei Hinsicht erheblich erschwert worden [ist].“[1167]

1165 Vgl. Schaier (2008), S. 131. Mit Ausnahme der Kosteneinsparungen sind die genannten Motive der vorliegenden Literaturanalyse folgend in der gesamten Konvergenzdiskussion von zentraler Bedeutung (vgl. hierzu ausführlich Abschnitt 5.2.1.1, S. 139 ff.). Da *Schaier* im Folgenden den Einfluss von Kosteneinsparungen auf die Konvergenz des Rechnungswesens relativiert, ergibt sich hier eine hohe Konsistenz zwischen den von ihm angeführten Motiven und den Ergebnissen der Literaturanalyse.

1166 Basierend auf den Ausführungen von Schaier (2008), S. 130 ff.

1167 Schaier (2008), S. 133.

Es bleibt festzuhalten, dass *Schaier* die wichtigsten Motive, die in empirischen Studien genannt werden und – wie die vorliegende Literaturanalyse zeigt – auch in der in Fachzeitschriften geführten Konvergenzdiskussion von zentraler Bedeutung sind, aufgreift und zu einem Erklärungsansatz verdichtet. Dabei nimmt er auf die historische Strukturierung des Rechnungswesens Bezug und zeigt die Kausalitäten zwischen den veränderten Rahmenbedingungen und der Ausgestaltung des Rechnungswesens auf.

Während die in Abschnitt 5.2.4.1.1 dargelegten Erklärungsansätze für ein konvergentes Rechnungswesen ausschließlich ökonomische Theorien bemühen, zeigen *Hirsch/Schneider* den Erklärungsbeitrag verhaltenswissenschaftlicher Theorien für eine Konvergenz des Rechnungswesens auf.[1168] Der Ausgangspunkt ihrer Analyse ist mit jenem von *Schaier* vergleichbar: Sie nehmen Bezug auf die empirischen Befunde, nach denen die verbesserte Verständlichkeit und höhere Ergebnistransparenz wesentliche Vorteile eines konvergenten Rechnungswesens in der Unternehmenspraxis bilden.[1169]

Ebenso wie *Schaier* überprüfen sie anschließend den Erklärungsgehalt ökonomischer Theorien im Hinblick auf diese Vorteile sowie auf Implementierungsprobleme, die in vereinzelten Untersuchungen angesprochen werden.[1170] In Korrespondenz mit *Schaier* kommen *Hirsch/ Schneider* zu dem Ergebnis, dass die referenzierten theoretischen Ansätze weder die genannten Vorteile noch Implementierungsprobleme zu erklären vermögen.[1171] Aus diesem Grunde legen sie zum einen psychologische Erklärungsansätze dar, welche „die Forderungen nach einer einfachen, einheitlichen und verständlichen Rechnungslegung theoretisch begründen"[1172]. Zum anderen sollen mithilfe psychologischer Theorien die Widerstände von Managern bei der Implementierung eines konvergenten Rechnungswesens erklärt werden.[1173]

Für das erstgenannte Ziel wird auf die psychologische Theorie der Informationsverarbeitung rekurriert, der zufolge eine Informationsüberlastung eines Entscheiders entstehen kann, wenn dieser mit einem Informationsvolumen konfrontiert wird, das seine Informationsverarbeitungskapazitäten übersteigt („Information Overload"). Auf Basis experimenteller Forschung konnte vor diesem Hintergrund ein Modell entwickelt werden, nach dem ein zunehmendes Informationsvolumen zunächst die Entscheidungsqualität verbessert. Mit dem Entstehen einer Informationsüberlastung verschlechtern zusätzliche Informationen jedoch die Entscheidungs-

---

1168 Vgl. Hirsch/Schneider (2010), S. 8.

1169 Vgl. hierzu auch ausführlich Abschnitt 6.1.1.2, S. 367 ff.

1170 Vgl. Hirsch/Schneider (2010), S. 10 f., mit Verweis auf *Jones/Luther*, die im Rahmen einer Mehrfachfallstudie von vereinzelten Widerständen von Managern und Controllern bei der Einführung eines konvergenten Rechnungswesens berichten und *Weide*, dem zufolge das persönliche Verständnis der Leiter der Rechnungswesen- und Controllingabteilungen einen Kontextfaktor für eine Konvergenz des Rechnungswesens bilden kann (vgl. Jones/Luther (2005), S. 178 f.; Weide (2009a), S. 295).

1171 Vgl. Hirsch/Schneider (2010), S. 13.

1172 Hirsch/Schneider (2010), S. 14 f.

1173 Vgl. Hirsch/Schneider (2010), S. 15.

qualität.[1174] Unter Bezugnahme auf diesen Zusammenhang werden die Hauptursachen einer Informationsüberlastung im Kontext des Rechnungswesens strukturiert und beurteilt, inwiefern eine Konvergenz des Rechnungswesens zu einer Reduktion der Informationsüberlastung beitragen kann.[1175] Das Ergebnis der Gegenüberstellung wird in Tabelle 25 gezeigt.

Hauptursachen eines Information Overload	Relevanz im Kontext des Rechnungswesens	Auswirkung einer Konvergenz des Rechnungswesens
1) Informationsempfänger	Manager als Rechnungswesenadressaten verfügen über begrenzte kognitive Fähigkeiten.	./.
2) Information an sich (Menge und Komplexität)	In einem divergenten Rechnungswesen erhalten Berichtsempfänger aufgrund der unterschiedlichen Inhalte interner und externer Berichte umfangreiche Informationen, die zudem eine höhere Komplexität aufweisen.	Die Möglichkeit, im Zuge einer Konvergenz des Rechnungswesens die Anzahl und Komplexität der berichteten Informationen zu verringern, kann die Informationsüberlastung von Managern reduzieren.
3) Aufgaben und Prozesse des Informationsempfängers	Manager haben unter Zeitdruck komplexe Entscheidungen zu treffen.	Weniger, aber konsistente Informationen aus einem konvergenten Rechnungswesen können die Vielschichtigkeit der Entscheidungen verringern und eine schnellere Entscheidungsfindung forcieren.
4) Organisationsstruktur	Eine komplexe Organisationsstruktur kann infolge einer korrespondierenden Berichtskomplexität zu einer Informationsüberlastung führen.	Sofern Berichte des Controllings und des externen Rechnungswesens auf derselben Datenbasis aufsetzen, kann dies eine Informationsüberlastung verringern, was insbesondere in einem internationalen Kontext von Relevanz ist.
5) Informationstechnologien	Beim Einsatz unterschiedlicher Informationstechnologien im internen und externen Rechnungswesen bestehen eine erhöhte Gefahr von Informationsredundanzen sowie höhere Komplexität, beispielsweise durch verschiedenartige Berichtslayouts.	Durch eine Konvergenz des Rechnungswesens werden Überleitungsrechnungen obsolet, wodurch die Verständlichkeit und Verlässlichkeit der Rechnungsweseninformationen erhöht werden kann. Die auf diese Weise reduzierte Komplexität kann zur Vermeidung einer Informationsüberlastung beitragen.

Tabelle 25: Hauptursachen für eine Informationsüberlastung und ihre Reduktion im Rahmen eines konvergenten Rechnungswesens[1176]

Aus dieser Gegenüberstellung schlussfolgern *Hirsch/Schneider*, „dass mehrere Rechnungslegungssysteme, mit denen Berichtsempfänger konfrontiert werden, eher zu einer Informationsüberlastung der Berichtsempfänger beitragen, als dies durch ein einziges, einfacheres, weil

[1174] Vgl. Hirsch/Schneider (2010), S. 15.

[1175] Vgl. Hirsch/Schneider (2010), S. 16 ff.

[1176] Basierend auf den Ausführungen von Hirsch/Schneider (2010), S. 16 ff.

einheitliches, integriertes Rechnungslegungssystem der Fall wäre."[1177] Infolgedessen erscheine „der Wunsch der Unternehmenspraxis nach der Einführung der integrierten Rechnungslegung und der damit verbundenen höheren Einfachheit, Eindeutigkeit und Transparenz verständlich."[1178]

Etwaige Widerstände gegen die Einführung eines konvergenten Rechnungswesens führen *Hirsch/Schneider* darauf zurück, dass im Zuge einer Konvergenz des Rechnungswesens über Jahre manifestierte Ansatz- und Bewertungsregeln sowie Berichtsformate zugunsten einer Orientierung an den Regelungen des externen Rechnungswesens aufgegeben werden müssen. Die damit verbundene Einschränkung des Handlungs- und Entscheidungsraums könne Reaktanz verursachen.[1179] Dieses Problem wird insbesondere dann gesehen, wenn Managern eine Konvergenz des Rechnungswesens auferlegt wird.[1180]

Insgesamt formulieren *Hirsch/Schneider* somit Erklärungsbeiträge für zwei empirisch beobachtbare Phänomene, indem sie eine der Psychologie eigene, differenzierte Betrachtung der Akteure innerhalb eines sozialen Systems vornehmen, und plädieren für eine Integration der Annahmen psychologischer Theorien in eine erweiterte ökonomische Theorie.[1181] Mit dem Rekurs auf psychologische Ansätze betrachten sie das Konvergenzphänomen aus einer anderen Perspektive als die zuvor skizzierten Erklärungsansätze und tragen auf diese Weise zu einer theoretisch fundierten Erklärung der Konvergenz des Rechnungswesens bei, in deren Rahmen die wesentlichen Vorteile eines konvergenten Rechnungswesens Berücksichtigung finden.

Die Entwicklung der Ausgestaltung des Rechnungswesens in Deutschland wird auch von *Ikäheimo/Taipaleenmäki* aufgegriffen und in einen übergeordneten Kontext eingeordnet. Sie führen eine institutionelle Analyse der Veränderungen im Rechnungswesen in Deutschland, Finnland und den USA durch und untersuchen dabei die historische Entwicklung des internen und externen Rechnungswesens in den einzelnen Ländern, die Auswirkungen auf das Verhältnis der beiden Teilbereiche zueinander sowie die länderübergreifenden Unterschiede und Gemeinsamkeiten in den Entwicklungspfaden.[1182]

Als konzeptioneller Rahmen der Analyse fungiert der institutionelle Isomorphismus, der in der angloamerikanischen Literatur beispielsweise zur Erklärung einer länderübergreifenden Vereinheitlichung von Controllingpraktiken oder zur Begründung, warum sich in einzelnen

[1177] Hirsch/Schneider (2010), S. 18.
[1178] Hirsch/Schneider (2010), S. 18.
[1179] Vgl. Hirsch/Schneider (2010), S. 19 f.
[1180] Vgl. Hirsch/Schneider (2010), S. 20.
[1181] Vgl. Hirsch/Schneider (2010), S. 30.
[1182] Vgl. Ikäheimo/Taipaleenmäki (2010), S. 350.

Organisationen spezifische Controllingpraktiken etablieren, verwendet wird.[1183] Diesem Ansatz zufolge ändern Unternehmen ihre Organisationsstrukturen im Allgemeinen bzw. die Ausgestaltung ihres Rechnungswesens im Besonderen, indem sie diese Strukturen an jene erfolgreicher Wettbewerber anpassen, um auf diesem Wege Legitimität zu erreichen.[1184] Problematisch erscheint an diesem Vorgehen jedoch, dass die Effektivität einer Organisation dadurch nicht zwingend gesteigert wird, weil organisatorische Änderungen, die sich für die Pionierorganisation als rational erwiesen haben, möglicherweise nicht denselben Effekt für die adaptierende Organisation bewirken.[1185]

Zur Systematisierung der Treiber eines solchen adaptiven Verhaltens differenzieren die Autoren vier Mechanismen.[1186] Eine zwangsläufige Angleichung ergibt sich durch formale Auflagen, beispielsweise in der Form von nationalen oder internationalen Rechnungslegungsstandards, oder durch Abhängigkeitsbeziehungen innerhalb eines Konzerns, etwa indem Führungsgesellschaften die ihnen unterstellten Einheiten zur Implementierung bestimmter Instrumente und Praktiken verpflichten (coercive pressures). Zu den normativen Angleichungskräften gehören insbesondere Berufsorganisationen, aber auch die Fachausbildung an Universitäten (normative pressures). Als Angleichungstreiber mit einer mimetischen Wirkung sind Beratungsunternehmen und Business Schools zu sehen, welche weltweit angewandte und vielfach adaptierte Instrumente wie den Economic Value Added oder die Balanced Scorecard entwickeln und zu ihrer Diffusion beitragen (mimetic pressures). Ferner zählt hierzu die Adaption von „Best Practices“, die sich in anderen Unternehmen etabliert haben. Darüber hinaus wirken ökonomische Triebkräfte, die zu Veränderungen im Rechnungswesen führen, indem Organisationsstrukturen an sich ändernde Umweltbedingungen angepasst werden.

Für die Analyse, inwiefern diese Faktoren Einfluss auf die Ausgestaltung des Rechnungswesens nehmen und dabei länderübergreifende oder -spezifische Entwicklungsmuster forcieren, unterscheiden *Ikäheimo/Taipaleenmäki* drei Phasen des industriellen Zeitalters. Während der Ära des Handwerks dominiere ein Einheitsrechnungswesen, das in allen drei Ländern das Ergebnis unterschiedlicher Entwicklungspfade darstelle.[1187] Während des Zeitalters der Mechanisierung entwickle sich das externe Rechnungswesen in Deutschland, Finnland und den USA aufgrund der lokalen Gesetzgebungen unterschiedlich. Auch die Ausgestaltungen des internen Rechnungswesens variierten im Ländervergleich, was auf unterschiedliche lokale Innovationen zurückzuführen sei. Während sich in den USA und Finnland bereits eine Annä-

---

[1183] Vgl. Granlund/Lukka (1998), S. 156 ff.; Hopper/Major (2007), S. 61 ff.; Tsamenyi/Cullen/González (2006), S. 411. Darüber hinaus wird der Ansatz mitunter zur Erklärung der internationalen Harmonisierung der externen Rechnungslegung verwendet (vgl. Rodrigues/Craig (2007), S. 741 ff.).

[1184] Vgl. DiMaggio/Powell (1983), S. 148; Deephouse (1996), S. 1024; Covaleski/Dirsmith/Samuel (1996), S. 11.

[1185] Vgl. DiMaggio/Powell (1983), S. 148; Meyer/Rowan (1977), S. 360.

[1186] Vgl. hierzu und im Folgenden Ikäheimo/Taipaleenmäki (2010), S. 351.

[1187] Vgl. Ikäheimo/Taipaleenmäki (2010), S. 355.

herung des internen und externen Rechnungswesens abzeichne, bestehe in Deutschland die Dichotomie des Rechnungswesens fort.

Zum Ende dieser Ära ergebe sich eine zunehmende länderübergreifende Vereinheitlichung der Controllingpraktiken, die zum einen durch eine Übernahme von in US-amerikanischen Unternehmen etablierten Techniken (mimetic pressures) begründet sei. Zum anderen seien auch die Bildung weltweiter Unternehmenskonglomerate und die in diesen initiierten Bemühungen zur Standardisierung des Controllinginstrumentariums (coercive pressures) als Ursache für diese Entwicklung zu sehen. Doch auch ökonomische Gründe tragen *Ikäheimo/ Taipaleenmaki* zufolge hierzu bei. Auf der Seite des externen Rechnungswesens seien zu diesem Zeitpunkt jedoch noch keine vergleichbaren Tendenzen zu beobachten.[1188]

Dies ändere sich mit dem Beginn des digitalen Zeitalters, in dem sich in Europa die verpflichtende Anwendung der IFRS durchsetze und durch deren Einführung die Rechnungslegung in Deutschland und Finnland in einen Umbruch gerate, bei dem die US-amerikanischen Regelungen das Referenzmodell darstellten. Die Internationalisierung der Rechnungslegung komme daher einem „coercive pressure" gleich, indem den kapitalmarktorientierten Unternehmen in den analysierten Ländern die Anwendung sehr ähnlicher Rechnungslegungsvorschriften auferlegt werde.[1189] Ein Harmonisierungseffekt sei auch auf Seiten des internen Rechnungswesens bzw. Controllings festzustellen, der sich durch die einheitliche Anwendung von Führungs- und Informationsinstrumenten wie Activity-Based Costing, der Balanced Scorecard und dem Economic Value Added auszeichne. Die Verbreitung entsprechender Instrumente ist *Ikäheimo/Taipaleenmäki* zufolge eine Konsequenz aller vier Mechanismen, die zuvor skizziert worden sind und trägt zu einer länderübergreifenden Vereinheitlichung des Rechnungswesens bei, die mitunter auch Auswirkungen auf das externe Rechnungswesen inhäriert. Das sei beispielsweise gegeben, wenn wertorientierte Steuerungskennzahlen eingesetzt werden, welche auf der Datenbasis des externen Rechnungswesens aufsetzen.[1190]

In Bezug auf die Konvergenz des Rechnungswesens folgern *Ikäheimo/Taipaleenmäki*, dass vor allem die Verwendung von Fair Values, die von den IFRS und den US-GAAP vorgeschrieben werden, zu einer Annäherung des internen und externen Rechnungswesens führt. Diese Argumentation beruht insbesondere auf dem Zahlungsstromcharakter der Fair Values.[1191] In Anbetracht der im Schrifttum vielfach vorgebrachten Kritik an den Fair Value-Anwendungsfällen im Rahmen der IFRS vermag diese Einschätzung zu verwundern. Wie an späterer Stelle noch dargelegt wird, stehen eindeutige empirische Belege für die im Vergleich zum Anschaffungskostenmodell höhere Entscheidungsnützlichkeit des Fair Value-Ansatzes noch aus. Ferner finden sich auch im konzeptionellen Schrifttum zahlreiche Argumente, die

[1188] Vgl. Ikäheimo/Taipaleenmäki (2010), S. 360.
[1189] Vgl. hierzu auch Abschnitt 2.3.2.1, S. 49 f.
[1190] Vgl. Ikäheimo/Taipaleenmäki (2010), S. 363.
[1191] Vgl. Ikäheimo/Taipaleenmäki (2010), S. 363.

als Nachteile des Fair Value-Ansatzes ausgelegt werden können, beispielsweise die mitunter höhere Ergebnisvolatilität und die Ermessensspielräume bei der Bestimmung der relevanten Wertansätze.[1192] Als weitere Konvergenztreiber werden die höhere Wertrelevanz der IFRS für die interne Entscheidungsfindung, Wirtschaftlichkeitsvorteile und die Verständlichkeitsprobleme des dichotomen Rechnungswesens im internationalen Kontext aufgezählt.[1193]

Aus den vorangegangenen Ausführungen wurde bereits deutlich, dass die beiden letztgenannten Aspekte auch innerhalb der Konvergenzdiskussion regelmäßig zur Begründung der Vereinheitlichung des internen und externen Rechnungswesens genannt werden.[1194] Auch das Argument, die IFRS würden aufgrund ihrer konzeptionellen Ausrichtung eine Konvergenz des Rechnungswesens nahelegen, findet sich in der analysierten Literatur vielfach wieder. Die länderübergreifende Untersuchung führt darüber hinaus zu der Schlussfolgerung, dass in den betrachteten Ländern im digitalen Zeitalter sowohl eine Vereinheitlichung der im internen Rechnungswesen zum Einsatz kommenden Praktiken als auch eine Harmonisierung der externen Rechnungslegung zu beobachten ist. Ursächlich sind hierfür verschiedene Mechanismen (coercive, normative und mimetic processes).[1195] Bezogen auf die Konvergenz des Rechnungswesens resümieren *Ikäheimo/Taipaleenmäki*, dass diese auch als Ergebnis institutioneller Zwänge gesehen werden kann: "This convergence is very much influenced by the coercive pressures from legislation requirements and needs in global companies to control their business in a systematic manner, and economic pressures to attain high quality information across countries and to maintain competitiveness in the global markets."[1196]

Die institutionentheoretisch fundierte Analyse von *Ikäheimo/Taipaleenmäki* stellt somit einen Bezugsrahmen dar, der verschiedene Konvergenzmotive in einen Erklärungsansatz integriert. So können die Shareholder Value-Orientierung einschließlich der damit verbundenen Implementierung wertorientierter Steuerungskennzahlen sowie die Anwendung der IFRS als Beispiele für mimetic bzw. coercive pressures aufgefasst werden, die letztlich zu einer Angleichung von Rechnungswesenstrukturen führen. Anzuerkennen ist die Arbeit aber insbesondere deshalb, weil sie die bestehende Diskussion um eine neue Sichtweise ergänzt. In der überwiegenden Zahl der Beiträge wird die Konvergenz des Rechnungswesens als Handlungskonsequenz einer rationalen Entscheidung verstanden, die mit der Intention, ein spezifisches Ziel zu erreichen, innerhalb des Unternehmens getroffen worden ist. Worin diese Ziele bestehen kön-

---

1192 Vgl. hierzu ausführlich Abschnitt 5.3.1.3.1.1.2, S. 277 ff.

1193 Vgl. Ikäheimo/Taipaleenmäki (2010), S. 363.

1194 Vgl. hierzu bereits die Abschnitte 5.2.1.1.1, S. 148, und 5.2.1.1.2, S. 161.

1195 *Ikäheimo/Taipaleenmäki* stellen zusammenfassend fest: "[I]n the digital era both F[inancial] M[anagement] and M[anagement] A[ccounting] techniques and practices have been converging across countries in publicly quoted companies, because financial reporting standards are international and increasingly harmonized, and companies are globally adopting very homogenized MA techniques, technologies and practices, as well as information systems and software packages." (Ikäheimo/Taipaleenmäki (2010), S. 365).

1196 Ikäheimo/Taipaleenmäki (2010), S. 365.

nen, ist bereits in den vorausgegangenen Abschnitten erörtert worden.[1197] Dort wurden beispielsweise die Herstellung von Ergebnistransparenz oder die Entkomplizierung des Rechnungswesens in international tätigen Konzernen genannt.

Der Argumentation von *Ikäheimo/Taipaleenmäki* folgend stellt die Konvergenz des Rechnungswesens jedoch weniger das Ergebnis einer rationalen Ziel-Mittel-Entscheidung dar, als vielmehr eine Reaktion, um einem aus dem Unternehmensumfeld hervorgehenden Handlungsbedarf zu entsprechen.[1198] So ist es beispielsweise denkbar, dass innerhalb eines Unternehmens die Einführung eines konvergenten Rechnungswesens beschlossen wird, weil dieser Schritt bereits bei Wettbewerben vollzogen worden ist und umgesetzt wird, um Transparenz gegenüber den Investoren zu erreichen. Ein solcher mimetischer Prozess könnte dem institutionellen Isomorphismus zufolge initialisiert werden, obwohl den Entscheidungsträgern im Unternehmen bewusst ist, dass etwa der Verzicht auf den Ansatz kalkulatorischer Kosten zu einem erheblichen Informationsverlust führen könnte. Aus dieser Perspektive ist das mit der Konvergenz des Rechnungswesens verbundene Ziel also darin zu sehen, dass versucht wird, in anderen Unternehmen etablierte und sozial akzeptierte Strukturen zu adaptieren.

5.2.4.2 Zusammenfassung

Die beiden nachfolgenden Tabellen 26 und 27 fassen die wesentlichen Ergebnisse der acht dargelegten Beiträge zusammen. Aus der letzten Spalte wird erkennbar, dass sechs der acht Beiträge auf einen Zusammenhang zwischen dem internen und externen Rechnungswesen hinweisen[1199] bzw. einen Ansatz zur Erklärung der Konvergenz des Rechnungswesens beinhalten.[1200]

Die Beiträge von *Pfaff* aus den Jahren 1994 und 1995 verdeutlichen, dass die Anforderungen, welche von den Rechnungszwecken der Kostenrechnung an ihre Ausgestaltung gestellt werden, in einem konvergenten Rechnungswesen nicht adäquat erfüllt werden können. Sowohl die Entscheidungs- als auch die Verhaltenssteuerungsfunktion bedingen den Ansatz kalkulatorischer Kosten, der in einem Rechnungswesen, das sich ausschließlich auf die pagatorischen Größen des externen Teilbereichs beschränkt, jedoch nicht möglich ist. Aus den Analysen kann geschlossen werden, dass ein konvergentes Rechnungswesen den Rechnungszwecken der Kostenrechnung nicht in optimaler Weise genügen kann.

Demgegenüber integrieren *Pfaff/Bärtl* und *Kunz/Pfeiffer* den Kapitalmarkt und die damit verbundenen Entwicklungen im Rahmen der externen Rechnungslegung mitsamt ihrer Auswirkungen auf das interne Rechnungswesen in ihre Analysen. *Pfaff/Bärtl* zeigen, dass es infolge der Kapitalmarktorientierung der Unternehmen sinnvoll sein kann, die Daten, welche für die

[1197] Vgl. hierzu ausführlich Abschnitt 5.2.1.1, S. 139 ff.

[1198] Vgl. hierzu etwa in Bezug auf die Implementierung von ERP-Systemen Quattrone/Hopper (2001), S. 408.

[1199] Vgl. Pfaff/Bärtl (1998); Kunz/Pfeiffer (2001).

[1200] Vgl. Simons/Weißenberger (2008); Schaier (2008); Hirsch/Schneider (2010); Ikäheimo/Taipaleenmäki (2010).

Kommunikation mit dem Kapitalmarkt verwendet werden, auch für die Steuerung von Entscheidungsträgern unterhalb der Top-Management-Ebene einzusetzen. Diese Überlegung kann dahingehend interpretiert werden, dass das Bestreben um eine Internalisierung der investorenrelevanten Zielgrößen die Nachteile eines konvergenten Rechnungswesens im Hinblick auf seine originäre Funktionserfüllung offenbar überkompensiert. Demgegenüber sensibilisieren *Kunz/Pfeiffer* für den generellen Wirkungsverbund zwischen dem internen und dem kapitalmarktorientierten externen Rechnungswesen.

Aufsatz	Fokus	Ergebnisse	
Pfaff (1994a)	Relevanz des wertmäßigen Kostenbegriffs für die Erfüllung der Entscheidungs- und Verhaltenssteuerungsfunktionen der Kostenrechnung	Zur Erfüllung der Entscheidungsfunktion ist die Berücksichtigung von Opportunitätskosten erforderlich. Ein Verzicht auf den Ansatz kalkulatorischer Kosten im Rahmen der Verhaltenssteuerung ist nur unter engen Prämissen vertretbar.	☒
Pfaff (1995)	Relevanz von Kosteninformationen für die Verhaltenssteuerung untergeordneter Entscheidungsträger	Zur optimalen Steuerung untergeordneter Entscheidungsträger sind über die (pagatorischen) Aufwendungen hinausgehende Kosteninformationen erforderlich.	☒
Pfaff/Bärtl (1998)	Auswirkungen der Kapitalmarktorientierung auf die Verhaltenssteuerungsfunktion des Rechnungswesens	Im Zuge der Shareholder Value-Orientierung kann unter bestimmten Bedingungen ein Zusammenhang zwischen dem internen und externen Rechnungswesen in der Form bestehen, dass zur Verhaltenssteuerung untergeordneter Entscheidungsträger Daten des externen Rechnungswesens herangezogen werden.	☑
Kunz/Pfeiffer (2001)	Auswirkungen der externen Rechnungslegung auf die Verhaltenssteuerung unternehmensinterner Entscheidungsträger auf der Bereichsebene	Unabhängig von den Konvergenzbemühungen eines Unternehmens kann das externe Rechnungswesen Auswirkungen auf die unternehmensinterne Verhaltenssteuerung nehmen. Eine informativere Kapitalberichterstattung kann zudem zur Vernichtung von Unternehmenswert führen.	☑
Simons/Weißenberger (2008)	Persistenz eines konvergenten Rechnungswesens und Begründung der empirisch häufig beobachtbaren Beschränkung auf die obersten Hierarchieebenen eines Unternehmens	Eine Konvergenz des Rechnungswesens entspricht einem Gleichgewichtszustand mit Beharrungspotenzial, für dessen Umsetzung insbesondere Kostensenkungspotenziale sprechen. Der Fortbestand eines divergenten Rechnungswesens auf der Ebene der Geschäftsbereiche kann sinnvoll sein, selbst wenn auf Konzernebene ein konvergentes Rechnungswesen besteht.	☑

Tabelle 26: Zusammenfassung und Erklärungsgehalt der theoretischen Ansätze zur Konvergenz des Rechnungswesens

Aufsatz	Fokus	Ergebnisse	
Schaier (2008)	Darlegung des Zusammenhangs zwischen den wesentlichen Motiven für eine Konvergenz des Rechnungswesens und der Ausgestaltung des Rechnungswesens	Die Anwendung internationaler Rechnungslegungsstandards, die zunehmende Shareholder Value-Orientierung und das Bestreben um eine bessere Verständlichkeit des Rechnungswesens führen zu verstärkten Interdependenzen zwischen dem internen und externen Rechnungswesen. Die Möglichkeiten der Separation bislang voneinander weitgehend unabhängiger Aufgabenbereiche sinken.	☑
Hirsch/Schneider (2010)	Erklärung einer Konvergenz des Rechnungswesens sowie Implementierungsprobleme unter Berücksichtigung von verhaltenswissenschaftlichen Erkenntnissen	Ein konvergentes Rechnungswesen kann infolge einer höheren Ergebnistransparenz und Verständlichkeit zu einem Abbau einer Informationsüberlastung seiner Adressaten beitragen. Eine Konvergenz des Rechnungswesens kann bei den Informationssendern und -empfängern Reaktanz verursachen, wenn etablierte Ausgestaltungen aufgegeben werden müssen.	☑
Ikäheimo/ Taipaleenmäki (2010)	Begründung einer Annäherung des internen und externen Rechnungswesens auf der Grundlage der Argumentation des institutionellen Isomorphismus	Eine Konvergenz des Rechnungswesens muss nicht zwingend das Ergebnis rationaler Ziel-Mittel-Überlegungen darstellen, sondern kann durch Handlungsaufforderungen aus der Unternehmensumwelt entstehen.	☑

Tabelle 27: Zusammenfassung und Erklärungsgehalt der theoretischen Ansätze zur Konvergenz des Rechnungswesens (Fortsetzung)

Aus den Studien von *Schaier* und *Simons/Weißenberger* gehen die konkretesten Ansätze für eine Erklärung der Konvergenz des Rechnungswesens hervor. Letztere zeigen dabei nicht nur, dass einem konvergenten Rechnungswesen das Potenzial für einen dauerhaften Zustand zuzusprechen ist, sondern erklären theoretisch fundiert eine empirisch beobachtbare Ausgestaltungsform eines konvergenten Rechnungswesens. Im Gegensatz zu *Schaier* begründen sie also nicht nur die Annäherung der beiden Teilbereiche an sich, sondern auch eine in der Unternehmenspraxis weit verbreitete Form dieser Annäherung.[1201]

Der Beitrag von *Hirsch/Schneider* unterscheidet sich von den übrigen Ansätzen insofern deutlich, als die Argumentation auf der Ebene der Rechnungswesenadressaten ansetzt. Sie führen insbesondere die begrenzten Informationsverarbeitungskapazitäten der Nutzer an und erklären, inwieweit ein konvergentes Rechnungswesen eine Überlastung dieser Kapazitäten vermeiden kann. Die Analyse von *Ikäheimo/Taipaleenmäki* setzt das im deutschsprachigen Raum beobachtbare Konvergenzphänomen mit den Entwicklungen in anderen Ländern in Beziehung und lässt darauf schließen, dass auch das Streben um gesellschaftliche Legitimität

[1201] Vgl. hierzu ausführlich Abschnitt 5.3.1.1.1.2, S. 224 ff.

eine Konvergenz des Rechnungswesens veranlassen kann. Zusammenfassend bleibt anzumerken, dass sich die Ergebnisse im Zeitablauf nicht nur im Hinblick auf die Frage verändern, ob eine Konvergenz des Rechnungswesens auf Basis der Analysen begründet oder widerlegt wird, sondern auch hinsichtlich ihrer Konkretisierung.

5.2.5 Zwischenfazit

Insgesamt zeigen die Auswertungen in diesem Abschnitt, dass die Internationalisierung der Geschäftstätigkeit mitsamt der Anwendung internationaler Rechnungslegungsvorschriften und der zunehmenden Ausrichtung der Unternehmenspolitik am Shareholder Value eine bedeutsame Motivgruppe für eine Konvergenz des Rechnungswesens bildet. Darüber hinaus entsprechen Defizite des divergenten Rechnungswesens, insbesondere die Ergebnisdivergenzen zwischen dem internen und externen Teilbereich, Treibern für eine Konvergenz des Rechnungswesens.

Mit einem konvergenten Rechnungswesen werden eine gesteigerte Effektivität, insbesondere eine erhöhte Ergebnistransparenz, aber auch Vorteile im Hinblick auf die Shareholder Value-Orientierung verbunden. Während Ineffizienzen im divergenten Rechnungswesen als Konvergenzmotiv eine untergeordnete Bedeutung einnehmen, stellt die Erschließung von Kosteneinsparpotenzialen den am häufigsten genannten Vorteil eines konvergenten Rechnungswesens dar. Die Nachteile eines konvergenten Rechnungswesens konzentrieren sich insbesondere auf die Abhängigkeit der für Steuerungszwecke verwendeten Informationen von den externen Rechnungslegungsvorschriften. Diese „Fremdsteuerung" der Ausgestaltung des internen Rechnungswesens und der Verzicht auf Spezifika des tradierten internen Teilbereichs, z.B. der Ansatz von kalkulatorischen Kosten, mindern die Effektivität eines konvergenten Rechnungswesens.

Aus den dynamischen und autorengruppenbezogenen Auswertungen der Konvergenzmotive und der Vorteile eines divergenten Rechnungswesens zeigen sich nur vereinzelt tendenzielle Unterschiede zwischen der ersten und zweiten Hälfte der Konvergenzdiskussion bzw. zwischen Vertretern der Wissenschaft und der Praxis. Im Hinblick auf die Konvergenzmotive und Vorteile erweist sich die in Fachzeitschriften geführte Diskussion somit als weitgehend homogen.

Während die Zusammenfassung der Motive für die Konvergenz sowie der Vor- und Nachteile eines konvergenten Rechnungswesens die Schlussfolgerung zulässt, dass ein konvergentes Rechnungswesen von den meisten Autoren befürwortet wird, deutet die Zusammenfassung der theoriebasierten Überlegungen ein differenzierteres Bild an. Allerdings können auch mithilfe von ökonomischen, verhaltenswissenschaftlichen und institutionellen Ansätzen Argumente für eine Vereinheitlichung des Rechnungswesens gefunden werden.

5.3 Konzeptionell-inhaltliche Strukturierung eines konvergenten Rechnungswesens

Nachfolgend steht die Systematisierung der verschiedenen „Konzepte einer Konvergenz des Rechnungswesens"[1202] auf der Agenda. Die im Zuge der Literaturanalyse identifizierten Ansätze lassen sich grob in drei Kategorien einteilen, welche zugleich die weitere Strukturierung dieses Kapitels vorgeben. In zahlreichen Diskussionsbeiträgen werden Vorschläge formuliert, die sich als eine Weiterentwicklung des tradierten Rechnungswesens beschreiben lassen.[1203] Gegenstand dieser Überlegungen ist keine vollständige Vereinheitlichung des Rechnungswesens, so dass dieses ausschließlich auf pagatorischen Größen basiert. Vielmehr kommen diesen Autoren zufolge auch in einem konvergenten Rechnungswesen kalkulatorische Größen zum Einsatz, allerdings im Vergleich zur tradierten Ausgestaltung in weniger Rechenwerken. Damit werden die Grenzen zwischen dem internen und externen Rechnungswesen nicht vollends aufgehoben, sondern lediglich verschoben. Diese Entwicklung wird sehr deutlich von *Weißenberger* zum Ausdruck gebracht und in Abbildung 35 veranschaulicht: „Faktisch bedeutet die integrierte Performancemessung eine Verschiebung von Adressatenbezug und Rechnungszwecken."[1204] Zur Erfassung und Strukturierung dieser Vorschläge wird auf die aus Abschnitt 3.2 bekannten, von *Küting/Lorson* abgegrenzten und in der Konvergenzdiskussion vielfach aufgegriffenen Gestaltungsparameter eines konvergenten Rechnungswesens Bezug genommen.[1205] Die Aufarbeitung dieser Ansätze erfolgt in Abschnitt 5.3.1.

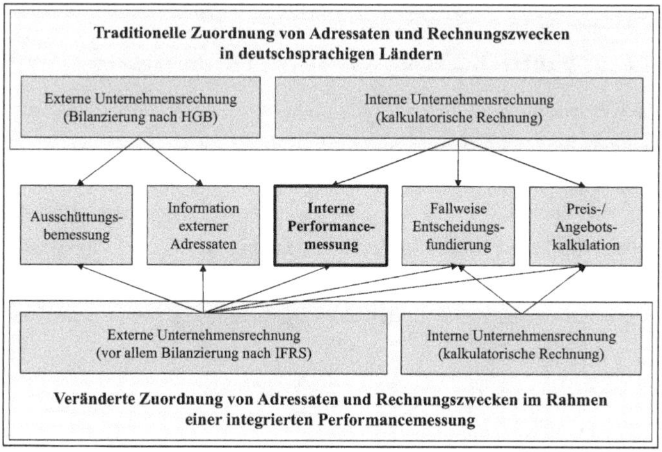

Abbildung 35: Traditionelle versus integrierte Performancemessung[1206]

[1202] Schaier (2007), S. 124.

[1203] Vgl. z.B. Coenenberg (1995); Küting/Lorson (1999a); Weißenberger/IGC (2006a).

[1204] Weißenberger (2006b), S. 68.

[1205] Vgl. Küting/Lorson (1998a), S. 487 ff.; vgl. hierzu auch Weide (2009a), S. 52 f.; Schaier (2007), S. 125 f.; Wussow (2004), S. 41 ff.; Klein (1999a), S. 18 ff.; Simons/Weißenberger (2008), S. 142; Pelger (2008a), S. 566.

[1206] Entnommen aus Weißenberger (2006b), S. 69.

Darüber hinaus finden sich in der Konvergenzdiskussion vereinzelt Vorschläge, die weitergehende Änderungen in der Ausgestaltung des Rechnungswesens vorsehen. Insbesondere intendieren diese Konzepte die Überwindung der Koexistenz von unterschiedlichen Datenbasen bestehend aus kalkulatorischen Kosten und Leistungen sowie pagatorischen Aufwendungen und Erträgen. Daher plädieren diese Autoren für eine durchgehende Verwendung von Zahlungsströmen als Basisgrößen des Rechnungswesens.[1207] Folglich gehen diese Ansätze deutlich über die von *Weißenberger* genannten und oben aufgegriffenen Verschiebungen innerhalb des tradierten Rechnungswesens hinaus. Die Intention der Vorschläge besteht vielmehr darin, „zu einer allumfassenden einheitlichen Zielgröße, die sich sämtlichen unternehmerischen Entscheidungsrechnungen zugrunde legen läßt, zu gelangen."[1208] Als Vertreter der Ansätze, die zu einer stärkeren Zahlungsstromorientierung des Rechnungswesens führen, werden die Arbeiten von *Küpper*, *Volkart*, *Dirrigl* und *Burger/Buchhart* berücksichtigt.[1209] Diese Beiträge lassen sich unmittelbar der Konvergenzdiskussion zuordnen und werden in Abschnitt 5.3.2 aufgearbeitet.

Die dritte im Rahmen der Literaturanalyse identifizierte Position wird vom *Arbeitskreis Internes Rechnungswesen* der *Schmalenbach-Gesellschaft* eingenommen. Auf der Grundlage einer umfangreichen Analyse der Relevanz kalkulatorischer Kosten für verschiedene Rechnungszwecke plädiert dieser für einen Fortbestand des divergenten Rechnungswesens.[1210] Die wesentlichen Ergebnisse dieser Untersuchung werden in Abschnitt 5.3.3 zusammengefasst.

5.3.1 Ansätze zur Weiterentwicklung des tradierten Rechnungswesens

Im Folgenden werden zunächst die von *Küting/Lorson* entwickelten Gestaltungsparameter eines konvergenten Rechnungswesens skizziert. Anhand dieser Parameter können „Anpassungsstrategien" entwickelt werden, die als eine Konsequenz der Erkenntnis, „daß die Reduktion der Diskussion über die Vereinheitlichung des Rechnungswesens auf den Aspekt der Vereinheitlichung von internem und externem Rechnungswesen im Grunde zu wenig differenzierend und zu einengend ist"[1211] gesehen werden können. Die Gestaltungsparameter setzen sich aus dem Konvergenzbereich, der Konvergenzrichtung sowie dem Konvergenzgrad zusammen (vgl. Abbildung 36).[1212]

[1207] Vgl. z.B. Küpper (1995); Dirrigl (1998); Burger/Buchhart (2001a).

[1208] Koch (1999), S. 197.

[1209] Vgl. Küpper (1995); Volkart (1997); Dirrigl (1998); Burger/Buchhart (2001a); Burger/Buchhart (2001b).

[1210] Vgl. Schweitzer/Ziolkowski (1999).

[1211] Küting/Lorson (1998a), S. 487. Ähnlich deutlich formuliert auch *Melcher* den Bedarf für differenzierte Anpassungsstrategien: „Als Ziel der Konvergenz im Rechnungswesen sollte nicht eine ganzheitliche Änderung der Unternehmensrechnung, sondern eine partielle Verbesserung des Rechnungswesens angestrebt werden." (Melcher (2002), S. 80).

[1212] Vgl. Küting/Lorson (1998a), S. 487; Schaier (2007), S. 125; Hoke (2001), S. 26.

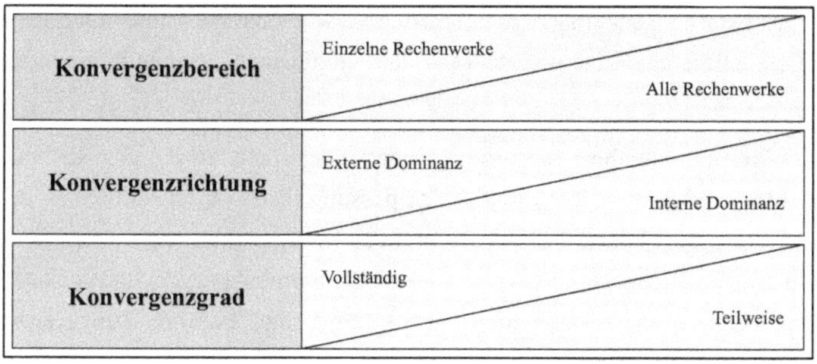

Abbildung 36: Gestaltungsparameter und Ausprägungen eines konvergenten Rechnungswesens[1213]

Mit der Definition des **Konvergenzbereichs** wird festgelegt, welche Rechenwerke des internen und externen Rechnungswesens für eine Vereinheitlichung grundsätzlich in Frage kommen.[1214] In Abschnitt 2.3 wurde im Rahmen der Darstellung der tradierten Ausgestaltung des Rechnungswesens dargelegt, dass sich sowohl der interne als auch der externe Teilbereich des Rechnungswesens aus verschiedenen Rechenwerken zusammensetzen, mit denen jeweils unterschiedliche Rechnungszwecke verfolgt werden.[1215] Für die Entwicklung einer „Konvergenzstrategie“ ist zunächst zu prüfen, ob sämtliche oder nur ausgewählte Rechenwerke Gegenstand einer Vereinheitlichung sein können.[1216] Insbesondere ist in diesem Zusammenhang zu entscheiden, ob nur Rechenwerke mit einer Verhaltenssteuerungsfunktion in den Konvergenzbereich einzubeziehen sind oder auch jene mit einer ausschließlichen Entscheidungsfunktion.[1217] Der Gestaltungsparameter „Konvergenzbereich“ entspricht einem Kontinuum mit einer vollständigen Verschmelzung von internem und externem Rechnungswesen und einer selektiven Auswahl der relevanten Rechenwerke als Extrema.[1218] In diesem Zusammenhang ist zudem zu prüfen, auf welchen Ebenen der Organisationsstruktur ein konvergentes Rechnungswesen umgesetzt werden sollte.[1219]

Der Festlegung des Konvergenzbereichs schließt sich die Entscheidung über die **Konvergenzrichtung** an. Es gilt zu eruieren, ob einer der für eine Konvergenz relevanten Teilbereiche einen Fixpunkt darstellt, an den der andere anzunähern ist oder ob eine gegenseitige Annäherung möglich ist, bei der sich beide Teilbereiche aufeinander zu bewegen.[1220] Als Endpunkte dieses Kontinuums sind eine vollständige Anpassung der relevanten Teilbereiche des

[1213] In Anlehnung an Müller (2006), S. 33.

[1214] Vgl. Klein (1999a), S. 19.

[1215] Vgl. Abschnitt 2.3, S. 25 ff.

[1216] Vgl. Melcher (2002), S. 79; Schaier (2007), S. 125; Weide (2009a), S. 53; Müller (2006), S. 34.

[1217] Vgl. Küting/Lorson (1998a), S. 487.

[1218] Vgl. Müller (2006), S. 34.

[1219] Vgl. Stute (2007), S. 32; Simons/Weißenberger (2008), S. 142.

[1220] Vgl. Küting/Lorson (1998a), S. 487; Wussow (2004), S. 41; Melcher (2002), S. 66 f.; Schaier (2007), S. 126; Weide (2009a), S. 52; Himmel (2004), S. 31.

internen an das externe Rechnungswesen sowie eine vollständige Annäherung der zum Konvergenzbereich gehörenden externen Rechenwerke an die ausgewählten internen Rechnungen denkbar.[1221]

Nachdem die für eine Annäherung in Frage kommenden Teilbereiche des Rechnungswesens selektiert worden sind und die Richtung der Anpassung feststeht, ist schließlich der **Konvergenzgrad** zu bestimmen. Dieser bezieht sich auf das Übereinstimmungsniveau der konvergierenden Rechnungen. Zu entscheiden ist in diesem Zusammenhang, ob eine vollständige Vereinheitlichung der relevanten Rechnungen des internen und externen Teilbereichs realisiert werden oder eine partielle Annäherung erfolgen soll, indem bestehende Differenzen zwischen den Rechenwerken verringert, aber nicht vollständig aufgehoben werden.[1222] Auch diese Dimension ist als Kontinuum zu betrachten mit einer vollständigen Identität der Rechenwerke, d.h. einem Konvergenzgrad von 100 Prozent und einer Annäherung der relevanten Teilbereiche unter Fortbestand von Differenzen (Konvergenzgrad < 100 Prozent) als Gegenpole.[1223] Im Folgenden werden die Aussagen zu diesen Gestaltungsparametern, die im Rahmen der Literaturanalyse identifiziert worden sind, aufgearbeitet.

5.3.1.1 Konvergenzbereich

5.3.1.1.1 Systematisierung der Aussagen

Von *Küting/Lorson* wird konstatiert, dass das von *Ziegler* vorgestellte Vorgehen zur Neuorganisation des Rechnungswesens im Hause Siemens von einigen Fachvertretern als Abschaffung der kompletten Kostenrechnung verstanden worden ist.[1224] Insofern erscheint es nachvollziehbar, dass in einigen Beiträgen, die auf dieses Vorgehen Bezug nehmen, sämtliche Funktionen der Kostenrechnung unter der Frage beleuchtet werden, ob der Ansatz kalkulatorischer Kosten verzichtbar ist.[1225] Erst im Laufe der Diskussion zeichnet sich ab, dass bei der Siemens AG nur ausgewählte Teilbereiche des internen Rechnungswesens von der Konvergenz betroffen sind.[1226]

1221 Vgl. Weide (2009a), S. 52.

1222 Vgl. Klein (1999a), S. 19; Küting/Lorson (1998a), S. 487; Müller (2006), S. 37; Hoke (2001), S. 26; Schaier (2007), S. 126.

1223 Ein Konvergenzgrad von 100 Prozent würde implizieren, dass für die Rechenwerke des internen und externen Rechnungswesens, die in den Konvergenzbereich einbezogen werden, identische Bilanzierungsregeln gelten (vgl. Stute (2007), S. 35).

1224 Vgl. Küting/Lorson (1998a), S. 483; Küting/Lorson (1999a), S. 49. So folgert *Lorson* zunächst: „Siemens gibt die Idee der kurzfristigen Entscheidungsorientierung der Kostenrechnung auf." (Lorson (1996), S. 2507). Weitere Beispiele finden sich zu Beginn der Konvergenzdiskussion bei Pfaff (1994a), S. 1067; Pfaff (1995), S. 120; Schildbach (1995), S. 10.

1225 Vgl. z.B. Pfaff (1994a); Schweitzer/Ziolkowski (1999).

1226 So stellen etwa *Seelinger/Kaatz* klar: „Siemens schafft das interne Rechnungswesen mit der Kosten- und Leistungsrechnung nicht ab, sondern vereinheitlicht die Wertbasis für die interne und externe Berichterstattung." (Seelinger/Kaatz (1998), S. 131). Zu dieser Sichtweise dürfte auch der Aufsatz von *Sill* beigetragen haben, in dem er auf das Rechnungswesen bei Siemens eingeht und deutlich macht, dass „die Berichterstattung und damit das Unternehmenscontrolling an die externe Rechnungslegung geknüpft [ist]. Das Kosten-

Demgegenüber wird bereits zu Beginn der Konvergenzdiskussion in den zahlreichen konzeptionellen Beiträgen, in denen der (bis dahin noch missverständliche) Ansatz der Siemens AG aufgegriffen wird, eine differenziertere Betrachtung des Rechnungswesens vorgenommen. So fordern *Küting/Lorson* dazu auf, dass „[s]tatt dieser Utopie [eines multifunktionalen Einheitsrechnungswesens] nachzujagen, [..] vielmehr ein relevanter Harmonisierungsbereich zu finden [ist]."[1227] Dem Grundsatz „Der Rechnungszweck bestimmt über das Rechnungsziel den Rechnungsinhalt" folgend werden die verschiedenen Rechnungszwecke des internen Rechnungswesens bzw. der Kostenrechnung und die Gestaltungsmerkmale der Rechenwerke, mit denen diese Zwecke erfüllt werden sollen, analysiert.

Aus den Ausführungen in Abschnitt 5.2.4.1.1 ging bereits hervor, dass *Pfaff* in seiner Replik auf den Beitrag von *Ziegler* die Entscheidungs- und Verhaltenssteuerungsfunktion der Kostenrechnung separiert und getrennt voneinander analysiert.[1228] Wenngleich aus theoretischer Sicht die Argumente für ein Festhalten an der divergenten Ausgestaltung des Rechnungswesens überwiegen, erkennt er die Komplexität und die Kosten des tradierten Rechnungswesens an und stellt daher eine vereinfachte Form der Kostenrechnung für Zwecke der Verhaltenssteuerung zur Diskussion.[1229]

Mit der angedeuteten Separation der für Entscheidungszwecke benötigten Kostenrechnung und der kalkulatorischen Steuerungsrechnung zeichnet sich hier bereits der in der Folgediskussion bedeutsame Konvergenzbereich ab. *Pfaff* äußert noch Bedenken gegenüber dem Vorschlag, indem er es für erforderlich hält, dass die Tragfähigkeit dieser Konzeption in weiteren Untersuchungen festzustellen ist.[1230] Dieser Aufforderung kommen in den Folgejahren mehrere Beiträge nach, als erster darunter der Aufsatz von *Coenenberg*, dessen Argumentation in Bezug auf den Konvergenzbereich aufgrund seiner zentralen Bedeutung für die Konvergenzdiskussion nachfolgend skizziert wird.

5.3.1.1.1.1 Abgrenzung des Konvergenzbereichs nach *Coenenberg*

Die Grundlage der Untersuchung *Coenenbergs* bilden die Rechnungszwecke der handelsrechtlichen Rechnungslegung sowie der Kostenrechnung. Für den HGB-Einzelabschluss identifiziert er – in Übereinstimmung mit den Ausführungen in Abschnitt 2.3.1.1.1 – eine Zahlungsbemessungs- und eine Informationsfunktion.[1231] Dem handelsrechtlichen Konzernabschluss ordnet er nur die Informationsfunktion zu. Der Kostenrechnung werden eine Ent-

management vor Ort in unseren geschäftsführenden Einheiten ist davon aber grundsätzlich unabhängig; es kann mit ganz spezifischen Rechnungen auf die Anforderungen der jeweiligen Marktsituation eingehen" (Sill (1995), S. 30).

[1227] Küting/Lorson (1999a), S. 49; vgl. für eine ähnliche Schlussfolgerung auch Wussow (2004), S. 65.

[1228] Vgl. Abschnitt 5.2.4.1.1, S. 194 f.

[1229] Vgl. Pfaff (1994a), S. 1081.

[1230] Vgl. Pfaff (1994a), S. 1081.

[1231] Vgl. Abschnitt 2.3.1.1.1, S. 27 f.

scheidungs- und eine Kontrollaufgabe zugesprochen, wobei Letztere weitgehend mit der in Abschnitt 2.3.1.2.1 erläuterten Verhaltenssteuerungsfunktion korrespondiert.[1232]

Mit den diversen Rechnungszwecken wird unter Bezugnahme auf *Schneider* die Disparität der Rechenwerke des internen und externen Rechnungswesens begründet: „Die Unterschiedlichkeit der Zwecke von Bilanz und Kostenrechnung läßt es [..] als ganz selbstverständlich erscheinen, daß beide Rechnungen sich erheblich auseinanderentwickeln mußten."[1233] Aufgrund seiner Zahlungsbemessungsfunktion wird der Einzelabschluss aus der weiteren Betrachtung ausgeschlossen, so dass sich die folgende Analyse auf die Frage beschränkt, inwiefern eine Annäherung der Kostenrechnung an die handelsrechtliche Konzernrechnungslegung mit ausschließlicher Informationsfunktion erfolgen kann. Aus der Entscheidungs- sowie der Verhaltenssteuerungs- bzw. Kontrollfunktion leitet *Coenenberg* Anforderungen an die Kostenrechnung ab und prüft, inwiefern diese auch durch ein konvergentes Rechnungswesen erfüllt werden können.[1234]

Um ihrer Entscheidungsfunktion gerecht werden zu können, muss die Kostenrechnung demnach relevante Entscheidungsobjekte sowie entscheidungsrelevante Kosten und Erlöse abgrenzen. *Coenenberg* konstatiert, dass in der entscheidungsorientierten Kostenrechnung Ursache-Wirkungs-Zusammenhänge im Vordergrund stehen, zu deren Identifikation die betrieblichen Leistungserstellungs- und -verwertungsprozesse detaillierter abzubilden sind als innerhalb der handelsrechtlichen Rechnungslegung. Um zieladäquate Entscheidungen treffen zu können, seien zudem entscheidungsrelevante von -irrelevanten Kosten zu unterscheiden. Die Relevanz der Kosten sei dabei abhängig von der jeweiligen Entscheidungssituation. Diese selektive Betrachtung der Kosten widerspreche dem Vollkostenprinzip des HGB.[1235]

Des Weiteren verlange die Berücksichtigung der entscheidungsrelevanten Ergebniswirkungen auch die Zurechnung nur indirekt erfassbarer Ergebniswirkungen, die aus der partiellen Betrachtung von Entscheidungsfeldern resultieren. Um diese Wirkungen in ein Entscheidungskalkül einzubeziehen, seien von den pagatorischen Größen des externen Rechnungswesens abweichende Werte anzusetzen. Als Beispiel für die Berücksichtigung sachlicher Interdependenzen führt *Coenenberg* die Entscheidungssituation einer Preisuntergrenzenbestimmung für die Annahme eines Zusatzauftrags bei gegebener Kapazität an. Hierbei sei der Deckungsbeitrag des Auftrags, der im Falle einer Annahme des Zusatzauftrags nicht bearbeitet werden kann, als Opportunitätskosten in die Kalkulation der Preisuntergrenze einzubeziehen. Bei zeitlichen Interdependenzen erscheine die Bewertung eines Faktorverbrauchs mit Wiederbeschaffungspreisen im Sinne von Alternativkosten sinnvoll, da bei repetitiven Prozessen der Ver-

[1232] Vgl. Coenenberg (1995), S. 2078.
[1233] Coenenberg (1995), S. 2078.
[1234] Vgl. Coenenberg (1995), S. 2079.
[1235] Vgl. Coenenberg (1995), S. 2079.

brauch eines Faktors in der Gegenwart die Wiederbeschaffung des Faktors in der Zukunft bedinge.[1236]

Aus der Notwendigkeit, nur entscheidungsrelevante Kosten, aber auch indirekte Ergebniswirkungen zu berücksichtigen, folgert *Coenenberg*, dass in die entscheidungsorientierte Kostenrechnung grundsätzlich von pagatorischen Aufwendungen und Erträgen abweichende Größen einzubeziehen sind, um der Entscheidungsfunktion gerecht werden zu können. Daher resümiert er, dass „[i]n der Entscheidungsfunktion [..] die Notwendigkeit einer eigenständigen, auf von der Jahresabschlußrechnung abweichenden Zielgrößen beruhenden Kostenrechnung begründet [ist]“[1237]. Diese Notwendigkeit wird *Coenenberg* zufolge auch nicht durch die Ziel- und Entscheidungsfeldabhängigkeit der Opportunitätskosten konterkariert, womit ein Problem der Willkür zumindest grundsätzlich nicht ausgeschlossen werden kann. Dieses Argument wird dahingehend relativiert, dass in der Unternehmenspraxis nicht die Bestimmung exakter Opportunitätskosten Priorität habe, sondern die Bemessung approximativer Lösungen.[1238]

Im zweiten Schritt betrachtet *Coenenberg* die Verhaltenssteuerungsfunktion der Kostenrechnung, welche von ihm als „Kontrollaufgabe“ bezeichnet wird. Dabei wird auf eine Kontrollrechnung zur Steuerung von Profit Centern Bezug genommen. Diese müsse drei zentralen Anforderungen entsprechen:[1239]

- **Anreizverträglichkeit:** Die Steuerungsrechnung müsse die auf der Profit Center-Ebene Agierenden zu einem unternehmenszielkonformen Verhalten anleiten, d.h. es sei eine Zielkongruenz zwischen den Zielen des Gesamtunternehmens und der Profit Center herzustellen. Zudem sollten die Zielgrößen von Ermessensspielräumen und Möglichkeiten zur bewussten Sachverhaltsgestaltung frei sein.[1240]
- **Kommunikationsfähigkeit:** Die Steuerungsrechnung müsse kommunizierbar, d.h. sowohl für die Kontrollierten als auch Kontrollierenden verständlich sein. Andernfalls bestehe die Gefahr einer mangelnden Akzeptanz der Zielgrößen unter den Mitarbeitern auf nachgeordneten Hierarchieebenen. Zudem müsse die Steuerungsrechnung die Möglichkeit inhärieren, nicht nur Objektvergleiche innerhalb, sondern auch außerhalb des Unternehmens durchzuführen.
- **Wirtschaftlichkeit:** Die Steuerungsrechnung sollte im Hinblick auf das Verhältnis ihres Nutzens und der anfallenden Kosten möglichst effizient gestaltet sein.

Für eine Annäherung der internen Kontroll- bzw. Steuerungsrechnung und der handelsrechtlichen Konzernrechnungslegung sprechen *Coenenberg* zufolge zwei Aspekte. Zum einen be-

---

[1236] Vgl. Coenenberg (1995), S. 2079 f.; Coenenberg/Fischer/Günther (2009), S. 77.

[1237] Coenenberg (1995), S. 2080.

[1238] Vgl. Coenenberg (1995), S. 2080; zu derselben Schlussfolgerung kommt auch *Pfaff* (vgl. Pfaff (1994a), S. 1073, sowie Abschnitt 5.2.4.1.1, S. 194 f.); vgl. hierzu auch Pfaff/Weber (1998), S. 157.

[1239] Vgl. im Folgenden hierzu Coenenberg (1995), S. 2080 f.

[1240] Vgl. zur Anreizverträglichkeit einer Steuerungsrechnung auch bereits Abschnitt 2.3.2.2.2, S. 65.

stehe eine prinzipielle **Zweckidentität** zwischen der Kontrollaufgabe der Kostenrechnung und der Informationsaufgabe des Konzernabschlusses. Zum anderen legten die Kriterien der Kommunikationsfähigkeit und Wirtschaftlichkeit grundsätzlich eine Vereinheitlichung dieser Rechenwerke nahe. Allerdings unterliege die handelsrechtliche Konzernrechnungslegung im Rahmen der Erfolgsermittlung Konventionen, die aus der Perspektive der Anreizverträglichkeit Korrekturbedarfe inhärieren.[1241] Um auch diesem Kriterium gerecht werden zu können, werden verschiedene Aspekte angesprochen, aus denen sich der Bedarf für punktuelle Abweichungen von der handelsrechtlichen Konzernrechnungslegungskonzeption ergebe.

Die Kritik *Coenenbergs* richtet sich zunächst gegen das handelsrechtliche Realisations- und Imparitätsprinzip. Das Realisationsprinzip erweist sich demnach insbesondere bei langfristiger Auftragsfertigung als problematisch, da die mit dem Auftrag erwirtschafteten Erfolge nicht mit dem Fertigstellungsgrad korrespondierend ausgewiesen werden, sondern erst nach Lieferung bzw. Leistung (Completed-Contract-Methode).[1242] Diese Bilanzierungskonvention beeinträchtige die Zielkongruenz und Vergleichbarkeit, weshalb *Coenenberg* empfiehlt, für die interne Steuerungsrechnung eine Modifikation vorzunehmen, indem Erfolge aus langfristigen Fertigungsaufträgen nach den Vorschriften des IAS 11 und damit nach der Percentage-of-Completion-Methode bilanziert werden.[1243]

Die Beachtung des Imparitätsprinzips in der internen Steuerungsrechnung wird insofern kritisiert, als der Ansatz und die Bewertung von Rückstellungen, deren Passivierung auf dieses Prinzip zurückzuführen ist, mit erheblichen Ermessensspielräumen behaftet ist. Unter diesen Gestaltungsmöglichkeiten leide die Maßgenauigkeit als Unterkriterium der Anreizverträglichkeit. Daher biete sich die Eliminierung von Rückstellungen mit großen Ermessensspielräumen aus der internen Steuerungsrechnung an, denkbar sei aber auch die Einstellung von Bewertungsansätzen, die aus dem Imparitätsprinzip resultieren, in einen Sonderposten.[1244]

Ferner sei in der internen Steuerungsrechnung ein Abweichen von den historischen Anschaffungskosten in Erwägung zu ziehen, um Scheingewinne zu eliminieren und die Vergleichbarkeit von Bewertungsobjekten mit unterschiedlichen Altersstrukturen im Anlagevermögen zu erhöhen. Zudem plädiert *Coenenberg* für eine Berücksichtigung kalkulatorischer Zinsen in der Form einer Alternativrendite und der Anwendung eines Residualgewinnkonzepts.

[1241] Vgl. Coenenberg (1995), S. 2081.

[1242] Vgl. Hofmann (2005), S. 692; vgl. hierzu auch bereits Abschnitt 2.3.1.1.2.2, S. 36.

[1243] Vgl. hierzu kritisch *Bigus*, welcher die Percentage-of-Completion-Methode unter Berücksichtigung opportunistischer Handlungen des Auftraggebers analysiert und Zweifel artikuliert, ob „die Bilanzierung nach IAS 11 eine periodengerechtere Erfolgsermittlung und eher entscheidungsrelevante Informationen liefert als die handelsrechtliche.“ (Bigus (2008), S. 219).

[1244] Vgl. Coenenberg (1995), S. 2081; vgl. hierzu auch bereits den in Abschnitt 2.3.2.2.2 aufgegriffenen Vorschlag von Schneider (1997), S. 496.

Schließlich wird diskutiert, Aufwendungen mit Investitionscharakter aus der internen Steuerungsrechnung zu extrahieren und mithilfe von nichtfinanziellen Indikatoren zu messen.[1245]

Obgleich keiner der drei in Abschnitt 5.3.1 skizzierten Gestaltungsparameter explizit genannt wird, lässt sich der Vorschlag von *Coenenberg* anhand dieser drei Dimensionen beschreiben: Seinen Ausführungen zufolge bleibt der Konvergenzbereich auf den handelsrechtlichen Konzernabschluss inklusive der Handelsbilanzen II der einbezogenen Tochterunternehmen sowie auf die in Abschnitt 2.3.2.2 als kalkulatorische Steuerungsrechnung bezeichnete Periodenerfolgsrechnung beschränkt, anhand derer nachgeordnete Unternehmensbereiche geführt werden (vgl. Abbildung 37).

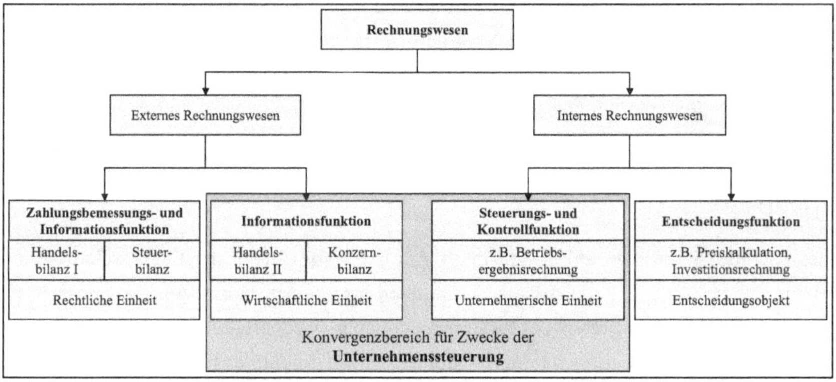

Abbildung 37: Rechnungszweckabhängige Abgrenzung des Konvergenzbereichs[1246]

Die vorgeschlagenen Abweichungen deuten daraufhin, dass ein Konvergenzgrad von 100 Prozent, d.h. eine vollständige Berücksichtigung der handelsrechtlichen Regelungen bei der Konzeption der internen Steuerungsrechnung zwar unter den Kriterien der Kommunikationsfähigkeit und Wirtschaftlichkeit erstrebenswert erscheinen mag. Um dem Kriterium der Anreizverträglichkeit entsprechen zu können, sollten hingegen vereinzelte Korrekturmaßnahmen erwogen werden. Es wird also eine weitgehende, aber keine vollständige Übereinstimmung der relevanten Rechnungen angeraten. Die Konvergenzrichtung ist einseitig, indem die handelsrechtliche Konzernrechnungslegung als Referenzpunkt betrachtet wird, an den sich die internen Steuerungsrechnungen so weit wie möglich anpassen sollten. *Coenenberg* hat damit ein Konvergenzmuster umrissen, das – wie im nachfolgenden Abschnitt gezeigt wird – in der sich anschließenden Konvergenzdiskussion vielfach bestätigt worden ist.

1245 Vgl. Coenenberg (1995), S. 2081 ff.

1246 Entnommen aus Coenenberg/Haller/Mattner/Schultze (2009), S. 29.

5.3.1.1.1.2 Identifikation der relevanten Konvergenzobjekte

Zu den ersten Beiträgen, in denen sich Argumentationslinien mit einem ähnlichen Abschluss finden, gehört der bereits mehrfach zitierte, 1998 veröffentlichte Aufsatz von *Küting/Lorson*, in dem die Heuristik eingeführt wird, welche sich in den in Abschnitt 5.3.1 beschriebenen Gestaltungsparametern eines konvergenten Rechnungswesens konkretisiert. Die Autoren kommen zu der Folgerung, „daß die […] Strategie der ganzheitlichen, vollkommenen und einseitigen Anpassung […] scheitern muß. Anstatt hieran festzuhalten, wird es aller Voraussicht nach vorteilhafter sein, den Harmonisierungsbereich von internem und externem Rechnungswesen auf Steuerungs- und Kontrollaufgaben im Rahmen periodenbezogener Ergebnisrechnungen für unternehmerische Einheiten einzuengen und die (klassische) entscheidungsorientierte Kostenrechnung von der Konvergenz unangetastet zu lassen."[1247] Im Hinblick auf die Grenzen der Konvergenzbemühungen nimmt *Küpper* eine ähnliche Sichtweise ein, indem er davor warnt, „daß man in das andere Extrem verfällt und eine vollständige Integration der Unternehmensrechnung zum Ziel erhebt. Vielmehr ist es notwendig, die Angleichung ihrer Teilsysteme so weit voranzutreiben, daß deren zweckgerichtete Verwendung gefördert wird."[1248]

Nahezu parallel bestätigen zahlreiche weitere Autoren – sowohl aus der Wissenschaft als auch der Unternehmenspraxis – die Adäquanz des oben umrissenen Konvergenzbereichs.[1249] Ferner deuten die in der weiteren Diskussion regelmäßig wiederkehrenden Vorschläge darauf hin, die Vereinheitlichung des internen und externen Rechnungswesens auf ausgewählte, erfolgszielbezogene Rechenwerke zu beschränken, wodurch der richtungsweisende Charakter der Beiträge sowohl von *Coenenberg* als auch von *Küting/Lorson* unterstrichen wird.[1250] Beispielhaft sei hier die Aussage von *Altenburger et al.* zitiert, welche prognostizieren, dass „[d]as interne Rechnungswesen, das für die Steuerung größerer Teileinheiten von Großunternehmen oder Konzernen, etwa von Geschäftsbereichen, benützt wird, [..] sich dem externen Rechnungswesen annähern [wird], weil die Informationen, die an den Kapitalmarkt gegeben werden, auch im Inneren des Unternehmens die Handlungsrichtlinien darstellen müssen, um eine Verwirrung und Frustration der Führungskräfte zu vermeiden. Das bedeutet nicht, daß damit die Kostenrechnung für spezifische Probleme obsolet würde, etwa für die Fragestellung Eigenerstellung oder Fremdbezug."[1251]

1247 Küting/Lorson (1998a), S. 493.

1248 Küpper (1999), S. 5.

1249 Vgl. z.B. Deleker (1997), S. 634; Melching (1997), S. 249 ff.; Currle/Fauth/Wangenheim (1998), S. 254; Hahn (1999), S. 81; Löw (1999), S. 91; Männel (1999b), S. 15; Nebel/Brandl/Arnaout (1998), S. 275.

1250 Vgl. z.B. Ballwieser/Hettich (2004), S. 86; Bassler/Kirchhof (2006), S. 590 ff.; Damberger/Heyne/Renner (2002), S. 26; Hahn/Nicklas (1999), S. 70; Haring/Prantner (2005), S. 148; Kahle (2003), S. 774; Matova/Pelger (2010), S. 497; Simons/Weißenberger (2008), S. 142; Trapp (2010a), S. 306; Weide (2009b), S. 8; Weide/Hoffjan/Nevries/Trapp (2011), S. 63; Wollmert/Oser/Skirk (2010), S. 78.

1251 Altenburger/Busse von Colbe/Küpper/Loitlsberger/Siegwart (2001), S. 68.

Vergleichbare Vorschläge werden auch in der jüngeren Vergangenheit unterbreitet, etwa von *Weißenberger/IGC* („Im Mittelpunkt der integrierten Rechnungslegung steht die Übereinstimmung der Ergebnisrechnung für Planungs-, Steuerungs- und Kontrollaufgaben mit den extern publizierten Ergebnisgrößen.“[1252]) oder *Kunz* („Die partielle Integration des Rechnungswesens äußert sich zunächst darin, dass vor allem die Rechnungswesensysteme auf der obersten Konzernebene harmonisiert werden, während beispielsweise produktbezogene Rechnungsweseninformationen in der Praxis auch weiterhin auf kalkulatorischen Größen der Kostenrechnung basieren können.“[1253]).

Mit den referenzierten Aufsätzen übereinstimmend regen die meisten Diskussionsteilnehmer an, die Konvergenz des Rechnungswesens auf die obersten Ebenen des Unternehmens zu beschränken, so dass der Konzernabschluss mitsamt der Handelsbilanzen II bzw. die entsprechenden erfolgsorientierten Rechenwerke sowie die kalkulatorische Steuerungsrechnung zur Führung und Kontrolle nachgeordneter Unternehmenseinheiten in den Konvergenzbereich einzubeziehen sind.[1254] Diese Abgrenzung des Konvergenzbereichs impliziert, dass sich die Steuerungsrechnung für unternehmerische Geschäftseinheiten nicht mehr aus der kalkulatorischen Datenbasis der Kostenrechnung zusammensetzt, sondern aus jener des externen Rechnungswesens.[1255] Das mit der Konvergenz verfolgte Ziel besteht demnach „in der Verwendung einheitlich definierter Erfolgsgrößen sowie übereinstimmender Ergebnisrechnungen auf Unternehmens-, Segment- oder Geschäftsbereichsebene.“[1256] Dass die Kostenrechnung nicht obsolet wird, formulieren *Küting/Lorson* nochmals besonders deutlich, indem sie konstatieren, dass sich „[d]ie primär avisierte Harmonisierung von internem und externem Rechnungswesen [...] im Grunde ohne Änderungen in der laufenden, entscheidungsorientierten Kostenrechnung vollziehen [lässt]“[1257]. Ebenso wenig wird die Investitionsrechnung als Bestandteil des Konvergenzbereichs betrachtet.[1258]

Diese gleich zu Beginn der Konvergenzdiskussion geprägte Sichtweise findet sich im weiteren Diskussionsverlauf in zahlreichen, sowohl von Wissenschaftlern als auch von Praxisvertretern verfassten Beiträgen. Im Rahmen der Literaturanalysen sind Aussagen zur beschriebenen **partiellen Konvergenz** in insgesamt 77 Beiträgen identifiziert worden (vgl. Tabelle 28).

[1252] Weißenberger/IGC (2006a), S. 353.

[1253] Kunz (2010), S. 306 f.

[1254] Vgl. z.B. Küting/Lorson (1999b), S. 219; Hahn (1999), S. 80; Heyd (2001a), S. 208; Kümpel (2002a), S. 905 f.; Günther/Zurwehme (2008), S. 114 f.; Pelger (2008a), S. 566.

[1255] Vgl. Küting (2000), S. 455; Wussow (2004), S. 66; Küting/Weber (2009), S. 320; vgl. zur Richtung, in der die Anpassung erfolgt, ausführlich Abschnitt 5.3.1.2, S. 254 ff.

[1256] Vanini/Beyer (2009), S. 129; ähnlich auch Weißenberger/IGC (2006a), S. 353; Trapp (2010a), S. 303.

[1257] Küting/Lorson (1999a), S. 54; ähnlich auch Burger/Buchhart (2001b), S. 806; Damberger/Heyne/Renner (2002), S. 28, oder *Haaker*, der moniert: „Das Schlagwort ‚Kostenrechnung = Aufwandsrechnung' führt insofern in die Irre, als der ‚Link' im Grundsatz zwischen den IFRS und der strategischen Steuerung und weniger zwischen den IFRS und der operativen Kostenrechnung bestehen müsste.“ (Haaker (2009a), S. 435).

[1258] Vgl. Siefke (1999), S. 41; Wussow (2004), S. 66; Schaier (2007), S. 126. Allerdings ist diese für die Ansätze eines zahlungsstromorientierten Rechnungswesens relevant (vgl. Abschnitt 5.3.2, S. 300 ff.).

Vor diesem Hintergrund erscheint es nachvollziehbar, wenn inzwischen hinsichtlich des Konvergenzbereichs von einem in der Literatur herrschenden „weitgehenden Konsens“[1259] gesprochen wird.

Während die deutliche Mehrzahl der Autoren nur die erfolgszielbezogenen Rechenwerke unter dem Aspekt einer Konvergenz beleuchtet,[1260] zählen einzelne Autoren auch **zahlungsstromorientierte Rechnungen** zu den Konvergenzobjekten. So wird beispielsweise von *Haring/Prantner*, *Günther/Zurwehme* und *Simons/Weißenberger* vorgeschlagen, auch die Cash Flow-Rechnung in den Konvergenzbereich einzubeziehen.[1261] Neben der direkten Methode steht für derartige Finanz- bzw. Kapitalflussrechnungen die indirekte Ermittlungsmethode zur Verfügung, die sich in der Unternehmenspraxis weitgehend etabliert hat.[1262] Sie setzt an den Daten des Jahresabschlusses an, die um sämtliche nicht zahlungswirksame Vorgänge bereinigt werden.[1263]

Eine auf pagatorischen Größen basierende Erfolgsrechnung bietet hierfür einen geeigneten Ausgangspunkt, da sich Aufwendungen und Erträge aus einer regelbasierten Periodisierung von Aus- und Einzahlungen ergeben.[1264] Im Zuge der retrograden Cash Flow-Ermittlung sind daher die bei der Aufstellung des Jahresabschlusses vorgenommenen Periodisierungen rückgängig zu machen.[1265] Die Kostenrechnung kann dagegen nicht als Ausgangsbasis einer indirekten Ermittlung fungieren. Aus Abschnitt 2.3.1.2 ging bereits hervor, dass sie auf wertmäßigen Kosten und Leistungen beruht und somit kalkulatorische Bestandteile umfasst, denen keine Aufwendungen und Erträge und somit auch keine Zahlungsvorgänge zugrundeliegen.[1266] Kosten und Leistungen verfügen folglich nicht über einen unmittelbaren Zahlungsbezug.[1267] Eine derivative Herleitung der Zahlungsströme wäre daher mit einem ungleich höheren Korrekturaufwand verbunden.

1259 Vgl. Pelger (2008a), S. 566; so auch Kunz (2010), S. 302; ähnlich ferner *Wurl et al.*, die die Auffassung, ein Einheitsrechnungswesen unter vollständigem Verzicht auf das interne Rechnungswesen sei nicht realisierbar, als „herrschende Meinung“ bezeichnen (vgl. Wurl/Kuhnert/Hebeler (2001), S. 1361, und Weide (2009a), S. 99). Anders demgegenüber *Hirsch/Schneider*, welche die Konvergenz des Rechnungswesens als Annäherung des internen und externen Rechnungswesens definieren und in diesem Zusammenhang – entgegen der herrschenden Meinung – eine vollständige Verschmelzung des internen und externen Rechnungswesens nicht ausschließen: „[I]m Extremfall heben sie [die Unternehmen] die Unterscheidung von internem und externem Rechnungswesen sogar auf und bündeln die bisher eigenständigen Rechnungssysteme in einem einheitlichen, nach festen Bewertungsregeln funktionierenden Informationssystem.“ (Hirsch/Schneider (2010), S. 8).

1260 Vgl. Trapp (2010a), S. 305.

1261 Vgl. Hahn (1999), S. 80 f.; Haring/Prantner (2005), S. 148; Günther/Zurwehme (2008), S. 115; Simons/ Weißenberger (2008), S. 142; so auch Hoke (2001), S. 31 f.

1262 Vgl. Deleker (1997), S. 634; Müller (2008), S. 296; AK Internes Rechnungswesen (2010), S. 801.

1263 Vgl. Coenenberg/Fischer/Günther (2009), S. 13; Wysocki (2002), Sp. 546.

1264 Vgl. hierzu bereits Abschnitt 2.3.1.1, S. 27.

1265 Vgl. Coenenberg/Haller/Schultze (2009), S. 789.

1266 Vgl. Abschnitt 2.3.1.2, S. 41.

1267 Vgl. Weißenberger (2005), S. 191; Burger/Buchhart (2001b), S. 806.

Abgrenzung des Konvergenzbereichs: Externe Erfolgsrechnung und interne Steuerungsrechnung als relevante Konvergenzobjekte		
Altenburger et al. (2001)	Henselmann (2001)	Matova/Pelger (2010)
Arnegger/Hofmann (2007)	Heyd (2001a)	Melching (1997)
Ballwieser/Hettich (2004)	Hofmann (2005)	Michel (2006)
Bassler/Kirchhof (2006)	Jahnke et al. (2007)	Müller et al. (2005)
Beißel/Steinke (2004)	Kahle (2003)	Nebel et al. (1998)
Beißel/Szczesny (2009)	Kerkhoff/Thun (2007)	Nobach/Zirkler (2006)
Burger/Buchhart (2001b)	Kirsch (2002)	Oehler/Simon (2003)
Chrubasik/Janz (2007)	Klein (1999b)	Ohlms et al. (2002)
Coenenberg (1995)	Kley (2002)	Pelger (2008a)
Currle et al. (1998)	Kley (2006)	Rapp/Lukas (2008)
Dais/Watterott (2006)	Kümpel (2002a)	Reiners (2001)
Damberger et al. (2002)	Kunz (2010)	Ruhwedel/Schultze (2004)
Deleker (1997)	Küting (2000)	Simons/Weißenberger (2008)
Diedrich/Dierkes (2003)	Küting/Lorson (1998a)	Troßmann (2010)
Dressler/Müller (2001)	Küting/Lorson (1998b)	Vanini/Beyer (2009)
Erdmann et al. (2005)	Küting/Lorson (1998d)	Velthuis et al. (2006a)
Erdmann et al. (2006a)	Küting/Lorson (1999a)	Velthuis et al. (2006b)
Gleich et al. (2002)	Küting/Lorson (1999b)	Wala et al. (2007a)
Grünert/Laws (2005)	Lochner et al. (2007)	Weide (2009b)
Günther/Zurwehme (2008)	Lorson (1996)	Weißenberger (2004)
Haaker (2009a)	Löw (1999)	Weißenberger (2006a)
Hahn (1999)	Männel (1997a)	Weißenberger/IGC (2006a)
Hahn/Nicklas (1999)	Männel (1997b)	Weißenberger/IGC (2006b)
Haring/Prantner (2005)	Männel (1999a)	Wollmert et al. (2010)
Hasselmeyer et al. (2005)	Männel (1999b)	Wurl et al. (2001)
Hebeler (2006)		Ziegler (1994)

Tabelle 28: Beiträge mit Aussagen zur partiellen Konvergenz[1268]

1268 Keine Berücksichtigung bei der Auswertung haben Beiträge gefunden, in denen lediglich an anderer Stelle veröffentlichte Praxisbeispiele wiedergegeben werden (vgl. z.B. Schweitzer/Ziolkowski (1999), S. 4 ff.; Seelinger/Kaatz (1998), S. 129 ff.). Auf einen Einbezug wurde verzichtet, weil es sich hierbei nicht um originäre Vorschläge der jeweiligen Autoren handelt und dementsprechend insbesondere die autorengruppen- und zeitraumbezogenen Auswertungen verfälscht würden.

Eine Aussage zum Konvergenzbereich wurde auch Partialbetrachtungen entnommen, in denen die Steuerungsrechnung fokussiert wird, sofern aus diesen nicht deutlich hervorgeht, dass die Steuerungsrechnung nur exemplarisch als Konvergenzobjekt herangezogen wird (vgl. z.B. Arnegger/Hofmann (2007); Hofmann (2005)). Fehlt ein solcher Verweis, wurde daraus geschlossen, dass mit der externen GuV und der Steuerungsrechnung der zentrale Konvergenzbereich betrachtet wird.

Im Falle eines Festhaltens an der indirekten Ermittlungsmethode kann die vereinheitlichte, pagatorische Periodenerfolgsrechnung also sowohl für die Kapitalflussrechnung als obligatorischen Bestandteil des Konzernabschlusses nach IFRS als auch für die interne, auf das gesamte Unternehmen bezogene Cash Flow-Rechnung die Berechnungsgrundlage bilden.[1269] Eine weitgehende Annäherung der beiden Rechenwerke kann erreicht werden, indem das von IAS 7.10 vorgeschriebene Spaltungskonzept auch für die interne Cash Flow-Rechnung adaptiert wird.[1270] Verglichen mit den häufigen Erwähnungen der an dem Erfolgsziel des Unternehmens ausgerichteten Ergebnisrechnungen, sind die zahlungsstromorientierten Rechenwerke als mögliche Bestandteile des Konvergenzbereichs in der analysierten Debatte allerdings nur von sekundärer Bedeutung. Zur seltenen Thematisierung in den konzeptionell-normativen Beiträgen kommt die fast ausschließliche Ausblendung dieser Rechenwerke in den Praxisbeispielen hinzu.[1271]

5.3.1.1.1.3 Begründung des abgegrenzten Konvergenzbereichs

In einigen Aufsätzen wird die Abgrenzung des im letzten Abschnitt beschriebenen Konvergenzbereichs nicht näher begründet, sondern lediglich erwähnt, um die Rahmenbedingungen aufzuzeigen, innerhalb derer spezifische Aspekte näher erörtert werden. Zu diesen Aspekten gehören beispielsweise der in einem konvergenten Rechnungswesen gewählte Konsolidierungsprozess,[1272] die durchgeführten Korrekturmaßnahmen[1273] oder die EDV-technische Umsetzung eines konvergenten Rechnungswesens.[1274] In zahlreichen Beiträgen, in denen die **Begründung des abgegrenzten Konvergenzbereichs** einen inhaltlichen Schwerpunkt bildet, basiert hingegen die Argumentation auf den unterschiedlichen Rechnungszwecken der einzelnen Rechenwerke. Ein Bezug zu den Rechnungszwecken enthält das bereits oben wiederge-

Bei einigen Beiträgen war ein Rückschluss auf den Konvergenzbereich hingegen nicht möglich. So befasst sich beispielsweise *Wagenhofer* in seiner Partialanalyse mit einer Fragestellung, die für Steuerungsrechnungen relevant ist, erwähnt im Rahmen der Abhandlung jedoch eine „Wiederannäherung der Kostenrechnung an die bilanzielle Erfolgsrechnung" (Wagenhofer (1996), S. 1052). Aufgrund dieser Aussage kann nicht ausgeschlossen werden, dass über die im Rahmen des Beitrags betrachtete Steuerungsrechnung hinausgehend weitere Bereiche der Kostenrechnung von den Konvergenzbemühungen betroffen sind. In einer weiteren Veröffentlichung spricht *Wagenhofer* von einer „exemplarischen Analyse von Segmentüberleitungen" (Wagenhofer (2008a), S. 165), womit der Konvergenzbereich zumindest nicht dahingehend eingeschränkt wird, dass die Segmentberichterstattung das einzige Konvergenzobjekt darstellt.

Ein weiteres Beispiel bildet schließlich der Beitrag von *Müller/Peskes*, die sich auf die Segmentberichterstattung beziehen und somit auf Rechnungen, anhand derer die Steuerung der untergeordneten Einheiten erfolgen kann. Sie konstatieren jedoch, dass „[d]ie Ausgestaltung des internen Steuerungssystems mit der Kosten- und Leistungsrechnung [..] vor einem enormen Rechtfertigungsdruck [steht]." (Müller/Peskes (2006), S. 822). Vor dem Hintergrund dieser Aussage kann somit nicht ausgeschlossen werden, dass nach Ansicht der Autoren weitere Rechenwerke von der Konvergenz betroffen sind, weshalb auch dieser Beitrag nicht in die Auswertungen zum Konvergenzbereich eingegangen ist.

[1269] Vgl. Küting/Lorson (1998a), S. 491; Weide (2009a), S. 117 f.

[1270] Vgl. Müller (2008), S. 297; Deleker (1997), S. 635.

[1271] Ausnahmen bilden hingegen die Aufsätze von Melching (1997) und Meyer/Wünsch/Erdmann (2006).

[1272] Vgl. z.B. Erdmann/Meyer/Iserte (2006a).

[1273] Vgl. z.B. Beißel/Steinke (2004); vgl. hierzu ausführlich Abschnitt 5.3.1.3.1, S. 268 ff.

[1274] Vgl. z.B. Grünert/Laws (2005).

gebene Zitat von *Küpper*, der mit der Konvergenz des Rechnungswesens die Förderung einer zweckgerichteten Verwendung der Rechnungssysteme assoziiert.[1275]

Weiterhin lässt sich die Bedeutung der Rechnungszwecke für die Abgrenzung des Konvergenzbereichs anhand des Standpunkts von *Kirsch et al.* exemplifizieren, wonach übereinstimmende „Ziele" des internen und externen Rechnungswesens eine zentrale Bedingung für eine Konvergenz des Rechnungswesens darstellen.[1276] Am Gestaltungsgrundsatz „Der Rechnungszweck bestimmt über das Rechnungsziel den Rechnungsinhalt" wird somit auch in der Konvergenzdiskussion festgehalten. Identische oder zumindest sehr ähnliche Rechnungszwecke werden als notwendige Voraussetzung betrachtet, um eine Konvergenz des Rechnungswesens vornehmen zu können: „[A]ufgrund der Zweckabhängigkeit von Rechnungen verlangen konvergierende Rechnungen denselben oder zumindest einen sehr ähnlichen Rechnungszweck."[1277]

Die hohe Relevanz der Rechnungszwecke für die Auswahl der relevanten Konvergenzobjekte wird ferner von *Klein* herausgestellt, indem er befürchtet, dass „[e]ine pauschale Vernachlässigung der unterschiedlichen Zwecksetzungen der einzelnen Rechnungen [..] betriebswirtschaftlich zum Scheitern verurteilt [wäre]"[1278]. Auch *Günther/Zurwehme* merken an, dass eine undifferenzierte Anpassung des internen an das externe Rechnungswesen „eindeutig suboptimal für die Funktionserfüllung des Rechnungswesens ist und ein Rückschritt gegenüber dem erreichten Stand der Betriebswirtschaftslehre wäre."[1279] Dem pflichten *Haring/Prantner* bei, nach denen „[e]ine vollständige Verschmelzung der Rechnungssysteme [..] nur durch die Aufgabe eines Rechnungszweckes oder durch Verminderung der für die einzelnen Rechnungszwecke erwünschten Datenqualität erkauft werden [kann]."[1280] Demzufolge bezieht sich der Konvergenzbegriff lediglich auf „die Wiederherstellung einer gewissen Einheit der Unternehmensrechnung"[1281]. Weitere Verweise auf die Relevanz der Rechnungszwecke im Kontext von Konvergenzbemühungen finden sich beispielsweise bei *Altenburger et al.*, *Kümpel* und *Mühlberger/Langecker*.[1282]

Die rechnungszweckbasierte Begründung des Konvergenzbereichs wird im Weiteren anhand der Ausführungen von *Klein* und *Günther/Zurwehme* erläutert. Sie folgen weitgehend der Argumentation von *Coenenberg*, integrieren in ihre Betrachtung jedoch nicht die handelsrechtliche Konzernrechnungslegung, sondern jene nach internationalen Rechnungslegungs-

[1275] Vgl. nochmals Küpper (1999), S. 5.
[1276] Vgl. Kirsch/Koelen/Köhling (2010), S. 201.
[1277] Ballwieser/Hettich (2004), S. 85.
[1278] Klein (1999b), S. 68 f.
[1279] Günther/Zurwehme (2008), S. 115.
[1280] Haring/Prantner (2005), S. 147.
[1281] Haring/Prantner (2005), S. 148.
[1282] Vgl. Altenburger/Busse von Colbe/Küpper/Loitlsberger/Siegwart (2001), S. 72; Kümpel (2002a), S. 906; Mühlberger/Langecker (2010), S. 28.

standards. Die von ihnen vorgenommene Differenzierung von Rechnungszwecken entspricht im Wesentlichen den Ausführungen des Abschnitts 2.3.[1283] Demnach setzt sich das externe Rechnungswesen aus Rechenwerken mit einer kombinierten Zahlungsbemessungs- sowie Informationsfunktion (handelsrechtlicher Einzelabschluss, Steuerbilanz) und solchen mit einer ausschließlichen Informationsfunktion zusammen (Handelsbilanzen II, Konzernabschluss). Das interne Rechnungswesen besteht hingegen aus Planungs- und Kontrollrechnungen.[1284]

In Übereinstimmung mit *Coenenberg* werden Rechenwerke mit einer Zahlungsbemessungsfunktion aus dem Konvergenzbereich ausgegrenzt, da sie Periodisierungskonventionen unterliegen, die für Steuerungszwecke unbrauchbar erscheinen.[1285] Auch der Begründung *Coenenbergs* für die Ausgrenzung der Planungsrechnungen, also Rechenwerken, die zur Fundierung operativer Entscheidungen Verwendung finden, wird gefolgt.[1286] Demgegenüber wird – wiederum analog zu *Coenenberg* – eine Zweckidentität zwischen der Informationsfunktion des Konzernabschlusses und der Kontrollfunktion der internen Erfolgsrechnungen gesehen, die eine Annäherung sinnvoll erscheinen lässt:[1287] „Beide Funktionen suchen nach verläßlichen und aussagefähigen Beurteilungsmaßstäben für die wirtschaftliche Situation der betrachteten Einheit."[1288]

1283 Vgl. Abschnitt 2.3, S. 27 ff.

1284 Vgl. Klein (1999b), S. 69; Günther/Zurwehme (2008), S. 114 f.

1285 Vgl. Klein (1999b), S. 69; Coenenberg (1995), S. 2079. Nach *Wussow* bilden die Dominanz des Vorsichts- und Imparitätsprinzips, Bilanzierungswahlrechte, die Verknüpfung von Handels- und Steuerbilanzen und die Möglichkeit, stille Reserven zu bilden, die Gründe, die gegen einen Einbezug der Rechenwerke mit einer Zahlungsbemessungsfunktion in den Konvergenzbereich anzuführen sind (vgl. Wussow (2004), S. 52).

1286 Vgl. Klein (1999b), S. 69; Günther/Zurwehme (2008), S. 114; Coenenberg (1995), S. 2079 f.

1287 Vgl. Günther/Zurwehme (2008), S. 115; Küting/Lorson (1998d), S. 2307; Franz/Winkler (2006), S. 417; Glaum/Vogel (2004), S. 51; vgl. ferner Klein (1999a), S. 22; Hoke (2001), S. 20; Weißenberger (2003), S. 175; Wussow (2004), S. 66; Schaier (2007), S. 125; Stute (2007), S. 34; Weide (2009a), S. 99.

1288 Klein (1999b), S. 69; ähnlich auch Haller (1997), S. 272. *Melcher* bemängelt diese Abgrenzung des Konvergenzbereichs aufgrund der Separation der Planungs- und Kontrollfunktion. Planungsrechnungen im Sinne von entscheidungsorientierten Kalkülen, die sich auf unterschiedliche Objekte beziehen können, würden nicht in den Konvergenzbereich einbezogen, während Kontrollrechnungen zur Steuerung von Geschäftseinheiten einen Gegenstand der Konvergenzbemühungen darstellten.

Die Kritik *Melchers* bezieht sich darauf, dass eine Kontrolle ohne vorausgehende Planung nicht sinnvoll erscheint. Daher nimmt *Melcher* eine weitergehende Differenzierung von Rechnungszwecken vor, indem er Planungs-, Kontroll- und Verhaltenssteuerungsfunktionen sowie eine Entscheidungsvorbereitungsfunktion abgrenzt. In den Konvergenzbereich bezieht er neben Rechenwerken mit einer Kontroll- oder Verhaltenssteuerungsfunktion auch solche mit einer Planungsfunktion ein. Lediglich fallbezogene, entscheidungsorientierte Rechnungen bestehen demzufolge unverändert fort (vgl. Melcher (2002), S. 71).

Wenngleich dem Einwand inhaltlich zuzustimmen ist und der vorgeschlagene Konvergenzbereich plausibel erscheint, stellt sich die Frage, ob das angesprochene Problem nicht rein begrifflicher Natur ist. Erfolgt die retrospektive Messung des Erfolgs, der von einer Geschäftseinheit erwirtschaftet worden ist, anhand einer konvergenten Erfolgsrechnung, ist grundsätzlich davon auszugehen, dass auch die Zielvorgaben, die dem Geschäftsbereich von der übergeordneten Instanz gesetzt werden, aus einer konvergenten Planungsrechnung hervorgehen. Andernfalls entfällt die Möglichkeit, aussagekräftige Plan-Ist-Vergleiche durchzuführen, welche die Voraussetzung für die Initialisierung von Anpassungsmaßnahmen bilden (vgl. Abschnitt 2.2.2.1, S. 22). Dass eine Konvergenz des Rechnungswesens nicht auf Ist-Rechnungen beschränkt bleibt, deuten auch *Küting/Lorson* an, die darauf hinweisen, dass Planabschlüsse in der Unternehmenspraxis ohnehin vielfach

Als zu dieser Sichtweise konsistent erweisen sich die Feststellungen von *Wagenhofer* und *Ruhwedel/Schultze*, dass Parallelen zwischen den Informationsbedarfen der Unternehmensleitung und externer Investoren zu erkennen sind. Beide Informationsadressaten treffen Entscheidungen über die Allokation von finanziellen Ressourcen.[1289] Der Unterschied besteht lediglich darin, dass die Bezugsobjekte der Entscheidungen der Unternehmensleitung den Geschäftsbereichen des Unternehmens entsprechen, während Investoren eine Entscheidung zwischen verschiedenen Unternehmen als relevante Investitionsobjekte treffen müssen. D.h. der Unternehmensleitung obliegt die Festlegung, in welche Geschäftsbereiche zu investieren ist, während am Kapitalmarkt Mittel zur Verfügung stellende Investoren entscheiden, ob sie Ressourcen in das Gesamtunternehmen einbringen.[1290]

Trotz der weitreichenden Übereinstimmung hinsichtlich des Umfangs und der Begründung des Konvergenzbereichs zeichnen sich in den Argumentationen und Vorschlägen verschiedener Autoren Unterschiede ab. Diese betreffen im Wesentlichen vier Punkte:

1) Die Rechnungszwecke der für den Konvergenzbereich relevanten Rechenwerke werden von den Autoren mit einer unterschiedlichen Detailtiefe betrachtet. Dementsprechend variieren die Einschätzungen, ob zwischen den Konvergenzobjekten eine Zweckidentität besteht oder nicht.

2) Eine Vielzahl von Autoren hält eine Konvergenz des Rechnungswesens nur auf den oberen Hierarchieebenen eines Unternehmens, also auf der Konzernebene sowie ggf. auf der darunter angesiedelten Ebene der Geschäftsbereiche für umsetzbar. Demgegenüber deuten die Ausführungen anderer Diskussionsteilnehmer darauf hin, dass auch die kurzfristige Erfolgsrechnung auf operativen Ebenen in den Konvergenzbereich einbezogen werden kann.

3) Die Ausrichtung der Unternehmenspolitik und des Rechnungswesens als zentrales Informationsinstrument am Shareholder Value werden von den zur Diskussion gestellten Vorschlägen unterschiedlich berücksichtigt. Während in einigen Beiträgen kein Bezug auf eine stärkere Orientierung des Rechnungswesens am (intrinsischen) Wert des Unternehmens genommen wird, geht aus anderen deutlich hervor, dass die Konvergenz des Rechnungswesens in einem engen Zusammenhang mit einer Forcierung des Shareholder Value-Gedankens steht.

---

unter Anwendung der relevanten Rechnungslegungsvorschriften aufgestellt werden (vgl. Küting/Lorson (1998a), S. 492).

[1289] Ähnlich auch *Kirsch et al.*, denen zufolge sowohl das interne als auch das externe Rechnungswesen auf die Vermittlung wertorientierter Informationen ausgerichtet sind: „Das Management benötigt die Informationen im Rahmen des internen Rechnungswesens, um unternehmenswertorientiert steuern zu können. Die Investoren erwarten ebenfalls unternehmenswertorientierte Informationen, um den Wert ihrer Investition beurteilen und Investitionsentscheidungen treffen zu können." (Kirsch/Koelen/Köhling (2010), S. 201).

[1290] Vgl. Wagenhofer (2008a), S. 165; ähnlich auch Ruhwedel/Schultze (2004), S. 494, Jahnke/Wielenberg/Schumacher (2007), S. 366; Klein (1999b), S. 68.

4) Des Weiteren divergieren die Einschätzungen, ob nur Rechenwerke des externen Rechnungswesens, die in Übereinstimmung mit internationalen Rechnungslegungsstandards erstellt werden, geeignete Konvergenzobjekte darstellen oder auch bei Anwendung der handelsrechtlichen Vorschriften eine Konvergenz gangbar erscheint.[1291] In 56 der oben genannten 77 Beiträge wird der Konvergenzbereich vor dem Hintergrund der IFRS bzw. US-GAAP abgegrenzt.[1292] Demgegenüber umfasst in neun Beiträgen der skizzierte Konvergenzbereich den handelsrechtlichen Konzernabschluss.[1293] In weiteren zwölf Beiträgen wird nicht auf ein spezifisches Rechnungslegungssystem Bezug genommen.[1294]

Die wesentlichen Diskussionspunkte, die mit den drei erstgenannten, unterschiedlichen Sichtweisen verbunden sind, werden im Weiteren erörtert. Die Frage nach der Steuerungseignung unterschiedlicher Rechnungslegungssysteme wird demgegenüber in Abschnitt 5.4 ausführlich diskutiert.[1295]

5.3.1.1.1.4 Diskussion der Rechnungszwecke der Konvergenzobjekte

Der weitverbreiteten Vorstellung von der Zweckidentität zwischen der kalkulatorischen Steuerungsrechnung und der Konzernrechnungslegung, insbesondere bei Anwendung der internationalen Rechnungslegungsstandards, stehen vereinzelte Autoren kritisch gegenüber. *Ballwieser/Hettich* weisen z.B. darauf hin, dass „[ä]hnliche oder gar identische Zwecke [...] keineswegs vor[liegen], wenn man bspw. die Rechenschaftsfunktion des externen Rechnungswesens mit der Verhaltenssteuerungsfunktion des internen Rechnungswesens vergleicht."[1296] Sie akzentuieren daraufhin die Verhaltenssteuerungsfunktion der steuerungsorientierten Erfolgsrechnung und verdeutlichen – in Übereinstimmung mit *Pfaff* – anhand eines Beispiels, dass der Ansatz von kalkulatorischen Kosten zweckentsprechend ist. So sind im Rahmen der Verhaltenssteuerung die Eigenkapitalkosten zu berücksichtigen, deren Erfassung im Hinblick auf die Erfüllung der Informationsfunktion jedoch als zweckwidrig erachtet wird.[1297]

Ferner sprechen auch *Weißenberger* und *Pelger* den Zielkonflikt zwischen der Entscheidungsnützlichkeit und der Verhaltenssteuerungsfunktion an: „Da eine Performancegröße zum

---

[1291] Nach *Küting/Lorson* sind grundsätzlich zwei Harmonisierungsstrategien denkbar: Die erste konkretisiert sich in der Beibehaltung der handelsrechtlichen Rechnungslegung, so dass sich die interne Erfolgsgröße aus der extern ausgewiesenen herleitet, allerdings unter Ausschluss bedeutsamer Verzerrungen. Der zweite Ansatz sieht hingegen eine Umstellung der Rechnungslegung auf internationale Standards vor. Wenngleich die Letztgenannten *Küting/Lorson* zufolge über eine höhere Steuerungsqualität verfügen, wird deutlich, dass die Autoren eine Konvergenz des Rechnungswesens vor dem Hintergrund der handelsrechtlichen Rechnungslegung grundsätzlich für möglich halten (vgl. Küting/Lorson (1998b), S. 471 f.).

[1292] Vgl. z.B. Klein (1999b); Wala/Knoll/Messner (2007a); Vanini/Beyer (2009).

[1293] Vgl. z.B. Männel (1997a); Melching (1997); Grünert/Laws (2005).

[1294] Vgl. z.B. Reiners (2001); Bassler/Kirchhof (2006); Haring/Prantner (2005).

[1295] Vgl. Abschnitt 5.4, S. 319 ff.

[1296] Ballwieser/Hettich (2004), S. 86.

[1297] Vgl. Ballwieser/Hettich (2004), S. 86.

einen den Marktwert indizieren soll (value relevance), zum anderen aber auch die Leistung der vergangenen Periode misst und damit die Entlohnungsansprüche des Managements determiniert, kommt es zu einem trade off. [...] Bei einer extern und intern einheitlichen Ergebnisgröße ist deren Verwendung folglich nur für einen der beiden Zwecke optimal."[1298] Diese Problematik wird dadurch verschärft, dass die IFRS-Rechnungslegung die Entscheidungsfunktion des Abschlusses priorisiert und dieser die Rechenschaftsfunktion unterordnet.[1299]

Sowohl die deutschsprachige als auch die internationale Literatur enthalten Argumente, denen zufolge die Rechnungszwecke Entscheidungsunterstützung und Rechenschaftslegung unterschiedliche Ausgestaltungen der Rechenwerke bedingen.[1300] So wird etwa die Auffassung vertreten, dass für den Rechnungszweck der Entscheidungsunterstützung Zeitwerte von Bedeutung sind, im Hinblick auf die Rechenschaft jedoch historische Kosten als einer Marktbewertung überlegen erachtet werden.[1301]

Infolge der Konvergenz des Rechnungswesens entsteht somit das bereits in Abschnitt 5.2.3.1 angesprochene Problem, dass für Rechenwerke, denen primär eine Verhaltenssteuerungsfunktion zukommt, Ansatz- und Bewertungsregeln gelten, welche die Bereitstellung entscheidungsnützlicher Daten intendieren. Dementsprechend können sie den Anforderungen im Hinblick auf die Verhaltenssteuerungsfunktion interner Steuerungsrechnungen zuwiderlaufen.[1302] In diesem Zusammenhang lässt sich etwa die von *Schildbach* monierte Verletzung des Kongruenzprinzips durch Regelungen der IFRS anführen.[1303] Bilden IFRS-Größen die Bemessungsgrundlage für erfolgsabhängige Vergütungen der Entscheidungsträger, ist die Einhaltung des Kongruenzprinzips eine Voraussetzung, damit die Einkommensinteressen der zu steuernden Handlungsträger nicht mit der von den Unternehmenseignern intendierten Kapitalwertmaximierung kollidieren.[1304] Da die Identität des Totalerfolgs und des gesamten Zahlungsüberschusses nicht durch die IFRS gewährleistet wird, spricht *Schildbach* ihnen eine

---

[1298] Vgl. Pelger (2008a), S. 567; ähnlich auch Weißenberger (2006a), S. 412.

[1299] Vgl. Abschnitt 2.3.2.1.1, S. 53.

[1300] Vgl. als Repräsentanten der deutschsprachigen Literatur Naumann (2006), S. 45; Wagenhofer/Ewert (2007), S. 132 ff.; Coenenberg/Straub (2008), S. 25, sowie für die internationale Literatur z.B. Gjesdal (1981), S. 211; Holthausen/Watts (2001), S. 47 f.; Demski/Fellingham/Ijiri/Sunder (2002), S. 159. Gleichwohl ist zu konstatieren, dass sich empirisch die Frage, ob sich die beiden Funktionen konfliktär zueinander verhalten, bislang nicht eindeutig beantworten lässt (vgl. z.B. Bushman/Engel/Smith (2006), S. 79; Gassen (2008), S. 39; Banker/Huang/Natarajan (2009), S. 670).

[1301] Vgl. Gjesdal (1981), S. 209; Lennard (2007), S. 66; Beißel/Szczesny (2009), S. 24.

[1302] Zur Fundierung von Investorenentscheidungen muss ein Performancemaß beispielsweise die Auswirkungen exogener Risiken berücksichtigen, wenn diese für die künftig zu erzielenden Cash Flows relevant sind. Für die Verhaltenssteuerung sind die exogenen Risiken hingegen von untergeordneter Bedeutung (vgl. Weißenberger (2006b), S. 71, sowie bereits Abschnitt 5.2.3.1, S. 184).

[1303] Vgl. hierzu auch Weißenberger (2003), S. 107; Gaber (2005), S. 286 ff.

[1304] Vgl. AK Internes Rechnungswesen (2010), S. 801. Mit Blick auf die Verletzungen des Kongruenzprinzips durch die IFRS folgern *Wala et al.*, „dass die Übernahme der IFRS in eine für wertorientierte Steuerungszwecke verwendete Erfolgsrechnung nicht überzeugend begründet werden kann." (Wala/Knoll/Messner (2007a), S. 1838).

Eignung als Grundlage eines konvergenten Rechnungswesens ab.[1305] Darüber hinaus halten *Wala et al.* insbesondere die eingeschränkten, IFRS-inhärenten Möglichkeiten zur Aktivierung von Ausgaben mit Investitionscharakter sowie eine Produktkalkulation zu Vollkosten im Hinblick auf die Verhaltenssteuerung für ungeeignet.[1306]

Diese Problematik greift auch *Weißenberger* auf, indem sie das Potenzial der internen Erfolgsrechnung zur Lösung von Steuerungsproblemen innerhalb eines Konzerns analysiert. Die Aufgabe dieses Rechenwerks entspricht der in Abschnitt 2.3.2.2.1 definierten Funktion:[1307] So soll mithilfe dieser Rechnung der Erfolg der Konzerndivisionen gemessen und dabei sichergestellt werden, „dass die dort verankerten Aufgaben tatsächlich im Sinne der Konzernzentrale gelöst werden, ohne dass diese die Aktivitäten innerhalb der Divisionen im Einzelnen überprüfen muss“[1308]. *Weißenberger* beurteilt anhand von drei Anforderungen an eine solche Erfolgsrechnung – Verhaltenssteuerungsprinzip, Prinzip der relativen Erfolgsmessung und Prinzip der Manipulationsfreiheit – die Vorteilhaftigkeit einer auf IFRS-Daten basierenden Rechnung gegenüber der „traditionellen“ kalkulatorischen Steuerungsrechnung. Die Analyse führt zu der Erkenntnis, dass unter Zugrundelegung dieser Kriterien weiterhin ein Bedarf für eine kalkulatorische Steuerungsrechnung besteht.[1309] Obwohl die Beachtung der IFRS-Regelungen somit grundsätzlich die Verhaltenssteuerungsfunktion einer steuerungsorientierten Erfolgsrechnung schwäche, gebe es dennoch drei Szenarien, die eine Annäherung der in den Konvergenzbereich einzubeziehenden Rechenwerke plausibel erscheinen ließen:[1310]

- **Komplexität des Steuerungsproblems der Konzernzentrale:** Grundsätzlich müsse die Konzernzentrale die Entscheidungsprobleme in den dezentralen Einheiten sowie die Ressourcenpräferenzen der dort tätigen Entscheidungsträger kennen, um die Gestaltungsparameter der „klassischen“ kalkulatorischen Erfolgsrechnung an die Entscheidungssituation bestmöglich anpassen zu können. In komplexen Delegationsbeziehungen könne es unter Kosten-Nutzen-Abwägungen jedoch vorteilhaft sein, auf eine Individualisierung zu verzichten und stattdessen die Daten einer dynamischen, entscheidungsorientierten Rechnungslegung heranzuziehen, die aufgrund gesetzlicher Verpflichtungen ohnehin zu ermitteln sind.
- **Dysfunktionalitäten in der Informationsbeziehung zwischen Konzernzentrale und Rechnungswesen:** Eine Delegationsbeziehung bestehe auch zwischen den Funktionsträgern des Rechnungswesens als Informationsanbieter und der Konzernzentrale als Informationsempfänger. Sofern die Konzernzentrale die Qualität der (kalkulatorischen) Rechnungssysteme nicht überprüfen könne, bestehe die Gefahr sich verfestigender Interessen-

[1305] Vgl. Schildbach (2007), S. 95.
[1306] Vgl. Wala/Knoll/Messner (2007a), S. 1837.
[1307] Vgl. Abschnitt 2.3.2.2.1, S. 63 f.
[1308] Weißenberger (2004), S. 73.
[1309] Vgl. Weißenberger (2004), S. 75.
[1310] Vgl. im Folgenden hierzu Weißenberger (2004), S. 75 f.; Weißenberger (2003), S. 208 ff.

konflikte zwischen beiden Parteien. Eine Konsequenz dieses „Delegationsversagens" könne im Verzicht der Konzernzentrale auf die Nutzung der entsprechenden Informationen bzw. im Abbau der entsprechenden betrieblichen Funktionen resultieren.

- **Nutzung eines nicht informationseffizienten Kapitalmarkts als Governance-Mechanismus:** Wie bereits mehrfach erwähnt, richten sich deutsche Unternehmen zunehmend an ihrer Bewertung am Kapitalmarkt aus.[1311] Kapitalmärkte seien in der Regel nicht streng informationseffizient, d.h. die Preisbildung beruhe nicht auf sämtlichen realwirtschaftlichen Informationen über ein Unternehmen, sondern primär auf den Rechnungslegungsdaten des Unternehmens. Sofern die erfolgsabhängige Vergütung des Managements an den Marktwert des Unternehmens gekoppelt sei, bestehe für die Unternehmensleitung kein Anreiz, eine realwirtschaftliche Wertsteigerung zu forcieren. Vielmehr reiche es aus, wenn sich eine Wertsteigerung in den Rechnungslegungsdaten abzeichnet, die eine Steigerung des Marktwerts des Unternehmens induzierten. Da unter diesen Voraussetzungen eine Steigerung des intrinsischen Werts eines Unternehmens irrelevant sei, erscheine die Messung der Divisionen an den bewertungsrelevanten Daten des externen Rechnungswesens plausibel.[1312]

Damit zeigt *Weißenberger*, dass auch in Anbetracht der fehlenden Zweckidentität zwischen der entscheidungsorientierten IFRS-Rechnungslegung und der Verhaltenssteuerungsfunktion der internen Steuerungsrechnung Anhaltspunkte bestehen, die eine Konvergenz dieser Rechenwerke sinnvoll erscheinen lassen. Ferner können die in Abschnitt 5.3.1.3.1 aufgearbeiteten Modifikationen, die vorgenommen werden, um den extern ausgewiesenen Periodenerfolg auch für Zwecke der Verhaltenssteuerung einsetzen zu können, als Maßnahmen aufgefasst werden, mit denen der Zielkonflikt zu lösen versucht wird.[1313] Auf diese Weise werden Ergebniskomponenten, welche mit der Verhaltenssteuerungsfunktion unvereinbar erscheinen, korrigiert bzw. eliminiert. Insgesamt bleibt allerdings zu konstatieren, dass die Mehrzahl der Autoren die unterschiedlichen Nuancen in den Rechnungszwecken unberücksichtigt lässt und stattdessen eine Identität oder eine zumindest weitgehende Entsprechung der Steuerungs- bzw. Kontrollfunktion des internen und der Informationsfunktion des externen Rechnungswesens feststellt.[1314]

5.3.1.1.1.5 Hierarchische Abgrenzung des Konvergenzbereichs

Die inhaltliche Konkretisierung des Konvergenzbereichs durch Auswahl der relevanten Rechenwerke, die grundsätzlich für eine Konvergenz des Rechnungswesens in Frage kommen,

---

[1311] Vgl. Abschnitt 5.2.1.1.2, S. 154 ff.

[1312] Diese Schlussfolgerung lässt auch die Analyse von *Pfaff/Bärtl* zu, welche in Abschnitt 5.2.4.1.1 ausführlich dargestellt worden ist (vgl. Pfaff/Bärtl (1998), S. 758 ff.).

[1313] Vgl. Abschnitt 5.3.1.3.1, S. 268 ff.

[1314] Vgl. Wiederhold (2008), S. 20; vgl. z.B. auch Coenenberg (1995), S. 2080 f.; Klein (1999b), S. 69; Günther/Zurwehme (2008), S. 115.

wird in einigen Veröffentlichungen durch eine hierarchiebezogene Abgrenzung ergänzt.[1315] Indem die Konvergenzbestrebungen auf die Gesamtunternehmens- und Geschäftsbereichsebene beschränkt bleiben, bestehen die Unterschiede zwischen den internen und externen Erfolgsgrößen auf den unteren Hierarchieebenen des Unternehmens fort.[1316]

Diese Abgrenzung ist in einer erheblichen Anzahl von Beiträgen identifiziert worden, darunter sowohl Aufsätze mit einem normativ-konzeptionellen Charakter[1317] als auch Unternehmensbeispiele.[1318] Die primäre Begründung für diesen Konvergenzbereich ist darin zu sehen, dass auf niedrigeren Hierarchieebenen, auf denen operative, produkt- und prozessbezogene Maßnahmen initiiert werden, ein hoher Bedarf an entscheidungsbezogenen Rechnungen besteht, wie sich anhand des folgenden Zitats von *Heyd* veranschaulichen lässt: „Die Harmonisierung von internem und externem Rechnungswesen macht die operative Kostenrechnung [..] nicht überflüssig, da Entscheidungen über preis- und sortimentpolitische Fragen, make-or-buy-Überlegungen, Engpass- oder Losgrössenoptimierung sehr spezifische Modellstrukturen erfordern, die nicht nach aussen kommuniziert werden müssen und in diesen Entscheidungskalkülen auch auf Opportunitätskosten nicht verzichtet werden kann. Das bedeutet, je stärker sich die Steuerung im operativen Bereich befindet, umso geringer ist die Harmonisierung mit dem externen Rechnungswesen."[1319]

Grundsätzlich erscheint – zumindest für retrospektive Rechnungen – die Möglichkeit gangbar, die Kostenrechnung auf eine sachzielbezogene, pagatorische Datenbasis zu stellen.[1320] Im Falle einer niedrigen Inflation und bei Anwendung von Rechnungslegungsvorschriften, welche die Bildung stiller Reserven weitgehend vermeiden, halten *Altenburger et al.* die wertmäßige Differenzierung von Kosten und Aufwendungen für obsolet und eine Aufwandsrechnung für eine grundsätzlich tragfähige Lösung.[1321] Wie bereits von *Coenenberg* und *Pfaff* deutlich formuliert worden ist, bedingen jedoch Rechnungen mit einer ausschließlichen Entscheidungsfunktion den Ansatz kalkulatorischer Kosten und die Möglichkeit, entscheidungsrele-

---

1315 Vgl. hierzu beispielsweise *Beißel/Szczesny*: „Konvergenz besteht in dem Sinne, dass intern und extern ein auf Basis der Ansatz- und Bewertungsregeln der IFRS ermitteltes ‚operatives Ergebnis' für die Geschäftsfelder bzw. Segmente berichtet wird." (Beißel/Szczesny (2009), S. 26) oder *Wussow*: „Die Harmonisierung spielt sich vornehmlich im Bereich der periodenbezogenen Ergebnisrechnung auf Geschäftsbereichsebene bis auf die Ebene, in der eigene Jahresabschlüsse erstellt werden[,] ab." (Wussow (2004), S. 165).

1316 Vgl. Simons/Weißenberger (2008), S. 141. Für diese Abgrenzung des Konvergenzbereichs besteht ein theoretisch fundierter Erklärungsansatz (vgl. hierzu bereits Abschnitt 5.2.4.1.1, S. 201 ff).

1317 Vgl. z.B. Küting/Lorson (1999a), S. 49; Küting/Lorson (1999b), S. 219; Kümpel (2002a), S. 905 f.; Weißenberger/IGC (2006a), S. 356; Wala/Knoll/Messner (2007a), S. 1835; Pelger (2008a), S. 566; Simons/Weißenberger (2008), S. 142.

1318 Vgl. z.B. Melching (1997), S. 248; Nebel/Brandl/Arnaout (1998), S. 275; Ohlms/Tomaszewski/Trützschler (2002), S. 193; Beißel/Steinke (2004), S. 65; Erdmann/Bourhis/Pascaud (2005), S. 736; Kley (2006), S. 153 f.; Chrubasik/Janz (2007), S. 62.

1319 Heyd (2001a), S. 208; ähnlich auch Kümpel (2002a), S. 905; Wala/Knoll/Messner (2007a), S. 1835; Ohlms/Tomaszewski/Trützschler (2002), S. 193; Haring/Prantner (2005), S. 148; Weißenberger (2006a), S. 412 f.; Chrubasik/Janz (2007), S. 62; Kerkhoff/Thun (2007), S. 457.

1320 Vgl. Küting/Lorson (1998a), S. 489.

1321 Vgl. Altenburger/Busse von Colbe/Küpper/Loitlsberger/Siegwart (2001), S. 70; Müller (2006), S. 218.

vante Kosten und Leistungen auf verschiedene Entscheidungsobjekte zurechnen zu können. Ein Fortbestand der separierten Rechenkreise erscheint daher auf den Unternehmensebenen unumgänglich, auf denen derartige Entscheidungen zu treffen sind.[1322]

Die Konsequenz einer partiellen Konvergenz des Rechnungswesens ist *Weißenberger/IGC* zufolge in der Verlagerung der Bruchstelle zu sehen, die bei der tradierten Ausgestaltung des Rechnungswesens zwischen den Periodenerfolgen gemäß interner und externer Ergebnisrechnung besteht. Diese kann bei einer partiellen Konvergenz des Rechnungswesens zwar auf Hierarchieebenen, auf denen eine Angleichung der Rechenwerke erfolgt, beseitigt werden. Gleichzeitig entsteht jedoch eine Bruchstelle zwischen jenen Ebenen, die in den Konvergenzbereich einbezogen werden, und den operativen Steuerungsebenen, auf denen ein divergentes Rechnungswesen Bestand hat.[1323] Als Folge ergibt sich in den Geschäftsbereichen die Notwendigkeit, die pagatorischen Zielgrößen, die auf einer konvergenten Ausgestaltung des Rechnungswesens basieren, in kalkulatorische Vorgabegrößen für die operative Steuerung zu „übersetzen".[1324]

Diese hierarchiebezogene Bruchstelle kann jedoch vermieden werden, wenn die Vorschläge einer geringen Anzahl von Autoren umgesetzt werden, deren Beiträge das Bestreben zum Ausdruck bringen, den Konvergenzbereich in hierarchischer Hinsicht auszuweiten. Dieses Bemühen artikuliert z.B. *Hahn*: „[So] stellt sich für die periodenbezogene Ergebnisrechnung, d.h. die GuV-Rechnung einerseits und die Betriebsergebnisrechnung andererseits, die Frage, bis zu welcher Stufe nach unten, d.h. ausgehend vom Gesamtunternehmen über die Geschäftsbereiche, Geschäftsfelder, Gesellschaften, Werke, Profit-Center bis hin zu den Cost-Center (Kostenstellen) eine Vereinheitlichung der Aufwands- und Ertragsgrößen und der kalkulatorischen Größen erfolgen kann."[1325]

Auch *Männel* kritisiert die Erschwernis eines geschlossenen Ergebniscontrollings durch die traditionell bestehenden Ergebnisdivergenzen. Er erarbeitet daher eine Reihe von Vorschlägen, wie die zwischen der Betriebsergebnisrechnung und GuV bestehenden Abweichungen beseitigt oder zumindest verringert werden können. Im Gegensatz zur Mehrzahl der Diskussionsteilnehmer betrachtet er jedoch nicht nur Geschäftsbereiche als Bezugsobjekte von Rechenwerken, die sich innerhalb des Konvergenzbereichs befinden. Er sieht auch Anpassungsbedarfe bei Ergebnisrechnungen, die sich auf Artikel, Kunden oder Märkte beziehen.[1326]

[1322] Vgl. Küting/Lorson (1998a), S. 490. Diese Sichtweise wird von *Schildbach* unterstützt, der zu bedenken gibt: „Wer seine Kostenrechnung insoweit durch Rechnungen nach IFRS ersetzt, verliert die Fähigkeit, die kurzfristigen Entscheidungen über das Produktionsprogramm, die Verfahrenswahl einschließlich Fremdbezug und die Preisuntergrenzen durch geeignete Rechnungen zu unterstützen." (Schildbach (2007), S. 95).

[1323] Vgl. Weißenberger/IGC (2006a), S. 357; Weißenberger/IGC (2006b), S. 620.

[1324] Vgl. Burger/Buchhart (2001a), S. 552; Wussow (2004), S. 211.

[1325] Hahn (1999), S. 80.

[1326] Vgl. Männel (1997a), S. 19.

Entgegen der Einschätzung von *Küting/Lorson*, eine Konvergenz des Rechnungswesens sei ohne Änderungen an der laufenden, entscheidungsorientierten Kostenrechnung durchführbar,[1327] erwägen auch *Hahn/Nicklas* sowie *Damberger et al.* grundlegendere Änderungen an der tradierten Ausgestaltung der Kostenrechnung.[1328] Sie schlagen vor, kalkulatorische Kosten nicht auf Kostenstellen und Kostenträgern auszuweisen, sondern lediglich im Rahmen von bedarfsspezifischen Sonderrechnungen.[1329] Somit deuten auch ihre Konzepte auf Veränderungen auf den operativen Abrechnungsebenen hin und gehen deutlich über den konsensfähigen Konvergenzbereich hinaus. Schließlich formulieren *Küting/Lorson* die Überlegung, ob der pauschale Ansatz von kalkulatorischen Kosten in der laufenden Ist-Kostenrechnung durch die Vorgabe pauschaler Deckungsbeiträge substituiert werden kann.[1330]

Auch unter den Praktikerbeiträgen sind Unternehmensbeispiele enthalten, die auf eine weite Auslegung des Konvergenzbereichs hindeuten. *Lochner et al.* berichten von der Konzeption einer IFRS-kompatiblen Konzerndeckungsbeitragsrechnung, die sowohl als Produkterfolgs- als auch Markterfolgsrechnung konzipiert ist.[1331] Dementsprechend ist von einem Nichtansatz kalkulatorischer Kosten auf den verschiedenen Stufen der Deckungsbeitragsrechnung auszugehen. Gleichsam berichtet *Hebeler*, dass im vorgestellten Konzern die Summe der betrieblichen Ergebnisse der Geschäftseinheiten dem in der GuV ausgewiesenem Erfolg entspricht. Darüber hinaus folgen aber auch die Rechnungssysteme, aus denen detaillierte Produkt- bzw. Artikeldeckungsbeitragsrechnungen hervorgehen, den Grundsätzen des externen Rechnungswesens.[1332]

In beiden Unternehmen gehen die Eingriffe in die Kostenrechnung folglich deutlich über den weitgehende Übereinstimmung findenden, partiellen Konvergenzbereich hinaus. Auf diese Weise bleibt ein „Drill-Down" des Gesamtergebnisses auf Produkt- oder Kostenstellenebene möglich, dem allerdings von *Weißenberger/IGC* eine untergeordnete Bedeutung beigemessen wird.[1333] Grundsätzlich ist davon auszugehen, dass die weite Abgrenzung des Konvergenzbereichs Konsequenzen für die kasuistischen Entscheidungsrechnungen innerhalb der Kosten-

---

1327 Vgl. Abschnitt 5.3.1.1.1.2, S. 224 ff.

1328 So auch *Wussow*, der zufolge die Bilanzierungsvorschriften auch auf der Kostenstellenebene Verwendung finden sollten. Darüber hinaus fordert sie eine Identität der Bilanzierungs-, Bewertungs- und Steuerungseinheiten im internen und externen Rechnungswesen (vgl. Wussow (2004), S. 211 f.).

1329 Vgl. Hahn/Nicklas (1999), S. 70; Damberger/Heyne/Renner (2002), S. 28. Diese Vorschläge stimmen in erheblichem Maße mit den in der angloamerikanischen Literatur verbreiteten Ansätzen überein. Basierend auf einer Analyse der Literatur zur Ausgestaltung der US-amerikanischen Accounting-Systeme erklärt *Hebeler*, dass auch dort in Kalkülen, die zur Lösung spezifischer Entscheidungsprobleme (z.B. Produktionsengpässe) eingesetzt werden, entscheidungsrelevante Kosten ohne Zahlungsstrombezug (beispielsweise Opportunitätskosten) angesetzt werden. Der wesentliche Unterschied zum Rechnungswesen im deutschsprachigen Raum besteht darin, dass diese Kosten nur in Sonderrechnungen eingehen und im Rechnungswesen nicht permanent hinterlegt werden (vgl. Hebeler (2003), S. 143 f.).

1330 Vgl. Küting/Lorson (1999a), S. 54; Küting/Lorson (1998d), S. 2308.

1331 Vgl. Lochner/Ayasse/Hummel (2007), S. 147 f.

1332 Vgl. Hebeler (2006), S. 9.

1333 Vgl. Weißenberger/IGC (2006a), S. 357.

rechnung nach sich zieht. So erscheint es fragwürdig, ob bei einer derart umfangreichen Konvergenz weiterhin kalkulatorische Kosten in die entscheidungsorientierten Rechenkalküle integriert werden.[1334] Im Falle eines unveränderten Ansatzes kalkulatorischer Kosten im Sinne von Kostendeckungsvorgaben bei der Produktkalkulation ergebe sich schließlich eine deutliche Divergenz zwischen den Wertgerüsten in den Planungs- und Kontrollrechnungen.[1335] Ein solches Vorgehen findet bisweilen zwar in der Unternehmenspraxis Anwendung, allerdings ist in dieser Konstellation die Aussagekraft von Plan-Ist-Vergleichen eingeschränkt.[1336]

Ein theoretischer Erklärungsansatz mit dem Vermögen, die unterschiedlichen Aussagen zur hierarchischen Abgrenzung des Konvergenzbereichs zusammenzuführen, zeigt sich bei *Weißenberger*. Rekurrierend auf dem Delegationsverhältnis, das zwischen der Unternehmenszentrale (Prinzipal) und den dezentralen Divisionen (Agent) besteht, wird angenommen, dass die Festlegung kalkulatorischer Erfolgskomponenten durch den Prinzipal erfolgt. Um die kalkulatorischen Elemente optimal auf ein realwirtschaftliches Entscheidungsproblem des Agenten anpassen zu können, seien zahlreiche Informationen erforderlich, die vom Prinzipal zu beschaffen seien. Dies gelte insbesondere in Szenarien, in denen der Prinzipal nur peripher in die realwirtschaftliche Entscheidungsfindung einbezogen wird: „Stellt der Prinzipal z.B. lediglich Finanzmittel für ein ihm inhaltlich fremdes Projekt zur Verfügung, ist es vergleichsweise schwierig, die notwendigen Informationen zur sinnvollen Festlegung kalkulatorischer Kosten zu generieren."[1337]

Bei engen sachlichen bzw. zeitlichen Interdependenzen zwischen den Aufgaben des Prinzipals und des Agenten könnten die für die Anpassung kalkulatorischer Erfolgskomponenten erforderlichen Informationen hingegen zu geringeren Kosten beschafft werden. Daraus ergebe sich das Paradoxon der Verhaltenssteuerung: „Je weitgehender die Aufgabendelegation durch den Prinzipal an den Agenten und je stärker deshalb der Bedarf an anreizkompatiblen Erfolgsmaßen, um so weniger Informationen besitzt der Prinzipal, um die Bemessungsgrundlage

[1334] *Männel* weist auf die Funktion von Ergebnisrechnungen als Preiskontrollrechnungen hin, in die folglich dieselben Kostenansätze eingehen sollten wie bei kostenorientierten Preiskalkulationen (vgl. Männel (1997b), S. 9).

[1335] Vgl. Burger/Buchhart (2001a), S. 552. Mitunter wird diese aber von den Teilnehmern an der Konvergenzdiskussion in Kauf genommen. Hier sei exemplarisch auf die Ansätze zur Vereinheitlichung der internen und externen Ergebnisrechnung verwiesen, die von *Damberger et al.* zur Diskussion gestellt werden. Die Autoren schlagen vor, kalkulatorische Abschreibungen und Mieten nur noch zur Produktkalkulation zu verwenden und von einem Ansatz im Rahmen der Kostenstellen- und Kostenträger(zeit)rechnungen abzusehen (vgl. Damberger/Heyne/Renner (2002), S. 28).

[1336] So berichtet etwa *Bär* im Rahmen eines Praxisbeispiels von einer konsolidierten Konzernkostenrechnung, die für Kalkulationszwecke Anwendung findet. Die retrospektive Kontrollrechnung wird demgegenüber indirekt aus der periodischen GuV hergeleitet (vgl. Bär (2003), S. 109). Als Alternative zu einer pauschalen Kontrolle erwägen *Burger/Buchhart* die Ermittlung von zwei parallel bestehenden Kontrollgrößen, die allerdings entsprechende Planungsdaten voraussetzen. Solche komplexen Planungs- und Kontrollroutinen dürften jedoch kaum zur Erschließung von Kostenvorteilen und einer Komplexitätsreduktion beitragen (vgl. Burger/Buchhart (2001a), S. 552).

[1337] Weißenberger (2003), S. 204.

tatsächlich anreizkompatibel zu gestalten, d.h. optimal an die Spezifika des Delegationsproblems anzupassen."[1338]

Aus den obigen Ausführungen ist bekannt, dass die Komplexität des Steuerungsproblems der Konzernzentrale eine Konvergenz des Rechnungswesens plausibilisieren kann, obwohl die Anforderungen an eine anreizkompatible Erfolgsrechnung eine kalkulatorische Ausgestaltung nahelegen. So wurde erläutert, dass in komplexen Delegationsbeziehungen die bestmögliche Anpassung der Gestaltungsparameter an die Entscheidungsprobleme des Agenten hohe Kosten verursacht, die es vorteilhaft erscheinen lassen, auf die Ermittlung entsprechender Daten zu verzichten und die Steuerungsrechnung stattdessen auf das gesetzlich vorgeschriebene Rechnungswesen zu setzen.[1339]

Eine Gegenüberstellung der drei Grundmuster der Aufbauorganisation eines Konzerns – der Finanzholding, dem strategischen Managementkonzern und dem Stammhauskonzern – legt offen, dass die Intensität der Interdependenzen in den Delegationsbeziehungen zwischen den verschiedenen Einheiten in Abhängigkeit von der Konzernform differiert. Die in Abbildung 38 eingezeichneten Linien symbolisieren jene Delegationsbeziehungen. Die Stärke der Linie deutet dabei auf das Ausmaß der Interdependenzen zwischen den Aufgaben des Prinzipals und des Agenten hin.[1340]

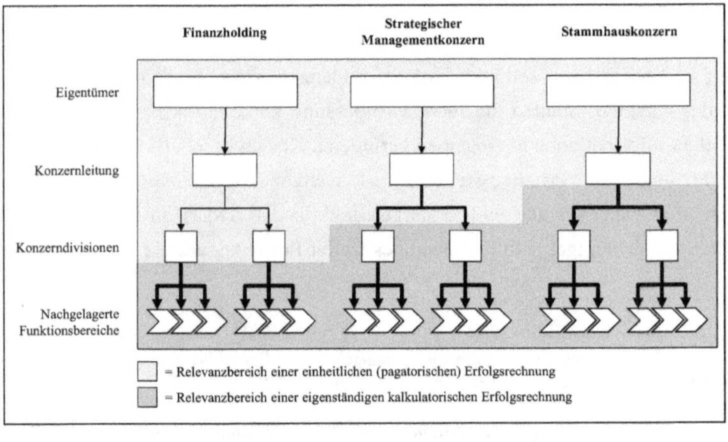

Abbildung 38: Hierarchische Abgrenzung des Konvergenzbereichs in Abhängigkeit von der Konzernaufbauorganisation[1341]

Weißenberger argumentiert, dass in einer Finanzholding die Aufgabe der Konzernleitung in Bezug auf die Konzerndivisionen in der Bereitstellung von Finanzmitteln und der Formulie-

[1338] Weißenberger (2003), S. 205 f.

[1339] Vgl. Abschnitt 5.3.1.1.1.4, S. 234, mit Bezug auf Weißenberger (2004), S. 75.

[1340] Vgl. Weißenberger (2003), S. 206.

[1341] Entnommen aus Weißenberger (2003), S. 206.

rung operativer Formalziele besteht. In einem strategischen Managementkonzern obliege der Konzernleitung zusätzlich die Formulierung von Strategien für die einzelnen Divisionen, während sie im Stammhauskonzern auch innerhalb der einzelnen Divisionen operative Sachziele vorgebe. Da in strategischen Management- und Stammhauskonzernen das Setzen entsprechender Ziele differenzierte Kenntnisse über die Leistungserstellung voraussetze, könnten diese zugleich zur Formulierung kalkulatorischer Ergebniskomponenten eingesetzt werden, womit eine separate interne Erfolgsrechnung fortbestünde.[1342] Aus diesen Überlegungen wird gefolgert, dass demgegenüber eine sachgerechte kalkulatorische Erfolgsrechnung zur Steuerung der Delegationsbeziehungen zwischen der Konzern- und den Divisionsleitungen bei der Finanzholding und mit Einschränkungen auch beim strategischen Managementkonzern die Beschaffung von Informationen in einem Umfang erfordere, welcher etwaige Effizienzgewinne aus einer optimierten Steuerung nicht rechtfertige.[1343]

Indem die Intensität der Interdependenzen zwischen den Aufgaben des Prinzipals und des Agenten im Kontext von Delegationsbeziehungen als Einflussfaktor für die Vorteilhaftigkeit einer konvergenten Steuerungsrechnung identifiziert wird, macht *Weißenberger* deutlich, dass die Aufbauorganisation des Konzerns einen wesentlichen Kontextfaktor für eine konvergente Ausgestaltung des Rechnungswesens darstellt. Die vereinzelt im konzeptionellen Schrifttum enthaltenen Ansätze sowie die in Praxisbeispielen vorgestellten Implementierungen, die deutlich über den konsensualen Konvergenzbereich hinausgehen, können mithilfe von *Weißenbergers* Überlegungen jedoch nicht plausibilisiert werden.[1344] Ihrer Untersuchung zufolge legen die Delegationsbeziehungen zwischen den Divisionsleitungen und den nachgelagerten Funktionsbereichen nämlich unabhängig von der Organisationsform eine kalkulatorische Ausgestaltung der Erfolgsrechnung nahe.

Insgesamt ist zu konstatieren, dass die Autoren, die für ein Abrücken von der weithin akzeptierten, hierarchischen Abgrenzung des Konvergenzbereichs eintreten, in einer deutlichen Unterzahl sind. Sofern sich eine so weitgehende Konvergenz des Rechnungswesens jedoch in einzelnen Unternehmen etabliert, könnte diese Vorgehensweise als Ausgangspunkt für eine Auseinandersetzung mit umfangreicheren Vereinheitlichungsbestrebungen fungieren.

[1342] Vgl. Weißenberger (2003), S. 207.

[1343] Dies gelte im besonderen Maße und unabhängig von der Konzernform für die Delegationsbeziehung zwischen den Eigentümern und der Konzernleitung: „Aus Sicht der Aktionäre ist es wenig zielführend, den Ausweis kalkulatorischer Erfolgsbestandteile zu fordern, da deren Steuerungswirkung im Zweifel gar nicht abgeschätzt werden kann, so dass die Gefahr der Manipulation der Erfolgsgröße durch die Konzernleitung – hier in der Rolle des Agenten – den Nutzen eines eigenständigen kalkulatorischen Erfolgsbegriffs übersteigt." (Weißenberger (2003), S. 207).

[1344] Dass mithilfe dieser Überlegungen die in der Unternehmenspraxis beobachtbare Ausgestaltung eines konvergenten Rechnungswesens nicht vollumfänglich erklärt werden kann, räumt auch *Weißenberger* ein: „Betrachtet man allerdings die Praxis der Konzernsteuerung, so stellt man fest, dass eine einheitliche Rechnungslegung heute offensichtlich zumindest für die Steuerung der Konzerndivisionen eine größere Bedeutung besitzt als nach diesen Überlegungen zu vermuten wäre." (Weißenberger (2003), S. 208).

5.3.1.1.1.6 Verknüpfung der konvergenzrelevanten Rechenwerke mit Shareholder Value-orientierten Kalkülen

Bei der Aufarbeitung der Motive für eine Konvergenz des Rechnungswesens zeigte sich, dass die Inanspruchnahme internationaler Kapitalmärkte mitsamt der zunehmenden Verbreitung einer am Shareholder Value ausgerichteten Unternehmenspolitik einen wichtigen Konvergenztreiber darstellt.[1345] Im Zuge der Literaturanalyse lässt sich feststellen, dass die im Rahmen der Konvergenzdiskussion entwickelten Konzeptionen bzw. die in Praxisbeispielen dargelegten Entwicklungen vom Shareholder Value-Gedanken in unterschiedlichem Maße geprägt werden. Im Lichte dieses Aspekts lassen sich drei Gruppen von Konzeptionen unterscheiden, die nachfolgend skizziert werden. Berücksichtigung finden dabei nur Beiträge, die sich schwerpunktmäßig mit der Abgrenzung des Konvergenzbereichs auseinandersetzen oder Vorschläge zur Annäherung der beiden Teilbereiche des Rechnungswesens inklusive der Auswirkungen auf die zentralen Steuerungskennzahlen enthalten. Diese Schwerpunkte sind in insgesamt 36 Beiträgen identifiziert worden.

Die erste Gruppe an konzeptionellen Vorschlägen und Unternehmensbeispielen beschränkt sich auf eine Annäherung der internen und externen Ergebnisrechnungen und den Auswirkungen auf erfolgsbezogene Kennzahlen, gegebenenfalls unter Einbezug zahlungsstromorientierter Rechenwerke.[1346] Mit 21 Beiträgen stellt dieses Cluster das größte der drei Gruppen dar (vgl. Spalte A der Tabelle 29).

Über die Auswirkungen auf die (absoluten) Erfolgsgrößen hinausgehend, wird in diesen Beiträgen bisweilen die Berechnung relevanter Steuerungsgrößen auf der Datenbasis eines konvergenten Rechnungswesens erläutert. So wird etwa im Praxisbeispiel von *Nebel et al.* gezeigt, wie der ROCE auf den Daten des externen Rechnungswesens nach US-GAAP aufbaut,[1347] wohingegen *Grünert/Laws* die Vereinheitlichung der Ergebnisrechnungen im Rahmen der Einführung des ROI vorstellen.[1348] Betrachtet werden in diesem Zusammenhang somit „traditionelle" Kennzahlen, unter denen solche zu verstehen sind, die sich an dem Erfolgsziel des Unternehmens orientieren, dabei aber einen Bezug zum buchhalterischen – und nicht zum ökonomischen – Gewinn aufweisen.[1349]

[1345] Vgl. Abschnitt 5.2.1.1.2, S. 154 ff.

[1346] Vgl. z.B. Melching (1997), S. 248 ff.; Weißenberger (2006a), S. 412; Günther/Zurwehme (2008), S. 115.

[1347] Vgl. Nebel/Brandl/Arnaout (1998), S. 276 ff.

[1348] Vgl. Grünert/Laws (2005), S. 656 ff.

[1349] Zu den traditionellen Kennzahlen gehören beispielsweise Erfolgsgrößen wie der Jahresüberschuss oder das Ergebnis der gewöhnlichen Geschäftstätigkeit sowie Renditekennzahlen, etwa in der Form der Eigen- oder Gesamtkapitalrendite (vgl. Pellens/Tomaszewski/Weber (2000), S. 1829; Weber/Schäffer (2011), S. 174).

Konvergenzbereich und Bedeutung des Shareholder Value-Gedankens							
Beitrag	Aspekt			Beitrag	Aspekt		
	A	B	C		A	B	C
Beißel/Steinke (2004)		☑		Küting/Lorson (1999a)			☑
Beißel/Szczesny (2009)		☑		Küting/Lorson (1999b)			☑
Coenenberg (1995)	☑			Lochner et al. (2007)	☑		
Currle et al. (1998)	☑			Männel (1997a)	☑		
Dais/Watterott (2006)		☑		Männel (1997b)	☑		
Damberger et al. (2002)	☑			Männel (1999a)	☑		
Deleker (1997)		☑		Männel (1999b)		☑	☑
Dressler/Müller (2001)	☑			Melching (1997)	☑		
Grünert/Laws (2005)	☑			Nebel et al. (1998)	☑		
Günther/Zurwehme (2008)	☑			Oehler/Simon (2003)	☑		
Hahn (1999)			☑	Ohlms et al. (2002)		☑	
Hahn/Nicklas (1999)			☑	Reiners (2001)	☑		
Hebeler (2006)	☑			Ruhwedel/Schultze (2004)		☑	
Henselmann (2001)			☑	Weißenberger (2006a)	☑		
Kley (2002)		☑		Weißenberger/IGC (2006a)	☑		
Kley (2006)		☑		Weißenberger/IGC (2006b)	☑		
Küting/Lorson (1998a)	☑			Wurl et al. (2001)	☑	☑	
Küting/Lorson (1998d)			☑	Ziegler (1994)	☑		
				Nennungen pro Aspekt	21	10	7
				Nennungen insgesamt	38		

Mit A ≡ Abgrenzung des Konvergenzbereichs unter Berechnung „traditioneller" (erfolgszielbezogener) Kennzahlen; B ≡ Abgrenzung des Konvergenzbereichs unter Berechnung wertorientierter, rechnungswesenbasierter Kennzahlen (z.B. EVA); C ≡ Abgrenzung des Konvergenzbereichs unter Berücksichtigung einer Verknüpfung von operativen und strategischen Rechenwerken

Tabelle 29: Nennungen zum Konvergenzbereich unter Berücksichtigung des Bezugs zum Shareholder Value-Ansatz

Diese Ansätze führen demnach zu einer Annäherung der internen und externen Periodenerfolgsrechnungen sowie einer Eliminierung oder zumindest einer Verringerung von Ergebnisunterschieden, wodurch die unternehmensinterne Kommunikation erleichtert und die Sprachfähigkeit der Unternehmensführung gegenüber Kapitalmarktteilnehmern erhöht werden kann.[1350] Dass auf diese Weise zugleich die Shareholder Value-Orientierung der in einem Unternehmen Handelnden forciert werden kann, geht hingegen nicht unmittelbar aus den Beiträgen hervor und scheint daher zumindest kein vordergründiges Ziel einer Konvergenz des Rechnungswesens zu sein.

Die in der zweiten Gruppe zusammengefassten Beiträge gehen hingegen einen Schritt weiter. Dieses Cluster besteht aus sechs Praxisbeiträgen und vier konzeptionellen Aufsätzen, in denen

[1350] Vgl. hierzu bereits die Abschnitte 5.2.2.1.1, S. 167 ff., und 5.2.2.1.3, S. 175 ff.

das Vorgehen zur Annäherung der internen und externen Ergebnisrechnung im Zusammenhang mit der Anwendung wertorientierter Kennzahlen dargestellt wird (vgl. Spalte B der Tabelle 29).[1351] Dabei werden mit dem Economic Value Added (EVA) und dem Cash Value Added (CVA) wertorientierte Kennzahlen betrachtet, die für die periodische Steuerung des Unternehmens eingesetzt werden.[1352] Beide Kennzahlen basieren in erheblichem Maße auf Daten des externen Rechnungswesens.[1353]

Im Vordergrund dieser Beiträge steht insbesondere die Herleitung der Elemente, aus denen sich die wertorientierten Kennzahlen zusammensetzen. Ein Bezug zur Konvergenz des Rechnungswesens besteht dahingehend, dass die Ergebnis- und Vermögensgrößen aus dem externen Rechnungswesen abgeleitet werden, wobei vielfach Modifikationen vorgenommen werden, um den Steuerungsanforderungen gerecht werden zu können.[1354] Hier zeigt sich somit eine Analogie zu den Beiträgen der ersten Gruppe, jedoch mit dem Unterschied, dass dort traditionelle Steuerungsgrößen fokussiert werden. Von den Autoren aus der zweiten Gruppe wird eine Konvergenz des Rechnungswesens demnach offenbar nicht nur mit der Verbesserung der Kommunizierbarkeit von Rechnungswesendaten infolge der Eliminierung von Ergebnisdifferenzen verbunden, sondern auch mit der Implementierung von wertorientierten Steuerungsgrößen, die auf dem konvergenten Rechnungswesen basieren. Auf diesem Wege soll die Ausrichtung der Unternehmenspolitik an dem für die Anteilseigner relevanten Unternehmenswert vorangebracht werden.

Ein Alleinstellungsmerkmal weist in diesem Zusammenhang der Beitrag von *Wurl et al.* auf, in dem die Autoren die kurzfristige kalkulatorische Erfolgsrechnung und den EVA-Ansatz einer kriterienbasierten Beurteilung unterziehen.[1355] Die Autoren formulieren exogene und endogene Anforderungskriterien, denen zur Unternehmenssteuerung eingesetzte Informationssysteme gerecht werden müssen.[1356] Mit der kriterienbasierten Beurteilung ist die Intention verbunden, die Leistungsfähigkeit entsprechender Instrumente im Lichte der Unternehmenssteuerung zu betrachten.[1357]

Um der exogenen Anforderung entsprechen zu können, müsse die Steuerungsgröße die periodenbezogenen Veränderungen des Unternehmenswerts indizieren.[1358] In dieser Hinsicht wird der EVA als der kurzfristigen Erfolgsrechnung überlegen erachtet. *Wurl et al.* argumentieren

---

1351 Vgl. z.B. Beißel/Szczesny (2009); Kley (2006); Männel (1999b).

1352 Vgl. Hirsch (2007), S. 23; Gebhardt/Mansch (2005), S. 20; Trapp (2011), S. 113.

1353 Vgl. Franz/Winkler (2006), S. 417 f.; Schremper/Pälchen (2001), S. 543; Pfeiffer (2000), S. 69.

1354 Vgl. z.B. Beißel/Szczesny (2009), S. 26 ff.; Dais/Watterott (2006), S. 467 ff.

1355 Vgl. für weitere kriterienbasierte Beurteilungen die Ausführungen in Abschnitt 5.4.2, S. 336 ff., in denen eine auf pagatorischen Daten basierende Steuerungsrechnung oder spezifische Merkmale der internationalen Rechnungslegung die Analyseobjekte bilden.

1356 Vgl. Wurl/Kuhnert/Hebeler (2001), S. 1365 ff., sowie ausführlich Hebeler (2003), S. 113 ff.

1357 Vgl. Wurl/Kuhnert/Hebeler (2001), S. 1361 f.

1358 Vgl. Wurl/Kuhnert/Hebeler (2001), S. 1365.

dabei mit dem bereits in Abschnitt 5.2.2.1.3 erwähnten *Lücke*-Theorem und heben hervor,[1359] „dass die Überleitung periodenorientierter Rechnungsgrößen in eine zahlungsbezogene Betrachtungsweise nur dann gelingen kann, wenn die vorhandenen Unterschiede zu den freien Cash Flows ausschließlich auf der Periodisierung von Zahlungen beruhen."[1360] Im Falle der kurzfristigen Erfolgsrechnung verliere sich hingegen der Zusammenhang zum Unternehmenswert aufgrund des Ansatzes kalkulatorischer Kosten. Des Weiteren wird die Verknüpfung zwischen den periodenbezogenen EVAs und dem Market Value Added (MVA) vorteilhaft gesehen. Dieser ergibt sich aus der Diskontierung künftiger EVAs und entspricht unter Addition des Capital Employed dem Marktwert des Gesamtkapitals zum Zeitpunkt der Bewertung.[1361]

Schließlich weise der EVA-Ansatz aufgrund der kapitalmarktbasierten Ermittlung der Kapitalkosten einen weiteren Vorteil auf. Bemängelt wird allerdings, dass die Verzinsungsbasis dem Jahresabschluss entstammt, was zu einer Vermengung einer Vermögensgröße zu Buchwerten und eines marktwertbezogenen Kapitalkostensatzes führe. Ferner bestehe „kein analytisch begründbarer Zusammenhang zwischen einzelnen EVA-Ergebnissen und dem als Barwert zukünftiger Zahlungsüberschüsse gemessenen Unternehmenswert."[1362] Dementsprechend steige erst mit einem längeren Zeithorizont die Wahrscheinlichkeit, dass mit über diesen Zeitraum positiven Residualgewinnen eine Erhöhung des Unternehmenswerts einhergeht.[1363] Trotz dieser Limitationen wird geschlussfolgert, „dass im Hinblick auf die externen Informationsbedürfnisse der EVA-Ansatz gegenüber den traditionellen Formen der kurzfristigen Erfolgsrechnung Vorteile aufweist."[1364]

Bezüglich der endogenen Anforderungen zeigt sich ein insgesamt heterogenes Bild: Der EVA-Ansatz wird im Vergleich zur tradierten Erfolgsrechnung als zuverlässiger eingeschätzt, weil er weitgehend auf gesetzlichen Reglementierungen aufbaut, die Berechnungsmodalitäten der kalkulatorischen Erfolgsrechnungen hingegen frei gestaltbar sind, woraus sich insbesondere bei Existenz von Informationsasymmetrien die bereits in Abschnitt 5.2.2.1.1 thematisierten Manipulationsmöglichkeiten ergeben.[1365] Ferner könne der EVA-Ansatz eher eine Ausrichtung der Entscheidungsfindung untergeordneter Handlungsträger am Shareholder Value forcieren. Zugleich bekräftigen *Wurl et al.* den bereits von *Pfaff* und *Weißenberger* thematisierten Vorteil, mithilfe kalkulatorischer Elemente flexibler auf spezifische Koordinationsprobleme reagieren zu können.[1366] Diese Spielräume könnten allerdings für opportunistische

[1359] Vgl. Abschnitt 5.2.2.1.3, S. 179.
[1360] Wurl/Kuhnert/Hebeler (2001), S. 1367.
[1361] Vgl. Horváth (2009), S. 457; Wurl/Kuhnert/Hebeler (2001), S. 1367.
[1362] Wurl/Kuhnert/Hebeler (2001), S. 1368.
[1363] Vgl. Wurl/Kuhnert/Hebeler (2001), S. 1368.
[1364] Wurl/Kuhnert/Hebeler (2001), S. 1368.
[1365] Vgl. Wurl/Kuhnert/Hebeler (2001), S. 1368 f.; vgl. hierzu auch Gaber (2004), S. 340.
[1366] Vgl. Pfaff (1994a), S. 1079; Weißenberger (2004), S. 75.

Handlungen ausgenutzt werden. Gleichwohl inhäriere auch das EVA-Konzept erhebliche Gestaltungsspielräume, sei es aufgrund der gesetzlichen Regelungen, welche Bilanzierungswahlrechte, unbestimmte Rechtsbegriffe oder Interpretationsspielräume beinhalten, oder aufgrund der Konversionen, die zugunsten einer besseren Abbildung der Wertschaffung vorgenommen werden. Dementsprechend verfüge der EVA-Ansatz nur über einen geringen komparativen Vorteil.[1367]

Letztlich kommen *Wurl et al.* zu dem Ergebnis, dass sich das EVA-Konzept insbesondere für börsennotierte Unternehmen für Steuerungszwecke eignet, wobei dieser Ansatz die kurzfristige Erfolgsrechnung lediglich komplettieren, aber nicht vollständig substituieren könne. So werden Entscheidungen über Produkt-Markt-Kombinationen als Beispiel angeführt, das sich mithilfe von Informationen aus einer zukunftsorientierten Teilkostenrechnung zuverlässiger fundieren ließe als auf der Basis des EVA-Ansatzes.[1368]

Wenngleich Steuerungskonzepte wie der EVA insofern vorteilhaft erscheinen, als sie an der konvergenten Erfolgsrechnung anknüpfen und somit auf dem Datenmaterial aufbauen, das im Rahmen der IFRS-Rechnungslegung an die unternehmensexternen Adressaten übermittelt wird,[1369] sind diese Kennzahlen erheblicher Kritik ausgesetzt. So konnte eine höhere Wertrelevanz dieser rechnungswesenbasierten Kennzahlen – im Sinne der Korrelation von Ergebnisgrößen und Marktpreisen – bislang nicht eindeutig nachgewiesen werden.[1370] Die empirische Untersuchung des Zusammenhangs zwischen der Kennzahlenentwicklung und der am Kapitalmarkt zu beobachtenden Aktienrendite von *Schremper/Pälchen* zeigt beispielsweise, dass der CVA keinen größeren Zusammenhang zur Wertschaffung am Kapitalmarkt aufweist als traditionelle Kennzahlen und der EVA im Vergleich zu Letzteren sogar schlechter abschneidet.[1371] Demgegenüber stellen *Günther et al.* zumindest für den EVA gegenüber gewinnorientierten Kennzahlen eine höhere Korrelation mit der Kapitalmarktrendite fest.[1372]

In Anbetracht dieser Ergebnisse sowie der Auffassung, dass die Daten des Rechnungswesens Änderungen des Unternehmenswerts nicht hinreichend abbilden,[1373] stellen die in den Praxisbeispielen dargelegten Maßnahmen einen relevanten, aber keinen hinreichenden Schritt in die Richtung einer verstärkten Orientierung am Unternehmenswert dar. *Küting* tituliert derartige Ansätze als „Mode-Kennzahlenkonzepte" und betrachtet sie als Gegenstück zum Shareholder

---

1367 Vgl. Wurl/Kuhnert/Hebeler (2001), S. 1370.

1368 Vgl. Wurl/Kuhnert/Hebeler (2001), S. 1372.

1369 Vgl. Hebeler (2003), S. 282.

1370 Vgl. Wagenhofer/Dücker (2007), S. 279. *Henselmann* gibt zu bedenken, dass „nur ein sehr geringer Zusammenhang zwischen dem Periodengewinn und der in der Periode eingetretenen Veränderung des Unternehmenswerts [besteht]" (Henselmann (2001), S. 168).

1371 Vgl. Schremper/Pälchen (2001), S. 555; vgl. hierzu auch Biddle/Bowen/Wallace (1997), S. 316 ff.; Ittner/Larcker (1998), S. 210 f.

1372 Vgl. Günther/Landrock/Muche (2000b), S. 131; vgl. für einen Literaturüberblick ferner Ittner/Larcker (1998), S. 210 f.

1373 Vgl. Volkart (1997), S. 446; Gebhardt/Mansch (2005), S. 2; Wallmeier (2009), S. 220.

Value-Konzept, welches eine stärkere Verbreitung zahlungsstromorientierter Rechnungen erwarten lässt.[1374] *Haaker* bemängelt, dass wertorientierte Kennzahlen, die auf Daten des Rechnungswesens basieren, ebenso wie die „traditionelle“ Betriebsergebnisrechnung die langfristigen Wirkungen einer Entscheidung nicht in hinreichendem Maße reflektieren.[1375] Ferner vertritt *Dirrigl* die Ansicht, dass es „nicht ‚im Sinne des Erfinders‘ sein [kann], wenn zur Herstellung einer vermeintlichen Konvergenz im Bereich der Rechengrößen für die interne Unternehmensrechnung eine gewinnorientierte Ausrichtung von Steuerungsgrößen propagiert wird, deren Mängel gerade die Notwendigkeit zur Entwicklung einer wertorientierten Unternehmensrechnung haben entstehen lassen.“[1376]

Der Shareholder Value entspricht dem Kapitalwert der vom Unternehmen erwirtschafteten Einzahlungsüberschüsse, die für die Ausschüttung an die Anteilseigner zur Verfügung stehen.[1377] Entsprechend sollte die Bewertung von Strategien, Unternehmensbereichen oder ganzen Unternehmen auf erwarteten Zahlungen basieren.[1378] In der Investitionsrechnung hat sich dieses Vorgehen bereits seit langem durchgesetzt. Als Entscheidungsgrundlage für Investitionsprojekte kommen in der Unternehmenspraxis vielfach dynamische Investitionsverfahren zum Einsatz, mit denen die Wirtschaftlichkeit eines Projekts beurteilt werden kann.[1379] Diese Bewertungsverfahren stellen auf die mit einer Investition verbundenen Ein- und Auszahlungen ab.[1380] Im tradierten Rechnungswesen besteht somit ein Bruch zwischen den Erfolgsgrößen von operativen und strategischen Rechnungen.[1381]

Im Rahmen der Konvergenzdiskussion werden bisweilen Vorschläge unterbreitet, wie diese strategischen, zahlungsstromorientierten Rechenwerke mit den periodischen, operativen Rechenwerken auf der Basis von Aufwendungen und Erträgen verknüpft werden können. Beiträge mit entsprechenden Ausführungen bilden die dritte Gruppe der hier betrachteten Arbeiten. Sie setzt sich aus sieben Beiträgen zusammen (vgl. Spalte C der Tabelle 29).[1382] Sämtliche Aufsätze haben einen konzeptionellen Charakter und sind von Wissenschaftlern verfasst worden. Der wesentliche Unterschied zu den Beiträgen des zweiten Clusters besteht darin, dass hier nicht die Anbindung periodischer, wertorientierter Steuerungsgrößen an das konvergente Rechnungswesen behandelt wird, sondern die Verknüpfung von operativen und strategischen Rechenwerken, mit der eine Forcierung der Ausrichtung am Shareholder Value gelingen soll.

1374 Vgl. Küting (2000), S. 455.

1375 Vgl. Haaker (2009a), S. 438.

1376 Dirrigl (1998), S. 575.

1377 Vgl. Ewert/Wagenhofer (2008), S. 43; Coenenberg/Schultze (2002), S. 604; Reichmann (2011), S. 637.

1378 Vgl. Burger/Buchhart (2001b), S. 801.

1379 Vgl. Weber (2008b), S. 49 f.

1380 Vgl. Reichmann (2011), S. 261 ff.; Coenenberg/Fischer/Günther (2009), S. 16.

1381 Vgl. Altenburger/Busse von Colbe/Küpper/Loitlsberger/Siegwart (2001), S. 69.

1382 Vgl. z.B. Hahn (1999); Männel (1999b); Küting/Lorson (1998d).

So sehen etwa *Hahn/Nicklas* den Bedarf für eine periodenübergreifende Unternehmenswertrechnung, deren Rechnungsziel in mehrstufig differenzierten Kapitalwerten besteht. Ihre Datengrundlage ergibt sich aus den periodenbezogenen Erfolgs- und Finanzrechnungen.[1383] *Küting/Lorson* schlagen als operative, periodenbezogene Rechnung eine statische Rentabilitäts- bzw. Residualeinkommensrechnung vor, zur Bewertung von Maßnahmen vor einem strategischen Zeithorizont wird hingegen der Einsatz von Discounted Cash Flow-Verfahren angeraten. Die damit verbundenen Zielinkonsistenzen sollen periodisch erfasst und korrigiert werden.[1384] Des Weiteren wird die Möglichkeit gesehen, unter Rekurs auf das *Lücke*-Theorem eine Verknüpfung zwischen den periodenübergreifenden, zahlungsstromorientierten Kalkülen und den periodenbezogenen, pagatorischen Größen herzustellen.[1385]

Ein ähnlicher Vorschlag findet sich mit dem Kapitalwert-Ansatz bei *Hahn*, der dafür plädiert, für das Beteiligungscontrolling geschäftsbereichsbezogene Kapitalwerte zu berechnen und für die Beurteilung der Geschäftseinheiten den Kapitalwert zum Periodenbeginn mit jenem am Periodenende zu vergleichen. Eine Verknüpfung mit der konvergenten Erfolgsrechnung ist insofern gegeben, als der Jahresüberschuss bzw. -fehlbetrag als Ausgangspunkt für die Ermittlung der Free Cash Flows fungiert. Dementsprechend übernehmen die Aufwands- und Ertragsposten der GuV die Funktion von Werttreibern, die in Abweichungsanalysen eingehen können.[1386]

Das *Lücke*-Theorem ist ferner für die Überlegungen von *Henselmann* von zentraler Bedeutung. Auch er vertritt die Auffassung, dass im Zuge der Integrationsbemühungen nicht nur die internen und externen Periodenerfolgsrechnungen einander angeglichen werden sollten, sondern auch auf das langfristige Unternehmensziel auszurichten sind. Es ist folglich zu prüfen, inwiefern eine Harmonisierung der langfristigen Totalerfolgsrechnung und der kurzfristigen Periodenerfolgsbetrachtung gelingen kann.[1387] Anhaltspunkte für eine solche Integration ergeben sich wiederum aus dem bereits angesprochenen *Lücke*-Theorem.[1388] Da die bereits thematisierte Einhaltung des Kongruenzprinzips eine Voraussetzung für die Geltung des Theorems ist, ist zunächst die Frage zu beantworten, ob dieses im internen und externen Rechnungswesen eingehalten wird. *Henselmann* kommt zu dem Schluss, dass der handelsrechtliche Einzelabschluss das Kongruenzprinzip wahrt, während bei Anwendung internationaler Rechnungslegungsstandards – sowohl der IFRS als auch der US-GAAP – Verstöße entstehen können.[1389] Dies gilt auch für das interne Rechnungswesen bzw. die Kostenrechnung. Insbesondere der Ansatz von kalkulatorischen Kosten und das Ausklammern von außerordentli-

[1383] Vgl. Hahn/Nicklas (1999), S. 71 f.
[1384] Vgl. Küting/Lorson (1999a), S. 56.
[1385] Vgl. Küting/Lorson (1999a), S. 55.
[1386] Vgl. Hahn (1999), S. 86.
[1387] Vgl. Henselmann (2001), S. 162.
[1388] Vgl. hierzu bereits Abschnitt 5.2.2.1.3, S. 179.
[1389] Vgl. auch Van Cauwenberge/de Beelde (2010), S. 82.

chen und betriebsfremden Erfolgen führen zu Unterschieden zwischen der Summe der Zahlungsüberschüsse und der Summe der Periodenerfolge in der Totalperiode.[1390]

Diese Feststellung und die Tatsache, dass die Gültigkeit des *Lücke*-Theorems keine spezifischen Gewinn- oder Kapitaldefinitionen voraussetzt, resultieren in der Diskussion verschiedener Vorschläge zur Neudefinition des gebundenen Kapitals sowie zur Ausgestaltung des Periodenerfolgs.[1391] Da es *Henselmann* zufolge keine universell einsetzbare Vermögens- und Gewinndefinition gibt, die eine Verknüpfung kurz- und langfristiger Betrachtungen gewährleistet, hängt die Auswahl eines geeigneten Ansatzes von der unternehmensindividuell festzulegenden Zielgewichtung ab.[1392]

Auch wenn in diesen Beiträgen vielfach eine explizite Formulierung der mit der Konvergenz des Rechnungswesens verbundenen Zielsetzung unterbleibt, kann aus den Ausführungen geschlossen werden, dass nach Meinung der Autoren, Bemühungen um eine Annäherung der internen und externen Periodenerfolgsrechnungen durch eine Verzahnung kurz- und langfristiger Rechenwerke ergänzt werden sollten. Hiermit kann wiederum ein Beitrag zur Forcierung der Shareholder Value-Orientierung innerhalb des Unternehmens geleistet werden.

5.3.1.1.2 Differenzierte Auswertungen

5.3.1.1.2.1 Zeitraumbezogene Auswertung

Nachdem ein Überblick über die abgehandelten Ansätze zur Abgrenzung des Konvergenzbereichs gegeben worden ist, soll dieser im Folgenden um eine dynamische Betrachtung ergänzt werden. Dazu wird – wie bereits bei den in Abschnitt 5.2 untersuchten Aspekten – der gesamte Betrachtungszeitraum in zwei Subperioden aufgeteilt. Anhand eines Vergleichs der in den Teilperioden getätigten Nennungen soll geprüft werden, ob sich im Zeitablauf ändernde Vorstellungen bezüglich des Konvergenzbereichs erkennen lassen.

Über die Erläuterung des weitgehenden Konsenses in Bezug auf den Konvergenzbereich hinausgehend, sind im Rahmen der statischen Betrachtung verschiedene Aspekte dargestellt worden, in denen die Vorstellungen der Diskussionsteilnehmer differieren. Hierzu gehört etwa die Frage, ob zwischen den Rechnungszwecken der relevanten Konvergenzobjekte eine Identität besteht,[1393] oder der Konvergenzbereich in hierarchischer Hinsicht einzugrenzen ist.[1394] Von der Hauptrichtung der Diskussion abweichende Aussagen können jedoch nur in einer jeweils geringen Anzahl festgestellt werden, weshalb diese Aspekte weder Eingang in die dynamische noch in die sich anschließende autorengruppenbezogene Betrachtung finden.

[1390] Vgl. Henselmann (2001), S. 164 ff.

[1391] Vgl. Henselmann (2001), S. 169 ff.

[1392] Vgl. Henselmann (2001), S. 183.

[1393] Vgl. Abschnitt 5.3.1.1.1.4, S. 232 ff.

[1394] Vgl. Abschnitt 5.3.1.1.1.5, S. 235 ff.

Die allgemeine Abgrenzung des Konvergenzbereichs betreffend sind in Abschnitt 5.3.1.1.1.2 insgesamt 77 Nennungen identifiziert worden.[1395] Bei einer Zerlegung des betrachteten Zeitraums in zwei Perioden mit einem Umfang von jeweils achteinhalb Jahren, sind 31 Aussagen und damit 40,3 Prozent sämtlicher Nennungen der ersten Periode zuzuordnen (vgl. Tabelle 30). In der zweiten Hälfte des Betrachtungszeitraums steigt die Anzahl auf 46 Nennungen (59,7 Prozent aller Nennungen).

Abgrenzung des Konvergenzbereichs	Anzahl der Nennungen	davon Nennungen 1994-2002/I		davon Nennungen 2002/II-2010	
Kalkulatorische Steuerungsrechnung und Konzernabschluss als relevante Konvergenzobjekte	77	31	40,3%	46	59,7%

Tabelle 30: Dynamische Auswertung des Konvergenzbereichs

Dieses Übergewicht an Aussagen in der zweiten Hälfte der Debatte vermag insofern zu irritieren, als im Rahmen der chronologischen Aufarbeitung der Konvergenzdiskussion die Abgrenzung des Konvergenzbereichs als ein thematischer Schwerpunkt der zweiten Diskussionsphase identifiziert worden ist.[1396] Diese sich auf die Jahre 1997 bis 2001 erstreckende Phase fällt vollumfänglich in die erste Subperiode. Der daraus resultierende, vermeintliche Widerspruch ist jedoch dahingehend zu relativieren, dass im Zuge der Literaturanalyse Aussagen zum Konvergenzbereich nicht nur aus den Beiträgen extrahiert worden sind, die sich schwerpunktmäßig mit seiner Abgrenzung befassen. Berücksichtigung finden auch relevante Aussagen in Aufsätzen, die eine andere Zielsetzung verfolgen. So zielt beispielsweise die 2008 veröffentlichte Untersuchung von *Pelger* auf die Beurteilung von IFRS-Rechnungslegungsgrundsätzen und ausgewählten Regelungen aus der Sicht der Unternehmenssteuerung ab.[1397] Da dieser Beitrag auch Ausführungen zum Konvergenzbereich enthält, geht er – ungeachtet seines primären Anliegens – in diese Auswertung ein.

Bei der Wahl einer jahresbezogenen Betrachtungsweise zeigt sich, dass – nach der ersten impliziten Nennung bei *Ziegler* und der ersten expliziten Definition bei *Coenenberg* – der oben beschriebene Konvergenzbereich ab 1997 vermehrt aufgegriffen wird (vgl. Abbildung 39).[1398] Nach einem zwischenzeitlichen Rückgang an relevanten Aussagen wird die Adäquanz des Konvergenzbereichs im Jahr 2001 wieder mehrfach bestätigt. Auf eine Phase der Stagnation auf einem niedrigeren Niveau folgt von 2005 bis 2007 wieder eine stärkere Herausarbeitung des Konvergenzbereichs. Dieser Zeitraum wird infolge der für kapitalmarktorientierte Unternehmen verpflichtenden Anwendung der IFRS im Rahmen der Konzernrechnungslegung von

[1395] Vgl. Abschnitt 5.3.1.1.1.2, S. 227.
[1396] Vgl. Abschnitt 5.1.1.2.2, S. 126.
[1397] Vgl. Pelger (2008a), S. 566 ff.
[1398] Vgl. Ziegler (1994); Coenenberg (1995).

der Auseinandersetzung mit diesen Rechnungslegungsstandards geprägt. Dass in dieser Phase wieder verstärkt der bereits zu Beginn der Diskussion abgegrenzte Konvergenzbereich als Rahmen für eine Annäherung des internen und externen Rechnungswesens aufgegriffen wird, kann als Hinweis darauf interpretiert werden, dass die IFRS-Rechnungslegung keinen wesentlichen Einfluss auf die Auslegung des Konvergenzbereichs hat. Es lässt sich also nicht erkennen, dass die Anwendung internationaler Rechnungslegungsstandards beispielsweise eine Erweiterung des Konvergenzbereichs zur Folge hat.

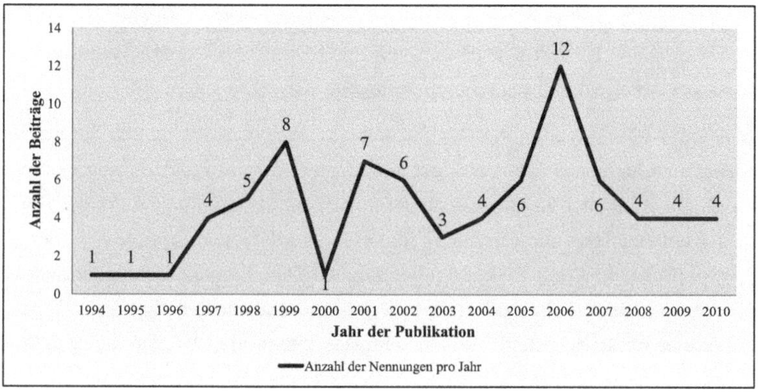

Abbildung 39: Zeitliche Verteilung der Aussagen zum Konvergenzbereich

Aus den erwähnten 77 Beiträgen wurden jene Aufsätze einer weitergehenden Betrachtung unterzogen, die sich primär mit der Abgrenzung des Konvergenzbereichs bzw. mit Vorschlägen für die Ausgestaltung eines konvergenten Rechnungswesens befassen. Bei der Durchsicht jener 36 Beiträge hat sich gezeigt, dass die erörterten Ansätze hinsichtlich ihrer Beeinflussung durch den Gedanken der wertorientierten Unternehmensführung systematisiert werden können. Auf eine quantitative Auswertung wird aufgrund der geringen Anzahl an auswertbaren Beiträgen verzichtet. Gleichwohl erscheint es erwähnenswert, dass sämtliche Beiträge, die eine Verknüpfung von strategischen, zahlungsstromorientierten Rechenwerken mit der operativen Erfolgsrechnung auf der Basis von Aufwendungen und Erträgen vorschlagen, zwischen 1998 und 2001 veröffentlicht worden sind und damit ausschließlich in die erste Hälfte des untersuchten Diskussionszeitraums eingegangen sind. Die Erörterung einer Verzahnung von operativen und strategischen Kalkülen endet folglich innerhalb der ersten Hälfte des untersuchten Zeitraums.

5.3.1.1.2.2 Autorengruppenbezogene Auswertung

Die bisherigen Auswertungen zur Debatte um den Konvergenzbereich werden in diesem Abschnitt um eine autorengruppenbezogene Analyse ergänzt. Wie schon im Kontext der Systematisierung der Konvergenzmotive sowie der Vorteile eines konvergenten Rechnungswesens wird auch in Bezug auf die Festlegung des Konvergenzbereichs untersucht, ob sich Unterschiede in den Vorstellungen von Wissenschaftlern und Praktikern erkennen lassen. In Abschnitt 5.3.1.1.1.2 wurde bereits angemerkt, dass sich der aus der kalkulatorischen Steuerungsrechnung und der Konzernrechnungslegung bestehende Konvergenzbereich sowohl in konzeptionellen Beiträgen als auch in Unternehmensbeispielen wiederfindet.[1399] Diese Feststellung soll nun mit Zahlenwerten fundiert werden.

Aus der oberen Hälfte der Tabelle 31 geht hervor, dass 47 der 77 identifizierten Umschreibungen des Konvergenzbereichs aus Beiträgen stammen, die von Wissenschaftlern verfasst worden sind. Damit gehen 61 Prozent aller Nennungen auf diese Autorengruppe zurück, wohingegen der genannte Konvergenzbereich von Praktikern und Beratern 30-mal aufgegriffen wird, was einem Anteil von 39 Prozent an sämtlichen Aussagen entspricht.

Bei einer Kombination der autorengruppenbezogenen Systematisierung und der dynamischen Analyse zeigt sich, dass sich der Anteil der Nennungen, die aus Praktikerbeiträgen extrahiert worden sind, in der zweiten Diskussionshälfte von 35,5 auf 41,3 Prozent erhöht. Bei der Betrachtung des unteren Teils der Tabelle 31 fällt auf, dass die überwiegende Zahl der Nennungen von Wissenschaftlern und Praktikern der zweiten Diskussionshälfe zuzuordnen ist (57,4 bzw. 63,3 Prozent). Bei den Praxisvertretern fällt dieser Unterschied etwas deutlicher ins Gewicht als bei den Wissenschaftlern, was als Hinweis interpretiert werden kann, dass sich die beschriebene Abgrenzung des Konvergenzbereichs unter den Praktikern im Vergleich zur ersten Diskussionshälfte stärker etabliert.

Periode	Anzahl der Nennungen pro Periode	Autorengruppenspezifische Nennungen			
		Wissenschaftler		Praktiker/Berater	
1994-2002/I	31	20	64,5%	11	35,5%
2002/II-2010	46	27	58,7%	19	41,3%
Gesamt	77	47	61,0%	30	39,0%

Autorengruppe	Anzahl der Nennungen pro Autorengruppe	davon Nennungen 1994-2002/I		davon Nennungen 2002/II-2010	
Wissenschaftler	47	20	42,6%	27	57,4%
Praktiker/Berater	30	11	36,7%	19	63,3%
Gesamt	77	31	40,3%	46	59,7%

Tabelle 31: Autorengruppenbezogene Auswertung des Konvergenzbereichs

Dieser Eindruck wird von einer jahresbezogenen Auswertung der relevanten Aussagen zumindest nicht negiert. Die nachstehende Darstellung führt die Abbildung 39 fort, in der die Nennungen – unabhängig von den dahinter stehenden Autorengruppen – auf die betrachteten

[1399] Vgl. Abschnitt 5.3.1.1.1.2, S. 225 ff., sowie ferner Abschnitt 5.3.1.1.1.5, S. 235 ff.

Jahre verteilt wurden. Abbildung 40 zeigt eine nach Autorengruppen differenzierte Verteilung der relevanten Aussagen im Diskussionsverlauf.

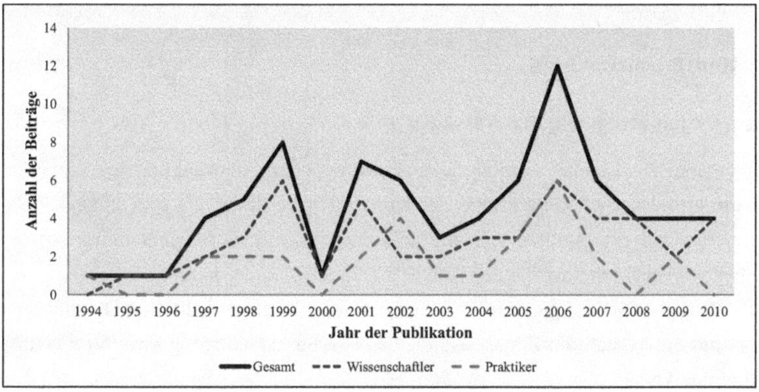

Abbildung 40: Zeitliche Verteilung der Aussagen zum Konvergenzbereich unter Berücksichtigung der beteiligten Autorengruppen

Aus der Darstellung ergibt sich, dass zwischen 1995 und 2001 die Anzahl der Nennungen von Wissenschaftlern in keinem Jahr niedriger ist als die Zahl der von Praktikern getätigten Aussagen. In den meisten Jahren der ersten Diskussionshälfte wurde der Konvergenzbereich häufiger in Beiträgen aus der Feder von Wissenschaftlern festgelegt als in Praktikerbeiträgen, dies gilt im Besonderen für die Jahre 1998 und 1999. Dagegen nähert sich die Anzahl der aus Praktikerbeiträgen entnommenen Aussagen in der Mitte der zweiten Diskussionshälfte an jene der Wissenschaftler an. Diese Entwicklung unterstreicht, dass zwischen Vertretern der Wissenschaft und Unternehmenspraxis offenbar keine grundlegend unterschiedlichen Vorstellungen vorliegen, welche Rechenwerke im Zuge einer Konvergenz des Rechnungswesens vereinheitlicht werden können.

Eine Detailbetrachtung der 36 Beiträge, die sich schwerpunktmäßig mit der Konzeption eines konvergenten Rechnungswesens und dementsprechend auch mit der Abgrenzung des Konvergenzbereichs befassen, legt offen, dass die Beiträge, die Ansätze zur Anbindung eines konvergenten Rechnungswesens an eine mehrperiodige, wertorientierte Rechnung beinhalten, ausschließlich von Wissenschaftlern entwickelt werden. Demgegenüber erfolgen die Diskussionen um eine Annäherung der internen und externen Ergebnisrechnung im Zusammenhang mit der Anwendung wertorientierter Kennzahlen überwiegend im Rahmen der Vorstellung von Praxisbeispielen.

Die dargelegten Tendenzen lassen die Schlussfolgerung zu, dass in der Unternehmenspraxis der Integration der Shareholder Value-Orientierung in die periodische Steuerung Priorität gegenüber der Anknüpfung an zahlungsstrombasierte Rechnungen mit einem längeren Zeithorizont eingeräumt wird. Zumindest aus der in den analysierten Fachzeitschriften geführten Konvergenzdiskussion ergeben sich keine Anhaltspunkte, dass die seitens der Wissenschaft unterbreiteten Vorschläge, beispielsweise anhand des *Lücke*-Theorems pagatorische, periodenbezogene Rechenwerke an längerfristige Kalküle anzubinden, in der Unternehmenspraxis aufgegriffen werden.

5.3.1.2 Konvergenzrichtung

5.3.1.2.1 Systematisierung der Aussagen

Im vorangegangen Abschnitt wurden die Ausführungen zur Auswahl der Rechenwerke aufgearbeitet, die grundsätzlich Gegenstand der Konvergenzbemühungen sein können. Als geeignete Konvergenzobjekte stellten sich die kalkulatorische Steuerungsrechnung sowie die erfolgszielbezogenen Rechenwerke der Konzernrechnungslegung heraus. Aus Abschnitt 2.3.1.2 ist ferner bekannt, dass die genannten Rechnungen auf unterschiedlichen Datenbasen aufsetzen.[1400] Damit ergibt sich die Frage, wie die angestrebte Annäherung bzw. Vereinheitlichung erreicht werden kann.

Nachfolgend wird diese Frage aufgegriffen, wobei nicht die konkreten Maßnahmen dargestellt werden, über die bestehende Unterschiede beseitigt werden können. Analysiert werden im Weiteren vielmehr die im Schrifttum getroffenen Aussagen zur Konvergenzrichtung. Damit steht im Rahmen dieses Kapitels die generelle Frage im Fokus, ob eine der beiden tradierten Abbildungskonzeptionen beizubehalten ist oder ob sich beide Teile des Rechnungswesens aufeinander zubewegen. Mit der Bestimmung der Konvergenzrichtung wird somit der Bezugsrahmen festgelegt, innerhalb dessen die Eliminierung bestehender Ansatz-, Bewertungs- und Ausweisunterschiede erfolgt. Grundsätzlich sind unter dem Aspekt der Konvergenzrichtung drei Entwicklungen denkbar:[1401]

- Einseitige Angleichung der internen an die externen Rechenwerke: Die für die Ausgestaltung des externen Rechnungswesens geltenden Regelungen werden auf die konvergenzrelevanten Rechenwerke des internen Rechnungswesens übertragen. Spezifika der letztgenannten Rechenwerke, die nicht mit den Rechnungslegungsvorschriften konform sind, müssen dementsprechend aufgegeben werden.[1402]
- Einseitige Angleichung der externen an die internen Rechenwerke: Das interne Rechnungswesen bildet den Referenzpunkt für die Ausgestaltung des externen Rechnungswesens. Aufgrund der Reglementierung des externen Rechnungswesens sind in diesem Zuge folglich die bestehenden Gestaltungsspielräume auszunutzen bzw. die relevanten Rechnungslegungsvorschriften anzupassen.

[1400] Vgl. Abschnitt 2.3.1.2, S. 41.

[1401] Vgl. Burger/Buchhart (2001a), S. 549; Kümpel (2002a), S. 906; Wussow (2004), S. 41.

[1402] Vgl. hierzu bereits Abschnitt 5.2.3.1, S. 189.

- Gegenseitige Annäherung der internen und externen Rechenwerke: Bei dieser Möglichkeit erfolgt ein Abrücken von den tradierten Abbildungskonzeptionen sowohl auf der Seite des internen als auch jener des externen Rechnungswesens.

Mit Blick auf die Tatsache, dass die Abbildungsregeln für das externe Rechnungswesen gesetzlich kodifiziert und damit fixiert sind, erscheint die Realisierbarkeit einer Annäherung der externen Rechenwerke an die konvergenzrelevanten Teilbereiche des internen Rechnungswesens fraglich. Mehrere Autoren beantworten daher die Frage nach der Festlegung der relevanten Konvergenzrichtung in Abhängigkeit vom zeitlichen Horizont, der für eine Annäherung des internen und externen Rechnungswesens zur Verfügung steht. Demnach erscheint kurzfristig nur eine Anpassung des internen an das externe Rechnungswesen realisierbar. Schließlich hat ein Unternehmen nur einen geringfügigen Einfluss auf die anzuwendenden Rechnungslegungsvorschriften.[1403] In einer längerfristigen Perspektive wird demgegenüber auch eine Annäherung der Rechnungslegungsvorschriften an jene Abbildung für möglich gehalten, die für interne Steuerungszwecke als zielführend erachtet wird. Begründet wird diese Überlegung zum einen damit, dass die Daten, anhand derer das Unternehmen gesteuert wird, für die Beurteilung der Unternehmensführung durch am Kapitalmarkt agierende Investoren relevant erscheinen. Daher wird eine Integration dieser Informationen in die Kapitalmarktberichterstattung für möglich gehalten.[1404]

Zum anderen gestalten die internationalen Standardsetter absichtlich die Standardsetzungsprozesse transparent und räumen der Öffentlichkeit – und somit auch den bilanzierenden Unternehmen – Möglichkeiten zur Mitsprache ein.[1405] Dementsprechend erscheint es vor einem mittelfristigen Zeithorizont denkbar, dass Unternehmen als Rechnungslegende versuchen, Einfluss auf den Standardsetzungsprozess zu nehmen und auf diese Weise die Durchsetzung von Regelungen forcieren, welche eine hohe Kompatibilität mit den Anforderungen an Steuerungsrechnungen aufweisen.[1406] Neben der Reformierung der Rechnungslegung kann eine Angleichung pagatorischer an kalkulatorische Rechnungen grundsätzlich auch über das Ausnutzen bestehender Wahlrechte erfolgen, beispielsweise im Zusammenhang mit der handelsrechtlichen Wahlmöglichkeit hinsichtlich des Einbezugs von Material- und Fertigungsgemeinkosten im Rahmen der Vorratsbewertung, die bis zur Reformierung des Handelsrechts durch das BilMoG bestand.[1407]

1403 Vgl. Melcher (2002), S. 67.

1404 Vgl. Klein (1999a), S. 23 ff.; Melcher (2002), S. 66 ff.; Müller (2006), S. 265; Stute (2007), S. 36.

1405 Vgl. Königsgruber (2009), S. 1310; vgl. zur Partizipation verschiedener Gruppen am Standardsetzungsprozess auch die empirischen Ergebnisse von Jorissen/Lybaert/Orens/Van der Tas (2010), S. 17 ff.

1406 Vgl. Klein (1999a), S. 78. *Haaker* sieht im Zuge der Konvergenz des internen und externen Rechnungswesens das Controlling in der Pflicht, den Standardsetzungsprozess kritisch zu verfolgen und darauf Einfluss zu nehmen (vgl. Haaker (2009a), S. 437).

1407 Vgl. Burger/Buchhart (2001a), S. 550. Die Ausnutzung von Gestaltungsmöglichkeiten zur Vereinheitlichung der Konvergenzobjekte wird auch mit Bezug zur internationalen Rechnungslegung vorgeschlagen. Als konkrete Maßnahme wird beispielsweise der Verzicht auf den Ansatz von Fair Values im Rahmen der Folgebewertung des Sachanlagevermögens angeregt (vgl. Wussow (2004), S. 166 f.).

Konvergenzrichtung							
Beitrag	Konvergenzrichtung			Beitrag	Konvergenzrichtung		
	A	B	C		A	B	C
Altenburger et al. (2001)			☑	Küting/Lorson (1998a)	☑		
Auer (2004)			☑	Küting/Lorson (1998b)	☑		
Baltzer/Michel (2008)			☑	Küting/Lorson (1998d)	☑		
Beißel/Steinke (2004)	☑			Küting/Lorson (1999a)	☑		
Beißel/Szczesny (2009)	☑			Küting/Lorson (1999b)	☑		
Burger/Buchhart (2001b)	☑			Lochner et al. (2007)	☑		
Chrubasik/Janz (2007)			☑	Männel (1997a)	☑		
Coenenberg (1995)	☑			Männel (1997b)	☑		
Currle et al. (1998)			☑	Männel (1999a)	☑		
Dais/Watterott (2006)			☑	Männel (1999b)	☑		
Damberger et al. (2002)			☑	Melching (1997)			☑
Deleker (1997)	☑			Meyer et al. (2006)	☑		
Dressler/Müller (2001)	☑			Michel (2006)			☑
Erdmann et al. (2005)	☑			Müller et al. (2005)			☑
Grünert/Laws (2005)	☑			Müller/Peskes (2006)			☑
Günther/Zurwehme (2008)			☑	Nebel et al. (1998)	☑		
Haaker (2009a)			☑	Oehler/Simon (2003)	☑		
Hahn (1999)			☑	Ohlms et al. (2002)	☑		
Hahn/Nicklas (1999)	☑			Pelger (2008a)	☑		
Haller (1997)			☑	Rapp/Lukas (2008)			☑
Hasselmeyer et al. (2005)	☑			Reiners (2001)	☑		
Hebeler (2006)			☑	Ruhwedel/Schultze (2004)		☑	
Henselmann (2001)			☑	Seelinger/Kaatz (1998)	☑		
Heyd (2001a)			☑	Simons/Weißenberger (2008)	☑		
Jahnke et al. (2007)			☑	Vanini/Beyer (2009)	☑		
Kerkhoff/Thun (2007)			☑	Wala et al. (2007b)			☑
Kirsch et al. (2010)			☑	Weide (2009b)			☑
Klein (1999b)	☑			Weißenberger (2006a)			☑
Kley (2006)	☑			Weißenberger/IGC (2006a)			☑
Kümpel (2002a)			☑	Weißenberger/IGC (2006b)			☑
Kunz (2010)			☑	Ziegler (1994)			☑
Küting (2000)	☑			Zwischensumme pro Aspekt	32	1	30
				Nennungen insgesamt	63		

Mit A ≡ Einseitige Angleichung der internen an die externen Rechenwerke; B ≡ Einseitige Angleichung der externen an die internen Rechenwerke; C ≡ Gegenseitige Annäherung der internen und externen Rechenwerke

Tabelle 32: Nennungen zur Konvergenzrichtung

Im Zuge der Literaturanalyse wurden in 63 Beiträgen relevante Textpassagen identifiziert, in denen entweder die Alternativen bezüglich der Konvergenzrichtung direkt diskutiert werden oder aus den Ausführungen mittelbar geschlossen werden kann, in welcher Richtung Anpassungen initiiert werden. Aus 33 Aufsätzen (rund 52,4 Prozent der relevanten Beiträge) kann gefolgert werden, dass eine Konvergenz des Rechnungswesens nur in **einseitiger Richtung** erfolgen kann. Diese Quellen werden in den Spalten A und B der Tabelle 32 zusammengefasst. Mit einer Ausnahme ist sämtlichen Beiträgen zu entnehmen, dass sich das interne an das externe Rechnungswesen anpasst.[1408] Die Ausnahme bildet der Standpunkt von *Ruhwedel/ Schultze*, die eine Annäherung des internen und externen Rechnungswesens zwar nicht völlig negieren, im Hinblick auf die Richtung der Anpassung allerdings feststellen: „Die Richtung ging [..] entgegen der Ende der neunziger Jahre geführten Diskussion weniger von einer Annäherung des internen an das externe Rechnungswesen aus, vielmehr haben verschiedene Regulierungsänderungen der externen Rechnungslegung zu einer Anpassung geführt."[1409] Als Belege für diese Entwicklung führen die Autoren die Segmentberichterstattung an, in deren Rahmen Daten aus dem internen Rechnungswesen an unternehmensexterne Adressaten kommuniziert werden, sowie den Goodwill Impairment Test, zu deren Durchführung ebenfalls ein Rückgriff auf das Datenmaterial des internen Rechnungswesens erfolgt.[1410]

Demgegenüber wird von den Verfassern der übrigen Beiträge eine Konvergenzentwicklung in die entgegengesetzte Richtung festgestellt, wie das repräsentative Zitat von *Küting/Lorson* zeigt: „Die externe Konzernrechnungslegung (nach IAS/US-GAAP) sollte die Meßlatte der Angleichung bilden. Aufgrund der externen Verpflichtung hierzu ist sie ein unabdingbares Datum."[1411] Diesen Autoren zufolge wird eine Konvergenz des Rechnungswesens demnach umgesetzt, indem den konvergenzrelevanten Rechenwerken des internen Rechnungswesens Daten des externen Rechnungswesens zugeführt werden.[1412] Dementsprechend gelten auch für die internen Rechenwerke die Bilanzierungsvorschriften der relevanten Rechnungslegung.[1413] Mit diesen Regeln nicht-kompatible Konventionen, z.B. in der Form kalkulatorischer Kosten, sind demzufolge aufzugeben.[1414] Dieser Blickwinkel wird dabei vor dem Hintergrund unterschiedlicher Regelwerke eingenommen: In 21 Beiträgen (65,6 Prozent der 32 Beiträge, die auf eine Anpassung der internen Rechenwerke an das externe Rechnungswesen hindeuten) wird die Konvergenzrichtung bei Anwendung internationaler Rechnungslegungs-

[1408] Vgl. zur Abgrenzung dieser beiden Entwicklungsrichtungen auch Kirsch/Koelen/Köhling (2010), S. 200.

[1409] Ruhwedel/Schultze (2004), S. 493 f.

[1410] Vgl. Ruhwedel/Schultze (2004), S. 494; vgl. hierzu auch Hachmeister (2006), S. 427 ff.; Müller/Reinke (2010), S. 231 ff.; Glaum/Vogel (2004), S. 52.

[1411] Küting/Lorson (1999b), S. 220.

[1412] Vgl. Klein (1999b), S. 68; Hasselmeyer/Reichertz/Dohrn (2005), S. 450; Weide (2009a), S. 96.

[1413] Vgl. Klein (1999a), S. 22; Wussow (2004), S. 207; Männel (1999b), S. 15.

[1414] Vgl. z.B. Männel (1999a), S. 14; Grünert/Laws (2005), S. 656; Dressler/Müller (2001), S. 505; vgl. hierzu nochmals Abschnitt 5.2.3.1, S. 188.

standards, d.h. IFRS oder US-GAAP, bestimmt,[1415] in sieben Fällen bildet die handelsrechtliche Rechnungslegung den Rahmen der Überlegungen.[1416] In den verbleibenden vier Beiträgen wird hingegen auf kein Regelwerk explizit Bezug genommen.[1417]

Neben konzeptionellen Beiträgen sind unter diesen Veröffentlichungen auch Praxisbeispiele zu finden, aus deren Darlegung die Konvergenzrichtung erkennbar, aber nicht näher begründet wird.[1418] Im Falle einer Begründung zeigen sich in den Beiträgen deutliche Parallelen in der Argumentation, die sich bereits im oben stehenden Zitat von *Küting/Lorson* andeutet: Da die Ausgestaltung des externen Rechnungswesens gesetzlich kodifiziert ist, bleiben den Unternehmen kaum Handlungsmöglichkeiten, dieses an das interne Rechnungswesen anzugleichen.[1419] Letzteres kann demgegenüber mangels regulatorischer Restriktionen frei gestaltet werden.[1420] Somit gilt das externe Rechnungswesen als Fixpunkt, an den das interne Rechnungswesen anzunähern ist.

Dass eine Konvergenz des Rechnungswesens ausschließlich durch eine einseitige Anpassung erreicht wird, weisen hingegen die Autoren der übrigen 30 Beiträge zurück (vgl. Spalte C der Tabelle 32). Ihnen zufolge entsteht ein konvergentes Rechnungswesen durch eine **beidseitige Angleichung** der relevanten Konvergenzobjekte des internen und externen Rechnungswesens. Nach *Henselmann* ergibt sich eine Konvergenz des Rechnungswesens „[e]inerseits durch Annäherung der frei gestaltbaren Kostenrechnung an die Gegebenheiten von Konzern- oder Einzelabschluss, andererseits durch Nutzung von Spielräumen im externen Rechnungswesen an das, was man für die Kostenrechnung als sinnvoll erachtet."[1421] *Dais/Watterott* pflichten dem bei und zeigen anhand eines Unternehmensbeispiels, dass die Konvergenzrichtung „keine reine Einbahnstraße"[1422] ist.

Aus diesen Aussagen in Kombination mit der Feststellung von *Burger/Buchhart*, dass durch das Ausnutzen von Wahlrechten und Ermessensspielräumen eine Annäherung des externen an das interne Rechnungswesen nur in geringem Maße vorgenommen werden kann, ist zu schlussfolgern, dass sich auch bei einer beidseitigen Annäherung das interne Rechnungswesen stärker auf das externe Rechnungswesen zubewegt als umgekehrt.[1423] Infolge der auch in

---

1415 Vgl. z.B. Nebel/Brandl/Arnaout (1998); Klein (1999b); Beißel/Szczesny (2009).

1416 Vgl. z.B. Männel (1997a); Ohlms/Tomaszewski/Trützschler (2002); Grünert/Laws (2005).

1417 Vgl. z.B. Deleker (1997); Küting (2000); Dressler/Müller (2001).

1418 Vgl. z.B. Ohlms/Tomaszewski/Trützschler (2002); Hasselmeyer/Reichertz/Dohrn (2005).

1419 So vertreten beispielsweise *Müller et al.* die Auffassung, dass ein gezieltes Ausnutzen der Spielräume, welche die IFRS-Rechnungslegung eröffnet, kaum zu einer Annäherung der beiden Teilbereiche des Rechnungswesens führen dürfte (vgl. Müller/Ordemann/Pampel (2005), S. 2121).

1420 Vgl. z.B. Vanini/Beyer (2009), S. 129; Meyer/Wünsch/Erdmann (2006), S. 1965; Seelinger/Kaatz (1998), S. 127; Trapp (2010a), S. 307.

1421 Henselmann (2001), S. 164.

1422 Dais/Watterott (2006), S. 467. Gleichwohl konstatieren auch sie, dass die Möglichkeiten, das externe Rechnungswesen an die Erfordernisse einer internen Steuerungsrechnung anzupassen, begrenzt sind (vgl. Dais/Watterott (2006), S. 467).

1423 Vgl. Müller/Ordemann/Pampel (2005), S. 2121.

dieser Konstellation gegebenen Dominanz des externen Rechnungswesens gilt wiederum, dass sich die Anwendung der relevanten Ansatz- und Bewertungsvorschriften auch auf Rechenwerke des internen Rechnungswesens erstreckt.[1424]

Zur Veranschaulichung dieses Vorgehens lassen sich die Ausführungen von *Müller et al.* heranziehen. Sie konstatieren zwar, dass primär das interne Rechnungswesen zur Disposition steht und begründen diese Konvergenzrichtung mit den geringen Spielräumen infolge der gesetzlichen Fixierung der Ausgestaltung des externen Rechnungswesens.[1425] Diese auf eine einseitige Anpassung hindeutende Einschätzung relativiert sich jedoch in Anbetracht des skizzierten Vorgehens zur Umsetzung eines konvergenten Rechnungswesens. So fungiert den Autoren zufolge das externe Rechnungswesen als Grundrahmen, innerhalb dessen „[a]lle Instrumente des internen Rechnungswesens, die ebenfalls eine Abbildung der Erfolgs-, Finanz- und Vermögenslage für den Konzern, das Gesamtunternehmen oder die Segmente anstreben, [...] dahingehend zu überprüfen [sind], ob die damit generierten Ergebnisse rechenzweckgemäß zutreffendere Aussagen ergeben."[1426] Sofern diese Frage negiert wird, bietet sich eine Vereinheitlichung des Rechnungswesens an, wobei die Rechenwerke des externen Rechnungswesens zumindest im Hinblick auf die Gliederungen an das interne Rechnungswesen angenähert werden sollten.[1427]

Dieses Vorgehen findet sich in den von *Ziegler*, *Melching* und *Currle et al.* vorgestellten Unternehmensbeispielen wieder. In den Unternehmen wurde das im Handelsrecht verankerte Wahlrecht zur Gliederung der GuV genutzt und das Umsatzkostenverfahren als neue Darstellungsform gewählt.[1428] Damit stellt die konvergente Erfolgsrechnung eine Kombination aus der im internen Rechnungswesen etablierten Ausweiskonvention und den handelsrechtlichen Ansatz- und Bewertungsvorschriften dar.[1429]

Deutlich häufiger als mit dem auf eine Konvergenz gerichteten Ausnutzen von Wahlrechten und Ermessensspielräumen wird die beidseitige Anpassung jedoch mit den bereits von *Ruhwedel/Schultze* angesprochenen Merkmalen der internationalen Rechnungslegung begründet. In 23 Beiträgen (entspricht 76,6 Prozent der 30 Veröffentlichungen, denen relevante Aussagen entnommen worden sind) wird der **Management Approach** als Beleg für eine

---

[1424] Vgl. Auer (2004), S. 4; Kümpel (2002a), S. 906.

[1425] Vgl. Müller/Ordemann/Pampel (2005), S. 2121.

[1426] Müller/Ordemann/Pampel (2005), S. 2123.

[1427] Vgl. Müller/Ordemann/Pampel (2005), S. 2123.

[1428] Vgl. für die Vorteile dieses Vorschlags auch Wussow (2004), S. 209.

[1429] Vgl. Ziegler (1994), S. 177; Melching (1997), S. 248; Currle/Fauth/Wangenheim (1998), S. 254. Darüber hinaus empfehlen *Damberger et al.* die Einführung des Umsatzkostenverfahrens, da dieses mit der Deckungsbeitragsrechnung des internen Rechnungswesens korrespondiert (vgl. Damberger/Heyne/Renner (2002), S. 27). Im Hinblick auf die Siemens AG, auf die sich *Ziegler* bezieht, ergänzen *Seelinger/Kaatz*, dass in diesem Unternehmen zudem versucht wird, im Rahmen der gegebenen Spielräume, die das Handelsrecht eröffnet, marktnahe Wertansätze zu ermitteln (vgl. Seelinger/Kaatz (1998), S. 132).

beidseitige Annäherung des internen und externen Rechnungswesens angeführt.[1430] Dieses von *Hachmeister* als „besondere Form der Konvergenz“[1431] bezeichnete Prinzip wird mitunter sogar als Voraussetzung für eine Konvergenz des Rechnungswesens gesehen. So vertritt *Heyd* die Auffassung, dass „eine Harmonisierung durch die Praxis nur akzeptiert [..] [wird], wenn das externe Rechnungswesen hinreichenden Freiraum lässt, um interne Informationen nach aussen zu vermitteln“[1432].

Mit dem bereits in Abschnitt 5.1.1.1 erwähnten Begriff des Management Approach wird die zwischen den Teilbereichen des Rechnungswesens bestehende Schnittstelle bezeichnet, die sich darin konkretisiert, dass Daten des internen Rechnungswesens bzw. Controllings in die externe Finanzberichterstattung eingehen.[1433] Damit wird ein Datenaustausch angesprochen, der bereits bei der Anwendung handelsrechtlicher Rechnungslegungsstandards durchgeführt wird. Schließlich basiert die Bestandsbewertung des im HGB-Abschluss ausgewiesenen Vorratsvermögens auf kostenrechnerischen Kalkulationsverfahren.[1434] Die Übernahme von Daten des internen in das externe Rechnungswesen nimmt jedoch bei Anwendung der IFRS deutlich zu.[1435]

Während der Management Approach von einigen Autoren eng ausgelegt wird, indem mit ihm nur Sachverhalte bezeichnet werden, in denen Daten des Controllings bzw. internen Rechnungswesens unmittelbar im IFRS-Abschluss ausgewiesen werden,[1436] legen *Weißenberger/ Maier* ein breites Verständnis zugrunde: Über den genannten unmittelbaren Datenimport hinausgehend, subsumieren sie auch „die mittelbare Herleitung von Größen im IFRS-Reporting

1430 Vgl. z.B. Chrubasik/Janz (2007); Kerkhoff/Thun (2007); Günther/Zurwehme (2008); Weide (2009b). In die Auswertung sind keine Beiträge aufgenommen worden, die sich ausschließlich mit den Informationsbedarfen der IFRS-Rechnungslegung gegenüber dem Controlling befassen und keinen Bezug auf die Möglichkeit einer Annäherung der internen Steuerungsrechnung an die externe Erfolgsrechnung nehmen. Diese Beiträge könnten auf eine einseitige Annäherung des externen an das interne Rechnungswesen schließen lassen, was jedoch eine Fehlinterpretation darstellen dürfte, weil keine Aussagen über die Möglichkeit der Nutzung der pagatorischen Daten des externen Rechnungswesens für die Unternehmenssteuerung getroffen werden. Als Beispiele für Beiträge mit einem solchen Fokus sind z.B. Hachmeister (2006) oder Weißenberger/Maier (2006) zu nennen.

1431 Hachmeister (2003), S. 446; ähnlich auch Müller/Peskes (2006), S. 821; Wagenhofer (2008a), S. 163.

1432 Heyd (2001a), S. 203. *Velte* betrachtet demgegenüber eine Konvergenz des internen und externen Rechnungswesens als zentrale Voraussetzung für die Anwendung des Management Approach (vgl. Velte (2008b), S. 133).

1433 Vgl. Weißenberger/Maier (2006), S. 2077; Hachmeister (2003), S. 446; Kirsch/Koelen/Köhling (2010), S. 200. Der Management Approach bezieht sich nur auf eine Zweitverwertung von Daten des internen Rechnungswesens bzw. Controllings und umfasst daher keine Sachverhalte, in denen das Controlling originär für die Finanzberichterstattung Daten generiert. Als Beispiel nennen *Weißenberger/Angelkort* in diesem Zusammenhang ein versicherungsmathematisches Gutachten, das ausschließlich zur Bewertung von Pensionsrückstellungen angefertigt wird. Dieses stellt keinen Anwendungsfall des Management Approach dar (vgl. Weißenberger/Angelkort (2007), S. 419).

1434 Vgl. z.B. Fischer/Klein (1995), S. 1258 ff.; Weißenberger/Stromann (2000), S. 607 ff.; Mühlberger/Langecker (2010), S. 29.

1435 Vgl. Weißenberger/Angelkort (2007), S. 418; Velte (2008b), S. 133.

1436 Vgl. z.B. Wagenhofer (2006a), S. 4; Hoffjan/Trapp (2008), S. 1026.

auf der Basis interner Controllinginformationen“[1437] unter den Management Approach. Bei Wahl der breiten Auslegung lassen sich etwa die Bewertung von Vermögenswerten zum Fair Value, die Ausgestaltung des Goodwill Impairment Test nach IAS 36 oder die Bilanzierung langfristiger Fertigungsaufträge nach IAS 11 als Anwendungsfälle des Management Approach anführen.[1438] Darüber hinaus wird die Segmentberichterstattung nach IFRS 8 genannt, um die These, dass sich (auch) das externe auf das interne Rechnungswesen zubewegt, zu fundieren.[1439]

In sämtlichen Fällen bedingt die bilanzielle Abbildung der Sachverhalte einen Rückgriff auf die internen Planungs- und Berichtssysteme. Im Rahmen der Bilanzierung langfristiger Fertigungsaufträge bedarf es etwa einer projektbezogenen Erfassung der entstandenen Kosten und einer Überwachung des Projektfortschritts im Rahmen einer mitlaufenden Kalkulation.[1440] Bei der Durchführung des Goodwill Impairment Test orientiert sich die Allokation des Goodwill an den Strukturen des internen Berichts- und Steuerungssystems, zudem setzt die Bestimmung der erwarteten Cash Flows auf den unternehmensinternen Planungen auf.[1441] Als Kernanwendungsfall des Management Approach gilt jedoch die Segmentberichterstattung nach SFAS 131 bzw. IFRS 8, weshalb die wesentlichen Zusammenhänge an dieser Stelle skizziert werden.[1442]

Bei einer weiten Auslegung des Begriffs, kann unter einem Segment ein produkt- bzw. marktorientierter Geschäftsbereich verstanden werden.[1443] Im Rahmen der Segmentberichterstattung, welche inzwischen ein obligatorisches Element der Konzernrechnungslegung darstellt,[1444] werden den Abschlussadressaten Informationen über die wirtschaftliche Situation einzelner Segmente vermittelt.[1445] Die in der Bilanz und GuV enthaltenen, aggregierten Daten zur Vermögens- und Ertragslage des Gesamtunternehmens werden also auf dem Wege der Segmentpublizität auf einzelne Unternehmenseinheiten heruntergebrochen.[1446]

Der Bedarf für diese differenzierten Informationen ergibt sich insbesondere daraus, dass sich Unternehmen infolge ihrer Diversifikationsbestrebungen aus verschiedenen Einheiten zu-

---

1437 Weißenberger/Maier (2006), S. 2077; so auch Wiederhold (2008), S. 48.

1438 Vgl. Ruhwedel/Schultze (2004), S. 494; Wala/Knoll/Messner (2007b), S. 1881; Jahnke/Wielenberg/Schumacher (2007), S. 366. Vgl. hierzu auch die Ausführungen in Abschnitt 5.1.1.2.3, S. 129, in dem weitere Anwendungsbeispiele für den Management Approach skizziert werden.

1439 Vgl. z.B. Hebeler (2006), S. 9; Kerkhoff/Thun (2007), S. 456.

1440 Vgl. Bischof (1998), S. 12; Kirsch/Steinhauer (2003), S. 431; Trapp (2010b), S. 268.

1441 Vgl. Hachmeister (2006), S. 428 ff.; Hoffjan (2009), S. 213 ff.; Trapp (2010b), S. 269.

1442 Vgl. Weißenberger/Angelkort (2007), S. 418.

1443 Vgl. Haller/Park (1994), S. 500; Haller (2006), S. 145.

1444 Die Verpflichtung börsennotierter Kapitalgesellschaften zur Veröffentlichung eines Segmentberichts hielt mit dem Gesetz zur Kontrolle und Transparenz im Unternehmensbereich (KonTraG) Einzug in das Handelsrecht. Bei Anwendung internationaler Rechnungslegungsstandards bestand demgegenüber schon zuvor eine Pflicht zur Aufstellung eines Segmentberichts (vgl. Coenenberg/Mattner (2000), S. 1827).

1445 Vgl. Busse von Colbe/Ordelheide/Gebhardt/Pellens (2010), S. 597.

1446 Vgl. Weißenberger/Liekweg (1999), S. 165; Hoffjan/Trapp (2008), S. 1024; Rogler (2009b), S. 576.

sammensetzen, die unterschiedlichen Chancen und Risiken ausgesetzt sind. Mithilfe des Segmentberichts erschließen sich diese Unterschiede den Abschlusslesern, was zu einer Erhöhung der Prognosetauglichkeit des Abschlusses im Hinblick auf die künftig zu erwartenden Erfolge führen soll.[1447] *Fey/Mujkanovic* betonen, dass Angaben zu segmentbezogenen Geschäftsvolumina, Kapitaleinsätzen und Rentabilitäten bedeutsam sind, damit die unternehmensexternen Adressaten die in der Vergangenheit erzielten Erfolge eines Unternehmens verstehen und adäquate Prognosen über die künftige Unternehmensentwicklung treffen können.[1448]

Den Status als zentralen Treiber für eine Annäherung des externen an das interne Rechnungswesen erhält die Segmentberichterstattung dadurch, dass sowohl für die Abgrenzung der auszuweisenden Segmente als auch für den Ausweis der segmentbezogenen Daten das interne Rechnungswesen den Bezugspunkt bildet.[1449] Eines der Kriterien, anhand denen IFRS 8 ein Segment definiert, besteht darin, dass das operative Ergebnis dieses Teilbereichs regelmäßig vom Management überwacht und in Entscheidungen zur Ressourcenallokation und Performancebeurteilung einbezogen wird (IFRS 8.5(b)). Dementsprechend sind im Segmentbericht jene Teilbereiche des Unternehmens als Segmente auszuweisen, die Berichtsobjekte des unternehmensinternen Berichtswesens darstellen.[1450] Zulässig sind sämtliche Segmentierungskriterien, die unternehmensintern zur Anwendung kommen, d.h. die Segmentierung kann beispielsweise nach Sparten, Produktgruppen, Absatzmärkten oder Produktionsstandorten erfolgen.[1451] In der Praxis bilden vielfach die Geschäftsbereiche eines Unternehmens die relevanten Segmente.[1452]

Das interne Berichtswesen bildet jedoch nicht nur im Hinblick auf die Segmentabgrenzung den Referenzpunkt, sondern auch bezüglich der zu veröffentlichenden Segmentdaten. So sind für die berichtspflichtigen Segmente die Daten auszuweisen, die dem Management im Rahmen des internen Berichtswesens übermittelt werden (IFRS 8.25).[1453] Diese Daten müssen nicht mit den Bilanzierungsvorschriften konform sein, die für die Erstellung der Bilanz und GuV gelten. Somit ist beispielsweise der Ausweis von Ergebnisgrößen, die kalkulatorische Elemente enthalten, im Segmentbericht zulässig.[1454] Eine Verknüpfung zwischen den Segmentdaten und den Angaben in der Bilanz und GuV erfolgt allerdings insofern, als die Sum-

[1447] Vgl. Haller/Park (1994), S. 502; Weißenberger/Liekweg (1999), S. 165; Haller (2006), S. 156. *Fey/Mujkanovic* weisen auf empirische Studien hin, aus denen die hohe Relevanz von segmentbezogenen Angaben für die Abschlussadressaten hervorgeht (vgl. Fey/Mujkanovic (1999), S. 262).

[1448] Vgl. Fey/Mujkanovic (1999), S. 262.

[1449] Vgl. Rogler (2009a), S. 500; Blase/Müller (2009), S. 537 f.

[1450] Vgl. Hoffjan/Trapp (2008), S. 1025; Velte (2008b), S. 136. Gleichwohl besteht nach IFRS 8.12 die Möglichkeit zur Zusammenfassung gleichartiger Segmente (vgl. Coenenberg/Haller/Schultze (2009), S. 918 f.; Pellens/Fülbier/Gassen/Sellhorn (2011), S. 937).

[1451] Vgl. Müller/Peskes (2006), S. 821; Fey/Mujkanovic (1999), S. 263; Trapp/Wolz (2008), S. 87.

[1452] Vgl. Weide (2009a), S. 235.

[1453] Vgl. Trapp/Wolz (2008), S. 88; Pelger (2008b), S. 424; Grottke/Krammer (2008), S. 672.

[1454] Vgl. Blase/Müller (2009), S. 538; Velte (2008b), S. 137.

me der Segmentdaten auf die korrespondierenden aggregierten Größen überzuleiten ist (IFRS 8.28).[1455]

Der Hintergrund dieser Regelung ist in der Annahme zu sehen, dass ein auf die unternehmensinternen Entscheidungsprozesse optimal abgestimmtes Berichtswesen auch für die Fundierung der Anlageentscheidungen geeignet ist, die von den Abschlussadressaten getroffen werden.[1456] Darüber hinaus erlaubt es der Einblick in die Strukturen des internen Berichtswesens den Abschlussadressaten, die Qualität der bereitgestellten Informationen ebenso wie die Entscheidungen des Managements besser nachzuvollziehen.[1457]

Unter dem Aspekt der Konvergenz des Rechnungswesens ist dieser Ansatz bemerkenswert, da er einer „vollständigen Integration des internen und externen Rechnungswesens in der Segmentberichterstattung gleichkommt."[1458] Damit erklärt sich die Häufigkeit, mit der dieser Ansatz als Indiz für eine Annäherung des externen Rechnungswesens an die internen Rechenwerke und – bei gleichzeitiger Übernahme von pagatorischen Daten in die interne Steuerungsrechnung – für eine beidseitige Konvergenz des Rechnungswesens angeführt wird.

Günther/Zurwehme sowie *Ruhwedel/Schultze*, deren Beitrag der Gruppe von Veröffentlichungen zugeordnet worden ist, in denen eine einseitige Anpassung festgestellt wird, nennen zudem das **Value Reporting** als einen Treiber für eine Annäherung der externen Rechenwerke an das interne Rechnungswesen.[1459] Das Value Reporting lässt sich als zusätzliche, d.h. über die gesetzlich auferlegten Informationspflichten hinausgehende Kommunikation wertrelevanter Informationen an den Kapitalmarkt definieren.[1460] Die mit dem Value Reporting verfolgte Zielsetzung besteht darin, Außenstehenden die Abschätzung des intrinsischen Unternehmenswerts zu erleichtern. Hierzu sind den Kapitalanlegern die zur Steigerung des intrinsischen Werts initiierten Maßnahmen glaubhaft zu kommunizieren.[1461] Infolge der Verringerung der zwischen dem Unternehmen und den Kapitalmarktteilnehmern bestehenden Informationsasymmetrie wird erwartet, dass sich die von Anlegern geforderte Risikoprämie reduziert und dementsprechend die Kapitalkosten des Unternehmens sinken.[1462]

1455 Vgl. Grottke/Krammer (2008), S. 674; Blase/Müller (2009), S. 538.

1456 Vgl. Fey/Mujkanovic (1999), S. 263; Velte (2008b), S. 137; ähnlich auch Haller/Park (1999), S. 60. Mit dieser Einschätzung korrespondiert die bereits zuvor angesprochene Auffassung, dass zwischen den Kapitalallokationsentscheidungen der Unternehmensführung und den Anlageentscheidungen der Investoren deutliche Parallelen bestehen (vgl. Abschnitt 5.3.1.1.1.3, S. 231).

1457 Vgl. Weißenberger/Liekweg (1999), S. 166; Haller/Park (1999), S. 60; Müller/Peskes (2006), S. 823.

1458 Wagenhofer (2008a), S. 163.

1459 Vgl. Günther/Zurwehme (2008), S. 104; Ruhwedel/Schultze (2004), S. 489; so auch Himmel (2004), S. 31.

1460 Vgl. Ruhwedel/Schultze (2002), S. 609; Schultze/Steeger/Schabert (2009), S. 14.

1461 Vgl. Schultze/Steeger/Schabert (2009), S. 14; Ruhwedel/Schultze (2002), S. 606; AK Internes Rechnungswesen (2010), S. 800.

1462 Vgl. Coenenberg/Mattner (2000), S. 1829; Volkart/Schön/Labhart (2005), S. 521; Hebeler (2003), S. 296 f.

Zu den Inhalten dieser Berichte gehören u.a. Ausführungen zum implementierten Steuerungssystem, insbesondere zu den für Steuerungszwecke verwendeten Kennzahlen.[1463] Indem im Rahmen des Value Reporting – ähnlich wie im Falle des Segmentberichts – die Strukturen offengelegt werden, anhand derer das Unternehmen gesteuert wird, „führt eine wertorientierte Berichterstattung fast zwangsläufig zu einer Annäherung zwischen internem und externem Rechnungswesen“[1464].

Insgesamt spielt das Value Reporting für die Begründung der Konvergenzrichtung jedoch eine ähnlich untergeordnete Rolle wie das Ausnutzen von Spielräumen, die von den relevanten Rechnungslegungsstandards gewährt werden. Der Datentransfer des Controllings im Sinne des Management Approach ist hingegen von zentraler Bedeutung. Gleichwohl wird auch in diesem Zusammenhang betont, dass die Anpassung des internen an das externe Rechnungswesen im Rahmen der beidseitigen Annäherung überwiegt.[1465] Der Import von Controllingdaten in die Rechnungslegung wird mitunter auch von Autoren erkannt, denen zufolge ein konvergentes Rechnungswesen auf dem Wege einer einseitigen Anpassung des internen an das externe Rechnungswesen erfolgt. *Küting/Lorson* thematisieren beispielsweise den Management Approach, führen aber in ihren „rahmengebenden Richtlinien einer intern-extern harmonisierten Steuerungsrechnung“ die externen Rechnungslegungsvorschriften als klaren Fixpunkt innerhalb der Konvergenzbestrebungen an.[1466]

Somit kann zumindest nicht ausgeschlossen werden, dass die Einschätzungen zur Konvergenzrichtung vom Blickwinkel abhängen, aus dem die Entwicklungen im Rechnungswesen betrachtet werden. Sofern unter der Konvergenz des Rechnungswesens nur explizit ergriffene Maßnahmen zusammengefasst werden, die mit der Intention, eine Annäherung der relevanten Teilbereiche zu erreichen, durchgeführt werden, ist die Tatsache, dass sich die internationalen Rechnungslegungsstandards auf die Abbildungskonzeption des internen Rechnungswesens zubewegen, für die Unternehmen, die zu einer solchen Rechnungslegung verpflichtet sind, irrelevant. Wird hingegen die tradierte Ausgestaltung des Rechnungswesens vor dem Hintergrund der handelsrechtlichen Rechnungslegung als Ausgangspunkt betrachtet, so führt allein die Anwendung der IFRS und die damit verbundene Umsetzung des Management Approach

---

1463 Vgl. Ruhwedel/Schultze (2002), S. 620 f.; Schultze/Steeger/Schabert (2009), S. 18 f.

1464 Ruhwedel/Schultze (2004), S. 495. *Hebeler* äußert jedoch unter Bezug auf US-amerikanische Unternehmen Bedenken zur Qualität der freiwilligen Berichterstattung. So werden vielfach sog. pro forma-Ergebnisse veröffentlicht, denen unterstellt wird, dass sie die Unternehmenssituation beschönigend darstellen (vgl. Hebeler (2003), S. 164; vgl. zu dem Missbrauchspotenzial, das pro forma-Ergebnisgrößen inhärieren, auch Gronewold/Sellhorn (2009), S. 107 ff.). Dieses Problem geht auch aus der Definition von *Hitz* hervor: Demnach stellen pro forma-Ergebnisse „reglementierte Periodenergebnisse [dar], die in Abhängigkeit von der Einschätzung des Managements um Einzelpositionen bereinigt werden, ohne einem etablierten Berechnungsschema zu folgen, typischerweise ohne die Möglichkeit, diese Größen anhand der pflichtgemäß offenzulegenden Informationen nachzuvollziehen“ (Hitz (2010), S. 131).

1465 Vgl. Günther/Zurwehme (2008), S. 118.

1466 Vgl. Küting/Lorson (1999a), S. 55; ähnlich auch Müller/Ordemann/Pampel (2005), S. 2123.

zu einer Bewegung in die Richtung eines konvergenten Rechnungswesens.[1467] Eine solche weite Auslegung ist jedoch bereits unter dem Aspekt der Begrifflichkeiten als problematisch zu erachten, da in diesem Falle per Definition ein Unternehmen unmittelbar bei Anwendung der internationalen Rechnungslegungsvorschriften über ein konvergentes Rechnungswesen verfügen würde. Denn unabhängig von einer Adaption der Datenbasis des externen Rechnungswesens für interne Steuerungszwecke, führt die Anwendung der IFRS bzw. US-GAAP zu einer eher ökonomisch geprägten Abbildung des Unternehmens, die bei einer handelsrechtlichen Bilanzierung nicht gegeben ist.[1468]

Losgelöst von der Frage, ob die unter dem Management Approach zu subsumierenden Sachverhalte zu einer Konvergenz des Rechnungswesens beitragen, kann aus den analysierten Ausführungen geschlossen werden, dass ein Konsens besteht, nach dem die Anpassungen im Bereich des internen Rechnungswesens die Konvergenzbemühungen dominieren. Die Ausübung von Ermessensspielräumen und Wahlrechten kann die Übernahme von Daten des externen Rechnungswesens in Rechenwerke des internen Teilbereichs – ebenso wie die Bilanzierung nach IFRS – zwar flankieren. Mit dem isolierten Ergreifen dieser Maßnahmen erscheint die Realisierung der in Abschnitt 5.2 dargelegten Intentionen allerdings kaum gangbar.

5.3.1.2.2 Differenzierte Auswertungen

5.3.1.2.2.1 Zeitraumbezogene Auswertung

Um der Intention der Arbeit, sich abzeichnende Perspektivenwechsel im Zeitablauf aufzudecken, nachzukommen, werden auch die Ausführungen zur Konvergenzrichtung einer zeitraumbezogenen Betrachtung unterzogen. Die obere Übersicht der Tabelle 33 veranschaulicht die Verteilung der insgesamt 63 Nennungen auf die beiden achteinhalbjährigen Subperioden. Mit 30 bzw. 33 Nennungen sind in beiden Subperioden annähernd gleich viele Aussagen identifiziert worden.

Bezogen auf die beiden Ausprägungen der Konvergenzrichtung zeigen sich Unterschiede. Im Hinblick auf eine einseitige Anpassung eines Teilbereichs des Rechnungswesens geht die Anzahl an Nennungen von 20 auf 13 in der zweiten Subperiode zurück. Dies führt dazu, dass 60,6 Prozent der entsprechenden Nennungen in die erste Diskussionshälfte fallen. Bei den

[1467] Darauf deutet etwa die Aussage von *Männel* hin, dem zufolge die Unterschiede in der handelsrechtlichen Rechnungslegung und jener nach IFRS „zwangsläufig eine Annäherung von internem und externem Rechnungswesen zur Folge haben" (Männel (1999b), S. 15). Dass das externe Rechnungswesen einen Fixpunkt bei der Konvergenz des Rechnungswesens bildet, wird hingegen an anderer Stelle deutlich, indem angemerkt wird, „daß sich die letztlich zu differenzierenden Betriebsergebnisrechnungen hinführende Kostenrechnung möglichst wenig von jenem Grundkonzept lösen sollte, das die bilanzielle Aufwandsrechnung determiniert." (Männel (1999b), S. 16). Aus der Kombination dieser Aussagen ist im Rahmen der vorliegenden Analyse geschlossen worden, dass eine Konvergenz des Rechnungswesens durch eine einseitige Annäherung des internen an das externe Rechnungswesen erfolgt.

[1468] Vgl. Hahn (1999), S. 82 f.; Simons/Weißenberger (2008), S. 138; Weißenberger/IGC (2006a), S. 346.

Nennungen zur beidseitigen Konvergenzrichtung zeigt sich eine umgekehrte Tendenz, denn zwei Drittel sämtlicher Aussagen, die dieser Kategorie zugeordnet worden sind, finden sich in der zweiten Hälfte der Konvergenzdiskussion.

Konvergenz-richtung	Anzahl der Nennungen pro Gruppe	davon Nennungen 1994-2002/I		davon Nennungen 2002/II-2010	
Einseitig	33	20	60,6%	13	39,4%
Beidseitig	30	10	33,3%	20	66,7%
Gesamt	63	30	47,6%	33	52,4%

Periode	Anzahl der Nennungen pro Periode	davon Nennungen „Einseitig"		davon Nennungen „Beidseitig"	
1994-2002/I	30	20	66,7%	10	33,3%
2002/II-2010	33	13	39,4%	20	60,6%
Gesamt	63	33	52,4%	30	47,6%

Tabelle 33: Dynamische Auswertung der Aussagen zur Konvergenzrichtung

Diese Tendenz tritt auch bei der Betrachtung der pro Subperiode identifizierten Nennungen und ihrer Aufteilung auf die beiden Konvergenzrichtungen hervor. Von insgesamt 30 Aussagen, die dem Zeitraum von 1994 bis einschließlich des ersten Halbjahres 2002 entnommen worden sind, können 20 (66,7 Prozent aller Nennungen) so interpretiert werden, dass nach der Ansicht der entsprechenden Autoren eine Konvergenz des Rechnungswesens durch eine einseitige Annäherung der relevanten Teilbereiche des internen Rechnungswesens an die für das externe Rechnungswesen geltenden Vorschriften erfolgt. Lediglich in zehn Quellen wird der Standpunkt vertreten, dass sich darüber hinaus das externe auf das interne Rechnungswesen zubewegt, womit die Konvergenzbemühungen in einer beidseitigen Annäherung resultieren.

Da dieser Standpunkt in der zweiten Hälfte deutlich häufiger kommuniziert wird und zugleich die Nennungen einer einseitigen Konvergenzrichtung von 20 auf 13 zurückgehen, steigt die relative Häufigkeit der Nennungen, die sich auf eine beidseitige Annäherung beziehen, von 33,3 auf 60,6 Prozent. Einen Ansatzpunkt für diese Erklärung kann der Tabelle 34 entnommen werden. Sie differenziert die Aussagen zur Konvergenzrichtung, die in den beiden Subperioden getroffen worden sind, anhand der Bilanzierungsregelwerke, auf die in den jeweiligen Beiträgen Bezug genommen wird.

Wie die Übersicht zeigt, wird bereits in den ersten achteinhalb Jahren der Konvergenzdiskussion in der Hälfte der Beiträge, aus denen Aussagen zur Konvergenzrichtung extrahiert wurden, Bezug auf die internationalen Rechnungslegungsvorschriften genommen. In der zweiten Hälfte der Diskussion wird die Konvergenzrichtung fast ausschließlich im Kontext der IFRS bzw. US-GAAP erörtert – der Anteil an allen Nennungen beträgt 97 Prozent. Da der Management Approach ein Charakteristikum dieser Regelwerke ist, kann die beachtliche Häufigkeit, in der diese Standards thematisiert werden, als Erklärung für die zunehmende Betonung einer gegenseitigen Annäherung des internen und externen Rechenwerks gesehen werden. Schließlich ist der Management Approach in Abschnitt 5.3.1.2.1 als zentraler Grund für die beidseitige Annäherung identifiziert worden.[1469]

Periode	Anzahl der Nennungen pro Periode	davon vor dem Hintergrund einer Rechnungslegung					
		nach HGB		nach IFRS/ US-GAAP		ohne expliziten Bezug	
1994-2002/I	30	8	26,7%	15	50,0%	7	23,3%
2002/II-2010	33	1	3,0%	32	97,0%	0	0,0%
Gesamt	63	9	14,3%	47	74,6%	7	11,1%

Tabelle 34: Differenzierung der Aussagen zur Konvergenzrichtung anhand der Rechnungslegung

5.3.1.2.2.2 Autorengruppenbezogene Auswertung

Die Systematisierung der Aussagen zu der Richtung, in der eine Annäherung des internen und externen Rechnungswesens erfolgt, wird mit der autorengruppenbezogenen Auswertung abgeschlossen. Hierzu erfolgt wiederum eine Differenzierung der Aussagen unter der Maßgabe der jeweiligen Verfasserherkunft. Wie aus der oberen Hälfte der Tabelle 35 ersichtlich wird, gehen 58,7 Prozent aller Aussagen auf Vertreter der Wissenschaft zurück. Bezogen auf die einzelnen Konvergenzrichtungen fällt auf, dass die relative Häufigkeit, mit der eine beidseitige Annäherung von Wissenschaftlern thematisiert wird, etwas höher als jene ist, mit der eine einseitige Anpassung genannt wird (63,3 gegenüber 54,5 Prozent). Bezogen auf die absoluten Häufigkeiten zeigen sich aber nur vernachlässigbare Unterschiede.

Ein ähnliches Bild ergibt sich, wenn die gesamte Anzahl an Nennungen pro Autorengruppe als Ausgangspunkt gewählt und diese auf die beiden Ausprägungen „Einseitig" oder „Beidseitig" verteilt wird. Während von den Wissenschaftlern häufiger eine beidseitige Annäherung für möglich gehalten wird (51,4 Prozent aller Aussagen von Wissenschaftlern), dominiert bei der Gruppe der Praxisvertreter die einseitige Anpassung mit 57,7 Prozent der Nennungen. Wenngleich somit die beidseitige Annäherung unter den Praktikern weniger häufig thematisiert wird, ist auch an dieser Stelle in Anbetracht der absoluten Differenzen lediglich eine Tendenz festzustellen.

[1469] Vgl. Abschnitt 5.3.1.2.1, S. 259 ff.

Konvergenz-richtung	Anzahl der Nennungen pro Gruppe	Autorengruppenspezifische Nennungen			
		Wissenschaftler		Praktiker/Berater	
Einseitig	33	18	54,5%	15	45,5%
Beidseitig	30	19	63,3%	11	36,7%
Gesamt	63	37	58,7%	26	41,3%

Autorengruppe	Anzahl der Nennungen pro Autorengruppe	davon Nennungen „Einseitig“		davon Nennungen „Beidseitig“	
Wissenschaftler	37	18	48,6%	19	51,4%
Praktiker/Berater	26	15	57,7%	11	42,3%
Gesamt	63	33	52,4%	30	47,6%

Tabelle 35: Autorengruppenbezogene Auswertung der Aussagen zur Konvergenzrichtung

5.3.1.3 Konvergenzgrad

5.3.1.3.1 Systematisierung der Aussagen

Den bisherigen Ausführungen kann entnommen werden, dass sich die Teilnehmer an der Konvergenzdiskussion hinsichtlich des Konvergenzbereichs und der -richtung weitgehend einig sind: Für eine Angleichung kommen die kalkulatorische Steuerungsrechnung sowie die Erfolgsrechnung im Rahmen der Konzernrechnungslegung, vorzugsweise unter Anwendung internationaler Rechnungslegungsstandards, in Betracht. Dabei wird die kalkulatorische Steuerungsrechnung auf die Datenbasis des externen Rechnungswesens gesetzt, d.h. die Bilanzierungsvorschriften, nach denen die Rechenwerke des externen Rechnungswesens erstellt werden, gelten auch für interne Rechnungen. Demzufolge nähert sich das interne dem externen Rechnungswesen an, wobei von einigen Autoren betont wird, dass sich gleichzeitig die Abbildungskonzeption der IFRS im Vergleich zu jener des HGB auf die im internen Rechnungswesen gewählte Darstellungsweise zubewegt.

Der dritte Gestaltungsparameter eines konvergenten Rechnungswesens besteht im Konvergenzgrad, der sich auf die Frage bezieht, ob für Rechenwerke des internen Rechnungswesens vollumfänglich die Bilanzierungsvorschriften des externen Rechnungswesens gelten sollen oder Abweichungen von diesen akzeptiert werden.[1470] Zur Operationalisierung dieses Gestaltungsparameters finden sich in der Literatur verschiedene Ansätze. *Melcher* und *Stute* schlagen zur Bestimmung des Konvergenzgrads eine Maßzahl vor, die einen Wert zwischen 0 und 1 annimmt. Eine Ausprägung von 0 deutet einen Zustand vollständiger Divergenz an, was „gleichbedeutend ist mit einem Fehlen jedweder Gemeinsamkeiten hinsichtlich der Zwecke,

[1470] Vgl. Weißenberger/IGC (2006a), S. 348, sowie Abschnitt 5.3.1, S. 216 ff.

Adressaten, Verwendung alternativer Wertbasen und Definitionen des operativen Ergebnisses zwischen internem und externem Rechnungswesen."[1471] Bestehen hinsichtlich dieser Kriterien keine Unterschiede mehr, so nimmt die Maßzahl den Wert 1 an.[1472] Eine ähnliche Auffassung vertritt *Stute*, dem zufolge ein Konvergenzgrad von 100 Prozent eine vollständige Substitution des Instrumentariums des internen Rechnungswesens durch das IFRS-Rechnungslegungssystem indiziert.[1473]

Hoke sowie *Haring/Prantner* fokussieren zur Bestimmung des Vereinheitlichungsniveaus das Betriebsergebnis und machen im Rahmen ihrer empirischen Untersuchungen drei verschiedene Gruppen aus:[1474] In den Unternehmen der ersten Gruppe besteht eine vollständige Identität zwischen dem internen und externen operativen Periodenergebnis. Den Gegenpol bilden Unternehmen, in denen ein kalkulatorisches Betriebsergebnis ermittelt wird, so dass eine Divergenz zwischen den Ergebnisgrößen besteht. Schließlich gibt es Unternehmen, die eine „Kompromisslösung" wählen, indem sie keine kalkulatorischen Größen ansetzen, allerdings das externe Ergebnis unter Vornahme von Modifikationen für die Unternehmenssteuerung verwenden. Diese Anpassungen beschränken sich im Wesentlichen auf Umgliederungen einzelner Posten.[1475] Einen pragmatischen Ansatz wählt *Klein*, dem zufolge eine Konvergenz des Rechnungswesens hergestellt ist, wenn für die internen und externen Rechenwerke identische Ansatz- und Bewertungsvorschriften angewendet werden.[1476]

Die Frage nach der Ergebnisidentität bildet auch in der Arbeit von *Weide* einen, aber nicht den ausschließlichen Indikator für die Bestimmung des Konvergenzgrads. Er greift hierfür auf die drei von *Weißenberger/IGC* skizzierten Charakteristika eines vollständig konvergenten Rechnungswesens zurück.[1477] Ein solches zeichnet sich demnach durch einen Verzicht auf den Ansatz von kalkulatorischen Kosten in der laufenden, internen Ergebnisrechnung, der Verwendung eines einheitlichen Kontenplans und der Anwendung einheitlicher Bilanzierungs- und Bewertungsmethoden aus.[1478]

Einen umfangreichen Ansatz zur Erfassung des Konvergenzgrads schlägt zudem *Wussow* vor. Ihr zufolge ist zunächst eine Vereinheitlichung der Basisgrößen des internen und externen Rechnungswesens, also der Aufwendungen und Erträge sowie der Kosten und Leistungen anzustreben. Des Weiteren fordert sie eine Vergleichbarkeit der Vorschriften zur Aufstellung der konvergenzrelevanten Rechenwerke, was eine Vergleichbarkeit anhand von drei Dimen-

1471 Melcher (2002), S. 83.

1472 Vgl. Melcher (2002), S. 83 f.

1473 Vgl. Stute (2007), S. 35. *Weide* weist in diesem Zusammenhang auf das Problem fehlender Indikatoren hin, anhand derer der Konvergenzgrad bestimmt werden kann (vgl. Weide (2009a), S. 96).

1474 Vgl. Hoke (2001), S. 166 ff.; Haring/Prantner (2005), S. 152.

1475 Vgl. Hoke (2001), S. 167 ff.

1476 Vgl. Klein (1999a), S. 22.

1477 Vgl. Weide (2009a), S. 95 f.

1478 Vgl. Weißenberger/IGC (2006a), S. 353 f.

sionen voraussetzt: In zeitlicher Hinsicht ist zu gewährleisten, dass gleiche Abschlussstichtage und -zeiträume bestehen. Zudem ist eine materielle Vergleichbarkeit herzustellen, indem Erfolgs- und Vermögensgrößen nach einheitlichen Ansatz- und Bewertungsregeln ermittelt werden und ferner eine Identität von Steuerungs- und Bilanzierungs- bzw. Bewertungseinheiten besteht. Schließlich fordert *Wussow* eine formelle Vergleichbarkeit, die sich durch einheitliche Bezeichnungen, Abgrenzungen und Gliederungen der Daten auszeichnet.[1479]

Stellt man die unterschiedlichen Ansätze einander gegenüber, so lässt sich die Identität von internen und externen Periodenerfolgen als gemeinsamer Kern der Überlegungen feststellen.[1480] Diese wird erreicht, indem Daten grundsätzlich unmodifiziert aus dem externen Rechnungswesen übernommen und dadurch Ansatz-, Bewertungs- und Ausweisunterschiede, die bei einer divergenten Ausgestaltung des Rechnungswesens zwischen den Rechenwerken des internen und externen Teilbereichs bestehen, vermieden werden. Sofern das Ausmaß der Identität zwischen internem und externem Ergebnis und damit die Rigidität, mit der die Bilanzierungsvorschriften des externen Rechnungswesens auf das interne übertragen werden, die wesentliche Determinante des Konvergenzgrads bilden, folgt daraus: Ein Konvergenzgrad von 100 Prozent liegt dann vor, wenn die nach den externen Rechnungslegungsvorschriften ermittelte Erfolgsgröße unverändert auch für interne Steuerungszwecke herangezogen wird. Sobald Modifikationen an der Ergebnisgröße in der Form vorgenommen werden, dass für die Abbildung einzelner Sachverhalte von den Bilanzierungskonventionen abgewichen wird,[1481] beträgt der Konvergenzgrad weniger als 100 Prozent.

Im Zuge der Literaturauswertung sind die Textpassagen zu den in einem konvergenten Rechnungswesen fortbestehenden bzw. aufzugebenden Unterschieden zwischen dem internen und externen Periodenerfolg zunächst unter der Frage analysiert worden, ob sie auf eine vollständige Vereinheitlichung der Erfolgsrechnungen oder auf eine weitgehende Annäherung unter Beibehaltung vereinzelter Unterschiede hindeuten. Entsprechende Ausführungen sind 49 Beiträgen entnommen worden. Damit lassen sich Aussagen zum Konvergenzgrad in weniger Beiträgen finden als im Hinblick auf den Konvergenzbereich sowie die Konvergenzrichtung.[1482] Ein Grund für den selteneren Rekurs auf den Konvergenzgrad könnte darin bestehen, dass seine Ausgestaltung als unternehmensindividuell betrachtet wird. *Wagenhofer* zufolge hängt der optimale Konvergenzgrad von verschiedenen unternehmensindividuellen Faktoren

---

1479 Vgl. Wussow (2004), S. 42 f.

1480 Die Festlegung des Konvergenzgrads anhand des Übereinstimmungsniveaus des internen und externen Periodenergebnisses erscheint insbesondere mit Blick auf Abschnitt 5.3.1.1.1.2, S. 224 ff., gerechtfertigt, aus dem hervorgeht, dass die internen und externen Periodenerfolgsrechnungen den relevanten Konvergenzobjekten entsprechen.

1481 Vgl. Müller (2006), S. 72.

1482 Die Auswertung der Nennungen zum Konvergenzbereich basierte auf Aussagen aus 77 Beiträgen (vgl. Abschnitt 5.3.1.1.1.2, S. 227), Ausführungen zur Konvergenzrichtung fanden sich hingegen in 63 Beiträgen (vgl. Abschnitt 5.3.1.2.1, S. 257).

ab, so dass die Formulierung allgemeingültiger Gestaltungsempfehlungen dementsprechend schwerfällt.[1483]

Lediglich aus neun der 49 Beiträge (entspricht 18,4 Prozent der erkannten Standpunkte), aus denen relevante Aussagen extrahiert worden sind, gehen Hinweise hervor, die auf eine **vollständige Vereinheitlichung** schließen lassen. Die Beiträge, aus denen gefolgert werden kann, dass die für das externe Rechnungswesen geltenden Bilanzierungsvorschriften vollumfänglich für die interne Erfolgsgröße berücksichtigt werden sollen, zeigt Spalte A der Tabelle 36.

Konvergenzgrad					
Beitrag	Konvergenzgrad		Beitrag	Konvergenzgrad	
	A	B		A	B
Altenburger et al. (2001)	☑		Lochner et al. (2007)		☑
Beißel/Steinke (2004)		☑	Lorson (1996)		☑
Beißel/Szczesny (2009)		☑	Männel (1997a)		☑
Chrubasik/Janz (2007)		☑	Männel (1999a)		☑
Coenenberg (1995)		☑	Männel (1999b)		☑
Currle et al. (1998)	☑		Melching (1997)		☑
Dais/Watterott (2006)		☑	Meyer et al. (2006)		☑
Damberger et al. (2002)		☑	Michel (2006)	☑	
Deleker (1997)		☑	Müller et al. (2005)		☑
Dressler/Müller (2001)		☑	Müller/Peskes (2006)		☑
Erdmann et al. (2005)		☑	Nebel et al. (1998)		☑
Gleich et al. (2002)		☑	Nobach/Zirkler (2006)		☑
Grünert/Laws (2005)	☑		Pelger (2008a)		☑
Hahn/Nicklas (1999)		☑	Rapp/Lukas (2008)		☑
Hasselmeyer et al. (2005)		☑	Reiners (2001)		☑
Hebeler (2006)	☑		Simons/Weißenberger (2008)		☑
Kahle (2003)		☑	Vanini/Beyer (2009)		☑
Kerkhoff/Thun (2007)		☑	Velthuis et al. (2006a)		☑
Kirsch (2002)		☑	Wala et al. (2007a)		☑
Kirsch/Steinhauer (2003)		☑	Weide (2009b)		☑
Kley (2006)		☑	Weißenberger (2006a)		☑
Kunz (2010)	☑		Weißenberger/IGC (2006a)		☑
Küting/Lorson (1998d)	☑		Weißenberger/IGC (2006b)		☑
Küting/Lorson (1999a)	☑		Ziegler (1994)		☑
Küting/Lorson (1999b)	☑		Zwischensumme pro Aspekt	9	40
			Nennungen insgesamt	49	
Mit A ≡ Konvergenzgrad = 100%; B ≡ Konvergenzgrad < 100%					

Tabelle 36: Nennungen zum Konvergenzgrad

[1483] Vgl. Wagenhofer (2008a), S. 161; ähnlich auch Reiners (2001), S. 23; Melcher (2002), S. 160.

Diese Identität wird mitunter nicht direkt dargelegt, sondern stellt eine Schlussfolgerung auf der Basis der getroffenen Aussagen dar. Auf ein vollständiges Übereinstimmungsniveau wurde beispielsweise anhand der Erläuterung von *Hebeler* geschlossen, dass die Struktur und Inhalte der Erfolgs- und Vermögensrechnung als Bestandteil des internen Rechnungswesens mit den IFRS-kompatiblen Informationen der Handelsbilanzen II übereinstimmen. Demzufolge entsprechen die Summen der Umsätze und der betrieblichen Ergebnisse der Geschäftseinheiten den entsprechenden Angaben in der externen GuV.[1484] Eine ähnliche Schlussfolgerung basiert auf den Ausführungen von *Grünert/Laws*, die berichten, dass „[z]ur Harmonisierung [..] Gliederung, Struktur und Detaillierungsgrad der zu berichtenden Positionen unter Berücksichtigung der handelsrechtlichen Anforderungen vereinheitlicht [wurden].“[1485]

Aus anderen Beiträgen gehen die Vorstellungen der Autoren hinsichtlich des Übereinstimmungsniveaus deutlicher hervor, etwa bei *Altenburger et al.*, die als Zielzustand eine Koordination des internen und externen Rechnungswesens vorgeben, die dazu führt, „daß es keine Differenzen mehr zwischen beiden gibt.“[1486] Eine ähnliche Zielrichtung geben *Küting/Lorson* vor, allerdings schließen sie vereinzelte Abweichungen nicht aus: „Von einer extern konkret gewählten Bilanzierungsweise darf nur in Ausnahmefällen abgewichen werden. Solche Ausnahmen sind beispielsweise extreme Bilanzpolitiken.“[1487]

Küting/Lorson erkennen somit die bisweilen bestehende Notwendigkeit an, von den Regelungen des externen Rechnungswesens abzuweichen, empfehlen jedoch, Anpassungen nach Möglichkeit zu vermeiden. Eine ähnliche Sichtweise wird in 40 weiteren Beiträgen eingenommen, allerdings mit dem Unterschied, dass Modifikationen an den externen Ergebnisgrößen kein Ausnahmecharakter zugesprochen wird. Sie werden vielmehr ausdrücklich empfohlen. Das gemeinsame Merkmal der in Spalte B der Tabelle 36 zusammengefassten Beiträge besteht darin, dass **nicht eine vollständige**, sondern eine **weitgehende Übereinstimmung der internen und externen Erfolgsgrößen** als Zielzustand formuliert wird. Abweichungen von den Ansatz- und Bewertungsregeln der anzuwendenden Rechnungslegungsvorschriften sowie vom zugrundegelegten Erfolgsspaltungskonzept werden somit für möglich und sinnvoll erachtet. Dabei wird vielfach auf die Notwendigkeit hingewiesen, diese Unterschiede anhand einer Überleitungsrechnung transparent zu machen.[1488] Exemplarisch wird von *Weißenberger/IGC* „keine vollständige Übereinstimmung gefordert, sondern es sind einzelne Brückenpositionen erlaubt, um den Einfluß nicht steuerungsgerechter Standards innerhalb der IFRS zu

[1484] Vgl. Hebeler (2006), S. 8 f.

[1485] Grünert/Laws (2005), S. 656.

[1486] Altenburger/Busse von Colbe/Küpper/Loitlsberger/Siegwart (2001), S. 70.

[1487] Küting/Lorson (1999b), S. 220.

[1488] So besteht etwa nach *Damberger et al.* das Ziel der Konvergenzbemühungen darin, „eine integrierte Ergebnisrechnung zu entwickeln, in der vom internen Unternehmensergebnis auf das externe Ergebnis übergeleitet werden kann.“ (Damberger/Heyne/Renner (2002), S. 30). Vgl. hierzu beispielsweise auch Pelger (2008a), S. 566; Reiners (2001), S. 24; Männel (1999a), S. 21.

eliminieren"[1489]. Motiviert werden entsprechende Modifikationen durch dysfunktionale Effekte der Rechnungslegung, wie etwa *Wagenhofer* deutlich macht:[1490] „Aus Verhaltenssteuerungssicht haben etliche Elemente der Erfolgsermittlung nach US-GAAP ungünstige Eigenschaften. Diese können im internen Rechnungswesen durch Anpassungen oder Bereinigungen gemildert werden."[1491]

In den referenzierten Beiträgen werden primär Modifikationen aufgegriffen, die bei der Ermittlung des periodenbezogenen Konzernerfolgs bzw. von Segmentergebnissen vorgenommen werden. Damit werden Größen adressiert, die insbesondere auf monatlicher Basis zu den zentralen Inhalten der Informationsversorgung des Managements gehören.[1492] Diese werden vereinzelt um Ausführungen zu Anpassungen bei der Berechnung wertorientierter Kennzahlen ergänzt.[1493] Nachfolgend werden die Modifikationen systematisiert, denen sich extern ausgewiesene Ergebnisgrößen nach Literaturmeinung unterziehen sollten, ehe sie auch für interne Steuerungszwecke verwendet werden können. Anpassungen, die im Zuge der Berechnung wertorientierter Kennzahlen relevant sind, werden im Rahmen dieser Arbeit hingegen nicht näher betrachtet, da nicht davon auszugehen ist, dass mit der Literaturrecherche der Anspruch erhoben werden kann, das Schrifttum zu wertorientierten Steuerungskonzepten vollständig erschlossen zu haben.[1494] Dementsprechend kann die Auswertung der Beiträge, die im Sample der vorliegenden Untersuchung enthalten sind und sich auf Modifikationen von wertorientierten Steuerungskennzahlen beziehen, nicht als repräsentativ erachtet werden.

In den Beiträgen, in denen das Periodenergebnis den Betrachtungsgegenstand bildet, wird von den meisten Autoren das nach HGB bzw. IFRS ermittelte Betriebsergebnis oder das Ergebnis der gewöhnlichen Geschäftstätigkeit als Referenzpunkt verwendet.[1495] Falls Letztgenanntes die Grundlage für die Bestimmung des für interne Zwecke modifizierten Ergebnisses bildet, bleiben außerordentliche Ergebniskomponenten unberücksichtigt, während bei der Fokussierung des Betriebsergebnisses zusätzlich das Finanzergebnis ausgeblendet wird.[1496] Das von den Autoren gewählte Vorgehen stimmt somit weitgehend mit der Auffassung *Müllers* über-

---

1489 Weißenberger/IGC (2006a), S. 356; Weißenberger/IGC (2006b), S. 619.

1490 Vgl. hierzu auch bereits Abschnitt 5.3.1.1.1.4, S. 232.

1491 Wagenhofer (2008a), S. 166, mit Bezug auf wertorientierte Steuerungskennzahlen wie dem EVA.

1492 Vgl. Weber (2008b), S. 20; Velthuis/Wesner/Schabel (2006a), S. 460; Weide (2009a), S. 118.

1493 Vgl. z.B. Beißel/Szczesny (2009); Dais/Watterott (2006); Kley (2006).

1494 Eine Ausnahme bilden die in dem Beitrag von *Dais/Watterott* diskutierten Modifikationen, die bei der Ermittlung ökonomischer Abschreibungen und der Kapitalkosten als wesentliche Komponenten des CVA (vgl. Crasselt/Schremper (2001), S. 271 ff.) vorgenommen werden. Dies begründet sich darin, dass sowohl die Kapitalkosten als auch die ökonomischen Abschreibungen in die integrierte Ergebnisrechnung eingehen (vgl. Dais/Watterott (2006), S. 466). Dementsprechend gewinnen Anpassungen, die üblicherweise erst bei der Überleitung des in der Erfolgsrechnung ausgewiesenen Ergebnisses auf den erfolgszielbezogenen Input der wertorientierten Steuerungskennzahlen erfolgen, unmittelbar an Relevanz für die Erfolgsrechnung.

1495 Vgl. z.B. Ziegler (1994), S. 178 f.; Lorson (1996), S. 2511; Beißel/Steinke (2004), S. 67.

1496 Vgl. hierzu ausführlich die Erläuterung der Erfolgsspaltungskonzepte des HGB und der IFRS in Abschnitt 5.3.1.3.1.1.4, S. 284 ff.

ein, dass Ergebnisbestandteile, die nicht im Zusammenhang mit dem operativen Geschäft stehen, im Rahmen der internen Steuerung nicht betrachtet werden sollten.[1497]

Vorgeschlagene Modifikationen in einem konvergenten Rechnungswesen							
Beitrag	A	B	C	Beitrag	A	B	C
Beißel/Steinke (2004)	☑			Männel (1999b)	☑	☑	
Chrubasik/Janz (2007)	☑	☑		Melching (1997)			☑
Coenenberg (1995)	☑	☑		Meyer et al. (2006)			☑
Dais/Watterott (2006)	☑	☑	☑	Müller et al. (2005)	☑	☑	☑
Damberger et al. (2002)	☑	☑	☑	Müller/Peskes (2006)	☑	☑	
Dressler/Müller (2001)	☑	☑	☑	Nebel et al. (1998)	☑		
Gleich et al. (2002)		☑		Nobach/Zirkler (2006)		☑	
Hahn/Nicklas (1999)	☑	☑		Reiners (2001)	☑		
Hasselmeyer et al. (2005)	☑			Vanini/Beyer (2009)	☑		☑
Kerkhoff/Thun (2007)			☑	Velthuis et al. (2006a)	☑		
Kirsch (2002)	☑			Wala et al. (2007a)			☑
Kley (2006)	☑		☑	Weide (2009b)			☑
Lochner et al. (2007)		☑		Weißenberger (2006a)	☑	☑	☑
Lorson (1996)	☑	☑		Weißenberger/IGC (2006a)	☑	☑	☑
Männel (1997a)	☑	☑		Weißenberger/IGC (2006b)	☑	☑	☑
Männel (1999a)		☑		Ziegler (1994)	☑		
				Summe	**23**	**18**	**14**
Mit A ≡ Ansatzunterschiede; B ≡ Bewertungsunterschiede; C ≡ Ausweisunterschiede							

Tabelle 37: Kategorisierung der vorgeschlagenen Modifikationen in einem konvergenten Rechnungswesen

Zur Systematisierung der im Hinblick auf die Modifikation der Periodenergebnisse diskutierten Maßnahmen werden in Anlehnung an *Günther/Zurwehme* Ansatz-, Bewertungs- und Ausweisunterschiede differenziert.[1498] Jeder der im Rahmen der Literaturanalyse identifizierten, konkreten Anpassungsvorschläge ist einer dieser Kategorien zugeordnet worden. Das Ergebnis der Kategorisierung zeigt Tabelle 37.[1499] Ihr kann entnommen werden, dass in 23 bzw. 18 der 32 Beiträge, die relevante und differenzierte Textpassagen beinhalten, Abweichungen von den Ansatz- bzw. Bewertungsunterschieden der externen Rechnungslegung vorgeschlagen werden, um Erfolgsgrößen des externen Rechnungswesens auch zur Unterneh-

[1497] Vgl. Müller (2006), S. 77. Die Berücksichtigung des Finanzergebnisses dürfte insbesondere davon abhängen, ob das Leistungsportfolio des zu steuernden Unternehmens bzw. einzelner Divisionen Finanzdienstleistungen umfasst (vgl. Melcher (2002), S. 156 f.).

[1498] Vgl. Günther/Zurwehme (2008), S. 105 ff.

[1499] In der Tabelle finden sich nicht sämtliche der 40 Beiträge, die in der Tabelle 36 genannt wurden und auf einen Konvergenzgrad von weniger als 100 Prozent schließen lassen. Dies ist darauf zurückzuführen, dass acht Beiträgen nur die Aussage entnommen werden konnte, dass Modifikationen des extern ausgewiesenen Ergebnisses sinnvoll erscheinen, ohne konkrete Maßnahmen aufzuzeigen (vgl. z.B. Kahle (2003), S. 785; Simons/Weißenberger (2008), S. 142; Rapp/Lukas (2008), S. 323). Dementsprechend entfällt die Möglichkeit, konkrete Beispiele in die unten stehende Tabelle einzuordnen.

menssteuerung heranziehen zu können. Ausweisunterschiede werden demgegenüber nur in 14 Beiträgen thematisiert.

Unter Berücksichtigung der zugrundegelegten Rechnungslegungskonzeptionen wird deutlich, dass elf der 14 Vorschläge zu Ausweisunterschieden vor dem Hintergrund der internationalen Rechnungslegung formuliert werden,[1500] während dieser Aspekt nur einmal im Kontext der handelsrechtlichen Rechnungslegung[1501] und zweimal ohne Bezug auf ein bestimmtes Regelwerk angesprochen wird.[1502] In Bezug auf Ansatz- und Bewertungsunterschiede zeigen sich keine nennenswerten Muster. Nachfolgend werden die identifizierten Modifikationen systematisiert und aufgearbeitet.

5.3.1.3.1.1 Ansatzunterschiede

Aus den Beiträgen von *Weißenberger/IGC* geht hervor, dass die Eliminierung sowie die Andersbewertung einzelner Posten gangbare Lösungen darstellen, um dysfunktionale Effekte der IFRS-Regelungen zu egalisieren.[1503] Mit Ausnahme von Fair Value-Änderungen, die nach Auffassung des Arbeitskreises nicht in die interne Erfolgsermittlung eingehen sollten, wird nicht näher erläutert, welche Posten im Einzelnen betroffen sind.[1504] Ähnlich spricht *Lorson* Verzerrungen infolge des Realisations- oder Imparitätsprinzips an, die es zu überwinden gilt, ohne diese näher zu benennen.[1505] Von *Müller/Peskes* werden verschiedene Posten genannt, die bei der Ermittlung der internen Steuerungsgröße zu modifizieren sind, ohne das erforderliche Vorgehen ausführlich darzulegen.[1506] Aus den übrigen Aufsätzen gehen hingegen Anhaltspunkte hervor, welche Posten in welcher Form von den Modifikationen bei einer Überleitung der externen in eine interne Periodenerfolgsgröße betroffen sind.

Anpassungsvorschläge werden im Folgenden als Ansatzunterschiede klassifiziert, wenn sie ihren Ursprung darin finden, dass im Rahmen der Ermittlung des internen Ergebnisses Posten, die extern ausgewiesen werden, eliminiert werden oder solche ergänzt werden, die keinen Eingang in das an Externe berichtete Ergebnis finden. Die im Rahmen der Literaturanalyse identifizierten Unterschiede werden in Abbildung 41 dargestellt.

[1500] Vgl. z.B. Dais/Watterott (2006); Kley (2006); Weißenberger (2006a).

[1501] Vgl. Melching (1997).

[1502] Vgl. Damberger/Heyne/Renner (2002); Dressler/Müller (2001).

[1503] Vgl. Weißenberger/IGC (2006a), S. 356; Weißenberger/IGC (2006b), S. 619; Weißenberger (2006a), S. 413.

[1504] Vgl. Weißenberger/IGC (2006a), S. 360; Weißenberger/IGC (2006b), S. 621; Weißenberger (2006a), S. 414.

[1505] Vgl. Lorson (1996), S. 2511.

[1506] Vgl. Müller/Peskes (2006), S. 824.

	Operatives Ergebnis gemäß der relevanten Rechnungslegungsvorschriften
-	Kalkulatorische Kosten auf das betriebsnotwendige Kapital
+/-	Ergebniseffekte aus Wertänderungen des Anlage- und Umlaufvermögens
+/-	Ergebniseffekte aus der Bildung und Auflösung von Rückstellungen
+/-	Sonstige Erträge und Aufwendungen
+/-	Ergebniseffekte aus der Aktivierung investitionsähnlicher Aufwendungen
+/-	Sonstige Korrekturmaßnahmen
=	**Modifiziertes Ergebnis zur Unternehmenssteuerung**

Abbildung 41: Schematische Darstellung vorgeschlagener Anpassungsmaßnahmen, die zu Ansatzunterschieden führen

5.3.1.3.1.1 Ansatz kalkulatorischer Kosten auf das betriebsnotwendige Kapital

Die mit acht Nennungen am häufigsten erörterte Modifikation, die zu einem Ansatzunterschied zwischen der extern ausgewiesenen und der daraus abgeleiteten internen Erfolgsgröße führt, resultiert aus dem **Ansatz kalkulatorischer Zinsen auf das betriebsnotwendige Kapital.**[1507] Das Produkt aus dem Kapitalkostensatz, für den mitunter eine kapitalmarktorientierte Ermittlung angeregt wird,[1508] und dem betriebsnotwendigen Kapital ist dementsprechend von der nach den einschlägigen Rechnungslegungsvorschriften bestimmten Erfolgsgröße zu subtrahieren. Auf diese Weise soll eine für die Eigenkapitalgeber angemessene Rendite in den Kalkülen Berücksichtigung finden.[1509] Mithin kann dieser Vorschlag, der sich sowohl in konzeptionellen Beiträgen als auch in Praxisbeispielen wiederfindet,[1510] als ein erster Schritt zu einer stärkeren Hinwendung des tradierten Rechnungswesens zum Shareholder Value betrachtet werden.

5.3.1.3.1.2 Eliminierung der Ergebniseffekte aus Wertänderungen des Anlage- und Umlaufvermögens

Auf ebenfalls acht Nennungen kommt die Neutralisierung der Ergebniseffekte aus **Wertänderungen des Anlage- und Umlaufvermögens**, namentlich die Änderungen aus der Fair Value-Bewertung bei Anwendung der IFRS sowie aus dem Imparitätsprinzip folgende außerplanmäßige Abschreibungen bei einer Rechnungslegung nach HGB.[1511] Der Grund für die möglicherweise kontraintuitive Zuordnung dieser Modifikationen zu jenen, die zu Ansatzun-

1507 Vgl. z.B. Ziegler (1994), S. 179; Coenenberg (1995), S. 2082; Hasselmeyer/Reichertz/Dohrn (2005), S. 450.

1508 Vgl. Hahn/Nicklas (1999), S. 70.

1509 Vgl. Reiners (2001), S. 23; Siefke (1999), S. 102.

1510 Vgl. für konzeptionelle Beiträge z.B. Hahn/Nicklas (1999), S. 70; Reiners (2001), S. 23, sowie für Praxisbeispiele etwa Ziegler (1994), S. 179; Hasselmeyer/Reichertz/Dohrn (2005), S. 450.

1511 Vgl. z.B. Dais/Watterott (2006), S. 469; Velthuis/Wesner/Schabel (2006a), S. 465; Ziegler (1994), S. 179.

terschieden führen, ist darauf zurückzuführen, dass die GuV die Referenz für die Kategorisierung der erörterten Anpassungsmaßnahmen bildet.[1512]

Sieben Beiträgen zufolge ergeben sich aus der **Fair Value-Bewertung** Anpassungsbedarfe. Von *Chrubasik/Janz* wird die generelle Notwendigkeit, Sondereinflüsse neutralisieren zu können, angesprochen und anhand der Fair Value-Bewertung exemplifiziert.[1513] Auch *Weißenberger/IGC* ziehen die Ausgrenzung von Fair Value-Änderungen aus der internen Periodenerfolgsrechnung in Erwägung.[1514]

Der Fair Value im Sinne eines Zeitwerts gilt als Beispiel für die höhere Entscheidungsnützlichkeit, die nach IFRS erstellte Daten inhärieren sollen.[1515] Ihm wird das Potenzial zugesprochen, zu einer besseren Abbildung der Vermögenssituation eines Unternehmens beizutragen.[1516] Eingang fand dieser Ansatz zunächst zur Bewertung von Finanzinstrumenten mit der Begründung, dass ein Ansatz zu historischen Kosten keine Rückschlüsse auf den gegenwärtigen Wert entsprechender Posten zulässt.[1517] Im Zuge der Weiterentwicklung der IFRS wurde der Fair Value auch in anderen Bewertungszusammenhängen als relevanter Wertmaßstab eingeführt.[1518]

Bis zum Inkrafttreten des IFRS 13 für Geschäftsjahre ab dem 01.01.2013 gilt der Fair Value als „Betrag, zu dem ein Vermögenswert zwischen sachverständigen, vertragswilligen und voneinander unabhängigen Geschäftspartnern getauscht werden könnte" (IAS 16.6) und kann als hypothetischer Marktwert eines Vermögenswerts interpretiert werden.[1519] Unter idealisierten Bedingungen entspricht der Marktpreis eines Objekts dem Barwert des erwarteten Zahlungsstroms, den das zu bewertende Objekt voraussichtlich generieren wird.[1520] Die Fair Va-

1512 Die Eliminierung von außerplanmäßigen Abschreibungen auf das Vermögen bei der Überleitung des externen auf das interne Ergebnis führt zu Unterschieden in der Anzahl der einbezogenen Posten. Ein Bewertungsunterschied liegt hingegen vor, wenn ein Posten, der im internen und externen Ergebnis enthalten ist, mit unterschiedlichen Werten angesetzt wird. Ein solcher Bewertungsunterschied ergebe sich beispielsweise, wenn die Ergebniswirkungen einer Fair Value-Minderung eliminiert werden und stattdessen eine Abschreibung auf der Basis des bestehenden Buchwerts vorgenommen wird. Ein entsprechender Vorschlag wird aber in den untersuchten Beiträgen nicht unterbreitet, so dass davon auszugehen ist, dass nach Meinung der Autoren die Ergebniseffekte der Zeitwertänderungen „ersatzlos" aus dem intern verwendeten Ergebnis zu streichen sind. Daraus resultieren Unterschiede in der Zahl der einbezogenen Posten.

1513 Vgl. Chrubasik/Janz (2007), S. 62.

1514 Vgl. Weißenberger/IGC (2006a), S. 360; Weißenberger/IGC (2006b), S. 621; Weißenberger (2006a), S. 414.

1515 Vgl. Küting/Zwirner/Reuter (2007), S. 500; Kirchner (2006), S. 62; Troßmann/Baumeister (2005), S. 632. Gleichwohl ist zu konstatieren, dass dieser Wertansatz in der Rechnungswesenforschung nicht unumstritten ist (vgl. z.B. Barth/Landsman (2010), S. 403; Lachmann/Wöhrmann/Wömpener (2010), S. 1181).

1516 Vgl. Lindemann (2006), S. 981.

1517 Vgl. Wagenhofer (2008b), S. 186; Hitz (2006), S. 109.

1518 Vgl. Wagenhofer (2008b), S. 186; Kußmaul/Weiler (2009a), S. 167.

1519 Vgl. Küting/Lauer (2009), S. 552; Barth/Landsman (2010), S. 403. Zum IFRS 13 vgl. ausführlich Große (2011), S. 286 ff.

1520 Vgl. Schildbach (2009b), S. 591; Hitz (2006), S. 110.

lue-Bewertung soll somit einen Beitrag dazu leisten, den Adressaten das Abschätzen der ihnen künftig aus dem Unternehmen zufließenden Cash Flows zu ermöglichen.[1521]

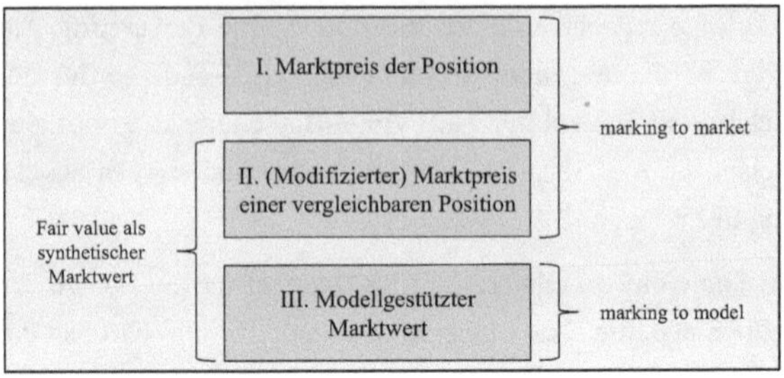

Abbildung 42: Ermittlungshierarchie des Fair Value[1522]

Die Regelungen zur Ermittlung des Fair Value werden dem kasuistischen Charakter der IFRS entsprechend bislang einzelfallabhängig festgelegt, gleichwohl zeichnet sich in den Vorschriften eine dreistufige Struktur zur Bestimmung des Zeitwerts ab (sog. Fair Value-Hierarchie, vgl. Abbildung 42).[1523] Im Idealfall ergibt sich der Fair Value aus dem Preis des zu bewertenden Objekts an einem aktiven Markt zum Bewertungsstichtag oder zumindest in dessen zeitlicher Nähe (erste Stufe). Während für öffentlich gehandelte Finanzinstrumente ein Marktpreis beobachtbar ist, muss bei anderen Vermögenswerten auf den Marktwert eines am Markt gehandelten Vergleichsobjekts ausgewichen werden (zweite Stufe).[1524] Als problematisch erweist sich dabei jedoch, dass für ähnliche Güter teilweise sehr unterschiedliche Preise gezahlt werden.[1525] Falls der Wert eines vergleichbaren Objekts nicht bestimmt werden kann, ist der Fair Value auf der dritten Stufe mithilfe eines mathematischen Bewertungsverfahrens wie der Discounted Cash Flow-Methode zu approximieren.[1526] Für die Mehrzahl der zu bewertenden Objekte gilt die letztgenannte Ermittlungsmöglichkeit als Regelfall.[1527] Unter den Begriff des Fair Value wird somit eine Bandbreite unterschiedlicher Ansätze subsumiert, deren Extreme der beobachtbare Marktwert einerseits und der simulierte Marktwert andererseits sind.[1528]

Die Bestimmung des adäquaten Fair Value ist mit hohen Ermessensspielräumen behaftet und inhäriert damit ein erhebliches Maß an Subjektivität. Dieses steigt mit jeder Stufe der oben

---

[1521] Vgl. zu der Intention der IFRS bereits Abschnitt 2.3.2.1.1, S. 54, sowie ferner Kußmaul/Weiler (2009a), S. 165; Whittington (2008), S. 157. Eine stringente Bewertung von Vermögenswerten und Schulden zum Barwert der mit den jeweiligen Posten verbundenen Zahlungsströme könnte unter Berücksichtigung von Synergieeffekten prinzipiell in einem unmittelbaren Ausweis des Unternehmenswerts in der Bilanz münden (vgl. Pellens/Crasselt/Schmidt/Sellhorn (2008), S. 281).

[1522] Entnommen aus Hitz (2006), S. 111.

[1523] Vgl. Baetge/Zülch (2001), S. 547; Kirchner (2006), S. 69; Kußmaul/Weiler (2009a), S. 168.

[1524] Vgl. Pelger (2008a), S. 570.

[1525] Vgl. Schildbach (2009b), S. 591; Wagenhofer (2006c), S. 33.

[1526] Vgl. Coenenberg/Haller/Schultze (2009), S. 103 f.; Schildbach (2009a), S. 375 f.

[1527] Vgl. Kußmaul/Weiler (2009a), S. 170; Kirchner (2006), S. 68. *Küting/Lauer* gehen sogar davon aus, dass „in 95 % der Fälle ein plausibel begründbarer Fair-Value-Korridor [besteht]“ (Küting/Lauer (2009), S. 551).

[1528] Vgl. Ruhnke/Schmidt (2003), S. 1037.

angesprochenen Hierarchie.[1529] Seitens des Bilanzierenden ist beispielsweise zu entscheiden, ob ein aktiver Markt existiert und inwiefern dieser über eine hinreichende Repräsentativität für das Bewertungsobjekt verfügt. Schließlich hat der Rechnungslegende auf der dritten Stufe der Fair Value-Hierarchie das relevante Bewertungsverfahren zu selektieren.[1530] Falls ein Ertragswertverfahren zur Anwendung kommt, liegen sowohl die Zurechnung der prognostizierten Unternehmensgewinne auf das Bewertungsobjekt als auch die Festlegung des Diskontierungszinssatzes – und damit die wesentlichen Determinanten des Ertragswerts – ausschließlich in dem Ermessen des Rechnungslegenden.[1531]

Dementsprechend verwundert es nicht, wenn in der Literatur die Meinung vertreten wird, der Fair Value ermögliche „fast beliebige Wertansätze"[1532] und führe zu einer Entobjektivierung des Jahresabschlusses.[1533] Eine ähnliche Sichtweise scheint in der Praxis zu existieren: Basierend auf einer Befragung von Investoren und deren Beratern kommen *Gassen/Schwedler* zu dem Schluss, dass diese Abschlussadressaten nur beobachtbaren Marktwerten eine erhöhte Entscheidungsnützlichkeit zusprechen. Simulierte Marktwerte gelten dagegen nach Auffassung der Befragten als im Vergleich zu beobachtbaren Marktwerten und historischen Kosten weniger entscheidungsnützlich.[1534]

Darüber hinaus verringert sich bei einer GuV-wirksamen Erfassung der Fair Value-Änderungen die Prognosequalität des in der externen Rechnungslegung ausgewiesenen Ergebnisses. Gehen Fair Value-Änderungen als Aufwendungen bzw. Erträge in die GuV ein, enthält das Periodenergebnis „nicht mehr nur das Ergebnis aus den tatsächlich durchgeführten Transaktionen einer Periode, sondern vermehrt auch Ergebniseffekte von fiktiven Transaktionen auf hypothetischen Märkten."[1535] Das Periodenergebnis entfernt sich somit vom Idealfall, in dem es die positiven wie auch negativen Wirkungen der Managemententscheidungen reflektiert und Rückschlüsse auf die Fähigkeit des Managements, auch in Zukunft Zahlungsüberschüsse zu erwirtschaften, ermöglicht.[1536] Problematisch ist diese Entwicklung insbesondere vor dem Hintergrund, dass Marktpreisänderungen nicht ausschließlich auf veränderte Erwartungen der Marktteilnehmer über die mit einem Objekt generierbaren Zahlungsströme zurückgehen, sondern auch Störeinflüssen unterliegen.[1537]

[1529] Vgl. Kirchner (2006), S. 69.

[1530] Vgl. Ballwieser/Küting/Schildbach (2004), S. 534 ff.; Kußmaul/Weiler (2009a), S. 170. Für die mit der Schätzung von Marktpreisen verbundenen Probleme ausführlich Ballwieser/Küting/Schildbach (2004), S. 536 f.; Schildbach (2009b), S. 591 f.

[1531] Vgl. Kußmaul/Weiler (2009a), S. 170.

[1532] Schildbach (2009a), S. 374.

[1533] Vgl. Ballwieser/Küting/Schildbach (2004), S. 547; Wagenhofer (2008b), S. 187; Kirchner (2006), S. 76.

[1534] Vgl. Gassen/Schwedler (2010), S. 506; ähnlich auch Landsmann (2007), S. 25 ff.

[1535] Wagenhofer (2006c), S. 36; ähnlich auch Ewert (2006), S. 30.

[1536] Vgl. Kußmaul/Weiler (2009b), S. 210; Ballwieser/Küting/Schildbach (2004), S. 543.

[1537] Vgl. Schildbach (2009a), S. 376; Kußmaul/Weiler (2009b), S. 210 f. Dementsprechend merken *Pellens et al.* an, dass die Bestrebungen, den Informationsnutzen der Bilanz zu erhöhen, mit gegenläufigen Implikationen für die Erfolgsrechnung verbunden sind (vgl. Pellens/Crasselt/Schmidt/Sellhorn (2008), S. 280).

Wie bereits in Abschnitt 2.3.2.1.2 ausgeführt, können Fair Value-Änderungen auf unterschiedlichem Wege bilanziell erfasst werden.[1538] In diesem Zusammenhang wurde erläutert, dass die Neubewertung einiger Bilanzposten grundsätzlich unter Umgehung der GuV erfolgen kann.[1539] *Ballwieser et al.* sehen in diesem Vorgehen eine zumindest partielle Auflösung von Ergebnisverzerrungen.[1540] Demgegenüber stehen *Kußmaul/Weiler* auch diesem Umgang mit Wertänderungen kritisch gegenüber, da sich der IFRS-Gesamterfolg sowohl aus dem Periodenerfolg, der in der GuV ausgewiesen wird, als auch aus den GuV-neutral im OCI erfassten Beträgen zusammensetzt. Damit bleibe weiterhin unklar, welche Gewinngröße die nachhaltige Ertragskraft des Unternehmens indiziert.[1541]

Die Volatilität der Periodenerfolge aufgrund von Fair Value-Änderungen sowie die Manipulierbarkeit, vor allem beim Rückgriff auf Surrogatpreise, erscheinen auch im Rahmen eines konvergenten Rechnungswesens problematisch und können als Ursache für die angesprochene Eliminierung von Zeitwertänderungen betrachtet werden.[1542] Die Fair Value-Bewertung kann zwar günstige Investitionsanreize schaffen, wenn der Barwert der erwarteten Cash Flows die Anschaffungskosten eines Vermögenswerts übersteigt. Des Weiteren werden mit der Bewertung zum Zeitwert die Opportunitätskosten für das Halten eines Vermögenswerts erfasst, so dass mit der Fair Value-Bewertung auch angemessene Desinvestitionsanreize gesetzt werden können.[1543] Als Vorteil der Bewertung mit Zeitwerten anstelle von historischen Kosten kann auch der frühzeitigere Erfolgsausweis von Marktwertänderungen betrachtet werden, mit dem die Bildung stiller Reserven vermieden wird. Neben einer weniger verzerrten Darstellung der tatsächlichen Unternehmenssituation können die verantwortlichen Führungskräfte frühzeitig an den monetären Konsequenzen ihrer Entscheidungen partizipieren. Außerdem können anhand von Kontrollgrößen, in die Fair Values eingehen, Fehlentwicklungen eher aufgedeckt werden.[1544] *Glaum/Vogel* sehen daher in der zunehmenden Fair Value-Bewertung grundsätzlich mehr ein Potenzial als ein Hindernis für eine Annäherung des internen und externen Rechnungswesens. Sie schreiben ihr eine erhöhte Entscheidungsnützlichkeit zu, „da sie durch Berücksichtigung der erwarteten künftigen Cash Flows und Risiken direkt an den Zielgrößen der Investoren ansetzt".[1545]

Unter dem Aspekt der Verhaltenssteuerungsfunktion erscheint aber zum einen die höhere Ergebnisvolatilität nachteilig, da bei Zugrundelegen eines konvergenten Rechnungswesens Marktunsicherheiten und damit zufällige Bewertungskomponenten in die interne Erfolgsrech-

[1538] Vgl. Abschnitt 2.3.2.1.2, S. 57 f.

[1539] Vgl. Kußmaul/Weiler (2009b), S. 210 ff.; Küting/Zwirner/Reuter (2007), S. 505.

[1540] Vgl. Ballwieser/Küting/Schildbach (2004), S. 544.

[1541] Vgl. Kußmaul/Weiler (2009b), S. 214 f.

[1542] Vgl. Eierle/Schultze/Bischof/Thiericke (2008), S. 292; Pelger (2008a), S. 571; Fülbier/Hirsch/Mayer (2006), S. 238.

[1543] Vgl. Wagenhofer (2006a), S. 16 f.

[1544] Vgl. Velthuis/Wesner/Schabel (2006a), S. 459 f.

[1545] Glaum/Vogel (2004), S. 51.

nung eingehen.[1546] Der zufällige Charakter ergibt sich dann, wenn die Zeitwerte aus Marktpreisen abgeleitet werden, die sich unabhängig vom Erfolg des Unternehmens ändern und daher keinen Bezug zur Leistung des Managements aufweisen.[1547] Dadurch wird eine leistungsadäquate Beurteilung des Managements erschwert.[1548] Risikoaverse Manager werden vor diesem Hintergrund dazu neigen, höhere Risikoprämien im Rahmen ihrer Entlohnung zu verlangen.[1549]

Nach Abwägung der verschiedenen Vor- und Nachteile des Fair Value-Ansatzes kommen *Velthuis et al.* zu dem Ergebnis, dass dieser mit Bezug auf die Verhaltenssteuerung grundsätzlich vorteilhaft ist. Allerdings sollte dabei auf den Ansatz von Schätzwerten, z.B. auf der Basis von Discounted Cash Flow-Verfahren, verzichtet werden.[1550] Die oben stehenden Ausführungen haben jedoch verdeutlicht, dass die Simulation des Fair Values in den meisten Fällen den einzigen gangbaren Weg darstellt.[1551] Dagegen stellt die Distanz von Wertänderungen zum operativen Geschäft beispielsweise für *Beißel/Steinke* den Grund dar, weshalb sowohl Wertänderungen des Sachanlagevermögens als auch Wertminderungen des Goodwill bei der Ableitung des operativen Ergebnisses aus dem Ergebnis der betrieblichen Tätigkeit nach IAS neutralisiert werden.[1552]

Insgesamt verdeutlichen die Ausführungen, dass Modifikationen im Hinblick auf Wertminderungen und -erhöhungen des Anlagevermögens vorgenommen werden, um insbesondere der Verhaltenssteuerungsfunktion besser entsprechen zu können.[1553] Hierzu wird die extern berichtete Ergebnisgröße um die aus Fair Value-Änderungen resultierenden Erfolgskomponenten bereinigt, so dass die unternehmensintern verwendete Erfolgsgröße bei einer Wertsteigerung ceteris paribus niedriger ausfällt als das nach den externen Rechnungslegungsvorschrif-

[1546] Vgl. Weißenberger/IGC (2006a), S. 355; Weißenberger (2006a), S. 412; Pelger (2008a), S. 571.

[1547] Vgl. Wala/Knoll/Messner (2007a), S. 1837.

[1548] Vgl. Velthuis/Wesner/Schabel (2006b), S. 878; Haeger (2006), S. 257; Borchers (2006), S. 285.

[1549] Vgl. zu diesem Problem in der Delegationsbeziehung zwischen Investoren und der Unternehmensführung auch Pellens/Crasselt/Sellhorn (2006), S. 113.

[1550] Vgl. Velthuis/Wesner/Schabel (2006b), S. 878.

[1551] Dementsprechend empfehlen *Velthuis et al.* zu Steuerungszwecken Ergebniseffekte aus der Fair Value-Bewertung von Finanzinstrumenten und von als Finanzinvestition gehaltenen Immobilien zu neutralisieren, sofern die Voraussetzungen aktiver Märkte nicht gegeben sind. Dieser Vorschlag wird aufgrund der erheblichen Ermessensspielräume unterbreitet, die sich aus der Schätzung der relevanten Fair Values ergeben (vgl. Velthuis/Wesner/Schabel (2006a), S. 466).

[1552] Vgl. Beißel/Steinke (2004), S. 67. Die Analyse von *Schultze*, der sich auf Goodwill Impairments gemäß SFAS 142 bezieht, ergibt hingegen, dass eine außerplanmäßige Abschreibung verschiedene Ursachen haben kann und die Entscheidung, inwiefern ein entsprechender Wertminderungsaufwand in die Leistungsbeurteilung des Managements eingehen sollte, einer differenzierten Analyse der Ursachen bedarf (vgl. Schultze (2005), S. 282 ff.).

[1553] So kommt auch *Klein* im Rahmen seiner Beurteilung der Regelungen zur Neubewertung von Sachanlagen nach IAS 16 zu dem Schluss, dass Fair Values nicht in die interne Steuerungsrechnung eingehen sollten, da diese trotz größerer Relevanz negative Implikationen für die Objektivität, Zielkongruenz, Vergleichbarkeit und Wirtschaftlichkeit der Steuerungsrechnung inhärieren (vgl. Klein (1999a), S. 121). Kritisiert wird der Fair Value-Ansatz ferner von *Ronen*, der ihm weder das Potenzial zuspricht, für Investoren entscheidungsnützliche Informationen zu enthalten, noch die Anstrengungen des Managements zur Wertschaffung zu signalisieren (vgl. Ronen (2008), S. 205).

ten ermittelte Ergebnis. Auf diese Weise werden einerseits Ergebnisbestandteile, die nicht unmittelbar im Einflussbereich des Managements liegen, aus der Leistungsbeurteilung der Führungskräfte ausgeblendet. Zum anderen sollen Ermessensspielräume, welche die Fair Value-Bewertung impliziert und Möglichkeiten zur bewussten Manipulation der Ergebnisgrößen bieten, ausgeräumt werden.

In weitgehender Übereinstimmung mit dem oben geschilderten Vorgehen zeigt sich der Vorschlag, die Ergebniswirkungen von **außerplanmäßigen Abschreibungen auf die Forderungs- und Vorratsbestände** zu korrigieren.[1554] Außerplanmäßige Abschreibungen sind auf das aus Abschnitt 2.3.1.1.2.3 bekannte Imparitätsprinzip zurückzuführen, welches zu einer Herabsetzung des Buchwerts eines Vermögensgegenstands verpflichtet, sofern der tatsächliche Wert am Bilanzstichtag niedriger ist (§ 255 Abs. 4 HGB).[1555] Diese Bewertungsregel wird als strenges Niederstwertprinzip bezeichnet, da eine Abschreibung unabhängig von der Frage, ob die Wertminderung voraussichtlich dauerhaft oder nur temporär ist, zu erfolgen hat.[1556] Als Korrekturmaßstäbe kommen für das Vorratsvermögen zunächst aus Börsen- oder Marktpreisen abgeleitete Werte in Betracht. Sofern diese nicht ermittelbar sind, ist eine Abschreibung auf den beizulegenden Zeitwert vorzunehmen.[1557]

In den analysierten Beiträgen findet sich keine unmittelbare Begründung für die Eliminierung der aus dem Niederstwertprinzip resultierenden GuV-Posten. Als möglicher Grund kommt auch hier das Bestreben in Betracht, Ergebnisvolatilitäten zu vermeiden, die sich bei schwankenden Marktpreisen ergeben. Da die voraussichtliche Dauer der Wertschwankungen, wie oben beschrieben, bei der Folgebewertung des Umlaufvermögens irrelevant ist und mit dem BilMoG ein Wertaufholungsgebot bis zum (fortgeführten) Anschaffungswert in das Handelsrecht eingegangen ist (§ 253 Abs. 5 Satz 1 HGB), finden volatile Marktpreise eine entsprechende Abbildung in der Erfolgsrechnung und beeinträchtigen die Prognosefunktion ihres Saldos. Als weiterer Grund kann das bereits im Zusammenhang mit der Fair Value-Bewertung dargestellte Problem betrachtet werden, dass infolge der Orientierung an der Marktpreisbildung zufällige Bewertungskomponenten Eingang in die GuV finden und Korrekturen vorgenommen werden, um eine adäquate Beurteilung des Managements zu gewährleisten. Somit finden sich Erklärungsansätze für die Korrekturmaßnahme sowohl in der periodengerechten Erfolgsermittlung als auch unter dem Aspekt der Verhaltenssteuerung.

1554 Vgl. Ziegler (1994), S. 179; Wussow (2004), S. 210.

1555 Vgl. Coenenberg/Haller/Schultze (2009), S. 43; Baetge/Kirsch/Thiele (2011a), S. 205.

1556 Vgl. Baetge/Kirsch/Thiele (2011a), S. 209; Coenenberg/Haller/Schultze (2009), S. 210.

1557 Vgl. Coenenberg/Haller/Schultze (2009), S. 210; Baetge/Kirsch/Thiele (2011a), S. 209. Vgl. zur Konkretisierung des handelsrechtlichen beizulegenden Zeitwerts bereits Fn. 295.

5.3.1.3.1.1.3 Eliminierung der Ergebniseffekte aus der Bildung und Auflösung von Rückstellungen

In vier Beiträgen wird die Notwendigkeit, Ergebniseffekte aus der **Bildung und Auflösung von Rückstellungen**, die einem besonderen Ermessen unterliegen, adressiert.[1558] Hierzu gehören insbesondere Aufwandsrückstellungen, die infolge des BilMoG jedoch nur noch unter deutlich restriktiveren Voraussetzungen gebildet werden dürfen,[1559] oder Rückstellungen für drohende Verluste aus schwebenden Geschäften.[1560] Bei der Ableitung der internen Erfolgsgröße werden somit die Aufwendungen, die mit der Bildung entsprechender Rückstellungen einhergehen, dem Ergebnis wieder hinzugerechnet. Erst in der Periode, in der sich die antizipierte Reinvermögensminderung realisiert, belastet der entsprechende Aufwand das für interne Zwecke verwendete Ergebnis.

Der Hintergrund dieser Korrektur ist in der Verhaltenssteuerungsfunktion zu sehen, der interne Erfolgsrechnungen nachkommen müssen. Da die Bildung und Auflösung von Rückstellungen ermessensabhängig ist, besteht infolge der eingeschränkten intersubjektiven Nachprüfbarkeit die Möglichkeit, dass untergeordnete Instanzen aufgrund ihres Informationsvorsprungs durch Überdotierung solcher Rückstellungen die Voraussetzungen für künftige Gewinnglättungen schaffen.[1561] Der gewinnglättende Effekt aus der Passivierung von Rückstellungen ist bereits in Abschnitt 2.3.1.1.2.1 angesprochen worden und beruht auf der Bildung von Rückstellungen in ertragsstarken Jahren und der Auflösung entsprechender Posten mit erfolgserhöhender Wirkung in ergebnisschwächeren Perioden.[1562]

Ein weiterer möglicher Unterschied zwischen dem extern ausgewiesenen und dem daraus abgeleiteten internen Ergebnis steht in einem engen, wenn auch entgegengesetzten Verhältnis zur Eliminierung von Ergebniseffekten aus der Bildung und Auflösung von Rückstellungen. *Männel* plädiert für den Ansatz kalkulatorischer Wagnisse, die in der externen Rechnungslegung keine Entsprechung finden. Hierzu gehören etwa Entwicklungs-, Produktions- und Lagerwagnisse.[1563] Der Ansatz derartiger Wagnisse führt dazu, dass das extern publizierte Ergebnis für die interne Verwendung um entsprechende Beträge gekürzt wird. Damit wird erwogen, typische Zusatzkosten im Rahmen eines konvergenten Rechnungswesens beizubehalten.[1564]

[1558] Vgl. z.B. Coenenberg (1995), S. 2081; Männel (1997a), S. 16; Beißel/Steinke (2004), S. 67.
[1559] Vgl. Baetge/Kirsch/Solmecke (2009), S. 1216; Coenenberg/Haller/Schultze (2009), S. 433.
[1560] Vgl. Ziegler (1994), S. 179; Männel (1997a), S. 16; Beißel/Steinke (2004), S. 67; Wussow (2004), S. 209.
[1561] Vgl. Coenenberg (1995), S. 2081; Beißel/Steinke (2004), S. 67.
[1562] Vgl. Baetge/Kirsch/Thiele (2011a), S. 137; Schildbach (2004), S. 150.
[1563] Vgl. Männel (1997a), S. 16.
[1564] Vgl. Siefke (1999), S. 103.

5.3.1.3.1.1.4 Modifikationen bei der Abgrenzung der sonstigen betrieblichen Aufwendungen und Erträge

Anpassungen, welche sich auf die **Abgrenzung der sonstigen betrieblichen Aufwendungen und Erträge** beziehen, werden in sechs Beiträgen angesprochen.[1565] Es handelt sich hierbei um Modifikationen der Konzeptionen zur Erfolgsspaltung nach HGB und IFRS in die Richtung einer stärker betriebswirtschaftlichen Ergebnisspaltung. Da die rechnungslegungsspezifischen Ansätze zur Erfolgsspaltung einen zentralen Ausgangspunkt für die Konvergenzbestrebungen bilden,[1566] werden die wesentlichen Regelungen im Folgenden skizziert.

Wie bereits in Abschnitt 2.3.1.1 angedeutet, kommt der GuV im Allgemeinen die Aufgabe zu, das Zustandekommen des Periodenergebnisses transparent zu machen und damit die Erfolgsquellen des Unternehmens offenzulegen.[1567] Sie trägt damit wesentlich zur Erfüllung der Informationsfunktion bei, welche den Rechenwerken des externen Rechnungswesens obliegt.[1568] Die Ausführungen des Abschnitts 2.3.2.1.1 deuteten darauf hin, dass die Abschlussadressaten anhand der Jahresabschlussdaten im Allgemeinen und den Ergebnisinformationen im Speziellen künftige Erfolge des Unternehmens abschätzen sollen.[1569] Um eine Prognose der nachhaltig zu erwartenden Ertragskraft des Unternehmens zu ermöglichen, erfolgt in betriebswirtschaftlichen Erfolgsspaltungskonzepten eine Aufgliederung des Periodenerfolgs anhand von zwei Kriterien. Zunächst werden unter der Maßgabe der Regelmäßigkeit ordentliche von außerordentlichen Erfolgskomponenten getrennt. Das ordentliche Ergebnis wiederum wird unter dem Aspekt der Betriebszugehörigkeit in ein Betriebs- sowie ein Finanzergebnis zerlegt.[1570] Als Resultat umfasst das ordentliche Ergebnis „alle regelmäßig auftretenden periodischen Erfolgskomponenten", während sich das außerordentliche Ergebnis aus „alle[n] aperiodischen Erfolgskomponenten sowie alle[n] außergewöhnlichen, d.h. untypischen, zufälligen oder einmaligen Erfolgskomponenten"[1571] zusammensetzt.

Der Form nach findet sich dieser Ansatz in der handelsrechtlichen GuV wieder.[1572] Wie Abbildung 43 entnommen werden kann, entspricht der in der handelsrechtlichen GuV ausgewiesene Jahresüberschuss bzw. -fehlbetrag der Summe aus dem Ergebnis der gewöhnlichen Ge-

---

1565 Vgl. z.B. Müller/Ordemann/Pampel (2005), S. 2123; Dressler/Müller (2001), S. 507; Damberger/Heyne/Renner (2002), S. 30.

1566 Vgl. Schaier (2007), S. 127; Melcher (2002), S. 131.

1567 Vgl. Abschnitt 2.3.2.1.1, S. 51 ff.

1568 Vgl. Coenenberg/Haller/Schultze (2009), S. 497; Förschle (2010), § 275 Rn. 7; Baetge/Kirsch/Thiele (2011a), S. 568 f.

1569 Vgl. Hüfner/Möller (2002), S. 136. Weitere Informationen, anhand derer Anlageentscheidungen getroffen werden, bilden die vom Management veröffentlichten Ergebnisprognosen (vgl. Nölte (2009), S. 1231).

1570 Vgl. Baetge/Kirsch/Thiele (2011a), S. 573; Küting/Weber (2009), S. 261.

1571 Baetge/Kirsch/Thiele (2011a), S. 573.

1572 Vgl. Küting/Keßler/Gattung (2005), S. 16; Coenenberg/Deffner/Schultze (2005), S. 435.

schäftstätigkeit und dem außerordentlichen Ergebnis unter Subtraktion des Ertragsteueraufwands.[1573]

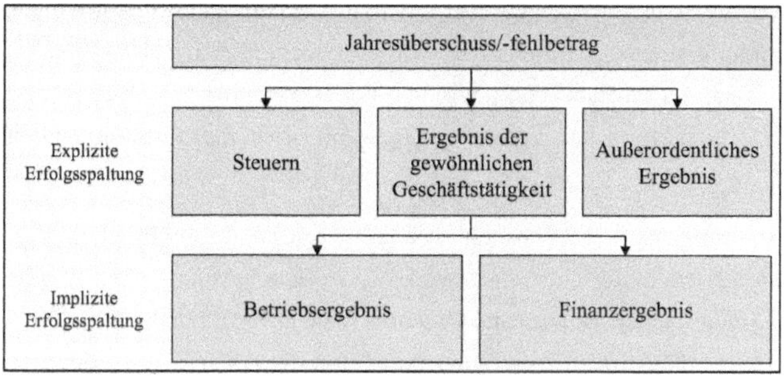

Abbildung 43: Handelsrechtliche Erfolgsspaltungskonzeption[1574]

Das Ergebnis der gewöhnlichen Geschäftstätigkeit bildet den Saldo aller Aufwendungen und Erträge, die bei einer breiten Auslegung des Geschäftsbereichs des Unternehmens als typisch angesehen werden können.[1575] Obgleich die in § 275 Abs. 2 bzw. 3 HGB kodifizierten Gliederungsschemata keine weitergehende Differenzierung des Ergebnisses der gewöhnlichen Geschäftstätigkeit vorsehen, lässt sich dieses in das Betriebs- sowie das Finanzergebnis differenzieren.[1576] Das Betriebsergebnis saldiert sämtliche Aufwendungen und Erträge, die mit den betrieblichen Leistungserstellungs- und -verwertungsprozessen einhergehen.[1577] Es stellt die für die Abschlussadressaten wichtigste Erfolgsgröße dar, weil sie die Möglichkeit eröffnet, den Erfolg des Unternehmens in seinem Kernbereich zu beurteilen.[1578] Demgegenüber reflektiert das Finanzergebnis Aufwendungen und Erträge, die im Rahmen von Nebengeschäften anfallen, welche jedoch Bestandteile der gewöhnlichen Betriebstätigkeit sind. Als Beispiele lassen sich in diesem Zusammenhang Finanzierungs- oder Kapitalanlagegeschäfte nennen.[1579]

Unter das außerordentliche Ergebnis werden Aufwendungen und Erträge subsumiert, die nicht mit der gewöhnlichen Geschäftstätigkeit verbunden sind.[1580] Als außerordentlich gelten Erfolgskomponenten, wenn sie sowohl im Hinblick auf die gewöhnliche Betriebstätigkeit untypisch sind als auch unregelmäßig anfallen.[1581] Diese Kriterien erfüllen etwa Gewinne bzw. Verluste, die mit Katastrophen verbunden sind, oder Erfolge aus dem selten auftretenden

[1573] Vgl. auch Förschle (2010), § 275 Rn. 40; Baetge/Kirsch/Thiele (2011a), S. 593.

[1574] Entnommen aus Küting/Keßler/Gattung (2005), S. 16.

[1575] Vgl. Coenenberg/Haller/Schultze (2009), S. 518; Weißenberger (2003), S. 111.

[1576] Vgl. Melcher (2002), S. 134.

[1577] Vgl. Coenenberg/Haller/Schultze (2009), S. 518; Wolz (2005), S. 63 f. Das Betriebsergebnis gilt als „Erfolgsmaß für die in der Vergangenheit gefällten Entscheidungen" (Klein (1999a), S. 58).

[1578] Vgl. Antonakopoulos (2010), S. 123.

[1579] Vgl. Küting/Keßler/Gattung (2005), S. 17; Coenenberg/Haller/Schultze (2009), S. 518; Müller (2006), S. 77.

[1580] Vgl. Coenenberg/Haller/Schultze (2009), S. 518.

[1581] Vgl. Küting/Keßler/Gattung (2005), S. 17; Dexheimer (2002), S. 452.

Verkauf von Beteiligungen, Betrieben oder Anlagen.[1582] Das außerordentliche Ergebnis wird somit eng ausgelegt – mit der Konsequenz, dass untypische, aber regelmäßig anfallende Erfolgskomponenten sowie aus der gewöhnlichen Geschäftstätigkeit resultierende, aber aperiodische Aufwendungen und Erträge in das ordentliche Ergebnis eingehen.[1583] Dementsprechend sind die materiellen Parallelen zwischen der betriebswirtschaftlichen und der handelsrechtlichen Erfolgsspaltungskonzeption geringer als dies die formellen Gemeinsamkeiten suggerieren.[1584]

Die Ergebnisspaltung nach IFRS weicht insofern vom handelsrechtlichen Vorgehen ab, als eine Aufgliederung des in der GuV ausgewiesenen Periodenerfolgs in ein Ergebnis aus fortgeführten Geschäftsbereichen sowie ein Ergebnis aus aufgegebenen Geschäftsbereichen erfolgt.[1585] Ersteres umfasst die Erträge und Aufwendungen sowohl aus den betrieblichen als auch finanziellen Vorgängen der fortgeführten Geschäftsbereiche, wobei weder der separate Ausweis des Betriebsergebnisses noch des Finanzergebnisses obligatorisch ist.[1586] *Coenenberg et al.* bemängeln, dass zu diesen Erfolgskomponenten auch solche gehören, die aperiodischen und volatilen Charakter haben und dementsprechend nur eingeschränkt prognostizierbar sind.[1587] Zurückzuführen ist diese Problematik auf das Verbot des separaten Ausweises von außerordentlichen Ergebniskomponenten gemäß IAS 1.87.[1588] Mit diesem Verbot ist die Erwartung verbunden, Manipulationsmöglichkeiten einzuschränken.[1589]

Aufwendungen und Erträge, die in Geschäftsbereichen ihren Ursprung finden, für die eine Veräußerungsabsicht besteht bzw. solche, die in der Berichtsperiode bereits verkauft worden sind, werden zum Ergebnis aus aufgegebenen Geschäftsbereichen zusammengefasst.[1590] Der getrennte Ausweis von Erfolgen, die in künftigen Geschäftsjahren nicht mehr generiert werden, trägt somit zur Prognosetauglichkeit der erfolgsbezogenen Daten bei.[1591] Insgesamt ist die Ergebnisspaltung nach IFRS im Vergleich zum Handelsrecht weniger reguliert, wobei sich faktisch nur geringe Unterschiede ergeben, da von deutschen IFRS-Bilanzierern vielfach die Gliederungsvorschriften des HGB adaptiert werden.[1592] Des Weiteren findet der Ausweis von pro forma-Ergebnisgrößen auch in den Geschäftsberichten der am deutschen Kapital-

[1582] Vgl. Coenenberg/Haller/Schultze (2009), S. 533; Melcher (2002), S. 132.

[1583] Vgl. Baetge/Kirsch/Thiele (2011a), S. 573.

[1584] Vgl. Baetge/Kirsch/Thiele (2011a), S. 574.

[1585] Vgl. Coenenberg/Haller/Schultze (2009), S. 547. Zu beachten ist, dass sich das Gesamtergebnis eines Unternehmens aus dem Saldo des in der GuV ausgewiesenen Periodenerfolgs und der erfolgsneutral im Eigenkapital erfassten Erträge und Aufwendungen zusammensetzt (vgl. Haller/Ernstberger/Buchhauser (2008), S. 315 ff., sowie ferner Abschnitt 2.3.2.1, S. 51).

[1586] Vgl. Coenenberg/Haller/Schultze (2009), S. 548.

[1587] Vgl. Coenenberg/Deffner/Schultze (2005), S. 437.

[1588] Vgl. Coenenberg/Haller/Schultze (2009), S. 549 f.; Pellens/Fülbier/Gassen/Sellhorn (2011), S. 175.

[1589] Vgl. Gronewold/Sellhorn (2009), S. 108.

[1590] Vgl. Coenenberg/Haller/Schultze (2009), S. 548 f.

[1591] Vgl. Dexheimer (2002), S. 457.

[1592] Vgl. Küting/Keßler/Gattung (2005), S. 21; Pellens/Fülbier/Gassen/Sellhorn (2011), S. 179.

markt notierten Unternehmen weite Verbreitung, wobei diese unternehmensabhängigen Kennzahlen erhebliche Gestaltungsspielräume implizieren, und dementsprechend ihre Aussagefähigkeit in Frage zu stellen ist.[1593]

In der Literatur wird vielfach die enge Auslegung des außerordentlichen Ergebnisses im Rahmen der rechnungslegungsspezifischen Ansätze zur Erfolgsspaltung moniert. Sie führe dazu, dass betriebs- und periodenfremde Aufwendungen und Erträge, die unter betriebswirtschaftlichen Gesichtspunkten dem außerordentlichen Ergebnis zuzurechnen wären, als Bestandteile des Ergebnisses der gewöhnlichen Geschäftstätigkeit ausgewiesen werden.[1594] *Melcher* entwickelt daher ein Erfolgsspaltungskonzept, das sich stärker an der betriebswirtschaftlich präferierten Lösung orientiert und somit innerhalb eines konvergenten Rechnungswesens eingesetzt werden kann. Hierzu seien die Aufwendungen und Erträge stringent hinsichtlich ihres Perioden- und Betriebsbezugs zu differenzieren, was zur Unterscheidung von periodischen und aperiodischen sowie von betriebsfremden und außergewöhnlichen Erfolgsbeiträgen führe. Den Überlegungen *Melchers* zufolge sind ausschließlich periodische Erfolgskomponenten unter das Betriebs- oder Finanzergebnis, welches zum operativen Ergebnis zusammengefasst werden kann, zu subsumieren. Aperiodische Ergebniseffekte seien hingegen separat auszuweisen. Ebenso sollten betriebsfremde sowie außerplanmäßige Aufwendungen und Erträge dem sog. übrigen oder dem außerordentlichen Ergebnis zugeordnet werden.[1595]

Die Umsetzung der geplanten Vorgehensweise führe zu einem Ergebnis aus gewöhnlicher Geschäftstätigkeit, das über einen höheren Differenzierungsgrad verfüge. Zusätzlich zur zuvor dargelegten Aufgliederung in das Betriebs- und Finanzergebnis enthält dieses, dem Vorschlag *Melchers* folgend, ein betriebsfremdes sowie ein periodenfremdes Ergebnis. Auf diese Weise soll die Abstimmbarkeit zwischen dem enger definierten Betriebsergebnis gemäß der handelsrechtlichen GuV und dem für interne Zwecke berechneten Deckungsbeitrag möglich sein.[1596]

In Anbetracht der beschriebenen Erfolgsspaltungskonzeptionen folgern weitere Autoren, dass im Zuge einer Konvergenz des Rechnungswesens jene Sachverhalte aus dem ordentlichen Ergebnis zu eliminieren sind, denen faktisch ein untypischer Charakter zukommt.[1597] Zu den Beiträgen, in denen entsprechende Maßnahmen erörtert werden, gehört beispielsweise jener von *Damberger et al.*, die anregen, bei der Überleitung auf das interne Ergebnis aperiodische und besondere Posten, z.B. in der Form von Veräußerungsgewinnen bzw. -verlusten, zu egalisieren.[1598] In diesen Fällen werden also die Ergebniseffekte aus Vorgängen, die nur einen ge-

---

[1593] Vgl. für empirische Ergebnisse zur Verbreitung der pro forma-Ergebnisse am deutschen Kapitalmarkt Hitz/Jenniges (2008), S. 239 ff.; vgl. zu dem Manipulationspotenzial dieser Größen bereits Fn. 1464.

[1594] Vgl. Melcher (2002), S. 142 f.; Coenenberg/Haller/Schultze (2009), S. 1104 f.; Baetge/Kirsch/Thiele (2011a), S. 616.

[1595] Vgl. Melcher (2002), S. 143 f.

[1596] Vgl. Melcher (2002), S. 145.

[1597] Vgl. z.B. Wagenhofer (2006a), S. 17; Dressler/Müller (2001), S. 507; Müller (2006), S. 76 f.

[1598] Vgl. Damberger/Heyne/Renner (2002), S. 30.

ringfügigen Bezug zur gewöhnlichen Geschäftstätigkeit des Unternehmens bzw. zur Leistung des Managements aufweisen, bei der Erstellung der Grundlage zur Beurteilung der Geschäftssituation resp. Managementleistung neutralisiert.[1599] Somit findet die Ursache für diesen Korrekturschritt ihren Ursprung in der sachgerechten Abbildung der Erfolgssituation wie auch in der Verhaltenssteuerungsfunktion interner Rechenwerke.

5.3.1.3.1.1.5 Aktivierung investitionsähnlicher Aufwendungen

Als weitere Modifikation, die zu Ansatzunterschieden führt, wird in drei Beiträgen die **Aktivierung investitionsähnlicher Aufwendungen**, zu denen beispielsweise Aufwendungen für Marketingmaßnahmen oder Forschung und Entwicklung gehören, empfohlen.[1600] Derartige Aufwendungen haben – wie in Abschnitt 2.3.2.1.2 angesprochen – insofern Investitionscharakter, als sie in der Erwartung getätigt werden, in der Zukunft höhere Erträge erwirtschaften zu können.[1601] Werden diese Aufwendungen in der Periode ihres Entstehens erfolgswirksam erfasst, hat dies zur Folge, dass diese und die zugehörigen Erträge in unterschiedlichen Perioden in der Erfolgsrechnung ausgewiesen werden.[1602]

Sowohl die handelsrechtlichen Regelungen als auch die IFRS sehen – unter restriktiven Voraussetzungen – nur eine Aktivierung von Entwicklungskosten vor.[1603] Andere investitionsähnliche Aufwendungen sind aufgrund von Objektivierungsdefiziten hingegen in der Periode ihres Anfalls erfolgsmindernd als Aufwand und damit zu den korrespondierenden Erträgen zeitlich vorgelagert zu erfassen. Die Erfolgssituation des Unternehmens wird daher verzerrt dargestellt: Infolge der erfolgswirksamen Behandlung der investitionsähnlichen Aufwendungen in der Periode ihrer Entstehung wird der Erfolg in diesem Zeitraum zu niedrig ausgewiesen, in den späteren Perioden, in denen die induzierten Erträge realisiert werden, ergeben sich dagegen überhöhte Periodenergebnisse.[1604]

In kalkulatorischen Steuerungsrechnungen, die keinen regulatorischen Restriktionen unterliegen, erfolgt in der Periode ihres Entstehens vielfach eine erfolgsneutrale Erfassung entsprechender Posten, die anschließend erfolgswirksam abgeschrieben werden und dementsprechend die Periodenergebnisse über die Dauer ihrer Nutzung belasten.[1605] Auf diese Weise

[1599] Vgl. Dressler/Müller (2001), S. 507.

[1600] Vgl. Lorson (1996), S. 2511; Hahn/Nicklas (1999), S. 70; Männel (1999b), S. 25.

[1601] Vgl. Abschnitt 2.3.2.1.2, S. 59.

[1602] Vgl. Ordelheide (2000), S. 512; Weinand/Wolz (2010), S. 131.

[1603] Vgl. Pellens/Fülbier/Gassen/Sellhorn (2011), S. 317; Coenenberg/Haller/Schultze (2009), S. 177.

[1604] Vgl. Weißenberger (2003), S. 256; Wussow (2004), S. 125.

[1605] Vgl. Siefke (1999), S. 102. Allerdings kritisieren *Müller et al.* die Kostenrechnung für die unzureichende Berücksichtigung von immateriellen Ressourcen und nennen entsprechende Abbildungsdefizite als Grund für eine Konvergenz des Rechnungswesens (vgl. Müller/Ordemann/Pampel (2005), S. 2119, sowie Abschnitt 5.2.1.1.1, S. 146).

werden die Aufwendungen in die Perioden verlagert, in denen die mit ihnen korrespondierenden Erträge realisiert werden.[1606]

An diesem Vorgehen ist mehreren Autoren zufolge auch im Rahmen eines konvergenten Rechnungswesens festzuhalten.[1607] In der Periode ihrer Entstehung sind entsprechende Aufwendungen dem aus der externen Rechnungslegung abgeleiteten operativen Ergebnis hinzuzurechnen, die Modifikationen in den Folgeperioden bestehen im Ansatz der jährlichen Abschreibungsbeträge im Rahmen der internen Ergebnisermittlung. Diese Anpassung wird einerseits mit dem Bestreben um eine periodengerechte Erfolgsermittlung begründet.[1608] Andererseits ist diese Korrekturmaßnahme auch unter dem Aspekt der Verhaltenssteuerung relevant. Denn mit einer erfolgswirksamen Erfassung der Aufwendungen im Zeitraum ihrer Entstehung wird die Initiierung von Investitionsprojekten, die der Erschließung langfristiger Erfolgspotenziale dienen, sanktioniert.[1609] Gerade bei Führungskräften mit einem kurzfristigen Zeithorizont besteht die Gefahr von Unterinvestitionen, wodurch sich die Wettbewerbsfähigkeit des Unternehmens langfristig verschlechtern kann.[1610] Mit der Aktivierung und planmäßigen Abschreibung investitionsähnlicher Aufwendungen soll einer Priorisierung der kurzfristigen Erfolgsmaximierung entgegengewirkt werden.[1611] Des Weiteren kann mit diesem Vorgehen eine Gleichbehandlung von erworbenen und selbstgeschaffenen immateriellen Vermögenswerten hergestellt werden.[1612]

Ein anderer Weg wird hingegen in dem von *Dais/Watterott* vorgestellten Unternehmensbeispiel beschritten. Während die vorgenannten Maßnahmen darauf abzielen, investitionsähnliche Aufwendungen in einem Maße zu aktivieren, das über die Möglichkeiten, die von den IFRS eröffnet werden, hinausgeht, wird im vorgestellten Unternehmen bei der Überführung der extern ausgewiesenen Erfolgsgröße in die interne Steuerungsgröße die Aktivierung von Entwicklungskosten rückgängig gemacht. Die Ursache hierfür ist in den im Folgenden noch erörterten Ermessensspielräumen zu sehen, welche mit dem Ansatz und der Bewertung von Entwicklungskosten verbunden sind.[1613] Moniert werden insbesondere die Ungleichbehandlung von Aufwendungen aus der Forschungs- und Entwicklungsphase und die damit verbundenen Abgrenzungsprobleme.[1614] Somit ist diese Maßnahme ebenfalls im Lichte der Verhaltenssteuerungsfunktion zu sehen.

[1606] Vgl. Hoke (2001), S. 120.

[1607] Vgl. z.B. Hahn/Nicklas (1999), S. 70; Männel (1999b), S. 25.

[1608] Vgl. Männel (1999b), S. 25; Wussow (2004), S. 125; Klein (1999a), S. 60.

[1609] Vgl. Wussow (2004), S. 125; Hoke (2001), S. 120.

[1610] Vgl. Siefke (1999), S. 135; Weißenberger (2003), S. 256.

[1611] Vgl. Hoke (2001), S. 120; Wussow (2004), S. 125; Müller (2006), S. 78.

[1612] Vgl. Hoke (2001), S. 120; Günther/Zurwehme (2008), S. 113.

[1613] Vgl. hierzu ausführlich Abschnitt 5.4.2.2.3.1, S. 354.

[1614] Vgl. Dais/Watterott (2006), S. 469.

5.3.1.3.1.1.6 Sonstige Korrekturmaßnahmen

Über die fünf zuvor geschilderten Anpassungsmaßnahmen, die zu Ansatzunterschieden führen, hinausgehend werden vereinzelt weitere Maßnahmen in die Diskussion eingebracht. Diese werden hier unter den **sonstigen Maßnahmen** zusammengefasst und lassen sich exemplarisch am schon angesprochenen Vorschlag *Coenenbergs* erläutern. Bereits aus Abschnitt 5.3.1.1.1.1 ging hervor, dass sich dieser dafür ausspricht, für die Abbildung langfristiger Fertigungsaufträge in der Steuerungsrechnung von den handelsrechtlichen Regelungen abzurücken und stattdessen entsprechende Aufträge anhand der Percentage-of-Completion-Methode zu bilanzieren.[1615] Dabei soll die Anwendung dieses Abbildungsansatzes an die Bedingungen des IAS 11 geknüpft werden.[1616] Damit wird zugleich deutlich, dass bei einer Rechnungslegung nach IFRS diese Anpassungsmaßnahme entfällt. Da *Coenenberg* diese Modifikation zu den „Abweichungen zu Gunsten einer anreizverträglichen Kontrollrechnung"[1617] zählt, ist diese Maßnahme primär im Lichte der Verhaltenssteuerungsfunktion zu sehen.[1618]

Insgesamt bleibt festzuhalten, dass mit den skizzierten Korrekturmaßnahmen insbesondere die Beseitigung bilanzieller Verzerrungen intendiert wird, welche eine periodengerechte Ergebnisermittlung konterkarieren. Dies gilt vor allem für die Eliminierung der Ergebniseffekte aus außerplanmäßigen Wertminderungen des Anlage- und Umlaufvermögens, die Aktivierung investitionsähnlicher Aufwendungen und die Abgrenzung sonstiger betrieblicher Aufwendungen und Erträge.

Die Neutralisierung der Ergebniseffekte aus der Bildung und Auflösung von Rückstellungen soll dazu beitragen, die Möglichkeiten zur Ergebnisgestaltung im Mehrpersonenkontext einzuschränken. Der Verhaltenssteuerungsaspekt der internen Steuerungsrechnung kommt aber auch bei der Neutralisierung von außerplanmäßigen Wertminderungen des Vermögens, der Aktivierung von Aufwendungen mit Investitionscharakter und beim Ansatz kalkulatorischer Zinsen, welche für die Steuerung dezentraler Unternehmenseinheiten bedeutsam sind und die Entscheidungsträger zur Durchführung wertsteigernder Maßnahmen motivieren sollen,[1619] zum Ausdruck. Das Bestreben, durch Abweichungen von den Regelungen der externen Rechnungslegung vom bilanziellen auf den ökonomischen Gewinn schließen zu können, wird lediglich vom Ansatz kalkulatorischer Zinsen auf das betriebsnotwendige Kapital reflektiert.

1615 Vgl. Abschnitt 5.3.1.1.1.1, S. 222.

1616 Vgl. Coenenberg (1995), S. 2081.

1617 Coenenberg (1995), S. 2081.

1618 Vgl. zur Steuerungseignung der Percentage-of-Completion-Methode auch die in Abschnitt 5.4.1.2 wiedergegebene Untersuchung von Hofmann (2005). Teilweise wird dieser Bilanzierungsansatz vor dem Hintergrund der Verhaltenssteuerungsfunktion kritisiert, weil die Bestimmung der wichtigen Parameter Fertigstellungsgrad, Auftragskosten und -erlöse auf Schätzungen beruht. Der Ansatz eröffnet somit Ermessensspielräume, die von opportunistisch handelnden Managern ausgenutzt werden können (vgl. Klein (1999a), S. 171; Hoke (2001), S. 138; Weißenberger/IGC (2006a), S. 355).

1619 Vgl. Hofmann (2006), S. 109.

5.3.1.3.1.2 Bewertungsunterschiede

Die bisherigen Ausführungen haben sich auf Abweichungen von den Bilanzierungsvorschriften bezogen, auf denen der im Rahmen der externen Rechnungslegung kommunizierte Erfolg basiert und die zu Ansatzunterschieden zwischen dem extern ausgewiesenen sowie dem daraus abgeleiteten internen Ergebnis führen. Im modifizierten internen Ergebnis können demnach Posten enthalten sein, die in der externen Erfolgsgröße keine Berücksichtigung gefunden haben (z.B. Abschreibungen im Falle einer Aktivierung von Aufwendungen mit Investitionscharakter in einer Vorperiode). Aber auch der umgekehrte Fall ist denkbar, indem extern Erfolgskomponenten ausgewiesen werden, die bei der Ableitung der internen Erfolgsgröße eliminiert werden (etwa Aufwendungen aus der Bildung von Rückstellungen). Da die Posten, die für die Ermittlung des internen Ergebnisses saldiert werden, nicht identisch sind mit jenen, die Bestandteil der externen Erfolgsrechnung sind, variieren folglich die jeweiligen Salden.

Die nachfolgend erläuterten Modifikationen verändern nicht die Zusammensetzung der intern und extern erfassten Erfolgskomponenten, vielmehr führen sie dazu, dass der Wert, mit dem einzelne Posten in die Erfolgsrechnungen eingehen, zwischen der internen und externen Darstellung variiert und somit ursächlich für Ergebnisdivergenzen ist.[1620] Wie bereits in Tabelle 37 dargelegt, enthalten 18 Beiträge entsprechende Ausführungen, darunter auch die Beiträge von *Weißenberger/IGC*, *Lorson* und *Müller/Peskes*, in denen – wie bereits in Abschnitt 5.3.1.3.1.1 ausgeführt – die Möglichkeit der Andersbewertung ausgewählter Posten angesprochen wird, ohne einzelne Anpassungsschritte darzulegen.[1621] In den verbleibenden Beiträgen werden hingegen konkrete Bewertungsunterschiede thematisiert (vgl. Abbildung 44), die nachfolgend aufgearbeitet werden.

	Operatives Ergebnis gemäß der relevanten Rechnungslegungsvorschriften
+/-	Ergebniseffekte aus der abweichenden Folgebewertung des abnutzbaren Anlagevermögens
+/-	Ergebniseffekte aus der abweichenden Bewertung des Umlaufvermögens
=	**Modifiziertes Ergebnis zur Unternehmenssteuerung**

Abbildung 44: Schematische Darstellung vorgeschlagener Anpassungsmaßnahmen, die zu Bewertungsunterschieden führen

5.3.1.3.1.2.1 Anwendung unterschiedlicher Abschreibungsverfahren im Anlagevermögen

Der mit acht Nennungen am häufigsten thematisierte Bewertungsunterschied zwischen der internen und externen Erfolgsrechnung besteht in der **Wahl unterschiedlicher Abschreibungsverfahren bei der Folgebewertung von abnutzbaren Vermögensgegenständen des**

[1620] Vgl. hierzu auch bereits Fn. 1512.

[1621] Vgl. Weißenberger/IGC (2006a), S. 356; Weißenberger/IGC (2006b), S. 620; Weißenberger (2006a), S. 412; Lorson (1996), S. 2511; Müller/Peskes (2006), S. 824.

Anlagevermögens.[1622] Insbesondere wird mehrfach vorgeschlagen, bei der internen Erfolgsermittlung für die abnutzbaren Vermögenswerte des Anlagevermögens lineare Abschreibungen zu veranschlagen, aus steuerlichen Gründen im externen Rechnungswesen dagegen ein degressives Abschreibungsverfahren zu wählen.[1623] *Männel* regt darüber hinaus an, für die interne Ergebnisermittlung die Nutzungsdauern der Vermögensgegenstände nicht anhand der von der Finanzverwaltung herausgegebenen und vielfach für den HGB-Abschluss herangezogenen AfA-Tabellen zu bestimmen,[1624] sondern sich an der wirtschaftlichen Nutzungsdauer unter Berücksichtigung branchenüblicher Einsatzfelder und betriebsspezifischer Einsatzbedingungen zu orientieren.[1625] Zudem empfiehlt er ein Festhalten an der Kostenrechnungskonvention, Abschreibungen auf einen Vermögensgegenstand selbst dann anzusetzen, wenn dieser bereits vollständig abgeschrieben worden ist, um einen gleichmäßigen Kostenausweis zu gewährleisten.[1626] Begründet werden können diese Maßnahmen mit dem Bestreben, den entstandenen Ressourcenverbrauch verursachungsgerecht abzubilden.[1627]

Beim Aufgreifen dieser Vorschläge bestehen zwei der drei Ursachen fort, die *Günther/Zurwehme* im Hinblick auf Bewertungsunterschiede aufgrund unterschiedlicher Abschreibungsmodi differenzieren. Bei tradierter Ausgestaltung des Rechnungswesens bilden, neben unterschiedlichen Nutzungsdauern und über den Buchwert hinausgehenden Abschreibungen, unterschiedliche Bemessungsgrundlagen weitere Determinanten für abschreibungsbasierte Bewertungsunterschiede: Für die bilanziellen Abschreibungen fungieren die historischen Anschaffungs- bzw. Herstellungskosten als Grundlage, kalkulatorische Abschreibungen, die in der Kostenrechnung angesetzt werden, gehen demgegenüber von Wiederbeschaffungskosten aus.[1628]

Während die Vereinheitlichung der Abschreibungsbemessungsgrundlagen mitunter explizit als wichtiger Schritt in Richtung eines konvergenten Rechnungswesens erwähnt wird,[1629] akzentuiert *Coenenberg* die Notwendigkeit einer tagesnahen Bewertung. Aus Abschnitt 5.3.1.1.1.1 ist bereits bekannt, dass demnach die Bewertung des Anlagevermögens und folglich die Bemessung der Abschreibungsbeträge zu Wiederbeschaffungswerten erfolgen sollte, um Leistungs- und Scheingewinne voneinander trennen und die Vergleichbarkeit von Unter-

---

1622 Vgl. z.B. Coenenberg (1995), S. 2081 f.; Lochner/Ayasse/Hummel (2007), S. 148; Männel (1999a), S. 15.

1623 Vgl. z.B. Gleich/Sasse/Gräf/Kogler (2002), S. 344; Männel (1997a), S. 16; Hahn/Nicklas (1999), S. 70.

1624 Vgl. Coenenberg/Haller/Schultze (2009), S. 155.

1625 Vgl. Männel (1997a), S. 16.

1626 Vgl. Männel (1997a), S. 16 f.

1627 Vgl. Coenenberg/Fischer/Günther (2009), S. 82.

1628 Vgl. Günther/Zurwehme (2008), S. 107.

1629 Vgl. Gleich/Sasse/Gräf/Kogler (2002), S. 344, sowie *Männel*, der zur Erreichung des Substanzerhaltungsziels die Bildung einer kalkulatorischen Substanzerhaltungsrücklage vorschlägt (vgl. Männel (1997a), S. 13).

nehmenseinheiten, deren Vermögenswerte unterschiedliche Altersstrukturen aufweisen, gewährleisten zu können.[1630]

5.3.1.3.1.2.2 Ergebniswirkungen aus der Bewertung des Umlaufvermögens

Die weiteren Anpassungen betreffen die Ergebniswirkungen der Bewertung des Umlaufvermögens. *Müller et al.* sowie *Chrubasik/Janz* sprechen die generelle Notwendigkeit an, unter dem Aspekt der Verhaltenssteuerung vereinzelt mit Standardkosten zu rechnen.[1631] Diese Modifikation wird auch von *Dressler/Müller* im Hinblick auf den Materialeinstand und die **Bestandsbewertung** empfohlen.[1632] Standardkosten ergeben sich, indem Verbrauchsgüter mit Festpreisen bewertet werden, so dass Marktpreisschwankungen nicht in die Betrachtung eingehen.[1633] Definitionsgemäß handelt es sich bei Standardkosten um jene Kosten, „die bei wirtschaftlichem Verhalten erreichbar erscheinen"[1634], womit Standardkosten die Funktion von Vorgabegrößen übernehmen.[1635] Folglich wird evident, dass Rechnungen, in die Standardkosten eingehen, zur Verhaltenssteuerung eingesetzt werden, und insbesondere auf mittleren und unteren Hierarchieebenen Verwendung finden.[1636] Das Aufgreifen der oben genannten Vorschläge, im Rahmen einer konvergenten Erfolgsrechnung in Einzelfällen von den pagatorischen Werten abzuweichen und Standardkosten anzusetzen, dient somit ebenfalls dem Aspekt der Verhaltenssteuerung.

In den Ausführungen von *Männel* und *Nobach/Zirkler* finden sich zwar keine Hinweise auf eine Bestandsbewertung zu Standardkosten, allerdings plädieren sie dafür, bei der internen und externen Ergebnisermittlung den Fertig- und Halbfertigerzeugnissen die entstandenen Herstellungskosten in unterschiedlichen Umfängen zuzuordnen. Im externen Rechnungswesen bietet sich eine Bestandsbewertung zu „vollen" Herstellungskosten an, da auf diese Weise eine mit den steuerrechtlichen Vorschriften konsistente Vorgehensweise erreicht werden kann.[1637]

Sofern im internen Rechnungswesen jedoch eine Deckungsbeitragsrechnung aufgestellt wird,[1638] sind die auf Lager produzierten Produkte ausschließlich mit variablen Herstellkosten

[1630] Vgl. Coenenberg (1995), S. 2081 f.
[1631] Vgl. Müller/Ordemann/Pampel (2005), S. 2123; Chrubasik/Janz (2007), S. 62.
[1632] Vgl. Dressler/Müller (2001), S. 507.
[1633] Vgl. Schweitzer/Küpper (2011), S. 683.
[1634] Götze (2010), S. 200.
[1635] Vgl. Schweitzer/Küpper (2011), S. 683.
[1636] Vgl. Götze (2010), S. 243; Schweitzer/Küpper (2011), S. 683.
[1637] Vgl. Männel (1999a), S. 19 f.; Männel (1997a), S. 17; Nobach/Zirkler (2006), S. 745 f.
[1638] Die intensive Nutzung der Deckungsbeitragsrechnung in der Unternehmenspraxis reflektiert z.B. die empirische Erhebung von *Schäffer/Steiners* (vgl. Schäffer/Steiners (2005a), S. 322). Auch die Befragung von *Währisch* zeigt zumindest für mittlere und große Unternehmen eine weite Verbreitung der ein- bzw. mehrstufigen Deckungsbeitragsrechnung (vgl. Währisch (1998), S. 141).

zu bewerten.[1639] Die Fixkosten werden nicht geschlüsselt, sondern je nach Ausgestaltung der Deckungsbeitragsrechnung in einem Block oder nach mehreren Fixkostenschichten differenziert in Abzug gebracht.[1640] Die Unterschiede in der Bestandsbewertung ziehen insofern Ergebnisdifferenzen nach sich als bei Anwendung des im internen Rechnungswesen vorherrschenden Umsatzkostenverfahrens von den Umsatzerlösen lediglich die Aufwendungen subtrahiert werden, welche für die in der entsprechenden Periode abgesetzten Produkte angefallen sind. Die Herstellungskosten der Leistungen, die auf Lager produziert worden sind, werden aus dem Gesamtaufwand der Periode extrahiert und aktiviert. Eine erfolgswirksame Erfassung dieser Aufwendungen erfolgt erst in der Periode, in der die korrespondierenden Leistungen veräußert werden.[1641] Eine Bestandsbewertung zu Vollkosten führt damit in der Herstellungsperiode ceteris paribus zu einem höheren Ergebnis als im Falle einer Bewertung zu variablen Kosten, wobei sich die Unterschiede im Zeitablauf nivellieren.

Männel konstatiert zwar, dass die Unterschiede verringert werden können, wenn die Wahlmöglichkeiten zur Abgrenzung der Herstellungskosten, die § 255 Abs. 2 HGB a.F. inhäriert hat, dahingehend ausgenutzt werden, dass auch im Rahmen des externen Rechnungswesens auf die Aktivierung fixer Gemeinkosten verzichtet wird.[1642] Das Wahlrecht ist im Zuge des BilMoG jedoch deutlich eingeschränkt worden. Die ehemals nur aus Einzelkosten bestehende Bewertungsuntergrenze wird nun von § 255 Abs. 2 HGB um Material- und Fertigungsgemeinkosten und den durch die Fertigung verursachten Werteverzehr des Anlagevermögens erhöht. Damit bewegt sich die handelsrechtliche Herstellungskostendefinition auf jene der IFRS und des Einkommensteuergesetzes zu.[1643] Eine vollständige Harmonisierung der internen und externen Ergebnisrechnungen erscheint daher nur bedingt umsetzbar.[1644]

Der Grund für eine Fortführung der internen Bestandsbewertung zu variablen Kosten kann vorrangig im Bemühen um eine transparente und differenzierte Ergebnisermittlung gesehen werden.[1645] Bei der Erstellung von Deckungsbeitragsrechnungen wird auf eine Schlüsselung fixer Kosten verzichtet.[1646] Auf diese Weise kann eine Fixkostenproportionalisierung verhindert werden, mit der beschäftigungsunabhängige Kosten implizit wie beschäftigungsabhängi-

[1639] Ergebnisunterschiede aufgrund verschiedener Ansätze zur Bestandsbewertung im Rahmen der internen und externen Ergebnisermittlung können jedoch auch bei Anwendung der Vollkostenrechnung entstehen, da das Handelsrecht den Ansatz kalkulatorischer Kosten verbietet und eine Berücksichtigung von Fremdkapitalzinsen nur unter bestimmten Voraussetzungen zulässt (§ 255 Abs. 3 HGB) (vgl. Männel (1997a), S. 17).

[1640] Vgl. Männel (1999a), S. 19; Männel (1997a), S. 17; vgl. zur ein- und mehrstufigen Deckungsbeitragsrechnung ausführlich Coenenberg/Fischer/Günther (2009), S. 202 ff.

[1641] Vgl. Coenenberg/Haller/Schultze (2009), S. 510 ff.; Coenenberg/Fischer/Günther (2009), S. 173; Götze (2010), S. 135.

[1642] Vgl. Männel (1999a), S. 19.

[1643] Vgl. Melcher/Schaier (2009), S. 6; Zündorf (2009), S. 105.

[1644] Vgl. Coenenberg/Fischer/Günther (2009), S. 201.

[1645] *Weber* merkt an, dass die unzureichende Erfüllung der Planungs- und Kontrollaufgaben durch die Vollkostenrechnung den Ausgangspunkt für die Entwicklung von Teilkostenrechnungssystemen bildete (vgl. Weber (2005), S. 43; so auch Reichmann (2011), S. 132; Obermaier (2006), S. 181).

[1646] Vgl. Reichmann (2011), S. 132; Coenenberg/Fischer/Günther (2009), S. 204.

ge Kosten behandelt werden. Mit der rechnerischen Proportionalisierung wird gegen das Verursachungsprinzip verstoßen, wodurch die Beurteilung der Erfolgsbeiträge einzelner Produkte erschwert und das Treffen suboptimaler Entscheidungen provoziert wird.[1647] Demgegenüber führen Deckungsbeitragsrechnungen infolge der Differenzierung von fixen und variablen Kosten und der fehlenden Kostenschlüsselung zu einer höheren Realitätskonformität der Ergebnisdarstellung.[1648] Unter dem Aspekt der Verhaltenssteuerung fallen die Mängel der Vollkostenrechnung hingegen weniger ins Gewicht. *Weber* sieht bei der Vollkostenrechnung ein „begrenztes Opportunismuspotenzial", das jedoch nur vom Kostenrechner und nicht von einzelnen Managern gehoben werden kann, und spricht ihr insbesondere wegen des einfachen Grundprinzips zum Zwecke der Verhaltenssteuerung eine grundsätzliche Eignung zu.[1649]

Zusammenfassend kann über die hier beschriebenen Anpassungsmaßnahmen, die in Bewertungsunterschieden resultieren, ein ähnliches Fazit gezogen werden wie in Abschnitt 5.3.1.3.1.1 mit Bezug auf die dort diskutierten Korrekturmaßnahmen. Mit den ergriffenen Maßnahmen soll primär eine realitätstreuere und differenziertere Darstellung der Erfolgslage des Unternehmens sichergestellt werden, als dies bei einer uneingeschränkten Übernahme der Bewertungsregeln des externen Rechnungswesens möglich wäre. Dies gilt sowohl für die Änderungen im Hinblick auf die gewählten Abschreibungsverfahren als auch für die Bestandsbewertung zu proportionalen Kosten. Der Vorschlag, einzelne Ressourcenverbräuche zu Standardkosten anzusetzen, kann hingegen als Modifikation betrachtet werden, mit welcher die Erfüllung der Verhaltenssteuerungsfunktion forciert werden soll.

5.3.1.3.1.3 Ausweisunterschiede

Die Aufarbeitung der nach einer Konvergenz des Rechnungswesens fortbestehenden Unterschiede zwischen der externen Periodenerfolgsrechnung und der daraus abgeleiteten internen Ergebnisrechnung wird mit der Betrachtung der Anpassungen abgeschlossen, die zu Ausweisunterschieden führen. Bislang wurden Modifikationen betrachtet, die in einer Eliminierung bzw. Ergänzung (Ansatzunterschiede) oder in einer anderen Bewertung einzelner Posten (Bewertungsunterschiede) resultieren. Ausweisunterschiede ergeben sich durch abweichende Gliederungsschemata oder Differenzierungsgrade der jeweiligen Rechenwerke.[1650]

Die Autoren von insgesamt 14 Beiträgen nehmen Bezug auf die Ausweisunterschiede, die auch innerhalb eines konvergenten Rechnungswesens Fortbestand haben können bzw. sollten (vgl. hierzu nochmals Tabelle 37). Aus acht Beiträgen geht deutlich hervor, dass an der **Ausgestaltung der internen Ergebnisrechnung in der Form einer mehrstufigen Deckungs-**

[1647] Vgl. Reichmann (2011), S. 131; Kilger/Pampel/Vikas (2007), S. 69; Weber (2005), S. 90; vgl. für die Entscheidungssituationen, in denen auf Vollkosten basierende Rechnungen zu Fehlentscheidungen führen können, ausführlich Kilger/Pampel/Vikas (2007), S. 67 ff.

[1648] Vgl. Weber (2005), S. 94.

[1649] Vgl. Weber (2005), S. 90 ff.

[1650] Vgl. Günther/Zurwehme (2008), S. 107.

beitragsrechnung festgehalten werden sollte.[1651] Eine Möglichkeit, eine nach dem Umsatzkostenverfahren aufgebaute GuV mit einer Deckungsbeitragsrechnung abzustimmen, besteht darin, die im externen Rechnungswesen ermittelten Nettoerlöse als Ausgangspunkt zu verwenden, von denen in der Ergebnisrechnung zur unternehmensinternen Verwendung nur die angefallenen variablen Kosten abgezogen werden. Die Differenz aus den Nettoerlösen und den proportionalen Kosten ergibt den Deckungsbeitrag I, der unter Abzug der fixen Gemeinkosten und unter Berücksichtigung der sonstigen betrieblichen Aufwendungen und Erträge sowie des Beteiligungs- und Zinsergebnisses in das Ergebnis der gewöhnlichen Geschäftstätigkeit übergeleitet werden kann. Dieser Saldo steht dann im Einklang mit den relevanten Rechnungslegungsvorschriften (vgl. Abbildung 45).[1652]

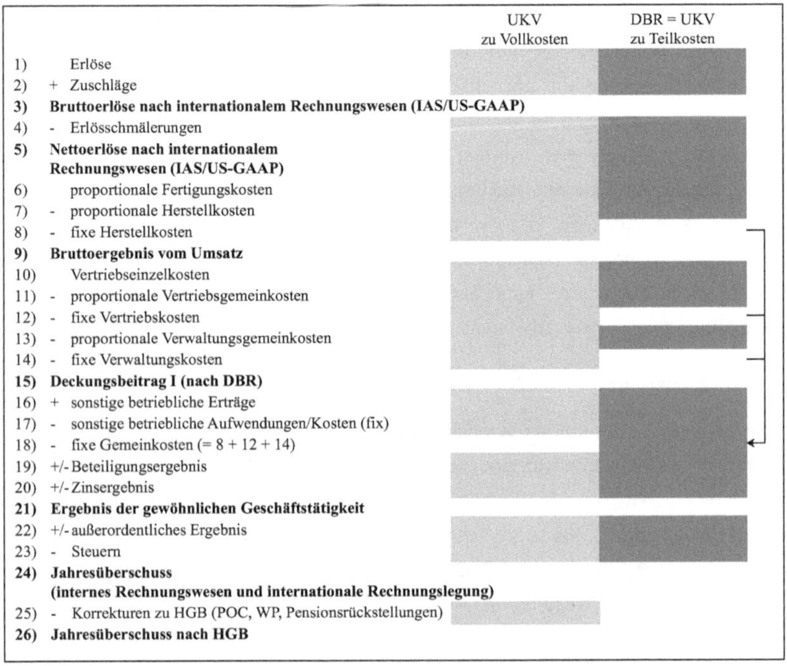

Abbildung 45: Integriertes Rechenschema für eine nach dem Umsatzkostenverfahren aufgestellte Ergebnisrechnung und einer Deckungsbeitragsrechnung[1653]

[1651] Vgl. z.B. Weißenberger/IGC (2006a), S. 348; Wala/Knoll/Messner (2007a), S. 1836; Müller/Ordemann/Pampel (2005), S. 2123.

[1652] Vgl. Damberger/Heyne/Renner (2002), S. 27. Sofern im Rahmen der Deckungsbeitragsrechnung Modifikationen gegenüber der Datenbasis des externen Rechnungswesens vorgenommen werden, die zu Ansatz- bzw. Bewertungsunterschieden führen, ergeben sich entsprechende Korrekturposten bei der Überleitung des Deckungsbeitrags I in das Ergebnis der gewöhnlichen Geschäftstätigkeit.

[1653] Entnommen aus Damberger/Heyne/Renner (2002), S. 27.

Dieser normative Vorschlag deckt sich weitgehend mit der in einem Unternehmensbeispiel offengelegten Vorgehensweise.[1654] In diesem Unternehmen besteht insofern eine Konvergenz des Rechnungswesens, als kalkulatorische Elemente nicht länger in die intern verwendete Erfolgsrechnung eingehen, sondern diese den handelsrechtlichen Ansatz- und Bewertungsvorschriften entspricht. Allerdings wird von den handelsrechtlichen Gliederungsvorschriften abgewichen, indem ein Ergebnisbeitrag berechnet wird, der sich aus der Gegenüberstellung der Umsatzerlöse und Einzelkosten ergibt. Diese Ergebnisbeiträge lassen sich produkt- oder marktbezogen differenzieren. Aus der Kürzung der Summe der Ergebnisbeiträge um die Gemeinkosten ergibt sich schließlich das operative Ergebnis.[1655]

In sechs Beiträgen wird primär der im Vergleich zur externen Erfolgsrechnung erhöhte **Detaillierungsgrad der Ergebnisrechnung** akzentuiert, die für unternehmensinterne Zwecke verwendet wird.[1656] So wird in der internen Ergebnisrechnung der Periodenerfolg vielfach beispielsweise nach Märkten, Produkten oder Geschäftsbereichen differenziert dargestellt.[1657] Mit der flexiblen Aufspaltung des Ergebnisses nach verschiedenen Bezugsobjekten bleibt somit der nach *Wurl et al.* „wichtigste Gestaltungsparameter" der tradierten Periodenerfolgsrechnung auch in einem konvergenten Rechnungswesen erhalten.[1658]

Umfangreiche Überleitungen werden in dem von *Lochner et al.* vorgestellten Praxisbeispiel notwendig. Im Unternehmen, auf das sich die Autoren beziehen, wird die an Unternehmensexterne gerichtete Ergebnisrechnung nach dem Gesamtkostenverfahren gegliedert, während für die unternehmensinterne Informationsversorgung auf das Umsatzkostenverfahren abgestellt wird. Um eine Abstimmung zwischen den beiden Erfolgsrechnungen sicherzustellen, kommt eine „Funktionskostenmatrix" als Überleitungsrechnung zum Einsatz.[1659]

Die in den analysierten Beiträgen enthaltenen Modifikationen können als Bestreben interpretiert werden, auch im Rahmen eines konvergenten Rechnungswesens differenzierte Erfolgsbeiträge zu ermitteln, die den Entscheidungsträgern zeitnah zur Verfügung gestellt werden. Die Maßnahmen dienen somit einer hinreichenden Transparenz über die Ergebnissituation des Unternehmens. Gerade die Aufspaltung der Umsatzkosten in variable und fixe Bestandteile sowie deren getrennter Ausweis deuten darauf hin, dass die Auswirkungen einer Konvergenz des Rechnungswesens auf die tradierte Gliederung der internen Erfolgsrechnung gering gehalten werden können. Die wesentlichen Unterschiede zwischen einer divergenten und konver-

---

[1654] Vgl. Melching (1997), S. 248.

[1655] Vgl. Melching (1997), S. 249.

[1656] Vgl. z.B. Dressler/Müller (2001), S. 507; Kerkhoff/Thun (2007), S. 456 f.; Vanini/Beyer (2009), S. 134.

[1657] Vgl. Hebeler (2003), S. 90; Melcher (2002), S. 21; Weide (2009a), S. 120; Hoke (2001), S. 76. Unterschiede ergeben sich ferner in zeitlicher Hinsicht. Aufgrund der im internen Rechnungswesen üblicherweise kürzeren Auswertungszyklen wird eine monatsgenaue Abgrenzung der angefallenen Aufwendungen notwendig (vgl. Müller (2006), S. 23; vgl. zu dieser Problematik ausführlich Männel (1997a), S. 13 ff.; Männel (1999b), S. 21 ff., sowie Wussow (2004), S. 210).

[1658] Vgl. Wurl/Kuhnert/Hebeler (2001), S. 1363.

[1659] Vgl. Lochner/Ayasse/Hummel (2007), S. 149.

genten Ausgestaltung des Rechnungswesens beziehen sich hingegen vorrangig auf Ansatz- und Bewertungsfragen.

5.3.1.3.2 Differenzierte Auswertungen

5.3.1.3.2.1 Zeitraumbezogene Auswertung

Das im Zusammenhang mit dem Konvergenzbereich sowie der Konvergenzrichtung gewählte Vorgehen, die strukturellen Aufarbeitungen um zeitraum- und autorengruppenbezogene Betrachtungen zu ergänzen, wird auch für den Konvergenzgrad als dritten Gestaltungsparameter angewendet. Bezogen auf das Ausmaß einer Identität der Periodenergebnisse sind in den aus Abschnitt 5.3.1.3.1 bekannten 49 Beiträgen relevante Aussagen identifiziert worden.[1660]

Um etwaige Entwicklungen im Zeitablauf zu erkennen, wird auch im Hinblick auf den Konvergenzgrad eine Zuordnung der Aussagen auf die bereits mehrfach herangezogenen Subperioden in einem Umfang von jeweils achteinhalb Jahren vorgenommen. 18 der 49 Nennungen (36,7 Prozent aller Aussagen) entstammen Beiträgen, die zwischen 1994 und dem ersten Halbjahr 2002 veröffentlicht worden sind. In der zweiten Subperiode (zweites Halbjahr 2002-2010) erhöht sich die Anzahl folglich auf 31 (63,3 Prozent).

Konvergenzgrad	Anzahl der Nennungen pro Gruppe	davon Nennungen 1994-2002/I		davon Nennungen 2002/II-2010	
= 100%	9	5	55,6%	4	44,4%
< 100%	40	13	32,5%	27	67,5%
Gesamt	49	18	36,7%	31	63,3%

Periode	Anzahl der Nennungen pro Periode	davon Nennungen „= 100%"		davon Nennungen „< 100%"	
1994-2002/I	18	5	27,8%	13	72,2%
2002/II-2010	31	4	12,9%	27	87,1%
Gesamt	49	9	18,4%	40	81,6%

Tabelle 38: Dynamische Auswertung der Aussagen zum Konvergenzgrad

Differenziert man Aussagen, aus denen auf eine vollständige Übereinstimmung des internen und externen Ergebnisses, d.h. auf einen Konvergenzgrad von 100 Prozent als Zielvorstellung geschlossen werden kann, und solche, die auf einen Konvergenzgrad von weniger als 100 Prozent hindeuten, ergeben sich die in Tabelle 38 zusammengefassten Tendenzen. In diesem Zusammenhang ist nochmals hervorzuheben, dass lediglich 18,4 Prozent der Autoren, die den

1660 Vgl. Abschnitt 5.3.1.3.1, S. 271.

Konvergenzgrad im Sinne des Übereinstimmungsniveaus thematisieren, die Auffassung einer vollständigen Konvergenz vertreten.

Bei Betrachtung der Angaben in der oberen Hälfte der Tabelle 38 zeigt sich, dass ein Konvergenzgrad von 100 Prozent in beiden Diskussionshälften selten genannt wird. Hinsichtlich eines Konvergenzgrads unter 100 Prozent zeichnet sich eine Tendenz in der Form ab, dass nur 32,5 Prozent sämtlicher Nennungen in die erste Subperiode fallen, während 67,5 Prozent der Vorschläge ab dem zweiten Halbjahr 2002 unterbreitet werden. Aus dieser Entwicklung könnte geschlossen werden, dass sich die Vorstellung eines nicht vollständigen Übereinstimmungsniveaus insbesondere in der zweiten Diskussionshälfte etabliert.

Diese Schlussfolgerung ist jedoch mit Blick auf die untere Hälfte der Tabelle 38 insofern zu relativeren, als bereits in der ersten Subperiode 72,2 Prozent aller Nennungen auf einen Konvergenzgrad von weniger als 100 Prozent hinweisen und diese Ausgestaltungsform somit auch in diesem Zeitabschnitt dominiert. Gleichwohl steigt der Anteil dieser Nennungen an den Gesamtaussagen in der zweiten Diskussionshälfte auf 87,1 Prozent, was wiederum für eine weitere Etablierung einer Konvergenz des Rechnungswesens spricht, die zu überleitbaren, aber nicht identischen Ergebnissen führt.

5.3.1.3.2.2 Autorengruppenbezogene Auswertung

Die bisherige Aufarbeitung der Überlegungen, die im Rahmen der Konvergenzdiskussion mit Blick auf den Konvergenzgrad formuliert worden sind, wird abschließend um eine autorengruppenbezogene Analyse ergänzt. Wie bereits bei den übrigen Gestaltungsparametern eines konvergenten Rechnungswesens sowie den Konvergenzmotiven und Vorteilen eines konvergenten Rechnungswesens, steht auch hier wiederum die Frage im Vordergrund, ob sich Unterschiede in den Aussagen von Wissenschaftlern auf der einen und Praxisvertretern auf der anderen Seite erkennen lassen.

Tabelle 39 zeigt deutlich, dass die Frage nach Unterschieden in den autorengruppenspezifischen Ansichten zu verneinen ist. 55,1 Prozent sämtlicher Nennungen gehen auf Wissenschaftler zurück, während die übrigen 44,9 Prozent der Aussagen von Praxisvertretern getätigt worden sind. Dieses Verhältnis findet sich in nahezu identischer Form auf der Ebene der beiden unterschiedlichen Ausgestaltungformen wieder. Es ergeben sich somit Hinweise, dass die beiden differenzierten Autorengruppen darin übereinstimmen, dass eine Konvergenz des Rechnungswesens nicht zu einer vollständigen Identität des internen und externen Periodenergebnisses führen muss.

Konvergenzgrad	Anzahl der Nennungen pro Gruppe	Autorengruppenspezifische Nennungen			
		Wissenschaftler		Praktiker/Berater	
= 100%	9	5	55,6%	4	44,4%
< 100%	40	22	55,0%	18	45,0%
Gesamt	49	27	55,1%	22	44,9%

Autorengruppe	Anzahl der Nennungen pro Autorengruppe	davon Nennungen „= 100%“		davon Nennungen „< 100%“	
Wissenschaftler	27	5	18,5%	22	81,5%
Praktiker/Berater	22	4	18,2%	18	81,8%
Gesamt	49	9	18,4%	40	81,6%

Tabelle 39: Autorengruppenspezifische Auswertung der Aussagen zum Konvergenzgrad

5.3.2 Ansätze für ein zahlungsstromorientiertes Rechnungswesen

Die vorangegangenen Ausführungen haben gezeigt, dass sich eine partielle Konvergenz des Rechnungswesens sowohl zeitraum- als auch autorengruppenübergreifend in der Konvergenzdiskussion etabliert hat. Dieser Ansatz zeichnet sich durch eine Annäherung der internen und externen Periodenerfolgsrechnung auf den obersten Hierarchieebenen eines Unternehmens aus. Maßgebend für die Ausgestaltung sind dabei die externen Rechnungslegungsvorschriften, wobei eine vollständige Übereinstimmung zwischen der internen und externen Erfolgsrechnung in der Regel nicht angestrebt wird.

Durch dieses Konzept werden die wesentlichen Merkmale der tradierten Ausgestaltung des Rechnungswesens somit nicht in Frage gestellt. Die Koexistenz von unterschiedlichen Basisgrößen wird zwar innerhalb des Konvergenzbereichs aufgegeben, besteht aber auf den Ebenen der operativen Steuerung eines Unternehmens fort. Wie bereits in Abschnitt 5.3 angesprochen, impliziert diese Auffassung von einer Konvergenz des Rechnungswesens somit letztlich nur „eine Verschiebung von Adressatenbezug und Rechnungszwecken“,[1661] indem die IFRS-basierte Erfolgsrechnung nicht nur zur Informationsversorgung unternehmensexterner Adressaten eingesetzt wird, sondern auch zur Verhaltenssteuerung innerhalb des Unternehmens.[1662] Sie substituiert damit die in Abschnitt 2.3.2.2 besprochene kalkulatorische Steuerungsrechnung.[1663]

In die Konvergenzdiskussion werden jedoch auch Vorschläge eingebracht, die über das Konzept einer partiellen Konvergenz deutlich hinausgehen. Die Autoren schlagen eine Hinwen-

[1661] Weißenberger (2005), S. 194.

[1662] Vgl. Abschnitt 5.3, S. 215.

[1663] Vgl. Abschnitt 2.3.2.2, S. 60 ff.

dung zu Cash Flows als Basisgrößen des Rechnungswesens und damit deutlich grundlegendere Einschnitte in der Ausgestaltung des Rechnungswesens vor als bei einer partiellen Konvergenz. Diese Ansätze implizieren damit auch weitreichendere Änderungen als die zuvor diskutierten Konzepte zur Verknüpfung von Rechenwerken mit einer operativen und jenen mit einer strategischen Dimension.[1664] Die wesentlichen Merkmale dieser Ansätze werden im Weiteren in chronologischer Reihenfolge skizziert.

5.3.2.1 Investitionstheoretisch fundierte Kostenrechnung nach *Küpper*

Küpper widmet sich der Frage, ob für die Unternehmensplanung und -steuerung eine pagatorisch fundierte Erfolgsrechnung eingesetzt werden kann.[1665] Motiviert wird die Auseinandersetzung mit der Thematik einerseits mit dem Vorgehen der Siemens AG, andererseits durch die Handlungsspielräume, welche die Kostenrechnung impliziert. Diese könnten nicht nur zur bestmöglichen „Abstimmung" der Rechenwerke auf ihre jeweiligen Rechnungszwecke ausgeschöpft werden, sondern im Falle einer dezentralen Datenermittlung zur bewussten Manipulation ausgenutzt werden.[1666] Dadurch werde es – wie bereits in Abschnitt 2.2.2.2 ausgeführt – den dezentralen Unternehmensbereichen möglich, die Realisierung ihrer eigenen Ziele, die sich mitunter konfliktär zu den Gesamtunternehmenszielen verhalten, zu verfolgen.[1667]

Als Ansatzpunkte für diese Manipulationsmöglichkeiten nennt *Küpper* die Freiheitsgrade, die mit der Bestimmung von kalkulatorischen Kosten und Wiederbeschaffungswerten einhergehen sowie den willkürlichen Charakter der Wahl von Prinzipien, anhand derer Kostenstellen und -träger in Vollkostenrechnungssystemen mit Gemein- und Fixkosten belastet werden. Ferner bestünden im Kontext der Plankostenrechnung und aufgrund der vielfach dezentralisierten Kostenplanung zahlreiche Ermessensfragen. Ursächlich für diese Handlungsspielräume sind nach *Küpper* im Wesentlichen drei Probleme: Die Zerlegung von Entscheidungsfeldern in einzelne Entscheidungsprobleme führe dazu, dass **Sach- und Zeitinterdependenzen zwischen den Entscheidungsfeldern** zerschnitten werden. Um die Auswirkungen einer zu treffenden Entscheidung auf Sachverhalte, die außerhalb des Entscheidungsfelds liegen, dennoch zu berücksichtigen, würden Opportunitätskosten angesetzt.[1668]

Darüber hinaus trügen **unvollkommene Informationen** dazu bei, dass Kostenprognosen mit Unsicherheit behaftet seien. Dies betreffe sowohl die Plankostenrechnung als auch die Bestimmung von Ist-Kosten, in deren Zusammenhang beispielsweise die Bemessung der Nutzungsdauer von Anlagen ein wichtiges Schätzproblem darstelle, das der Festlegung von Abschreibungen vorausgehe. Schließlich nennt *Küpper* eine **asymmetrische Informationsverteilung** zwischen der Unternehmenszentrale und den Geschäftsbereichen als Ursache für de-

[1664] Vgl. Abschnitt 5.3.1.1.1.6, S. 247.
[1665] Vgl. hierzu auch die Synopse bei Schweitzer/Ziolkowski (1999), S. 7 ff.
[1666] Vgl. hierzu bereits Abschnitt 5.2.2.1.1, S. 170 f.
[1667] Vgl. Küpper (1995), S. 24; Küpper (1997), S. 21.
[1668] Vgl. Küpper (1995), S. 29; Küpper (1997), S. 21 f.

zentrale Manipulationsspielräume. Um für die Kostenplanung den in den Geschäftsbereichen vorhandenen Informationsvorsprung im Hinblick auf detaillierte Kenntnisse über die Kostenbeziehungen ausnutzen zu können, setze die Planung in diesen Einheiten an. Wie oben angesprochen, könnten sich die dort Agierenden jedoch opportunistisch verhalten, indem sie diesen Informationsvorsprung zur Forcierung ihrer Bereichsziele ausnutzten.[1669]

Die weitere Untersuchung *Küppers* besteht in der Prüfung, ob aus verschiedenen Theoriekonzepten Ansatzpunkte für eine Lösung dieser Probleme hervorgehen. Dabei werden in Übereinstimmung mit der in Abschnitt 2.2.2 vorgenommenen Differenzierung planungs- bzw. entscheidungs- und (verhaltens)steuerungsorientierte Rechnungen unterschieden.[1670] Zur Bewältigung des Interdependenzproblems sollte ein einheitliches Ziel beitragen, um die gegenseitigen Auswirkungen verschiedener Einzelentscheidungen auf ein einheitliches Entscheidungsziel in Betracht ziehen zu können. Es wird vorgeschlagen, die Zielgrößen der periodenbezogenen Rechenwerke aus dem übergeordneten mehrperiodigen Erfolgsziel abzuleiten, für das sich der Kapitalwert anbietet. *Küpper* nimmt in diesem Zusammenhang den in der weiteren Konvergenzdiskussion noch mehrfach unterbreiteten und bereits in Abschnitt 5.3.1.1.1.6 aufgegriffenen Vorschlag, die periodenbezogenen Steuerungsgrößen über das *Lücke*-Theorem mit der mehrperiodigen Erfolgsgröße zu verknüpfen, vorweg.[1671]

Ein alternatives Konzept zur Verzahnung von ein- und mehrperiodigen Erfolgsgrößen stelle der investitionstheoretische Ansatz der Kostenrechnung dar. Mit ihm werde die Erfassung zeitlicher Interdependenzen intendiert, indem die Wirkungen kurzfristiger Entscheidungen auf langfristig genutzte Güter aufgezeigt werden.[1672] Entgegen der tradierten Ausgestaltung von Kostenrechnungssystemen bildeten Ein- und Auszahlungen die Basisgrößen der investitionstheoretischen Kostenrechnung.[1673] Die Bestimmung von Abschreibungen als Proxy für diese Form von Interdependenzen basiere etwa auf der durch die Entscheidung induzierten Änderungen des Kapitalwerts. Folglich seien zur Ermittlung der Abschreibungen die Auswirkungen der zur Auswahl stehenden Handlungsalternativen auf die Höhe und den zeitlichen Anfall der künftigen Zahlungen festzustellen.[1674]

Neben der Fundierung von fallweisen Entscheidungen anhand von Zahlungsgrößen setzt sich *Küpper* für eine kapitaltheoretische Fundierung der laufend bereitgestellten Informationen ein. Um dem mehrperiodischen Erfolgsziel entsprechen zu können, wird auch in diesen Rechenwerken der Ansatz pagatorischer Kosten empfohlen. Die Bestimmung von Opportuni-

[1669] Vgl. Küpper (1995), S. 30; Küpper (1997), S. 22.

[1670] Vgl. Küpper (1995), S. 31.

[1671] Vgl. hierzu auch bereits Abschnitt 5.2.2.1.3, S. 179; Küpper (1997), S. 23.

[1672] Vgl. Küpper (1993b), S. 80; Küpper (1997), S. 23.

[1673] Vgl. Küpper (1993b), S. 82.

[1674] Vgl. Küpper (1995), S. 32 f.; Küpper (1997), S. 23.

tätskosten sollte dabei auf integrierten Planungsmodellen oder theoretisch begründeten Konzepten beruhen.[1675]

Zur Lösung des mit dem unvollkommenen Informationsstand verbundenen Unsicherheitsproblems schlägt *Küpper* den Einsatz einer simulativen Risikoanalyse vor. Auf diese Weise könnten Verteilungsfunktionen für die Inputdaten aufgestellt und anstelle der Erwartungs- bzw. häufigsten Werte angesetzt werden. Des Weiteren wird die Übertragung der Optionspreistheorie auf Realinvestitionen zur Diskussion gestellt, womit eine Verknüpfung der strategischen Beurteilung einer Investition und der Umsetzung operativer Handlungsmaßnahmen gelingen soll.[1676]

Für die Behandlung der Probleme, die mit der zwischen zentralen und dezentralen Entscheidungsträgern bestehenden Informationsasymmetrie verbunden sind, sei die Verwendung pagatorischer Größen zu erwägen, da diese seitens der Zentrale besser beobachtbar seien und dementsprechend den Manipulationsspielraum der dezentralen Entscheidungsträger einschränkten. Im Hinblick auf eine gesamtzielbezogene Steuerung der dezentralen Unternehmensbereiche erweise sich eine als Residualeinkommensrechnung ausgestaltete Erfolgsrechnung als vorteilhaft. Über das *Lücke*-Theorem eröffne sich die Möglichkeit, die periodenbezogenen Erfolgsgrößen an das mehrperiodige Ziel der Markt- bzw. Kapitalwertmaximierung anzubinden.[1677]

Anforderungen	Erfolgsrechnungen	
	Planungsorientiert	**Steuerungsorientiert**
Gemeinsame Anforderungen	▪ Ausrichtung auf ein mehrperiodiges Erfolgsziel ▪ Berücksichtigung unvollkommener Informationen	
Spezifische Anforderungen	▪ Konzept zur Berücksichtigung von Interdependenzen	▪ Konzept zur Berücksichtigung von Informationsasymmetrien

Tabelle 40: Anforderungen an dezentrale Erfolgsrechnungen[1678]

Auf der Basis der betrachteten theoretischen Konzepte werden Anforderungen formuliert, denen planungs- und steuerungsorientierte Erfolgsrechnungen nachkommen müssen (vgl. Tabelle 40). Diese Anforderungen fungieren zugleich als Kriterien, anhand derer die Adäquanz der modifizierten, handelsrechtlichen GuV, die von der Siemens AG als Steuerungs- und Kontrollinstrument eingesetzt wird, beurteilt wird.

Küpper kommt zu dem Ergebnis, dass eine Ausrichtung der von Siemens eingesetzten modifizierten GuV auf ein mehrperiodiges Erfolgsziel nicht gegeben ist. Sofern die berechneten Periodenerfolgsgrößen Eingang in ein Anreizsystem fänden, mit dem eine Konformität des

[1675] Vgl. Küpper (1995), S. 34 ff.; Küpper (1997), S. 25.

[1676] Vgl. Küpper (1995), S. 37 ff.; Küpper (1997), S. 23 f.

[1677] Vgl. Küpper (1995), S. 40 f.

[1678] Entnommen aus Küpper (1995), S. 43.

Handelns dezentraler Entscheidungsträger mit den Unternehmenszielen sichergestellt werden soll, bestehe daher eine Tendenz zur Priorisierung kurzfristiger Erfolge und der Vernachlässigung längerfristiger Erfolgswirkungen. Als in diesem Zusammenhang vorteilhaft sei allerdings die geringere Manipulierbarkeit einer periodenbezogenen Erfolgsgröße zu sehen.[1679]

Im Hinblick auf die Berücksichtigung unvollkommener Informationen sei die Zuverlässigkeit, mit der Prognosen getroffen werden können, von erheblicher Relevanz. Im Vergleich mit einer kalkulatorischen Erfolgsrechnung spreche für die bilanzielle, dass diese auf Zahlungen beruht, die Gestaltungsspielräume durch verbindlich zu beachtende Rechnungslegungsvorschriften begrenzt werden und die Datenbasis der Abschlussprüfung unterliegt. Allerdings inhärierten die bilanziellen und steuerrechtlichen Vorschriften zahlreiche Gestaltungsmöglichkeiten in der Form von Bilanzierungswahlrechten und Ermessensspielräumen. Schließlich gibt auch *Küpper* zu bedenken, dass die Handels- und Steuerbilanzen andere Rechnungszwecke verfolgen als die für interne Steuerungszwecke verwendeten Rechenwerke.[1680]

Eindeutiger fällt demgegenüber die Beurteilung des Entscheidungsbezugs einer modifizierten bilanziellen Rechnung aus. So fänden weder sachliche noch zeitliche Interdependenzen zwischen partiellen Entscheidungsfeldern eine Berücksichtigung. Zur Entscheidungsfundierung würden daher zusätzliche Rechenwerke benötigt. Auch das Problem unsicherer Erwartungen wird *Küpper* zufolge nicht in einer auf pagatorischen Daten basierenden Erfolgsrechnung berücksichtigt.[1681]

In Bezug auf die Bewältigung von Informationsasymmetrien wird einer modifizierten bilanziellen Rechnung im Vergleich zu einem kalkulatorischen Rechenwerk hingegen eine höhere Eignung bescheinigt. Schließlich handele es sich dabei um beobachtbare Größen, die zudem auf der Grundlage nachvollziehbarer Regelungen ermittelt werden. Insgesamt kann die modifizierte bilanzielle Erfolgsrechnung der Siemens AG somit einigen Anforderungen, die auf der Basis kapital- bzw. agency-theoretischer Überlegungen formuliert worden sind, gerecht werden. Gleichwohl identifiziert *Küpper* weiteren Handlungsbedarf im Hinblick auf die Verknüpfung mit dem mehrperiodigen Erfolgsziel und der auf fundierten Konzepten basierenden Bestimmung von Opportunitätskosten. Dementsprechend markiert das diskutierte Vorgehen der Siemens AG einen „Schritt in eine richtige Richtung", sollte aber gleichwohl nicht den Zielzustand der Bemühungen um eine Reorganisation des Rechnungswesens darstellen.

5.3.2.2 Integration buchhalterischer und investitionsrechnerischer Konzeptionen nach *Volkart*

Der Frage, inwiefern die periodisierten Daten im Rechnungswesen durch Cash Flows zu substituieren sind, nimmt sich auch *Volkart* an. Er beschränkt sich dabei jedoch auf Rechnungen,

1679 Vgl. Küpper (1995), S. 45.
1680 Vgl. Küpper (1995), S. 44.
1681 Vgl. Küpper (1995), S. 44 f.

welche zur Steuerung von Geschäftsbereichen eingesetzt werden.[1682] Seine Überlegungen sind im Lichte der zunehmenden Shareholder Value-Orientierung zu sehen, welche sich dadurch auszeichnet, dass Unternehmen im Rahmen der Entscheidungsfindung die Auswirkungen der einzelnen Handlungsalternativen auf den Unternehmenswert als Auswahlkriterium priorisieren.[1683] Die Abhandlung *Volkarts* beginnt mit einer Kritik an „dem klassischen Konzept des finanziellen Rechnungswesens". So wird das in der Bilanz ausgewiesene Eigenkapital eher als „Gemisch ziemlich vergangenheitsorientierter Werteinschätzungen als ein Abbild des ökonomischen Werts des den Anteilseignern zustehenden ‚Residuals'"[1684] umschrieben. Der Erfolgsrechnung wird unterstellt, die Wertgenerierung einer Periode nur unvollständig abzubilden, während im Hinblick auf die Kapitalflussrechnung moniert wird, dass sie lediglich retrospektiv sei und keine Rückschlüsse auf Unternehmenswertänderungen zulasse.[1685]

In Übereinstimmung mit Argumenten, die insbesondere in der angloamerikanischen Literatur vorzufinden sind, begründet *Volkart* schließlich die mangelnde Eignung des konventionellen Rechnungswesens als Instrumentarium zur Überwachung der Wertgenerierung in einzelnen Geschäftsbereichen. Dabei werden die Vergangenheitsorientierung, welche insbesondere auf die Bewertung der Vermögensgegenstände zu historischen Kosten zurückzuführen ist, die Vernachlässigung des Zeitwerts des Gelds sowie Risikoaspekte, die eingeschränkten Möglichkeiten zur Aktivierung immaterieller Vermögensgegenstände und eine unter Umständen bewusst verzerrte Bemessung von Abschreibungen und Rückstellungen als Limitationen der klassischen Erfolgsmessung genannt.[1686] Dementsprechend könne „der finanzbuchhalterische Erfolgsausweis einen der echten Wertgenerierung bzw. -vernichtung gerade zuwiderlaufenden Entwicklungstrend signalisieren."[1687]

Als Alternativen zur unzureichenden Abbildung der Wertgenerierung mithilfe des klassischen Rechnungswesens werden zwei Ansätze zur Diskussion gestellt. Ersterer bestehe in einer Discounted Cash Flow-(DCF-)Analyse, welche sich an die fallweise zur Anwendung kommende dynamische Investitionsrechnung anlehne. Der zweite Ansatz sieht vor, „durch Modifikation des herkömmlichen Rechnungswesens eine Annäherung der periodischen Erfolgsausweise an die echte Wertrealität zu bewerkstelligen."[1688]

Das Rechenziel des zur Fundierung von Investitionsentscheidungen eingesetzten DCF-Verfahrens bestehe in einem Netto-Kapitalwert (Net Present Value, NPV), welcher den Überschuss der Summe der auf einen Zeitpunkt diskontierten Zahlungsströme eines Projekts über

[1682] Vgl. Volkart (1997), S. 446.
[1683] Vgl. bereits Abschnitt 5.2.1.1.2, S. 155.
[1684] Volkart (1997), S. 444.
[1685] Vgl. Volkart (1997), S. 444.
[1686] Vgl. Volkart (1997), S. 446.
[1687] Volkart (1997), S. 446.
[1688] Volkart (1997), S. 448.

die Investitionsauszahlung darstelle.[1689] Zur operativen, wertorientierten Unternehmensführung seien derartige Kalküle geschäftsbereichsbezogen und auf mindestens jährlicher Basis aufzustellen. Die Nachteile eines solchen Vorgehens werden vor allem in einem hohen Datenbeschaffungsaufwand sowie in einem erheblichen Maß an Subjektivität gesehen, das mit der Cash Flow-Prognose verbunden ist. Eine Möglichkeit zur Umgehung dieser Probleme könne in einem modifizierten Rechnungswesenkonzept bestehen, welches jedoch als „Kompromisslösung" erachtet wird.[1690] Diese konkretisiert sich im bereits beschriebenen EVA-Konzept, das auf den Daten des externen Rechnungswesens basiert und nach Vornahme von Modifikationen die in einer Periode initiierten Wertänderungen anzeigen soll.[1691]

Anhand eines Beispiels zum laufenden Wertcontrolling zeigt *Volkart*, dass die über die Betrachtungsperiode kumulierten Barwerte auf der Basis des DCF-Ansatzes mit den auf dem EVA-Konzept basierenden übereinstimmen. Ferner wird deutlich, dass mithilfe des EVA eine sukzessivere Abbildung der in den betrachteten fünf Jahren generierten Werte möglich wird. Demzufolge scheint der EVA im Hinblick auf die periodenbezogene Leistungsevaluation eine relative Vorteilhaftigkeit gegenüber dem DCF-Ansatz aufzuweisen. Hinderlich erscheine dagegen die Vergangenheitsorientierung der Datengrundlage des EVA, weil dadurch Änderungen der künftig zu erwartenden Cash Flows keine Berücksichtigung fänden.[1692] Eine weitere Schwäche des EVA-Konzepts wird darin gesehen, dass die Abbildung der generierten Werte von der Bemessung von Abschreibungen und Amortisationen abhängig ist.[1693]

Aus den Ausführungen *Volkarts* geht insgesamt hervor, dass das auf pagatorischen Größen aufbauende Rechnungswesen die periodenbezogene Wertgenerierung in unzureichendem Maße abbildet und dementsprechend Handlungsalternativen zu erschließen sind. Die Bereichssteuerung auf der Basis von Cash Flows geht jedoch nicht als bevorzugte Handlungsalternative aus dem Beitrag hervor. Denn sie inhäriere, ebenso wie der EVA-Ansatz als zweite diskutierte Variante, eine Reihe von Nachteilen. *Volkart* folgert daher: „Entweder basiert man auf den grundsätzlichen Systemprinzipien des Rechnungswesens (EVA®-Konzept) und handelt sich die entsprechenden Nachteile (Vergangenheitsbezug, bewertungsabhängige Buchungen) ein. Oder es erfolgt eine konsequente Ausrichtung an Free Cash Flow- bzw. DCF-Grössen, was mit der unvermeidlichen Subjektivität der Datenabschätzung verbunden ist. Dazu kommen ein erheblicher Datenbeschaffungsaufwand sowie potentielle Akzeptanzprobleme."[1694]

1689 Vgl. Volkart (1997), S. 447.

1690 Vgl. Volkart (1997), S. 448.

1691 Vgl. hierzu z.B. auch Paetzmann/Kaspereit (2010), S. 420 ff.

1692 Vgl. Volkart (1997), S. 453. In diesem Zusammenhang wird unterstrichen, dass die fehlende Berücksichtigung der künftig zu erwartenden Cash Flow-Änderungen „in der konzeptionellen Natur aller rechnungswesenorientierten Systeme begründet [liegt] und [..] sich auch durch noch so detailliert gestaltete Adjustierungen nicht aus der Welt schaffen [lässt]." (Volkart (1997), S. 453).

1693 Vgl. Volkart (1997), S. 455.

1694 Volkart (1997), S. 456.

Welche dieser vorgenannten Nachteile höher zu gewichten sind, liege dabei ausschließlich im Ermessen des Unternehmens.

5.3.2.3 Wertorientierte Planungs- und Kontrollrechnungen nach *Dirrigl*

Auch *Dirrigl* diskutiert die Möglichkeiten einer Konvergenz des Rechnungswesens unter Berücksichtigung der in vielen Unternehmen vorherrschenden Orientierung am Unternehmenswert. Ein grundsätzliches Konvergenzpotenzial wird zwischen der Kostenrechnung und der Erfolgsrechnung des externen Rechnungswesens gesehen. Die Ausschöpfung dieses Potenzials sei davon abhängig, „inwieweit die in der Jahresabschlußrechnung angewandten Periodisierungsregeln für die Kostenrechnung übernommen werden."[1695] Das aus Vereinfachungsgründen plausibel erscheinende Vorgehen kann sich *Dirrigl* zufolge nur auf jene Rechnungen der Kostenrechnung beschränken, welche „in ihrer Zwecksetzung mit Kontrollzwecken und Aspekten vergangenheitsbezogener Performancemessung verbunden [sind]."[1696] In diesem Zusammenhang wird unterstrichen, dass damit lediglich ein Teil der Kostenrechnungszwecke adressiert wird.[1697]

Es ergeben sich dementsprechend auch aus den Überlegungen *Dirrigls* Hinweise auf den bereits abgegrenzten Konvergenzbereich, welcher den Kern eines partiell konvergenten Rechnungswesens bildet. Entgegen der in Abschnitt 5.3.1.1.1.2 zusammengefassten Literaturmeinung gehen die Ausführungen jedoch über diesen Konvergenzbereich hinaus, indem geprüft wird, ob auch für „die Kostenrechnung zur Fundierung operativer Planungsprobleme"[1698] – mit entsprechend prospektiver Ausrichtung – die Möglichkeiten für eine Vereinheitlichung der Rechenwerke gegeben sind. In diesem Zusammenhang trete das Problem auf, dass operative Rechenwerke mit Kosten und Leistungen rechnen, strategische Planungsrechnungen hingegen die Gestalt von Investitionsrechnungen annehmen, welche auf Ein- und Auszahlungen basieren.[1699] Die Konvergenzüberlegungen *Dirrigls* beziehen sich daher auf die Vereinheitlichung der zugrundeliegenden Rechengrößen. Dabei wird unterstrichen, dass Kontrollrechnungen auf denselben Basisgrößen aufsetzen müssen wie die korrespondierenden Planungsrechnungen und die Möglichkeit erörtert, Zahlungsströme als Rechengrößen strategischer Planungs- und Kontrollrechnungen in die operativen Rechenwerke zu exportieren.[1700]

1695 Dirrigl (1998), S. 544.

1696 Dirrigl (1998), S. 544.

1697 Vgl. Dirrigl (1998), S. 544.

1698 Dirrigl (1998), S. 544.

1699 Die aus diesem Unterschied resultierenden Abstimmungsschwierigkeiten erscheinen insbesondere dann problematisch, wenn der Hauptzweck einer operativen kalkulatorischen Rechnung in der „investitionszieladäquate[n] Nutzung der durch Investitionen geschaffenen Potentialfaktoren [..], wie von Gebäuden, Maschinen und Personal mit Kündigungsschutz" (Dierkes/Kloock (1999), S. 119) gesehen wird. Vgl. hierzu auch Altenburger/Busse von Colbe/Küpper/Loitlsberger/Siegwart (2001), S. 69.

1700 Vgl. Dirrigl (1998), S. 546.

Im Hinblick auf die strategische Planungsrechnung spricht sich *Dirrigl* dafür aus, die Wertsteigerungsanalyse *Rappaports* zur Grundlage zu nehmen, welche eine Prognose der zu erwartenden Free Cash Flows anhand von Werttreibern vorsieht.[1701] Für den Einbezug von Risiken in die Prognosen werden dabei verschiedene Ansätze diskutiert, die eine Diskontierung der Zahlungsströme mit einem risikoadjustierten Zinssatz implizieren.[1702] Die Werttreiber bildeten auch die Grundpfeiler der skizzierten strategischen Kontrollrechnung, weil sie einen Transfer der für die (Grenz-)Plankostenrechnung charakteristischen Kostenabweichungsanalysen in die zahlungsstrombasierten strategischen Rechenwerke ermöglichten. Im Zuge einer „Wertabweichungsanalyse" sollte die Separation von Wertdifferenzen, die durch Einflüsse aus der Unternehmensumwelt verursacht worden sind, und jenen, die auf unternehmensintern steuerbare Einflüsse zurückzuführen sind, erfolgen.[1703]

Hervorzuheben sind dabei die Konsequenzen der strategischen Kontrollrechnung für die Rechenwerke auf operativer Ebene: Während von einigen Teilnehmern der Konvergenzdiskussion vorgeschlagen wird, die auf pagatorischen Rechengrößen basierenden operativen Rechenwerke mit mehrperiodigen zahlungsstromorientierten Kalkülen zu verknüpfen,[1704] regt *Dirrigl* an, auch die operative Kontrollrechnung auf eine Cash Flow-Basis zu stellen. Indem auf diese Weise die operative Kontrollrechnung mit dem entsprechenden strategischen Rechenwerk verknüpft wird, sollen Wechselbeziehungen zwischen den Abweichungen transparent werden.[1705]

Darüber hinausgehend wird die Ausgestaltung einer operativen Kontrollrechnung, die auf wertorientierten Steuerungskennzahlen basiert, erörtert. Diese sei in eine spartenorientierte Kapitalergebnisrechnung einzubinden, mit der Bereichserfolge sowie die Leistung von dezentralen Managern gemessen werden. Eine solche Rechnung solle beispielsweise Auskunft über die Kapitalbindung in einzelnen Bereichen und die damit erwirtschaftete Rendite geben.[1706] In diese Abhandlung fließt zunächst mit dem Discounted Cash Flow return eine Kennzahl ein, die zwar ein „theoretisches Ideal" darstelle, in der Unternehmenspraxis ob ihrer Komplexität aber keine Verbreitung gefunden habe.[1707] Eine im Anschluss vorgenommene vergleichende Gegenüberstellung umfasst mit dem Cash Flow Return on Investment (CFROI) und dem EVA eine cash flow- sowie eine gewinnorientierte Kennzahl.[1708] Im Ergebnis der Analyse stellt der zahlungsstromorientierte CFROI die präferierte Alternative für eine auf wertorientierten Steuerungsgrößen aufbauende operative Kontrollrechnung dar, was insbe-

[1701] Vgl. Dirrigl (1998), S. 553.
[1702] Vgl. Dirrigl (1998), S. 553 ff.
[1703] Vgl. Dirrigl (1998), S. 559.
[1704] Vgl. hierzu bereits Abschnitt 5.3.1.1.1.6, S. 247.
[1705] Vgl. Dirrigl (1998), S. 563.
[1706] Vgl. Dirrigl (1998), S. 565.
[1707] Vgl. Dirrigl (1998), S. 566 ff.
[1708] Vgl. Dirrigl (1998), S. 570 ff.

sondere damit begründet wird, dass auf diese Weise eine Verknüpfung von strategischen und operativen Rechenwerken leichter fällt.[1709]

Insgesamt kann der Beitrag *Dirrigls* als Plädoyer für eine stärkere Zahlungsstromorientierung des Rechnungswesens aufgefasst werden, welches im Lichte der Shareholder Value-Orientierung zu sehen ist. Dabei geht der Vorschlag, Ein- und Auszahlungen zur Grundlage operativer und strategischer Planungs- und Kontrollrechnungen zu nehmen, deutlich über die in Abschnitt 5.3.1.1.1.6 systematisierten Arbeiten hinaus. Denn selbst nach den dort genannten Beiträgen, in denen eine Verknüpfung von operativen und strategischen Rechenwerken diskutiert wird, sollten die operativen, periodenbezogenen Rechenwerke weiterhin auf Aufwendungen und Erträgen und damit auf periodisierten Zahlungen aufbauen.[1710]

5.3.2.4 Integration der Rechnungslegung im Shareholder Value-Konzept nach *Burger/Buchhart*

Burger/Buchhart beginnen ihre Untersuchung mit einer Beurteilung des partiellen Konvergenzansatzes im Sinne der vorstehenden Abschnitte. Sie betrachten dabei beide Extrema des Gestaltungsparameters „Konvergenzrichtung", d.h. sowohl eine einseitige Annäherung des internen an das externe Rechnungswesen als auch die umgekehrte einseitige Anpassung durch die Ausnutzung von Gestaltungsspielräumen, die das externe Rechnungswesen enthält.[1711] Die Autoren kommen zu dem Schluss, dass eine vollständige Angleichung des internen an das externe Rechnungswesen zu Effektivitätseinbußen führt, wenn die an unternehmensinterne Adressaten gerichtete Periodenerfolgsrechnung nach den externen Rechnungslegungsvorschriften aufzustellen ist. Eine solche weitgehende Angleichung sei aber unter dem Aspekt der Effizienzsteigerung anzustreben, womit sich ein Konflikt zwischen Effizienz- und Effektivitätsvorteilen andeute, der auch bei einer Annäherung des externen an das interne Rechnungswesen zu erwarten sei.[1712]

Einen Lösungsansatz sehen *Burger/Buchhart* in der gegenseitigen Annäherung der beiden Teilbereiche unter dem Shareholder Value-Ansatz. Demzufolge bildeten Zahlungsüberschüsse die zentralen Zielgrößen im internen und externen Rechnungswesen.[1713] Während diese Größen bereits in die Kapitalflussrechnung eingingen und daher einen Bestandteil der externen Rechnungslegung bildeten, sollten sie nun auch dem internen Rechnungswesen zugrundegelegt werden: „Die Verwendung von Cash-flows i[m] R[ahmen] der Erfolgsrechnung führt zu einer mehr zahlungsorientierten internen Erfolgsrechnung und damit zu einem internen Rechnungswesen mit eher pagatorischem Charakter."[1714] Hierdurch werde die Ver-

[1709] Vgl. Dirrigl (1998), S. 574 f.

[1710] Vgl. Abschnitt 5.3.1.1.1.6, S. 247.

[1711] Vgl. hierzu bereits Abschnitt 5.3.1.2, S. 254 ff.

[1712] Vgl. Burger/Buchhart (2001a), S. 551.

[1713] Vgl. Burger/Buchhart (2001a), S. 551.

[1714] Burger/Buchhart (2001a), S. 552.

einheitlichung der Basisgrößen der Kosten- sowie der Investitionsrechnung möglich, wobei dieser Schritt um eine Abstimmung der Risikomaße in der Kosten- sowie der Investitionsrechnung ergänzt werden sollte.[1715]

Burger/Buchhart plädieren für die Berechnung eines mehrperiodigen, auf das Gesamtunternehmen bezogenen Kapitalwerts, dessen Zahlungsreihen auf Teilbereiche des Unternehmens sowie auf einzelne Perioden heruntergebrochen werden. Diese Größen bildeten die Datenbasis der in den Unternehmensbereichen erfolgenden Budgetierung. Die bereichsbezogenen Zielgrößen seien auf den operativen Ebenen weiter zu differenzieren, so dass die entsprechenden Ein- und Auszahlungen in Analogie zu Erlösen und Kosten geplant würden. Da die intendierte Eigenkapitalverzinsung zur Diskontierung der Cash Flows zu verwenden sei, würde diese als Gewinnbestandteil betrachtet und von den Ein- und Auszahlungen separiert.[1716]

Über die Berücksichtigung der Opportunitätskosten der Kapitalbereitstellung hinausgehend[1717] würden kalkulatorische Kosten regelmäßig angesetzt, um die Substanz- bzw. Realkapitalerhaltung sicherzustellen.[1718] Der Ansatz dieser Kosten erscheint *Burger/Buchhart* jedoch insofern obsolet, als der Realvermögenserhalt anhand der Wertsteigerung, die der Cash Flow nach Investition, Zinsen und Steuern indiziert, erkennbar sei.[1719]

Burger/Buchhart sprechen ihrem Ansatz abschließend das Potenzial zu, durch die Zerlegung des Kapitalwerts in perioden- und teilbereichsbezogene Cash Flows eine Annäherung von strategischen und operativen Rechenwerken zu ermöglichen und darüber hinaus über die Kapitalflussrechnung eine Anknüpfungsmöglichkeit an das externe Rechnungswesen zu schaffen.[1720] Das Konzept weist somit Parallelen zu den in Abschnitt 5.3.1.1.1.6 skizzierten Überlegungen auf, die sich ebenfalls mit einer Annäherung von strategischen und operativen Rechnungen befassen.[1721] Ebenso wie die Konzeption von *Dirrigl* sieht der Ansatz von *Burger/Buchhart* jedoch keinen Beibehalt von Aufwands- und Ertragsgrößen in den operativen Rechnungen vor, die lediglich an die zahlungsstrombezogenen Basisgrößen der Investitionsrechnung anzuknüpfen sind. Vielmehr wird für die Übernahme der Zahlungsströme in die operativen Rechenwerke plädiert.

Hinsichtlich der einzubeziehenden Rechenwerke zeigen sich wiederum Gemeinsamkeiten mit der konsensualen Abgrenzung des Konvergenzbereichs. Denn auch *Burger/Buchhart* erkennen die Notwendigkeit, dass einzelfallbezogene Entscheidungsrechnungen weiterhin kalkula-

[1715] Vgl. Burger/Buchhart (2001a), S. 552 f.

[1716] Auf diese Weise kann somit das bereits in Abschnitt 5.2.1.1.1 angesprochene, mit dem Ansatz kalkulatorischer Kosten verbundene Problem des „Umdefinierens“ von Gewinnelementen in Kostenbestandteile gelöst werden (vgl. hierzu bereits S. 145).

[1717] Vgl. Coenenberg/Fischer/Günther (2009), S. 86.

[1718] Vgl. hierzu bereits Abschnitt 2.3.1.2, S. 42.

[1719] Vgl. Burger/Buchhart (2001a), S. 553.

[1720] Vgl. Burger/Buchhart (2001a), S. 553.

[1721] Vgl. nochmals Abschnitt 5.3.1.1.1.6, S. 247.

torischer Kosten bedürfen, und nennen zudem eine investororientierte externe Rechnungslegung als Voraussetzung für diese Integrationsschritte. Somit bleibt die stärkere Hinwendung zu Cash Flows als Ziel- und Entscheidungsgrößen auf steuerungsorientierte Rechenwerke beschränkt. *Burger/Buchhart* regen jedoch eine grundsätzlich weite Ausdehnung des Integrationsbereichs an, wobei die Grenzen unternehmensindividuell, in Abhängigkeit von Entscheidungsebenen und -problemen zu setzen sind.[1722]

Weniger weitreichende Änderungen sieht ein weiterer Vorschlag von *Burger/Buchhart* vor, der in einer anderen Veröffentlichung abgehandelt wird. Auch in diesem Beitrag bildet der Cash Flow als „zentrale Erfolgs- und Steuerungsgröße"[1723], insbesondere im Zusammenhang mit der Shareholder Value-Orientierung, die Grundlage ihrer Überlegungen. Aus den Rechenwerken des internen Rechnungswesens wählen sie die Periodenerfolgsrechnung zur Geschäftsbereichssteuerung als geeignetes Konvergenzobjekt aus. Die tradierte Ausgestaltung dieses Rechenwerks wird dahingehend kritisiert, dass mit dem Ansatz kalkulatorischer Kosten ein Umdefinieren von Gewinnbestandteilen in Kostenelemente einhergeht, mit möglichen Irritationen bei den Empfängern als Konsequenz.[1724]

Eine Alternative zur tradierten Ausgestaltung besteht den Autoren zufolge darin, die Gewinnkonzeption des Jahresabschlusses für die steuerungsorientierte Erfolgsrechnung zu übernehmen. Diese Gewinnentstehungsrechnung, welche die Komponenten des Periodenerfolgs darstellt und damit sein Zustandekommen erklärt, sollte um eine Gewinnverwendungsrechnung ergänzt werden. Hierfür werde für jeden Geschäftsbereich ein Cash Flow vor Investitionen in das Anlagevermögen, Fremdkapitalzinsen und Ertragsteuern berechnet. *Burger/Buchhart* interpretieren diesen als „eine Art ‚Free Cash Flow'"[1725] im Sinne des Einzahlungsüberschusses, der für zu tätigende Investitionen, der Erfüllung von Verbindlichkeiten und Ausschüttungen an die Eigenkapitalgeber zur Verfügung steht.[1726]

Diese Konzeption zieht nach Ansicht ihrer Urheber zwei wesentliche Vorteile nach sich: Zum einen könnten die bereichsbezogenen Cash Flows mit dem in dieser Einheit gebundenen Kapital in Beziehung gesetzt und auf diese Weise Kapitalrentabilitäten berechnet werden, die zu zentralen Größen für die Bereichssteuerung avancierten. Zum anderen könne mit der Trennung der Entstehung und Verwendung von Erfolgsbestandteilen die intersubjektive Nachprüfbarkeit der Periodenerfolgsrechnungen erhöht werden, da ein Ausweis von Gewinnbestandteilen als Kosten unterbunden wird. Allerdings bestehe das Problem, dass sich Unterschiede zwischen der Abbildung von Geschäftsvorfällen in zahlungsstrom- und erfolgsbezogenen Rechenwerken sowohl in zeitlicher als auch in sachlicher Hinsicht ergeben. Diese Un-

---

[1722] Vgl. Burger/Buchhart (2001a), S. 554.

[1723] Burger/Buchhart (2001b), S. 801.

[1724] Vgl. Burger/Buchhart (2001b), S. 806 f.; vgl. hierzu auch bereits Abschnitt 5.2.1.1.1, S. 146.

[1725] Burger/Buchhart (2001b), S. 807.

[1726] Vgl. Burger/Buchhart (2001b), S. 807.

terschiede egalisieren sich *Burger/Buchhart* zufolge jedoch bei der Betrachtung der Totalperiode und einem Cash Flow nach Investitionen in das Anlagevermögen.[1727]

5.3.2.5 Vorteilhaftigkeitsvergleich der Ausgestaltung mehrperiodiger Erfolgsrechnungen auf Cash Flow- und Gewinnbasis nach *Hofmann*

Hofmann bezieht eine Cash Flow-Rechnung in einen modellbasierten Vorteilhaftigkeitsvergleich ein, der sich mit der Frage befasst, wie mehrperiodige Erfolgsrechnungen auszugestalten sind, damit Manager langfristige Projekte, beispielsweise im Bereich der Forschung und Entwicklung, dem Anlagenbau oder im Rahmen der langfristigen Auftragsfertigung, im Sinne der Unternehmensführung steuern.[1728] Als Analyseobjekte fungieren dabei eine mehrperiodige Erfolgsrechnung sowie eine Cash Flow-Rechnung. Letztere weise den mit einem langfristigen Projekt verbundenen Erfolg mit dem Zahlungseingang aus, während eine Periodenerfolgsrechnung darüber hinausgehend Informationen in Form von Projektzwischenberichten offeriere. Diese zeichneten sich daduch aus, dass der Projekterfolg anteilig auf die Perioden der Bearbeitung verteilt wird, beispielsweise durch die erfolgswirksame Aktivierung unfertiger Erzeugnisse, oder durch die Bildung von Rückstellungen für sich abzeichnende Projektrisiken. Die von Periodenerfolgsrechnungen bereitgestellten Informationen brächten Cash Flow-Rechnungen dementsprechend später oder im Falle eines aggregierten Erfolgsausweises überhaupt nicht hervor.[1729]

Der Analyse liegt ein Modell zugrunde, indem ein Agent von der Unternehmensleitung beauftragt wird, ein Projekt auszuführen, welches seinen Arbeitseinsatz in zwei Perioden erfordert. Der Agent lege seinen Arbeitseinsatz für beide Perioden jeweils zu Beginn des Zeitabschnitts fest. Da der Prinzipal die Handlungen des Agenten annahmegemäß nicht beobachten kann, stehen ihm mit den bereits skizzierten Cash Flow- und Periodenerfolgsrechnungen zwei Instrumente zur Verfügung, mit denen er Anreize für den Agenten setzen kann. Die Cash Flow-Rechnung weise annahmegemäß nur ein aggregiertes Projektergebnis zum Ende der zweiten Periode aus, während die Periodenerfolgsrechnung den Projekterfolg periodenbezogen angebe.[1730]

Hofmann modelliert verschiedene Szenarien dieses dynamischen Anreizproblems, darunter jenes, in dem Nachverhandlungen zwischen dem Prinzipal und dem Agenten ausgeschlossen werden. In diesem Szenario bildeten Periodenerfolgsrechnungen die vom Prinzipal präferierte Alternative zur Messung des Projekterfolgs.[1731] Bestehe hingegen die Möglichkeit, Anreizverträge nachzuverhandeln, hänge die relative Vorteilhaftigkeit der beiden Ausprägungsformen von den Informationen ab, welche die Periodenerfolgsrechnung im Rahmen des Projektzwi-

[1727] Vgl. Burger/Buchhart (2001b), S. 807 ff.
[1728] Vgl. Hofmann (2005), S. 689.
[1729] Vgl. Hofmann (2005), S. 691.
[1730] Vgl. Hofmann (2005), S. 695 f.
[1731] Vgl. Hofmann (2005), S. 699.

schenberichts bereitstellt. Sofern der Projektzwischenbericht nur Informationen zum Projektfortschritt bereithalte, erscheine die Periodenerfolgsrechnung gegenüber der Cash Flow-Rechnung vorteilhaft. Enthalte der Bericht hingegen nur Informationen über Projektrisiken, lasse sich eine Dominanz einer der beiden Ausgestaltungsformen nicht feststellen.[1732] Insbesondere unter Berücksichtigung des Ermittlungsaufwands für die im Projektzwischenbericht bereitgestellten Informationen könne es somit aus der Perspektive der Unternehmensleitung vorteilhaft sein, eine Cash Flow-Rechnung zu implementieren.[1733]

Abschließend entwickelt *Hofmann* auf der Basis der Modellanalyse einige Hypothesen zur Ausgestaltung von Erfolgsrechnungen zur Steuerung langfristiger Projekte. Demnach kommt einer Periodenerfolgsrechnung insbesondere dann eine besondere Relevanz zu, wenn sich ein Projekt auf die Entwicklung von Produktinnovationen bezieht und Zwischenberichte Informationen über das Marktpotenzial entsprechender Innovationen bzw. die Ergebnisse von Expertenbefragungen enthalten. Cash Flow-Rechnungen wird hingegen eine erhebliche Bedeutung für Szenarien zugeschrieben, in denen Produktimitationen Gegenstand der langfristigen Projekte sind und Informationen über das Produktpotenzial vorliegen, die auf Kundenbefragungen basieren.[1734]

Im Rahmen seiner Partialanalyse integriert *Hofmann* somit die bereits erörterten Vorschläge, die Verhaltenssteuerung dezentraler Entscheidungsträger mithilfe der pagatorischen Datenbasis des externen Rechnungswesens zu fundieren sowie die ebenfalls aufgegriffenen Überlegungen, den Anwendungsbereich von Zahlungsströmen als Datenbasis des Rechnungswesens auszuweiten. Die Analyseergebnisse unterstreichen, dass eine partielle Konvergenz den weitreichenderen Umstrukturierungen innerhalb des Rechnungswesens nicht immer überlegen ist und eine Beurteilung stets von den genauen Anwendungsvoraussetzungen abhängt.

5.3.3 Rechnungszweckbasierte Analyse des *Arbeitskreises Internes Rechnungswesen* der *Schmalenbach-Gesellschaft*

Die bislang beschriebenen Ansätze werden durch eine dritte Sichtweise komplettiert, die nachfolgend skizziert wird. Sie wird von einem aus Wissenschaftlern wie auch Praktikern bestehenden Arbeitskreis der *Schmalenbach-Gesellschaft* vertreten, den die Diskussion um eine Annäherung des internen und externen Rechnungswesens dazu veranlasst hat, diese Entwicklung einer umfangreichen Plausibilitätsprüfung zu unterziehen. Sie halten grundsätzlich zwei Formen der Weiterentwicklung des tradierten Rechnungswesens für möglich, die als „radikale" und „mildere" Formen bezeichnet werden. Erstgenannte könne sich dadurch auszeichnen, dass auf den Ansatz kalkulatorischer Kosten generell verzichtet wird, während die schwächere Form darin bestünde, dem Grundgedanken der partiellen Konvergenz folgend,

[1732] Vgl. Hofmann (2005), S. 701 ff.

[1733] Vgl. Hofmann (2005), S. 711.

[1734] Vgl. Hofmann (2005), S. 713.

eine rechnungszweckbasierte Prüfung vorzunehmen, ob die einzelnen Rechnungszwecke der Kostenrechnung den Ansatz kalkulatorischer Kosten erfordern.[1735]

Da der Arbeitskreis eine grundsätzliche Irrelevanz kalkulatorischer Kosten negiert, wählt er die zweite Vorgehensweise und prüft für vier Anwendungsbereiche der Kostenrechnung, inwiefern die in Abbildung 46 systematisierten kalkulatorischen Kosten auch weiterhin angesetzt werden sollten. Die vier betrachteten Anwendungsbereiche betreffen die

- Preisbeurteilung und -kalkulation,
- Erfolgsermittlung und Bestandsbewertung,
- Fertigungsentscheidungen sowie das
- Projektcontrolling bei Großserienfertigung.[1736]

Zur Analyse des Anwendungsbereichs, für den die Verwendung kalkulatorischer Kosten angemessen erscheint, motivieren den Ausführungen zufolge insbesondere zwei Aspekte, die bereits aus der Systematisierung der Konvergenzmotive und Vorteile eines konvergenten Rechnungswesens bekannt sind.[1737] So wird angeführt, dass eine zunehmende Komplexität des Rechnungswesens zu Akzeptanz- und Verständnisproblemen unter den Adressaten führen kann – eine Gefahr, die insbesondere Mitarbeiter der ausländischen Divisionen deutscher Konzerne betreffe. Der zweite Aspekt bezieht sich auf die Wirtschaftlichkeit des Rechnungswesens und die Möglichkeit, dass eine eigenständige kalkulatorische Rechnung aufgrund von Kosten-Nutzen-Erwägungen unvorteilhaft erscheint.[1738]

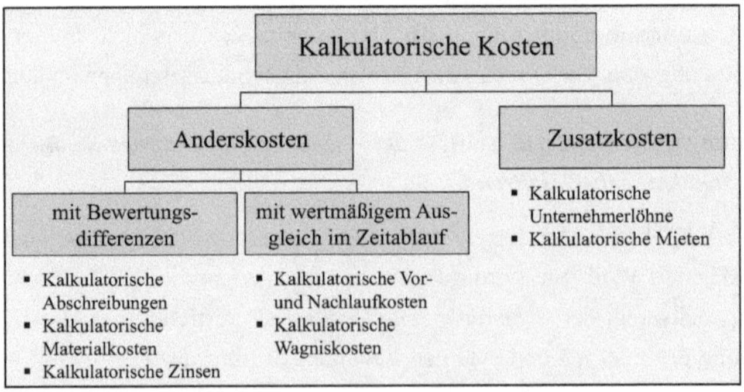

Abbildung 46: Systematisierung kalkulatorischer Kosten[1739]

Die Untersuchung des Arbeitskreises führt zu dem Ergebnis, dass keiner der beiden Aspekte eine Aufgabe kalkulatorischer Rechnungen rechtfertigt. Verständnis- und Akzeptanzprobleme

[1735] Vgl. Schweitzer/Ziolkowski (1999), S. 4.
[1736] Vgl. Schweitzer/Ziolkowksi (1999), S. 15.
[1737] Vgl. hierzu bereits die Abschnitte 5.2.1.1.1, S. 148, und 5.2.1.1.2, S. 161.
[1738] Vgl. Schweitzer/Ziolkowski (1999), S. 6.
[1739] Basierend auf den Ausführungen von Schweitzer/Ziolkowski (1999), S. 18 ff.

seien vielmehr zum Anlass zu nehmen, die Rechnungswesenadressaten zu schulen, um eine adäquate Interpretation der Rechnungsweseninformationen zu gewährleisten. Auch im Hinblick auf den Wirtschaftlichkeitsgesichtspunkt spricht sich der Arbeitskreis für eine Dualität der Erfolgsrechnungen aus und folgert, dass „falsche Entscheidungen, die auf irrelevanten Informationen beruhen, die Wirtschaftlichkeit der Unternehmung erheblich stärker mindern als die zusätzlichen Kosten für zwei spezifisch strukturierte Erfolgsrechnungen."[1740] Als Fazit formuliert der Arbeitskreis daher klar seinen Standpunkt, der darin besteht, „daß eine interne Erfolgsrechnung im Sinne einer nach Rechnungszwecken und Entscheidungsarten differenzierenden sowie flexiblen Kosten- und Erlösrechnung zur Unterstützung einer großen Zahl von Einzelentscheidungen dringend erforderlich ist. Vorschlägen, die prinzipiell auf eine Beseitigung der Dualität bisher entwickelter Erfolgsrechnungen zielen, wird nicht gefolgt."[1741]

Es erfolgt somit eine deutliche Distanzierung von den Konvergenzüberlegungen, womit sich Gemeinsamkeiten zu der von *Pfaff* vertretenen und in Abschnitt 5.2.4.1.1 dargelegten Sichtweise ergeben.[1742] Dementsprechend scheint hier ferner ein Kontrapunkt zur bereits erläuterten partiellen Konvergenz zu bestehen.[1743] Dieser Eindruck relativiert sich jedoch bei einer detaillierten Auseinandersetzung mit den Analyseergebnissen, die in Tabelle 41 zusammengefasst werden.

Aus der Tabelle wird ersichtlich, dass der Ansatz kalkulatorischer Kosten beim Gros der Aufgaben deutlich befürwortet wird, insbesondere im Kontext der Preiskalkulation und -beurteilung sowie der Erfolgsermittlung und Bestandsrechnung. Im Hinblick auf Fertigungsentscheidungen wird betont, dass die Relevanz kalkulatorischer Kosten zwar von den individuell zu treffenden Entscheidungen abhänge, entsprechende Bestandteile jedoch grundsätzlich zur Erfüllung der jeweiligen Rechnungszwecke erforderlich seien.[1744] Eher verzichtbar erschienen kalkulatorische Kosten hingegen im Rahmen der Periodenerfolgsplanung und -steuerung.[1745] Im Kontext einer Lebenszyklusrechnung in der Gestalt einer produktbezogenen Investitionsrechnung wiesen pagatorische Rechnungen den Vorteil auf, dass eine Verbindung zwischen der Lebenszyklusrechnung und der Periodenerfolgsrechnung eher herstellbar sei als im Falle einer kalkulatorischen Rechnung. Dies sei darauf zurückzuführen, dass sowohl die Lebenszyklusrechnung als auch die pagatorische Erfolgsrechnung an Zahlungsvorgängen anknüpften.[1746]

[1740] Schweitzer/Ziolkowski (1999), S. 151 f.

[1741] Schweitzer/Ziolkowski (1999), S. 153.

[1742] Vgl. Pfaff (1994a), S. 1080 ff., sowie bereits Abschnitt 5.2.4.1.1, S. 194 ff.

[1743] Vgl. zur partiellen Konvergenz des Rechnungswesens bereits Abschnitt 5.3.1, S. 216 ff.

[1744] Vgl. Schweitzer/Ziolkowski (1999), S. 127.

[1745] Vgl. Schweitzer/Ziolkowski (1999), S. 111 ff.

[1746] Vgl. Schweitzer/Ziolkowski (1999), S. 141.

Kalkulatorische Kostenarten	Aufgaben der Kostenrechnung[1747]									
	A	B	C	D	E	F	G	H	I	J
Kalkulatorische Abschreibungen	++	++	++	++	+	+	+	+	-	-
Kalkulatorische Zinsen	++	++	++	++	+	+	+	+	-	-
Kalkulatorische Materialkosten	++	++	++	++	+	+	+	+	0	-
Kalkulatorische Vor- und Nachlaufkosten	++	++	+	0	+	+	+	+	0	0
Kalkulatorische Wagnisse	++	++	+	0	+	+	+	+	-	0
Kalkulatorische Eigenmiete	+	0	+	0	0	+	+	0	0	0
Kalkulatorischer Unternehmerlohn	+	0	+	0	0	+	0	0	0	0

Legende:

Rechnungszwecke: A ≡ Preiskalkulation; B ≡ Preisbeurteilung; C ≡ Erfolgsermittlung; D ≡ Bestandsrechnung; E ≡ Fertigungsentscheidungen; F ≡ Fertigungsprogrammentscheidungen; G ≡ Fertigungskapazitätsentscheidungen; H ≡ Fertigungsprozessentscheidungen; I ≡ Periodenerfolgsplanung und -steuerung; J ≡ Projektcontrolling bei Großserienfertigung

Symbole: ++ ≡ Ansatz kalkulatorischer Kosten erscheint für den jeweiligen Rechnungszweck erforderlich; + ≡ Ansatz kalkulatorischer Kosten erscheint für den jeweiligen Rechnungszweck grundsätzlich vorteilhaft; 0 ≡ Keine Aussage über die Vorteilhaftigkeit kalkulatorischer Kosten für den jeweiligen Rechnungszweck; - ≡ Ansatz kalkulatorischer Kosten erscheint für den jeweiligen Rechnungszweck vernachlässigbar

Tabelle 41: Ergebnisse der Analyse des *Arbeitskreises Internes Rechnungswesen* der *Schmalenbach-Gesellschaft*[1748]

Gegenstand der Analyse des Arbeitskreises sind folglich klassische Entscheidungstatbestände, welche durch Kostenrechnungsinformationen zu fundieren sind. Bereits aus den Überlegungen *Pfaffs* sind Argumente hervorgegangen, welche die nachhaltige Bedeutung kalkulatorischer Komponenten für die entscheidungsorientierte Kostenrechnung unterstreichen.[1749] Die Beurteilung des Arbeitskreises geht ferner konform mit dem Gedanken der partiellen Konvergenz, nach dem die entscheidungsorientierte Kostenrechnung kein Konvergenzobjekt darstellt, also entsprechende Rechenwerke von den Vereinheitlichungsbestrebungen auszunehmen sind.[1750] Ein Unterschied deutet sich jedoch insofern an, als sich der Arbeitskreis auch für kalkulatorische Rechenwerke zum Zwecke der Verhaltenssteuerung ausspricht. Dies begründet sich insbesondere darin, dass einer kalkulatorischen Steuerungsrechnung ein höheres Potenzial zur Bewältigung von Steuerungsproblemen bei Existenz asymmetrischer Informati-

---

1747 Die oben erwähnten Anwendungsgebiete setzen sich aus folgenden Aufgaben zusammen: Der Anwendungsbereich „Preisbeurteilung und -kalkulation" besteht aus den Aufgaben A und B, die „Erfolgsermittlung und Bestandsbewertung" bezieht sich auf die Aufgaben C und D, während sich „Fertigungsentscheidungen" aus den Aufgaben E, F, G, H und I zusammensetzen. Der vierte Anwendungsbereich „Projektcontrolling bei Großserienfertigung" wird durch die Aufgabe J repräsentiert.

1748 Basierend auf den Ausführungen von Schweitzer/Ziolkowski (1999), S. 34 ff.

1749 Vgl. hierzu nochmals Abschnitt 5.2.4.1.1, S. 194 ff.

1750 Vgl. Abschnitt 5.3.1.1.1.2, S. 224 f.

onsverteilung zugesprochen wird als einer auf pagatorischen Größen basierenden Rechnung.[1751] Die zur Verhaltenssteuerung auf den obersten Hierarchieebenen eines Unternehmens eingesetzte Periodenerfolgsrechnung stellt nach herrschender Meinung jedoch ein Rechenwerk dar, welches im Zuge einer Konvergenz des Rechnungswesens vereinheitlicht werden kann.[1752]

Im Widerspruch zu seiner eigenen Sichtweise, führt der Arbeitskreis im Weiteren aus, dass die Bedeutung von kalkulatorischen Wertansätzen für Zwecke der strategischen Unternehmenssteuerung auf höheren Hierarchieebenen gering ist. Dort seien vielmehr zahlungsstromorientierte oder bilanzielle Erfolgsgrößen geeignete Indikatoren für die Unternehmenssituation.[1753] An anderer Stelle wird die Arbeitshypothese aufgestellt, dass die Art der verwendeten Steuerungsgrößen im Wesentlichen von der Hierarchieebene abhängt. Demnach kämen auf der Ebene der Unternehmensleitung primär bilanzielle Kennzahlen, auf der Ebene der Geschäftsbereichsleitung Kosten- und Erlösinformationen und auf der Prozessebene Mengenkennzahlen zum Einsatz (vgl. Abbildung 47).[1754]

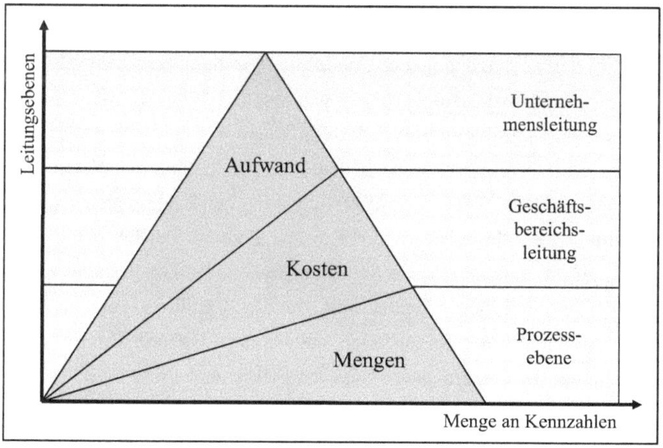

Abbildung 47: Hierarchische Struktur von Informations- bzw. Steuerungsgrößen[1755]

Diese Hypothese wird anhand von drei Beispielunternehmen überprüft, mit dem Ergebnis, dass in zwei Unternehmen auf der Ebene der Unternehmensleitung die Informationsversorgung ausschließlich auf bilanziellen Größen basiert und diese auch auf der Ebene der Geschäftsbereiche von erheblicher Bedeutung sind.[1756] Auch wenn eine partielle Konvergenz des

1751 Vgl. Schweitzer/Ziolkowski (1999), S. 153.
1752 Vgl. hierzu nochmals Abschnitt 5.3.1.1.1.2, S. 226.
1753 Vgl. Schweitzer/Ziolkowski (1999), S. 73 f.
1754 Vgl. Schweitzer/Ziolkowski (1999), S. 116.
1755 Entnommen aus Schweitzer/Ziolkowski (1999), S. 116.
1756 Vgl. Schweitzer/Ziolkowski (1999), S. 118.

Rechnungswesens keine explizite Empfehlung des Arbeitskreises darstellt, harmoniert die Arbeitshypothese zumindest in hierarchischer Hinsicht mit dem in Abschnitt 5.3.1.1.1.5 abgegrenzten Konvergenzbereich.[1757] Hieraus kann gefolgert werden, dass die Empfehlung des Arbeitskreises faktisch größere Übereinstimmungen mit dem Vorschlag der partiellen Konvergenz aufweist, als das Schlusswort der Abhandlung erwarten lässt. Die Aussage, „Vorschlägen, die prinzipiell auf eine Beseitigung der Dualität bisher entwickelter Erfolgsrechnungen zielen, wird nicht gefolgt“[1758], ist offenbar dahingehend auszulegen, dass eine vollständige Aufgabe des internen Rechnungswesens zugunsten eines „Einheitsrechnungswesens“ auf pagatorischer Basis nicht zielführend erscheint. Eine Inversion der Aussage in der Form, dass Vereinheitlichungstendenzen vollständig missbilligt werden, erscheint jedoch unangebracht. Letztlich deuten somit die Überlegungen des Arbeitskreises ebenfalls auf eine partielle Konvergenz des internen und externen Rechnungswesens hin.

5.3.4 Zwischenfazit

Mit der partiellen Konvergenz, den Ansätzen für ein zahlungsstromorientiertes Rechnungswesen und dem Vorschlag des *Arbeitskreises Internes Rechnungswesen* der *Schmalenbach-Gesellschaft* sind in den vorangegangenen Ausführungen die drei wesentlichen Konzepte, die innerhalb der Konvergenzdiskussion erörtert werden, dargelegt worden. Es zeigt sich ein deutlicher Konsens, dass die Konvergenz des Rechnungswesens weniger einen Umbruch in der Ausgestaltung des Rechnungswesens bedeutet als vielmehr eine Weiterentwicklung des tradierten Rechnungswesens. Wegen grundsätzlich ähnlicher Rechnungszwecke beziehen sich die Vereinheitlichungsbestrebungen auf die Erfolgsrechnung im Rahmen der Konzernrechnungslegung und auf die kalkulatorische Steuerungsrechnung. Die Annäherung erfolgt durch eine Anpassung der internen Steuerungsrechnung an die Abbildungsvorschriften des externen Rechnungswesens, wobei in der Regel keine vollständige Übereinstimmung zwischen dem intern verwendeten und dem extern ausgewiesenen Erfolg angestrebt wird.

Mitunter wird die Verknüpfung einer konvergenten Erfolgsrechnung mit wertorientierten Steuerungskennzahlen wie z.B. dem EVA dargelegt, während in anderen Beiträgen eine Verknüpfung des konvergenten Rechenwerks mit zahlungsstromorientierten Kalkülen angeregt wird. Eine Reihe von Autoren sprechen sich zudem für eine generelle Zahlungsstromorientierung im Rechnungswesen aus. Diese Vorschläge sehen somit deutlich weitergehende Änderungen vor als eine Teilvereinheitlichung des internen und externen Rechnungswesens.

Grundsätzlich steht die kalkulatorische, entscheidungsorientierte Kostenrechnung nicht zur Disposition. Die fortbestehende Notwendigkeit für ein mit kalkulatorischen Größen arbeitendes Rechnungssystem zur Fundierung operativer Entscheidungen ist von den Vertretern einer partiellen Konvergenz mehrfach betont worden. Der Bedarf für die Kostenrechnung wird fer-

[1757] Vgl. Abschnitt 5.3.1.1.1.5, S. 235 ff.
[1758] Schweitzer/Ziolkowski (1999), S. 153.

ner vom Vorschlag des *Arbeitskreises Internes Rechnungswesen* der *Schmalenbach-Gesellschaft* unterstrichen. Indem die Bedeutung bilanzieller Erfolgsgrößen für die obersten Hierarchieebenen eines Unternehmens hervorgehoben wird, zeigen sich Parallelen zwischen dem vom Arbeitskreis vertretenen Standpunkt und den Überlegungen für eine partielle Konvergenz des Rechnungswesens.

5.4 Erfolgswirkungen eines konvergenten Rechnungswesens und Steuerungseignung von Rechnungslegungsstandards

Der letzte Aspekt, der im Rahmen der vorliegenden Literaturanalyse aufgearbeitet werden soll, betrifft die Erfolgswirkungen eines konvergenten Rechnungswesens. Im Folgenden soll geprüft werden, inwiefern sich im Schrifttum Hinweise dafür finden lassen, dass ein konvergentes Rechnungswesen tatsächlich über eine höhere Effektivität bzw. Effizienz verfügt als die tradierte Ausgestaltung und somit die mit einer Konvergenz verbundenen Erwartungen, die in Abschnitt 5.2 aufgearbeitet worden sind, erfüllt werden können.[1759]

Die Erfolgswirkungen könnten zunächst die Form einer höheren Effektivität des Rechnungswesens annehmen, indem infolge einer Konvergenz der Zufriedenheitsgrad der Rechnungswesenadressaten mit den bereitgestellten Informationen erhöht wird. Sofern diese im Hinblick auf die Organisationsziele „bessere" Entscheidungen treffen, können darüber hinaus Erfolgswirkungen auf der Gesamtunternehmensebene erwartet werden. In Abschnitt 3.2 wurden in Anbetracht der unterschiedlichen Effektivitätsebenen subjektive und organisationale Erfolgswirkungen unterschieden.[1760]

Die Erfolgswirkungen einer Konvergenz des Rechnungswesens werden in den Dissertationen von *Weide* und *Angelkort* empirisch erschlossen.[1761] Darüber hinaus ergeben sich vereinzelt Hinweise aus weiteren empirischen Studien. Diese Ergebnisse werden in Abschnitt 6.1.3 der vorliegenden Arbeit dargelegt.[1762] Über diese wenigen Ausnahmen hinausgehend enthalten die in den betrachteten Zeitschriften veröffentlichten Beiträge weder Erkenntnisse zu der von den Adressaten wahrgenommenen Effektivität des Rechnungswesens noch zu etwaigen Auswirkungen auf den Gesamtunternehmenserfolg. Rückschlüsse auf die Erfolgswirkungen ermöglichen sich aus den von Praktikern verfassten Beiträgen insofern nicht, als vielfach nicht deutlich wird, ob die genannten Vorteile eines konvergenten Rechnungswesens lediglich Erwartungen reflektieren oder faktisch realisiert worden sind.[1763]

[1759] Vgl. Abschnitt 5.2, S. 138 ff.

[1760] Vgl. Abschnitt 3.2, S. 70.

[1761] Vgl. Weide (2009a), S. 303 ff.; Angelkort (2010), S. 132 ff.

[1762] Vgl. Abschnitt 6.1.3, S. 393 ff.

[1763] Nur vereinzelt wird im Rahmen von Unternehmensbeispielen ein positives Fazit gezogen (vgl. z.B. Erdmann/Bourhis/Pascaud (2005), S. 742 f.; Hebeler (2006), S. 12). Dabei erscheinen gewisse Vorbehalte gegenüber der Validität entsprechender Resümees angebracht, da eine Publikation in einer Fachzeitschrift für Autoren aus der Unternehmenspraxis insbesondere durch „das Demonstrieren [...] von Expertise und Erfolg bei der Tätigkeit" (Zühlke (2007), S. 54) motiviert werden dürfte. Dementsprechend kann kaum davon aus-

Anhaltspunkte für die Auswirkungen einer Konvergenz des Rechnungswesens auf dessen Effektivität ergeben sich aus den analysierten Aufsätzen daher überwiegend nur mittelbar aus **konzeptionellen Evaluationen**. Hierzu werden in zahlreichen Beiträgen zunächst Anforderungskriterien formuliert, denen eine interne Steuerungsrechnung gerecht werden muss.[1764] Im zweiten Schritt wird geprüft, inwiefern eine konvergente Erfolgsrechnung diesen Kriterien entsprechen kann. Sofern die Untersuchungsobjekte die aufgestellten Anforderungen in hohem Maße erfüllen, kann dies als Hinweis auf ein effektives Rechnungswesen interpretiert werden. Als Beurteilungsobjekte fungieren dabei Grundsätze oder ausgewählte Vorschriften der für deutsche Unternehmen relevanten Rechnungslegungsregelwerke.[1765] Die wesentlichen Erkenntnisse, die aus entsprechenden Beurteilungen extrahiert werden können, werden nachfolgend in Abschnitt 5.4.2 dargelegt.

Neben diesen kriterienbasierten Beurteilungen finden sich in zahlreichen Beiträgen Aussagen zur Steuerungseignung verschiedener Rechnungslegungsstandards, die auf sachlich-analytischen Argumentationen oder formal-analytischen Modellen basieren.[1766] Aufgrund der engen inhaltlichen Nähe zwischen diesen und den Beurteilungen unter Rekurs auf die Anforderungen an eine Steuerungsrechnung, werden die auf einem logisch-deduktiven Vorgehen basierenden Einschätzungen im Folgenden zusammengefasst.

5.4.1 Logisch-deduktive Beurteilung der Steuerungseignung von Rechnungslegungsstandards

Die im einschlägigen Schrifttum enthaltenen Aussagen zur Verwendbarkeit von Rechnungslegungsdaten zur Unternehmenssteuerung beruhen auf unterschiedlichen Formen der Erkenntnisgewinnung. In zahlreichen Beiträgen basieren die Einschätzungen auf Plausibilitätsüberlegungen, die an den Rechnungszwecken bzw. ausgewählten Rechnungslegungsprinzipien ansetzen. Entsprechende Aussagen kommen somit auf ähnlichem Wege zustande wie die in Abschnitt 5.4.2 aufgearbeiteten kriterienbasierten Beurteilungen. Im Unterschied zu Letztgenannten nehmen die nachfolgend dargelegten Einschätzungen jedoch keinen Bezug

---

gegangen werden, dass die Nichterreichung erwarteter Vorteile in entsprechenden Publikationen thematisiert wird. Folglich ist nicht auszuschließen, dass der Erfolg eines Konvergenzprojekts in Unternehmensbeispielen übermäßig positiv dargestellt wird. Aus diesem Grunde und in Anbetracht der geringen Anzahl an Nennungen werden entsprechende Aussagen im Rahmen der vorliegenden Arbeit keiner Analyse unterzogen.

1764 Damit liegt den Analysen der in Abschnitt 5.3.1.1.1.2 beschriebene Konvergenzbereich (teilweise implizit) zugrunde (vgl. z.B. Coenenberg (1995), S. 2080 f.; Klein (1999b), S. 69 f.; Kahle (2003), S. 775; Weißenberger (2004), S. 73 f.; Pelger (2008a), S. 566 f.).

1765 Primär beziehen sich diese Analysen auf die IFRS (vgl. z.B. Klein (1999b), S. 70 ff.; Kümpel (2002a), S. 906 ff.; Dais/Watterott (2006), S. 467), vereinzelt bilden jedoch auch die handelsrechtliche Rechnungslegung (vgl. Coenenberg (1995), S. 2078) oder die US-GAAP (vgl. Kahle (2003), S. 774 f.; Heyd (2001a), S. 201) Objekte entsprechender Auswertungen.

1766 *Küting/Lorson* folgend zielt die Beurteilung der Steuerungsqualität von Rechnungslegungsstandards auf die Frage, „inwieweit sich systemspezifisch die betriebswirtschaftlichen Auswertungsmöglichkeiten der jeweils abgefragten und erzeugten Daten im Hinblick auf die Entscheidungsvorbereitung und Verhaltensbeeinflussung unterscheiden." (Küting/Lorson (1998d), S. 2303).

auf spezifische Beurteilungskriterien und werden auch in Beiträgen getroffen, deren originäres Erkenntnisinteresse nicht in der Evaluierung der Steuerungseignung spezifischer Rechnungslegungsstandards besteht.[1767] Die zentralen Argumente werden in Abschnitt 5.4.1.1 diskutiert. Des Weiteren liegen Arbeiten vor, in denen die Steuerungseignung ausgewählter Bilanzierungsregeln mithilfe formal-analytischer Ansätze festgestellt wird.[1768] Die wesentlichen Ergebnisse entsprechender Analysen bilden den Gegenstand des Abschnitts 5.4.1.2.

5.4.1.1 Beurteilungen auf Basis sachlich-analytischer Argumentationen

5.4.1.1.1 Systematisierung der Aussagen

Die Systematisierung der Motive für eine Konvergenz des internen und externen Rechnungswesens hat bereits deutlich gemacht, dass die Anwendung internationaler Rechnungslegungsstandards einen wichtigen Treiber für dieses Vorgehen darstellt. Plausibilisiert werden diese Einschätzungen über die bereits zitierten Diskussionsbeiträge hinausgehend in Veröffentlichungen, in denen die im Vergleich zum HGB höhere Steuerungseignung der IFRS bzw. US-GAAP akzentuiert wird.[1769] Die relative Vorteilhaftigkeit der IFRS wird ferner – als Komplement zu den angesprochenen Ausführungen – durch die Erläuterung von Defiziten der handelsrechtlichen Rechnungslegung hervorgehoben. Entsprechende Aussagen sind in insgesamt 54 Beiträgen identifiziert worden. Tabelle 42 systematisiert die 75 relevanten Aussagen, die sich auf die Steuerungseignung der IFRS beziehen.

Die vielfach im Vergleich zum HGB höhere Steuerungseignung der internationalen Standards wird im Wesentlichen mithilfe von drei Argumenten begründet. Das Erste findet sich in der **Zielsetzung der IFRS** wieder, im Rahmen des Jahresabschlusses Informationen bereitzustellen, mit denen Stakeholder, insbesondere Kapitalgeber, ihre unternehmensbezogenen Entscheidungen fundieren können.[1770] So stellen etwa *Simons/Weißenberger* heraus, dass „sich eine Vielzahl von [IFRS-]Rechnungslegungsregeln und -prinzipien am Postulat einer präskriptiv entscheidungsorientierten Unternehmensführung [orientiert], die auf das Ziel der Unternehmenswertsteigerung ausgerichtet ist."[1771] Die auf der Zielsetzung der IFRS und daraus abgeleiteter Bilanzierungsregeln basierenden Beurteilungen finden sich in insgesamt 52 Bei-

---

1767 Hierzu gehören etwa die Arbeiten von *Baltzer/Michel*, *Küting/Lorson* und *Weißenberger/IGC*, die sich primär mit der Abgrenzung des Konvergenzbereichs befassen oder die Implikationen der internationalen Rechnungslegung für das Controlling aufzeigen (vgl. z.B. Baltzer/Michel (2008); Küting/Lorson (1998a); Küting/Lorson (1999a); Weißenberger/IGC (2006a); Weißenberger/IGC (2006b)).

1768 Vgl. Simons/Weißenberger (2010), S. 276, sowie als Beispiele Wagenhofer (1996); Diedrich/Dierkes (2003); Arnegger/Hofmann (2007).

1769 Aus diesen Beiträgen geht die internationale Rechnungslegung nicht in allen Fällen explizit als Treiber der Konvergenzüberlegungen hervor. Dementsprechend stimmt die Gruppe der in die folgende Aufarbeitung eingehenden Beiträge nicht mit jenen überein, die in Abschnitt 5.2.1.1.2 bei der Systematisierung der Konvergenzmotive berücksichtigt worden sind.

1770 Vgl. z.B. Weißenberger/IGC (2006a), S. 345; Küting/Lorson (1999a), S. 51, Klein (1999b), S. 71.

1771 Simons/Weißenberger (2008), S. 141.

trägen. Eine differenziertere Betrachtung der in diesem Zusammenhang vorgebrachten Argumente erfolgt in Abschnitt 5.4.1.1.1.1.

Vorteilimmanierende Aussagen zur Steuerungseignung internationaler Rechnungslegungsvorschriften							
Beitrag	Aspekt			Beitrag	Aspekt		
	A	B	C		A	B	C
Baltzer/Michel (2008)	☑			Kirsch/Steinhauer (2003)	☑		
Bischof (1998)		☑		Klein (1999b)	☑	☑	
Blase/Müller (2009)	☑			Kley (2002)	☑		
Burger/Buchhart (2001a)	☑			Kley (2006)	☑		
Burger/Buchhart (2001b)	☑		☑	Kümpel (2002a)	☑		
Chrubasik/Janz (2007)	☑			Küting/Lorson (1998a)	☑		☑
Currle et al. (1998)	☑			Küting/Lorson (1998b)	☑	☑	☑
d'Arcy (2004)	☑			Küting/Lorson (1998d)	☑	☑	☑
Dais/Watterott (2006)			☑	Küting/Lorson (1999a)	☑		☑
Damberger et al. (2002)	☑			Küting/Lorson (1999b)	☑		☑
Deleker (1997)	☑	☑		Männel (1999b)	☑		
Egert et al. (2008)	☑			Michel (2006)	☑		
Eierle et al. (2008)	☑	☑		Mühlberger/Langecker (2010)	☑		
Esch et al. (2008)	☑			Müller et al. (2005)	☑		
Franz/Winkler (2006)	☑			Nobach/Zirkler (2006)	☑		
Fülbier et al. (2006)	☑		☑	Pelger (2008a)	☑		
Glaum/Vogel (2004)	☑			Reiners (2001)	☑		
Haaker (2009a)	☑			Seelinger/Kaatz (1998)	☑		
Hahn (1999)	☑	☑		Simons/Weißenberger (2008)	☑	☑	
Hahn/Nicklas (1999)	☑			Sylvester (2004)	☑	☑	
Haller (1997)	☑	☑	☑	Vanini/Beyer (2009)	☑		
Haring/Prantner (2005)	☑			Wagenhofer (2008a)	☑		
Heyd (2001a)	☑	☑	☑	Wala et al. (2007a)	☑	☑	
Ikäheimo/Taipaleenmäki (2010)	☑			Weide (2009b)	☑		
Jahnke et al. (2007)	☑			Weißenberger (2006a)	☑		
Kahle (2003)	☑	☑		Weißenberger/IGC (2006a)	☑		
Kerkhoff/Thun (2007)	☑			Weißenberger/IGC (2006b)	☑		
				Nennungen pro Aspekt	52	13	10
				Nennungen insgesamt	75		
Mit A ≡ Höhere Steuerungseignung der IFRS aufgrund ihrer Zielsetzung; B ≡ Höhere Steuerungseignung der IFRS aufgrund der fehlenden Zahlungsbemessungsfunktion; C ≡ Höhere Steuerungseignung der IFRS aufgrund fehlender (expliziter) Wahlrechte							

Tabelle 42: Gründe für die höhere Steuerungseignung internationaler Rechnungslegungsvorschriften

Interdependent mit der Zielsetzung erscheint der zweite Grund für die Überlegenheit der internationalen Rechnungslegung als informatorische Grundlage für die Unternehmenssteuerung. Dieser besteht darin, dass dem IFRS-Abschluss **keine Zahlungsbemessungsfunktion** zukommt. Infolge der damit verbundenen Loslösung der steuerlichen Gewinnermittlung wird der Abschluss somit nicht von steuertaktischen Erwägungen und damit verbundenen bilanzpolitischen Maßnahmen tangiert oder von Vorschriften reglementiert, mit denen eine Restriktion der Gewinnausschüttung intendiert wird.[1772] Dieses Argument findet sich in 13 Beiträgen wieder und wird in Abschnitt 5.4.1.1.1.2 näher beleuchtet.

Der dritte Grund wird in zehn Beiträgen artikuliert. Er konkretisiert sich darin, dass die internationalen Rechnungslegungsvorschriften **weniger Ansatz- und Bewertungswahlrechte** kodifizieren als das deutsche Handelsrecht.[1773] Wie in Abschnitt 5.4.1.1.1.3 skizziert wird, bestehen Erwartungen, dass sich die auf diese Weise beschränkten Möglichkeiten, die Abbildung der Unternehmenslage im IFRS-Abschluss zu beeinflussen, insbesondere auf die Verhaltenssteuerungsfunktion einer integrierten Steuerungsrechnung positiv auswirken.

5.4.1.1.1.1 Zielsetzung der IFRS als Argument für ihre Steuerungseignung

Bereits in Abschnitt 2.3.2.1.1 ist dargelegt worden, dass die Rechnungslegung nach IFRS intendiert, entscheidungsnützliche Informationen bereitzustellen. Hierzu soll die Vermögens-, Finanz- und Ertragslage des Unternehmens realitätskonform abgebildet werden.[1774] Im Duktus der in Abschnitt 2.2.1 vorgenommenen Differenzierung der Informationsfunktion des externen Rechnungswesens dient der IFRS-Abschluss somit primär der Entscheidungsunterstützung.[1775] Der handelsrechtliche Abschluss kommt dagegen der Informationsfunktion in der Form der Rechenschaftslegung nach, seine Ausgestaltung wird jedoch insbesondere von der Zahlungsbemessungsfunktion dominiert.[1776] In Anbetracht der unterschiedlichen Rechnungszwecke differieren – dem von *Schneider* geprägten Gestaltungsgrundsatz folgend – die Rechnungsziele der HGB- und IFRS-Rechnungslegung. Mit diesen Unterschieden korrespondierend variieren die Rechnungslegungsgrundsätze zwischen dem HGB und den IFRS.[1777]

Die diversen Rechnungszwecke und Grundsätze bilden mit insgesamt 52 Nennungen das am weitesten verbreitete Argument für die im Vergleich zum Handelsrecht überlegene Steuerungseignung der internationalen Rechnungslegungsvorschriften. Die Mehrzahl der Nennungen konkretisiert sich in Aussagen, die sich auf die Zielsetzung eines nach internationalen Standards aufgestellten Abschlusses bzw. dessen Rechnungslegungsgrundsätze im Allgemei-

---

[1772] Vgl. z.B. Deleker (1997), S. 633; Hahn (1999), S. 81; Küting/Lorson (1998b), S. 472.

[1773] Vgl. z.B. Heyd (2001a), S. 206; Küting/Lorson (1998d), S. 2305; Wala/Knoll/Messner (2007a), S. 1837.

[1774] Vgl. Abschnitt 2.3.2.1.1, S. 51 ff.

[1775] Vgl. hierzu bereits Abschnitt 2.3.2.1.1, S. 52. Die Rechenschaftsfunktion ist dagegen nur von nachrangiger Bedeutung (vgl. Pellens/Fülbier/Gassen/Sellhorn (2011), S. 121).

[1776] Vgl. hierzu ausführlich Abschnitt 2.3.1.1.1, S. 27 ff.

[1777] Vgl. Küting/Weber (2009), S. 18, sowie bereits Abschnitt 2.3.2.1.2, S. 55.

nen beziehen. Als für diese Bekundungen repräsentativ erweist sich etwa die Aussage von *Haring/Prantner*, dass die „im IASC-framework festgeschriebenen Anforderungen an die im Jahresabschluss veröffentlichten Informationen (Verständlichkeit, Relevanz, Verlässlichkeit etc.) [..] eine möglichst reelle Darstellung der Vermögens-, Finanz- und Ertragslage des Unternehmens im Sinne des true and fair view [bedingen]. Schlussfolgernd sind solcherarts gewonnene Informationen im Vergleich mit durch HGB-Regelungen gewonnenen Daten eine besser geeignete Basis für Zwecke der internen Unternehmenssteuerung und somit ein möglicher Ausgangspunkt für etwaige Harmonisierungsbestrebungen."[1778] Mit Bezug auf die US-GAAP weist auch *Haller* darauf hin, dass das Vorsichtsprinzip im Rahmen dieses Regelwerks lediglich zur Vermeidung von übermäßig optimistischen Bewertungen relevant ist und „[d]iese, verglichen zu Deutschland, zweitrangige und eingeschränkte Bedeutung des Vorsichtsprinzips [..] tendenziell zu einem näher an der ökonomischen Realität orientierten Gewinn- und Vermögensausweis und damit zur besseren Verwendbarkeit der Rechnungslegungsdaten auch für interne Entscheidungen [führt]."[1779]

Darüber hinaus gehören zu den als relevant identifizierten Textpassagen auch solche, die Bezüge auf weitere Prinzipien oder ausgewählte Regelungen zur bilanziellen Abbildung bestimmter Sachverhalte beinhalten. So führen beispielsweise *Küting/Lorson* sowie *Männel* die im Vergleich zu den handelsrechtlichen Regelungen priorisierte periodengerechte Erfolgsermittlung als wesentliche Einflussgröße der Steuerungseignung an.[1780] In anderen Beiträgen wird hingegen mit dem Matching Principle eines der drei Teilprinzipien einer periodengerechten Erfolgsermittlung benannt.[1781]

Hahn und *Haller* begründen die überlegene Steuerungseignung der internationalen Rechnungslegungsstandards insbesondere mit der umfassenderen Auslegung des Realisationsprinzips und nennen die Bilanzierung langfristiger Fertigungsaufträge als Anwendungsbeispiel.[1782] Mitunter wird auch die Fair Value-Bewertung als Ausdruck der ökonomischen Perspektive der internationalen Rechnungslegung angeführt.[1783] Weitere Anhaltspunkte für die höhere Entscheidungsnützlichkeit und betriebswirtschaftliche Abbildungskonzeption der IFRS-Rechnungslegung werden in mehreren Beiträgen in der Segmentberichterstattung, wel-

---

1778 Haring/Prantner (2005), S. 148, mit Bezug auf das zum Zeitpunkt der Artikelveröffentlichung geltende IFRS-Rahmenkonzept; ähnlich z.B. auch Burger/Buchhart (2001a), S. 552; Egert/Ossadnik/Wagner (2008), S. 239; Eierle/Schultze/Bischof/Thericke (2008), S. 289; Franz/Winkler (2006), S. 417; Michel (2006), S. 440; Kirsch/Steinhauer (2003), S. 419.

1779 Haller (1997), S. 274.

1780 Vgl. Küting/Lorson (1998d), S. 2305; Männel (1999b), S. 15; Nobach/Zirkler (2006), S. 743.

1781 Vgl. z.B. Deleker (1997), S. 633; Chrubasik/Janz (2007), S. 61.

1782 Vgl. Hahn (1999), S. 82 f.; Haller (1997), S. 274; vgl. ferner auch Currle/Fauth/Wangenheim (1998), S. 253; Damberger/Heyne/Renner (2002), S. 28; Reiners (2001), S. 23.

1783 Vgl. z.B. Haller (1997), S. 274; Glaum/Vogel (2004), S. 51; Michel (2006), S. 440; Ikäheimo/Taipaleenmäki (2010), S. 363. Zugleich ist die Zeitwertbilanzierung jedoch auch erheblicher Kritik ausgesetzt und wird – wie in Abschnitt 5.2.3.1 angesprochen – bisweilen als Gefahr für eine wiedereinsetzende Entfremdung des internen und externen Rechnungswesens gesehen (vgl. z.B. Kley (2002), S. 280 f.; Kerkhoff/Thun (2007), S. 460).

che dem Management Approach folgt,[1784] der Aktivierung von Entwicklungskosten[1785] und in der mit dem erwarteten wirtschaftlichen Nutzenverlauf korrespondierenden Abschreibung abnutzbarer Vermögenswerte gesehen.[1786]

In Konsistenz zu diesen Überlegungen wird die handelsrechtliche Rechnungslegung ob ihrer Steuerungseignung kritisiert. *Küting/Lorson* sehen im handelsrechtlichen Konzernabschluss als Ausgangslage für ein konvergentes Rechnungswesen aufgrund konzeptioneller Defizite lediglich eine „Notlösung“[1787]. *Müller et al.* bemängeln „Kompromisse bei der Abbildung der tatsächlichen Lage der Unternehmen im HGB“[1788] und nennen die Bilanzierung zu fortgeführten Anschaffungs- bzw. Herstellungskosten sowie das Imparitätsprinzip als Beispiele für derartige Kompromisse.[1789] Des Weiteren wirft *Heyd* der handelsrechtlichen Rechnungslegung vor, nicht einmal ihrer originären Informationsfunktion gerecht werden zu können: „Durch die Funktionsüberladung des externen Rechnungswesens in Deutschland leidet auch seine Eignung, nützliche Informationen für die Entscheidungen der aussenstehenden Adressaten zu vermitteln.“[1790]

5.4.1.1.1.2 Fehlende Zahlungsbemessungsfunktion der IFRS als Argument für ihre Steuerungseignung

Aus Abschnitt 2.3.2.1.1 ist bekannt, dass IFRS-Abschlüssen, im Gegensatz zum handelsrechtlichen Einzelabschluss mit seinem Rechnungszweckdualismus,[1791] ausschließlich eine Informationsfunktion zukommt.[1792] Die daraus resultierende Vermeidung einer „funktionellen Überfrachtung“, bedingt durch „das Fehlen eines Maßgeblichkeitsgrundsatzes und die damit

[1784] Vgl. Chrubasik/Janz (2007), S. 61 f., sowie unter Rekurs auf den Management Approach im Allgemeinen Mühlberger/Langecker (2010), S. 28.

[1785] Vgl. z.B. Männel (1999b), S. 25; Reiners (2001), S. 23; Nobach/Zirkler (2006), S. 743.

[1786] Vgl. Nobach/Zirkler (2006), S. 743; Kerkhoff/Thun (2007), S. 456.

[1787] Küting/Lorson (1999a), S. 51. Ähnlich auch *Kerkhoff/Thun*, welche die Meinung vertreten, dass die handelsrechtliche Rechnungslegung den Rechnungszwecken des internen Rechnungswesens wegen mangelnder Aussagekraft nicht genügen kann. Dies begründen sie mit dem Vorsichtsprinzip und einer bilanzpolitischen Ausrichtung der ermittelten Daten (vgl. Kerkhoff/Thun (2007), S. 455, sowie Sylvester (2004), S. 90; Wala/Knoll/Messner (2007a), S. 1834).

[1788] Müller/Ordemann/Pampel (2005), S. 2120.

[1789] Vgl. Müller/Ordemann/Pampel (2005), S. 2120.

[1790] Heyd (2001a), S. 203; ähnlich auch Eierle/Schultze/Bischof/Thiericke (2008), S. 295. Als Gründe nennt *Heyd* u.a. die Bilanzierung zu historischen Kosten, den imparitätischen Erfolgsausweis, Möglichkeiten zur Bildung und Auflösung stiller Reserven, die Priorisierung der juristischen anstelle der wirtschaftlichen Betrachtungsweise sowie steuerliche Ansätze, die über das Prinzip der umgekehrten Maßgeblichkeit Eingang in die Handelsbilanz finden (vgl. Heyd (2001a), S. 203). Das letztgenannte Problem besteht nach dem Inkrafttreten des BilMoG jedoch nicht fort (vgl. Abschnitt 2.3.1.1.2.4, S. 39).

[1791] Vgl. hierzu nochmals Abschnitt 2.3.1.1.1, S. 27 ff.

[1792] Vgl. Abschnitt 2.3.2.1.1, S. 51 ff.

verbundene Loslösung von der steuerlichen Gewinnermittlung“[1793], wird in insgesamt 13 Beiträgen als Argument für die höhere Steuerungseignung der IFRS angeführt.[1794]

Infolge der fehlenden Zahlungsbemessungsfunktion hat das Vorsichtsprinzip in der internationalen Rechnungslegung eine nachrangige Bedeutung.[1795] Als eine weitere Konsequenz der fehlenden Zahlungsbemessungsfunktion und Vorteil der IFRS-Rechnungslegung im Hinblick auf ihre Steuerungseignung wird die geringere Bedeutung des Imparitätsprinzips genannt, welches weniger Möglichkeiten zur Bildung stiller Reserven impliziert.[1796] Indem bewusste Unterbewertungen von Aktiva und Überbewertungen von Passiva und damit einhergehend die Bildung stiller Reserven vermieden werden, wird der Zielsetzung der IFRS-Rechnungslegung entsprochen.[1797] Somit besteht ein enger inhaltlicher Zusammenhang zwischen dem Argument der adäquaten Zielsetzung und dem Fehlen der Zahlungsbemessungsfunktion. Dieser tritt auch dadurch hervor, dass einige der in Abschnitt 5.4.1.1.1.1 genannten Abbildungsregeln, die als Beispiele für die stärkere betriebswirtschaftliche Orientierung der IFRS angeführt werden, ebenfalls als Folge der fehlenden Zahlungsbemessungsfunktion erachtet werden können. So kann argumentiert werden, dass die GuV-wirksame Neubewertung von Vermögenswerten sowie die Erfassung noch nicht realisierter Erträge bei der Bilanzierung langfristiger Fertigungsaufträge möglich ist, weil nicht die Bemessung eines ausschüttungsfähigen Gewinns intendiert wird, sondern die realitätsgerechte Abbildung der unternehmerischen Ertragskraft priorisiert wird.[1798] Da entsprechende Regelungen jedoch in den analysierten Beiträgen mit der Zielsetzung der IFRS-Rechnungslegung in Verbindung gebracht werden, sind derartige Aussagen im Rahmen der vorliegenden Systematisierung dem in Tabelle 42 mit „A“ bezeichneten Erklärungsansatz zugeordnet worden.[1799]

Diese Einschätzungen werden durch umfangreiche Kritik an den Folgen der handelsrechtlichen Zahlungsbemessungsfunktion an anderen Stellen ergänzt. So werden die Ausschüttungsbemessung und das damit verbundene Vorsichtsprinzip ebenso wie die steuerlich motivierten Überlegungen im Kontext des Maßgeblichkeitsprinzips von *Weißenberger* dafür verantwortlich gemacht, dass „eine HGB-basierte Erfolgsmessung als Grundlage für Unternehmensrechnung und Controlling nicht geeignet [ist]“[1800]. Diese Sichtweise findet sich auch bei *Wala et al.* wieder, welche erklären, dass die Ausrichtung der handelsrechtlichen Rechnungslegung „auf eine vorsichtige Bemessung von Auszahlungen an die Eigentümer und den Fiskus für die Befriedigung der Informationsbedürfnisse der Unternehmensleitung grundsätzlich unzweck-

---

[1793] Simons/Weißenberger (2008), S. 141.

[1794] Vgl. z.B. Küting/Lorson (1998b), S. 472; Deleker (1997), S. 633; Haller (1997), S. 271.

[1795] Vgl. Fülbier/Gassen/Sellhorn (2008), S. 1326; Wala/Knoll/Messner (2007a), S. 1835; Klein (1999b), S. 71.

[1796] Vgl. z.B. Deleker (1997), S. 633; Küting/Lorson (1998b), S. 471; Heyd (2001a), S. 206.

[1797] Vgl. Klein (1999b), S. 71.

[1798] Vgl. Kirsch/Steinhauer (2003), S. 426; Hasselmeyer/Reichertz/Dohrn (2005), S. 443.

[1799] Vgl. z.B. Michel (2006), S. 440; Küting/Lorson (1998d), S. 2304; Haller (1997), S. 274.

[1800] Weißenberger (2004), S. 74; ähnlich auch Haaker (2009a), S. 435.

mäßig ist."[1801] Eine separate Erfolgsrechnung stelle daher eine „unausweichliche Folge"[1802] dar. Ferner wird in der Zahlungsbemessungsfunktion die Ursache für steuer- und bilanzpolitische Erwägungen gesehen, welche *Heyd* zufolge bei Anwendung des HGB Vorrang gegenüber der Bereitstellung entscheidungsnützlicher Informationen haben. Dementsprechend kann kaum davon ausgegangen werden, dass eine solche Rechnungslegungskonzeption eine konvergenzbedingte derivative Verhaltenssteuerungsfunktion erfüllen kann.[1803]

5.4.1.1.1.3 Geringere Anzahl an IFRS-Bilanzierungswahlrechten als Argument für ihre Steuerungseignung

Nach Meinung der Autoren von zehn Beiträgen wirkt sich die in Relation zum Handelsrecht geringere Anzahl an expliziten Bilanzierungswahlrechten positiv auf die Steuerungseignung internationaler Rechnungslegungsstandards aus. Diese Autoren beziehen sich jedoch überwiegend auf die US-GAAP.[1804] So folgert z.B. *Haller*, dass „das bei den US-GAAP fast vollständige Fehlen von expliziten Bilanzierungs- und Bewertungswahlrechten die Eignung der Rechnungslegung für Kontroll- und Steuerungszwecke [verbessert] und [..] wesentlich deren Anreizverträglichkeit [erhöht]."[1805] Die Bedeutung dieses Vorteils im Hinblick auf die Steuerungseignung der internationalen Rechnungslegung wird in Abschnitt 5.4.2.1.1 näher erschlossen, in dem dargelegt wird, dass eine hinreichende Objektivität ein Kriterium darstellt, das eine Steuerungsrechnung zu erfüllen hat.

Fülbier et al. adressieren demgegenüber die vom Handelsrecht gewährte und bereits in Abschnitt 2.3.1.1.2.1 angesprochene Möglichkeit, mithilfe expliziter Bilanzierungswahlrechte stille Reserven anzulegen, die in ertragschwachen Jahren aufgelöst werden können, um die tatsächliche Unternehmenssituation zu verschleiern.[1806] Sie erwähnen zugleich, dass die Rechnungslegung nach IFRS „sehr viel weniger (explizite) Wahlrechte"[1807] enthalte. Auch *Küting/Lorson* unterstreichen die Breite des vom Handelsrecht zur Verfügung gestellten bilanzpolitischen Instrumentariums, indem sie dieses in einen internationalen Vergleich setzen und schlussfolgern, „daß die Rechnungsleger [nach HGB] über einen Instrumentenkasten für die zielorientierte Gestaltung des Jahresabschlußbildes verfügen, der international seinesgleichen sucht."[1808] Demgegenüber sehen auch *Dais/Watterott* eine Überlegenheit der internationalen Rechnungslegungsstandards gegenüber dem HGB: „Durch den weitgehenden Entfall

[1801] Wala/Knoll/Messner (2007a), S. 1834; ähnlich z.B. auch Egert/Ossadnik/Wagner (2008), S. 239; Küting/Lorson (1998c), S. 2253.

[1802] Wala/Knoll/Messner (2007a), S. 1834; ähnlich z.B. auch Fülbier/Hirsch/Meyer (2006), S. 235; Pelger (2008a), S. 565.

[1803] Vgl. Heyd (2001a), S. 203.

[1804] Vgl. z.B. Heyd (2001a), S. 201; Küting/Lorson (1998b), S. 469; Küting/Lorson (1998d), S. 2305.

[1805] Haller (1997), S. 275.

[1806] Vgl. Fülbier/Hirsch/Meyer (2006), S. 235; so auch Heyd (2001a), S. 203.

[1807] Fülbier/Hirsch/Meyer (2006), S. 236.

[1808] Küting/Lorson (1999a), S. 51.

der unter HGB möglichen Bildung stiller Reserven erfolgt der Ausweis des eingesetzten Vermögens und der Rückstellungen realistischer“[1809].

Der Vorteil einer geringeren Anzahl an Ansatz- und Bewertungswahlrechten der IFRS bzw. US-GAAP wird der Auffassung verschiedener Autoren zufolge – zumindest partiell – durch implizite Ermessensspielräume konterkariert.[1810] Als Beispiele, bei denen durch Ermessensentscheidungen Einfluss auf die Abbildung der Vermögens-, Finanz- und Erfolgslage des Unternehmens genommen werden kann, werden der Impairment Test nach IAS 36, die Bilanzierung langfristiger Fertigungsaufträge in Übereinstimmung mit IAS 11 und die Aktivierung selbsterstellter immaterieller Vermögenswerte gemäß IAS 38 genannt.[1811]

5.4.1.1.2 Zeitraumbezogene Auswertung

Nachfolgend werden die identifizierten Aussagen einer zeitraumbezogenen Betrachtung unterzogen. Auf diese Weise sollen sich im Diskussionsverlauf ergebende Änderungstendenzen in der Beurteilung der internationalen Rechnungslegungsstandards offengelegt werden. Aus dem oberen Teil der Tabelle 43 wird ersichtlich, dass die Steuerungseignung der IFRS bzw. US-GAAP in der zweiten Diskussionshälfte geringfügig häufiger beurteilt wird: 54,7 Prozent aller Aussagen finden sich in diesem Zeitraum wieder.

Bezogen auf die in Abschnitt 5.4.1.1.1 abgegrenzten Argumente zeigen sich einige Entwicklungen im Zeitablauf. So wird in der zweiten Diskussionshälfte die Zielsetzung der IFRS deutlich häufiger als Beleg für die Steuerungseignung internationaler Rechnungslegungsstandards angeführt als in der ersten Hälfte. 65,4 Prozent entsprechender Aussagen sind den ab dem zweiten Halbjahr 2002 publizierten Diskussionsbeiträgen entnommen worden. Die hohe Bedeutung dieses Arguments in der zweiten Diskussionshälfte unterstreicht zudem die untere Hälfte der Tabelle 43. So wird bei 82,9 Prozent der in diesem Zeitraum getroffenen Aussagen zur Steuerungseignug der IFRS Bezug auf ihre Zielsetzung und die korrespondierenden Rechnungslegungsgrundsätze genommen. In der ersten Subperiode stellt dieser Aspekt nur 52,9 Prozent sämtlicher Aussagen dar.

[1809] Dais/Watterott (2006), S. 470. *Nobach/Zirkler* sehen hingegen die geringere Zahl an Ansatz- und Bewertungswahlrechten kritisch, weil so „die Möglichkeit einer wahlrechtsorientierten Ergebnisglättungspolitik durch Bildung und Auflösung stiller Reserven“ (Nobach/Zirkler (2006), S. 743) entfällt.

[1810] Vgl. z.B. Altenburger/Busse von Colbe/Küpper/Loitlsberger/Siegwart (2001), S. 68; Hahn (1999), S. 83; Kahle (2003), S. 783; Kirsch/Steinhauer (2003), S. 426 f.

[1811] Vgl. Wala/Knoll/Messner (2007a), S. 1837.

Beurteilung der Steuerungseignung der internationalen Rechnungslegung	Anzahl der Nennungen pro Gruppe	davon Nennungen 1994-2002/I		davon Nennungen 2002/II-2010	
Argument A	52	18	34,6%	34	65,4%
Argument B	13	8	61,5%	5	38,5%
Argument C	10	8	80,0%	2	20,0%
Gesamt	75	34	45,3%	41	54,7%

Periode	Anzahl der Nennungen pro Periode	davon Nennungen Argument A		davon Nennungen Argument B		davon Nennungen Argument C	
1994-2002/I	34	18	52,9%	8	23,5%	8	23,5%
2002/II-2010	41	34	82,9%	5	12,2%	2	4,9%
Gesamt	75	52	69,3%	13	17,3%	10	13,3%

Tabelle 43: Dynamische Auswertung der Aussagen zur Steuerungseignung internationaler Rechnungslegungsstandards

Die beiden übrigen Argumente werden in der ersten Hälfte der Konvergenzdiskussion häufiger angeführt als in der zweiten Hälfte. Der Vorteil, dass die internationalen Standards über weniger Wahlrechte und damit eingeschränkte Gestaltungsmöglichkeiten verfügen, wird in der zweiten Diskussionshälfte nur noch zweimal erwähnt. Wenngleich auch diese Tendenz in Anbetracht der geringen absoluten Differenz einer vorsichtigen Interpretation bedarf, kann diese Entwicklung dahingehend ausgelegt werden, dass in der zweiten Diskussionshälfte die Objektivität der Daten der internationalen Rechnungslegung kritischer gesehen wird. Möglicherweise hat sich in dieser Zeit die Erkenntnis durchgesetzt, dass auch die IFRS bzw. US-GAAP weitreichende Gestaltungsmöglichkeiten eröffnen, diese nur auf andere Merkmale zurückzuführen sind – nämlich nicht auf kodifizierte Bilanzierungswahlrechte, sondern auf implizite Ermessensspielräume.[1812]

5.4.1.1.3 Autorengruppenbezogene Auswertung

Werden die Aussagen zur Eignung der internationalen Rechnungslegungsvorschriften als Datenbasis des internen Rechnungswesens nach Autorengruppen differenziert, so fällt auf, dass die deutlich überwiegende Zahl aller Aussagen von Wissenschaftlern getroffen worden ist.

[1812] Vgl. hierzu beispielsweise die Einschätzung von *Kirsch et al.* zu den Manipulationsmöglichkeiten, die sich dem Bilanzierenden im Rahmen der Ermittlung des Nutzungswerts gemäß IAS 36 eröffnen (vgl. Kirsch/Koelen/Köhling (2010), S. 207).

Wie aus der oberen Hälfte der Tabelle 44 ersichtlich wird, gehen 72 Prozent aller Aussagen auf Wissenschaftler zurück. Bei einer Betrachtung der einzelnen Argumentationsebenen findet sich dieses Verhältnis in etwa auch bei den Argumenten A und B wieder.

Eine Auffälligkeit zeigt sich bei dieser Auswertung nur mit Blick auf das Argument C. Den Vorteil, dass die internationale Rechnungslegung über weniger explizite Wahlrechte als das Handelsrecht verfügt, führen, mit einer Ausnahme, nur Wissenschaftler bei der Beurteilung der Steuerungseignung an. Ein Erklärungsansatz hierfür kann darin gesehen werden, dass Praktikern die impliziten Gestaltungsmöglichkeiten aufgrund ihrer Erfahrungen aus der Bilanzierungspraxis möglicherweise eher bewusst geworden sind als den Vertretern der Wissenschaft. Betrachtet man die im unteren Teil der Tabelle 44 dargestellte Verteilung der Nennungen pro Autorengruppe auf die einzelnen Argumente für eine überlegene Steuerungseignung der IFRS, fällt ferner die hohe Frequenz auf, in der die Zielsetzung der IFRS von Praktikern als Argument angeführt wird.

Beurteilung der Steuerungseignung der internationalen Rechnungslegung	Anzahl der Nennungen pro Gruppe	Autorengruppenspezifische Nennungen			
		Wissenschaftler		Praktiker/Berater	
Argument A	52	36	69,2%	16	30,8%
Argument B	13	9	69,2%	4	30,8%
Argument C	10	9	90,0%	1	10,0%
Gesamt	75	54	72,0%	21	28,0%

Autorengruppe	Anzahl der Nennungen pro Autorengruppe	davon Nennungen Argument A		davon Nennungen Argument B		davon Nennungen Argument C	
Wissenschaftler	54	36	66,7%	9	16,7%	9	16,7%
Praktiker/ Berater	21	16	76,2%	4	19,0%	1	4,8%
Gesamt	75	52	69,3%	13	17,3%	10	13,3%

Tabelle 44: Autorengruppenbezogene Auswertung der Aussagen zur Steuerungseignung internationaler Rechnungslegungsstandards

5.4.1.2 Beurteilungen auf Basis formal-analytischer Modelle

Während in den in Abschnitt 5.4.1.1 aufgearbeiteten Aufsätzen überwiegend grundsätzliche Merkmale der internationalen Rechnungslegung beurteilt werden, nehmen die nachfolgend skizzierten Beiträge den Charakter von Partialanalysen an, indem die Wirkungen bestimmter Abbildungsvorschriften der Rechnungslegung im Kontext spezifischer Steuerungsprobleme untersucht werden.[1813] Diese Umschreibung trifft auf die Analysen von *Arnegger/Hofmann*, *Weißenberger*, *Wagenhofer* sowie *Diedrich/Dierkes* zu, auf die sich die folgenden Ausführungen beziehen.[1814]

Mit der Completed-Contract- und der Percentage-of-Completion-Methode konstituieren die aus dem HGB und den IFRS bekannten Ansätze zur Erfassung der Erfolgswirkungen langfristiger Fertigungsaufträge die Motivation für die Arbeit von *Arnegger/Hofmann*. In einer Modellanalyse untersuchen sie die Steuerungswirkungen der beiden Methoden und rechtfertigen diesen Fokus damit, dass „zahlreiche Unternehmen im Sinne einer integrierten Unternehmensrechnung (one set of books) die extern ausgewiesenen Periodenerfolge auch für die Managementsteuerung nutzen."[1815]

Hierzu wird ein zweiperiodiges Modell aufgestellt, in welchem der Prinzipal Anreize setzt, um den Arbeitseinsatz eines Agenten im Hinblick auf langfristige, d.h. zwei Perioden umfassende Fertigungsaufträge zu steuern. Als Steuerungsparameter kann der Prinzipal sowohl zwischen unterschiedlichen Periodisierungsansätzen wie auch Vergütungsmöglichkeiten wählen.[1816] Als Periodisierungsansätze stehen die Completed-Contract-Methode sowie die Percentage-of-Completion-Methode zur Auswahl. Da bei Anwendung der erstgenannten Methode positive Erfolgsbeiträge erst in der Periode der Fertigstellung ausgewiesen werden, kann die Anreizsetzung hier ausschließlich über die Festlegung eines Prämiensatzes erfolgen.[1817] Wird die Completed-Contract-Methode angewendet, ist demgegenüber zu entscheiden, ob zur Bestimmung des Fertigstellungsgrads ein input- oder outputorientiertes Verfahren zum Zuge kommen soll. Mit der Festlegung des Verfahrens wird auf die Zuordnung der Erträge aus langfristigen Aufträgen auf die Perioden ihrer Fertigung Einfluss genommen. Bei Anwendung der Percentage-of-Completion-Methode wird der Prämiensatz somit um den Periodisierungsfaktor als weiteren Parameter zur Anreizsetzung ergänzt.[1818]

Arnegger/Hofmann zeigen im Rahmen ihrer Modellierung, dass die Steuerungswirkungen der Completed-Contract-Methode nur unter restriktiven Bedingungen jenen des Percentage-of-Completion-Ansatzes überlegen sind.[1819] Ferner wird dargelegt, dass ein Verstoß gegen das Controllability-Prinzip durchaus zielführend sein kann.[1820] Diese Verletzung zeichne sich dadurch aus, dass nicht nur die Wirkungen der Handlungen, die in der Periode initiiert worden

[1813] Vgl. Simons/Weißenberger (2010), S. 276

[1814] Vgl. Arnegger/Hofmann (2007); Weißenberger (2003); Wagenhofer (1996); Diedrich/Dierkes (2003).

[1815] Arnegger/Hofmann (2007), S. 116.

[1816] Vgl. Arnegger/Hofmann (2007), S. 120.

[1817] Vgl. Arnegger/Hofmann (2007), S. 123.

[1818] Vgl. Arnegger/Hofmann (2007), S. 124 f.

[1819] Vgl. Arnegger/Hofmann (2007), S. 125.

[1820] Vgl. zum Controllability-Prinzip ausführlich Abschnitt 5.4.2.1.1, S. 339 ff.

sind, auf die sich die Leistungsmessung bezieht, von der Erfolgsgröße reflektiert werden, sondern auch die Wirkungen von Handlungen aus vorausgegangenen Perioden.[1821] Interessanterweise erachten die Autoren die in anderen Arbeiten kritisierten Ermessensspielräume,[1822] welche die Regelungen des IAS 11 zur Bilanzierung langfristiger Fertigungsaufträge immanieren, insgesamt als unproblematisch, weil diese erst eine optimale Anreizsetzung ermöglichten.[1823] Dementsprechend verbleibt die Modellanalyse mit einem positiven Fazit, indem herausgestellt wird, „dass die Anwendung und Auslegung internationaler Rechnungslegungsstandards die Möglichkeiten der Unternehmensleitung, Anreize auf Basis von Daten des externen Rechnungswesens zu setzen, gesteigert hat."[1824]

Unterdessen ergeben sich aus der Arbeit von *Weißenberger* Hinweise, dass die handelsrechtliche Rechnungslegung unter bestimmten Voraussetzungen eine höhere Steuerungseignung aufweist als zahlreiche Plausibilitätsüberlegungen vermuten lassen. *Weißenberger* betrachtet verschiedene Rechnungslegungsstandards unter dem Aspekt ihrer Anreizkompatibilität. Aus einem strukturellen Vergleich der Erfolgsmessung nach handelsrechtlichen und internationalen Rechnungslegungsstandards gehen drei unterschiedliche Verzerrungen der Erfolgsmessung hervor, welche eine hohe Kongruenz zu den oben genannten Vorteilen der internationalen Rechnungslegung bzw. den Kritikpunkten des Handelsrechts aufweisen:[1825] Die erste Verzerrung resultiere aus einer vom Vorsichtsprinzip geprägten Periodisierung von Aufwendungen und Erträgen, welche von der realwirtschaftlichen Leistungserstellung abweicht. Eine verzerrte Abbildung der Unternehmenssituation könne sich ferner aufgrund steuerlich motivierter Wertansätze infolge der (inzwischen aufgehobenen) umgekehrten Maßgeblichkeit ergeben.[1826] Schließlich könne das realwirtschaftliche Leistungsergebnis durch zahlreiche Möglichkeiten zur Gestaltung der im Jahresabschluss enthaltenen Abbildung der Unternehmenssituation verschleiert werden.[1827]

Der letztgenannte Punkt wird in der weiteren Argumentation insofern abgeschwächt, als explizite Wahlrechte, welche das Handelsrecht im Vergleich zu den internationalen Vorschriften in größerem Umfang kodifiziert,[1828] durch Vorgabe einer konzerneinheitlichen Ausübung in Form von Konzernbilanzierungsrichtlinien egalisiert werden können.[1829] Kritischer im Lichte

[1821] Vgl. Arnegger/Hofmann (2007), S. 133.

[1822] Vgl. z.B. Siefke (1999), S. 206; Wussow (2004), S. 138; anders demgegenüber *Kümpel*, welcher entsprechende Ermessensspielräume insofern als unkritisch erachtet, als bewusste Fehleinschätzungen im Rahmen von Soll-Ist-Vergleichen aufgedeckt und hieraus Sanktionen für das Management erwartet werden dürften (vgl. Kümpel (2002a), S. 907 f.).

[1823] Vgl. Arnegger/Hofmann (2007), S. 134, sowie im Hinblick auf die Interpretation von Bilanzierungswahlrechten als Wahlmöglichkeit für den Prinzipal Ballwieser (1996), S. 523.

[1824] Arnegger/Hofmann (2007), S. 134.

[1825] Vgl. Abschnitt 5.4.1.1.1, S. 321 ff.

[1826] Vgl. zum Maßgeblichkeitsprinzip und dessen Änderung infolge des BilMoG Abschnitt 2.3.1.1.2.4, S. 38 f.

[1827] Vgl. Weißenberger (2003), S. 226.

[1828] Vgl. hierzu ausführlich Abschnitt 5.4.1.1.1.3, S. 327 f.

[1829] Vgl. Hoffjan/Weide (2006), S. 392; Müller (2006), S. 196; Dais/Watterott (2006), S. 467.

der Anreizverträglichkeit erscheinen nach *Weißenberger* dagegen Ermessensspielräume sowie Möglichkeiten zur Sachverhaltsgestaltung, die jedoch nicht nur ein Problem des HGB, sondern – wie bereits in Abschnitt 5.2.3.1 angesprochen – auch der internationalen Standards darstellten.[1830] Verzerrende Effekte auf die Erfolgsmessung könnten jedoch dadurch ausgeschlossen werden, dass Erfolgskomponenten, deren Bestimmung mit erheblichen Ermessensspielräumen behaftet ist, bei der Beurteilung untergeordneter Handlungsträger mithilfe der Steuerungsrechnung keine Berücksichtigung finden.[1831] Dass dieses Vorgehen im Rahmen der Konvergenzdiskussion sowohl von Vertretern der Wissenschaft als auch der Unternehmenspraxis befürwortet wird, ist bereits im Zusammenhang mit der Aufarbeitung der Diskussion um den Konvergenzgrad deutlich geworden.[1832] Die dortigen Ausführungen zeigen, dass die Mehrheit der sich zu diesem Aspekt äußernden Autoren die Meinung vertritt, dass eine vollständige Übereinstimmung zwischen der extern berichteten und der zur internen Erfolgsmessung verwendeten Größe nicht bestehen kann, sondern die Erstgenannte zu modifizieren ist, damit sie zur Verhaltenssteuerung eingesetzt werden kann.

Weißenberger folgert daraus, dass eine im Vergleich zu internationalen Rechnungslegungsstandards geringere Anreizkompatibilität der HGB-Daten nur durch das Vorsichtsprinzip und die steuerlichen Einflüsse infolge des Prinzips der umgekehrten Maßgeblichkeit verursacht werden kann.[1833] Sie rekurriert dabei auf eine Modellanalyse von *Wagenhofer*, welche nachweist, dass eine vorsichtige Rechnungslegung durchaus relativ anreizkompatibler sein kann als eine nach internationalen Standards.[1834] *Wagenhofer* merkt an, dass Rechnungslegungsregeln die Handlungen des Managements ex ante beeinflussen, „weil Managemententscheidungen unter Berücksichtigung der Abbildung der Ergebnisse im Rechnungswesen getroffen werden."[1835] Das Modell bezieht sich auf die Prinzipal-Agenten-Beziehung zwischen einem risikoneutralen Eigentümer eines Unternehmens und einem risikoscheuen Manager. Allerdings ergeben sich *Wagenhofer* zufolge Implikationen für die Delegationsbeziehung zwischen der Unternehmensführung und den Verantwortlichen in dezentralen Unternehmenseinheiten, in deren Kontext die interne Steuerungsrechnung zum Einsatz kommt.[1836]

Im Rahmen des aufgestellten Modells hat der Agent zwei Aufgaben zu bewältigen, die in unterschiedlichem Maße risikobehaftet sind. Bei einer vorsichtigen Rechnungslegung werde die Aktion mit dem höheren Risiko in der Messgröße, welche die Erfolgswirkungen beider Aktionen zusammenfasst, geringer gewichtet, ohne dabei den Erwartungsnutzen des Prinzipals im Vergleich zur Situation, in der für jede Aktion separate Erfolgsgrößen ermittelt werden, zu

1830 Vgl. Abschnitt 5.2.3.1, S. 187.
1831 Vgl. Weißenberger (2003), S. 227.
1832 Vgl. hierzu insbesondere Abschnitt 5.3.1.3.2.2, S. 299 f.
1833 Vgl. Weißenberger (2003), S. 227.
1834 Vgl. Weißenberger (2003), S. 228 ff., mit Bezug auf Wagenhofer (1996), S. 1055 ff.
1835 Wagenhofer (1996), S. 1052.
1836 Vgl. Wagenhofer (1996), S. 1070.

beeinträchtigen. Zugleich entstehe für den Agenten ein Anreiz, die weniger riskante Aktion in seinem Handlungskalkül stärker zu gewichten.[1837] Daraus folgert *Weißenberger*, dass in Abhängigkeit von den Steuerungsproblemen eine auf dem Handelsrecht basierende Erfolgsmessung für die Verhaltenssteuerung geeigneter sein kann als eine nach internationalen Standards. Die relative Vorteilhaftigkeit sei jedoch an die Risikostruktur der Projekte, welche in den untergeordneten Unternehmenseinheiten durchzuführen sind, gebunden.[1838]

Weißenberger zeigt ferner, dass auch vom Anschaffungskostenprinzip und der Bilanzierung langfristiger Fertigungsaufträge nach der Completed-Contract-Methode positive Steuerungseffekte ausgehen können, die zu einer Überlegenheit der handelsrechtlichen gegenüber der internationalen Rechnungslegung führen können.[1839] Dementsprechend folgert sie, „dass es offensichtlich durchaus Szenarien gibt, in denen eine einheitliche Rechnungslegung auf der Basis internationaler Rechnungslegungsgrundsätze wie US-GAAP oder IAS als interne Erfolgsrechnung Nachteile aufweist. Der aktuell beobachtbare und empirisch nachweisbare Zusammenhang zwischen der Vereinheitlichung des Rechnungswesens und der Internationalisierung der Rechnungslegung scheint daher tatsächlich auf eine Scheinkorrelation hinaus zu laufen.“[1840] Der angesprochene Zusammenhang könne möglicherweise darauf zurückzuführen sein, dass die Umstellung der Rechnungslegung sowie die Vereinheitlichung des internen und externen Rechnungswesens aus dem Streben nach einem effizienten Projektmanagement heraus zeitlich parallel durchgeführt werden. Ein zweiter Erklärungsansatz *Weißenbergers* bezieht sich auf einen nicht streng informationseffizienten Kapitalmarkt, der wie in Abschnitt 5.3.1.1.1.4 erläutert eine Konvergenz des Rechnungswesens nahelegen könne und möglicherweise auch die Anwendung internationaler Rechnungslegungsstandards forciere.[1841]

Auch aus der Analyse von *Diedrich/Dierkes* ergeben sich Hinweise, dass die Anreizwirkungen handelsrechtlicher Rechnungslegungsvorschriften durchaus im Sinne der Unternehmenszentrale sein können. Sie befassen sich mit der Steuerung von Profit Centern, deren Leiter Beschaffungs-, Produktions- und Absatzentscheidungen treffen, welche nicht nur Einfluss auf die Wertschöpfung und Erfolgssituation in der Periode nehmen, in der die Entscheidungen getroffen werden, sondern sich auch auf künftige Perioden auswirken. Sofern der Leiter eines Profit Centers über eine andere Zeitpräferenz verfüge als die Unternehmenszentrale, könne nicht ausgeschlossen werden, dass die Beschaffungs-, Produktions- und Absatzentscheidungen sowohl in zeitlicher als auch in mengenmäßiger Hinsicht nicht im Sinne der Zentrale getroffen werden.[1842]

[1837] Vgl. Wagenhofer (1996), S. 1062 f.; Weißenberger (2003), S. 230 f.

[1838] Vgl. Weißenberger (2003), S. 232.

[1839] Vgl. Weißenberger (2003), S. 233.

[1840] Weißenberger (2003), S. 233.

[1841] Vgl. Weißenberger (2003), S. 233.

[1842] Vgl. Diedrich/Dierkes (2003), S. 48.

Vor diesem Hintergrund werden die Anreizwirkungen dreier Erfolgsmaße – des Cash Flows, Periodengewinns und des Residualgewinns – untersucht.[1843] Da bei der Modellierung die Möglichkeit der Lagerbildung einbezogen wird und sich das Vorratsvermögen regelmäßig einer Einzelbewertung entzieht, werden dabei die Anreizwirkungen der in der externen Rechnungslegung angewandten Bewertungsvereinfachungsverfahren, die auf Verbrauchsfolgefiktionen basieren, analysiert. Diese Betrachtung wird insbesondere dadurch motiviert, „dass die Informationen des externen Rechnungswesens zunehmend auch zur Lösung von internen Steuerungs- und Kontrollaufgaben genutzt werden."[1844]

Infolge der Modellierung erweisen sich sowohl der Cash Flow als auch der Periodengewinn als ungeeignete Steuerungsgrößen für das betrachtete Profit Center. Zielkongruenz zwischen der Unternehmenszentrale, welche die Maximierung der Einzahlungsüberschüsse aus dem Profit Center über den Betrachtungszeitraum intendiert, und dem Leiter des Profit Centers, der seine Entscheidungen an einer erfolgsabhängigen Entlohnung ausrichtet und gegenwärtige Zahlungen gegenüber künftigen präferiert, könne aber bei Verwendung eines Residualgewinns hergestellt werden, sofern die Lagerbestände der Vor- und Endprodukte zu aufgezinsten historischen Kosten bewertet werden.[1845] Da in der Unternehmenspraxis in der Regel Bewertungsvereinfachungsverfahren auf das Vorratsvermögen angewendet würden, erfolgt eine Analyse der Anreizwirkungen verschiedener Verbrauchsfolgefiktionen.[1846] In einem Szenario steigender Beschaffungspreise könne eine Zielkongruenz zwischen der Unternehmenszentrale und dem Leiter des Profit Centers erreicht werden, sofern das FiFo- („first in, first out") oder das Lofo- („lowest in, first out") Verfahren zur Anwendung komme.[1847]

Schließlich wird die Prämisse sicherer Einstandspreise aufgehoben und ein Szenario betrachtet, in welchem dem Manager nur die Erwartungswerte der Beschaffungspreise bekannt sind, während die Unternehmenszentrale von diesen keine Kenntnis erlangt. Sofern die tatsächlichen Beschaffungspreise unter den erwarteten liegen, könne eine außerplanmäßige Abschreibung des Lagerbestands des Vorprodukts auf die niedrigeren Wiederbeschaffungskosten aus der Perspektive der Zentrale zielführend sein. Bei steigenden Einstandspreisen sei von einer Werterhöhung des Lagerbestands an Vor- und Endprodukten per Zuschreibung hingegen abzusehen.[1848] *Diedrich/Dierkes* betrachten diese Überlegungen als „eine Begründung für das Niederstwertprinzip aus verhaltensorientierter Sicht, da es nur unter Beachtung des Niederstwertprinzips bei unerwarteter Entwicklung der Beschaffungspreise im Interesse des ungeduldigen Managers liegt, die aus Sicht der Zentrale optimalen Beschaffungs-, Produktions-

1843 Vgl. Diedrich/Dierkes (2003), S. 49.
1844 Diedrich/Dierkes (2003), S. 49.
1845 Vgl. Diedrich/Dierkes (2003), S. 54 ff.
1846 Vgl. Diedrich/Dierkes (2003), S. 59 ff.
1847 Vgl. Diedrich/Dierkes (2003), S. 61.
1848 Vgl. Diedrich/Dierkes (2003), S. 62 ff.

und Absatzentscheidungen zu treffen."[1849] Abschließend ist zu resümieren, dass mit der skizzierten Modellierung die mögliche Eignung einer vorsichtigen Rechnungslegung, wie sie dem Handelsrecht eigen ist, für die Verhaltenssteuerung dezentraler Entscheidungsträger unterstrichen wird.

Insgesamt bleibt festzustellen, dass im Rahmen der erläuterten Modelle konkrete Steuerungsprobleme erörtert werden und dementsprechend eine deutlich differenziertere Analyse der Rechnungslegungsvorschriften durchgeführt wird. Während die in Abschnitt 5.4.1.1 besprochenen Argumente den Eindruck erwecken, die internationale Rechnungslegung verfüge generell über eine im Vergleich zum HGB höhere Steuerungseignung, sensibilisieren die hier zusammengefassten Modellanalysen für die eingeschränkte Gültigkeit entsprechender Aussagen.

5.4.2 Kriterienbasierte Evaluationen relevanter Rechnungslegungsstandards

Wie bereits zuvor erwähnt worden ist, erfolgt in mehreren Diskussionsbeiträgen eine Beurteilung des Konvergenzgedankens anhand zuvor aufgestellter Anforderungskriterien an eine Steuerungsrechnung. Entsprechende Kriterien werden in insgesamt 16 Beiträgen formuliert und zur Beurteilung eines konvergenten Rechnungswesens herangezogen. Die Beiträge und die darin enthaltenen Kriterien werden in den Tabellen 45 und 46 in chronologischer Reihenfolge zusammengestellt.[1850] Wie den mittleren Spalten entnommen werden kann, hat sich ein weitgehend homogenes Set an Anforderungskriterien etabliert. In sämtlichen Beiträgen findet sich der Aspekt der Anreizverträglichkeit wieder. Das am zweithäufigsten genannte Kriterium ist mit zwölf Nennungen in der Wirtschaftlichkeit des Rechnungswesens zu finden. Schließlich gehört in elf Beiträgen das Kriterium der Analysefähigkeit, mitunter auch als Entscheidungsnützlichkeit bezeichnet,[1851] zu den Anforderungen, die ein konvergentes Rechnungswesen nach Meinung der jeweiligen Autoren erfüllen sollte. In neun Beiträgen wird zudem der Aspekt der Kommunikationsfähigkeit von Rechnungswesendaten angesprochen.

1849 Diedrich/Dierkes (2003), S. 63.

1850 Die Tabellen beziehen sich nur auf die im Rahmen der systematischen Literaturrecherche identifizierten, d.h. auf die in Fachzeitschriften veröffentlichten Beiträge. Daher sind in ihnen nicht die Dissertationen von *Klein* und *Siefke* enthalten, in denen ebenfalls eine kriterienbasierte Bewertung einer konvergenten Ausgestaltung des Rechnungswesens erfolgt (vgl. Klein (1999a), S. 113 ff.; Siefke (1999), S. 209 ff.).

1851 Vgl. z.B. Dais/Watterott (2006), S. 467; Pelger (2008a), S. 566.

Beitrag	Anforderungskriterien	Bezugsobjekt
Coenenberg (1995)	▪ Anreizverträglichkeit ▪ Kommunikationsfähigkeit ▪ Wirtschaftlichkeit	▪ Auf handelsrechtlichen Daten basierende Steuerungsrechnung
Deleker (1997)	▪ Analysefähigkeit ▪ Zielkongruenz ▪ Maßgenauigkeit	▪ Auf Rechnungslegungsdaten basierende Steuerungsrechnung
Klein (1999b)	▪ Analysefähigkeit ▪ Anreizverträglichkeit ▪ Kommunikationsfähigkeit ▪ Wirtschaftlichkeit	▪ IFRS-Rechnungslegungsgrundsätze ▪ IAS 38 (Bilanzierung immaterieller Vermögenswerte) ▪ IAS 17 (Bilanzierung von Leasingtransaktionen) ▪ IAS 11 (Bilanzierung langfristiger Fertigungsaufträge)
Heyd (2001)	▪ Analysefähigkeit ▪ Anreizverträglichkeit ▪ Kommunikationsfähigkeit ▪ Wirtschaftlichkeit	▪ „Harmonisiertes Rechnungswesen“
Wurl et al. (2001)	▪ Validität ▪ Anreizverträglichkeit ▪ Wirtschaftlichkeit ▪ Pragmatische Relevanz ▪ Anpassungsfähigkeit	▪ Kurzfristige Erfolgsrechnung/ Economic Value Added
Kümpel (2002a)	▪ Analysefähigkeit ▪ Anreizverträglichkeit ▪ Wirtschaftlichkeit	▪ IAS 11 (Bilanzierung langfristiger Fertigungsaufträge)
Kahle (2003)	▪ Anreizverträglichkeit	▪ Steuerungsrechnung auf der Basis der IFRS-Rechnungslegung
Ballwieser/Hettich (2004)	▪ Analysefähigkeit ▪ Anreizverträglichkeit ▪ Kommunikationsfähigkeit ▪ Wirtschaftlichkeit	▪ IASB-Projekt „Reporting Comprehensive Income“
Weißenberger (2004)	▪ Anreizkompatibilität	▪ Anreizkompatible Erfolgsrechnung auf IFRS-Basis
Haaker (2005)	▪ Analysefähigkeit ▪ Anreizverträglichkeit ▪ Kommunikationsfähigkeit ▪ Wirtschaftlichkeit	▪ Kontrollrechnung auf der Basis von IFRS-kompatiblen Values in Use (IAS 36)
Dais/Watterott (2006)	▪ Entscheidungsnützlichkeit ▪ Entscheidungsverbundenheit ▪ Anreizverträglichkeit ▪ Unempfindlichkeit gegenüber Manipulationen ▪ Kommunikationsfähigkeit ▪ Wirtschaftlichkeit	▪ Steuerungsrechnung auf der Basis der IFRS-Rechnungslegung

Tabelle 45: Anforderungskriterien und beurteilte Aspekte eines konvergenten Rechnungswesens

Beitrag	Anforderungskriterien	Bezugsobjekt
Nobach/Zirkler (2006)	▪ Analysefähigkeit ▪ Anreizverträglichkeit ▪ Kommunikationsfähigkeit ▪ Wirtschaftlichkeit	▪ Unternehmenssteuerung auf der Basis der IFRS-Rechnungslegung
Brösel/Müller (2007)	▪ Analysefähigkeit ▪ Anreizverträglichkeit ▪ Kommunikationsfähigkeit ▪ Wirtschaftlichkeit	▪ Ergebnisse des Werthaltigkeitstests nach IAS 36
Wala et al. (2007a)	▪ Anreizkompatibilität	▪ Anreizkompatible Erfolgsrechnung auf der Basis der IFRS-Rechnungslegung
Pelger (2008a)	▪ Entscheidungsnützlichkeit ▪ Anreiznützlichkeit ▪ Verständlichkeit ▪ Wirtschaftlichkeit	▪ IFRS-Rechnungslegungsgrundsätze ▪ Fair Value Accounting ▪ IASB/FASB-Projekt „Financial Statement Presentation"
Vanini/Beyer (2009)	▪ Analysefähigkeit ▪ Anreizverträglichkeit ▪ Kommunikationsfähigkeit ▪ Wirtschaftlichkeit	▪ Konsolidierungsverfahren (IAS 27, 28, 31)

Tabelle 46: Anforderungskriterien und beurteilte Aspekte eines konvergenten Rechnungswesens (Fortsetzung)

Wie *Pelger* anmerkt, gehen diese Kriterienkataloge in Ermangelung eines theoretischen Bezugsrahmens auf Plausibilitätsüberlegungen zurück.[1852] Gleichwohl können zumindest einzelne Kriterien mit theoretischen Ansätzen begründet werden, wie beispielsweise das Kriterium der Anreizverträglichkeit, das sich aus dem Grundmodell der Prinzipal-Agenten-Theorie herleiten lässt.[1853] Der Vergleich der genannten Kriterien mit jenen, die in dem grundlegenden Beitrag von *Coenenberg* angeführt werden, zeigt eine hohe Übereinstimmung. So nennt *Coenenberg* mit der Anreizverträglichkeit, Kommunikationsfähigkeit und Wirtschaftlichkeit bereits zu Beginn der Konvergenzdiskussion die drei im weiteren Verlauf am häufigsten verwendeten Anforderungskriterien.

Aus den Tabellen 45 und 46 wird ferner ersichtlich, dass von den Autoren unterschiedliche Aspekte eines konvergenten Rechnungswesens anhand der aufgestellten Kriterien beurteilt werden. Unterschieden werden können in dieser Hinsicht zum einen Beiträge, in denen eine auf Daten des externen Rechnungswesens basierende Steuerungsrechnung im Allgemeinen beurteilt wird.[1854] Zum anderen bilden in einer Reihe von Arbeiten spezifische Aspekte der IFRS-Rechnungslegung die Beurteilungsobjekte. Dabei werden vielfach sowohl die Rech-

[1852] Vgl. Pelger (2008a), S. 566.

[1853] Vgl. Schaier (2007), S. 129; Müller (2006), S. 88 ff.

[1854] Vgl. z.B. Coenenberg (1995), S. 2080 ff.; Kahle (2003), S. 775 ff.; Weißenberger (2004), S. 73 ff.

nungslegungsgrundsätze der IFRS im Allgemeinen sowie die Regeln für die bilanzielle Abbildung einzelner Sachverhalte im Speziellen betrachtet.[1855]

5.4.2.1 Erläuterung der Anforderungskriterien

Ehe die kriterienbasierten Evaluationen in Abschnitt 5.4.2.2 systematisiert werden, geben die nachfolgenden Abschnitte einen Überblick über die wesentlichen Kriterien, denen eine Steuerungsrechnung den relevanten Beiträgen zufolge gerecht werden muss. Gegenstand der Folgeabschnitte sind die oben genannten Kriterien der Anreizverträglichkeit (Abschnitt 5.4.2.1.1), Kommunikationsfähigkeit (Abschnitt 5.4.2.1.2), Analysefähigkeit (Abschnitt 5.4.2.1.3) und Wirtschaftlichkeit (Abschnitt 5.4.2.1.4).[1856]

5.4.2.1.1 Anreizverträglichkeit

Die **Anreizverträglichkeit** der Steuerungsrechnung bildet die am häufigsten genannte Anforderung, an welcher die Vorteilhaftigkeit eines konvergenten Rechnungswesens gemessen wird. Die hohe Relevanz dieses Kriteriums erscheint vor dem Hintergrund der bisherigen Ausführungen plausibel. Einerseits ging aus Abschnitt 5.3.1.1.1.2 hervor, dass die Steuerungsrechnung zur Führung von Geschäftseinheiten das zentrale Konvergenzobjekt darstellt.[1857] Andererseits wurde in Abschnitt 2.3.2.2.2 dargelegt, dass für die Ausgestaltung dieses Rechenwerks das Kriterium der Anreizverträglichkeit maßgebend ist.[1858] Insofern erscheint es folgerichtig, mit der Anreizverträglichkeit eine wichtige Voraussetzung für die Sicherung der Verhaltenssteuerungsfunktion in den Katalog der Anforderungskriterien zu integrieren.[1859]

Die Anreizverträglichkeit eines Rechenwerks sehen die meisten Autoren in Übereinstimmung mit *Coenenberg* dann gegeben,[1860] wenn die Erfolgsgröße als dessen Saldo den Kriterien der Zielkongruenz und der Objektivität entspricht.[1861] **Zielkongruenz** liegt vor, wenn die Ziele der Geschäftsbereiche mit dem Ziel des Gesamtunternehmens kompatibel sind.[1862] Da grundsätzlich davon auszugehen ist, dass die dezentral agierenden Entscheidungsträger opportunistisch handeln und bestrebt sind, ihre eigenen Ziele zu verfolgen, ist ihnen ein Anreiz zu geben, im Sinne des Gesamtunternehmens zu handeln.[1863] Die interne Steuerungsrechnung kann ein gesamtzielkonformes Verhalten forcieren, indem das in ihr ausgewiesene Ergebnis die

---

[1855] Vgl. z.B. Klein (1999b), S. 70 ff.; Nobach/Zirkler (2006), S. 739 ff.; Pelger (2008a), S. 566 ff.

[1856] Vgl. hierzu auch Hoffjan/Weide/Trapp (2012).

[1857] Vgl. Abschnitt 5.3.1.1.1.2, S. 224 ff.

[1858] Vgl. Abschnitt 2.3.2.2.2, S. 64 ff.

[1859] *Pelger* bezeichnet die Anreiznützlichkeit sogar als „Kernanforderung an eine harmonisierte Unternehmensrechnung" (Pelger (2008a), S. 567).

[1860] Vgl. hierzu die Zusammenfassung in Abschnitt 5.3.1.1.1.1, S. 219 ff.

[1861] Vgl. z.B. Heyd (2001a), S. 204; Kümpel (2002a), S. 907; Vanini/Beyer (2009), S. 130.

[1862] Vgl. Siefke (1999), S. 54; Wussow (2004), S. 73.

[1863] Vgl. Klein (1999b), S. 69; Kümpel (2002a), S. 907; Siefke (1999), S. 54.

Bemessungsgrundlage für eine erfolgsabhängige Vergütung bildet.[1864] Dabei ist sicherzustellen, dass die entsprechende Erfolgsgröße in hinreichendem Maße die Zielstruktur des Unternehmens reflektiert.[1865] Im Hinblick auf das Erfolgsziel ist diese Voraussetzung gegeben, wenn ein höherer (niedrigerer) Gewinn eines Geschäftsbereichs mit einem höheren (niedrigeren) Gewinn auf der Ebene des Gesamtunternehmens einhergeht.[1866] Wird die Leistungsmessung an eine solche zielkongruente Größe gekoppelt, können die Interessendivergenzen zwischen den Entscheidungsträgern in dezentralen Unternehmenseinheiten und der Unternehmensführung bzw. der Anteilseigner gemindert werden, so dass die dezentral agierenden Handlungsträger gewissermaßen freiwillig im Sinne der Unternehmenszentrale handeln.[1867]

Damit die Anreizverträglichkeit einer Steuerungsrechnung gewährleistet ist, muss die aus ihr hervorgehende Größe ferner ein hinreichendes Maß an **Objektivität** aufweisen. Diese ist dann gegeben, wenn die Bestimmung der Größe vom Ermessen des als Agenten fungierenden Entscheidungsträgers unabhängig und frei von Manipulationsspielräumen ist.[1868] Andernfalls besteht die bereits angesprochene Gefahr, dass Möglichkeiten zur Beeinflussung des ausgewiesenen Erfolgs von den dezentralen Entscheidungsträgern bewusst ausgeschöpft werden, um ein höheres Ergebnis auszuweisen als tatsächlich erzielt worden ist und so ihre erfolgsabhängige Vergütung zu maximieren. Entsprechende Verzerrungen können von der Unternehmenszentrale aufgrund von Informationsasymmetrien in der Regel nicht unmittelbar aufgedeckt werden.[1869] Die fehlerhafte Beurteilung von dezentralen Unternehmenseinheiten kann daher Fehlentscheidungen seitens der Unternehmenszentrale herbeiführen.[1870]

Bisweilen wird als weiteres Subkriterium der Anreizverträglichkeit das Controllability-Prinzip genannt, dem zufolge einem Entscheidungsträger nur jene Erfolge zuzurechnen sind, die auf seine Entscheidungen zurückzuführen sind.[1871] Dementsprechend sind die Erfolgswir-

[1864] Vgl. Kahle (2003), S. 775; Wurl/Kuhnert/Hebeler (2001), S. 1366.

[1865] Vgl. Klein (1999a), S. 68; Schaier (2007), S. 133; Stute (2007), S. 85 f.

[1866] Vgl. Hoffjan/Weide/Trapp (2012); Coenenberg (1995), S. 2080; Hebeler (2003), S. 119.

[1867] Vgl. Siefke (1999), S. 55; Weide (2009a), S. 29.

[1868] Vgl. Hoffjan/Weide/Trapp (2012); Stute (2007), S. 85; Heyd (2001a), S. 204.

[1869] Vgl. Wussow (2004), S. 74; Siefke (1999), S. 61; Kahle (2003), S. 775.

[1870] Vgl. Himmel (2004), S. 77 f.

[1871] Vgl. Pelger (2008a), S. 566. So auch *Schultze* mit seiner Forderung: „[F]or the purpose of measuring the performance of a reporting unit's management, all items not under its control and responsibility should be eliminated from the performance measure." (Schultze (2005), S. 281). *Siefke* verwendet hierfür den Begriff der „sachlichen Entscheidungsverbundenheit". Er betont, dass eine Erfolgsgröße sachlich den Entscheidungskompetenzen und Aktivitäten eines Entscheidungsträgers entsprechen muss und legt dar, dass die sachliche Entscheidungsverbundenheit einen engen Bezug zu der Organisationsstruktur eines Unternehmens aufweist. Während die Erfolgsgröße zur Steuerung des Leiters eines Investment Centers grundsätzlich den Umsatz sowie die Produktionskosten inklusive der Investitions- und Finanzierungskosten umfassen sollte, empfiehlt es sich, zur Beurteilung eines Profit Centers nur Kosten für Investitionen zu berücksichtigen, welche durch dessen Leiter initialisiert worden sind (vgl. Siefke (1999), S. 57).

kungen von Geschäftsrisiken, die außerhalb des Einflussbereichs des Entscheidungsträgers liegen, aus der Erfolgsgröße herauszufiltern.[1872]

5.4.2.1.2 Kommunikationsfähigkeit

Unter den Autoren, die Anforderungskriterien an eine Steuerungsrechnung formulieren, besteht ferner eine weitgehende Übereinstimmung, dass das Rechenwerk sowie die ihr entnehmbaren Erfolgsgrößen kommunizierbar sein müssen.[1873] Die **Kommunikationsfähigkeit** der berechneten Ergebnisse ist nach Auffassung der Diskussionsteilnehmer zum einen dann gegeben, wenn die Steuerungsrechnung verständlich ist.[1874] **Verständlichkeit** bedeutet, dass die Ergebnisse aus der Steuerungsrechnung von den Adressaten schnell aufgefasst werden können und zudem die Kausalzusammenhänge zwischen den Handlungen der Entscheidungsträger und den Auswirkungen auf die Ergebnisse transparent sind.[1875] Neben der inhaltlichen Verständlichkeit werden auch sprachliche Aspekte in Betracht gezogen, beispielsweise in der Form präzise definierter Begriffe, mit denen das Verständnis bei den Informationsempfängern gefördert werden kann.[1876] Wird diesen Anforderungen nicht entsprochen, steht zu befürchten, dass die Erfolgsgrößen seitens der Rechnungswesenadressaten nicht als verbindlich angesehen werden.[1877]

Die Kommunikationsfähigkeit einer Steuerungsrechnung ist ferner gegeben, wenn sie von ihren Adressaten akzeptiert wird.[1878] Über **Akzeptanz** verfügt ein Rechenwerk, wenn in einem Unternehmen die Bereitschaft besteht, mit diesem zu arbeiten.[1879] Als Voraussetzungen, die vorliegen müssen, damit eine Steuerungsrechnung als akzeptiert gilt, werden in der Literatur insbesondere Vertrauen, Informationsbegrenzung und Gerechtigkeit genannt.[1880]

Vertrauen bezieht sich auf die betriebswirtschaftliche Richtigkeit der Steuerungsrechnung, von der ihre Adressaten überzeugt sein sollten. Hierzu sind insbesondere „plausible und betriebswirtschaftliche Begründungen für die zugrundeliegenden Meßkonzepte“[1881] von Bedeutung. Mit der Informationsbegrenzung soll einerseits eine Informationsüberlastung der Rechnungsadressaten verhindert werden,[1882] andererseits soll der in den dezentralen Einheiten entstehende Aufwand der Datenermittlung auf ein adäquates Maß begrenzt werden.[1883] Das Kri-

[1872] Vgl. Weißenberger (2004), S. 74; Wala/Knoll/Messner (2007a), S. 1837; Siefke (1999), S. 60.
[1873] Vgl. z.B. Ballwieser/Hettich (2004), S. 86; Vanini/Beyer (2009), S. 130; Nobach/Zirkler (2006), S. 739.
[1874] Vgl. z.B. Klein (1999b), S. 70; Heyd (2001a), S. 204; Brösel/Müller (2007), S. 42.
[1875] Vgl. Hoffjan/Weide/Trapp (2012); Siefke (1999), S. 62.
[1876] Vgl. Hoffjan/Weide/Trapp (2012); Pelger (2008a), S. 567; Klein (1999a), S. 69 f.
[1877] Vgl. Wussow (2004), S. 75; Himmel (2004), S. 79; Coenenberg (1995), S. 2080.
[1878] Vgl. Nobach/Zirkler (2006), S. 739; Brösel/Müller (2007), S. 42; Ballwieser/Hettich (2004), S. 86.
[1879] Vgl. Stute (2007), S. 86; Klein (1999a), S. 70; Hebeler (2003), S. 118.
[1880] Vgl. Wussow (2004), S. 76; Klein (1999a), S. 70; Stute (2007), S. 86.
[1881] Klein (1999a), S. 70.
[1882] Vgl. zum Problem der Informationsüberlastung bereits ausführlich Abschnitt 5.2.4.1.2, S. 205 f.
[1883] Vgl. Wussow (2004), S. 76; Klein (1999a), S. 70.

terium der Gerechtigkeit steht in einem engen Zusammenhang mit dem oben genannten Controllability-Aspekt und der Objektivitätsforderung. So ist sicherzustellen, dass eine deutliche Beziehung zwischen den Handlungen eines Entscheidungsträgers und deren Abbildung in der Steuerungsrechnung besteht.[1884] Des Weiteren kann die weitgehende Eliminierung von Ermessensspielräumen die von den Rechnungswesenadressaten empfundene Gerechtigkeit erhöhen.[1885]

5.4.2.1.3 Analysefähigkeit

Einige Autoren betrachten ferner die **Analysefähigkeit** als wichtige Anforderung, an der sich eine Steuerungsrechnung messen lassen muss.[1886] Sie wird als notwendige Bedingung betrachtet, damit „der Adressat in die Lage versetzt [wird], die ökonomische Situation, einen etwaigen Handlungsbedarf und die zu ergreifenden Maßnahmen sachlich richtig zu bestimmen."[1887] Auch im Hinblick auf die Analysefähigkeit haben sich mit der Forderung nach Relevanz und Vergleichbarkeit Unterkriterien herausgebildet, welche diese Anforderung konkretisieren.[1888]

Die **Relevanz** einer Steuerungsrechnung und der mit ihr ermittelten Daten bezieht sich einerseits auf die Ausblendung von Informationen mit geringer materieller Bedeutung für die Entscheidungsträger (irrelevante Sachverhalte). Sachverhalte, denen eine Relevanz zugesprochen wird, sind demgegenüber vollständig und im Hinblick auf ihren wirtschaftlichen Gehalt realitätskonform darzustellen.[1889] Dabei wird der zeitnahen Bereitstellung der Informationen über sachlich relevante Geschäftsvorfälle eine hohe Bedeutung beigemessen. Diese ist zum einen auf die dadurch gesteigerten Möglichkeiten zum Ergreifen von Gegensteuerungsmaßnahmen zurückzuführen.[1890] Zum anderen sollten aufgrund von motivationalen Erwägungen Erfolge in zeitlicher Nähe zur zugrundeliegenden Entscheidung ausgewiesen werden. Bei einem größeren zeitlichen Auseinanderfallen einer Entscheidung und der Abbildung der korrespondierenden Erfolge besteht die Gefahr, dass die Handlungsträger zu sehr auf die Erzielung kurzfristiger Erfolge bedacht sind und somit den Aufbau langfristiger Erfolgspotenziale vernachlässigen.[1891]

Ferner setzt die Analysefähigkeit der Steuerungsrechnung und die Interpretierbarkeit ihrer Daten eine hinreichende **Vergleichbarkeit** voraus. Eine zeitliche Vergleichbarkeit ist gege-

---

1884 Vgl. Klein (1999a), S. 70.

1885 Vgl. Wussow (2004), S. 76.

1886 Vgl. z.B. Deleker (1997), S. 636; Haaker (2005), S. 354; Brösel/Müller (2007), S. 39 f.

1887 Klein (1999a), S. 64.

1888 Vgl. z.B. Kümpel (2002a), S. 908; Nobach/Zirkler (2006), S. 739; Klein (1999b), S. 69.

1889 Vgl. Klein (1999a), S. 65; Heyd (2001a), S. 204; Hoffjan/Weide/Trapp (2012); ähnlich auch *Wurl et al.*, welche die sog. „Realitätskonformität" unter das Kriterium der Validität subsumieren (vgl. Wurl/Kuhnert/Hebeler (2001), S. 1366).

1890 Vgl. Klein (1999a), S. 65; Müller (2006), S. 67.

1891 Vgl. Siefke (1999), S. 55; Himmel (2004), S. 78.

Bezugsobjekt: Auf der Datenbasis des externen Rechnungswesens basierende Steuerungsrechnung				
Beitrag	Anreizverträglichkeit	Analysefähigkeit	Kommunikationsfähigkeit	Wirtschaftlichkeit
Coenenberg (1995)	-	k.A.	+	+
Deleker (1997)	?	k.A.	k.A.	k.A.
Heyd (2001)	+	k.A.	+	+
Kahle (2003)	?	k.A.	k.A.	k.A.
Weißenberger (2004)	-	k.A.	k.A.	k.A.
Wala et al. (2007a)	-	k.A.	k.A.	k.A.
Mit (+) ≡ Eher positive Wirkung; (0) ≡ Keine auffällige Wirkung; (-) ≡ Eher negative Wirkung; (?) ≡ Unbestimmte Wirkung; (k.A.) ≡ Keine Angabe				

Tabelle 47: Evaluation einer auf den Daten des externen Rechnungswesens basierenden Steuerungsrechnung

Die überwiegende Zahl der Autoren kommt im Hinblick auf die Anreizverträglichkeit zu dem Ergebnis, dass eine konvergente Steuerungsrechnung dieser nicht entsprechen kann oder die Wirkung nicht eindeutig bestimmbar ist. Lediglich *Heyd* stellt infolge der Prüfung des Datenmaterials durch den Abschlussprüfer den Vorteil einer höheren Objektivität fest. Des Weiteren spricht er einem auf Daten des externen Rechnungswesen basierenden Anreiz- und Vergütungssystem das Potenzial für eine höhere Zielkongruenz zu.[1907] Beide Aspekte bilden Unterkriterien der Anreizverträglichkeit und lassen dementsprechend darauf schließen, dass eine konvergente Steuerungsrechnung dieser Anforderung besser entsprechen kann. *Deleker* kann insofern keine abschließende Einschätzung abgeben, als die Existenz einer Zielkongruenz als Unterkriterium der Anreizverträglichkeit seines Erachtens vom Stadium des Lebenszyklus abhängt, in dem sich die jeweils angebotenen Produkte befinden. Gleichwohl sieht er davon unabhängig eine erhöhte Objektivität gegeben, wenn für Steuerungszwecke auf die Datenbasis des externen Rechnungswesens zurückgegriffen wird.[1908]

Coenenberg zufolge stehen die bereits in Abschnitt 5.3.1.1.1.1 dargelegten Kritikpunkte, die sich insbesondere aus der handelsrechtlichen Rechnungslegung ergeben, der Anreizverträglichkeit entgegen. Zugleich unterbreitet er Anpassungsvorschläge, so dass davon ausgegangen werden kann, dass bei Vornahme geeigneter Modifikationen zumindest grundsätzlich die unter Anreizgesichtspunkten dysfunktionalen Effekte neutralisiert werden können.[1909] Die verbleibenden Autoren proklamieren demgegenüber keine vergleichbaren Modifikationsvorschläge. *Weißenberger* identifiziert, wie bereits in Abschnitt 5.3.1.1.1.4 beschrieben, anhand des Verhaltenssteuerungsprinzips, des Prinzips der relativen Erfolgsmessung sowie des Prin-

[1907] Vgl. Heyd (2001a), S. 205 f.

[1908] Vgl. Deleker (1997), S. 636.

[1909] Vgl. Coenenberg (1995), S. 2080 ff., sowie ausführlich bereits Abschnitt 5.3.1.1.1.1, S. 222.

zips der Manipulationsfreiheit eine Unterlegenheit einer IFRS-kompatiblen Steuerungsrechnung gegenüber der tradierten Ausgestaltung.[1910] Dieser Argumentation schließen sich *Wala et al.* weitgehend an.[1911]

Zu einem ambivalenten Fazit kommt schließlich *Kahle*, der zunächst erläutert, dass eine anreizverträgliche Erfolgsrechnung zum einen bei langfristigen Fertigungsaufträgen eine Gewinnerfassung zum Zeitpunkt der Auftragserlangung bedingt. Zum anderen müsse sie die Möglichkeit bieten, strategische Aufwendungen zu aktivieren, da diese andernfalls in ergebnisschwachen Jahren unterbleiben könnten. Des Weiteren seien die Ansatz- und Bewertungskonsequenzen des Imparitätsprinzips zu neutralisieren.[1912] Im Ergebnis wird den internationalen Rechnungslegungsstandards aufgrund der Akzentuierung der periodengerechten Erfolgsermittlung eine höhere Eignung als Datengrundlage für eine konvergente Steuerungsrechnung bescheinigt als dem HGB.[1913]

Kritisiert wird jedoch, dass auch die US-GAAP eine Vielzahl von Regelungen mit Ermessensspielräumen umfassen,[1914] so dass der Vorteil, die US-GAAP verfügten über einen geringen bilanzpolitischen Gestaltungsspielraum deutlich relativiert wird. *Kahle* kommt daher zu der Schlussfolgerung, dass „[b]ei näherer Betrachtung [..] aber auch mit diesen Periodisierungsregeln [der US-GAAP] die Bildung stiller Reserven, eine imparitätische Bewertung und die Beeinflussung des Periodenerfolgs möglich [ist].“[1915] Aus der Untersuchung *Kahles* kann geschlossen werden, dass die internationalen Rechnungslegungsstandards zwar in Relation zur handelsrechtlichen Rechnungslegung ein höheres Maß an Anreizverträglichkeit inhärieren, bei absoluter Betrachtung jedoch ebenso wenig uneingeschränkt überzeugen können.

Insgesamt sind sich die in Tabelle 47 aufgeführten Autoren, mit der Ausnahme von *Heyd*, somit weitgehend einig, dass eine auf der Datenbasis des externen Rechnungswesens basierende Steuerungsrechnung der Anreizverträglichkeit nicht in einem überragenden Maße entsprechen kann, sondern allenfalls ansatzweise den Kriterien der Zielkongruenz und Objektivität gerecht wird. Einen Kontrapunkt zu diesen Einschätzungen stellt die Dissertation von *Siefke* dar, in deren Rahmen die Frage beantwortet wird, ob sich Periodenerfolgsrechnungen in der tradierten Ausgestaltung, d.h. auf der Basis kalkulatorischer Daten bzw. in Übereinstimmung mit Rechnungslegungsvorschriften zur Steuerung von Geschäftsbereichen eignen.[1916] Zur Beantwortung dieser Fragestellung werden die genannten Formen der Perioden-

---

[1910] Vgl. Weißenberger (2004), S. 75, sowie ausführlich bereits Abschnitt 5.3.1.1.1.4, S. 234.

[1911] Vgl. Wala/Knoll/Messner (2007a), S. 1836 f.

[1912] Vgl. Kahle (2003), S. 781.

[1913] Vgl. Kahle (2003), S. 781 f.

[1914] Vgl. hierzu bereits Abschnitt 5.4.1.1.1.3, S. 328.

[1915] Kahle (2003), S. 783.

[1916] Vgl. Siefke (1999), S. 6.

erfolgsrechnung anhand verschiedener Kriterien beurteilt und dabei auch im Lichte der Anreizverträglichkeit betrachtet.[1917] Die Beurteilungen enthält Tabelle 48.

Kriterium	Rechenwerk		
	A	B	C
Anreizkompatibilität	--	+	+
Zeitliche Entscheidungsverbundenheit	+0	--	-
Sachliche Entscheidungsverbundenheit	0	+	+
Unempfindlichkeit gegenüber Manipulationen und Fehleinschätzungen	+0	++	++
Verständlichkeit	0	++	++
Wirtschaftlichkeit	0	++	++
Mit A ≡ Kalkulatorische Steuerungsrechnung; B ≡ Steuerungsrechnung auf Basis der handelsrechtlichen Rechnungslegung; C ≡ Steuerungsrechnung auf Basis der IFRS-Rechnungslegung (++) ≡ Anforderung sehr gut erfüllt; (+) ≡ Anforderung gut erfüllt; (0) ≡ Anforderung bedingt erfüllt; (-) ≡ Anforderung schlecht erfüllt; (--) ≡ Anforderung sehr schlecht erfüllt			

Tabelle 48: Evaluation einer kalkulatorischen und einer konvergenten Steuerungsrechnung nach *Siefke*[1918]

Aus den in der Übersicht zusammengefassten Analyseergebnissen kann geschlossen werden, dass eine auf den Daten des externen Rechnungswesens basierende Steuerungsrechnung die Kriterien der Zielkongruenz und Objektivität nicht nur relativ zur kalkulatorischen Ausgestaltung besser erfüllt. Vielmehr wird ihr eine gute bzw. sehr gute Erfüllung der Anforderungen bescheinigt.[1919] Ursächlich für die Einhaltung der Zielkongruenz sei die grundsätzliche Ausrichtung des externen Rechnungswesens – sowohl nach dem HGB als auch den IFRS – am Prinzip der Pagatorik. Aus diesem Grunde könne das Kongruenzprinzip als Voraussetzung für die Gültigkeit des *Lücke*-Theorems eher erfüllt werden als von einer kalkulatorischen Rechnung.[1920]

Für die sehr gute Erfüllung des Objektivitätskriteriums sprechen *Siefke* zufolge die bereits aus Abschnitt 5.2.2.1.1 bekannten Argumente – die Existenz gesetzlicher Regelungen als verpflichtend einzuhaltende Rechnungslegungsvorschriften und die Abschlussprüfung, welcher die Datengrundlage einer konvergenten Steuerungsrechnung unterliegt.[1921] Gestaltungsmöglichkeiten durch eine zielgerichtete Ausnutzung von Bilanzierungswahlrechten könnten dem-

[1917] *Siefke* legt den Begriff der Anreizverträglichkeit bzw. -kompatibilität eng aus und subsumiert darunter nur die Zielkongruenz, während die Unempfindlichkeit gegenüber Manipulationen und Fehleinschätzungen ein separates Beurteilungskriterium darstellt (vgl. Siefke (1999), S. 54 ff.).

[1918] Unter Modifikationen entnommen aus Siefke (1999), S. 229.

[1919] Ähnlich auch Himmel (2004), S. 37.

[1920] Vgl. Siefke (1999), S. 118 und S. 213.

[1921] Vgl. Abschnitt 5.2.2.1.1, S. 170, sowie Siefke (1999), S. 221.

gegenüber mithilfe von konzernweiten Bilanzierungsrichtlinien begegnet werden. In Bezug auf die bereits thematisierten Ermessensspielräume konstatiert *Siefke*, dass entsprechende Gestaltungsmöglichkeiten nicht vollständig geschlossen werden können, gibt jedoch zu bedenken, dass mit der Bemessung von Wiederbeschaffungskosten und Opportunitätskosten in der Kostenrechnung noch größere Spielräume zur Einflussnahme auf den Erfolgsausweis bestehen.[1922]

Zusammenfassend lässt sich feststellen, dass die konzeptionellen Evaluierungen einer auf Daten des externen Rechnungswesens basierenden Steuerungsrechnung zwischen den Diskussionsteilnehmern variieren. Die Einschätzungen reichen von einer grundsätzlichen Negation wie im Falle von *Weißenberger* bis hin zu einer weitgehenden Zustimmung, die *Siefke* und mit der Einschränkung, dass Abweichungen von den Rechnungslegungsvorschriften vorzunehmen sind, auch *Coenenberg* erkennen lassen.[1923]

5.4.2.2.2 Beurteilung der internationalen Rechnungslegungsgrundsätze

Im Rahmen der Literaturanalyse sind drei Beiträge identifiziert worden, in denen die Rechnungslegungsgrundsätze der IFRS einer Analyse unterzogen werden. Hierzu werden die aufgestellten Kriterien mit jenen Grundsätzen verglichen, die Eingang in das Framework des IASB gefunden haben. Die Resultate der Vergleiche werden in Tabelle 49 zusammengefasst und in Analogie zu den vorangegangenen Ausführungen im Weiteren erläutert. Zu beachten ist dabei, dass sich diese Arbeiten auf das zum Veröffentlichungszeitpunkt geltende Rahmenkonzept beziehen. Die im Zuge des Projekts „Conceptual Framework for Financial Reporting" vorgenommenen Änderungen des Rahmenkonzepts finden daher im Folgenden keine Berücksichtigung.

Bezugsobjekt: IFRS-Rechnungslegungsgrundsätze				
Beitrag	Anreizverträglichkeit	Analysefähigkeit	Kommunikationsfähigkeit	Wirtschaftlichkeit
Klein (1999b)	+	+	+	+
Nobach/Zirkler (2006)	?	+	?	+
Pelger (2008a)	-	+	+	+
Mit (+) ≡ Eher positive Wirkung; (-) ≡ Eher negative Wirkung; (?) ≡ Unbestimmte Wirkung				

Tabelle 49: Evaluation der IFRS-Rechnungslegungsgrundsätze

Aus Tabelle 49 wird ersichtlich, dass *Klein* die IFRS-Rechnungslegungsgrundsätze als weitgehende Entsprechung zu den Anforderungen an eine Steuerungsrechnung betrachtet. Daher schlussfolgert er: „Die IAS-Rechnungslegungsgrundsätze bilden [..] aus konzeptioneller Sicht

[1922] Vgl. Siefke (1999), S. 222 ff.

[1923] Vgl. Weißenberger (2004), S. 76; Siefke (1999), S. 235; Coenenberg (1995), S. 2083.

eine grundsätzlich taugliche Konvergenzbasis."[1924] An anderer Stelle führt er aus, dass das Kriterium der Analysefähigkeit zwar nicht explizit von den IFRS-Rechnungslegungsgrundsätzen aufgegriffen wird, diese Anforderung aber einen Unteraspekt des übergeordneten Ziels der Entscheidungsnützlichkeit der Rechnungslegungsdaten bildet.[1925] Zudem seien mit der Relevanz und Vergleichbarkeit die beiden Unterkriterien der Analysefähigkeit im IFRS-Framework explizit als Grundsätze enthalten.[1926] Mit der Sichtweise *Kleins* stimmen die Autoren der beiden übrigen Beiträge weitgehend überein.[1927] Einigkeit besteht unter den Autoren auch im Hinblick auf die Wirtschaftlichkeit. Diese Anforderung findet ihr direktes Pendant in RK.44, indem explizit proklamiert wird, dass die mit der Bereitstellung einer Information verbundenen Kosten durch den Informationsnutzen gerechtfertigt sein müssen.[1928]

Im Hinblick auf die Kommunikationsfähigkeit stellen *Klein* und *Pelger* insofern eine Übereinstimmung zwischen dieser Anforderung und den im Rahmenkonzept enthaltenen Rechnungslegungsgrundsätzen fest, als im Letztgenannten explizit gefordert wird, dass die Informationen für Abschlussadressaten mit adäquaten Vorkenntnissen leicht verständlich sein müssen (RK.25).[1929] Darüber hinaus geht *Klein* davon aus, dass der Akzeptanz mithilfe der qualitativen Eigenschaften der Relevanz (RK.26 ff.) und Verlässlichkeit (RK.31 f.) sowie der daraus abgeleiteten Kriterien der Wesentlichkeit (RK.29 f.), Abbildungstreue (RK.33 f.) und Wertfreiheit (RK.36) entsprochen werden kann.[1930] *Nobach/Zirkler* sehen die Anforderung der Kommunikationsfähigkeit aufgrund der eher betriebswirtschaftlich geprägten und weniger am Gläubigerschutz orientierten Abbildungskonzeption der IFRS gegeben und führen hierfür beispielhaft die Bilanzierung langfristiger Fertigungsaufträge anhand der Percentage-of-Completion-Methode und die Aktivierung von Entwicklungsaufwendungen an. Der Verständlichkeit und Akzeptanz als Unterkriterien der Kommunikationsfähigkeit abträglich seien demgegenüber komplexe Regelungen wie der Impairment Test,[1931] anhand dessen Wertminderungen bestimmter Vermögenswerte identifiziert werden, sowie die hohe Änderungsdynamik der IFRS.[1932] Dementsprechend fällt die Formulierung einer eindeutigen Aussage, inwiefern die IFRS-Rechnungslegungsgrundsätze dem Kriterium der Kommunikationsfähigkeit entsprechen können, schwer.

[1924] Klein (1999b), S. 71; ähnlich auch Kley (2002), S. 279. Diese Ansichten werden von *Pelger* demgegenüber nicht uneingeschränkt geteilt (vgl. Pelger (2008a), S. 569).

[1925] Ähnlich auch Haller (1997), S. 272, mit Bezug auf die US-GAAP.

[1926] Vgl. Klein (1999a), S. 91. Als im Hinblick auf die zwischenbetriebliche Vergleichbarkeit problematisch erweist sich jedoch die bereits in Abschnitt 5.2.3.1 als Nachteil eines konvergenten Rechnungswesens identifizierte Änderungsdynamik der IFRS (vgl. Klein (1999a), S. 92).

[1927] Vgl. Pelger (2008a), S. 568; Nobach/Zirkler (2006), S. 739.

[1928] Vgl. Nobach/Zirkler (2006), S. 739; Pelger (2008a), S. 569; Klein (1999a), S. 94.

[1929] Vgl. Klein (1999a), S. 94; Pelger (2008a), S. 569.

[1930] Vgl. Klein (1999a), S. 94.

[1931] Vgl. hierzu ausführlich Abschnitt 5.4.2.2.3.2, S. 354 ff.

[1932] Vgl. Nobach/Zirkler (2006), S. 739.

Wie bereits in den in Abschnitt 5.4.2.2.1 angesprochenen Beiträgen zeichnen sich auch bei der Beurteilung der IFRS-Grundsätze anhand des Kriteriums der Anreizverträglichkeit unterschiedliche Positionen ab. Nach *Klein* ist ein Hinweis auf die grundsätzliche Anreizverträglichkeit der IFRS-Rechnungslegung darin zu sehen, dass verschiedene Koalitionäre bei der Ausgestaltung ihrer Verträge Bezug auf Kennzahlen aus dem externen Rechnungswesen nehmen und diese als Bemessungsgrundlagen für bestimmte zustandsbedingte Zahlungen verwenden.[1933] Die Objektivität als Unterkriterium der Anreizverträglichkeit sei durch die Eigenschaft der Verlässlichkeit (RK.31 f.) und den daraus abgeleiteten Prinzipien der Abbildungstreue (RK.33 f.) und Wertfreiheit (RK.36) gewährleistet.[1934] Des Weiteren spreche die geringe Anzahl an Ansatz- und Bewertungswahlrechten für eine Erfüllung des Objektivitätskriteriums.[1935] Ähnlich wie *Kahle*,[1936] sehen auch *Nobach/Zirkler* die geringe Anzahl an expliziten Wahlrechten als Vorteil, der jedoch durch die impliziten Ermessensspielräume deutlich relativiert wird. Sie fordern daher eine Einschränkung der Manipulationsmöglichkeiten durch „eine adäquate Ausgestaltung der internen Steuerungskennzahlen“[1937].

Der Zielkongruenz als zweites Unterkriterium der Anreizverträglichkeit entsprechen *Klein* zufolge die dem IFRS-Abschluss zugrundeliegenden Annahmen der Unternehmensfortführung und der periodengerechten Erfolgsermittlung.[1938] Demgegenüber erkennt *Pelger* in den Rechnungslegungsgrundsätzen der IFRS kein Potenzial, das zur Lösung unternehmensinterner Prinzipal-Agenten-Verhältnisse beitragen könnte. Denn hierzu sei mitunter eine verzerrte Abbildung der Erfolgssituation erforderlich, welche eine IFRS-konforme Unternehmenssteuerung nicht ermögliche, so dass die kalkulatorische Steuerungsrechnung in dieser Hinsicht zu präferieren sei.[1939] Auch das Controllability-Prinzip, nach dem für die Beurteilung eines Entscheidungsträgers nur solche Erfolgsbestandteile heranzuziehen sind, für die er verantwortlich zeichnet,[1940] werde zwar einerseits durch die wirtschaftliche Betrachtungsweise der IFRS forciert, andererseits jedoch durch unzureichende Möglichkeiten zur Eliminierung von Risikokomponenten schlechter erfüllt als im Rahmen von kalkulatorischen Steuerungsrechnungen.[1941]

Insgesamt zeichnet sich somit bei der Beurteilung der IFRS-Rechnungslegungsgrundsätze die Tendenz ab, dass diese insbesondere der Analysefähigkeit, Kommunikationsfähigkeit und Wirtschaftlichkeit entsprechen können, während auch in diesem Zusammenhang die Einschätzungen unter dem Aspekt der Anreizverträglichkeit auseinandergehen. Letzteres er-

---

1933 Vgl. Klein (1999a), S. 93.

1934 So auch Pelger (2008a), S. 568.

1935 Vgl. Klein (1999a), S. 93.

1936 Vgl. hierzu bereits Abschnitt 5.4.2.2.1, S. 344 ff.

1937 Nobach/Zirkler (2006), S. 739.

1938 Vgl. Klein (1999a), S. 94.

1939 Vgl. Pelger (2008a), S. 568.

1940 Vgl. hierzu Abschnitt 5.4.2.1.1, S. 339 ff.

1941 Vgl. Pelger (2008a), S. 568 f.

scheint insofern problematisch, als die von der Konvergenz betroffene Erfolgsrechnung auf den oberen Hierarchieebenen des Unternehmens primär zur Verhaltenssteuerung dezentral agierender Entscheidungsträger eingesetzt wird und ihre anreizverträgliche Ausgestaltung daher eine zentrale Anforderung darstellt.[1942]

5.4.2.2.3 Beurteilung ausgewählter internationaler Rechnungslegungsstandards

Vervollständigt wird die Aufarbeitung konzeptioneller Evaluationen durch die Beurteilungen ausgewählter Rechnungslegungsstandards, die in sieben Beiträgen vorgenommen werden. In den entsprechenden Aufsätzen werden die Bilanzierungsregeln zur Abbildung spezifischer Sachverhalte anhand der bereits beschriebenen Kriterien beurteilt. Aus Tabelle 50 wird ersichtlich, dass in den sieben relevanten Beiträgen insgesamt acht unterschiedliche Regelungen beleuchtet werden.[1943] Die Übersicht zeigt ferner, dass die Urteile, ob die jeweiligen Vorschriften den Anforderungen an eine Steuerungsrechnung gerecht werden können, unterschiedlich ausfallen. Beispielsweise wird den Regeln zur Bilanzierung langfristiger Fertigungsaufträge nach IAS 11 eine grundsätzliche Eignung unter dem Aspekt der Anreizverträglichkeit, Analysefähigkeit und Wirtschaftlichkeit bescheinigt.[1944] Im Hinblick auf die Vorschriften zur Bilanzierung von Leasingtransaktionen nach IAS 17 wird die Konzeption des wirtschaftlichen Eigentums zwar im Lichte der Relevanz und Zielkongruenz als vorteilhaft betrachtet. Zugleich werden die beiden genannten Kriterien und der Objektivitätsaspekt durch die Möglichkeiten zur Sachverhaltsgestaltung beeinträchtigt, so dass die Steuerungseignung dieses Standards nicht abschließend beurteilt werden kann.[1945]

Im Folgenden werden die Überlegungen zur Aktivierung von Entwicklungskosten und dem Goodwill Impairment Test einer ausführlichen Betrachtung unterzogen, da die entsprechenden Regelungen gemäß Tabelle 50 die größten Defizite im Hinblick auf die Erfüllung der Steuerungskriterien aufweisen.[1946]

[1942] Vgl. Weißenberger (2003), S. 299, sowie die Ausführungen in den Abschnitten 2.3.2.2.2, S. 64 ff., und 5.3.1.1.1.4, S. 232 ff.

[1943] Für weitere Standards vgl. Wussow (2004), S. 119 ff.; Klein (1999a), S. 114 ff.

[1944] Vgl. Klein (1999b), S. 74 ff.; Kümpel (2002a), S. 907 ff.; vgl. zu der Eignung der Percentage-of-Completion-Methode nach IAS 11 für interne Zwecke auch die Ausführungen von *Bischof*, der Anpassungsbedarfe im Bereich des Anwendungsbereichs und der imparitätischen Behandlung von Gewinnen und Verlusten ausmacht (vgl. Bischof (1998), S. 14).

[1945] Vgl. Klein (1999b), S. 74.

[1946] Hinsichtlich der Problematik von Fair Values innerhalb eines konvergenten Rechnungswesens sei auf Abschnitt 5.3.1.3.1.1.2, S. 280 f., verwiesen, in dem bereits die Probleme der Entobjektivierung der Wertansätze aufgrund von Prognoseproblemen, erhöhter Ergebnisvolatilitäten und umfangreicher Manipulationsmöglichkeiten angesprochen worden sind.

Bezugsobjekt: Ausgewählte IFRS-Bilanzierungsregelungen					
Beitrag	Bezugsobjekt	Anreiz-verträglichkeit	Analyse-fähigkeit	Kommu-nikations-fähigkeit	Wirt-schaft-lichkeit
Klein (1999b)	Fertigungsaufträge (IAS 11)	+	+	k.A.	k.A.
Klein (1999b)	Leasingverhältnisse (IAS 17)	?	?	k.A.	k.A.
Klein (1999b)	Immaterielle Vermögenswerte (IAS 38)	-	-	?	k.A.
Kümpel (2002a)	Fertigungsaufträge (IAS 11)	+	?	k.A.	+
Ballwieser/ Hettich (2004)	IASB-Projekt Reporting Comprehensive Income	?	?	?	k.A.
Haaker (2005)	Goodwill Impairment Test	+	+	+	+
Brösel/Müller (2007)	Goodwill Impairment Test	-	-	-	-
Pelger (2008a)	Fair Value Accounting	-	?	-	-
Pelger (2008a)	Performance Reporting	+	+	+	-
Vanini/Beyer (2009)	Konsolidierungsverfahren (IAS 27, 28, 31)	?	?	k.A.	k.A.

Mit (+) ≡ Eher positive Wirkung; (-) ≡ Eher negative Wirkung; (?) ≡ Unbestimmte Wirkung; (k.A.) ≡ Keine Angabe

Tabelle 50: Evaluation ausgewählter IFRS

5.4.2.2.3.1 Aktivierung von Entwicklungskosten

Der Begriff immaterieller Vermögenswerte bezieht sich auf nicht monetäre Werte ohne physische Substanz, beispielsweise Kundenlisten, Senderechte, Lizenzen oder patentierte Technologien (IAS 38.9).[1947] Immaterielle Vermögensgegenstände sind zu aktivieren, wenn sie die Definitions- und Ansatzkriterien des IAS 38 erfüllen (abstrakte und konkrete Bilanzierungsfähigkeit).[1948] Eine abstrakte Bilanzierungsfähigkeit ist gegeben, wenn ein immaterieller Vermögenswert identifizierbar ist (IAS 38.11 f.), der Kontrolle des Unternehmens unterliegt (IAS 38.13 ff.) und aus diesem ein künftiger wirtschaftlicher Nutzen hervorgeht (IAS 38.17). Die konkrete Bilanzierungsfähigkeit setzt voraus, dass der Zufluss des wirtschaftlichen Nutzens wahrscheinlich ist und zudem die Anschaffungs- bzw. Herstellungskosten des Vermögenswerts zuverlässig ermittelt werden können (IAS 38.21). Sind diese Kriterien kumulativ

[1947] Vgl. Castedello/Beyer (2009), S. 153 f.; Wussow (2004), S. 119.

[1948] Vgl. Coenenberg/Haller/Schultze (2009), S. 184 f.; Klein (1999b), S. 72. Vgl. für eine empirische Untersuchung der Bilanzierungspraxis im Hinblick auf selbst erstellte immaterielle Vermögenswerte Leibfried/ Pfanzelt (2004), S. 493 ff.

erfüllt, muss der entsprechende Vermögenswert in der Bilanz aktiviert werden, andernfalls geht er als Aufwand der Periode erfolgswirksam in die GuV ein.[1949]

Die Aktivierungsfähigkeit **selbst erstellter immaterieller Vermögenswerte** setzt zunächst das Vorliegen der abstrakten und konkreten Bilanzierungsfähigkeit voraus.[1950] Darüber hinaus muss ein selbst erstellter immaterieller Vermögenswert gemäß IAS 38.57 aus den Entwicklungsaktivitäten eines Unternehmens hervorgehen, während für immaterielle Vermögenswerte, die im Rahmen von Forschungsbemühungen entstehen, ein Aktivierungsverbot besteht (IAS 38.54). Des Weiteren existiert ein Aktivierungsverbot für eine Reihe von selbst erstellten immateriellen Vermögenswerten, die in IAS 38.63 aufgezählt werden, darunter Markennamen, Verlagsrechte oder Kundenlisten. Sofern ein aus den Entwicklungsaktivitäten eines Unternehmens entstandener immaterieller Vermögenswert die in IAS 38.57 aufgezählten Ansatzkriterien kumulativ erfüllt, ist er in der Bilanz in der Höhe seiner Anschaffungs- bzw. Herstellungskosten zu aktivieren.[1951]

Die Folgebewertung richtet sich danach, ob der Vermögenswert eine beschränkte oder unbeschränkte Nutzungsdauer hat. Im erstgenannten Fall ist der Vermögenswert über die voraussichtliche Nutzungsdauer planmäßig abzuschreiben (IAS 38.97), im Falle einer unbestimmten Nutzungsdauer wird eine etwaige Wertkorrektur im Rahmen eines jährlich durchzuführenden Impairment Test nach IAS 36 festgestellt (IAS 38.107 ff.).[1952] Sofern für einen immateriellen Vermögenswert ein aktiver Markt besteht, kann alternativ die Folgebewertung nach der Neubewertungsmethode durchgeführt werden (IAS 38.75 ff.). Aufgrund der restriktiven Voraussetzungen kommt dieser Methode jedoch eine geringe praktische Bedeutung zu.[1953]

Mit Blick auf die Ausführungen in Abschnitt 5.3.1.3.1.1.5, nach denen die Aktivierung investitionsähnlicher Aufwendungen zu den vorgeschlagenen Modifikationsmaßnahmen bei einer konvergenten Ausgestaltung des Rechnungswesens gehört,[1954] liegt der Schluss nahe, dass die Inhalte des IAS 38 im Zusammenhang mit einer Konvergenz des Rechnungswesens grundsätzlich zu goutieren sind. Die Evaluation der Regelungen durch *Klein* zeigt allerdings, dass sich bei differenzierter Betrachtung ein anderes Bild ergibt.[1955]

Klein schätzt die Loslösung von der ausschließlich rechtlichen Betrachtungsweise als vorteilhaft im Hinblick auf die Relevanz der Steuerungsrechnung ein, kritisiert aber zugleich, dass die Definition immaterieller Vermögenswerte sowie die Ansatzkriterien Ermessensspielräume

---

[1949] Vgl. Coenenberg/Haller/Schultze (2009), S. 184; Wussow (2004), S. 120; Pellens/Fülbier/Gassen/Sellhorn (2011), S. 311.

[1950] Vgl. Wussow (2004), S. 122.

[1951] Vgl. Coenenberg/Haller/Schultze (2009), S. 185 f.; Pellens/Fülbier/Gassen/Sellhorn (2011), S. 318.

[1952] Vgl. Coenenberg/Haller/Schultze (2009), S. 188; Pellens/Fülbier/Gassen/Sellhorn (2011), S. 321.

[1953] Vgl. Pellens/Fülbier/Gassen/Sellhorn (2011), S. 323; Coenenberg/Simon/Dinh Thi/Schabert/Schultze (2011), S. 138.

[1954] Vgl. Abschnitt 5.3.1.3.1.1.5, S. 288 f.

[1955] Vgl. hierzu ausführlich Klein (1999a), S. 132 ff.

inhärieren und daher zulasten der Objektivität gehen. Im Ergebnis liege es „im Ermessen der Verantwortlichen, die Ausgaben für einen immateriellen Vermögenswert sofort als Aufwand zu erfassen oder zu aktivieren und über die Nutzungsdauer abzuschreiben.“[1956] Des Weiteren erwartet *Klein* von der Abgrenzung von Forschung und Entwicklung nicht nur eine unzureichende Erfüllung der Anforderungen der Vergleichbarkeit und Objektivität, sondern auch negative Auswirkungen auf die Kommunikationsfähigkeit einer IFRS-basierten Steuerungsrechnung. So stoße die Differenzierung von Forschungs- und Entwicklungsphasen auf eine mangelnde Verständlichkeit und führe daher zu einer geringen Akzeptanz der Ungleichbehandlung von Forschungs- und Entwicklungsaufwendungen.[1957]

Der Zielkongruenz stehe darüber hinaus das oben angesprochene Aktivierungsverbot für bestimmte selbst erstellte immaterielle Vermögensgegenstände entgegen, welches zu einer Unterinvestitionsproblematik und dem unzureichenden Aufbau künftiger Erfolgspotenziale führen könne. Der Zielkongruenz wenig dienlich sei darüber hinaus der verhältnismäßig späte Aktivierungszeitpunkt, der sich aus dem Aktivierungsverbot für Forschungsaufwendungen ergebe.[1958] Die angesprochenen Problemfelder identifiziert auch *Wussow* im Rahmen ihrer Dissertation,[1959] kommt dabei aber zu dem Ergebnis, „dass immaterielle Vermögenswerte, um das in ihnen enthaltene Wertpotenzial abzubilden, [in der internen Steuerungsrechnung] zu aktivieren und somit die Vorschriften der IAS/IFRS in das interne Rechnungswesen zu übernehmen sind, wobei auf einer sauber ausgearbeiteten [sic!] Konzernbilanzierungsrichtlinie, um die bestehenden Ermessensspielräume einzuschränken, zu achten ist.“[1960]

5.4.2.2.3.2 Goodwill Impairment Test

Für Bilanzierungszwecke wird zwischen einem originären und einem derivativen Goodwill unterschieden.[1961] Der originäre Goodwill entspricht der Differenz zwischen dem Zukunftserfolgswert und dem Substanzwert eines Unternehmens.[1962] Der Goodwill kann als Reflektor von Wettbewerbsvorteilen eines Unternehmens wie den Marktzugängen oder der Absatzqualität interpretiert werden.[1963] Für diesen selbst geschaffenen Goodwill besteht mangels Objektivierbarkeit ein Aktivierungsverbot (IAS 38.48).[1964] Ein derivativer Goodwill entsteht im Zuge eines Unternehmenserwerbs und kann als Teil des Kaufpreises betrachtet werden, mit

[1956] Klein (1999b), S. 72.
[1957] Vgl. Klein (1999b), S. 72.
[1958] Vgl. Klein (1999b), S. 73.
[1959] Vgl. Wussow (2004), S. 126 ff.
[1960] Wussow (2004), S. 131.
[1961] Vgl. Arnegger/Feldhaus (2007), S. 206; Haaker (2008), S. 62 ff.
[1962] Vgl. Schmidt (2007), S. 60; Haaker (2008), S. 63.
[1963] Vgl. Haaker (2008), S. 60.
[1964] Vgl. Bruns/Thuy/Zeimes (2003), S. 138.

dem der originäre Goodwill des erworbenen Unternehmens abgegolten wird. Darüber hinaus kann er als eine Zahlung für erwartete Synergieeffekte aufgefasst werden.[1965]

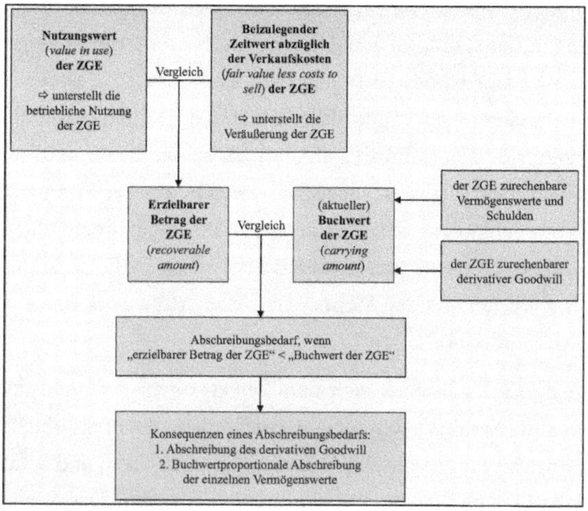

Abbildung 48: Grundstruktur des Impairment Test nach IAS 36[1966]

Gemäß IFRS 3.32 ist der derivative Goodwill als Vermögenswert zu aktivieren und im Zeitpunkt seines Zugangs mit den Anschaffungskosten zu bewerten, welche der positiven Differenz aus dem gezahlten Kaufpreis und dem zum beizulegenden Zeitwert bewerteten Nettovermögen des erworbenen Unternehmens entspricht.[1967] Für die Folgebewertung ist mindestens jährlich ein Impairment Test nach IAS 36 durchzuführen (IAS 36.90);[1968] der im Rahmen eines Unternehmenszusammenschlusses erworbene Goodwill wird also nicht planmäßig abgeschrieben (IFRS 3.B63(a)).[1969] Im Rahmen des Impairment Test wird der erzielbare Betrag des Bewertungsobjekts ermittelt und dem Buchwert gegenübergestellt. Dabei ist der erzielbare Betrag gemäß IAS 36.6 der höhere Wert aus dem Nettoveräußerungserlös und dem Nutzungswert (vgl. Abbildung 48). Den Nutzungswert definiert IAS 36.6 als „Barwert der künftigen Cashflows, der voraussichtlich aus einem Vermögenswert oder einer zahlungsmittelgenerierenden Einheit (ZGE) abgeleitet werden kann." Zu seiner Bestimmung werden u.a. Ertragswertverfahren oder DCF-Ansätze eingesetzt.[1970]

Da der Goodwill keine Zahlungsströme generieren kann, die von anderen Vermögenswerten unabhängig sind (IAS 36.81), kann für den Goodwill als Ganzes kein erzielbarer Betrag be-

[1965] Vgl. Schmidt (2007), S. 60; Coenenberg/Haller/Schultze (2009), S. 667.
[1966] Entnommen aus Brösel/Müller (2007), S. 36.
[1967] Vgl. Baetge/Kirsch/Thiele (2011a), S. 303; Schmidt (2007), S. 60.
[1968] Vgl. Pellens/Fülbier/Gassen/Sellhorn (2011), S. 767.
[1969] Vgl. Arnegger/Feldhaus (2007), S. 206; Baetge/Kirsch/Thiele (2011a), S. 303.
[1970] Vgl. Pellens/Epstein/Barth/Ruhwedel/Sellhorn (2005), S. 14; Wagenhofer (2006a), S. 9.

stimmt werden.[1971] Daher schreibt IAS 36.80 vor, den im Rahmen von Unternehmenszusammenschlüssen erworbenen Goodwill jenen ZGE zuzuordnen, die voraussichtlich von den im Zuge des Unternehmenserwerbs erschlossenen Synergien profitieren werden.[1972] In der Unternehmenspraxis erfolgt die Bildung von ZGE vielfach unter Orientierung an den Segmenten eines Unternehmens.[1973] Der Goodwill Impairment Test wird mindestens einmal jährlich auf der Ebene der ZGE durchgeführt.[1974] Für diese Einheiten sind daher der Nutzungswert sowie der Nettoveräußerungserlös zu bestimmen, der höhere beider Werte wird mit ihrem Buchwert verglichen (IAS 36.90). Der Buchwert einer ZGE besteht aus der Summe der Buchwerte der ihr zugehörigen Vermögenswerte, darunter auch der ihr zugeordnete anteilige Goodwill.[1975] Sofern der Buchwert höher als der erzielbare Betrag einer ZGE ist, sind der Goodwill und ggf. anteilig die zur ZGE gehörenden Vermögenswerte erfolgswirksam um den Differenzbetrag abzuschreiben (IAS 36.104).[1976]

Mit der Festlegung der ZGE eröffnet sich dem Management ein nicht unerheblicher Spielraum, da bei einer umfassenden Abgrenzung der Einheiten umfangreichere Möglichkeiten bestehen, negative Entwicklungen durch positive zu kompensieren und somit die Wahrscheinlichkeit für eine außerplanmäßige Abschreibung zu verringern. Des Weiteren eröffnen sich Gestaltungsmöglichkeiten bei der Zuordnung des Goodwill auf die einzelnen ZGE, beispielsweise indem der Goodwill ertragsstarken Einheiten zugeordnet wird, um einen Wertminderungsaufwand zu vermeiden.[1977]

Brösel/Müller beschäftigen sich in ihrem Beitrag mit der Frage, ob die Ergebnisse des Goodwill Impairment Test zur Steuerung von Unternehmen bzw. Geschäftseinheiten verwendet werden können und beantworten diese mithilfe der bekannten Anforderungen an eine Steuerungsrechnung.[1978] Wie bereits in Tabelle 50 dargestellt worden ist, kommen sie zu dem Ergebnis, dass keines der aufgestellten Kriterien erfüllt wird.

Der Anforderung der Analysefähigkeit könne nicht entsprochen werden, weil die Unterkriterien Relevanz und Vergleichbarkeit verletzt würden. Im Hinblick auf die Relevanz wird bemängelt, dass sich im derivativen Goodwill zwar die Erwartung von Rückflüssen aus der mit dem Unternehmenserwerb durchgeführten Investition widerspiegelt, er jedoch keinen Hin-

1971 Vgl. Haaker (2005), S. 351; Arnegger/Feldhaus (2007), S. 206.

1972 Vgl. Hachmeister (2006), S. 427. Eine ZGE ist „die kleinste identifizierbare Gruppe von Vermögenswerten, die Mittelzuflüsse erzeugen, die weitestgehend unabhängig von den Mittelzuflüssen anderer Vermögenswerte oder anderer Gruppen von Vermögenswerten sind" (IAS 36.6).

1973 Vgl. Pellens/Epstein/Barth/Ruhwedel/Sellhorn (2005), S. 12. Ein Geschäftssegment stellt zugleich gemäß IAS 36.80(b) die Obergrenze für eine ZGE dar (vgl. Gödde (2010), S. 42).

1974 Vgl. Hachmeister (2006), S. 428; Gödde (2010), S. 45.

1975 Vgl. Pellens/Fülbier/Gassen/Sellhorn (2011), S. 767.

1976 Vgl. Coenenberg/Haller/Schultze (2009), S. 687; Gödde (2010), S. 46.

1977 Vgl. Hachmeister (2006), S. 428.

1978 Vgl. Brösel/Müller (2007), S. 39 ff.; vgl. hierzu auch Haaker (2007), S. 86 ff.; Haaker (2009b), S. 695 ff., sowie einen ähnlichen Vorschlag von Kirsch (2003b), S. 1780.

weis auf den „dafür adäquaten ökonomischen Maßstab, nämlich den Kapitalwert der Investition ‚Unternehmenskauf' zum Erwerbszeitpunkt"[1979] inhäriert. Hierfür sei nicht der Unterschiedsbetrag zwischen dem Kaufpreis und dem Substanzwert des Unternehmens, sondern die Differenz zwischen Entscheidungswert des Käufers und dem Kaufpreis relevant. Ferner gehen *Brösel/Müller* auf das Problem ein, dass eine Erhöhung des Kaufpreises aufgrund ungeschickter Verhandlungen zu einer Erhöhung des derivativen Goodwill führt.[1980]

Hinsichtlich des im Rahmen des Impairment Test ermittelten Nutzungswerts wird moniert, dass zwischen den ZGE bestehende Synergien infolge ihrer jeweils isolierten Betrachtung als Bewertungsobjekte keine hinreichende Berücksichtigung finden. Die Vergleichbarkeit sei in objektbezogener Hinsicht durch die umfangreichen Ermessensspielräume bezüglich der Abgrenzung von ZGE und der Allokation von Vermögenswerten und Schulden auf diese nicht gewährleistet. Auch in zeitlicher Hinsicht sei eine Vergleichbarkeit nicht gegeben, da im Zuge der Folgebewertung der derivative Goodwill sukzessive durch originären Goodwill substituiert werde. Dadurch entstehe zudem eine unterschiedliche Behandlung von extern erworbenen und intern gewachsenen Unternehmen.[1981]

Mit Bezug auf die Anreizverträglichkeit stellen *Brösel/Müller* fest, dass der Goodwill Impairment Test weder dem Kriterium der Zielkongruenz noch der Objektivität entsprechen kann. So könne im Falle eines Managementwechsels für die neue Unternehmensführung ein Anreiz bestehen, den Wert des aktivierten Goodwill durch eine möglichst hohe Abschreibung zu reduzieren, um künftige Wertminderungen zu vermeiden und auf diese Weise den Abschlussadressaten eine positive Geschäftsentwicklung zu suggerieren. Zudem könnten Wertminderungen des Goodwill in ohnehin ergebnisschwachen Jahren eine prozyklische Wirkung entfalten und eine höhere Ergebnisvolatilität bewirken.[1982]

Die Bedenken hinsichtlich der Objektivität beziehen sich auf die Konkretisierung des erzielbaren Betrags als Vergleichsmaßstab.[1983] Die Objektivität des Nettoveräußerungserlöses wird insofern in Frage gestellt, als dieser sich im Falle einer ZGE als Bewertungsobjekt nur auf den zwischen zwei Marktteilnehmern vereinbarten Kaufpreis beziehen könne. Dieser sei jedoch verhandlungsabhängig und zudem vom erwarteten Nutzungswert des Käufers beeinflusst, so dass es sich letztlich um einen subjektiven Wertmaßstab handele. Die Bestimmung des Nutzungswerts sei demgegenüber nicht investitionstheoretisch fundiert und eröffne sowohl bei

[1979] Brösel/Müller (2007), S. 40.
[1980] Vgl. Brösel/Müller (2007), S. 40.
[1981] Vgl. Brösel/Müller (2007), S. 40.
[1982] Vgl. Brösel/Müller (2007), S. 41.
[1983] Vgl. zu den Anreizen und Möglichkeiten zu Manipulationen im Rahmen des Impairment Test ausführlich Kirsch/Koelen/Köhling (2010), S. 203 ff.

der Bestimmung der erwarteten Cash Flows als auch bei der Ermittlung des Diskontierungszinssatzes Ermessensspielräume.[1984]

Schließlich könne der Goodwill Impairment Test aufgrund seiner komplexen Struktur nicht dem Kriterium der Kommunikationsfähigkeit entsprechen. Dieses Problem sei nicht zuletzt auf die zahlreichen Ermessensspielräume zurückzuführen.[1985] Um die Wirtschaftlichkeit des Goodwill Impairment Test für Steuerungszwecke zu beurteilen, müsse neben dem benötigten Input auch der generierte Output betrachtet werden. Während der Input gering sei, da die Daten für die Erstellung des IFRS-Abschlusses ohnehin zu erheben seien, ergebe sich in Anbetracht der Defizite hinsichtlich der qualitativen Kriterien der Analysefähigkeit, Anreizverträglichkeit und Kommunikationsfähigkeit auch nur ein geringer Output.[1986] In Anbetracht der aufgeführten Schwächen kommen *Brösel/Müller* daher zu dem Ergebnis: „Vor diesem Hintergrund ist vor einer unreflektierten Übernahme der Ergebnisse des Werthaltigkeitstests zur sog. Performancemessung der Unternehmensbereiche zu warnen."[1987]

Dieser „Warnung" steht die Beurteilung *Haakers* diametral entgegen. Er schlägt vor, die jährliche Veränderung des Nutzungswerts, definiert als die Differenz zwischen den Nutzungswerten zum Ende und zum Beginn eines Geschäftsjahres, als Planungs- und Kontrollgröße zu verwenden.[1988] Diese als ökonomischer Gewinn bezeichnete Steuerungsgröße wird anhand der vier zuvor beschriebenen Anforderungen an eine Steuerungsrechnung beurteilt. Nach *Haakers* Auffassung verfügt der ökonomische Gewinn insofern über eine Analysefähigkeit, als er zumindest approximativ den Beitrag einer ZGE zu dem sich in der Unternehmenswertsteigerung konkretisierenden Unternehmensziel aufzeigt. Ferner sei die Vergleichbarkeit, die – wie bereits in Abschnitt 5.4.2.1.3 erläutert – ebenfalls unter die Analysefähigkeit subsumiert wird, aufgrund der konstanten Abgrenzung der Bewertungsobjekte, der gleichbleibenden Ermittlungsmethode des Nutzungswerts und des festen Ermittlungszeitpunkts gewährleistet. Die objektbezogene Vergleichbarkeit sei außerdem im Falle der Wahl eines einheitlichen Bewertungszeitpunkts gegeben. Schließlich seien aufgrund der Dokumentation der Einflussgrößen des Nutzungswerts Abweichungsanalysen möglich.[1989]

Die unter dem Aspekt der Anreizverträglichkeit zentrale Anforderung der Zielkongruenz sieht *Haaker* als erfüllt, da er eine Wertadditivität der ökonomischen Gewinne unterstellt und die Summe der ökonomischen Gewinne der ZGE daher weitgehend dem ökonomischen Gewinn des Gesamtunternehmens entspreche. Die Wertadditivität sei durch eine adäquate Abgren-

---

1984 Vgl. Brösel/Müller (2007), S. 41 f. Auf die Ermessensspielräume bei der Bestimmung des Nutzungswerts gehen auch *Kirsch et al.* ein, die zu dem Ergebnis kommen, dass „[d]ie Verlässlichkeit der Abschlussdaten [..] dadurch stark eingeschränkt" wird (Kirsch/Koelen/Köhling (2010), S. 204).

1985 Vgl. Brösel/Müller (2007), S. 42.

1986 Vgl. Brösel/Müller (2007), S. 42.

1987 Brösel/Müller (2007), S. 42.

1988 Vgl. Haaker (2005), S. 353.

1989 Vgl. Haaker (2005), S. 354.

zung von ZGE sowie durch die Berücksichtigung von Synergien in der Form des Goodwill und gemeinschaftlichen Vermögenswerten möglich. Restriktionen hinsichtlich der Cash Flow-Komponenten, die in den Nutzungswert eingehen, seien vernachlässigbar, da auch bei periodischen Unternehmenswertrechnungen, die ausschließlich zu Steuerungszwecken aufgestellt werden, Vereinfachungen notwendig seien.[1990]

Das von *Brösel/Müller* angesprochene Problem der Subjektivität des Nutzungswerts wird auch von *Haaker* aufgegriffen. Ihm zufolge wird das Problem durch die jährliche Durchführung des Impairment Test und der objektivierenden Wirkung der Abschlussprüfung relativiert. Schließlich könne eine unabhängige Stabsstelle eingerichtet werden, welcher die Cash Flow-Prognose obliegt und auf diese Weise zu einer Eindämmung der Subjektivitätsproblematik beiträgt.[1991]

Nach *Haaker* beruht „das ökonomische Denken auch im privaten Bereich auf Zahlungen",[1992] weshalb er die Zahlungsstromorientierung des Nutzungswerts als unbedenklich erachtet, gleichwohl aber die bereits von *Brösel/Müller* adressierte Komplexität des Impairment Test für kritisch hält. Sofern dem Management das notwendige Verständnis fehle, könne dieses jedoch durch Schulungsmaßnahmen vermittelt werden. Die Akzeptanz der Steuerungsgröße werde zudem aufgrund ihres Einbezugs in die Abschlussprüfung erhöht. Schließlich sei eine auf dem Nutzungswert basierende Steuerungsrechnung wirtschaftlich, da die zugrundeliegenden Daten ohnehin zum Zwecke der externen Rechnungslegung erhoben werden müssten.[1993]

Der anhand des kursorischen Überblicks gewonnene Eindruck, dass die Einschätzungen zum Datenoutput des Goodwill Impairment Test hinsichtlich seiner Eignung für interne Steuerungszwecke auseinander gehen, wird durch die Repliken von *Olbrich* und *Klingelhöfer* bekräftigt. Beide Autoren erwidern den Beitrag von *Haaker* und weisen dabei auf Probleme im Hinblick auf die Bildung von ZGE, den verwendeten Diskontierungszinssatz und auf den Bezug zum Bewertungssubjekt hin.[1994]

5.4.3 Zwischenfazit

Zu Beginn des Kapitels wurde erklärt, dass sich in den analysierten Beiträgen nur wenige Rückschlüsse auf die Erfolgswirkungen eines konvergenten Rechnungswesens finden lassen. Lediglich eine Reihe konzeptioneller Evaluationen liegt vor, in deren Rahmen die Steue-

[1990] Vgl. Haaker (2005), S. 354 f.

[1991] Vgl. Haaker (2005), S. 355 f.

[1992] Haaker (2005), S. 356.

[1993] Vgl. Haaker (2005), S. 356.

[1994] Vgl. Olbrich (2006a), S. 43 f.; Klingelhöfer (2006), S. 590 ff.; Olbrich (2006b), S. 685 ff. Kritisch ferner auch Arnsfeld/Schremper (2005), S. 499. Darüber hinaus liegen erste empirische Erkenntnisse vor: *Pellens et al.* untersuchen die Goodwill-Bilanzierung der im Prime Standard notierten Unternehmen und finden heraus, dass 93 Prozent der befragten Unternehmen die Bewertungsparameter für den Impairment Test auch zur Konzernsteuerung einsetzen (vgl. Pellens/Epstein/Barth/Ruhwedel/Schultze (2005), S. 17). *Gödde* stellt demgegenüber im Hinblick auf die Integration von ZGE und wertorientierten Einheiten nur ein moderates Niveau fest (vgl. Gödde (2010), S. 134).

rungseignung der internationalen Rechnungslegung beurteilt wird. Hierzu werden Anforderungskriterien an eine Steuerungsrechnung definiert. Anschließend wird geprüft, inwiefern ausgewählte Aspekte der Rechnungslegung, beispielsweise die Rechnungslegungsgrundsätze oder die Vorschriften einzelner Standards, diesen gerecht werden können.

Mit diesen Beiträgen eng verbunden sind Beurteilungen der Steuerungsqualität internationaler Rechnungslegungsstandards, die nicht kriterienbasiert erfolgen, sondern auf Plausibilitätsüberlegungen oder formalen Modellen beruhen. Erste bescheinigen den internationalen Rechnungslegungsstandards eine grundsätzliche Eignung als Datengrundlage für eine konvergente Steuerungsrechnung. Zugleich wird in der Literatur die vorsichtige Rechnungslegung, welche eine Folge der handelsrechtlichen Vorschriften darstellt, kritisiert. Insbesondere die bereits thematisierten Möglichkeiten zur Bildung stiller Reserven, die in späteren Perioden erfolgswirksam aufgelöst werden können, werden in diesem Zusammenhang als kritisch erachtet.[1995] Die formal-analytischen Modellierungen von *Wagenhofer* und *Diedrich/Dierkes* verdeutlichen demgegenüber, dass aus einer vorsichtigen Rechnungslegung durchaus sinnvolle Anreizwirkungen hervorgehen können.[1996]

Auch die Ergebnisse der in Abschnitt 5.4.2 aufgegriffenen kriterienbasierten Evaluationen zeigen ein insgesamt uneinheitliches Bild. Die Überprüfungen, ob die Anforderungen an eine Steuerungsrechnung im Rahmenkonzept der internationalen Rechnungslegungsstandards aufgegriffen werden, führen zum Ergebnis, dass sich tendenziell erhebliche Übereinstimmungen feststellen lassen. Mitunter wird jedoch vor Fehlschlüssen aus solchen Vergleichen gewarnt. *Hebeler* thematisiert beispielsweise die beschränkte Aussagefähigkeit entsprechender Vergleiche. Da entscheidungsrelevante Informationen auf unterschiedlichen Hierarchiestufen verschiedenartig auszugestalten seien, könnten trotz übereinstimmender qualitativer Anforderungen unterschiedliche Informationskategorien zum Treffen zielkonformer Entscheidungen notwendig sein.[1997]

Dass Übereinstimmungen im Hinblick auf die Rechnungslegungsgrundsätze allein nicht für eine Konvergenz des Rechnungswesens sprechen, wird an anderen Stellen deutlich. So führen die Beurteilungen einer auf Daten des externen Rechnungswesens basierenden Steuerungsrechnung unter Bezugnahme auf die genannten Anforderungen insgesamt zu verhaltenen Ergebnissen. Ein ähnliches Bild ergibt sich im Hinblick auf die Untersuchungen einzelner Standards. In vielen Fällen kommen die Autoren zu ambivalenten Einschätzungen, die eine Entsprechung der betrachteten Bilanzierungsvorschriften mit den aufgestellten Anforderungskriterien zumindest nicht eindeutig erkennen lassen.

1995 Vgl. hierzu bereits Abschnitt 2.3.1.1.2.1, S. 34.

1996 Vgl. Wagenhofer (1996); Diedrich/Dierkes (2003).

1997 Vgl. Hebeler (2003), S. 171.

Hervorzuheben ist dabei insbesondere die Analyse der Vorschriften zur Aktivierung von Entwicklungskosten, die von *Klein* durchgeführt wird.[1998] Er zeigt auf, dass die Regelungen des IAS 38 erhebliche Ermessensspielräume offerieren, die sich negativ auf die Objektivität einer konvergenten Steuerungsrechnung auswirken. Zudem wird die Ungleichbehandlung von Forschungs- und Entwicklungsaufwendungen als Beeinträchtigung der Kommunikationsfähigkeit aufgefasst. Als dysfunktional im Hinblick auf die Anreizverträglichkeit wird zudem das Aktivierungsverbot für bestimmte selbst erstellte immaterielle Vermögensgegenstände gesehen. Diese Beurteilung ist insofern bemerkenswert, als die Möglichkeit, selbst erstellte immaterielle Vermögensgegenstände zumindest partiell in der Bilanz zu aktivieren, mitunter als Beleg für die höhere Entscheidungsnützlichkeit des IFRS-Abschlusses und seine betriebswirtschaftlich sachgerechtere Abbildung der Unternehmenssituation angeführt wird.[1999] Somit wird deutlich, dass selbst eine grundsätzlich vorteilhaft erscheinende Regelung ob ihrer konkreten Ausgestaltung problembehaftet im Hinblick auf die Unternehmenssteuerung sein kann.

Vor diesem Hintergrund sind die Bedenken *Troßmanns* gegenüber einer pauschalen Gesamtaussage zur Steuerungseignung der IFRS hervorzuheben.[2000] Dennoch bleibt festzuhalten, dass die Steuerungseignung der IFRS zumindest im Vergleich zu den handelsrechtlichen Regelungen überwiegend als höher eingeschätzt wird. Darüber hinausgehend deuten die umfangreichen konzeptionellen Analysen, die im Rahmen von mehreren Dissertationen vorgenommen worden sind, darauf hin, dass die Rechnungslegung nach internationalen Standards – auch bei absoluter Betrachtung – grundsätzlich als Datenbasis für die Unternehmenssteuerung in Betracht gezogen werden kann.[2001]

Anzumerken ist ferner, dass sich in den Beiträgen, die zum Ende des hier gewählten Untersuchungszeitraums veröffentlicht worden sind, Aussagen finden lassen, die auf Veränderungen hinsichtlich der Steuerungseignung des HGB hindeuten: Die Grundlage solcher Erwartungen bildet die Novellierung des Handelsrechts durch das BilMoG, die mit der bereits in Abschnitt 2.3.1.1.1 erwähnten Intention forciert worden ist, die Informationsfunktion des handelsrechtlichen Jahresabschlusses zu stärken.[2002]

Infolge dieser Entwicklung wird erwartet, dass das reformierte Handelsbilanzrecht der Konvergenz des internen und externen Rechnungswesens einen neuen Auftrieb gibt.[2003] Diese u.a.

[1998] Vgl. Klein (1999b), S. 72 f.

[1999] Vgl. Abschnitt 5.4.1.1.1.1, S. 325.

[2000] Vgl. Troßmann (2010), S. 92.

[2001] Vgl. Siefke (1999), S. 235 f.; Klein (1999a), S. 206; Wussow (2004), S. 218; Stute (2007), S. 450, sowie mit Bezug zu den US-GAAP Schulte-Nölke (2001), S. 161 ff.; vgl. hierzu auch das Fazit von *Klein*, dem zufolge „die IAS durchaus eine tragfähige Basis für die Wiederannäherung eines wohldefinierten Teilbereichs des internen und externen Rechnungswesen[s] dar[stellen]“ (Klein (1999b), S. 76), sowie die Empfehlung von *Müller*, die internationalen Rechnungslegungsstandards als Grundrahmen für ein konvergentes Rechnungswesen zu verwenden (vgl. Müller (2003), S. 419).

[2002] Vgl. Baetge/Kirsch/Solmecke (2009), S. 1211; Weinand/Oldewurtel/Wolz (2011), S. 161.

[2003] Vgl. Troßmann (2010), S. 89; Wollmert/Oser/Skirk (2010), S. 78; Eierle/Schultze/Bischof/Thiericke (2008), S. 297; Eitzen/Moog/Pyschny (2010), S. 361.

von *Wollmert et al.* artikulierte Erwartung stützt sich vor allem darauf, dass „die aus der internationalen Rechnungslegung bekannte Aktivierung von Entwicklungsaufwendungen oder steuerlicher Verlustvorträge bei entsprechender Inanspruchnahme der Wahlrechte im BilMoG eine international gleichwertige Rechnungslegung ermöglicht und (gewichtige) Nachteile der IFRS, so etwa die erfolgsneutrale Behandlung von Fair-Value-Änderungen (z.B. bei der Neubewertungsmethode nach IAS 16 oder IAS 38 oder bei finanziellen Vermögenswerten, die zur Veräußerung bestimmt sind, IAS 39), die mit dem Kongruenzprinzip (Totalerfolgskonzept) konfligiert, vermeidet.“[2004] Bei einer Berücksichtigung der Änderungen durch das BilMoG könnten die hier skizzierten komparativen Beurteilungen folglich zu anderen Schlussfolgerungen führen.

[2004] Wollmert/Oser/Skirk (2010), S. 78 f.

6. Zusammenfassung und Diskussion der Ergebnisse

Die vorliegende Arbeit basiert auf einer Literaturanalyse, in deren Rahmen insbesondere der Frage nachgegangen werden sollte, ob die Konvergenz des Rechnungswesens ein Theorie-Praxis-Paradoxon darstellt. Hierzu sind die in Zeitschriftenbeiträgen eingenommenen Standpunkte der Diskussionsteilnehmer aus Wissenschaft und Praxis systematisiert und einander gegenübergestellt worden. Im Hinblick auf die hier untersuchten Aspekte zeichnet sich insgesamt ein weitgehender Konsens zwischen Vertretern der Wissenschaft und Unternehmenspraxis ab. Gleichwohl ist vor allem die Repräsentativität der Ansichten der Praxisvertreter kritisch zu hinterfragen. So ist grundsätzlich davon auszugehen, dass Praktiker nur dann einen Anreiz zur Publikation eines Artikels in einer Fachzeitschrift haben, wenn sie sich auf diese Weise exponieren können.[2005] Ein gescheitertes Beratungsprojekt oder eine erfolglose Konvergenz des Rechnungswesens unter eigener Beteiligung werden dementsprechend nicht zu den Inhalten der in Zeitschriften publizierten Artikel gehören.[2006]

Aus diesem Grunde werden im Folgenden die wesentlichen Ergebnisse der Literaturanalyse zusammengefasst und mit den Resultaten einschlägiger empirischer Studien verglichen. Dabei wird davon ausgegangen, dass an entsprechenden Untersuchungen auch solche Unternehmen teilnehmen, die über negative Erfahrungen mit einem konvergenten Rechnungswesen verfügen bzw. die an der tradierten Ausgestaltung festhalten. Infolge einer solchen Gegenüberstellung können Rückschlüsse auf die Repräsentativität der im Rahmen der Literaturanalyse identifizierten Standpunkte der Unternehmenspraxis gezogen werden. In Abschnitt 6.2 erfolgt schließlich eine Diskussion der vorliegenden Ergebnisse.

6.1 Ergebnissynopse

Die weiteren Ausführungen reflektieren die in Abschnitt 5 gewählte Vorgehensweise, indem zunächst die Darlegungen zur Begründung einer Konvergenz des Rechnungswesens betrachtet werden (Abschnitt 6.1.1). Es schließt sich eine Zusammenfassung und Ergänzung der empirisch generierten Erkenntnisse zur konzeptionell-inhaltlichen Strukturierung eines konvergenten Rechnungswesens an (Abschnitt 6.1.2). Abschnitt 6.1.3 bezieht sich schließlich auf die Erfolgswirkungen eines konvergenten Rechnungswesens und die Steuerungseignung von Rechnungslegungsstandards.

6.1.1 Begründung der Konvergenz des Rechnungswesens

Im Rahmen der Literaturanalyse sind zunächst die Konvergenzmotive, die Vor- und Nachteile eines konvergenten Rechnungswesens sowie theoretische Ansätze zur Erklärung der Veränderungen im Rechnungswesen systematisiert worden. In Parallelität zu Abschnitt 5.2.1 werden nachfolgend erst die dort stehenden Ausführungen zu den Konvergenzmotiven zusammenge-

2005 Vgl. Bjørnenak/Mitchell (2002), S. 484.

2006 Vgl. hierzu auch bereits Fn. 1763.

fasst und den Ergebnissen empirischer Studien gegenübergestellt. Die Vor- und Nachteile eines konvergenten Rechnungswesens bilden die Gegenstände der Abschnitte 6.1.1.2 und 6.1.1.3.

6.1.1.1 Konvergenzmotive

Die identifizierten Konvergenzmotive sind zu zwei Clustern verdichtet worden. Insgesamt werden die Auswirkungen der Internationalisierung der Geschäftstätigkeit (Cluster 2) häufiger genannt als die zur ersten Motivgruppe verdichteten Defizite des divergenten Rechnungswesens. Während sich das erste Cluster aus 57 Nennungen in 37 Beiträgen zusammensetzt, beruht die zweite Motivgruppe auf 79 Beiträgen mit 117 Nennungen.[2007]

Innerhalb des zweiten Clusters dominieren auf der Ebene der Einzelnennungen die Anwendung internationaler Rechnungslegungsvorschriften (62 Nennungen), die Bedeutungszunahme internationaler Kapitalmärkte und die damit verbundene zunehmende Shareholder Value-Orientierung (29 Nennungen) sowie die international unübliche Trennung von Kosten und Aufwendungen (16 Nennungen).[2008] Innerhalb der ersten Motivgruppe entsprechen die Ergebnisdivergenzen bei der tradierten Ausgestaltung des Rechnungswesens dem mit Abstand am häufigsten genannten Motiv (29 Nennungen).[2009]

Um Entwicklungen im Zeitablauf und Unterschiede zwischen den Auffassungen von Vertretern der Wissenschaft und Praxis zu identifizieren, sind dynamische und autorengruppenspezifische Auswertungen durchgeführt worden. Diese lassen nur bedingt spezifische Muster erkennen. Die dynamische Betrachtung der Konvergenzmotive deutet im Zeitablauf einen Rückgang der Nennungen zu den Defiziten des divergenten Rechnungswesens und eine Zunahme der Aussagen zu den Auswirkungen der Internationalisierung der Geschäftstätigkeit als Konvergenztreiber an. Gleichwohl werden in beiden Subperioden die Konvergenzbemühungen häufiger mit Motiven des zweiten Clusters begründet als mit jenen des ersten.[2010] Aus der autorengruppenspezifischen Auswertung werden keine Hinweise auf Unterschiede zwischen den von Wissenschaftlern und Praktikern priorisierten Konvergenzmotiven ersichtlich. Rund zwei Drittel der Nennungen aus beiden Kategorien gehen auf Wissenschaftler zurück.[2011] Insgesamt können somit weder nennenswerte autorengruppenabhängige Muster noch Veränderungen im Zeitablauf identifiziert werden.

Ein Vergleich der Ergebnisse der Literaturanalyse mit den Resultaten der empirischen Studien von *Haring/Prantner* und *Müller* lässt die Schlussfolgerung zu, dass die Konvergenzmotive, welche die in Fachzeitschriften geführte Diskussion prägen, weitgehend mit jenen Beweg-

---

[2007] Vgl. Abschnitt 5.2.1.1, S. 139 f.
[2008] Vgl. Abschnitt 5.2.1.1.2, S. 149 ff.
[2009] Vgl. Abschnitt 5.2.1.1.1, S. 140 ff.
[2010] Vgl. Abschnitt 5.2.1.2, S. 163 ff.
[2011] Vgl. Abschnitt 5.2.1.3, S. 165 f.

gründen übereinstimmen, die in der Unternehmenspraxis die Annäherung des internen und externen Rechnungswesens veranlassen. In Abbildung 49 werden die Motive, welche innerhalb der vorliegenden Literaturanalyse die meisten Nennungen auf sich vereint haben, den Konvergenztreibern gegenübergestellt, die sich in den empirischen Erhebungen von *Haring/ Prantner* und *Müller* als am wichtigsten erwiesen haben.[2012]

Literaturanalyse	Haring/Prantner (2005)	Müller (2006)
1. Anwendung internationaler Rechnungslegungsvorschriften	1. Internationale Harmonisierung der Rechnungslegung	1. Zunehmende Kapitalmarktorientierung
2. Ergebnisdivergenzen	2. Globalisierung der Geschäftsbeziehungen	2. Anwendung international anerkannter Rechnungslegungsstandards
3. Bedeutungszunahme internationaler Kapitalmärkte und zunehmende Shareholder Value-Orientierung	3. Anknüpfung von Anreizsystemen für Führungskräfte an Daten des internen Rechnungswesens	3. Beschleunigung der Informationsversorgung
4. International unübliche Trennung von Kosten und Aufwendungen	4. Shareholder Value-Orientierung	4. Objektivierung der internen Steuerungsgröße

Abbildung 49: Gegenüberstellung der bedeutsamsten Konvergenzmotive[2013]

Die vergleichende Betrachtung hebt nochmals die Bedeutung der internationalen Rechnungslegungsvorschriften und der zunehmenden Kapitalmarktorientierung als Konvergenzmotive hervor. Diese Aspekte sind beiden Studien zufolge für die Unternehmenspraxis im Hinblick auf eine Annäherung des internen und externen Rechnungswesens von hoher Relevanz. Die Globalisierung der Geschäftsbeziehungen als zweitwichtigstes Konvergenzmotiv nach *Haring/Prantner* erweist sich als konsistent mit den zahlreichen Nennungen, die das Motivcluster zur Internationalisierung der Geschäftstätigkeit und ihren Folgen in der vorliegenden Arbeit auf sich vereint.[2014] Als drittwichtigstes Motiv geht aus der Studie von *Haring/Prantner* die Möglichkeit, Anreizsysteme für Führungskräfte an Daten des internen Rechnungswesens anzuknüpfen, hervor. Wenn der interne Teilbereich auf Daten des externen Rechnungswesens zurückgreift, setzt sich die Bemessungsgrundlage für die erfolgsabhängige Managementvergütung folglich aus den investorenrelevanten Daten des externen Rech-

[2012] Die Festlegung der Reihenfolge erfolgt bei *Müller* auf der Basis der angegebenen Mittelwerte, die sich aus einer Skalenbewertung durch die Befragungsteilnehmer ergeben (vgl. Müller (2006), S. 154 ff.). Bei *Haring/Prantner* basiert die Auswahl auf dem Anteil der Befragten, die ein Motiv als „sehr wichtig" einschätzen (vgl. Haring/Prantner (2005), S. 149 f.).

[2013] Basierend auf den Ausführungen von Haring/Prantner (2005), S. 150; Müller (2006), S. 154, und den in Abschnitt 5.2.1, S. 139 ff., der vorliegenden Arbeit vorgestellten Ergebnissen.

[2014] Aus der Studie von *Müller* geht das (enger gefasste) Motiv der Internationalisierung der Beschaffungs- und Absatzmärkte demgegenüber als ein weniger bedeutsames Konvergenzmotiv hervor (vgl. Müller (2006), S. 155).

nungswesens zusammen.[2015] Dieser Aspekt wurde im Rahmen der Literaturanalyse weniger als Motiv, sondern als Vorteil des konvergenten Rechnungswesens identifiziert.[2016]

Wenngleich sich graduelle Unterschiede in der Gewichtung einzelner Motive zeigen, finden die von *Haring/Prantner* empirisch als am wichtigsten identifizierten Motive insgesamt ihre weitgehende Entsprechung in den Ergebnissen der vorliegenden Literaturanalyse. Dies gilt für die Ergebnisse von *Müller* nur eingeschränkt. Denn mit dem Motiv, die Informationsversorgung zu beschleunigen, wird von den Befragten ein Treiber als wichtig erachtet, der in der Literaturauswertung von untergeordneter Bedeutung ist. Im Rahmen der Systematisierung der Konvergenzmotive wurden zwar Ineffizienzen im divergenten Rechnungswesen als ein Grund für eine Konvergenz des Rechnungswesens identifiziert, sie bezogen sich jedoch vorrangig auf die Betriebskosten, die durch ein divergentes Rechnungswesen verursacht werden.[2017] Ein zu komplexer und langer Berichtsprozess konnte hingegen nicht als Konvergenzmotiv ausgemacht werden. Auch unter den Vorteilen eines konvergenten Rechnungswesens nimmt die Beschleunigung von Abschlusserstellung und Berichtsprozessen mit insgesamt zehn Nennungen eine vergleichsweise unbedeutende Position ein.[2018] Der Beschleunigung von Berichtsprozessen wird daher seitens der von *Müller* befragten Unternehmensvertreter eine deutlich größere Bedeutung beigemessen als von den Autoren, die sich an der Konvergenzdiskussion beteiligt haben.

Dies gilt mit Einschränkungen auch für das viertwichtigste Motiv nach *Müller*, die Beseitigung von Objektivitätsdefiziten. Das Problem der eingeschränkten Objektivität als Motiv für eine Konvergenz des Rechnungswesens wird im Zusammenhang mit der Kritik an kalkulatorischen Kosten nur in vier Beiträgen angesprochen.[2019] Allerdings wird die Objektivierung von steuerungsrelevanten Daten des Rechnungswesens in 18 weiteren Beiträgen als Vorteil eines konvergenten Rechnungswesens genannt.[2020] Hier zeichnet sich somit ein weiterer Unterschied zwischen den Ergebnissen von *Müller* und denen der Literaturanalyse ab. Denn gemäß den Ausführungen in Abschnitt 5.2.2.1.1 wird die höhere Objektivität der Daten von mehreren Autoren lediglich als Vorteil eines konvergenten Rechnungswesens erachtet, deren Erreichung jedoch nicht ein handlungsauslösendes Motiv für eine Konvergenz des Rechnungswesens darstellt.

In beiden Untersuchungen, in denen die Konvergenzmotive empirisch erschlossen werden, sind Ineffizienzen im divergenten Rechnungswesen nachrangig. Bei *Müller* findet sich dieser Beweggrund lediglich unter den „sonstigen Motiven“ wieder, während nur in rund 30 Prozent

---

[2015] Vgl. z.B. Heyd (2001a), S. 206; Dais/Watterott (2006), S. 466.

[2016] Berücksichtigung findet dieser Aspekt unter dem Vorteil „Zielkongruenz“ (vgl. hierzu Abschnitt 5.2.2.1.3, S. 178, sowie als Beispiele Weißenberger/IGC (2006a), S. 354; Henselmann (2001), S. 168).

[2017] Vgl. z.B. Küting/Lorson (1998b), S. 475; Hebeler (2006), S. 11.

[2018] Vgl. z.B. Sylvester (2004), S. 90; Heyd (2001a), S. 206.

[2019] Vgl. z.B. Küpper (1997), S. 21; Männel (1997b), S. 10.

[2020] Vgl. z.B. Burger/Buchhart (2001a), S. 550; Küpper (1999), S. 10.

der von *Haring/Prantner* untersuchten Unternehmen die Beseitigung von Ineffizienzen im Zuge einer Konvergenz des Rechnungswesens als „wichtig“ oder „sehr wichtig“ eingeschätzt wird.[2021] Auch in dieser Hinsicht zeigt sich somit eine deutliche Parallele zwischen den Ergebnissen aus den Befragungen der Unternehmenspraxis und der vorliegenden Literaturanalyse. Letztgenannte zeigte schließlich, dass eine höhere Wirtschaftlichkeit zwar einen bedeutsamen Vorteil eines konvergenten Rechnungswesens darstellt,[2022] als Motiv für die Durchführung einer entsprechenden Annäherung aber mit 13 Nennungen von moderater Bedeutung ist.[2023]

6.1.1.2 Vorteile eines konvergenten Rechnungswesens

Die im Zuge der Literaturanalyse erschlossenen Vorteile eines konvergenten Rechnungswesens sind auf drei Cluster aufgeteilt worden.[2024] Am häufigsten werden Vorteile, die auf eine Effektivitätssteigerung des Rechnungswesens in Folge einer Konvergenz des Rechnungswesens schließen lassen, genannt (53 Nennungen in 40 Beiträgen).[2025] Die zweite Vorteilsgruppe bezieht sich auf eine Effizienzsteigerung des Rechnungswesens und umfasst 43 Nennungen in 39 Beiträgen.[2026] Schließlich beinhaltet das dritte Cluster 25 Nennungen aus 20 Beiträgen, welche die Vorteile eines konvergenten Rechnungswesens im Hinblick auf die Shareholder Value-Orientierung der Unternehmen zum Gegenstand haben.[2027]

Mit insgesamt 33 Nennungen bildet die Hebung von Einsparpotenzialen, die zu einer gesteigerten Effizienz des Rechnungswesens führen soll, den am häufigsten angeführten Vorteil.[2028] Die Herstellung von Ergebnistransparenz wird mit 28 Nennungen jedoch in einer ähnlichen Häufigkeit angesprochen.[2029] Das am dritthäufigsten genannte Motiv, die Objektivierung von Rechnungswesendaten, kommt schließlich auf 18 Nennungen.[2030]

Im Rahmen der dynamischen Auswertung der Vorteile eines konvergenten Rechnungswesens zeichnet sich ein tendenzieller Bedeutungsgewinn der Effizienzvorteile ab.[2031] Die autorengruppenbezogene Analyse deutet an, dass von den Wissenschaftlern dem Potenzial eines konvergenten Rechnungswesens in Bezug auf die Forcierung der Shareholder Value-Orientierung eine höhere Bedeutung beigemessen wird als von Praxisvertretern.[2032] Über diese Tendenzen

[2021] Vgl. Müller (2006), S. 154; Haring/Prantner (2005), S. 150.
[2022] Vgl. z.B. Pfaff (1994a), S. 1077; Vanini/Beyer (2009), S. 129.
[2023] Vgl. z.B. Jahnke/Wielenberg/Schumacher (2007), S. 365; Damberger/Heyne/Renner (2002), S. 23.
[2024] Vgl. Abschnitt 5.2.2.1, S. 166 f.
[2025] Vgl. Abschnitt 5.2.2.1.1, S. 167 ff.
[2026] Vgl. Abschnitt 5.2.2.1.2, S. 171 ff.
[2027] Vgl. Abschnitt 5.2.2.1.3, S. 175 ff.
[2028] Vgl. z.B. Klein (1999b), S. 68; Kirsch/Steinhauer (2003), S. 433.
[2029] Vgl. z.B. Bischof (1998), S. 9; Weide (2009b), S. 8.
[2030] Vgl. z.B. Lorson (1996), S. 2511; Henselmann (2001), S. 168.
[2031] Vgl. Abschnitt 5.2.2.2, S. 180 f.
[2032] Vgl. Abschnitt 5.2.2.3, S. 181 f.

hinausgehende Unterschiede lassen sich jedoch der Literaturanalyse nicht entnehmen. Insgesamt können somit weder nennenswerte autorengruppenabhängige Muster noch Veränderungen im Zeitablauf konstatiert werden.

Nachdem auf der Ebene der Konvergenzmotive insgesamt nur moderate Unterschiede zwischen den Ergebnissen der Literaturanalyse und den Befragungen von Unternehmensvertretern festgestellt werden konnten, ist nun zu prüfen, ob hinsichtlich der Vorteile eines konvergenten Rechnungswesens ein ähnliches Fazit gezogen werden kann. Hierzu werden in Abbildung 50 die häufigsten bzw. als am wichtigsten bewerteten Vorteile relevanter empirischer Erhebungen mit den Ergebnissen der Literaturanalyse verglichen.[2033]

Literaturanalyse

1. Realisierung von Kostenvorteilen
2. Ergebnistransparenz
3. Objektivierung der Rechnungswesendaten

Horváth/Arnaout (1997)

1. Konzernweit einheitliche Kennzahlen
2. Vereinfachung des Controllings
3. Eindeutigkeit (internationale Verständlichkeit)

Hoke (2001)

1. Beseitigung von internen Kommunikationsschwierigkeiten aufgrund von Ergebnisdivergenzen
2. Komplexitätsreduktion und Transparenz im Rechnungswesen
3. Effizienz und Kostenersparnis im Rechnungswesen

Haring/Prantner (2005)

1. Reduktion der Kommunikationsschwierigkeiten
2. Gemeinsame Datenbasis
3. Einheitliche Kennzahlen

Müller (2006)

1. Verwendung einheitlicher Kennzahlen
2. Erhöhung der Transparenz im Rechnungswesen
3. Erhöhung der (internen) Verständlichkeit und Akzeptanz des Rechnungswesens

Abbildung 50: Gegenüberstellung der bedeutsamsten Vorteile eines konvergenten Rechnungswesens[2034]

[2033] Die Auswahl der Vorteile basiert bei Horváth/Arnaout (1997), S. 263; Hoke (2001), S. 155, und Haring/Prantner (2005), S. 152, auf der Häufigkeit der Nennungen, bei Müller (2006), S. 168, hingegen auf den Mittelwerten der auf einer fünfstufigen Skala vorgenommenen Bewertungen.

[2034] Basierend auf den Ausführungen von Horváth/Arnaout (1997), S. 263; Hoke (2001), S. 155; Haring/Prantner (2005), S. 152; Müller (2006), S. 168, und den in Abschnitt 5.2.2, S. 166 ff., der vorliegenden Arbeit vorgestellten Ergebnissen.

Haring/Prantner sowie *Müller* fragen sowohl erwartete als auch eingetretene Vorteile ab (vgl. Haring/ Prantner (2005), S. 152; Müller (2006), S. 168 und 243). Die in Abbildung 50 genannten Vorteile beziehen sich auf die Erwartungen der Befragten. Die Unterschiede zwischen den erwarteten und eingetretenen Vorteilen werden im Zusammenhang mit den Erfolgswirkungen eines konvergenten Rechnungswesens in Abschnitt 6.1.3.2, S. 398 ff., diskutiert.

Aus der Gegenüberstellung in Abbildung 50 geht deutlich hervor, dass die Ergebnistransparenz als Folge der Beseitigung von unterschiedlichen Periodenergebnissen bzw. der Überleitbarkeit zweier Ergebnisse nicht nur innerhalb der Konvergenzdiskussion zu den Vorteilen mit den meisten Nennungen gehört. Indem die Transparenz des Rechnungswesens resp. die Kommunizierbarkeit von Rechnungswesendaten aus drei der vier genannten Studien als einer der wichtigsten Vorteile eines konvergenten Rechnungswesens hervorgehen, zeigt sich, dass der Ergebnistransparenz und dem sich daraus ergebenden Abbau von Kommunikationsproblemen auch in der Unternehmenspraxis eine hohe Bedeutung zukommen.[2035]

Die vergleichende Betrachtung der empirischen Studien lässt erkennen, dass zudem der Möglichkeit, konzern- bzw. unternehmensweit einheitliche Kennzahlen zu verwenden, in der Unternehmenspraxis eine hohe Bedeutung zukommt. Schließlich wird dieser Vorteil in drei dieser Studien zu den wichtigsten gezählt: Den Befragungen von *Horváth/Arnaout* und *Müller* zufolge stellen vereinheitlichte Kennzahlen den wichtigsten bzw. am häufigsten genannten Vorteil eines konvergenten Rechnungswesens dar, in der von *Haring/Prantner* erstellten Rangliste befindet sich der Vorteil auf dem dritten Platz. In der im Schrifttum geführten Konvergenzdiskussion hat sich dieser Aspekt hingegen als weniger bedeutsamer Vorteil gezeigt. So wird die konzern- bzw. unternehmensweite Vereinheitlichung von Kennzahlen zwar im Zusammenhang mit der verbesserten internationalen Kommunizierbarkeit und Vergleichbarkeit innerhalb eines Konzerns erwähnt.[2036] In der Konvergenzdiskussion gehört dieser Aspekt jedoch nicht zu den prioritären Vorteilen, die genannt werden. Es kann somit gefolgert werden, dass diesem Vorteil in der Praxis eine höhere Bedeutung zukommt als dies von der in Fachzeitschriften geführten Debatte reflektiert wird.

Der Vorteil, im Zuge einer Konvergenz das Rechnungswesen zu vereinfachen und auf diese Weise Kosteneinsparungspotenziale realisieren zu können, erwies sich im Rahmen der Literaturanalyse als derjenige mit den meisten Nennungen.[2037] Dadurch wird deutlich, dass Wirtschaftlichkeitserwägungen im Hinblick auf eine Konvergenz des Rechnungswesens vielfach nicht handlungsauslösend sind, aber einen wichtigen Vorteil darstellen, der mit einem konvergenten Rechnungswesen verbunden wird. Die Bedeutung, die diesem Aspekt in der Unternehmenspraxis beigemessen wird, variiert mit den einzelnen Studien. Während diese positive Folge in den Ergebnissen von *Horváth/Arnaout* und *Hoke* von zentraler Bedeutung ist, gehört

[2035] Da die erhöhte Verständlichkeit und Kommunizierbarkeit von Rechnungswesendaten in der Literatur häufig im unmittelbaren Zusammenhang mit der Ergebnistransparenz genannt werden, sind diese Aspekte im Rahmen der Literaturanalyse nicht separat erfasst, sondern unter den Vorteil der Ergebnistransparenz subsumiert worden (vgl. z.B. Kirsch/Steinhauer (2003), S. 431 f.; Vanini/Beyer (2009), S. 129).

[2036] Vgl. z.B. Chrubasik/Janz (2007), S. 61; Kunz (2010), S. 307.

[2037] Vgl. Abschnitt 5.2.2.1.2, S. 172, sowie als Beispiele Currle/Fauth/Wangenheim (1998), S. 253; Troßmann (2010), S. 92.

sie nicht zu den wichtigsten Vorteilen eines konvergenten Rechnungswesens, die in den Studien von *Haring/Prantner* und *Müller* erschlossen werden.[2038]

In den beiden letztgenannten Studien beziehen sich die drei am häufigsten angeführten Vorteile ausschließlich auf die gesteigerte Effektivität des Rechnungswesens, die als Folge einer Konvergenz erwartet wird. Während die „Vereinfachung des Controllings" den Ergebnissen von *Haring/Prantner* zufolge ein Vorteil mittlerer Bedeutung ist, werden Kosteneinsparungen nur von rund 40 Prozent erwartet. Damit gehört dieser Vorteil zu denen mit der geringsten Relevanz.[2039] Auch in der Erhebung von *Müller* zählen Kostenvorteile zu den Folgen mit untergeordneter Bedeutung.[2040] Die Erwartungen, inwiefern Kosteneinsparungen mithilfe einer Konvergenz des Rechnungswesens möglich sind, variieren somit offenbar unter den Vertretern der Unternehmenspraxis, wohingegen Kosteneinsparungspotenziale als Vorteil eines konvergenten Rechnungswesens im Rahmen der Konvergenzdiskussion eine erhebliche Beachtung erhalten haben.

Zusammenfassend bleibt festzuhalten, dass der in der Konvergenzdiskussion exponierte Vorteil der Ergebnistransparenz auch in der Unternehmenspraxis breite Anerkennung findet. Für die Unternehmen ist zudem die Anwendung einheitlicher Kennzahlen und damit ein Vorteil wichtig, der in der Konvergenzdiskussion bislang unterrepräsentiert ist. Die im Schrifttum häufig genannten Kosteneinsparungspotenziale werden in der Praxis unterschiedlich bewertet und scheinen insgesamt von den Effektivitätsvorteilen dominiert zu werden.

6.1.1.3 Nachteile eines konvergenten Rechnungswesens

In Anbetracht des von vielen Autoren angesprochenen „kontroversen" Charakters der Konvergenzdiskussion wäre zu erwarten gewesen, dass der Widerlegung der Vorteilhaftigkeit eines konvergenten Rechnungswesens eine erhebliche Bedeutung zukommt. Diese Erwartung wird von der Literaturanalyse allerdings nicht bestätigt. Nachteile eines konvergenten Rechnungswesens werden mit 41 Nennungen in 31 Beiträgen deutlich seltener thematisiert als dessen Vorteile (121 Nennungen in 54 Beiträgen).[2041] Am häufigsten werden Einschränkungen bei der Effektivität eines konvergenten Rechnungswesens kritisiert (36 Nennungen in 29 Beiträgen).[2042] Demgegenüber setzt sich die Nachteilsgruppe zur eingeschränkten Effizienz des Rechnungswesens nur aus fünf Einzelnennungen in fünf Beiträgen zusammen.[2043]

[2038] Vgl. Horváth/Arnaout (1997), S. 263; Hoke (2001), S. 155; Haring/Prantner (2005), S. 152; Müller (2006), S. 168.

[2039] Vgl. Haring/Prantner (2005), S. 152.

[2040] Vgl. Müller (2006), S. 169.

[2041] Vgl. Abschnitt 5.2.3, S. 182 ff.

[2042] Vgl. Abschnitt 5.2.3.1, S. 183 ff.

[2043] Vgl. Abschnitt 5.2.3.2, S. 192 f.

In Abschnitt 5.3.1.2.1 zeigte sich der weitgehende Konsens hinsichtlich der Konvergenzrichtung, der in der Konvergenzdiskussion besteht.[2044] Demnach wird eine Konvergenz des Rechnungswesens nach herrschender Meinung dadurch realisiert, dass auf Spezifika des internen Rechnungswesens, insbesondere den Ansatz kalkulatorischer Kosten, verzichtet wird und stattdessen die Daten des externen Rechnungswesens in ausgewählte Rechenwerke des internen Rechnungswesens übernommen werden. Infolgedessen wird die eingeschränkte Effektivität eines konvergenten Rechnungswesens überwiegend mit dessen Abhängigkeit von den externen Rechnungslegungsvorschriften begründet (20 Nennungen).[2045]

Aufgrund des Rekurses auf die Datenbasis des externen Rechnungswesens müssen Abbildungsregeln angewendet werden, die mit den Anforderungen an eine Steuerungsrechnung teilweise nicht kompatibel sind, z.B. die Bewertung von Vermögenswerten mit Fair Values, aus der sich höhere Ergebnisvolatilitäten ergeben können.[2046] Des Weiteren wird der Verzicht auf Spezifika der Abbildungskonzeption des internen Rechnungswesens wie der Ansatz kalkulatorischer Kosten bemängelt.[2047] Damit verringern sich unter Umständen die Möglichkeiten, mithilfe des Ansatzes kalkulatorischer Kosten den Entscheidungs- und Verhaltenssteuerungsfunktionen, welche den Rechenwerken des internen Rechnungswesens obliegen, nachkommen zu können.

In den vier empirischen Studien, in denen erhoben wird, welche Vorteile für die Unternehmenspraxis von Bedeutung sind, finden sich auch Erkenntnisse zu den Nachteilen eines konvergenten Rechnungswesens. *Hoke* stellt dabei fest, dass von ihren Interviewpartnern mehr Vor- als Nachteile eines konvergenten Rechnungswesens genannt werden.[2048] Dieses Verhältnis wurde auch im Rahmen der Literaturanalyse beobachtet und bereits oben konstatiert. Die Nachteile, welchen in der Unternehmenspraxis die größte Beachtung zuteil wird, sind in Abbildung 51 dargestellt.[2049]

[2044] Vgl. Abschnitt 5.3.1.2.1, S. 256.

[2045] Vgl. Abschnitt 5.2.3.1, S. 183, sowie als Beispiele Weißenberger/IGC (2006b), S. 619; Michel (2006), S. 441.

[2046] Vgl. z.B. Kerkhoff/Thun (2007), S. 460 f.; Kley (2006), S. 156 f.

[2047] Vgl. z.B. Weide (2009b), S. 8; Pfaff (1994b), S. 667 f.

[2048] Vgl. Hoke (2001), S. 158; so auch Weber (2008a), S. 238.

[2049] Die Auswahl beruht wiederum bei Horváth/Arnaout (1997), S. 262; Hoke (2001), S. 158, und Haring/ Prantner (2005), S. 153, auf der Häufigkeit der Nennungen und bei Müller (2006), S. 177, auf den Mittelwerten der auf einer fünfstufigen Skala vorgenommenen Bewertungen.

Literaturanalyse

1. Abhängigkeit von den externen Rechnungslegungsvorschriften
2. Verzicht auf Spezifika der kostenrechnerischen Abbildungskonzeption
3. Eingeschränkte Effizienz eines konvergenten Rechnungswesens

Horváth/Arnaout (1997)

1. Schlechtere Erfüllung der Controllinganforderungen
2. Kurzfristigkeit des Betrachtungszeitraums
3. Verlust der Aussagekraft der Kennzahlen

Hoke (2001)

1. Abhängigkeit der internen Berichtsgrößen von externen Normsetzungsprozessen
2. Untaugliche Steuerungsgrößen bei Einbezug neutraler Ergebnisbestandteile
3. Größerer Detaillierungsgrad im internen Rechnungswesen notwendig

Haring/Prantner (2005)

1. Abhängigkeit von der externen Normsetzung
2. Verlust der Vorteile des kalkulatorischen Ansatzes
3. Wettbewerbsnachteile durch Transparenz

Müller (2006)

1. Abhängigkeit der internen Steuerungsgrößen von externer Bilanzpolitik
2. Abhängigkeit der internen Steuerungsgrößen von externen Normsetzungsprozessen
3. Höherer Detaillierungsgrad im internen als im externen Rechnungswesen erforderlich

Abbildung 51: Gegenüberstellung der bedeutsamsten Nachteile eines konvergenten Rechnungswesens[2050]

Der aus der Konvergenzdiskussion als zentral hervorgegangene Nachteil der Abhängigkeit der Daten des internen Rechnungswesens von den Vorschriften für die externe Rechnungslegung wird auch in der Unternehmenspraxis als wichtiger Nachteil eines konvergenten Rechnungswesens gesehen. Dies wird von drei der vier zitierten empirischen Studien reflektiert.[2051] Hervorzuheben ist dabei der Befund von *Müller*, dass die Entwicklungsdynamik der IFRS von Unternehmen, welche die handelsrechtliche Rechnungslegung anwenden, als größeres Problem für eine Konvergenz des Rechnungswesens wahrgenommen wird, als von Unternehmen, welche nach internationalen Standards Rechnung legen.[2052] Dieses Ergebnis legt

[2050] Basierend auf den Ausführungen von Horváth/Arnaout (1997), S. 262; Hoke (2001), S. 158; Haring/Prantner (2005), S. 153; Müller (2006), S. 177, und den in Abschnitt 5.2.3, S. 182 ff., der vorliegenden Arbeit vorgestellten Ergebnissen.

In Übereinstimmung mit der Auswertung der Vorteile werden auch aus der Erhebung von *Haring/Prantner* die erwarteten Nachteile herangezogen (vgl. Haring/Prantner (2005), S. 153). Die tatsächlich eingetretenen Nachteile sind hingegen Bestandteil der Erörterung der Erfolgswirkungen eines konvergenten Rechnungswesens in Abschnitt 6.1.3.2, S. 398 ff.

[2051] Vgl. Hoke (2001), S. 158 f.; Haring/Prantner (2005), S. 152 f.; Müller (2006), S. 177.

[2052] Vgl. Müller (2006), S. 250.

die Schlussfolgerung nahe, dass die Weiterentwicklung der Standards faktisch möglicherweise ein geringeres Problem darstellt als vielfach erwartet wird.

Sämtliche Nachteile, welche den empirischen Erhebungen zufolge die größte Relevanz in der Unternehmenspraxis besitzen, deuten auf eine eingeschränkte Effektivität eines konvergenten Rechnungswesens hin. Besonders deutlich geht dies aus der Studie von *Horváth/Arnaout* hervor, in der 45 Prozent der Befragten das Risiko sehen, dass basierend auf einem konvergenten Rechnungswesen die Anforderungen an das Controlling schlechter erfüllt werden als bei Fortbestand eines divergenten Rechnungswesens.[2053]

Die weiteren Ergebnisse der empirischen Studien enthalten Hinweise auf die Gründe für einen etwaigen Effektivitätsverlust. Problematisiert werden – über die genannte Abhängigkeit vom externen Normsetzungsprozess hinausgehend – der Einbezug neutraler Ergebnisbestandteile, die Kurzfristigkeit des Betrachtungszeitraums sowie ein genereller Verlust der Aussagefähigkeit von Steuerungsgrößen.[2054] Ferner wird der mit dem Abstellen auf die Datenbasis des externen Rechnungswesens verbundene Verzicht auf den Ansatz kalkulatorischer Größen ebenso als Nachteil angesprochen wie die fehlende Kongruenz zwischen den Detaillierungsgraden des internen und externen Rechnungswesens.[2055]

In Anbetracht der Ausführungen der Abschnitte 5.3.1.3.1.1.4 und 5.3.1.3.1.3 können jedoch einzelne Nachteile relativiert werden. So wird beispielsweise in einigen Unternehmen die Erfolgsspaltung den internen Steuerungsbedürfnissen angepasst, so dass in diesem Zuge neutrale Ergebnisbestandteile eliminiert werden können.[2056] Das Problem des abweichenden Detaillierungsgrads, das darauf zurückzuführen ist, dass im externen Rechnungswesen grundsätzlich nur Daten für rechtlich selbständige Einheiten ermittelt werden, während im internen Rechnungswesen eine größere Flexibilität in Bezug auf die Berichtsobjekte besteht, wird zumindest partiell durch den Segmentbericht nach IFRS 8 gemildert.[2057] Infolge der Implementierung des Management Approach basiert die Segmentbildung, wie in Abschnitt 5.3.1.2.1 erläutert, auf den Segmentierungskriterien, die für die Bildung von Berichtsobjekten in der unternehmensinternen Berichterstattung herangezogen werden.[2058] Zumindest bei einer Beschränkung eines konvergenten Rechnungswesens auf die Konzernebene dürfte daher das Problem weitgehend gelöst sein.[2059]

2053 Vgl. Horváth/Arnaout (1997), S. 262.

2054 Vgl. Horváth/Arnaout (1997), S. 262; Hoke (2001), S. 158.

2055 Vgl. Hoke (2001), S. 158; Haring/Prantner (2005), S. 152 f.; Müller (2006), S. 177.

2056 Vgl. Trapp (2010a), S. 308.

2057 Vgl. hierzu ausführlich Abschnitt 5.3.1.2.1, S. 262.

2058 Vgl. Haller (2006), S. 162; Trapp/Wolz (2008), S. 87.

2059 Zudem zeigt sich, dass in der Unternehmenspraxis trotz identisch gegliederter Erfolgsrechnungen die interne Steuerungsrechnung üblicherweise einen höheren Detaillierungsgrad aufweist als die im Jahresabschluss enthaltene GuV (vgl. Weide (2009a), S. 245 ff.).

Die meisten der genannten Nachteile werden auch innerhalb der Konvergenzdiskussion aufgegriffen, vielfach allerdings nur von einzelnen Autoren. Eine weitere Ähnlichkeit zwischen den im Schrifttum vorgebrachten Argumenten und der Unternehmenssichtweise besteht in der geringeren Bedeutung von Effizienzeinschränkungen, welche ein konvergentes Rechnungswesen impliziert. Dieser Aspekt bildet in der Literaturanalyse zwar den am dritthäufigsten genannten Nachteil,[2060] allerdings basiert dieser auf einer geringen Anzahl absoluter Nennungen, so dass sich hier kein wesentlicher Unterschied zu den empirischen Ergebnissen zeigt, unter denen Kostennachteile nicht oder nur auf einem der unteren Ränge vertreten sind.

6.1.1.4 Zwischenfazit

Aus der Gegenüberstellung der Ergebnisse der empirischen Forschung zur Konvergenz des Rechnungswesens und der Literaturanalyse kann folgende Schlussfolgerung gezogen werden: Es ist zu konstatieren, dass sich zwar sowohl beim Vergleich der Konvergenzmotive als auch der Vor- und Nachteile eines konvergenten Rechnungswesens mitunter Unterschiede in der Gewichtung einzelner Aspekte zeigen. Insgesamt sind jedoch die aus Unternehmenssicht wesentlichen Motive, Vor- und Nachteile in der Konvergenzdiskussion erfasst und diskutiert worden.

Somit ist festzustellen, dass sich im Hinblick auf die Konvergenzmotive und die Vor- sowie Nachteile eines konvergenten Rechnungswesens nicht nur innerhalb der Konvergenzdiskussion ein weitgehender Konsens gebildet hat. Vielmehr weisen die Vorstellungen über die Konvergenzgründe und -folgen der Autoren aus der Wissenschaft und Unternehmenspraxis, die an der Konvergenzdiskussion partizipieren, in einem hohen Maße Gemeinsamkeiten mit den in der Unternehmenspraxis vorherrschenden Sichtweisen auf. Ein Theorie-Praxis-Paradoxon ist zumindest im Hinblick auf die unternehmensinternen und -externen Entwicklungen, die eine Konvergenz des Rechnungswesens nahelegen, daher weder *innerhalb* der Konvergenzdiskussion noch *zwischen* der Konvergenzdiskussion und der Unternehmenspraxis beobachtbar.

6.1.2 Konzeptionell-inhaltliche Strukturierung eines konvergenten Rechnungswesens

Zur Erfassung der Auswirkungen einer Konvergenz des Rechnungswesens auf die konzeptionell-inhaltliche Strukturierung des Rechnungswesens wurde insbesondere auf die Gestaltungsparameter eines konvergenten Rechnungswesens Bezug genommen, die in der Konvergenzdiskussion vielfach zur Beschreibung der Änderungen herangezogen werden.[2061] In Analogie zu Kapitel 5 werden auch im Folgenden die Ausführungen zum Konvergenzbereich (Abschnitt 6.1.2.1), zur Konvergenzrichtung (6.1.2.2) sowie zum Konvergenzgrad (6.1.2.3) separat dargestellt.

[2060] Vgl. z.B. Kirsch/Steinhauer (2003), S. 432; Wala/Knoll/Messner (2007a), S. 1835.

[2061] Vgl. z.B. Küting/Lorson (1998a), S. 487 ff.; Klein (1999a), S. 18 ff.

6.1.2.1 Konvergenzbereich

Aus Abschnitt 5.3.1.1.1.2 ging deutlich hervor, dass in der Literatur ein weitgehender Konsens im Hinblick auf den Konvergenzbereich besteht.[2062] Demnach setzt sich dieser aus dem Konzernabschluss, der in der Regel unter der Maßgabe der IFRS aufzustellen ist, und der kalkulatorischen Erfolgsrechnung, die zur Steuerung von Geschäftseinheiten eingesetzt wird, zusammen.[2063] Bisweilen wird dieser Konvergenzbereich um zahlungsstromorientierte Rechnungen ergänzt, d.h. die für interne Zwecke aufgestellte Cash Flow-Rechnung entspricht weitgehend der externen Adressaten zugehenden Kapitalflussrechnung.[2064]

Dieser Konvergenzbereich wird in der Regel mit den Rechnungszwecken der einzelnen Rechenwerke begründet. Wie bereits in Abschnitt 5.3.1.1.1.3 ausgeführt, werden identische oder zumindest sehr ähnliche Rechnungszwecke der konvergenzrelevanten Rechenwerke als Voraussetzung betrachtet, um eine Vereinheitlichung des Rechnungswesens vollziehen zu können.[2065] Nur unter dieser Voraussetzung kann von einer ähnlichen Ausgestaltung der Rechenwerke ausgegangen werden, so dass eine Vereinheitlichung erfolgen kann, ohne die Funktionserfüllung der einzelnen Rechenwerke empfindlich zu beeinträchtigen.[2066]

Wenngleich die Literaturanalyse einen grundsätzlichen Konsens hinsichtlich des Konvergenzbereichs aufdeckte, zeigten sich im Hinblick auf einzelne Details Unterschiede. So gehen beispielsweise die Vorstellungen über die Abgrenzung des Konvergenzbereichs in hierarchischer Hinsicht auseinander.[2067] Die meisten Autoren vertreten die Ansicht, dass sich eine Konvergenz des Rechnungswesens nur auf die obersten Hierarchieebenen beschränken kann, da auf den operativen Ebenen ein hoher Bedarf an entscheidungsbezogenen Rechnungen besteht, welche den Ansatz kalkulatorischer Größen erfordern.[2068] Vereinzelt werden jedoch auch Änderungen auf den operativen Ebenen angeregt, indem auf die laufende Verrechnung von kalkulatorischen Kosten auf Kostenstellen und -träger verzichtet wird.[2069]

Unterschiede lassen sich ferner im Hinblick auf die in Abschnitt 5.3.1.1.1.6 thematisierte Verknüpfung der erfolgsorientierten Rechenwerke mit wertorientierten Steuerungsansätzen feststellen. Während einige Wissenschaftler eine stärkere Verzahnung von periodenbezogenen Rechenwerken mit mehrperiodigen zahlungsstromorientierten Kalkülen thematisieren,[2070] berichten mehrere Praxisvertreter von der Verknüpfung einer konvergenten Erfolgsrechnung mit einer periodenbezogenen wertorientierten Steuerungskennzahl, die auf der Datenbasis des

[2062] Vgl. z.B. Pelger (2008a), S. 566; Kunz (2010), S. 302.
[2063] Vgl. z.B. Küting (2000), S. 455; Vanini/Beyer (2009), S. 129.
[2064] Vgl. z.B. Haring/Prantner (2005), S. 148; Günther/Zurwehme (2008), S. 115.
[2065] Vgl. z.B. Klein (1999b), S. 69; Kirsch/Koelen/Köhling (2010), S. 201.
[2066] Vgl. z.B. Küpper (1999), S. 5; Günther/Zurwehme (2008), S. 115 f.
[2067] Vgl. Abschnitt 5.3.1.1.1.5, S. 235 ff.
[2068] Vgl. z.B. Kümpel (2002a), S. 905 f.; Ohlms/Tomaszewski/Trützschler (2002), S. 193.
[2069] Vgl. z.B. Hahn/Nicklas (1999), S. 70; Damberger/Heyne/Renner (2002), S. 28.
[2070] Vgl. z.B. Hahn (1999), S. 86; Küting/Lorson (1999a), S. 56.

externen Rechnungswesens gründet.[2071] In Korrespondenz zu dieser Beobachtung zeigen verschiedene empirische Studien, dass in der Praxis weiterhin traditionelle Erfolgs- und Renditegrößen über die weiteste Verbreitung verfügen. Zudem basieren Kennzahlen mit einem Bezug zum Unternehmenswert, beispielsweise in der Form des EVA oder CVA, auf den Daten des konvergenten Rechnungswesens, während die Dissemination von Barwertkalkülen erwarteter Zahlungsströme gering ist.[2072] Hier deutet sich somit eine Lücke zwischen dem konzeptionellen Ideal und dem Pragmatismus der Unternehmenspraxis an.[2073]

Die dynamische Auswertung der Ausführungen zum Konvergenzbereich hat gezeigt, dass diese im Laufe der Diskussion schwanken und die Anzahl der Nennungen in der zweiten Diskussionshälfte im Vergleich zur ersten steigt. Dabei lässt sich kein unmittelbarer Einfluss der in den Beiträgen referenzierten Rechnungslegungsstandards auf die Abgrenzung des Konvergenzbereichs feststellen. Darüber hinaus deutet sich an, dass Ansätze zur Verknüpfung von ein- und mehrperiodigen Rechenwerken lediglich in der ersten Hälfte der Konvergenzdiskussion erörtert werden.[2074] Eine Kombination der zeitraum- und autorengruppenspezifischen Auswertung hat gezeigt, dass der beschriebene Konvergenzbereich in der zweiten Diskussionshälfte zunehmend in den Beiträgen von Praxisvertretern aufgegriffen wird.[2075] Wenngleich auch diese Entwicklung lediglich tendenziellen Charakter hat, kann dieses Ergebnis dahingehend interpretiert werden, dass der zunächst in der Wissenschaft normativ festgelegte Konvergenzbereich mit fortschreitender Diskussion in der Unternehmenspraxis auf Akzeptanz stößt.

2071 Vgl. z.B. Beißel/Szczesny (2009), S. 26 ff.; Dais/Watterott (2006), S. 467 ff.

2072 Vgl. z.B. Pellens/Tomaszewski/Weber (2000), S. 1829; Müller (2006), S. 238 ff.; Weide (2009a), S. 240.

2073 Diese Lücke zeigt sich beispielsweise in den Ausführungen von *Himmel*. Dieser fordert, das Steuerungssystem eines Unternehmens auf dessen primäre Zielsetzung, in der Regel in der Form der Unternehmenswertsteigerung, auszurichten. Ein am Marktwert des Unternehmens orientiertes Konzept verwirft er allerdings aufgrund des Problems, dass der Börsenwert nicht ausschließlich durch die Entscheidungen des Managements beeinflusst wird und aus diesem zudem keine Messgrößen zur Bewertung einzelner Unternehmensbereiche abgeleitet werden können (vgl. Himmel (2004), S. 79).

Unternehmenswertrechnungen, welche segmentbezogene Barwerte der künftigen erwarteten Zahlungsströme hervorbringen, stellten insofern keine gangbare Alternative dar, als die hierfür einzusetzenden DCF- oder Ertragswertverfahren einerseits komplizierten Rechentechniken entsprechen. Andererseits inhäriere die Schätzung künftiger Cash Flows, wie auch bereits in Abschnitt 5.3.2.2 unter Rekurs auf Volkart (1997) ausgeführt worden ist, erhebliche Manipulationsspielräume, die insbesondere aufgrund der zwischen der Unternehmenszentrale und den dezentralen Einheiten bestehenden Informationsasymmetrien von den dezentralen Entscheidungsträgern für opportunistische Handlungen ausgeschöpft werden könnten (vgl. Himmel (2004), S. 80).

In Anbetracht dieser Umsetzungsprobleme schlägt *Himmel* die Implementierung eines Residualgewinnkonzepts vor, das auf der pagatorischen Erfolgsrechnung aufbaut und bei Erfüllung der Voraussetzung des *Lücke*-Theorems mit dem Ziel der Unternehmenswertsteigerung korrespondiert. Zugleich konstatiert *Himmel*, „dass ein theoretisch sauberes, wertorientiertes Steuerungssystem nur auf Basis zukünftiger Cash Flows ausgestaltet sein kann" (Himmel (2004), S. 82 f.) und bezeichnet das Residualgewinnkonzept lediglich als „Hilfsmittel" (Himmel (2004), S. 83).

2074 Vgl. Abschnitt 5.3.1.1.2.1, S. 249 ff.

2075 Vgl. Abschnitt 5.3.1.1.2.2, S. 251 ff.

Diese Schlussfolgerung ist jedoch deutlich zu relativieren, wenn die Erkenntnisse aus der Literaturanalyse mit den Ergebnissen empirischer Untersuchungen zur Konvergenz des Rechnungswesens in der Unternehmenspraxis verglichen werden. Tabelle 51 kann entnommen werden, dass der im Rahmen der Literaturanalyse als konsensfähig identifizierte Konvergenzbereich lediglich in der empirischen Studie von *Weide* die unter den Befragten dominierende Ausgestaltungsform darstellt. 22 der 24 befragten Unternehmen (entspricht 91,7 Prozent) geben an, dass die Periodenerfolgsrechnung auf Konzernebene und der IFRS-Konzernabschluss die relevanten Konvergenzobjekte darstellen. Des Weiteren gehört regelmäßig die Cash Flow-Rechnung zu den von der Konvergenz betroffenen Rechenwerken.[2076] Während in 17 Unternehmen (70,8 Prozent der Befragten) die operative Kostenrechnung explizit von den Maßnahmen zur Annäherung des internen und externen Rechnungswesens ausgenommen worden ist, wird sie in drei anderen in den Konvergenzbereich mit einbezogen.[2077]

Beitrag	**Inhaltliche Abgrenzung des Konvergenzbereichs**	**Hierarchische Abgrenzung des Konvergenzbereichs**
Horváth/Arnaout (1997)	☒	k.A.
Hoke (2001)	k.A.	☑
Haring/Prantner (2005)	☒	k.A.
Müller (2006)	☒	☑
Weide (2009a)	☑	☑
Angelkort (2010)	k.A.	☑

Mit ☑ ≡ Empirische Ergebnisse korrespondieren mit den Resultaten der Literaturanalyse; ☒ ≡ Empirische Ergebnisse korrespondieren nicht mit den Resultaten der Literaturanalyse; k.A. ≡ Keine Aussage möglich

Tabelle 51: Empirische Ergebnisse zur Abgrenzung des Kovergenzbereichs[2078]

Im Rahmen der Erhebung von *Horváth/Arnaout* wird demgegenüber erstmalig deutlich, dass in der Unternehmenspraxis die Vorstellung von einer über den im Schrifttum abgegrenzten Konvergenzbereich hinausgehenden Vereinheitlichung weit verbreitet ist.[2079] So hält die Mehrzahl der untersuchten Unternehmen eine vollständige Verschmelzung des internen und

[2076] 14 der 19 Unternehmen, in denen die Cash Flow-Rechnung einen Bestandteil des internen Rechnungswesens bildet, der regelmäßig an das Management berichtet wird, stellen einen Cash Flow auf Basis der IFRS-Regelungen auf und berichten diesen unternehmensintern wie -extern (vgl. Weide (2009a), S. 243).

[2077] Vgl. Weide (2009a), S. 227.

[2078] Basierend auf den Ausführungen von Horváth/Arnaout (1997), S. 261; Hoke (2001), S. 185; Haring/Prantner (2005), S. 151; Müller (2006), S. 163 und 218 ff.; Weide (2009a), S. 226 ff., und Angelkort (2010), S. 113 ff.

[2079] So stellen *Simons/Weißenberger* unter Verweis auf die empirischen Ergebnisse von *Horváth/Arnaout* fest: „Zu Beginn der Konvergenzüberlegungen im deutschsprachigen Raum wurde eine vollständige Integration des Rechnungswesens als möglich und erstrebenswert erachtet." (Simons/Weißenberger (2008), S. 141).

externen Rechnungswesens für möglich, wobei diese Vorstellung insbesondere in Großunternehmen dominiert.[2080] Daraus kann geschlossen werden, dass in der Praxis zum Zeitpunkt der Erhebung durchaus die Realisierung eines „multifunktionalen Einheitsrechnungswesens", dessen Funktionsfähigkeit in der wissenschaftlichen Diskussion negiert wird,[2081] für möglich gehalten worden ist.

Das Ergebnis von *Horváth/Arnaout* könnte damit erklärt werden, dass die Erhebung kurz nach Beginn der Konvergenzdiskussion durchgeführt worden ist und daher in der Unternehmenspraxis noch keine hinreichende Auseinandersetzung mit den Grenzen eines konvergent ausgestalteten Rechnungswesens stattgefunden hatte. So ist das Gros der Artikel, in denen der Konvergenzbereich abgegrenzt wird, erst ab 1997 publiziert worden. Da die wissenschaftliche Diskussion zu diesem Zeitpunkt noch von der theoretischen Begründung eines divergenten Rechnungswesens dominiert wurde, fehlte bis dahin möglicherweise auch in der Praxis eine systematische Auseinandersetzung mit den Rechnungszwecken der unterschiedlichen Rechenwerke des internen und externen Rechnungswesens und den Auswirkungen auf deren Ausgestaltung.[2082]

Dieser Erklärungsansatz vermag jedoch insofern nicht zu überzeugen, als *Haring/Prantner* im Rahmen ihrer Ende 2003 bis Anfang 2004 durchgeführten Studie zu einem sehr ähnlichen Ergebnis kommen. 80 Prozent der befragten Unternehmen halten eine möglichst vollständige Vereinheitlichung des internen und externen Rechnungswesens für erstrebenswert, während eine partielle Konvergenz lediglich von 11 Prozent als zielführende Lösung erachtet wird.[2083] Dieses Ergebnis verwundert insofern, als es sich nicht nur konträr zur „herrschenden Meinung" unter den Wissenschaftlern verhält,[2084] sondern auch im Konflikt zu der von den Praxisvertretern, die in Fachzeitschriften veröffentlichte Diskussionsbeiträge verfasst haben, dargelegten Sichtweise steht.[2085] Eine Ursache für diesen Widerspruch zwischen der im Schrifttum geführten Konvergenzdiskussion auf der einen und den in der Praxis dominierenden Vorstellungen auf der anderen Seite könnte darin bestehen, dass in den Untersuchungen von *Horváth/Arnaout* und *Haring/Prantner* offenbar der Zielzustand und nicht der Ist-Umsetzungsstand abgefragt wurde.[2086]

2080 Vgl. Horváth/Arnaout (1997), S. 261.

2081 Vgl. hierzu bereits Abschnitt 5.3.1.1.1, S. 219.

2082 Dieses Argument ist jedoch dahingehend einzuschränken, dass der Beitrag, in dem *Coenenberg* zu dem Ergebnis kommt, dass eine konvergent ausgestaltete Periodenerfolgsrechnung unter dem Aspekt der Kommunikationsfähigkeit und Wirtschaftlichkeit vorteilhaft erscheint, entscheidungsbezogene Rechnungen jedoch weiterhin eine eigene Datenbasis benötigen, zum Zeitpunkt der Erhebung bereits vorlag (vgl. Coenenberg (1995)).

2083 Vgl. Haring/Prantner (2005), S. 151.

2084 Vgl. Wurl/Kuhnert/Hebeler (2001), S. 1361; Weide (2009a), S. 99.

2085 Vgl. z.B. Beißel/Steinke (2004), S. 68; Kerkhoff/Thun (2007), S. 457.

2086 Vgl. Horváth/Arnaout (1997), S. 261; Haring/Prantner (2005), S. 151.

Zu ähnlichen Ergebnissen führt aber auch die Befragung von *Müller*, der sich auf den Ist-Stand bezieht und zum einen feststellt, dass in einem erheblichen Teil der befragten Unternehmen der handelsrechtliche Einzelabschluss einen Bestandteil des relevanten Konvergenzbereichs darstellt.[2087] Zum anderen legt er offen, dass auch fallbezogene entscheidungsorientierte Rechenwerke in den Konvergenzbereich einbezogen werden, wenngleich diese mit einer geringeren Frequenz als konvergenzrelevant erachtet werden als die kalkulatorische Steuerungsrechnung.[2088]

Mit Blick auf die hierarchische Abgrenzung des Konvergenzbereichs zeigt sich hingegen ein homogeneres Bild. Aus sämtlichen Studien, in denen die Frage gestellt worden ist, auf welche Hierarchieebenen sich eine Konvergenz des Rechnungswesens erstreckt, geht hervor, dass sich diese schwerpunktmäßig auf die Ebenen der Konzern- sowie Geschäftsbereichsführungen beschränkt.[2089] Allerdings wird deutlich, dass in einigen Unternehmen auch auf der Ebene der funktionalen Bereiche Daten des externen Rechnungswesens die relevanten Steuerungsgrößen bilden.[2090]

Einen wesentlichen Erkenntnisbeitrag zur hierarchischen Abgrenzung des Konvergenzbereichs in der Unternehmenspraxis leistet *Angelkort*, der basierend auf einer Befragung von 214 Unternehmen verschiedene Gestaltungsmuster eines konvergenten Rechnungswesens erfasst. Im Rahmen seiner Arbeit werden nicht nur die im Weiteren aufgearbeiteten Aussagen zum Konvergenzbereich generiert, sondern auch Erkenntnisse zum Konvergenzgrad und den

---

2087 Vgl. Müller (2006), S. 219.

2088 Vgl. Müller (2006), S. 221.

2089 Vgl. Hoke (2001), S. 186 ff.; Müller (2006), S. 217; Weide (2009a), S. 228; Angelkort (2010), S. 114. Aus dieser hierarchiebezogenen Abgrenzung des Konvergenzbereichs wird ersichtlich, dass eine Konvergenz des Rechnungswesens insbesondere für Unternehmen eine Option darstellt, in denen autonome Verantwortungsbereiche gebildet werden. Als hierzu konsistent erweist sich, dass in der Konvergenzdiskussion primär kapitalmarktorientierte Konzerne im deutschsprachigen Raum das Bezugsobjekt der Überlegungen bilden (vgl. Eierle/Schultze/Bischof/Thericke (2008), S. 289; Trapp (2010a), S. 304).

Während mittelständische Unternehmen aus konzeptionellen Arbeiten weitgehend ausgeblendet werden, liegen jedoch vereinzelte empirische Ergebnisse zur Perzeption einer Konvergenz des Rechnungswesens in diesen Unternehmen vor. *Hoffjan et al.* befragen im Rahmen einer Feldstudie mittelständische HGB-Bilanzierer, inwiefern eine Konvergenz des Rechnungswesens eine Maßnahme für eine Steigerung der Controllingeffizienz darstellt. Mit einer Ausnahme verfügen die untersuchten Unternehmen über ein divergentes Rechnungswesen, was insbesondere mit der Einschätzung begründet wird, dass eine Konvergenz des Rechnungswesens zu einem erheblichen Informationsverlust führen würde (vgl. Hoffjan/Kolburg/Ufer (2010), S. 100).

Für eine verhaltene Resonanz auf den Konvergenzgedanken spricht auch die Befragung mittelständischer Unternehmen von *Jahnke et al.*, die zwar herausfinden, dass eine Konvergenz des Rechnungswesens ein wichtiges Motiv für eine fakultative Anwendung der IFRS ist. Allerdings zeigt sich im Vergleich zu älteren Erhebungen keine rückläufige Verwendung kalkulatorischer Kostenarten (vgl. Jahnke/Wielenberg/Schumacher (2007), S. 369 ff.). Die Autoren resümieren daher, dass sich „die Prominenz der Integration des Rechnungswesens als Motiv für das Interesse der KMU an den IFRS nicht im tatsächlichen Grad der Integration wider[spiegelt]. Die häufige Nennung des Integrationsmotivs scheint eher etwas mit der Popularität des Themas in der Wirtschaftspresse als mit den tatsächlichen Bedürfnissen der Unternehmen zu tun zu haben." (Jahnke/Wielenberg/Schumacher (2007), S. 375).

2090 Vgl. Müller (2006), S. 217; Angelkort (2010), S. 114.

Erfolgswirkungen eines konvergenten Rechnungswesens.[2091] Hierzu werden zunächst fünf Aufgabenfelder von Controllern voneinander abgegrenzt, für welche verschiedene „integrationsrelevante Aspekte“ beleuchtet werden. So stellt *Angelkort* beispielsweise fest, dass Wertansätze aus dem externen Rechnungswesen im Kontext der operativen Ergebnisplanung auf der Ebene des Gesamtunternehmens weit verbreitet sind und die befragten Unternehmen eine hohe betragsmäßige Übereinstimmung der intern verwendeten und extern ausgewiesenen Erfolgsgröße im Berichtswesen vorweisen.[2092] Schließlich stellt sich heraus, dass auch auf der Ebene der Datenerfassung und -haltung deutlich ausgeprägte Konvergenzbemühungen beobachtbar sind.[2093]

Die Ausprägungen dieser Einzelaspekte werden im Anschluss zu einzelnen Integrationssubindizes verdichtet, die schließlich in einen Gesamtintegrationsindex eingehen, „der für jedes Unternehmen in komprimierter Form darüber Auskunft gibt, in welchem Ausmaß internes und externes Rechnungswesen insgesamt und über alle Aktionsfelder bzw. integrationsrelevanten Fragestellungen hinweg integriert sind.“[2094] Während die anhand dieses Vorgehens identifizierten „Integrationsprofile“ unter Berücksichtigung verschiedener Einflussfaktoren in Abschnitt 6.1.2.3 dargelegt werden, beziehen sich die nachfolgenden Ausführungen auf die Überprüfung, inwiefern ein partiell konvergentes Rechnungswesen empirisch beobachtbar ist, und auf die dabei identifizierten „Integrationsmuster“.[2095] Diese Fragestellung wird unter Rekurs auf die Planung als eines der fünf Aktionsfelder beleuchtet.

Angelkort erfasst die Integrationsintensität im Hinblick auf die operative Ergebnisplanung auf den Ebenen des Gesamtunternehmens, der Segmente bzw. Geschäftsbereiche, der Profit Center und der operativen Produkt- und Prozessebene und stellt dabei eine positive Korrelation zwischen der Hierarchieebene und dem Integrationsniveau fest: Mit jeder höheren Hierarchieebene fallen der Mittelwert des Integrationsniveaus und der Anteil der Unternehmen höher aus, die über diesen mindestens verfügen.[2096] Initiiert durch Standardabweichungen innerhalb der Antworten, die mit sinkender Hierarchieebene steigen und somit auf unterschiedliche Konvergenz- bzw. Integrationsmuster hindeuten, werden ergänzend Detailanalysen durchgeführt.[2097]

2091 Vgl. zu den Aussagen zum Konvergenzgrad Abschnitt 6.1.2.3, S. 390 ff., sowie zu den Erfolgswirkungen Abschnitt 6.1.3.4, S. 403 ff.

2092 Vgl. Angekort (2010), S. 89 ff. Im Duktus des Abschnitts 5.3.1.3.1 verfügen diese Unternehmen also über einen hohen Konvergenzgrad.

2093 Vgl. Angelkort (2010), S. 96.

2094 Angelkort (2010), S. 99. Dabei differiert die Gewichtung der einzelnen Aktionsfelder innerhalb des Gesamtintegrationsindex in Abhängigkeit von der Anzahl der integrationsrelevanten Einzelaspekte (vgl. Angelkort (2010), S. 99 f.).

2095 Vgl. Angelkort (2010), S. 113 ff.

2096 Vgl. Angelkort (2010), S. 114.

2097 Vgl. Angelkort (2010), S. 115.

Im Rahmen differenzierterer Betrachtungen werden drei unterschiedliche Integrationsmuster identifiziert. Diese ergeben sich aus einer Gegenüberstellung der Antworten zur Integrationsintensität auf der Gesamtunternehmens- bzw. Konzernebene und der Produkt- bzw. Prozessebene:[2098]

- **Einheitlich schwache bzw. mittelstarke Integration:** In diesen Fällen weisen beide Ebenen eine geringe bzw. mittlere Integrationsintensität auf. Dieses Muster ist nur in 15 Prozent der betrachteten Unternehmen beobachtbar.
- **Einheitlich starke Integration:** Auf beiden Ebenen deutet sich eine starke Integrationsintensität an, über die 42,2 Prozent der befragten Unternehmen verfügen.
- **Partielle Integration:** Die Integrationsintensität auf der Gesamtunternehmensebene ist höher als auf der Produkt- bzw. Prozessebene und ist in 42,8 Prozent der Unternehmen beobachtet worden.

Daran anschließend werden die Einflüsse der Börsennotierung und des führenden Rechnungslegungsstandards auf die genannten Muster untersucht. Dabei deutet sich ein Zusammenhang zwischen der Börsennotierung und dem Integrationsmuster in der Form an, dass börsennotierte Unternehmen, mit einer Ausnahme, ausschließlich ein einheitlich stark bzw. partiell integriertes Rechnungswesen aufweisen. Auf der Seite der nicht börsennotierten Unternehmen verfügen aber immerhin 20 Prozent der Unternehmen über ein einheitlich schwach bzw. mittelstark integriertes Rechnungswesen. Diese Beobachtung wird dahingehend erklärt, dass börsennotierte Unternehmen über ein stark konvergentes Rechnungswesen verfügen, um die investorenorientierten Zielvorgaben stringent im Zuge der Ergebnisplanung in den Budgets für die einzelnen Divisionen zu berücksichtigen.[2099]

Darüber hinaus zeigt sich ein statistisch signifikanter Einfluss des führenden Rechnungslegungsstandards auf die dominierenden Integrationsmuster. So stellen HGB-Anwender einen deutlich überdurchschnittlich hohen Anteil der Unternehmen mit einem einheitlich schwach bzw. mittelstark integrierten Rechnungswesen, während diese Formen bei Anwendern der internationalen Rechnungslegungsstandards unterdurchschnittlich selten vorzufinden sind. In dieser Gruppe dominieren vielmehr die einheitlich stark integrierten bzw. partiell integrierten Ausgestaltungsformen.[2100] Dementsprechend folgert *Angelkort*: „Es zeigt sich anhand der vorliegenden Ergebnisse der empirischen Analyse somit erneut, dass die Anwendung der IFRS seitens der Unternehmen einen wichtigen Treiber für die Integration des Rechnungswesens darstellt.“[2101]

[2098] Vgl. Angelkort (2010), S. 115 f.

[2099] Vgl. Angelkort (2010), S. 118 f.

[2100] Vgl. Angelkort (2010), S. 120.

[2101] Angelkort (2010), S. 121.

In der Gesamtschau bleibt in Anbetracht der empirischen Ergebnisse zu resümieren, dass die Aussage, bezüglich der Abgrenzung des Konvergenzbereichs bestehe ein Konsens zwischen Vertretern der Wissenschaft und Praxis, einzuschränken ist. Aus den empirischen Erhebungen geht zwar hervor, dass die Mehrzahl der Unternehmen die Bemühungen um eine Vereinheitlichung des internen und externen Rechnungswesens auf die obersten Hierarchiestufen, d.h. auf die Ebenen des Gesamtkonzerns und der Geschäftsbereiche, beschränkt. In inhaltlicher Hinsicht scheinen die in der Unternehmenspraxis ergriffenen Ansätze jedoch teilweise über die kalkulatorische Steuerungsrechnung und die IFRS-Erfolgsrechnung hinauszugehen, indem auch der handelsrechtliche Einzelabschluss und kasuistische Entscheidungsrechnungen Konvergenzobjekte bilden und somit eine möglichst weitgehende Vereinheitlichung angestrebt wird.

Interessant erscheint in diesem Zusammenhang, dass die genannten Vorstellungen in der deutschen Unternehmenspraxis teilweise weiterreichen als jene, die offenbar in US-amerikanischen Unternehmen bestehen. Diese mit der kapitalmarktorientierten Rechnungslegung vertrauten Unternehmen sind von *Hebeler* befragt worden, der eruiert, dass eine Steuerung von Unternehmensbereichen auf der Datengrundlage des externen Rechnungswesens für möglich gehalten wird, für die Produktsteuerung jedoch zusätzliche Rechenwerke benötigt werden.[2102] Mit Blick auf die empirischen Befunde aus Deutschland und den USA kommt *Hebeler* daher zu der Schlussfolgerung, „dass in Deutschland die Möglichkeiten einer Unternehmenssteuerung auf der Basis internationaler Rechnungslegungsvorschriften wie US-GAAP tendenziell optimistischer eingeschätzt werden als sie letztlich aufgrund der Erfahrung mit den US-GAAP in der US-amerikanischen Unternehmenspraxis verwirklicht wird.“[2103]

Zumindest der Befund von *Müller* zur inhaltlichen Abgrenzung des Konvergenzbereichs relativiert sich jedoch mit Blick auf die von den Befragten antizipierte künftige Entwicklung der Konvergenz des Rechnungswesens. In diesem Zusammenhang findet nämlich die Aussage, dass auch künftig spezielle Kostenrechnungssysteme, wie z.B. das Prozesskostenmanagement oder Grenzplankostenrechnungen, von Bedeutung sein werden, erhebliche Zustimmung.[2104] *Müller* sieht darin einen zum Konvergenzgedanken gegenläufigen Trend, da diese Systeme nicht auf den Daten des externen Rechnungswesens aufbauen und folgert, „dass eine vollständige Harmonisierung nicht erreicht werden kann und aus Unternehmenssicht auch nicht erwünscht ist.“[2105] Dieses Fazit steht im Einklang mit der herrschenden Literaturmeinung.

[2102] Vgl. Hebeler (2003), S. 251 ff.

[2103] Hebeler (2003), S. 266.

[2104] Vgl. Müller (2006), S. 248.

[2105] Müller (2006), S. 249.

6.1.2.2 Konvergenzrichtung

Mit Blick auf die Richtung, in der eine Annäherung des internen und externen Rechnungswesens erfolgt, sind im Rahmen der Literaturanalyse zwei Cluster angelegt worden.[2106] Eines besteht aus 33 Beiträgen (52,4 Prozent aller Beiträge mit relevanten Aussagen), in denen, mit einer Ausnahme, eine einseitige Anpassung des internen an das externe Rechnungswesen für möglich erachtet wird.[2107] Dem stehen 30 Beiträge (47,6 Prozent der relevanten Beiträge) gegenüber, denen zufolge ein konvergentes Rechnungswesen das Ergebnis einer beiderseitigen Annäherung des internen und externen Rechnungswesens darstellt.[2108]

Die Annäherung des durch gesetzliche Regelungen fixierten externen Rechnungswesens an das fakultative interne kann durch das Ausüben von Wahlrechten und Ermessensspielräumen erfolgen.[2109] Auch mit dem Value Reporting, in dessen Rahmen zu Steuerungszwecken verwendete Daten – freiwillig und in Ergänzung zur pflichtmäßigen Berichterstattung – publiziert werden, wird die Annäherung des externen an das interne Rechnungswesen begründet.[2110] Häufiger werden jedoch Charakteristika der internationalen Rechnungslegung, insbesondere der Management Approach, als Grund für diese Entwicklung angeführt.[2111] Da der Beeinflussbarkeit des externen Rechnungswesens aufgrund des regulatorischen Kontexts enge Grenzen gesetzt sind, überwiegt jedoch auch bei dieser Sichtweise die Annäherung des internen an das externe Rechnungswesen.

Die dynamische Auswertung der Aussagen zur Konvergenzrichtung hat ergeben, dass in der ersten Diskussionshälfte noch die Vorstellung einer einseitigen Annäherung des internen an das externe Rechnungswesen vorherrscht. In der zweiten Subperiode setzt sich demgegenüber die Auffassung weiter durch, dass eine Konvergenz des Rechnungswesens durch eine beidseitige Annäherung erfolgt. Eine Erklärung kann darin gesehen werden, dass sich die Autoren in den Beiträgen, die ab dem zweiten Halbjahr 2002 bis einschließlich 2010 veröffentlicht worden sind, nahezu ausschließlich auf die internationalen Rechnungslegungsstandards beziehen, welche sich aufgrund ihrer stärkeren betriebswirtschaftlichen Ausrichtung und des Management Approach der Abbildungskonzeption des internen Rechnungswesens annähern.[2112] Die autorengruppenspezifische Analyse lässt demgegenüber lediglich erkennen, dass die Auffassung, ein konvergentes Rechnungswesen käme durch eine beidseitige Annäherung der relevanten Teilbereiche zustande, von Praxisvertretern im Vergleich zu Wissenschaftlern seltener thematisiert wird.[2113]

[2106] Vgl. Abschnitt 5.3.1.2.1, S. 257 ff.

[2107] Vgl. z.B. Hasselmeyer/Reichertz/Dohrn (2005), S. 450; Männel (1999b), S. 15.

[2108] Vgl. z.B. Henselmann (2001), S. 164; Dais/Watterott (2006), S. 467.

[2109] Vgl. z.B. Ziegler (1994), S. 177; Melching (1997), S. 248.

[2110] Vgl. z.B. Ruhwedel/Schultze (2004), S. 489; Günther/Zurwehme (2008), S. 104.

[2111] Vgl. z.B. Heyd (2001a), S. 203; Müller/Peskes (2006), S. 821.

[2112] Vgl. Abschnitt 5.3.1.2.2.1, S. 266 f.

[2113] Vgl. Abschnitt 5.3.1.2.2.2, S. 267 f.

Die Frage der Konvergenzrichtung wird nur in den Arbeiten von *Haring/Prantner* und *Weide* beantwortet. In der erstgenannten Studie sind 50 Prozent der Befragten der Meinung, dass sich das interne Rechnungswesen am externen Pendant ausrichtet, 44 Prozent gehen von einer beidseitigen Annäherung aus.[2114] Auch bei der Erhebung von *Weide* dominiert die Sichtweise einer einseitigen Annäherung in die Richtung des externen Rechnungswesens (64,3 Prozent der sich hierzu äußernden Unternehmensvertreter), während 28,5 Prozent der relevanten Aussagen auf eine beidseitige Annäherung hindeuten.[2115] In beiden Studien wird – ebenso wie im Rahmen der vorliegenden Literaturanalyse – einmal der Standpunkt eingenommen, dass sich das externe Rechnungswesen an das interne angleicht.[2116] Auch wenn die relativen Werte geringfügig variieren, bleibt somit festzuhalten, dass sich hinsichtlich der Konvergenzrichtung keine nennenswerten Unterschiede zwischen den Ergebnissen der einschlägigen empirischen Studien und den Resultaten der vorliegenden Literaturanalyse ergeben.

6.1.2.3 Konvergenzgrad

Der Konvergenzgrad als Maßstab für das Übereinstimmungsniveau der internen und externen Periodenerfolgsgrößen bemisst sich anhand der Rigidität, mit der die Bilanzierungsvorschriften des externen Rechnungswesens in die interne Periodenerfolgsrechnung übernommen werden.[2117] Ein Konvergenzgrad im Sinne einer vollständigen Übereinstimmung liegt dann vor, wenn die nach den Regelungen der externen Rechnungslegung ermittelte Erfolgsgröße unverändert für Steuerungszwecke Verwendung findet. Sofern Modifikationen vorgenommen werden, ergibt sich daraus folglich ein Konvergenzgrad von weniger als 100 Prozent.[2118]

Im Rahmen der Literaturanalyse hat sich gezeigt, dass die Autoren, die eine vollständige Übernahme der Bilanzierungsvorschriften des externen Rechnungswesens in die interne Erfolgsrechnung vorschlagen, in der Minderheit sind. Eine vollständige Identität des internen und externen Periodenergebnisses wird nur in neun Beiträgen (18,4 Prozent aller Beiträge mit relevanten Aussagen) proklamiert.[2119] Demgegenüber vertreten die Autoren von 40 Beiträgen (81,6 Prozent der Beiträge mit relevanten Aussagen) die Ansicht, dass auch innerhalb eines konvergenten Rechnungswesens zur Bestimmung der intern verwendeten Erfolgsgröße in Einzelfällen von den Bilanzierungsregeln des externen Rechnungswesens abgewichen werden sollte.[2120] Eine Reihe von Autoren nennt konkrete Maßnahmen, die in Erwägung gezogen werden sollten.[2121] Werden derartige Anpassungen im Rahmen eines konvergenten Rechnungswesens vorgenommen, bestehen dementsprechend zwei Ergebnisgrößen fort, wobei die

[2114] Vgl. Haring/Prantner (2005), S. 151.
[2115] Vgl. Weide (2009a), S. 225.
[2116] Vgl. Haring/Prantner (2005), S. 151; Weide (2009a), 226.
[2117] Vgl. Abschnitt 5.3.1.3.1, S. 270.
[2118] Vgl. z.B. Melcher (2002), S. 83 f.; Stute (2007), S. 35.
[2119] Vgl. z.B. Grünert/Laws (2005), S. 656; Hebeler (2006), S. 8 f.
[2120] Vgl. z.B. Pelger (2008a), S. 566; Weißenberger/IGC (2006b), S. 619.
[2121] Vgl. z.B. Ziegler (1994), S. 179; Beißel/Steinke (2004), S. 67.

intern verwendete an die extern ausgewiesene Größe angelehnt ist und – im Gegensatz zur tradierten Ausgestaltung des Rechnungswesens – nicht auf einem vollständig anderen Wertgerüst basiert.[2122]

In den Abschnitten 5.3.1.3.1.1 bis 5.3.1.3.1.3 sind die vorgeschlagenen Modifikationen in Abhängigkeit von ihren bilanziellen Konsequenzen systematisiert worden. Das Abrücken von den Bilanzierungsvorschriften des externen Rechnungswesens kann zu Ansatz-, Bewertungs- oder Ausweisunterschieden zwischen den konvergenzrelevanten Rechenwerken führen. Die Literaturanalyse hat ergeben, dass Modifikationen, die in Ansatz- bzw. Bewertungsunterschieden resultieren, in 23 bzw. 18 Beiträgen thematisiert werden,[2123] während Anpassungsmaßnahmen mit Ausweisunterschieden als Folge in 14 Beiträgen in die Diskussion eingebracht werden.[2124] Unter den Modifikationen, die zu Ansatzunterschieden innerhalb eines konvergenten Rechnungswesens führen, bilden die Vorschläge, die interne Erfolgsgröße um kalkulatorische Zinsen auf das betriebsnotwendige Kapital zu kürzen,[2125] sowie die Ergebniseffekte aus Wertänderungen des Anlage- und Umlaufvermögens zu eliminieren, diejenigen mit den meisten Nennungen.[2126]

Als Modifikation, die zu Bewertungsunterschieden führt, weil Posten, die sowohl im internen als auch externen Ergebnis enthalten sind, zu unterschiedlichen Werten berücksichtigt werden, wird zum einen die Anwendung abweichender Abschreibungsverfahren zur Folgebewertung von abnutzbaren Vermögensgegenständen des Anlagevermögens genannt.[2127] Zum anderen werden Unterschiede im Hinblick auf die Bewertung des Umlaufvermögens angeregt.[2128] Unter den Modifikationen mit Ausweisunterschieden als Konsequenz nimmt die Empfehlung, die interne Erfolgsrechnung weiterhin in der Form einer mehrstufigen Deckungsbeitragsrechnung auszugestalten, eine besondere Bedeutung ein.[2129] Darüber hinaus werden die unterschiedlichen Detaillierungsgrade zwischen der internen und externen Erfolgsrechnung angesprochen.[2130] Die Modifikation der externen Ergebnisgröße lässt sich mit dem Bemühen begründen, verzerrte Abbildungen der Unternehmenslage, welche die Bilanzierungsregeln initiieren, zu beseitigen. Darüber hinaus werden Anpassungen vorgenommen, um der Verhaltenssteuerungsfunktion besser entsprechen zu können oder um differenzierte Erfolgsbeiträge zu ermitteln.[2131]

[2122] Vgl. z.B. Damberger/Heyne/Renner (2002), S. 30; Pelger (2008a), S. 566.

[2123] Vgl. z.B. Dressler/Müller (2001), S. 507; Nobach/Zirkler (2006), S. 745.

[2124] Vgl. z.B. Kerkhoff/Thun (2007), S. 456 f.; Wala/Knoll/Messner (2007a), S. 1836.

[2125] Vgl. z.B. Hahn/Nicklas (1999), S. 70; Reiners (2001), S. 23.

[2126] Vgl. z.B. Ziegler (1994), S. 179; Dais/Watterott (2006), S. 469.

[2127] Vgl. z.B. Männel (1997a), S. 16; Gleich/Sasse/Gräf/Kogler (2002), S. 344.

[2128] Vgl. z.B. Müller/Ordemann/Pampel (2005), S. 2123; Chrubasik/Janz (2007), S. 62.

[2129] Vgl. z.B. Weißenberger/IGC (2006a), S. 348; Wala/Knoll/Messner (2007a), S. 1836.

[2130] Vgl. z.B. Dressler/Müller (2001), S. 507; Kerkhoff/Thun (2007), S. 456 f.

[2131] Erstgenanntes wird beispielsweise von *Wagenhofer* angesprochen, der die unterschiedlichen Implikationen der Entscheidungs- und Verhaltenssteuerungsfunktion thematisiert: „Aus Verhaltenssteuerungssicht haben

Die Auswertung der relevanten Aussagen zum Konvergenzgrad im Zeitablauf hat ergeben, dass die Vorstellung einer weitgehenden, aber unvollständigen Ergebnisidentität als Konsequenz einer Konvergenz des Rechnungswesens den gesamten Zeitraum der Diskussion dominiert. Gleichwohl wird ein Konvergenzgrad von weniger als 100 Prozent in der zweiten Subperiode noch häufiger zum Ziel erklärt als in der ersten.[2132] Die nach Autorengruppen differenzierende Betrachtung deutet daraufhin, dass die Ansichten hinsichtlich des Konvergenzgrads zwischen Wissenschaftlern und Praktikern weitgehend homogen sind.[2133]

Empirische Evidenz besteht auch hinsichtlich des Konvergenzgrads. Die Ergebnisse von *Hoke* und *Weide* weichen jedoch teilweise deutlich von den auf der Basis der Literaturanalyse gewonnen Erkenntnissen ab. So berichtet *Weide*, dass 75 Prozent der befragten Unternehmen über ein einheitliches Periodenergebnis verfügen, während lediglich in sechs der 24 untersuchten Unternehmen Unterschiede zwischen den intern und extern ausgewiesenen Erfolgsgrößen fortbestehen.[2134] Damit kehrt sich das Antwortverhältnis im Vergleich zu den in der Literaturanalyse identifizierten Standpunkten um.

Hoke stellt fest, dass 78 Prozent der befragten Unternehmen auf den Ansatz kalkulatorischer Kosten in der Periodenerfolgsrechnung verzichten.[2135] Wie bereits in Abschnitt 5.3.1.3.1 erläutert, bildet sie anhand des Verhältnisses von internem und externem Periodenergebnis drei Gruppen, denen sie die befragten Unternehmen zuordnet. Demnach besteht bei 39 Prozent der Unternehmen eine weitgehende Übereinstimmung des internen und externen Ergebnisses. Das interne Betriebsergebnis lässt sich in diesen Unternehmen unmittelbar aus der externen GuV ableiten.[2136] Die zweite Gruppe setzt sich ebenfalls aus 39 Prozent der befragten Unternehmen zusammen. In diesen wird – wie auch bei den Unternehmen der ersten Gruppe – auf den Ansatz kalkulatorischer Kosten verzichtet, wobei sich das interne Ergebnis nicht direkt aus der an Unternehmensexterne gerichteten Erfolgsrechnung ergibt, vielmehr werden Umgliederun-

etliche Elemente der Erfolgsermittlung nach US-GAAP ungünstige Eigenschaften. Diese können im internen Rechnungswesen durch Anpassungen oder Bereinigungen gemildert werden." (Wagenhofer (2008a), S. 166).

2132 Vgl. Abschnitt 5.3.1.3.2.1, S. 298 f.

2133 Vgl. Abschnitt 5.3.1.3.2.2, S. 299 f.

2134 Vgl. Weide (2009a), S. 218.

2135 Vgl. Hoke (2001), S. 166.

2136 Die Abgrenzung der ersten und zweiten Gruppe ist jedoch zu hinterfragen. *Hoke* erklärt, dass in den Unternehmen der ersten Gruppe „[s]ystematische Modifikationen der externen Ergebnisrechnung um Positionen, die zur internen Steuerung nicht geeignet erscheinen, [..] nicht statt [finden]" (Hoke (2001), S. 169). Gleichwohl wird das zur internen Steuerung verwendete Ergebnis mitunter um außerordentliche Posten bereinigt, darüber hinaus können sich „[w]eitere Modifikationen [...] aus der Definition der Steuerungsgröße ergeben" (Hoke (2001), S. 169), worunter beispielsweise die Neutralisierung von Goodwill-Abschreibungen fällt. In Anbetracht dieser Anpassungen kann geschlussfolgert werden, dass auch für diese Unternehmen die Gleichung „Internes Ergebnis + Modifikationen = Externes Ergebnis" gilt, die *Hoke* zufolge aber für die Unternehmen der zweiten Gruppe zutreffend ist (vgl. Hoke (2001), S. 169). Es ist daher anzunehmen, dass das Unterscheidungsmerkmal zwischen den Unternehmen der ersten und zweiten Gruppe in der Regelmäßigkeit zu sehen ist, mit der die externe Ergebnisgröße für die interne Verwendung modifiziert wird, da *Hoke* erklärt: „Die Unternehmen der Gruppe 2 führen regelmäßig Modifikationen der externen Ergebnisgröße durch." (Hoke (2001), S. 170).

gen des externen Ergebnisses vorgenommen. In den Unternehmen, welche die dritte Gruppe bilden, wird hingegen weiterhin ein kalkulatorisches Ergebnis berechnet. *Hoke* ordnet 22 Prozent der befragten Unternehmen dieser Gruppe zu.[2137]

Auch aus der empirischen Studie von *Müller* kann geschlossen werden, dass Modifikationen der externen Erfolgsgrößen notwendig sind, ehe sie für Steuerungsbelange eingesetzt werden können.[2138] Ferner fokussieren *Matova/Pelger* den Konvergenzgrad auf der Ebene der Unternehmenssegmente und stellen fest, dass bei rund 46 Prozent der analysierten Unternehmen eine vollständige Konvergenz besteht und dementsprechend keine kalkulatorischen Kosten verwendet werden. In 22 Prozent der Unternehmen liegen geringfügige Differenzen in den Segmentüberleitungen vor, während in den übrigen Unternehmen deutliche Abweichungen bestehen.[2139] Insgesamt kommen sie aber zu dem Ergebnis, dass „keine grundsätzlichen Unterschiede zwischen interner und externer Unternehmensrechnung auf Segmentebene vorliegen."[2140]

Auskunft über die in der Unternehmenspraxis am häufigsten ergriffenen Maßnahmen geben die Befragungen von *Hoke* und *Müller* sowie die Untersuchungen der Überleitungsrechnungen von den im Segmentbericht ausgewiesenen Größen auf aggregierte Erfolgsgrößen der GuV, die *Wagenhofer*, *Blase/Müller* und *Matova/Pelger* durchführen.[2141] Diese Arbeiten erlauben Schlussfolgerungen über eine Konvergenz des Rechnungswesens auf der Segmentebene.[2142] Die Modifikationen, die sich im Rahmen der genannten Studien als am wichtigsten erwiesen haben, werden in Abbildung 52 den Ergebnissen der Literaturanalyse gegenübergestellt.

2137 Vgl. Hoke (2001), S. 167.

2138 Vgl. Müller (2006), S. 258.

2139 Vgl. Matova/Pelger (2010), S. 497 ff.

2140 Matova/Pelger (2010), S. 500.

2141 Vgl. Hoke (2001), S. 174 ff.; Müller (2006), S. 222 ff.; Wagenhofer (2008a), S. 168 ff.; Blase/Müller (2009), S. 539 ff.; Matova/Pelger (2010), S. 497 ff. In die Gegenüberstellung geht nicht die Untersuchung von *Fischer/Ihme* ein, in welcher die Überleitungsrechnungen vom internen Ergebnisbeitrag für zinsabhängige Geschäfte auf die IFRS-Erfolgsmessung empirisch analysiert werden (vgl. Fischer/Ihme (2010), S. 623 ff.). Der Grund ist darin zu sehen, dass in dieser Untersuchung eine für Kreditinstitute relevante Fragestellung beleuchtet wird, die dementsprechend keine branchenübergreifenden Rückschlüsse ermöglicht.

2142 Vgl. Matova/Pelger (2010), S. 494.

Literaturanalyse

1. Ansatz kalkulatorischer Kosten auf das betriebsnotwendige Kapital
2. Neutralisierung von Ergebniseffekten aus Wertänderungen des Anlage- und Umlaufvermögens
3. Anwendung unterschiedlicher Abschreibungsverfahren im abnutzbaren Anlagevermögen

Hoke (2001)

1. Modifikation des Ergebnisses um außerordentliche Erfolgskomponenten
2. Modifikationen bei der Abgrenzung des operativen Ergebnisses und Finanzergebnisses
3. Ansatz kalkulatorischer Abschreibungen und kalkulatorischer Zinsen

Müller (2006)

1. Eliminierung von neutralen bzw. außergewöhnlichen Ergebnisbestandteilen
2. Bereinigung der externen Ergebnisgrößen um das Finanzergebnis
3. Aktivierung investitionsähnlicher Aufwendungen

Wagenhofer (2008a)

1. Eliminierung von Sonder- und Einmaleffekten, die in mehreren Perioden anfallen
2. Anpassung des Finanzergebnisses
3. Eliminierung von Sonder- und Einmaleffekten im Zusammenhang mit Restrukturierungen, Rationalisierung und Veräußerung

Blase/Müller (2009)

1. Eliminierungen, die im Rahmen der Konsolidierungsrechnung durchzuführen sind
2. Modifikationen im Bereich des nicht-operativen Ergebnisses
3. Modifikationen von Sonder- und Einmaleinflüssen

Matova/Pelger (2010)

1. Eliminierung von Aufwendungen aus zentralen Unternehmensaktivitäten
2. Eliminierung anderer nicht-operativer Ergebnisse
3. Egalisierung von Konsolidierungseffekten

Abbildung 52: Gegenüberstellung der Modifikationen innerhalb eines konvergenten Rechnungswesens[2143]

Aus der Ergebnissynopse kann geschlossen werden, dass in der Unternehmenspraxis die Korrektur des Erfolgsspaltungskonzepts, welches durch die externen Rechnungslegungsvorschriften vorgegeben wird, von größter Bedeutung ist. Die Ergebnisse der empirischen Studien erweisen sich insofern als konsistent, als der Bereinigung des intern verwendeten Periodenerfolgs um die Ergebniseffekte von außerordentlichen Vorgängen in den meisten Fällen eine erhebliche Relevanz zukommt. Des Weiteren werden Anpassungen bei der Abgrenzung des Betriebs- und Finanzergebnisses vorgenommen. Mit beiden Maßnahmen ist die Intention verbunden, „das operative Ergebnis frei von Sondereinflüssen und von finanzierungsrelevanten Aspekten zu ermitteln."[2144]

Die Modifikationen bezüglich Sondereinflüssen betreffen etwa Erfolge aus der Veräußerung von nicht betriebsnotwendigem Anlagevermögen, Erfolge im Zusammenhang mit der Veräußerung von Tochterunternehmen, die mit bestimmten Rückstellungen verbundenen Ergebniseffekte oder Restrukturierungsaufwendungen. Diese Ergebniskomponenten werden unter das

[2143] Basierend auf den Ausführungen von Hoke (2001), S. 174 ff.; Müller (2006), S. 222; Wagenhofer (2008a), S. 170; Blase/Müller (2009), S. 542; Matova/Pelger (2010), S. 499, und den in Abschnitt 5.3.1.3.1, S. 268 ff., der vorliegenden Arbeit vorgestellten Ergebnissen.

[2144] Müller (2006), S. 223.

neutrale Ergebnis subsumiert, welches somit in der internen Erfolgsrechnung breiter ausgelegt wird als seitens der Rechnungslegungsvorschriften intendiert wird.[2145]

Anpassungen zur Bereinigung des operativen Ergebnisses um Finanzierungseinflüsse bestehen beispielsweise darin, den Zinsaufwand für Pensionsrückstellungen nicht als Personalaufwand im Betriebsergebnis zu erfassen, sondern dem Finanzergebnis zuzuordnen.[2146] Des Weiteren wird im Rahmen der empirischen Studien berichtet, dass mitunter das Beteiligungsergebnis in operative und finanzielle Ergebniskomponenten aufgeteilt wird und die Erstgenannten dem Betriebsergebnis zugerechnet werden. Dies ist der Fall, wenn der Beteiligung nicht eine ausschließlich finanzielle Bedeutung zukommt, sondern diese auch für die operative Geschäftstätigkeit relevant ist.[2147]

Während die empirischen Studien die Unternehmenspraxis untereinander weitgehend homogen abbilden, stehen die Ergebnisse in einem deutlichen Kontrast zu den Befunden der Literaturanalyse. Die restriktive Auslegung des außerordentlichen Ergebnisses seitens der externen Rechnungslegung wird zwar auch im Schrifttum thematisiert.[2148] Die Anpassungsmaßnahmen, die jedoch in der Konvergenzdiskussion in den höchsten Frequenzen angesprochen werden – der Ansatz kalkulatorischer Kosten auf das betriebsnotwendige Kapital, die Neutralisierung von Ergebniseffekten aus Wertänderungen des Anlage- und Umlaufvermögens sowie die Anwendung intern und extern unterschiedlicher Abschreibungsverfahren auf das Anlagevermögen – werden von den empirischen Ergebnissen kaum reflektiert.

Dieser Eindruck wird insbesondere durch die Studie von *Müller* unterstrichen, nach der Modifikationen in der Form des Ansatzes kalkulatorischer Wagnisse, Abschreibungen und Zinsen diejenigen darstellen, die in der Unternehmenspraxis über die geringste Relevanz verfügen.[2149] Wie bereits erläutert, arbeiten auch nur 22 Prozent der von *Hoke* untersuchten Unternehmen in der internen Erfolgsrechnung weiterhin mit kalkulatorischen Größen.[2150] Des Weiteren korrigieren ihrer Analyse zufolge 20 Prozent der befragten Unternehmen betriebswirtschaftlich nicht sinnvolle Bewertungen, wobei diese Unternehmen überwiegend nach dem Handelsrecht Rechnung legen. Die Korrekturen betreffen insbesondere die Bilanzierung langfristiger Fertigungsaufträge, Umbewertungen von Vorräten und Forderungen, die Passivie-

[2145] Vgl. Hoke (2001), S. 175; Müller (2006), S. 223.

[2146] Diese Korrektur kann nach *Hoke* bei Anwendung der IFRS entfallen (vgl. Hoke (2001), S. 177). Zudem schreibt inzwischen auch das novellierte Handelsrecht einen separaten Ausweis der Effekte aus der Ab- und Aufzinsung von Pensionsrückstellungen vor (§ 277 Abs. 5 Satz 1 HGB) (vgl. Hasenburg/Hausen (2009), S. 41).

[2147] Vgl. Hoke (2001), S. 176 ff.; Müller (2006), S. 223; Wagenhofer (2008a), S. 172.

[2148] Vgl. Abschnitt 5.3.1.3.1.1.4, S. 284 ff.

[2149] Vgl. Müller (2006), S. 223. Zu diesem Ergebnis kommt auch *Weide*: „Es zeigte sich, dass ohne eine einzige Ausnahme alle befragten Unternehmen die Abschreibungsarten und Abschreibungszeiträume des externen Rechnungswesens für planmäßige Abschreibungen identisch auch im internen Reporting anwenden.“ (Weide (2009a), S. 230).

[2150] Vgl. Hoke (2001), S. 181.

rung von Rückstellungen sowie die Anwendung unterschiedlicher Abschreibungsverfahren.[2151]

Es ist somit abschließend zu konstatieren, dass in der Unternehmenspraxis das Bestreben verbreitet ist, finanzierungsbedingte sowie außergewöhnliche Ergebniseffekte zu neutralisieren, da diese Ergebniskomponenten in der Regel für die Beurteilung der Leistung des operativen Managements irrelevant sind. Des Weiteren beeinträchtigt ihre Berücksichtigung die Prognoseeignung der Rechnungswesendaten. Die in der Konvergenzdiskussion vorgeschlagenen Modifikationen scheinen demgegenüber nicht zu den in der Unternehmenspraxis wichtigsten Änderungen zu gehören. Interessanterweise stellt *Hoke* bei Anwendung der internationalen Rechnungslegungsstandards einen im Vergleich zu einer Bilanzierung nach handelsrechtlichen Regelungen sinkenden Modifikationsbedarf fest, während *Müller* lediglich im Hinblick auf kalkulatorische Abschreibungen einen signifikanten Unterschied zwischen HGB- und IFRS-Bilanzierern identifiziert.[2152]

Während die bislang referenzierten Studien die in der Unternehmenspraxis beobachtbaren Übereinstimmungsniveaus der internen und externen Erfolgsgrößen erfassen und erklären, aus welchen Modifikationen sich die in einem konvergenten Rechnungswesen fortbestehenden Ergebnisunterschiede zusammensetzen, trägt *Angelkort* auf einem anderen Wege zur Erschließung der in der Unternehmenspraxis existenten Ausgestaltungen eines konvergenten Rechnungswesens bei. Er untersucht den Einfluss bestimmter Kontextfaktoren auf den Konvergenzgrad. Hierzu werden wieder die aus Abschnitt 6.1.2.1 bekannten Indizes in der Form eines Gesamtintegrationsindex und fünf Subindizes herangezogen. Die Auswertung ergibt, dass der Gesamtintegrationsindex bei ca. 75 Prozent der befragten Unternehmen auf einen hohen bis sehr hohen Konvergenzgrad schließen lässt, während die übrigen Unternehmen ein mittleres Niveau aufweisen. Jeweils rund zwei Drittel der Unternehmen verfügen in den Aktionsfeldern der Planung, des Berichtswesens und der Performancemessung über einen hohen oder sehr hohen Subindex. Bei den IT-Systemen ist die Integrationsintensität bei einem geringeren Anteil an Unternehmen hoch bzw. sehr hoch, während im Hinblick auf die Institutionalisierung der Controllerarbeit eine gegenläufige Tendenz erkennbar ist: Hier verfügen 81,78 Prozent der befragten Unternehmen über einen hohen oder sehr hohen Subindex.[2153]

Im nächsten Schritt untersucht *Angelkort* den Einfluss verschiedener Kontextfaktoren auf die Integrationsintensität und bezieht dabei die Börsennotierung, Unternehmensgröße, den führenden Rechnungslegungsstandard, die Hierarchiestufe innerhalb eines Konzernverbunds, die Volatilität des operativen Ergebnisses sowie die Änderungsdynamik des Unternehmensumfelds mit ein.[2154] Die wesentlichen Ergebnisse dieser Auswertung werden in den Tabellen 52

[2151] Vgl. Hoke (2001), S. 180.

[2152] Vgl. Müller (2006), S. 227; Hoke (2001), S. 182.

[2153] Vgl. Angelkort (2010), S. 100 f.

[2154] Vgl. Angelkort (2010), S. 101 ff.

und 53 zusammengefasst.[2155] Ihren letzten Spalten kann entnommen werden, dass die Ergebnisse in einem erheblichen Maße mit den bereits dargelegten konzeptionellen Überlegungen korrespondieren, die sich in der Konvergenzdiskussion finden lassen.

Kontext-faktor	Identifizierte Unterschiede	Gegenüberstellung der Ergebnisse der Literatur-analyse
Börsen-notierung	**Gesamtintegrationsindex:** Börsennotierte Unternehmen weisen im Mittel eine signifikant höhere Gesamtintegrationsintensität auf. **Subindizes:** Mit Ausnahme der Institutionalisierung der Controllerarbeit weisen börsennotierte Unternehmen für alle übrigen Aktionsfelder statistisch signifikant höhere Subindizes auf.	Die Ergebnisse stehen im Einklang mit der hohen Relevanz der Bedeutungszunahme internationaler Kapitalmärkte und der zunehmenden Shareholder Value-Orientierung als Konvergenzmotiv (vgl. Abschnitt 5.2.1.1.2).
Unterneh-mensgröße	**Gesamtintegrationsindex:** Kleine Unternehmen (mit maximal 1.000 Mitarbeitern) weisen eine signifikant geringere Gesamtintegrationsintensität auf als große Unternehmen (mit mindestens 10.000 Mitarbeitern). **Subindizes:** Mit Ausnahme der Institutionalisierung der Controllerarbeit sind die Mittelwerte von kleinen und großen Unternehmen signifikant unterschiedlich.	Der festgestellte Zusammenhang korrespondiert mit der zunehmenden Komplexität des Rechnungswesens, insbesondere in international aktiven Unternehmen als Treiber eines konvergenten Rechnungswesens (vgl. Abschnitt 5.2.1.1.2).
Rechnungs-legungs-standard	**Gesamtintegrationsindex:** IFRS-Bilanzierer weisen einen signifikant höheren Gesamtintegrationsgrad auf als HGB-Bilanzierer. **Subindizes:** IFRS-Anwender zeigen in sämtlichen Aktionsfeldern signifikant höhere Subindizes, ausgenommen die Institutionalisierung der Controllerarbeit.	Die Ergebnisse fundieren die zentrale Bedeutung der IFRS als Konvergenztreiber (vgl. Abschnitt 5.2.1.1.2) und die im konzeptionellen Schrifttum vielfach betonte höhere Steuerungseignung internationaler Rechnungslegungsvorschriften (vgl. Abschnitt 5.4.1)
Hierarchie-stufe	**Gesamtintegrationsindex:** Zwischen Spitzen-, Zwischenholdings und Tochterunternehmen bestehen keine signifikanten Unterschiede hinsichtlich der Gesamtintegrationsintensität. **Subindizes:** Spitzen- und Zwischenholdings weisen in der Planung und Performancemessung signifikant höhere Subindizes als Tochterunternehmen auf.	Die Ergebnisse mit Bezug zu den angesprochenen Subindizes stehen im Einklang mit der hierarchischen Abgrenzung des Konvergenzbereichs, die aus der Literaturanalyse als konsensfähiges Gestaltungsmuster hervorgegangen ist (vgl. Abschnitt 5.3.1.1.1.5).

Tabelle 52: Profile eines konvergenten Rechnungswesens in Abhängigkeit diverser Kontextfaktoren[2156]

[2155] Maßgebend für die Bestimmung der Integrationsindizes ist dabei die Ausgestaltung des Rechnungswesens auf der jeweils obersten Hierarchieebene (vgl. Angelkort (2010), S. 113).

[2156] Basierend auf den Ausführungen von Angelkort (2010), S. 101 ff.

Kontext-faktor	Identifizierte Unterschiede	Gegenüberstellung der Ergebnisse der Literatur-analyse
Ergebnis-volatilität	**Gesamtintegrationsindex:** Unternehmen mit geringer Ergebnisvolatilität zeichnen sich durch einen signifikant höheren Gesamtintegrationsindex aus als Unternehmen mit höherer Ergebnisvolatilität. **Subindizes:** Unternehmen mit geringer Ergebnisvolatilität weisen in der Planung einen signifikant höheren Subindex auf als Unternehmen mit hoher Ergebnisvolatilität. In den übrigen Bereichen liegen keine signifikanten Unterschiede vor.	Der Kontextfaktor „Ergebnisvolatilität“ hat in der Konvergenzdiskussion bislang noch keine eingehende Betrachtung erfahren.
Änderungs-dynamik des Um-felds	**Gesamtintegrationsindex:** Zwischen Unternehmen in einem sich schnell ändernden Umfeld und jenen in einem dynamischen liegt kein statistisch signifikanter Unterschied vor. **Subindizes:** Lediglich im Hinblick auf die Institutionalisierung der Controllerarbeit zeichnet sich ein signifikanter Unterschied ab, indem Unternehmen in einem dynamischen Umfeld ein höheres Integrationsniveau aufweisen als die Vergleichsgruppe.	Die von *Weißenberger/IGC* formulierte Erwartung, dass eine geringe Dynamik innerhalb und außerhalb des Unternehmens zu einem Bedeutungsverlust kalkulatorischer Kosten führt, kann nicht bestätigt werden (vgl. z.B. Weißenberger/IGC (2006a), S. 359).

Tabelle 53: Profile eines konvergenten Rechnungswesens in Abhängigkeit diverser Kontextfaktoren (Fortsetzung)[2157]

Die Befunde bestätigen zahlreiche Einflüsse, die in der Konvergenzdiskussion als bedeutsame Kontextfaktoren benannt werden. In diesem Zusammenhang sind insbesondere die Ergebnisse im Hinblick auf die Auswirkungen einer Börsennotierung und die Anwendung internationaler Rechnungslegungsstandards auf die Integrationsintensität hervorzuheben, welche die in Abschnitt 5.2.1.1.2 herausgearbeitete, hohe Bedeutung dieser Faktoren als Konvergenzmotive fundieren. Auch die Ergebnisse zum Einfluss der Hierarchiestufe zeigen sich zum in der Literatur verbreiteten Vorschlag konsistent, die Konvergenzbemühungen auf die obersten Hierarchieebenen eines Unternehmens zu begrenzen.[2158] Ferner rechtfertigt der Befund, dass kleine Unternehmen tendenziell eine geringere Gesamtintegrationsintensität aufweisen als börsennotierte Unternehmen, den in der Konvergenzdiskussion auf Großunternehmen gerichteten Fokus.[2159]

6.1.2.4 Zwischenfazit

Im Hinblick auf die konzeptionell-inhaltliche Strukturierung des Rechnungswesens legt die Gegenüberstellung der Resultate der Literaturanalyse und der Ergebnisse einschlägiger empirischer Studien vereinzelte Unterschiede offen. Diese betreffen primär die unterschiedlichen inhaltlichen Abgrenzungen des Konvergenzbereichs, die im Rahmen der empirischen Erhe-

[2157] Basierend auf den Ausführungen von Angelkort (2010), S. 101 ff.

[2158] Vgl. Abschnitt 5.3.1.1.1.5, S. 235 ff.

[2159] Vgl. Fn. 2089.

bungen identifiziert werden und mitunter deutlich über den im Schrifttum breiten Konsens findenden Konvergenzbereich hinausgehen. Unterschiede deuten sich ferner im Hinblick auf den Konvergenzgrad und die Modifikationen im Rahmen der Ableitung der internen Steuerungsgröße aus dem extern berichteten Periodenerfolg an. Erhebliche Parallelen zwischen der Literaturmeinung und den Ergebnissen empirischer Studien ergeben sich demgegenüber in Bezug auf die hierarchische Abgrenzung des Konvergenzbereichs sowie auf die Konvergenzrichtung. Dessen ungeachtet besteht hinsichtlich der grundsätzlichen Ausprägung der Gestaltungsparameter ein hohes Maß an Übereinstimmung zwischen der in der Konvergenzdiskussion herrschenden Meinung und der in der Unternehmenspraxis dominierenden Ausgestaltung eines konvergenten Rechnungswesens.

6.1.3 Erfolgswirkungen eines konvergenten Rechnungswesens und Steuerungseignung von Rechnungslegungsstandards

Die Literaturanalyse hat ergeben, dass die Erfolgswirkungen eines konvergenten Rechnungswesens bislang weitgehend unerschlossen geblieben sind.[2160] In den Beiträgen, die zur Konvergenz des Rechnungswesens in einschlägigen Fachzeitschriften publiziert worden sind, finden sich eine Reihe von konzeptionellen Evaluationen. Diese beziehen sich auf eine Steuerungsrechnung auf der Datenbasis des externen Rechnungswesens,[2161] auf die Rechnungslegungsgrundsätze der internationalen Bilanzierungsstandards[2162] oder auf ausgewählte Standards.[2163]

Die Beurteilungen divergieren, so dass eine abschließende Einschätzung, ob eine auf den Daten des externen Rechnungswesens basierende Steuerungsrechnung ihren Anforderungen gerecht werden kann, schwer fällt. Die meisten Autoren halten die Anreizverträglichkeit eines solchen Rechenwerks aufgrund der fraglichen Zielkongruenz und den bestehenden Ermessensspielräumen für eingeschränkt bis nicht existent.[2164] Auch die Antworten der Autoren auf die Frage, ob die IFRS-Rechnungslegungsgrundsätze den Subkriterien der Anreizverträglichkeit genügen können, fallen unterschiedlich aus.[2165] Demgegenüber zeichnet sich ab, dass den Anforderungen der Analysefähigkeit, Kommunikationsfähigkeit und Wirtschaftlichkeit tendenziell entsprochen werden kann.[2166] Im Vergleich zu den Ausführungen zu den Rechnungslegungsgrundsätzen wird die Steuerungseignung einzelner Standards teilweise unterschiedlich eingeschätzt.[2167]

2160 Vgl. Abschnitt 5.4, S. 319.

2161 Vgl. z.B. Coenenberg (1995), S. 2080 f.; Kahle (2003), S. 780.

2162 Vgl. z.B. Nobach/Zirkler (2006), S. 739; Pelger (2008a), S. 568 ff.

2163 Vgl. z.B. Kümpel (2002a), S. 907 ff.; Ballwieser/Hettich (2004), S. 86 f.

2164 Vgl. z.B. Kahle (2003), S. 783; Weißenberger (2004), S. 75.

2165 Vgl. z.B. Nobach/Zirkler (2006), S. 739; Pelger (2008a), S. 568 f.

2166 Vgl. z.B. Klein (1999b), S. 70 f.; Pelger (2008a), S. 569.

2167 Vgl. z.B. Haaker (2005), S. 354 ff.; Brösel/Müller (2007), S. 39 ff.

Es lässt sich festhalten, dass trotz der grundsätzlichen Parallelen zwischen den Anforderungen an eine konvergente Steuerungsrechnung und den Rechnungslegungsgrundsätzen der IFRS, konkrete Regelungen wie der Goodwill Impairment Test die Kriterien konterkarieren können.[2168] Eine abschließende Beurteilung, ob ein konvergentes Rechnungswesen über eine höhere Effektivität des Rechnungswesens verfügt, kann daher nicht getroffen werden. Diese Einschätzung erscheint insbesondere in Anbetracht der Ergebnisse formal-analytischer Modellierungen gerechtfertigt, die darauf hindeuten, dass eine Beurteilung der Steuerungseignung von Rechnungslegungsvorschriften situationsabhängig unter Berücksichtigung des jeweiligen Steuerungsproblems erfolgen sollte.[2169] Dennoch steht am Ende zahlreicher konzeptioneller Analysen das Ergebnis, dass die IFRS Vorteile immanieren, welche die Abbildungskonzeption der internationalen Rechnungslegung jener des Handelsrechts überlegen erscheinen lassen,[2170] so dass die IFRS Daten hervorbringen, die grundsätzlich als Basis für ein konvergentes Rechnungswesen in Betracht gezogen werden können.[2171]

Zu diesen Einschätzungen kompatibel erscheinen die empirischen Ergebnisse von *Müller*. Dieser stellt zum einen fest, dass die internationalen Rechnungslegungsvorschriften den handelsrechtlichen im Hinblick auf die Steuerungseignung als überlegen eingeschätzt werden und zudem Unternehmen, die bereits nach internationalen Rechnungslegungsstandards bilanzieren, die Steuerungseignung dieser Standards höher einschätzen als HGB-Bilanzierer.[2172] Zum anderen zeigt sich, dass Unternehmen, die nach internationalen Rechnungslegungsvorschriften Rechnung legen, einen im Vergleich zu den Anwendern des Handelsrechts höheren Konvergenzgrad aufweisen.[2173] Ferner deuten auch die empirischen Untersuchungen von *Horváth/Arnaout*, *Pellens et al.*, *Hoke* und *Weißenberger et al.* sowie die bereits dargelegte Studie von *Angelkort* einen Zusammenhang zwischen der Anwendung internationaler Rechnungslegungsstandards und dem Bestreben an, eine Konvergenz des internen und externen Rechnungswesens vorzunehmen.[2174]

Interessant erscheint dagegen, dass *Hebeler* auf der Basis einer umfangreichen Analyse der angloamerikanischen Rechnungswesenliteratur vor einer Überschätzung der „Leistungsfähigkeit der US-GAAP als Grundlage für eine erfolgreiche Unternehmenssteuerung im Sinne der Unternehmenswertsteigerung“[2175] warnt. Dies begründet sich neben dem vergleichsweise ge-

---

2168 Vgl. z.B. Brösel/Müller (2007), S. 42.

2169 Vgl. hierzu ausführlich Abschnitt 5.4.1.2, S. 330 ff.

2170 Vgl. hierzu nochmals Abschnitt 5.4.1.1.1, S. 321 ff.

2171 Vgl. Siefke (1999), S. 235 f.; Klein (1999a), S. 206; Wussow (2004), S. 218; Stute (2007), S. 450.

2172 Vgl. Müller (2006), S. 146 ff.

2173 Vgl. Müller (2006), S. 205.

2174 Vgl. Horváth/Arnaout (1997), S. 267; Pellens/Tomaszewski/Weber (2000), S. 1830 f.; Hoke (2001), S. 171 ff.; Weißenberger/Stahl/Vorstius (2004a), S. 9 ff.; Weißenberger/Stahl/Vorstius (2004b), S. 177 ff.; Angelkort (2010), S. 105 f.

2175 Hebeler (2003), S. 176. Zu einer skeptischen Einschätzung, inwiefern das traditionelle Rechnungswesen seinen Aufgaben nachkommen kann, gelangen auch *Ittner/Larcker* (vgl. Ittner/Larcker (1998), S. 205).

ringen Detaillierungsgrad der Erfolgsgrößen des externen Rechnungswesens insbesondere in ihrer mangelnden Relevanz für spezifische Entscheidungsprobleme und für die Steuerung dezentraler Unternehmenseinheiten, die durch Leistungsverflechtungen und Koordinationsprobleme erschwert wird.[2176] In diese Argumentation fügt sich zudem die von *Hebeler* festgestellte zunehmende Verbreitung wertorientierter Kennzahlen als Komplement zu den traditionellen rechnungswesenbasierten Steuerungsgrößen[2177] sowie die Persistenz von Kostenrechnungssystemen auch in US-amerikanischen Unternehmen ein.[2178]

Schließlich kann diese Schlussfolgerung empirisch fundiert werden: Die Befragung von US-amerikanischen Unternehmen nach der Datengrundlage, welche zur Steuerung des Unternehmens sowie seiner Geschäftsbereiche eingesetzt wird, ergibt nämlich, dass der Anteil der Unternehmen, welche die Datengrundlage des externen Rechnungswesens nicht oder nur teilweise zur Performancemessung einsetzen, höher ist als jener der von *Horváth/Arnaout* befragten deutschen Unternehmen. In Anbetracht der Möglichkeit, dass die Unternehmen aus den USA die Steuerungseignung der US-GAAP auf der Basis faktischer Erfahrungen beurteilen, während die Bewertungen der deutschen Unternehmen vielfach von Erwartungshaltungen geprägt werden, folgert *Hebeler*, dass die Leistungsfähigkeit internationaler Rechnungslegungsvorschriften bislang in Deutschland zu euphorisch beurteilt worden ist.[2179]

Über die primär konzeptionellen Analysen der Steuerungseignung verschiedener Rechnungslegungsstandards, von denen mittelbar auf die Effektivität eines konvergenten Rechnungswesens geschlossen werden kann, hinausgehend, liegen empirische Erkenntnisse zu den Erfolgswirkungen einer Konvergenz des Rechnungswesens nur in geringer Zahl vor. Diese lassen sich den Arbeiten von *Angelkort*, *Eierle et al.*, *Haring/Prantner*, *Müller* und *Weide* entnehmen, deren wesentliche Ergebnisse nachfolgend beschrieben werden.

6.1.3.1 Empirische Beurteilung ausgewählter IFRS-Regelungen

Eierle et al. befragen nicht kapitalmarktorientierte Unternehmen, wie diese die Eignung der Rechnungslegungsmethoden, welche das IASB im Entwurf des IFRS für kleine und mittelgroße Unternehmen (Small and Medium-Sized Entities (SME)) zur Diskussion gestellt hat, für interne Steuerungszwecke einschätzen.[2180] Diese Untersuchung komplementiert somit die konzeptionellen Evaluationen, deren Ergebnisse in Abschnitt 5.4.2.2 dargestellt worden sind.[2181] Im Rahmen der Untersuchung werden spezifische Rechnungslegungsmethoden des Exposure Draft eines IFRS for SME (ED-IFRS for SME) betrachtet, im Einzelnen die Neu-

[2176] Vgl. Hebeler (2003), S. 176. Zurückhaltend wird die Steuerungseignung internationaler Rechnungslegungsstandards auch von *Hoke* beurteilt, welche deren im Vergleich zu einer internen, unternehmenswertorientierten Rechnung stärkere Gewichtung des Objektivitätsgedankens kritisiert (vgl. Hoke (2001), S. 140).

[2177] Vgl. Hebeler (2003), S. 187.

[2178] Vgl. Hebeler (2003), S. 206; ähnlich auch Haller (1997), S. 273.

[2179] Vgl. Hebeler (2003), S. 243 f.

[2180] Vgl. Eierle/Schultze/Bischof/Thiericke (2008), S. 289 ff.

[2181] Vgl. Abschnitt 5.4.2.2, S. 343 ff.

bewertung von Sachanlagen und immateriellen Vermögenswerten, die Aktivierung von Entwicklungskosten, die Percentage-of-Completion-Methode, die Separation der IFRS- und steuerlichen Gewinnermittlung sowie das Passivierungsverbot für Aufwandsrückstellungen (vgl. hierzu auch Tabelle 54).

Umsatzbezogener Anteil der befragten Unternehmen, die den genannten Rechnungslegungsmethoden einen höheren Nutzen zusprechen als den entsprechenden HGB-Regelungen				
Rechnungslegungsmethoden	**Umsatzklassen**			
	8-32 Mio. EUR	**33-50 Mio. EUR**	**51-100 Mio. EUR**	**> 100 Mio. EUR**
Neubewertung von Sachanlagen	47%	52%	55%	62%
Neubewertung immaterieller Vermögenswerte	31%	22%	38%	32%
Aktivierung von Entwicklungskosten	32%	37%	41%	36%
Gewinnrealisierung nach der Percentage-of-Completion-Methode	57%	46%	49%	58%
Separation von IFRS- und steuerlicher Gewinnermittlung	10%	21%	21%	27%
Passivierungsverbot für Aufwandsrückstellungen	13%	12%	13%	11%

Tabelle 54: Zusammenfassung der Ergebnisse der Befragung von *Eierle et al.*[2182]

Die Bewertung von **Sachanlagen zum Fair Value** wird von der Mehrheit der Unternehmen positiv beurteilt, was angesichts der im konzeptionellen Schrifttum geäußerten Kritik an der erhöhten Ergebnisvolatilität und den Manipulationsmöglichkeiten sowie der damit verbundenen Einschränkung der Anreizverträglichkeit zunächst überrascht.[2183] Dieser Effekt relativiert sich jedoch durch den Hinweis, dass kleinere und mittlere Unternehmen vielfach weniger komplexe Organisationsstrukturen aufweisen und dementsprechend die Anreizverträglichkeit der Rechnungsweseninformationen weniger bedeutsam ist als in Großunternehmen. Darüber hinaus gilt die überwiegend positive Beurteilung nur bei Existenz eines Marktpreises. Sofern dieser nicht gegeben ist und folglich der Fair Value geschätzt werden muss, vertreten in den einzelnen Größenklassen nur noch 18 bis 28 Prozent der befragten Unternehmen die Auffassung, dass die Fair Value-Bewertung dem Anschaffungskostenmodell überlegen ist.[2184] Darü-

[2182] Basierend auf Eierle/Schultze/Bischof/Thiericke (2008), S. 291 ff.

[2183] Vgl. hierzu ausführlich Abschnitt 5.3.1.3.1.1.2, S. 280 ff.

[2184] Diese Einschätzungen stimmen weitgehend mit den bereits aufgegriffenen Ergebnissen von *Gassen/ Schwedler* überein (vgl. Gassen/Schwedler (2010), S. 506, sowie bereits Fn. 1534).

ber hinaus wird in der **Neubewertung immaterieller Vermögensgegenstände** mehrheitlich kein Vorteil gegenüber der Bewertung zu historischen Kosten gesehen.[2185]

Der **Aktivierung von Entwicklungskosten** wird im Lichte der internen Steuerung vielfach ein höherer Nutzen zugesprochen als der vollständigen erfolgswirksamen Erfassung als Periodenaufwand. Auch die Bilanzierung langfristiger Fertigungsaufträge nach der **Percentage-of-Completion-Methode** wird überwiegend als Abbildungsregelung erachtet, die der Completed-Contract-Methode überlegen ist. Der **Separation der IFRS-Rechnungslegung von der steuerlichen Gewinnermittlung** wird hingegen mehrheitlich kein oder nur ein geringer Nutzen zugesprochen. Mit Blick auf die enge Verzahnung des deutschen Handels- und Steuerrechts, die als Ursache für die verzerrte Abbildung der Unternehmenssituation im Jahresabschluss und als Grund für die tradierte Dichotomie des Rechnungswesens angeführt wird,[2186] wäre zu erwarten gewesen, dass die Abkopplung der Rechnungslegung von steuerrechtlichen Fragen als vorteilhaft aufgefasst wird.[2187] Eine mögliche Erklärung hierfür sehen *Eierle et al.* darin, dass weniger die Eliminierung steuerlich motivierter Erfolgsverzerrungen beurteilt worden ist, sondern dieses Ergebnis eine Folge des entstehenden Mehraufwands ist, den die Unternehmen identifiziert haben. So sei eine Einheitsbilanz im Sinne einer kombinierten Handels- und Steuerbilanz bei Anwendung der IFRS nicht länger gangbar.[2188] Schließlich wird auch das **Passivierungsverbot für Aufwandsrückstellungen**, welches der Bildung und Auflösung von Rückstellungen immanente Manipulationsmöglichkeiten einschränkt, nur von einer Minderheit als vorteilhaft erachtet.[2189]

Die befragten Unternehmen kommen somit mehrheitlich zu einer anderen Einschätzung als die in der Konvergenzdiskussion dokumentierten Stellungnahmen.[2190] Ein Konsens scheint zwischen den Wissenschaftlern und den an der Studie teilnehmenden Unternehmen dahingehend zu bestehen, dass eine Fair Value-Bewertung nur dann für interne Steuerungszwecke sinnvoll erscheint, wenn diese auf beobachtbaren Marktpreisen basiert. Wie bereits in Abschnitt 5.3.1.3.1.1.2 ausgeführt, dürfte dieser Idealfall in der Rechnungslegungsrealität jedoch eine Ausnahme bilden.[2191] Der Aktivierung von Entwicklungskosten wird ein erheblicher Nutzen zugesprochen, wobei *Klein* gezeigt hat, dass die konkreten Regelungen des IAS 38 den Anforderungen an eine Steuerungsrechnung zum Teil widersprechen.[2192] Hervorzuheben sind die überwiegenden Ablehnungen der Verselbständigung der steuerlichen Gewinnermitt-

---

2185 Vgl. Eierle/Schultze/Bischof/Thiericke (2008), S. 292 f.

2186 Vgl. Glaum/Mandler (1996), S. 218; Küting/Lorson (1999b), S. 219; Glaum (2000), S. 26.

2187 Schließlich wird die Separation der Finanzberichterstattung und der Steuerbemessung als Treiber für die realitätsnähere Abbildung der Unternehmenssituation in Rechenwerken gesehen, die nach internationalen Standards aufgestellt worden sind (vgl. z.B. Haller (1990), S. 768).

2188 Vgl. Eierle/Schultze/Bischof/Thiericke (2008), S. 295 f.

2189 Vgl. Eierle/Schultze/Bischof/Thiericke (2008), S. 296.

2190 Vgl. hierzu nochmals Abschnitt 5.4.1.1.1.2, S. 325 f.

2191 Vgl. Abschnitt 5.3.1.3.1.1.2, S. 278.

2192 Vgl. hierzu bereits Abschnitt 5.4.2.2.3.1, S. 354.

lung und des Passivierungsverbots für Rückstellungen. Beide Aspekte werden in der Literatur angeführt, um die stärkere betriebswirtschaftliche Orientierung und die höhere Objektivität der internationalen Standards zu unterstreichen.[2193]

6.1.3.2 Empirische Gegenüberstellung erwarteter und realisierter Vorteile eines konvergenten Rechnungswesens

Müller generiert Aussagen über die Erfolgswirkungen eines konvergenten Rechnungswesens, indem die Befragten eine allgemeine Einschätzung zu den Kosten und Nutzen eines konvergenten Rechnungswesens abzugeben haben und zudem die erwarteten und realisierten Vor- und Nachteile einander gegenübergestellt werden. Den Ergebnissen ist eine gewisse Ambivalenz zu entnehmen. Das Verhältnis des Nutzens und der Kosten eines konvergenten Rechnungswesens wird mehrheitlich positiv gesehen. So geben 63 Prozent der befragten Unternehmen an, der Nutzen sei höher als die Kosten, 27 Prozent signalisieren eine Entsprechung von Nutzen und Kosten und lediglich 10 Prozent konstatieren, dass der Nutzen eines konvergenten Rechnungswesens dessen Kosten nicht kompensiert.[2194] Darüber hinaus lässt sich statistisch ein positiver Zusammenhang zwischen dem Konvergenzgrad und der Zufriedenheit mit einem konvergenten Rechnungswesen nachweisen.[2195]

Ein anderes Bild ergibt sich jedoch aus dem Antwortverhalten auf die Frage, inwiefern die mit einem konvergenten Rechnungswesen assoziierten Vorteile realisiert werden. *Müller* interpretiert die Einschätzung der Vorteile dabei als ex ante-Beurteilung, die Frage nach dem Erreichungsgrad kommt hingegen einer ex post-Beurteilung gleich. Die Erhebung legt offen, dass keiner der genannten Vorteile zur vollsten Zufriedenheit erfüllt wird und bei sechs von zehn Vorteilen die nachträgliche Bewertung signifikant schlechter ausfällt als die ex ante-Beurteilung.[2196] Gleichwohl zeigt sich eine weitgehende Erfüllung der wichtigsten Vorteile in der Gestalt der Verwendung konzernweit einheitlicher Kennzahlen, der Erhöhung der Transparenz und der Verbesserung der Verständlichkeit im Rechnungswesen.[2197] Interessant erscheint, dass Kosteneinsparungen, deren Realisierung unter den Vorteilen eines konvergenten Rechnungswesens ohnehin keine prioritäre Stellung einnimmt, nicht im erwarteten Umfang realisiert werden konnten.[2198]

Müller deutet diese Ergebnisse dahingehend, dass die Umsetzung der Konvergenz zum Zeitpunkt der Befragung noch nicht vollständig abgeschlossen war,[2199] was in Anbetracht der Er-

[2193] Vgl. Abschnitte 5.4.1.1.1.2, S. 325 ff., und 5.4.1.1.1.3, S. 327 f.

[2194] Vgl. Müller (2006), S. 241 f.

[2195] Vgl. Müller (2006), S. 242.

[2196] Vgl. Müller (2006), S. 246.

[2197] Vgl. Müller (2006), S. 243 f.; vgl. zu den wichtigsten Vorteilen aus der Erhebung von *Müller* auch bereits Abschnitt 6.1.1.2, S. 367 ff.

[2198] Vgl. Müller (2006), S. 244.

[2199] Vgl. Müller (2006), S. 247.

kenntnis, dass die Konvergenz vielfach nicht im Rahmen eines spezifischen Projekts umgesetzt wird, plausibel erscheinen mag.[2200] Gleichwohl steht ein empirischer Nachweis für diese Interpretation aus.

Auch *Haring/Prantner* erfassen im Rahmen ihrer Unternehmensbefragung (potenzielle) Diskrepanzen zwischen den erwarteten und realisierten Vor- und Nachteilen eines konvergenten Rechnungswesens. Demnach sind die Erwartungen der Unternehmen insbesondere im Hinblick auf die Schaffung einer gemeinsamen Datenbasis und Vereinfachungen im Bereich des Controllings erfüllt worden. Zudem scheint auch die intendierte bessere Abbildung der Unternehmenssituation erreicht worden zu sein. Neben diesen überwiegend effektivitätsbezogenen Vorteilen konnten aber auch Kosteneinsparungen realisiert werden, wenn auch nicht vollständig im erwarteten Maße.[2201]

Hervorzuheben sind die erheblichen Unterschiede bei der Verbesserung der unternehmensinternen Kommunikation und insbesondere bei der Verwendung einheitlicher Kennzahlen. In diesen Fällen sind die Vorteile in einem deutlich geringeren Maße eingetreten als zuvor erwartet worden ist. Die Erwartungen im Hinblick auf die internationale Kommunizierbarkeit von Daten aus einem konvergenten Rechnungswesen sind demgegenüber erheblich übererfüllt worden. So gehört dieser Aspekt nur bei ca. 45 Prozent der befragten Unternehmen zu den genannten Vorteilen, während er bei mehr als 70 Prozent unter den realisierten Vorteilen vertreten ist.[2202]

Bei der Gegenüberstellung der eingetretenen und erwarteten Nachteile wird deutlich, dass sämtliche Aspekte bei der Abfrage der erwarteten Nachteile deutlich häufiger angeführt werden als bei den tatsächlich eingetretenen Einschränkungen. Dies betrifft insbesondere die Abhängigkeit der Ausgestaltung des konvergenten Rechnungswesens von der externen Normensetzung, die Nachteile aufgrund des Verzichts auf kalkulatorische Kosten, Wettbewerbsnachteile infolge einer höheren Transparenz und eine schlechtere Erfüllung der Controllinganforderungen. Bemerkenswert erscheint, dass bei 47 Prozent der befragten Unternehmen keine Nachteile eingetreten sind, während nur 25 Prozent der Unternehmen eine solche Erwartung formuliert haben.[2203] Im direkten Vergleich zeichnet sich somit in den Ergebnissen der Untersuchung von *Haring/Prantner* eine relativ zu *Müller* höhere Zufriedenheit mit der Konvergenz des Rechnungswesens ab. Letzterer skizziert in Anbetracht der überwiegend schlechteren ex post-Beurteilung ein eher verhaltenes Bild von den Erfolgswirkungen eines konvergenten Rechnungswesens.

[2200] Vgl. Müller (2006), S. 232.
[2201] Vgl. Haring/Prantner (2005), S. 152.
[2202] Vgl. Haring/Prantner (2005), S. 152.
[2203] Vgl. Haring/Prantner (2005), S. 153.

6.1.3.3 Erfolgswirkungen eines konvergenten Rechnungswesens nach *Weide*

Weide analysiert im Rahmen seiner Feldstudie, inwiefern eine Konvergenz des Rechnungswesens den Erfolg des Management Reporting beeinflusst und betrachtet hierzu acht qualitative Erfolgsindikatoren. Diese beziehen sich auf die in Tabelle 55 aufgeführten und im Folgenden erläuterten Aspekte. Dabei wird ersichtlich, dass sich unter den von den Partizipanten abgegebenen Begründungen für ihre Einschätzungen zahlreiche Argumente finden, die auch im Rahmen der Konvergenzdiskussion als Vor- bzw. Nachteile eines konvergenten Rechnungswesens genannt werden.

Erfolgsfaktor	Einschätzungen der Befragten						Summe
	(+)		(0)		(-)		
Sachliche Relevanz	7	29%	16	67%	1	4%	24
Zeitliche Relevanz	13	54%	0	0%	11	46%	24
Vergleichbarkeit im Zeitablauf	12	50%	5	21%	7	29%	24
Transparenz	23	96%	0	0%	1	4%	24
Objektivität	12	50%	9	38%	3	13%	24
Anreizverträglichkeit	14	58%	9	38%	1	4%	24
Flexibilität	5	21%	8	33%	11	46%	24
Wirtschaftlichkeit	14	58%	10	42%	0	0%	24

Mit (+) ≡ Verbesserung der Beurteilung des Erfolgsindikators nach der Konvergenz; (0) ≡ Neutrale bzw. unveränderte Beurteilung des Erfolgsindikators nach der Konvergenz; (-) ≡ Verschlechterung der Beurteilung des Erfolgsindikators nach der Konvergenz

Tabelle 55: Beurteilung der Erfolgsindikatoren des Management Reporting[2204]

Aus der oben stehenden Übersicht geht deutlich hervor, dass eine Konvergenz des Rechnungswesens die **Transparenz** des Management Reporting erhöht, unter der „die Verständlichkeit und Klarheit des Management Reporting“[2205] zu verstehen ist. Die Transparenzsteigerung ist nach Angabe der Befragten darauf zurückzuführen, dass mit der Aufgabe eines zweiten, vom externen Periodenerfolg separierten Ergebnisses Diskussionen um die Adäquanz der Werte entfallen und Verständnisschwierigkeiten insbesondere in einem internationalen Umfeld abgebaut werden können. Zudem könnten – wenn auch in geringerem Maße – systemtechnische Vereinheitlichungen, die im Zuge einer Konvergenz des Rechnungswesens vorgenommen werden – die Transparenz des Management Reporting bzw. Rechnungswesens erhöhen.[2206]

[2204] In Anlehnung an Weide (2009a), S. 339.

[2205] Weide (2009a), S. 155.

[2206] Vgl. Weide (2009a), S. 315.

Darüber hinaus wird von den Befragten die **Anreizverträglichkeit** im Vergleich zu den Standpunkten, die sich im Rahmen der Literaturanalyse gezeigt haben, positiver eingeschätzt. In 58 Prozent der befragten Unternehmen herrscht die Ansicht vor, dass mithilfe einer Vereinheitlichung die Anreizverträglichkeit des Rechnungswesens erhöht werden kann; lediglich einer der Befragten nimmt eine Verschlechterung wahr. Die Kongruenz zwischen zentral und dezentral verfolgten Zielen könne demnach insbesondere erreicht werden, indem Daten des konvergenten Rechnungswesens als Bemessungsgrundlage für erfolgsabhängige Vergütungen verwendet werden. Die Konvergenz führe zu einer höheren Nachvollziehbarkeit des Bonussystems im Unternehmen, des Weiteren steige die Verlässlichkeit durch den Einbezug in die gesetzliche Abschlussprüfung.[2207]

Gleichwohl scheinen sich die Befragten der Nachteile bewusst zu sein, die innerhalb des Schrifttums vielfach Erwähnung finden. So spricht der Gesprächspartner, der eine Verschlechterung der Anreizverträglichkeit im Zuge der Konvergenzdiskussion identifiziert, die mit dem Fair Value verbundenen Ermessensspielräume an.[2208] Ferner wird die Durchbrechung des Controllability-Prinzips thematisiert, welche ihren Ursprung in der Berücksichtigung von Ergebniskomponenten findet, die außerhalb des Einflussbereichs des Managements liegen.[2209] Zumindest die bestehenden Ermessensspielräume werden in den befragten Unternehmen jedoch eingeschränkt, indem konzernweit anzuwendende Handbücher verfasst werden, in denen die einheitliche Ausübung von Wahlrechten und das Vorgehen bei Ermessensspielräumen festgelegt werden. Außerdem wird das Stetigkeitsprinzip als Kontrollmechanismus gegen willkürliche Abweichungen von bzw. Änderungen der Bilanzierungsmethoden genannt.[2210]

Darüber hinaus ist mindestens die Hälfte der Befragten der Meinung, dass mittels einer Konvergenz des Rechnungswesens die Wirtschaftlichkeit des Rechnungswesens sowie die zeitliche Relevanz, Vergleichbarkeit im Zeitablauf und Objektivität von Daten des Rechnungswesens erhöht werden kann (vgl. Tabelle 55). Hinsichtlich der **Wirtschaftlichkeit** bestätigen die befragten Unternehmensvertreter die mittels der Literaturanalyse identifizierte Meinung, dass ein konvergentes Rechnungswesen insofern Kosteneinsparungspotenziale inhäriert, als der zweite Rechenkreis entfällt und zudem Vereinheitlichungen auf der Ebene der Datenerfassungs- und -verarbeitungssysteme vorgenommen werden können.[2211] Dass hingegen 42 Prozent der Befragten keine Veränderungen in Bezug auf die Wirtschaftlichkeit des Rechnungswesens wahrnehmen, ist einerseits darauf zurückzuführen, dass mit der Konvergenz des Rechnungswesens erhebliche Einmalinvestitionen verbunden sein können, insbesondere wenn eine Systemvereinheitlichung vorgenommen wird. Andererseits wird ein erhöhter Abstim-

2207 Vgl. Weide (2009a), S. 323.
2208 Vgl. Abschnitt 5.3.1.3.1.1.2, S. 280 ff.
2209 Vgl. Abschnitt 5.4.2.1.1, S. 339 ff.
2210 Vgl. Weide (2009a), S. 324 ff.
2211 Vgl. Abschnitt 5.2.2.1.2, S. 173.

mungsaufwand auf der Ebene der dezentralen Einheiten gesehen, der zusammen mit schulungsbedingten Aufwendungen die Wirtschaftlichkeit des Rechnungswesens negativ tangiert.[2212]

Hervorzuheben sind schließlich die Einschätzungen zur sachlichen Relevanz und Flexibilität eines konvergenten Rechnungswesens, da dies die beiden Erfolgsindikatoren sind, welche von den wenigsten Gesprächspartnern als positiv beurteilt worden sind. Der Einfluss der Konvergenz auf die **sachliche Relevanz** der Informationen wird überwiegend als neutral betrachtet. Dies ist darauf zurückzuführen, dass zahlreiche Befragte keine Änderungen wahrnehmen. Andere verbinden mit der Konvergenz des Rechnungswesens positive wie negative Entwicklungen mit kompensierender Wirkung, so dass keine eindeutige Änderungsrichtung festgestellt werden kann. Als Vorteil wird in diesem Zusammenhang die Einheitlichkeit von den intern verwendeten Zahlen und jenen, die am Kapitalmarkt kommuniziert werden, hervorgehoben. Demgegenüber erweise sich der Verzicht auf zusätzliche Informationen in der Form kalkulatorischer Größen als nachteilig. Zudem werden auch in diesem Zusammenhang Elemente der IFRS-Rechnungslegung mit zweifelhafter Steuerungswirkung wie Fair Values genannt.[2213] Aus der überwiegend neutralen Beurteilung schließt *Weide* jedoch, „dass der subjektive Informationsbedarf der Reportingempfänger hinreichend befriedigt wird."[2214]

Die negativen Beurteilungen überwiegen demgegenüber beim Kriterium der **Flexibilität**. Im Kontext dieses Erfolgsindikators wird die Abhängigkeit der internen Informationssysteme von der Gesetzgebung betont sowie der Verlust von Gestaltungsspielräumen im Management Reporting angeführt. Neben den inhaltlichen Veränderungen werden auch Änderungen auf der Ebene der IT-Systeme für einen Verlust von Flexibilität verantwortlich gemacht.[2215] Die Exponiertheit des internen Rechnungswesens gegenüber Entwicklungen im Bereich der externen Rechnungslegung und das Abrücken von der Abbildungskonzeption des internen Rechnungswesens sind auch in der Konvergenzdiskussion als Nachteile einer Konvergenz des Rechnungswesens genannt worden.[2216] Der erstgenannte Punkt stellt darüber hinaus in den empirischen Studien von *Hoke*, *Haring/Prantner* und *Müller* den zentralen Nachteil eines konvergenten Rechnungswesens dar.[2217] Insofern erweisen sich die von der Unternehmenspraxis vorgebrachten Argumente als weitgehend konsistent mit den im Schrifttum geäußerten Bedenken.

Insgesamt kann aus den Ausführungen jedoch gefolgert werden, dass aus der Perspektive der Befragten der Erfolg des Management Reporting durch eine Konvergenz des Rechnungswe-

---

2212 Vgl. Weide (2009a), S. 330 ff.
2213 Vgl. Weide (2009a), S. 307 ff.
2214 Weide (2009a), S. 309.
2215 Vgl. Weide (2009a), S. 326 ff.
2216 Vgl. Abschnitt 5.2.3.1, S. 184 ff.
2217 Vgl. Abschnitt 6.1.1.3, S. 372.

sens erhöht werden kann.[2218] Beachtung ruft das deutlich überwiegende Votum für eine höhere Transparenz hervor. Die Auswertung der Konvergenzmotive und der Vorteile eines konvergenten Rechnungswesens hat gezeigt, dass Ergebnisdivergenzen einen zentralen Beweggrund für eine Konvergenz des Rechnungswesens darstellen und in einer gesteigerten Ergebnistransparenz einer der wichtigsten Vorteile eines konvergenten Rechnungswesens gesehen wird.[2219] Die Untersuchung von *Weide* legt den Rückschluss nahe, dass dieses Ziel mit einem konvergenten Rechnungswesen tatsächlich erreicht werden kann. Dementsprechend können die Ergebnisse als empirische Evidenz für die Effektivität eines konvergenten Rechnungswesens aufgefasst werden. Bemerkenswert ist ferner, dass die Beurteilungen der Gesprächspartner hinsichtlich der Anreizverträglichkeit eines konvergenten Rechnungswesens zwar durchaus unterschiedlich ausfallen, in der Tendenz jedoch weniger kritisch sind als die Darstellung in der Konvergenzdiskussion.[2220]

6.1.3.4 Erfolgswirkungen eines konvergenten Rechnungswesens nach *Angelkort*

Eine weitere Arbeit, die sich mit der Erschließung der Erfolgswirkungen eines konvergenten Rechnungswesens befasst, stellt die Dissertation von *Angelkort* dar. Er intendiert, insbesondere den Einfluss einer Konvergenz des Rechnungswesens auf den vom Management wahrgenommenen **Erfolg der Controllerarbeit** zu erfassen.[2221] Motiviert wird die Untersuchung dabei vor allem durch die Beobachtung, dass die bestehenden empirischen Studien zum einen keine Aussagen zum Zusammenhang zwischen der „Integrationsintensität" und dem Erfolg der internen Informationsversorgung hervorgebracht haben. Zum anderen beruhten die bisherigen Erfolgsbeurteilungen auf Selbsteinschätzungen von Controllern, womit naturgemäß die seitens der Manager als Berichtsempfänger wahrgenommenen Erfolgswirkungen vernachlässigt worden seien.[2222] Diese Defizite sucht *Angelkort* mithilfe eines dyadischen Forschungsdesigns, das auf einer Befragung eines Controllers und eines ergebnisverantwortlichen Managers in jedem Unternehmen beruht, zu überwinden.[2223]

Angelkort formuliert die Hypothese, dass sich die Gesamtintegrationsintensität des Rechnungswesens positiv auf die Ergebnisqualität des Controllings auswirkt (Hypothese 1) und begründet dies damit, dass Controllingberichte auf Basis eines konvergenten Rechnungswesens nicht nur schneller bereitgestellt werden können, sondern darüber hinaus über eine höhere Aussagekraft verfügen, weil Abstimmbrücken zwischen den internen und externen Erfolgsgrößen obsolet werden.[2224] Des Weiteren wird erwartet, dass die Gesamtintegrationsin-

2218 Vgl. Weide (2009a), S. 338.
2219 Vgl. Abschnitte 5.2.1.1.1, S. 148, und 5.2.2.1.1, S. 167.
2220 Vgl. Abschnitt 5.4.2.2, S. 343 ff.
2221 Vgl. Angelkort (2010), S. 8.
2222 Vgl. Angelkort (2010), S. 47.
2223 Vgl. Angelkort (2010), S. 11.
2224 Vgl. Angelkort (2010), S. 133.

tensität einen positiven Einfluss auf die Einheitlichkeit der Finanzsprache nimmt und dementsprechend zur Vermeidung von Interpretationsproblemen beiträgt (Hypothese 2).[2225] Schließlich wird davon ausgegangen, dass eine einheitliche Finanzsprache die Akzeptanz von Controllinginformationen steigert, weil nicht länger widersprüchliche Informationen vorliegen, und somit nicht nur die Ergebnisqualität des Controllings erhöht wird (Hypothese 3), sondern die konsistenten Informationen auch stärker in die Entscheidungsfindung des Managements einbezogen werden (Hypothese 4).[2226] Abbildung 53 illustriert die hypothetisierten Zusammenhänge und hebt zugleich hervor, dass die Messung der Erfolgswirkungen auf den Antworten der befragten Manager basiert, während die Bemessung der Gesamtintegrationsintensität auf die Antworten der Controller rekurriert.

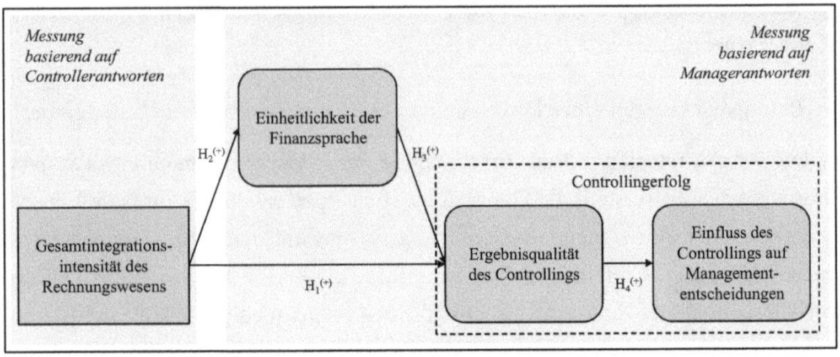

Abbildung 53: Dyadisches Untersuchungsmodell von *Angelkort*[2227]

Zur Operationalisierung der Variable „Gesamtintegrationsintensität“ wird auf den bereits im Abschnitt 6.1.2.1 umschriebenen Gesamtintegrationsindex abgestellt. Die Variablen „Einheitlichkeit der Finanzsprache“, „Ergebnisqualität des Controllings“ und „Einfluss des Controllings auf Managemententscheidungen“ setzen sich aus mehreren Items zusammen, die auf Bewertungen der Befragten anhand einer mehrstufigen Rating-Skala basieren.[2228]

Aus der Auswertung geht kein direkter signifikanter Effekt der Gesamtintegrationsintensität auf die Ergebnisqualität des Controllings hervor, so dass die erste Hypothese nicht bestätigt werden kann. Allerdings ergibt sich ein signifikanter direkter Effekt der Gesamtintegrationsintensität auf die Einheitlichkeit der Finanzsprache, von der wiederum ein signifikanter direkter Effekt auf die Ergebnisqualität des Controllings ausgeht. Die positive Wirkung Letzterer auf den Einfluss des Controllings auf Managemententscheidungen ist wiederum statistisch signifikant.[2229] *Angelkort* interpretiert die Ergebnisse dahingehend, „dass die technische Ausgestaltung der Controllerarbeit offensichtlich nicht in direkter Weise bedeutsam für die Beur-

2225 Vgl. Angelkort (2010), S. 134.
2226 Vgl. Angelkort (2010), S. 135 f.
2227 Entnommen aus Angelkort (2010), S. 137.
2228 Vgl. Angelkort (2010), S. 137 ff.
2229 Vgl. Angelkort (2010), S. 149.

teilung der Ergebnisqualität des Controllings seitens der Manager ist. Vielmehr ist hierfür ausschlaggebend, inwieweit es den Controllern gelingt, ein zu den Informationen der Bilanzierung konsistentes Bild der Geschäftssituation im Sinne einer einheitlichen Finanzsprache zu vermitteln. Hierauf wiederum hat die Gesamtintegrationsintensität des Rechnungswesens einen positiven Einfluss."[2230] Wesentliche Treiber seien dabei die Integrationstendenzen in den Controlleraktionsfeldern „Berichtswesen", „Gestaltung der controllingrelevanten IT-Systeme" und „Institutionalisierung der Controllerarbeit".[2231]

Insgesamt ergeben sich aus der Arbeit deutliche Hinweise, dass mittels einer Konvergenz des Rechnungswesens der Erfolg der Controllerarbeit erhöht werden kann und Controller in stärkerem Maße für die Erreichung der Unternehmensziele einstehen.[2232] Zudem wird ein positiver Einfluss der Gesamtintegrationsintensität auf die Einheitlichkeit der Finanzsprache festgestellt, womit nochmals hervorgehoben wird, dass die Schaffung von Ergebnistransparenz als wichtiger Vorteil eines konvergenten Rechnungswesens offenbar auf diesem Wege erreicht werden kann.

6.1.3.5 Zwischenfazit

Die geringe Anzahl der vorgestellten Studien untermauert nochmals den bereits in Abschnitt 5.4 wiedergegebenen Eindruck, dass eine Auseinandersetzung mit den Erfolgswirkungen eines konvergenten Rechnungswesens bislang nur in Ansätzen stattgefunden hat. So befassen sich insgesamt nur vier Studien mit diesen Folgen.[2233] Mit der Ausnahme von *Müller*, aus dessen Untersuchung eine eher verhaltene Beurteilung eines konvergenten Rechnungswesens hervorgeht, vermitteln sämtliche Arbeiten positive Beurteilungen der Konvergenz in der Unternehmenspraxis.[2234] Insbesondere die Ergebnisse von *Weide* und *Angelkort* lassen den Schluss zu, dass die handlungsauslösenden Defizite bestehend aus der Koexistenz eines internen und externen Periodenerfolgs und den daraus resultierenden Interpretations- und Kommunikationsschwierigkeiten im Zuge der Konvergenz tatsächlich beseitigt werden können.

6.2 Reflexion und Implikationen

Nachfolgend werden die Ergebnisse der Literaturanalyse, die in Abschnitt 5 erörtert und in Abschnitt 6.1 den Befunden empirischer Studien gegenübergestellt worden sind, diskutiert.

2230 Angelkort (2010), S. 149 f. Dementsprechend wird an anderer Stelle empfohlen: „Controller sollten demzufolge verstärkt auf die Konsistenz der von ihnen bereitgestellten Informationen mit den Informationen der externen Finanzberichterstattung achten." (Angelkort (2010), S. 160).

2231 Vgl. Angelkort (2010), S. 152.

2232 Vgl. Angelkort (2010), S. 166.

2233 Auf die Studie von Eierle/Schultze/Bischof/Thiericke (2008) wird in diesem Zusammenhang nicht Bezug genommen, da die befragten Unternehmen im Rahmen dieser Erhebung lediglich die Steuerungseignung bestimmter Rechnungslegungsmethoden unabhängig von einer Übernahme in das interne Rechnungswesen beurteilen. Es handelt sich dementsprechend nicht um eine ex post-Beurteilung einer Konvergenz des Rechnungswesens.

2234 So auch Angelkort (2010), S. 44.

Zugleich werden weitere Forschungsbedarfe aufgezeigt. In Abschnitt 6.2.1 stehen dabei die Inhalte der Konvergenzdiskussion im Fokus der Analyse, während in Abschnitt 6.2.2 Rückschlüsse im Hinblick auf die eingangs thematisierte Theorie-Praxis-Lücke in der betriebswirtschaftlichen Forschung gezogen werden.

6.2.1 Schlussfolgerungen zum Diskussionsstand und Entwicklungsperspektiven

6.2.1.1 Generelle Schlussfolgerungen zur Konvergenzdiskussion

Die vorliegende Arbeit wurde durch die zunehmende Verbreitung eines konvergenten Rechnungswesens in der Unternehmenspraxis auf der einen und die vielfach als „kontrovers" bezeichnete wissenschaftliche Auseinandersetzung auf der anderen Seite motiviert. Aufbauend auf einer systematischen Analyse der in praxisnahen und wissenschaftlichen Fachzeitschriften geführten Diskussion um eine Konvergenz des Rechnungswesens wurden daraufhin zwei grundlegende Fragen beleuchtet: Zum einen ging die Untersuchung der Frage nach, ob zwischen den Vertretern der Wissenschaft und Unternehmenspraxis unterschiedliche Vorstellungen zu den Möglichkeiten und Grenzen einer Konvergenz des Rechnungswesens bestehen. Zum anderen intendierte sie die Beantwortung der Frage, ob sich im Zeitablauf verändernde Standpunkte zu einem konvergenten Rechnungswesen abzeichnen.[2235]

Die Ergebnisse der Untersuchung legen nahe, beide Fragen grundsätzlich zu verneinen. Zumindest im Hinblick auf die Grundfragen eines konvergenten Rechnungswesens sind weder in zeitraumbezogener noch in autorengruppenbezogener Hinsicht nennenswerte Entwicklungen identifiziert worden, die auf „Wendepunkte" innerhalb der Diskussion oder grundlegend unterschiedliche Standpunkte von Praxisvertretern und Wissenschaftlern hindeuten. Diese Grundfragen betreffen die Begründung eines konvergenten Rechnungswesens, dessen Ausgestaltung sowie seine Erfolgswirkungen.[2236]

Motiviert wird die Konvergenz des Rechnungswesens vorrangig durch Effektivitätsdefizite, welche die tradierte Ausgestaltung des Rechnungswesens immaniert und die insbesondere durch die zunehmende Internationalisierung der Geschäftstätigkeit wahrnehmbar werden. In beiden Subperioden des Untersuchungszeitraums lassen sich die angegebenen Konvergenzmotive auf diese Entwicklungen zurückführen – sowohl von Vertretern der Wissenschaft als auch der Unternehmenspraxis.[2237] Auch die Vorteile, die mittels einer Konvergenz des Rechnungswesens zu erreichen versucht werden, variieren allenfalls geringfügig zwischen den beiden Subperioden und den Vertretern der beiden Autorengruppen. Die Nennungen deuten ebenfalls darauf hin, dass mit der Konvergenz primär Effektivitätspotenziale gehoben werden

2235 Vgl. Abschnitt 1.3, S. 8.

2236 Im Hinblick auf einzelne Detailfragen bestehen jedoch teilweise unterschiedliche Ansichten, welche in Abschnitt 6.2.1.2, S. 411 ff., diskutiert und als Ausgangspunkt für weitere Forschungsarbeiten betrachtet werden.

2237 Vgl. Abschnitt 5.2.1.1, S. 139 ff.

sollen, wobei Effizienzaspekte unter den Vorteilen häufiger zu finden sind als unter den Motiven.[2238]

Hinsichtlich der Ausgestaltung eines konvergenten Rechnungswesens bildet die partielle Konvergenz mit dem externen Rechnungswesen als Referenzpunkt die Lösung, auf die sich die deutliche Mehrheit der Diskussionsteilnehmer einigen kann.[2239] Dieser Ansatz scheint einen weniger „radikalen" Wendepunkt in der Entwicklung des Rechnungswesens im deutschsprachigen Raum zu markieren, als von einigen Autoren zunächst erwartet wurde.[2240] Die Dichotomie des Rechnungswesens besteht fort, da sich die Konvergenz des Rechnungswesens auf eine Verschiebung der Trennlinie zwischen internem und externem Rechnungswesen im Hinblick auf die Steuerungsrechnung beschränkt. Somit scheint sich die im Jahr 2000 formulierte Erwartung *Kütings* bewahrheitet zu haben: „Die Erkenntnis, daß den Möglichkeiten zu einer Konvergenz von internem und externem Rechnungswesen enge Grenzen gesetzt sind, wird Bestand haben."[2241] Sieht man von Vereinfachungen bei der (EDV-)technischen Umsetzung in Form von einheitlichen Datenerfassungs- und -auswertungssystemen ab, stellt sich in Anbetracht des skizzierten konsensualen Ausgestaltungsmodells die Frage, inwiefern das Ergebnis eines konvergenten Rechnungswesens tatsächlich eine Abkehr von der tradierten Ausgestaltung darstellt.

Die an der Konvergenzdiskussion beteiligten Autoren machen deutlich, dass eine kalkulatorische Kostenrechnung auf den operativen Ebenen eines Unternehmens unverändert von hoher Bedeutung ist,[2242] so dass hier das Nebeneinander einer kalkulatorischen und einer pagatorischen Datenbasis fortbesteht.[2243] Selbst auf den höheren Hierarchieebenen, auf denen eine Konvergenz des Rechnungswesens vollzogen werden kann, sehen sich die Rechnungswesenadressaten – zumindest der Mehrzahl der Diskussionsteilnehmer zufolge – mit einem internen und einem externen Periodenerfolgsmaß konfrontiert. Dies vermag mit Blick auf die hohe Bedeutung von Ergebnisdivergenzen als Motiv für eine Konvergenz des Rechnungswesens und die vielfach angeführte Ergebnistransparenz als nennenswerter Vorteil eines konvergenten Rechnungswesens zu irritieren. Der wesentliche Unterschied im Vergleich zur tradierten

[2238] Vgl. Abschnitt 5.2.2.1, S. 166 ff.

[2239] Vgl. hierzu nochmals die Abschnitte 5.3.1.1.1.2, S. 224 ff., 5.3.1.2.1, S. 254 ff., und 5.3.1.3.1, S. 268 ff.

[2240] Vgl. hierzu nochmals die bereits in Abschnitt 1.1 wiedergegebenen Zitate von Schneider (1997), S. 33, und Schildbach (1995), S. 10, oder auch Kloock (1995), S. 52.

[2241] Küting (2000), S. 456.

[2242] Vgl. hierzu auch die empirischen Ergebnisse von *Friedl et al.*, aus denen deutlich hervorgeht, dass zwar das externe Rechnungswesen infolge der Konvergenzbemühungen in deutschen Unternehmen an Bedeutung gewonnen hat. Damit ist aber offenbar kein Relevanzverlust der Kostenrechnung verbunden. So wird die Frage, ob die Kostenrechnung in den letzten zehn Jahren an Bedeutung verloren hat, von der deutlichen Mehrheit der Befragten verneint (vgl. Friedl/Frömberg/Hammer/Küpper/Pedell (2009), S. 114; Friedl/Hammer/Pedell/Küpper (2009), S. 47, sowie bereits Trapp (2010a), S. 309).

[2243] Dieses Ergebnis steht somit der Aussage *Weides* entgegen, wonach „ein Konsens in der Diskussion [besteht], dass die IFRS einen adäquaten Ersatz für eigenständige kalkulatorische Informationen darstellen können." (Weide (2009b), S. 8).

Ausgestaltung dürfte daher in der **Überleitbarkeit** der beiden Ergebnisse bestehen.[2244] Dieser Schluss wird von den empirischen Ergebnissen *Müllers* gestützt, welcher resümiert: „Trotz weitgehender Harmonisierung bleiben Modifikationen der externen Ergebnisgrößen für interne Steuerungszwecke relevant. Diese Modifikationen führen zwar zu unterschiedlichen externen und internen Größen, welche aber leicht ineinander überführbar sind und zumindest auf derselben Datengrundlage basieren, so dass die Diskrepanz im Vergleich zu dem Status vor der Harmonisierung verringert sein sollte."[2245]

Um diesem Prinzip entsprechen zu können, ist zu prüfen, welche der bei einer divergenten Ausgestaltung des Rechnungswesens initiierten Modifikationen fortzuführen sind und welche obsolet erscheinen, um die Forderungen der Überleitbarkeit und der Verständlichkeit zu erfüllen. *Schweitzer* gibt jedoch zu bedenken, dass die beschriebene Struktur keine adäquate Lösung darstellen kann, indem er mahnt: „Sollte die Integration so gelöst werden, dass die externe Erfolgsrechnung mit ihrer heutigen Struktur erhalten bleibt und durch mehrere Hilfs-, Ergänzungs- und Sonderrechnungen ‚vervollständigt' wird, wäre dies ein Etikettenschwindel."[2246] In Anbetracht der weitreichenden Verbreitung des Gedankens einer sowohl im Hinblick auf die Rechenwerke als auch hinsichtlich der Übereinstimmung des Wertniveaus zwischen der internen und externen Periodenerfolgsrechnung partiellen Konvergenz, stellt diese Sichtweise jedoch eine Partikularmeinung dar.

Mit Blick auf den Fortbestand wesentlicher Charakteristika des divergenten Rechnungswesens ist ferner zu hinterfragen, ob eine Konvergenz des Rechnungswesens tatsächlich einen „Paradigmenwechsel"[2247] darstellt. Bezogen auf die Ausgestaltung des Rechnungswesens in der Unternehmenspraxis kann ein Paradigma als ein für einen begrenzten Zeitraum vorherrschendes, grundlegendes Gestaltungsmuster aufgefasst werden.[2248] Mit Bezug auf die Ausführungen in Abschnitt 1.1 liegt die Schlussfolgerung nahe, dass die rechnungszweckabhängige Ausgestaltung des Rechnungswesens den Kern des über Jahrzehnte dominierenden Paradigmas in der deutschen Rechnungswesenforschung und -praxis darstellte.[2249] In der Literatur werden dieses Paradigma sowie der Konvergenzgedanke teilweise als Extrempunkte eines Kontinuums in Bezug auf die Ausgestaltung des Rechnungswesens aufgefasst.[2250]

[2244] Wie bereits in Abschnitt 5.2.1.1.1 ausgeführt worden ist, war eine Überleitbarkeit der internen und externen Erfolgsgrößen bei der tradierten Ausgestaltung des Rechnungswesens nicht in allen Fällen gegeben (vgl. Männel (1997a), S. 11; Hoke (2001), S. 156).

[2245] Müller (2006), S. 234.

[2246] Schweitzer (2006), S. 63.

[2247] Vgl. z.B. Schildbach (1995), S. 10; Küpper (1995), S. 20; Weißenberger (2003), S. 3; Weide (2009a), S. 1; Angelkort (2010), S. 2.

[2248] Vgl. hierzu insbesondere die auf ein wissenschaftliches Paradigma bezogenen Definitionen von Lukka (2010), S. 111; Merchant (2010), S. 116.

[2249] Ähnlich auch *Schaier* unter Bezug auf eine Lehrbuchanalyse deutscher Standardwerke zum Rechnungswesen und Controlling (vgl. Schaier (2007), S. 90).

[2250] Vgl. z.B. Simons/Weißenberger (2008), S. 138 f.

Bei dieser Argumentation wird allerdings vernachlässigt, dass die Rechnungszwecke auch innerhalb der Konvergenzdiskussion weiterhin von zentraler Bedeutung sind.[2251] Schließlich bilden sie den Kern der argumentativen Begründung für die Abgrenzung des Konvergenzbereichs: Demnach kommen für eine Konvergenz des Rechnungswesens grundsätzlich nur solche Rechenwerke in Frage, die identische oder zumindest sehr ähnliche Rechnungszwecke zu erfüllen haben.[2252] Die Rechnungszwecke bilden somit weiterhin die Deduktionsbasis für die Ausgestaltung der einzelnen Rechenwerke innerhalb des Rechnungswesens.[2253] Die von *Kloock* angesprochene, weitreichende Forderung, „die Kostenrechnung als zur Lösung von Managementaufgaben ungeeignetes Rechnungssystem abzuschaffen bzw. die gesamte Kostenrechnungsliteratur neu zu schreiben“[2254] konnte dementsprechend in der analysierten Literatur nicht wiedergefunden werden. Mit Blick auf den Konvergenzbereich ist jedoch *Dirrigl* zuzustimmen, dem zufolge das „Schlagwort von der ‚Integration des externen und internen Rechnungswesens‘ [...] zu global [ist], um als Bezugsrahmen für eine adäquate Ausgestaltung der verschiedenen Teilsysteme der Unternehmensrechnung fungieren zu können.“[2255] So erscheint es angemessen, stärker von einer Integration bzw. Konvergenz der internen und externen Erfolgsrechnung zu sprechen, um zu unterstreichen, dass nur solche Rechnungen für eine Vereinheitlichung in Frage kommen, die ähnliche Rechnungszwecke verfolgen.

Aufgrund des nach wie vor hohen Stellenwerts der Rechnungszwecke für die Ausgestaltung des Rechnungswesens sind die Überlegungen zu einer Konvergenz des Rechnungswesens weniger als Abkehr von einem in der deutschsprachigen Rechnungswesenforschung und -praxis tradierten Paradigma zu betrachten, als vielmehr eine durch Rationalisierungsbestrebungen motivierte Fortführung der rechnungszweckabhängigen Strukturierung. In Übereinstimmung zu dieser Sichtweise befindet auch *Küting*: „Der Konvergenzprozeß schließt eine rechnungszweckorientierte Differenzierung von interner und externer Rechnungslegung nicht

2251 Vgl. Abschnitt 5.3.1.1.1.3, S. 228 ff.

2252 Vgl. hierzu nochmals Abschnitt 5.3.1.1.1.3, S. 228 ff., sowie pointiert beispielsweise *Troßmann/Baumeister*: „Der Umfang einer möglichen Harmonisierung im Rechnungswesen hängt [..] stark von einer Konvergenz der Rechnungszwecke ab.“ (Troßmann/Baumeister (2005), S. 637).

2253 Die hier vertretene Auffassung der Konvergenz des Rechnungswesens als Weiterentwicklung des tradierten rechnungszweckbasierten Rechnungswesens erschwert ferner das Nachvollziehen des von *Schaier* artikulierten Bedarfs für eine Neustrukturierung des Rechnungswesens. *Schaier* stellt basierend auf den Ergebnissen einer Lehrbuchanalyse fest, dass die Rechnungswesenadressaten – wie bereits in Abschnitt 1.1 erläutert – das primäre Kriterium für die Differenzierung des internen und externen Rechnungswesens darstellen (vgl. Schaier (2007), S. 115). Die Klassifikation des Rechnungswesens erhalte damit einen monohierarchischen Charakter, mit dem eine Annäherung des internen und externen Rechnungswesens unvereinbar erscheine (vgl. Schaier (2007), S. 147 f.).

Dieses Problem wirkt jedoch insofern obsolet, als offenbar auch bei einer Konvergenz des Rechnungswesens auf den obersten Hierarchieebenen eines Unternehmens eine an unternehmensexterne Adressaten gerichtete GuV und eine daraus abgeleitete interne Steuerungsrechnung, die an unternehmensinterne Führungskräfte adressiert ist, fortbestehen. Indem nach Auffassung der meisten Autoren kein Rechenwerk existiert, das sich an unternehmensinterne und -externe Adressaten gleichermaßen richtet, kann also auch bei einer Konvergenz des Rechnungswesens eine Zuordnung der Rechenwerke zu den beiden Teilbereichen unter Maßgabe der Rechnungswesenadressaten erfolgen.

2254 Kloock (1995), S. 52.

2255 Dirrigl (1998), S. 576.

gänzlich aus."[2256] Mit Blick auf die zentrale Bedeutung der Ergebnisdivergenzen und ihrer Überwindung kann geschlussfolgert werden, dass die Rationalisierungsbemühungen primär von der Erkenntnis getrieben werden, dass ein (zu) ausdifferenziertes Rechnungswesen den begrenzten kognitiven Fähigkeiten seiner Adressaten nicht gerecht werden kann.[2257] Wenngleich diese in der Regel nicht explizit erwähnt werden, halten damit verhaltenswissenschaftliche Überlegungen Einzug in die Diskussion um eine adäquate Ausgestaltung des Rechnungswesens, womit sich eine Erweiterung des Blickwinkels vollzieht, die bereits seit einigen Jahren im Hinblick auf das Controlling proklamiert wird.[2258]

Die sich als Konsens abhebende Ausgestaltung eines konvergenten Rechnungswesens im Sinne einer Steuerungsrechnung, die auf der pagatorischen Datenbasis des externen Rechnungswesens aufsetzt und nach mehrheitlicher Auffassung vereinzelt zu modifizieren ist,[2259] ist insgesamt als Versuch zu interpretieren, Defizite des tradierten Rechnungswesens auszuräumen, ohne seine bisherige Funktionsfähigkeit einzuschränken. Diese Sichtweise bringen insbesondere *Günther/Zurwehme* deutlich zum Ausdruck, indem sie zu bedenken geben, „daß das Rechnungswesen multifunktional ist und eine strikte Unterordnung des internen Rechnungswesens unter das externe Rechnungswesen im Sinne eines ‚Biltrolling' (Controlling auf der Basis von bilanziellen Werten) eindeutig suboptimal für die Funktionserfüllung des Rechnungswesen[s] ist und ein Rückschritt gegenüber dem erreichten Stand der Betriebswirtschaftslehre wäre."[2260]

Im Hinblick auf die Erfolgswirkungen eines konvergenten Rechnungswesens ist der gegenwärtige Erkenntnisfortschritt vergleichsweise überschaubar.[2261] Entsprechende Fragestellungen sind erst in den letzten Jahren der Konvergenzdiskussion aufgegriffen worden. Die bislang generierten Ergebnisse deuten jedoch darauf hin, dass ein konvergentes Rechnungswesen – zumindest aus der subjektiven Perspektive der an der internen Informationsversorgung beteiligten Controller und Manager als Nutzer der Rechnungsweseninformationen – erfolgreich ist. Zudem deutet sich an, dass insbesondere die intendierte Ergebnistransparenz durch eine (weitgehende) Vereinheitlichung der internen Steuerungsgrößen und der extern ausgewiesenen Erfolgsgrößen umgesetzt werden kann.

2256 Küting (2000), S. 455. Hiermit korrespondiert ferner der Hinweis von *Küting/Lorson*: „Das Leitbild eines ‚einheitlichen Rechnungswesens' darf nicht mißverstanden werden als die Forderung nach einem ‚Einheitsrechnungswesen', mit dem alle Rechnungszwecke und Rechnungsziele verfolgt werden sollen." (Küting/ Lorson (1998b), S. 475).

2257 Vgl. Hirsch/Schneider (2010), S. 16; Küpper (1999), S. 5.

2258 Vgl. Bramsemann/Heineke/Kunz (2004), S. 551; Weber (2007), S. 336. Ähnlich auch *Schaier*, dem zufolge die Akzentuierung der Verständlichkeit des Rechnungswesens „offenbar Ausdruck einer Verschiebung der Prioritäten bei der Gestaltung des Rechnungswesens [ist]" (Schaier (2007), S. 166 f.).

2259 Vgl. hierzu nochmals die Ergebnisse der Literaturanalyse im Kapitel 5.3.1, insbesondere die Ausführungen zum Konvergenzbereich (Abschnitt 5.3.1.1.1.2, S. 224 ff.) sowie zum Konvergenzgrad (Abschnitt 5.3.1.3.1, S. 268 ff.).

2260 Günther/Zurwehme (2008), S. 115.

2261 Vgl. Abschnitt 6.1.3, S. 393 ff.

Die insgesamt erkennbare Einigkeit bezüglich der Grundfragen einer Konvergenz des Rechnungswesens ist insoweit zu goutieren, als ein Konsens mitunter als ein „wissenschaftlichen Fortschritt förderndes Ergebnis“[2262] aufgefasst wird. Gleichzeitig vermag diese Schlussfolgerung aber auch zu überraschen, weil die Konvergenzdiskussion – wie bereits eingangs erwähnt – in der Literatur vielfach als kontrovers kolportiert wird.[2263] Eine vollständige Negation dieser Beurteilung erscheint auf Basis der vorliegenden Untersuchung jedoch nicht angemessen. Denn wenngleich die Grundfragen weitgehend einstimmig von den beteiligten Autoren beantwortet werden, zeichnen sich unterschiedliche Auffassungen bzw. offene Fragen hinsichtlich verschiedener Aspekte ab, zu denen insbesondere

- die Abgrenzung des Konvergenzbereichs,
- Überlegungen zu einer stärkeren Zahlungsstromorientierung im Rechnungswesen,
- die Berücksichtigung des Shareholder Value-Ansatzes und
- die Steuerungseignung der internationalen Rechnungslegung

gehören. Diese nicht abschließend beantworteten Fragen können zugleich weitere Forschungsarbeiten anregen, zu denen im Weiteren erste Ideen skizziert werden. Ferner hat die vorliegende Arbeit ein Forschungsdefizit im Kontext der Erfolgswirkungen eines konvergenten Rechnungswesens angedeutet, welches durch weitere Forschungsbemühungen beseitigt werden sollte. Diese Aspekte bilden die Inhalte des nachfolgenden Abschnitts.

6.2.1.2 Weitere Forschungsbedarfe

6.2.1.2.1 Unterschiede in der Abgrenzung des Konvergenzbereichs

Bereits in Abschnitt 5.3.1.1.1.2 konnte die bisweilen geäußerte Sichtweise, die Beschränkung einer Konvergenz des Rechnungswesens auf die interne Steuerungsrechnung sowie die externe GuV habe konsensualen Charakter,[2264] dahingehend fundiert werden, dass eine entsprechende Abgrenzung des Konvergenzbereichs 77 Beiträgen entnommen worden ist. Die empirischen Befunde, die in Abschnitt 6.1.2.1 den aus konzeptionellen Beiträgen wie auch Unternehmensbeispielen extrahierten Aussagen gegenübergestellt worden sind, deuten hingegen teilweise darauf hin, dass in der Unternehmenspraxis das Bestreben besteht, den Konvergenzbereich mit dem Ergebnis einer vollständigen Konvergenz möglichst umfangreich auszulegen.[2265]

In Abschnitt 6.1.2.1 wurde dieser Widerspruch zur Ausgestaltung eines konvergenten Rechnungswesens dahingehend interpretiert, dass hier möglicherweise nicht der gegenwärtige Umsetzungsstand, sondern der Zielzustand eines konvergenten Rechnungswesens abgefragt wor-

2262 Weißenberger/Löhr (2007), S. 358.
2263 Vgl. hierzu nochmals Abschnitt 1.1, S. 4.
2264 Vgl. Fn. 1259.
2265 Vgl. Horváth/Arnaout (1997), S. 261; Haring/Prantner (2005), S. 151; Müller (2006), S. 219 ff.

den ist.[2266] Diese Schlussfolgerung erscheint insofern angebracht, als *Haring/Prantner* „eine Bevorzugung [..] einer **möglichst** vollständigen Harmonisierung des Rechnungswesens [Hervorhebung nicht im Original]“[2267] erkennen und *Horváth/Arnaout* „die **Möglichkeit** der vollständigen Verschmelzung zwischen internem und externem Rechnungswesen [Hervorhebung nicht im Original]“[2268] erfassen. Es bestehen jedoch Zweifel, inwiefern diese Schlussfolgerung auch auf die Ergebnisse von *Müller* zutrifft. Schließlich eruiert er, dass „die Unternehmen den Einzelabschluss in die Harmonisierung einbeziehen“[2269]. Offenbar wird also nicht eine grundsätzlich mögliche Ausgestaltungsvariante abgefragt, sondern die faktische Ausgestaltung wiedergegeben.

Diese Beobachtung kann einerseits dahingehend erklärt werden, dass auch in den befragten Unternehmen, die in Übereinstimmung mit dem Handelsrecht Rechnung legen, eine Konvergenz des Rechnungswesens initiiert worden ist, was durch zahlreiche andere Befunde *Müllers* belegt wird.[2270] Des Weiteren haben theoretisch-konzeptionelle Beiträge deutlich gemacht, dass unter bestimmten Voraussetzungen eine vorsichtige Rechnungslegung durchaus für die Unternehmenssteuerung geeignet sein kann.[2271] Schließlich ist aus der Literaturanalyse hervorgegangen, dass der Mehrheit der Diskussionsteilnehmer zufolge eine Differenzierung einer internen und externen Erfolgsgröße auch in einem konvergenten Rechnungswesen Bestand hat. Vor diesem Hintergrund ist verständlich, weshalb teilweise eine Konvergenz des Rechnungswesens unter Anwendung des HGB für möglich gehalten wird.[2272] Dies erscheint gangbar, wenn durch das Gläubigerschutzprinzip bedingte Verzerrungen bei der Deduktion des internen Periodenerfolgsmaßes eliminiert und im Rahmen einer Überleitungsrechnung nachvollziehbar dargestellt werden.[2273]

2266 Vgl. hierzu bereits Abschnitt 6.1.2.1, S. 378.

2267 Haring/Prantner (2005), S. 151.

2268 Horváth/Arnaout (1997), S. 261. Der Eindruck, dass hier ein Soll-Konvergenzbereich abgefragt wird, verstärkt sich mit Blick auf die Ergebnisse, nach denen den Daten des externen Rechnungswesens für Zwecke der Geschäftsbereichssteuerung eine deutlich höhere Relevanz zugesprochen wird als für die Produktsteuerung (vgl. Horváth/Arnaout (1997), S. 263 f.).

2269 Müller (2006), S. 219.

2270 Vgl. z.B. Müller (2006), S. 205.

2271 Vgl. hierzu bereits Abschnitt 5.4.1.2, S. 334.

2272 Vgl. z.B. Coenenberg (1995), S. 2081; Ohlms/Tomaszewski/Trützschler (2002), S. 194.

2273 Folgt man der Argumentation, dass die internationalen Rechnungslegungsstandards aufgrund ihres Rechnungszwecks den handelsrechtlichen Regelungen als konzeptioneller Rahmen eines konvergenten Rechnungswesens überlegen sind, wäre denkbar, dass das Übereinstimmungsniveau zwischen dem internen und externen Periodenerfolg auf der Grundlage der letztgenannten Rechnungslegungskonzeption niedriger ist als bei Anwendung der IFRS. Dies erscheint mit Blick auf die verzerrenden Wirkungen des Vorsichtsprinzips plausibel, die vielfach als eliminierungsbedürftig angesehen werden (vgl. z.B. Wagenhofer (1996), S. 1052). Zur Verifizierung dieser Option erscheint jedoch eine empirische Überprüfung erforderlich, weil die IFRS-Rechnungslegungskonzeption beispielsweise mit dem Fair Value auf einen mitunter korrekturbedürftigen Wertansatz rekurriert, der im Handelsrecht seltener und grundsätzlich zur asymmetrischen Verlustantizipation eingesetzt wird (vgl. Ballwieser/Küting/Schildbach (2004), S. 546; Küting/Lauer (2009), S. 552).

Dementsprechend erscheint eine logische Beantwortung der Frage, unter welchen Rechnungslegungsvorschriften ein höherer Konvergenzgrad zu erwarten ist, nicht möglich. Als erste empirische Hinweise können

Andererseits ist der sich in den Ergebnissen widerspiegelnde Einbezug des handelsrechtlichen Einzelabschlusses möglicherweise auf die Antworten der IFRS- bzw. US-GAAP-Bilanzierer zurückzuführen, welche die internationalen Vorschriften als führende Rechnungslegungsstandards in ihrem Finanzbuchhaltungssystem implementiert haben und den handelsrechtlichen Abschluss lediglich am Ende eines Geschäftsjahres aus den IFRS-Daten ableiten.[2274] Unter diesen Gegebenheiten kann der derivativ erstellte handelsrechtliche Einzelabschluss als Bestandteil des Konvergenzbereichs aufgefasst werden.

Um entsprechende Vermutungen zu validieren, bieten sich weitere Erhebungen des Umsetzungsstands eines konvergenten Rechnungswesens in der Unternehmenspraxis an.[2275] Im Rahmen entsprechender Studien könnte zudem der sich abzeichnende Widerspruch zwischen der in der Konvergenzdiskussion herrschenden Meinung, aus dem Konvergenzbereich seien fallweise Entscheidungskalküle auszuschließen, und den erwähnten Vorstellungen nach einer möglichst „vollständigen" Konvergenz in der Unternehmenspraxis geklärt werden.

Solche Studien sollten zudem den Weg fortsetzen, der bereits von *Angelkort* beschritten worden ist, indem der Einfluss verschiedener Kontextfaktoren auf eine Konvergenz des Rechnungswesens erschlossen wird.[2276] Von *Angelkort* wird der Einfluss einer Börsennotierung und der angewandten Rechnungslegungsvorschriften auf die Integrationsintensität auf unterschiedlichen Hierarchieebenen untersucht, womit Erkenntnisse über die Einflüsse spezifischer Faktoren auf die hierarchische Abgrenzung des Konvergenzbereichs generiert werden.[2277] Nur vereinzelt ergeben sich darüber hinausgehende Anhaltspunkte für Einflussgrößen auf ein konvergentes Rechnungswesen, etwa bei *Jahnke et al.*, bei denen sich ein Zusammenhang zwischen der Konzernzugehörigkeit der befragten Unternehmen und ihrer Ausgestaltung des Rechnungswesens andeutet, oder bei *Müller* und *Friedl et al.*, denen zufolge ein Zusammenhang zwischen der Unternehmensgröße und den Konvergenzbestrebungen besteht.[2278]

---

die bereits in den Abschnitten 6.1.2.3 und 6.1.3 angesprochenen Beobachtungen von *Müller* und *Angelkort* gesehen werden, dass Unternehmen, die nach IFRS oder US-GAAP Rechnung legen, im Durchschnitt über einen höheren Harmonisierungs- bzw. Gesamtintegrationsgrad verfügen als jene, welche die handelsrechtlichen Rechnungslegungsvorschriften anwenden (vgl. Müller (2006), S. 205; Angelkort (2010), S. 105 f.). Zu beachten ist jedoch, dass sich die von *Müller* gewählte Definition des Harmonisierungsgrads nicht ausschließlich auf das Übereinstimmungsniveau des internen und externen Ergebnisses bezieht, sondern beispielsweise auch die Vereinheitlichung von Berichtsstichtagen und -zeiträumen sowie die verwendete Terminologie umfasst (vgl. Müller (2006), S. 110).

2274 Vgl. Sylvester (2004), S. 92; Riedel/Rau/Tsanaclidis (2004), S. 506 f.; Schweitzer/Ziolkowski (1999), S. 71.

2275 So auch Müller (2006), S. 220 f.

2276 Ein ähnliches Untersuchungsdesign findet sich bei *Gödde*, die allerdings nicht eine Vereinheitlichung der internen Steuerungsrechnung und der externen Erfolgsrechnung untersucht, sondern vor dem Hintergrund der Goodwill-Bilanzierung nach IFRS die Übereinstimmung einer ZGE als Allokationsobjekt des Goodwill und einer wertorientierten Einheit als Objekt der wertorientierten Unternehmenssteuerung fokussiert (vgl. Gödde (2010), S. 55 f., sowie zu den Ergebnissen S. 124 ff.).

2277 Vgl. Angelkort (2010), S. 118 ff., sowie Abschnitt 6.1.2.3, S. 390.

2278 Vgl. Jahnke/Wielenberg/Schumacher (2007), S. 374 f.; Müller (2006), S. 150; Friedl/Frömberg/Hammer/Küpper/Pedell (2009), S. 114. In Konsistenz zu den Befunden von *Müller* und *Friedl et al.* stehen die Ergebnisse von *Währisch*, der jedoch nicht die Konvergenzbemühungen der Unternehmen auf direktem Wege erfasst, sondern die Verbreitung kalkulatorischer Kosten untersucht. Er kommt zu dem Schluss, dass insbe-

Eine umfassendere Auseinandersetzung mit den Kontextfaktoren eines konvergenten Rechnungswesens erscheint erstrebenswert, um zu prüfen, ob unter bestimmten Voraussetzungen ein Verzicht auf kalkulatorische Kosten und der Einsatz einer Aufwandsrechnung anstelle von Kostenrechnungskalkülen vorteilhaft ist.[2279] Vereinzelt finden sich in der analysierten Literatur Hinweise, dass die Kostenrechnung für die Kalkulation von Absatzpreisen an Bedeutung verloren hat, weil diese zunehmend durch den Markt vorgegeben werden.[2280] Denkbar wäre daher etwa, dass ein Zusammenhang zwischen den Wettbewerbsbedingungen, denen ein Unternehmen ausgesetzt ist, der Bedeutung der kalkulatorischen Kostenrechnung und der Abgrenzung des Konvergenzbereichs besteht. Hinter dieser Überlegung steht die Annahme, dass die Kostenrechnung in einem Umfeld, in dem die Festlegung von Absatzpreisen markt- und nicht kostenbasiert erfolgt, tendenziell an Bedeutung einbüßt und daher eher obsolet erscheint als beispielsweise in Unternehmen, die überwiegend Nehmer öffentlicher Aufträge sind.[2281]

Ebenso könnte das Produktionsprogramm eines Unternehmens die Möglichkeiten zur Vereinheitlichung des Rechnungswesens beeinflussen. Diese Erwartung findet sich etwa bei *Jahnke et al.* wieder. Sie gehen davon aus, dass in Unternehmen, in denen das interne Rechnungswesen auf der Produktebene für die Durchführung von Projektvor- und -nachkalkulationen von besonderer Relevanz ist, Bemühungen zur Konvergenz des Rechnungswesens von untergeordneter Bedeutung sind.[2282] *Weißenberger/IGC* erwarten zudem von einer geringen Fertigungstiefe, einem hohen Standardisierungsgrad der internen Leistungserstellungsprozesse, von einer geringen Dynamik der Unternehmensinnen- und -umwelt sowie von der internen Verwendung marktbasierter Verrechnungspreise begünstigende Wirkungen im Hinblick auf eine Konvergenz des Rechnungswesens.[2283] Die empirische Überprüfung entsprechender Hypothesen steht bislang allerdings ebenso aus, wie die in Abschnitt 5.3.1.3.1.1.5 wiedergegebenen Überlegungen *Weißenbergers* zu den Auswirkungen der Konzernorganisation auf die hierarchische Abgrenzung des Konvergenzbereichs.[2284]

sondere Großunternehmen vom Rechnen mit kalkulatorischen Kosten abrücken. Ferner indizieren die Ergebnisse einen Einfluss der Branche und Produktionsstruktur auf den Ansatz kalkulatorischer Kosten (vgl. Währisch (2000), S. 688 ff.).

2279 Ähnlichen Forschungsbedarf sieht *Weber* im Hinblick auf die Kostenrechnung, indem er bemängelt, dass bislang wenige Erkenntnisse über die Einflussgrößen auf die Gestaltung der Kostenrechnung bestehen (vgl. Weber (2005), S. 2). Vgl. für erste Ansätze im Hinblick auf die Kostenrechnung hingegen Währisch (1998), S. 203 ff.

2280 Vgl. Sill (1995), S. 14; Klein (1999a), S. 36; Kley (2006), S. 151, und die empirischen Ergebnisse von Friedl/Frömberg/Hammer/Küpper/Pedell (2009), S. 113, sowie bereits Abschnitt 5.2.1.1.1, S. 147 f.

2281 Die Kalkulation öffentlicher Aufträge stellt einen zentralen Rechtfertigungsgrund für den Ansatz kalkulatorischer Kosten dar (vgl. Männel (1997b), S. 6).

2282 Vgl. Jahnke/Wielenberg/Schumacher (2007), S. 367; ähnlich auch *Wala et al.*, die davon ausgehen, dass bei einer „sehr stark ausgeprägten operativen Steuerung" die Möglichkeiten für eine Konvergenz des Rechnungswesens gering sind (vgl. Wala/Knoll/Messner (2007a), S. 1835).

2283 Vgl. Weißenberger/IGC (2006a), S. 359; Weißenberger/IGC (2006b), S. 621; Weißenberger (2011), S. 559.

2284 Vgl. Weißenberger (2003), S. 203 ff., sowie bereits Abschnitt 5.3.1.1.1.5, S. 239 ff., der vorliegenden Arbeit.

Ferner könnten im Rahmen weiterer empirischer Erhebungen etwaige Entwicklungen hinsichtlich der Ausgestaltung eines konvergenten Rechnungswesens erfasst werden. So artikulieren einzelne Autoren ein Verständnis der Konvergenz des Rechnungswesens als Prozess, in dessen Verlauf die Unterschiede zwischen dem internen und externen Rechnungswesen sukzessive reduziert werden.[2285] Vor diesem Hintergrund könnte der in der Literaturanalyse identifizierte Konvergenzbereich ein „Zwischenstadium" auf dem Wege zu einer weiter voranschreitenden Vereinheitlichung des internen und externen Rechnungswesens darstellen. Die insbesondere von *Horváth/Arnaout* und *Haring/Prantner* entdeckten Vorstellungen einer weitergehenden Konvergenz entsprächen somit dem noch nicht erreichten Endziel, auf das die Ausgestaltung des Rechnungswesens künftig auszurichten ist.[2286] Der gegenwärtige Erkenntnisstand erlaubt jedoch keine Validierung dieser Sichtweise. Aus den analysierten Beiträgen ergeben sich keine Anhaltspunkte, die darauf hindeuten, dass die erreichte partielle Konvergenz des Rechnungswesens lediglich ein Zwischenstadium einer noch nicht abgeschlossenen Vereinheitlichung des internen und externen Rechnungswesens darstellt, weshalb diese Überlegungen weitere empirische Untersuchungen anregen könnten.[2287]

6.2.1.2.2 Überlegungen zu einer stärkeren Zahlungsstromorientierung im Rechnungswesen

Bereits zu Beginn der Arbeit wurde die Aussage von *Küting/Lorson*, die Konvergenzdiskussion weise keine übereinstimmende Richtung auf, wiedergegeben.[2288] Diese Einschätzung mag in Anbetracht der vorausgegangenen Ausführungen, in denen die partielle Konvergenz des Rechnungswesens wiederholt zur Konsenslösung erklärt worden ist, wenig plausibel erscheinen. Allerdings relativiert sich dieser Eindruck mit Blick auf die Inhalte des Kapitels 5.3. Diesem kann entnommen werden, dass zu Beginn der Konvergenzdiskussion drei Ansätze zueinander in Konkurrenz stehen, unter denen sich jedoch schnell die partielle Konvergenz als präferierte Ausgestaltung durchsetzt.[2289]

Die dabei zum Ausdruck gebrachte Überlegung, die Vereinheitlichung des Rechnungswesens auf die Steuerungsrechnung zur Koordination von weitgehend selbständigen Geschäftseinheiten zu beschränken, wird bereits 1995 – und damit kurz nach Beginn der Diskussion – von *Coenenberg* ausgearbeitet.[2290] Der Ansatz behauptet sich rasch zwischen den beiden alternativen Extrema, indem bereits in einigen Veröffentlichungen aus dem Jahre 1997 die Adäquanz

---

[2285] Vgl. Melcher (2002), S. 83; Müller (2006), S. 247.

[2286] Vgl. Horváth/Arnaout (1997), S. 261; Haring/Prantner (2005), S. 151; Müller (2006), S. 218 ff.

[2287] Die Autoren einiger Beiträge, in denen Unternehmensbeispiele vorgestellt werden, zeigen sich vielmehr skeptisch im Hinblick auf die weitere Entwicklung eines konvergenten Rechnungswesens. So betrachtet etwa *Kley* den erreichten Implementierungsstand in Anbetracht der antizipierten Verbreitung von Fair Values im Kontext der IFRS-Rechnungslegung als „Momentaufnahme" (Kley (2002), S. 280). Ähnliche Ansichten finden sich auch bei Beißel/Steinke (2004), S. 70; Kley (2006), S. 156; Borchers (2006), S. 284.

[2288] Vgl. Küting/Lorson (1998a), S. 483.

[2289] Vgl. Abschnitt 5.3.4, S. 318.

[2290] Vgl. Coenenberg (1995), S. 2080 f.

dieses Vorgehens bekräftigt wird.[2291] Zur weiteren Diffusion der partiellen Konvergenz dürfte die sehr ähnliche Argumentation von *Küting/Lorson* ab 1998 beigetragen haben, die mit dem Konvergenzbereich, -grad und der -richtung die wesentlichen Gestaltungsparameter eines konvergenten Rechnungswesens definieren.[2292] Darüber hinaus ist die Etablierung einer partiellen Konvergenz auch in jüngerer Vergangenheit durch einen Arbeitskreis der *IGC* forciert worden, der sich ebenfalls für eine Teilvereinheitlichung ausspricht.[2293]

Am Anfang der Diskussion entspricht die partielle Konvergenz jedoch nur einem Punkt auf einem Kontinuum, das durch zwei unterschiedliche Positionen begrenzt wird. Ein Extremum wird maßgeblich durch *Pfaff* vertreten und besteht in der Aufrechterhaltung der tradierten Divergenz des Rechnungswesens mit dem pagatorischen externen Rechnungswesen und den kalkulatorischen Rechenwerken, die nicht nur zur internen Entscheidungsfindung, sondern auch zur Verhaltenssteuerung dezentraler Entscheidungsträger eingesetzt werden.[2294] Das andere Extremum markieren Vorschläge, welche von einer Periodisierung von Zahlungsströmen absehen und stattdessen auf Ein- und Auszahlungen aufsetzen. Entsprechende Ansätze implizieren einen Umbruch in der Ausgestaltung des Rechnungswesens, ermöglichen aber zugleich eine stärkere Verknüpfung von periodenbezogenen Rechenwerken und mehrperiodigen strategischen Zielgrößen.[2295]

Die Frage, ob die Vereinheitlichung des Rechnungswesens überhaupt erstrebenswert ist, im Rechnen mit Zahlungsstromkalkülen oder in einem Verzicht auf kalkulatorische Elemente in ausgewählten Rechenwerken münden sollte, wird mit Blick auf die frühe Etablierung der partiellen Konvergenz schnell beantwortet. Unterstützt wird diese Schlussfolgerung dadurch, dass Beiträge, in denen Ansätze für ein zahlungsstromorientiertes Rechnungswesen diskutiert werden, lediglich in der ersten Hälfte der Konvergenzdiskussion zu finden sind. Dementsprechend kann gefolgert werden, dass sich die in der Literatur vielfach referenzierte Kontroverse nur auf den Beginn der wissenschaftlichen Auseinandersetzung bezieht. Bereits zum Ende der ersten Diskussionshälfte zeichnet sich zumindest im Hinblick auf die Ausgestaltung eines konvergenten Rechnungswesens ein hohes Maß an Übereinkommen ab. Die von *Küting/Lorson* angesprochene übereinstimmende Richtung fehlt der Konvergenzdiskussion somit nur in ihren Anfängen.

In der analysierten Debatte erfolgt in zahlreichen Beiträgen eine Auseinandersetzung mit den Unzulänglichkeiten einer divergenten Ausgestaltung des Rechnungswesens, die bei einem Festhalten an dieser Ausgestaltung, wie sie in den Beiträgen von *Pfaff* nahegelegt wird, fort-

[2291] Vgl. Melching (1997), S. 248; Deleker (1997), S. 634; Männel (1997a), S. 18.

[2292] Vgl. Küting/Lorson (1998a), S. 487 ff.; Küting/Lorson (1999a), S. 54 ff.; Küting/Lorson (1999b), S. 219 ff.

[2293] Vgl. Weißenberger/IGC (2006a), S. 356 ff.; Weißenberger/IGC (2006b), S. 619 ff.; Weißenberger/IGC (2006c), S. 50 ff.

[2294] Vgl. Pfaff (1994a), S. 1080 f.; Pfaff (1995), S. 153 f.; ähnlich auch Schildbach (1995), S. 10; Schneider (1997), S. 33.

[2295] Vgl. Küpper (1995), S. 32; Küpper (1999), S. 10; Dirrigl (1998), S. 545.

bestehen würden. Eine dazu vergleichbare kritische Beschäftigung mit den Ansätzen eines zahlungsstromorientierten Rechnungswesens konnte im Rahmen der Literaturanalyse hingegen nicht beobachtet werden. Mit den Ausnahmen von *Volkart* und *Hofmann* unterbleiben vergleichende Analysen eines partiell konvergenten und eines zahlungsstromorientierten Rechnungswesens,[2296] die eruieren, ob und unter welchen Bedingungen die Realisierung eines solchen Konzepts gangbar erscheint. Lediglich *Küting/Lorson* als Vertreter einer partiellen Konvergenz des Rechnungswesens und in ähnlicher Form auch *Reiners* sowie *Schweitzer/Ziolkowski* beziehen Stellung zu den Ansätzen einer zahlungsstromorientierten Ausgestaltung des Rechnungswesens.[2297] Erstere kritisieren die teilweise mangelnde Praktikabilität der Ansätze und äußern Bedenken, dass „[e]ine solchermaßen weitreichende, das gesamte Rechnungswesen ‚ohne Not umkrempelnde' Debatte [..] in der aktuellen Situation eher ins Abseits als ins Ziel"[2298] führen. Da weitergehende Abhandlungen fehlen, entsteht der Eindruck einer fragmentarischen Diskussion, in der verschiedene Autoren einzelne Konzepte erörtern, ohne sich eingehend mit den alternativen Vorschlägen auseinanderzusetzen. Dies erscheint im Hinblick auf den Erkenntnisfortschritt unbefriedigend.[2299] Eine Fragmentation in der wissenschaftlichen Diskussion ist bereits in anderen Zusammenhängen identifiziert worden und kann zudem als für die deutsche Controllingforschung charakteristisch betrachtet werden.[2300]

Der Konvergenzdiskussion lässt sich dementsprechend kein Erklärungsansatz entnehmen, warum sich eine stärkere Zahlungsstromorientierung im Rechnungswesen nicht gegenüber einer auf die interne Steuerungsrechnung bezogenen partiellen Konvergenz als herrschende Meinung durchgesetzt hat. Weitere Forschungsarbeiten könnten sich daher dieser noch offenen Frage annehmen. Ein Grund für die Dominanz der Teilvereinheitlichung kann darin gesehen werden, dass eine partielle Konvergenz einen höheren Erreichungsgrad der Ziele impliziert, die mit einer Konvergenz des Rechnungswesens verbunden werden. Die Literaturanalyse hat ergeben, dass die wichtigsten Intentionen für ein konvergentes Rechnungswesen in der Überwindung der Koexistenz von zwei unterschiedlichen Erfolgsmaßen, der Forcierung der Shareholder Value-Orientierung und der Verbesserung der Kommunikation mit den Kapitalmarktteilnehmern sowie in der Vereinfachung des Rechnungswesens, insbesondere in international tätigen Unternehmenskonglomeraten, sowie der Vermeidung der international unüblichen Differenzierung der Basisgrößen des Rechnungswesens zu sehen sind.[2301]

2296 Vgl. Volkart (1997); Hofmann (2005) sowie ausführlich bereits die Abschnitte 5.3.2.2, S. 304 ff., und 5.3.2.5, S. 312 f.

2297 Vgl. Küting/Lorson (1999a), S. 54; Küting/Lorson (1998d), S. 2309; Reiners (2001), S. 22; Schweitzer/Ziolkowski (1999), S. 85.

2298 Küting/Lorson (1999a), S. 54.

2299 Vgl. Reiter/Williams (2002), S. 579.

2300 Vgl. grundlegend Lukka/Granlund (2002), S. 183 f., sowie mit Bezug zur deutschen Controllingforschung Becker/Messner (2005), S. 419; Binder (2006), S. 15. Ein Beispiel für eine vergleichende Gegenüberstellung der führenden Controllingkonzeptionen in Deutschland findet sich demgegenüber bei Wall (2008), S. 465 ff.

2301 Vgl. Abschnitt 5.2.1.1, S. 139 ff.

Eine stärkere Zahlungsstromorientierung im Rechnungswesen erscheint vor dem Hintergrund der Shareholder Value-Orientierung überzeugend und entspricht einer bisweilen formulierten Erwartung.[2302] Schließlich wurde bereits in Abschnitt 5.3.1.1.1.6 der Shareholder Value als Kapitalwert der vom Unternehmen erwirtschafteten Einzahlungsüberschüsse definiert, welche zur Ausschüttung an die Anteilseigner bereitstehen.[2303] Die zur Unternehmenssteuerung herangezogenen, aus dem Rechnungswesen extrahierten Größen sollten zum unternehmerischen Oberziel in einem sachlich logischen Zusammenhang stehen,[2304] was eine Leistungsmessung untergeordneter Entscheidungsträger anhand von Cash Flows grundsätzlich sinnvoll erscheinen lässt. Insofern kann zunächst davon ausgegangen werden, dass ein zahlungsstromorientiertes Rechnungswesen in der Lage ist, einen Beitrag zu einer stärkeren Shareholder Value-Orientierung im Unternehmen zu leisten. Allerdings wird Cash Flows nur eine eingeschränkte Eignung als Kontrollgröße zugeschrieben: Der operative Cash Flow signalisiert *Coenenberg/Schultze* zufolge nur einen Liquiditätszufluss, ermöglicht aber keine Aussage, ob dieser die dafür erforderlichen Investitionen kompensiert. Der Free Cash Flow als Saldo des operativen und des investiven Cash Flow erlaubt demgegenüber keine Schlussfolgerung, ob dessen Erhöhung auf eine positive Entwicklung der operativen Geschäftstätigkeit oder eine rückläufige Investitionstätigkeit zurückzuführen ist.[2305] Diese Defizite dürften insbesondere im Kontext der Verhaltenssteuerung dezentraler Entscheidungsträger schwer wiegen.

Über diese grundsätzliche Kritik hinausgehend erscheint es fragwürdig,[2306] inwiefern mit einem zahlungsstrombasierten Rechnungswesen den weiteren mit der Konvergenz verknüpften Intentionen entsprochen werden kann. Aus der Literaturanalyse ging das Bestreben hervor, die Komplexität des Rechnungswesens, insbesondere in multinationalen Konzernen, dadurch zu reduzieren, dass mit der internen Steuerungsrechnung ein fakultativ anzufertigendes Rechenwerk aufgegeben und durch die ohnehin aufzustellende Erfolgsrechnung nach IFRS substituiert wird. Dieser Intention kann zwar entsprochen werden, wenn die nach IFRS verpflichtend zu erstellende Kapitalflussrechnung als Ausgangsbasis für eine Cash Flow-basierte Steuerungsrechnung fungiert. Fraglich ist aber, inwiefern die Kapitalflussrechnung dieser Funktion gerecht werden kann.

Wenngleich die internationale Rechnungslegung die Prognose künftiger Cash Flows intendiert,[2307] bilden nach wie vor Aufwendungen und Erträge die Basisgrößen der GuV.[2308] Unter Bezugnahme auf Ergebnisse der empirischen Rechnungslegungsforschung erscheint es unwahrscheinlich, dass periodisierte Zahlungen in der Form von Aufwendungen und Erträgen

[2302] Vgl. z.B. Küting (2000), S. 455; Burger/Buchhart (2001a), S. 551.
[2303] Vgl. Abschnitt 5.3.1.1.1.6, S. 247 ff.
[2304] Vgl. Coenenberg/Schultze (2002), S. 612; Hachmeister (1997b), S. 828; Gödde (2010), S. 17.
[2305] Vgl. Coenenberg/Schultze (2002), S. 612 f.
[2306] Vgl. hierzu auch die in Fn. 2073 geäußerten Bedenken.
[2307] Vgl. Heyd (2001b), S. 375; Coenenberg/Straub (2008), S. 20; Waldron/Jordan (2010), S. 95.
[2308] Vgl. Weißenberger (2003), S. 219; vgl. hierzu auch bereits Abschnitt 2.3.2.1.1, S. 54.

künftig zugunsten von Cash Flows an Bedeutung verlieren. Denn es existieren Belege, die darauf hindeuten, dass Aufwendungen und Erträge im Vergleich zu Cash Flows über eine höhere Wertrelevanz verfügen.[2309] Wenn das interne Rechnungswesen auf Ein- und Auszahlungen, das externe Rechnungswesen jedoch weiterhin auf Aufwendungen und Erträgen basiert, kann das mit der Konvergenz intendierte Ziel, die Koexistenz unterschiedlicher Erfolgsgrößen aufzuheben, nicht erreicht werden. Denn Unterschiede bestünden aufgrund der Periodisierung fort, wenngleich Ergebnisdivergenzen verringert werden könnten, weil ein einheitliches Wertniveau besteht.

Ferner führt *Hebeler* mit einer empirischen Untersuchung US-amerikanischer Unternehmen den Nachweis, dass auch dort Kosten und Leistungen die Basisgrößen entscheidungsorientierter Rechnungen bilden und für die Steuerung von Unternehmenseinheiten – ungeachtet einer weiten Verbreitung von Cash Flows – von zentraler Bedeutung sind.[2310] Wenngleich unter dem Vorbehalt, dass die Ausgestaltung des Rechnungswesens in den USA möglicherweise nicht repräsentativ für die Praktiken in anderen Ländern ist,[2311] kann gefolgert werden, dass im Falle eines zahlungsstrombasierten Rechnungswesens deutsche Unternehmen weiterhin eine Differenzierung von Basisgrößen vornehmen würden, in der Form von Ein- und Auszahlungen sowie Erträgen und Aufwendungen, die international zu Verständnisschwierigkeiten führen dürfte. Vor dem Hintergrund, dass wesentliche Ziele, die mit einem konvergenten Rechnungswesen verbunden werden, mit zahlungsstromorientierten Ansätzen nicht realisierbar erscheinen, kann eine solche Ziel-Mittel-Betrachtung einen Erklärungsbeitrag liefern, warum sich dieser Ansatz in der Konvergenzdiskussion nicht etablieren konnte.

Während mithilfe der vorliegenden Literaturanalyse nachgewiesen werden kann, dass Ansätze für ein zahlungsstromorientiertes Rechnungswesen ab 2001 nicht weiterverfolgt worden sind, kann sie keine Aussage dazu generieren, ob in der Unternehmenspraxis Maßnahmen ergriffen worden sind, die – wie von *Küting* im Jahr 2000 prognostiziert – in einer höheren Zahlungsstromorientierung resultieren.[2312] Aus den vorliegenden empirischen Studien ergeben sich kaum Anhaltspunkte dafür, wobei zu konstatieren ist, dass die Erschließung der Verbreitung zahlungsstromorientierter Ansätze des Rechnungswesens in der Unternehmenspraxis auf keiner Agenda der entsprechenden Studien zu finden ist. Indirekte Hinweise können lediglich den Untersuchungen entnommen werden, die auf die Frage eingehen, welche Auswirkungen von einer Konvergenz des Rechnungswesens auf die eingesetzten Steuerungskennzahlen ausgehen.[2313] Sie indizieren, dass zwar die Nutzung wertorientierter Steuerungsgrößen bedeut-

---

[2309] Vgl. Dechow (1994), S. 35; Subramanyam/Venkatachalam (2007), S. 457; Penman/Yehuda (2010), S. 475.

[2310] Vgl. Hebeler (2003), S. 233 ff.

[2311] Allerdings bestehen Hinweise, dass eine Repräsentativität zumindest für den angelsächsischen Raum gegeben ist (vgl. Hoffjan (2008), S. 652 ff.).

[2312] Vgl. Küting (2000), S. 456.

[2313] Vgl. Pellens/Tomaszewski/Weber (2000), S. 1829; Müller (2006), S. 234 ff.; Weide (2009a), S. 240 ff.

samer wird, dokumentieren aber keine zunehmende Verbreitung zahlungsstromorientierter Kennzahlen.

Insbesondere da auch den im Rahmen der Konvergenzdiskussion veröffentlichten Praxisbeispielen keine Aussagen zu einer stärkeren Zahlungsstromorientierung des Rechnungswesens zu entnehmen sind, könnte eine künftige Studie die Frage beleuchten, ob in der Unternehmenspraxis Versuche unternommen wurden, im internen Rechnungswesen auf eine Periodisierung von Zahlungen zu verzichten, oder von solchen Ansätzen (wieder) Abstand genommen wurde, weil die mit einer Konvergenz des Rechnungswesens verknüpften Ziele auf diesem Wege nicht erreichbar erscheinen. Zugleich könnte ein erkennbares Interesse in der Unternehmenspraxis zu einer „Wiederbelebung" der Diskussion entsprechender Ansätze in der Literatur führen.[2314]

6.2.1.2.3 Berücksichtigung des Shareholder Value-Ansatzes

Dass die Diskussion um eine Konvergenz des Rechnungswesens in einem engen Zusammenhang mit der zunehmenden Inanspruchnahme internationaler Kapitalmärkte durch deutsche Unternehmen und der damit einhergehenden Shareholder Value-Orientierung steht, ist bereits bei der Systematisierung der Konvergenzmotive deutlich geworden.[2315] Diese Entwicklung wurde ferner von den im letzten Abschnitt angesprochenen Konzeptionen für ein zahlungsstromorientiertes Rechnungswesen reflektiert.[2316] Im Rahmen der Literaturanalyse sind Unterschiede in den Vorschlägen, wie eine konvergente Erfolgsrechnung auf den Shareholder Value auszurichten ist, identifiziert worden. Sie können wiederum als Ausgangspunkt für weitere Forschungsarbeiten fungieren.

Im Allgemeinen können in Übereinstimmung mit *Pfaff/Bärtl* zwei zentrale Aufgaben der wertorientierten Unternehmenssteuerung abgegrenzt werden.[2317] Zum einen ist ex ante der Wertbeitrag potenzieller Investitionsprojekte zu erfassen, wozu vor allem die aus der Investitionsrechnung bekannte Kapitalwertmethode eingesetzt werden kann. Darüber hinaus werden Steuerungsinstrumente zur laufenden ex post-Beurteilung bereits durchgeführter Investitionen benötigt. Als Ideal gelten dabei „ex-post-Performancemaße, deren Anreizwirkungen zu Investitionsentscheidungen führen, die auch bei ex-ante-Anwendung der Kapitalwertmethode favorisiert werden."[2318] An diesem Anspruch müssen sich sowohl gewinn- als auch cash flow-

---

[2314] In Anbetracht der Beobachtungen *Webers*, denen zufolge in der Unternehmenspraxis bereits die Nutzung rechnungswesenbasierter wertorientierter Steuerungskennzahlen zu erheblichen Komplexitätsproblemen führt, erscheint die praktische Realisierbarkeit einer weitreichenden Umgestaltung des Rechnungswesens allerdings fraglich (vgl. Weber (2009), S. 298 ff.).

[2315] Vgl. Abschnitt 5.2.1.1.2, S. 154 ff.

[2316] Vgl. Volkart (1997); Dirrigl (1998); Burger/Buchhart (2001a).

[2317] Vgl. Pfaff/Bärtl (1999), S. 88 f.

[2318] Pfaff/Bärtl (1999), S. 89.

basierte Erfolgsgrößen messen. Diese Frage stellt *Pfaff/Bärtl* zufolge „für die betriebswirtschaftliche Forschung nach wie vor ein Puzzle"[2319] dar.

Antworten auf die letztgenannte Frage finden sich mitunter auch in der Konvergenzdiskussion. Wie bereits angesprochen worden ist, wird in sieben Beiträgen eine Verknüpfung der konvergenten Erfolgsrechnung mit einem mehrperiodigen Kapitalwertkalkül vorgeschlagen.[2320] Diesen Autoren zufolge soll im Zuge einer Konvergenz des Rechnungswesens also nicht nur die Diskrepanz zwischen internen und externen Erfolgsgrößen auf der Ebene der operativen Rechenwerke beseitigt werden, sondern gleichzeitig auch der Bruch zwischen diesen und strategisch ausgerichteten Rechnungen.[2321] In der bisherigen Diskussion ist allerdings die Frage offen geblieben, ob diese von Wissenschaftlern in konzeptionellen Beiträgen unterbreiteten Vorschläge von der Unternehmenspraxis aufgegriffen worden sind. Die bislang vorliegenden empirischen Studien gehen auf diesen Aspekt nicht ein. Auch den in den analysierten Zeitschriften veröffentlichten Unternehmensbeispielen lassen sich keine entsprechenden Hinweise entnehmen. Sie vermitteln vielmehr den Eindruck, dass die Unternehmen ihrem Selbstanspruch, sich der Schaffung von Unternehmenswert für die Anteilseigner zu verpflichten, durch die Implementierung wertorientierter Kennzahlenkonzepte wie dem EVA oder CVA nachkommen. Damit stehen die Inhalte der Praxisbeispiele in einem deutlichen Widerspruch zu der von mehreren Vertretern der Wissenschaft hervorgebrachten Kritik an entsprechenden Konzepten und der Akzentuierung von Cash Flows.[2322]

2319 Pfaff/Bärtl (1999), S. 113.

2320 Vgl. Abschnitt 5.3.1.1.1.6, S. 247 f.

2321 *Küting/Lorson* kommentieren eine entsprechende Verknüpfung wie folgt: „Die Cash-flow-basierte Messung und Beurteilung der Erfolgsträchtigkeit von Geschäftsfeldern ist aus betriebswirtschaftlicher Sicht uneingeschränkt zu begrüßen. Es handelt sich hierbei um den Versuch, ein doppeltes Defizit zu überwinden: Zum einen soll die Lücke zwischen der qualitativen strategischen Planung und der quantitativen operativen Planung geschlossen werden. Zum anderen werden nun dynamische Verfahren der Investitionsrechnung nicht nur zur Vorteilhaftigkeitsprüfung auf Projektebene herangezogen, vielmehr lösen sie nun auch auf Unternehmensebene endlich die statischen Verfahren („Return on Investment" bzw. „Return on Equity") ab." (Küting/Lorson (1998b) S. 474).

2322 Vgl. hierzu beispielsweise *Haaker*: „Sogenannte wertorientierte Kennzahlen wie EVA & Co. [...] sind [...] nicht in der Lage, den Wert oder die Wertänderung einer Periode zuverlässig zu indizieren, woran auch Modifikationen in der Kapitalbasis im Grundsatz nichts ändern können, denn der ökonomische Erfolg wird nur unvollständig erfasst. Hier sind Defizite zu beklagen, welche sich durch Konvergenzbestrebungen im Rechnungswesen wegen der teilweise mangelhaften Informationsqualität der IFRS noch zu verschärfen drohen." (Haaker (2009a), S. 438). Vgl. ferner z.B. Deleker (1997), S. 634; Küting (2000), S. 455; Haaker (2005), S. 351; Burger/Buchhart (2001b), S. 801.

Ein Erklärungsansatz für den Widerspruch, der sich aus der im konzeptionellen Schrifttum geäußerten Kritik und des fehlenden eindeutigen Nachweises für eine höhere Wertrelevanz (vgl. auch Abschnitt 5.3.1.1.1.6, S. 246) auf der einen Seite und der weiten Verbreitung von Kennzahlen wie dem EVA in der Unternehmenspraxis auf der anderen Seite ergibt, kann in der in Abschnitt 5.2.4.1.1, S. 199, enthaltenen Überlegung gesehen werden. Dort wurde ausgeführt, dass es aus der Managementsicht rational sein kann, nicht den intrinsischen Wert des Unternehmens zu steigern, sondern die in der externen Rechnungslegung abgebildete Wertentwicklung zu fokussieren (vgl. hierzu auch Henselmann (2001), S. 168, sowie die Ausführungen zu der Modellanalyse von Pfaff/Bärtl (1998) in Abschnitt 5.2.4.1.1, S. 197).

In Anbetracht des bisherigen empirischen Erkenntnisstands scheint eine Verknüpfung ein- und mehrperiodiger Rechnungen nicht auf den Agenden der Unternehmen zu stehen.[2323] Da die Verbreitung entsprechender Konzepte jedoch bislang nicht explizit erhoben worden ist, könnten sich künftige Untersuchungen im Kontext der Konvergenz des Rechnungswesens auch der Verknüpfung operativer und strategischer Kalküle widmen. Darüber hinaus könnte sich die weitere Forschung der Frage annehmen, inwiefern die in der Konvergenzdiskussion im Sinne einer „Pauschallösung" angeratene Verwendung von gewinn- bzw. zahlungsstrombasierten Größen legitim erscheint. Aus Untersuchungen, welche sich zum Ziel gesetzt haben, die Eignung der gängigen Wertsteuerungskonzepte zu beurteilen, wird deutlich, dass eine generelle Überlegenheit eines bestimmten Ansatzes nicht gegeben ist.[2324] Vor diesem Hintergrund erscheint es vielversprechend, im Rahmen künftiger Arbeiten nicht nur die Kontextfaktoren für die Abgrenzung des Konvergenzbereichs zu erschließen, sondern auch die Voraussetzungen für die Anwendung spezifischer Konzepte zur wertorientierten Unternehmenssteuerung zu beleuchten.

6.2.1.2.4 Steuerungseignung der internationalen Rechnungslegung

Im Rahmen der vorliegenden Arbeit ist an verschiedenen Stellen deutlich geworden, dass auch die Internationalisierung der externen Rechnungslegung mit den Bemühungen, das interne und externe Rechnungswesen zu vereinheitlichen, eng verknüpft ist. Dies ging insbesondere aus Abschnitt 5.2.1.1.2 hervor, in dem dargelegt wurde, dass die Anwendung internationaler Rechnungslegungsstandards das mit Abstand am häufigsten genannte Konvergenzmotiv darstellt.[2325] Die erhebliche Bedeutung der IFRS bzw. US-GAAP zeigte sich ferner in den Abschnitten 5.4.1 und 5.4.2, in denen die Analysen der Steuerungseignung internationaler Rechnungslegungsstandards aufgearbeitet worden sind.[2326] In diesen Arbeiten wird der internationalen Rechnungslegung aus konzeptioneller Sicht häufig eine grundsätzlich begünstigende Wirkung im Hinblick auf die Konvergenzbemühungen bescheinigt.[2327]

Als zu dieser Beurteilung kompatibel erweisen sich die empirischen Ergebnisse, die darauf schließen lassen, dass insbesondere Unternehmen eine Konvergenz des Rechnungswesens forcieren, welche nach internationalen Standards Rechnung legen.[2328] Allerdings sind die

[2323] Diese Schlussfolgerung kongruiert mit der Feststellung *Ballwiesers*, dass der Discounted Cash Flow in der Unternehmenspraxis als Maßstab für Unternehmenswertänderungen von untergeordneter Bedeutung ist. Als Gründe führt er mehrere Probleme an, darunter beispielsweise die eingeschränkte Kommunizierbarkeit des komplexen Cash Flow-Kalküls und die rudimentären Möglichkeiten zur Separation von DCF-Veränderungen, für die das Management verantwortlich zeichnet, von jenen, die nicht in seinen Verantwortungsbereich fallen. Ferner stelle der DCF-Ansatz das Management aber auch vor ein „Planungsintegritätsproblem", da in der Praxis Planbilanzen und -Gewinn- und Verlustrechnungen vorherrschten, die von der Zahlungsebene abstrahieren (vgl. Ballwieser (2000), S. 162 f.).

[2324] Vgl. z.B. Pfaff/Bärtl (1999), S. 107 ff.; Pfeiffer (2000), S. 69 ff.; Pfeiffer (2003), S. 53 ff.

[2325] Vgl. Abschnitt 5.2.1.1.2, S. 158 ff.

[2326] Vgl. Abschnitt 5.4.1, S. 320 ff., sowie Abschnitt 5.4.2, S. 336 ff.

[2327] Vgl. z.B. Siefke (1999), S. 235 f.; Klein (1999a), S. 206; Wussow (2004), S. 218.

[2328] Vgl. Abschnitt 6.1.3, S. 394 f.

IFRS bzw. US-GAAP auch ursächlich für die am häufigsten genannten Nachteile eines konvergenten Rechnungswesens.[2329] Zudem befürchtet *Hebeler*, basierend auf den Ergebnissen einer Befragung von US-amerikanischen Unternehmen, dass in Deutschland die Möglichkeiten einer Konvergenz des Rechnungswesens auf der Grundlage internationaler Rechnungslegungsvorschriften möglicherweise überschätzt werden.[2330]

Insgesamt vermittelt die Konvergenzdiskussion in Anbetracht dieser unterschiedlichen Standpunkte einen in dieser Hinsicht kontroversen Charakter, was sich pointiert an zwei Aussagen darstellen lässt. Auf der einen Seite ist *Haller* zu zitieren, der eine Konzernrechnungslegung nach internationalen Standards als „zentrale Voraussetzung bzw. inhaltliche Rahmenbedingung für eine stärkere Verzahnung von externem und internem Rechnungswesen in deutschen Unternehmen" bezeichnet und ergänzt, dass „[e]rst die internationale Harmonisierung ihrer Konzernrechnungslegung [...] die sachliche Grundlage für eine unternehmensintern durchzuführende Harmonisierung des Rechnungswesens [schafft]"[2331]. Auf der anderen Seite vertreten *Ohlms et al.* die Ansicht, dass die Anwendung internationaler Rechnungslegungsstandards keine Voraussetzung für die im vorgestellten Unternehmen praktizierte Konvergenz des Rechnungswesens ist: „Die konzeptionelle Parallelität ist grundsätzlich in jedem Bilanzierungsstandard möglich."[2332]

Die exemplarisch angeführten kontroversen Sichtweisen animieren dazu, weitere Erkenntnisse zur Beurteilung der unterschiedlichen Ergebnisse in Betracht zu ziehen bzw. weitere Forschungsarbeit zu leisten, um die Frage nach der Steuerungseignung der internationalen Rechnungslegungsstandards abschließend beantworten zu können. Für die komparative Beurteilung spezifischer Eigenschaften von Rechnungslegungssystemen stehen nach *Wagenhofer/Ewert* grundsätzlich zwei Ansätze zur Verfügung. Sie beziehen sich dabei auf die Bewertung der Entscheidungsnützlichkeit von Rechnungsweseninformationen aus der Perspektive der Jahresabschlussadressaten. Die erste Möglichkeit knüpft an die vom Gesetzgeber bzw. Standardsetter erklärten Rechnungszwecke des Rechnungslegungssystems an und setzt die korrespondierenden Regelungen hierzu in Beziehung.[2333] Diese bilden den Rahmen, innerhalb dessen die Vorteilhaftigkeit logisch-deduktiv bestimmt wird.

Dieses Vorgehen exemplifizieren die Autoren anhand der handelsrechtlichen Rechnungslegung und den US-GAAP. Demnach sei es argumentativ unstrittig, dass die handelsrechtliche Rechnungslegung infolge der Dominanz des Vorsichts- und Imparitätsprinzips sowie der

[2329] Vgl. Abschnitt 5.2.3.1, S. 184.

[2330] Vgl. Abschnitt 6.1.3, S. 394, sowie Hebeler (2003), S. 176.

[2331] Haller (1997), S. 271; ähnlich auch *Wollmert et al.* mit ihrer Einschätzung, dass „eine Harmonisierung von interner und externer Rechnungslegung ernsthaft nur auf dem Boden einer Finanzberichterstattung nach den IFRS diskutiert" worden ist (Wollmert/Oser/Skirk (2010), S. 78).

[2332] Ohlms/Tomaszewski/Trützschler (2002), S. 194; vgl. zur handelsrechtlichen Rechnungslegung als Hintergrund einer Konvergenz des Rechnungswesens auch die Überlegungen in Fn. 2273.

[2333] Ähnlich hierzu auch *Schildbach* im Hinblick auf einen Vergleich von IFRS und US-GAAP (vgl. Schildbach (2006), S. 28 ff.).

steuerlichen Maßgeblichkeit Risiken übermäßig betone, zudem rein steuerlich motivierte Wertansätze beinhalte und dementsprechend zu einer verzerrten Darstellung der Unternehmenssituation führe. Für die Vermittlung entscheidungsnützlicher Informationen seien jedoch unverzerrte Daten erforderlich. Diese Überlegungen resultieren in der Schlussfolgerung: „Weil die US-GAAP von solchen Verzerrungen in weit geringerem Maße betroffen sind, scheint die Folgerung auf der Hand zu liegen: Die US-GAAP sind zur Vermittlung entscheidungsnützlicher Informationen für Anleger besser geeignet als das HGB."[2334]

Die zweite Möglichkeit, die Entscheidungsnützlichkeit von Rechnungslegungssystemen zu beurteilen, ist im Rahmen der empirischen Rechnungslegungsforschung zu sehen, welche die Korrelation zwischen Kapitalmarktrenditen und Größen der zu analysierenden Rechnungslegungssysteme untersucht.[2335] Entsprechenden Untersuchungen liegt die Prämisse zugrunde, dass die Entscheidungen und Erwartungen der Investoren in den Marktpreis eines Finanztitels eingehen und sowohl die Entscheidungsfindung als auch die Erwartungsbildung der Anleger ausschließlich auf Informationen basiert, die von diesen als relevant erachtet werden. Eine hohe Korrelation zwischen den Rechnungslegungsdaten und den Marktpreisen indiziert, dass Erstere in die Erwartungsbildung und Entscheidungsfindung der Kapitalmarktteilnehmer eingehen.[2336] Die Rechnungslegungsdaten verfügen in diesem Fall dementsprechend über Entscheidungsnützlichkeit.[2337]

Obgleich also auch aus empirischen Untersuchungen Rückschlüsse über die Informativität von Rechnungslegungssystemen gezogen werden können,[2338] folgen die in der Konvergenzdiskussion identifizierten Argumentationen zur Steuerungsqualität internationaler Rechnungslegungsstandards ausschließlich dem ersten Ansatz und setzen an den Rechnungszwecken an. Wie in Abschnitt 5.4.1.1.1.1 deutlich geworden ist, wird der Zielsetzung der IFRS, entscheidungsnützliche Informationen bereitzustellen, eine im Hinblick auf die Konvergenz begünstigende Wirkung zugesprochen, die durch die fehlende Zahlungsbemessungsfunktion verstärkt wird.[2339] Interessant erscheint in diesem Zusammenhang, dass sich die Vorteilhaftigkeit der für die höhere Steuerungseignung exemplarisch angeführten Abbildungsregeln bei einer eingehenden Betrachtung teilweise deutlich relativiert.[2340] So wird etwa in mehreren Beiträgen die Aktivierung von Entwicklungskosten als Beispiel für die größere Konformität des im IFRS-Abschluss gezeigten Abbilds mit der ökonomischen Realität und dementsprechend als Beleg für die höhere Steuerungseignung internationaler Rechnungslegungsvor-

---

2334 Wagenhofer/Ewert (2007), S. 114.

2335 Vgl. Wagenhofer/Ewert (2007), S. 114; Lindemann (2006), S. 971.

2336 Vgl. Wagenhofer/Ewert (2007), S. 105; Barth/Beaver/Landsman (2001), S. 80; Weißenberger (2003), S. 218.

2337 Vgl. Pelger (2008a), S. 566; Lindemann (2006), S. 970.

2338 Vgl. Weißenberger (2003), S. 217.

2339 Vgl. hierzu Abschnitt 5.4.1.1.1.1, S. 323 ff., sowie ferner Abschnitt 5.4.1.1.1.2, S. 325 ff.

2340 Vgl. hierzu bereits Abschnitt 5.4.2.2.3, S. 351 ff.

schriften angeführt.[2341] Die kriterienbasierte Beurteilung von *Klein* legt jedoch offen, dass die grundsätzlich unter Anreizgesichtspunkten vorteilhaft erscheinende Aktivierungspflicht keineswegs eine hinreichende Anreizverträglichkeit gewährleisten kann, weil sie den beiden Subkriterien Zielkongruenz und Objektivität nicht vollumfänglich gerecht werden kann.[2342]

Dass entsprechende Bedenken in der Unternehmenspraxis geteilt werden, wird aus dem Praxisbeispiel von *Dais/Watterott* deutlich. Im betrachteten Unternehmen werden Entwicklungskosten nur für Zwecke der externen Berichterstattung aktiviert.[2343] Vorbehalte zeigen sich ferner auch gegenüber der Percentage-of-Completion-Methode, die aber auch gleichzeitig von zahlreichen Autoren als Indikator für die höhere Steuerungseignung der IFRS angeführt wird.[2344] Mit Blick auf diese Kritikpunkte liegt die Frage nahe, ob das ausschließliche Abstellen auf die Rechnungszwecke zur Beurteilung der Steuerungseignung, wie es an vielen Stellen in der Konvergenzdiskussion gegeben ist, in einer zu optimistischen Bewertung resultiert.

Ein weiteres Argument für eine höhere Steuerungseignung der IFRS bzw. US-GAAP ist in der geringeren Anzahl expliziter Wahlrechte zu sehen.[2345] Dieser Vorteil wird bereits in der Konvergenzdiskussion von einigen Autoren relativiert, indem diese auf die IFRS-immanenten Ermessensspielräume verweisen.[2346] Diese Sichtweise wird auch außerhalb der einschlägigen Diskussion bekräftigt, beispielsweise von *Dobler*. Er gibt zu bedenken, dass die Frage, ob die IFRS weniger Möglichkeiten zur „laufenden legalen, buchmäßigen Gewinnsteuerung"[2347] inhärieren, aus der konzeptionellen Perspektive nicht eindeutig beantwortet werden kann. Neben den Ermessensspielräumen führt *Dobler* hierfür Stetigkeitsdurchbrechungen infolge der hohen Änderungsdynamik der IFRS und zahlreiche Verstöße gegen das Kongruenzprinzip an.[2348]

Die Plausibilität der vermeintlich höheren Steuerungseignung internationaler Rechnungslegungsstandards wird ferner dadurch geschmälert, dass mithilfe formal-analytischer Modellierungen Situationen identifiziert worden sind, in denen von einer konservativen Rechnungslegung, wie sie aus den handelsrechtlichen Regelungen folgt, zielgerechtere Steuerungswirkungen ausgehen können als von den stärker um die Bereitstellung entscheidungsnützlicher Informationen bemühten internationalen Standards. Ergeben sich somit bereits aus konzeptioneller Sicht Zweifel an der Überlegenheit der internationalen Standards gegenüber dem Han-

---

2341 Vgl. Abschnitt 5.4.1.1.1.1, S. 325.

2342 Vgl. hierzu bereits Abschnitt 5.4.2.2.3.1, S. 354, sowie Klein (1999b), S. 72.

2343 Vgl. Dais/Watterott (2006), S. 469; verhalten zeigen sich ferner auch Eierle/Schultze/Bischof/Thiericke (2008), S. 293.

2344 Vgl. z.B. Bischof (1998), S. 10 ff.; Klein (1999b), S. 74 ff., sowie Abschnitt 5.4.1.1.1.1, S. 324.

2345 Vgl. Abschnitt 5.4.1.1.1.3, S. 327 f.

2346 Vgl. z.B. Kirsch/Steinhauer (2003), S. 426 f.; Fülbier/Hirsch/Meyer (2006), S. 238.

2347 Dobler (2008), S. 272; vgl. hierzu auch die Feststellung von *Fischer/Klöpfer*: „Nach IFRS wird die gegenüber HGB geringere Anzahl an expliziten Wahlrechten durch erhebliche Ermessensspielräume ersetzt." (Fischer/Klöpfer (2006), S. 719).

2348 Vgl. Dobler (2008), S. 272; kritisch ferner auch Szczesny (2007), S. 118.

delsrecht im Hinblick auf die Steuerungseignung, so verstärken sich diese noch durch Heranziehen der Ergebnisse der empirischen Rechnungslegungsforschung. Denn jedes der drei Argumente, die für eine komparativ höhere Steuerungseignung der IFRS sprechen, kann – wie nachfolgend skizziert wird – mithilfe empirischer Studien zumindest in Frage gestellt werden. Die im Weiteren aufgegriffenen Ergebnisse könnten daher als Ausgangspunkt für eine empirisch fundierte Beurteilung der Steuerungseignung unterschiedlicher Rechnungslegungsstandards fungieren.

Das erste Argument, ein IFRS-Abschluss enthalte entscheidungsnützlichere Informationen als handelsrechtliche Rechnungslegungsinstrumente kann zwar nicht widerlegt, aber zumindest partiell entkräftet werden. Denn sowohl *Lindemann* als auch *Ballwieser* kommen basierend auf der Sichtung empirischer Untersuchungen zur Kapitalmarktrelevanz spezifischer Rechnungslegungssysteme zu dem Ergebnis, dass sich die Frage, „[o]b die Bewertungsrelevanz der Rechnungslegung nach HGB-Vorschriften oder nach IFRS höher ist, [...] auf der Grundlage der vorliegenden Untersuchungen nicht eindeutig entscheiden [lässt]“[2349]. Während beispielsweise die Ergebnisse von *Bartov et al.*, *Jermakowicz et al.* und *Devalle et al.* auf eine höhere Wertrelevanz der internationalen Rechnungslegung schließen lassen,[2350] können etwa *Harris et al.* oder *Hung/Subramanyam* eine solche Überlegenheit nicht bestätigen.[2351] Diese Ergebnisse deuten an, dass den nach internationalen Standards aufgestellten Abschlüssen von den Kapitalmarktteilnehmern nicht unbedingt eine höhere Entscheidungsnützlichkeit zugesprochen wird als den handelsrechtlichen Regelwerken. Damit wird der in konzeptionellen Analysen am häufigsten genannte Vorzug deutlich abgeschwächt. Unklar bleibt dabei allerdings, welche Schlüsse aus der Perzeption der IFRS-Rechnungslegung seitens ihrer originären Adressaten auf die Wahrnehmung der derivativen, unternehmensinternen Adressaten bei einer Konvergenz des Rechnungswesens gezogen werden können.

Das zweite Argument, das vielfach zur Erklärung der höheren Steuerungseignung internationaler Rechnungslegungsstandards herangezogen wird, besteht in der Abkopplung des IFRS-Abschlusses von der Zahlungsbemessungsfunktion. Damit wird eine Repression des Vorsichtsprinzips und den sich daraus ergebenden verzerrenden Wirkungen verbunden. Auch der Erklärungsgehalt dieses Grundes gerät unter Druck, wenn der Argumentation von *Fülbier et al.* gefolgt wird, die unter Bezug auf internationale empirische Studien herausarbeiten, dass vorsichtige Rechnungslegung nicht ausschließlich eine Konsequenz entsprechend ausgestalteter Bilanzierungsvorschriften ist. Sie legen dar, dass Anreize für ein vorsichtiges Rechnungslegungs*verhalten* bestehen, welches zu einer verlustantizipierenden und damit verzerr-

2349 Lindemann (2006), S. 983; ähnlich auch Ballwieser (2008), S. 17.

2350 Vgl. Bartov/Goldberg/Kim (2005), S. 108 ff.; Jermakowicz/Prather-Kinsey/Wulf (2007), S. 177 ff.; Devalle/Onali/Magarini (2010), S. 101 ff.

2351 Vgl. Harris/Lang/Möller (1994), S. 198 ff.; Hung/Subramanyam (2007), S. 639 ff.

ten Darstellung der Unternehmenssituation führt und zwar unabhängig von den geltenden Bilanzierungsvorschriften.[2352]

Im Hinblick auf die asymmetrische Antizipation unrealisierter Erfolgsbeiträge – im internationalen Schrifttum als Conditional Conservatism bezeichnet[2353] – unterbreiten *Fülbier et al.* einen Erklärungsansatz, der zwar die zwischen den Eigenkapitalgebern und der Gesamtunternehmensführung bestehende Delegationsbeziehung betrifft. Grundsätzlich ist dieser aber auf das Verhältnis von der zentralen Unternehmensführung und den dezentralen Managern übertragbar und erlangt somit auch im Kontext eines konvergenten Rechnungswesens Relevanz. So wird argumentiert, dass eine zeitnahe Erfassung sich abzeichnender Verluste Fehlinvestitionsprobleme reduzieren könne, wenn mit den ausführenden Managern erfolgsabhängige Vergütungen vereinbart worden sind. Sofern entsprechende Verträge bestehen, sei anzunehmen, dass das Management von der Fortführung verlustbringender Investitionen und Strategien absieht, um den damit verbundenen Konsequenzen zu entgehen. Weil dies aus der Perspektive der Investoren vorteilhaft erscheine, ergebe sich ihrerseits damit eine Nachfrage nach vorsichtiger Rechnungslegung, welche Verluste zeitnah ausweist.[2354] Des Weiteren kann auch das Angebot an vorsichtiger Rechnungslegung erklärt werden. So führe die Selbstbeschränkung der Unternehmensführung infolge der Verpflichtung zur zeitnahen Berichterstattung zu Handlungen, die in Kongruenz zu den Investorenzielen stehen, womit das Management seine eigene Position in künftigen Entlohnungsverhandlungen stärken könne.[2355]

Bezogen auf die „interne" Delegationsbeziehung zwischen der Unternehmensführung und den in dezentralen Einheiten wirkenden Managern erscheint es plausibel, dass auch die zentrale Unternehmensführung ein Interesse an einer zeitnahen Berichterstattung über sich abzeichnende Verluste hat, um ein Festhalten an Projekten und Strategien, die voraussichtlich über einen längeren Zeitraum defizitär bleiben, zu verhindern. Damit ergibt sich zugleich ein weiterer Erklärungsansatz für die Vorteilhaftigkeit einer vorsichtigen Rechnungslegung im Kontext der Verhaltenssteuerung. Insgesamt verdeutlichen die Ausführungen aber insbesondere, dass eine verzerrte Unternehmensabbildung nicht ausschließlich durch die Bilanzierungsvorschriften verursacht wird, sondern darüber hinausgehend Anreize bestehen können, existente Gestaltungsspielräume zugunsten eines vorsichtigen Rechnungslegungsverhaltens auszunutzen.

Das dritte Argument für die höhere Steuerungseignung bezieht sich, wie bereits oben ausgeführt, auf die geringere Anzahl an expliziten Bilanzierungs- und Bewertungswahlrechten, mit denen Einfluss auf die Abbildung der Unternehmenssituation in den Rechnungslegungswer-

2352 Vgl. Fülbier/Gassen/Sellhorn (2008), S. 1319 ff.

2353 Vgl. Gassen/Fülbier/Sellhorn (2006), S. 530.

2354 Vgl. Fülbier/Gassen/Sellhorn (2008), S. 1320.

2355 Vgl. Fülbier/Gassen/Sellhorn (2008), S. 1320.

ken genommen werden kann.[2356] Entsprechende Möglichkeiten erscheinen insbesondere in Delegationsbeziehungen, die durch Informationsasymmetrien gekennzeichnet sind, problematisch.[2357] Bereits in Abschnitt 5.2.3.1 wurde deutlich, dass Ansatz- und Bewertungswahlrechte ein wichtiges Instrument für die Bilanzpolitik darstellen.[2358] Aus einer geringeren Anzahl an expliziten Wahlrechten kann jedoch nicht geschlossen werden, dass ein Rechnungslegungssystem weniger bilanzpolitisches Potenzial offeriert, da auch Ermessensspielräume einen wichtigen Treiber bilden.[2359] Empirische Vergleiche von Unternehmen, die nach HGB bilanzieren, und solchen, welche die internationalen Rechnungslegungsvorschriften anwenden, brachten bislang keine Hinweise hervor, dass IFRS-Bilanzierer weniger Bilanzpolitik betreiben als jene, die ihre Abschlüsse in Übereinstimmung mit den handelsrechtlichen Vorschriften aufstellen.[2360] Diese Beobachtungen lassen vermuten, dass die materielle Wirkung des Vorteils einer geringeren Anzahl an Bilanzierungswahlrechten geringer ist als in der Konvergenzdiskussion vielfach kolportiert wird und die Relativierung des Vorteils durch einen Verweis auf die bestehenden impliziten Ermessensspielräume gerechtfertigt erscheint.[2361]

Insgesamt verdeutlichen die oben stehenden Ausführungen, dass sich für jedes der drei Argumente, mit denen die im Vergleich zum HGB höhere Steuerungseignung der IFRS begründet wird, Gegenargumente finden lassen, die in der bestehenden Konvergenzdiskussion größtenteils noch keine Berücksichtigung gefunden haben. Dadurch verstärkt sich der bereits angesprochene Eindruck *Hebelers*, den dieser in Anbetracht seiner Analyse der US-amerikanischen Literatur und der Befragung von Unternehmen in den USA skizziert hat. Er spricht die Möglichkeit an, dass die Steuerungseignung internationaler Rechnungslegungsstandards in der im deutschsprachigen Raum geführten Diskussion bislang zu euphorisch beurteilt worden ist.[2362]

Vor diesem Hintergrund scheinen weitere Forschungsbemühungen angebracht, die sich in komparativer Form der Steuerungseignung der IFRS und des HGB annehmen. In Anbetracht der divergenten Ergebnisse konzeptioneller Analysen sollten dazu verstärkt empirische Forschungsmethoden angewendet werden. Da ein direkter Vergleich einer konvergenten Erfolgsrechnung auf der Basis der handelsrechtlichen Rechnungslegung auf der einen und einer entsprechenden Steuerungsrechnung basierend auf internationalen Standards auf der anderen Seite in der Unternehmenspraxis kaum beobachtbar sein dürfte, sollte daher geprüft werden,

[2356] Vgl. hierzu bereits Abschnitt 5.4.1.1.1.3, S. 327 f.

[2357] Vgl. hierzu bereits Abschnitt 2.3.2.2.2, S. 65.

[2358] Vgl. Abschnitt 5.2.3.1, S. 187 f.

[2359] Vgl. Küting/Reuter (2005), S. 711; Szczesny (2007), S. 101.

[2360] Vgl. Van Tendeloo/Vanstraelen (2005), S. 168 ff.; Goncharov/Zimmermann (2007), S. 379 ff.

[2361] Vgl. z.B. Altenburger/Busse von Colbe/Küpper/Loitlsberger/Siegwart (2001), S. 68; Kirsch/Steinhauer (2003), S. 426 f. Interessant erscheint in diesem Zusammenhang, dass im Zuge des BilMoG eine Reihe von Bilanzierungswahlrechten abgeschafft worden ist, zugleich aber zusätzliche Ermessensspielräume entstanden sind. Somit ändert sich auch bei der handelsrechtlichen Rechnungslegung die Gewichtung der Quellen, aus denen die bilanzpolitischen Möglichkeiten erwachsen (vgl. Müller/Kreipl (2010), S. 327).

[2362] Vgl. Hebeler (2003), S. 244.

ob sich zur Untersuchung derartiger Fragestellungen experimentelle Anordnungen eignen, in denen Probanden die Beurteilung fiktiver Geschäftseinheiten anhand unterschiedlicher Datengrundlagen obliegt.[2363]

6.2.1.2.5 Erfolgswirkungen eines konvergenten Rechnungswesens

Den Erfolgswirkungen eines konvergenten Rechnungswesens ist in der bestehenden Konvergenzdiskussion bislang vergleichsweise wenig Aufmerksamkeit zuteil geworden. Erste Aussagen, ob den mit einer Konvergenz verbundenen Intentionen entsprochen werden kann, gingen aus den Erhebungen von *Haring/Prantner* und *Müller* hervor, indem die befragten Unternehmen um eine Einschätzung gebeten wurden, inwiefern die erwarteten Vorteile eines konvergenten Rechnungswesens tatsächlich realisiert werden konnten.[2364] Erst in den letzten Jahren des Untersuchungszeitraums wurden von *Weide* und *Angelkort* umfangreiche Analysen der Erfolgswirkungen durchgeführt.[2365] Dies vermag mit Blick auf die (vermeintlich) kontroverse Konvergenzdiskussion insofern zu verwundern, als ein empirisch abgesicherter Nachweis der Erfolgswirkungen eines konvergenten Rechnungswesens zu einer Etablierung des Konvergenzgedankens in der wissenschaftlichen Auseinandersetzung hätte beitragen können.[2366]

Die bislang vorliegenden Ergebnisse deuten darauf hin, dass die Adressaten des Rechnungswesens infolge der Uniformität der Ergebnisse zufriedener mit den bereitgestellten Daten sind und somit ein wesentliches Ziel, das mit der Konvergenz verbunden ist, erreicht wird.[2367] Mit Bezug auf die in Abschnitt 3.1 aufgegriffenen Effektivitätsebenen lässt sich somit schlussfolgern, dass durch die Konvergenz des Rechnungswesens Effektivitätszuwächse auf der Ebene der subjektiven Erfolgswirkungen nachgewiesen werden konnten. Einschränkend ist zu erwähnen, dass von *Weide* Vertreter des Konzerncontrollings und -berichtswesens befragt worden sind, die daher sowohl die Rolle eines Berichtsempfängers (von untergeordneten Einheiten) als auch jene eines Berichtssenders (an die Konzernführung) einnehmen.[2368] Da die Befragten somit über eine im Vergleich zu Managern höhere Expertise in der Rechnungslegung verfügen, ist zu berücksichtigen, dass ihre Perzeption eines konvergenten Rechnungswesens möglicherweise von der Wahrnehmung von Rechnungswesenadressaten mit geringeren Rechnungslegungskenntnissen abweicht. Des Weiteren ist anzumerken, dass die Befragten in

---

[2363] Vgl. Callahan/Gabriel/Sainty (2006), S. 92.

[2364] Vgl. Abschnitt 6.1.3.2, S. 398 ff.

[2365] Vgl. Abschnitte 6.1.3.3, S. 400 ff., und 6.1.3.4, S. 403 ff.

[2366] So etwa auch *Weißenberger/Löhr* vor dem Hintergrund von kontrovers diskutierten Gestaltungsmerkmalen der Unternehmensplanung (vgl. Weißenberger/Löhr (2007), S. 338).

[2367] Vgl. Weide (2009a), S. 317; Angelkort (2010), S. 166.

[2368] Vgl. Weide (2009a), S. 188.

der Konzernholding und nur in Einzelfällen in einem Geschäftsbereich tätig sind.[2369] Die subjektiven Erfolgsbeurteilungen dürften sich daher ebenfalls auf diese Ebenen beziehen.

Vereinzelt signalisieren die Gesprächspartner von *Weide*, dass die Beschränkung der Konvergenzbemühungen auf die Ebene der Konzernholding sowie der Geschäftseinheiten zu einer erheblichen Komplexität in den operativen Einheiten führt und somit die Erfolgswirkungen auf der Konzernebene konterkariert.[2370] Indem die vielfach erwähnte Ergebnistransparenz auf die oberen Hierarchieebenen eines Unternehmens beschränkt bleibt, sind Mitarbeiter auf den operativen Funktionsebenen nach wie vor „zwei Ergebniswelten" ausgesetzt.[2371] Insofern ist davon auszugehen, dass im Zuge der Konvergenz zwar Schwierigkeiten in der horizontalen Kommunikation, d.h. innerhalb ausgewählter Führungsebenen, ausgeräumt werden können, während die auf operativen Ebenen fortbestehende Divergenz die vertikale Kommunikation weiterhin belastet. Vor diesem Hintergrund erscheint es lohnend zu erfassen, ob auf untergeordneten Ebenen, auf denen die IFRS-basierten Vorgaben in die Wertgerüste der Kostenrechnung unter Berücksichtigung kalkulatorischer Elemente zu übersetzen sind, Effektivitäts- bzw. Effizienznachteile wahrgenommen werden.

Unerschlossen sind bislang zudem die Erfolgswirkungen auf organisationaler Ebene geblieben. Wie bereits in Abschnitt 3.1 erwähnt, kann davon ausgegangen werden, dass eine auf subjektiver Ebene empfundene höhere Nützlichkeit von Rechnungsweseninformationen zu Effektivitätssteigerungen auf organisationaler Ebene führen kann.[2372] Dieser Zusammenhang erscheint insbesondere deshalb plausibel, weil das Rechnungswesen keinen Selbstzweck darstellt, sondern als wichtiges Führungsinstrument die Handlungsträger innerhalb eines Unternehmens bei der Erreichung der Unternehmensziele zu unterstützen hat.[2373] Dementsprechend ist grundsätzlich anzunehmen, dass ein effektiveres Rechnungswesen positive Erfolgswirkungen auf der Gesamtunternehmensebene nach sich zieht.[2374]

Einen solchen Zusammenhang deutet auch *Angelkort* an, der davon ausgeht, dass sich die von ihm nachgewiesene, durch eine Konvergenz des Rechnungswesens erhöhte Ergebnisqualität des Controllings bzw. ein erhöhter Einfluss des Controllings auf die Entscheidungsfindung des Managements positiv auf den Unternehmenserfolg auswirken.[2375] Unterstützt wird diese Erwartung insbesondere von Untersuchungen über den Einfluss des Controllingerfolgs auf den Unternehmenserfolg, welche die Controllingforschung in jüngerer Vergangenheit hervorgebracht hat. Entsprechende Analysen messen den Unternehmenserfolg jedoch vielfach an-

2369 Vgl. Weide (2009a), S. 199.

2370 Vgl. Weide (2009a), S. 305.

2371 Vgl. Weide (2009a), S. 332.

2372 Vgl. Abschnitt 3.1, S. 70.

2373 Vgl. Coenenberg/Fischer/Günther (2009), S. 8; Küpper (2002), Sp. 2031.

2374 Ähnlich auch *Choudhury* mit Bezug zum Management Accounting: "[T]he function of management accounting practice, as part of the management control system, is to increase organisational effectiveness." (Choudhury (1986), S. 21).

2375 Vgl. Angelkort (2010), S. 162.

hand von subjektiven Erfolgsgrößen, so dass ein direkter Zusammenhang zu objektiven Größen, wie z.B. dem Umsatz oder Gewinn, nicht hergestellt wird.[2376]

Demgegenüber finden sich in der internationalen Literatur Studien, in denen die Auswirkungen bestimmter Informationssysteme auf objektive Größen des Unternehmenserfolgs untersucht werden. In diesem Zusammenhang bilden die ökonomischen Konsequenzen von ERP-Systemen ein vielfach referenziertes Analyseobjekt.[2377] So vergleichen beispielsweise *Hunton et al.* die Entwicklung zentraler Kennzahlen wie dem Return on Assets (ROA) oder ROI von Unternehmen, die ERP-Systeme implementiert haben, mit jenen, die ohne solche Systeme operieren.[2378] *Posten/Grabski* ziehen als abhängige Variablen verschiedene Aufwands-/Erlös-Verhältniszahlen und ein Residualeinkommen in ihre Erhebung mit einer ähnlichen Anordnung ein.[2379]

Die Übertragung solcher Ansätze auf die Konvergenz des Rechnungswesens erscheint im Wesentlichen aus zwei Gründen erstrebenswert:[2380] Zum einen können sich aus entsprechenden Analysen Hinweise auf kausale Zusammenhänge zwischen der auf subjektiver Ebene wahrgenommenen höheren Effektivität aufgrund eines konvergenten Rechnungswesens und Vorteilen bei der Erreichung der Unternehmensziele ergeben. Zum anderen kann überprüft werden, ob eine Konvergenz des Rechnungswesens tatsächlich zur Hebung der mit ihr verbundenen Kosteneinsparpotenziale beitragen kann.

Aufgrund des zentralen Einflusses der Shareholder Value-Orientierung auf die Entscheidung, eine Konvergenz des Rechnungswesens vorzunehmen, sollte darüber hinaus erwogen werden, Studien zu konzipieren, welche sich mit dem Einfluss eines konvergenten Rechnungswesens auf die Kapitalmarktperformance eines Unternehmens befassen.[2381] Denkbar wäre, dass eine Konvergenz des Rechnungswesens zu einer Senkung der Kapitalkosten führt. Diese Erwartung erscheint bei einer Inversion der Argumentation *Kirchners* plausibel. Demnach verschlechtert das managerseitige Ausnutzen von Handlungsspielräumen im Kontext der Rechnungslegung die Kontrolle der Unternehmensführung durch die Kapitalmarktteilnehmer, was

---

[2376] Vgl. z.B. Spillecke (2006), S. 165 f.; Sill (2008), S. 182 ff.; Schlüter (2009), S. 130 ff.

[2377] Vgl. für einen Überblick Grabski/Leech/Schmidt (2011), S. 61 ff.

[2378] Vgl. Hunton/Lippincott/Reck (2003), S. 174 ff.

[2379] Vgl. Poston/Grabski (2001), S. 284 ff. Ihre Studie wird dabei von folgender Erwartung geleitet: "Also, assuming rationality on the managers' part, better information should lead to cost minimizing and revenue maximazing actions, which should be reflected in reductions in selling, general, and administrative, and cost of goods sold, as well as increases in revenue." (Posten/Grabski (2001), S. 277).

[2380] Mit der Konvergenzdiskussion thematisch verwandt ist die Untersuchung von *Gödde*. Sie analysiert die Wirkungen einer Integration der für die Goodwill-Allokation nach IAS 36.80(a) abgegrenzten ZGE und der für die wertorientierte Unternehmenssteuerung herangezogenen Bereiche auf die Unternehmensperformance. Letztere wird anhand der objektiven Größen Return on Sales und Total Shareholder Return operationalisiert (vgl. Gödde (2010), S. 110).

[2381] Ähnliche Untersuchungen der Erfolgswirkungen verschiedener Controllinginstrumente finden sich etwa bei Gordon/Silvester (1999), S. 243 ff.; Kennedy/Affleck-Graves (2001), S. 31 ff.; Ittner/Larcker/Randall (2003), S. 721 ff.

diese mit einem höheren Risikozuschlag in ihren Kalkülen sanktionieren.[2382] Wenn über eine konvergente Ausgestaltung des Rechnungswesens die Kommunikation mit den Investoren verbessert und eine höhere Transparenz über die Handlungen des Managements geschaffen wird, kann grundsätzlich angenommen werden, dass die Investoren einen niedrigeren Risikozuschlag einfordern und somit eine Konvergenz des Rechnungswesens ein Sinken der Kapitalkosten initiiert, was bislang jedoch noch nicht empirisch nachgewiesen worden ist.

6.2.2 Schlussfolgerungen zur Theorie-Praxis-Lücke in der betriebswirtschaftlichen Forschung

Zu Beginn der Arbeit wurde die Frage aufgeworfen, ob die Ergebnisse der vorliegenden Analyse der in Fachzeitschriften geführten Konvergenzdiskussion auf eine Entfremdung zwischen der Forschung und Praxis des Rechnungswesens und Controllings im deutschsprachigen Raum hindeuten und dementsprechend eine Wende im tradierten Verhältnis darstellen.[2383] In Anbetracht der aufgezeigten Parallelen zwischen den Beiträgen von Wissenschaftlern und Praxisvertretern kann eine solche Entwicklung innerhalb der Konvergenzdiskussion nicht ausgemacht werden. Dies ist insofern positiv zu werten, als – wie bereits eingangs erwähnt – die Rechnungswesen- und Controllingforschung als anwendungsorientierte Disziplin wahrgenommen wird, welcher neben der Erklärung auch die Optimierung bzw. Entwicklung der in den Unternehmen eingesetzten Praktiken obliegt.[2384]

Auch wenn im Rahmen einer Literaturanalyse nicht erfasst werden kann, inwiefern die von Wissenschaftlern diskutierten Ansätze zu einer Konvergenz des Rechnungswesens die Ausgestaltung in der Unternehmenspraxis tatsächlich beeinflussen,[2385] lässt sich jedoch schlussfolgern, dass zumindest in der zweiten Diskussionshälfte von den Vertretern der Wissenschaft keine Konzepte erörtert worden sind, die mit den Vorstellungen der Unternehmenspraxis völlig inkompatibel sind. Die Einschränkung dieser Aussage ergibt sich aus den Ansätzen für ein zahlungsstromorientiertes Rechnungswesen, die offenbar über den in der Praxis identifizierten Veränderungsbedarf hinausgehen und eine Erreichung der wesentlichen mit einer Konvergenz des Rechnungswesens verbundenen Ziele nicht ermöglichen dürften.[2386] Insgesamt erscheint aber die Übertragbarkeit des in Bezug auf die internationale Rechnungswesen- und

[2382] Vgl. Kirchner (2006), S. 61.

[2383] Vgl. Abschnitt 1.2, S. 7.

[2384] Vgl. Inanga/Schneider (2005), S. 239; Parker/Guthrie/Linacre (2011), S. 6; Choudhury (1986), S. 21.

[2385] Ob die in Fachzeitschriften diskutierten Ansätze die Ausgestaltung eines konvergenten Rechnungswesens beeinflusst haben, könnte allerdings im Rahmen einer Unternehmensbefragung erhoben werden.

[2386] Vgl. hierzu Abschnitt 6.2.1.2.2, S. 417. Die Aussage über die Praxisrelevanz derartiger Ansätze ist vor dem Hintergrund des bestehenden Erkenntnisstands insofern einzuschränken, als sich in den vorliegenden empirischen Studien keine Hinweise für die Implementierung derartiger Ansätze finden. Ein expliziter Nachweis, dass derartige Ansätze keine Praxisrelevanz besitzen, steht aber noch aus.

Controllingforschung formulierten Vorwurfs, die Forschung habe keinen Einfluss auf die Praxis,[2387] auf die Konvergenzdiskussion nicht gegeben.

Diese These sollte aber nicht dahingehend missverstanden werden, dass die insbesondere im internationalen Kontext vielfach thematisierte „Rigour-Relevance-Gap“, also der Zielkonflikt zwischen wissenschaftlicher Rigorosität und praktischer Relevanz, überwunden worden ist.[2388] Vielmehr scheint eine im Vergleich zur internationalen Forschung andere Gewichtung zu bestehen. Um diese These zu veranschaulichen, werden nachfolgend die Begriffe der Rigorosität und Relevanz unter Rekurs auf die einschlägige Literatur konkretisiert. In Anbetracht der Dominanz positivistischer Forschungsarbeiten in der internationalen Accounting-Forschung[2389] liegt es nahe, den Begriff der wissenschaftlichen Rigorosität in Übereinstimmung mit *Kieser/Leiner* anhand des positivistischen Ansatzes zu bestimmen.[2390]

Aus der Perspektive eines positivistischen Wissenschaftsverständnisses besteht die Aufgabe der Forschung darin, Theorien zur Erklärung realer Phänomene zu entwickeln, welche als Grundlage für die Formulierung von Hypothesen über realiter existierende Ursache-Wirkungszusammenhänge fungieren.[2391] In die Hypothesenbildung sind Ergebnisse aus der bestehenden Literatur einzubeziehen, so dass sich der eigene Forschungsbeitrag in einen bestehenden Literaturkontext einfügt.[2392] Zur empirischen Überprüfung der Hypothesen werden anerkannte wissenschaftliche Methoden eingesetzt.[2393] Das Erkenntnisinteresse entsprechender Arbeiten bezieht sich dabei in der Regel auf die theoriebasierte Erklärung der Existenz und Entwicklung bestimmter Rechnungswesen- bzw. Controllingstrukturen und nicht auf konkrete Anwendungsfragen.[2394]

2387 Vgl. Malmi/Granlund (2009), S. 598; Parker/Guthrie/Linacre (2011), S. 6; Reiter/Williams (2002), S. 576. Anders demgegenüber *Moehrle et al.* mit Bezug zur US-amerikanischen Management Accounting-Forschung: “Managerial accounting researchers continue to examine organizational practices in many industries around the world with the intent of promulgating the best ideas; they revise and develop new practices and demonstrate new ways of thinking about the world of business.” (Moehrle/Anderson/Ayres/Bolt-Lee/Debreceny/Dugan/Hogan/Maher/Plummer (2009), S. 439).

2388 Vgl. zur „Rigour-Relevance-Gap“ im Allgemeinen z.B. Leisenring/Johnson (1994), S. 79; Kelemen/Bansal (2002), S. 103; Baldridge/Floyd/Markóczy (2004), S. 1063; Nicolai (2004), S. 955; Kieser/Leiner (2009), S. 516 f.; Baldvinsdottir/Mitchell/Nørreklit (2010), S. 79 ff.

2389 Vgl. z.B. Lowe/Locke (2005), S. 89; Fülbier/Weller (2008), S. 352; Jeanjean/Ramirez (2009), S. 108.

2390 Vgl. Kieser/Leiner (2010), S. 92 f.

2391 Vgl. Kieser/Leiner (2010), S. 93; Fülbier/Weller (2008), S. 352

2392 Beiträge, die diesem Vorgehen folgen, werden „[m]it großer Wahrscheinlichkeit [...] keine in der Praxis unmittelbar anwendbaren Lösungen generieren, sondern eher neues wissenschaftliches Wissen, bspw. in Form von empirischen Befunden zu Hypothesen.“ (Kieser/Leiner (2010), S. 93).

2393 Vgl. Kieser/Leiner (2010), S. 93. Im Kontext der positivistischen Accounting-Forschung handelt es sich dabei um quantitative Ansätze, indem mithilfe statistischer Methoden großzahlige Datenbasen ausgewertet werden (vgl. Whitley (1988), S. 631).

2394 Vgl. Mitchell (2002), S. 282; Jensen (1983), S. 319; vgl. hierzu auch die Definition des Begriffs „Management Accounting Research“ von *Foster/Young*: “Management accounting research [..] is the process of using rigorous methods to explain and/or predict: (1) how changes to an existing management accounting system will affect management actions, motivation and organizational functioning, and (2) how internal and external organizational forces will affect management accounting system design and change.” (Foster/Young (1997), S. 64).

Damit ein Forschungsbeitrag über praktische Relevanz verfügt, ist demgegenüber weniger die Methode der Erkenntnisgewinnung wichtig. Im Vordergrund steht aus der Perspektive der Praktiker vielmehr, dass anwendbare Lösungen in der Form eingehender Analysen der Möglichkeiten und Grenzen bestimmter Instrumente oder konkreter Implementierungshinweise bereitgestellt werden. Hierbei können auch Anwendungserfahrungen aus anderen Unternehmen Berücksichtigung finden.[2395] Letztgenannte Aspekte werden im Rahmen von Artikeln, die in praxisnahen Zeitschriften erscheinen, priorisiert.[2396] Da von den analysierten 161 Beiträgen 129 und damit rund 80 Prozent der als relevant befundenen Beiträge in praxisnahen Zeitschriften veröffentlicht worden sind, verwundert es kaum, dass das Gros der analysierten Artikel auf dem Relevanz-Rigorosität-Kontinuum deutlich in der Richtung der Praxisrelevanz zu verorten ist.

Das Aufzeigen einer Forschungslücke und deren Schließung mithilfe anerkannter wissenschaftlicher Methoden bleiben folgerichtig nur den in wissenschaftlichen Zeitschriften veröffentlichten Beiträgen vorbehalten. Die in diesen Arbeiten fokussierten Fragestellungen werden zwar regelmäßig in den bestehenden Literaturkontext integriert, allerdings erfüllen auch diese Beiträge nicht in allen Fällen sämtliche der genannten Merkmale wissenschaftlicher Rigorosität. So finden sich auch unter diesen einige Veröffentlichungen, in denen nicht auf einen bestimmten theoretischen Ansatz Bezug genommen wird.[2397] Dementsprechend erscheint die Theorieentwicklung und Hypothesenbildung im Rahmen der Konvergenzdiskussion insgesamt noch schwach ausgeprägt. Wie bereits Abschnitt 5.2.4.1 entnommen werden konnte, bestehen einige theoretische Erklärungsansätze für eine Konvergenz des Rechnungswesens, die bislang jedoch nur verwendet worden sind, um die bereits in der Unternehmenspraxis identifizierten Tendenzen ex post zu plausibilisieren.[2398] In die Formulierung von Hypothesen zu einer differenzierteren Untersuchung der in der Praxis existenten Ausgestaltung oder zur Antizipation möglicher Entwicklungen sind die aus diesen Beiträgen generierten Erkenntnisse jedoch noch nicht eingegangen.

Die Aufsätze, die in den praxisnahen Zeitschriften erschienen sind, umfassen in der Regel zahlreiche Anregungen zur adäquaten Ausgestaltung eines konvergenten Rechnungswesens.[2399] Entsprechende Veröffentlichungen dürften ob ihres normativen Charakters somit über eine praktische Relevanz verfügen. Die generierten Erkenntnisse sind jedoch in diesen Fällen weder theoretisch noch methodisch abgesichert und basieren im Wesentlichen auf logi-

[2395] Vgl. Mitchell (2002), S. 282; Mentzer (2008), S. 72; Czarniawska (2011), S. 54.

[2396] So etwa *Wagenhofer* mit Bezug auf praxisnahe Zeitschriften: "The papers in these journals are generally more pragmatic and less rigorous." (Wagenhofer (2006b), S. 2).

[2397] Vgl. z.B. Schweitzer/Ziolkowski (1999); Schultze (2005); Kunz (2010).

[2398] Vgl. z.B. Pfaff/Bärtl (1998); Simons/Weißenberger (2008); Ikäheimo/Taipaleenmäki (2010); Hirsch/Schneider (2010).

[2399] Vgl. z.B. Coenenberg (1995); Männel (1999a); Küting/Lorson (1999b); Weißenberger/IGC (2006b).

schen Überlegungen der Autoren. Damit kann ihnen keine wissenschaftliche Rigorosität im positivistischen Sinne bescheinigt werden.[2400]

In zahlreichen Aufsätzen, insbesondere in denen, die aus praxisnahen Zeitschriften stammen, finden sich im Hinblick auf den gewählten Forschungsansatz jene Merkmale wieder, die *Fülbier/Weller* als für die deutsche Rechnungslegungsforschung typische Vorgehensweise aufzeigen.[2401] Diese korrespondiert weder mit der positivistischen Forschung noch mit interpretativen oder kritischen Ansätzen und ist folglich mit keiner der drei international dominierenden Forschungsrichtungen kompatibel.[2402] Die in der Konvergenzdiskussion enthaltenen Vorgehen folgen regelmäßig einem logisch-deduktiven Wege, indem die Argumentation vielfach explizit, mitunter aber auch implizit an den Rechnungszwecken der konvergenzrelevanten Teilbereiche ansetzt.[2403] Daraufhin werden verschiedene Möglichkeiten zur Ausgestaltung eines konvergenten Rechnungswesens diskutiert, um die genannten Rechnungszwecke bestmöglich zu erfüllen.[2404] Das Erkenntnisinteresse bezieht sich also auf die Identifikation von Ziel-Mittel-Relationen.[2405] Ein Unterschied zur Rechnungslegungsforschung besteht jedoch darin, dass diese lediglich die Mittel (Rechnungslegungsregeln) analysiert, mit denen die vom Gesetzgeber vorgegebenen Ziele (Rechnungszwecke) erreicht werden können. Im Rahmen der Konvergenzdiskussion fehlt ein solcher gesetzlicher Rahmen, weshalb die Rechnungszwecke als zu erreichende Ziele von den Autoren selbst festgelegt werden.[2406] Allerdings zeigt sich in dieser Hinsicht ein hohes Maß an Übereinstimmung, so dass die Deduktionsbasis für die Rechnungszwecke ein weitgehender Konsens unter den Forschenden bildet.

Sofern die hier vertretene, empirisch noch zu validierende These zutrifft, dass die in die Konvergenzdiskussion eingebrachten Vorschläge über Praxisrelevanz verfügen, hat die betriebswirtschaftliche Forschung im Sinne einer anwendungsorientierten Wissenschaft ihren Zweck erfüllt. Vor diesem Hintergrund ist *Siegel* und *Fülbier/Weller* in ihren auf die externe Rechnungslegung bezogenen Aufrufen beizupflichten, die normativ-konzeptionelle Forschungstra-

---

2400 *Ballwieser* konstatiert, dass logische Argumentationen „in der wissenschaftlichen Gemeinschaft der Rechnungslegungsforscher nicht mehr so beliebt wie früher [sind]" und rät dem wissenschaftlichen Nachwuchs daher, sich dem in internationalen Zeitschriften bestehenden Trend zu empirischen Untersuchungen anzuschließen (vgl. Ballwieser (2008), S. 1).

2401 Vgl. Fülbier/Weller (2008), S. 365. Ähnlich beschreiben *Schäffer/Binder* die tradierte Controllingforschung im deutschsprachigen Raum: "Traditionally, controlling articles in German-language academic journals were predominantly based on normative and conceptual research and dealt with the structure and theoretical background of the phenomen controlling." (Schäffer/Binder (2008), S. 50).

2402 Vgl. Fülbier/Weller (2008), S. 357; Chua (1986), S. 606 ff.; Locke/Lowe (2008), S. 162.

2403 Vgl. Zülch/Gebhardt/Hoffmann (2009), S. 2.

2404 Vgl. hierzu nochmals die Abschnitte 5.3.1.1 bis 5.3.1.3, zu der Bedeutung der Rechnungszwecke insbesondere Abschnitt 5.3.1.1.1.3, S. 228 ff.

2405 In der Kostenrechnungsliteratur sind die Rechnungszwecke von ähnlich zentraler Bedeutung, wie beispielsweise *Weber* deutlich macht: „Die Erfüllung von Rechnungszwecken dient auch regelmäßig als Basis für die Einschätzung der Eignung der Rechnungssysteme in der praktischen Anwendung." (Weber (2005), S. 43). Ferner führt er aus, dass Rechnungszwecke mitunter für die Entwicklung von Kostenrechnungssystemalternativen ausschlaggebend waren (vgl. Weber (2005), S. 43).

2406 Vgl. hierzu bereits Abschnitt 2.2.2.3, S. 24 f.

dition nicht durch positivistische Forschungsansätze zu substituieren, sondern zu komplettieren.[2407] Obwohl die in Abschnitt 6.2.1.2 aufgezeigten Defizite primär durch den Einsatz empirischer Forschungsstrategien geschlossen werden dürften, sollte daher nicht verkannt werden, dass diese primär zur Überprüfung und Konkretisierung der konzeptionellen Vorschläge eingesetzt werden sollten. Auf diese Weise können normative Ansätze bestätigt oder widerlegt werden, was eine Revision entsprechender Vorschläge initiieren kann, die wiederum in der Verbreitung „passgenauerer" Anregungen für die Unternehmenspraxis resultieren kann.

Zum gegenwärtigen Zeitpunkt bleibt jedoch die Frage offen, inwiefern die normativ-konzeptionelle Forschungstradition überhaupt Bestand haben kann. Denn auf der einen Seite entwickeln sich Publikationen in renommierten Zeitschriften zum bedeutendsten Kriterium für personelle Entscheidungen im universitären Kontext.[2408] Auf der anderen Seite sind deutsche Forscher zunehmend auf das Publizieren in internationalen Zeitschriften angewiesen. So verfügen in dem für deutsche Wissenschaftler sehr wichtigem *JOURQUAL 2.1* des *Verbands der Hochschullehrer für Betriebswirtschaft* nur zwei deutschsprachige Zeitschriften zur Allgemeinen Betriebswirtschaftslehre über eine Bewertung der Kategorie „B".[2409]

Daraus entsteht für deutsche Forscher ein Druck, ihr bislang primär auf deutschsprachige Zeitschriften ausgerichtetes Publikationsverhalten zu revidieren und sich stärker an internationalen Zeitschriften zu orientieren, was eine Anpassung an die dort dominierenden Forschungskonventionen bedingt.[2410] Dass diese von deutschen Traditionen abweichen, stellen mehrere der in Abschnitt 4.1.2.1 zitierten Publikationsanalysen heraus. Sowohl aus der Untersuchung von *Binder/Schäffer* zur deutschen Controllingforschung als auch jener von *Perrey et al.* zur deutschen Rechnungslegungsforschung geht deutlich hervor, dass sachlich-analytische Beiträge den Großteil der relevanten Veröffentlichungen in deutschsprachigen wissenschaftlichen Zeitschriften ausmachen – wenn auch mit rückläufiger Tendenz.[2411]

Vergleichbare Analysen mit internationalen Zeitschriften als Untersuchungsobjekte offenbaren dagegen ein anderes Bild. So analysieren beispielsweise *Hesford et al.* die zwischen 1981 und 2000 in zehn führenden englischsprachigen Zeitschriften veröffentlichten Beiträge. Mit der sachlich-analytischen Forschungsstrategie vergleichbare Artikel werden unter die Methodenkategorie „Framework" subsumiert und stellen lediglich 19,5 Prozent sämtlicher Artikel

---

2407 Vgl. Siegel (2008), S. 337; Fülbier/Weller (2008), S. 366.

2408 Vgl. Henning-Thurau/Walsh/Schrader (2004), S. 520 f.; Schlinghoff/Backes-Gellner (2002), S. 343; Fiedler/Welpe/Lindlbauer/Sattler (2008), S. 478.

2409 Dies sind *Schmalenbachs Zeitschrift für betriebswirtschaftliche Forschung* sowie die *Zeitschrift für Betriebswirtschaft*. Vgl. zur Bedeutung des *VHB-JOURQUAL* Schrader/Henning-Thurau (2009), S. 180, sowie für eine Gesamtübersicht des *JOURQUAL 2.1* http://vhbonline.org/service/jourqual/vhb-jourqual-21-2011/jq21/.

2410 Vgl. Albrecht (2002), S. 372; Schäffer/Binder (2008), S. 65; Messner/Becker/Schäffer/Binder (2008), S. 138.

2411 Vgl. Binder/Schäffer (2005), S. 613 ff.; Perrey/Schäffer/Kramer (2010), S. 488 f.

dar.[2412] Vergleichbare Ergebnisse mit teilweise deutlich niedrigeren Anteilen finden sich in ähnlichen Analysen.[2413] Insgesamt bilden empirische Arbeiten in der Form von Unternehmensbefragungen, Feldstudien und Laborexperimenten sowie formal-analytische Untersuchungen den Großteil der in internationalen Zeitschriften veröffentlichten Beiträge.[2414] Obwohl sich die europäische Rechnungswesenforschung im Vergleich zur US-amerikanischen Forschung als deutlich diversifizierter betrachtet,[2415] ist zu erwarten, dass deutsche Forscher mit der Anwendung international akzeptierter Theorien und Methoden die Annahmechancen ihrer Manuskripte erhöhen.[2416]

Erste Hinweise für die Adäquanz dieser Einschätzung finden sich in der Untersuchung von *Wagenhofer*, der die von deutschen Forschern verfassten Aufsätze in deutschsprachigen wissenschaftlichen Zeitschriften mit jenen in internationalen Zeitschriften vergleicht. Die Gegenüberstellung ergibt zum einen, dass sich in den deutschsprachigen Zeitschriften ein breiteres Spektrum an theoretischen Ansätzen findet, während international publizierte Artikel überwiegend auf ökonomischen Theorien basieren.[2417] Zum anderen zeigen sich – wie bereits in Abschnitt 4.1.2.1 aufgegriffen – Unterschiede in den angewandten Forschungsstrategien. Während 44 Prozent der in deutschsprachigen Zeitschriften veröffentlichten Beiträge auf der formal-analytischen Forschungsstrategie und weitere 42 Prozent auf einem sachlich-analytischen Vorgehen basieren, spielen empirische Beiträge mit einem Anteil von 14 Prozent eine untergeordnete Rolle. Unter den in internationalen Zeitschriften publizierten Artikeln weisen formal-analytische Arbeiten mit 63 Prozent eine Hegemonie auf. Der Anteil empirischer Beiträge ist mit 26 Prozent höher als in deutschsprachigen Zeitschriften, während sachlich-analytische Arbeiten mit 11 Prozent von geringer Bedeutung sind.[2418]

Diese Ergebnisse legen nahe, mithilfe weiterer Publikationsanalysen die sich hier andeutende Tendenz aufzugreifen und zu untersuchen, inwiefern das Publizieren in internationalen Journals ein Abrücken von den deutschen Forschungskonventionen bedingt. Interessant erscheint dabei die Untersuchung von *Tuttle/Dillard*, welche die zunehmende Homogenisierung der US-amerikanischen Accounting-Forschung mit institutionellen Zwängen erklären. In diesem Zusammenhang kommt den Herausgebern und Gutachtern der US-amerikanischen Zeitschrif-

---

[2412] Vgl. Hesford/Lee/Van der Stede/Young (2007), S. 8.

[2413] Vgl. z.B. Scapens/Bromwich (2001), S. 248 ff.; Lindquist/Smith (2009), S. 261; Prather-Kinsey/Rueschhoff (2004), S. 77; Scapens/Bromwich (2010), S. 280 ff. *Shields* definiert dagegen im Rahmen seiner Untersuchung der von US-amerikanischen Forschern verfassten und in sechs führenden Zeitschriften veröffentlichten Beiträgen keine Kategorie, die mit der sachlich-analytischen Forschungsstrategie kompatibel ist (vgl. Shields (1997), S. 8 ff.).

[2414] Vgl. Shields (1997), S. 9; Scapens/Bromwich (2001), S. 250; Prather-Kinsey/Rueschhoff (2004), S. 77; Hesford/Lee/Van der Stede/Young (2007), S. 8; Lindquist/Smith (2009), S. 261; Scapens/Bromwich (2010), S. 280.

[2415] Vgl. z.B. Bhimani (2002), S. 110; Hopwood (2008a), S. 87.

[2416] Ähnliche Erwartungen werden von *Fülbier/Weller* und – wie bereits in Fn. 2400 ausgeführt – *Ballwieser* formuliert (vgl. Fülbier/Weller (2008), S. 358; Ballwieser (2008), S. 1).

[2417] Vgl. Wagenhofer (2006b), S. 9.

[2418] Vgl. Wagenhofer (2006b), S. 9 f.

ten eine erhebliche Bedeutung zu, weil diese definieren können, was unter legitimer, veröffentlichungsfähiger Forschung zu verstehen ist. Die auf hochrangige Veröffentlichungen angewiesenen Autoren haben darauf zu reagieren und Forschungsarbeiten anzubieten, die sich im Zweifel eher an diesen Präferenzen orientieren als an realiter bestehendem Forschungsbedarf.[2419]

Insgesamt bleibt somit festzuhalten, dass für deutsche Forscher infolge institutioneller Veränderungen die Anreize, in praxisnahen Zeitschriften zu publizieren, schwächer werden. Daraus kann eine Entfremdung von Wissenschaft und Praxis entstehen, da in praxisnahen Zeitschriften in der Regel die praktische Relevanz der Veröffentlichungen gegenüber der wissenschaftlichen Rigorosität priorisiert wird.[2420] Für Beiträge in wissenschaftlichen Zeitschriften, die aus einer Forscherperspektive an Attraktivität gewinnen, sind die praktischen Implikationen hingegen nachrangig. Da die Gültigkeit der generierten Ergebnisse vielfach von restriktiven Bedingungen abhängig ist, gehen von diesen Beiträgen geringere Wirkungen auf die Unternehmenspraxis aus.[2421]

Inwiefern die Konvergenzdiskussion von diesen Entwicklungen tangiert wird, bleibt abzuwarten. Interessant erscheint vor diesem Hintergrund aber die Tatsache, dass in den letzten Diskussionsphasen verstärkt Beiträge veröffentlicht worden sind, deren Gegenstände weniger in Empfehlungen zur Ausgestaltung eines konvergenten Rechnungswesens bestehen. Vielmehr intendieren diese Arbeiten die Erfassung und Beschreibung der in der Unternehmenspraxis vorzufindenden Gestaltungsmuster unter Anwendung anerkannter empirischer Methoden[2422] bzw. die theoretisch fundierte Erklärung des Konvergenzphänomens.[2423] Diese Beiträge stellen möglicherweise erste Indikatoren für Veränderungen in der Forschung dar, die ihren normativen Charakter zugunsten eines stärkeren deskriptiven bzw. explanativen Gehalts verliert.

6.3 Limitationen

Die vorliegende Arbeit unterliegt einer Reihe von Limitationen, die abschließend zu nennen sind. Diese betreffen sowohl die Erhebung der Daten als auch ihre Auswertung. Im Hinblick auf die Datenerhebung ist zu konstatieren, dass sich die systematische Literaturrecherche auf Beiträge beschränkt, die in den in Abschnitt 4.2.1 genannten 13 Zeitschriften publiziert worden sind, und ferner Aufsätze berücksichtigt, die in den im ersten Schritt identifizierten Beiträgen zitiert worden sind bzw. in die Literaturanalyse von *Schaier* eingegangen sind.[2424] Damit wird im Rahmen der vorliegenden Arbeit lediglich ein Ausschnitt aus der gesamten Lite-

---

2419 Vgl. Tuttle/Dillard (2007), S. 395 ff.; vgl. hierzu auch Merchant (2008), S. 901.

2420 Dies deuten etwa *Bjørnenak/Mitchell* mit dem Hinweis an, dass in praxisnahen Zeitschriften in der Regel keine anerkannten Forschungsmethoden angewandt werden (vgl. Bjørnenak/Mitchell (2002), S. 494).

2421 Vgl. Kieser/Leiner (2010), S. 98; Christensen (2011), S. 42.

2422 Vgl. Weide (2009a); Angelkort (2010); Kunz (2010); Weide/Hoffjan/Nevries/Trapp (2011).

2423 Vgl. Simons/Weißenberger (2008); Ikäheimo/Taipaleenmäki (2010); Hirsch/Schneider (2010).

2424 Vgl. hierzu ausführlich Abschnitt 4.2.1.2, S. 86 ff., sowie Schaier (2007), S. 209 ff.

ratur zur Konvergenz des Rechnungswesens beleuchtet. Mit der Ausnahme von Dissertationen und Habilitationsschriften sind weder Monographien noch Beiträge in Herausgeberwerken in die Untersuchung eingegangen. Dies erscheint insofern kritisch, als diesen Veröffentlichungsformen in der deutschsprachigen Forschungsgemeinschaft ein höherer Stellenwert eingeräumt wird als beispielsweise im englischsprachigen Raum.[2425]

Die Beschränkung der Auswertung auf Zeitschriftenbeiträge steht allerdings in Übereinstimmung mit ähnlichen Analysen der deutschsprachigen Rechnungswesen- und Controllingliteratur[2426] und findet insbesondere in forschungsökonomischen Erwägungen ihre Begründung.[2427] So erscheint es fraglich, inwiefern mittels der Abfrage von Bibliothekskatalogen bzw. Literaturdatenbanken eine vollumfängliche Erfassung von Publikationsmedien in der Form von Monographien und Herausgeberbänden möglich wäre.[2428] Um dem Problem zu entgehen, nur einen Teil der in dieser Form publizierten Beiträge zu berücksichtigen, wurde daher die Beschränkung auf einen fest definierten Ausschnitt der relevanten Literatur präferiert.

Des Weiteren ist festzustellen, dass in Anbetracht des gewählten Vorgehens zur Erschließung der Literatur nicht alle relevanten Zeitschriftenpublikationen erfasst worden sind. So gehen in die Literatursynopse von *Simons/Weißenberger* beispielsweise mit den Fachzeitschriften *Accounting, Bilanzbuchhalter und Controller, Controller Magazin, Der Konzern, Die Bank, Das Wirtschaftsstudium* oder *Wirtschaftswissenschaftliches Studium* Organe ein, die im Rahmen der vorliegenden Untersuchung nicht berücksichtigt worden sind.[2429] Mit Blick auf die bereits genannten Literaturanalysen zur Controlling- und Rechnungswesenforschung zeigt sich jedoch eine hohe Übereinstimmung zwischen den dort einbezogenen Zeitschriften und jenen, auf die sich die vorliegende Arbeit stützt.[2430] Dementsprechend kann davon ausgegangen werden, dass die für die wissenschaftliche Diskussion im deutschsprachigen Raum einflussreichsten Zeitschriften analysiert worden sind.

Bezüglich der Datenauswertung bleibt zu erwähnen, dass mit der Inhaltsanalyse ein in den Sozialwissenschaften etablierter Ansatz angewendet worden ist, der zunehmend auch in der

---

[2425] Vgl. Fülbier/Weller (2008), S. 358; Wagenhofer (2006b), S. 3; Perrey/Schäffer/Kramer (2010), S. 492.

[2426] Vgl. Küpper (1993a), S. 605; Binder/Schäffer (2005), S. 605; Hess/Weber/Hirnle/Hirsch/Strangfeld (2005), S. 39; Wagenhofer (2006b), S. 3; Fülbier/Weller (2011), S. 8.

[2427] So auch *Perrey et al.*, welche „[a]uf eine Ausweitung der Untersuchung auf Habilitationen, Dissertationen und Festschriften [...] auch aus pragmatischen Gründen verzichtet [haben]" (Perrey/Schäffer/Kramer (2010), S. 492).

[2428] So konstatieren auch *Fülbier/Weller*: "It is not possible to reliably identify research publications in the vast bulk of publications in non-refereed practitioner's journals, handbooks, textbooks, and anthologies." (Fülbier/Weller (2011), S. 8).

[2429] Vgl. Simons/Weißenberger (2010), S. 272.

[2430] Vgl. Küpper (1993a), S. 605; Binder/Schäffer (2005), S. 605; Hess/Weber/Hirnle/Hirsch/Strangfeld (2005), S. 39; Wagenhofer (2006b), S. 3 f.; Perrey/Schäffer/Kramer (2010), S. 484 f.

deutschsprachigen betriebswirtschaftlichen Forschung Verbreitung findet.[2431] Trotz ihrer Intention, durch systematisches Interpretieren von Textmaterial die intersubjektive Nachprüfbarkeit des Vorgehens zu erhöhen,[2432] kann Subjektivität nicht vollständig ausgeschlossen werden. Im Rahmen der Inhaltsanalyse schließt der Kodierer von seiner eigenen Wahrnehmung des Textmaterials auf die generelle Wahrnehmung der Leser.[2433] Die Adäquanz eines solchen Rückschlusses erscheint jedoch fragwürdig. Um dennoch ein hinreichendes Maß an intersubjektiver Nachprüfbarkeit zu sichern, wurden neben dem in Abschnitt 4.2.3.1 erläuterten Reliabilitätstest zwei Maßnahmen ergriffen. Zum einen wurden in die Präsentation der Ergebnisse der Literaturanalyse umfangreiche Tabellen eingefügt, aus denen die bei der Kodierung identifizierten Fundstellen hervorgehen. In Verbindung mit der Angabe zahlreicher weiterer Verweise in den Fußnoten sollten die Möglichkeiten der Leser, die kodierten Textpassagen zu erfassen und die Interpretationen des Autors nachzuvollziehen, erhöht werden. Darüber hinaus wurde der Ergebnisteil der vorliegenden Arbeit um zahlreiche direkte Zitate ergänzt, die vielfach einen repräsentativen Charakter aufweisen und ihrerseits zur Offenlegung der Interpretationsvorgänge beitragen.

Schließlich ist anzumerken, dass mitunter zu einzelnen Untersuchungsaspekten eine geringe Anzahl an relevanten Textstellen ausgemacht worden ist. Dies führt dazu, dass die im Rahmen der zeitraumbezogenen und autorengruppenspezifischen Auswertungen identifizierten absoluten Unterschiede teilweise gering sind und die aufgezeigten Entwicklungen lediglich als Indikatoren für Tendenzen aufzufassen sind. Zur Validierung dieser Angaben könnte daher eine Erweiterung des Samples der untersuchten Beiträge erwogen werden, um zu eruieren, ob entsprechende Entwicklungen bei einem umfangreicheren Analysematerial erkennbar bleiben.

[2431] Vgl. z.B. Hoffjan (2003), S. 1030 ff.; Hüttche (2005), S. 321 ff.; Brühl/Orth (2008), S. 31; Jahnke/Knauer/Wömpener (2009), S. 70 ff.

[2432] Vgl. hierzu ausführlich Abschnitt 4.2.2.3, S. 100 ff.

[2433] Vgl. Zühlke (2007), S. 123; Mayring (2010), S. 43.

7. Schlussbetrachtung

Im Rahmen der vorliegenden Arbeit ist die in Fachzeitschriften geführte Diskussion um eine Konvergenz des internen und externen Rechnungswesens systematisch erschlossen und analysiert worden. Die Auseinandersetzung mit den Möglichkeiten und Grenzen eines konvergenten Rechnungswesens weist den für die deutschsprachige Rechnungswesen- und Controllingforschung als typisch angesehenen normativen Charakter auf. So liegen konzeptionelle Arbeiten, in denen mithilfe eines logisch-normativen Vorgehens die Umsetzbarkeit eines konvergenten Rechnungswesens untersucht wird, in einer erheblichen Anzahl vor. Erkenntnisse über die Ausgestaltung eines konvergenten Rechnungswesens in der Unternehmenspraxis können zum einen anhand von Unternehmensbeispielen, die insbesondere in praxisnahen Controllingzeitschriften publiziert worden sind, zum anderen auf der Basis sporadisch durchgeführter empirischer Studien gewonnen werden.

Die Gegenüberstellung des Vorgehens in der Unternehmenspraxis und der konzeptionellen Vorschläge deutet auf weitgehend übereinstimmende Sichtweisen von Vertretern der Wissenschaft und Praxis hin. Die Konvergenz des Rechnungswesens sollte sich demnach auf eine weitgehende Annäherung, aber keine vollständige Verschmelzung der externen Erfolgsrechnung und der internen Steuerungsrechnung beschränken. In dieser Lösung wird die Möglichkeit gesehen, Defizite des tradierten Rechnungswesens zu überwinden und auf Entwicklungen in der Unternehmensumwelt zu reagieren, ohne die Funktionserfüllung des Rechnungswesens einzuschränken. Denn auch innerhalb der Konvergenzdiskussion besteht das Primat der rechnungszweckabhängigen Ausgestaltung des Rechnungswesens fort.

Die vorliegende Untersuchung hat einige Fragen aufgeworfen, die bislang offen sind und vornehmlich im Rahmen empirischer Untersuchungen beantwortet werden könnten. Entsprechende Arbeiten dürften zu einer differenzierteren Erfassung der Unternehmensrealität beitragen und dementsprechend die Formulierung passgenauerer Handlungsempfehlungen ermöglichen. Insgesamt ist der Konvergenzdiskussion daher zu wünschen, dass sie eine ähnliche Entwicklung durchläuft, wie z.B. jene der britischen Management Accounting-Forschung, die von *Scapens* beschrieben wird. Dieser erläutert, dass sich die britischen Forscher zunächst vornehmlich mit der Entwicklung normativer Modelle befassten. Erst allmählich fokussierten ihre Forschungsaktivitäten die Erfassung der Unternehmenspraxis.[2434] In Anbetracht des hier vertretenen Verständnisses der Betriebswirtschaftslehre als anwendungsorientierte Wissenschaft erscheint es allerdings angebracht, auch künftig, über die Beschreibung und Erklärung beobachtbarer Phänomene hinausgehend, normative Handlungsempfehlungen auszusprechen. Indem Wissenschaftler der Unternehmenspraxis Denkanstöße geben und Handlungsrichtungen aufzeigen, kann einer Entfremdung von Forschung und Praxis vorgebeugt werden, womit die betriebswirtschaftliche Forschung ihrem Selbstanspruch gerecht werden dürfte.

[2434] Vgl. Scapens (2006), S. 4 ff.

Anhang

1. Zusammenstellung der analysierten Beiträge

Lfd. Nr.	Bibliographische Angaben	Zeitschriftentyp	Forschungsmethode	Autorenherkunft
1	Altenburger, Otto A./Busse von Colbe, Walther/ Küpper, Hans-Ulrich/Loitlsberger, Erich/Siegwart, Hans (2001): Vorschläge zur Weiterentwicklung des internen und externen Rechnungswesens, in: Betriebswirtschaftliche Forschung und Praxis, 53. Jg., Heft 1, S. 67-76.	Wissenschaftlich	Sachlich-analytisch	Wissenschaft
2	Alvarez, Manuel/Biberacher, Johannes (2002): Goodwill-Bilanzierung nach US-GAAP – Anforderungen an Unternehmenssteuerung und -berichterstattung, in: Betriebs-Berater, 57. Jg., Heft 7, S. 346-353.	Praxisnah	Sachlich-analytisch	Wissenschaft
3	Arnegger, Martin/Hofmann, Christian (2007): Periodisierung von Erfolgskomponenten zur Steuerung langfristiger Aufträge, in: Zeitschrift für Betriebswirtschaft, 77. Jg., Heft 2, S. 115-139.	Wissenschaftlich	Formal-analytisch	Wissenschaft
4	Arnsfeld, Torsten/Schremper, Ralf (2005): Konsequenzen des Goodwill-Impairment nach IFRS 3 für die wertorientierte Unternehmenssteuerung, in: Zeitschrift für internationale und kapitalmarktorientierte Rechnungslegung, 5. Jg., Heft 11, S. 498-503.	Praxisnah	Sachlich-analytisch	Wissenschaft
5	Auer, Kurt V. (2004): IAS 14 (Segment Reporting) – Inhalte/Schnittstellen zum Controlling, in: Zeitschrift für Controlling und Management, 48. Jg., Sonderheft 2, S. 4-11.	Praxisnah	Sachlich-analytisch	Wissenschaft
6	Ballwieser, Wolfgang/Hettich, Silvia (2004): Das IASB-Projekt „Reporting Comprehensive Income" – Bedeutung für das Controlling, in: Zeitschrift für Controlling und Management, 48. Jg., Sonderheft 2, S. 79-88.	Praxisnah	Sachlich-analytisch	Wissenschaft
7	Baltzer, Björn/Michel, Uwe (2008): Der Beitrag des Controllings im IFRS-Umstellungsprojekt, in: Controlling, 20. Jg., Heft 6, S. 299-305.	Praxisnah	Sachlich-analytisch	Praxis
8	Bartelheimer, Jörg/Kückelhaus, Markus/Wohlthat, Andreas (2004): Auswirkungen des Impairment of Assets auf die interne Steuerung, in: Zeitschrift für Controlling und Management, 48. Jg., Sonderheft 2, S. 22-30.	Praxisnah	Sachlich-analytisch	Praxis
9	Bassler, Alexander/Kirchhof, Oliver (2006): Konzernreporting für ein integriertes Geschäftsmodell – Entwicklung und Umsetzug eines kaufmännischen Führungs- und Steuerungssystems am Beispiel der EnBW Energie Baden-Württemberg AG, in: Controlling, 18. Jg., Heft 11, S. 589-597	Praxisnah	Praxisbeispiel	Praxis
10	Beißel, Jörg/Steinke, Karl-Heinz (2004): Integriertes Reporting unter IFRS bei der Lufthansa, in: Zeitschrift für Controlling und Management, 48. Jg., Sonderheft 2, S. 63-70.	Praxisnah	Praxisbeispiel	Praxis
11	Beißel, Jörg/Szczesny, Andreas (2009): Anreiznützlichkeit in einem konvergenten Rechnungswesen – Grundsätzliche Gestaltungsregeln und deren Umsetzung bei der Deutschen Lufthansa AG, in: Controlling, 21. Jg., Heft 1, S. 23-28.	Praxisnah	Praxisbeispiel	Praxis

Lfd. Nr.	Bibliographische Angaben	Zeitschrif-tentyp	Forschungs-methode	Autoren-herkunft
12	Biallas, Stephan/Kühn, Dirk (2006): Transparenzerhöhung durch ein optimiertes internationales Rechnungswesen bei METRO Cash & Carry, in: Zeitschrift für Controlling und Management, 50. Jg., Sonderheft 2, S. 14-20.	Praxisnah	Praxisbeispiel	Praxis
13	Bischof, Stefan (1998): Anwendbarkeit der percentage of completion-Methode nach IAS und US-GAAP im internen Rechnungswesen, in: Kostenrechnungspraxis, 42. Jg., Heft 1, S. 8-15.	Praxisnah	Sachlich-analytisch	Praxis
14	Blase, Steffen/Müller, Stefan (2009): Empirische Analyse der vorzeitigen IFRS-8-Erstanwendung – Eine Analyse der Harmonisierung von interner und externer Segmentberichterstattung im Rahmen der vorzeitigen Umstellung auf IFRS 8 bei DAX-, MDAX- und SDAX-Unternehmen, in: Die Wirtschaftsprüfung, 62. Jg., Heft 10, S. 537-544.	Praxisnah	Empirisch	Wissen-schaft
15	Bramann, Annehild (2009): Controllingwirkungen aus der Bilanzierung von Forschungs- und Entwicklungsausgaben (FuE-Ausgaben) nach IAS 38, in: Controlling, 21. Jg., Heft 2, S. 97-105.	Praxisnah	Empirisch	Praxis
16	Brösel, Gerrit/Müller, Sven (2007): Goodwillbilanzierung nach IFRS aus Sicht des Beteiligungscontrollings, in: Zeitschrift für internationale und kapitalmarktorientierte Rechnungslegung, 7. Jg., Heft 1, S. 34-42.	Praxisnah	Sachlich-analytisch	Wissen-schaft
17	Burger, Anton/Buchhart, Anton (2001a): Integration des Rechnungswesens im Shareholder Value-Ansatz, in: Der Betrieb, 54. Jg., Heft 11, S. 549-554.	Praxisnah	Sachlich-analytisch	Wissen-schaft
18	Burger, Anton/Buchhart, Anton (2001b): Der Cash Flow in einer integrierten Unternehmensrechnung, in: Die Wirtschaftsprüfung, 54. Jg., Heft 16, S. 801-809.	Praxisnah	Sachlich-analytisch	Wissen-schaft
19	Chrubasik, Bodo/Janz, Jürgen (2007): Umstellung der Konzernrechnungslegung auf IFRS bei der VR LEASING AG – Gründe, Herausforderungen und Auswirkungen auf das Controlling, in: Zeitschrift für Controlling und Management, 51. Jg., Sonderheft 1, S. 56-63.	Praxisnah	Praxisbeispiel	Praxis
20	Coenenberg, Adolf G. (1995): Einheitlichkeit oder Differenzierung von internem und externem Rechnungswesen: Die Anforderungen der internen Steuerung, in: Der Betrieb, 48. Jg., Heft 42, S. 2077-2083.	Praxisnah	Sachlich-analytisch	Wissen-schaft
21	Currle, Michael/Fauth, Gunter/Wangenheim, Sascha von (1998): Internationalisierung und Integration des Rechnungswesens im debis Systemhaus, in: Controlling, 10. Jg., Heft 4, S. 252-259.	Praxisnah	Praxisbeispiel	Praxis
22	d'Arcy, Anne (2004): Aktuelle Entwicklungen in der Rechnungslegung und Auswirkungen auf das Controlling, in: Zeitschrift für Controlling und Management, 48. Jg., Sonderheft 2, S. 119-128.	Praxisnah	Sachlich-analytisch	Praxis
23	Dais, Martin/Watterott, Richard (2006): Umstellung des externen und internen Rechnungswesens der Bosch-Gruppe auf IFRS – Harmonisierung und deren Grenzen, in: Controlling, 18. Jg., Heft 8-9, S. 465-473.	Praxisnah	Praxisbeispiel	Praxis

Lfd. Nr.	Bibliographische Angaben	Zeitschriftentyp	Forschungsmethode	Autorenherkunft
24	Damberger, Peter/Heyne, Dirk/Renner, Stefan (2002): Anforderungen an ein ganzheitliches Rechnungswesen, in: Kostenrechnungspraxis, 46. Jg., Sonderheft 1, S. 23-32.	Praxisnah	Sachlich-analytisch	Praxis
25	Deleker, Oliver (1997): Zur Möglichkeit einer Konzernführung auf Basis vereinheitlichter Steuerungsgrößen, in: Deutsches Steuerrecht, 35. Jg., Heft 16, S. 631-636.	Praxisnah	Sachlich-analytisch	Praxis
26	Diedrich, Ralf/Dierkes, Stefan (2003): Residualgewinnbasierte Steuerung von Profit Centern unter Berücksichtigung von Verbrauchsfolgefiktionen und außerplanmäßigen Wertkorrekturen, in: Zeitschrift für Betriebswirtschaft, 73. Jg., Ergänzungsheft 5/2003, S. 47-69.	Wissenschaftlich	Formal-analytisch	Wissenschaft
27	Dirrigl, Hans (1998): Wertorientierung und Konvergenz in der Unternehmensrechnung, in: Betriebswirtschaftliche Forschung und Entwicklung, 50. Jg., Heft 5, S. 540-579.	Wissenschaftlich	Sachlich-analytisch	Wissenschaft
28	Dressler, Sören/Müller, Kurt-Henrik (2001): Aufbau eines einheitlichen und integrierten Konzernsteuerungssystems bei hoher Diversität der europäischen Einzelabschlüsse, in: Controlling, 13. Jg., Heft 10, S. 503-508.	Praxisnah	Sachlich-analytisch	Praxis
29	Egert, Stefan/Ossadnik, Wolfgang/Wagner, Robert (2008): Spartenorientiertes Management-Informationssystem im mittelständischen Unternehmen, in: Zeitschrift für Controlling und Management, 52. Jg., Heft 4, S. 239-244.	Praxisnah	Praxisbeispiel	Praxis
30	Eierle, Brigitte/Schultze, Wolfgang/Bischof, Bettina/Thiericke, Sandra (2008): Eignung der IFRS für Controllingzwecke – Ergebnisse einer empirischen Befragung nicht kapitalmarktorientierter Unternehmen, in: Controlling, 20. Jg., Heft 6, S. 289-298.	Praxisnah	Empirisch	Wissenschaft
31	Eitzen, Bernd von/Moog, Tim/Psychny, Hermann (2010): Forschungs- und Entwicklungskosten nach dem Bilanzrechtsmodernisierungsgesetz (BilMoG) unter Berücksichtigung des IAS 38, in: Zeitschrift für internationale und kapitalmarktorientierte Rechnungslegung, 10. Jg., Heft 7-8, S. 357-361.	Praxisnah	Sachlich-analytisch	Wissenschaft
32	Erdmann, Mark-Ken/Bourhis, Jean-Marie/Pascaud, Vincent (2005): Implementierung eines integrierten web-basierten Reportings im Bertelsmann Konzern, in: Controlling, 17. Jg., Heft 12, S. 735-743.	Praxisnah	Praxisbeispiel	Praxis
33	Erdmann, Mark-Ken/Meyer, Ulf/Iserte, Vanessa (2006a): Effizientes und effektives Intercompany Management für externes und internes Reporting, in: Controlling, 18. Jg., Heft 10, S. 535-543.	Praxisnah	Praxisbeispiel	Praxis
34	Erdmann, Mark-Ken/Wünsch, Martin/Meyer, Ulf (2006b): Auswirkungen ausgewählter IFRS-Änderungen auf die Unternehmenssteuerung (Teil 1), in: Zeitschrift für internationale und kapitalmarktorientierte Rechnungslegung, 6. Jg., Heft 5, S. 332-341.	Praxisnah	Sachlich-analytisch	Praxis

Lfd. Nr.	Bibliographische Angaben	Zeitschrif-tentyp	Forschungs-methode	Autoren-herkunft
35	Erdmann, Mark-Ken/Wünsch, Martin/Meyer, Ulf (2006c): Auswirkungen ausgewählter IFRS-Änderungen auf die Unternehmenssteuerung (Teil 2), in: Zeitschrift für internationale und kapitalmarktorientierte Rechnungslegung, 6. Jg., Heft 6, S. 385-395.	Praxisnah	Sachlich-analytisch	Praxis
36	Erdmann, Mark-Ken/Zülch, Henning (2007): Wertorientierte Unternehmenssteuerung auf Basis von IFRS – Eine „dynamische" Herausforderung, in: Zeitschrift für Controlling und Management, 51. Jg., Heft 6, S. 407-411.	Praxisnah	Sachlich-analytisch	Wissen-schaft
37	Esch, Dagmar/Ganczarski, Wojciech/Gohr, Volker/ Padberg, Jürgen (2008): Serviceorientierte Strukturen zur Unterstützung des integrierten Konzernrechnungswesens, in: Zeitschrift für Controlling und Management, 52. Jg., Sonderheft 2, S. 92-99.	Praxisnah	Praxisbeispiel	Praxis
38	Faupel, Christian/Gerenkamp, Thorsten/Schneider, Georg (2010): Die Auswirkungen des BilMoG auf die wertorientierte Unternehmensführung auf Basis des EVA, in: Controlling, 22. Jg., Heft 12, S. 705-709.	Praxisnah	Sachlich-analytisch	Wissen-schaft
39	Fischer, Thomas M./Ihme, Lars Thomas (2010): Überleitungsrechnung von internem Ergebnisbeitrag für zinsabhängige Geschäfte in deutschen Kreditinstituten auf die IFRS-basierte Performance, in: Zeitschrift für internationale und kapitalmarktorientierte Rechnungslegung, 10. Jg., Heft 12, S. 621-630.	Praxisnah	Empirisch	Wissen-schaft
40	Franz, Klaus-Peter/Winkler, Carsten (2006): IFRS und wertorientiertes Controlling, in: Controlling, 18. Jg., Heft 8-9, S. 417-423.	Praxisnah	Sachlich-analytisch	Wissen-schaft
41	Friedl, Gunther/Frömberg, Kerstin/Hammer, Carola/ Küpper, Hans-Ulrich/Pedell, Burkhard (2009): Stand und Perspektiven der Kostenrechnung in deutschen Großunternehmen, in: Zeitschrift für Controlling und Management, 53. Jg., Heft 2, S. 111-116.	Praxisnah	Empirisch	Wissen-schaft
42	Fülbier, Rolf Uwe/Hirsch, Bernhard/Meyer, Matthias (2006): Wirtschaftsprüfung und Controlling – Verstärkte Zusammenarbeit zwischen zwei zentralen Institutionen des Rechnungswesens, in: Zeitschrift für Controlling und Management, 50. Jg., Heft 4, S. 234-241.	Praxisnah	Sachlich-analytisch	Wissen-schaft
43	Glaum, Martin/Vogel, Silvia (2004): Bilanzierung von Unternehmenszusammenschlüssen nach IFRS, in: Zeitschrift für Controlling und Management, 48. Jg., Sonderheft 2, S. 43-53.	Praxisnah	Sachlich-analytisch	Wissen-schaft
44	Gleich, Ronald/Sasse, Alexander/Gräf, Jens/Kogler, Sabine (2002): Corporate Reporting – Empirische Erkenntnisse und Impulse zur Performancesteigerung, in: Controlling, 14. Jg., Heft 6, S. 337-345.	Praxisnah	Empirisch	Praxis
45	Grünert, Lars/Laws, Ronald (2005): Wertorientierte Unternehmenssteuerung bei Trumpf mit SAP EC-CS und Web-basiertem Finanzberichtswesen in SAP BW, in: Controlling, 17. Jg., Heft 11, S. 653-662.	Praxisnah	Praxisbeispiel	Praxis
46	Grüning, Michael (2010): Unternehmenspublizität – Grundlagen und Optimierungsansätze, in: Controlling, 22. Jg., Heft 10, S. 523-530.	Praxisnah	Sachlich-analytisch	Wissen-schaft

Lfd. Nr.	Bibliographische Angaben	Zeitschriftentyp	Forschungsmethode	Autorenherkunft
47	Günther, Thomas/Zurwehme, Annikka (2008): Harmonisierung des Rechnungswesens – Stellschrauben, Informationswirkung und Nutzenbewertung, in: Betriebswirtschaftliche Forschung und Praxis, 60. Jg., Heft 2, S. 101-121.	Wissenschaftlich	Sachlich-analytisch	Wissenschaft
48	Haaker, Andreas (2005): IFRS und wertorientiertes Controlling, in: Zeitschrift für internationale und kapitalmarktorientierte Rechnungslegung, 5. Jg., Heft 9, S. 351-357.	Praxisnah	Sachlich-analytisch	Wissenschaft
49	Haaker, Andreas (2006a): Der Value in Use einer Cash Generating Unit als adäquate Basis einer wertorientierten Bereichssteuerung, in: Zeitschrift für internationale und kapitalmarktorientierte Rechnungslegung, 6. Jg., Heft 1, S. 44-47.	Praxisnah	Sachlich-analytisch	Wissenschaft
50	Haaker, Andreas (2006b): Da capo: Zur Eignung des value in use einer cash generating unit gemäß IAS 36 als Basis einer wertorientierten Bereichssteuerung, in: Zeitschrift für internationale und kapitalmarktorientierte Rechnungslegung, 6. Jg., Heft 11, S. 687-695.	Praxisnah	Sachlich-analytisch	Wissenschaft
51	Haaker, Andreas (2007): Wertorientierte Kontrolle und Abweichungsanalyse auf Basis des Goodwill-Impairment-Tests nach IFRS, in: Zeitschrift für Planung und Unternehmenssteuerung, 18. Jg., Heft 1, S. 83-108.	Wissenschaftlich	Sachlich-analytisch	Wissenschaft
52	Haaker, Andreas (2009a): Rechnungswesenorientiertes Controlling, in: Zeitschrift für internationale und kapitalmarktorientierte Rechnungslegung, 9. Jg., Heft 7-8, S. 432-440.	Praxisnah	Sachlich-analytisch	Praxis
53	Haaker, Andreas (2009b): Wertbeitragsmessung und wertorientierte Abweichungsanalyse auf Geschäftsbereichsebene, in: Controlling, 21. Jg., Heft 12, S. 694-700.	Praxisnah	Sachlich-analytisch	Praxis
54	Hachmeister, Dirk (2003): Das Controlling als Objekt der handelsrechtlichen Abschlussprüfung, in: Zeitschrift für Planung und Unternehmenssteuerung, 14. Jg., Heft 4, S. 437-456.	Wissenschaftlich	Sachlich-analytisch	Wissenschaft
55	Hachmeister, Dirk (2006): Auswirkungen der Goodwill-Bilanzierung auf das Controlling, in: Controlling, 18. Jg., Heft 8-9, S. 425-432.	Praxisnah	Sachlich-analytisch	Wissenschaft
56	Hahn, Klaus (1999): Beteiligungscontrolling auf Basis von US-GAAP und IAS, in: Kostenrechnungspraxis, 43. Jg., Sonderheft 3, S. 79-86.	Praxisnah	Sachlich-analytisch	Wissenschaft
57	Hahn, Dietger/Nicklas, Michael (1999): PuK auf Basis eines einheitlichen periodischen Rechnungswesens und nach US-GAAP, in: Controlling, 11. Jg., Heft 2, S. 67-74.	Praxisnah	Sachlich-analytisch	Wissenschaft
58	Haller, Axel (1997): Zur Eignung der US-GAAP für Zwecke des internen Rechnungswesens, in: Controlling, 9. Jg., Heft 4, S. 270-276.	Praxisnah	Sachlich-analytisch	Wissenschaft
59	Haring, Nikolai/Prantner, Renate (2005): Konvergenz des Rechnungswesens – State-of-the-Art in Deutschland und Österreich, in: Controlling, 17. Jg., Heft 3, S. 147-154.	Praxisnah	Empirisch	Wissenschaft

Lfd. Nr.	Bibliographische Angaben	Zeitschriftentyp	Forschungsmethode	Autorenherkunft
60	Hasselmeyer, Albert/Reichertz, Ruth/Dohrn, Matthias (2005): Anforderungen an die Konzernrechnungslegung multinationaler Unternehmen am Beispiel der BASF, in: Betriebswirtschaftliche Forschung und Praxis, 57. Jg., Heft 5, S. 440-454.	Wissenschaftlich	Praxisbeispiel	Praxis
61	Hebeler, Christian (2006): Integration von internem und externem Rechnungswesen bei Henkel – Eine ex-post Analyse, in: Zeitschrift für Management und Controlling, 50. Jg., Sonderheft 2, S. 4-13.	Praxisnah	Praxisbeispiel	Praxis
62	Henselmann, Klaus (2001): Economic Value Added – Königsweg zur Integration des Rechnungswesens?, in: Zeitschrift für Planung, 12. Jg., Heft 2, S. 159-186.	Wissenschaftlich	Sachlich-analytisch	Wissenschaft
63	Heyd, Reinhard (2001a): Zur Harmonisierung von internem und externem Rechnungswesen nach US-GAAP – Die Sichtweise deutscher Konzernunternehmen, in: Der Schweizer Treuhänder, 75. Jg., Heft 3, S. 201-214.	Praxisnah	Sachlich-analytisch	Wissenschaft
64	Hirsch, Bernhard/Hammer, Dominik/Mäder, Olaf B./Kauerhoff, Markus (2009): Wirtschaftsprüfung und Controlling – Ausgestaltung der institutionellen Zusammenarbeit, in: Controlling, 21. Jg., Heft 1, S. 39-47.	Praxisnah	Empirisch	Wissenschaft
65	Hirsch, Bernhard/Schneider, Yvonne (2010): Erklärungs- und Gestaltungsbeiträge verhaltenswissenschaftlicher Theorien für eine integrierte Rechnungslegung, in: Zeitschrift für Planung und Unternehmenssteuerung, 21. Jg., Heft 1, S. 7-35.	Wissenschaftlich	Sachlich-analytisch	Wissenschaft
66	Hofmann, Christian (2005): Gestaltung von Erfolgsrechnungen zur Steuerung langfristiger Projekte, in: Zeitschrift für betriebswirtschaftliche Forschung, 57. Jg., Heft 12, S. 689-716.	Wissenschaftlich	Formal-analytisch	Wissenschaft
67	Horváth, Péter/Arnaout, Ali (1997): Internationale Rechnungslegung und Einheit des Rechnungswesens – State-of-the-Art und Implementierung in der deutschen Praxis, in: Controlling, 9. Jg., Heft 4, S. 254-269.	Praxisnah	Empirisch	Wissenschaft
68	Ikäheimo, Seppo/Taipaleenmäki, Jani (2010): The Divergence and Convergence of Financial Accounting and Management Accounting, in: Die Betriebswirtschaft, 70. Jg., Heft 4, S. 349-368.	Wissenschaftlich	Sachlich-analytisch	Wissenschaft
69	Jahnke, Hermann/Wielenberg, Stefan/Schumacher, Heinrich (2007): Ist die Integration des Rechnungswesens tatsächlich ein Motiv für die Einführung der IFRS in mittelständischen Unternehmen?, in: Zeitschrift für internationale und kapitalmarktorientierte Rechnungslegung, 7. Jg., Heft 7-8, S. 365-376.	Praxisnah	Empirisch	Wissenschaft
70	Kahle, Holger (2003): Unternehmenssteuerung auf Basis internationaler Rechnungslegungsstandards?, in: Zeitschrift für betriebswirtschaftliche Forschung, 55. Jg., Heft 12, S. 773-789.	Wissenschaftlich	Sachlich-analytisch	Wissenschaft
71	Karl, Stefan (2006): Optimierte Integration des externen und internen Rechnungswesens mit mySAP ERP, in: Controlling, 18. Jg., Heft 8-9, S. 455-463.	Praxisnah	Sachlich-analytisch	Praxis

Lfd. Nr.	Bibliographische Angaben	Zeitschriftentyp	Forschungsmethode	Autorenherkunft
72	Kerkhoff, Guido/Thun, Soenke (2007): Integration von internem und externem Rechnungswesen, in: Controlling, 19. Jg., Heft 8-9, S. 455-461.	Praxisnah	Praxisbeispiel	Praxis
73	Kirsch, Hanno (2001): Segmentberichterstattung nach IAS 14 als Basis eines kennzahlengestützten Unternehmenscontrolling, in: Der Betrieb, 54. Jg., Heft 29, S. 1513-1518.	Praxisnah	Sachlich-analytisch	Wissenschaft
74	Kirsch, Hanno (2002): Tendenzen in der Kostenrechnung durch Internationalisierung des externen Rechnungswesens, in: Kostenrechnungspraxis, 46. Jg., Heft 4, S. 207-213.	Praxisnah	Sachlich-analytisch	Wissenschaft
75	Kirsch, Hanno (2003a): Anforderungen an das Controlling durch internationale Rechnungslegungsstandards, in: Controlling, 15. Jg., Heft 1, S. 11-17.	Praxisnah	Sachlich-analytisch	Wissenschaft
76	Kirsch, Hanno (2003b): Cashflow-Planungen zur Durchführung des Asset Impairment Test nach US-GAAP, in: Betriebs-Berater, 58. Jg., Heft 34, S. 1775-1781.	Praxisnah	Sachlich-analytisch	Wissenschaft
77	Kirsch, Hanno (2005): Ausgestaltung des Informationsmanagements zur Erstellung des IFRS-Abschlusses, in: Betriebs-Berater, 60. Jg., Heft 21, S. 1155-1160.	Praxisnah	Sachlich-analytisch	Wissenschaft
78	Kirsch, Hans-Jürgen/Koelen, Peter/Köhling, Kathrin (2010): Möglichkeiten und Grenzen des management approach – Eine Analyse unter besonderer Berücksichtigung des Nutzungswerts des IAS 36, in: Zeitschrift für internationale und kapitalmarktorientierte Rechnungslegung, 10. Jg., Heft 4, S. 200-207.	Praxisnah	Sachlich-analytisch	Wissenschaft
79	Kirsch, Hans-Jürgen/Steinhauer, Leif (2003): Zum Einfluss der internationalen Rechnungslegung auf das Controlling, in: Zeitschrift für Planung und Unternehmenssteuerung, 14. Jg., Heft 4, S. 415-435.	Wissenschaftlich	Sachlich-analytisch	Wissenschaft
80	Klein, Georg A. (1999b): Konvergenz von internem und externem Rechnungswesen auf Basis der International Accounting Standard (IAS), in: Kostenrechnungspraxis, 43. Jg., Sonderheft 3, S. 67-77.	Praxisnah	Sachlich-analytisch	Praxis
81	Kley, Karl-Ludwig (2002): IAS und wertorientiertes Controlling, in: Kostenrechnungspraxis, 46. Jg., Heft 5, S. 277-281.	Praxisnah	Praxisbeispiel	Praxis
82	Kley, Karl-Ludwig (2006): IFRS – Möglichkeiten und Grenzen ihrer Abbildung im Controlling, in: Zeitschrift für Controlling und Management, 50. Jg., Heft 3, S. 150-157.	Praxisnah	Praxisbeispiel	Praxis
83	Klingelhöfer, Heinz Eckart (2006): Wertorientiertes Controlling auf der Grundlage von Werten nach IAS 36?, in: Zeitschrift für internationale und kapitalmarktorientierte Rechnungslegung, 6. Jg., Heft 10, S. 590-597.	Praxisnah	Sachlich-analytisch	Wissenschaft
84	Krey, Sandra (2007): Integration von legalem und Management-Berichtswesen auf eine Systemplattform – dargestellt am Beispiel der Einführung von SAP SEM-BCS bei MAN, in: Controlling, 19. Jg., Heft 4-5, S. 231-236.	Praxisnah	Praxisbeispiel	Praxis

Lfd. Nr.	Bibliographische Angaben	Zeitschrif-tentyp	Forschungs-methode	Autoren-herkunft
85	Kümpel, Thomas (2002a): Integration von internem und externem Rechnungswesen bei der Bewertung erfolgversprechender langfristiger Fertigungsaufträge, in: Der Betrieb, 55. Jg., Heft 18, S. 905-910.	Praxisnah	Sachlich-analytisch	Wissen-schaft
86	Kunz, Christian (2010): Organisatorische Aspekte eines integrierten Rechnungswesens, in: Die Betriebswirtschaft, 70. Jg., Heft 4, S. 301-329.	Wissen-schaftlich	Empirisch	Wissen-schaft
87	Kunz, Alexis H./Pfeiffer, Thomas (2001): Kapitalmarktorientierte Unternehmenspublizität und der Informationsverbund zwischen in- und externem Rechnungswesen – Erste Hinweise für die Existenz dysfunktionaler Wirkungszusammenhänge, in: Zeitschrift für betriebswirtschaftliche Forschung, 53. Jg., Heft 8, S. 500-530.	Wissen-schaftlich	Formal-analytisch	Wissen-schaft
88	Küpper, Hans-Ulrich (1995): Unternehmensplanung und -steuerung mit pagatorischen oder kalkulatorischen Erfolgsrechnungen?, in: Zeitschrift für betriebswirtschaftliche Forschung, 47. Jg., Sonderheft 34/95, S. 19-50.	Wissen-schaftlich	Sachlich-analytisch	Wissen-schaft
89	Küpper, Hans-Ulrich (1997): Pagatorische und kalkulatorische Rechensysteme, in: Kostenrechnungspraxis, 41. Jg., Heft 1, S. 20-26.	Praxisnah	Sachlich-analytisch	Wissen-schaft
90	Küpper, Hans-Ulrich (1999): Zweckmäßigkeit, Grenzen und Ansatzpunkte einer Integration der Unternehmensrechnung, in: Kostenrechnungspraxis, 43. Jg., Sonderheft 3, S. 5-11.	Praxisnah	Sachlich-analytisch	Wissen-schaft
91	Küting, Karlheinz (2000): Perspektiven der externen Rechnungslegung – Auf dem Wege zu einem umfassenden Business Reporting, in: Betriebs-Berater, 55. Jg., Heft 9, S. 451-456.	Praxisnah	Sachlich-analytisch	Wissen-schaft
92	Küting, Karlheinz/Lorson, Peter (1998a): Konvergenz von internem und externem Rechnungswesen: Anmerkungen zu Strategien und Konfliktfeldern, in: Die Wirtschaftsprüfung, 51. Jg., Heft 11, S. 483-493.	Praxisnah	Sachlich-analytisch	Wissen-schaft
93	Küting, Karlheinz/Lorson, Peter (1998b): Anmerkungen zum Spannungsfeld zwischen externen Zielgrößen und internen Steuerungsinstrumenten, in: Betriebs-Berater, 53. Jg., Heft 9, S. 469-475.	Praxisnah	Sachlich-analytisch	Wissen-schaft
94	Küting, Karlheinz/Lorson, Peter (1998c): Grundsätze eines Konzernsteuerungskonzepts auf „externer" Basis (Teil I) – ein Beitrag zur Konvergenz von internem und externem Rechnungswesen, in: Betriebs-Berater, 53. Jg., Heft 44, S. 2251-2258.	Praxisnah	Sachlich-analytisch	Wissen-schaft
95	Küting, Karlheinz/Lorson, Peter (1998d): Grundsätze eines Konzernsteuerungskonzepts auf „externer" Basis (Teil II) – ein Beitrag zur Konvergenz von internem und externem Rechnungswesen, in: Betriebs-Berater, 53. Jg., Heft 45, S. 2303-2309.	Praxisnah	Sachlich-analytisch	Wissen-schaft
96	Küting, Karlheinz/Lorson, Peter (1999a): Harmonisierung des Rechnungswesens aus Sicht der externen Rechnungslegung, in: Kostenrechnungspraxis, 43. Jg., Sonderheft 3, S. 47-57.	Praxisnah	Sachlich-analytisch	Wissen-schaft

Lfd. Nr.	Bibliographische Angaben	Zeitschriftentyp	Forschungsmethode	Autorenherkunft
97	Küting, Karlheinz/Lorson, Peter (1999b): Konzernrechnungslegung: Ein neues Aufgabengebiet des Controllers? – Zur Zukunft der deutschen Rechnungslegung und Auswirkungen auf das Controlling, in: Controlling, 11. Jg., Heft 4-5, S. 215-222.	Praxisnah	Sachlich-analytisch	Wissenschaft
98	Lochner, Stefan/Ayasse, Philipp/Hummel, Jürgen (2007): Meilensteine im Ausbau des Controlling-Instrumentariums im Porsche-Konzern, in: Controlling, 19. Jg., Heft 3, S. 145-152.	Praxisnah	Praxisbeispiel	Praxis
99	Lorson, Peter (1996): Erfolgsrechnung und -überwachung in globalen Konzernen – Grundsätzliche Anmerkungen aus Sicht des Konzern-Controlling, in: Der Betrieb, 49. Jg., Heft 50, S. 2505-2511.	Praxisnah	Sachlich-analytisch	Wissenschaft
100	Lorson, Peter/Melcher, Winfried/Zündorf, Horst (2010): Rechnungslegung nach dem Bilanzrechtsmodernisierungsgesetz – Neue Anforderungen für Controller?, in: Controlling, 22. Jg., Heft 4-5, S. 244-249.	Praxisnah	Sachlich-analytisch	Wissenschaft
101	Löw, Edgar (1999): Einfluß des Shareholder Value-Denkens auf die Konvergenz von externem und internem Rechnungswesen, in: Kostenrechnungspraxis, 43. Jg., Sonderheft 3, S. 87-92.	Praxisnah	Praxisbeispiel	Praxis
102	Männel, Wolfgang (1997a): Reorganisation des führungsorientierten Rechnungswesens durch Integration der Rechenkreise, in: Kostenrechnungspraxis, 41. Jg., Heft 1, S. 9-19.	Praxisnah	Sachlich-analytisch	Wissenschaft
103	Männel, Wolfgang (1997b): Zur Problematik des Rechnens mit kalkulatorischen Kosten, in: Kostenrechnungspraxis, 41. Jg., Sonderheft 1, S. 5-12.	Praxisnah	Sachlich-analytisch	Wissenschaft
104	Männel, Wolfgang (1999a): Integration des Rechnungswesens für ein durchgängiges Ergebniscontrolling, in: Kostenrechnungspraxis, 43. Jg., Heft 1, S. 11-21.	Praxisnah	Sachlich-analytisch	Wissenschaft
105	Männel, Wolfgang (1999b): Harmonisierung des Rechnungswesens für ein integriertes Ergebniscontrolling, in: Kostenrechnungspraxis, 43. Jg., Sonderheft 3, S. 13-29.	Praxisnah	Sachlich-analytisch	Wissenschaft
106	Matova, Maya Rumenova/Pelger, Christoph (2010): Integration von interner und externer Segmentergebnisrechnung, in: Zeitschrift für internationale und kapitalmarktorientierte Rechnungslegung, 10. Jg., Heft 10, S. 494-500.	Praxisnah	Empirisch	Wissenschaft
107	Melching, Hans-Georg (1997): Internationales Rechnungswesen und Ergebniskontrolle bei der Volkswagen AG, in: Controlling, 9. Jg., Heft 4, S. 246-252.	Praxisnah	Praxisbeispiel	Praxis
108	Meyer, Ulf/Wünsch, Martin/Erdmann, Mark-Ken (2006): Effizientes und effektives Cash-flow Reporting gemäß IAS 7 auf Basis eines integrierten Rechnungswesens, in: Der Betrieb, 59. Jg., Heft 37, S. 1965-1967.	Praxisnah	Sachlich-analytisch	Praxis
109	Michel, Uwe (2006): Der Finanzbereich im Umbruch, in: Controlling, 18. Jg., Heft 8-9, S. 439-445.	Praxisnah	Sachlich-analytisch	Praxis

Lfd. Nr.	Bibliographische Angaben	Zeitschriftentyp	Forschungsmethode	Autorenherkunft
110	Mühlberger, Melanie/Langecker, Alexander (2010): Bilanzierung von Pensionsverpflichtungen nach BilMoG unter Controlling-Aspekten, in: Zeitschrift für Controlling und Management, 54. Jg., Sonderheft 3, S. 20-32.	Praxisnah	Sachlich-analytisch	Wissenschaft
111	Müller, Stefan (2010): Ansatz und Bewertung selbst geschaffener immaterieller Vermögensgegenstände des Anlagevermögens, in: Zeitschrift für Controlling und Management, 54. Jg., Sonderheft 3, S. 5-11.	Praxisnah	Sachlich-analytisch	Wissenschaft
112	Müller, Stefan/Ordemann, Tammo/Pampel, Jochen (2005): Handlungsempfehlungen für die Anwendung der IFRS im Controlling mittelständischer Unternehmen, in: Betriebs-Berater, 60. Jg., Heft 39, S. 2119-2125.	Praxisnah	Sachlich-analytisch	Wissenschaft
113	Müller, Stefan/Peskes, Markus (2006): Konsequenzen der geplanten Änderungen der Segmentberichterstattung nach IFRS für Abschlusserstellung und Unternehmenssteuerung, in: Betriebs-Berater, 61. Jg., Heft 15, S. 819-825.	Praxisnah	Sachlich-analytisch	Wissenschaft
114	Müller, Stefan/Reinke, Jens (2010): Abgrenzung von zahlungsmittelgenerierenden Einheiten aus Sicht der internen Unternehmenssteuerung, in: Zeitschrift für Controlling und Management, 54. Jg., Heft 4, S. 229-235.	Praxisnah	Sachlich-analytisch	Wissenschaft
115	Nebel, Martin/Brandl, Max/Arnaout, Ali (1998): Centersteuerung mit Größen des externen Rechnungswesens – Das Beispiel der MTU München, in: Kostenrechnungspraxis, 42. Jg., Heft 5, S. 274-281.	Praxisnah	Praxisbeispiel	Praxis
116	Nobach, Kai/Zirkler, Bernd (2006): Bedeutung der IFRS für das Controlling, in: Zeitschrift für internationale und kapitalmarktorientierte Rechnungslegung, 6. Jg., Heft 12, S. 737-748.	Praxisnah	Sachlich-analytisch	Wissenschaft
117	Oehler, Karsten (1997): Das General Ledger-Konzept in Rechnungswesen und Controlling – Zeit für einen Wandel?, in: Controlling, 9. Jg., Heft 5, S. 356-361.	Praxisnah	Sachlich-analytisch	Praxis
118	Oehler, Carsten/Simon, Christian (2003): Neuorientierung des Reporting in der Energiewirtschaft – Erfahrungen aus der Modernisierung des externen und internen Reporting in einem international tätigen Energiekonzern, in: Controlling, 15. Jg., Heft 5, S. 251-255.	Praxisnah	Praxisbeispiel	Praxis
119	Ohlms, Dirk/Tomaszewski, Claude/Trützschler, Klaus (2002): Entwicklungstendenzen der Rechnungslegung aus Sicht des Familienunternehmens Haniel, in: Zeitschrift für betriebswirtschaftliche Forschung, 54. Jg., Heft 3, S. 191-200.	Wissenschaftlich	Praxisbeispiel	Praxis
120	Olbrich, Michael (2006a): Wertorientiertes Controlling auf Basis des IAS 36?, in: Zeitschrift für international und kapitalmarktorientierte Rechnungslegung, 6. Jg., Heft 1, S. 43-44.	Praxisnah	Sachlich-analytisch	Wissenschaft
121	Olbrich, Michael (2006b): Nochmals: Zur Fragwürdigkeit eines wertorientierten Controllings auf Basis des IAS 36, in: Zeitschrift für internationale und kapitalmarktorientierte Rechnungslegung, 6. Jg., Heft 11, S. 685-687.	Praxisnah	Sachlich-analytisch	Wissenschaft

Lfd. Nr.	Bibliographische Angaben	Zeitschriftentyp	Forschungsmethode	Autorenherkunft
122	Paetzmann, Karsten/Kaspereit, Thomas (2010): Zum Einsatz von Residualgewinnmodellen post BilMoG – Nähert sich das Accounting Model dem Economic Model?, in: Zeitschrift für Planung und Unternehmenssteuerung, 20. Jg., Heft 4, S. 419-444.	Wissenschaftlich	Sachlich-analytisch	Wissenschaft
123	Pelger, Christoph (2008a): Ansatzpunkte und zweifelhafte Anreizwirkungen – Entwicklungen in den IFRS und der Zusammenhang zur Unternehmenssteuerung, in: Zeitschrift für internationale und kapitalmarktorientierte Rechnungslegung, 8. Jg., Heft 9, S. 565-574.	Praxisnah	Sachlich-analytisch	Wissenschaft
124	Pellens, Bernhard/Tomaszewski, Claude/Weber, Nicolas (2000): Wertorientierte Unternehmensführung in Deutschland – eine empirische Untersuchung der DAX 100-Unternehmen, in: Der Betrieb, 53. Jg., Heft 37, S. 1825-1833.	Praxisnah	Empirisch	Wissenschaft
125	Pfaff, Dieter (1994a): Zur Notwendigkeit einer eigenständigen Kostenrechnung – Anmerkungen zur Neuorientierung des internen Rechnungswesens im Hause Siemens, in: Zeitschrift für betriebswirtschaftliche Forschung, 46. Jg., Heft 12, S. 1065-1084.	Wissenschaftlich	Sachlich-analytisch	Wissenschaft
126	Pfaff, Dieter (1994b): Controlling auf Basis der externen Unternehmensrechnung, in: Der Schweizer Treuhänder, 68. Jg., Heft 9, S. 666-668.	Praxisnah	Sachlich-analytisch	Wissenschaft
127	Pfaff, Dieter (1995): Der Wert von Kosteninformationen für die Verhaltenssteuerung in Unternehmen, in: Zeitschrift für betriebswirtschaftliche Forschung, 47. Jg., Sonderheft 34/95, S. 119-156.	Wissenschaftlich	Formal-analytisch	Wissenschaft
128	Pfaff, Dieter/Bärtl, Oliver (1998): Externe Rechnungslegung, internes Rechnungswesen und Kapitalmarkt, in: Zeitschrift für betriebswirtschaftliche Forschung, 50. Jg., Heft 9, S. 757-777.	Wissenschaftlich	Formal-analytisch	Wissenschaft
129	Rapp, Matthias J./Lukas, Christian (2008): Konzernabschlussprüfung und Überleitung zum Monatsbericht – Ein Praxisbeispiel zum zukünftigen Dokumentationsaufbau, in: Controlling, 20. Jg., Heft 6, S. 323-328.	Praxisnah	Sachlich-analytisch	Wissenschaft
130	Reiners, Frank (2001): Integration von externem und internem Rechnungswesen, in: Kostenrechnungspraxis, 45. Jg., Sonderheft 3, S. 22-24.	Praxisnah	Sachlich-analytisch	Praxis
131	Ruhwedel, Franca/Schultze, Wolfgang (2004): Konzeption des Value Reporting und Beitrag zur Konvergenz im Rechnungswesen, in: Controlling, 16. Jg., Heft 8-9, S. 489-495.	Praxisnah	Sachlich-analytisch	Wissenschaft
132	Schaier, Sven (2008): Erklärungsansätze für eine Konvergenz von internem und externem Rechnungswesen, in: Betriebswirtschaftliche Forschung und Praxis, 60. Jg., Heft 2, S. 122-136.	Wissenschaftlich	Sachlich-analytisch	Praxis
133	Schultze, Wolfgang (2005): The Information Content of Goodwill-Impairments under FAS 142: Implications for External Analysis and Internal Control, in: Schmalenbach Business Review, 57. Jg., Heft 7, S. 276-297.	Wissenschaftlich	Sachlich-analytisch	Wissenschaft

Lfd. Nr.	Bibliographische Angaben	Zeitschrif-tentyp	Forschungs-methode	Autoren-herkunft
134	Schweitzer, Marcell/Ziolkowski, Ulrich (1999): Interne Unternehmensrechnung – Aufwandsorientiert oder kalkulatorisch?, in: Zeitschrift für betriebswirtschaftliche Forschung, 51. Jg., Sonderheft 42.	Wissen-schaftlich	Sachlich-analytisch	Wissen-schaft
135	Seelinger, Ronald/Kaatz, Sven (1998): Konversion und Internationalisierung des Rechnungswesens in Deutschland, in: Kostenrechnungspraxis, 42. Jg., Heft 3, S. 125-132.	Praxisnah	Sachlich-analytisch	Wissen-schaft
136	Simons, Dirk/Weißenberger, Barbara E. (2008): Die Konvergenz von externem und internem Rechnungswesen – Kritische Faktoren für die Entwicklung einer partiell integrierten Rechnungslegung aus theoretischer Sicht, in: Betriebswirtschaftliche Forschung und Praxis, 60. Jg., Heft 2, S. 137-160.	Wissen-schaftlich	Formal-analytisch	Wissen-schaft
137	Stahl, Hans-Werner (1999): Unternehmensergebnisse im geschlossenen Rechenkreis, in: Kostenrechnungspraxis, 43. Jg., Sonderheft 3, S. 31-38.	Praxisnah	Sachlich-analytisch	Wissen-schaft
138	Sylvester, Michael (2004): Konsequenzen einer IFRS-Umstellung auf die Informationssysteme – am Beispiel SAP, in: Zeitschrift für Controlling und Management, 48. Jg., Sonderheft 2, S. 89-97.	Praxisnah	Sachlich-analytisch	Praxis
139	Troßmann, Ernst (2010): Erleichtert das BilMoG die Controlling-Arbeit?, in: Zeitschrift für Controlling und Management, 54. Jg., Sonderheft 3, S. 89-97.	Praxisnah	Sachlich-analytisch	Wissen-schaft
140	Vanini, Ute/Beyer, Sebastian (2009): Ansätze und Probleme einer Harmonisierung der Konzernrechnungslegung nach IFRS und der internen Profit-Center-Rechnung, in: Zeitschrift für Controlling und Management, 53. Jg., Heft 2, S. 129-138.	Praxisnah	Sachlich-analytisch	Wissen-schaft
141	Velthuis, Louis J./Wesner, Peter/Schabel, Matthias M. (2006a): Fair value und internes Rechnungswesen: Irrelevanz, Relevanz und Grenzen, in: Zeitschrift für internationale und kapitalmarktorientierte Rechnungslegung, 6. Jg., Heft 7-8, S. 458-466.	Praxisnah	Sachlich-analytisch	Wissen-schaft
142	Velthuis, Louis J./Wesner, Peter/Schabel, Matthias M. (2006b): Eignung des Fair-Value-Ansatzes für die Verhaltenssteuerung im Unternehmen, in: Betriebs-Berater, 61. Jg., Heft 16, S. 875-878.	Praxisnah	Sachlich-analytisch	Wissen-schaft
143	Volkart, Rudolf (1997): Finanzielle Führungsinstrumente im „Konvergenzprozess"? – Zum Zusammenwachsen buchhalterischer und investitionstheoretischer Konzeptionen, in: Die Unternehmung, 51. Jg., Heft 6, S. 443-458.	Wissen-schaftlich	Sachlich-analytisch	Wissen-schaft
144	Wagenhofer, Alfred (1996): Vorsichtsprinzip und Managementanreize, in: Zeitschrift für betriebswirtschaftliche Forschung, 48. Jg., Heft 12, S. 1051-1074.	Wissen-schaftlich	Formal-analytisch	Wissen-schaft
145	Wagenhofer, Alfred (2008a): Konvergenz von intern und extern berichteten Ergebnisgrößen am Beispiel von Segmentergebnissen, in: Betriebswirtschaftliche Forschung und Praxis, 60. Jg., Heft 2, S. 161-176.	Wissen-schaftlich	Empirisch	Wissen-schaft
146	Währisch, Michael (2000): Der Ansatz kalkulatorischer Kostenarten in der industriellen Praxis, in: Zeitschrift für betriebswirtschaftliche Forschung, 52. Jg., Heft 11, S. 678-694.	Wissen-schaftlich	Empirisch	Praxis

Lfd. Nr.	Bibliographische Angaben	Zeitschriftentyp	Forschungsmethode	Autorenherkunft
147	Wala, Thomas/Knoll, Leonhard/Messner, Stephanie (2007a): Vor- und Nachteile einer Integration von internem und externem Rechnungswesen auf Basis der IFRS – Teil I, in: Deutsches Steuerrecht, 45. Jg., Heft 41, S. 1834-1838.	Praxisnah	Sachlich-analytisch	Wissenschaft
148	Wala, Thomas/Knoll, Leonhard/Messner, Stephanie (2007b): Vor- und Nachteile einer Integration von internem und externem Rechnungswesen auf Basis der IFRS – Teil II, in: Deutsches Steuerrecht, 45. Jg., Heft 42, S. 1881-1883.	Praxisnah	Sachlich-analytisch	Wissenschaft
149	Weide, Gonn (2009b): Management Reporting – Bedeutung, aktuelle Herausforderungen und Optimierungsmöglichkeiten, in: Controlling, 21. Jg., Heft 1, S. 5-12.	Praxisnah	Sachlich-analytisch	Wissenschaft
150	Weißenberger, Barbara E. (2004): Integrierte Rechnungslegung und Unternehmenssteuerung – Bedarf an kalkulatorischen Erfolgsgrößen auch unter IFRS?, in: Zeitschrift für Controlling und Management, 48. Jg., Sonderheft 2, S. 72-77.	Praxisnah	Sachlich-analytisch	Wissenschaft
151	Weißenberger, Barbara E. (2006a): Integration der Rechnungslegung unter IFRS – Ergebnisse des Arbeitskreises „Controller und IFRS" der International Group of Controlling, in: Controlling, 18. Jg., Heft 8-9, S. 409-415.	Praxisnah	Sachlich-analytisch	Wissenschaft
152	Weißenberger, Barbara E./Haas, Cornelia A.J. (2004): Neuausrichtung der Interpretationsfunktion des Controllings, in: Zeitschrift für Controlling und Management, 48. Jg., Sonderheft 2, S. 54-62.	Praxisnah	Empirisch	Wissenschaft
153	Weißenberger, Barbara E./International Group of Controlling (IGC) (2006a): Controller und IFRS: Konsequenzen einer IFRS-Finanzberichterstattung für die Aufgabenfelder von Controllern, in: Betriebswirtschaftliche Forschung und Praxis, 58. Jg., Heft 4, S. 342-364.	Wissenschaftlich	Sachlich-analytisch	Wissenschaft
154	Weißenberger, Barbara E./International Group of Controlling (IGC) (2006b): Controller und IFRS: Konsequenzen einer IFRS-Finanzberichterstattung für die Controlleraufgaben, in: Zeitschrift für internationale und kapitalmarktorientierte Rechnungslegung, 6. Jg., Heft 10, S. 613-622.	Praxisnah	Sachlich-analytisch	Wissenschaft
155	Weißenberger, Barbara E./Maier, Michael (2006): Der Management Approach in der IFRS-Rechnungslegung: Fundierung der Finanzberichterstattung durch Informationen aus dem Controlling, in: Der Betrieb, 59. Jg., Heft 39, S. 2077-2083.	Praxisnah	Sachlich-analytisch	Wissenschaft
156	Wöhrmann, Arnt (2010): Auswirkungen des Bilanzrechtsmodernisierungsgesetzes auf Finanzkennzahlen, in: Zeitschrift für Controlling und Management, 54. Jg., Sonderheft 3, S. 80-88.	Praxisnah	Sachlich-analytisch	Wissenschaft
157	Wollmert, Peter/Oser, Peter/Skirk, Ulrich (2010): Die Kapitalkonsolidierung nach BilMoG, in: Zeitschrift für Controlling und Management, 54. Jg., Sonderheft 3, S. 71-79.	Praxisnah	Sachlich-analytisch	Praxis

Lfd. Nr.	Bibliographische Angaben	Zeitschrif-tentyp	Forschungs-methode	Autoren-herkunft
158	Wurl, Hans-Jürgen/Kuhnert, Marcus/Hebeler, Christian (2001): Traditionelle Formen der kurzfristigen Erfolgsrechnung und der „Economic Value Added"-Ansatz – Ein kritischer Vergleich unter dem Aspekt der Unternehmenssteuerung, in: Die Wirtschaftsprüfung, 54. Jg., Heft 23, S. 1361-1372.	Praxisnah	Sachlich-analytisch	Wissen-schaft
159	Zehetner, Karl (2001): Integration des Rechnungswesens zur Verbindung von Periodenrechnungen und EVA-Steuerung, in: Kostenrechnungspraxis, 44. Jg., Sonderheft 3, S. 19-21.	Praxisnah	Sachlich-analytisch	Praxis
160	Ziegler, Hasso (1994): Neuorientierung des internen Rechnungswesens für das Unternehmens-Controlling im Hause Siemens, in: Zeitschrift für betriebswirtschaftliche Forschung, 46. Jg., Heft 2, S. 175-188.	Wissen-schaftlich	Praxisbeispiel	Praxis
161	Zülch, Henning/Hoffmann, Sebastian (2010): Wesentliche Implikationen des BilMoG für die Finanzberichterstattung in Anhang und Lagebericht, in: Controlling, 22. Jg., Heft 10, S. 538-543.	Praxisnah	Sachlich-analytisch	Wissen-schaft

2. Übersicht über einschlägige Monographien

Bibliographische Angaben	Fragestellung	Forschungs-methode
Angelkort, Hendrik (2010): Integration des Rechnungswesens als Erfolgsfaktor für die Controllerarbeit – Eine empirische Untersuchung deutscher Großunternehmen, Frankfurt am Main, zugl. Dissertation Universität Gießen, 2010.	Untersuchung der Auswirkungen einer Integration des Rechnungswesens auf die Ausübung unterschiedlicher Controllerrollen und den Erfolg der Controllerarbeit.	Empirisch (Befragung)
Bärtl, Oliver (2001): Wertorientierte Unternehmenssteuerung – Zum Zusammenhang von Kapitalmarkt, externer und interner Rechnungslegung, Frankfurt am Main et al., zugl. Dissertation Universität Zürich 1999.	Erklärungsansätze für die Konvergenz des internen und externen Rechnungswesens auf der Basis einer Analyse der Interdependenzen zwischen dem internen und externen Teilbereich des Rechnungswesens im Kontext der wertorientierten Unternehmenssteuerung.	Formal-analytisch
Hebeler, Christian (2003): Harmonisierung des internen und externen Rechnungswesens – US-amerikanische Accounting-Systeme als konzeptionelle Grundlage für deutsche Unternehmen?, Wiesbaden, zugl. Dissertation Technische Universität Darmstadt, 2002.	Kritische Analyse des US-amerikanischen Accounting als konzeptionelle Grundlage für ein konvergentes Rechnungswesen in Unternehmen des deutschsprachigen Raums auf Basis einer Literaturanalyse und einer Befragung US-amerikanischer Unternehmen.	Sachlich-analytisch (Literaturanalyse) / Empirisch (Befragung)
Himmel, Holger (2004): Konvergenz von interner und externer Unternehmensrechnung am Beispiel der Segmentberichterstattung, Aachen, zugl. Dissertation Universität Bayreuth 2003.	Systematisierung der Problembereiche der internen und externen Segmentberichterstattung sowie Erarbeitung von Vorschlägen zu ihrer Lösung unter Berücksichtigung der Möglichkeit einer Konvergenz von interner und externer Segmentberichterstattung.	Sachlich-analytisch
Hoke, Michaela (2001): Konzernsteuerung auf Basis eines intern und extern vereinheitlichten Rechnungswesens, Bamberg, zugl. Dissertation Universität St. Gallen, 2001.	Bestandsaufnahme der Vereinheitlichung des internen und externen Rechnungswesens in der Praxis der Konzernsteuerung basierend auf Experteninterviews.	Empirisch (Feldstudie)
Kammer, Karsten (2005): Reporting internationaler Unternehmen – Auswirkungen der Harmonisierung und der Konvergenz des Rechnungswesens in Europa, Wiesbaden, zugl. Dissertation Universität Bamberg, 2005.	Analyse der Auswirkungen der Anwendung internationaler Rechnungslegungsstandards auf die Gestaltung des Reporting internationaler Unternehmen, insbesondere im Hinblick auf eine Konvergenz des Rechnungswesens.	Empirisch (Fallstudie)
Klein, Georg A. (1999a): Unternehmenssteuerung auf Basis der International Accounting Standards, München, zugl. Dissertation Universität Augsburg 1998/99	Konzeptionelle Beurteilung der IAS-Vorschriften als informatorische Grundlage für die Steuerung eigenverantwortlicher Geschäftsbereiche.	Sachlich-analytisch
Melcher, Winfried (2002): Konvergenz von internem und externem Rechnungswesen – Umstellung des traditionellen Rechnungswesens und Einführung eines abgestimmten vertikalen und horizontalen Erfolgsspaltungskonzepts, Hamburg, zugl. Dissertation Universität Rostock, 2002.	Systematisierung der Grundlagen für eine Konvergenz des Rechnungswesens und Untersuchung verbindender Elemente zwischen internem und externem Rechnungswesen zur Ermöglichung einer zielgerechten Umstellung auf ein konvergentes Rechnungswesen.	Sachlich-analytisch

Bibliographische Angaben	Fragestellung	Forschungs-methode
Müller, Stefan (2003): Management-Rechnungswesen – Ausgestaltung des externen und internen Rechnungswesens unter Konvergenzgesichtspunkten, Wiesbaden, zugl. Habilitationsschrift Universität Oldenburg, 2003.	Konzeption eines konvergent ausgestalteten Management-Rechnungswesens, bestehend aus einer (IAS-/US-GAAP-basierten) Grundrechnung mit konvergenten Basisgrößen und spezifischen Auswertungsrechnungen zur Erfüllung einzelner Rechnungszwecke.	Sachlich-analytisch
Müller, Martin (2006): Harmonisierung des externen und internen Rechnungswesens – Eine empirische Untersuchung, Wiesbaden, zugl. Dissertation Universität Ulm, 2005	Empirische Analyse der Harmonisierung des internen und externen Rechnungswesens in deutschen Unternehmen unter Berücksichtigung des individuellen Antwortverhaltens.	Empirisch (Befragung)
Schaier, Sven (2007): Konvergenz von internem und externem Rechnungswesen – Bedarf für eine Neustrukturierung des Rechnungswesens?, Wiesbaden, zugl. Dissertation WHU – Otto Beisheim School of Management Vallendar, 2007.	Analyse der in der Konvergenzdiskussion verwendeten Begrifflichkeiten und Eruierung des Bedarfs für eine Neustrukturierung des betrieblichen Rechnungswesens.	Sachlich-analytisch
Schulte-Nölke, Wolfgang (2001): US-GAAP als Steuerungsgrundlage für Unternehmen – Möglichkeiten einer Konvergenz von internem und externem Rechnungswesen, zugl. Dissertation Universität Paderborn, 2000.	Selektion der für eine Konvergenz in Frage kommenden Bereiche des Rechnungswesens auf der Basis von Gegenüberstellungen der Anforderungen des internen Rechnungswesens und der Rechnungslegung nach US-GAAP.	Sachlich-analytisch
Siefke, Michael (1999): Externes Rechnungswesen als Datenbasis der Unternehmenssteuerung – Vergleich mit der Kostenrechnung und Shareholder-Value-Ansätzen, Wiesbaden, zugl. Dissertation Universität Münster, 1998.	Beurteilung und Identifikation der Voraussetzungen für eine auf den HGB- bzw. IAS-Vorschriften basierende Erfolgsrechnung zur Steuerung organisatorischer Einheiten im Konzern aus theoretischer Sicht.	Sachlich-analytisch
Stute, Andreas (2007): Konvergenz von IFRS und interner Unternehmensrechnung – Eignung der IFRS-Rechnungslegung zur Erfüllung von Funktionen und zur Substitution von Instrumenten der internen Unternehmensrechnung, Berlin, zugl. Dissertation Helmut-Schmidt-Universität – Universität der Bundeswehr Hamburg, 2006.	Beurteilung der IFRS-Rechnungslegung zur Erfüllung von Funktionen der internen Unternehmensrechnung sowie Untersuchung der Möglichkeit zur Substitution einzelner Instrumente des internen Rechnungswesens durch Elemente der IFRS-Rechnungslegung.	Sachlich-analytisch
Weide, Gonn (2009a): Gestaltung und Erfolg des Management Reporting – Empirische Analyse der Auswirkungen einer Integration des Rechnungswesens, Hamburg, zugl. Dissertation WHU – Otto Beisheim School of Management Vallendar, 2008.	Analyse der Auswirkungen einer Integration des internen und externen Rechnungswesens auf die Gestaltung und den Erfolg des Management Reporting auf der Basis von Experteninterviews.	Empirisch (Feldstudie)
Weißenberger, Barbara E. (2003): Anreizkompatible Erfolgsrechnung im Konzern – Grundmuster und Gestaltungsalternativen, Wiesbaden, zugl. Habilitationsschrift Wissenschaftliche Hochschule für Unternehmensführung (WHU) Vallendar, 2002.	Beurteilung der Anreizkompatibilität einer vereinheitlichten bzw. wertorientierten Erfolgsrechnung im Kontext einer hierarchischen Aufgabendelegation.	Formal-analytisch

Bibliographische Angaben	Fragestellung	Forschungs-methode
Wussow, Sabine (2004): Harmonisierung des internen und externen Rechnungswesens mittels IAS/IFRS unter Berücksichtigung der wertorientierten Unternehmenssteuerung, München, zugl. Dissertation Universität Erlangen-Nürnberg, 2004.	Beurteilung der IAS/IFRS als Grundlage eines harmonisierten Rechnungswesens sowie dessen Eignung für eine wertorientierte Unternehmenssteuerung.	Sachlich-analytisch

Literaturverzeichnis

Abdel-Kader, Magdy/Luther, Robert (2008): The Impact of Firm Characteristics on Management Accounting Practices – A UK-Based Empirical Analysis, in: The British Accounting Review, 40. Jg., Heft 1, S. 2-27.

Agbejule, Adebayo (2005): The Relationship between Management Accounting Systems and Perceived Environmental Uncertainty on Managerial Performance – A Research Note, in: Accounting and Business Research, 35. Jg., Heft 4, S. 295-305.

Ahrens, Thomas/Chapman, Christopher S. (2006): Doing Qualitative Field Research in Management Accounting – Positioning Data to Contribute to Theory, in: Accounting, Organizations and Society, 31. Jg., Heft 8, S. 819-841.

Ahuvia, Aaron (2001): Traditional, Interpretative, and Reception Based Content Analyses – Improving the Ability of Content Analysis to Address Issues of Pragmatic and Theoretical Concern, in: Social Indicators Research, 54. Jg., Heft 2, S. 139-172.

Albach, Horst (1991): 60 Jahre ZfB – Meilensteine der Betriebswirtschaftslehre, in: Zeitschrift für Betriebswirtschaft, 60. Jg., Sonderheft 2, S. VII-XIV.

Albrecht, Thomas (2002): Citation-Preferences in "Schmalenbachs Zeitschrift für betriebswirtschaftliche Forschung" and "Schmalenbach Business Review", in: Schmalenbach Business Review, 54. Jg., Heft 10, S. 372-379.

Ali, Muhammad Jahangir (2005): A Synthesis of Empirical Research on International Accounting Harmonization and Compliance with International Financial Reporting Standards, in: Journal of Accounting Literature, 24. Jg., S. 1-52.

Altenburger, Otto A./Busse von Colbe, Walther/Küpper, Hans-Ulrich/Loitlsberger, Erich/Siegwart, Hans (2001): Vorschläge zur Weiterentwicklung des internen und externen Rechnungswesens, in: Betriebswirtschaftliche Forschung und Praxis, 53. Jg., Heft 1, S. 67-76.

Alvarez, Manuel/Biberacher, Johannes (2002): Goodwill-Bilanzierung nach US-GAAP – Anforderungen an Unternehmenssteuerung und -berichterstattung, in: Betriebs-Berater, 57. Jg., Heft 7, S. 346-353.

Anderson, Malcolm (2002): An Analysis of the First Ten Volumes of Research in Accounting, Business and Financial History, in: Accounting, Business and Financial History, 12. Jg., Heft 1, S. 1-24.

Angelkort, Hendrik (2010): Integration des Rechnungswesens als Erfolgsfaktor für die Controllerarbeit – Eine empirische Untersuchung deutscher Großunternehmen, Frankfurt am Main, zugl. Dissertation Universität Gießen, 2010.

Angelkort, Hendrik/Weißenberger, Barbara E. (2009): Integration of Financial and Management Accounting Systems – The Mediating Influence of a Unified Financial Language on Controllership Effectiveness, Working Paper, Gießen.

Antonakopoulos, Nadine (2010): Erfolgsquellenanalyse nach IFRS auf Basis des Gesamterfolgs (total comprehensive income), in: Zeitschrift für internationale und kapitalmarktorientierte Rechnungslegung, 10. Jg., Heft 3, S. 121-129.

Arbeitskreis Externes Rechnungswesen der Schmalenbach-Gesellschaft (1995): German Accounting Principles – An Institutionalized Framework, in: Accounting Horizons, 9. Jg., Heft 3, S. 92-99.

Arbeitskreis Internes Rechnungswesen der Schmalenbach-Gesellschaft (2010): Vergleich von Praxiskonzepten zur wertorientierten Unternehmenssteuerung, in: Zeitschrift für betriebwirtschaftliche Forschung, 62. Jg., Heft 11, S. 797-820.

Arnegger, Martin/Feldhaus, Christina (2007): Relevanz des Goodwill-Impairment-Tests nach IAS 36 für die Verhaltenssteuerung, in: Zeitschrift für internationale Rechnungslegung, 1. Jg., Heft 3, S. 205-213.

Arnegger, Martin/Hofmann, Christian (2007): Periodisierung von Erfolgskomponenten zur Steuerung langfristiger Aufträge – Completed-Contract-Methode versus Percentage-of-Completion-Methode, in: Zeitschrift für Betriebswirtschaft, 77. Jg., Heft 2, S. 115-139.

Arnsfeld, Torsten/Schremper, Ralf (2005): Konsequenzen des Goodwill-Impairment nach IFRS 3 für die wertorientierte Unternehmenssteuerung, in: Zeitschrift für internationale und kapitalmarktorientierte Rechnungslegung, 5. Jg., Heft 11, S. 498-503.

Auer, Kurt Vinzenz (1999): Mythos und Realität von US-GAAP und IAS – Vier zu der aktuellen Diskussion symptomatische Thesen, in: Zeitschrift für Betriebswirtschaft, 69. Jg., Heft 9, S. 979-1002.

Auer, Kurt V. (2004): IAS 14 (Segment Reporting) – Inhalte/Schnittstellen zum Controlling, in: Zeitschrift für Controlling und Management, 48. Jg., Sonderheft 2, S. 4-11.

Baetge, Jörg (1976): Rechnungslegungszwecke des aktienrechtlichen Jahresabschlusses, in: Baetge, Jörg/Moxter, Adolf/Schneider, Dieter (Hrsg.): Bilanzfragen – Festschrift zum 65. Geburtstag von Prof. Dr. Ulrich Leffson, Düsseldorf, S. 7-30.

Baetge, Jörg/Kirsch, Hans-Jürgen/Solmecke, Henrik (2009): Auswirkungen des BilMoG auf die Zwecke des handelsrechtlichen Jahresabschlusses, in: Die Wirtschaftsprüfung, 62. Jg., Heft 24, S. 1211-1222.

Baetge, Jörg/Kirsch, Hans-Jürgen/Thiele, Stefan (2011a): Bilanzen, 11. Auflage, Düsseldorf.

Baetge, Jörg/Kirsch, Hans-Jürgen/Thiele, Stefan (2011b): Konzernbilanzen, 9. Auflage, Düsseldorf.

Baetge, Jörg/Zülch, Henning (2001): Fair Value-Accounting, in: Betriebswirtschaftliche Forschung und Praxis, 53. Jg., Heft 6, S. 543-562.

Bähring, Katrin/Hauff, Sven/Sossdorf, Maik/Thommes, Kirsten (2008): Methodologische Grundlagen und Besonderheiten der qualitativen Befragung von Experten in Unternehmen – Ein Leitfaden, in: Die Unternehmung, 62. Jg., Heft 1, S. 89-111.

Bailey, Charles D./Hermanson, Dana R./Louwers, Timothy J. (2008): An Examination of the Peer Review Process in Accounting Journals, in: Journal of Accounting Education, 26. Jg., Heft 2, S. 55-72.

Baiman, Stanley (1990): Agency Research in Managerial Accounting – A Second Look, in: Accounting, Organizations and Society, 15. Jg., Heft 4, S. 341-371.

Baiman, Stanley/Demski, Joel S. (1980): Economically Optimal Performance Evaluation and Control Systems, in: Journal of Accounting Research, 18. Jg., Supplement, S. 184-220.

Baines, Annette/Langfield-Smith, Kim (2003): Antecedents to Management Accounting Change – A Structural Equation Approach, in: Accounting, Organizations and Society, 28. Jg., Heft 7-8, S. 675-698.

Baker, C. Richard/Barbu, Elena M. (2007): Trends in Research on International Accounting Harmonization, in: International Journal of Accounting, 42. Jg., Heft 3, S. 272-304.

Baldridge, David C./Floyd, Steven W./Markóczy, Lívia (2004): Are Managers from Mars and Academicians from Venus? – Toward an Understanding of the Relationship between Academic Quality and Practical Relevance, in: Strategic Management Journal, 25. Jg., Heft 11, S. 1063-1074.

Baldvinsdottir, Gudrun/Mitchell, Falconer/Nørreklit, Hanne (2010): Issues in the Relationship between Theory and Practice in Management Accounting, in: Management Accounting Research, 21. Jg., Heft 2, S. 79-82.

Ball, Ray (2006): International Financial Reporting Standards (IFRS) – Pros and Cons for Investors, in: Accounting and Business Research, 36. Jg., Special Issue, S. 5-27.

Ballwieser, Wolfgang (1996): Ein Überblick über Ansätze zur ökonomischen Analyse des Bilanzrechts, in: Betriebswirtschaftliche Forschung und Praxis, 48. Jg., Heft 5, S. 503-527.

Ballwieser, Wolfgang (2000): Wertorientierte Unternehmensführung – Grundlagen, in: Zeitschrift für betriebswirtschaftliche Forschung, 52. Jg., Heft 3, S. 160-166.

Ballwieser, Wolfgang (2001a): Konzernrechnungslegung und Wettbewerb, in: Die Betriebswirtschaft, 61. Jg., Heft 6, S. 640-657.

Ballwieser, Wolfgang (2001b): Rechnungslegung und Prüfung am Neuen Markt, in: Zeitschrift für betriebswirtschaftliche Forschung, 53. Jg., Heft 12, S. 840-853.

Ballwieser, Wolfgang (2008): Empirische Wirkungen einer Rechnungslegung nach IFRS, in: Wagner, Franz W./Schildbach, Thomas/Schneider, Dieter (Hrsg.): Private und öffentliche Rechnungslegung – Festschrift für Prof. Dr. Hannes Streim zum 65. Geburtstag, Wiesbaden, S. 1-21.

Ballwieser, Wolfgang (2009): Shareholder Value als Element von Corporate Governance, in: Zeitschrift für betriebswirtschaftliche Forschung, 61. Jg., Heft 2, S. 93-101.

Ballwieser, Wolfgang/Hettich, Silvia (2004): Das IASB-Projekt „Reporting Comprehensive Income" – Bedeutung für das Controlling, in: Zeitschrift für Controlling und Management, 48. Jg., Sonderheft 2, S. 79-88.

Ballwieser, Wolfgang/Küting, Karlheinz/Schildbach, Thomas (2004): Fair value – erstrebenswerter Wertansatz im Rahmen einer Reform der handelsrechtlichen Rechnungslegung?, in: Betriebswirtschaftliche Forschung und Praxis, 56. Jg., Heft 6, S. 529-549.

Baltzer, Björn/Michel, Uwe (2008): Der Beitrag des Controllings im IFRS-Umstellungsprojekt, in: Controlling, 20. Jg., Heft 6, S. 299-305.

Banker, Rajiv D./Huang, Rong/Natarajan, Ramachandran (2009): Incentive Contracting and Value Relevance of Earnings and Cash Flows, in: Journal of Accounting Research, 47. Jg., Heft 3, S. 647-678.

Bartelheimer, Jörn/Kückelhaus, Markus/Wohlthat, Andreas (2004): Auswirkungen des Impairment of Assets auf die interne Steuerung, in: Zeitschrift für Controlling und Management, 48. Jg., Sonderheft 2, S. 22-30.

Barth, Mary E./Beaver, William H./Landsman, Wayne R. (2001): The Relevance of the Value Relevance Literature for Financial Accounting Standard Setting – Another View, in: Journal of Accounting and Economics, 31. Jg. (2001), Heft 1-3, S. 77-104.

Barth, Mary E./Landsman, Wayne R. (2010): How Did Financial Reporting Contribute to the Financial Crisis?, in: European Accounting Review, 19. Jg., Heft 3, S. 399-423.

Bär, Wolfrath (2003): Produktergebnisrechnung unter besonderer Berücksichtigung der Verbundbeziehungen im Volkswagen-Konzern, in: Franz, Klaus-Peter/Hieronimus, Albert (Hrsg.): Kostenrechnung im international vernetzten Konzern, in: Zeitschrift für betriebswirtschaftliche Forschung, 55. Jg., Sonderheft 49, S. 95-109.

Bärtl, Oliver (2001): Wertorientierte Unternehmenssteuerung – Zum Zusammenhang von Kapitalmarkt, externer und interner Rechnungslegung, Frankfurt am Main et al., zugl. Dissertation Universität Zürich, 1999.

Bartov, Eli/Goldberg, Stephen R./Kim, Myungsun (2005): Comparative Value Relevance Among German, U.S., and International Accounting Standards – A German Stock Market Perspective, in: Journal of Accounting, Auditing and Finance, 20. Jg., Heft 2, S. 95-119.

Bassler, Alexander/Kirchhof, Oliver (2006): Konzernreporting für ein integriertes Geschäftsmodell – Entwicklung und Umsetzung eines kaufmännischen Führungs- und Steuerungssystems am Beispiel der EnBW Energie Baden-Württemberg AG, in: Controlling, 18. Jg., Heft 11, S. 589-597.

Baumann, Karl-Hermann (1986): Das Rechnungswesen als Instrument zur Steuerung und Kontrolle von US-Tochtergesellschaften deutscher Unternehmen, in: Zeitschrift für betriebswirtschaftliche Forschung, 38. Jg., Heft 5, S. 425-432.

Bea, Franz Xaver (2009): Entscheidungen des Unternehmens, in: Bea, Franz Xaver/ Schweitzer, Marcell (Hrsg.): Allgemeine Betriebswirtschaftslehre – Bd. 1: Grundfragen, 10. Auflage, Stuttgart, S. 332-437.

Beaver, William H./Demski, Joel S. (1974): The Nature of Financial Accounting Objectives – A Summary and Synthesis, in: Journal of Accounting Research, 12. Jg., Special Issue – Studies on Financial Accounting Objectives, S. 170-187.

Beck, A. Cornelia/Campbell, David/Shrives, Philip J. (2010): Content Analysis in Environmental Reporting Research – Enrichment and Rehearsal of the Method in a British-German Context, in: The British Accounting Review, 42. Jg., Heft 3, S. 207-222.

Becker, Albrecht/Messner, Martin (2005): After the Scandals: A German-Speaking Perspective on Management Accounting Research and Education, in: European Accounting Review, 14. Jg., Heft 2, S. 417-427.

Beißel, Jörg/Steinke, Karl-Heinz (2004): Integriertes Reporting unter IFRS bei der Lufthansa, in: Zeitschrift für Controlling und Management, 48. Jg., Sonderheft 2, S. 63-70.

Beißel, Jörg/Szczesny, Andrea (2009): Anreiznützlichkeit im konvergenten Berichtswesen – Grundsätzliche Gestaltungsregeln und deren Umsetzung bei der Deutschen Lufthansa AG, in: Controlling, 21. Jg., Heft 1, S. 23-28.

Berens, Wolfgang/Dörges, Claudia E./Hoffjan, Andreas (2000): Fundierung eines Verständnisses des Controlling multinationaler Unternehmen, in: Berens, Wolfgang/Born, Axel/Hoffjan, Andreas (Hrsg.): Controlling international tätiger Unternehmen, Stuttgart, S. 13-41.

Berndt, Thomas/Hommel, Michael (2005): Konzernrechnungslegung zwischen Konvergenz und Wettbewerb – US-GAAP, IFRS oder Euro-IFRS?, in: Betriebswirtschaftliche Forschung und Praxis, 57. Jg., Heft 5, S. 407-423.

Berry, Anthony J./Coad, Alan F./Harris, Elaine P./Otley, David T./Stringer, Carolyn (2009): Emerging Themes in Management Control – A Review of Recent Literature, in: The British Accounting Review, 41. Jg., Heft 1, S. 2-20.

Bhimani, Alnoor (2002): European Management Accounting Research: Traditions in the Making, in: European Accounting Review, 11. Jg., Heft 1, S. 99-117.

Biddle, Gary C./Bowen, Robert M./Wallace, James S. (1997): Does EVA® Beat Earnings? – Evidence on Associations with Stock Returns and Firm Values, in: Journal of Accounting and Economics, 24. Jg., Heft 3, S. 301-336.

Bieg, Hartmut/Kußmaul, Heinz (2009): Externes Rechnungswesen, 5. Auflage, München.

Bigus, Jochen (2008): Probleme der Fair-Value- und Erfolgsbilanzierung bei Fehlanreizen des Vertragspartners – das Beispiel langfristiger Fertigungsaufträge, in: Zeitschrift für Betriebswirtschaft, 78. Jg., Heft 2, S. 205-223.

Binder, Christoph (2006): Die Entwicklung des Controllings als Teildisziplin der Betriebswirtschaftslehre – Eine explorativ-deskriptive Analyse, Wiesbaden, zugl. Dissertation European Business School Oestrich-Winkel, 2006.

Binder, Christoph/Schäffer, Utz (2005): Die Entwicklung des Controllings von 1970 bis 2003 im Spiegel von Publikationen in deutschsprachigen Zeitschriften, in: Die Betriebswirtschaft, 65. Jg., Heft 6, S. 603-626.

Birnberg, Jacob G. (2009): The Case for Post-Modern Management Accounting – Thinking Outside the Box, in: Journal of Management Accounting Research, 21. Jg., S. 3-18.

Bischof, Stefan (1998): Anwendbarkeit der percentage of completion-Methode nach IAS und US-GAAP im internen Rechnungswesen, in: Kostenrechnungspraxis, 42. Jg., Heft 1, S. 8-15.

Bitz, Michael/Schneeloch, Dieter/Wittstock, Wilfried (2003): Der Jahresabschluß, 4. Auflage, München.

Bitz, Michael/Schneeloch, Dieter/Wittstock, Wilfried (2011): Der Jahresabschluss – Nationale und internationale Rechtsvorschriften, Analyse und Politik, 5. Auflage, München.

Bjørnenak, Trond/Mitchell, Falconer (2002): The Development of Activity-Based Costing Journal Literature, 1987-2000, in: European Accounting Review, 11. Jg., Heft 3, S. 481-508.

Blase, Steffen/Müller, Stefan (2009): Empirische Analyse der vorzeitigen IFRS-8-Erstanwendung – Eine Analyse der Harmonisierung von interner und externer Segmentberichterstattung im Rahmen der vorzeitigen Umstellung auf IFRS 8 bei DAX-, MDAX- und SDAX-Unternehmen, in: Die Wirtschaftsprüfung, 62. Jg., Heft 10, S. 537-544.

Böcking, Hans-Joachim/Benecke, Birka (1998): Neue Vorschriften zur Segmentberichterstattung nach IAS und US-GAAP unter dem Aspekt des Business Reporting, in: Die Wirtschaftsprüfung, 51. Jg., Heft 3, S. 92-107.

Böcking, Hans-Joachim/Dutzi, Andreas (2006): Gläubigerschutz durch IFRS-Rechnungslegung im Jahresabschluss und ergänzenden Solvenztest, in: Krawitz, Norbert (Hrsg.): Rechnungslegung nach internationalen Grundsätzen, in: Zeitschrift für Betriebswirtschaft, 76. Jg., Special Issue 6, S. 1-22.

Bonner, Sarah E./Hesford, James W./Van der Stede, Wim A./Young, S. Mark (2006): The Most Influential Journals in Academic Accounting, in: Accounting, Organizations and Society, 31. Jg., Heft 7, S. 663-685.

Borchers, Stefan (2006): Integriertes Wertmanagement im Bayer-Konzern, in: Wagenhofer, Alfred (Hrsg.): Controlling und IFRS-Rechnungslegung – Konzepte, Schnittstellen, Umsetzung, Berlin, S. 267-288.

Born, Karl (2007): Rechnungslegung international – IAS/IFRS im Vergleich mit HGB und US-GAAP, 5. Auflage, Stuttgart.

Börsig, Clemens (2000): Wertorientierte Unternehmensführung bei RWE, in: Zeitschrift für betriebswirtschaftliche Forschung, 52. Jg., Heft 3, S. 167-175.

Bortz, Jürgen/Döring, Nicola (2006): Forschungsmethoden und Evaluation für Human- und Sozialwissenschaftler, 4. Auflage, Heidelberg.

Bramsemann, Urs/Heineke, Carsten/Kunz, Jennifer (2004): Verhaltensorientiertes Controlling – Konturierung und Entwicklungsstand einer Forschungsperspektive, in: Die Betriebswirtschaft, 64. Jg., Heft 5, S. 550-570.

Brandau, Michael/Hoffjan, Andreas (2010): Comparative Management Accounting, in: Die Betriebswirtschaft, 70. Jg., Heft 1, S. 101-104.

Brinn, Tony/Jones, Michael John/Pendlebury, Maurice (1996): UK Accountants' Perceptions of Research Journal Quality, in: Accounting and Business Research, 26. Jg., Heft 3, S. 265-278.

Brinn, Tony/Jones, Michael John/Pendlebury, Maurice (1998): UK Academic Accountants' Perceptions of Research and Publication Practices, in: The British Accounting Review, 30. Jg., Heft 4, S. 313-330.

Bronner, Rolf/Mellewigt, Thomas (2001): Entstehen und Scheitern Strategischer Allianzen in der Telekommunikationsbranche, in: Zeitschrift für betriebswirtschaftliche Forschung, 53. Jg., Heft 11, S. 728-751.

Brösel, Gerrit/Müller, Sven (2007): Goodwillbilanzierung nach IFRS aus Sicht des Beteiligungscontrollings, in: Zeitschrift für internationale und kapitalmarktorientierte Rechnungslegung, 7. Jg., Heft 1, S. 34-42.

Brosius, Hans-Bernd/Koschel, Friederike/Haas, Alexander (2009): Methoden der empirischen Kommunikationsforschung – Eine Einführung, 5. Auflage, Wiesbaden.

Brown, Lawrence D. (1996): Influential Accounting Articles, Individuals, Ph.D. Granting Institutions and Faculties – A Citational Analysis, in: Accounting, Organizations and Society, 21. Jg., Heft 7-8, S. 723-754.

Brühl, Rolf (1996): Führungsorientierte Kosten- und Erfolgsrechnung, München.

Brühl, Rolf/Orth, Mathias (2008): Controlling und die Veröffentlichung von Informationen über immaterielle Ressourcen – ein Prozess der Agendabildung, in: Zeitschrift für Controlling und Management, 52. Jg., Sonderheft 1, S. 28-38.

Bruns, Hans-Georg (1999): Harmonisierung des externen und internen Rechnungswesens auf Basis internationaler Bilanzierungsvorschriften, in: Küting, Karlheinz/Langenbucher, Günther (Hrsg.): Internationale Rechnungslegung – Festschrift für Professor Dr. Claus-Peter Weber zum 60. Geburtstag, Stuttgart, S. 585-603.

Bruns, Hans-Georg (2002): International vergleichbare und qualitativ hochwertige deutsche Jahresabschlüsse durch Anwendung der IAS/IFRS, in: Zeitschrift für betriebswirtschaftliche Forschung, 54. Jg., Heft 3, S. 173-180.

Bruns, Hans-Georg/Thuy, Michael G./Zeimes, Markus (2003): Die Bilanzierung von immateriellen Vermögenswerten des Anlagevermögens und Goodwill im Konzernabschluss

– Gemeinsamkeiten und Unterschiede der deutschen, US-amerikanischen und internationalen Rechnungslegung, in: Controlling, 15. Jg., Heft 3-4, S. 137-142.

Buchholz, Rainer (2010): Grundzüge des Jahresabschlusses nach HGB und IFRS, 6. Auflage, München.

Budde, Thomas (2005): Wertminderungstest nach IAS 36 – Komplexe Rechenwerke nicht nur für die Bewertung des Goodwill, in: Betriebs-Berater, 60. Jg., Heft 47, S. 2567-2573.

Burger, Anton/Buchhart, Anton (2001a): Integration des Rechnungswesens im Shareholder Value-Ansatz, in: Der Betrieb, 54. Jg., Heft 11, S. 549-554.

Burger, Anton/Buchhart, Anton (2001b): Der Cash Flow in einer integrierten Unternehmensrechnung, in: Die Wirtschaftsprüfung, 54. Jg., Heft 16, S. 801-809.

Bushman, Robert/Engel, Ellen/Smith, Abbie (2006): An Analysis of the Relation between the Stewardship and Valuation Roles of Earnings, in: Journal of Accounting Research, 44. Jg., Heft 1, S. 53-83.

Busse von Colbe, Walther (1996): Accounting and the Business Economics Tradition in Germany, in: European Accounting Review, 5. Jg., Heft 3, S. 413-434.

Busse von Colbe, Walther (2000): Rechnungslegungsziele und Ansätze zur internationalen Harmonisierung der Rechnungslegung deutscher Unternehmen, in: Ballwieser, Wolfgang (Hrsg.): US-amerikanische Rechnungslegung – Grundlagen und Vergleiche mit deutschem Recht, 4. Auflage, Stuttgart, S. 485-508.

Busse von Colbe, Walther (2002): Die deutsche Rechnungslegung vor einem Paradigmawechsel, in: Zeitschrift für betriebswirtschaftliche Forschung, 54. Jg., Heft 3, S. 159-172.

Busse von Colbe, Walther/Ordelheide, Dieter/Gebhardt, Günther/Pellens, Bernhard (2010): Konzernabschlüsse – Rechnungslegung nach betriebswirtschaftlichen Grundsätzen sowie nach Vorschriften des HGB und der IAS/IFRS, 9. Auflage, Wiesbaden.

Callahan, Carolyn M./Gabriel, E. Ann/Sainty, Barbara J. (2006): A Review and Classification of Experimental Economics Research in Accounting, in: Journal of Accounting Literature, 25. Jg., S. 59-126.

Carmona, Salvador/Gutiérrez, Isabel/Cámara, Macario (1999): A Profile of European Accounting Research – Evidence from Leading Research Journals, in: European Accounting Review, 8. Jg., Heft 3, S. 463-480.

Carmona, Salvador/Trombetta, Marco (2008): On the Global Acceptance of IAS/IFRS Accounting Standards – The Logic and Implications of the Principle-Based System, in: Journal of Accounting and Public Policy, 27. Jg., Heft 6, S. 455-461.

Castedello, Marc/Beyer, Sven (2009): Steuerung immaterieller Werte und IFRS, in: Betriebswirtschaftliche Forschung und Praxis, 61. Jg., Heft 2, S. 152-171.

Chan, Kam C./Chen, Carl R./Cheng, Louis T.W. (2006): A Ranking of Accounting Research Output in the European Region, in: Accounting and Business Research, 36. Jg., Heft 1, S. 3-17.

Chenhall, Robert H. (1997): Reliance on Manufacturing Performance Measures, Total Quality Management and Organizational Performance, in: Management Accounting Research, 8. Jg., Heft 2, S. 187-206.

Chenhall, Robert H. (2003): Management Control Systems Design within its Organizational Context – Findings from Contingeny-Based Research and Directions for the Future, in: Accounting, Organizations and Society, 28. Jg., Heft 2-3, S. 127-168.

Chmielewicz, Klaus (1994): Forschungskonzeptionen der Wirtschaftswissenschaft, 3. Auflage, Stuttgart.

Choudury, Nandan (1986): In Search of Relevance in Management Accounting Research, in: Accounting and Business Research, 17. Jg., Heft 65, S. 21-32

Christensen, John (2011): Good Analytical Research, in: European Accounting Review, 20. Jg., Heft 1, S. 41-51.

Christensen, John/Wagenhofer, Alfred (1997): Editorial – Special Section: German Cost Accounting Traditions, in: Management Accounting Research, 8. Jg., Heft 3, S. 255-259.

Chrubasik, Bodo/Janz, Jürgen (2007): Umstellung der Konzernrechnungslegung auf IFRS bei der VR LEASING AG – Gründe, Herausforderungen und Auswirkungen auf das Controlling, in: Zeitschrift für Controlling und Management, 51. Jg., Sonderheft 2, S. 56-63.

Chua, Wai Fong (1986): Radical Developments in Accounting Thought, in: The Accounting Review, 61. Jg., Heft 4, S. 601-632.

Chua, Wai Fong (2011): In Search of 'Successful' Accounting Research, in: European Accounting Review, 20. Jg., Heft 1, S. 27-39.

Chua, Wai Fong/Taylor, Stephen L. (2008): The Rise and Rise of IFRS – An Examination of IFRS Diffusion, in: Journal of Accounting and Public Policy, 27. Jg., Heft 6, S. 462-473.

Clapham, Stephen E./Schwenk, Charles R./Caldwell, Cam (2005): CEO Perceptions and Corporate Turnaround, in: Journal of Change Management, 5. Jg., Heft 4, S. 407-428.

Coenenberg, Adolf G. (1993): Rechnungswesen und Unternehmensrechnung, in: Wittmann, Waldemar/Kern, Werner/Köhler, Richard/Küpper, Hans-Ulrich/Wysocki, Klaus von (Hrsg.): Handwörterbuch der Betriebswirtschaft, Teilband 3, 5. Auflage, Stuttgart, Sp. 3677-3696.

Coenenberg, Adolf G. (1995): Einheitlichkeit oder Differenzierung von internem und externem Rechnungswesen – Die Anforderungen der internen Steuerung, in: Der Betrieb, 48. Jg., Heft 42, S. 2077-2083.

Coenenberg, Adolf G. (2005): International Financial Reporting Standards (IFRS) auch für den Mittelstand?, in: Die Betriebswirtschaft, 65. Jg., Heft 2, S. 109-113.

Coenenberg, Adolf G./Alvarez, Manuel (2002): Erfolgsrechnung, in: Küpper, Hans-Ulrich/ Wagenhofer, Alfred (Hrsg.): Handwörterbuch Unternehmensrechnung und Controlling, EdBWL, Band III, 4. Auflage, Stuttgart, Sp. 431-443.

Coenenberg, Adolf G./Deffner, Manuel/Schultze, Wolfgang (2005): Erfolgsspaltung im Rahmen der erfolgswirtschaftlichen Analyse von IFRS-Abschlüssen, in: Zeitschrift für internationale und kapitalmarktorientierte Rechnungslegung, 5. Jg., Heft 10, S. 435-443.

Coenenberg, Adolf G./Fischer, Thomas M./Günther, Thomas (2009): Kostenrechnung und Kostenanalyse, 7. Auflage, Stuttgart.

Coenenberg, Adolf G./Frank, Simon/Dinh Thi, Tami/Schabert, Bettina/Schultze, Wolfgang (2011): Auswirkungen der Rechnungslegungsumstellung von HGB auf IFRS auf zentrale Kennzahlen der Jahresabschlussanalyse, in: Zeitschrift für internationale und kapitalmarktorientierte Rechnungslegung, 11. Jg., Heft 3, S. 133-142.

Coenenberg, Adolf G./Haller, Axel/Mattner, Gerhard/Schultze, Wolfgang (2009): Einführung in das Rechnungswesen – Grundzüge der Buchführung und Bilanzierung, 3. Auflage, Stuttgart.

Coenenberg, Adolf G./Haller, Axel/Schultze, Wolfgang (2009): Jahresabschluss und Jahresabschlussanalyse – Betriebswirtschaftliche, handelsrechtliche, steuerrechtliche und internationale Grundsätze – HGB, IFRS, US-GAAP, 21. Auflage, Stuttgart.

Coenenberg, Adolf G./Mattner, Gerhard R. (2000): Segment- und Wertberichterstattung in der Jahresabschlussanalyse – das Beispiel Siemens, in: Betriebs-Berater, 55. Jg., Heft 36, S. 1827-1835.

Coenenberg, Adolf G./Schultze, Wolfang (2002): Unternehmensbewertung – Konzeptionen und Perspektiven, in: Die Betriebswirtschaft, 62. Jg., Heft 6, S. 597-621.

Coenenberg, Adolf G./Straub, Barbara (2008): Rechenschaft versus Entscheidungsunterstützung – Harmonie oder Disharmonie der Rechnungszwecke?, in: Zeitschrift für internationale und kapitalmarktorientierte Rechnungslegung, 8. Jg., Heft 1, S. 17-26.

Cooper, Harris M. (1982): Scientific Guidelines for Conducting Integrative Research Reviews, in: Review of Educational Research, 52. Jg., Heft 2, S. 291-302.

Cooper, Harris (1998): Synthesizing Research – A Guide for Literature Reviews, 3. Auflage, Thousand Oaks (CA).

Cottingham, Juliet/Hussey, Roger (2000): Publishing in Professional Accounting Journals – Academic Institutional Performance 1987-96, in: The British Accounting Review, 32. Jg., Heft 1, S. 101-114.

Covaleski, Mark A./Dirsmith, Mark W./Samuel, Sajay (1996): Managerial Accounting Research – The Contributions of Organizational and Sociological Theories, in: Journal of Management Accounting Research, 8. Jg., S. 1-35.

Crasselt, Nils/Schremper, Ralf (2001): Cash Flow Return on Investment und Cash Value Added, in: Die Betriebswirtschaft, 61. Jg., Heft 2, S. 271-274.

Currle, Michael/Fauth, Gunter/Wangenheim, Sascha von (1998): Internationalisierung und Integration des Rechnungswesens im debis Systemhaus, in: Controlling, 10. Jg., Heft 4, S. 252-259.

Czarniawska, Barbara (2011): Sucessful Research – In Whose Eyes?, in: European Accounting Review, 20. Jg., Heft 1, S. 53-55.

d'Arcy, Anne (2004): Aktuelle Entwicklungen in der Rechnungslegung und Auswirkungen auf das Controlling, in: Zeitschrift für Controlling und Management, 48. Jg., Sonderheft 2, S. 119-128.

D'Aveni, Richard A./MacMillan, Ian C. (1990): Crisis and the Content of Managerial Communications – A Study of the Focus of Attention of Top Managers in Surviving and Failing Firms, in: Administrative Science Quarterly, 35. Jg., Heft 4, S. 634-657.

Dais, Martin/Watterott, Richard (2006): Umstellung des externen und internen Rechnungswesens der Bosch-Gruppe auf IFRS – Harmonisierung und deren Grenzen, in: Controlling, 18. Jg., Heft 8-9, S. 465-473.

Damberger, Peter/Heyne, Dirk/Renner, Stefan (2002): Anforderungen an ein ganzheitliches Rechnungswesen, in: Kostenrechnungspraxis, 46. Jg., Sonderheft 1, S. 23-32.

Daske, Holger (2005): Internationale Rechnungslegung und Kapitalkosten – Zum Stand der empirischen Rechnungswesenforschung, in: Betriebswirtschaftliche Forschung und Praxis, 57. Jg., Heft 5, S. 455-473.

Dechow, Patricia M. (1994): Accounting Earnings and Cash Flows as Measures of Firm Performance – The Role of Accounting Accruals, in: Journal of Accounting and Economics, 18. Jg., Heft 1, S. 3-42.

Deephouse, David L. (1996): Does Isomorphism Legitimate?, in: Academy of Management Journal, 39. Jg., Heft 4, S. 1024-1039.

Deleker, Oliver (1997): Zur Möglichkeit einer Konzernführung auf Basis vereinheitlichter Steuerungsgrößen, in: Deutsches Steuerrecht, 35. Jg., Heft 16, S. 631-636.

Dellmann, Klaus (1999): Das Netzwerk-Cluster-Kostenmodell – ein allgemeines Modell der Kostenrechnung, in: Zeitschrift für betriebswirtschaftliche Forschung, 51. Jg., Heft 11, S. 1019-1041.

Demski, Joel S./Fellingham, John C./Ijiri, Yuji/Sunder, Shyam (2002): Some Thoughts on the Intellectual Foundations of Accounting, in: Accounting Horizons, 16. Jg., Heft 2, S. 157-168.

Demski, Joel S./Feltham, Gerald A. (1976): Cost Determination – A Conceptual Approach, Ames (IA).

Derfuß, Klaus (2009): The Relationship of Budgetary Participation and Reliance on Accounting Performance Measures with Individual-Level Consequent Variables – A Meta-Analysis, in: European Accounting Review, 18. Jg., Heft 2, S. 203-239.

Devalle, Alain/Onali, Enrico/Magarini, Riccardo (2010): Assessing the Value Relevance of Accounting Data after the Introduction of IFRS in Europe, in: Journal of International Financial Management and Accounting, 21. Jg., Heft 2, S. 85-119.

Dexheimer, Sigrid (2002): Gewinngliederungsgrundsätze im internationalen Vergleich – HGB, US-GAAP und IAS, in: Betriebs-Berater, 57. Jg., Heft 9, S. 451-457.

Diedrich, Ralf/Dierkes, Stefan (2003): Residualgewinnbasierte Steuerung von Profit Centern unter Berücksichtigung von Verbrauchsfolgefiktionen und außerplanmäßigen Wertkorrekturen, in: Fandel, Günter/Jost, Peter-J. (Hrsg.): Ökonomische Analyse von Governance-Strukturen, in: Zeitschrift für Betriebswirtschaft, 73. Jg., Ergänzungsheft 5/2003, S. 47-69.

Diekmann, Andreas (2009): Empirische Sozialforschung – Grundlagen, Methoden, Anwendungen, 20. Auflage, Reinbek.

Dierkes, Stefan/Kloock, Josef (1999): Integration von Investitionsrechnung und kalkulatorischer Erfolgsrechnung, in: Kostenrechnungspraxis, 43. Jg., Sonderheft 3, S. 119-132.

DiMaggio, Paul J. (1995): Comments on “What Theory is Not”, in: Administrative Science Quarterly, 40. Jg., Heft 3, S. 391-397.

DiMaggio, Paul J./Powell, Walter W. (1983): The Iron Cage Revisited – Institutional Isomorphism and Collective Rationality in Organizational Fields, in: American Sociological Review, 48. Jg., Heft 2, S. 147-160.

Dirrigl, Hans (1998): Wertorientierung und Konvergenz in der Unternehmensrechnung, in: Betriebswirtschaftliche Forschung und Praxis, 50. Jg., Heft 5, S. 540-579.

Dirrigl, Hans (2002): Erfolgspotenzialrechnung, in: Küpper, Hans-Ulrich/Wagenhofer, Alfred (Hrsg.): Handwörterbuch Unternehmensrechnung und Controlling, EdBWL, Band III, 4. Auflage, Stuttgart, Sp. 419-431.

Dirrigl, Hans (2004): Entwicklungsperspektiven unternehmenswert-orientierter Steuerungssysteme, in: Ballwieser, Wolfgang (Hrsg.): Shareholder Value-Orientierung bei Unternehmenssteuerung, Anreizgestaltung, Leistungsmessung und Rechnungslegung, in: Zeitschrift für betriebswirtschaftliche Forschung, 56. Jg., Sonderheft 51, S. 93-135.

Dobler, Michael (2008): Auswirkungen des Wechsels der Rechnungslegung von HGB zu IFRS auf die Gewinnsteuerung, in: Betriebswirtschaftliche Forschung und Praxis, 60. Jg., Heft 3, S. 259-275.

Dobler, Michael/Günther, Nina (2008): Stand der de facto-Konvergenz von IFRS und US-GAAP – Eine empirische Analyse der Überleitungsrechnungen nach Form 20-F von Unternehmen aus der Europäischen Union, in: Zeitschrift für betriebswirtschaftliche Forschung, 60. Jg., Heft 12, S. 809-845.

Dobler, Michael/Hettich, Silvia (2007): Geplante Änderungen der Rahmenkonzepte von IASB und FASB – Konzeption, Vergleich, Würdigung, in: Zeitschrift für internationale Rechnungslegung, 2. Jg., Heft 1, S. 29-36.

Dörfler, Oliver/Adrian, Gerrit (2009): Zur Umsetzung der HGB-Modernisierung durch das BilMoG – Steuerbilanzrechtliche Auswirkungen, in: Der Betrieb, 62. Jg., Beilage 5 zu Heft 23, S. 58-64.

Dressler, Sören/Müller, Kurt-Henrik (2001): Aufbau eines einheitlichen und integrierten Konzernsteuerungssystems bei hoher Diversität der europäischen Einzelabschlüsse, in: Controlling, 13. Jg., Heft 10, S. 503-508.

Duriau, Vincent J./Reger, Rhonda K./Pfarrer, Michael D. (2007): A Content Analysis of the Content Analysis Literature in Organization Studies – Research Themes, Data Sources, and Methodological Refinements, in: Organizational Research Methods, 10. Jg., Heft 1, S. 5-34.

Dusemond, Michael (1999): Die Konzernkostenrechnung als Instrument zur Unterstützung eines intern und extern ausgerichteten Konzenrechnungswesens, in: Der Betrieb, 52. Jg., Heft 49, S. 2477-2481.

Dyckman, Thomas (1989): Practice to Research – "What Have You Done for Me Lately?", in: Accounting Horizons, 3. Jg., Heft 1, S. 111-118.

Dyckman, Thomas R./Zeff, Stephen A. (1984): Two Decades of the Journal of Accounting Research, in: Journal of Accounting Research, 22. Jg., Heft 1, S. 225-297.

Egert, Stefan/Ossadnik, Wolfgang/Wagner, Robert (2008): Spartenorientiertes Management-Informationssystem im mittelständischen Unternehmen, in: Zeitschrift für Controlling und Management, 52. Jg., Heft 4, S. 239-244.

Eierle, Brigitte (2005a): Differential Reporting in Germany – A Historical Analysis, in: Accounting, Business and Financial History, 15. Jg., Heft 3, S. 279-315.

Eierle, Brigitte (2005b): Differential Reporting, in: Die Betriebswirtschaft, 65. Jg., Heft 6, S. 647-652.

Eierle, Brigitte/Schultze, Wolfgang/Bischof, Bettina/Thiericke, Sandra (2008): Eignung der IFRS für Controllingzwecke – Ergebnisse einer empirischen Befragung nicht kapitalmarktorientierter Unternehmen, in: Controlling, 20. Jg., Heft 6, S. 289-298.

Eisele, Wolfgang (2002a): Technik des betrieblichen Rechnungswesens – Buchführung und Bilanzierung, Kosten- und Leistungsrechnung, Sonderbilanzen, 7. Auflage, München.

Eisele, Wolfgang (2002b): Buchhaltung, in: Küpper, Hans-Ulrich/Wagenhofer, Alfred (Hrsg.): Handwörterbuch Unternehmensrechnung und Controlling, EdBWL, Band III, 4. Auflage, Stuttgart, Sp. 219-231.

Eitzen, Bernd von/Moog, Tim/Pyschny, Hermann (2010): Forschungs- und Entwicklungskosten nach dem Bilanzrechtsmodernisierungsgesetz (BilMoG) unter Berücksichtigung des IAS 38, in: Zeitschrift für internationale und kapitalmarktorientierte Rechnungslegung, 10. Jg., Heft 7-8, S. 357-361.

Erdmann, Mark-Ken/Bourhis, Jean-Marie/Pascaud, Vincent (2005): Implementierung eines integrierten web-basierten Reportings im Bertelsmann Konzern, in: Controlling, 17. Jg., Heft 12, S. 735-743.

Erdmann, Mark-Ken/Meyer, Ulf/Iserte, Vanessa (2006a): Effizientes und effektives Intercompany Management für externes und internes Reporting, in: Controlling, 18. Jg., Heft 10, S. 535-543.

Erdmann, Mark-Ken/Wünsch, Martin/Meyer, Ulf (2006b): Auswirkungen ausgewählter IFRS-Änderungen auf die Unternehmenssteuerung (Teil 1), in: Zeitschrift für internationale und kapitalmarktorientierte Rechnungslegung, 6. Jg., Heft 5, S. 332-341.

Erdmann, Mark-Ken/Wünsch, Martin/Meyer Ulf (2006c): Auswirkungen ausgewählter IFRS-Änderungen auf die Unternehmenssteuerung (Teil 2), in: Zeitschrift für internationale und kapitalmarktorientierte Rechnungslegung, 6. Jg., Heft 6, S. 385-395.

Erdmann, Mark-Ken/Zülch, Henning (2007): Wertorientierte Unternehmenssteuerung auf Basis von IFRS – Eine „dynamische" Herausforderung, in: Zeitschrift für Controlling und Management, 51. Jg., Heft 6, S. 407-411.

Ernst, Edgar (2002): Internationale Harmonisierung der Rechnungslegung und ihre Fortentwicklung – Anforderungen an börsennotierte Großkonzerne in Deutschland, in: Zeitschrift für betriebswirtschaftliche Forschung, 54. Jg., Heft 3, S. 181-190.

Esch, Dagmar/Ganczarski, Wojciech/Gohr, Volker/Padberg, Jürgen (2008): Serviceorientierte Strukturen zur Unterstützung des integrierten Konzernrechnungswesens, in: Zeitschrift für Controlling und Management, 52. Jg., Sonderheft 2, S. 92-99.

Esser, Klaus (2000): Wertorientierte Unternehmensführung bei Mannesmann, in: Zeitschrift für betriebswirtschaftliche Forschung, 52. Jg., Heft 3, S. 176-187.

Ewert, Ralf (2006): Fair Values und deren Verwendung im Controlling, in: Wagenhofer, Alfred (Hrsg.): Controlling und IFRS-Rechnungslegung – Konzepte, Schnittstellen, Umsetzung, Berlin, S. 21-47.

Ewert, Ralf/Wagenhofer, Alfred (2007): Management Accounting Theory and Practice in German-Speaking Countries, in: Chapman, Christopher S./Hopwood, Anthony G./Shields, Michael D. (Hrsg.): Handbook of Management Accounting Research, Vol. 2, Amsterdam et al., S. 1035-1069.

Ewert, Ralf/Wagenhofer, Alfred (2008): Interne Unternehmensrechnung, 7. Auflage, Berlin/Heidelberg.

Faupel, Christian/Gerenkamp, Thorsten/Schneider, Georg (2010): Die Auswirkungen des BilMoG auf die wertorientierte Unternehmensführung auf Basis des EVA, in: Controlling, 22. Jg., Heft 12, S. 705-709.

Fey, Gerd/Mujkanovic, Robin (1999): Segmentberichterstattung im internationalen Umfeld – Analyse der aktuellen FASB- und IASC-Bestimmungen, in: Die Betriebswirtschaft, 59. Jg., Heft 2, S. 261-275.

Fiedler, Marina/Welpe, Isabell M./Lindlbauer, Kathrin/Sattler, Kathrin (2008): Denn wer hat, dem wird gegeben – Publikationsproduktivität des BWL-Hochschullehrernachwuchses und deren wissenschaftlicher Betreuer, in: Zeitschrift für Betriebswirtschaft, 78. Jg., Heft 5, S. 477-508.

Fiedler, Marina/Welpe, Isabell/Picot, Arnold (2006): Terra Incognita – Forschungsleistungen und Qualifizierungswege des deutschsprachigen Hochschullehrernachwuchses für Betriebswirtschaftslehre, in: Die Betriebswirtschaft, 66. Jg., Heft 4, S. 464-486.

Fischer, Thomas M./Becker, Sabrina/Gerke, Sebastian (2003): Benchmarking, in: Die Betriebswirtschaft, 63. Jg., Heft 6, S. 684-701.

Fischer, Thomas M./Ihme, Lars (2010): Überleitungsrechnung von internem Ergebnisbeitrag für zinsabhängige Geschäfte in deutschen Kreditinstituten auf die IFRS-basierte Performance, in: Zeitschrift für internationale und kapitalmarktorientierte Rechnungslegung, 10. Jg., Heft 12, S. 621-630.

Fischer, Thomas M./Klein, Georg A. (1995): Einsatz der Prozeßkostenrechnung zur Ermittlung bilanzieller Herstellungskosten, in: Zeitschrift für Betriebswirtschaft, 65. Jg., Heft 11, S. 1255-1283.

Fischer, Thomas M./Klöpfer, Elisabeth (2006): Bilanzpolitik nach IFRS – Sind die IFRS objektiver als das HGB?, in: Zeitschrift für internationale und kapitalmarktorientierte Rechnungslegung, 6. Jg., Heft 12, S. 709-719.

Fisher, Joseph G. (1998): Contingency Theory, Management Control Systems and Firm Outcomes – Past Results and Future Directions, in: Behavioral Research in Accounting, 10. Jg., Supplement, S. 47-64.

Förschle, Gerhart (2010): § 275 – Gliederung, in: Ellrott, Helmuth/Förschle, Gerhard/ Kozikowski, Michael/Winkeljohann, Norbert (Hrsg.): Beck'scher Bilanzkommentar Handels- und Steuerbilanz, 7. Auflage, München.

Foster, George/Young, S. Mark (1997): Frontiers of Management Accounting Research, in: Journal of Management Accounting Research, 9. Jg., S. 63-77.

Franke, Nikolaus/Speckbacher, Gerhard (2011): Übergabe der Herausgeberschaft des JfB, in: Journal für Betriebswirtschaft, 61. Jg., Heft 1, S. 1-2.

Franz, Klaus-Peter (2003): Verbundbeziehungen und Komplexität im internationalen Konzern, in: Franz, Klaus-Peter/Hieronimus, Albert (Hrsg.): Kostenrechnung im international vernetzten Konzern, in: Zeitschrift für betriebswirtschaftliche Forschung, 55. Jg., Sonderheft 49, S. 1-12.

Franz, Klaus-Peter/Winkler, Carsten (2006): IFRS und wertorientiertes Controlling, in: Controlling, 18. Jg., Heft 8-9, S. 417-423.

Friedl, Gunther/Frömberg, Kerstin/Hammer, Carola/Küpper, Hans-Ulrich/Pedell, Burkhard (2009): Stand und Perspektiven der Kostenrechnung in deutschen Großunternehmen, in: Zeitschrift für Controlling und Management, 53. Jg., Heft 2, S. 111-116.

Friedl, Gunther/Hammer, Carola/Pedell, Burkhard/Küpper, Hans-Ulrich (2009): How Do German Companies Run Their Cost Accounting Systems?, in: Management Accounting Quarterly, 10. Jg., Heft 2, S. 38-52.

Früh, Werner (2007): Inhaltsanalyse – Theorie und Praxis, 6. Auflage, Konstanz.

Fülbier, Rolf Uwe/Gassen, Joachim/Sellhorn, Thorsten (2008): Vorsichtige Rechnungslegung – Theoretische Erklärung und empirische Evidenz, in: Zeitschrift für Betriebswirtschaft, 78. Jg., Heft 12, S. 1317-1342.

Fülbier, Rolf Uwe/Hirsch, Bernhard/Meyer, Matthias (2006): Wirtschaftsprüfung und Controlling – Verstärkte Zusammenarbeit zwischen zwei zentralen Institutionen des Rechnungswesens, in: Zeitschrift für Controlling und Management, 50. Jg., Heft 4, S. 234-241.

Fülbier, Rolf Uwe/Hitz, Jörg-Markus/Sellhorn, Thorsten (2009): Relevance of Academic Research and Researchers' Role in the IASB's Financial Reporting Standard Setting, in: Abacus, 45. Jg., Heft 4, S. 455-492.

Fülbier, Rolf Uwe/Weller, Manuel (2008): Normative Rechnungslegungsforschung im Abseits? – Einige wissenschaftstheoretische Anmerkungen, in: Journal for General Philosophy of Science, 39. Jg., Heft 2, S. 351-382.

Fülbier, Rolf Uwe/Weller, Manuel (2011): A Glance at German Financial Accounting Research between 1950 and 2005 – A Publication and Citation Analysis, in: Schmalenbach Business Review, 63. Jg., Heft 1, S. 2-33.

Gaber, Christian (2004): Bilanzpolitik, Motivation und Agency-Kosten, in: Zeitschrift für Betriebswirtschaft, 74. Jg., Heft 4, S. 339-358.

Gaber, Christian (2005): Der Erfolgsausweis im Wettstreit zwischen Prognosefähigkeit und Kongruenz, in: Betriebswirtschaftliche Forschung und Praxis, 57. Jg., Heft 3, S. 279-295.

Gassen, Joachim (2008): Are Stewardship and Valuation Usefulness Compatible or Alternative Objectives of Financial Accounting?, Working Paper, Humboldt-Universität zu Berlin.

Gassen, Joachim/Fülbier, Rolf Uwe/Sellhorn, Thorsten (2006): International Differences in Conditional Conservatism – The Role of Unconditional Conservatism and Income Smoothing, in: European Accounting Review, 15. Jg., Heft 4, S. 527-564.

Gassen, Joachim/Schwedler, Kristina (2010): The Decision Usefulness of Financial Accounting Measurement Concepts – Evidence from on Online Survey of Professional Investors and Their Advisors, in: European Accounting Review, 19. Jg., Heft 3, S. 495-509.

Gassen, Joachim/Sellhorn, Thorsten (2006): Applying IFRS in Germany – Determinants and Consequences, in: Betriebswirtschaftliche Forschung und Praxis, 58. Jg., Heft 4, S. 365-386.

Gebhardt, Günther/Mansch, Helmut (Hrsg.) (2005): Wertorientierte Unternehmenssteuerung in Theorie und Praxis, in: Zeitschrift für betriebswirtschaftliche Forschung, 57. Jg., Sonderheft 53.

Gerdin, Jonas (2005): Management Accounting System Design in Manufacturing Departments – An Empirical Investigation Using a Multiple Contingencies Approach, in: Accounting, Organizations and Society, 30. Jg., Heft 2, S. 99-126.

Gerdin, Jonas/Greve, Jan (2004): Forms of Contingency Fit in Management Accounting Research – A Critical Review, in: Accounting, Organizations and Society, 29. Jg., Heft 3-4, S. 303-326.

Gjesdal, Frøystein (1981): Accounting for Stewardship, in: Journal of Accounting Research, 19. Jg., Heft 1, S. 208-231.

Gläser, Jochen/Laudel, Grit (2010): Experteninterviews und qualitative Inhaltsanalyse, 4. Auflage, Wiesbaden.

Glaum, Martin (2000): Bridging the GAAP – the Changing Attitude of German Managers towards Anglo-American Accounting and Accounting Harmonization, in: Journal of International Financial Management and Accounting, 11. Jg., Heft 1, S. 23-47.

Glaum, Martin/Mandler, Udo (1996): Global Accounting Harmonization from a German Perspective – Bridging the GAAP, in: Journal of International Financial Management and Accounting, 7. Jg., Heft 3, S. 215-242.

Glaum, Martin/Vogel, Silvia (2004): Bilanzierung von Unternehmenszusammenschlüssen nach IFRS 3, in: Zeitschrift für Controlling und Management, 48. Jg., Sonderheft 2, S. 43-54.

Gleich, Ronald/Sasse, Alexander/Gräf, Jens/Kogler, Sabine (2002): Corporate Reporting – Empirische Erkenntnisse und Impulse zur Performancesteigerung, in: Controlling, 14. Jg., Heft 6, S. 337-345.

Gmür, Markus (2002): Betriebswirtschaftliche Organisationsforschung zwischen Ökonomie und Sozialwissenschaft – Der Einfluss deutsch- und englischsprachiger Fachzeitschriften auf die Organisationsforschung in Deutschland 1990 – 1999, in: Die Betriebswirtschaft, 62. Jg., Heft 5, S. 533-546.

Gödde, Dominika (2010): Integration von Goodwill-Bilanzierung und wertorientierter Unternehmenssteuerung – Empirische Analyse der Einflussfaktoren und Performance-Auswirkungen, zugl. Dissertation Universität zu Köln, 2009.

Goncharov, Igor/Zimmermann, Jochen (2007): Do Accounting Standards Influence the Level of Earnings Management? – Evidence from Germany, in: Die Unternehmung, 61. Jg., Heft 5, S. 371-388.

Gong, Maleen Z./Tse, Michael C. (2009): Pick, Mix or Match? – A Discussion of Theories for Management Accounting Research, in: Journal of Accounting – Business and Management, 16. Jg., Heft 2, S. 54-66.

Gordon, Lawrence A./Silvester, Katherine J. (1999): Stock Market Reactions to Activity-Based Costing Adoption, in: Journal of Accounting and Public Policy, 18. Jg., Heft 3, S. 229-251.

Götze, Uwe (2010): Kostenrechnung und Kostenmanagement, 5. Auflage, Berlin et al.

Grabski, Severin V./Leech, Stewart A./Schmidt, Pamela J. (2011): A Review of ERP Research – A Future Agenda for Accounting Information Systems, in: Journal of Information Systems, 25. Jg., Heft 1, S. 37-78.

Grafton, Jennifer/Lillis, Anne M./Widener, Sally K. (2010): The Role of Performance Measurement and Evaluation in Building Organizational Capabilities and Performance, in: Accounting, Organizations and Society, 35. Jg., Heft 7, S. 689-706.

Granlund, Markus/Lukka, Kari (1998): It's a Small World of Management Accounting Practices, in: Journal of Management Accounting Research, 10. Jg., S. 153-179.

Granlund, Markus/Malmi, Teemu (2002): Moderate Impact of ERPS on Management Accounting – A Lag or Permanent Outcome?, in: Management Accounting Research, 13. Jg., Heft 3, S. 299-321.

Gray, Sidney J./Linthicum, Cheryl L./Street, Donna L. (2009): Have 'European' and US GAAP Measures of Income and Equity Converged under IFRS? – Evidence from European Companies Listed in the US, in: Accounting and Business Research, 39. Jg., Heft 5, S. 431-447.

Grochla, Erwin (1976): Praxeologische Organisationstheorie durch sachliche und methodische Integration, in: Zeitschrift für betriebswirtschaftliche Forschung, 28. Jg., Heft 10-11, S. 617-637.

Gronewold, Ulfert/Sellhorn, Thorsten (2009): Pro Forma Earnings, in: Die Betriebswirtschaft, 69. Jg., Heft 1, S. 107-111.

Gros, Marius (2010): Rechnungslegung in Deutschland und den USA – Implikationen für eine zweckadäquate Fortentwicklung der deutschen Rechnungslegungskonzeption, Wiesbaden, zugl. Dissertation Goethe-Universität, Frankfurt am Main 2010.

Große, Jan-Velten (2011): IFRS 13 „Fair Value Measurement" – Was sich (nicht) ändert, in: Zeitschrift für internationale und kapitalmarktorientierte Rechnungslegung, 11. Jg., Heft 6, S. 286-296.

Grottke, Markus (2009): Kritik an der Kapitalerhaltung und synoptische Darstellung des aktuellen Stands der Reformvorschläge – Gläubigerschutz durch Ausschüttungsbemessung I, in: Zeitschrift für internationale und kapitalmarktorientierte Rechnungslegung, 9. Jg., Heft 5, S. 261-266.

Grottke, Markus/Krammer, Stefan (2008): Was bringt der management approach des IFRS 8 den Jahresabschlussadressaten? – Eine kritische Analyse, in: Zeitschrift für internationale und kapitalmarktorientierte Rechnungslegung, 8. Jg., Heft 11, S. 670-679.

Grünert, Lars/Laws, Ronald (2005): Wertorientierte Unternehmenssteuerung bei Trumpf – mit SAP EC-CS und Web-basiertem Finanzberichtswesen in SAP BW, in: Controlling, 17. Jg., Heft 11, S. 653-662.

Grüning, Michael (2010): Unternehmenspublizität – Grundlagen und Optimierungsansätze, in: Controlling, 22. Jg., Heft 10, S. 523-530.

Gul, Ferdinand/Chia, Yew (1994): The Effects of Management Accounting Systems, Perceived Environmental Uncertainty and Decentralization on Managerial Performance – A Test of a Three-Way Interaction, in: Accounting, Organizations and Society, 19. Jg., Heft 4-5, S. 413-426.

Günther, Thomas/Landrock, Bert/Muche, Thomas (2000a): Gewinn- versus unternehmenswertbasierte Performancemaße – Eine empirische Untersuchung auf Basis der Korrelation von Kapitalmarktrenditen. Teil I: Grundlagen und Design der Studie, in: Controlling, 12. Jg., Heft 2, S. 69-76.

Günther, Thomas/Landrock, Bert/Muche, Thomas (2000b): Gewinn- versus unternehmenswertbasierte Performancemaße – Eine empirische Untersuchung auf Basis der Korrelation von Kapitalmarktrenditen. Teil II: Datenaufbereitung, Ergebnisse und Schlussfolgerungen, in: Controlling, 12. Jg., Heft 3, S. 129-134.

Günther, Thomas/Zurwehme, Annikka (2008): Harmonisierung des Rechnungswesens – Stellschrauben, Informationswirkung und Nutzenbewertung, in: Betriebswirtschaftliche Forschung und Praxis, 60. Jg., Heft 2, S. 101-121.

Guthrie, James/Petty, Richard/Yongvanich, Kittiya/Ricceri, Frederica (2004): Using Content Analysis as a Research Method to Inquire into Intellectual Capital Reporting, in: Journal of Intellectual Capital, 5. Jg., Heft 2, S. 282-293.

Haaker, Andreas (2005): IFRS und wertorientiertes Controlling – Geprüfte bereichsbezogene Unternehmenswerte als „Service" der IFRS für die wertorientierte Unternehmenssteuerung, in: Zeitschrift für internationale und kapitalmarktorientierte Rechnungslegung, 5. Jg., Heft 9, S. 351-357.

Haaker, Andreas (2006a): Der Value in Use einer Cash Generating Unit als adäquate Basis einer wertorientierten Bereichssteuerung, in: Zeitschrift für internationale und kapitalmarktorientierte Rechnungslegung, 6. Jg., Heft 1, S. 44-47.

Haaker, Andreas (2006b): Da capo: Zur Eignung des value in use einer cash generating unit gemäß IAS 36 als Basis einer wertorientierten Bereichssteuerung, in: Zeitschrift für internationale und kapitalmarktorientierte Rechnungslegung, 6. Jg., Heft 11, S. 687-695.

Haaker, Andreas (2007): Wertorientierte Kontrolle und Abweichungsanalyse auf Basis des Goodwill-Impairment-Tests nach IFRS, in: Zeitschrift für Planung und Unternehmenssteuerung, 18. Jg., Heft 1, S. 83-108.

Haaker, Andreas (2008): Potential der Goodwill-Bilanzierung nach IFRS für eine Konvergenz im wertorientierten Rechnungswesen – Eine messtheoretische Analyse, Wiesbaden, zugl. Dissertation Universität Göttingen, 2007.

Haaker, Andreas (2009a): Rechnungswesenorientiertes Controlling – Messtheoretischer Analyserahmen und „neue" Aufgabenfelder im Zusammenhang mit der IFRS-Bilanzierung, in: Zeitschrift für internationale und kapitalmarktorientierte Rechnungslegung, 9. Jg., Heft 7-8, S. 432-440.

Haaker, Andreas (2009b): Wertbeitragsmessung und wertorientierte Abweichungsanalyse auf Geschäftsbereichsebene, in: Controlling, 21. Jg., Heft 12, S. 690-696.

Hachmeister, Dirk (1997a): Der Cash Flow Return on Investment als Erfolgsgröße einer wertorientierten Unternehmensführung, in: Zeitschrift für betriebswirtschaftliche Forschung, 49. Jg., Heft 6, S. 556-579.

Hachmeister, Dirk (1997b): Shareholder Value, in: Die Betriebswirtschaft, 57. Jg., Heft 6, S. 823-839.

Hachmeister, Dirk (2003): Das Controlling als Objekt der handelsrechtlichen Abschlussprüfung, in: Zeitschrift für Planung und Unternehmenssteuerung, 14. Jg., Heft 4, S. 437-456.

Hachmeister, Dirk (2006): Auswirkungen der Goodwill-Bilanzierung auf das Controlling, in: Controlling, 18. Jg., Heft 8-9, S. 425-432.

Hachmeister, Dirk (2010): BilMoG: Ausgewählte Fragen und Einfluss auf den Controller, in: Zeitschrift für Controlling und Management, 54. Jg., Sonderheft 3, S. 1.

Haeger, Bernd (2006): Harmonisierung von Rechnungswesen und Controlling bei E.ON, in: Wagenhofer, Alfred (Hrsg.): Controlling und IFRS-Rechnungslegung – Konzepte, Schnittstellen, Umsetzung, Berlin, S. 243-266.

Hahn, Klaus (1999): Beteiligungscontrolling auf Basis von US-GAAP und IAS, in: Kostenrechnungspraxis, 43. Jg., Sonderheft 3, S. 79-86.

Hahn, Dietger/Hungenberg, Harald (2001): PuK – Planung und Kontrolle, Planungs- und Kontrollsysteme, Planungs- und Kontrollrechnung, Wertorientierte Controllingkonzepte, 6. Auflage, Wiesbaden.

Hahn, Dietgar/Nicklas, Michael (1999): PuK eines einheitlichen periodischen Rechnungswesens und nach US-GAAP, in: Controlling, 11. Jg., Heft 2, S. 67-74.

Haller, Axel (1990): Die „Generally Accepted Accounting Principles" – Die Normen der externen Rechnungslegung in den USA, in: Zeitschrift für betriebswirtschaftliche Forschung, 42. Jg., Heft 9, S. 751-777.

Haller, Axel (1997): Zur Eignung der US-GAAP für Zwecke des internen Rechnungswesens, in: Controlling, 9. Jg., Heft 4, S. 270-276.

Haller, Axel (2006): Segmentberichterstattung – Schnittstelle zwischen Controlling und Rechnungslegung, in: Wagenhofer, Alfred (Hrsg.): Controlling und IFRS-Rechnungslegung – Konzepte, Schnittstellen, Umsetzung, Berlin, S. 143-168.

Haller, Axel/Eierle, Brigitte (2004): The Adaptation of German Accounting Rules to IFRS: A Legislative Balancing Act, in: Accounting in Europe, 1. Jg., S. 27-50.

Haller, Axel/Ernstberger, Jürgen/Buchhauser, Anita (2008): Performance Reporting nach International Financial Reporting Standards – Empirische Untersuchung der Unternehmen des HDAX, in: Zeitschrift für internationale und kapitalmarktorientierte Unternehmen, 8. Jg., Heft 5, S. 314-325.

Haller, Axel/Park, Peter (1994): Grundsätze ordnungsmäßiger Segmentberichterstattung, in: Zeitschrift für betriebswirtschaftliche Forschung, 46. Jg., Heft 6, S. 499-524.

Haller, Axel/Park, Peter (1999): Segmentberichterstattung auf Basis des „Management Approach" – Inhalt und Konsequenzen, in: Kostenrechnungspraxis, 43. Jg., Sonderheft 3, S. 59-66.

Haring, Nikolai/Prantner, Renate (2005): Konvergenz des Rechnungswesens – State-of-the-Art in Deutschland und Österreich, in: Controlling, 17. Jg., Heft 3, S. 147-154.

Harris, Trevor S./Lang, Mark/Möller, Hans Peter (1994): The Value Relevance of German Accounting Measures – An Empirical Analysis, in: Journal of Accounting Research, 32. Jg., Heft 2, S. 187-209.

Hartmann, Imke/Schiereck, Dirk (2002): Auslandsnotierungen am Deutschen Markt, in: Die Betriebswirtschaft, 62. Jg., Heft 4, S. 427-443.

Harwood, Tracy G./Garry, Tony (2003): An Overview of Content Analysis, in: The Marketing Review, 3. Jg., Heft 4, S. 479-498.

Hasenburg, Christof/Hausen, Raphael (2009): Zur Umsetzung der HGB-Modernisierung durch das BilMoG – Bilanzierung von Altersversorgungsverpflichtungen (insbesondere aus Pensionszusagen) und der vergleichbaren langfristig fälligen Verpflichtungen unter Einbeziehung der Verrechnung mit Planvermögen, in: Der Betrieb, 62. Jg., Beilage 5 zu Heft 23, S. 38-46.

Hasselmeyer, Albert/Reichertz, Ruth/Dohrn, Matthias (2005): Anforderungen an die Konzernrechnungslegung multinationaler Unternehmen am Beispiel der BASF, in: Betriebswirtschaftliche Forschung und Praxis, 57. Jg., Heft 5, S. 440-454.

Hax, Herbert (2002): Integration externer und interner Unternehmensrechnung, in: Küpper, Hans-Ulrich/Wagenhofer, Alfred (Hrsg.): Handwörterbuch Unternehmensrechnung und Controlling, EdBWL, Band III, 4. Auflage, Stuttgart, Sp. 758-767.

Hayn, Sven (2005): Entwicklungstendenzen im Rahmen der Anwendung von IFRS in der Konzernrechnungslegung, in: Betriebswirtschaftliche Forschung und Praxis, 57. Jg., Heft 5, S. 424-439.

Hayn, Sven/Waldersee, Georg Graf (2008): IFRS/HGB/HGB-BilMoG im Vergleich – Synoptische Darstellung mit Bilanzrechtsmodernisierungsgesetz, 7. Auflage, Stuttgart.

Hebeler, Christian (2003): Harmonisierung des internen und externen Rechnungswesens – US-amerikanische Accounting-Systeme als konzeptionelle Grundlage für deutsche Unternehmen?, Wiesbaden, zugl. Dissertation Technische Universität Darmstadt, 2002.

Hebeler, Christian (2006): Integration von internem und externem Rechnungswesen bei Henkel – Eine ex-post Analyse, in: Zeitschrift für Controlling und Management, 50. Jg., Sonderheft 2, S. 4-13.

Heck, Jean L./Bremser, Wayne G. (1986): Six Decades of The Accounting Review – A Summary of Author and Institutional Contributors, in: The Accounting Review, 61. Jg., Heft 4, S. 735-744.

Heine, Bernd-Oliver/Meyer, Matthias/Strangfeld, Oliver (2007): Das Konzept der stilisierten Fakten zur Messung und Bewertung wissenschaftlichen Fortschritts, in: Die Betriebswirtschaft, 67. Jg., Heft 5, S. 583-601.

Hemmer, Thomas/Labro, Eva (2008): On the Optimal Relation between the Properties of Managerial and Financial Reporting Systems, in: Journal of Accounting Research, 46. Jg., Heft 5, S. 1209-1240.

Henning-Thurau, Thorsten/Walsh, Gianfranco/Schrader, Ulf (2004): VHB-JOURQUAL – Ein Ranking von betriebswirtschaftlich-relevanten Zeitschriften auf der Grundlage von Expertenurteilen, in: Zeitschrift für betriebswirtschaftliche Forschung, 56. Jg., Heft 9, S. 520-545.

Hennrichs, Joachim (2008): IFRS – Eignung für Ausschüttungszwecke?, in: Betriebswirtschaftliche Forschung und Praxis, 60. Jg., Heft 5, S. 415-432.

Henri, Jean-François (2007): A Quantitative Assessment of the Reporting of Structual Equation Modeling Information – The Case of Management Accounting Research, in: Journal of Accounting Literature, 26. Jg., S. 76-115.

Henselmann, Klaus (2001): Economic Value Added – Königsweg zur Integration des Rechnungswesens?, in: Zeitschrift für Planung, 12. Jg., Heft 2, S. 159-186.

Henselmann, Klaus (2005): Value Reporting und Konkurrenzanalyse, in: Betriebswirtschaftliche Forschung und Praxis, 57. Jg., Heft 3, S. 296-305.

Herzig, Norbert/Gelrich, Kai M./Jensen-Nissen, Lars (2004): IAS/IFRS und steuerliche Gewinnermittlung, in: Betriebswirtschaftliche Forschung und Praxis, 56. Jg., Heft 4, S. 550-577.

Herzig, Norbert/Lochmann, Uwe (2006): Rückwirkung der Internationalisierung der handelsrechtlichen Rechnungslegung auf die steuerliche Gewinnermittlung, in: Krawitz, Norbert (Hrsg.): Rechnungslegung nach internationalen Grundsätzen, in: Zeitschrift für Betriebswirtschaft, 76. Jg., Special Issue 6, S. 139-166.

Hesford, James W./Lee, Sung-Ham (Sam)/Van der Stede, Wim A./Young, S. Mark (2007): Management Accounting – A Bibliographic Study, in: Chapman, Christopher S./Hopwood, Anthony G./Shields, Michael D. (Hrsg.): Handbook of Management Accounting Research, Vol. 1, Amsterdam et al., S. 3-26.

Hess, Thomas/Weber, Jürgen/Hirnle, Christoph/Hirsch, Bernhard/Strangfeld, Oliver (2005): Themenschwerpunkte und Tendenzen in der deutschsprachigen Controllingforschung – Eine empirische Analyse, in: Weber, Jürgen/Meyer, Matthias (Hrsg.): Internationalisierung des Controllings – Standortbestimmung und Optionen, Wiesbaden, S. 29-48.

Hettich, Silvia (2006): Zweckadäquate Gewinnermittlungsregeln, Frankfurt am Main, zugl. Dissertation Universität München, 2006.

Heyd, Reinhard (2001a): Zur Harmonisierung von internem und externem Rechnungswesen nach US-GAAP – Die Sichtweise deutscher Konzernunternehmen, in: Der Schweizer Treuhänder, 75. Jg., Heft 3, S. 201-214.

Heyd, Reinhard (2001b): Internationale Rechnungslegungsnormen in Deutschland – erschwert das Maßgeblichkeitsprinzip ihre Anwendung?, in: Zeitschrift für Betriebswirtschaft, 71. Jg., Heft 4, S. 371-392.

Himmel, Holger (2004): Konvergenz von interner und externer Unternehmensrechnung am Beispiel der Segmentberichterstattung, Aachen, zugl. Dissertation Universität Bayreuth 2003.

Hirsch, Bernhard (2007): Controlling und Entscheidungen – Zur verhaltenswissenschaftlichen Fundierung des Controllings, Tübingen.

Hirsch, Bernhard/Hammer, Dominik/Mäder, Olaf B./Kauerhoff, Markus (2009): Wirtschaftsprüfung und Controlling – Ausgestaltung der institutionellen Zusammenarbeit, in: Controlling, 21. Jg., Heft 1, S. 39-47.

Hirsch, Bernhard/Schneider, Yvonne (2010): Erklärungs- und Gestaltungsbeiträge verhaltenswissenschaftlicher Theorien für eine integrierte Rechnungslegung, in: Zeitschrift für Planung und Unternehmenssteuerung, 21. Jg., Heft 1, S. 7-35.

Hitz, Jörg-Markus (2006): Fair Value in der Rechnungslegung, in: Die Betriebswirtschaft, 66. Jg., Heft 1, S. 109-113.

Hitz, Jörg-Markus (2007): The Decision Usefulness of Fair Value Accounting – A Theoretical Perspective, in: European Accounting Review, 16. Jg., Heft 2, S. 323-362.

Hitz, Jörg-Markus (2010): Information versus adverse Anlegerbeeinflussung – Befund und Implikationen der empirischen Rechnungswesenforschung zur Publizität von Pro-forma-Ergebnissen, in: Journal für Betriebswirtschaft, 60. Jg., Heft 2, S. 127-161.

Hitz, Jörg-Markus/Jenniges, Verena (2008): Publizität von Pro-forma-Ergebnisgrößen am deutschen Kapitalmarkt, in: Zeitschrift für internationale und kapitalmarktorientierte Rechnungslegung, 8. Jg., Heft 4, S. 236-245.

Hoffjan, Andreas (2003): Das Rollenbild des Controllers in Werbeanzeigen, in: Zeitschrift für Betriebswirtschaft, 73. Jg., Heft 10, S. 1025-1050.

Hoffjan, Andreas (2008): Comparative Management Accounting – Vergleich des angloamerikanischen Management Accounting und des deutschen Controllings, in: Controlling, 20. Jg., Heft 12, S. 651-657.

Hoffjan, Andreas (2009): Internationales Controlling, Stuttgart.

Hoffjan, Andreas/Kolburg, Anja/Ufer, Heinz-Werner (2010): Controllingeffizienz in der Praxis – Effizienzverständnis, Einflussfaktoren, Maßnahmen, in: Zeitschrift für Controlling und Management, 54. Jg., Heft 2, S. 96-101.

Hoffjan, Andreas/Nevries, Pascal (2006): Marketingwirkungen von Börsengängen, in: Betriebswirtschaftliche Forschung und Praxis, 58. Jg., Heft 5, S. 429-441.

Hoffjan, Andreas/Trapp, Rouven (2008): Implikationen der internationalen Rechnungslegung für das Controlling – Folgen am Beispiel der Segmentberichterstattung nach IFRS 8, in: Buchführung, Bilanzierung, Kostenrechnung, o. Jg., Heft 19, S. 1021-1030.

Hoffjan, Andreas/Weide, Gonn (2006): Organisation des internationalen Controlling – Im Spannungsfeld zwischen Standardisierung und Differenzierung, in: Die Unternehmung, 60. Jg., Heft 6, S. 389-406.

Hoffjan, Andreas/Weide, Gonn/Trapp, Rouven (2012): Erfolgswirkungen eines integrierten Rechnungswesens auf die unternehmensinterne Informationsversorgung – eine empirische Bestandsaufnahme, in: Betriebswirtschaftliche Forschung und Praxis, 64. Jg. (im Erscheinen).

Hoffjan, Andreas/Wömpener, Andreas (2006): Comparative Analysis of Strategic Management Accounting in German- and English-Language General Management Accounting Textbooks, in: Schmalenbach Business Review, 58. Jg., Heft 3, S. 234-258.

Hofmann, Christian (2002): Gestaltung von Erfolgsrechnungen zur Steuerung von Verantwortungsbereichen, in: Zeitschrift für Betriebswirtschaft, 72. Jg., Heft 11, S. 1177-1205.

Hofmann, Christian (2004): Bilanzielle Darstellungsspielräume und langfristige Anreize, in: Ballwieser, Wolfgang (Hrsg.): Shareholder Value-Orientierung bei Unternehmenssteuerung, Anreizgestaltung, Leistungsmessung und Rechnungslegung, in: Zeitschrift für betriebswirtschaftliche Forschung, 56. Jg., Sonderheft 51, S. 137-171.

Hofmann, Christian (2005): Gestaltung von Erfolgsrechnungen zur Steuerung langfristiger Projekte, in: Zeitschrift für betriebswirtschaftliche Forschung, 57. Jg., Heft 12, S. 689-716.

Hofmann, Christian (2006): Unternehmenspublizität und Eigenkapitalkosten, in: Küpper, Hans-Ulrich (Hrsg.): Rechnungslegung, Kapitalmarkt und Unternehmensführung, in: Zeitschrift für betriebswirtschaftliche Forschung, 58. Jg., Sonderheft 55, S. 109-146.

Hofmann, Christian/Arnegger, Martin/Kopitzke, Jochen (2007): Gewinnmanagement und Arbeitsanreize bei fehlerhaften Performancemaßen, in: Betriebswirtschaftliche Forschung und Praxis, 59. Jg., Heft 2, S. 123-147.

Hofmann, Christian/Homburg, Carsten (2004): Controlling durch Kombination von Koordinationsinstrumenten, in: Zeitschrift für Betriebswirtschaft, 74. Jg., Heft 6, S. 563-583.

Hoke, Michaela (2001): Konzernsteuerung auf Basis eines intern und extern vereinheitlichten Rechnungswesens, Bamberg, zugl. Dissertation Universität St. Gallen, 2001.

Holsti, Ole R. (1969): Content Analysis for the Social Sciences and Humanities, Reading (MA) et al.

Holthausen, Robert W. (2009): Accounting Standards, Financial Reporting Outcomes, and Enforcement, in: Journal of Accounting Research, 47. Jg., Heft 2, S. 447-458.

Holthausen, Robert W./Watts, Ross L. (2001): The Relevance of the Value-Relevance Literature for Financial Accounting Standard Setting, in: Journal of Accounting and Economics, 31. Jg., Heft 1-3, S. 3-75.

Homburg, Christian (2001): Der Selbstfindungsprozess des Controlling – einige Randbemerkungen aus der Marketing-Perspektive, in: Die Unternehmung, 55. Jg., Heft 6, S. 425-430.

Homburg, Christian/Weber, Jürgen/Karlshaus, Jan Thido/Aust, René (2000): Interne Kundenorientierung der Kostenrechnung? – Ergebnisse einer empirischen Untersuchung in deutschen Industrieunternehmen, in: Die Betriebswirtschaft, 60. Jg., Heft 2, S. 241-256.

Hopper, Trevor/Major, Maria (2007): Extending Institutional Analysis through Theoretical Triangulation – Regulation and Activity-Based Costing in Portuguese Telecommunications, in: European Accounting Review, 16. Jg., Heft 1, S. 59-97.

Hopwood, Anthony G. (2008a): Changing Pressures on the Research Process – On Trying to Research in an Age when Curiosity is Not Enough, in: European Accounting Review, 17. Jg., Heft 1, S. 87-96.

Hopwood, Anthony G. (2008b): Management Accounting in a Changing World, in: Journal of Management Accounting Research, 20. Jg., S. 3-13.

Horngren, Charles T. (1995): Management Accounting – This Century and Beyond, in: Management Accounting Research, 6. Jg., Heft 3, S. 281-286.

Horngren, Charles T./Sundem, Gary L./Elliott, John A./Philbrick, Donna A. (2011): Introduction to Financial Accounting, 10. Auflage, Upper Sadle River (NJ).

Horváth, Péter (1995): Externe Rechnungslegung als Controlling-Instrument, in: Controlling, 7. Jg., Heft 6, S. 327.

Horváth, Péter (2006): IFRS – Chancen und Risiken für den Controller, in: Controlling, 18. Jg., Heft 8-9, S. 407.

Horváth, Péter (2009): Controlling, 11. Auflage, Stuttgart.

Horváth, Péter/Arnaout, Ali (1997): Internationale Rechnungslegung und Einheit des Rechnungswesens – State-of-the-Art und Implementierung in der deutschen Praxis, in: Controlling, 9. Jg., Heft 4, S. 254-269.

Huch, Burkhard (2002): Kostenrechnungssysteme, in: Küpper, Hans-Ulrich/Wagenhofer, Alfred (Hrsg.): Handwörterbuch Unternehmensrechnung und Controlling, EdBWL, Band III, 4. Auflage, Sp. 1127-1137.

Hüfner, Bernd/Möller, Hans Peter (2002): Valuation of German Stocks – Are DVFA/SG Earnings Superior to GAAP Earnings?, in: Schmalenbach Business Review, 54. Jg., Special Issue 1, S. 135-170.

Hummel, Siegfried/Männel, Wolfgang (1986): Kostenrechnung – Bd. 1. Grundlagen, Aufbau und Anwendung, 4. Auflage, Wiesbaden.

Hung, Mingyi/Subramanyam, K.R. (2007): Financial Statement Effects of Adopting International Accounting Standards – The Case of Germany, in: Review of Accounting Studies, 12. Jg., Heft 4, S. 623-657.

Hunton, James E./Lippincott, Barbara/Reck, Jacqueline L. (2003): Enterprise Resource Planning Systems – Comparing Firm Performance of Adopters and Nonadopters, in: International Journal of Accounting Information Systems, 4. Jg., Heft 3, S. 165-184.

Hüttche, Tobias (2005): Typologische Bilanzanalyse – Qualitative Auswertung von IFRS-Abschlüssen, in: Zeitschrift für internationale und kapitalmarktorientierte Rechnungslegung, 5. Jg., Heft 7-8, S. 318-323.

Ikäheimo, Seppo/Taipaleenmäki, Jani (2010): The Divergence and Convergence of Financial Accounting and Management Accounting – Institutional Analysis of the U.S., Germany and Finland, in: Die Betriebswirtschaft, 70. Jg., Heft 4, S. 349-368.

Inanga, Eno L./Schneider, Wm Bruce (2005): The Failure of Accounting Research to Improve Accounting Practice – A Problem of Theory and Lack of Communication, in: Critical Perspectives on Accounting, 16. Jg., Heft 3, S. 227-248.

Ittner, Christopher D./Larcker, David F. (1995): Total Quality Management and the Choice of Information and Reward Systems, in: Journal of Accounting Research, 33. Jg., Supplement, S. 1-34.

Ittner, Christopher D./Larcker, David F. (1998): Innovations in Performance Measurement – Trends and Research Implications, in: Journal of Management Accounting Research, 10. Jg., 205-238.

Ittner, Christopher D./Larcker, David F. (2001): Assessing Empirical Research in Managerial Accounting – A Value Based Management Perspective, in: Journal of Accounting and Economics, 32. Jg., Heft 1-3, S. 349-410.

Ittner, Christopher D./Larcker, David F. (2002): Empirical Managerial Accounting Research – Are We Just Describing Management Consulting Practice?, in: European Accounting Review, 11. Jg., Heft 4, S. 787-794.

Ittner, Christopher D./Larcker, David F./Randall, Taylor (2003): Performance Implications of Strategic Performance Measurement in Financial Services Firms, in: Accounting, Organizations and Society, 28. Jg., Heft 7-8, S. 715-741.

Jahnke, Hermann/Chwolka, Anne (1998): Strategische Kostenrechnung – Eine spieltheoretische Begriffsbildung, in: Zeitschrift für betriebswirtschaftliche Forschung, 50. Jg., Heft 7-8, S. 656-677.

Jahnke, Alexander/Knauer, Thorsten/Wömpener, Andreas (2009): Umweltorientierte Unternehmensführung – hehre Zielsetzung ohne Rechenschaft?, in: Zeitschrift für Umweltpolitik und Umweltrecht, 32. Jg., Heft 1, S. 67-91.

Jahnke, Hermann/Wielenberg, Stefan/Schumacher, Heinrich (2007): Ist die Integration des Rechnungswesens tatsächlich ein Motiv für die Einführung der IFRS in mittelständischen Unternehmen?, in: Zeitschrift für internationale und kapitalmarktorientierte Rechnungslegung, 7. Jg., Heft 7-8, S. 365-376.

Jeanjean, Thomas/Ramirez, Carlos (2009): Back to the Origins of Positive Theories – A Contribution to an Analysis of Paradigm Changes in Accounting Research, in: Accounting in Europe, 6. Jg., Heft 1, S. 107-126.

Jeanjean, Thomas/Stolowy, Hervé (2008): Do Accounting Standards Matter? – An Exploratory Analysis of Earnings Management before and after IFRS Adoption, in: Journal of Accounting and Public Policy, 27. Jg., Heft 6, S. 480-494.

Jensen, Michael C. (1983): Organizational Theory and Methodology, in: The Accounting Review, 58. Jg., Heft 2, S. 319-339.

Jermakowicz, Eva K./Prather-Kinsey, Jenice/Wulf, Inge (2007): The Value Relevance of Accounting Income Reported by DAX-30 German Companies, in: Journal of International Financial Management and Accounting, 18. Jg., Heft 3, S. 151-191.

Jonen, Andreas/Lingnau, Volker (2006): Konvergenz von internem und externem Rechnungswesen – Betriebswirtschaftliche Überlegungen und Umsetzung in der Praxis, in: Lingnau, Volker (Hrsg.): Beiträge zur Controlling-Forschung, Nr. 5, 2. Auflage, Lehrstuhl für Unternehmensrechnung und Controlling, Technische Universität Kaiserslautern, abrufbar unter: http://www.controlling-forschung.de

Jones, Stewart/Finley, Aimee (2011): Have IFRS Made a Difference to Intra-Country Financial Reporting Diversity?, in: The British Accounting Review, 43. Jg., Heft 1, S. 22-38.

Jones, Michael John/Roberts, Roydon (2005): International Publishing Patterns – An Investigation of Leading UK and US Accounting and Finance Journals, in: Journal of Business Finance and Accounting, 25. Jg., Heft 5-6, S. 1107-1140.

Jones, Michael John/Shoemaker, Paul A. (1994): Accounting Narratives – A Review of Empirical Studies of Content and Readability, in: Journal of Accounting Literature, 13. Jg., S. 142-184.

Jones, T. Colwyn/Luther, Robert (2005): Anticipating the Impact of IFRS on the Management of German Manufacturing Companies – Some Observations from a British Perspective, in: Accounting in Europe, 2. Jg., S. 165-193.

Jorissen, Ann/Lybaert, Nadine/Orens, Raf/Van der Tas, Leo (2010): Formal Participation in the IASB's Due Process of Standard Setting – A Multi-Issue/Multi-Period Analysis, in: European Accounting Review, iFirst Article 2010, S. 1-37.

Kahle, Holger (2002a): Internationale Rechnungslegung und ihre Auswirkungen auf Handels- und Steuerbilanz, Wiesbaden, zugl. Habilitationsschrift Universität Mannheim, 2002.

Kahle, Holger (2002b): Bilanzieller Gläubigerschutz und internationale Rechnungslegungsstandards, in: Zeitschrift für Betriebswirtschaft, 72. Jg., Heft 7, S. 695-711.

Kahle, Holger (2003): Unternehmenssteuerung auf Basis internationaler Rechnungslegungsstandards?, in: Zeitschrift für betriebswirtschaftliche Forschung, 55. Jg., Heft 12, S. 773-789.

Kajüter, Peter (2003): Theoretische Grundlagen der Kostenrechnung im Konzern, in: Franz, Klaus-Peter/Hieronimus, Albert (Hrsg.): Kostenrechnung im international vernetzten Konzern, in: Zeitschrift für betriebswirtschaftliche Forschung, 55. Jg., Sonderheft 49, S. 13-28.

Kammer, Karsten (2005): Reporting internationaler Unternehmen – Auswirkungen der Harmonisierung und der Konvergenz des Rechnungswesens in Europa, Wiesbaden, zugl. Dissertation Universität Bamberg, 2005.

Kaplan, Robert S. (1986): The Role for Empirical Research in Management Accounting, in: Accounting, Organizations and Society, 11. Jg., Heft 4-5, S. 429-452.

Karl, Stefan (2006): Optimierte Integration des externen und internen Rechnungswesens mit mySAP ERP™, in: Controlling, 18. Jg., Heft 8-9, S. 455-463.

Kasanen, Eero/Lukka, Kari/Siitonen, Arto (1993): The Constructive Approach in Management Accounting Research, in: Journal of Management Accounting Research, 5. Jg., S. 243-264.

Kelemen, Mihaela/Bansal, Pratima (2002): The Conventions of Management Research and Their Relevance to Management Practice, in: British Journal of Management, 13. Jg., Heft 2, S. 97-108.

Keller, Bernd (2009): Bilanzrechtsmodernisierungsgesetz – Reform ohne Mut, in: Zeitschrift für internationale Rechnungslegung, 4. Jg., Heft 6, S. 229-230.

Kennedy, Tom/Affleck-Graves, John (2001): The Impact of Activity-Based Costing Techniques on Firm Performance, in: Journal of Management Accounting Research, 13. Jg., S. 19-45.

Kerkhoff, Guido/Thun, Soenke (2007): Integration von internem und externem Rechnungswesen, in: Controlling, 19. Jg., Heft 8-9, S. 455-461.

Kholmy, Khaled (2011): Die aktuellen Reformen zu IFRS 9 – eine kritische Würdigung der Stellungnahmen zum ED/2009/7, in: Zeitschrift für internationale und kapitalmarktorientierte Rechnungslegung, 11. Jg., Heft 2, S. 79-88.

Kieser, Alfred/Leiner, Lars (2009): Why the Rigour-Relevance Gap in Management Research Is Unbridgeable, in: Journal of Management Studies, 46. Jg., Heft 3, S. 516-533.

Kieser, Alfred/Leiner, Lars (2010): Kollaborative Managementforschung – Eine Brücke über den Rigor-Relevance-Gap?, in: Wrona, Thomas/Fandel, Günther (Hrsg.): Mixed Methods in der Managementforschung, in: Zeitschrift für Betriebswirtschaft, 80. Jg., Special Issue 5, S. 89-113.

Kieso, Donald E./Weygandt, Jerry J./Warfield, Terry D. (2010): Intermediate Accounting – Principles and Analysis, 13. Auflage, Hoboken (NJ).

Kilger, Wolfgang (1987): Einführung in die Kostenrechnung, 3. Auflage, Stuttgart.

Kilger, Wolfgang/Pampel, Jochen/Vikas, Kurt (2007): Flexible Plankostenrechnung und Deckungsbeitragsrechnung, 12. Auflage, Wiesbaden.

Kirchner, Christian (2006): Probleme von Ermessensspielräumen in der fair value-Bewertung nach Internationalen Rechnungslegungsstandards, in: Küpper, Hans-Ulrich (Hrsg.): Rechnungslegung, Kapitalmarkt und Unternehmensführung, in: Zeitschrift für betriebswirtschaftliche Forschung, 58. Jg., Sonderheft 55, S. 61-78

Kirsch, Hanno (2001): Segmentberichterstattung nach IAS 14 als Basis eines kennzahlengestützten Unternehmenscontrolling, in: Der Betrieb, 54. Jg., Heft 29, S. 1513-1518.

Kirsch, Hanno (2002): Tendenzen in der Kostenrechnung durch Internationalisierung des externen Rechnungswesens, in: Kostenrechnungspraxis, 46. Jg., Heft 4, S. 207-213.

Kirsch, Hanno (2003a): Anforderungen an das Controlling durch internationale Rechnungslegungsstandards, in: Controlling, 15. Jg., Heft 1, S. 11-17.

Kirsch, Hanno (2003b): Cashflow-Planungen zur Durchführung des Asset Impairment Test nach US-GAAP, in: Betriebs-Berater, 58. Jg., Heft 34, S. 1775-1781.

Kirsch, Hanno (2005): Ausgestaltung des Informationsmanagements zur Erstellung eines IFRS-Abschlusses, in: Betriebs-Berater, 60. Jg., Heft 21, S. 1155-1160.

Kirsch, Hans-Jürgen/Koelen, Peter/Köhling, Kathrin (2010): Möglichkeiten und Grenzen des management approach – Eine Analyse unter besonderer Berücksichtigung des Nutzungswerts des IAS 36, in: Zeitschrift für internationale und kapitalmarktorientierte Rechnungslegung, 10. Jg., Heft 4, S. 200-207.

Kirsch, Hans-Jürgen/Steinhauer, Leif (2003): Zum Einfluss der internationalen Rechnungslegung auf das Controlling, in: Zeitschrift für Planung und Unternehmenssteuerung, 14. Jg., Heft 4, S. 415-435.

Klein, Georg A. (1999a): Unternehmenssteuerung auf Basis der International Accounting Standards, München, zugl. Dissertation Universität Augsburg 1998/99.

Klein, Georg A. (1999b): Konvergenz von internem und externem Rechnungswesen auf Basis der International Accounting Standards (IAS), in: Kostenrechnungspraxis, 43. Jg., Sonderheft 3, S. 67-77.

Kleppel, Christoph (2003): Binnenwahrnehmung vs. Image – Zur Praxisrelevanz der deutschen Betriebswirtschaftslehre, in: Die Betriebswirtschaft, 63. Jg., Heft 5, S. 581-585.

Kley, Karl-Ludwig (2002): IAS und wertorientiertes Controlling, in: Kostenrechnungspraxis, 46. Jg., Heft 5, S. 277-281.

Kley, Karl-Ludwig (2006): IFRS – Möglichkeiten und Grenzen ihrer Abbildung im Controlling, in: Zeitschrift für Controlling und Management, 50. Jg., Heft 3, S. 150-157.

Klingelhöfer, Heinz Eckart (2006): Wertorientiertes Controlling auf der Grundlage von Werten nach IAS 36? – Das Konzept zahlungsmittelgenerierender Einheiten und ihrer Nutzungswerte nach IAS 36 aus Sicht des wertorientierten Controllings, in: Zeitschrift für internationale und kapitalmarktorientierte Rechnungslegung, 6. Jg., Heft 10, S. 590-597.

Kloock, Josef (1995): Kalkulatorische Planungsrechnung aus investitionstheoretischer Sicht, in: Schildbach, Thomas/Wagner, Franz W. (Hrsg.): Unternehmensrechnung als Instrument der internen Steuerung, in: Zeitschrift für betriebswirtschaftliche Forschung, 47. Jg., Sonderheft 34, S. 51-80.

Kloock, Josef/Schiller, Ulf (1997): Marginal Costing – Cost Budgeting and Cost Variance Analysis, in: Management Accounting Research, 8. Jg., Heft 3, S. 299-323.

Koch, Helmut (1999): Zur Frage der Vereinheitlichung der Entscheidungsrechnungen – Kalkulatorische Planerfolgsrechnung oder Zahlungsrechnung, in: Zeitschrift für Betriebswirtschaft, 69. Jg., Heft 2, S. 195-209.

Koch, Helmut (2002): Zweckorientierte Kostenrechnung, in: Zeitschrift für Betriebswirtschaft, 72. Jg., Heft 5, S. 513-527.

Königsgruber, Roland (2009): Lobbying bei der Rechnungslegungsstandardsetzung – Ein Literaturüberblick, in: Zeitschrift für Betriebswirtschaft, 79. Jg., Heft 11, S. 1309-1329.

Krippendorff, Klaus (2004): Content Analysis – An Introduction to Its Methodology, 2. Auflage, Thousand Oaks (CA) et al.

Kronner, Markus/Herold, Christian (2007): Gestaltung der Rechnungslegungsnormen zur Vermeidung manipulativer Umsatzrealisierung, in: Betriebswirtschaftliche Forschung und Praxis, 59. Jg., Heft 2, S. 148-167.

Kümpel, Thomas (2002a): Integration von internem und externem Rechnungswesen bei der Bewertung erfolgversprechender langfristiger Fertigungsaufträge, in: Der Betrieb, 55. Jg., Heft 18, S. 905-910.

Kümpel, Thomas (2002b): Gewinnrealisierung bei langfristigen Fertigungsaufträgen im Konzernabschluss im Zuge der Internationalisierung der Rechnungslegung – eine informationsökonomische Betrachtung, in: Zeitschrift für Betriebswirtschaft, 72. Jg., Heft 10, S. 1007-1024.

Kümpel, Thomas (2002c): Vereinheitlichung von internem und externem Rechnungswesen, in: Wirtschaftswissenschaftliches Studium, 31. Jg., Heft 6, S. 343-345.

Kunz, Christian (2010): Organisatorische Aspekte eines integrierten Rechnungswesens – Persönliche Einschätzungen von Finanzvorständen börsennotierter Konzerne, in: Die Betriebswirtschaft, 70. Jg., Heft 4, S. 301-329.

Kunz, Alexis H./Pfeiffer, Thomas (2001): Kapitalmarktorientierte Unternehmenspublizität und der Informationsverbund zwischen in- und externem Rechnungswesen – Erste Hinweise für die Existenz dysfunktionaler Wirkungszusammenhänge, in: Zeitschrift für betriebswirtschaftliche Forschung, 53. Jg., Heft 8, S. 500-530.

Küpper, Hans-Ulrich (1993a): Internes Rechnungswesen, in: Hauschildt, Jürgen/Grün, Oskar (Hrsg.): Ergebnisse empirischer betriebswirtschaftlicher Forschung – Zu einer Realtheorie der Unternehmung, Stuttgart, S. 601-631.

Küpper, Hans-Ulrich (1993b): Kostenrechnung auf investitionstheoretischer Basis, in: Weber, Jürgen (Hrsg.): Zur Neuausrichtung der Kostenrechnung – Entwicklungsperspektiven für die 90er Jahre, Stuttgart, S. 79-129.

Küpper, Hans-Ulrich (1995): Unternehmensplanung und -steuerung mit pagatorischen oder kalkulatorischen Erfolgsrechnungen?, in: Schildbach, Thomas/Wagner, Franz W. (Hrsg.): Unternehmensrechnung als Instrument der internen Steuerung, in: Zeitschrift für betriebswirtschaftliche Forschung, 47. Jg., Sonderheft 34, S. 19-50.

Küpper, Hans-Ulrich (1997): Pagatorische und kalkulatorische Rechensysteme, in: Kostenrechnungspraxis, 41. Jg., Heft 1, S. 20-26.

Küpper, Hans-Ulrich (1998a): Angleichung des externen und internen Rechnungswesens, in: Börsig, Clemens/Coenenberg, Adolf G. (Hrsg.): Controlling und Rechnungswesen im internationalen Wettbewerb, Stuttgart, S. 143-162.

Küpper, Hans-Ulrich (1998b): Marktwertorientierung – neue und realisierbare Ausrichtung für die interne Unternehmensrechnung?, in: Betriebswirtschaftliche Forschung und Praxis, 50. Jg., Heft 5, S. 517-539.

Küpper, Hans-Ulrich (1999): Zweckmäßigkeit, Grenzen und Ansatzpunkte einer Integration der Unternehmensrechnung, in: Kostenrechnungspraxis, 43. Jg., Sonderheft 3, S. 5-11.

Küpper, Hans-Ulrich (2002): Unternehmensrechnung, Struktur und Teilsysteme, in: Küpper, Hans-Ulrich/Wagenhofer, Alfred (Hrsg.): Handwörterbuch Unternehmensrechnung und Controlling, EdBWL, Band III, 4. Auflage, Stuttgart, Sp. 2030-2043.

Küpper, Hans-Ulrich (2007): Entwicklungstendenzen der betriebswirtschaftlichen Ausbildung an einer öffentlichen Hochschule, in: Zeitschrift für betriebswirtschaftliche Forschung, 59. Jg., Heft 6, S. 508-524.

Küpper, Hans-Ulrich (2008): Controlling – Konzeption, Aufgaben, Instrumente, 5. Auflage, Stuttgart.

Küpper, Hans-Ulrich (2009): Investment-Based Cost Accounting as a Fundamental Basis of Decision-Oriented Management Accounting, in: Abacus, 45. Jg., Heft 2, S. 249-274.

Küpper, Hans-Ulrich/Mattessich, Richard (2005): Twentieth Century Accounting Research in the German Language Area, in: Accounting, Business and Financial History, 15. Jg., Heft 3, S. 345-410.

Kupsch, Peter (2000): Ansatz und Bewertung von Rückstellungen im amerikanischen Jahresabschluß – eine vergleichende Betrachtung aus deutscher Sicht, in: Ballwieser, Wolfgang (Hrsg.): US-amerikanische Rechnungslegung – Grundlagen und Vergleiche mit deutschem Recht, 4. Auflage, Stuttgart, S. 115-138.

Kußmaul, Heinz/Weiler, Dennis (2009a): Fair Value-Bewertung im Licht aktueller Entwicklungen (Teil 1), in: Zeitschrift für internationale und kapitalmarktorientierte Rechnungslegung, 9. Jg., Heft 3, S. 163-171.

Kußmaul, Heinz/Weiler, Dennis (2009b): Fair Value-Bewertung im Licht aktueller Entwicklungen (Teil 2), in: Zeitschrift für internationale und kapitalmarktorientierte Rechnungslegung, 9. Jg., Heft 4, S. 209-216.

Küting, Karlheinz (1998): HGB/IAS/US-GAAP: Zukunft der deutschen Rechnungslegung und Auswirkungen auf das Controlling, in: Reichmann, Thomas (Hrsg.): Jetzt in die Zukunft denken – Tagungsband zum 13. Deutschen Controlling Congress, Dortmund, S. 7-23.

Küting, Karlheinz (2000): Perspektiven der externen Rechnungslegung – Auf dem Wege zu einem umfassenden Business Reporting, in: Betriebs-Berater, 55. Jg., Heft 9, S. 451-456.

Küting, Karlheinz (2006): Auf der Suche nach dem richtigen Gewinn – Die Gewinnkonzeption von HGB und IFRS im Vergleich, in: Der Betrieb, 59. Jg., Heft 27-28, S. 1441-1450.

Küting, Karlheinz/Keßler, Marco/Gattung, Andreas (2005): Die Gewinn- und Verlustrechnung nach HGB und IFRS – Auswirkungen der Überarbeitung des IAS 1 auf die GuV und insbesondere auf die Erfolgsspaltungskonzeption der IFRS-Bilanzierung, in: Zeitschrift für internationale und kapitalmarktorientierte Rechnungslegung, 5. Jg., Heft 1, S. 15-22.

Küting, Karlheinz/Lauer, Peter (2009): Der Fair Value in der Krise, in: Betriebswirtschaftliche Forschung und Praxis, 61. Jg., Heft 6, S. 547-567.

Küting, Karlheinz/Lorson, Peter (1997): Erfolgs(potential)orientiertes Konzernmanagement – Eine Analyse erfolgszielorientierter Controlling-Konzepte und -Instrumente in globalen Konzernen, in: Betriebs-Berater, 52. Jg., Beilage 8 zu Heft 20, S. 1-31.

Küting, Karlheinz/Lorson, Peter (1998a): Konvergenz von internem und externem Rechnungswesen – Anmerkungen zu Strategien und Konfliktfeldern, in: Die Wirtschaftsprüfung, 51. Jg., Heft 11, S. 483-493.

Küting, Karlheinz/Lorson, Peter (1998b): Anmerkungen zum Spannungsfeld zwischen externen Zielgrößen und internen Steuerungsinstrumenten, in: Betriebs-Berater, 53. Jg., Heft 9, S. 469-475.

Küting, Karlheinz/Lorson, Peter (1998c): Grundsätze eines Konzernsteuerungskonzepts auf „externer" Basis (Teil I) – Ein Beitrag zur Konvergenz von internem und externem Rechnungswesen, in: Betriebs-Berater, 53. Jg., Heft 44, S. 2251-2258.

Küting, Karlheinz/Lorson, Peter (1998d): Grundsätze eines Konzernsteuerungskonzepts auf „externer" Basis (Teil II) – Ein Beitrag zur Konvergenz von internem und externem Rechnungswesen, in: Betriebs-Berater, 53. Jg., Heft 45, S. 2303-2309.

Küting, Karlheinz/Lorson, Peter (1999a): Harmonisierung des Rechnungswesens aus Sicht der externen Rechnungslegung, in: Kostenrechnungspraxis, 43. Jg., Sonderheft 3, S. 47-57.

Küting, Karlheinz/Lorson, Peter (1999b): Konzernrechnungslegung: Ein neues Aufgabengebiet des Controllers? – Zur Zukunft der deutschen Rechnungslegung und Auswirkungen auf das Controlling, in: Controlling, 11. Jg., Heft 4-5, S. 215-222.

Küting, Karlheinz/Reuter, Michael (2005): Werden stille Reserven in Zukunft (noch) stiller? – Machen die IFRS die Bilanzanalyse überflüssig oder weitgehend unmöglich?, in: Betriebs-Berater, 60. Jg., Heft 13, S. 706-713.

Küting, Karlheinz/Weber, Claus-Peter (2009): Die Bilanzanalyse – Beurteilung von Abschlüssen nach HGB und IFRS, 9. Auflage, Stuttgart.

Küting, Karlheinz/Weber, Claus-Peter (2010): Der Konzernabschluss – Praxis der Konzernrechnungslegung nach HGB und IFRS, 12. Auflage, Stuttgart.

Küting, Karlheinz/Zwirner, Christian/Reuter, Michael (2007): Zur Bedeutung der Fair Value-Bewertung in der deutschen Bilanzierungspraxis – Empirische Analyse von IFRS-Konzernabschlüssen, in: Deutsches Steuerrecht, 45. Jg., Heft 11, S. 500-507.

Lachmann, Maik/Wöhrmann, Arnt/Wömpener, Andreas (2010): Investorenreaktionen auf die Fair Value-Bilanzierung von Verbindlichkeiten nach IFRS – eine experimentelle Untersuchung, in: Zeitschrift für Betriebswirtschaft, 80. Jg., Heft 11, S. 1179-1206.

Lambert, Richard A. (2001): Contracting Theory and Accounting, in: Journal of Accounting and Economics, 32. Jg., Heft 1-3, S. 3-87.

Lambert, Richard A. (2007): Agency Theory and Management Accounting, in: Chapman, Christopher S./Hopwood, Anthony G./Shields, Michael D. (Hrsg.): Handbook of Management Accounting Research, Vol. 1, Amsterdam et al., S. 269-284.

Lamnek, Siegfried (2005): Qualitative Sozialforschung, 4. Auflage, Weinheim/Basel.

Landsmann, Wayne R. (2007): Is Fair Value Accounting Information Relevant and Reliable? – Evidence from Capital Market Research, in: Accounting and Business Research, 37. Jg., Special Issue: International Accounting Policy Forum, S. 19-30.

Laßmann, Gert (1995): Stand und Weiterentwicklung des Internen Rechnungswesens, in: Zeitschrift für betriebswirtschaftliche Forschung, 47. Jg., Heft 11, S. 1044-1063.

Laux, Helmut (2006): Unternehmensrechnung, Anreiz und Kontrolle – Die Messung, Zurechnung und Steuerung des Erfolgs als Grundprobleme der Betriebswirtschaftslehre, 3. Auflage, Berlin et al.

Lee, Tom (1989): Education, Practice and Research in Accounting – Gaps, Closed Loops, Bridges and Magic Accounting, in: Accounting and Business Research, 19. Jg., Heft 75, S. 237-253.

Leffson, Ulrich (1987): Die Grundsätze ordnungsmäßiger Buchführung, 7. Auflage, Düsseldorf.

Leibfried, Peter/Pfanzelt, Stefan (2004): Praxis der Bilanzierung von Forschungs- und Entwicklungskosten gemäß IAS/IFRS – Eine empirische Untersuchung deutscher Unternehmen, in: Zeitschrift für internationale und kapitalmarktorientierte Rechnungslegung, 4. Jg., Heft 12, S. 491-497.

Leisenring, James J./Johnson, L. Todd (1994): Accounting Research – On the Relevance of Research to Practice, in: Accounting Horizons, 8. Jg., Heft 4, S. 74-79.

Lennard, Andrew (2007): Stewardship and the Objectives of Financial Statements – A Comment on IASB's Preliminary Views on an Improved Conceptual Framework for Financial Reporting: The Objective of Financial Reporting and Qualitative Characteristics of Decision-Useful Financial Reporting Information, in: Accounting in Europe, 4. Jg., S. 51-66.

Lindemann, Jens (2006): Kapitalmarktrelevanz der Rechnungslegung – Konzepte, Methodik und Ergebnisse empirischer Forschung, in: Zeitschrift für Betriebswirtschaft, 76. Jg., Heft 10, S. 967-1003.

Lindquist, Tim M./Smith, Gerald (2009): Journal of Management Accounting Research – Content and Citation Analysis of the First 20 Years, in: Journal of Management Accounting Research, 21. Jg., S. 249-292.

Littkemann, Jörn (2001): Beteiligungscontrolling: Organisation und Effizienz – Eine empirische Analyse aus zentraler und lokaler Controllingperspektive, in: Zeitschrift für Betriebswirtschaft, 71. Jg., Heft 11, S. 1283-1304.

Lochner, Stefan/Ayasse, Philipp/Hummel, Jürgen (2007): Meilensteine im Ausbau des Controlling-Instrumentariums im Porsche-Konzern, in: Controlling, 19. Jg., Heft 3, S. 145-152.

Locke, Joanne/Lowe, Alan (2008): Evidence and Implications of Multiple Paradigms in Accounting Knowledge Production, in: European Accounting Review, 17. Jg., Heft 1, S. 161-191.

Lohmann, Christian (2010): Innerbetriebliche Subventionen zur Koordination und Steuerung dezentraler Unternehmenseinheiten bei Absatzinterdependenzen, in: Zeitschrift für Betriebswirtschaft, 80. Jg., Heft 11, S. 1127-1158.

Löhr, Benjamin W. (2010): Integriertes Risikocontrolling für Industrieunternehmen – Eine normative Konzeption im Kontext der empirischen Controllingforschung von 1990 bis 2009, Frankfurt am Main, zugl. Dissertation Universität Gießen, 2010.

Lorson, Peter (1996): Erfolgsrechnung und -überwachung in globalen Konzernen – Grundsätzliche Anmerkungen aus Sicht des Konzern-Controlling, in: Der Betrieb, 49. Jg., Heft 50, S. 2505-2511.

Lorson, Peter/Melcher, Winfried/Zündorf, Horst (2010): Rechnungslegung nach dem Bilanzrechtsmodernisierungsgesetz – Neue Anforderungen für Controller?, in: Controlling, 22. Jg., Heft 4-5, S. 244-249.

Lorson, Peter/Schedler, Jens (2002): Unternehmenswertorientierung von Unternehmensrechnung, Finanzberichterstattung und Jahresabschlussanalyse, in: Küting, Karlheinz/ Weber, Claus-Peter (Hrsg.): Vom Financial Accounting zum Business Reporting – Kapitalmarktorientierte Rechnungslegung und integrierte Unternehmenssteuerung, Stuttgart, S. 253-294.

Löw, Edgar (1999): Einfluß des Shareholder Value-Denkens auf die Konvergenz von externem und internem Rechnungswesen, in: Kostenrechnungspraxis, 43. Jg., Sonderheft 3, S. 87-92.

Löw, Edgar (2004): Bilanzierung von Finanzinstrumenten und Risikocontrolling, in: Zeitschrift für Controlling und Management, 48. Jg., Sonderheft 2, S. 32-41.

Lowe, Alan/Locke, Joanne (2005): Perceptions of Journal Quality and Research Paradigm – Results of a Web-Based Survey of British Accounting Academics, in: Accounting, Organizations and Society, 30. Jg., Heft 1, S. 81-98.

Lück, Wolfgang (2005): Rechnungslegung nach Handels- und Steuerrecht, 13. Auflage, Bonn/Berlin.

Lüdenbach, Norbert/Freiberg, Jens (2009): Zweifelsfragen der abstrakten und konkreten Bilanzierungsfähigkeit immaterieller Anlagen, in: Betriebswirtschaftliche Forschung und Praxis, 61. Jg., Heft 2, S. 131-151.

Lueg, Rainer/Schäffer, Utz (2010): Assessing Empirical Research on Value-Based Management – Guidelines for Improved Hypothesis Testing, in: Journal für Betriebswirtschaft, 60. Jg., Heft 1, S. 1-47.

Luft, Joan (1997): Long-Term Change in Management Accounting: Perspectives from Historical Research, in: Journal of Management Accounting Research, 9. Jg., S. 163-197.

Lukka, Kari (2010): The Roles and Effects of Paradigms in Accounting Research, in: Management Accounting Research, 21. Jg., Heft 2, S. 110-115.

Lukka, Kari/Granlund, Markus (2002): The Fragmented Communication Structure within the Accounting Academia – The Case of Activity-Based Costing Research Genres, in: Accounting, Organizations and Society, 27. Jg., Heft 1, S. 165-190.

Lukka, Kari/Kasanen, Eero (1996): Is Accounting a Global or Local Discipline? – Evidence From Major Research Journals, in: Accounting, Organizations and Society, 21. Jg., Heft 7-8, S. 755-773.

Luther, Robert G./Longden, Stephen (2001): Management Accounting in Companies Adapting to Structural Change and Volatility in Transition Economics – A South African Case Study, in: Management Accounting Research, 12. Jg., Heft 3, S. 299-320.

Macharzina, Klaus/Wolf, Joachim/Rohn, Anne (2004): Quantitative Evaluation of German Research Output in Business Administration – 1992-2001, in: Management International Review, 44. Jg., Heft 3, S. 335-359.

Malmi, Teemu/Granlund, Markus (2009): In Search of Management Accounting Theory, in: European Accounting Review, 18. Jg., Heft 3, S. 597-620.

Männel, Wolfgang (1997a): Reorganisation des führungsorientierten Rechnungswesens durch Integration der Rechenkreise, in: Kostenrechnungspraxis, 41. Jg., Heft 1, S. 9-19.

Männel, Wolfgang (1997b): Zur Problematik des Rechnens mit kalkulatorischen Kosten, in: Kostenrechnungspraxis, 41. Jg., Sonderheft 1, S. 5-12.

Männel, Wolfgang (1999a): Integration des Rechnungswesens für ein durchgängiges Ergebniscontrolling, in: Kostenrechnungspraxis, 43. Jg., Heft 1, S. 11-21.

Männel, Wolfgang (1999b): Harmonisierung des Rechnungswesens für ein integriertes Ergebniscontrolling, in: Kostenrechnungspraxis, 43. Jg., Sonderheft 3, S. 13-29.

Mansch, Helmut (2006): Bilanzierung und Controlling im Rahmen der langfristigen Auftragsfertigung, in: Wagenhofer, Alfred (Hrsg.): Controlling und IFRS-Rechnungslegung – Konzepte, Schnittstellen, Umsetzung, Berlin, S. 105-122.

Matova, Maya Rumenova/Pelger, Christoph (2010): Integration von interner und externer Segmentergebnisrechnung – Eine empirische Untersuchung auf Basis der Segmentberichterstattung nach IFRS 8, in: Zeitschrift für internationale und kapitalmarktorientierte Rechnungslegung, 10. Jg., Heft 10, S. 494-500.

Mattessich, Richard/Küpper, Hans-Ulrich (2003): Accouting Research in the German Language Area – First Half of the 20th Century, in: Review of Accounting and Finance, 2. Jg., Heft 3, S. 106-137.

Mayring, Philipp (2002): Einführung in die qualitative Sozialforschung – Eine Anleitung zu qualitativem Denken, 5. Auflage, Weinheim/Basel.

Mayring, Philipp (2005): Neuere Entwicklungen in der qualitativen Forschung und der Qualitativen Inhaltsanalyse, in: Mayring, Philipp/Gläser-Zikuda, Michaela (Hrsg.): Die Praxis der Qualitativen Inhaltsanalyse, Weinheim/Basel, S. 7-19.

Mayring, Philipp (2010): Qualitative Inhaltsanalyse – Grundlagen und Techniken, 11. Auflage, Weinheim/Basel.

Meffert, Heribert (1998): Herausforderungen an die Betriebswirtschaftslehre – Die Perspektive der Wissenschaft, in: Die Betriebswirtschaft, 58. Jg., Heft 6, S. 709-730.

Melcher, Winfried (2002): Konvergenz von internem und externem Rechnungswesen – Umstellung des traditionellen Rechnungswesens und Einführung eines abgestimmten vertikalen und horizontalen Erfolgsspaltungskonzepts, Hamburg, zugl. Dissertation Universität Rostock, 2002.

Melcher, Winfried/Schaier, Sven (2009): Zur Umsetzung der HGB-Modernisierung durch das BilMoG – Einführung und Überblick, in: Der Betrieb, 62. Jg., Beilage 5 zu Heft 23, S. 4-8.

Melching, Hans-Georg (1997): Internationales Rechnungswesen und Ergebniskontrolle bei der Volkswagen AG, in: Controlling, 9. Jg., Heft 4, S. 246-252.

Mentzer, John T. (2008): Rigor vs. Relevance – Why Would We Choose Only One?, in: Journal of Supply Chain Management, 44. Jg., Heft 2, S. 72-77.

Merchant, Kenneth A. (1981): The Design of the Corporate Budgeting System – Influences on Managerial Behavior and Performance, in: The Accounting Review, 56. Jg., Heft 4, S. 813-829.

Merchant, Kenneth A. (2008): Why Interdisciplinary Accounting Research Tends Not to Impact Most North American Academic Accountants, in: Critical Perspectives in Accounting, 19. Jg., Heft 6, S. 901-908.

Merchant, Kenneth A. (2010): Paradigms in Accounting Research – A View from North America, in: Management Accounting Research, 21. Jg., Heft 2, S. 116-120.

Merchant, Kenneth A./Shields, Michael D. (1993): When and Why to Measure Costs Less Accurately to Improve Decision Making, in: Accounting Horizons, 7. Jg., Heft 2, S. 76-81.

Merchant, Kenneth A./Van der Stede, Wim A. (2007): Management Control Systems – Performance Measurement, Evaluation and Incentives, 2. Auflage, Harlow.

Merten, Klaus (1995): Inhaltsanalyse – Einführung in Theorie, Methode und Praxis, 2. Auflage, Opladen.

Messner, Martin/Becker, Albrecht/Schäffer, Utz/Binder, Christoph (2008): Legitimacy and Identity in Germanic Management Accounting Research, in: European Accounting Review, 17. Jg., Heft 1, S. 129-159.

Meyer, Michael/Rigsby, John T. (2001): A Descriptive Analysis of the Content and Contributors of Behavioral Research in Accounting 1989-1998, in: Behavioral Research in Accounting, 13. Jg., S. 253-278.

Meyer, John W./Rowan, Brian (1977): Institutionalized Organizations – Formal Structure as Myth and Ceremony, in: The American Journal of Sociology, 83. Jg., Heft 2, S. 340-363.

Meyer, Matthias/Schäffer, Utz/Gmür, Markus (2008): Transfer und Austausch von Wissen in der Accounting-Forschung – Eine Zitations- und Kozitationsanalyse englischsprachiger Accounting-Journals 1990-2004, in: Zeitschrift für betriebswirtschaftliche Forschung, 60. Jg., Heft 3, S. 153-181.

Meyer, Ulf/Wünsch, Martin/Erdmann, Mark-Ken (2006): Effizientes und effektives Cashflow Reporting gemäß IAS 7 auf Basis eines integrierten Rechnungswesens, in: Der Betrieb, 59. Jg., Heft 37, S. 1965-1967.

Michel, Uwe (2006): Der Finanzbereich im Umbruch, in: Controlling, 18. Jg., Heft 8-9, S. 439-445.

Middelmann, Ulrich (2001): Neuere Entwicklungen des wertorientierten Controllings, in: Die Betriebswirtschaft, 61. Jg., Heft 4, S. 493-508.

Mitchell, Falconer (2002): Research and Practice in Management Accounting – Improving Integration and Communication, in: European Accounting Review, 11. Jg., Heft 2, S. 277-289.

Moehrle, Stephen R./Anderson, Kirsten L./Ayres, Frances L./Bolt-Lee, Cynthia E./Debreceny, Roger S./Dugan, Michael T./Hogan, Chris E./Maher, Michael W./Plummer, Elizabeth (2009): The Impact of Academic Accounting Research on Professional Practice – An Analysis by the AAA Research Impact Task Force, in: Accounting Horizons, 23. Jg., Heft 4, S. 411-456.

Moizer, Peter (2008): Publishing in Accounting Journals – A Fair Game?, in: Accounting, Organizations and Society, 34. Jg., Heft 2, S. 285-304.

Möller, Klaus (2005): Forschungsmethoden und Forschungsstrategien im Controlling – Dargestellt am Beispiel des Controllings von Unternehmensnetzwerken, in: Weber, Jürgen/Meyer, Matthias (Hrsg.): Internationalisierung des Controllings – Standortbestimmung und Optionen, Wiesbaden, S. 161-184.

Mölls, Sascha H./Strauß, Michael (2007): Bewertungsrelevanz der Rechnungslegung – Stand und Implikationen der empirischen Forschung für Aktionäre und Regulierer, in: Zeitschrift für Betriebswirtschaft, 77. Jg., Heft 9, S. 955-995.

Moxter, Adolf (1984): Bilanzlehre – Band I: Einführung in die Bilanztheorie, 3. Auflage, Wiesbaden.

Moxter, Adolf (1986): Bilanzlehre – Band II: Einführung in das neue Bilanzrecht, 3. Auflage, Wiesbaden.

Moxter, Adolf (2003): Grundsätze ordnungsgemäßer Rechnungslegung, Düsseldorf.

Mühlberger, Melanie/Langecker, Alexander (2010): Bilanzierung von Pensionsverpflichtungen nach BilMoG unter Controlling-Aspekten, in: Zeitschrift für Controlling und Management, 54. Jg., Sonderheft 3, S. 20-32.

Müller, Stefan (2003): Management-Rechnungswesen – Ausgestaltung des externen und internen Rechnungswesens unter Konvergenzgesichtspunkten, Wiesbaden, zugl. Habilitationsschrift Universität Oldenburg, 2003.

Müller, Martin (2006): Harmonisierung des externen und internen Rechnungswesens – Eine empirische Untersuchung, Wiesbaden, zugl. Dissertation Universität Ulm, 2005.

Müller, Stefan (2008): Die Kapitalflussrechnung als zentrales Instrument des konvergenten Rechnungswesens, in: Freidank, Carl-Christian/Müller, Stefan/Wulf, Inge (Hrsg.): Controlling und Rechnungslegung – Aktuelle Entwicklungen in Wissenschaft und Praxis, Wiesbaden, S. 285-300.

Müller, Stefan (2010): Ansatz und Bewertung selbst geschaffener immaterieller Vermögensgegenstände des Anlagevermögens, in: Zeitschrift für Controlling und Management, 54. Jg., Sonderheft 3, S. 5-11.

Müller, Stefan/Kreipl, Markus (2010): Die Veränderung des abschlusspolitischen Potenzials durch das BilMoG im Lichte der Entscheidungsnützlichkeit der Rechnungslegung, in: Zeitschrift für Planung und Unternehmenssteuerung, 20. Jg., Heft 4, S. 313-329.

Müller, Stefan/Ordemann, Tammo/Pampel, Jochen R. (2005): Handlungsempfehlungen für die Anwendung der IFRS im Controlling mittelständischer Unternehmen, in: Betriebs-Berater, 60. Jg., Heft 39, S. 2119-2125.

Müller, Stefan/Peskes, Markus (2006): Konsequenzen der geplanten Änderungen der Segmentberichterstattung nach IFRS für Abschlusserstellung und Unternehmenssteuerung, in: Betriebs-Berater, 61. Jg., Heft 15, S. 819-825.

Müller, Stefan/Reinke, Jens (2010): Abgrenzung von zahlungsmittelgenerierenden Einheiten aus Sicht der Unternehmenssteuerung, in: Zeitschrift für Controlling und Management, 54. Jg., Heft 4, S. 229-235.

Naumann, Klaus-Peter (2006): Das Spannungsverhältnis zwischen Relevanz und Verlässlichkeit in der Rechnungslegung – Ein Beitrag zur Fortentwicklung von HGB und IFRS, in: Krawitz, Norbert (Hrsg.): Rechnungslegung nach internationalen Grundsätzen, in: Zeitschrift für Betriebswirtschaft, 76. Jg., Special Issue 6, S. 43-74.

Nebel, Martin/Brandl, Max/Arnaout, Ali (1998): Centersteuerung mit Größen des externen Rechnungswesens – Das Beispiel der MTU München, in: Kostenrechnungspraxis, 42. Jg., Heft 5, S. 274-281.

Neubürger, Heinz-Joachim (2000): Wertorientierte Unternehmensführung bei Siemens, in: Zeitschrift für betriebswirtschaftliche Forschung, 52. Jg., Heft 3, S. 188-196.

Neuendorf, Kimberly A. (2002): The Content Analysis Guidebook, Thousand Oaks (CA) et al.

Nicolai, Alexander T. (2004): The Bridge to the 'Real World' – Applied Science or a 'Schizophrenic Tour de Force'?, in: Journal of Management Studies, 41. Jg., Heft 6, S. 951-976.

Nicolai, Alexander T./Thomas, Thomas W. (2004): Kapitalmarktkonforme Unternehmensführung – Eine Analyse im Lichte der jüngeren Strategieprozesslehre, in: Zeitschrift für betriebswirtschaftliche Forschung, 56. Jg., Heft 8, S. 452-469.

Nobach, Kai/Zirkler, Bernd (2006): Bedeutung der IFRS für das Controlling, in: Zeitschrift für internationale und kapitalmarktorientierte Rechnungslegung, 6. Jg., Heft 12, S. 737-748.

Nölte, Uwe (2009): Determinanten des Informationsgehalts von Managementprognosen – eine empirische Untersuchung anhand der DAX- und MDAX-Unternehmen, in: Zeitschrift für Betriebswirtschaft, 79. Jg., Heft 11, S. 1229-1257.

O'Connell, Vincent (2007): Reflections on Stewardship Reporting, in: Accounting Horizons, 21. Jg., Heft 2, S. 215-227.

Obermaier, Robert (2006): Zur Entscheidungsrelevanz der Grenzplankostenrechnung – Relevance lost – or ever had?, in: Zeitschrift für Planung und Unternehmenssteuerung, 17. Jg., Heft 2, S. 177-199.

Oehler, Carsten/Simon, Christian (2003): Neuorientierung des Reporting in der Energiewirtschaft – Erfahrungen aus der Modernisierung des externen und internen Reporting in einem international tätigen Konzern, in: Controlling, 15. Jg., Heft 5, S. 251-255.

Oesterle, Michael-Jörg (2006): Wahrnehmung betriebswirtschaftlicher Fachzeitschriften durch Praktiker, in: Die Betriebswirtschaft, 66. Jg., Heft 3, S. 307-325.

Ohlms, Dirk/Tomaszewski, Claude/Trützschler, Klaus (2002): Entwicklungstendenz der Rechnungslegung aus Sicht des Familienunternehmens Haniel, in: Zeitschrift für betriebswirtschaftliche Forschung, 54. Jg., Heft 3, S. 191-200.

Ohlson, James A. (2011): On Successful Research, in: European Accounting Review, 20. Jg., Heft 1, S. 7-26.

Olbrich, Michael (2006a): Wertorientiertes Controlling auf Basis des IAS 36?, in: Zeitschrift für internationale und kapitalmarktorientierte Rechnungslegung, 6. Jg., Heft 1, S. 43-44.

Olbrich, Michael (2006b): Nochmals: Zur Fragwürdigkeit eines wertorientierten Controllings auf Basis des IAS 36, in: Zeitschrift für internationale und kapitalmarktorientierte Rechnungslegung, 6. Jg., Heft 11, S. 685-687.

Ordelheide, Dieter (2000): Wertpotential und Objektivierung der IAS im Vergleich zu den Bilanzierungsvorschriften des dHGB und des öHGB – Konsequenzen für die externe und interne Unternehmenssteuerung, in: Altenburger, Otto A./Janschek, Otto/Müller, Heinrich (Hrsg.): Fortschritte im Rechnungswesen – Vorschläge für Weiterentwicklungen im Dienste der Unternehmens- und Konzernsteuerung durch Unternehmensorgane und Eigentümer. Gerhard Seicht zum 60. Geburtstag, 2. Auflage, Wiesbaden, S. 507-532.

Otley, David T. (1980): The Contingency Theory of Management Accounting: Achievement and Prognosis, in: Accounting, Organizations and Society, 5. Jg., Heft 4, S. 413-428.

Paetzmann, Karsten/Kaspereit, Thomas (2010): Zum Einsatz von Residualgewinnmodellen post BilMoG – Nähert sich das Accounting Model dem Economic Model?, in: Zeitschrift für Planung und Unternehmenssteuerung, 20. Jg., Heft 4, S. 419-444.

Parker, Lee D./Guthrie, James/Linacre, Simon (2011): The Relationship between Academic Accounting Research and Professional Practice, in: Accounting, Auditing and Accountability Journal, 24. Jg., Heft 1, S. 5-14.

Pelger, Christoph (2008a): Ansatzpunkte und zweifelhafte Anreizwirkungen – Entwicklungen in den IFRS und der Zusammenhang zur Unternehmenssteuerung, in: Zeitschrift für internationale und kapitalmarktorientierte Rechnungslegung, 8. Jg., Heft 9, S. 565-574.

Pelger, Christoph (2008b): Management Approach in der Segmentberichterstattung – Ein Plädoyer für die Einführung des IFRS 8, in: Zeitschrift für internationale Rechnungslegung, 3. Jg., Heft 9, S. 423-428.

Pelger, Christoph (2009): Entscheidungsnützlichkeit in neuem Gewand – Der Exposure Draft zur Phase A des Conceptual Framework-Projekts, in: Zeitschrift für internationale und kapitalmarktorientierte Rechnungslegung, 9. Jg., Heft 3, S. 156-163.

Pellens, Bernhard/Crasselt, Nils/Schmidt, André/Sellhorn, Thorsten (2008): Fair Value-Bilanzierung und Ergebnisspaltung, in: Wagner, Franz W./Schildbach, Thomas/Schneider, Dieter (Hrsg.): Private und öffentliche Rechnungslegung – Festschrift für Prof. Dr. Hannes Streim zum 65. Geburtstag, Wiesbaden, S. 279-295.

Pellens, Bernhard/Crasselt, Nils/Sellhorn, Thorsten (2006): Bilanzierung leistungsorientierter Pensionszusagen nach IFRS – Auswirkungen auf die intertemporale Ergebnisvolatilität, in: Krawitz, Norbert (Hrsg.): Rechnungslegung nach internationalen Grundsätzen, in: Zeitschrift für Betriebswirtschaft, 76. Jg., Special Issue 6, S. 111-138.

Pellens, Bernhard/Crasselt, Nils/Sellhorn, Thorsten (2009): Corporate Governance und Rechnungslegung, in: Zeitschrift für betriebswirtschaftliche Forschung, 61. Jg., Heft 2, S. 102-113.

Pellens, Bernhard/Epstein, Rolf/Barth, Daniela/Ruhwedel, Peter/Sellhorn, Thorsten (2005): Goodwill Impairment Test – ein empirischer Vergleich der IFRS- und US-GAAP-Bilanzierer im deutschen Prime Standard, in: Betriebs-Berater, 60. Jg., Heft 39, BB-Special, S. 10-18.

Pellens, Bernhard/Fülbier, Rolf Uwe/Gassen, Joachim (1998): Unternehmenspublizität unter veränderten Marktbedingungen, in: Börsig, Clemens/Coenenberg, Adolf G. (Hrsg.): Controlling und Rechnungswesen im internationalen Wettbewerb, Stuttgart, S. 55-69.

Pellens, Bernhard/Fülbier, Rolf Uwe/Gassen, Joachim/Sellhorn, Thorsten (2011): Internationale Rechnungslegung, 8. Auflage, Stuttgart.

Pellens, Bernhard/Tomaszewski, Claude/Weber, Nicolas (2000): Wertorientierte Unternehmensführung in Deutschland – Empirische Untersuchung der DAX 100-Unternehmen, in: Der Betrieb, 53. Jg., Heft 37, S. 1825-1833.

Penman, Stephen H./Yehuda, Nir (2010): The Pricing of Earnings and Cash Flows and an Affirmation of Accrual Accounting, in: Review of Accounting Studies, 14. Jg., Heft 4, S. 453-479.

Perrey, Eike/Schäffer, Utz/Kramer, Stephan (2010): Rechnungslegungsforschung in deutschsprachigen wissenschaftlichen Zeitschriften – eine Publikationsanalyse, in: Die Betriebswirtschaft, 70. Jg., Heft 6, S. 481-494.

Perridon, Louis/Steiner, Manfred/Rathgeber, Andreas (2009): Finanzwirtschaft der Unternehmung, 15. Auflage, München.

Pfaff, Dieter (1994a): Zur Notwendigkeit einer eigenständigen Kostenrechnung – Anmerkungen zur Neuorientierung des internen Rechnungswesens im Hause Siemens, in: Zeitschrift für betriebswirtschaftliche Forschung, 46. Jg., Heft 12, S. 1065-1084.

Pfaff, Dieter (1994b): Controlling auf Basis der externen Unternehmensrechnung, in: Der Schweizer Treuhänder, 68. Jg., Heft 9, S. 666-668.

Pfaff, Dieter (1995): Der Wert von Kosteninformationen für die Verhaltenssteuerung im Unternehmen, in: Schildbach, Thomas/Wagner, Franz W. (Hrsg.): Unternehmensrechnung als Instrument der internen Steuerung, in: Zeitschrift für betriebswirtschaftliche Forschung, 47. Jg., Sonderheft 34, S. 119-156.

Pfaff, Dieter (2003): Methodische Fragen einer internationalen Konzernkostenrechnung, in: Franz, Klaus-Peter/Hieronimus, Albert (Hrsg.): Kostenrechnung im international vernetzten Konzern, in: Zeitschrift für betriebswirtschaftliche Forschung, 55. Jg., Sonderheft 49, S. 29-46.

Pfaff, Dieter (2004): Performancemessung und Vertragsfunktion – Zu Bedeutung und Eigenschaften von Performancemaßen bei vermögensbeschränkten Managern, in: Ballwieser, Wolfgang (Hrsg.): Shareholder Value-Orientierung bei Unternehmenssteuerung, Anreizgestaltung, Leistungsmessung und Rechnungslegung, in: Zeitschrift für betriebswirtschaftliche Forschung, 56. Jg., Sonderheft 51, S. 1-25.

Pfaff, Dieter/Bärtl, Oliver (1998): Externe Rechnungslegung, internes Rechnungswesen und Kapitalmarkt – Die Bedeutung des Kapitalmarktes für den Zusammenhang zwischen externem und internem Rechnungswesen, in: Zeitschrift für betriebswirtschaftliche Forschung, 50. Jg., Heft 9, S. 757-777.

Pfaff, Dieter/Bärtl, Oliver (1999): Wertorientierte Unternehmenssteuerung – Ein kritischer Vergleich ausgewählter Konzepte, in: Gebhardt, Günther/Pellens, Bernhard (Hrsg.): Rechnungswesen und Kapitalmarkt, in: Zeitschrift für betriebswirtschaftliche Forschung, 51. Jg., Sonderheft 41, S. 85-115.

Pfaff, Dieter/Kukele, Wilfried (2006): Wie fair ist der fair value?, in: Zeitschrift für internationale und kapitalmarktorientierte Rechnungslegung, 6. Jg., Heft 9, S. 542-549.

Pfaff, Dieter/Weber, Jürgen (1998): Zweck der Kostenrechnung? – Eine neue Sicht auf ein altes Problem, in: Die Betriebswirtschaft, 58. Jg., Heft 2, S. 151-165.

Pfeiffer, Thomas (2000): Good and Bad News for the Implementation of Shareholder-Value Concepts in Decentralized Organizations – A Critical Study Comparing the DCF Method and the EVA Method, in: Schmalenbach Business Review, 52. Jg., Heft 1, S. 68-91.

Pfeiffer, Thomas (2003): Anreizkompatible Unternehmenssteuerung, Performancemaße und Erfolgsrechnung – Zur Vorteilhaftigkeit von Ergebnisgrößen bei unbekannten Zeitpräferenzen des Managers, in: Die Betriebswirtschaft, 63. Jg., Heft 1, S. 43-59.

Posten, Robin/Grabski, Severin (2001): Financial Impacts of Enterprise Resource Planning Implementations, in: International Journal of Accounting Information Systems, 2. Jg., Heft 4, S. 271-294.

Prather, Jenice/Rueschhoff, Norlin (1996): An Analysis of International Accounting Research in U.S. Academic Accounting Journals, 1980 through 1993, in: Accounting Horizons, 10. Jg., Heft 1, S. 1-17.

Prather-Kinsey, Jenice J./Rueschhoff, Norlin (2004): An Analysis of International Accounting Research in U.S.- and Non-U.S.-Based Academic Accounting Journals, in: Journal of International Accounting Research, 3. Jg., Heft 1, S. 63-81.

Quattrone, Paolo/Hopper, Trevor (2001): What Does Organizational Change Mean? – Speculations on a Taken for Granted Category, in: Management Accounting Research, 12. Jg., Heft 4, S. 403-435.

Raffournier, Bernard/Schatt, Alain (2010): Is European Accounting Research Fairly Reflected in Academic Journals? – An Investigation of Possible Non-Mainstream and Language Barrier Biases, in: European Accounting Review, 19. Jg., Heft 1, S. 161-190.

Rammert, Stefan (2004): Lohnt die Erhaltung der Kapitalerhaltung?, in: Betriebswirtschaftliche Forschung und Praxis, 56. Jg., Heft 6, S. 578-595.

Rapp, Matthias J./Lukas, Christian (2008): Konzernabschlussprüfung und Überleitung zum Monatsbericht – Ein Praxisbeispiel zum zukünftigen Dokumentationsaufbau, in: Controlling, 20. Jg., Heft 6, S. 323-328.

Reichmann, Thomas (2006): Controlling mit Kennzahlen und Management-Tools – Die systemgestützte Controlling-Konzeption, 7. Auflage, München.

Reichmann, Thomas (2008): Die systemgestützte Controlling-Konzeption in Theorie und Praxis, in: Controlling, 20. Jg., Heft 12, S. 691-702.

Reichmann, Thomas (2011): Controlling mit Kennzahlen – Die systemgestützte Controlling-Konzeption mit Analyse- und Reportinginstrumenten, 8. Auflage, München.

Reiners, Frank (2001): Integration von externem und internem Rechnungswesen, in: Kostenrechnungspraxis, 45. Jg., Sonderheft 2, S. 22-24.

Reiter, Sara Ann/Williams, Paul F. (2002): The Structure and Progressivity of Accounting Research – The Crisis in the Academy Revisited, in: Accounting, Organizations and Society, 27. Jg., Heft 6, S. 575-607.

Richter, Martin (2000): Gewinnrealisierung bei langfristiger Fertigung, in: Ballwieser, Wolfgang (Hrsg.): US-amerikanische Rechnungslegung – Grundlagen und Vergleiche mit deutschem Recht, 4. Auflage, Stuttgart, S. 139-168.

Riedel, Alexander/Rau, Thilo/Tsanaclidis, Ilias (2004): Auswirkungen einer IFRS-Rechnungslegungsumstellung auf die IT-Systeme am Beispiel von SAP® R/3®, in: Zeitschrift für internationale und kapitalmarktorientierte Rechnungslegung, 4. Jg., Heft 12, S. 505-520.

Rodrigues, Lúcia Lima/Craig, Russell (2007): Assessing International Accounting Harmonization Using Hegelian Dialectic, Isomorphism and Faucault, in: Critical Perspectives on Accounting, 18. Jg., Heft 6, S. 739-757.

Rogler, Silvia (2009a): Segmentberichterstattung nach IFRS 8 im Fokus von Bilanzpolitik und Bilanzanalyse (Teil 1), in: Zeitschrift für internationale und kapitalmarktorientierte Rechnungslegung, 9. Jg., Heft 9, S. 500-505.

Rogler, Silvia (2009b): Segmentberichterstattung nach IFRS 8 im Fokus von Bilanzpolitik und Bilanzanalyse (Teil 2), in: Zeitschrift für internationale und kapitalmarktorientierte Rechnungslegung, 9. Jg., Heft 10, S. 576-583.

Roll, Patrick/Kilka, Michael/Schiereck, Dirk (1998): Zur Vorteilhaftigkeit von Zweitnotierungen an ausländischen Wertpapierbörsen – Ein Überblick, in: Die Betriebswirtschaft, 58. Jg., Heft 6, S. 770-785.

Ronen, Joshua (2008): To Fair Value or Not to Fair Value – A Broader Perspective, in: Abacus, 44. Jg., Heft 2, S. 181-208.

Roso, Marcus/Vormweg, Rainer/Wall, Frederike (2003): Controlling-nahe Begriffe in Deutschland und USA – Eine vergleichende Lehrbuchanalyse, in: Zeitschrift für Controlling und Management, 47. Jg., Heft 1, S. 56-61.

Rössler, Patrick (2005): Inhaltsanalyse, Konstanz.

Rückle, Dieter (1993): Bewertungsprinzipien, in: Chmielewicz, Klaus/Schweitzer, Marcell (Hrsg.): Handwörterbuch des Rechnungswesens, EdBWL, Band III, 3. Auflage, Stuttgart, Sp. 192-202.

Ruhnke, Klaus/Schmidt, Martin (2003): Überlegungen zur Prüfung von beizulegenden Zeitwerten, in: Die Wirtschaftsprüfung, 56. Jg., Heft 19, S. 1037-1051.

Ruhwedel, Franca/Schultze, Wolfgang (2002): Value Reporting – Theoretische Konzeption und Umsetzung bei den DAX 100-Unternehmen, in: Zeitschrift für betriebswirtschaftliche Forschung, 54. Jg., Heft 11, S. 602-632.

Ruhwedel, Franca/Schultze, Wolfgang (2004): Konzeption des Value Reporting und Beitrag zur Konvergenz im Rechnungswesen, in: Controlling, 16. Jg., Heft 8-9, S. 489-495.

Ryan, Bob/Scapens, Robert W./Theobald, Michael (1992): Research Method and Methodology in Finance and Accounting, London.

Saudagaran, Shahrokh M./Diga, Joselito G. (1999): Evaluation of the Contingency-Based Approach in Comparative International Accounting – A Case for Alternative Research Paradigms, in: Journal of Accounting Literature, 18. Jg., S. 57-95.

Scapens, Robert W. (2006): Understanding Management Accounting Practices – A Personal Journey, in: The British Accounting Review, 38. Jg., Heft 1, S. 1-30.

Scapens, Robert W./Bromwich, Michael (2001): Management Accounting Research – The First Decade, in: Management Accounting Research, 12. Jg., Heft 2, S. 245-254.

Scapens, Robert W./Bromwich, Michael (2010): Management Accounting Research – 20 Years On, in: Management Accounting Research, 21. Jg., Heft 4, S. 278-284.

Schäffer, Utz/Binder, Christoph (2008): "Controlling" as an Academic Discipline – The Development of Management Accounting and Management Control Research in German-Speaking Countries between 1970 and 2003, in: Accounting History, 13. Jg., Heft 1, S. 33-74.

Schäffer, Utz/Binder, Christoph/Gmür, Markus (2006): Struktur und Entwicklung der Controllingforschung – Eine Zitations- und Kozitationsanalyse von Controllingbeiträgen in deutschsprachigen wissenschaftlichen Zeitschriften von 1970 bis 2003, in: Zeitschrift für Betriebswirtschaft, 76. Jg., Heft 4, S. 395-440.

Schäffer, Utz/Nevries, Pascal/Fikus, Christian/Meyer, Matthias (2011): Is Finance Research a "Normal Science"? – A Bibliometric Study of the Structure and Development of Finance Research from 1988 to 2007, in: Schmalenbach Business Review, 63. Jg., Heft 4, S. 189-225.

Schäffer, Utz/Steiners, Daniel (2005a): Wie nutzen Geschäftsführer und Vorstände in deutschen Industrieunternehmen ihre Kostenrechnung?, in: Controlling, 17. Jg., Heft 6, S. 321-325.

Schäffer, Utz/Steiners, Daniel (2005b): Controllinginformationen für das Top-Management deutscher Industrieunternehmen – Angebot und Nutzung im Spiegel einer empirischen Erhebung, in: Zeitschrift für Controlling und Management, 49. Jg., Heft 3, S. 209-224.

Schaier, Sven (2007): Konvergenz von internem und externem Rechnungswesen – Bedarf für eine Neustrukturierung des Rechnungswesens?, Wiesbaden, zugl. Dissertation WHU – Otto Beisheim School of Management Vallendar, 2007.

Schaier, Sven (2008): Erklärungsansätze für eine Konvergenz von internem und externem Rechnungswesen, in: Betriebswirtschaftliche Forschung und Praxis, 60. Jg., Heft 2, S. 122-136.

Scheffner, Jörg/Hofmann, Niko (2007): Die Controllingorganisation als Baustein zu Finance Excellence – Ansatzpunkte zur Steigerung von Effektivität und Effizienz, in: Controlling, 19. Jg., Heft 1, S. 21-29.

Scherrer, Gerhard (1993): Gewinn und Verlust, in: Chmielewicz, Klaus/Schweitzer, Marcell (Hrsg.): Handwörterbuch des Rechnungswesens, EdBWL, Band III, 3. Auflage, Stuttgart, Sp. 738-747.

Scherrer, Gerhard (2011): Rechnungslegung nach neuem HGB – Eine anwendungsorientierte Darstellung mit zahlreichen Beispielen, 3. Auflage, München.

Schildbach, Thomas (1993): Vollkostenrechnung als Orientierungshilfe – Ein Rechtfertigungsversuch, in: Die Betriebswirtschaft, 53. Jg., Heft 3, S. 345-359.

Schildbach, Thomas (1995): Entwicklungslinien in der Kosten- und internen Unternehmensrechnung, in: Schildbach, Thomas/Wagner, Franz W. (Hrsg.): Unternehmensrechnung als Instrument der internen Steuerung, in: Zeitschrift für betriebswirtschaftliche Forschung, 47. Jg., Sonderheft 34, S. 1-18.

Schildbach, Thomas (1997): Cost Accounting in Germany, in: Management Accounting Research, 8. Jg., Heft 3, S. 261-276.

Schildbach, Thomas (2002): IAS als Rechnungslegungsstandard für alle, in: Betriebswirtschaftliche Forschung und Praxis, 54. Jg., Heft 3, S. 263-278.

Schildbach, Thomas (2004): Der handelsrechtliche Jahresabschluss, 7. Auflage, Herne/Berlin.

Schildbach, Thomas (2005): Das System der IAS/IFRS in der EU – Charakter und Probleme, in: Schneider, Dieter/Rückle, Dieter/Küpper, Hans-Ulrich/Wagner, Franz W. (Hrsg.): Kritisches zu Rechnungslegung und Unternehmensbesteuerung – Festschrift zur Vollendung des 65. Lebensjahres von Theodor Siegel, Berlin, S. 45-63.

Schildbach, Thomas (2006): Bedeutung der US-GAAP in der internationalen Rechnungslegung, in: Krawitz, Norbert (Hrsg.): Rechnungslegung nach internationalen Grundsätzen, in: Zeitschrift für Betriebswirtschaft, 76. Jg., Special Issue 6, S. 25-42.

Schildbach, Thomas (2007): IFRS – Irre Führendes Rechnungslegungs-System (Teil 2), in: Zeitschrift für internationale Rechnungslegung, 2. Jg., Heft 3, S. 91-97.

Schildbach, Thomas (2009a): Fair Value-Bilanzierung und Unternehmensbewertung, in: Betriebswirtschaftliche Forschung und Praxis, 61. Jg., Heft 4, S. 371-387.

Schildbach, Thomas (2009b): Fair value-Statik und Informationen des Kapitalmarktes, in: Betriebswirtschaftliche Forschung und Praxis, 61. Jg., Heft 6, S. 581-598.

Schildbach, Thomas/Homburg, Carsten (2009): Kosten- und Leistungsrechnung, 10. Auflage, Stuttgart.

Schlinghoff, Axel/Backes-Gellner, Uschi (2002): Publikationsindikatoren und die Stabilität wirtschaftswissenschaftlicher Zeitschriftenrankings, in: Zeitschrift für betriebswirtschaftliche Forschung, 54. Jg., Heft 6, S. 343-362.

Schlüter, Hendrik (2009): Interne Beratung durch den Controllerbereich – Messung, Wirkung, Determinanten, Wiesbaden, zugl. Dissertation WHU – Otto Beisheim School of Management Vallendar, 2008.

Schmidt, Ingo M. (2007): Ansätze für eine umfassende Rechnungslegung zur Zahlungsbemessung und Informationsvermittlung – Eine Analyse am Beispiel der Goodwill-Bilanzierung, Wiesbaden, zugl. Dissertation Universität Bayreuth, 2007.

Schneider, Dieter (1995): Betriebswirtschaftslehre – Band 1: Grundlagen, 2. Auflage, München/Wien.

Schneider, Dieter (1997): Betriebswirtschaftslehre – Band 2: Rechnungswesen, 2. Auflage, München/Wien.

Schneider, Dieter (2002): Entwicklung der Unternehmensrechnung, in: Küpper, Hans-Ulrich/Wagenhofer, Alfred (Hrsg.): Handwörterbuch Unternehmensrechnung und Controlling, EdBWL, Band III, 4. Auflage, Stuttgart Sp. 374-383.

Schnell, Rainer/Hill, Paul B./Esser, Elke (2008): Methoden der empirischen Sozialforschung, 8. Auflage, München.

Schrader, Ulf/Henning-Thurau, Thorsten (2009): VHB-JOURQUAL2 – Method, Results, and Implications of the German Academic Association for Business Research's Journal Ranking, in: Business Research, 2. Jg., Heft 2, S. 180-204.

Schreiber, Ulrich (2000): Die Bedeutung der US-amerikanischen Rechnungslegung für die Besteuerung von Gewinnen und Ausschüttungen, in: Ballwieser, Wolfgang (Hrsg.): US-amerikanische Rechnungslegung – Grundlagen und Vergleiche mit deutschem Recht, 4. Auflage, Stuttgart, S. 49-98.

Schremper, Ralf/Pälchen, Oliver (2001): Wertrelevanz rechnungswesenbasierter Kennzahlen – Eine empirische Untersuchung anhand des S&P 400 Industrial, in: Die Betriebswirtschaft, 61. Jg., Heft 5, S. 542-559.

Schreyögg, Georg (2007): Betriebswirtschaftslehre nur noch als Etikett? – Betriebswirtschaftslehre zwischen Übernahme und Zersplitterung, in: Gerum, Elmar/Schreyögg, Georg (Hrsg.): Zukunft der Betriebswirtschaftslehre, in: Zeitschrift für betriebswirtschaftliche Forschung, 59. Jg., Sonderheft 56, S. 140-160.

Schulte-Nölke, Wolfgang (2001): US-GAAP als Steuerungsgrundlage für Unternehmen – Möglichkeiten einer Konvergenz von internem und externem Rechnungswesen, zugl. Dissertation Universität Paderborn, 2000.

Schultze, Wolfgang (2005): The Information Content of Goodwill-Impairments under FAS 142 – Implications for External Analysis and Internal Control, in: Schmalenbach Business Review, 57. Jg., Heft 7, S. 276-297.

Schultze, Wolfgang/Steeger, Leif/Schabert, Bettina (2009): Wertorientierte Berichterstattung (Value Reporting) – Konzeptioneller Rahmen und Anwendung bei deutschen börsennotierten Unternehmen, in: Controlling, 21. Jg., Heft 1, S. 13-22.

Schultze, Wolfgang/Weiler, Andreas (2007): Performancemessung und Wertgenerierung – Entlohnung auf Basis des Residualen Ökonomischen Gewinns, in: Zeitschrift für Planung und Unternehmenssteuerung, 18. Jg., Heft 2, S. 133-159.

Schulze-Osterloh, Joachim (2008): Ausgewählte Änderungen des Jahresabschlusses nach dem Referentenentwurf eines Bilanzrechtsmodernisierungsgesetzes, in: Deutsches Steuerrecht, 46. Jg., Heft 1-2, S. 63-73.

Schweitzer, Marcell (2002): Unternehmensrechnung, Gestaltung und Wirkung, in: Küpper, Hans-Ulrich/Wagenhofer, Alfred (Hrsg.): Handwörterbuch Unternehmensrechnung und Controlling, EdBWL, Band III, 4. Auflage, Stuttgart, Sp. 2018-2030.

Schweitzer, Marcell (2006): Die theoretische Fundierung der internen Erfolgsrechnung im Widerstreit der Ansätze, in: Seicht, Gerhard (Hrsg.): Jahrbuch für Controlling und Rechnungswesen, Wien, S. 43-68.

Schweitzer, Marcell/Küpper, Hans-Ulrich (2011): Systeme der Kosten- und Erlösrechnung, 10. Auflage, München.

Schweitzer, Marcell/Ziolkowski, Ulrich (Hrsg.) (1999): Interne Unternehmensrechnung – Aufwandsorientiert oder kalkulatorisch?, in: Zeitschrift für betriebswirtschaftliche Forschung, 51. Jg., Sonderheft 42.

Seal, Will (2010): Managerial Discourse and the Link Between Theory and Practice – From ROI to Value-Based Management, in: Management Accounting Research, 21. Jg., Heft 2, S. 95-109.

Searcy, DeWayne L./Mentzer, John T. (2003): A Framework for Conducting and Evaluating Research, in: Journal of Accounting Literature, 22. Jg., S. 130-167.

Seelinger, Ronald/Kaatz, Sven (1998): Konversion und Internationalisierung des Rechnungswesens in Deutschland, in: Kostenrechnungspraxis, 42. Jg., Heft 3, S. 125-132.

Shields, Michael D. (1997): Research in Management Accounting by North Americans in the 1990s, in: Journal of Management Accounting Research, 9. Jg., S. 3-61.

Short, Daniel G./Libby, Robert/Libby, Patricia A. (2007): Financial Accounting – A Global Perspective, New York.

Sieber, Carsten/Hirsch, Bernhard/Weber, Jürgen (2009): Kooperation von Zentralcontrolling und Bereichscontrolling – Eine empirische Analyse, in: Die Unternehmung, 63. Jg., Heft 3, S. 346-374.

Siefke, Michael (1999): Externes Rechnungswesen als Datenbasis der Unternehmenssteuerung – Vergleich mit der Kostenrechnung und Shareholder-Value-Ansätzen, Wiesbaden, zugl. Dissertation Universität Münster, 1998.

Siegel, Theodor (2008): Normierung der Rechnungslegung und „Bilanzrechtsmodernisierung“, in: Wagner, Franz W./Schildbach, Thomas/Schneider, Dieter (Hrsg.): Private und öffentliche Rechnungslegung – Festschrift für Prof. Dr. Hannes Streim zum 65. Geburtstag, Wiesbaden 2008, S. 337-368.

Sill, Hannes (1995): Externe Rechnungslegung als Controlling-Instrument!, in: Horváth, Péter (Hrsg.): Controllingprozesse optimieren, Stuttgart, S. 13-31.

Sill, Frauke (2008): Controllerbereichserfolg aus Sicht des Managements – Eine empirische Analyse, Wiesbaden, zugl. Dissertation WHU – Otto Beisheim School of Management Vallendar, 2008.

Silverman, David (2010): Doing Qualitative Research – A Practical Handbook, 3. Auflage, London et al.

Simons, Dirk/Biskup, Dirk (2006): Besteht ein Bedarf nach Dritthaftung des gesetzlichen Jahresabschlussprüfers?, in: Zeitschrift für Betriebswirtschaft, 76. Jg., Heft 7, S. 771-796.

Simons, Dirk/Weißenberger, Barbara E. (2008): Die Konvergenz von externem und internem Rechnungswesen – Kritische Faktoren für die Entwicklung einer partiell integrierten Rechnungslegung aus theoretischer Sicht, in: Betriebswirtschaftliche Forschung und Praxis, 60. Jg., Heft 2, S. 137-160.

Simons, Dirk/Weißenberger, Barbara E. (2010): Integration von externer und interner Rechnungslegung – State-of-the-Art und Zukunftsperspektiven nach 15 Jahren betriebswirtschaftlicher Diskussion, in: Die Betriebswirtschaft, 70. Jg., Heft 4, S. 271-280.

Singleton-Green, Brian (2010): The Communication Gap – Why Doesn't Accounting Research Make a Greater Contribution to Debates on Accounting Policy?, in: Accounting in Europe, 7. Jg., Heft 2, S. 129-145.

Smith, Malcolm (2003): Research Methods in Accounting, London et al.

Solmecke, Henrik (2009): Auswirkungen des Bilanzrechtsmodernisierungsgesetzes (BilMoG) auf die handelsrechtlichen Grundsätze ordnungsmäßiger Buchführung, Düsseldorf, zugl. Dissertation Westfälische Wilhelms-Universität Münster, 2009.

Spengel, Christoph/Ernst, Christof/Finke, Katharina (2010): Harmonisierung der steuerlichen Gewinnermittlung in der EU und effektive Steuerbelastung von Unternehmen in den 27 EU-Mitgliedstaaten, in: Die Betriebswirtschaft, 70. Jg., Heft 4, S. 283-299.

Spillecke, Dennis (2006): Interne Kundenorientierung des Controllerbereichs – Messung, Erfolgswirkungen, Determinanten, Wiesbaden, zugl. Dissertation Wissenschaftliche Hochschule für Unternehmensführung (WHU) Vallendar, 2005.

Srnka, Katharina J. (2007): Integration qualitativer und quantitativer Forschungsmethoden – Der Einsatz kombinierter Forschungsdesigns als Möglichkeit zur Förderung der Theorieentwicklung in der Marketingforschung als betriebswirtschaftliche Disziplin, in: Marketing, 29. Jg., Heft 4, S. 247-260.

Srnka, Katharina J./Koeszegi, Sabine T. (2007): From Words to Numbers – How to Transform Qualitative Data into Meaningful Quantitative Results, in: Schmalenbach Business Review, 59. Jg., Heft 1, S. 29-57.

Stahl, Hans-Werner (1999): Unternehmensergebnisse im geschlossenen Rechenkreis, in: Kostenrechnungspraxis, 43. Jg., Sonderheft 3, S. 31-38.

Stibi, Bernd/Fuchs, Markus (2009): Zur Umsetzung der HGB-Modernisierung durch das BilMoG: Konzeption des HGB – Auslegung und Interpretation der Grundsätze ordnungsmäßiger Buchführung unter dem Einfluss der IFRS?, in: Der Betrieb, 62. Jg., Beilage 5 zu Heft 23, S. 9-15.

Strauch, Joachim (2000): Harmonisierung von Controlling und Rechnungslegung in der internationalen Unternehmung, in: Berens, Wolfgang/Born, Axel/Hoffjan, Andreas (Hrsg.): Controlling international tätiger Unternehmen, Stuttgart, S. 177-205.

Streim, Hannes (2000): Die Vermittlung von entscheidungsnützlichen Informationen durch Bilanz und GuV – Ein nicht einlösbares Versprechen der internationalen Standardsetter, in: Betriebswirtschaftliche Forschung und Praxis, 52. Jg., Heft 2, S. 111-131.

Stute, Andreas (2007): Konvergenz von IFRS und interner Unternehmensrechnung – Eignung der IFRS-Rechnungslegung zur Erfüllung von Funktionen und zur Substitution von Instrumenten der internen Unternehmensrechnung, Berlin, zugl. Dissertation Helmut-Schmidt-Universität – Universität der Bundeswehr Hamburg, 2006.

Subramanyam, K.R./Venkatachalam, M. (2007): Earnings, Cash Flows, and Ex Post Intrinsic Value of Equity, in: The Accounting Review, 82. Jg., Heft 2, S. 457-481.

Sylvester, Michael (2004): Konsequenzen einer IFRS-Umstellung auf die Informationssysteme – am Beispiel SAP, in: Zeitschrift für Controlling und Management, 48. Jg., Sonderheft 2, S. 89-97.

Szczesny, Andrea (2007): Der Zusammenhang zwischen Bilanzpolitik und Rechnungslegungsstandards – Meßmethoden und empirische Evidenz, in: Betriebswirtschaftliche Forschung und Praxis, 59. Jg., Heft 2, S. 101-122.

Teichert, Thorsten/Talaulicar, Till (2002): Managementkonzepte im betriebswirtschaftlichen Diskurs – Eine bibliometrische Klassifizierung, in: Die Betriebswirtschaft, 62. Jg., Heft 4, S. 409-426.

Terstege, Udo (2005): Zu den Möglichkeiten einer kapitalwertkompatiblen Gestaltung von Erfolgsrechnungen, in: Betriebswirtschaftliche Forschung und Praxis, 57. Jg., Heft 6, S. 588-600.

Tillema, Sandra (2005): Towards an Integrated Contingency Framework for MAS Sophistication – Case Studies on the Scope of Accounting Instruments in Dutch Power and Gas Companies, in: Management Accounting Research, 16. Jg., Heft 1, S. 101-129.

Trapp, Rouven (2010a): Integration des internen und externen Rechnungswesens, in: Zeitschrift für Planung und Unternehmenssteuerung, 20. Jg., Heft 3, S. 303-310.

Trapp, Rouven (2010b): Controlling und IFRS, in: Controlling, 22. Jg., Heft 4-5, S. 267-269.

Trapp, Rouven (2011): Economic Value Added, in: Controlling, 23. Jg., Heft 2, S. 113-115.

Trapp, Rouven/Wolz, Matthias (2008): Segmentberichterstattung nach IFRS 8 – Konvergenz um jeden Preis?, in: Zeitschrift für internationale Rechnungslegung, 3. Jg., Heft 2, S. 85-94.

Troßmann, Ernst (2003): Konsolidierung in der Konzernkostenrechnung, in: Franz, Klaus-Peter/Hieronimus, Albert (Hrsg.): Kostenrechnung im international vernetzten Konzern, in: Zeitschrift für betriebswirtschaftliche Forschung, 55. Jg., Sonderheft 49, S. 47-70.

Troßmann, Ernst (2010): Erleichtert das BilMoG die Controlling-Arbeit?, in: Zeitschrift für Controlling und Management, 54. Jg., Sonderheft 3, S. 89-97.

Troßmann, Ernst/Baumeister, Alexander (2005): Harmonisierung von internem und externem Rechnungswesen durch die Fair Value-Bewertung?, in: Bieg, Hartmut/Heyd, Reinhard (Hrsg.): Fair Value – Bewertung in Rechnungswesen, Controlling und Finanzwirtschaft, München, S. 630-648.

Tsamenyi, Mathew/Cullen, John/González, José María González (2006): Changes in Accounting and Financial Information System in a Spanish Electricity Company – A New Institutional Theory Analysis, in: Management Accounting Research, 17. Jg., Heft 4, S. 409-432.

Tuttle, Brad/Dillard, Jesse (2007): Beyond Competition – Institutional Isomorphism in U.S. Accounting Research, in: Accounting Horizons, 21. Jg., Heft 4, S. 387-409.

Van Cauwenberge, Philippe/de Beelde, Ignace (2010): A Critical Note on Empirical Comprehensive Income Research, in: Betriebswirtschaftliche Forschung und Praxis, 62. Jg., Heft 1, S. 82-101

Van Helden, G. Jan/Aardema, Harrie/ter Bogt, Henk J./Groot, Tom L.C.M. (2010): Knowledge Creation for Practice in Public Sector Management Accounting by Consultants and Academics – Preliminary Findings and Directions for Future Research, in: Management Accounting Research, 21. Jg., Heft 2, S. 83-94.

Van Tendeloo, Brenda/Vanstraelen, Ann (2005): Earnings Management under German GAAP versus IFRS, in: European Accounting Review, 14. Jg., Heft 1, S. 155-180.

Vanini, Ute/Beyer, Sebastian (2009): Ansätze und Probleme einer Harmonisierung der Konzernrechnungslegung nach IFRS und der internen Profit-Center-Rechnung, in: Zeitschrift für Controlling und Management, 53. Jg., Heft 2, S. 129-138.

Velte, Patrick (2008a): Auswirkungen des BilMoG-RefE auf die Informations- und Zahlungsbemessungsfunktion des handelsrechtlichen Jahresabschlusses – Würdigung ausgewählter novellierter Ansatz- und Bewertungsvorschriften unter besonderer Berücksichtigung kleiner und mittelständischer Unternehmen, in: Zeitschrift für internationale und kapitalmarktorientierte Rechnungslegung, 8. Jg., Heft 2, S. 61-73.

Velte, Patrick (2008b): Management Approach, in: Zeitschrift für Planung und Unternehmenssteuerung, 19. Jg., Heft 1, S. 133-138.

Velthuis, Louis J./Wesner, Peter/Schabel, Matthias M. (2006a): Fair Value und internes Rechnungswesen – Irrelevanz, Relevanz und Grenzen, in: Zeitschrift für internationale und kapitalmarktorientierte Rechnungslegung, 6. Jg., Heft 7-8, S. 458-466.

Velthuis, Louis J./Wesner, Peter/Schabel, Matthias M. (2006b): Eignung des Fair-Value-Ansatzes für die Verhaltenssteuerung im Unternehmen, in: Betriebs-Berater, 61. Jg., Heft 16, S. 875-878.

Volkart, Rudolf (1997): Finanzielle Führungsinstrumente im „Konvergenzprozess"? – Zum Zusammenwachsen buchhalterischer und investitionsrechnerischer Konzeptionen, in: Die Unternehmung, 51. Jg., Heft 6, S. 443-458.

Volkart, Rudolf/Schön, Etienne/Labhart, Peter (2005): Fair Value-Bewertung und value reporting, in: Bieg, Hartmut/Heyd, Reinhard (Hrsg.): Fair Value – Bewertung in Rechnungswesen, Controlling und Finanzwirtschaft, München, S. 517-542.

Vollmer, Robert (2008): Rechnungslegung auf informationseffizienten Kapitalmärkten, Wiesbaden, zugl. Dissertation Ruhr-Universität Bochum, 2008.

Wagenhofer, Alfred (1993): Kostenrechnung und Agency Theorie, in: Weber, Jürgen (Hrsg.): Zur Neuausrichtung der Kostenrechnung – Entwicklungsperspektiven für die 90er Jahre, Stuttgart, S. 161-185.

Wagenhofer, Alfred (1995): Verursachungsgerechte Kostenschlüsselung und die Steuerung dezentraler Preisentscheidungen, in: Schildbach, Thomas/Wagner, Franz W. (Hrsg.): Unternehmensrechnung als Instrument der internen Steuerung, in: Zeitschrift für betriebswirtschaftliche Forschung, 47. Jg., Sonderheft 34, S. 81-118.

Wagenhofer, Alfred (1996): Vorsichtsprinzip und Managementanreize, in: Zeitschrift für betriebswirtschaftliche Forschung, 48. Jg., Heft 12, S. 1051-1074.

Wagenhofer, Alfred (1999): Zwecke der Kostenrechnung, in: Die Betriebswirtschaft, 59. Jg., Heft 1, S. 133-135.

Wagenhofer, Alfred (2006a): Zusammenwirken von Controlling und Rechnungslegung nach IFRS, in: Wagenhofer, Alfred (Hrsg.): Controlling und IFRS-Rechnungslegung – Konzepte, Schnittstellen, Umsetzung, Berlin, S. 1-20.

Wagenhofer, Alfred (2006b): Management Accounting Research in German-Speaking Countries, in: Journal of Management Accounting Research, 18. Jg., S. 1-19.

Wagenhofer, Alfred (2006c): Fair Value-Bewertung im IFRS-Abschluss und Bilanzanalyse, in: Zeitschrift für internationale Rechnungslegung, 1. Jg., Heft 1, S. 31-36.

Wagenhofer, Alfred (2008a): Konvergenz von intern und extern berichteten Ergebnisgrößen am Beispiel von Segmentergebnissen, in: Betriebswirtschaftliche Forschung und Praxis, 60. Jg., Heft 2, S. 161-176.

Wagenhofer, Alfred (2008b): Fair Value-Bewertung – Führt sie zu einer nützlicheren Finanzberichterstattung?, in: Zeitschrift für betriebswirtschaftliche Forschung, 60. Jg., Heft 3, S. 185-194.

Wagenhofer, Alfred (2009): Internationale Rechnungslegungsstandards – IAS/IFRS: Grundlagen und Grundsätze, Bilanzierung, Bewertung und Angaben, Umstellung und Analyse, 6. Auflage, München.

Wagenhofer, Alfred/Dücker, Hannes (2007): Die Messung von „Earnings"-Qualität, in: Journal für Betriebswirtschaft, 57. Jg., Heft 3-4, S. 263-297.

Wagenhofer, Alfred/Ewert, Ralf (2007): Externe Unternehmensrechnung, 2. Auflage, Berlin/Heidelberg.

Währisch, Michael (1998): Kostenrechnungspraxis in der deutschen Industrie – Eine empirische Studie, Wiesbaden, zugl. Dissertation Universität Bochum, 1998.

Währisch, Michael (2000): Der Ansatz kalkulatorischer Kostenarten in der industriellen Praxis, in: Zeitschrift für betriebswirtschaftliche Forschung, 52. Jg., Heft 11, S. 678-694.

Währisch, Michael (2003): Die Berücksichtigung nationaler kostenrechnerischer Aspekte beim Aufbau einer internationalen Konzernkostenrechnung, in: Franz, Klaus-Peter/Hieronimus, Albert (Hrsg.): Kostenrechnung im international vernetzten Konzern, in: Zeitschrift für betriebswirtschaftliche Forschung, 55. Jg., Sonderheft 49, S. 71-80.

Wala, Thomas/Knoll, Leonhard/Messner, Stephanie (2007a): Vor- und Nachteile einer Integration von internem und externem Rechnungswesen auf Basis der IFRS – Teil I, in: Deutsches Steuerrecht, 45. Jg., Heft 41, S. 1834-1838.

Wala, Thomas/Knoll, Leonhard/Messner, Stephanie (2007b): Vor- und Nachteile einer Integration von internem und externem Rechnungswesen auf Basis der IFRS – Teil II, in: Deutsches Steuerrecht, 45. Jg., Heft 42, S. 1881-1883.

Waldron, Marilyn A./Jordan, Charles E. (2010): The Comparative Predictive Abilities of Accrual Earnings and Cash Flows – In Periods of Economic Turbulence: The Case of the IT Bubble, in: The Journal of Applied Business Research, 26. Jg., Heft 1, S. 85-97.

Wall, Frederike (2008): Controlling zwischen Entscheidungs- und Verhaltenssteuerungsfunktion – Konzeptionelle Gemeinsamkeiten und Unterschiede innerhalb des Fachs, in: Die Betriebswirtschaft, 68. Jg., Heft 4, S. 463-482.

Wallmeier, Martin (2009): Kapitalmarktwirkungen der Berichterstattung zur Unternehmensleistung, in: Zeitschrift für betriebswirtschaftliche Forschung, 61. Jg., Heft 3, S. 212-224.

Waterhouse, John H./Tiessen, Peter (1978): A Contingency Framework for Management Accounting Systems Research, in: Accounting, Organizations and Society, 3. Jg., Heft 1, S. 65-76.

Weber, Robert Philip (1990): Basic Content Analysis, 2. Auflage, Newbury Park et al.

Weber, Jürgen (1993): Kostenrechnung im System der Unternehmensführung – Stand und Perspektiven der Kostenrechnung in den 90er Jahren, in: Weber, Jürgen (Hrsg.): Zur Neuausrichtung der Kostenrechnung – Entwicklungsperspektiven für die 90er Jahre, Stuttgart, 1-77.

Weber, Jürgen (1994): Kostenrechnung zwischen Verhaltens- und Entscheidungsorientierung, in: Kostenrechnungspraxis, 38. Jg., Heft 2, S. 99-104.

Weber, Jürgen (1995): Kostenrechnung-(s)-Dynamik – Einflüsse hoher unternehmensex- und -interner Veränderungen auf die Gestaltung der Kostenrechnung, in: Betriebswirtschaftliche Forschung und Praxis, 47. Jg., Heft 6, S. 565-581.

Weber, Helmut Kurt (2002): Basisgrößen der Unternehmensrechnung, in: Küpper, Hans-Ulrich/Wagenhofer, Alfred (Hrsg.): Handwörterbuch Unternehmensrechnung und Controlling, EdBWL, Band III, 4. Auflage, Stuttgart, Sp. 118-126.

Weber, Jürgen (2005): Gestaltung der Kostenrechnung – Notwendigkeit, Optionen und Konsequenzen, Wiesbaden.

Weber, Jürgen (2007): Theorie und Praxis im Controlling – Koexistenz oder Interaktion?, in: Zeitschrift für Controlling und Management, 51. Jg., Heft 5, S. 334-339.

Weber, Jürgen (2008a): Von Top-Controllern lernen – Controlling in den DAX 30-Unternehmen, Weinheim.

Weber, Jürgen (2008b): Aktuelle Controllingpraxis in Deutschland – Ergebnisse einer Benchmarking-Studie, Weinheim.

Weber, Jürgen (2009): Erfahrungen mit wertorientierter Steuerung, in: Der Betrieb, 62. Jg., Heft 7, S. 297-303.

Weber, Jürgen/Goretzki, Lukas/Zubler, Susanne (2010): Welche Erkenntnisse kann die empirische Controllingforschung zum Erfolg des Controllings beitragen?, in: Controlling, 22. Jg., Heft 6, S. 322-329.

Weber, Jürgen/Sandt, Joachim (2001): Erfolg durch Kennzahlen – Neue empirische Erkenntnisse, Vallendar.

Weber, Jürgen/Schäffer, Utz (2011): Einführung in das Controlling, 13. Auflage, Stuttgart.

Weber, Jürgen/Weißenberger, Barbara E. (2010): Einführung in das Rechnungswesen, 8. Auflage, Stuttgart.

Weber, Jürgen/Zubler, Susanne/Krügerke, Christian (2009): Neueste Benchmarking-Ergebnisse für die Controllership im deutschsprachigen Raum, in: Zeitschrift für Controlling und Management, 53. Jg., Heft 1, S. 50-56.

Weber-Grellet, Heinrich (2010): Grundfragen und Zukunft der Gewinnermittlung, in: Der Betrieb, 63. Jg., Heft 42, S. 2298-2304.

Wehrheim, Michael/Fross, Ingo (2010): Erosion handelsrechtlicher GoB durch das Bilanzrechtsmodernisierungsgesetz, in: Zeitschrift für Betriebswirtschaft, 80. Jg., Heft 1, S. 71-109.

Wehrheim, Michael/Renz, Annette (2011): Die Handels- und Steuerbilanz – Bilanzierung, Bewertung und Gewinnermittlung, 3. Auflage, München.

Weide, Gonn (2009a): Gestaltung und Erfolg des Management Reporting – Empirische Analyse der Auswirkungen einer Integration des Rechnungswesens, Hamburg, zugl. Dissertation WHU – Otto Beisheim School of Management Vallendar, 2008.

Weide, Gonn (2009b): Management Reporting – Bedeutung, aktuelle Herausforderungen und Optimierungsmöglichkeiten, in: Controlling, 21. Jg., Heft 1, S. 5-12.

Weide, Gonn/Hoffjan, Andreas/Nevries, Pascal/Trapp, Rouven (2011): Organisatorisch-personelle Auswirkungen einer Integration des Rechnungswesens – eine empirische Analyse, in: Zeitschrift für betriebswirtschaftliche Forschung, 63. Jg., Heft 2, S. 63-86.

Weinand, Martin/Oldewurtel, Christoph/Wolz, Matthias (2011): Rückstellungen nach BilMoG – Das Ende der Bilanzpolitik oder Bilanzpolitik ohne Ende?, in: Zeitschrift für internationale und kapitalmarktorientierte Rechnungslegung, 11. Jg., Heft 3, S. 161-166.

Weinand, Martin/Wolz, Matthias (2010): Forschungs- und Entwicklungskosten im Mittelstand – Zur faktischen Irrelevanz des Aktivierungswahlrechts, in: Zeitschrift für internationale und kapitalmarktorientierte Rechnungslegung, 10. Jg., Heft 3, S. 130-138.

Weißenberger, Barbara E. (1997): Die Informationsbeziehung zwischen Management und Rechnungswesen – Analyse institutioneller Koordination, Wiesbaden, zugl. Dissertation Wissenschaftliche Hochschule für Unternehmensführung Koblenz, 1996.

Weißenberger, Barbara E. (2003): Anreizkompatible Erfolgsrechnung im Konzern – Grundmuster und Gestaltungsalternativen, Wiesbaden, zugl. Habilitationsschrift Wissenschaftliche Hochschule für Unternehmensführung (WHU) Vallendar, 2002.

Weißenberger, Barbara E. (2004): Integrierte Rechnungslegung und Unternehmenssteuerung – Bedarf an kalkulatorischen Erfolgsgrößen auch unter IFRS?, in: Zeitschrift für Controlling und Management, 48. Jg., Sonderheft 2, S. 72-77.

Weißenberger, Barbara E. (2005): Controlling unter IFRS – Möglichkeiten und Grenzen einer integrierten Erfolgsrechnung, in: Weber, Jürgen/Meyer, Matthias (Hrsg.): Internationalisierung des Controllings – Standortbestimmung und Optionen, Wiesbaden, S. 185-212.

Weißenberger, Barbara E. (2006a): Integration der Rechnungslegung unter IFRS – Ergebnisse des Arbeitskreises „Controller und IFRS“ der International Group of Controlling, in: Controlling, 18. Jg., Heft 8-9, S. 409-415.

Weißenberger, Barbara E. (2006b): Ergebnisrechnung nach IFRS und interne Performancemessung, in: Wagenhofer, Alfred (Hrsg.): Controlling und IFRS-Rechnungslegung – Konzepte, Schnittstellen, Umsetzung, Berlin, S. 49-79.

Weißenberger, Barbara E. (2007): IFRS für Controller – Alles, was Controller über IFRS wissen müssen, Freiburg et al.

Weißenberger, Barbara E. (2009): Shareholder Value und finanzielle Zielvorgaben im Unternehmen, in: Working Paper Series Controlling and Business Accounting, Working Paper 2/2009, Universität Gießen.

Weißenberger, Barbara E. (2011): Controller und IFRS – Konsequenzen der IFRS-Finanzberichterstattung für die Controlleraufgaben, in: Funk, Wilfried/Rossmanith, Jonas (Hrsg.): Internationale Rechnungslegung und Internationales Controlling – Herausforderungen – Handlungsfelder – Erfolgspotenziale, 2. Auflage, Wiesbaden, S. 539-567.

Weißenberger, Barbara E./Angelkort, Hendrik (2007): IFRS-Rechnungslegung und Controlling, in: Heyd, Reinhard/Keitz, Isabel von (Hrsg.): IFRS-Management – Interessenschutz auf dem Prüfstand, Treffsichere Unternehmensbeurteilung, Konsequenzen für das Management, München, S. 410-437.

Weißenberger, Barbara E./Göbel, Sebastian/Kleine, Christian (2011): Wertorientierte Steuerung in der Krise? – Perspektiven für eine Neuausrichtung der Controllingarbeit, in: Controlling, 23. Jg., Heft 1, S. 6-12.

Weißenberger, Barbara E./Haas, Cornelia A. J. (2004): Neuausrichtung der Interpretationsfunktion des Controllings, in: Zeitschrift für Controlling und Management, 48. Jg., Sonderheft 2, S. 54-62.

Weißenberger, Barbara E./International Group of Controlling (IGC) (2006a): Controller und IFRS – Konsequenzen einer IFRS-Finanzberichterstattung für die Aufgabenfelder von Controllern, in: Betriebswirtschaftliche Forschung und Praxis, 58. Jg., Heft 4, S. 342-364.

Weißenberger, Barbara E./International Group of Controlling (IGC) (2006b): Controller und IFRS – Konsequenzen der IFRS-Finanzberichterstattung für die Controlleraufgaben, in: Zeitschrift für internationale und kapitalmarktorientierte Rechnungslegung, 6. Jg., Heft 10, S. 613-622.

Weißenberger, Barbara E./International Group of Controlling (IGC) (Hrsg.) (2006c): Controller und IFRS – Konsequenzen für die Controlleraufgaben durch die Finanzberichterstattung nach IFRS. Weißbuch der IGC-Arbeitsgruppe „Controller und IFRS", Freiburg.

Weißenberger, Barbara E./Liekweg, Arnim (1999): Vorschriften zur Segmentberichterstattung im Konzern – Schnittstelle zwischen interner und externer Rechnungslegung, in: Kostenrechnungspraxis, 43. Jg., Heft 3, S. 165-173.

Weißenberger, Barbara E./Löhr, Benjamin (2007): Planung und Unternehmenserfolg – Stylized Facts aus der empirischen Controllingforschung im deutschsprachigen Raum von 1990-2007, in: Zeitschrift für Planung und Unternehmenssteuerung, 18. Jg., Heft 4, S. 335-363.

Weißenberger, Barbara E./Maier, Michael (2006): Der Management Approach in der IFRS-Rechnungslegung – Fundierung der Finanzberichterstattung durch Informationen aus dem Controlling, in: Der Betrieb, 59. Jg., Heft 39, S. 2077-2083.

Weißenberger, Barbara E./Stahl, Anne B./Vorstius, Sven (2004a): Die Umstellung auf internationale Rechnungslegungsgrundsätze – Wunsch und Wirklichkeit in deutschen Unternehmen, in: Zeitschrift für internationale und kapitalmarktorientierte Unternehmen, 4. Jg., Heft 1, S. 5-16.

Weißenberger, Barbara E./Stahl, Anne B./Vorstius, Sven (2004b): Changing from German GAAP to IFRS or US GAAP – A Survey of German Companies, in: Accounting in Europe, 1. Jg., S. 169-189.

Weißenberger, Barbara E./Stromann, Hilke (2000): Die Bedeutung von Prozesskosten für die Bewertung der Herstellungskosten nach § 255 Abs. 2 HGB, in: Die Betriebswirtschaft, 60. Jg., Heft 5, S. 607-625.

Westhaus, Magnus (2007): Supply Chain Controlling – Definition, Forschungsstand, Konzeption, Wiesbaden, zugl. Dissertation Universität Oldenburg, 2006.

Whitley, Richard D. (1988): The Possibility and Utility of Positive Accounting Theory, in: Accounting, Organizations and Society, 13. Jg., Heft 6, S. 631-645.

Whittington, Geoffrey (2008): Fair Value and the IASB/FASB Conceptual Framework Project – An Alternative View, in: Abacus, 44. Jg., Heft 2, S. 139-168.

Wiederhold, Philipp (2008): Segmentberichterstattung und Corporate Governance – Grenzen des Management Approach, zugl. Dissertation Universität Frankfurt am Main, 2007.

Wiedmann, Harald/Beiersdorf, Kati/Schmidt, Martin (2007): IFRS im Mittelstand vor dem Hintergrund des Entwurfes eines IFRS für KMU, in: Betriebswirtschaftliche Forschung und Praxis, 59. Jg., Heft 4, S. 326-345.

Wielenberg, Stefan (2002): Rechnungszwecke, in: Küpper, Hans-Ulrich/Wagenhofer, Alfred (Hrsg.): Handwörterbuch Unternehmensrechnung und Controlling, EdBWL, Band III, 4. Auflage, Stuttgart, Sp. 1669-1677.

Wielenberg, Stefan (2009): Ausschüttungsbegrenzung und liquidationsfinanzierte Ausschüttungen – wie sinnvoll ist vorsichtige Rechnungslegung?, in: Zeitschrift für betriebswirtschaftliche Forschung, 61. Jg., Heft 2, S. 2-21.

Wiese, Harald (1994): Das Theorie-Praxis-Paradoxon der Kostenrechnung aus verhandlungstheoretischer Sicht, in: Zeitschrift für betriebswirtschaftliche Forschung, 46. Jg., Heft 6, S. 525-537.

Witte, Eberhard (1998): Entwicklungslinien der Betriebswirtschaftslehre – Was hat Bestand?, in: Die Betriebswirtschaft, 58. Jg., Heft 6, S. 731-746.

Wöhe, Günter/Kußmaul, Heinz (2002): Grundzüge der Buchführung und Bilanztechnik, 4. Auflage, München.

Wöhrmann, Arnt (2010): Auswirkungen des Bilanzrechtsmodernisierungsgesetzes auf Finanzkennzahlen, in: Zeitschrift für Controlling und Management, 54. Jg., Sonderheft 3, S. 80-88.

Wollmert, Peter/Achleitner, Ann-Kristin (1997): Konzeptionelle Grundlagen der IAS-Rechnungslegung (Teil II), in: Die Wirtschaftsprüfung, 50. Jg., Heft 12, S. 245-256.

Wollmert, Peter/Oser, Peter/Skirk, Ulrich (2010): Die Kapitalkonsolidierung nach BilMoG, in: Zeitschrift für Controlling und Management, 54. Jg., Sonderheft 3, S. 71-79.

Wolz, Matthias (2000): Die Bilanzierung von Pensionsverpflichtungen nach HGB versus US-GAAP/IAS – Ist die deutsche Rechnungslegung besser als ihr Ruf?, in: Zeitschrift für Betriebswirtschaft, 70. Jg., Heft 12, S. 1371-1390.

Wolz, Matthias (2005): Grundzüge der Internationalen Rechnungslegung nach IFRS – Umstellung einer Rechnungslegung von HGB auf IFRS, München.

Wurl, Hans-Jürgen/Kuhnert, Marcus/Hebeler, Christian (2001): Traditionelle Formen der kurzfristigen Erfolgsrechnung und der „Economic Value Added"-Ansatz – Ein kritischer Vergleich unter dem Aspekt der Unternehmenssteuerung, in: Die Wirtschaftsprüfung, 54. Jg., Heft 23, S. 1361-1372.

Wussow, Sabine (2004): Harmonisierung des internen und externen Rechnungswesens mittels IAS/IFRS unter Berücksichtigung der wertorientierten Unternehmenssteuerung, München, zugl. Dissertation Universität Erlangen-Nürnberg, 2004.

Wüstemann, Jens/Kierzek, Sonja (2007): Normative Bilanztheorie und Grundsätze ordnungsmäßiger Gewinnrealisierung für Mehrkomponentenverträge, in: Zeitschrift für betriebswirtschaftliche Forschung, 59. Jg., Heft 11, S. 882-913.

Wüstemann, Jens/Wüstemann, Sonja (2009): Betriebswirtschaftliche Bilanzrechtsforschung und Grundsätze ordnungsmäßiger Gewinnrealisierung für Werkverträge, in: Zeitschrift für Betriebswirtschaft, 79. Jg., Heft 1, S. 31-58.

Wüstemann, Jens/Wüstemann, Sonja (2010): Why Consistency of Accounting Standards Matters – A Contribution to the Rules-Versus-Principles Debate in Financial Reporting, in: Abacus, 46. Jg., Heft 1, S. 1-27.

Wysocki, Klaus von (2002): Finanzierungsrechnungen, in: Küpper, Hans-Ulrich/Wagenhofer, Alfred (Hrsg.): Handwörterbuch Unternehmensrechnung und Controlling, EdBWL, Band III, 4. Auflage, Stuttgart, Sp. 539-548.

Zeff, Stephen A. (1996): A Study of Academic Research Journals in Accounting, in: Accounting Horizons, 10. Jg., Heft 3, S. 158-177.

Zeff, Stephen A. (2007): Some Obstacles to Global Financial Reporting Comparability and Convergence at a High Level of Quality, in: The British Accounting Review, 39. Jg., Heft 4, S. 290-302.

Ziegler, Hasso (1994): Neuorientierung des internen Rechnungswesens für das Unternehmens-Controlling im Hause Siemens, in: Zeitschrift für betriebswirtschaftliche Forschung, 46. Jg., Heft 2, S. 175-188.

Zirkler, Bernd/Nohe, Ralph (2003): Harmonisierung von internem und externem Rechnungswesen – Gründe und Stand in der Praxis, in: Bilanzbuchhalter und Controller, 27. Jg., Heft 10, S. 222-225.

Zühlke, Jens Paul (2007): Die Verbreitung von Wissen zu Controlling-Instrumenten – Eine Analyse der Veröffentlichungstätigkeit in deutsch- und englischsprachigen Fachzeitschriften, Wiesbaden, zugl. Dissertation European Business School Oestrich-Winkel, 2006.

Zülch, Henning/Gebhardt, Ronny/Hoffmann, Sebastian (2009): Politische Ökonomie der Rechnungslegung – Bisherige Forschungsergebnisse und künftige Forschungsperspektiven unter besonderer Berücksichtigung des Lobbyingkonzepts, in: Journal für Betriebswirtschaft, 59. Jg., Heft 1, S. 1-29.

Zülch, Henning/Hoffmann, Sebastian (2010): Wesentliche Implikationen des BilMoG für die Finanzberichterstattung in Anhang und Lagebericht, in: Controlling, 22. Jg., Heft 10, S. 538-543.

Zündorf, Horst (2009): Bewertungswahlrechte, in: Küting, Karlheinz/Pfitzer, Norbert/Weber, Claus-Peter (Hrsg.): Das neue deutsche Bilanzrecht – Handbuch zur Anwendung des Bilanzrechtsmodernisierungsgesetzes (BilMoG), 2. Auflage, Stuttgart, S. 101-114.

FSC
www.fsc.org
MIX
Papier | Fördert
gute Waldnutzung
FSC® C083411

Kolibri 360 GmbH
Ferdinand-Jühlke-Straße 7
99095 Erfurt, Deutschland
produktsicherheit@kolibri360.de